Köcher, Adolf

Geschichte von Hannover und Braunschweig 1668 bis 1674

Köcher, Adolf

Geschichte von Hannover und Braunschweig 1668 bis 1674

Inktank publishing, 2018

www.inktank-publishing.com

ISBN/EAN: 9783747762974

Geschichte

von

Hannover und Braunschweig

1648 bis 1714

von

Adolf Köcher.

Zweiter Theil.

(1668—1674).

Veranlaßt und unterstützt

durch die K. Archiv-Verwaltung.

Leipzig

Verlag von S. Hirzel

1895.

Vorwort.

Der langsame Fortschritt meines Werkes*) ist vornehmlich durch meine amtlichen Pflichten bedingt, die mir außerhalb der Ferien immer nur kurze Besuche des hiesigen Staatsarchivs und selten eine längere Vertiefung in diese Forschungen gestatten. Die ganze Arbeit ist mir überhaupt nur durch die außerordentlichen Vollmachten ermöglicht, mit denen der Herr Director der Staatsarchive, Heinrich von Sybel, von Anfang an mich ausgerüstet hatte.

Konnte ich mich für den ersten Band auf das hiesige Staatsarchiv beschränken, so brachte es die wachsende Bedeutung der zu behandelnden Materien mit sich, daß ich für diesen Band auch andere Archive heranziehn mußte. In dem Geheimen Staatsarchiv zu Berlin und dem Staatsarchiv zu Münster fanden sich nicht die Ergänzungen, die ich suchte. Um so ergiebiger waren die Aufschlüsse, die mir Dank der Vermittelung S. Excellenz des Herrn von Sybel durch das vatikanische Archiv der Propaganda und das Pariser Archiv des französischen Ministeriums der auswärtigen Angelegenheiten in vollster Liberalität zu theil wurden. Das hohe Interesse dieser Acten wird es rechtfertigen, daß ich daraus mehr mitgetheilt habe, als zum unmittelbaren Belege meiner Darstellung erforderlich war.

Der dadurch gewachsene Umfang der Actenbeilagen hat mich gezwungen, die Darstellung nicht so weit zu führen, als ursprünglich meine Absicht war. Ich breche den Band bereits mit dem Jahre 1674 ab. Der Einschnitt an dieser Stelle rechtfertigt sich nicht nur dadurch, daß 1674 der

*) Theil I, Band 20 der „Publicationen aus den Preuß. Staatsarchiven".

erste Grund zu jener großen Coalition gelegt wurde, an der sich nachmals das Übergewicht Frankreichs brach, sondern auch durch die andere Thatsache, daß bis zu diesem Jahre bereits alle die Fragen auftauchen, die nachher die braunschweig-lüneburgische Politik beherrschten, wie z. B. die der neunten Kur.

Herr von Sybel, mein hochverehrter Lehrer, stimmte dem bei und begleitete meine Arbeit mit der warmen Theilnahme, womit er bis zum letzten Augenblick seine Schüler förderte und ehrte. Seinem Andenken widme ich daher dies Buch in unwandelbarer Verehrung und Dankbarkeit.

Hannover, im November 1895.

Professor **Dr. A. Köcher,**
Oberlehrer am Kgl. Kaiser Wilhelms Gymnasium.

Inhaltsverzeichniß.

Sechstes Buch.

Die Begründung der absoluten Fürstengewalt in Staat und Kirche.

Siebentes Buch.

Die Epoche der Tripelallianz.

Achtes Buch.

Frankreichs Angriff auf Holland und Deutschland.

Anhang.

Archivalische Analekten.

Sechstes Buch.

Die Begründung der absoluten Fürstengewalt in Staat und Kirche.

Erstes Kapitel.

Der Niedergang der landständischen Autonomie.

Durch Uneinigkeit und übereilte Entwaffnung hatte sich das Haus Braunschweig-Lüneburg im dreißigjährigen Kriege um Macht und Ansehen gebracht. Seine Wiedererhebung in der Epoche vom westfälischen bis zum Aachener Frieden gelang ihm durch die im ganzen einheitliche Politik seiner Vierfürsten, sowie durch die Aufstellung einer schlagfertigen Armee. Beides aber verdankten die Herzöge vornehmlich der durchgreifenden Wirksamkeit der ausgezeichneten Beamten, die ihre Geschäfte leiteten.

Mit der fortschreitenden Organisation der Beamtenschaft und des Heeres gieng Hand in Hand eine Umwandlung der Finanzwirthschaft und des Kirchenregiments, und auch in den braunschweig-lüneburgischen Territorien erwies sich der landesherrliche Absolutismus, indem er die in Selbstsucht verrottete landständische Autonomie mit den Machtmitteln des modernen Staats überwand und in Dienst des Gemeinwohls zwang, als die schöpferische Kraft des siebzehnten Jahrhunderts.

Die Auseinandersetzung zwischen den neuen Ansprüchen der absoluten Fürstengewalt und den alten Vorrechten der ständischen Corporationen erfolgte in den braunschweig-lüneburgischen Herzogthümern zu derselben Zeit wie in den Staaten des Großen Kurfürsten von Brandenburg, aber ohne so harten Kampf und daher auch ohne so durchschlagenden Erfolg.

Die lüneburgischen Herzöge beschränkten sich meistens auf ein zähes Niederbiegen ohne gewaltsamen Bruch, und die Landschaften verstanden sich zu einem langsamen Weichen ohne formellen Verzicht.

Beiden Theilen kam dabei der alte Brauch zu Hülfe, den Austrag der brennendsten Fragen durch Ausschüsse aus dem Plenum der ständischen Corporationen zu vermitteln. Hatte diese Veranstaltung ursprünglich den Ständen zur Controlle und Einschränkung des landesherrlichen Regiments gedient, so nahm seit dem großen Kriege der Absolutismus sie zur Handhabe, um das ständische Mitregiment aus den Angeln zu heben.

1*

Für unsere Aufgabe genügt es, diese Entwickelung an der entscheidenden Stelle, im Herzogthum Calenberg, zu verfolgen.

Es war die folgenreichste Grenzerweiterung, die das ständische Wesen seit den Tagen der Lüneburger Sate errang, als im August 1594 der Calenberger Landtag zu Elze der Eigenmacht des Herzogs Heinrich Julius durch Übernahme der landesherrlichen Schulden die freie Wahl eines ständigen Ausschusses zur Verwaltung des Landschatzkastens abgewann. Waren bisher die Schatzverordneten vom Herzoge nach eigenem Ermessen aus der Mitte der Landschaft ernannt und zu seinen Dienern bestellt, und war demgemäß die Schatztruhe, in welche die zur Bezahlung der fürstlichen Schulden bewilligten Steuern flossen, nicht sowohl als eine privative landschaftliche, sondern vielmehr als eine herrschaftliche Kasse angesehen[1]), so ward nunmehr der Landschaft mit der Verzinsung und Abtragung der von ihr übernommenen Schulden auch die Erhebung und Verwaltung der dafür aufzubringenden Steuern überlassen, und der Herzog behielt sich nur die Bestätigung der von der Landschaft aus ihrer Mitte gewählten Schatzräthe und die Oberaufsicht über deren Finanzverwaltung vor[2]). Die Bildung des Schatzcollegiums als ständigen Ausschusses der Landschaft bedeutete also die Organisation eines eigenen landständischen Kassenwesens; damit setzte sich auch in Calenberg der die deutschen Territorialstaaten durchdringende Dualismus landesherrlicher und landständischer Finanzverwaltung durch, und es war nur eine Verfolgung dieses Sieges, wenn die Stände alsbald auch zur Anstellung eines eigenen, vom Schatzcollegium vereidigten Landsyndicus schritten[3]).

---

1) J. C. von Hugo, die landschaftliche Verfassung des Fürstenthums Calenberg (1790), S. 105 ff.

2) Der Elzer Landtagsabschied vom 16. Aug. 1594 findet sich bei Spittler, Gesch. des Fürstenthums Hannover, I, Beilage X (S. 58 ff.), das die Administration der landschaftlichen Steuern ordnende Regulativ des Herzogs vom 15. Febr. 1595 bei Kleinschmidt, Sammlung von Landtagsabschieden der Fürstenthümer Calenberg, Grubenhagen und Göttingen, II, 171 ff. Vgl. dazu Spittler I, 352 ff.; Hugo, 110 ff.; Havemann, Gesch. der Lande Braunschweig u. Lüneburg III, 152 f.; Heinemann, Gesch. von Braunschweig u. Hannover III, 14 f.;

3) Die von Spittler I, 453 f. noch vermißte erste Spur eines solchen hat Hugo S. 101 in der 1599 erfolgten Ernennung Ludolf Gardens zum landschaftlichen Advocaten gefunden. Mit dem Titel Landsyndicus ward zuerst der von Spittler a. a. O. genannte Lic. G. Petrejus (Petraeus) im Jahre 1615, also unmittelbar nach der 1614 vollzogenen Neuordnung des landschaftlichen Steuerwesens (Spittler I, 382 ff.; Hugo 113 f.; Havemann III, 160; Manecke, braunschweig-lüneb. Staatsrecht, 402 f.) bestellt. Ihm folgte 1639 der bei Spittler II, 59 genannte Dr. Chr. W. Engelbrecht nach; diesem wurde 1667 Joh. Fr. Krauel adjungirt, der 1658 zum Landsyndicus von Grubenhagen bestellt worden war. Die Daten entnehme ich einer undatirten Kanzleinotiz der calenb. Regierungsacten des 17. Jahrhunderts. (Brief. des. 19, n. 16[b]).

Die Constituirung eines ständigen landschaftlichen Verwaltungsorgans hinderte nicht, daneben nach wie vor temporäre Ausschüsse sowohl für financielle, wie andere politische Fragen zu bilden; auch deren Mitglieder wurden von dem Landtage nur unter dem Vorbehalt fürstlicher Bestätigung deputirt, und überdies wahrte sich der Landesherr das Recht, ihre bald größere, bald geringere Zahl nach eigenem Ermessen zu mehren und zu mindern[1]. Ein unständiger Ausschuß aber, dessen Zusammensetzung der Landesherr beeinflußte oder gar einseitig vollzog, ließ sich leichter nach seinem Willen lenken als das feste und geschlossene Schatzcollegium oder gar das Plenum der Landschaft.

Die Beschwerden der Stände nöthigten denn auch dem Herzog Friedrich Ulrich die Zusage ab, keine allgemein verbindlichen Schlüsse mit „etlichen Privatpersonen aus der Landschaft Mittel" aufzurichten[2], und Herzog Georg mußte es geschehen lassen, daß sein erster im Februar 1636 zu Hannover versammelter Landtag dem Schatzcollegium eine zweite beständige Deputation zur Seite stellte[3]. Indem man die Schatzsachen den Äbten von Loccum und von Bursfelde, drei Vertretern der Ritterschaft und zwei städtischen Stimmen, nämlich Münden und Münder, übertrug und diesem siebengliedrigen Collegium noch zehn Ausschußmitglieder zuordnete, nämlich zwei stiftische, sechs ritterschaftliche und zwei kleinstädtische Stimmen, entstand der nachmals sogenannte große landschaftliche Ausschuß[4].

Allein auch diese Veranstaltung verfehlte ihren Zweck, da die sogenannten großen Städte des Landes, Hannover, Göttingen, Hameln und Northeim, sich geflissentlich von den andern Landständen absonderten und daher weder im Schatzcollegium noch im Ausschuß vertreten waren. Herzog Georg kehrte daher schon 1638 zu dem früheren Brauche zurück, die wichtigsten Fragen mit einem willkürlich ausgewählten Ausschusse der Landschaft zu erledigen[5].

---

1) Über die Ausschüsse von 1599, 1624 u. 1628 und den fürstlichen Vorbehalt von 1534 vgl. Hugo S. 15 f. u. 17 f.

2) Hannoverscher Landtagsabschied vom 9. Sept. 1628 bei Pfeffinger, Historie des braunschweig-lüneb. Hauses III, 305 (35), vgl. Hugo S. 11.

3) Der Landtagsabschied vom 26. Febr. 1636 steht bei Pfeffinger III, 307 ff.

4) Die amtliche Bezeichnung lautete seitdem: „die zum Ausschuß u. Schatzsachen des Fürstenthums Calenberg Verordnete." Die Prälatur ward im Ausschuß durch den Generalsuperintendenten zu Wunstorf und den Verwalter der Stifter zu Northeim u. Wibrechtshausen vertreten, die kleinen Städte durch Pattensen u. Uslar. Von seiten der Ritterschaft gehörten zum Schatzcollegium: Jobst von Reden, Levin Hake u. Caspar von Ilten; zum Ausschuß: Hans von Hardenberg, Ernst von Alten, Diederich von Heimburg, Erich von Lenthe, Franz von Reden u. Jakob Arend Papen (Pfeffinger III, 313).

5) Er begehrte einen engeren Ausschuß und berief dazu nur den Abt von Loccum, die Ritter Levin Hake u. Jobst von Reden sowie je einen Vertreter der Städte Hannover und Göttingen. (Hugo, S. 20.)

Mußte er auch die seinem Vorgänger abgenöthigte Zusage wiederholen [1]), als die großen Städte sich mit der Ritterschaft ausglichen und Sitz und Stimme ein Ausschuß erhielten [2]), so vermochte doch selbst der durch die großen Städte verstärkte Ausschuß [3]) nicht einmal nach dem Tode Georgs der Landschaft den erstrebten Antheil am fürstlichen Regimente zurückzugewinnen. Als die ständischen Deputirten seinem Sohne Christian Ludwig ihren Beirath, in gleicher Weise wie einst dem kraftlosen Friedrich Ulrich [4]), aufzudrängen versuchten, erfuhren sie eine derbe Abfertigung. Kanzler Kipius erklärte dem Ausschuß: solche Vorschläge ständen der Landschaft nicht zu; sei auch der Herzog gewillt, der getreuen Stände desideria zu vernehmen, wenn sie dieselben „mit gutem Glimpf und ohne Acerbität" vortrügen, so behalte er sich doch vor, „bei Bestellung des Regiments die ihm zustehenden landesfürstlichen iura frei zu üben [5])".

In gleichem Tone wiesen auch die andern Söhne Georgs jeden Herrschaftsanspruch der Stände zurück und nutzten die beschränkten Vollmachten der Ausschüsse aus, um allmählich die ganze landständische Corporation bei Seite zu schieben.

Georg Wilhelm unternahm bereits 1651 einen ersten Anlauf. Da der im Juli 1650 gehaltene Landtag die Abdankung des Heeres verlangt und die Forterhebung der Contribution nur für kurze Frist bewilligt hatte, so hoffte der Herzog über solche Befristung hinauszugelangen, indem er nur „etliche aus Mittel der Landschaft [6])" berief, um ihnen durch Darstellung

---

1) In dem zu Hannover 3. April 1639 aufgerichteten Landtagsabschiede (Pfeffinger III, 324 ff.) Nr. 35 (S. 344).

2) Dies ergiebt sich aus dem am 4. Februar 1638 zu Hildesheim vereinbarten Landtagsabschiede (Nr. 6 u. 13) bei Pfeffinger III, 314 ff.

3) Die Betheiligung derselben erhellt aus dem von Hugo S. 22 u. 26 angezogenen Acten vom 3. Aug. 1641 u. 17. Januar 1643.

4) Durch den Landtagsabschied vom 26. April 1628: Hugo S. 16 f.; Spittler I, 435, 449 f.

5) Havemann III, 171 nach dem Tagebuch Thomas Grote's.

6) Georg Wilhelm, dat. Hannover, 30. Dec. 1650: Demnach Wir uns in Gnaden erinnern, welchergestalt bei jüngst gehaltenem Landtage Wir uns dahin erkläret, daß Wir im Anfang des Gott gebe! mit Liebe eintretenden neuen Jahrs nach Befindunge entweder einen Landtag ausschreiben oder aber etliche gewisse Personen aus Mittel Unser getrewen Landschaft anhero convociren und mit denselben aus des Lands Nothdurft communiciren lassen wollten, anjetzo aber nicht nöthig zu sein ermessen, einen allgemeinen Landtag wiederumb auszuschreiben, sondern entschlossen nur etliche aus Mittel Unser getrewen Landschaft, unter andern auch Ewere Person, an Uns zu erfordern, so begehren Wir an Euch hiermit gnädiglich rc. rc." Diese Einladung ist ausgefertigt an den Abt Johann Kitzow zu Loccum, den Kammerrath Joachim Götze, den Schatzrath Erich von Lenthe, den Schatzrath Franz Ernst von Rheden, den Schatzrath Hildebrand Christof von Hardenberg, an die vier großen Städte sowie an Pattensen u. Hardegsen. Von den Geladenen gehörten der Abt von Loccum und die vier ritterschaftlichen Deputirten dem Schatzcollegium an, sowie

der ringsum bedrohlichen Lage die Überzeugung aufzudrängen, daß jede Heeres- und Steuerreduction eine Unmöglichkeit sei. Allein die Deputirten durchschauten die Tragweite des Ansinnens und legten mündlich und schriftlich Verwahrung dagegen ein; indem sie die fortdauernde Nothwendigkeit stehender Truppen bestritten und dem Plenum der Landschaft das verbriefte Recht, alle und jede Anlage zu bewilligen, vorbehielten, erklärten sie, selbst für den Fall, „daß des Vaterlandes Wohlfahrt und Nutz es erforderte", sich „als singuli" nicht ermächtigt, die befristete Bewilligung bis zu dem von der Regierung vorgeschlagenen Termin „und also fast in infinitum" auszudehnen.

Im fürstlichen Geheimen Rathscollegium fand man hierin „principia, welche die Landschaft sich billig scheuen sollte S. Frl. Gn. vorzutragen; sie würden damit schließlich „das ius pacis et belli an sich ziehn" und „den Unterthan über den Landesherrn setzen"; es sei unerhört, wenn die Deputirten „die rationes, so das ganze Reich sammt dem fürstlichen Hause und dem Consilio (d. h. den Geheimen Räthen) für important hielte, für irrelevant achteten"; man berufe die Stände doch „nicht ad contradicendum, sondern S. Frl. Gn. Motiven und rationes anzuhören". Die Regierung verwies demnach sowohl mündlich wie schriftlich den Deputirten solche Eingriffe in die iura principatus und entließ sie mit dem Ausdruck der Zuversicht, „daß sie ins künftige sich solcher harter Remonstrationen enthalten und ihre desideria mit gebührender Bescheidenheit vortragen möchten[1])".

Die Deputirten aber, stolz auf ihre Stellung „als freie Stände", beriefen ihre Mitstände nach Bodenwerder, und die gesammte Landschaft legte in einer umfangreichen Denkschrift, die sie durch eine neue, nach ihrer eigenen Wahl zusammengesetzte Deputation, dem Herzog überreichen ließ[2]), Ver-

---

es sich in der von Georg Wilhelm d. d. Hannover 11. März 1650 erlassenen Schatzordnung darstellt. Nicht dazu gehörten die vier großen Städte; die kleinen Städte aber waren in diesem Schatzcollegium nicht durch Pattensen, Hardegsen, sondern wie zuvor durch Münden und Münder vertreten.

1) Protokolle des Geh. Rathscolleginums, act. Hannover 22—28 Januar 1651. Memoriale der ständischen Deputirten, dat. Hannover 24—28 Januar 1651; Herzogliche Resolution, dat. 29. Januar 1651.

2) In dieser Deputation wurde dem Abt von Loccum der Propst des Hameler Bonifaciusstiftes, Dr. Anton Waldhausen zugesellt; die ritterschaftliche Vertretung durch den Obristwachtmeister Johann Wilke Hake, den Rittmeister Friedrich Ulrich von Adelebsen, Jost von Bennigsen und den Rittmeister Caspar Heinrich von Haus verstärkt; die Vertretung der großen Städte auf Hannover und Hameln beschränkt und wegen der kleinen Städte Pattensen und Münder der Landrentmeister Dr. Christof Wilhelm Blume abgeordnet; als Sprecher wurde noch der Landsyndicus Dr. Christian Wilh. Engelbrecht der Deputation beigegeben. Memorial und Einführungsschreiben, dat. Bodenwerder, 28. Febr. 1651, unterschrieben: „des Fürstenthumb Braunschweig Calenbergischen Theils von Prälatur, Ritterschaft, großen und kleinen Städten sämbtliche Landstände".

wahrung ein gegen jeden Abbruch des ihr unbedingt zustehenden Steuerbewilligungsrechts: denn durch die den Ständen ertheilten Privilegien und die mit ihnen aufgerichteten Capitulationen „stehe der Landesherr in obligatione und habe seine Potestät selbst auf gewisse Weise diesfalls limitiret oder restringiret“. Stelle man nun den „Collecten, welche dem gnädigen Landesfürsten die Unterthanen ex mera liberalitate als ein subsidium charitativum unterweilen zu bewilligen pflegen“, diejenigen gegenüber, „welche auf allgemeinen Reichs- und Kreistägen bewilliget oder aber urgente quadam necessitate publica angelegt werden müßten“, so könne doch durch solche Unterscheidung „das ius collectandi gar nicht infringiret oder aufgehoben werden“. Wenn aber die Stände das Princip festhielten, so träten sie damit den herzoglichen Hoheitsrechten durchaus nicht zu nahe; würden doch ebenso wenig die dem Kaiser zustehenden iura Maiestatis dadurch diminuirt, daß er die Reichsstände nicht suo arbitrio mit Steuern belegen könne, sondern an seine Wahlcapitulation gebunden sei. „Auch in den Reichsconstitutionibus sei der casus necessitatis gar nicht excipiret, stehe auch der Röm. Kaiserlichen M^t^ keineswegs frei, pro lubitu et suo arbitrio die einmal von den Ständen bewilligten Steuern über die beliebte Zeit weiter zu extendiren“. Finde also der Herzog die Heeresreduction unthunlich, so möge er „den legitimum und in diesem Fürstenthumb und Lande hergebrachten modum procedendi beobachten und die gesambte Landschaft convociren lassen“.

Diese Sprache machte Eindruck. Der Herzog, der die Deputirten persönlich empfing, ließ nur gegen die Behauptung einer Capitulation und gegen die Gleichstellung der Landstände mit den Reichsständen durch seinen Kanzler Einsprache erheben. Als der Landsyndicus erläuterte, daß damit der landesfürstlichen Hoheit „kein Eintracht“ geschehen solle, sagte Georg Wilhelm die Berufung eines Landtags zu[1]). Dieser Mißerfolg beirrte jedoch die Regierung nicht[2]). Und ihre immer wiederholten Versuche, sich der landständischen Zustimmung mit Hülfe der Ausschüsse zu versichern, blieben auch nicht ohne Erfolg.

Schon 1652, als der Hildesheimer Bund unterzeichnet war, erkannte der vom Landtag[3]) zur Entgegennahme vertraulicher Aufklärungen deputirte Ausschuß[4]) an, daß Georg Wilhelm sich von der Theilnahme an der Allianz nicht habe ausschließen können[5]). Als dann das Plenum der Stände gleichwohl die Bewilligung der für die Bundesrüstung erforderten

1) Protokoll der Regierung, act. Hannover, 4./5. April 1651.
2) Vgl. die im Band I dieses Buchs S. 34 mitgetheilte Äußerung Fürschätze's.
3) Dieser tagt im October 1652 zu Hannover.
4) Zwei stiftische (Loccum u. Wunstorf), drei ritterliche und vier städtische Deputirte.
5) Hugo, S. 34.

Kosten zu verweigern versuchte[1]), fiel das Hauptargument derselben, es wäre das Bündnis ohne ihr Zuthun erfolgt, eben an der Thatsache zu Boden, daß dem Ausschuß die Billigung der Allianz abgenommen war[2]).

Einige Jahre später gieng die Regierung bereits herrischer vor. Obwohl der im November 1656 versammelte Landtag bei Bewilligung einer Contribution bis zum nächsten Mai ausdrücklich ausbedungen hatte, daß zu diesem Termine das Plenum wieder zu berufen sei, wurde doch die Weiterbewilligung nur einem zu anderem Zwecke gewählten Ausschuß zugeschoben, und der Widerstand dieses mit der Erklärung gebeugt, daß ein allgemeiner Landtag wegen des fortdauernden Steuerbedürfnisses nicht nothwendig und wegen der Abwesenheit des Herzogs überhaupt nicht zulässig sei[3]). Auch der im Herbst 1657 wieder berufene Landtag richtete mit seiner Beschwerde nichts aus. Das Geheime Rathscollegium war einhellig der Auffassung, daß nur die Ausschreibung neuer Steuern ohne Einwilligung des Landtags, nicht aber die Forterhebung der einmal bewilligten die ständischen Privilegien verletze. Über die Einrede, daß man die Bewilligung über die festgesetzte Frist ausdehnte, setzte man sich mit dem Satze hinweg, „die Continuation sei necessitate ita urgente geschehen". Auf solche Weise wurde den Ständen ohne viel Aufhebens nach und nach das Steuerbewilligungsrecht entwunden[4]).

Es entsprach dieser Methode der Umgehung des landständischen Eigenwillens, daß die Regierung jetzt selbst beantragte, „nach Anleitung des in anno 1636 errichteten Landtagsabschieds wiederum einen gewissen und beständigen Ausschuß zu machen"[5]). Das auch früher dem Landesherrn vorbehaltene Recht der Wahlbestätigung wurde jetzt wirksamer zur Geltung gebracht, da die Regierung darauf hielt, „nur solche Leute zu nehmen, welche bei wichtigen Sachen herkommen (d. h. nach Hannover kommen) und Rath geben könnten". Sie bethätigte dies, indem sie die zuerst Vorgeschlagenen ablehnte, obwohl es „sonst ehrliche Leute" wären, und indem sie andrerseits dem Verlangen der großen Städte nachgab, aus ihrer Mitte nur Hannover zum Ausschuß zu laden. Wenn sie einwilligte, den Schatzräthen als solchen Sitz und Stimme in dem Ausschuß zuzuerkennen, so

1) Die Opposition war auf einem Privatconvente der Landstände, der im März 1653 zu Einbeck statt fand, von Götz von Olenhausen geschürt. Die Rede, die derselbe dort gegen das stehende Heer u. die ständige Contribution hielt, ist auszugsweise gedruckt bei Jacobi und Kraut, Annalen der braunschweig-lüneburg. Churlande II, 2, 1 ff.

2) Hugo, S. 35, der dort behandelte Landtag fand aber nicht 1652, sondern im April 1653 statt.

3) Beschwerdeschrift der Landschaft, dat. Hannover 29. Oct. 1657.

4) Protokolle über den calenb. Landtag, act. 28. Oct.—9. Nov. 1657.

5) Proposition der Regierung dat. Hannover, 28. Oct. 1658.

war dies kein besonderes Zugeständniß, da ja auch deren Wahl erst nach der landesherrlichen Bestätigung gültig war[1]). Hatte also einst die Landesherrschaft den ständigen Ausschuß als ein Organ landständischen Mitregiments verabscheut, so bekundete sie jetzt durch die von ihr selbst geforderte und geleitete Erneuerung desselben, daß sie darin nur noch ein Werkzeug zur Beseitigung des landschaftlichen Dreinredens sah.

Das Princip freilich, daß die Ausschußbeschlüsse der Genehmigung des Plenums bedürften, um Gesetzeskraft zu erlangen, hielt die Landschaft unentwegt fest. Als die Regierung im October 1658 den Landtag ersuchte, den Ausschuß, von dem sie keine Resolution habe erwirken können, „mit solchen Vollmachten zu versehen, daß die Deputirten bei vorfallenden arduis ihr unterthäniges Gutachten S. Frl. Dchl. eröffnen könnten"[2]), ward ihr die Antwort zu Theil: „es wäre den Deputirten niemals mandatum cum libera gegeben; nur wenn Sachen so keine moram zuließen, vorkommen, hätte der Ausschuß Vollmacht gehabt, mit S. Frl. Gn. sich darüber zu vernehmen und eines Gewissen sich zu entschließen; wenn aber solche Sachen vorgefallen, so für die ganze Landschaft gehörten, hätte der Ausschuß sich deren nicht unternommen". Die Regierung erklärte sich mit dieser Observanz im Allgemeinen einverstanden und verlangte nur eine umfassendere Bevollmächtigung des Ausschusses für den Fall, daß man »per urgentem necessitatem zum Landtage nicht gelangen könnte". Allein der Landtag ließ sich keine unbedingte Vollmacht abschmeicheln; er erwiderte: nur dann, „wenn Sachen, da summum in mora periculum, vorfielen, und wenn sie vom nächstgehaltenen Landtage dependirten", dürfe der Ausschuß „sein Votum eröffnen"[3]). Mit dem zweiten Gliede der Klausel wurde also sogar bei Erledigung eiliger Sachen die Competenz des landschaftlichen Plenums im Princip gewahrt[4]).

Unter Georg Wilhelm wurde denn auch nach wie vor der Landtag jährlich, zuweilen zwei Mal im Jahre, berufen. In Wahrheit aber wurde der ständige Ausschuß, wie er seit 1658 zusammengesetzt war, der Vormund und bald auch der Erbe der Landtage[5]). Sanken diese unter seine

1) Protokoll über den calenb. Landtag, act. Hannover, 28. Oct. bis 9. Nov. 1657.

2) Proposition, dat. Hannover, 6. Oct. 1658.

3) Protokoll über die Verhandlungen mit dem calenberg. Landtag, act. Hannover, 7—12. Oct. 1658.

4) Obgleich Hugo S. 24 dies richtig erkannte, hat Havemann III, 171 f. den Sachverhalt verkehrt. Völlig klargestellt ist die Competenz des Ausschusses erst durch die in den Jahren 1771/75 zwischen Regierung und Ritterschaft geführten Streitigkeiten, die Hugo S. 36 ff. eingehender mittheilt. Vgl. Manecke, braunschweig-läneb. Staatsrecht, § 165, S. 239 f.

5) Zum Schatzcollegium gehörten damals der Abt von Loccum, drei adelige Schatzräthe (Erich von Lenthe, Franz Ernst von Rheden, Ludwig Wilken Hake) und die kleinen

Vormundschaft dadurch, daß die Regierung das Plenum nur berief, um das mit dem Ausschuß vorher Vereinbarte zu genehmigen, so führte die wirthschaftliche Bedrängniß, um derentwillen die nicht zum Ausschuß verordneten Stände nur spärlich auf den Landtagen sich einstellten und nur selten bis zum Schlusse ausharrten[1]), allmählich dahin, daß auch zu den Plenarversammlungen nur die theils durch feste Besoldung theils durch Domicilirung in der Nähe der Residenzstadt besser gestellten Schatz- und Ausschußverordneten erschienen, denen die Tagfahrt weniger Unkosten schuf. So schrumpfte das ständische Leben auf die Wirksamkeit der „zum Schatzwesen und Ausschuß Verordneten" zusammen[2]).

Mit der zunehmenden Entkräftung der Stände steigerte sich die abschätzige Schroffheit der Behandlung, die sie von dem Landesherrn und seinen Räthen erfuhren. Seitdem die Stände nicht mehr an der althergebrachten Malstatt, im Kreienholze bei Elze, unter freiem Himmel zusammenkamen, sondern der Berufung in die Residenz, auf die fürstliche Kanzlei, Folge gaben, entzog der Landesherr den Verhandlungen seine Gegenwart und den Vereinbarungen seine Unterschrift. Waren diese einst

---

Städte Münden u. Münder. Von den im October 1658 versammelten Landtage wurde zum Ausschuß ernannt, 1) aus der Prälatur: das Stift Wunstorf u. das Stift S. Bonifacii zu Hameln; 2) aus der Ritterschaft: Jobst von Bennigsen, Bodo von Alten, Martin von Helmburg, Hans Curt von Hardenberg, Falke Adolf von Uslar, Wilhelm von Rheden, Caspar Heinrich von Hauß; 3) aus der großen Städte Mittel: die Stadt Hannover; 4) aus der kleinen Städte Mittel: die Städte Moringen und Pattensen. Da nun auch die Schatzräthe ohne weiteres zum Ausschuß gehörten, so zählte derselbe also 3 stiftische, 10 ritterschaftliche u. 7 städtische Stimmen. Bei Hugo S. 22 f. u. Spittler II, 273 sind M. von Helmburg u. die Vertreter der Stifter Wunstorf u. Hameln vergessen, die alle nicht nur auf der mitgetheilten Liste vom 8. Oct. 1658, sondern auch in den andern Protokollen dieser Jahrzehnte regelmäßig erscheinen. Die von Spittler a. a. O. aufgeworfenen Fragen erledigen sich durch meine Darstellung. Beschränkten die großen Städte im Jahre 1658 um der Kosten willen ihre Vertretung auf Hannover, so sind sie seit Januar 1669 regelmäßig durch Hannover u. Hameln vertreten. Nur insofern hat Schaumann, Handbuch der Gesch. der Lande Hannover u. Braunschweig, S. 265, Recht, wenn er die abschließende Organisation des Schatzcollegiums in das Jahr 1668 verlegt. Wenn Spittler (I, 450 ff. u. II, 272 ff.), Hugo S. 92 f., Havemann III, 166 ff. u. Manecke S. 233 f. drei landschaftliche Deputationen, das Schatzcollegium, den großen und den engern Ausschuß unterscheiden, so trifft diese systematische Gliederung für das 17. Jahrhundert nicht zu. Im großen Ausschuß, wie er 1636 und 1657/58 eingerichtet wurde, war ja der engere, nämlich das Schatzcollegium mit eingeschlossen; der sonst erscheinende engere Ausschuß aber war kein festes Gebilde, sondern eine vom Landesherrn willkürlich zusammenberufene, von der Landschaft daher stets bekämpfte Formation.

1) Eben damit motivirte die Regierung ihren Antrag auf Einsetzung eines ständigen Ausschusses (Protokoll über den Landtag von 1657). Vgl. Hugo S. 85, 87.

2) Damit fällt Spittlers (II, 274 ff.) Urtheil zusammen, daß mit der Entstehung des beständigen Ausschusses neues Leben in die Landschaft gekommen sei.

vertragsmäßig in den Landtagsabschieden fixirt, so wurden sie seit 1651[1]) nur in formlosen, unvollzogenen Protokollen niedergelegt[2]) und die Anträge und Beschwerden der Landschaft wurden durch Resolutionen des Landesherrn, deren Ton immer dictatorischer wurde, erledigt. Am schroffsten aber empfanden die Stände die Rücksichtslosigkeit des neuen Kurses darin, daß weder dem Plenum noch dem Ausschuß ein angemessener Raum für ihre Berathungen zur Verfügung gestellt ward. So oft die zur Kanzlei oder Geheimen Rathsstube beschiedenen Prälaten, Ritter und Städte zu gesonderter Besprechung der landesherrlichen Vorschläge und Bescheide sich zurückzogen, mußten sie „vor der Kanzlei auf dem Platze im Beisein anderer Leute sich bereden"[3]) oder „auf dem Gange vor der Rathsstube unter den Boten, Bauern, Jungen und allerhand anderem Gesinde stehend aufwarten"[4]). War das schon während der Regierung Georg Wilhelm's der Fall, so wurde es unter seinem Bruder Johann Friedrich nicht besser. Unter den Beschwerden, welche die Landschaft nach dessen Tode dem Herzog Ernst August, dem jüngsten Sohne Georgs, überreichte, war auch die, „daß wenn der große Ausschuß oder die Schatzräthe zu Geheimer Rathsstube und Kanzlei citirt werden und ihrer Schuldigkeit gemäß sich einfinden, sie alsdann in keine Antichambre oder sonst benachbarte ledige Stätte verwiesen werden können, sondern unter der Canaille stehen und sich oft von denselbigen drängen lassen müssen", und daß sie oft, auf 9 Uhr geladen, bis 12 und 1 Uhr sich gedulden müssen und „mittlerweil unter allerhand auch gemeinen Leuten ihre Zeit so viel Stunden unnützlich und ganz unvergnüglich zuzubringen und zu passiren genöthiget werden"[5]).

Johann Friedrich beseitigte auch die letzten Reste der ehemaligen landständischen Selbstherrlichkeit.

Hatten sein Vater und seine Brüder unbedenklich die von ihren Vorgängern der Landschaft ertheilten Privilegien und Religions-Assecuranzen bestätigt, so widersetzte sich Johann Friedrich nicht nur einer Erweiterung der kirchlichen Zusicherungen, die man ihm als Convertiten auferlegen zu

---

1) Hugo S. 68.

2) Bezeichnend für den Übergang von dem einen zum andern Modus ist der Ausgang des im October 1652 zu Hannover gehaltenen Landtags: „Weil kein Landtagsabschied aus erheblichen Ursachen und daß vieles in suspenso gelassen", aufgerichtet werden konnte, so wurde eine »punctatio loco recessus« beliebt.

3) Klage der Stände auf dem 20. April bis 3. Mai 1653 zu Hannover gehaltenen Landtage, nach dem Regierungsprotokoll.

4) Memorial der calenb. Stände, dat. Hannover, 20. Aug. 1661, bei Spittler II, 264.

5) Beschwerden der calenb. Landstände; das Datum der [unbatirten Copie, die mir vorliegt, ergiebt sich aus der herzoglichen Resolution, dat. Hannover, 26. Aug. 1685, bei Meiners u. Spittler, Götting. Histor. Magazin, IV (1789) 538 ff. u. 607 ff. unter Nr. 29.

müssen glaubte, sondern versagte auch die rückhaltlose Anerkennung aller sonstigen Freiheiten und Gerechtigkeiten der Landschaft. Erst nach sechsjährigem Streite (1665/71) kam ein Compromiß zu Stande.

Dem convertirten Fürsten die Privatübung seiner Religion zu wehren, wie einst in Celle geschehen war, lag von vornherein nicht in der Absicht der Stände[1]); sie dachten nicht einmal daran, ihm den Summepiscopat der lutherischen Landeskirche zu verschränken. Was sie verlangten, waren nur bestimmte Bürgschaften gegen das Vordringen des Katholicismus. Eine neue Consistorialordnung sollte mindestens zwei lutherischen Theologen Sitz und Stimme im Consistorium, und der Landschaft das Recht, den einen zu präsentiren, verbürgen. Um die Handhabung des consistorialen Kirchenregiments zu normiren, sollte sodann aus den alten fürstlichen Erlassen, Kirchenordnungen und Landtagsabschieden ein Corpus constitutionum ecclesiasticarum zusammengetragen, und insbesondere die von Georg Wilhelm 1663 erlassene Klosterordnung bestätigt werden[2]). Ausdrücklich würde darum auch der Herzog die von seinem Vater und seinen Brüdern ausgestellte Religions-Assecuranz dahin zu erweitern haben, daß nicht nur den Städten, Dörfern und Adelssitzen, sondern auch den Stiftern und Klöstern die auf die unveränderte Augsburgische Confession gegründete Religionsübung unverrückt erhalten bleibe. Eben dasselbe bedangen die Stände für die hohen und niedern Angehörigen der Hofgemeinde aus und wünschten demgemäß auch die Schloßkirche dem lutherischen Cultus zu erhalten. Kein öffentliches Amt dürfte einem Katholiken übertragen, und überhaupt nirgends eine simultane Übung des katholischen Cultus, den Bestimmungen des westfälischen Friedens zuwider, zugelassen werden[3]).

Johann Friedrich jedoch wies die runde Gewährung aller dieser Forderungen weit von sich zurück. Er übergab die Schloßkirche ohne Weiteres dem katholischen Cultus, der ihm Herzensbedürfniß war, und die Stände beruhigten sich einigermaßen, als er der lutherischen Hofgemeinde erst ein Privathaus, dann den Neubau einer Kirche für ihren Gottesdienst gewährte und das Consistorium in seiner bisherigen Formation wieder in Thätigkeit treten ließ. Um so dringender bestand die Landschaft auf ihren übrigen Forderungen. Allein allen Variationen ihrer

1) Gegen Havemann III, 224 verweise ich auf meinen Band I, 374 ff.

2) Der ganze Inhalt derselben, so erläutern die Stände in dem Memorial d. d. 5. März 1669, sei ja nur „dahin gerichtet, daß in den Stiftern und Klöstern nicht allein der cultus divinus mit gehöriger Devotion u. zu rechter Zeit abgestattet, dienliche Klosterdisciplin u. gute Ordnung gehalten, sondern auch die geistliche reditus gebührlich administriret und wozu dieselbige destiniret, richtig verwendet werden möchten.“

3) Ich fasse hier die in den verschiedenen Memorialien der Stände seit 1665 vorgetragenen u. meistentheils in dem die unerledigten Punkte resumierenden Memorial vom 26. Februar 1669 wiederholten Gravamina der Landschaft zusammen.

gravaminirenden Beredsamkeit ward stets derselbe abschlägige Bescheid: „S. Dchl. vermeineten, wenn Sie die Religionsreversalen dergestalt ausstelleten, wir Ihre Vorfahren, würde Ihnen ein mehreres nicht zuzumuthen sein“[1]). Indem der Herzog die von seinem Vater und seinen Brüdern ertheilte Religions-Versicherung Satz für Satz, unter Modification nur einiger weniger mit seinem katholischen Bewußtsein unvereinbarer Ausdrücke sofort sich aneignete, und nach schließlicher Zustimmung der Landschaft am 23. Mai 1671 vollzog[2]), lehnte er es ab, „sich desfalls in mehrere Particular-obligationes zu setzen“ und sich auf die in den ständischen Denkschriften „wegen des ohnedem mittelst Erbauung einer neuen Kirche zugestandenen und gnädigst eingewilligten Cultus ecclesiastici, einer neuen Consistorial-Ordnung, der Stift und Klöster[3]), auch deren Conventualitäten[3]), und sonsten angeführten Punkten specifice herauszulassen“[4]). Das einzige, wozu er sich schließlich herbeiließ, war die feierliche Zusage, „es in allem übrigen bei dem zu Münster und Osnabrück beschlossenen allgemeinen Instr° Pacis lediglich bewenden lassen und die Landstände und Unterthanen dabei landesfürstlich handhaben“ zu wollen. Eine Erklärung in diesem Sinne wurde der die sonstigen Freiheiten und Gerechtigkeiten der Stände confirmirenden Urkunde einverleibt[5]).

Mit derselben Entschiedenheit, wie seinen kirchlichen Standpunkt, setzte Johann Friedrich seinen politischen Absolutismus den Ständen gegenüber durch. Hatte er sogar bei seinem Staatsstreich in Celle die Privilegien der dortigen Landschaft nicht unbesehen bestätigen wollen[6]), so versagte er der calenbergischen Landschaft schlechterdings die unbedingte Anerkennung aller ihrer politischen Vorrechte[7]). Er wollte dieselben nur unter dem Vorbehalt bestätigen, daß ihm solches „an dem iure territoriali oder hohen landesfürstlichen Obrigkeit ohnabbrüchig sein solle“[8]). Und sein Kanzler fügte erläuternd hinzu: „S. Frl. Dchl. hätten alle und jede Landtagsabschiede fleißig verlesen und erwogen, und daraus befunden, daß etliche

1) Erklärung des Kanzlers gegenüber dem Landtage am 24. März 1666.

2) Dieser Revers ist gedruckt in Schlegels Kirchengeschichte III, 689 ff. Ich wiederhole im Anhange unter N°. I, 3. den Hauptpassus nach dem (laut Kanzleivermerk) bereits am 22. März 1666 aufgesetzten u. am 23. Mai 1671 von Herzog Johann Friedrich mit eigenhändiger Einfügung des Datums vollzogenen Exemplar, um dabei genauer als Schlegel III, 256 f. sowohl die abgelehnten als die vorgenommenen Modificationen des Ausdrucks anzugeben. 3) sic.

4) Erklärung des Kanzlers gegen die Landschaft nach einem vom Herzog vollzogenen Aufsatz, am 2. März 1669.

5) Calenb. Landtagsprotokolle, act. Hannover, 2. März 1669, 17. u. 20. Mai 1670. Vgl. die Confirmationsurkunde in dem Anhange unter N°. I, 2. 6) Band I, 404.

7) Protokolle über den im Nov. 1665 tagenden Landtag.

8) Vom Herzog unterzeichnete Declaration d. d. 2. März 1669.

derselben fast directo wider die hohe landesfürstliche Obrigkeit liefen oder doch mit und nebst derselben nicht wohl consistiren könnten; etliche wären darunter, so von den Landständen hiebevor gar zu weit extendiret und zu Abbruch vorermeldten iuris territorialis ausgedeutet und behauptet werden wollen; etliche wären so beschaffen, daß sie gefüglich nicht zu practiciren". Demgemäß lehnte der Herzog jedes Eingehen auf die von den Ständen specificirten politischen Forderungen ab und bestand auf seinem principiellen Vorbehalt[1]). Behutsam erwiderten die Stände, daß durch eine Confirmation ihrer Privilegien „der landesfürstlichen Hoheit, Autorität und Macht nichts derogiret" und „der getreuen Landschaft ein mehreres nicht als was dieselbe vorher genossen und dessen sich in dem Heil. Röm. Reiche alle und jede Mediatstände kundbarlich zu erfreuen haben, conferiret" werde. Sie versicherten, daß „sie und sämmtliche Unterthanen nichts desto weniger nach wie vor in beständigem nexu ihrer unterthänigsten Subjection, Treue und Devotion verbleiben" und „sich mit denen acquirirten iuribus, wie sie nämblich dieselbige von undenklichen Zeiten geruhig hergebracht und ersessen haben, lediglich contentiren" würden[2]). Der Herzog deutete dies zwar als unbedingte Anerkennung seiner Landeshoheit aus, und versprach die Privilegien mit demselben Wortlaut wie sein Vater und seine Brüder zu bestätigen, jedoch nur „außer dem, was die jetzigen Zeiten und Umstände zu ändern von selbsten erfordern werden". Vergebens begehrten die Stände eine Declaration dieser neuen Klausel[3]). Der Herzog vollzog am 23. Mai 1671 die Confirmation der ständischen Freiheiten und Gerechtigkeiten nur unter Einfügung des Vorbehalts: „soweit dieselben jetziger und künftiger Zeit zu practiciren"[4]).

Daß dieser Vorbehalt nichts Geringeres als die Vernichtung des vornehmsten Vorrechts, das einst die Landschaft Herzog Erich dem Älteren abgetrotzt hatte, des Selbstversammlungsrechtes, bedeutete, zeigte ihr erster Versuch, darauf zurückzukommen[5]).

---

1) Protokolle über die landständischen Verhandlungen, act. 2. u. 9. März 1669.

2) Erklärung der zum „Schatzwesen u. Ausschuß Verordneten", dat. Hannover, 14. Mai 1670; unterzeichnet eigenhändig: Johann Abt zu Loccum, Johann Heinrich Schultze wegen Stifts S. Bonifacii, Stifts Wunstorf Senior M. Herbert Rolaff, Franz Ernst von Rheden, Martin von Heimburg, Jost von Bennigsen, Hans Curdt von Hardenbergh, Ernst Gelmann Dr. Syndicus Hannover., Adolf Ludwig Tappe Syndicus Hamelensis, Marcus Amelung wegen der Stadt Hameln, Johann Julius Hering wegen Münden, Johann Lappen wegen Münder, Erich Müller wegen Pattensen, Andreas Partesius wegen Moringen.

3) Protokolle über die Verhandlungen mit d. Ständen act. Hannover 13—21. Mai 1670.

4) Den ganzen Context der Urkunde s. im Anhange unter No. I, 2.

5) Im Gegensatz zu den herrschenden Darstellungen bemerke ich, daß das Selbstversammlungsrecht der Landschaft lediglich auf § 12 der von Erich I. 1526 verliehenen Privi-

Hatte sich noch Georg Wilhelm den eigenmächtigen Zusammentritt der Landstände und die selbstbewußte Sprache ihrer Rechtsverwahrungen gefallen lassen (s. oben S. 7 f.), so nahm Johann Friedrich schon das erste Gesuch um Aufklärung über den Zweck seiner Heeresverstärkung, das ihm der Ausschuß am 20. November 1673 unterbreitete, als eine „von etlichen weinigen Landständen unternommene und Unsere landesfürstliche Hoheit und Autorität nicht weinig touchirende Vorstellung" „nicht ohne besondere Befremdung und Mißfälligkeit" auf und hielt dem auf die ältere Observanz sich stützenden „Erkühnen" der Landschaft eben jene Klausel seiner Confirmationsurkunde entgegen; indem er die Eingabe der Stände von sich hinwegwies, heischte er sie an, „Uns hinfüro mit solchen Schriften und ungeziemenden nachdenklichen Nachfragen und Zumuthen nicht mehr zu behelligen, sondern damit allerdings zurückzuhalten und sich in denen, getreuen und gehorsamen Landsassen und Unterthanen geziemenden Schranken unausgesetzet zu behalten, damit Wir auf den widrigen Fall nicht veranlasset noch bewogen werden mögen, solche eigenmächtig anmaßende Zusammenkünfte etlicher weiniger Landstände, welche dergleichen Memorialia abzufassen und zu beschließen ohne einzige Befugniß oder habende Vollmacht sich unternehmen möchten, gänzlich zu verbieten und solche conventus, ehe und bevor Uns von deren Nothwendigkeit und dem dabei proponirenden capitibus deliberandis unterthänigster Bericht geschehen und Wir darin gewilliget, hinfüro nicht mehr zu gestatten"[1]).

Diese Drohung wurde verwirklicht, als sich die Stände im Mai 1674 eigenmächtig in Hannover versammelten, um diesen herben Bescheid und andere landschaftliche Beschwerden durchzuberathen.

Sofort schritt die Regierung ein und verlangte Suspension der Berathungen, bis die Berechtigung und der Zweck derselben dem Herzog dargethan und dessen Genehmigung eingeholt sei[2]). Die Stände fügten sich, ihre Befugniß mit dem Landtagsabschiede von 1639 und der Thatsache begründend, daß sie selbst wie ihre Vorgänger „oft und vielmals ohne

---

legien (Kleinschmidt, Landtagsabschiede I, 16 § 17) beruht. Die von Hugo S. 94 angezogene Stelle des Landtagsabschieds von 1639 ist nur eine aus der landschaftlichen Beschwerdeschrift vom 22. Mai 1674 wörtlich übernommene Umdeutung des von Pfeffinger IV, 344 richtig mitgetheilten § 35 des von Georg 1639 ratificirten Landtagsabschieds.

1) Resolution Joh. Friedrichs, dat. Hannover, 5. Dec. 1673.

2) Protokoll über die Vernehmung der landständischen Deputirten auf der Geheimen Rathsstube, act. Hannover, 7. Mai 1674. Anwesend seitens der Regierung: Geh. Kammerrath Grote, Geh. Rath von Witzendorf sowie die Hofräthe Hedemann, Dr. Bünting, Dr. Lampadius und von Mandelsloh; seitens der Landschaft: Abt von Loccum, Schatzrath Leuthe, von Hardenberg, Bürgermeister Ripenhausen, der Syndicus von Münden und der Landsyndicus Krauel.

einige Nachfrage sowohl in dieser fürstlichen Residenz als an andern Orten in und außerhalb Landes zusammengekommen seien"[1]. Das Geheime Rathscollegium aber erkannte diese Begründung nicht an. Denn der Landtagsabschied von 1639, so erörterte der leitende Minister, Freiherr Grote, beschränke das Selbstversammlungsrecht der Stände auf „zugelassene Fälle", das Herkommen aber zeige, daß solche Convente stets „ihre Dependenz von vorhergehenden Landtägen oder anderen Conventen, so autore principe angestellt, erhalten" hätten. Und „nirgendswo, so ergänzte Geheimer Rath Witzendorf, sei denen inferioribus conventus anzustellen gestattet, in welchen dieselbe insciis superioribus von Dingen, so das ganze corpus angehen, deliberiren wollten; dürften doch nicht einmal die Reichsstände „ohne des Kaisers Vorbewußt" Convente halten, „bei welchen von des ganzen Reichscorporis Nothdurft zu deliberiren" wäre. Alle Minister stimmten dem Freiherrn Grote darin bei, daß ein solches »Serenissimi Hoheit betreffendes Werk" nicht ungeahndet hingehen dürfe, einige aber wünschten doch eine „glimpflichere" Fassung der Resolution als jener vorschlug, um nicht das gute Einvernehmen zwischen Herrn und Unterthanen zu stören. Grote mäßigte daher seinen Eifer in dem Resolutionsentwurfe, den er dem Herzog unterbreitete, und die Stände wurden beschieden: der Herzog wolle zwar für dies Mal ihren Convent gewähren lassen, verbiete aber für die Zukunft jede Wiederholung solcher eigenmächtigen Zusammenkünfte[2]. Mit diesem Verbote legte der Herzog die Axt an die Wurzel der landständischen Selbstherrlichkeit, und der letzte Rest derselben brach unter ohnmächtigem Ächzen zusammen.

Die Stände verhehlten sich nicht, „daß damit (d. h. mit dem Verbot des Herzogs) der Landschaft Libertät und die deroselben anhängende andere Begnadigungen, Frei- und Gerechtigkeiten unnachbleiblich würden müssen verloren gehen", wagten aber doch dem Herzog weiter nichts als eine zahme Rechtsverwahrung entgegenzusetzen. Im Tone tiefster Demuth baten sie ihn, „bei sich selbst gnädigst bedenken und erwägen zu wollen, wie so gar wehe dero getreuer Landschaft durch die erfolgte Resolution geschehen, auch wie es nimmermehr müglich sei, sie's auch in ihrem christlichen Gewissen und vor der lieben Posterität zu verantworten (hätten), daß sie in einer so angelegener und gerechter Sache, welche sie dem Leben gleich aestimiren, als ehrliche und getreue Patrioten also schlechter Dinge sollten acquiesciren können"[3]. Sie appellirten dann auch vor Notar und Zeugen an den Kaiser[4], beschieden sich aber doch dem Herzog ohne Weiteres zu gehorchen

1) Eingabe der Stände, praesentat. 7. Mai 1674.

2) Protokoll des Geh. Rathcollegiums, act. 7. Mai 1674. Resolution Johann Friedrichs, dat. Linsburg, 8. Mai 1674. Vgl. Hugo S. 95 f.

3) Landständische Eingabe, dat. Hannover, 22. Mai 1674. 4) Hugo a. a. O.

und holten fortan seine Genehmigung zu ihren Versammlungen ein[1]). Von einem selbstherrlichen Mitregiment der Landschaft war seitdem keine Rede mehr.

So endete der Niedergang der landständischen Autonomie in Calenberg zwar nicht mit durchgreifender Vernichtung der ständischen Privilegien: indem die Stände sich vor dem herrischen Dreinfahren des Absolutismus beugten, retteten sie ihre Rechte der Form nach ungekränkt in die günstigern Zeiten unseres Jahrhunderts hinein. Thatsächlich aber war die Mitwirkung, zu der sie noch ausnahmsweise in der uns beschäftigenden Epoche berufen wurden[2]), nur eine Spiegelfechterei; ihre einst zur Bevormundung des Landesherrn geschaffenen ständigen Ausschüsse sanken zu gefügigen Organen des landesherrlichen Regiments herab[3]).

Die Umbildung der landständischen Ausschüsse in landesherrliche Organe bezeichnet den Weg, auf dem sich die Überwindung der ständischen Autonomie in Braunschweig-Lüneburg vollzog. Der Grund, weshalb sich die Landschaft fast widerstandlos ihre Rechte entwinden ließ, liegt auch hier darin, daß ihr nicht nur die Zwangsmittel, sie zu vertheidigen, gebrachen, sondern auch der Rückhalt der öffentlichen Meinung verloren gegangen war.

Hatten in den Anfängen der territorialen Entwicklung, als der Communalverband alles und der Staat nichts bedeutete, die von den Landständen ertrotzten Rechte nicht nur ihnen selbst, sondern auch ihren Hintersassen zur Schutzwehr gegen fürstliche Verunrechtung und Gewaltthat gedient, so waren sie zu rechtlosen Vorrechten eines engherzigen Standesegoismus entartet, seitdem das altgermanische Princip der localen und genossenschaftlichen Berechtigung und Selbstverwaltung durch die mit dem römischen Recht überkommene Idee der centralisierten Staatsgewalt und unbedingten Unterthanenpflicht überwunden, und das einst um die Fristung seines Daseins verlegene Landesfürstenthum unter dem Zwange der römischen Staatsidee in den Dienst des Gemeinwohls getreten war. Es kam hinzu, daß der dreißigjährige Krieg die Stände und ihre Unterthanen an erzwungene Contributionen gewöhnte, ihre wirthschaftliche Kraft aufs tiefste zerrüttete und ihren politischen Trotz niederbrach, während das von stehenden Truppen und geschulten Beamten umgürtete Landesfürstenthum mit verstärkter Lebenskraft aus dem großen Kriege hervorging. Als daher die Fürsten im Interesse der Staatseinheit und des Gemeinwohls den nur auf ihre particularen Interessen und Standesvorrechte bedachten Genossenschaften und Corporationen zu Leibe

---

1) Auf Gesuch des Schatzcollegiums, dat. Hannover, 28. Mai 1675 gestattete eine solche der Herzog, dat. Hannover, 31. Mai 1675. Hugo a. a. O. deutet dies irrig als eine bedingte Anerkennung des ständischen Selbstversammlungsrechts.

2) So unter Ernst August 1686.

3) So sah sie auch noch 1790 Hugo S. 141 ff. an.

gingen, regte sich kein Widerstand in den Tiefen der Bevölkerung. Das ständische Princip war unfruchtbar geworden. Mochte darum der Absolutismus das verbriefte Recht auf Schritt und Tritt bei Seite schieben, so stand doch auf seiner Seite das höhere geschichtliche Recht: indem der Absolutismus des Landesfürstenthums die unter dem Banne ständischer Autonomie und feudaler Gebundenheit staatslos gewordenen Menschen in den Dienst eines einheitlichen Staatswillens zwang und ein allgemeines Staatsbürgerthum anbahnte, schlug er die Brücke von der Anarchie der Feudalzeit zu dem modernen Staat.

Zweites Kapitel.

Die Organisation der landesherrlichen Absolutie.

Der Träger des modernen Staatsgedankens, der das ständische Wesen überwand, war der in der Schule des römischen Rechts und der Diplomatie des großen Krieges erzogene Beamtenstand. Der Staatsgedanke setzte sich daher zunächst nur in seiner Verkörperung als einheitliche und unbeschränkte Obrigkeit durch. Auch in den braunschweig-lüneburgischen Territorien äußerte sich der Fortschritt, den die neue Regierungsweise seit dem westfälischen Frieden mit sich brachte, vornehmlich in der Organisation eines alle Zweige des öffentlichen Lebens durchdringenden Beamtenthums.

Die Anfänge dieser Entwickelung reichen, wie schon früher gezeigt ist[1]), über den großen Krieg hinauf. Aber erst nach dem westfälischen Frieden gewann die Theilung der Regierungsgeschäfte unter verschiedene Departements und die Concentration der Regierungsgewalt in dem Geheimen Rathscollegium eine feste Gestalt. Und in gleichem Stufengange vollendete sich die Umwandlung des leitenden Personals. Während die ursprünglich an höchster Stelle fungirende Geistlichkeit ganz in den Hintergrund trat und die nach ihr dominirenden Doctoren des römischen Rechts nur im Geschäftskreise der obersten Gerichte ihr Übergewicht behaupteten, errang der landsässige Adel die höchsten Ämter im öffentlichen Dienst[2]). Auch die bürgerlichen Kanzler und die Ausländer, die das Fürstenhaus in dieser Epoche häufig zu den höchsten Ämtern berief, verstärkten dadurch, daß sie mit Adel, Lehnsgut und Landstandschaft begabt wurden, nur den Anspruch und Einfluß der landsässigen Ritterschaft[3]).

---

1) Band I, S. 7. 2) I, S. 25.

3) Schaumann, Handbuch der Gesch. von Hannover u. Braunschweig, S. 272.

2*

Vorausschauend hat das Ziel dieser Entwicklung bereits beim Anblick ihrer tumultuarischen Anfänge unter Heinrich Jul'us, dessen Stallmeister und Berghauptmann Georg Engelhard von Löhneysen in dem die Grundsätze der „Hof-, Staats- und Regierkunst“ entwickelnden Folianten seiner 1622 erschienenen Aulica-Politica vorgezeichnet, wenn er bei aller Werthschätzung gelehrter Doctoren und befähigter Ausländer doch den Fürsten empfiehlt, ihre Räthe vornehmlich aus dem alten Landadel zu nehmen, und wenn er bei aller Theilung der Geschäfte unter verschiedene Behörden, deren zwölf er namhaft macht, doch dem Geheimen Rathscollegium oder arcanum consilium eine centrale Stelle zuweist mit der Aufgabe, alle die Geschäfte zu bearbeiten, die „nicht jedermann ins Maul gehengt werden dürften[1])“.

Der Gang der Behördenorganisation war im allgemeinen der, daß die von dem Fürsten ursprünglich zu allseitiger Hülfsleistung an seine Seite gestellten, später aber mit gesonderter Oberleitung der Ämter-, Gerichts- und Hofverwaltung betrauten Räthe, der Kammerpräsident, der Kanzler und der Hofmarschall, zu dem centralen Collegium der Geheimen Rathsstube zusammengefaßt, dieses Collegium alsdann durch Deputationen für die besonderen Verwaltungszweige verstärkt und schließlich die Deputationen zu selbständigen Ministerialbehörden, jedoch unter Wahrung der centralen Stellung des Geheimen Rathscollegiums, ausgestaltet wurden.

In Calenberg normirte erst Christian Ludwig durch die 1641 erlassene Regimentsordnung die centrale Competenz des Geheimen Raths[2]), indem er verordnete, „daß ein Geheimbter Rath von etlichen wenig Personen geordnet werde, welcher nebenst Uns von allen geheimen und Estat-Sachen deliberire und schließe, zu welchem consilio die andern collegia uf gewisse Maß ihren Recurs nehmen mügen“ (§ 1). Die vier Räthe, die er dazu berief, waren der Kammerpräsident Friedrich Schenck von Winterstädt, der Kanzler Dr. Justus Kipius, der Hofmarschall Bodo von Hodenberg und der Vicekanzler Dr. Jacob Lampadius, also die Chefs der Ämter-, Hof- und Gerichtsverwaltung, zwei von ihnen Edelleute, die einst die Erziehung des Herzogs geleitet hatten, die beiden andern rechtskundige Räthe bürgerlicher Herkunft, die in die calenbergische Ritterschaft übertraten.

Täglich, mit Ausnahme der Sonn- und Feiertage, sollte sich dies Collegium, um 9 Uhr Morgens im fürstlichen Cabinet „zu ordentlicher

---

1) Aulico-Politica, Remlingen, 1622, S. 187 ff., 355 ff. Vgl. Spittler I, 393 ff.; Havemann III, 13 f.; v. Heinemann III, 174; Allg. deutsche Biogr., 19, 133 ff.

2) Das Datum dieser in 28 Artikel gegliederten Regimentsordnung entnehme ich aus Havemann III, 206, Anm. 4; Schaumann, S. 271 setzt dieselbe ins Jahr 1642 und irrt auch darin, daß er H. J. von Bülow unter die Mitglieder des Geheimen Raths rechnet. Im hannov. Staatsarchiv war nur eine undat. Copie aufzufinden. (Calb. Brief. des. 24. B. 1. Nr. 54).

Consultation" versammeln (§ 2). „Außerhalb gewöhnlicher Zeit", ohne Gegenwart des Fürsten, sollte dem Kanzler, in dessen Abwesenheit dem Vicekanzler, zustehn, Sitzungen in einem dazu reservirten Gemache zu veranstalten (§ 10, 11).

Der Kanzler hat die puncta deliberanda zu bestimmen und Abends zuvor den übrigen Mitgliedern schriftlich zu notificiren (§ 2); er hat bei der Berathung „eins nach dem andern fein kurz und nervose zu proponiren", sein Votum zuerst abzugeben und das Conclusum zu redigiren (§ 3), beziehungsweise die Redaction der Beschlüsse unter die andern auszutheilen (§ 12); er hat alle von Privaten an den Landesherrn einlaufenden Schreiben, in dessen Abwesenheit auch die Briefe von Fürsten und Gemeinden, zu erbrechen und zur Berathschlagung zu verstellen (§ 25).

Eine fachmäßige Arbeitstheilung ward also noch nicht vorgesehen. Doch treten uns wenigstens die Anfänge davon in der Scheidung der Decernate über das Beamtenpersonal entgegen. Denn Artikel 27 bestimmt: „Wenn fürnehme officia bei unserm fürstlichen Consistorio, Rathstuben, Hofgericht, bei Hof oder auf dem Lande Ambtleute zu bestellen, so mögen die Supplicanten, die umb Dienst anhalten, ihre supplicationes entweder zu Unsern eigenen Händen oder, wenn es Kanzlei-officia sein, Unserm Kanzler und in dessen Abwesen dem Vicekanzler, hingegen was Hofdienste anbetrifft, Unserm Hofmarschall, was aber in specie die Ambtleute und Ambtschreiber anbelanget, Unserm Kammerpräsidenten übergeben, welcher[1]) laut der Kammerordnung im Geheimbten Rath Uns daraus referiren und zuvorderst sein Gutachten darüber eröffnen und alsdann die Supplicanten im Geheimbten Rath fleißig ohne Affection erwägen[2]), und von Uns der qualificirteste fürgezogen und zu dem officio bestätiget, auch in der Kammer in Gegenwart eines von Unsern Geheimbten Räthen beeidiget werden soll; jedoch werden billig vermüge der braunschweig-lüneburgischen Landsatzung und heilsamen Constitution die Landkinder, wenn nur qualificirte Leute vorhanden, andern fremden vorgezogen und zu den Diensten befürdert".

Man ersieht hieraus zugleich, daß nicht nur die Abtheilungen, deren Chefs das Geheime Rathscollegium bildeten, sondern auch das Consistorium und das Hofgericht wenigstens in Personalfragen diesem Collegium untergeordnet wurden. Aber seine Autorität wurde noch viel weiter erstreckt durch die Artikel 16—19 dieser Regimentsordnung.

(§ 16) „Alles was nun mit Unserm Vorbewußt und Belieben in solchem Unserm Geheimen Rath oder consilio berathschlaget und geschlossen wird, dasselbige wollen Wir und Unsere Nachkommen sollen es unverbrüchlich halten und in keine Wege zugeben, daß darwider von einigen Menschen

1) sic! 2) sic!

etwas practicirt oder vorgenommen werde; und dafern sich jemand verkühnen würde, Uns einige impressiones und Bericht fürzubringen, wollen Wir dieselbige nicht zulassen, sondern an das Consilium remittiren, da die Sache in Unser Präsenz berathschlaget und darin verfüget werden soll, was sich von Rechts wegen gebühret."

(§ 17) „Wir wollen auch, wie über allen Unsern Räthen und Dienern, also auch in specie über der Autorität dieses Geheimen Raths steif und feste halten und in keine Wege zulassen, daß sie an ihrer Verrichtung und dazu nöthigem Respect einigen Abbruch empfinden sollen."

(§ 18) „Und damit alle schädliche machinationes, Spaltung und Widerwillen vermieden bleiben, haben Wir Uns fürstlich gegen Unsere Räthe erkläret und thun das nochmals, daß Wir einen Menschen, er sei was er wolle, dem ganzen Consilio nicht fürziehn, noch Unsere Geschäfte Einem vertrauen wollen, sondern sollen allemal die negotia in pleno consilio deliberirt, berathschlaget und was daselbst geschlossen, effectuiret, und Uns à part und außer der Zeit nichts fürgebracht werden."

(§ 19) „Inmaßen dann unter anderm keine gratiosa, confirmationes, renovationes, consensus und dergleichen ohne fürgegangene obverstandene Berathschlagung, ehe und bevor die concepta oder im Rath beschlossene Schriften von Uns und allen den Räthen, welche bei dem Schluß an- und übergewesen, unterzeichnet und die Originalia von Uns subscribiret, ausgefertiget werden sollen".

In diesen Artikeln liegt der Anfang jener ausgedehnten Vollmachten, durch die nachmals das Geheime Rathscollegium in Hannover zu einer die persönliche Einwirkung des Landesherrn überschattenden Regentschaft emporwuchs. Indem der Herzog sich verpflichtete, niemals den Bericht und Rathschlag eines Einzelnen den Beschlüssen des ganzen Geheimen Rathscollegiums vorzuziehn, sondern sich steif und fest an die Autorität des Plenums zu halten, begründete er eine centrale Machtvollkommenheit dieses Collegiums. Allein er übertrug demselben noch keine selbstständige Verantwortlichkeit, sondern behielt sich bei allen Beschlüssen seine Mitwirkung vor. Darauf zielen die Bestimmungen über die Art und Weise der Beschlußfassung.

(§ 6) „Beim Votiren sollen sich unsere Geheime Räthe befleißen, kürzlich, helle und verständiglich ihre Meinung zu entdecken und alles in behöriger, geziemender Friedliebigkeit zu proponiren, und da einer des andern rationes und Motiven zu examiniren eine Nothdurft befindet, solches mit bescheidentlicher Dexterität verrichten, von niemandem solches übel ufgenommen und es allemal bei demjenigen, was die mehrere vota belieben, gelassen werden".

(§ 7) „Es soll aber in hochwichtigen Sachen, so von weitsichtiger Importanz, wenn es die Nothdurft erfordert, die zweite und dritte Umbfrag geschehen, damit die rationes und momenta wohl examiniret und erwogen werden und was alsdann die mehreren Stimmen belieben, pro concluso bis an Uns gehalten werden".

(§ 8) „Wir verordnen auch hiemit gnädiglich, daß, so oft es vor dien- und heilsamb geachtet, Unsere übrige Hofräthe, wie auch etzliche von Unserer getreuen Landschaft, zu den deliberationibus gezogen, da es dann solchen Falls mit dem Votiren gehalten werden soll, wie oben albereit vermeldet".

(§ 9) „Begebe sich's, daß die vota in Unserm geheimen Rath discordirten und zwar dergestalt, daß zwei gegen zwei in gleicher Anzahl sich befünden und sich Einer Meinung per maiora nicht vergleichen könnten: wollen Wir nach Unserm Gutbefinden Unsere übrige Räthe oder auch eine oder mehr verständige und erfahrene Personen aus Unsern getreuen Landsassen für dasmal dem Rathschlag zuzufügen und dardurch, was per maiora gutbefunden, zu vollziehen Uns vorbehalten haben".

Wenn also auch der Herzog seinem Geheimen Rathscollegium den collegialen Charakter zu wahren und deshalb in jedem Falle einen Majoritätsbeschluß herbeizuführen versprach, so wahrte er doch sich selbst nicht nur die Vollziehung aller Beschlüsse, sondern auch das Recht, bei Stimmengleichheit nach seinem persönlichen Gutbefinden die sonst dem Collegium überlassene Zuziehung anderer Räthe und Landsassen anzuordnen.

Mit dieser Zuziehung anderer Räthe wurde zugleich der Weg erschlossen, auf dem sich die andern bereits bestehenden Oberbehörden dem Geheimen Rathscollegium als halb selbstständige, halb abhängige Departementalbehörden an- und untergliederten. Ausdrücklich wurde dies zunächst für das Kriegsdepartement in Aussicht genommen und daher in § 2 dieser Regimentsordnung verfügt: „Alldieweil auch bei jetzigen hochbetrübten Zeiten die militaria vielfältig in die consilia status laufen, so ist Unsern Kriegsräthen, so Wir darzu verordnen werden, zugelassen und erlaubt, daß sie sich zu den gemeinen consultationibus, so oft es nöthig, bei Unserm Kanzler anmelden mögen, darauf sie zu solchen deliberationibus in jetzt bedeuteten Fällen zugelassen und mit ihren votis vernommen werden sollen".

Hiermit sind die wesentlichen Momente der Regimentsordnung von 1641 erschöpft.

Als dieselbe erlassen wurde, bestanden neben dem Geheimen Rathscollegium bereits vier andere Centralbehörden oder Rathsstuben: das Consistorium, die Kammer, die Kanzlei oder Justizrathsstube und das Hofgericht. Die Kriegskanzlei, die als fünfte hinzukam, wurde erst 1647 organisirt. Die Art ihrer Angliederung an das Geheime Rathscollegium ist daher typisch für die ganze Organisation der Departementalbehörden.

Waren bisher die Geschäfte der Armeeverwaltung unter Leitung des Geheimen Rathscollegiums von diesem und jenem Hofrath in besonderem

Auftrag erledigt[1]), so wurde 1647 eine „absonderliche Kriegsrathstube" in der Weise abgezweigt, daß ein besonderes Bureau von Unterbeamten mit dem Kriegssecretär an der Spitze eingerichtet und der ständigen Direktion der dazu committirten Geheimen Räthe unterstellt ward[2]). Die Aufgabe dieses Bureaus war im wesentlichen finanziell: Controle der einlaufenden Contributionen und Proviantlieferungen, Assignation der Löhnungen des Heeres, dazu Begutachtung aller militärischen Supplicationen. Die Vollziehung aller Ausfertigungen aber behielt der Herzog seinem Geheimen Rathscollegium oder sich selber vor: er verlangte dafür die Unterschrift aller seiner Geheimen Räthe[3]).

Am deutlichsten prägt sich das im wesentlichen subsidiäre Verhältniß der neuen Departementalbehörde zu der ältern Regierungskanzlei und dem Geheimen Rathscollegium darin aus, daß die Kriegsräthe verpflichtet wurden, die ganze Zeit, die nicht auf ihre besonderen Geschäfte verbraucht ward, den übrigen Regierungsarbeiten zu widmen und überdies jeder Einladung zu den Sitzungen des Geheimen Raths Folge zu leisten. Die im September 1647 aufgesetzte Specialinstruction schreibt demnach dem zum Kriegsrath[4]) Bestallten vor, „dafern er durch andere in seine Charge laufende Verrichtungen oder sonsten erhebliche Ursachen daran nicht behindert wird, täglich auf Unserer Regierungskanzlei oder, da er dazu erfordert würde, auf Unser Geheimen Rathstuben neben andern Unsern Räthen sich einzustellen, denen daselbst vorfallenden und zwar nicht allein, wiewohl vornehmblich in militaribus und andern Staats-, sondern auch beiläufig in Justiciensachen anreichenden consultationibus und rechtlichen decisionibus mitbeizuwohnen."

Wurde solcher Gestalt die neugeschaffene Kriegsbehörde sowohl der Geheimen Rathstube wie der Regierungskanzlei untergeordnet, so brachte der centralistische Zug der Zeit es mit sich, daß auch die vier ältern Centralbehörden, die bisher unabhängig neben einander bestanden, in ein Subordinationsverhältniß zum geheimen Rath oder auch zur Kanzlei gebracht

---

1) So wurde beim Regierungsantritt Christian Ludwig's, laut Protokoll, act. Hildesheim, 1. Sept. 1641, Ziegemeier zum Hof- und Kriegsrath declarirt.

2) Der Vorsitz wurde dem Kammerpräsidenten Schenck von Winterstädt übertragen, dem inzwischen (1645) eine anderwärtige Vocation die Ernennung zum Statthalter eingetragen hatte.

3) Es liegen zwei vom Sept. 1647 datirte und von allen Geheimen Räthen unterzeichnete Concepte einer Instruction der Kriegsräthe vor.

4) Sie lautet auf den Namen von Görtz, und ich möchte vermuthen, daß dieser identisch ist mit dem in Band I, 355 Anm. 4 vorgeführten Obristlieutenant Schlitz gen. v. Görtz, den Herzog Christian Ludwig, damals in Celle, seinen „alten" d. h. ehemaligen Kriegsrath nennt.

wurden. Damit aber wurde zugleich eine grundsätzliche Unterordnung der Rechtspflege unter die Verwaltung erreicht.

War die Regierungskanzlei oder Justizrathstube ursprünglich zur Verwaltung der Reichs-, Kreis- und Landsachen geschaffen, so eignete sie sich zufolge jener Auffassung, die in der Jurisdiction den Hauptbestandtheil der Territorialhoheit erblickte[1]), allmählich eine mit dem Hofgericht concurrirende Gerichtsbarkeit an. Seit Heinrich Julius war diese in Calenberg anerkannt[2]). Aber wie einst die Reichsstände das Reichskammergericht dem Reichshofrathe vorzogen, so hielten die Landstände auf die Autorität des Hofgerichts gegenüber der Kanzlei, weil in ersterem das Laienthum wenigstens noch zum Worte kam gegenüber dem die Kanzlei ausschließlich beherrschenden gelehrten Richterthum[3]). Gehörte doch nach der Hofgerichtsordnung, die Herzog Georg am 2. December 1639 erlassen hatte[4]), der vorsitzende Hofrichter der Ritterschaft an; unter den fünf Beisitzern sollten zwar vier Gelehrte und nur einer vom Adel sein; zu den sogenannten Audienzwochen aber sollten jedesmal noch zwei Beisitzer aus der Ritterschaft, zwei aus den Städten, „so sämtlich der örtlichen Gewohnheiten kundig", verschrieben werden.

Eben darum war das gelehrte Richterthum der Justizkanzlei, dem Hofgericht abgünstig und auf Übertrumpfung seiner Jurisdiction bedacht. Sofort nach dem Regierungsantritt Christian Ludwig's setzte daher Kanzler Lipius für sich selbst und den Vicekanzler die Vollmacht durch, „in das Hofgericht zu gehen und zu sehen, wie die Justiz administriret würde". Vergebens remonstrirten die Mitglieder des Hofgerichts, solche Inspection widerspräche der concurrirenden Jurisdiction und „liefe wider das Herkommen und den Respect des Gerichts". Der Kanzler hielt den Herzog auf dem Standpunkt fest, daß ihm als Landesherrn zustehe, wen er wolle, mit der Inspection zu betrauen[5]). Wirksamer aber als diese Inspectionen waren die stetig wiederholten Versuche der Justizkanzlei, ihre concurrirende Gerichtsbarkeit zur Umstoßung von Urtheilen des Hofgerichts auszubeuten. Durch das ganze Jahrhundert wiederholen sich daher die Klagen der Landstände über derartige Beeinträchtigungen des Hofgerichts[6]), allein sie verhallten wirkungslos.

---

1) Vgl. hierüber Eichhorn, deutsche Staats- u. Rechtsgeschichte IV⁴, § 525.

2) Vgl. den Gandersheimer Landtagsabschied vom 10. Oct. 1601 § 29, 30 bei Kleinschmidt II, 197.

3) Vgl. Havemann II, 510 f. Stölzel, Entwicklung des gelehrten Richterthums I, 246 ff., 266 ff.

4) Corpus constitut. Calenb. II, 368 ff.

5) Protokoll, act. „in Ser^mi Gemach den 2." (April 1641).

6) Am besten zusammengefaßt sind sie in den großen dem Herzog Ernst August am 30. Januar 1682 überreichten Gravamina der calenb. Landschaft; der darauf ertheilte Be-

Wann die fürstliche Kammer in Calenberg als besondere Behörde von der Kanzlei abgezweigt ist, erhellt nicht aus den vorhandenen Documenten[1]; jedenfalls bestand sie bei Erlaß der Regimentsordnung von 1641, da diese bereits ausdrücklich auf eine Kammerordnung Bezug nimmt[2]. Auch diese Kammerordnung ist nicht erhalten, ihr Inhalt aber läßt sich aus der von demselben Herzog Christian Ludwig für das Fürstenthum Celle im Juli 1650 erlassenen Kammerordnung erschließen, da letztere sich ausdrücklich auf das hannoversche Vorbild beruft[3].

Demnach war die fürstliche Kammer ebenso wie die Kriegsrathstube lediglich eine dem Geheimen Rathscollegium, beziehungsweise der ältern Regierungskanzlei abgegliederte ständige Deputation zur Leitung eines mit der Kammerverwaltung betrauten Bureaus von Unterbeamten, dem der Kammermeister und der Kämmerer vorstanden. Die Aufgabe dieses Bureaus bestand in der Concentration und Überwachung der die Kammergüter verwaltenden Ämter. Der Kammermeister, durch dessen Hand alle Einnahmen und Ausgaben der Ämter und des Hofhalts gingen, und der Kämmerer, der alle Rechnungen ausfertigte und verwahrte, standen mit wechselseitiger Kontrole neben einander (§ 9—11). Mit ihnen hatte der Kammerpräsident oder, wie er in Celle hieß, der Großvogt, wöchentlich in zwei Sitzungen die laufenden Geschäfte zu erledigen (§ 5). Mindestens einmal in der Woche sollten alle zur Kammerverwaltung deputirten Geheimen Räthe mit Zuziehung des Kammermeisters einen „Kammerrath" halten, um die in dieser Verwaltung erforderlichen Beschlüsse vorzubereiten (§ 4). Die Entscheidung aber über alle wichtigern Aufgaben, „über alle und jede in den statum publicum und die Justiz laufenden Sachen", über alle Bewilligungen und Begnadigungen, über die Besetzung und Verpachtung der Ämter, über Verschreibung und Verpfändung der Kammergefälle, über Straf- und Nachlaßmandate sowie die Controle aller „Amts-, Zoll-, Bergwerks-, Forst- und andern Rechnungen" sollte dem Plenum des Geheimen Rechtscollegiums zustehen (§ 1—3). So blieb auch für das Kammerdepartement die Geheime Rathsstube in letzter Instanz zuständig.

Einer größeren Selbständigkeit erfreute sich das Consistorium, das auf Grund des Landtagsabschieds von 1636[4] mit geistlichen und weltlichen Räthen besetzt war. Als Christian Ludwig dasselbe im Jahre 1642 neu

---

scheid des Herzogs, dat. Hannover, 26. Aug. 1685, ist gedruckt bei Meiners u. Spittler, Götting. Histor. Magazin, IV (1789), 538 ff., 607 ff.

1) Vgl. Spittler I, 393 ff., II, 236 ff.; Manecke, br.-lüneburg. Staatsrecht 190 f.

2) S. oben Seite 21.

3) Ich theile diese cellische Kammerordnung im Anhang unter Nr. I, 1 mit.

4) Vgl. § 2 bei Pfeffinger III, 308 f.

formirte[1]), begnügte er sich im Hinblick auf die hierarchischen Gelüste, die der Generalissimus der Landeskirche Dr. Paul Müller entwickelt hatte[2]), dem zu seinem Nachfolger ernannten Generalsuperintendenten Justus Gesenius einzuschärfen, „daß er sich in seinen Schranken halten und in Regierungssachen, so ihne nicht angiengen, sich nicht immisciren solle[3])". Unter Georg Wilhelm aber wurde auch das Consistorium dem geheimen Rathscollegium dadurch unterstellt, daß ein Mitglied des letztern den Vorsitz im Consistorium erhielt.

Als nämlich Kanzler Kipius im Jahre 1661 sein Amt niederlegte, wurde der Geheime Rath Paul Joachim von Bülow, der bereits beim Regierungsantritt Georg Wilhelms zum Kammerpräsidenten ernannt war, an die Spitze der gesammten Landesregierung gestellt, „dergestallt daß er in allen consiliis, nämlich Geheimbten und Hofrath, Consistorio und Hofgericht präsidiren sollte"[4]). Damit vollendete sich die Concentration der Verwaltung. Da nun Herzog Georg Wilhelm seine Tage in Saus und Braus verthat und die Regierung seinen Ministern überließ, so beherrschte die Geheime Rathstube das Land, und ihr Präsident war thatsächlich der Regent von Hannover[5]).

Dies änderte sich, als Johann Friedrich dem leichtlebigen Bruder nachfolgte. Mit ihm trat an Stelle der ministeriellen Machtvollkommenheit die persönliche Absolutie des Landesherrn. Erfüllt von Ehrgeiz und Pflichtgefühl, nahm er von Anfang die Geschäfte der Regierung mit unermüdlicher Aufmerksamkeit wahr, verfolgte alle Berathungen seiner Räthe mit wachsamer Arbeitsamkeit, las alle Berichte, prüfte und änderte alle Resolutionen und entschied überall selbst[6]). So lange der Kanzler Langenbeck lebte, dem er nebst den Freiherrn Otto Grote und Friedrich Casimir zu Elz das Gelingen seines Staatsstreichs im Jahre 1665 verdankte und die

---

1) Nach Protokoll vom 18. Juli 1642 (vgl. Havemann III, 207 f.) wurden damals M. Justus Gesenius zum Generalsuperintendent und Beichtvater des Herzogs, Dr. Brandanus Daetrius zum Consistorialrath und Hofkapellan, David Denicke, nachmals Abt von Bursfelde, und Dr. Justus Oldekop zu Consistorialräthen und Conrad Clacius zum Consistorialsecretär ernannt. Für den zweitgenannten wurde am 8. Nov. 1643 der Hofprediger Lic. Friedrich Wienecker zum Consistorialrath ernannt. Diese Personalien ergänzen die Lücke in Schlegel's Kirchen- und Reformationsgeschichte III, 227.

2) Noch in einem Protokoll der Geheimen Rathstube vom 3. Oct. 1661 ward bei der Berathung über das neuzugestaltende Präsidium des Consistoriums daran erinnert, daß Dr. Müller „vor diesem wunderliche monita gethan, als wenn er gleichsam pontifex sein wollte". 3) Protokoll, act. 18. Juli 1642.

4) Wortlaut der Bestallung, dat. 9. October 1661.

5) Vgl. Band I, 209 f., 350.

6) Ein anschauliches Beispiel geben die eigenhändigen Notizen des Herzogs gelegentlich einer Ministersitzung, die ich im Anhange unter III, 52[b] mittheile. Vgl. über seine Persönlichkeit Band I, 352, 358 f., 581 f.

er deshalb mitsammt dem Hofrath Otto Witte von Celle her in seine hannoversche Regierung übernommen hatte[1]), so lange ließ er die Regimentsordnung, die er in Hannover vorfand, bestehn: an Bülows Stelle vereinigte Langenbeck als Geheimer Kammerrath, Consistorialpräsident und Kanzler die Summe der Geschäfte in seiner Hand. Nach Langenbecks Tode aber (28. Oct. 1669) wurde das höchste Amt, das er bekleidet hatte, die Kanzlerwürde, überhaupt nicht wieder verliehen; seine Nachfolger mußten sich mit dem Charakter eines Geheimen Raths und Vicekanzlers bescheiden[2]) und der umfassende Wirkungskreis, den er ausgefüllt hatte, wurde von Johann Friedrich auf vier Geheime Räthe vertheilt. Die Regimentsordnung, die dieser nunmehr am 21. April 1670 erließ, setzte an Stelle der ministeriellen Machtvollkommenheit das persönliche Regiment des Landesherrn.

Eine völlige Absolutie spricht aus dieser neuen Verfassung[3]). Es soll fortan, so verfügt der Herzog (§ 9), „in allen und jeden fürfallenden, so geist- als weltlichen Sachen, ohne Unser Vorwissen und vorhergehende gnädigste Ratification überall nichts vorgenommen, beschaffet noch verrichtet" werden. Demgemäß sind alle Berichte und Gesuche, ohne Unterschied ob sie an den Herzog unmittelbar oder an seine gesammten Räthe adressirt sind, dem Herzog erst vorzulegen, ehe sie derjenige geheime Rath, dem das Decernat darüber zufällt, erhält (§ 4).

Alle Militärsachen bleiben des Herzogs „ohnmittelbarer gnädigen Disposition allein vorbehalten" (§ 1). Die übrigen Geschäfte werden in vier Klassen eingetheilt: die Kammersachen, zu denen auch die Hof-, Bergwerks- und Forstsachen kommen; die Publica, unter die auch die Kloster-, Lehn-, Grenz- und Contributionssachen einbezogen werden; die Consistorial- und endlich die Justizsachen (§ 2). Jedes dieser vier Departements wird einem Geheimen Rath unterstellt, und zwar die Kammer dem Geheimen Kammerrath Herrn zu Eltz, die Publica dem Geheimen Kammerrath von Grote, das Consistorium dem Geheimen Kammerrath von Witzendorff, die Justiz dem Geheimen Rath und Vicekanzler Dr. Witte (§ 3). Diese vier Departementschefs bilden zusammen den „Geheimbten Rath", der in der Regel alle Woche zwei Mal, außerdem auf jeden Ruf des Herzogs zusammentritt (§ 5).

Unter den Räthen haben die adelichen den Vortritt (§ 6). Der Vortrag im Geheimen Rathe steht immer demjenigen zu, unter dessen Decernat die betreffende Sache fällt; er votirt darüber an letzter Stelle. Die Entscheidung aber fällt der Herzog und weist dem Decernenten die Vollstreckung

1) Band I, 395 f., 434.

2) Manecke, Biograph. Skizzen von den Kanzlern der Herzöge von Braunschweig-Lüneburg, S. 42 f.

3) Ich theile den Wortlaut derselben im Anhange unter Nr. I, 4 mit.

zu (§ 7). Bei „geringschätzigen“ sowie bei eiligen Sachen holt der Decernent ohne weiteres die Resolution des Herzogs ein (§ 8).

Außerhalb des Geheimen Rathscollegiums, auf den Landtagen, beim Empfang von Gesandtschaften und bei sonstigen „Solennitäten“ führt der Vicekanzler das Wort (§ 12). Kommen Missionen nach auswärts in Frage, so behält sich der Herzog vor, welchen seiner Geheimen Räthe und Minister er dazu deputiren will (§ 13).

Ihren Höhepunkt aber erreichte die Absolutie dieser Regimentsordnung in den Bestimmungen über die Gerichts-, Kammer- und Kirchenverwaltung.

Von allen Processen, die im Kanzlei- und im Consistorialgerichte vorkommen, ist dem Herzog eingehender schriftlicher Bericht zu erstatten (§ 16), und in beiden Gerichten darf kein Urtheil publicirt werden, „es sei denn die Sache, ihrer Wichtigkeit nach, vorhero nochmals im Geheimbten Rathe summariter erwogen und die absprechende Urtel darin zum Überfluß bestätigt worden“ (§ 17).

Ebenso sind alle Rechnungen der Kloster-, Amts-, Bergwerks-, Forst- und Contributionsverwaltung wenigstens jährlich, die Hofküchenrechnungen aber wöchentlich dem Geheimen Rath oder dem Herzog persönlich vorzulegen (§ 19).

Insonderheit endlich behält der Herzog die Besetzung aller erledigten Pfarrstellen seiner Specialverordnung vor (§ 9).

In dieser Wahrung seines Summepiscopats über die protestantische Landeskirche gipfelte die Absolutie, die der convertirte Fürst mit der Regimentsordnung von 1670 für sich in Anspruch nahm. In Wirklichkeit aber vollendete sie sich erst in der Reorganisation, die er der zerstörten katholischen Kirche in Hannover und damit in ganz Norddeutschland schuf.

Drittes Kapitel.

Valerio Maccioni und die Errichtung des apostolischen Vicariats in Hannover.

Der westfälische Friede hatte der katholischen Kirche die Möglichkeit einer gewaltsamen Austilgung des Protestantismus benommen. Indem sie auf sanfterem Wege das Verlorene wieder einzubringen unternahm, kamen ihr in Deutschland die irenischen Bestrebungen des Helmstädter Georg Calixt entgegen und öffneten ihr die Bahn in die Kreise der protestantischen

Fürsten und Gelehrten. Auch Herzog Johann Friedrich war, wie wir wissen[1], auf diesem Wege zur katholischen Kirche convertirt.

Hatte er als apanagirter Prinz sogar auf die Privatübung seiner Religion im Celler Schlosse verzichten müssen[2], so nahm er als Souverän von Calenberg seine Macht wahr, um den katholischen Cultus wieder ins öffentliche Leben einzuführen.

Die Art und Weise, wie dies geschah ward durch die Persönlichkeit seines Almoseniers und geistlichen Berathers Valerio Maccioni bestimmt. Wir haben daher zunächst diese Persönlichkeit ins Auge zu fassen[3].

Valerio Maccioni[4], geboren 1622[5], entstammte einem in der Romagna begüterten Adelsgeschlecht von San Marino[6].

Dem geistlichen Stande sich widmend erlangte er, da sein Vermögen ein standesgemäßes Auskommen verbürgte, die Priesterweihe ad titulum patrimonii[7]. Er erwarb dazu die Doctorwürde an der Universität Padua und eignete sich, ohne das Studium der Controversen besonders zu pflegen, genug theologische Gelehrsamkeit an, um in der Folge an der polemischen Litteratur gegen den Protestantismus thätigen Antheil zu nehmen[8]. Zur

---

1) Band I, 351 ff. 2) Band I, 372 ff.

3) Die folgenden Kapitel beruhen auf zwei Serien von Quellen, die bisher so gut wie unbenutzt geblieben sind. Die eine wird gebildet durch die umfangreichen Reste der Correspondenzen Maccionis, die im hannoverschen Staatsarchiv erhalten sind, die andere durch die Berichte desselben an seine vorgesetzte Behörde, die Congregatio de propaganda fide, die mir aus dem Archiv derselben durch die Liberalität der vatikanischen Behörden zugänglich gemacht sind. Ich habe damit eine wesentliche Bereicherung der Thatsachen gewonnen, die zuerst das mustergültige Werk O. Mejers, die Propaganda, ihre Provinzen und ihr Recht, I u. II Rostock, 1852/53 erschlossen hat. Die vatikanischen Akten sind auch benutzt von A. Piper, Die Propaganda-Congregation und die nordischen Missionen im 17. Jahrh., Köln, 1886. Aus den hannoverschen Akten hat nur eine sehr dürftige Ausbeute gegeben Woker, Gesch. der kathol. Kirche u. Gemeinde in Hannover u. Celle, Paderborn, 1889.

4) So unterschreibt er sich in seinen italienischen Briefen, in den lateinischen sowie auf seiner Grabinschrift heißt er Valerius de Maccionis.

5) Dies Datum ergiebt sich aus seiner in der Schloßkirche von Hannover erhaltenen Grabinschrift, die ich am Schluß mittheile.

6) Herzog Joh. Friedrich in der Breve informatione per risolvere qualche obiettioni (Anhang II, 26) rühmt ihm nach la nobilità della nascita und constatirt, er habe tanto di proprio patrimonio in Romagna, che potrebbe ritirarsi là et ivi vivere honestissamente. Nach einem Briefe Johann Friedrich's vom 29. Nov. 1664 (Anhang II, 9) bezeichnet Cardinal Barberino ihn als Cavaliere di San Marino. Dem entspricht die Benennung Nobilis Montitanus, die ihm der Herausgeber seiner Nubes lucida (s. unten) auf dem Titelblatt der Ausgabe von 1663 beilegt. In einer Eingabe an den Papst, d. 24. Febr. 1667 (Anhang II, 22) giebt Herzog Johann Friedrich die Diöcese Monte Feltre im Herzogthum Urbino als Heimat Maccionis an; diese Bezeichnung kehrt wieder in dem Decret der Propaganda vom 7. Mai 1668 (II, 27).

7) Maccioni, dat. Nov. 1664 (II, 8).

8) Ein Decret der Propaganda vom 7. Mai 1668 (II, 27) nennt ihn sacerdotem saecularem e dioecesi Montis Feltrii. Herzog Joh. Friedrich in der Breve informatione

praktischen Seelsorge aber fühlte er in sich keinen Beruf: allen und jedem in der Liebe zu dienen, um der Sacramente willen die Straßen auf- und ab zu laufen, Nachts vom Lager aufzustehen und an ein Krankenbett zu treten, das widerstrebt, so bekennt er einmal[1]), meiner ganzen Sinnesart. Nicht ein Jahr lang glaubte er die Bürden des Pfarrdienstes ertragen und seinem heitern Gemüth die gewichtige Miene eines simplen Landpastors aufzwängen zu können[2]).

Schon als junger Priester schlug er deshalb die schönste Gelegenheit aus, durch Verzicht eines väterlichen Freundes Erzpriester im Bisthum Rimini, in der Nähe seiner Heimath, zu werden[3]). Der eitle Sinn des weltfrohen Mannes ging im Haschen nach Ehren und Ansehen auf, und die Prälatur, nach der sein Sinn stand[4]) ließ sich ja auf anderem Wege vielleicht noch sicherer erreichen. Während er daher die Dornen des Pfarramts[5]) verschmähte, erkaufte er sich die Ritterwürde des Constantinschen St. Georgs-Ordens, der seit der Eroberung von Constantinopel in Italien sein Dasein fristete, und that sich nicht wenig auf die große Vergangenheit des goldenen Ordenskreuzes und auf den Rittertitel, den er fortan ständig führte, zu gut[6]).

per risolvere qualche obiettioni etc. (II, 26) nennt ihn theologo e dottor di collegio nell' università di Padoa. Er selbst sagt in der Vorrede seiner polemischen Schrift Nubes lucida: Accipe, benigne lector, hilari fronte, et si quid non bene digestum vel declaratum inveneris, non Aristarchum agere, sed excusatum me habere precor, quoniam ex genio Philo-Theologus quam Theologiae Sophus appellari malo, dum Theologicum studium controversiarum Religionis ex professo non sequor (cum in Italia, ab erroribus fidei Deo dante immaculata, eidem non detur opera), sed ex quadam religiosa curiositate notanda percusso, lego et signo, sicuti quilibet rerum ecclesiasticarum sacrarumque literarum curiosus ex bibliis, ex canonibus, ex conciliis oecumenicis et ex ss. patribus colligere potest.

1) In einem undatirten Briefe vom Nov. 1664 an Herzog Johann Friedrich (II, 8).

2) A. a. O. 3) A. a. O. 4) A. a. O. u. unten.

5) S. eigener Ausdruck a. a. O.

6) Die ältesten uns erhaltenen Briefe an Maccioni, aus dem Jahre 1662, legen ihm den Titel Signore Cavaliere bei. Rehtmeyer, braunschw.-lüneb. Chronik III, 1702 erzählt, man habe ihn in Hannover vor seiner Ernennung zum Bischof Pater Cavalier genannt. Er selbst beschwert sich einmal in einem Briefe an Herzog Joh. Friedrich, d. Kopenhagen, 19. Juli 1664, daß dessen Sekretär Chevreau ihm diese Anrede versagt habe, und ergeht sich dabei des längeren über das Ansehen dieses Ordens und seinen Einkauf in denselben. Der Herzog theilt ihm darauf in dem Briefe vom 8. Aug. 1664 (II, 5) zum Verweise die Äußerung seines Secretärs Masst mit: Se il Sig[r] Cavalier Maccioni pretende tanto con il titolo del cavalierato Constantinopolitano, vedremo un giorno, che cosa saprà mai presumere con quello del vescovato cattolico; se la mitra le darà tanto d'alterigia, quanto le somministra hora la croce, dirò, che è male ambito per lui questo pascolo di Giesù Christo, che gl'andiamo ucellando. Auch der Brief des Herzogs Ernst August d. 28. Oct. 1662 (II, 3) spielt auf Maccioni's Eitelkeit über sein Ordenskreuz an: Jo mi rallegro seco di viderla uscita con la croce di fuoco asciutta dal seno dell'acque.

Eine demokratische Umwälzung in San Marino, die seinem Vater das Leben kostete, ihm selbst, wie es scheint, Gefängniß eintrug, verleidete ihm die Heimath ganz und gar[1]). Er schloß sich dem Herzog Johann Friedrich von Braunschweig-Lüneburg an.

Wann und wie diese beiden sich fanden, wissen wir nicht. Es liegt aber nahe, ihre Beziehungen auf den mehrjährigen Aufenthalt des Herzogs in Italien (1650/52), als sich sein Übertritt zur katholischen Kirche vollzog, zurückzuführen. Von einer Mitwirkung Maccionis bei der Conversion des Herzogs findet sich allerdings keine Spur. Man könnte auf ihn aber ein päpstliches Breve vom 20. März 1652[2]) beziehen, durch das Johann Friedrich ermächtigt ward, allerorten einen Weltgeistlichen mit sich zu nehmen, dem unter der Voraussetzung einer ein für alle Mal gültigen Prüfung und Approbation seitens seines Ordinarius die Absolutionsgewalt für den Herzog und seinen Hofstaat übertragen ward. Eben denselben hatte natürlich der Herzog im Sinne, als er im Begriff, von Italien in die Heimath zurückzukehren, von seinen regierenden Brüdern die Vergünstigung privater Religionsübung erbat; es wurde dabei nämlich ausdrücklich betont, der Priester, den er mitbrächte, brauche gar nicht in geistlichem Habit einherzugehen[3]). Zu solcher Rolle aber schickte sich keiner besser als unser geistlicher Cavalier, der sich an den Höfen als geistvoller Gesellschafter bewährte und durch seine aus lauterer Herzensgüte strömende Milde und Freundlichkeit auch Andersdenkende gewann. Diese liebenswürdige Persönlichkeit zog den ernsten und aufrichtig frommen Fürsten so nachhaltig an, daß er darüber immer wieder die ihm unwillkommene Leichtlebigkeit und Ehrsucht des priesterlichen Cavaliers vergaß[4]).

---

1) Ich entnehme die ganze Kunde davon dem Briefe Maccioni's an Herzog Johann Friedrich vom 2. Dec. 1664 (II, 10), durch den die Erregung noch in voller Frische hindurchzittert. Eine kleine Ergänzung bietet die Notiz der Herzogin Sophie in ihrem Briefe an Kurfürst Karl Ludwig vom 3. Oct. 1675 (herausg. v. Bodemann in den „Publicationen aus d. preuß. Staatsarchiven“ XXVI, 252): l'Evecque du Marocco (= Val. Maccioni) me l'avoit recommandé«. Le Duc Jean Frederic disoit sur ce sujet je crois qu'il recommanderoit les assassins de son père, s'il en estoit prié!

2) Ich habe dasselbe unter Nr. 3 der im Jahresbericht des Kaiser Wilhelms Gymnasiums zu Hannover, 1887, veröffentlichten Breven mitgetheilt. 3) Vgl. I, 376.

4) Das Zeugniß Rehtmeyer's (braunschw.-lüneb. Chronik, III, 1705), daß Maccioni „ein sehr freundlicher, mild und gütiger Mann“ gewesen, wird durch die ganze Correspondenz des letzteren bestätigt. Ich habe bereits oben (Anm. 1) ein drastisches Urtheil Johann Friedrich's über Maccioni's Herzensgüte mitgetheilt. Auf eine Schilderung, die ihm Maccioni von einer Landpartie des Kopenhagener Hofes gegeben, erwidert Johann Friedrich den 8. Aug. 1664 (II, 5): m' imagino che la civiltà del mio Sig^r Cavaliere, adornata con inventione, haverà campeggiato mirabilmente. Aber er vermißt an ihm die gravitas Catoniana: l' honore non è sempre di chi più salta, ma spesso più di chi per aggradire si esalta. Eben da hält er ihm seine Titelsucht vor (s. oben). Bald hernach, d. 22. Aug. 1664 (II, 6) ermahnt er ihn, seine gesellschaftlichen Talente anerkennend: che risguardi

Diesem selbst aber erschien, wenn man aus einem spätern Bekenntniß zurückschließen darf, die Aussicht, unter Fürstenschutz ein bischen Propagada in den der Curie verschlossenen Gebieten des Nordens zu treiben, der bequemste und sicherste Weg zu Stab und Mitra zu sein[1]).

Im Jahre 1662[2]) trat er dem Namen nach als Hofjunker, in Wirklichkeit als geistlicher Beistand in Johann Friedrich's Dienst[3]).

In Hannover und Celle freilich war an keine Propaganda zu denken, so lange dem convertirten Herzog nicht einmal im engsten Kreise die private Übung seiner Religion verstattet ward[4]): wir vernehmen daher auch von Maccioni nichts weiter als daß er sich im fürstlichen Hause persönliche Sympathien zu erwerben verstand[5]). Die größte Hoffnung aber wurde auf den dänischen Hof gesetzt. Denn mit keinem seiner Brüder stand Jo-

---

però ella la moderatezza, tante e tante volte desiderata in lei. Dann aber rühmt er ein ander Mal, d. 5. Dec. 1664 (II, 10ᵃ), in überschwenglichem Erguß seiner Zuneigung, daß er nicht finde sogetto più esquisito, prelibato, raro, degno, caritatevole, generoso, magnanimo e benigno che lei, empfiehlt, d. 24. Febr. 1667 (II, 22) ihn dem Papste als einen Mann »eruditione, probitate, morumque elegantia perspicuus«, und rühmt ihm in der Breve informatione de motivi etc. (II, 23) nach l'integrità et bontà de costumi.

1) S. seinen Brief an Johann Friedrich, dat. Kopenhagen, Herbst 1664 (II, 8): In Rom bringe Pfarrdienst nicht zur Geltung; molto più e di gran lunga da' i zelanti della fede catolica si considera: per opera molto pia aiutar i poveri fedeli catolici in queste parti heretiche sotto la protettione e patrocinio di qualche prencipe (come la fortuna m' hà favorito in questo, mentre godo il carattere di servitore di V. A. Serᵐᵃ), confirmar, dico, questi, e pian piano impiacevoli gl'altri, per levarli à poco à poco dalle tenebre dell' heresia e ridurli al vero lume della fede catholica etc. . . . Se tali carità et offitii caritativi verso il prossimo errante nelle tenebre di Luthero non fà strada al nostro intento, potiamo dire Bonanotte.

2) Dies Datum ergiebt sich aus einem Brief Maccioni's an Herzog Johann Friedrich, dat. Kopenhagen 10. Januar 1665: . . mà il fatto è così, e bene havrei bisogno d' helleboro, se in trè anni hormai, che hò l' honore di servirla (la = V. A. = Johann Friedrich), non sapessi l' humor di V. A., che è molto delicata in simili materie . . .

3) Der erste Brief des Herzogs an Maccioni, dessen Umschlag erhalten ist, d. 5. Dec. 1664 (II, 10ᵃ) trägt die Adresse: Al molto illustrissimo signore, il signore cavaliere Maccioni, gentilhuomo di nostra corte. Aber schon in seinem Briefe an den Herzog, dat. Kopenhagen, 19. Juli 1664, beschwert sich Maccioni, daß ihm des Herzogs Secretär Chevreau diesen Titel vorenthalten habe. Daß Maccioni zum geistlichen Beistand des Herzogs bestimmt war, erhellt sowohl aus seinem Briefe vom Nov. 1664 (II, 8), in dem er sich capellano secreto des Herzogs nennt, als auch aus den Eingaben des Herzogs an die Curie vom Jahre 1667, in denen derselbe ihn primum eleemosynarium et in ecclesiasticis consiliarium (d. 24. Febr. 1667, II, 22), oder consigliere et primier elemosinario (Breve informatione, II, 23) nennt. Dem entspricht Rehtmeyer's (braunschw.-lüneb. Chronik, III, 1705) Erzählung, Maccioni, Bischof von Marocco, sei „zuvor Pater Cavallier genannt". 4) Vgl. Band I, 372 ff.

5) Dies bezeugen die Briefe der Herzogin Sophie, d. 10. Mai 1662 (II, 1) und des Herzogs Ernst August d. 28. Oct. 1662 (II, 2).

hann Friedrich auf so vertrautem Fuße wie mit seiner Schwester der Königin Sophie Amalie von Dänemark[1]) und hatte daher auch deren Gemahl, König Friedrich III., von vornherein auf seiner Seite, als er in dem Streben nach freier katholischer Religionsübung kein Entgegenkommen in der Heimath fand[2]).

Durch diese Beziehungen gewann Maccioni als Begleiter Johann Friedrichs[3]) im Sommer 1662 ein Asyl am Hofe von Kopenhagen, um unter der Maske eines im Dienste seines Herzogs zurückbleibenden Hofcavaliers den vereinsamten Katholiken des Nordens geistlichen Trost zu spenden, auf Seelenfang für seine Kirche im Königshause auszugehen und dadurch sich selbst in den Augen der römischen Curie einen Märtyrerschein und einen Anspruch auf hierarchische Beförderung zu erwerben[4]). Der apostolische Nuntius in Köln, Bischof Marco Gallio, rüstete ihn kraft seiner Vollmacht als Missionsoberer des Nordens mit den erforderlichen Facultäten sowohl für Dänemark-Schweden wie für das ganze Herzogthum Braunschweig-Lüneburg aus. Und es wird ausdrücklich hervorgehoben, daß diese Mission außer dem gewöhnlichen Recht der Predigt und Spendung der Parochialsacramente auch die Absolution von den in der Bulle Coenae Domini reservirten Fällen in sich begriff, zum Theil also schon diejenigen Facultäten, die in der Folge den Missionaren des Nordens beigelegt worden sind[5]).

1) Band I, 352.

2) Die Sympathie des Königs bezeugt der Brief der Herzogin Anna Eleonore, d. 2. Oct. 1652 (Band I, 716).

3) Diese Reise des Herzogs ist bezeugt durch Leibniz, Werke ed. Klopp, IV, 306.

4) Aus dem angeführten Briefe Ernst August's (II, 2) erhellt die Zeit seiner Überfahrt nach Kopenhagen. Daß er sich gern als Märtyrer hinstellte, bezeugt der angezogene Brief Sophiens (II, 1). Daß es ihm aber nicht sowohl um die Sache selbst, als um seine eigene Beförderung zu thun war, beweisen die oben angezogenen Stellen aus seinen Kopenhagener Briefen.

5) Maccioni schreibt Nov. 1664 dem Herzog Johann Friedrich (II, 8): . . . bastandomi la cura della corte di V. A. (come suo capellano secreto) et dell' altro »per transennam« nella Sassonia inferiore, nella Danimarca et anco in Suetia, come amplamente mi hà concesso Monsig^{r} Nuntio Gallio con facoltà d' assolvere i fedeli da tutti l' enormità, eccesi, peccati e scomuniche anche riservate in bulla Coenae Domini, passando ò dimorando in questi doi regni e in tutto il ducato di Bronsuic e Luneborg, havendami ampliata l' autorità di già datami, con havermi inviata la 2ª facoltà veramente amplissima à prò delli fedeli si peregrini come dimoranti in queste parti. Ich verstehe hier »la 2ª facoltà« als die facoltà d' assolvere etc., die Maccioni später zu der ursprünglichen einfachen Mission hinzuerhalten hat. Einen andern diese Mission erläuternden Passus desselben Briefes s. oben S. 33 Anm. 1. In dem Dankschreiben an den Papst von Anfang 1667 (II, 21) schreibt Maccioni: sicuti etiam per quinquennium in oris septentrionalibus Ill^{mi} et R^{mi} Episcopi Marci Gallii, olim Nuntii Apostolici, debitis facultatibus munitus secreto data occasione itinerum una cum Ser^{mo} Principe (= Joh. Friedrich) in terris hereticorum sacramenta fidelibus Catholicis ex munere sacerdotali et fraterna charitate admini-

Wie Maccioni seines Amts als Seelsorger der spärlichen und armen Katholiken des Nordens gewaltet hat, wissen wir nicht. Von propagandistischen Erfolgen unter den Protestanten hat er in seiner ruhmredigen Correspondenz nichts verzeichnet als die bloße Hoffnung, einen befreundeten Lutheraner zur Abschwörung seines Glaubens zu vermögen[1]).

Das einzige was ihm wirklich gelang, war, an dem Königshofe Stimmung für eine Discussion der kirchlichen Controversen zu machen. Und eine Zeit lang wurde sogar auf den Übertritt des Königs gehofft[2]). Bezeichnend ist, daß auch bei diesem Conversionsversuche die Lehre des Helmstädter Georg Calixt als Kette für den Einschlag der propagandistischen Fäden diente. Denn es entsprach doch ganz dem Calixtinschen Gedankenkreise, wenn Maccioni in offenbarer Anknüpfung an die einst von Vincentius von Lerinum aufgestellten und von Calixt neu aufgelegten Sätze[3]) das Thema de notis verae ecclesiae in den Vordergrund seiner Unterhaltungen mit dem Könige stellte[4]). War König Friedrich, wie er bekannte[5]), von der Calixtinischen Lehre überzeugt, hielt er demnach die Kirchenlehre der

strare non erubui. In der Breve informatione de motivi (II, 23) wird M. für die Würde eines apostolischen Vicars empfohlen als ein Mann, che oltre l' integrità e bontà de costumi non solamente per cinque anni continui ha servito S. A (= Johann Friedrich) nelle cose ecclesiastiche in questi paesi della Bassa Sassonia, mà ancora in Danimarca coll administrar all' occasioni i sacramenti à quei poveri catholici dimoranti in d° parti in virtù delle facoltà concesseli da Monsig[r] Gallio all' hora nuntio di Colonia. Die wahrscheinlichen späteren Facultäten der Missionare im apostolischen Vicariat des Nordens s. bei Mejer, Propaganda II, 228 ff. Vgl. Nr. 3 der ersten, Nr. 12 der zweiten Formel daselbst mit Nr. 10 der deutschen Quinquenalfacultäten a. a. O. II, 208.

1) Dat. Nov. 1664 (II, 8): sicome spero con l'aiuto del Sig[r] Iddio, sine quo nihil est in homine, d'aver hormai ridotto alla cognitione della verità un' amico mio Lutherano e credo di farlo abiurare, quanto p°.

2) Dies erhellt aus dem Briefe des Landgrafen Ernst von Hessen, d. 6/16. Febr. 1664 (II, 3) sowie aus den Briefen Joh. Friedrich's, d. 27. Juni 1664 (II, 4) u. 14. Febr. 1665 (II, 11[a]).

3) Über die Rolle dieser Schrift bei Conversionen vgl. Band I, 358.

4) Dies ergiebt sich aus der Einleitung seiner Relation an die Propaganda, dat. 7. Juli 1672 (II, 116).

5) S. die Vorrede Maccionis zu seiner unten näher bezeichneten Nubes lucida: Cum a serenissimo ac potentissimo Rege Daniae et Norvegiae Friderico Tertio in ecclesiastica historia et in controversiis religionis satis versato mihi tunc temporis Haffniae Danorum moranti et S. R. Maiestatis gratia et frequenti colloquio fruenti data fuerint nonnulla asserta religionis D. Georgii Calixti Theologi Lutherani et Professoris publici in Universitate Helmstadensi Sereniss. Ducum Brunsvico-Luneburgensium, inter quae praecipue ponebantur, haec duo fidei fundamenta, Traditio et Scriptura, de quibus tunc habebatur sermo, subiunxit mihi idem Augustissimus Rex, Augustanae confessionis et Lutheranae sectae satis zelans: si potes ad haec respondere, responde ac scribe.

3*

ersten fünf Jahrhunderte für den gemeinsamen Glaubensgrund aller christlichen Kirchen und sah er mit Calixt die Vergleichung alles dessen, was die ältesten Kirchenväter gelehrt, als die sicherste Methode zur Feststellung des ursprünglichen Schriftsinns an, so ergab sich damit von selbst der Weg, an der Hand der Tradition die katholische Kirche als die alleinige Hüterin des wahren Gotteswortes auszuweisen. Hierauf ging denn auch Maccioni's nächstes Absehn sowohl im persönlichen Verkehr mit dem Könige wie auch auf dem Wege der litterarischen Polemik.

Gleich im ersten Jahre seiner Kopenhagener Wirksamkeit gab er in Anknüpfung an die bei Hofe geführten Discurse ein Büchlein über die Heilige Schrift und die Tradition als Fundamente der Calixtinischen Lehre heraus. Er betitelte dasselbe Nubes lucida[1]), weil es die Wolke lichten sollte, mit der Calixt die rechte katholische Auffassung von Schrift und Tradition verschleiert habe. Der Verfasser geht aus von der Anerkennung, daß Calixt einen guten Grund gelegt habe, und gelangt zu dem Resultat, daß derselbe, obschon halb auf dem rechten Wege, zuletzt doch irre gegangen sei[2]).

Mit dieser Anknüpfung an Calixt, dessen Theorie damals manchen Protestanten zu Falle brachte, schlug Maccioni den rechten Weg ein. Herzog Johann Friedrich und sein ebenfalls convertirter Freund, Landgraf Ernst von Hessen-Rheinfels, unterstützten ihn dabei mit ihren Rathschlägen[3]).

---

1) Ich kenne nur die auf der kgl. öffentl. Bibliothek zu Hannover vorhandene dritte Ausgabe, betitelt: Nubes lucida sive declaratio judicii D. Valerii de Maccionis Nobilis Montitani et Equitis Aurati etc., nunc vero Episcopi Marchiensis et Vicarii Apostolici in Inferiori Saxonia, super duobus principiis seu fundamentis fidei et dogmatum quae Dr. Georgius Calixtus Conf. Aug. Theologus studio reconciliandae inter Christianos unitatis cum in tractatibus suis de auctoritate antiquitatis et primaevae Ecclesiae tum in aliis libris commendat tanquam media dictae unitati admodum congrua. Haec sunt scriptura et traditio. Coloniae primum a° 1663. Tertia editio caeteris correctior, Osnabrugi, typis Georg. Schwänderi, Superiorum permissu, a° 1676. 12°. An der Spitze dieser Ausgabe steht eine dem Herzog Johann Friedrich zugeeignete Widmung von Euwaldus Glaserus, d. Coloniae, postridie Kal. Januar. 1663. Die dann folgende Vorrede Maccioni's ist datirt: Haffniae Danorum, a° 1662.

2) Er sagt in dem Vorwort: In hoc brevi opusculo declarationis mei judicii nubem Calixtinam dilucido super duobus supradictis principiis, quae in doctrina Calixti a sensu genuino et catholico declinante tamquam sub nube manebant. Zu diesem Zweck sucht er den Leser davon zu überzeugen, autorem quidem 1) intendisse finem optimum 2) nec male locasse fundamentum, at 3) defecisse in opere recte prosequendo per hoc, quod sic probaverit normam, ut contra normam rejecerit judicem; quod novitatem, quam in aliis accusabat, ipse affectavit; quod traditionem voce extulerit, re ipsa presserit; quod denique compendium fidei quaerendo fidem prope omnem confuderit seu evacuarit (p. 6).

3) Joh. Friedrich, dat. 27. Juni 1664 (II, 4), Landgraf Ernst, dat. 6/16. Februar 1664 (II, 3).

Und Maccioni faßte Boden. Es gelang ihm sogar, einen Missionar aus dem Hildesheimer Jesuitencolleg, Hieronymus Mulman[1]), am dänischen Hofe einzuführen; vor König Friedrich fand eine Disputation desselben mit einem protestantischen Geistlichen statt[2]). Auch der Kölner Nuntius Marco Gallio hatte seine Hand im Spiele: wir hören, daß durch seine Vermittlung dem Hofe und dem leitenden Minister, Schatzmeister Zestett, eine Ordensschwester, Elisabeth Dorothea, empfohlen ward[3]).

Allein einerseits stand der König zu fest in seinem Glauben[4]), als daß er leichten Kaufs zu gewinnen war. Andrerseits aber war auch Maccioni's Persönlichkeit für den Ernst der ihm gestellten Aufgabe nicht ausgerüstet. Wurde ihm doch einmal von dem Landgrafen Ernst von Hessen vorgehalten, daß zum Gelingen einer Conversion eine lautere, von Selbstsucht reine Absicht, eine gründliche Belesenheit in der Heiligen Schrift und kirchlichen Litteratur, ein mit Geduld gepaarter Tact und das Vorbild eines gottesfürchtigen Lebens gehöre[5]). Nur zu oft aber vermißte Johann Friedrich an seinem Schützling diesen rechten Priestertact und mußte ihm seine Eitelkeit und chevalereske Leichtigkeit ernstlich zu Gemüthe führen[6]).

Maccioni gefiel sich am dänischen Hofe in der Rolle eines maître de plaisir besser als im Priesterkleide[7]). Während er daher wiederum die Übernahme eines Pfarramts in seiner Heimath, das ihm Johann Friedrich 1664 beim Cardinal Barberini in Rom auswirkte, weit von sich wegwies, weil als Bischof zu herrschen, ohne vorher als Priester zu dienen, sein Lebensziel blieb[8]) war er eitel genug, nach dem Ritterkleide und Comthurkreuze des spanischen St. Jacobs-Ordens zu trachten, und trug kein Bedenken, für diesen Zweck die Fürsprache des Königs von Dänemark beim spanischen Hofe sich zu erwirken[9]).

Selbst als alle Aussicht, den König Friedrich zu convertiren, entschwunden[10]), Johann Friedrich aber durch den Staatsstreich des 15. März

1) Vgl. über ihn Ogier, journal du congrès de Münster, p. p. A. Boppe, pag. 75.

2) Relation Maccioni's, dat. 7. Juli 1672 (II, 116) zu Anfang. Vgl. Piper, Propaganda-Congregation, S. 45.

3) Maccioni an Herzog Johann Friedrich, dat. Kopenhagen, 19. Juli 1664. Der Ausdruck sorella, mit dem dort die D[a] Elisabetta Dorothea bezeichnet wird, bezeichnet doch wohl die Ordensschwester. 4) S. oben das Citat aus der Nubes lucida.

5) Dat. 6/16. Febr. 1664 (II, 3).

6) Dat. 8. Aug. 1664 (II, 5); dat. 22. Aug. 1664 (II, 6): che risguardi però ella la moderatezza, tante e tante volte desiderata in lei; dat. 29. Nov. 1664 (II, 9).

7) A. a. O., insbesondere aber s. Maccioni, dat. 19. Juli 1664 (II, 4[a]).

8) Joh. Friedrich, dat. 1. Nov. 1664 (II,7); Maccioni, dat. Nov. 1664 (II, 8); Maccioni, dat. 2. Dec. 1664 (II, 10); Joh. Friedrich, dat. 5. Dec. 1664 (II, 10[a]).

9) Dies erhellt aus dem Briefe Joh. Friedrich's, dat. 9. Sept. 1665 (II, 15).

10) Dies ergiebt sich aus dem Briefe Joh. Friedrich's, dat. 14. Febr. 1665 (II, 11[a]).

1665 regierender Herzog von Celle geworden war[1]), konnte Maccioni sich nicht entschließen, der Gunst und Gesellschaft des dänischen Hofs den Rücken zu kehren. Auf Johann Friedrich's Einladung, nunmehr nach Celle überzusiedeln[2]), machte er Ausflüchte, die seine Unlust deutlich durchblicken ließen[3]). Der Herzog aber, der die cellische Beute nicht ganz zu behaupten vermochte, willigte im Gedränge des Erbfolgestreits nicht nur in die Verlängerung des Kopenhagener Aufenthalts seines Schützlings ein[4]), sondern unterstützte sogar ohne Maccioni's Wissen die Bemühungen desselben um den spanischen Ritterorden und überraschte ihn durch die erste Nachricht von der Gewährung der ersehnten Ehre[5]).

Es konnte für Maccioni nichts beschämender sein als diese Hochherzigkeit, mit der sein Gönner solch eitlem Trachten zum Ziele half, obgleich es ihm widerstrebte; denn daraus machte der Herzog kein Hehl. „Komme er mir nicht mit so sündigem Herzen, schrieb Johann Friedrich[6]), wenn er in meinem Staat die erste Messe lesen will, auf die wir bisher verzichtet haben, um ihm den Ruhm der ersten Einsegnung zuzuwenden.“ Aber auch dies machte dem Cavalier keinen Eindruck. Er ließ sogar die eindringlichere Mahnung des Herzogs, daß sein geistlicher Ruf unter seiner Saumseligkeit leide[7]) und daß keins seiner Ordenskreuze das Kreuz der Nachfolge Christi sei[8]), ruhig über sich ergehn. Es bedurfte erst wiederholten Drängens des unwillig werdenden Fürsten[9]), bis sich Maccioni in Hannover einstellte[10]).

Große Hoffnungen knüpften sich an die Thronbesteigung des Convertiten. Papst Alexander VII., der bereits den Celler Staatsstreich des Herzogs jubelnd begrüßt hatte, trieb ihn mit den Motiven der Ehre, der Pflicht und des Seelenheils zur Restitution des Katholicismus an[11]). Eben hierzu sollte Maccioni helfen. Seit 1666 finden wir denselben in den calenbergischen Kämmereirechnungen als Almosenier mit einem Gehalt von 400 Thaler unter dem Hofstaat des Herzogs aufgeführt[12]), und in Eingaben an die Curie bezeichnet ihn der Herzog ausdrücklich auch als seinen

---

1) Vgl. Band I, 399 ff. 2) Dat. 28. März 1665 (II, 12).

3) Maccioni, dat. 4. April 1665 (II, 13); dat. 2. Mai 1665 (II, 13a); dat. 15. Juli 1665 (II, 14). 4) Dat. 15. Juli 1665 (II, 14).

5) Dat. 9. Sept. 1665 (II, 15). 6) A. a. O.

7) Dat. 26. Sept. 1665 (II, 16). 8) Dat. 29. Sept. 1665 (II, 17).

9) Joh. Friedrich, dat. 15. u. 25. Oct. 1665 (II, 18, 19).

10) Am Weihnachtsfeste 1665 las er die erste Messe in Hannover. Piper, S. 55.

11) S. die Breven Nr. 6 u. 7 meiner Publication im Jahresberichte XII des Kaiser Wilhelms Gymnasiums zu Hannover, 1887.

12) In der Rechnung von 1666 wird Sig^re Chevalier Eleemosinario Val. Maccioni allerdings nur mit einem Gehalt von 200 Thalern aufgeführt. In der Rechnung von 1667 aber sind 400 Thaler in 2 Raten, die eine zu Michaelis 1666, die andere zu Ostern 1667, angesetzt; 1668 wieder nur 200 Thaler, dabei aber ist ausdrücklich vermerkt, daß die anderen 200 Thaler anderwärts mit verrechnet sind.

kirchlichen Rathgeber[1]). Wir dürfen daraus vielleicht schließen, daß die Stellung Maccioni's derjenigen des Groß-Almoseniers am französischen Hofe nachgebildet war und also nicht nur die höfische Liebesthätigkeit, sondern auch das Beichtamt und Kirchenregiment in sich begriff. Der Papst aber ehrte den Vertrauten des Herzogs durch den Titel eines apostolischen Protonotars[2]).

Das erste Werk der neuen Landesherrschaft war die Wiederherstellung des katholischen Cultus in der Schloßkirche der Residenzstadt. Die lutherische Hofgemeinde mußte dieselbe auf der Stelle räumen und bis zur Vollendung der Neustädter Hofkirche in einen profanen Saal sich zurückziehen[3]). Da aber die Schloßkirche in ihrer damaligen Gestalt für die Zwecke des katholischen Cultus nicht geeignet schien, so wurde sofort der Umbau derselben sowie der Anbau eines Hospizes für Ordensgeistliche in Angriff genommen, und der italienische Hofbaumeister des Herzogs Georg Wilhelm von Celle, Lorenzo Bedogni, damit betraut[4]). Bis zur Vollendung dieser Bauten fand der katholische Gottesdienst in der Krypta[5]) statt, die mit dem tragbaren Altar ausgestattet ward[6]), dessen sich der Herzog vermöge eines Indults Innocenz X.[7]) für seine Privatmesse bedienen durfte. Zwei Capläne, der eine für die Hof-, der andere für die Militärgemeinde, wurden Maccioni zur Seite gestellt[8]), und an hohen Festtagen sowie in der Fastenzeit stellten sich auf Wunsch des Herzogs Jesuiten aus Hildesheim zur Predigt ein, die auch aus den Kreisen der lutherischen Stadtbevölkerung Zulauf fanden[9]).

Maccioni, dem die Organisation dieses Gottesdiensts und der neuen Gemeinde oblag, hatte zu diesem Zweck vom Kölner Nuntius Franciotti nur die früheren Facultäten erneuert erhalten, die ihm dessen Vorgänger Marco Gallio ausgestellt hatte[10]). Die neue Aufgabe aber machte bald höhere Facultäten wünschenswerth. Denn da sich im Lande nur einige katholische Adelsfamilien, in der Stadt nur wenige Bürger und Soldaten

1) In der Eingabe, dat. 24. Febr. 1667 (II, 22), nennt ihn der Herzog primum meum eleemosynarium et in ecclesiasticis consiliarium; in der Breve informatione (II, 23) heißt er suo consigliere e primier eleemosinario ducale, in den Raggioni e motivi (II, 25) suo eleemosinario maggiore e consigliere.

2) Das Dankschreiben Maccioni's an den Papst (II, 21) ist undatirt. Dasselbe gehört aber jedenfalls dem Winter 1666 an, da Johann Friedrich in seinem Schreiben, dat. 24. Febr. 1667 (II, 22) die neue Würde Maccioni's bereits voraussetzt. Selbstverständlich wurde Maccioni nur protonotarius titularis (vgl. hierüber Bangen, die römische Curie ꝛc., S. 61).

3) Schlegel, Kirchengeschichte von Norddeutschland, III, 249 ff.

4) Johann Friedrich, dat. 12. Aug. 1666 (II, 20).

5) nei soterannei della capella maggiori: Maccioni, dat. 22. Nov. 1671 (II, 101).

6) A. a. O. 7) Päpstliche Breven an Johann Friedrich, Nr. 4.

8) Maccioni a. a. O. 9) Breve informatione (II, 23).

10) Breve informatione (II, 23).

katholischen Bekenntnisses fanden, so verbot sich gegenüber der eifrig lutherischen Mehrheit der Bevölkerung von selbst eine Restitution der Diöcesangewalten, unter denen einst die herzoglichen Territorien gestanden hatten. War doch bisher nicht einmal die private Religionsübung des convertirten Fürsten als zu Recht bestehend anerkannt. Sollte also die Wiederherstellung des Katholicismus nicht sofort öffentlichen Anstoß geben, so war eine exemte Stellung der neu zu pflanzenden Kirche geboten. Aus diesem Gesichtspunkt beantragte der Herzog beim Papste für seinen Almosenier die Facultäten eines nur vom Kölner Nuntius abhängigen apostolischen Vicars [1]). Maccioni's Ehrgeiz freilich ging nach wie vor unmittelbar auf die bischöfliche Würde, und sein fürstlicher Gönner stand ihm dabei mit so unwandelbarer Huld zur Seite, daß er ihn ungeachtet des angeregten Vicariats zur selben Zeit dem Papste für das erledigte Bisthum Monte Feltre, aus dem Maccioni stammte, empfahl [2]).

Man entschied sich in Rom für den ersten Antrag. Denn der Kölner Nuntius, dessen Bericht man zuerst einforderte, gab seine Meinung dahin ab, daß durch Abordnung eines apostolischen Vicars sowohl dem Herzog der Muth zur Beförderung der katholischen Kirche erhöht als auch den Katholiken jener Gegend wesentlich werde geholfen werden [3]). Auch der Kurfürst von Köln, zugleich Bischof von Hildesheim, war mit dieser Maßregel einverstanden, da er die Hindernisse für die Ausübung der ihm selbst im Calenbergischen zustehenden Diöcesangewalt unüberwindlich fand [4]). Im Frühjahr 1667 wurde Maccioni durch päpstliches Breve zum apostolischen Vicar für die Territorien des Herzogs Johann Friedrich von Braunschweig-Lüneburg ernannt [5]).

Allein die Vicariats-Facultäten wurden ihm so beschnitten, daß sie sich nur wenig von denen eines einfachen Missionars unterschieden. Im Wortlaut liegt davon nur der Eingang des 15. Artikels vor, wodurch das

---

1) Diesen Antrag begründet die Breve informatione de motivi di S. A. S., per i quali desidera un vicario apostolico nelli suoi stati (II, 23). Vgl. Piper, S. 56.

2) Der Antrag auf das apostolische Vicariat, den die Breve informatione begründet, ist im Januar 1667 gestellt, wie sich aus dem Schreiben des Cardinals Barberini, dat. 12. März 1667 (II, 24) ergiebt. Der Antrag Johann Friedrich's auf das Bisthum Monte Feltre trägt das Datum des 24. Febr. 1667 (II, 22).

3) So erzählt Papst Benedict XIV. aus den Acten der Propaganda bei Mejer, Propaganda II, 257 f.

4) Benedict XIV. a. a. O.

5) Le Bret in Biester's Berliner Monatsschrift, XXI, S. 44, giebt nur das Jahr 1667. Die nähere Bestimmung ergiebt sich aus den Raggioni e motivi (II, 25) und dem Todesdatum des Papsts Alexander VII. (s. unten). Vgl. Piper, S. 56 f. Die Begrenzung des Vicariats erhellt aus der Titulatur, die sich M. in seinen amtlichen Schriftstücken giebt: episcopus Marochiensis et Vicarius Apostolicus in ditionibus Ducalibus Serenissimi Principis Joannis Friderici, Ducis Brunsuico-Luneburgici etc.

Recht des Vicars, drei Mal im Jahre eine vollkommene Indulgenz zu ertheilen, an die Zustimmung der benachbarten Bischöfe gebunden ward[1]). Die Curie erkannte also die Jurisdiction der Bischöfe, deren Diöcesen einst die herzoglichen Territorien zugetheilt gewesen waren, nicht als impedirt an und stattete daher Maccioni nicht mit den bischöflichen Befugnissen aus, die sonst einem apostolischen Vicar verliehen zu werden pflegten[2]).

Solche Unterordnung des Vicars unter die benachbarten Bischöfe widersprach aber stracks den Intentionen des Herzogs, der das Vicariat gerade deshalb erbeten hatte, um jeder die lutherische Bevölkerung aufregenden Einmischung der ehemaligen Diöcesangewalten im Herzogthum vorzubeugen. Johann Friedrich schritt daher bei der Curie zu dem Antrage fort, den designirten Vicar, ohne daß seine Abhängigkeit vom Kölner Nuntius alterirt würde, zum Bischof zu erheben. Als Präcedenzfall wurde die Consecration des apostolischen Vicars der Niederlande zum Erzbischof von Philippi i. p. mit dem Bemerken angezogen, daß auch in diesem Fall die Abhängigkeit des Consecrirten von der Oberleitung des apostolischen Vertreters in Flandern gewahrt worden sei[3]). Habe doch auch der Heilige Stuhl überall, wo die Diöcesangewalt impedirt gewesen, die apostolischen Vicare zu Titularbischöfen creirt, um ihnen die Leitung des Clerus, die Ordination von Priestern und andere bischöfliche Weihehandlungen zu ermöglichen. Und wenn man in Deutschland die Generalvicare der Ordinarien, in Italien zahlreiche andere Prälaten zu Weihbischöfen zu creiren pflege, ohne daß immer ein dringendes Bedürfniß vorliege, so müßten die politischen Rücksichten, die gegen eine Wiederherstellung der impedirten Sitze im Herzogthum Braunschweig-Lüneburg sprächen, durchschlagend für die Ertheilung der Bischofsweihe an Maccioni sein, zumal da dieselbe bei dem häufigeren Aufenthalt, den Maccioni nach wie vor als Begleiter des Herzogs in Dänemark nehme, auch den dortigen Katholiken zu Gute käme[4]).

---

1) Raggioni e Motivi (II, 25).

2) S. darüber Mejer I, 265 ff. Dem beanstandeten Artikel 15 (quoad modum concedendi in dulgentiam plenariam ter in anno de consensu episcoporum) entspricht in den von Mejer II, 299 ff. mitgetheilten spätern Facultäten des norddeutschen Vicars der Artikel 14: largiendi ter in anno indulgentiam plenariam contritis et confessis ac s. communione refectis.

3) Unter dem ministro apostolico di Fiandra ist wohl der apostolische Nuntius in Brüssel zu verstehen. Zum Erzbischof von Philippi i. p. wurde sowohl der holländische Vicar Wismer (1592) als auch sein Nachfolger Roven von Ardensal (1629) und dessen Nachfolger Balduin Cotz von Gorkum (1661) consecrirt. S. Mejer, II, 82 f.

4) Dies ist der Inhalt der unter II, 25 mitgetheilten Raggione e motivi di S. A. S., per i quali si move ad addimandare, che il vicario apostolico eletto de suoi stati sia fatto vescovo titolare. Diese Denkschrift ist jünger als die oben besprochene Breve informatione (II, 23), auf die sie sich zurückbezieht. Daß sie aber noch

Allein diese Denkschrift fand in Rom nicht die erwartete Aufnahme: Papst Alexander VII. lehnte den Antrag des Herzogs mit Entschiedenheit ab[1]). Seine Beweggründe sind nicht bekannt. Man darf aber wohl vermuthen, daß nicht nur Maccioni's Qualification zum bischöflichen Ordo beanstandet, sondern auch aus dem Kreise des an der geistlichen Jurisdiction der braunschweig-lüneburgischen Lande interessirten deutschen Episcopats Protest gegen den Einschub einer bischöflichen Vollgewalt erhoben worden ist. Der Erzbischof Johann Philipp von Mainz, zu dessen Diöcese der südliche Theil des hannoverschen Herzogthums gehörte, war allerdings ein persönlicher Freund Johann Friedrich's[2]) und hat sich auch im weitern Verlauf dieser Angelegenheit entgegenkommend gezeigt. Der Erzbischof von Köln aber, Maximilian Heinrich, der auch den Krummstab von Hildesheim führte, scheint von der Ausstattung Maccioni's mit bischöflicher Vollgewalt eine Schmälerung seiner Hildesheimer Diöcesan-Ansprüche auf Calenberg besorgt zu haben[3])

Gegen diese Ansprüche sowie gegen die Beanstandung der Qualification Maccioni's richtet sich eine dritte Denkschrift, die der Herzog nach Rom einsandte[4]). Von neuem wird darin betont, daß der Herzog aus Rücksicht auf die Empfindlichkeit seiner lutherischen Unterthanen nicht in der Lage sei, die Hoffnungen auf Restitution der bischöflichen Jurisdiction, die der Kölner Kurfürst an ihn, den katholischen Landesherrn, knüpfe, zu erfüllen. Die Consecration des Vicars zum Bischof sei vielmehr der beste Mittelweg zum Ausgleich der unabweisbaren Heilsbedürfnisse der landsässigen Katholiken mit den undurchführbaren Prätensionen der ehemaligen Diöcesan-Autorität. Denn ein Titel in partibus sei doch immer ein solcher in partibus infidelium, nicht in partibus Lutheranorum, und die immer befristete Ermächtigung eines Vicars zur Ausübung bischöflicher Functionen und Jurisdiction, gewähre diesem noch keineswegs die Stellung eines Ordinarius und alterire somit die alten Ansprüche nicht. Daß aber die persönlichen Verhältnisse Maccioni's dem bischöflichen Ordo entsprächen, dafür bürge einerseits seine Vorbildung und die Wirksamkeit, die er als Missionar in Dänemark 5 Jahre lang entfaltet habe, andrerseits die Dotirung seines Amts am herzoglichen Hofe und sein zu standesgemäßem Auskommen hin-

---

unter dem Pontificat Alexander's VII, also vor Juni 1667, nach Rom gesandt ist, ergiebt sich aus einer beiläufigen Bemerkung M. Colomera's (dat. 24. Febr. 1674; II, 142), wonach Alexander VII. Maccioni's Ernennung zum Bischof von Marocco i. p. beständig verweigert hat. Vgl. Piper, S. 57 f. 1) Colomera a. a. O.

2) Vgl. Band I, 581. .

3) Vgl. unten sein Verhalten in der Marienroder Sache.

4) Dieselbe ist betitelt: Breve informatione per risolvere qualche obiettioni ò difficultà, che potesse occorere nell' affare di vescovo titolare per il vicario apostolico eletto de stati del Ser^mo duca Gio. Federico di Brunsuic e Luneburg (II, 26).

längliches eigenes Erbe. Die Hauptsache aber sei und bleibe die extraordinäre Lage einer in der Diaspora neuzupflanzenden Kirche, die mit der Stimmung der lutherischen Bevölkerung und dem Factum der Säcularisation des ehemaligen Kirchenguts zu rechnen habe. Erst unter katholischen Nachfolgern des Herzogs könne, wenn die Bevölkerung zum größten Theil convertirt sein würde, der rechtmäßige Hirt der Heerde wiedergegeben werden.

Der Herzog blieb also auf seinen Antrag bestehn. Allein es bedurfte erst eines Wechsels im Pontificat, bis diese Argumente Erhörung fanden. Alexanders Nachfolger, Clemens IX., ging ohne Schwierigkeit darauf ein.

Am 8. Mai 1668 beschloß auf Cardinal Brancatis Vortrag die Congregation der Propaganda, dem Vicar Maccioni einen Titel in partibus behufs Ausübung der bischöflichen Functionen und Weihehandlungen im Herzogthum Braunschweig-Lüneburg zu verleihen[2]), am 9. Juni bestätigte der Papst diesen Beschluß und ordnete die Erledigung der Sache durch das Consistorium an[3]), am 3. September proponirte Brancati im Consistorium für Maccioni den Titel i. p. von Marocco[4]), am 17. wurde ihm derselbe vom Papst im Consistorium zuerkannt, und am 13. October gingen die entsprechenden Bullen nach Hannover ab[5]).

Die Consecration wünschte man in Hannover dem Bischof von Paderborn unter Assistenz zweier infulirter Äbte übertragen zu sehen[6]). Die Curie aber blieb bei dem Herkommen und ermächtigte den Confirmirten, mit dem die Weihe vollziehenden Bischof zugleich auch zwei assistirende Bischöfe selbst auszuwählen[7]). Auf das Gesuch des Herzogs Johann Friedrich[8]) erklärte sich der Erzbischof von Mainz dazu bereit[9]), und am Ostersonntag 1669 empfing Maccioni in der Kathedrale von Würzburg die bischöfliche Consecration[10]).

Auf diese Weise ist das nachmals sogenannte apostolische Vicariat des Nordens entstanden. Es war also nicht die Heilssehnsucht der vereinsamten Katholiken und nicht die Eroberungslust der Propaganda, die diese Delegation in das Leben rief, sondern der persönliche Ehrgeiz eines priesterlichen Hofcavaliers und das landeshoheitliche Interesse des Herzogs von Hannover, seine Staaten gegen jeden Eingriff der benachbarten geistlichen Fürsten abzuschließen.

---

1) Colomera, dat. 24. Febr. 1674, II, 142.
2) Das Decret der Propaganda s. unten II, 27.
3) Aufzeichnung unten II, 28. 4) Colomera, dat. 8. Sept. 1668 (II, 30).
5) Colomera, dat. 13. Oct. 1668 (II, 32).
6) Colomera, dat. 8. Sept. u. 8. Dec. 1668, II, 30, 33.
7) Colomera a. a. O. 8) Dat. 14. Jan. 1669 (II, 36).
9) Colomera, dat. 22. März 1669 (II, 39).
10) Colomera, dat. 10. Mai 1669 (II, 41). Vgl. Piper, S. 58.

Viertes Kapitel.

Ausgleich zwischen dem Herkommen der römischen Kirche und den kirchlichen Ansprüchen des Herzogs von Hannover.

Indem die Competenz des apostolischen Vicars auf die herzoglich hannoverschen Territorien beschränkt ward, bedeutete das Vicariat zunächst nichts weiter als ein unter anderem Namen aufgerichtetes Landesbisthum. Seine Wirksamkeit ging denn auch zunächst in der Organisation einer mannigfach eximirten Landeskirche auf.

Das erste Werk war die Herbeiziehung einer Anzahl von Ordensleuten. Zuerst wurde an die Jesuiten gedacht, die ja bereits von Hildesheim her zu Predigten an hohen Festen herbeigezogen worden waren. Allein das Geheime Rathscollegium setzte diesem Vorhaben einen so energischen Widerspruch entgegen, daß der Herzog, wie selbstherrisch er auch sonst war, doch davon Abstand nahm[1]. Er entschied sich für Kapuziner.

Die Wahl dieses Ordens ruft die Erinnerung wach, daß die Schloßkirche ursprünglich einem Minoritenkloster angehört hatte, das in der Reformationszeit von dem Orden geräumt und 1637 dem Neubau der fürstlichen Residenz gewichen war[2]; ich finde aber nicht, daß solche Reminiscenz die Wahl des Ordens mitbestimmt hat. Nach den vorliegenden Zeugnissen war allein der Umstand maßgebend, daß Johann Friedrich einst im Minoritenkloster zu Assissi seinen protestantischen Glauben abgeschworen und seitdem den Minoriten eine besondere Zuneigung bewahrt hatte. In den Kapuzinern aber, der jüngsten Abzweigung dieses Ordens, erblickte der für die strenge Observanz eingenommene Fürst die treuesten Söhne des heiligen Franziscus[3].

Der Orden kam dem Wunsche des Herzogs entgegen und committirte die Patres Reginaldus und Servatius nach Hannover. Das Concordat, das sie dort vereinbarten, liegt zwar weder im Wortlaut noch im Auszuge vor[4]; die nachfolgenden Unterhandlungen aber stellen es außer Zweifel, daß das Generaldefinitorium des Ordens die angeregte Niederlassung als

---

1) Relation Maccioni's, d. 26. Febr. 1671 (II, 83).
2) Mithoff, Kunstdenkmale u. Alterthümer im Hannoverschen, I, 79 f.
3) Relation Maccioni's, dat. 21. Mai 1671 (II, 85).
4) Meine ganze Kunde beruht auf Maccioni a. a. O.

vorgeschobene Missionsstation unter einem Präfecten aufgefaßt hat, während der Herzog die Patres auf den Chordienst in der Kirche und die parochiale Aushülfe in der Gemeinde zu beschränken gemeint war[1]). Im Jahre 1668 wurde das Hospiz eröffnet und zählte drei Jahre später 14 Mitglieder, nämlich 3 deutsche, 4 italienische und 2 französische Priester, dazu 2 Kleriker und 3 Laien deutscher Nationalität[2]).

Schon diese dem herzoglichen Hofstaat conforme Zusammenstellung zeigt, daß der Orden in erster Linie dem geistlichen Bedürfniß der verschiedenen am Hofe vertretenen Nationen zu dienen bestimmt war. Es wurde denn auch fortan in der Schloßkirche abwechselnd in deutscher, italienischer und französischer Sprache gepredigt[3]), und die Kapuziner hielten nicht nur ihre Horen und Messen ab, sondern versahen auch sowohl in der Kirche wie am Krankenbett die Sacramente der Beichte und des Abendmahls[4]).

Aber aufzugehen in solchen Functionen war ihre Meinung nicht. Sie behielten zugleich die missionaren Aufgaben und Privilegien ihres Ordens im Auge und erreichten, daß von Rom ihnen ein Präfect mit den ausgedehnten Facultäten, die für solche Missionen üblich waren, zugesagt ward[5]).

In Hannover jedoch stießen diese Facultäten auf prinzipiellen Widerstand, als der Vicar Maccioni gewahrte, daß dieselben seinen eigenen Facultäten zum Theil nicht nur gleich, sondern sogar überlegen waren[6]). Er besorgte davon einen Abbruch seiner bischöflichen Autorität und nahm daher den alten Kampf der Ordinarien gegen die Exemtionen der Regularen auf[7]). Die Eifersucht aber, mit der Johann Friedrich auf die landeshoheitliche Geschlossenheit seines Territoriums hielt, kam ihm dabei zu Hülfe. Hatte der Herzog schon die Wiederherstellung der ehemaligen Ordinariatsgewalt seiner bischöflichen Nachbarn abgewehrt, so mußte ihm die Abhängigkeit der Regularen, denen er Asyl und Unterhalt gab, von einem nur den römischen, nicht den herzoglichen Intentionen unterworfenen Präfecten doppelt unerträglich sein. Er sah darin eine Verletzung oder wenigstens unerträgliche Ausbeutung seines mit den Kapuzinern aufge-

1) A. a. O. u. unten.

2) Relation Maccioni's, dat. 22. Nov. 1671. Nach einem nicht näher bezeichneten Manuscript theilt Koch im Archiv des Hist. Vereins für Niedersachsen, 1838, S. 71 mit, daß 2 der hannoverschen Kapuziner, nämlich P. Foelix und P. Andreas de Nugent, Engländer waren. Ich lasse dies auf sich beruhen und halte mich an den officiellen Bericht Maccioni's. 3) A. a. O. 4) A. a. O.

5) Relation Maccioni's und Brief Joh. Friedrich's, dat. 21. Mai 1671 (II, 84, 85).

6) Rel. Maccioni's, dat. 21. Mai 1671; vgl. über die Präfectur-Facultäten Mejer, Propaganda I, 39. 7) Colomera, dat. 12. Jan. 1669, II, 35.

richteten Concordats[1]). Es geschah daher auf sein Geheiß, daß Maccioni von der Curie für sich selbst die Facultäten eines Präfecten der Kapuziner-Mission erbat[2]).

Solche Gewährung aber war der Curie principiell unmöglich. Denn einerseits waren den deutschen Provinzialen des Kapuzinerordens durch päpstliche Bulle die Facultäten, verbotene Bücher zu lesen und in den päpstlichen Reservatfällen, sowie von Ketzerei Absolution zu ertheilen, mit dem Rechte der Übertragbarkeit auf ihre Untergebenen verliehen[3]); diese dem Orden ein für alle Mal anvertrauten Facultäten seinerseits den hannoverschen Kapuzinern zu delegiren, konnte also der dortige apostolische Vicar keinesfalls für sich beanspruchen[4]). Andrerseits freilich waren die Niederlassungen, die man als Präfecturen bezeichnete, außergewöhnliche Missionsstationen und daher dem Organismus der Ordensprovinzen nicht ohne weiteres eingegliedert[5]), sondern die Präfecten derselben empfingen ihre mit dem Recht der Übertragbarkeit verbundenen Facultäten unmittelbar von der Congregation des St. Officium[6]). Allein der Gedanke, diese Präfecturfacultäten dem apostolischen Vicar in Hannover zu übertragen, um sie durch ihn und nach seinem Ermessen den dortigen Kapuzinern zu delegiren, schloß sich durch die doppelte Voraussetzung aus, an welche die päpstliche Delegation gebunden war, daß nämlich der Präfect selbst Mitglied des Ordens und die Niederlassung ausdrücklich als Mission qualifizirt sein mußte[7]). Die zweite Voraussetzung zu erfüllen hing nur vom hannoverschen Herzoge ab, die erste aber traf auch den Vicar Maccioni nicht zu. Sein Antrag war demnach von vornherein hoffnunglos.

Der herzogliche Agent in Rom, Abbate Colomera, machte infolge dessen den Vorschlag, entweder die Präfectur eines Ordensmitglieds zu dulden oder aber die Niederlassung als ein der Aufsicht des Ordensprovinzials unterstehendes Hospiz zu qualifiziren[8]). Die der ersten Maßnahme widerstrebende Eifersucht Maccioni's auf die Facultäten des Ordenspräfecten deuchte ihm grundlos zu sein. Denn die Ausübung dieser Facultäten war ja ohne die dem apostolischen Vicar in seinem Bereich zustehende bischöfliche Approbation unmöglich; konnte doch der Ordinarius jederzeit die

1) Joh. Friedrich, dat. 21. Mai 1671 (II, 84); Maccioni, dat. 21. Mai 1671 (II, 86).
2) A. a. O. 3) Colomera, dat 12. Januar 1669 (II, 35).
4) Colomera, dat. 26. Jan. 1669 (II, 37). 5) Mejer, Propaganda I, 36 f.
6) Colomera, dat. 26. Jan. 1669 (II, 37). Diese Stelle giebt die bündigste Antwort auf die von Mejer I, 38 aufgeworfene Frage, wie den Ordensmissionaren die päpstliche Delegation vermittelt ward. Daß nicht die Congregation der Propaganda, sondern die des St. Officium dieselbe vermittelte, erklärt sich wohl daraus, daß der Präfect der letzteren der Papst selber ist. 7) Colomera, dat. 26. Jan. 1669 (II, 37).
8) Colomera, dat. 12. u. 26. Jan. 1669 (II, 35, 37).

Bethätigung der den Regularen unmittelbar von Rom aus delegirten Facultäten theils aus eigenem Recht, theils als päpstlicher Delegat inhibiren[1]), als apostolischer Vicar aber fungirte Maccioni in seinem Bereich wie ein Ordinarius. In Hannover jedoch gab man dem zweiten Vorschlage Colomeras den Vorzug: man entschloß sich dem Missionstitel der Kapuziner, für dessen discrete Geltendmachung man bei der Einsetzung eines römischen Präfecten, keine sichere Gewähr in der Hand hatte, durch Inhibirung der Präfectur stillschweigend auszutilgen und die Niederlassung als einfaches Hospiz zu qualifiziren[2]).

Herzog Johann Friedrich schickte deshalb die ihm vorgelegten Präfectur-Facultäten uneröffnet nach Rom zurück mit der Erklärung, Missionare nur stillschweigend und nur unter der Bedingung dulden zu können, daß dieselben durchaus discret auftreten und auf Kosten der Propaganda unterhalten würden[3]). Mit der letztern Clausel traf er den wunden Punkt, und die Congregation der Propaganda fügte sich, wenn auch mit saurer Miene, in die Einschränkung ihrer Missionshoffnungen[4]). Das hannoversche Hospiz wurde dem in Köln residirenden Provinzial und Visitator des Kapuzinerordens unterstellt[5]).

Alsbald aber zeigte sich, daß diese Lösung den hannoverschen Wünschen doch nicht entsprach. Denn nach der Auffassung, die sich nunmehr in dem Orden geltend machte, waren alle parochialen Facultäten der Ordensleute an den Missionstitel geknüpft; nach der Versagung desselben glaubten sie folgerecht auch die parochiale Aushülfe, an der dem apostolischen Vicar alles gelegen war, versagen zu müssen[6]).

Indessen den Ordenssuperioren in Rom war doch im Ordensinteresse die Gewogenheit des hannoverschen Herzogs zu schätzbar, um nicht auf alle mögliche Weise seinen Wünschen entgegenzukommen[7]). Der Generalvicar beauftragte daher den Kölnischen Provinzial, P. Hieronymus Ruthensis, das hannoversche Hospiz zu visitiren und bei dieser Gelegenheit ein neues Concordat mit dem Herzog aufzurichten[8]), und im Mai 1670 führte derselbe seinen Auftrag aus[9]). Auch von diesem Concordat liegt nichts weiter vor als die kurze Notiz, daß der vierte Artikel die parochialen Functionen be-

1) Colomera a. a. O.; vgl. Richter-Dove-Kahl, Kirchenrecht § 146. S. 476.

2) Colomera, d. 22. März u. 13. April 1669 (II, 39, 40).

3) Colomera, dat. 8. Febr. 1670 (II, 53); Maccioni, dat. 21. Mai 1671 (II, 85).

4) Colomera, dat. 13. April, 10. Mai, 15. Juni, 20. Juli 1669 (II, 40, 41, 42, 44).

5) Dies ergiebt sich aus Colomera, d. 25. Jan., 8. Febr. u. 29. März 1670 (II, 52, 53, 55).

6) Colomera, dat. 8. Febr. u. 28. Juni 1670 (II, 53, 61); Maccioni, dat. 26. Febr. 1671 (II, 83).

7) Colomera, dat. 29. März 1670 (II, 55).

8) Colomera, dat. 25. Jan. u. 29. März 1670 (II, 52); Maccioni, dat. 26. Febr. 1671 (II, 83).

9) Maccioni a. a. O.

traf[1]). Wir erfahren aber, daß das Generaldefinitorium des Ordens diesen strittigsten Punkt in entgegenkommendster Weise entschied. Die Ordensregel (Cap. 11) verbot allerdings den Ordensleuten die Vollziehung pfarramtlicher Functionen aus eigenem Recht, sie durften dieselben nur ausnahmsweise als einen Liebesdienst auf Requisition des Bischofs und auf Grund ausdrücklicher Licenz seitens ihrer Obern vollziehen. Allein Kraft päpstlicher Indulte waren hierzu, wie das Generaldefinitorium feststellte, im Bereiche von Germanien nur die angeführten Voraussetzungen erforderlich; es bedurfte also, worauf Alles ankam, keines Missionstitels, keiner ausdrücklichen Delegation seitens der Propaganda oder des St. Officium. Demgemäß ermächtigte das Generaldefinitorium die Patres des hannoverschen Hospizes, allen parochialen Functionen, mit Ausnahme des durch die Ordensregel unbedingt außer im Nothfall ausgeschlossenen Taufacts, mit der Licenz ihres Provinzials und des Superiors ihres Hospiz's allemal wenn der apostolische Vicar in Hannover sie requirire, sich zu unterziehn[2]).

Damit war diese Sache nach Maccioni's Wunsch insoweit erledigt, als die Kapuziner nunmehr zur Befolgung seiner Requisitionen angewiesen, und zugleich an dieselben gebunden waren. Sie respectirten ihn fortan als Diöcesan-Ordinarius und nahmen von ihm die Approbation und Licenz Beichte zu hören entgegen[3]).

Inzwischen aber waren ihm selbst mit der Erweiterung seines Wirkungskreises neue und ausgedehntere Vicariatsfacultäten zu Theil geworden, die er nach Artikel 21, sofern ihre Ausübung nicht den bischöflichen Ordo voraussetzte, ganz oder theilweise an geeignete Priester für Conversionszwecke übertragen durfte[4]). Er machte davon sofort Gebrauch, und der Superior sowie die von demselben bezeichneten Patres des hannoverschen Hospizes nahmen dankend die neuen Facultäten aus der Hand des apostolischen Vicars entgegen. Als aber im November 1670 von Rom her der P. Antonio Felice Isolani in Hannover eintraf, fiel dem Superior, wie es scheint, seine Nachgiebigkeit gegen den Vicar plötzlich schwer auf die Seele. Er erklärte nämlich nach mehrmonatlichem Schweigen jetzt auf einmal, die communicirten Facultäten nicht annehmen zu können. Isolani indessen war ein weltgewandter Mann, der die Menschen zu nehmen ver-

---

1) Maccioni a. a. O. Dies wird bestätigt durch den Brief Johann Friedrich's dat. 11. Mai 1670, den Koch im Archiv des histor. Vereins für Niedersachsen, 1838, S. 85 mittheilt. Ebenda (S. 82ff.) findet man die von Pater Hieronymus Ruthensis am 5/15. Mai 1670 erlassene Lebensordnung für das hannoversche Hospiz. Beide Schriftstücke sind jedoch sehr incorrect wiedergegeben, wie denn überhaupt diese ganze Publication viel weniger leistet als ihr Titel (Abriß d. Gesch. d. hannov. Kapuziner) verspricht.

2) Colomera, dat. 28. Juni 1670 (II, 61); vgl. Maccioni, dat. 26. Febr. 1671 (II, 83).

3) Maccioni a. a. O. 4) Maccioni, dat. 26. Febr. 1671 (II, 83).

stand: wußte er sich doch auch bei dem protestantischen Herzog Georg Wilhelm so zu insinuiren, daß er seine Aufwartung in Celle zum Staunen von Stadt und Hof im Kapuzinerhabit machen durfte. Seine Vorstellungen beruhigten den hannoverschen Superior, so daß er die beanstandeten Facultäten beibehielt. Allein nach Isolani's Abreise erneuerte er seinen Widerspruch und begründete denselben damit, daß die Übertragbarkeit der neuen Facultäten des apostolischen Vicars nur auf Priester schlechthin, nicht auch ausdrücklich auf Regulare oder insbesondere auf Kapuziner, laute. Maccioni sah sich dadurch gezwungen, seine vorgesetzte Behörde, die Propaganda, um Verhaltungsmaßregeln anzugehn[1]. Dort aber war sein Widerstand gegen den Missionstitel der Kapuziner noch in frischer Erinnerung; man sah in dem neuen Conflict nur eine neue Anmaßung Maccioni's, einen Versuch seine Autorität den Kapuzinern aufzuzwingen. Cardinal Baldeschi, der Secretär der Propaganda, erwiderte deshalb den Bericht Maccioni's so ungnädig und vorwurfsvoll, daß sich der Herzog Johann Friedrich bewogen fand, die Rechtfertigung des Vicars mit seiner eigenen Autorität zu decken[2]. Indem er alle Actionen Maccioni's in Sachen der Kapuziner vertrat, ließ er dem Cardinal erklären: er dulde nie, daß in seinen Staaten irgend jemand eigenmächtig über Staatsgeschäfte disponire; alle seine Diener führten lediglich seine eigenen Befehle aus; die Ablehnung eines Kapuzinerpräfecten sei demnach auch sein eigenes Werk[3]. Solche Sprache verstand man in Rom, abermals machte sich Isolani nach Hannover auf den Weg[4], und auch diese Sache ward nach den Wünschen des Herzogs und seines Vicars beigelegt[5]. So wurde der Kampf der bischöflichen Autorität gegen die Exemtionen der Regularen zu Gunsten des apostolischen Vicars aus Rücksicht auf die landesherrlichen Wünsche Johann Friedrichs entschieden.

Dasselbe landesherrliche Interesse des Herzogs setzte in Rom noch andere Connivenzen durch[6].

Nach canonischer Anschauung hätte der Herzog das von seinen Ahnen säcularisirte Kirchengut restituiren müssen. Solche Maßnahme aber hätte eine Einbuße der Landeshoheit bedeutet. Johann Friedrich erörterte daher dem Papste, daß in der Reformationszeit allerdings einige wenig erhebliche Kirchengüter zum fürstlichen Kammervermögen geschlagen sein, daß

1) Alles nach Maccioni, dat. 26. Febr. 1671 (II, 83).

2) Johann Friedrich, dat. 21. Mai 1671 (II, 84) u. Maccioni, dat. 21. Mai 1671 (II, 85); Colomera, dat. 20. Juni 1671 (II, 88).

3) Joh. Friedrich a. a. O.

4) Colomera, dat. 23. Mai 1671.

5) Colomera, dat. 7. Nov. 1671 (II, 99).

6) Daß Clemens IX. durch zwei Breven vom Frühjahr 1669 dem Herzog einen privilegirten Altar bewilligte, sei nur als Symptom des curialen Entgegenkommens erwähnt. Vgl. Colomera, d. 13. April 1669 (II, 40) u. Maccioni, dat. 22. Nov. 1671 (II, 101 unter dem Jahr 1669).

aber der größere Theil der Revenüen für die Unterhaltung von Armenschulen und ähnliche Zwecke verwendet werde, daß eine Änderung des Rechtsverhältnisses zur Zeit noch unthunlich sei, weil sie die ketzerische Bevölkerung des Landes empören würde, daß er aber unter der Hand allmählich ein Stück dieser Einkünfte nach dem andern für die Ausbreitung des katholischen Glaubens verwende. Indem er sich zum Belege dessen auf sein Kapuzinerhospiz, auf die Restitution des katholischen Cultus in der Schloßkirche und auf den Unterhalt des apostolischen Vicars berief, begehrte er eine päpstliche Dispensation von der canonischen Norm, und diese Zweckmäßigkeitsgründe schlugen in Rom durch. Durch ein Indult vom 30. März 1669 bestätigte Clemens IX. dem Herzog, unter Absolution von den nach der canonischen Norm verdienten Censuren, den Besitz der percipirten Früchte und ihre fernere Verwendung für pia opera, indem er allen entgegenstehenden Satzungen und zuwiderlaufenden Anordnungen feierlichst derogirte [1]).

Vielleicht noch bezeichnender ist für die Anerkennung der Landeshoheit in kirchlichen Dingen die Connivenz, die der Herzog bei einer Marienroder Abtswahl in Rom durchsetzte.

Das Kloster Marienrode (Novalis S. Mariae) bei Hildesheim war 1125 vom Bischof Berthold von Hildesheim für Augustiner-Mönche und Nonnen gestiftet und 1259 von Bischof Johann den Cisterciensern übergeben worden [2]). Um den Heimsuchungen des mit dem Hochstift verfeindeten Adels zu entgehen, hatte sich das Kloster 1538 in den Schutz des Herzogs Erich I. von Calenberg begeben und war dadurch, wenn es sich auch der Reformation erwehrte, dennoch dem Hochstift entfremdet und ein integrirendes Glied des calenbergischen Fürstenthums geworden [3]).

Die Abtswahl in Marienrode war seitdem in Gegenwart herzoglicher Commissarien vollzogen [4]). Im Jahre 1669 aber, nach dem Tode des Abts Antonius Lohe, entstand ein Conflict über die Wahl. Die Commissarien der fürstlichen Regierung [5]) schlossen ungeachtet des von Prior und Convent des Klosters eingelegten Protestes den Commissar des Cistercienserordens [6]), der sich zum Wahltermin eingestellt hatte, von jeder Theilnahme an dem Wahlacte aus, übernahmen selbst den Vorsitz und sammelten die Stimmen

---

1) Ich wiederhole ein Stück meiner Erläuterung zu den „Päpstlichen Breven an Herzog Johann Friedrich" (12. Jahresbericht des Kgl. Kaiser Wilhelm's Gymnasiums zu Hannover, 1887, S. 6), wo man S. 15 f. den Beleg findet. Vgl. auch Maccioni, dat. 22. Nov. 1671 (II, 101, unter dem Jahre 1671).

2) Havemann, Gesch. v. Braunschweig u. Lüneb. I, 305, 587.

3) Havemann II, 323, 532.

4) Über verschiedene Wahlen liegen die Acten vor.

5) Denicke, Bitter, Staffhorst; sie beraumten durch Schreiben, dat. Hannover, 5. Febr. 1669 die Wahl auf 6/16. Febr. an.

6) Abt Bitter von Derneburg.

ein. Prior und Conventualen gaben allerdings ihre Stimmen ab und wählten zum Abte einstimmig den Propst von Wöltingerode, Johannes Ringelgen. Tags darauf aber (17. Februar 1669), nachdem die fürstlichen Commissarien abgereist waren, fanden sie sich mit dem zurückgebliebenen Commissar ihres Ordens in der Überzeugung zusammen, daß diese von Laien und noch dazu akatholischen geleitete Wahl uncanonisch und also ungültig sei, und traten unter dem Vorsitz des Ordenscommissars zu einem zweiten Wahlgang zusammen, der in den canonischen Formen, in der Sacristei — denn der Capitelsaal war verwüstet — nach Abhaltung der H. Geist-Messe und Ablegung des vorgeschriebenen Eides vollzogen ward und dasselbe Resultat, die einstimmige Wahl Ringelgens, ergab [1]. Die herzogliche Regierung erkannte nur den ersten, der apostolische Vicar Maccioni nur den zweiten Wahlact als rechtmäßig an [2]. Dazu kam ein zweites. Auf das inständige Bitten und die Erklärung des Priors und Convents von Marienrode, daß sie „nicht aus böser Meinung noch zum Präjudiz S. hochfürstlich. Durchlaucht, sondern blos zur Befriedigung ihrer Conscientien" die Wahl wiederholt hätten [3], ließ Herzog Johann Friedrich Gnade walten [4] und verfügte die Installation des Erwählten [5]. Auch diese wurde doppelt vollzogen, indem Maccioni den Abt in sein geistliches Amt einführte, die weltlichen Commissare denselben in die Temporalien einwiesen (14. September 1669). Maccioni's Auftreten aber rief einen Protest der weltlichen Commissare hervor, infolge dessen von der andern Seite wieder Verwahrungen folgten, die der apostolische Notar in Hildesheim zu Protokoll nahm [6]. Es war also wiederum Collision des canonischen Herkommens mit den Ansprüchen der Landeshoheit, die der Herzog der römischen Curie zur Schlichtung überwies.

Sein römischer Agent, Abbate Colomera, verhehlte nicht, wie unliebsam in Rom derartige Fragen berührten, und wie wenig Verständniß dafür bei den nur in den Rechten und Satzungen, nicht in der Politik bewanderten Juristen und Theologen der Curialbehörden zu finden sei [7]. Aber er wußte auch, daß man an höchster Stelle politisch dachte, und wandte sich deshalb unmittelbar an den Papst. Clemens IX. schenkte den Vorstellungen des Abbate Gehör und überwies die Marienroder Angelegenheit nicht der für solche Fragen competenten Congregatio consistorialis, sondern einer zu diesem Zweck gebildeten Particular-Congregation, in die er die dem Herzog

---

1) Ringelgen, dat. 23. Juli 1670 (II, 64), Maccioni, dat. 18. März 1669 (II, 38).

2) Maccioni a. a. O.

3) Dat. Marienrode, 20. März 1669.

4) Dat. Hannover, 29. April 1669.

5) Dat. Hannover, 8. Sept. 1669.

6) Maccioni an den Abt von Marienrode, dat. 17. Sept. 1669; Notariats-Erklärung des Abts Ringelgen, dat. 23. Juli 1670 (II, 64).

7) Colomera, dat. 9. Aug. 1670 (II, 66).

besonders ergebenen Cardinäle berief [1]). Diese ging auf den von Colomera suppeditirten Gesichtspunkt ein, daß dieselbe gesunde Politik der Curie, die sich bisher über so manche Irregularitäten in Hannover hinweggesetzt hatte, damit dort die römische Kirche überhaupt erst Boden gewönne, auch im vorliegenden Fall die canonistischen Bedenken übewinden müßte [2]).

In dem Punkte freilich, der die hannoversche Regierung am meisten verstimmt hatte, in der Wiederholung der Abtswahl hinter dem Rücken der hannoverschen Commissare, sah Colomera nur ein zur Beruhigung der Canonisten willkommenes Correctiv der Irregularität, die nach kirchlicher Anschauung in der Einmischung weltlicher Commissare als einer Beschränkung der Wahlfreiheit lag. Den Kern der Schwierigkeit fand der mit den curialen Anschauungen Vertraute in der Art der Installation. Hier aber war das Bedenkliche wiederum nicht der Punkt, an dem der apostolische Vicar Anstoß genommen hatte, die Amtshandlung der weltlichen Commissare, sondern im Gegentheil die Amtshandlung des Vicars selber. Denn die Einweisunq in die Temporalien stand ohne Frage dem Landesherrn zu, und Landesherr von Marienrode war Kraft des Erbschutzes ohne Frage der Herzog von Calenberg. Fraglich war nur, ob durch den calenbergischen Erbschutz auch die geistliche Jurisdiction des Hildesheimer Bischofs erloschen und Marienrode als ein Stift nullius dioecesis anzusehen war. War dies aber, wie man in Hannover meinte, wirklich der Fall, so bedurfte der neugewählte Abt der päpstlichen Confirmation und konnte also nicht ohne weiteres durch den apostolischen Vicar Maccioni installirt werden. Es galt also ein päpstliches Breve zu erwirken, das nachträglich diese Confirmation aussprach [3]).

Dank den Bemühungen Colomera's nahm die Sache auch schon in der damit betrauten Congregation den erwünschten Verlauf [4]), als eine Gegenwirkung von Hildesheim her dazwischen trat [5]). Auf Antrieb seines Hildesheimer Suffragans Anethanus, der sofort gegen die Amtshandlung Maccionis in Marienrode protestirt hatte, legte der Kurfürst Max Heinrich von Köln durch seinen Agenten [6]) bei der Curie Verwahrung gegen die hannoversche Behauptung ein, daß Marienrode nullius dioecesis sei, und beanspruchte für sein Hildesheimer Hochstift die geistliche Jurisdiction [7]).

---

1) Colomera, dat. 2. Aug. u. 23. Aug. 1670 (II, 67). 2) Colomera a. a. O.

3) Colomera, dat. 9. Aug., 23. Aug., 27. Sept. 1670 (II, 66, 67, 74).

4) Colomera, dat. 23. Aug., 13. Sept. 1670 (II, 67, 73).

5) Ich stütze mich für das Folgende auf die kurzen Regesten, die in einem aus Hildesheim stammenden Marienroder Repertorium des hannoverschen Staatsarchivs vorliegen, betitelt „Extractus der Marienrodischen Nachrichten." 6) Advocat Carlo Conti.

7) Vgl. auch Colomera, dat. 27. Sept. 1670 (II, 74) und Maccioni, dat. 22. Nov. 1671 (II, 101, unter dem Jahre 1671).

Über die Entscheidung der Congregation liegen keine bestimmten Nachrichten vor; es scheint jedoch, daß dieselbe die Rechtsfrage offen ließ. Denn Colomera beschwerte sich über die Fassung des päpstlichen Breves als den Ansprüchen des Herzogs Johann Friedrich präjudicirend [1]; und der Streit nahm seinen Fortgang, indem sowohl Maccioni als auch Anethanus, der eine hinter dem Rücken des andern, in Marienrode pontificirte, ein jeder, um der Behauptung seines Rechtsstandpunkts Ausdruck zu geben [2]. Thatsächlich aber connivirte die Curie dem hannoverschen Herzog, indem sie das bezügliche Breve ihm allein aushändigte, so daß die Gegenpartei nicht einmal eine offizielle Copie erhielt [3]. Die Marienroder Mönche ließen sich denn auch ohne Widerspruch die Facultäten gefallen, die Maccioni ihnen zu communiciren für gut befand [4], sie unterwarfen sich also trotz der entgegenstehenden Prätensionen des Hildesheimer Hochstifts der geistlichen Jurisdiction des apostolischen Vicars. Der apostolische Nuntius in Köln aber rechnete die Aufrechthaltung der Marienroder Ansprüche dem Herzog sogar als geistlichen Ruhmestitel an, indem er ihn der beständigen Unterstützung seitens des Papstes versicherte [5].

Fünftes Kapitel.

Hannover als Mittelpunkt der katholischen Propaganda in Norddeutschland und Dänemark.

Zeigte die Austilgung der geistlichen Jurisdiction des Hildesheimer Hochstifts in Marienrode, daß Johann Friedrich nur darauf ausging, das apostolische Vicariat Maccioni's zu einem herzoglichen Landesbisthum auszugestalten [6], so blieben doch die positiven, auf Einbürgerung und Aus-

---

1) Colomera, dat. 25. Oct. 1670 (II, 77).

2) Extractus der Marienroder Nachrichten.

3) Das erste erhellt aus Colomera, dat. 25. Oct. 1670 (II, 77), das zweite aus dem Extractus der Marienroder Nachrichten unter dem Datum des 16. Jan. 1671.

4) Maccioni, dat. 26. Febr. 1671 (II, 83).

5) Nuntius Bonvisi, dat. 13. Oct. 1671 (II, 98).

6) Eben dasselbe erhellt aus dem Vorgehn bei dem Collegiatstift St. Petri zu Nörten. Nach dem Tode des Kurfürsten Johann Philipp von Mainz, seines persönlichen Freundes, beantragte Johann Friedrich in Rom, daß ihm das ius nominandi in persona am Nörtener Stift eingeräumt werde," indem er das von dem Mainzer Hochstift geübte Besetzungsrecht der Canonicate als ein dem verstorbenen Kurfürsten persönlich übertragenes Recht bezeichnete

breitung des Katholicismus abzielenden Maßregeln des Herzogs und seines Vicars im wesentlichen auf die Stadt Hannover beschränkt, und hielten sich auch hier in ihren Grenzen. Denn wenn sich auch Johann Friedrich trotz seiner Conversion den Summepiscopat über die protestantische Landeskirche durch die Versuche der mißtrauischen Landstände, Einfluß auf das Kirchenregiment zu gewinnen, in keiner Weise schmälern ließ[1]) und diesen Ständen, die ihm einst nicht einmal die Privatübung der katholischen Religion in einem Zimmer des Schlosses hatten verstatten wollen[2]), die Bestätigung der von seinen Ahnen, seinem Vater und seinen Brüdern ertheilten Religionsassecuranzen so lange vorenthielt[3]), bis er der öffentlichen Übung der katholischen Religion durch Einräumung der Schloßkirche und Einrichtung des Kapuziner-Hospizes freie Bahn gemacht hatte, so war ihm doch sein Glaube zu heilig, um eine andere Propaganda als die der freien Überzeugung und des begeisternden Vorbilds zu billigen[4]), und das Voll- und Pflichtgefühl seiner Landeshoheit war ihm zu lebendig, um eine Überschreitung der von ihm selbst gesteckten Grenzen durch übereifrige Proselytenmacher zu dulden[5]). Der katholische Cultus und Glaube sollte durch sich selber wirken.

Besondere Sorgfalt wurde daher auf die glänzende Ausstattung der Kirche und des Gottesdienstes verwandt. Die Einweihung der umgebauten Schloßkirche und ihres in die Ehre Johannes des Täufers neu errichteten Hauptaltars[6]) fand am Feste Allerheiligen 1668 statt[7]). Das Jahr da-

---

das mit dem Tode desselben an den Papst zurückgefallen sei. S. Colomera, 25. März und 15. April 1673 (II. 131, 133). Ich finde aber keine Nachricht wie diese Sache erledigt ist. In den angezogenen Briefen ist freilich nicht von Nörten, sondern von der collegiata del borgo di Northeim die Rede. Allein das St. Blasienstift in Northeim, an das man zunächst denken müßte, war längst von Abt und Convent verlassen. Sowohl die Bezeichnung „Collegiatstift" als auch die ausdrückliche Angabe, daß dies Stift das einzige in jener Gegend katholisch geblieben sei, trifft nur auf das Peterstift von Nörten zu. Dieselbe Verwechslung von Nörten und Northeim findet sich in Maccioni's Relation, dat. 22. Nov. 1671, (II, 101 unter dem Jahre 1671). Die orthographische Genesis dieser Verwechslung (Northeim für Northen) erhellt aus Maccioni's Relation, dat. 27. Juli 1674, (II, 145 unter 1673).

1) Vgl. oben S. 13 f. Schlegel, Kirchengesch. von Norddeutschland, III, 255 f., 257.

2) Spittler, Gesch. von Hannover, II, 255.

3) Den Religions-Revers Johann Friedrichs, dat. Hannover, 23. Mai 1671, s. Anhang I, 3.

4) Man vergleiche den Hergang seiner eigenen Conversion in Band I, 358 ff.

5) Den besten Beleg hierfür giebt die Selbstbiographie des bekannten Pietisten J. W. Petersen, der damals Prediger in Hannover war (1717).

6) Der ursprüngliche Altar ist in die Neustädter Hof- und Stadtkirche überführt worden, wie ich aus den in der städtischen Registratur aufbewahrten Collectaneen des hannoverschen Kammerschreibers Redecker entnehme.

7) Maccioni, Relation, dat. 22. Nov. 1671 (II, 101 unter 1668).

rauf wurden noch drei andere Altäre daselbst consecrirt, der eine zur rechten Seite in die Ehre des H. Franziscus von Assissi, der zur Linken in die Ehre des H. Antonius von Padua, der dritte in der Krypta, den Clemens IX. für die Ahnen des Herzogs privilegirte, in die Ehre des H. Benedict[1]). Den Altar zur Rechten zeichnete in der Folge das ob seiner Wunderkraft vor Zeiten gefeierte Marienbild der Kirche von Hainholz aus, das die Herzogin auf Maccioni's Antrieb von dort entführte (1672)[2]), den Hauptaltar schmückte man mit dem noch heute vorhandenen Triptychon, das aus der Alexanderkirche von Einbeck hierher versetzt ward[3]). Ihre kostbarste Ausstattung aber erhielt die Schloßkirche durch den von Heinrich dem Löwen gesammelten Reliquienschatz, den Johann Friedrich als Preis seiner Theilnahme an der Unterwerfung der gegen die Landeshoheit seines Hauses aufsässigen Stadt Braunschweig im Jahre 1671 gewann[4]). Die kostbaren und kunstvoll gearbeiteten Gefäße dieses Schatzes[5]) fanden ihre Aufstellung in einer eigens dazu unter der Orgel der Schloßkirche eingerichteten Kapelle, die mit einem Gitter geschlossen ward[6]).

Mehr Eindruck als solche dem Herzog in den Berichten seines Vicars an die Propaganda zu besonderem Ruhme gerechnete Bereicherung seiner Kirche, machte den Protestanten das denselben mystischen Affecten dienende Cerimonial des sich durch den Chordienst der Kapuziner besonders geheimnißreich darstellenden Cultus[7]). Um die Wirkung desselben zu erhöhen, rief der Herzog den nachmals sogenannten Domchor ins Leben, indem er seine italienische Hofcapelle durch Hinzuziehung von Sängern verstärkte und sonntäglich bei der Frühmesse und der Vesper mitwirken ließ. Und dieser Domchor, den Maccioni ausdrücklich einen Köder für die lutherische Stadtbevölkerung nennt, bewährte sofort seine Anziehungskraft[8]).

Die Hauptsache aber war, daß man dem protestantischen Wesen durch Gemeindegesang und deutsche Predigt entgegenkam. Der Gedanke war nicht neu, Maccioni berief sich auf den 1661 verstorbenen Cardinal-Bischof von

1) Maccioni a. a. O. unter 1669.

2) Relation Maccioni's dat. 27. Juli 1674 (II, 145).

3) Mithoff, Kunstdenkmale und Alterthümer im Hannoverschen I, 80.

4) Maccioni, dat. 7. Juli 1671 (II, 91), 22. Nov. 1671 (II, 101 unter 1671).

5) Das älteste Verzeichniß derselben findet sich in den Protokollen über die Auslieferung, dat. Braunschweig, 5.—7. Juli 1671 (Geheime Registratur des Staatsarchivs, Nr. 169). Eine Beschreibung nebst Abbildungen bietet J. H. Jungii disquisitio antiquaria de reliquiis, Hannover, 1783, 4°, in der angehängten Lipsanographia, sowie der Katalog des Welfen-Museums, Hannover, 1864, 8°, S. 42 ff., insbesondere aber das Prachtwerk von A. W. Neumann, der Reliquienschatz des Hauses Braunschweig-Lüneburg, Wien, 1891.

6) Maccioni, dat. 27. Juli 1674 (II, 145 unter 1673).

7) Maccioni, dat. 22. Nov. 1671 (II, 101 unter 1668).

8) Maccioni, dat. 22. Nov. 1671 (II, 101 unter 1669).

Osnabrück, Grafen Franz Wilhelm von Wartenberg[1]), als er um willen der zur Schloßkirche kommenden Lutheraner anordnete, daß bei der sogenannten Gemeindemesse, die man morgens um $9^1/_2$ Uhr celebrirte, der Introitus, das Gloria in excelsis, das Credo, Sanctus und Agnus Dei in deutscher Sprache von der Gemeinde gesungen wurde. Und der Erfolg war, daß die anwesenden Lutheraner in den Gesang der katholischen Gemeinde andächtig mit einstimmten[2]). Die Zugkraft der deutschen Predigt aber hatte sich gleich nach dem Regierungsantritt des Herzogs bei den zur Aushülfe herbeigezogenen Jesuiten aus Hildesheim bewährt[3]). Seit der Niederlassung der Kapuziner fand daher jeden Sonntagmorgen nach der sogenannten Gemeindemesse eine deutsche Predigt statt, Nachmittags eine französische oder italienische vor den herzoglichen Hoheiten und ihrem Hofstaat[4]). An hohen Festtagen celebrirte der Bischof von Marocco selber in pontificalicibus Messe und Vesper und predigte auch ab und an[5]). Als Hauptredner aber treten uns die Kapuzinerprädicanten Fr. Servatius aus Coesfeld[6]) und Fr. Maternus aus Gesecken entgegen[7]); Maccioni schreibt daher auch ihnen namentlich den Erfolg glücklicher Conversionen zu[8]).

Nachdem die hannoversche Bevölkerung durch den Schloßkirchen-Gottesdienst an die ihr fremden Formen des katholischen Cultus wieder gewöhnt war, bekam sie dieselben allmählich auch auf offener Straße zu sehn. Das Jahr 1668 brachte zum ersten Male das Schauspiel eines beim Geläut der protestantischen Kirchen mit Musik hinausziehenden Leichenzugs, den unter Vorantragung des Kreuzes ein Priester in Chorhemd und Stola geleitete[9]). Zwei Jahre später sah man auch das feierliche Gepränge öffentlicher Prozessionen in der Charwoche und am Frohnleichnamstage, und es machte der zuschauenden Menge, unter der auch hochgestellte Männer bemerkt wurden, Eindruck, daß selbst der Herzog und die Herzogin mit Fackeln in der Hand einherschritten. Maccioni berichtete nach Rom, manche der Zuschauer seien durch den Anblick solcher Devotion bis zu Thränen gerührt[10]). Ein weiterer Erfolg war sodann die Einrichtung eines eigenen katholischen Kirchhofs vor dem Aegidienthore, den Maccioni 1673 in pontificalibus weihte und zum Gedächtniß des herzoglichen Stifters St. Johannis-Friedhof benannte[11]).

Es konnte natürlich nicht ausbleiben, daß die öffentliche Religions-

---

1) Vgl. über ihn Piper, S. 51 ff., 64. 2) Maccioni a. a. O.
3) S. oben S. 39. 4) Maccioni a. a. O. 5) A. a. O.
6) Maccioni, dat. 27. Juli 1674 (II, 145 unter 1672 u. 1673).
7) Maccioni, dat. 25. Mai 1672 (II, 115). 8) A. a. O.
9) Maccioni, dat. 22. Nov. 1671 (II, 101 unter 1668.)
10) A. a. O. unter 1670.
11) Maccioni, dat. 27. Juli 1674 (II, 145 unter 1673).

übung der Katholiken die lutherischen Geistlichen der Stadt zur Gegenwirkung mit Wort und Feder in die Schranken rief. Der erste, der das Wort nahm, war der Generalissimus Justus Gesenius. Unter dem Pseudonym Timotheus Friedlieb veröffentlichte er zwei Quartanten eines Gesprächs über die Frage: „Warumb wiltu nicht Römisch-Catholisch werden, wie deine Vorfahren waren[1])?" Selbst in Rom nahm man von dieser Bekämpfung der römischen Kirche Notiz[2]). Auf Maccioni's Antrieb beauftragte daher Herzog Johann Friedrich sowohl seine Kapuziner als auch die Hildesheimer Jesuiten mit der Abfassung einer Gegenschrift[3]). Der Jesuit Caspar Sevenstern antwortete daher mit einem „Gegengespräch" in zwei Quartanten[4]); die andere Gegenschrift, die unter dem Namen eines Christophorus Kirchweg erschien, trug den Titel: „Wie lang wilst du noch Lutherisch bleiben[5])?" Gesenius blieb die Replik nicht schul-

1) Der volle Titel des 1. Bandes lautet: Erörterung der Frage, Warumb wiltu 2c. Ist ein christliches Gespräch und Unterredung über die Frage, ob ein evangelischer oder einer der Augspurgischen Confession und Bekändniß zugethaner und verwandter Christe mit gutem Gewissen und also, daß er damit Gott seinen Herrn nicht erzürne und aus dessen Gnade dorüber nicht entfalle, zu der Römischen Kirchen treten und die Päbstische Lehre und der Römischen Kirchen Gottesdienst annehmen könne, und was ihn billich davon abhalten solle und müsse. Für einfältige evangelische Christen von Timotheo Friedliben, einem evangelischen fried- und wahrheitliebenden Prediger zur Verwahrung vor beschwertem bösem Gewissen aufgesetzet. Anno MDCLXIX. 4⁰. Der zweite Theil ist betitelt: Ander Theil des Gesprächs über der Frage, ob ein Evangelischer . . . annehmen könne. Worinnen der gemeine Verweiß und Vorwurff der Römisch-catholischen Christen gründlich beantwortet, Warumb wiltu nicht 2c. Anno MDCLXIX. 4⁰.

2) Colomera, dat. 15. Juni 1669 (II, 42).

3) Maccioni, dat. 22. Nov. 1671 (II, 101 unter 1668).

4) Voller Titel: Gegengespräch über die Frage Warumb wiltu nicht 2c. Ist ein christliches Gespräch und gütliche Unterredung über diese vorgestellte Frage, ob einer der Augspurgischen Confession oder Bekändnis Zugethaner einigen Irrthum erweisen könne der jetzigen Römischen Kirchen, weswegen er von derselben entfrembet, deren sich zu entäusseren werde genöthiget und sich deren ohn Verletzung seines Gewissens nicht könne untergeben. Entgegen gesetzet einem unlängst ausgesprengten Gespräch, welches ohn Benamsung des Orts, ohn Censur gedruckt und ausgeben unter dem Namen Timothei Friedlieben. Allen ihrer Seligkeit geflissenen zu Lieb aufgesetzet und zum Druckt verfertiget a R. P. Casparo Sevenstern, der Societät Jesu Priestern und Theol. polem. Prof. zu Hildesheim. Cum approbatione superiorum et privilegio spec. Hannover. Gedruckt und zufinden bey S. Fürstl, Durchl. Hoff-Buchdrucker Wolffgang Schwendimann. Im Jahre Christi 1669. 4⁰. Die Vorrede des Verfassers ist datirt: Hildesheim, 17. Aug. 1669; die Approbation Maccioni's: Hannoverae, 30. Dec. 1669. Der zweite Theil ist betitelt: Ander Theil des Gegensprächs 2c., Cölln bey W. Friesem im Ertz-Engel Gabriel in der Franckgassen. Anno 1670. 4⁰. Die Vorrede ist datirt: Hildesheim, 9. April 1670; die Approbation des Jesuiten-Provinzials Matthias Merchem: Maccoburi, 2. May 1670.

5) Voller Titel: Res pro anima, eine Seelen-Sach, welche um Rettung der irrigen Gewissen vorgenommen ist uber die Frage: Wie lange wilst du noch Lutherisch bleiben? Dies ist ein christliches Gespräch und freundliche Unterredung, ob einer der Augspurgischen

dig[1]), der Jesuit Sevenstern aber sandte ihm noch ins Grab[2]) einen dritten Theil seines „Gegengesprächs“ nach[3]), und die litterarische Befehdung des Protestantismus trieb nun eine ganze Serie katholischer Schriften in Hannover hervor, deren Druck und Vertrieb ein eigens dazu angestellter fürstlicher Hofbuchdrucker, Wolfgang Schwendimann übernahm[4]). Maccioni selbst trat zwar nicht mehr, wie einst in Kopenhagen, als Autor hervor[5]), hatte aber seine Hand überall im Spiele und verfehlte nicht sich daraus seine Ruhmeskränze in den Berichten, die er nach Rom erstattete, zu winden[6]).

Confession Verwandter ohne Verletzung des Gewissens länger im Lutherthum wegen vieler allda befindlichen Unwahrheiten und Seelen-Gefahren verbleiben könne, und ob er nicht deshalber die wahre römisch-catholische Religion anzunehmen schuldig sei. Dem einfältigen christlichen Volck zur Unterricht gegen die jüngst von Timotheo Friedlieb ausgestreuete ungründliche Erörterung der Frage: Warum willst du nicht rc. Der Wahrheit zu Steur aufgesetzet von Christophoro Kirchweg, einem römisch-katholischen Theologo. Cum approbatione et privilegio speciali. Gedruckt zu Hannover bey S. Hochf. Dchl. Buchdrucker Wolfgang Schwendimann. Anno 1670. 8°. Die Approbation Maccioni's ist datirt: Hannoverae, 30. Dec. 1669.

1) Der dritte Theil seines pseudonymen Gesprächs erschien 1672.

2) Gesenius starb 1673.

3) Apologia formulae professionis fidei defensae oder dritter Theil des Gegengesprächs rc. Hildesheim bei J. H. Kramer. 1677. 4°.

4) Hierauf hat bereits Spittler, Gesch. von Hannover II, 291 f. aufmerksam gemacht.

5) Auch sein Nubes lucida (s. oben) erfuhr eine Gegenschrift. Derselbe Jesuit Mulmann, der ihm bei der Abfassung behülflich gewesen war, setzte eine Replik auf, die pseudonym erscheinen sollte. Maccioni sollte dieselbe drucken lassen, aber der Tod ereilte ihn vorher. Das Mannscript dieser Replik befindet sich im hannoverschen Staatsarchiv und ist betitelt: Euwaldi Glaseri iurisconsulti Nubes lucidior ad dissipandum cuiusdam in Dania trium litterarum autoris offusam frustra caliginem succenturiata Nubi lucidae seu declarationi indicii, quam . . . antehoc edidit Valerius Maccionius. In diesem Manuscript liegt ein Blatt, auf das ein Vertrauter Maccioni's folgende Notiz geschrieben hat: Instructio circa hic adiunctum manuscriptum. Illustrissimus episcopus Marochiensis in Dania agens scripsit opera P. Hieronymi Mulman libelum, cui titulus Nubes lucida. Lutherani contra hunc libelum scripsere alium, cui titulus Nubes sine aqua. Nubem sine aqua discussurus P. Hieronymus Mulman confecit praesens scriptum, cui titulus Nubes lucidior, se autem nominavit ob causas nescio quas Ewaldum Glaserum. Libellum hunc Ill^mus Marochiensis typis dare voluit, sed tam diu distulit, donec ipsum mors abstulerit. R. I. P.

6) In der Relation vom 22. Nov. 1671 (II, 101) erwähnt er außer der eben berührten Controversschrift die Veranstaltung einer deutschen und einer französischen Ausgabe des kleinen Catechismus des Canisius. In der Relation vom 27. Juli 1674 (II, 145) meldet er die Ausgabe einer neuen verbesserten Auflage desselben Buchs und fügt eine Abschrift der Pastoralvorrede hinzu, die er an der Spitze desselben hat drucken lassen. Diese Ausgabe ist auf der kgl. öffentl. Bibliothek zu Hannover vorhanden. Der Titel lautet: Catholischer Catechismus Petri Canisii rc. aus Befehl des hochwürdigsten Herrn Hr. Valerii von Maccionis, Bischoffen zu Marocco rc. jetzt mercklich vermehret und zum andern mahl in Truck geben. Hannover bey W. Schwendimann, 1674. 12°. Die Pastoralvorrede Maccioni's theile ich unter II, 141 der Beilagen mit. Zur Charakteristik dieser Ausgabe hebe ich eine Frage

Der Propaganda mit Prunk, Wort und Schrift kam das durch keine Nebenabsichten getrübte Vorbild des aufrichtig frommen Herzogs zu Hülfe, der nie den Gottesdienst versäumte[1]), insbesondere aber die Mildthätigkeit, die er den katholischen Armen erwies. Er kam nach Maccioni's Versicherung mit dem Fixum von 400 Thalern, das er jährlich zu diesem Behuf ausgesetzt hatte, nicht aus, sondern half mit offener Hand, wo zu helfen war, wie er denn z. B. allein der Gräfin Rantzau, Oberin des Hildesheimer

---

und Antwort aus Cap. IV (S. 89) hervor: „Warumb halten dann die Lutherischen in den Fürstenthumen Braunschweig und Lüneburg &c., item Mechlenburg und anderswo gar keine Meß, wie die Augspurg. Confession und D. Luther vorschreibt? Weil sie in dem Puncten, wie auch in vielen andern, von derselbigen Confession und vom Luthertumb, wie vorhin vom Pabstumb abermahl abgefallen seynd." In derselben Relation vom 27. Juli 1674 rühmt sich Maccioni, daß er von dem Buche des westfälischen Barons von Reck über die Übereinstimmung des alten und des gegenwärtigen Papstthums, durch einen Kaplan eine lateinische, durch einen herzoglichen Sekretär eine französische Übersetzung hat erscheinen lassen. Das Original ist betitelt: Alt und jetziges ubereinstimmendes Pabstumb, auß den Schrifften der Heil. Väter, welche in den ersten fünff- oder sechshundert Jahren nach Christi Himmelfahrt das Evangelium gelehrt und gepredigt haben, kürtzlich bewiesen und Herrn Samueli Maresio, Professori zu Gröningen, zu examiniren und zu beantworten fürgestelt von dem Wohlgeborenen Herrn Hr. Johann Freyherrn von Reck, Herren zu Dreysteinfort und Wölpendorff. Coloniae. Imprimebat Petrus Hilden. MDCLXX. 12^{0}. Die französische Übersetzung trägt den Titel: L'unité de creance de l'eglise romaine depuis le temps des apostres jusqu'à celuy du pape d'aujourdhuy, tirée des escrits des SS. Peres etc. Hannover, 1674. 8^{0}. Der Titel der lateinischen Ausgabe lautet: Consensus veteris et moderni papatus etc. Hisce accesserunt quaestiones conscientiae sive dubia de vera religione capessenda a perillustri . . . barone a Reck conscripta etc., a quodam veritatis Studioso latine reddita. Hannoverae. 1674. 8^{0}. Von den andern unter Maccioni's Vicariat in Hannover gedruckten Büchern, die mir bekannt geworden sind, gebe ich hier nur kurze Titel: 1) Geistl. Betrachtungen oder Gemüths-Erquickungen eines seiner Seligkeit wohl nachdenkenden Kriegs-Manns. Th. 1/2. Hannover 1669/70. 12^{0}. 2) Instructions catholiques touchant la maniere de bien prier, d'assister à la messe etc. Hannover. 1671. 8^{0}. 3) Instructions catholiques. Hannover. 1671. 12^{0}. 4) Zwölff himlische Liebes-Lüsten, collectore Leodgario Schweitzer. Hannover. 1673. 12^{0}. 5) Civitas supra montem posita et lucerna super candelabrum collocata omnibus civitatem coelestem intrare volentibus. Hannover. 1674. 8^{0}. 6) Philanthon sive animadversio in animadversionem, quam D. Hermannus Conringius, Professor Helmstadiensis, in Novennam S. Antonii de Padua, anno 1675 Hannoverae editam, infelicissime attentavit, facta coram R^{mo} atque Illmo Domino D. Valerio de Maccionis, episcopo Marocchiensi etc., a Dionysio Werlensi Capucino. Hannover. 1676. 8^{0}. 7) Philanthon vindicatus sive Hermannus Conringius ob andabaticam suam anno 1677 Helmstadii editam discussionem etc. castigatus a Dionysio Werlensi, Capucino. Hannover. 1678. 4^{0}. 8) Catholisches Manual, begreiffend ein vollständiges Gesangbuch nebst einem gut-evangelisch-catholischem Glaubens-Bekäntnis. Hannover. 1675. 8^{0}. 9) Jesus Klösterlein. Hannover. 1675. 12^{0}. 10) Aurea Strena in bipartita Deo serviendi methodo ordinata. Hannover. 1675. 12^{0}. 11) Modelle de devotion chrétienne. Hannover. 1676. 12^{0}. 12) Devote maniere de prier et mediter à la messe. Hannover. (s. a.) 12^{0}.

1) Maccioni, dat. 22. Nov. 1671. (II, 101.)

Stifts der Annuntiaten, in dem lutherische Mädchen im katholischen Glauben erzogen wurden, binnen wenigen Jahren 4000 Thaler Unterstützung zuwandte[1]).

Manche arme Leute fielen deshalb zur katholischen Kirche ab. Vereinzelt kam auch in besseren Ständen der Übertritt vor[2]). Das Hauptresultat aber der propagandistischen Bestrebungen war eine Verbitterung zwischen Protestanten und Katholiken, die sich in gegenseitigen Insulten und Beeinträchtigungen entlud: man schmähte einander auf der Kanzel und auf der Straße, der religiöse Gegensatz entzweite Familien und gesellige Zirkel, und man suchte in Handel und Wandel einander Abbruch zu thun[3]). Ein besonderes anstößiges Vorkommniß, die heftige Verhöhnung, der sich ein vom Kapuzinerpater Theodat aus Münster convertirter Bürger auf der Kanzel und auf den Straßen ausgesetzt sah, gab dem Herzog Veranlassung mit einem Edict dazwischen zu fahren[4]), das alle gegenseitige Verlästerung und Anfeindung mit exemplarischen Strafen bedrohte[5]). Es war ein Toleranzedict, der Gewinn desselben aber kam natürlich auch hier nur der Minorität, d. h. der katholischen Gemeinschaft, zu gute.

Trotz alledem aber machte der Katholicismus in der Stadt Hannover nur geringe, auf dem Lande so gut wie gar keine Fortschritte. Stellt man aus den beiden längere Perioden zusammenfassenden Verwaltungsberichten Maccioni's, die jetzt vorliegen[6]), die Zahlen der jährlichen Täuflinge, Confirmanden, Communicanten und Convertiten zusammen, so erhält man ein auf den ersten Blick freilich blendendes Bild:

Jahr.	Täuflinge.	Confirmanden.	Communicanten.	Convertiten.
1666/7	?	?	?	9
1668	12	?	138	2
1669	17	36	259	13
1670	23	81	453	14
1671	22	1	419	12
1672/73	70	24	2000	65[7])

Eine genauere Prüfung zeigt aber auch hier, daß nackte Zahlen gar nichts beweisen. Maccioni[8]) macht nämlich kein Hehl daraus, daß unter den-

1) Maccioni, dat. 27. Juli 1674 (II, 145 unter 1672); dat. 25. Mai 1672 (II, 115, gegen Ende). 2) S. unten.

3) Ich entnehme dies dem unten angezogenen Toleranzedict.

4) Maccioni, dat. 3. Dec. 1671 (II, 103).

5) Dat. Hannover, 1. Sept. 1671, gedruckt bei Schlegel, Kirchengesch. von Norddeutschland, III, 692 ff. als Beilage XVII.

6) Der erste, dat. 22. Nov. 1671 (II, 101) umfaßt die Jahre 1668 bis 1671; der zweite, dat. 27. Juli 1674 (II, 145) begreift die Jahre 1672 u. 1673. Vgl. Piper S. 65.

7) Mit diesen Zahlen stimmen die von Woker S. 30 aus dem hannoverschen Kirchenbuch mitgetheilten Angaben nicht ganz überein. 8) A. a. O.

selben nicht nur der Rest auf dem Lande ansässiger Glaubensgenossen, sondern auch die im weiten Umkreise von Hannover fluctuirende Schaar fremdländischer Katholiken mit einbegriffen ist. All die im Lande umherziehenden Künstler und Handelsleute, vornehmlich italienischer Nationalität, dazu die französischen und italienischen Cavaliere und Glücksritter des cellischen Hofes[1]), die katholischen Soldaten im cellischem Dienst, selbst manche der im Grubenhagischen stehenden Soldaten und Bediensteten Johann Friedrich's kamen zum Empfang der Sacramente nach Hannover; Ostern war der Zulauf besonders groß, wie denn die 2000 Communicanten, die Maccioni auf die Jahre 1672/73 zählt, ausdrücklich als österliche bezeichnet werden. Aber auch von dem nach Abzug dieses Zulaufs übrig bleibenden Bestand kam auf die hannoversche Bürgerschaft nur ein Bruchtheil, denn zahlreich waren die Katholiken in der herzoglichen Armee und überwiegend katholisch das herzogliche Hofpersonal[2]).

Der Zusammensetzung der Gemeinde entsprach der Zuwachs der Convertiten. Maccioni verschweigt nicht, daß manche arme Leute darunter waren, die der Mildthätigkeit des Herzogs zur Last fielen[3]), und vagabundirende Apostaten, die seine eigene Gutherzigkeit ausbeuteten, um in den Schooß der katholischen Kirche zurückzukehren und ein leidliches Auskommen zu gewinnen: so hören wir, daß er zwei zum Calvinismus abgefallene Priester, einen Schweizer, der mit Weib und Kindern umherzog, und einen Franzosen zu Gnaden aufnahm[4]). Auch ein deutscher lutherischer Prediger, von dessen Herkunft und Schicksalen leider nichts weiter gemeldet wird, schwur seinen Glauben in der Schloßkirche ab[5]). Aber im Kreise der Bürgerschaft und des Adels von Hannover vermochte die Propaganda doch nicht Boden zu gewinnen. Unter den 14 Convertiten des Jahres 1670 sind nach Maccioni's Ausdruck nur drei persone nobili, nämlich ein französischer Calvinist und zwei Deutsche. Vom Jahre 1671 rühmt er als besondern, Aufsehn erregenden Erfolg, daß unter den 12 Convertiten einige (alcuni) hannoversche Bürger waren[6]). Unter den 65 Convertiten der beiden folgenden Jahre[7]) hebt er nur 4 als Bürger von Hannover heraus[8]).

Man konnte sich in Rom unmöglich die Geringfügigkeit dieser Erfolge verhehlen. Maccioni verfehlte daher nicht, die Hauptursache des Mißlingens

1) Über diese Gesellschaft s. Band I, 574. 2) Maccioni a. a. O.

3) Dat. 27. Juli 1674, zu Anfang.

4) A. a. O.; vgl. dazu Colomera, dat. 12. Nov. 1672 (II, 124); Cardinal Barberino, dat 12. Nov. 1672 (II, 123).

5) Maccioni, dat. 22. Nov. 1672, unter 1670. Vgl. Piper S. 65, Anm. 2.

6) A. a. O.; vgl. den Bericht vom 3. Dec. 1671 (II, 103).

7) Colomera, dat. 14. März 1673 (II, 130), macht besonderes Aufheben von der Conversion eines Dr. Moretti Greco. 8) Dat. 27. Juli 1674.

außerhalb der Kirche zu suchen. Der beste Hebel zur Ausbreitung des Glaubens, wiederholt er in seinen Berichten[1]), würde die Geburt eines Thronfolgers sein. Aber trotz aller Gebete und Segenswünsche[2]) wurden dem Herzog nur Töchter zu theil. Die Restitution des Katholicismus ging daher an der lutherischen Landeskirche ohne nennenswerthe Einbuße vorüber[3]), zumal da die öffentliche Übung dieser Religion in der Hauptsache auf die Stadt Hannover beschränkt blieb.

Denn katholisch geblieben war im ganzen Lande nur das durch die geistliche Jurisdiction des Kurfürsten von Mainz beschützte Collegiatstift S. Petri zu Nörten, das die Zuflucht der im Grubenhagenschen zerstreuten Anhänger des alten Glaubens war[4]). Außerdem sah man nur in der Schloßkapelle von Herzberg, wenn Johann Friedrich seine Sommerresidenz daselbst aufschlug, katholischen Gottesdienst[5]). Den wenigen Adelsgeschlechtern, die sich zur alten Kirche hielten — es waren in Grubenhagen die Uslar's in Calenberg die Klencke's[6]) auf Hämelschenburg und die Knigge's zu Bredenbeck[7]) — ward keine Concession gemacht. Als den Obrist Freiherr Friedrich von Knigge in der Capelle zu Bredenbeck einen katholischen Priester predigen und taufen ließ, wurde ihm dies auf Antrag der Landstände[8]) sogleich untersagt[9]). Nur unter der Hand konnte Maccioni priesterliche Amtshandlungen auf dem Lande durch die herzoglichen Kapläne und die Kapuziner vollziehen lassen[10]), so daß er sich eines erfreulichen Fortschritts rühmte, als es ihm und dem herzoglichen Kaplan Bonaventura Nardini unbeanstandet durchging, daß sie in einem der Stadt Hannover benachbarten Dorfe ein armes katholisches Kind öffentlich tauften[11]). Er beantragte daher in Rom, einen Druck auf den Herzog zu üben, daß derselbe wenigstens in den Hauptstädten der Fürstenthümer Göttingen und Grubenhagen dieselbe Freiheit der Religionsübung, wie in der Hauptstadt von Calenberg, gewähre. Geschähe dies nicht, so würde der Katholicismus

---

1) Vgl. das Ende des ersten und den Anfang des zweiten größeren Verwaltungsberichts.

2) Z. B. in dem Breve Clemens IX. vom 27. Oct. 1668 in meiner oben angezogenen Publication; vgl. die Rathschläge des Benedictiner Priors Bucelinus zu Waldkirch bei Havemann, Gesch. v. Braunschweig und Lüneb. III, 234.

3) Hiermit erledigen sich die Declamationen Spittler's (Gesch. von Hannover II, 291 ff.) und Havemann's (III, 225, 227 f.). 4) S. oben die Anm. 6, S. 53 f.

5) Maccioni, dat. 22. Nov. 1671, unter 1669.

6) Über die Conversion des Ludolf Klencke vgl. die Mittheilungen Kolbewey's in der Zeitschrift des Harzvereins XXII (1889) 49 ff.

7) Maccioni a. a. O. unter 1671.

8) Beschwerde der aus der calenb. Landschaft zum Schatzwesen und Ausschuß Verordneten, präsent. Nov. 1669. 9) Schlegel, Kirchengesch. III, 268.

10) Maccioni, dat. 27. Juli 1674, unter 1673. 11) A. a. O. unter 1672.

außerhalb der Stadt Hannover keine Fortschritte machen[1]). Allein es geschah nicht.

Verfolgen wir nunmehr die Wirksamkeit, die Maccioni außerhalb der Territorien des Herzogs Johann Friedrich entfaltete.

Seine erste Delegation als apostolischer Vicar, vom Jahre 1667, war allerdings auf diese Territorien, d. h. also auf Calenberg, Göttingen und Grubenhagen beschränkt. Und wenn er auch Kraft der Ostern 1669 erlangten bischöflichen Consecration, die ihm ja, wie wir uns erinnern, ausdrücklich auch um der im Norden zerstreuten Katholiken willen ausgewirkt war, gelegentlich anderwärts firmte[2]), so konnte er doch außerhalb seines Vicariats weder Seelsorge noch Propaganda organisiren, keine kirchlichen Aufträge ertheilen, keine Priester entsenden, um insgeheim der Sacramente zu walten. Solche Wünsche aber kamen ihm von den Glaubensgenossen in den benachbarten Territorien entgegen. Er erbat sich daher in Rom Ausdehnung seiner Vicariatsfacultäten über die sämmtlichen braunschweiglüneburgischen Lande[3]). Und die Erweiterung erfolgte weit über seinen Wunsch hinaus.

Aus indirecter Quelle[4]) schöpfen wir die Kunde, daß durch Breve Clemens' IX. vom 7. October 1669 Maccioni's apostolisches Vicariat auf die Diöcese Halberstadt ausgedehnt ward[5]), und daß durch Breve desselben Papstes vom 7. Juni 1670 auch die Bisthümer Bremen und Magdeburg sowie die mecklenburgischen Lande und die Missionen von Altona und Glückstadt zu seinem Sprengel geschlagen sind[6]). Maccioni selbst beruft sich in seinen Berichten an die Congregatio de propaganda fide, außerdem einmal auf facultates apostolicas et praescriptum literarum mihi datarum a S. Congregatione inquisitionis Romanae sub die 28 Novembris 1671, sodann auf facultates et praescriptum literarum mihi datarum a S. Congregatione inquisitionis Romanae sub dat. 5 Martii et 12 Novembris 1672[7]). Und er betitelt sich seitdem in seinen amtlichen Erlassen:

---

1) Maccioni, dat. 7. Juli 1672. 2) Mejer, Propaganda II, 260.

3) So erzählt er in der Relation, dat. 23. Juni 1671 zu Ende.

4) Le Bret, de missione septentrionali et vicariatu Hannoveranno (Tübingen 1792) in Biester's Berliner Monatsschrift XXI (1793), S. 45 f.

5) Diese Angabe Le Bret's wird bestätigt durch die Meldung Maccioni's, dat. 26. Febr. 1671 (II, 83), daß die andern Vicariatsfacultäten »etiam cum extensione ad dioecesim Halberstadiensem«, die er erhielt, in Rom am 29. Mai 1670 expedirt worden seien. Vgl. Piper, S. 58.

6) Diese Angabe Le Bret's wird bestätigt durch die Meldung Maccioni's, dat. 23. Juni 1671 (II, 89): ho ricevuto per via di Mons. Nuntio Bonvisi il foglio delle facoltà vicariali per le provincie circumvicine di Brema, Magdeburgo, Michelburgo, Glucstat et Altenò. Vgl. Piper S. 59.

7) Relation Maccioni's, dat. 27. Juli 1674, unter 1672 zu Anfang.

Valerius de Maccionis, Dei et Apostolicae Sedis gratia episcopus Marocchii et in hisce ducalibus ditionibus nec non in circumvicinis septentrionalibus provinciis vicarius apostolicus, officialis generalis et praedictae S. Sedis comissarius etc.[1]). Die neuen Delegationen erstreckten sich also über den mittleren Theil von Norddeutschland und begriffen, wie es scheint, ganz Dänemark mit ein. Der Inhalt seiner Facultäten liegt aber weder im Wortlaut noch in präcisen Andeutungen vor. Man kann aus den beiläufigen Hinweisen nur vermuthen, daß dieselben im ganzen den Quinquennalfacultäten der deutschen Bischöfe entsprachen, aber eher reicher als ärmer waren[2]).

Kraft der erweiterten Facultäten spann Maccioni seine Wirksamkeit nach allen Seiten aus. Als die Unterwerfung der Stadt Braunschweig ihm den Auftrag brachte, die Reliquien des St. Blasius-Doms nach Hannover überzuführen[3]), nahm er die Gelegenheit wahr, die Braunschweiger Kirchen und Alterthümer unter der Maske eines Domherrn aus Lüttich zu besichtigen und daraufhin beim Herzog Rudolf August, der ihn in Wolfenbüttel ungeachtet seines Incognito mit den einem Prälaten zustehenden Ehren empfing, ein Wort zu Gunsten der katholischen Kirche und Religionsübung einzulegen. Er beschwerte sich über eine Inschrift in der Braunschweiger Martinikirche, die den alten Glauben als papistische Idolatrie kennzeichnete, und übermittelte dem Herzog, dessen vom Vater ererbte gelehrte Neigungen ihm zum Einschlag der Propaganda willkommen waren, das eine und andere Buch über kirchliche Controversen, um den Boden für eine Aussöhnung mit der alten Kirche zu bereiten. Johann Friedrich aber trug geradezu auf Einräumung einer Kirche für den katholischen Cultus an. Diese ersten Anläufe kamen allerdings nicht zum Ziel, aber es war damit doch wenigstens eine Anknüpfung für die Zukunft genommen[4]).

Anscheinend nachgiebiger war der in Celle regierende Herzog Georg Wilhelm, dessen Wohlwollen Maccioni seit seinem Eintritt in den Dienst

---

1) S. die Approbation der dritten Ausgabe des Catechismus von Canisius, dat. Hannoverae, 1. Jan. 1674, und die gleichmäßige Titulatur seines Nachfolgers Steno bei Le Bret a. a. O. (S. 46).

2) Diesen Schluß stütze ich auf die Fälle, in denen sich Maccioni in der Relation vom 27. Juli 1674 auf die angezogenen Facultäten beruft, und auf die in Colomera's Schreiben vom 8. Dec. (II, 149) besprochene Frage der Dispensation im zweiten Grade. Vgl. Mejer II, 299 ff., 265 ff., 205 ff., 186 ff.

3) Die Auslieferung derselben seitens der Stiftsherren erfolgte an den Geheimen Rath von Eltz in Gegenwart wolfenbüttelscher Minister laut dem oben angezogenen Protokoll.

4) Einen Brief Maccioni's an Herzog Rudolf August, dat. Braunschweig, 4. Juli 1671, theilt mit J. Burckhard, historia bibliothecae Augustae, quae Wolfenbutel est, Lipsiae 1744, II, 257. Einen andern an Herzog Johann Friedrich, dat. 17. Juli 1671, s. unter den Beilagen II, 91. Dazu kommen Maccioni's Relationen an die Propaganda dat. 27. Juli 1671, zu Ende; dat. 22. Nov. 1671, unter 1670.

Johann Friedrich verspürt hatte. Mit entgegenkommender Humanität gestattete er seinen katholischen Unterthanen nicht nur auf dem Krankenbette, sondern auch sonst, wenn der Zufall einen katholischen Priester durch Celle führte, heimlichen Genuß des kirchlichen Trostes aus der Hand versteckter Priester und Regularen, die unter der Maske von Cavalieren oder Kaufleuten auftraten. Den Pater Isolani empfing er sogar, wie erzählt, in seiner Kapuzinertracht. Maccioni beauftragte daher einen Vertrauten, den nachmals selbst zum apostolischen Vicar ernannten Hortensio Mauro, mit der Fürsorge für die katholische Religionsübung und zweifelte nicht, wenigstens die Verstattung der Privatübung des katholischen Glaubens beim Herzog durchzusetzen. Aber er verhehlte sich doch auch keinen Augenblick, daß die Concession freier öffentlicher Religionsübung ebenso wenig zu erhoffen stand wie ein Glaubenswechsel des Herzogs nach dem brüderlichen Vorgang[1]).

Die größten Hoffnungen wurden in dieser Beziehung auf den Herzog Ernst August, protestantischen Bischof von Osnabrück, und seine Gemahlin Sophie gesetzt, zu denen Maccioni schon vor Jahren in nähere Beziehung getreten war[2]). Wiederholt war er Wochen lang Gast des Iburger Hofs[3]) und vollzog auf Wunsch des Metropolitan-Vicars und des Domcapitels bischöfliche Weihehandlungen in Stadt und Land Osnabrück. So sehen wir ihn im Jahre 1673 mehrere Altäre in der Stadt und eine Kirche auf dem Lande weihen und 59 Ordinationen in der Kathedrale vollziehn. Ernst August aber stellte ihm nicht nur eine Hofequipage für die Stadt zur Verfügung, sondern ließ ihn, zur Verwunderung der Protestanten, zu jener Kirchweihe sogar im sechsspännigen Galawagen fahren. Welche Aussichten, wenn es gelang diesen so entgegenkommenden Fürsten, dem einmal das ganze Erbe seiner Brüder zufallen mußte, für den alten Glauben zu gewinnen[4])! Maccioni verfehlte daher nicht, zunächst die Gemahlin desselben zum Studium katholischer Bücher, die er ihr zusandte, anzulocken. Und der Jesuiten-General Oliva secundirte ihm mit gleichartigen Rathschlägen, die er in der verbindlichsten Form der Herzogin zugehen ließ[5]). Allein die geistvolle Sophie war zu skeptisch angelegt, um sich captiviren zu lassen. „Das Buch, das Sie mir zugesandt haben, erwidert sie das eine Mal dem Vicar Maccioni[6]), wird wegen seines schönen Einbands eine Zierde meiner

---

1) Maccioni, dat. 26. Febr. und 3. Dec. 1671 (II, 83 und 103).

2) S. die einschlägigen Correspondenzen unter II, 1, 2 und 29.

3) S. sein Schreiben, dat. Osnabrück, 15. März 1676 (II, 158) und die folgende Anmerkung. Vgl. auch die Briefe der Herzogin Sophie, dat. 15/5. Nov. 1672 u. 20. Nov. 1674, in der Ausgabe von Bodemann (Publicationen aus d. k. preuß. Staatsarchiven XXVI, S. 163, 211).

4) Maccioni, dat. 27. Juli 1674, unter 1673.

5) Dat. 30. Nov. 1675 (II, 157).

6) Dat. 19. Febr. 1670 (II, 54).

Bibliothek sein. Ich habe darin das wahre Licht des Glaubens, das Sie mir in Aussicht stellten, gesucht, aber den Verfasser so wenig klar sehend gefunden, daß meine Neugier nicht über das zwölfte Blatt hinaus gekommen ist, wo sich zeigt, daß er über alle Religionen sehr schlecht unterrichtet ist, wenn er die seinige nicht besser kennt als die von Calvin und Luther". Und ein anderes Mal[1]) „Wir sind Ihnen verpflichtet, daß Sie sich so viele Müh um unsere Seele geben. Ich glaube aber, daß man nicht irren kann, wenn man an Jesus Christus glaubt, da er selbst gesagt hat, daß dies genügt." Vergebens seufzte man unter diesen Umständen in Rom: O utinam[2])!

Erleichterte das persönliche Wohlwollen seiner fürstlichen Gönner dem apostolischen Vicar die Wahrnehmung der katholischen Interessen in dem ganzen Bereich des Hauses Braunschweig-Lüneburg, so stand der gleichmäßigen Fürsorge für die benachbarten Gebiete seines Sprengels schon die Kostspieligkeit der Inspectionsreisen entgegen, für die Maccioni keine kirchlichen Beneficien in Anspruch nehmen konnte, da ihm trotz all seiner Bemühungen in Rom keine Pfründe verliehen ward[3]). Das Haupthinderniß aber, das ihm überall außerhalb der braunschweig-lüneburgischen Höfe entgegentrat, war der Summepiscopat, den die protestantischen Landesherrn auch über ihre katholischen Unterthanen behaupteten. Mit derselben Eifersucht, in der Johann Friedrich selbst den glaubensverwandten Kirchenfürsten jede Einmischung in die geistlichen Angelegenheiten seiner Territorien verwahrte, schlossen die protestantischen Landesherrn jede Ausübung bischöflicher Funktionen durch fremde Prälaten von ihren Gebieten aus[4]). Maccioni mußte hier deshalb heimlich seines Amtes walten.

So gab er sich wieder, wie in der Stadt Braunschweig, für einen nach kirchlichen Alterthümern ausschauenden Lütticher Domherrn aus, als er auf Geheiß des Kölner Nuntius, der ihm die Befehle und Instructionen der Propaganda übermittelte[5]), im Sommer 1671 eine Visitation der Stadt und Diöcese Halberstadt unternahm. Die berechnete Liebenswürdigkeit, mit der er sich einführte, und ein Schreiben des Cardinals Barberini, das ihm voranging[6]), sicherte ihm die wirkungsvolle Unterstützung des Domherrn Johann Friedrich von Deutsch, der unter dem letzten katholischen Bischof,

1) Dat. Diepholz, 21. Oct. 1673 (II, 139).

2) Colomera, dat. 5. Jan. 1675 (II, 151).

3) Maccioni, dat. 27. Juli 1674, unter 1673.

4) Maccioni a. a. O. und am Ende der von Mejer (Propaganda II, 571 ff.) mitgetheilten Relation über seine Visitation der Diöcese Halberstadt.

5) Dieser Instanzenzug erhellt fast aus allen Relationen Maccioni's; vgl. die vom 26. Febr. 1671, 23. Juni 1671, 27. Juli 1671, 9. Aug. 1671.

6) Das erste betont Maccioni in dem Bericht vom 9. August (II, 94), das zweite in demjenigen vom 23. Juni 1671 (II 89).

Erzherzog Leopold Wilhelm, Vicarius generalis in spiritualibus gewesen war und diese Würde auch in dem durch den westfälischen Frieden säcularisirten Lande durch heimliche Bestätigung seitens des Erzbischofs von Mainz und öffentliche Anerkennung seitens des neuen Landesherrn, des großen Kurfürsten von Brandenburg, behauptete[1]). Deutsch unterstützte den apostolischen Vicar nicht nur mit seinen Rathschlägen, sondern gab ihm auch geeignete Führer mit auf den Weg, in der Stadt seinen Neffen, den Domherrn Karl Christoph von Deutsch, im weiteren Bereiche der Diöcese den P. Lector Ambrosius Swering aus dem Franciscanerkloster zu Halberstadt[2]). Den Rathschlägen folgend, die der Domherr von Deutsch ganz ebenso wie der kaiserliche Gesandte am Berliner Hofe, Baron von Goeß, ertheilte, enthielt sich Maccioni jeder bischöflichen Weihehandlung, obgleich ihm von verschiedenen Seiten dringende Bitten um Firmung entgegengebracht wurden, und beschränkte seinen Besuch auf die wichtigeren Stifter in Stadt und Land, auch hier eilend, um kein Mißtrauen unter den Protestanten zu erregen.

Der Bestand der dem alten Glauben treu gebliebenen Stifter und Bekenner war im Halberstädtischen größer als weit und breit umher. Entsprach derselbe auch nicht völlig dem Normaljahr, so behaupteten doch die Katholiken mehrere Canonicate am Dom und an den drei anderen Collegiatstiftern der Hauptstadt[3]) und ihre Religionsübung, wenn nicht im Schiff, so doch wenigstens im Chor dieser Kirchen. Auf dem Lande gab es noch sechs[4]), in der Stadt fünf katholische Klöster[5]) und mehrere quasiregulare Schwesterschaften[6]). Und das Franziskanerkloster zu Halberstadt, dessen Guardian zugleich als Provinzial der sächsischen Ordensprovinz vom Heil. Kreuz fungirte[7]), war ein religiöses Centrum für die Katholiken in

1) S. Lehmann, Preußen u. die katholische Kirche, I, 96 f.

2) Maccioni, 9. Aug. 1671 (II, 93). Dem Folgenden liegt zu Grunde die von Mejer, Propaganda II, 571 ff. mitgetheilte Relation, die im April oder Mai 1672 an den Kölner Nuntius Bonvisi abgeschickt ist, wie aus der Relation vom 25. Mai 1672 erhellt. Die Visitation selbst fand in der ersten August-Woche 1671 statt, wie die Relationen vom 27. Juli u. 9. Aug. 1671 lehren. Vgl. Piper S. 59 ff.

3) Unser Lieben Frauen, St. Bonifacii u. Mauritii, St. Pauli.

4) Von den beiden Mönchsklöstern gehörte Huysburg den Cisterziensern, Hammersleben den Augustinern; von den 4 Nonnenklöstern Hadersleben den Benedictinern, Hemersleben und Adersleben den Cisterziensern, Badersleben den Augustinern.

5) Das eine hatten Franziskaner-, das andere Dominicaner-, das St. Johannis-Kloster Augustiner-Mönche; das St. Burchardi-Kloster Cisterzienser-, das St. Nicolai-Kloster Dominicaner-Nonnen inne.

6) Dazu gehört das Pfortenhaus (la casa del Portonariato), das Alexinushaus (la casa Alessiana) und das St. Ursula-Haus der willigen Armen.

7) Woker, Gesch. der norddeutschen Franziskaner-Missionen (Freiburg i. B., 1880) 26 ff., 40, 42, 46, 73 ff., 93, 96.

5*

Stadt und Land. Die Patres waren in der ganzen Diöcese thätig, nahmen für ihre Klosterkirche parochiale Rechte in Anspruch, unterhielten im Kloster eine Schule und ein theologisches Seminar, an dem damals der vorgenannte Swering Lector der Theologie war. Maccioni preist daher dies Kloster als „eine Pflanzstätte des rechten Glaubens und der klösterlichen Vollkommenheit", indem er bei der Propaganda beantragte, die Wirksamkeit desselben durch Ertheilung von Missionsfacultäten zu erhöhn.

Allein die übrigen Klöster boten ein um so unerfreulicheres Bild. Von der regelmäßigen Aufsicht der Ordinarien und Obern befreit, waren dieselben wirthschaftlich und moralisch heruntergekommen. Insbesondere die Pröpste und Kapläne der Jungfrauen-Klöster gaben nach den übereinstimmenden Berichten des apostolischen Vicars [1]) und der Halberstädter Regierung [2]) allgemeines Ärgerniß, indem sie sowohl zu eigener Bereicherung die besten Pertinenzstücke des Klostervermögens veräußerten und dadurch den Unterhalt der Klosterinsassen gefährdeten als auch freche Unzucht trieben: in Adersleben kam es vor, daß sogar die Domina eines Kindes genas. Aber auch sonst nahm Maccioni eine bedenkliche Neigung zum Libertinismus wahr und verglich daher den Zustand der Halberstädter Kirche mit einer Rose, die von Dornen erstickt zu werden droht. Er verhehlte sich nicht, daß die Ursachen zum Theil in der unreifen Persönlichkeit der von ihren Obern dorthin auf so schwierige Posten entsandten Regularen, zum theil in der gelockerten Gliederung des kirchlichen Gehorsams zu suchen seien, wie er denn z. B. berichtet, daß der Regularclerus seine Visitatation mit Hülfe der Landesregierung hintertrieben haben würde, wenn seine Auftreten nicht so vorsichtig und geheim gewesen wäre. Die Hauptschuld aber findet er auch hier außerhalb der Kirche, indem er über das harte Regiment des Kurfürsten von Brandenburg und den verderblichen Einfluß des beständigen Verkehrs der Katholiken mit den Häretikern klagt [3]). Abhülfe erhofft er daher vornehmlich von kaiserlichen Intercessionen und von dem persönlichen Eingreifen des Domherrn von Deutsch, für den er deshalb, um sein Ansehn und seinen guten Willen zu steigern, die Würde eines dem hannoverschen Vicariat untergeordneten apostolischen Commissars in Vorschlag brachte [4]), wie denn auch Herr von Deutsch selbst nicht verfehlte, der Propaganda die Erwirkung kurfürstlicher Concessionen in Aussicht zu stellen [5]).

1) Bei Mejer II, 574 f.

2) Bei Lehmann, Preußen u. die katholische Kirche I, 294 f.; vgl. ebenda S. 297 den Bericht des Domherrn von Deutsch.

3) Mejer II, 573 f. Vgl. auch den Bericht vom 23. Juni 1671 unter den Beilagen II, 89. 4) Mejer II, 574. 580 f.

5) Deutsch an Cardinal Baldeschi, dat. Halberstadt, 9. Aug. 1671 (II, 94), vgl. Maccioni's Relation von demselben Datum (II, 93) und vom 23. Juni 1671 (II, 89).

Ebenso trostlos wie in Halberstadt fand Maccioni die katholische Kirche in dem gleichzeitig säcularisirten Magdeburg. Seine Berichte, soweit sie uns vorliegen, beschränken sich jedoch auf den Wehruf, den er 1674 erhebt[1]), daß in den Diöcesen Magdeburg und Halberstadt der Teufel mehr triumphire als anderwärts[2]).

Die nördlichen Provinzen seines Vicariats boten ein öfter wechselndes Bild. In Mecklenburg verwirklichten sich die Hoffnungen nicht, zu denen die Conversion des Schweriner Herzogs Christian I. Louis berechtigte. Die Eigenwilligkeit, mit der dieser in den seinem Hause zugefallenen Bisthümern Schwerin und Ratzeburg sein Nominationsrecht der Curie gegenüber behauptete, beschränkte das Eingreifen der Propaganda auf die Schweriner Schloßkapelle, in der Christian Louis, dem Widerspruch seiner Brüder und Landstände zum Trotz, mit Hülfe des Reichstags des R. Reichs die katholische Religionsübung im Jahre 1665 eingeführt hatte[3]). Wir sehen denn auch, daß Maccioni seine Wirksamkeit hierauf reducirte. Im Jahre 1669 war er in Schwerin, las Messe, firmte und spendete heiliges Öl[4]). Sodann erwirkte er, daß der Herzog die Kapelle mit den erforderlichen gottesdienstlichen Geräthen ausstattete[5]). Und im Jahre 1672 meldete er mit Genugthuung der Propaganda, daß nach dem Bericht des Schweriner Hofcaplans, des Augustiner-Eremiten Steffani[6]), zu Ostern 80 Communicanten in der Schloßkapelle waren, denen die Herzogin mit gutem Beispiel vorangegangen sei[7]). Aber schon die wiederholte Bemerkung, eine Visititation dort vornehmen zu wollen, sobald der Kölner Nuntius ihm die bezüglichen Befehle zuschicke[8]), deutet auf irgend welche Mißstände hin. Und im Sommer 1674 berichtet Maccioni nach Rom, daß seit der Entzweiung zwischen dem Herzog und seiner Gemahlin und beider Abreise nach Frankreich die katholischen Interessen in Schwerin, wo nur noch ein einziger von ihm approbirter Kaplan verblieben sei, überaus flau ständen[9]). Und so blieb es auch in der Folgezeit[10]).

---

1) Relation vom 27. Juli 1674, unter 1675. 2) Vgl. Piper, S. 62.

3) Mejer, Propaganda II, 252 ff. Die dort angezogenen Quellen sind mir nicht zugänglich.

4) Mejer, II, 260, Anm. 1. Seine eigene Relation vom 26. Febr. 1671 (am Ende) weist allerdings mit dem Ausdruck l'anno passato auf 1670 hin, allein die spezielleren Daten, die Mejer beibringt, berechtigen dazu, diesen Ausdruck für ungenau zu halten. Vgl. Piper S. 66 f. 5) Mejer u. Maccioni a. a. O.

6) Über ihn s. Mejer II, 257 Anm. 1.

7) Maccioni, dat. 25. Mai 1672 (II, 115).

8) A. a. O. und in der Relation vom 26. Febr. 1671.

9) Maccioni, dat. 27. Juli 1674, unter 1673.

10) S. Mejer, II, 266 ff.; Plenkers, der Däne Niels Stensen, Freiburg i. B., 1884, S. 185ff.

Die Hansestädte, die Maccioni's Wirkungskreis mit einbegriff, wiesen, nach einem römischen Bericht, die ärgsten Ketzer auf[1]). Schon 1669, als sein Vicariat noch enger begrenzt war, hatte ihn der lübische Canonicus Hering um Hülfe zur Behauptung des katholischen Besitzstandes am dortigen Domcapitel ersucht[2]), und es war vermuthlich Maccioni's Werk, daß der Papst selbst eingriff, indem er durch den Kölner Nuntius Franciotti den Herzog Johann Friedrich zur Mitwirkung anrief[3]). Erfolg aber scheint diese Intervention nicht gehabt zu haben, denn noch 1677 klagt der Secretär der Propaganda[4]), daß die Katholiken in Lübeck früher einige Canonicate mehr besessen hätten[5]).

In Hamburg nahmen sich die Residenten der katholischen Mächte ihrer Glaubensgenossen an, die Gesandtschaftskapellen bildeten den Ausgangspunkt der von den Jesuiten betriebenen Mission[6]). Nach Maccioni's Bericht vom Jahre 1673 fand besonderen Zulauf der Palast der Königin Christine von Schweden, in dem der Jesuitenmissionar Heinrich Isaac nebst zwei Kaplänen der Königin die Messe las und deutsche Predigten hielt[7]). Maccioni suchte daher alle Hebel in Rom zu bewegen, um diese Religionsübung gegen die lutherischen Prediger, die von dem Senate Abstellung verlangten, aufrecht zu halten[8]). Und die Katholiken behaupteten ihre Religionsübung in einer kleinen Kirche vor der Stadt, im Jahre 1677 schätzte man ihre Zahl auf 3000[9]).

Auch in Bremen ist Maccioni gewesen, und zwar schon vor der Ausdehnung seines Vicariats auf diese nördliche Diöcese[10]). Doch fehlen nähere Nachrichten, ebensowohl über diese Stadt, in der die kaiserliche Politik gerne den Jesuiten ein Heim geschaffen hätte[11]), als auch über das zum hannoverschen Vicariate mitgehörige Herzogthum Sachsen-Lauenburg. Auch in dem zusammenfassenden Bericht Maccioni's vom 27. Juli 1674 findet sich nur die kurze Notiz, daß die katholischen Interessen in der ganzen Diöcese Bremen einen ziemlich sanften Gang giengen, zumal nach dem Tode Labadie's (1674), des Stifters der unter seinem Namen bekannten Bruderschaft[12]).

---

1) So berichtet im Jahre 1677 der Sekretär der Propaganda, Urban Cerri, bei Mejer I, 131 (II, 262). 2) Dat. Hamburg, 2. Januar 1669 (II 34 f.).

3) Das Breve Clemens IX. vom 9. Febr. 1669 s. unter Nr. 13 der im 12. Jahresbericht des Kaiser Wilhelms Gymnasiums von mir publicirten Breven.

4) Urban Cerri bei Mejer a. a. O. 5) Vgl. Piper S. 70 f.

6) Mejer II, 275; Plenkers, Nils Stensen, 172. Piper S. 41 f.

7) Vgl. Piper S. 68 f. 8) Relation vom 25. Aug. 1673 (II, 138).

9) Urban Cerri bei Mejer I, 131 (II, 263). 10) Mejer II, 259, 260 Anm. 1.

11) Band I, 120.

12) Diese Notiz ist zugleich belehrend über die Ausdehnung des apostol. Vicariats; In questo (nämlich Friedrichstadt a/Eider) come negli altri luoghi soggetti ab antiquo all' arcivescovato di Brema et in consequenza al mio vicariato apostolico, come

Etwas mehr erfahren wir von Maccioni's Wirksamkeit in Schleswig-Holstein und an dem dort gebietenden dänischen Königshof. Die Beziehungen, die er hier während seines mehrjährigen ersten Aufenthalts gewonnen hatte, konnten ihm die Wege ebnen, allein die erste Amtshandlung, die er vielleicht im Vertrauen hierauf unternahm, hätte beinah alles verdorben. Bei einem Besuch der jesuitischen Missionen in Altona und Glückstadt, im Sommer 1669, vollzog er die Firmung mit Ostentation[1]) und empörte dadurch das Rechtsgefühl der lutherischen Landesregierung. Der Glückstädter Kanzler beschwerte sich in Kopenhagen über die offenbare Verletzung des landesherrlichen Summepiscopats, die in dem Pontificiren eines fremden Prälaten ohne Erlaubniß des Landesherrn lag, und erwirkte, daß der König die katholische Religionsübung an beiden Orten verbot[2]). Allein das königliche Diplom, durch welches den Katholiken das öffentliche Religions-exercitium in Altona unter gewissem Vorbehalt gestattet worden war[3]), hatte nur „weitläuftige Ceremonien und insonderheit Prozessionen", nicht auch die Confirmation selbst ausdrücklich untersagt. Man konnte daher argumentiren, daß der Bischof von Marocco, da er ohne Glockengeläut und ohne Prozession gefirmt hatte, sich keines Verstoßes gegen den königlichen Gnadenbrief schuldig gemacht habe, und daß, wenn den einfachen Priestern die Ertheilung der letzten Ölung an Sterbende gestattet sei, doch wohl auch die erste, die Firmung Gesunder, die treue Unterthanen ihres Landesherrn sein wollten, den Bischöfen zu verstatten sei. Mit solchen die bischöflichen Prätensionen der Landeshoheit umgehenden Argumenten und einer schriftlichen Abbitte Maccioni's fand der dem dänischen Hofe so eng verbundene Protector desselben, Herzog Johann Friedrich von Hannover, Gehör, als er im März 1670[4]), seine durch den Tod König Friedrich III. verwittwete Schwester und seinen Neffen, den nunmehrigen König Christian V., besuchte. Dieser gab nach und ließ die Kirche in Altona, sowie den Betsaal in Glückstadt der katholischen Religionsübung wieder aufschließen[5]). Im Mai

Sassalavemburgo, Lubecca, Hamburgo, Gluckstatt, Altenò le cose della religione vanno alquanto placidamente.

1) Nach Urban Cerri's Bericht bei Mejer II, 260, 263.

2) Der Brief Colomera's vom 14. Sept. 1669 (II, 48) deutet diese Dinge nur an, die bestimmtere Nachricht entnehme ich der Relation Maccioni's vom 27. Juli 1674 gegen Ende).

3) Dat. Kopenhagen, 16. Mai 1658; mitgetheilt in den Memoires du chevalier de Terlon, Paris, 1682. I, 121; u. bei L. H. Schmid, histor. Beschreibung der Stadt Altona, 1747, S. 199.

4) Das Datum entnehme ich aus Leibnitzens Funeralien des Herzogs Johann Friedrich, herausg. v. Klopp, Werke von Leibniz, IV, 511.

5) Ich folge hier Maccioni a. a. O.; nur die schriftliche Abbitte, von der er begreiflicher Weise schweigt, habe ich nach Mejer II, 260, der sich auf Drewes beruft, hinzugefügt.

1670, also ehe noch Maccioni's Vicariats-Sprengel auf diese nördlichen Missionen erstreckt war, stand hier alles wieder auf dem alten Fuß[1]).

Christian V. zeigte sich überhaupt zu Concessionen an die katholische Kirche geneigt. Auch in Friedrichsstadt an der Eider, wo die Dominikaner-Missionare schon 1625 einen königlichen Freibrief erlangt hatten[2]), war er bereit, sobald die dortige katholische Gemeinde 30 Bürger zähle, ihr den Bau einer Kirche aus ihren eigenen Mitteln zu gestatten[3]). Ja selbst in Kopenhagen gestattete er (1671), auf Ansuchen des französischen Gesandten Terlon, eine katholische Kirche mit Thurm an offener Straße zu bauen[4]). Allein nicht nur der Mangel an Geld, sondern auch die Nachwirkung des französisch-holländischen Kriegs von 1672 hemmte die Ausführung. Dazu kam theils die geringe Zahl, theils das unvorsichtige und anstößige Auftreten der an den dortigen Gesandtschaften wirkenden Missionare, um den Katholicismus nicht recht aufkommen zu lassen[5]). Geschah es doch, daß einer dieser Gesandtschaftskapläne, der Jesuit Heinrich Kircher, ein Büchlein, betitelt „Der Nordstern", herausgab, in dem er die rechtmäßige Berufung und Weihe der lutherischen Prediger bestritt. Er erregte damit solch Ärgerniß, daß der König das Buch confisciren ließ, und der Gesandte sich beeilte, den Verfasser außer Landes zu schicken[6]).

Maccioni ließ sich deshalb nicht beirren, seinen alten Conversionsbemühungen im dänischen Königshause nachzugeben. Bei einem Besuche, den er als Begleiter Johann Friedrichs der Königin-Wittwe in Nykjöping abstattete, kam er auf dieselben Discurse zurück, durch die er den verstorbenen König zum Übertritt hatte verleiten wollen. Die Königin forderte auch wirklich ihren Seelsorger auf, eine Disputation über das bekannte Thema de notis verae ecclesiae vor ihr und dem Herzog zu bestehn. Der aber lehnte ab. Und wenn auch Maccioni darin nur ein feiges Ausweichen sah und seinestheils nunmehr der Königin den katholischen Katechismus und

---

1) S. das Dankschreiben der Missionare von Altona und Glückstadt, dat. Hamburg, 18. Mai 1670 (II, 59). Auffallend ist daher, daß Urban Cerri in seinem Bericht von 1677 bei Mejer a. a. O. von diesem Zwischenfall so viel Aufhebens macht.

2) Mejer, II, 263, Anm. 2; Piper S. 22 ff.

3) Maccioni a. a. O. nennt die Stadt Fridricopolis in Jutia, es kann aber nur Friedrichstadt an der Eider gemeint sein.

4) Johann Friedrich, dat. 20. Nov. 1671 (II, 100), N. Steno, dat. 13/23. Juli 1672 (II, 117). Vgl. Plenckers, Niels Stensen, S. 89.

5) S. die Berichte, die Niels Stensen, der Nachfolger Maccioni's im apostolischen Vicariat, der damals als Professor an der Kopenhagener Universität wirkte, an den Nuntius in Florenz geschickt hat, dat. 13/23. Juli, 10. Aug. u. 5. Oct. 1672 (II, 117. 118. 121).

6) N. Steno, dat. 23/13. Juli 1672; Plenckers, Niels Stensen, 89 f. Auf diesen P. Kircher bezieht sich auch Maccioni, dat. 21. Jan. u. 12. Febr. 1672 (II, 106 u. 109).

andere erbauliche und polemische Bücher dedicirte[1]), so mußte er doch bald einräumen, daß keine Hoffnung auf Conversion derselben vorhanden sei[2]). Sie war, wie ihr Bruder bereits 1670 dem Kapuzinerpater Isolani erklärte, zu hartnäckig in ihrer Ketzerei[3]).

Dafür gelang ihm endlich ein andrer Seelenfang in den fürstlichen Kreisen. Prinz Ernst August von Holstein, Sohn des Herzogs Ernst Günther, des Stifters der Linie Sonderburg-Augustenburg, zählte 13 Jahre als Maccioni's Auge auf ihn fiel. Dieser brachte in Erfahrung, daß man den befähigten fürstlichen Knaben ohne Schwierigkeiten aus den Händen der Eltern werde entwinden können, wenn man nur nicht die Kosten scheue. Er proponirte daher (1673) der Congregation der Propaganda, diesen holstischen Prinzen auf ihre Kosten nach Rom zum Studium kommen zu lassen, zur katholischen Kirche herüberzuziehen und ihm vollständigen Unterhalt bis zur Eröffnung einer Pfründe an einem deutschen Hochstifte zu verbürgen[4]). Und diese Berechnung traf zu. Wie auch immer die Dinge verlaufen sind, im Frühjahr 1675 schallte von Rom her unserm Vicar der Jubel des Dankes zurück, daß der holstische Prinz nunmehr seinen Glauben in die Hände des Kölner Nuntius abgeschworen hatte[5]).

Wenn man überhaupt von einer missionaren Rührigkeit Maccioni's reden kann, so war dieselbe in diesen nördlichen Gebieten, für die er zuerst entsandt war, am bemerklichsten. Wir sehen ihn da nicht nur in den höchsten Kreisen Propaganda machen, sondern auch unter der breiten Masse verschiedene Büchlein zur Pflanzung und Befestigung des alten Glaubens verbreiten[6]) und energisch für die Behauptung und Erweiterung des katholischen Besitzstandes eintreten. Auch sein Interesse für die Insel Nordstrand an der Westküste Schleswigs legt hierfür Zeugniß ab.

Seit den Verheerungen der Fluth von 1634 war die Wiederbedeichung des verlorenen Landes eine Sorge der Landesregierung geblieben. König Friedrich III. hatte deswegen unternehmende und vermögende Ausländer aus Holland, Brabant und Frankreich herbeigezogen und denselben durch Vertrag vom 8./18. Juli 1652 die freie Ausgestaltung ihrer bürgerlichen

1) Maccioni, dat. 7. Juli 1572 (II, 116).

2) Maccioni, dat. 5. Jan. 1673 (II, 128).

3) Bericht Urban Cerri's bei Mejer II, 264.

4) Maccioni, dat. 3. Jan. 1673.

5) Colomera, dat. 9. März 1675 (II, 153). Von Erfolg war jedoch diese Conversion nicht. Der Prinz wurde zwar 1696 Domherr in Köln, trat aber dennoch wieder zur evangelischen Kirche über. Er starb 1731.

6) S. die Relation vom 26. Febr. 1671 (II, 83), wo er für die päpstliche Approbation einer Schrift über den Märtyrer Kanut dankt und eine gleichartige über den H. Ansgar ins Auge faßt; die Relation vom 7. Juli 1672 (II, 116), wo er von dem Betriebe erbaulicher und polemischer Schriften spricht; die Relation vom 27. Juli 1674 (II, 145), wo er von der neuen Ausgabe des Katechismus von Canisius berichtet.

Verfassung und die freie Ausübung des katholischen und reformirten Gottesdienstes eingeräumt[1]). So war neben der lutherischen auch eine katholische Kirche entstanden, die zwei Priester vom Oratorianer-Orden versahen[2]). War es nun der Gegensatz der Jesuiten gegen die Oratorianer überhaupt oder gegen jansenistische Neigungen dieser Nordstrander Dependenz, die den in Friedrichsstadt wirkenden Jesuitenmissionar bestimmte, die Rivalität Maccioni's gegen den apostolischen Vicar von Holland zu wecken, von dem jene Priester ihre Facultäten erhalten hatten: Maccioni's Aufmerksamkeit wurde jedenfalls hierdurch auf Nordstrand gelenkt[3]), und er veranlaßte, nachdem sein Vicariat die ganze Diöcese Bremen umfaßte, den Missionar d'Estropes, der, wie es scheint, dem französischen Geschäftsträger in Hamburg attachirt war, die Lage der Dinge auf Nordstrand zu untersuchen[4]). D'Estropes Bericht vom October 1672 nimmt von den berührten Differenzen keine Notiz, sondern hebt nur die Gunst der natürlichen Verhältnisse, insbesondere die Lage der Insel, und die Chancen der französischen Colonisten hervor, um die Einrichtung eines Missionscentrums auf Nordstrand anzuempfehlen. Maccioni nahm diesen Vorschlag des für seine Landsleute interessirten Franzosen mit kühler Gelassenheit auf, indem er vor Weiterbeförderung des Gesuches Wiederholung desselben in lateinischer Sprache begehrte[5]), brachte dann aber die Sache nicht nur an die Propaganda, sondern legte sie auch dem Jesuitengeneral Oliva ans Herz[6]). In Rom jedoch hielt man an sich[7]), der Jesuitengeneral dachte eher an Beschränkung als an Erweiterung seiner Ordensstationen[8]), und die Congregation der Propaganda wollte die Kosten nicht auf sich nehmen[9]). Maccioni mußte daher die sanguinischen Hoffnungen d'Estropes[10]) niederschlagen und die Nordstrander Deputation, die sich in Hannover einstellte, mit abschlägigem Bescheide heimsenden[11]).

Hamburg blieb also das Centrum der nordischen Mission. Die dort stationirten Priester nahmen sich der Katholiken in den beiden Herzogthümern an, wie wir denn jenen d'Estropes nicht nur in Nordstrand agitiren,

---

1) Christiani-Hegewisch, Geschichte von Schleswig und Holstein, IV (1802), S. 33 f.
2) d'Estropes an Maccioni, dat. Hamburg, 17/27. Oct. 1672 (II, 122).
3) Mejer Propaganda, II, 260, Anm. 3.
4) d'Estropes a. a. O.
5) d'Estropes, dat. 20/30. Dec. 1672 (II, 125 u. 126).
6) Colomera an Maccioni. ohne Datum (II, 127).
7) d'Estropes, dat. Hamburg, 10. März/28. Febr. 1673 (II, 129).
8) Colomera, dat. 8. April 1673 (II, 132).
9) Colomera, dat. 27. Mai u. 10. Juni 1673 (II, 134 u. 135).
10) Dat. Hamburg, 24/14. Juni 1673 (II, 136).
11) Relation Maccioni's, dat. 25. Aug. 1673 (II, 138).

sondern auch in Schleswig als Seelsorger wirken sehn[1]). Von propagandistischen Erfolgen erfahren wir jedoch nichts.

Nach welcher Seite wir also auch den Wirkungskreis Maccioni's durchschreiten, überall blieben seine Erfolge im wesentlichen auf Sammlung und Tröstung der Glaubensgenossen in der Diaspora, sowie auf Leitung und Beaufsichtigung der geistlichen Mitarbeiter beschränkt. Für seine Kirche war auch dies ein nicht zu unterschätzender Fortschritt. Wenn aber er selbst einstmals gehofft hatte, durch propagandistische Erfolge sich einen Heiligenschein und einen Anspruch auf hierarchische Beförderung zu erwerben, so blieb die Wirklichkeit weit hinter seinen Wünschen zurück.

Denn auch alle seine Bemühungen um kirchliche Beförderung und Dotirung führten nicht zum Ziel.

Nach dem Tode des Nuntius Franciotti[2]) bewarb sich Maccioni, der von dem Verstorbenen noch zuletzt recht unangenehme Worte zu hören bekommen hatte[3]), selbst um die Kölner Nuntiatur[4]). Allein in Rom kamen für einen so verantwortlichen Posten ganz andre Persönlichkeiten in Frage: die Kölner Nuntiatur wurde 1670 dem Erzbischof von Tessalonich, Bonvisi[5]), Ende 1672 dem päpstlichen Hausprälaten Opitius, Erzbischof von Ephesus, übertragen[6]).

Maccioni warf nach dieser Enttäuschung sein Auge auf italienische Pfründen, und zwar zunächst auf ein Bisthum in der Nähe von Rom. Die dem Herzog Johann Friedrich entgegenkommende Huld Clemens IX.

---

1) d'Estropes, dat. Schleswig, 20/30. Dec. 1672 (II, 125); dat. Hamburg, 10. Febr. 1675 (II, 152).

2) Agostino Franciotti, Erzbischof von Trapezunt, starb am 3. Januar 1670, wie sein Auditor B. Scanelli, Abbate di S. Gio., dat. Aquisgrano, 1. Febr. 1670, dem Herzog Johann Friedrich meldet.

3) Colomera an Maccioni, dat. 29. März 1670 (II, 56).

4) In dem oben citirten „Extractus der Marienrodischen Nachrichten" sind zwei hierauf bezügliche Schreiben registrirt. In dem einen, dat. Hildesheim, 21/11. Febr. 1670, meldet Anethanus, Suffragan von Hildesheim, dem Kölner Kurfürsten Max Heinrich, daß Maccioni vorgestern persönlich die Bitte ausgesprochen habe, der Kurfürst möge ihn in Rom als Nachfolger Franciotti's empfehlen, da er besser als die aus Italien geschickten Prälaten mit den deutschen Fürsten umzugehen verstehe. In dem andern Schreiben, dat. Bonn, 26. Febr. 1670, erklärt sich Kurfürst Max Heinrich nicht abgeneigt, bemerkt aber, daß eine Empfehlung seinerseits in Rom eher die entgegengesetzte Wirkung haben werde.

5) Colomera, dat. 17. u. 24. Mai 1670 (II, 57, 58).

6) S. das Breve Clemens IX. vom 18. Nov. 1672 in meiner Publication päpstlicher Breven an Johann Friedrich. Der Nuntius trat sein Amt erst im April 1673 an, wie aus einem Schreiben desselben an Johann Friedrich, dat. Coloniae, 6. April 1673, erhellt. Bis dahin versah die Geschäfte der Auditor Bonvisi's, Franciscus Lucci, wie ein Brief desselben, dat. Coloniae, 11. März 1673, ergiebt.

eröffnete dem Vicar gute Aussicht[1]), allein sie entschwand bald[2]), zumal da die Congregation der Propaganda von Maccioni nicht sonderlich erbaut war[3]). Unbeirrt durch dies Mißlingen, warf derselbe bald darnach sein Auge auf das schon einmal begehrte Bisthum Montefeltro[4]). Allein nicht nur die Zumuthung, die er der Curie ansann, ihm auch nach der Ertheilung dieser Pfründe noch einige Jahre lang das Verbleiben auf seinem hannoverschen Posten zu bewilligen, sondern auch der Widerspruch der Propaganda, den hannoverschen Posten ohne sofortigen Ersatz dahin geben zu sollen, und der Zweifel, ob Maccioni wirklich den Anforderungen, die man an einen Ordinarius stellte, genügen könne[5]), dazu der Unwille, über die Vermessenheit, in der sich Maccioni bei dieser Bewerbung auf sein Verdienst und die in Rom so übel aufgenommene Marienroder Sache berief[6]): alles dieses wirkte zusammen, um auch diese Hoffnung zu zerschlagen[7]). Maccioni stimmte infolgedessen seine Wünsche auf die Gewährung eines schlichteren kirchlichen Beneficiums herab, aber nicht einmal dies ward ihm zu theil[8]). Er blieb trotz all seiner Streberei auf der Staffel hängen, die er in Hannover durch die Huld seines fürstlichen Gönners erklommen hatte.

Als ihn hier der Tod im 45. Lebensjahre (27. August 1676) ereilte, fand er in der Schloßkirche vor dem Eingang in die zur Fürstengruft umgewandelte Krypta sein Grab. Die Inschrift der Deckplatte[9]), die Johann Friedrich setzen ließ, bezeugt die Hochachtung, die er seinem geistlichen Cavalier bewahrte. Was sie verschweigt, ist aber ebenso bezeichnend wie das, was sie vermeldet. Indem ihr Schweigen den eitlen Ehrgeiz verzeiht, der die Seele des Verstorbenen durchglühte, ergeht sie sich im Preise seiner lautern Herzensgüte und gewinnenden Persönlichkeit; und indem sie seiner propagandistischen Wirksamkeit einzig und allein die Restitution des katholischen Cultus in der Schloßkirche nachrühmt, bezeugt sie, daß der Herzog nur dies Resultat gewollt und anerkannt hat.

---

1) Colomera, dat. 26. Juli 1670 (II, 65); dat. 2. Aug. 1670 (s. päpstliche Breven an Herzog Johann Friedrich, Nr. 16a).

2) Colomera, dat. 30. Aug., 4. Sept., 5. Sept., 18. Oct., 6. Dec., 13. Dec. 1670; dat. 27. Juni, 15. Aug., 22. Aug. 1671.

3) Colomera, dat. 29. Aug. 1671 (II, 97).

4) Maccioni, dat. 4. Jan. 1672 (II, 104).

5) Colomera, dat. 5. Jan. 1672 (II, 105); Maccioni, dat. 21. Jan. 1672 (II, 106).

6) Colomera, dat. 24. Febr. 1674 (II, 142).

7) Johann Friedrich, dat. 5. Febr. 1672 (II. 108), Colomera a. a. O.

8) Colomera, dat. 24. Febr., 17. März, 14. April 1674; Cardinal Altieri, dat. 11. Sept. 1674; Colomera, dat. 15. Dec. 1674; dat. 4. April u. 24. Mai 1676.

9) Beilage II, 164.

Siebentes Buch.

Die Epoche der Tripelallianz.

Erstes Kapitel.

Grundlegung engerer Beziehungen zwischen Frankreich und dem Hause Braunschweig-Lüneburg.

Die Tripelallianz vom 23. Januar 1668, in der die Generalstaaten, England und Schweden den schwellenden Erfolgen Ludwig's XIV. in den Weg getreten waren, schien der Sammelkern einer europäischen Opposition gegen Frankreichs Übermacht werden zu sollen: allerorten sah man mit Spannung ihrer Fortbildung entgegen [1]). Dieselbe aufzulösen und ihr Fundament, die Republik der Niederlande, zu zertrümmern, war daher seit dem Frieden von Aachen (2. Mai 1668) das Ziel der französischen Diplomatie.

Auch das Haus Braunschweig-Lüneburg wurde mitten in den Kampf um die Tripelallianz hineingerissen.

Als nämlich auf der einen Seite Schweden durch seinen Angriff auf Bremen, auf der andern Seite Frankreich durch seinen Einbruch in die spanischen Niederlande den westfälischen Frieden zu durchbrechen unternahmen, hatte das Haus Braunschweig-Lüneburg unter der politischen Leitung des Grafen Georg Friedrich von Waldeck mit Hülfe der Quadrupelallianz, in der es sich am 25. October 1666 mit den Generalstaaten, Dänemark und Brandenburg verband, die schwedischen Anschläge zu schanden gemacht und alsdann auch das von Johann de Witt entworfene Project einer Erweiterung der Quadrupelallianz zu einem großen europäischen Bunde, der Spanien gegen Frankreich vertheidigen sollte, durch seine diplomatischen Actionen an den Höfen von Berlin und Wien auf das lebhafteste unterstützt [2]). Nachdem jedoch dies große Project durch Brandenburg's und Österreich's Verständigung mit Frankreich zerrissen und an seine Stelle die von W. Temple zu Stande gebrachte Tripelallianz getreten war, waren die Herzoge an der Politik des Grafen Waldeck irre geworden [3]), und es wurde

---

1) Band I, 593; Droysen, Gesch. der preuß. Politik III, 3, 215.

2) Vgl. die letzten Kapitel des ersten Bandes. 3) Band I, 574 ff.

eine heftig umstrittete Frage, ob es Frankreich oder der Tripelallianz gelingen würde, das fürstliche Haus zu sich herüberzuziehen[1]).

Das erste Organ, dessen sich Frankreich nach dem Aachener Frieden bediente, um das braunschweigische Haus zu umgarnen, war jener Jean Hérauld de Gourville, der bereits 1667 die gastliche Aufnahme, die ihm, den Verbannten, am Hofe Georg Wilhelm's in Celle zu Theil geworden war, für die Interessen seines Königs ausgebeutet und sich dadurch in der Gnade desselben rehabilitirt hatte[2]). Als unruhigster und intrigantester Genosse der französischen Tafelrunde am Celler Hofe hatte er das erste Mißtrauen gegen den Grafen Waldeck in das fürstliche Haus gestreut und die Keime des französichen Einflusses neu belebt. Daß aber diese Saat alsbald aufgieng, war nicht sowohl sein eigenes Werk als vielmehr eine ihm entgegenkommende Nachwirkung älterer Bestrebungen des ehrgeizigsten und planvollsten der lüneburgischen Vierfürsten.

Von dem unruhigen Drange sich zur Geltung zu bringen beseelt, hatte einst Herzog Johann Friedrich von Hannover seine ehrgeizigen Pläne, wie um die Coadjutorei des Stiftes Münster und die Großmeisterwürde des deutschen Ordens[3]), so auch um die Krone des polnischen Wahlreichs gesponnen. Schon 1660 war seine Candidatur aufgetaucht. Als nämlich die Königin Marie Luise von Polen, eine geborene Französin, mit dem Gedanken hervortrat, die Nachfolge ihres Gemahls Johann Kasimir noch bei dessen Lebzeiten einem französischen Prinzen zuzuwenden[4]), hatte kein Geringerer als der Kurfürst Friedrich Wilhelm von Brandenburg den Herzog Johann Friedrich als Gegencandidaten ins Auge gefaßt. Hatte sich dieser ihm auch durch seine Conversion zur katholischen Kirche mißliebig gemacht, so empfahl er sich eben deshalb doppelt für den polnischen Thron. Denn indem der Kurfürst damit den französischen Einfluß in Polen zu durchkreuzen gedachte, hatte er zugleich den Nebengedanken, den Katholiken aus dem niedersächsischen Kreise wegzubringen[5]). Johann Friedrich aber glaubte, solche Candidatur unter keinen Umständen ablehnen zu sollen. Und die

---

1) Vgl. meinen Aufsatz über „Die Beziehungen zwischen Frankreich und dem Hause Braunschweig-Lüneburg in der Epoche der Tripelallianz“ in der Zeitschr. des histor. Vereins für Niedersachsen, 1886, S. 235 ff.; ich habe dort einige der in diesem und den nachfolgenden Kapiteln gewonnenen Resultate im Auszuge mitgetheilt und eine Reihe der einschlägigen Documente abgedruckt.

2) Band I, 574 ff.; Mémoires de Gourville, Paris 1724, II, S. 22 ff.

3) I, 390.

4) I, 527. Vgl. Grauert, die Thronentsagung des Johann Casimir und die Wahl seines Nachfolgers, in den Wiener Sitzungsberichten, VI, (1851), 342 ff. und O. Krebs, Vorgeschichte und Ausgang der polnischen Königswahl im Jahre 1669, in der Zeitschrift der histor. Ges. f. d. Provinz Posen, III (1888), 151 ff.

5) Band I, 409. Den dort zu Grunde gelegten Bericht s. jetzt in Urk. u. Akten zur Gesch. Friedr. Wilhelm's XI, 566 f.

hannoverschen Minister waren überzeugt, die Landschaft werde kein Opfer scheuen, wenn Johann Friedrich dafür auf sein heimisches Erbfolgerecht verzichten würde[1]). Auch sie also hatten nur den Wunsch, ihn irgendwie los zu werden. Als Mittel zum Zweck wurde seine Vermählung ins Auge gefaßt[2]). Mit wem, ist nicht ausdrücklich gesagt; allein es kann kein Zweifel sein, daß sich eben damals zuerst seine Aufmerksamkeit auf die Töchter des zur katholischen Kirche convertirten Pfalzgrafen Eduard und der unter dem Namen Princesse Palatine in der französischen Hofgeschichte viel genannten Anna von Gonzaga-Nevers, der Schwester der Königin von Polen, richtete. Denn es war die Absicht der letztern, einer dieser drei Nichten die Krone, die sie selbst trug, zuzuwenden, und Johann Friedrich blieb fortan sowohl in dem polnischen Wahlgetümmel wie in dem Hause der Princesse Palatine als Bewerber in Sicht.

Der erste Anlauf im Jahre 1660 schlug freilich an beiden Orten fehl[3]). Dem Wunsche der Königin von Polen gemäß, wurde die mittlere ihrer Nichten[4]) mit dem Herzog von Enghien, dem Enkel des großen Condé[5]), vermählt (1663), der seit 1660 Frankreichs Candidat für die polnische Krone war[6]); und so lange die Königin von Polen lebte, blieben ihre älteste und jüngste Nichte zur Ehelosigkeit verurtheilt, um der Herzogin von Enghien keinen Eintrag in dem Wahlkampf um die polnische Krone zu thun[7]). Gleichwohl galt am französischen Hofe noch 1664 Johann Friedrich für den am meisten zu fürchtenden Mitbewerber, man glaubte in ihm den Candidaten des Kaisers, des Kurfürsten von Brandenburg und vielleicht auch des Königs von Dänemark zu sehn[8]).

Das traf allerdings nicht zu. Der einzige, der ernstlich diese Candidatur aufgestellt hatte, der Brandenburger, hielt dieselbe bereits 1666 für aussichtslos[9]), und sie wurde es vollends, als nach dem Tode der Königin von Polen[10]) Frankreich und Brandenburg in dem Pfalzgrafen Philipp Wilhelm von Neuburg einen Compromißcandidaten gewannen[11]). Gleich-

---

1) Band I, 722, Brief 36, d. d. 15/5. Aug. 1660, jetzt auch bei Bodemann, Briefwechsel der Herzogin Sophie mit Kurfürst Karl Ludwig von der Pfalz, S. 34 Nr. 37. Dazu kommt ebendort S. 36 Nr. 39 d. d. 16/6. Sept. 1660. 2) A. a. O.

3) Woran er scheiterte, ist nicht deutlich: die in Urk. u. Akten a. a. O. und in dem Briefwechsel a. a. O. vorliegenden Andeutungen stimmen nicht zusammen.

4) Anna Henriette.

5) Ich notire hier, zur Erläuterung der im Anhange mitgetheilten Documente, die am französischen Hofe üblichen Titel: Condé wurde M. le Prince, sein Enkel Louis Henri de Bourbon entweder Duc d'Enghien oder schlechtweg M. le Duc genannt.

6) Recueil des instructions données aux ambassadeurs de France, IV, 1, 23 ff.

7) So berichtet Baron de Goeß d. d. Berlin, 22. Juni 1665, in Urk. u. Akten XIV, 1, 216. 8) Recueil des instructions IV, 1, 83.

9) Urk. u. Akten XII, 298. 574. 10) 10. Mai 1667. 11) Band I, 569.

wohl blieb Johann Friedrich noch immer der französischen Diplomatie verdächtig, und sie spannte alle Segel, um ihn in den vorher versperrten Hafen einer Verschwägerung mit dem französischen Hofe zu treiben, als im Sommer 1667 während einer italienischen Reise des Herzogs ein Gerücht nach dem andern von seinen Brautwerbungen sprach; man fürchtete am französischen Hofe, daß er eine Erzherzogin wählen und dann sein ganzes Haus in das Schlepptau der habsburgischen Politik ziehen werde[1]).

In der That nahm Johann Friedrich seinen damaligen Aufenthalt in Italien[2]) wahr, um ernstliche Brautschau zu halten. Wir hören, daß unter den in Aussicht genommenen Partien eine Erzherzogin von der Innsbrucker Linie und eine Herzogin von Parma war[3]); und wir wissen, daß sein alter Freund, der Kurfürst Johann Philipp von Mainz, seine Hand im Spiele hatte und eine deutsche Partie befürwortete[4]). Aber auch das alte Project, eine Tochter der Princesse Palatine heimzuführen, kam eben damals ernstlicher als zuvor wieder in Betracht.

Der kurpfälzische Resident am französischen Hofe, von Pawel-Rammingen, der seit Jahren auch als Berichterstatter und gelegentlich als Vertrauensmann der lüneburgischen Herzoge dort thätig war[5]), übermittelte dem Herzog nach Venedig nicht nur die begehrten Bildnisse der beiden noch unvermählten Töchter des 1663 verstorbenen Pfalzgrafen Eduard, sondern versicherte ihn auch der Zustimmung des französischen Hofes zu solcher Wahl[6]). Mit angelegentlichem Eifer gieng insbesondere die Mutter, die Princesse Palatine, darauf ein. Denn da ihr Plan, die jüngste Tochter, Benedicta Henriette, mit dem pfälzischen Kurprinzen Karl zu vermählen, eben damals an den für den Heidelberger Hof unannehmbaren Bedin-

1) Band I, 561 ff.

2) Derselbe dauerte vom Juni bis November 1667 nach Angabe der Funeralien in Leibnizens Werken, ed. Klopp, IV, 508 f. 3) I, 563.

4) Aus der einschlägigen Correspondenz liegen nur folgende Fragmente vor: 1) Eigenhändiges Postscriptum Johann Philipp's, dat. Marienberg ob Würzburg, 6. Juli 1667: „Daß begerte Biltnus hoffe nechster Tagen zu erlangen, ahn selbigen Ort solle es noch nicht vollig geschlossen, sondern res integra sein, wie ich bericht worden. Wenn ich den rechten Grundt ferners vernehme, unterlasse nicht es E. Ld. zu avisiren". 2) Ein undatirtes Postscript. auf einem vereinzelten Zettel: „Daß begerte Biltnüs werden verhoffendtlich E. L. zu recht endtpfangen haben. Meines Erachtens werden E. L. keine bessere Partei als diese im Reich oder sonsten irgends finden: hautte naissence, beauté, modestie, vertu et sagesse rencontriren sich nicht leicht in einem subjecto wie ihn dieser vertuesen (sic!) Princessin". 3) Das im Anhange unter III, 1 mitgetheilte Postscript Johann Philipps d. d. Mainz, 5. Sept. 1667. 4) Eigenhändiges Postscript eines Briefes des Herzogs Johann Friedrich an den Kurfürst Johann Philipp, dat. Venedig, 23. Sept. 1667: „. . . für jetzo kan ich E. L. nichtes anders als berichten, das meine gantze Resolution betreffent bewuste Sachen noch in ambiguo stehet, mir auch unmöglich ist mich noch zur Zeit zu resoluiren . . ."

5) Vgl. Band I, 408. 6) d. d. 23. Aug. 1667 bei Havemann, III, 227.

gungen scheiterte, die der Papst an den zu ertheilenden Dispens knüpfte[1]), so glaubte sie, die gute Versorgung, die sich ihrer Tochter in Hannover darbot, dies Mal um so fester ergreifen zu sollen. Winkte doch möglicher Weise einer solchen Ehe auch die polnische Krone, wenn Johann Friedrich für seine alte Candidatur jetzt den ganzen Anhang der verstorbenen Königin als ihr Erbe hinzugewann! Die Pfalzgräfin Anna verfehlte nicht, dem Herzog dieses Ziel in lockende Aussicht zu stellen[2]). Aber auch ohne dies war die Princessin Benedicta eine gute Partie. Pawel-Rammingen konnte sich nicht genug thun, ihr einnehmendes und bescheidenes Wesen, ihre Schönheit und Bildung und auch die reiche Ausstattung und Erbschaft, die ihrer wartete, zu rühmen[3]).

Nach Deutschland heimgekehrt, knüpfte Johann Friedrich nähere Beziehungen an, indem er seinen vielgewandten Sekretär Chevreau[4]) im Frühjahr 1668 nach Paris entsandte[5]) und zugleich den am Hofe seiner Brüder so gut angesehenen Gourville für sich in Bewegung setzte, ohne doch diese selbst in sein Vertrauen zu ziehn[6]).

So gewann jener Abenteurer die ersehnte Gelegenheit, was ihm in Celle und Osnabrück bisher nicht hatte gelingen wollen, die Grundlegung einer französischen Allianz nunmehr in Hannover zu Wege zu bringen. Am 12. April 1668 wurde zwischen Gourville und dem Freiherrn Grote der Entwurf eines Vertrags vereinbart, der den Übertritt Johann Friedrichs auf Frankreichs Seite vorbereitete.

Indem Gourville dem Herzog französische Subsidien von 10 bis 12000 Rthlr. monatlich, französische Waffenhülfe nach Maßgabe des erloschenen Rheinbunds und französische Gewähr gegen jede Einbuße an Land und Leuten zusicherte, versprach Johann Friedrich nicht nur völlige Neutralität für die Dauer des spanisch-französischen Krieges, sondern verpflichtete sich auch zur Erneuerung des erloschnen Rheinbunds und zur Bekämpfung aller gegen Frankreich gerichteten Reichstagsbeschlüsse. Er be-

1) Die erste Kunde von diesem kurpfälzischen Heirathsprojekt brachte E. Spanheim's Rélation de la cour de France en 1670, herausg. von Schefer, Paris, 1882, S. 422. Eben darauf beziehen sich die Briefe der Herzogin Sophie von Hannover vom (Sept.) 1667 u. 17. Juli 1668 bei Bodemann S. 127 u. 135. Vollere Aufklärung geben die beiden unten angezogenen Documente.

2) Anonymer Brief Pawel-Ramningens an den Freiherrn Otto Grote, dat. Paris 13. Sept. 1667, nebst einem Briefe der Prinzessin Palatine an Pawel-Rammingen d. d. 10. Sept. 1667, im Anhange unter III, 2ª u. 2ᵇ.

3) A. a. O. u. bei Havemann III, 227.

4) Vgl. Bodemann, Briefwechsel der Herzogin Sophie mit Kurfürst Karl Ludwig, S. 61, Anm. 8.

5) So berichtet Sophie, dat. 1. März 1668, bei Bodemann S. 133.

6) Mémoires de Gourville, II, 32 f.

hielt sich nur freie Hand vor, den Fürsten seines Hauses gegen jeden Angriff Hülfe zu leisten und sich den Majoritätsbeschlüssen des Reichstages zu accommodiren. Der Vertrag sollte ihn selber mindestens ein Jahr, die Krone Frankreich aber auch darüber hinaus bis zur Beseitigung jeder dem Hause Braunschweig drohenden Gefahr verbinden [1]).

Man kann nicht zweifeln, daß eben dieses Abkommen wesentlich mit dazu beitrug, den Herzog von der seitens seines Mainzer Freundes inaugurirten Bekämpfung des Rheinbundes und von der in seinem eigenen Hause betriebenen Braunschweiger Vereinigung abwendig zu machen [2]). Das Hauptergebniß aber war, daß nunmehr die Verschwägerung mit dem französischen Hofe verwirklicht ward.

Unmittelbar nach Vereinbarung jenes Vertragsentwurfs wurde der Geheime Kammerrath Freiherr Grote nach Paris entsandt, um dem Könige Ludwig den Wunsch des Herzogs, mit ihm „in eine nähere Verbindung und Vertraulichkeit zu treten", und seinen festen Entschluß, „sich in Frankreich zu verheirathen", kund zu thun. Den Staatsvertrag sollte Grote auf Grund des mit Gourville festgestellten Projects [3]), wenn die Subsidien für ein ganzes Jahr nicht zu erreichen wären, auf 10, 8 oder 6 Monate befristen, in der Heirathssache aber „sich immer in generalibus halten" und seinen Herrn auf keinerlei Weise engagiren. Seine Aufgabe wurde zunächst darauf beschränkt, die beiden Töchter der Princesse Palatine kennen zu lernen und „von derselben Gestalt, Natur und humeur, so viel müglich, genaue und accurate Relation abzustatten" [4]).

Seine Berichte liegen nicht vor. Der Staatsvertrag, den er schließen sollte, ist jedenfalls nicht zu stande gekommen, weil die Erbietungen, zu denen Gourville sich herbeigelassen hatte, durch den inzwischen erfolgten Abschluß des Aachener Friedens (2. Mai 1668) überholt und zwecklos geworden waren [5]). Der Heirathsplan jedoch wurde soweit gefördert, daß der Herzog im August sich selbst nach Paris begab.

Er erkor sich Benedicta, die jüngste Tochter der Pfalzgräfin [6]), und wurde vom Könige Ludwig mit Auszeichnung empfangen: sie besprachen sich

1) Ich theile den Wortlaut dieses vom Herzog unterzeichneten Vertragsentwurfs im Anhange unter III, 3 mit. 2) Band I, 587, 591.

3) Die von dem Minister mitgenommene eigenhändige Copie trägt von des Herzogs Hand die Aufschrift: Instruction pour M. Grohte pour son voyage en France le 26/16. avril 1668.

4) Instruction Grote's, dat. Hannover, 14. April 1668, Creditive, dat. Hannover, 15. April 1668.

5) Grote's Pariser Mission ward nach Leibnizens Angabe (Werke, ed. Klopp, IV, 508) im Mai 1668 ausgeführt.

6) Die älteste, Luise Marie, wurde 1679 mit dem Fürsten Karl Theodor von Salm vermählt.

über eine Stunde unter vier Augen, beide stehend und unbedeckt. Der König erklärte dann öffentlich, „er habe mit einem deutschen Fürsten gesprochen, von dessen großem Verstande er zwar viel gehört, so aber dem nicht zu vergleichen, was er in der That befunden". Und der Herzog bewahrte seitdem alle Zeit „eine sonderbare Hochschätzung gegen des Königs Person"[1]).

Die Vermählung wurde, gemäß der bei den Verheirathungen französischer Prinzessinen ins Ausland hergebrachten Sitte, im October zuerst durch Procuration in Paris vollzogen, wobei der Geheime Kammerrath Freiherr Otto Grote die Ehre hatte, seinen Souverän zu vertreten. Die Heimholung der Prinzessin von Frankfurt nach Hannover, die Einsegnung der Ehe in der dortigen Schloßkirche durch den apostolischen Vicar (30. Nov. 1668) und die ganze Hochzeitsfeier vollzog sich mit außerordentlicher Pracht[2]). Der hannoversche Hof suchte fortan noch mehr als zuvor dem Glanze des französischen nachzueifern und ward in der That für Wissenschaft und Kunst, für Religion und Politik einer der Brennpunkte des öffentlichen Lebens in Deutschland.

Da nun eben damals Johann Kasimir seine Krone niederlegte (16. Sept. 1668), so gab die Vermählung Johann Friedrich's mit der Nichte seiner Gemahlin zunächst Anlaß zu erneuter Aufstellung der Candidatur desselben in dem polnischen Wahlkampf. Wir hören, daß die Princesse Palatine sich Hoffnungen für ihren Schwiegersohn machte[3]), obgleich der officielle Candidat Frankreichs ein anderer war; und wir dürfen annehmen, daß es ihre Beziehungen zur Partei der verstorbenen Königin waren, die es erwirkten, daß eben wegen dieser Verwandtschaft Johann Friedrich im Frühjahr 1669 „als novus candidatus recommendirt ward"[4]). Indessen diese Bemühungen scheiterten ebenso wie die aller andern auswärtigen Prätendenten an der Unzuverlässigkeit der polnischen Magnaten, die man gewonnen zu haben glaubte. Diese wählten schließlich (19. Juli 1669) einen aus ihrer Mitte, den Piasten Michael Wisnowiecki.

---

1) Leibniz in den Funeralien des Herzogs (Werke, ed. Klopp IV, 509); darauf beruht Rehtmeier III, S. 1707.

2) Vgl. Rehtmeier a. a. O. und die dort citirten ältern Werke, Havemann III, 227 f. und v. Heinemann III, 166 f.

3) Sie sprach sich in diesem Sinn gegen den kurpfälzischen Residenten aus, wie E. v. Pufendorf in seinem Tagebuch meldet, nach Grauert's Mittheilung in den Wiener Sitzungsberichten VI, (1851), 394, Anm. 45[b].

4) Bericht der Danziger Abgeordneten Stobert und Wiber d. d. Warschau, 24. Mai 1669, bei J. Hirsch, Zur Geschichte der polnischen Königswahl von 1669, in der Zeitschrift des westpreuß. Geschichtsvereins, 1889, S. 115.

Johann Friedrich's politische Aspirationen wurden damit auf den Wettbewerb, den Frankreich und die Mächte der Tripelallianz um den Beitritt der deutschen Fürsten veranstalteten, zurückgeführt.

Zweites Kapitel.

Die ersten Ergebnisse des Kampfes für und wider die Tripelallianz.

Der Begründer der Tripelallianz, William Temple, hatte bei seinem Werke den großen Gedanken, dasselbe zu einem europäischen Friedensbunde fortzubilden: alle sonst wider einander laufenden Interessen sollten sich in der gemeinsamen Eindämmung der Kriegsgelüste Frankreichs zusammenfinden. Sein vornehmstes Absehen war die Herbeiziehung beider Linien des Hauses Habsburg, der spanischen und der österreichischen. Aber auch die mächtigsten protestantischen Reichsstände Deutschlands, dazu Lothringen und die Schweiz, würden dem Bunde anzugliedern sein[1]. König Karl II. von England war diesen Plänen seines Botschafters, die ihm eine große schiedsrichterliche Stellung in Europa verhießen, nicht abgeneigt; er sagte einmal, der Kurfürst von Brandenburg solle die Schnur um das Bündel sein[2].

Der leitende holländische Staatsmann, Johann de Witt, stimmte, wenn auch nur mit halbem Herzen, dem englischen Vorhaben zu. Er hatte den Dreistaatenbund nur als Auskunft aus der Verlegenheit ergriffen, die der Republick der Niederlande durch die Erfolge Frankreichs im spanischen Kriege bereitet war. Er hoffte, das alte gute Verhältniß zu Frankreich ohne weiteres wieder erneuern zu können, und bot wiederholt dem Könige Ludwig als Preis dafür eine Theilung der spanischen Niederlande an. Da aber König Ludwig solche schiedsrichterliche Einmischung der holländischen Krämer in die monarchischen Erbfolgefragen stolz und schroff von sich abwies, sah de Witt die Unentbehrlichkeit der großen Allianz ein[3], war aber auch

---

1) Ranke, englische Geschichte V (Werke XVIII), 71 f., 76.

2) Ranke, englische Geschichte V (Werke XVIII), 71 f., 76. Erdmannsdörffer, deutsche Geschichte vom westfälischen Frieden bis zum Regierungsantritt Friedrich's des Großen I, 525.

3) Weber, Johann de Witt, in Sybel's Histor. Zeitschrift VII (1865), 151 f.; Lefèvre Pontalis, Jean de Witt.

jetzt noch nicht bereit, holländische Subsidien dafür zum Opfer zu bringen. Spanien, das dem Dreibunde seine Stellung verdankte, sollte die Subsidien hergeben [1]).

Nun war es freilich sicher, daß der spanische Hof den französischen Nachbar fürchten mußte wie das Feldhuhn den Falken [2]). Aber der Dreistaatenbund hatte doch auch der Krone Spanien jene Gebietsabtretung auferlegt, die im Aachener Frieden besiegelt war. Dazu stand der katholische Eifer der Spanier dem protestantischen Bündniß im Wege. Es gelang daher nur mit großen Schwierigkeiten, Spanien zur Zahlung der Subsidien zu bewegen, welche Holland und England dem Könige von Schweden versprochen hatten [3]).

Für Schweden aber waren die Subsidien eine Lebensfrage. Erst als ihm dieselben garantirt wurden, wurde sein bisher nur zugesagter Beitritt zum Bunde förmlich vollzogen [4]).

Nach diesen Erfolgen schien auch der Anschluß der österreichischen Linie des Hauses Habsburg an das System der Tripelallianz zu gelingen. Kaiser Leopold hatte sich freilich durch den geheimen Vertrag vom 19. Januar 1668, der eine Theilung der spanischen Erbschaft zwischen Österreich und Frankreich verhieß [5]), in Frankreichs Netze verfangen. Allein obgleich damit die von den Fürsten Auersperg und Lobkowitz geführte franzosenfreundliche Partei triumphirte [6]), so wurden doch die ihr entgegenwirkenden Bestrebungen am Wiener Hofe keineswegs zerbrochen. Schon am 16. Mai 1668 brachte der kaiserliche Gesandte in Stockholm, Basserode, dank dem Eifer, mit dem dort der Senator Björnclou die Politik der Tripelallianz vertrat, die Unterzeichnung eines Bündnisses zuwege, in dem sich der Kaiser zur Zahlung ansehnlicher Subsidien an Schweden, dieses zur Stellung von Hülfstruppen für den Kaiser, und beide zur Wahrung des westfälischen Friedens und gegenseitigen Schutz ihrer deutschen Besitzungen verpflichteten [7]). Ludwig XIV. gab hiernach selbst die schwedische Allianz verloren, sein Gesandter Pompone verließ alsbald den dortigen Hof. Aber auch in Wien schien sein Spiel verloren. Der unermüdlichste Gegner Frankreichs unter den kaiserlichen Staatsmännern, der an den verschiedensten Höfen bewährte

---

1) Weber, Johann de Witt, in Sybel's Histor. Zeitschrift, VII (1865), 151 ff.; Lefèvre Pontalis, Jean de Witt (Paris, 1884), I, 485 ff.; II, 13 ff., 43 ff.

2) Vgl. Noorden, Europäische Gesch. im 18. Jahrhundert, I, 13.

3) Lefèvre Pontalis a. a. O.

4) 25. April/5. Mai 1668; Carlson, Gesch. Schwedens, IV, 507 f. 5) Band I, 571.

6) Einen Reflex dieser Stimmung gibt die Relation des lüneburg. Agenten am Wiener Hofe, W. L. Fabricius, d. d. 10. Juni 1668, im Anhange unter III, 4.

7) Mémoires de Pompone, par Mavidal I, 423, 547 ff.; Carlson,. Gesch. Schwedens, IV, 497, 508 f. Pribram, Freiherr von Lisola S. 375, 448.

und damals im Haag stationirte Lisola[1]), brachte, ohne daß es der französische Geschäftsträger in Wien auch nur gewahr wurde, am 5. Juli einen Vertrag des Kaisers mit Spanien zu stande, worin sich dieser zur Vertheidigung der spanischen Niederlande verband und seinen Beitritt zur Tripelallianz in Aussicht stellte[2]).

Aus dem Reiche kam der Tripelallianz eine andere Bewegung entgegen. Herzog Karl IV. von Lothringen, der sich keinen Augenblick sicher vor Frankreich fühlte, suchte seine alten Verbindungen mit Spanien zu erneuern und neue mit Holland anzuknüpfen[3]). Er verband sich deshalb mit seinen alten Widersachern, den Kurfürsten von Mainz und Trier; die Allianz, die sie 1668 zu Limburg aufrichteten, bezweckte, in die allgemeine Garantie des Reiches, die sie für sich selbst erstrebten, auch den burgundischen Kreis aufzunehmen. In diesem Sinne bot man den Holländern bewaffneten Anschluß an den Dreibund an[4]).

Vor allen andern aber kamen die alten Freunde der Generalstaaten, der Kurfürst von Brandenburg und die Herzöge von Braunschweig-Lüneburg, für den Ausbau der Tripelallianz in Betracht, und zwar um so mehr, als sich seit dem bremischen Kriege unter dem Eindruck der französischen Übergriffe wieder ein besseres Verhältniß derselben zu Schweden herausgebildet hatte. Der Kurfürst von Brandenburg sollte, wie gesagt, die Schnur um das Bündel sein.

Mit eigenen Mitteln aber konnten und wollten die deutschen Fürsten ebensowenig wie Schweden, die Heere erhalten, die zum Eingreifen in die große Politik erforderlich waren. Es galt also, ihren Beitritt zum Systeme der Tripelallianz durch Subsidien zu erkaufen. Dazu waren nun freilich die protzigen Kaufherrn der Niederlande, deren Partei de Witt führte, nicht zu bewegen. Er meinte, jene Fürsten müßten aus eigenem Interesse beitreten, und er hoffte zum Ziele zu kommen, indem er die einen gegen die andern ausspielte[5]). Um so wichtiger war es, daß auf Temple's Antrieb

---

1) Die erste Würdigung dieses Staatsmanns verdanken wir J. Großmann, „der kaiserliche Gesandte Franz von Lisola im Haag 1672/73", im Archiv f. österreich. Geschichte 51 (1873), 1 ff., 8. Jetzt liegt das gründliche Werk Pribrams, Franz Paul Freiherr von Lisola, Leipzig. 1894, vor; vgl. dort S. 448.

2) Mignet, III, 480. Lefèvre-Pontalis, II, 12.

3) Ranke, französ. Gesch. III (Werke X), 291.

4) Pufendorf, res Frid. Wilh. XI, § 12. Guhrauer, Kurmainz in der Epoche vor 1672, I, 98 f. Lefèbre-Pontalis, II, 49. Erdmannsdörffer, deutsche Gesch., I, 535. 542.

5) Weber in Sybel's Zeitschrift VII (1865), 154 f. Bezeichnend für die Vertrauensseligkeit de Witt's ist die Äußerung die er gegen Wicquefort machte (24. Oct. 1671): »La France ne peut devenir plus puissante qu'elle est, sans qu'elle devienne redoutable à tout le reste de l'Europe, et après la conquête des Provinces-Unies il n'y aura rien qui la puisse empêcher de tout dominer. (Le Fèvre-Pontalis II, 164.)

England dafür eintrat. Im Frühjahr 1669 entsandte Karl II. seinen Minister Gabriel Silvius an das braunschweigische Haus, um demselben als Preis des Anschlusses an die Tripelallianz dieselben Subsidien, die den Schweden zugesagt waren, in lockendste Aussicht zu stellen [1].

An eben dieser Stelle aber und mit denselben Lockungen begannen auch sofort die Gegenbemühungen der französischen Diplomatie, den europäischen Friedensbund im Keime zu ersticken.

Um zunächst das braunschweigische Haus zu umgarnen, wurde wieder Gourville in Bewegung gesetzt. Der Briefwechsel, den er deshalb seit dem Aachener Frieden von Frankreich her mit den lüneburgischen Fürsten führte, liegt zwar nicht vollständig vor, allein die erhaltenen Stücke genügen, um die Art und Richtung seiner Werbungen festzustellen.

Man ersieht daraus, daß Gourville als die eigentliche Wurzel aller Entschließungen der lüneburgischen Fürsten ihre particulare Selbstsucht auffaßte. Seine Deductionen drehen sich demgemäß um die eine Frage, auf welcher Seite der höchste und sicherste Gewinn zu erraffen und die wenigsten Verwicklungen und Opfer zu befahren seien. Unter diesem Gesichtspunkte stellt er der Unzulänglichkeit und Unzuverlässigkeit der Tripelallianz die Chancen eines Bundes mit dem Könige von Frankreich entgegen.

Im Frieden, so erörterte er am 19. April 1669 dem Herzog Georg Wilhelm, bringe die Tripelallianz nichts ein, im Kriege aber werde nicht nur das Ansehen der deutschen Alliirten durch das Gewicht, das Schweden in die Waagschale werfe, entwerthet, sondern sogar ihre Sicherheit gefährdet. Denn wie sollte Schweden schon die Feindseligkeiten der braunschweigischen Herzöge vergessen haben? Rücke also Schweden mit einer ansehnlichen Armee ins Feld, so wären seine deutschen Nachbarn mindestens der Gefahr schwedischer Einquartierung ausgesetzt, um deretwillen weder England noch Holland sich erhitzen würden. Träte dagegen das fürstliche Haus in eine Allianz mit Frankreich ein, so sei es im Stande, den Schweden den Rang abzulaufen, den sie lediglich durch ihre früheren Beziehungen zu Frankreich sich errungen hätten. Hierzu aber sei Eile noth; denn da die Spannung zwischen Frankreich und Schweden auf keinem Gegensatze wirklicher Interessen beruhe, so könne jeden Tag eine Herstellung der alten Beziehungen erfolgen, und das lüneburgische Haus könnte dann die Kosten dieses Umschlags tragen, ohne daß sich die Holländer, anderweitig engagiert, für dasselbe regen würden.

Auf eine Specification der von Frankreich zu erlangenden Bedingungen

---

1) Creditive, dat. in palatio nostro de Whitehall, 4. März 1669. Den Inhalt der englischen Proposition entnehme ich aus einem Schreiben Johann Friedrich's an Rudolf August, dat. Hannover, 15. April 1669.

geht Gourville nicht ein; er beschränkt sich auf die Versicherung, daß dies Bündniß den westfälischen Friedensverträgen und den Pflichten des Hauses gegen das Reich keinen Abbruch thun würde. Die Frage aber, ob und wie dasselbe neben der Quadrupelallianz bestehen könne, und die Formulierung der von Frankreich zu gewährenden Bedingungen schiebt er dem Herzog zu, nur leise andeutend, daß vielleicht ein Collectivbündniß der benachbarten Fürsten mit Frankreich die besten Chancen darböte [1]).

Auf Georg Wilhelm und seinen Bruder, den Bischof Ernst August von Osnabrück, machte dies Schreiben keinen Eindruck. Sie trauten, nach den im Rheinbunde gemachten Erfahrungen, der französischen Freundschaft nicht und hatten, nach den bisher von Holland bezogenen Subsidien, Vertrauen zu den finanziellen Offerten der Tripelallianz. Auch der Wolfenbütteler Hof war derseben unter gewissem Vorbehalt nicht abgeneigt. Nur Herzog Johann Friedrich von Hannover konnte sich kein Herz dazu fassen und hielt eine dilatorische Behandlung des französischen Antrags einem Bruche mit Frankreich gleich [2]).

Während daher Georg Wilhelm das Schreiben Gourville's überaus kühl und reservirt beantwortete [3]), kam Johann Friedrich dem Vermittler unverkennbar entgegen [4]). Der aber verfehlte natürlich nicht, das offenbare Mißtrauen des Herzogs gegen die Tripelallianz zu bestärken.

Spanien, so entwickelte Gourville in seinem Schreiben vom 7. Juni 1669 [5]) dem Herzog Johann Friedrich, komme wegen seiner Gleichgültigkeit, Unbeständigkeit und Ohnmacht überhaupt nicht mit in Betracht; England spiele den Interessierten, nur um seinen eigenen Vortheil im Kriegsfalle zu wahren; denn von einer engeren Gemeinschaft mit Holland könne wegen der commerciellen Eifersucht der beiden Staaten keine Rede sein, es könnte dem englischen Könige kein Ernst sein, wenn er das fürstliche Haus zum Eintritt in die Tripelallianz einlade. Dasselbe gelte von der Haltung Schwedens, dessen Gewicht in Europa durch eine Allianz des fürstlichen Hauses mit Frankreich nur geschmälert werde, während es seines Übergewichtes, seiner höheren Subsidien, sicher sei, wenn sich dies Haus mit ihm in der Tripelallianz vereine, zumal Schweden dann in der Lage sei, seinen Abfall von der Allianz auf Kosten dieses unbequemen Nachbars zu vollziehen. Holland endlich, das nichts zu hoffen, aber alles zu fürchten habe,

1) Beilage III, 5.

2) Calenb. Protokoll über die Ministerconferenz des Gesammthauses, act. Braunschweig 20.—26. April 1669. Anwesend für Celle und Osnabrück Cramm und Heymann, für Calenberg Grote, für Wolfenbüttel Höpfner u. Söhlen.

3) Beilage III, 6, das Datum ergiebt sich aus III, 8.

4) Der Brief selbst liegt nicht vor, sein Inhalt aber erhellt aus III, 7.

5) Beilage III, 7.

könne sein Interesse und sein Geld nicht sicherer wahren, als wenn es ganz Europa vor Frankreich bange machte und in den Harnisch triebe. Die Dauer der Tripelallianz hinge demnach nur von Frankreichs Willen ab. Indem Gourville dies Ende voraussieht, weiß er dem braunschweigischen Hause, als dessen uneigennütziger Freund er sich gebärdet, keinen besseren Rath, als bei Zeiten die in Frankrech bereit gehaltenen Subsidien zur Aufstellung eines Heeres sich zu eigen zu machen.

Mit Johann Friedrich allein wäre nun wohl Gourville leicht zum Ziele gekommen. Hatte doch der Herzog bereits selbst alle die Zweifel an der Stichhaltigkeit der Tripelallianz, die der französische Agent entwickelte, seinen Verwandten entgegengehalten[1]). Allein es ist nicht zu bezweifeln, daß Gourville von den Brüdern des Herzogs mehr hielt und sie ungern der Vortheile, die er zu bieten hatte, beraubte. Hat sich doch Johann Friedrich später am französischen Hofe diesen Vermittler gründlich verbeten, weil derselbe seinen Brüdern aufrichtiger zugethan sei[2]). Gourville ließ denn auch nicht nach, seinen alten Gönner Georg Wilhelm nochmals auf das dringlichste zu bestürmen.

Ausgehend von der Schwierigkeit, den französischen Hof bei der reservirten Haltung des Herzogs in guter Laune zu erhalten, fleht er denselben an, wenigstens im allgemeinen seine Geneigtheit für die französische Freundschaft auszusprechen. Der westfälische Friede und das Reichsinteresse werde ja nicht verletzt, und es würde sich auch schon ein Ausweg finden, unbeschadet der in der Quadrupelallianz übernommenen Verbindlichkeiten, sich mit Frankreich einzulassen, wenn nur der Herzog auf eine etwaige Prolongation jener Allianz zu verzichten sich entschlösse. Gourville deutet jetzt sogar die Summe der Subsidien an, die sich erreichen ließen, dieselbe nämlich, die Schweden sich bei Spanien ausbedungen, 250—300000 Livres. Die Gegenleistung würde in einer entsprechenden Vermehrung der vom fürstlichen Hause aufgestellten Truppen bestehen. Das einzige Bedenken könnte aus dem Verlangen des Königs von Frankreich erwachsen, daß bei einem Angriffskriege einer der braunschweigischen Fürsten mit 8—10000 Mann zum französischen Heere stieße. Indessen darüber werde man sich ebenso leicht verständigen, wie über den Antheil an den voraussichtlichen Eroberungen. Auch das Verlangen des Herzogs, die anderen Alliirten des Königs vor Eintritt in die Allianz zu kennen, werde sich durch die Unterhandlungen von selber erledigen, wenn man nur die Verbindlichkeit des Vertrags vom Beitritt dieser und jener Potenzen abhängig mache. Somit erübrige nichts weiter, als daß sich auch der Graf von Waldeck ein Herz

1) In der oben citirten Conferenz zu Braunschweig.
2) S. unten Zehntes Kapitel.

zu dieser Allianz fasse und zwar nicht nur dem Herzog zu liebe, sondern in seinem wohlverstandenen eigenen Interesse[1]).

Allein diese Sirenentöne fanden taube Ohren, so lange der Graf von Waldeck im Vertrauen des braunschweigischen Hauses blieb und, nach dem Ausdruck seiner von ihm selbst inspirierten Biographie[2]), fortfuhr „gute Consilia zu befördern und das, was dem Reiche schädlich, zu hindern."

Georg Wilhelm und Ernst August blieben unter diesem Einflusse auf dem Standpunkte dilatorischer Behandlung der französischen Lockungen stehen; die am Celler Hofe concipirte Antwort auf Gourville's letzte Anträge[3]) behielt dem fürstlichen Hause nochmals die letzte Entscheidung bis zu bestimmteren Eröffnungen über den Zweck und die anderen in Aussicht zu nehmenden Theilnehmer des angeregten Bundesvertrags vor. Dem ängstlichen Hofe von Wolfenbüttel war diese Zurückhaltung ganz nach dem Sinn; solch ein Aggressivbündniß, wie das von Gourville angeregte, einzugehen, erklärte der dort dirigirende Geheime Rath von Heimburg, wäre beispiellos in der Geschichte des Hauses. Nur Johann Friedrich blieb anderer Meinung; die in Celle beliebte Form der Antwort auf Gourville's Anträge bedeutete ihm einen Abbruch aller Beziehungen zu Frankreich, er versagte daher sein Placet und schritt bis zu dem Vorschlage fort, den Rheinbund wieder erwecken zu helfen[4]).

Blieb auch diese Anregung ohne alle Folge, so hatte Johann Friedrich's Erklärung, sich keineswegs von seinen Brüdern und seinem Vetter separieren zu wollen[5]), wenigstens den Erfolg, daß diese nun auch den Werbungen der Tripelallianz gegenüber, die ein geneigteres Gehör bei ihnen zu finden anfingen, doch nicht aus der bisherigen Reserve hervortraten.

Als nämlich im Sommer der staatische Gesandte Pieter de Groot, von Stockholm heimkehrend, die im Frühjahr von Silvius im Namen Englands

1) Beilage III, 8.

2) Rauchbar-Curtze, Leben und Thaten des Grafen Georg Friedrich von Waldeck. I, 255.

3) Beilage III, 9.

4) Ich habe hier den Inhalt der Protokolle über die Ministerconferenzen des Gesammthauses zusammengefaßt: 1. cell. Protokoll, act. Östorf, 12. Juli 1669; anwesend für Celle und Osnabrück Hammerstein, für Calenberg Grote, für Wolfenbüttel Heimburg u. Söhlen. 2. calenb. Protokoll, act. Hannover 7.—10. August 1669; anwesend von Celle Grapendorf und Cramm, von Calenberg Eltz, Grote, Witte, von Wolfenbüttel Heimburg und Söhlen, von Osnabrück Hammerstein. 3. calenb. Protokoll, act. Braunschweig, 10.—16. Nov. 1669; anwesend von Celle Grapendorf, Heymann und Bacmeister, von Calenberg Grote und Stisser, von Wolfenbüttel Höpfner, Schottelius und Bötticher. Die an zweiter Stelle genannte Conferenz ist die einzige, die Havemann (III, 259 ff.) bekannt geworden ist, der dieselbe aber auf den 5. Aug. 1669 und nach Burgdorf verlegt. Es ist Wort für Wort falsch, wenn Havemann an die Darstellung dieser Conferenz den Schluß knüpft: „Damit fanden die Conferenzen ihren Schluß. Johann Friedrich's längst erfolgte Verständigung mit Frankreich galt nicht mehr als Geheimniß".

5) Beilage III, 10.

überbrachte Einladung zum Eintritt in die Tripelallianz wiederholte[1]) waren Georg Wilhelm und Ernst August dem Beitritt nicht abgeneigt. Der defensive Zweck dieses Bundes sagte ihnen mehr zu als die französische Eroberungspolitik, wenn nur „gewisse und Dero fürstlichem Estat anständige Conditionen" zu erlangen waren. Die wolfenbüttelsche Regierung stimmte unter dem Vorbehalt bei, daß die regierenden Herren des Hauses einstimmig sich entschlössen. Johann Friedrich aber häufte ein Bedenken auf das andere; er durchschaute insbesondere die innere Machtlosigkeit des Dreibunds, der an der Handelsrivalität der Engländer gegen die Holländer und an der durch Spaniens finanzielle Klemme und Hollands engherzigen Krämersinn nicht zu fesselnden Begehrlichkeit der Schweden scheitern müßte. Nach seiner Meinung sollte sein Haus statt der fremden Allianzen lieber einen engeren Militärverband der regierenden Herren ins Auge fassen, „weil ad famam sehr nützlich und vorträglich, daß durch dergleichen äußerliche Bezeig- und Verneuerung dieses fürstlichen Hauses einmüthige Zusammensetzung der Welt möge kund und offenbar werden[2])."

So blieb der Wettbewerb der großen Potenzen Europas um die Allianz des braunschweigischen Hauses für's erste ohne Entscheid.

Bessern Erfolg als die nur beiläufigen und zurückhaltenden Anträge beim Hause Braunschweig, hatten die eifrigeren Bemühungen Ludwig's XIV. um die Allianz der beiden mächtigsten Kurfürsten des Reiches, des Brandenburgers und des Baiern. Enttäuscht durch den Ausgang der polnischen Königswahl und erschreckt über die geheime Verständigung Österreichs und Frankreichs wegen der spanischen Erbschaft, sicherte der große Kurfürst von Brandenburg, dem schwankenden Rohr der Tripelallianz mißtrauend, seine Stellung zu Frankreich durch die Allianz vom 31. December 1669[3]). Geködert durch die seiner Tochter zugesagte Hand des Dauphin und durch die Zusage, seine Ansprüche auf das österreichische Erbe eintretenden Falls zu unterstützen, schloß Kurfürst Ferdinand Maria von Baiern mit König Ludwig den Vertrag vom 17. Februar 1670. Und beide Kurfürsten versprachen gegen die Gewährung französischer Subsidien Erneuerung des Rheinbundes, Fernhaltung von der Tripelallianz und Unterstützung der französischen Ansprüche auf einen Theil des spanischen Erbes[4]).

---

1) Creditive, dat. Haag, 29. Juni 1669; cellische Recreditive, dat. 1/11. Sept. 1669. Der Gegenstand der Mission de Groots erhellt aus den Schreiben Georg Wilhelm's 1. an Rudolf August, dat. Wienhausen, 1. Sept. 1669; 2. an Johann Friedrich, dat. Celle, 2. Sept. 1669.

2) Ich beziehe mich hierfür auf die oben angezogenen Protokolle und den unter den Beilagen (III, 10) mitgetheilten Abschnitt der Instruction Grote's für die Braunschweiger Ministerconferenz des Gesammthauses.

3) Droysen, preuß. Politik, III, 3, 177 f.

4) Mignet, Négociations relatives à la succession d'Espagne, III, 286 f.

Darnach gelang Ludwig XIV. der große Wurf, den König von England in dem Vertrage von Dover (1. Juni 1670), nicht nur von der Tripelallianz loszulösen, sondern sogar zum Angriffsbündniß gegen Holland zu bestimmen[1]). Damit war die Axt an die Wurzeln der Tripelallianz gelegt.

Um sie gänzlich abzugraben, galt es auch Schweden zu gewinnen, wo während der Minderjährigkeit Karl's XI. die einander widerstrebenden Adelsparteien des Reichsraths ein begehrlich hin- und herschwankendes Regiment führten. Da sich demzufolge aber immer neue Schwierigkeiten der französischen Anerbietungen entgegen stellten, so faßte König Ludwig, ohne die Hoffnung auf eine schwedische Allianz aufzugeben den Plan, für alle Fälle einen Ersatz dafür in Deutschland sich zu bereiten. Zu diesem Zweck sollten die an der holländischen Grenze interessirten Fürsten des nordwestlichen Deutschlands mindestens zur Neutralität bestimmt, womöglich aber durch eine engere Allianz unter einander und mit Frankreich verbunden werden[2]).

Mit dieser Aufgabe wurde der ergebenste Parteigänger Frankreichs in den Reihen des deutschen Fürstenstandes, Prinz Wilhelm von Fürstenberg, betraut. Unter der Maske eines kurkölnischen Abgesandten erschien derselbe zuerst in Berlin im Januar 1670, um im Tone eines Reichspatrioten die leidige Nothlage vorzustellen, daß man angesichts des bevorstehenden Krieges zwischen Frankreich und Holland vielleicht den Kurfürstenbund erneuern könne, jedenfalls aber im eigenen Interesse Partei nehmen müsse. Da sei nun der Kurkölner gemeint, dem Beispiele Englands zu folgen, eventuell also auch mit Frankreich sich zu alliiren. Daß Frankreich damals mit Kurköln noch keineswegs im Reinen, der englischen Allianz aber schon sicher war, konnte dem Unterhändler kein Geheimniß sein; es scheint sein Plan gewesen zu sein, den einen Kurfürsten durch den andern zu berücken. Sein Hauptlockmittel aber war der durch alle reichspatriotischen Phrasen fast unverhüllt hindurchschimmernde Hinweis auf Geld- und Landgewinn. Wenn die deutschen Fürsten, so erörterte er, sich zu gemeinsamer Action vereinten und etwa 40000 Mann aufstellten, so werde Frankreich sicherlich nicht seine Mitwikung zum Unterhalt dieser Truppen versagen. Die vereinigten Provinzen der Niederlande aber, für sich allein der Übermacht Frankreichs nicht gewachsen, würden ein sicheres Bollwerk des Reiches, wenn man sie unter die vereinigten Fürsten vertheile, etwa so, daß Frankreich das Land im Westen der Maaß erhielte, Utrecht an Kurköln, Ober-Yssel an Münster, Geldern und Zütphen an Brandenburg, Westfriesland an Braunschweig-Lüneburg, Gröningen an Pfalz-Neuburg fiele, Holland und Seeland aber

---

1) Mignet, III, 187 ff.; Ranke, französ. Gesch. III, (W. X), 289 f.; englische Gesch. V, (W. XVIII) 81 ff. 2) Mignet a. a. O.

dem Wunsche des englischen Hofes gemäß dem Prinzen von Oranien verblieben. Die Regierung würde dann im Namen der verbündeten Fürsten ebenso weiter zu führen sein, wie sie jetzt unter den „vereinigten Provinzen" bestehe[1]).

Dieser Köder war freilich zu plump, um in Berlin zu verfangen; Friedrich Wilhelm nahm davon nur Anlaß, die französischen Anschläge nach Möglichkeit hinzuhalten und abzuwenden[2]).

Ludwig XIV. aber ließ sich dadurch nicht beirren. Er nahm die territorialen Streitigkeiten, die Deutschland erfüllten, wahr, um seine Fäden einzuschlagen. Die erste Gelegenheit schien ein Conflict zwischen den Kurfürsten von Brandenburg und dem Hause Braunschweig zu bieten.

Drittes Kapitel.

Der Hoheitsstreit um die Harzgrafschaft Regenstein.

Der Streit um die Harzgrafschaft Regenstein, der 1670 das Haus Braunschweig-Lüneburg und den Kurfürsten von Brandenburg entzweite, beruhte im letzten Grunde auf der unentwirrbaren Verquickung von gräflicher Amtsgewalt und Erbgut, die den Herrschaften all der durch die Zerbröckelung der alten Gaue emporgekommenen Dynastengeschlechter eigenthümlich war. Auch heute ist die historische Forschung nicht im Stande, mit einer alle Einzelheiten aufhellenden Genauigkeit die Herkunft der Güter und Rechte festzustellen, die den von der Ocker und der Bode, dem hohen Harz und dem großen Bruch zwischen Hornburg und Oschersleben umschlossenen Herrschaftscomplex der Regensteiner ausmachten. Die Erbtheilungen, welche die Abzweigung der nach Blankenburg und Heimburg benannten jüngern Linien mit sich brachte, lassen keine sichere Schlüsse zu. Die Heimenburger, welche die ältern Linien beerbten, nannten sich ebenso wie jene nach den alten Stammsitzen, nach Blankenburg und dem schon seit Mitte des fünfzehnten Jahrhunderts verödenden Regenstein; und auch nach den großen Verlusten an die Bischöfe von Halberstadt und die Grafen von Wernigerode, die das vierzehnte Jahrhundert über die Regensteiner

---

1) Diese Vorschläge Fürstenberg's sind zuerst ans Licht gezogen von Pufendorf, d. reb. Frid. Guil. XI, § 5; vgl. Ennen, Kurköln und der Niederrhein, I, 234 ff. und Droysen, preuß. Politik, IV, 3, 220 ff. 2) A. a. O.

brachte, bewahrte der ihnen bis zum Erlöschen ihres Hauses (1599) verbleibende Herrschaftsrest den Charakter eines nur durch den erblichen Besitz und den Namen des regierenden Geschlechts zusammengekitteten Aggregats von Alloden und Hoheitsrechten weltlicher und geistlicher Lehnsrührigkeit [1]).

Als dies Aggregat mit dem Aussterben des alten Hauses aus einander zu fallen begann, erhob sich die Frage, welche Herrschaftsstücke vom Hause Braunschweig-Lüneburg, und welche vom Hochstifte Halberstadt verlehnt worden waren.

Die Brunonen, die Northeimer und die Süpplingenburger hatten einst ausgedehnte Allode im alten Harzgau besessen und auf die Welfen vererbt. Blankenburg und Heimburg insbesondere sind niemals als welfisches Erbgut angezweifelt. Auch die Burg Regenstein und Zubehör wird sowohl in den gräflich regensteinschen wie in den herzoglich brauschweigischen Lehnregistern des dreizehnten und vierzehnten Jahrhunderts als welfisches Lehen verzeichnet [2]). Die gräfliche Amtsgewalt dagegen stand in diesem ganzen Bereiche seit den Schenkungen Kaiser Heinrich's III. dem Bisthum Halberstadt zu [3]). War sie durch die Supplingenburger Erbschaft an die Welfen gekommen, so muß sie doch nach dem Sturze Heinrich's des Löwen an Halberstadt zurückgefallen sein. Denn das Halberstädter Lehnbuch von 1311 zählt sie ausdrücklich mit auf [4]), während die braunschweigischen Lehnregister nicht die Grafschaft als solche, sondern nur die Burgen Regenstein,

---

1) Über die Zersetzung der alten Gaugrafschaften in dynastische Herrschaftscomplexe vgl. Eichhorn, deutsche Staats- u. Rechtsgeschichte, II[4], § 222 u. 234[a]; Schröder, deutsche Rechtsgeschichte § 45 u. die dort angeführte Litteratur; für die Geschichte der Regensteiner sind grundlegend G. Bode, Gesch. der Grafen von Wernigerode u. ihrer Grafschaft, in der Zeitschrift des Harzvereins, IV, (1871), S. 1 ff., 350 ff. und C. v. Schmidt-Phiselbeck, der Kampf um die Herrschaft im Harzgau während der ersten Hälfe des 14. Jahrhunderts, in der Zeitschrift des Harzvereins VII (1874), S. 297 ff.; vgl. auch E. Jacobs, Gesch. der in der preußischen Provinz Sachsen vereinigten Gebiete (1883), S. 269 f., 273, 278 ff., 328 f. u. R. Steinhoff, der Regenstein (Blankenburg, 1883).

2) Das in Sudendorf's Urkundenbuch der Herzoge von Braunschweig und Lüneburg, I, 31 mitgetheilte Güterverzeichniß des Grafen Siegfried von Blankenburg vom Jahre 1258 sagt: Regensten et silvam attinentem tenet comes de dominis de brunswic. In dem von Sudendorf I, 40 publicirten Lehnbuch der Herzöge Magnus und Ernst von Braunschweig-Lüneburg von 1344/65 steht: Albertus et Bernhardus, comites de Regensten (tenent in phendo) castrum Heymborch et attinencia, castrum blankenburg cum ciuitate et attinenciis, Regensten et attinencia.

3) Schmidt, Urkundenbuch des Hochstifts Halberstadt, I, Nr. 77 u. 78. Vgl. auch Raumer, regesta historiae Brandenburg. Nr. 540, 541 und Bode in der Zeitschrift des Harzvereins, IV, 364 f., 372 f.

4) Es heißt in diesem von Riedel, codex dipl. Brandenburg. I, 17, S. 441 mitgetheilten Lehnregister: Henricus et Olricus nobiles viri comites de Regensten tenent hec bona a domino episcopo halberstadensi: comiciam cum omni iure . . . item decimam noualium de cultis et colendis apud Regensten.

Blankenburg und Heimburg mit ihrem Zubehör als welfisches Lehen verzeichnen[1]). Auch die Dörfer Westerhausen, Weddersleben, Warnstedt, Thale und halb Reinstedt sind als Lehnsstücke des Stiftes Halberstadt bezeugt[2]).

Die verschiedene Herkunft der Lehen aber wurde allmählich durch ihre gleichartigen Schicksale verdunkelt. Indem man bei Erbtheilungen und Herrschaftswechsel Erbgut und gräfliche Amtsgewalt, halberstädtische und braunschweig-lüneburgische Stücke zusammenwarf, gieng allmählich sowohl den Lehnsherren wie den Lehnsträgern das Bewußtsein von der wahren Lehnsrührigkeit einzelner Güter und Rechte verloren. So verkauft schon 1344 Graf Heinrich von Regenstein an das Hochstift Halberstadt, mit den Dörfern Schlanstedt und Bern-Reinstedt zugleich auch seine gräfliche Amtsgewalt[3]), obgleich dieselbe schon nach ihrem Ursprunge ein Halberstädter Lehen war. So nennt das allerdings nicht im Original erhaltene Lehnbuch des Herzogs Wilhelm von 1356 nicht die Burg, sondern vielmehr „de graveschop von Regensten" ein braunschweig-lüneburgisches Lehen[4]). Ebenso zählt der Regensteiner Lehnsrevers von 1487 „de Graveschop tho Blanckenborch mit dem Slot unde de Stadt ꝛc." sowie „de Herrschop Heimborch mit dem Slote ꝛc." als braunschweig-lüneburgisches Lehen auf, während in dem 1432 ausgestellten Lehnsreverse des Grafen Ulrich von Regenstein nur die „Burg und Stadt" Blankenburg und Heimburg darunter begriffen sind[5]).

Vollendet wurde die Verschmelzung und Verwechselung der Halberstädter und der Braunschweiger Lehnstücke, als das Haus Braunschweig-Lüneburg den Halberstädter Bischofsstuhl in erblichen Besitz zu nehmen begann (1566—1623). Als postulirter Bischof von Halberstadt ertheilte Herzog Heinrich Julius zu Braunschweig und Lüneburg im Jahre 1583

---

1) S. oben S. 96 Anm. 2.

2) Durch die Erklärungen der Grafen Ulrich des Älteren und des Jüngeren, die H. Coccejі beigebracht hat in den Beilagen S. 155 u. 157 seiner Deductio iuris et facti pro colorando possessorio in Sachen S. Kgl. Mt. zu Preußen contra das Churfürstl. Haus Braunschweig, die Grafschaft Regenstein betreffend. Berlin, 1713, folio; auch aufgenommen in Coccejі's gesammelte Deductiones, consilia et responsa in causis illustrium et privatorum Lemgo, 1725, fol. I, S. 159 ff. (S. 279 f.). Hierauf beruht Steinhoff, der Regenstein, S. 55 f.

3) Schmidt, Urk. d. Hochstifts Halberstadt III, Nr. 2367: ok hebbe we . . . ghelaten unde verkoft de grafscap mit dem ghelende unde mit den richten, de we hadden an den stolen, de hirna bescreven stan: to deme Orlberge ꝛc. ꝛc.

4) Sudendorf II, 290.

5) Beide Reverse sind gedruckt im Appendix der zuerst 1628 zu Wolfenbüttel von braunschweigischer Seite herausgegebenen, dann 1703 zu Halberstadt von brandenburgischer Seite wieder aufgelegten Schrift: Kurtze gründliche Information und beständiger wahrer Bericht, Was es umb die Graffschafften Hohn- und Reinstein . . . für eine eigentliche Bewandnis habe. Vgl. Nr. G. u. H. des Appendix in der Halberstädter Ausgabe, S. 79 ff.

mit Einwilligung des Domkapitels seinem Vater und dessen männlichen Leibes-Lehns-Erben die Anwartschaft auf alle Halberstädter Lehnsstücke der Grafen von Regenstein oder Reinstein, wie man sich damals vornehmer auszudrücken beliebte. Welche Lehen aber dem Hochstifte und welche dem fürstlichen Hause des Bischofs-Herzogs zustanden, wußte dieser selbst so wenig sicher, daß er 1567 den Grafen von Regenstein seine Einwilligung, die von Halberstadt lehnrührigen Dörfer Weddersleben und Westerhausen wiederkäuflich zu verkaufen, nicht als Bischof von Halberstadt, sondern als Herzog von Braunschweig ertheilt hatte[1]). Es entsprach dem, daß er in die Urkunde von 1583, durch die er seinem Vater und seinem Hause die Anwartschaft auf die Halberstädter Lehnsstücke der Grafschaft Regenstein ertheilte, nach Aufzählung aller einzelnen Zubehörungen die Klausel aufnahm: „So Wir hierin auch etwas zu viel, das die Grafen von Reinstein von andern und sonderlich Unsern fürstlichen Hause Braunschweig zu Lehen tragen sollen, gesetzet hätten, das soll Ihren Ld. und Uns unschädlich sein[2]).“ Als dann im Jahre 1599 das alte Harzgrafenhaus der Regensteiner erlosch, nahm Heinrich Julius die eröffneten Lehen sowohl für sein Haus wie für sein Hochstift ein, und so lange seine Söhne sich auf dem bischöflichen Stuhle behaupteten, blieb das fürstliche Haus auf Grund der 1616 erneuten Belehnung auch im unangefochtenen Besitz der von Halberstadt lehnrührigen Stücke der Grafschaft Regenstein[3]).

Der dreißigjährige Krieg aber brachte das Haus Braunschweig nicht nur um Halberstadt und die daher zu Lehen getragenen Güter und Rechte der Grafschaft Regenstein, sondern raubte ihm eine Zeit lang auch Blankenburg und verwirrte die Rechtstitel. Es ist nicht nöthig, hier alle die mit

---

1) Vgl. hierüber § 8 der 1714 in Folio erschienenen Schrift „Memorial sambt gründlicher Information vor die hochlöbliche Reichs-Versammlung, betreffend das Königl. Preußische Anbringen und Gesuch, so der Reinsteinischen Sache halber sub dato den 12. Juli 1713 zu Regensburg übergeben.“ Ribbentrop hat in seinen Beyträgen zur Kenntniß der Verfassung des Herzogthums Braunschweig-Lüneburg, I (1787), S. 195 f. das Datum 1567 in 1576 verkehrt, ebenso Steinhoff, der Regenstein, S. 56.

2) Die Urkunde ist gedruckt unter den Beilagen (A) der vorher genannten Kurtzen gründlichen Information von 1628 und 1703, sowie in der 1670 erschienenen „Kurtzen Fürstellung Seiner Churfürstl. Durchl. zu Brandenburg und Ihrem Fürstenthumb Halberstadt zustehenden Lehnsgerechtigkeit über die Grafschaft Reinstein und deren Pertinentien.“ Vgl. Diarium Europaeum XXIII (1671), Appendix S. 1 ff.

3) Der von Heinrich Julius' jüngstem Sohne, dem Bischof Christian von Halberstadt, für den ältesten, in Wolfenbüttel und Calenberg regierenden Bruder Friedrich Ulrich ausgestellte Lehnbrief von 1616 ist unter den Beilagen (B) der oben citirten „Kurtzen Fürstellung S. churfürstl. Dchl. zu Brandenburg“ von 1670 gedruckt. Ich bemerke, daß hier die clausula erroris des Lehnbriefs von 1483 ausgelassen ist, aber auch so die Dörfer Westerhausen, Weddersleben, Warnstedt, Thale („etwa Wendhausen genannt“) und Reinstadt unter die Halberstädter Lehen ausdrücklich einbegriffen sind.

dem öftern Besitzwechsel während des Krieges verknüpften Hoheitsstreitigkeiten und Rechtsverwahrungen zu verfolgen[1]). Die Verwirrung der Rechtstitel wurde durch nichts so sehr gesteigert als durch die auf ihre Sicherung bedachte Vorsicht. Nachdem nämlich 1643 Erzherzog Leopold Wilhelm von Österreich als Bischof von Halberstadt mit Einwilligung des Domkapitels und des Kaisers seinen vornehmsten Berather, den Grafen Wilhelm Leopold von Tättenbach, mit der Grafschaft Reinstein als eröffnetem Halberstädter Lehen ausgestattet hatte, fand dieser es gerathen und erlangte vom Erzherzog-Bischof die Erlaubniß, sich die Belehnung mit den streitigen Stücken auch vom Hause Braunschweig zu erwirken, um der stattlichen Beute über alle Wechselfälle des Krieges hinaus sicher zu sein[2]). Und in der That stellte Herzog August von Wolfenbüttel, dem durch die Erbtheilungen seines Hauses die ganze Grafschaft Blankenburg zugefallen war, dem Grafen Tättenbach am 28. December 1644 die erbetene Belehnung aus[3]), darin ausdrücklich auch die Dörfer Westerhausen, Warnstedt, Weddersleben, Thale und Reinstedt sammt den dazu gehörigen Gerichten und Diensten, Jagden und Holzungen, insbesondere den Thaleschen Forsten einbegreifend.

Auf dem westfälischen Friedenscongreß wußte sich dann der Graf nach beiden Seiten sicher zu stellen, und das Haus Braunschweig-Lüneburg kam ihm zu Hülfe in der Absicht, seine eigenen Ansprüche gegen den Kurfürsten von Brandenburg als Rechtsnachfolger der Bischöfe von Halberstadt zu wahren[4]). So wurde denn einerseits der Kurfürst von Brandenburg verpflichtet, den Grafen von Tättenbach im Besitz zu belassen und ihm die vom Erzherzog-Bischof ertheilte Belehnung zu erneuern[5]), zugleich aber

---

1) Ich will nur auf eines hinweisen, woraus erhellt, daß auch die Rechtsauffassungen des Hauses Braunschweig nicht immer dieselben geblieben sind. Während die von ihm 1670 und 1713 vertretene Auffassung darauf ausgeht, die Grafschaften Reinstein und Blankenburg als ein zusammengehöriges Erbgut des fürstlichen Hauses in Anspruch zu nehmen und solcher Gestalt zu Blankenburg den Regenstein und was sonst von Brandenburg 1670 occupirt wurde, hinzuzugewinnen, sucht die 1628 zu Wolfenbüttel erschienene „Kurtze und gründliche Information ꝛc." zwischen Blankenburg und Reinstein als zwei verschiedenen Grafschaften zu scheiden, erkennt die Lehnshoheit der Bischöfe von Halberstadt über ansehnliche Herrschaftsstücke der Regensteiner an und nimmt nur das damals zugleich mit der Grafschaft Reinstein an den Grafen Merode verloren gegangene Blankenburg als uraltes Allodialgut des Hauses Braunschweig in Anspruch.

2) Vgl. das oben citirte „Memorial sambt gründlicher Information ꝛc." von 1714, § 22—24.

3) Die Urkunde ist gedruckt bei Lünig, Corp. iur. feudal. II, p. 1430.

4) Im März 1647 verlangte das Haus Braunschweig: iura, quae ducibus Bruns. et Luneb. in comitatu Reinsteinensi, imprimis vero in castro Westerburg, competunt, illibata serventur nec minus infeudatio comiti a Tettenbach a ducibus facta eoque nomine initae leges etc., bei Meiern, acta pacis Westfal. VI, p. 401, 405 ff., 419.

5) J. P. O. XI, 3: Teneatur Dominus Elector Comitem a Tattenbach in pos-

wurde auch die vom Hause Braunschweig dem Grafen Tättenbach ertheilte Belehnung als gültig anerkannt [1]). War Tättenbach damit gesichert, so war doch auch, für den Fall der Wiedereröffnung seines Lehens, etwaigen Hoheitsstreitigkeiten zwischen Brandenburg und Braunschweig-Lüneburg nicht nur nicht vorgebeugt, sondern geradezu Vorschub gethan.

Nachdem beide Belehnungen, die braunschweigische 1651, die brandenburg-halberstädtische 1659, erneuert waren [2]), geschah es, daß im März 1670 der Grafen Brudersohn und Erbe, Hans Erasmus von Tättenbach, wegen Theilnahme an der damals entdeckten ungarischen Magnatenverschwörung verhaftet, verurtheilt und hingerichtet wurde [3]). Indem damit seine Lehngüter an die Lehnsherrn zurückfielen, wurde der schon 1662 angesponnene Hoheitsstreit zwischen Brandenburg und Braunschweig-Lüneburg in eben dem Augenblick, als der Kurfürst Friedrich Wilhelm die Hand zu gütlicher Beilegung bot [4]), durch den Diensteifer der beiderseitigen Unterbeamten akut.

Wie der kurfürstliche Hofrath Weiler in Halberstadt die Kunde von Tättenbach's Verhaftung zum Anlaß nahm, um als zunächst betheiligter Bezirkschef zur Erholung von Verhaltungsmaßregeln nach Berlin zu eilen, so fand sich durch die Nachricht hiervon der herzogliche Kanzleidirektor in Blankenburg, Hofrath Simon Finckius, ein in der Geschichte seiner Heimath wohlbewanderter Mann [5]), ebenso dringlich veranlaßt, seine Wolfenbüttler Regierung zur Wahrung der herzoglichen Interessen und Rechte an der Grafschaft Reinstein anzutreiben [6]). Indem die Wolfenbütteler Regierung das gesammte fürstliche Haus allarmirte [7]), war sie ihrestheils entschlossen, jeden brandenburgischen Eingriff mit Protest und mit Besitz-

---

sessione comitatus Rheinstein conservare itemque investituram a Domino Archiduce de consensu Capituli concessam renovare.

1) J. P. O. XIII, 10: nec minus infeudatio comiti a Tattenbach a Ducibus facta eoque nomine initae leges . . . sarta tecta maneant.

2) Vgl. das Memorial von 1713, § 29—34.

3) Krones, Gesch. Österreichs III, 601 ff., 612 ff.

4) Indem der Kurfürst die Nachricht von einer seitens Herzogs Georg Wilhelm von Celle als Senior des braunschweigischen Hauses an den Grafen Tättenbach erlassenen Citation zum Anlaß nahm, um ihn um Aufschub der rechtswidrigen Lehenserneuerung zu ersuchen (dat. Cölln a/Spree, 28. März 1670), lud er zugleich den Herzog Rudolf August von Wolfenbüttel als den zunächst interessirten Herrn der Grafschaft Blankenburg ein, allen Weiterungen des Streits durch gemeinsame Prüfung der alten und neuen Lehnbriefe vorzubeugen (dat. Cöln a/Spree, 29. März 1670). Vgl. Akten-Beilagen III, 11 u. 12.

5) Eine Notiz über seine Collectaneen s. in der Zeitschrift des Harzvereins IV (1871), S. 380.

6) Dat. Blankenburg, 29. März (sub horam 6 vespertinam) 1670.

7) Kanzler und Geheime Räthe an die cellische und hannoversche Regierung, dat. 30. März 1670.

ergreifung des erledigten Lehen im Namen des Gesammthauses zu erwidern[1]). Herzog Johann Friedrich kam ihr sogleich mit Anregung einer Ministerialconferenz des Gesammthauses entgegen[2]). Georg Wilhelm zwar glaubte, sich erst des Ablebens der mitbelehnten jüngern Brüder des gerichteten Grafen vergewissern zu sollen, ehe man gemeinsame Schritte thue[3]). Allein das unvermuthete Dreinfahren der Halberstädter Regierung, die am 8. April in Westerhausen die Possession des dortigen Amtes und der ganzen Grafschaft Reinstein ergriff[4]), brachte auch ihn in den Harnisch gegen den befreundeten Kurfürsten. Nachdem daher zunächst der blankenburgische Kanzleidirector diese Aktion mit Protest und Besitzergreifung eines zur Grafschaft gehörigen Forstes erwidert hatte[5]), vereinigten sich die drei Herzoge dahin, die eröffneten Tättenbachischen Lehen gemeinsam in Besitz zu nehmen und den brandenburgischen Eingriffen durch ein Gesammtschreiben an den Kurfürsten und durch Zusammenziehung von 300 Mann am Harze entgegen zu treten[6]).

Inzwischen aber kam die Halberstädter Regierung den Versuchen der Wolfenbüttler, weiteren Besitz zu ergreifen, mit gewaffneter Hand zuvor, indem sie den Regenstein und die strittigen Dörfer mit kleinen militärischen Commandos belegte, die strittigen Forsten in Nutzung nahm und den blankenburgischen Sekretär, der mit Notar und Zeugen den Besitz von Ort zu Ort zu ergreifen versuchte, in Arrest steckte (14. April)[7]). Die Wolfenbüttler Regierung ließ ihn nun zwar mit Gewalt befreien[8]), und das gesammte

---

1) Protokoll über die Sitzung des Geheimen Rathscollegiums, act. Wolfenbüttel, 6. April 1670; anwesend Herzog Anton Ulrich, Kammerpräsident Fritz von Heimburg, Geheimer Rath Busso von Münchhausen, Dr. Lüning, Dr. Schottelius, Kammerrath Hoyer, Hofrath Schwallenberg, (M. St.) Heinrich Rhoden; auch S. Finckius war von Blankenburg zur Berichterstattung geladen.

2) Johann Friedrich an Georg Wilhelm und an Rudolf August, dat. Hannover, 5. April 1670.

3) Die cellische Regierung an die wolfenbüttelsche, dat. Celle, 2. April 1670; Georg Wilhelm an Johann Friedrich, dat. Celle, 7. April 1670.

4) Bericht S. Finkes, dat. Blankenburg, 9. April 1670.

5) Notariatsinstrument des kaiserl. Notars Adamus Biebingius aus Schöningen, act. 9. April 1670 st. v.

6) Punktation der Ministerialconferenz des Gesammthauses, act. Peine, 15. April 1670; anwesend von Celle H. Speirmann, von Hannover Hof- und Kanzleirath Christian Lampadius, von Wolfenbüttel J. F. Söhlen. Fürstl. Gesammtschreiben an den Kurfürsten von Brandenburg, dat. Peine, 15. April 1670.

7) Instruktion der wolfenbüttel. Regierung für Hofrath Finckius, dat. 10. April 1670. Berichte Finckes an die wolfenbüttel. Regierung, dat. Blankenburg, 15., 16., 17., 19. April 1670. Notariats-Instrument des Ad. Biebingius, act. 1670, 14. April ff. Daraus ergibt sich die Unzuverlässigkeit der dem Kurfürsten aus Halberstadt erstatteten Berichte, auf denen die Darstellung Pufendorfs, res gestae Friderici Wilhelmi XI, § 46 beruht.

8) Bericht des Geheimen Raths Söhlen, dat. Blankenburg, 22. April 1670.

fürstliche Haus billigte nicht nur diese Action, sondern beschleunigte und verstärkte auch das Aufgebot seiner Truppen: über 1000 Mann wurden unter dem Befehl des Generalmajors Stauff in und um Blankenburg zusammengezogen [1]). Den Degen in der Hand, erklärten jedoch die Herzoge dem Kurfürsten ihre Bereitschaft zu gütlichem Ausgleich [2]).

Entrüstet über die Wolfenbüttler Gegenwirkungen, traf auch der Kurfürst ernstere Vorkehrungen, sich im Besitz zu behaupten [3]). Er ließ die verfallenen Befestigungen des Regensteins mit 400 Mann belegen und zog eine den Lüneburgern überlegene Truppenzahl heran [4]). Allein auch ihm stand der Wunsch obenan, den Streit in Güte zu schlichten [5]). Da er nun eben damals, als der Zusammenstoß zwischen der Halberstädter und der Blankenburger Behörde erfolgte, dem Kurfürsten Johann Georg II. von Sachsen einen Besuch auf der Pleißenburg abstattete, so fand sich dieser bewogen, dem Hause Braunschweig seine Vermittelung anzutragen [6]).

Nichts konnte demselben willkommener sein [7]). Da indessen das Gerücht den Anmarsch vieler Tausende brandenburgischer Truppen immer bedrohlicher ausgestaltete [8]), so schienen doch allen Herzogen schleunige Gegenmaßregeln geboten zu sein [9]). Auch Ernst August von Osnabrück schloß sich jetzt zur Mirwirkung an [10]), Johann Friedrich aber drängte auf endliche

1) Protokolle über die Ministerialconferenz des Gesammthauses, act. Braunschweig, 22. April 1670; anwesend von Celle Speirmann, von Hannover Grote und Lampadius, von Wolfenbüttel Heimburg. Von Hannover wurde hierbei wieder die Erledigung der oft angeregten Militärverfassung des Gesammthauses urgirt, allein Celle und Wolfenbüttel waren darauf nicht instruirt. Über die Rüstungen vgl. Diarium Europ. XXII (1670), S. 366 ff., wo 1400 Mann gezählt werden.

2) Das Gesammtschreiben derselben an den Kurfürsten, dat. 23. April 1670, s. im Anhange unter III, 13.

3) Der Kurfürst an Herzog Rudolf August, dat. Dessau, 23. April 1670.

4) Diarium Europ. a. a. O.; die dort angegebenen Zahlen sind aber offenbar übertrieben; die braunschweig. Minister wenigstens schenkten den gleichartigen Gerüchten, die an sie kamen, keinen Glauben. Vgl. die Berichte des kaiserlichen Gesandten v. Goeß in Urk. u. Akten z. Gesch. des Kurf. Friedrich Wilhelm XIV, 1, S. 454.

5) Droysen III, 3, 599 Anm. 314.

6) Kurfürst Johann Georg an Herzog Rudolf August, dat. Pleißenburg zu Leipzig, 28. April 1670.

7) Herzogs Rudolf August Vorantwort an den Kurfürsten von Sachsen, dat. Wolfenbüttel, 1. Mai 1670; Herzog Johann Friedrich an Herzog Georg Wilhelm, dat. Hannover, 2. Mai 1670.

8) Lampadius an Herzog Johann Friedrich, dat. Blankenburg, 1. Mai 1670 (8000 Mann sollten anmarschiren). Rudolf August an Johann Friedrich, dat. Wolfenbüttel, 5. Mai 1670 (10 000 Mann sollten bei Magdeburg stehen).

9) Georg Wilhelm an Johann Friedrich, dat. Alten Brockhusen, 7. Mai 1670.

10) Er bevollmächtigte dazu den cellischen Großvogt von Grapendorf; Georg Wilhelm an Johann Friedrich, dat. Alten Brockhusen, 8. Mai 1670.

Vollziehung des so lange vorbereiteten engeren Militärverbandes des Gesammthauses[1]).

War dies Vorhaben bisher an der Unlust des Wolfenbüttler Hofs, eine stärkere und dauernde Militärlast auf sich zu nehmen, zerschellt[2]), so zwang ihn jetzt die Reinsteinsche Frage, bei der er im Vordertreffen stand, zu entschlosseneren Entgegenkommen. Auch Georg Wilhelm trat bei all seinem Eifer, das gute Einvernehmen mit Brandenburg zu wahren, dafür ein, daß man sich in Positur setze, um vor der andringenden Gefahr gesichert zu sein. Indem er aber, von Ernst August unterstützt, die Bestellung eines commandirenden Generals für die unerläßliche Vorbedingung des Gelingens erklärte und für diesen Posten den Grafen Georg Friedrich von Waldeck in Vorschlag brachte, forderte er den entschiedensten Widerspruch Johann Friedrich's und Rudolf August's heraus, die für ein solches Generalat keine festen Mittel bewilligen wollten. Dazu kam, daß selbst Johann Friedrich für den Augenblick nicht in der Lage war, sein Contingent nach den 1668 vereinbarten Ansätzen zu stellen. Was aber die Hauptsache war, die vom falschen Gerüchte genährten Sorgen wurden durch die Gewißheit zerstreut, daß der Kurfürst von Brandenburg die gefürchteten Heerhaufen nicht heranzog, sondern nach wie vor zu friedlicher Schlichtung der Differenzen bereit war[3]). Unter diesen Umständen brachte weder die Ministerialconferenz des Gesammthauses, die am 12. und 13. Mai zu Braunschweig über diese Fragen tagte, noch auch die persönliche Begegnung der Herzoge, die am 17. Mai zu Burgdorf stattfand, das Werk der bleibenden militärischen Einigung zum Ziel. Man vereinigte sich, statt des ursprünglich in's Auge gefaßten Gesammtaufgebots von 6000 Mann für jetzt nur 5000 Mann in Aussicht zu nehmen, auch diese aber nicht sofort aufzubieten, sondern im Gegentheil die am Harze zusammengezogenen Truppen bis auf die 400 Mann starke Besatzung von Blankenburg wieder zurückziehn[4]). Demgemäß erwiderte man die Erklärungen des Kurfürsten

1) Punktation Johann Friedrich's für des Geheimen Raths von Witzendorf Mission nach Celle, dat. Hannover, 2. Mai 1670; Instruction desselben für die Braunschweiger Ministerialconferenz des Gesammthauses, dat. Hannover, 8. Mai 1670.

2) Vgl. Band I, 466, 522 ff., 584 f.

3) Neben allerlei Berichten, die von vertrauter Hand den Herzogen zugiengen, war hierbei die Thatsache entscheidend, daß der Kurfürst dem überaus vorwurfsvollen Schreiben, das er, dat. Cölln a/Spree, 2. Mai 1670, an Rudolf August richtete, unter demselben Datum ein sehr viel milder gehaltenes Schreiben an Georg Wilhelm und Johann Friedrich gemeinsam folgen ließ.

4) Mit den Truppen wurde auch die gleichzeitig in Blankenburg niedergesetzte Ministerialcommission des Gesammthauses (von Celle Speirmann, von Hannover Lampadius, von Wolfenbüttel Söhlen) von dort zurückberufen. Calenb. Protokolle über die Conferenzen des Gesammthauses, act. Braunschweig, 12 u. 13. Mai 1670: anwesend war

von Brandenburg unter glimpflicher Zurückweisung der darin erhobenen Vorwürfe mit dem gleichen Ausdruck der Geneigtheit zu gütlichem Austrag und nahm dankend die vom Kurfürsten von Sachsen angebotene Vermittelung an[1]).

Da der Brandenburger trotz aller Gereiztheit sowohl zu unmittelbarem Benehmen mit dem Hause Braunschweig wie auch zu Annahme der kursächsischen Vermittelung sich bereit erklärte[2]), so wurde auf Anfang Juli eine Ministerconferenz in Wernigerode anberaumt, um die Differenzen unter sächsischer Mitwirkung auszugleichen[3]). Man zweifelte nicht an raschem Gelingen und lehnte daher alle von andern Seiten sich andrängenden Mediationen ab[4]).

Wir dürfen diesen Entschluß nicht unterschätzen. Denn wie Friedrich Wilhelm von Brandenburg gleich anfangs die Reinsteinsche Sache an den Kaiser gebracht[5]) und ein kaiserliches Commissorium an den obersächsischen Reichskreis erwirkt hatte[6]), so war Johann Friedrich von Hannover anfangs Willens gewesen, den Schiedsspruch des Königs von Frankreich anzurufen[7]). Aber auch er stimmte jetzt, wo er das Interesse seines Hauses gesichert glaubte, seinem auf die brandenburgische Freundschaft bedachten Bruder Georg Wilhelm darin bei, in höflichster Form die Mitwirkung, zu der

---

für Celle und Osnabrück Großvogt v. Grapendorf, für Calenberg Kammerrath v. Witzendorf, für Wolfenbüttel Kanzler Höpfner und Kammerpräsident von Heimburg; act. Burgdorf, 17. Mai 1670: anwesend von Celle Grapendorf, von Calenberg Grote und Witzendorf, von Wolfenbüttel Heimburg, von Osnabrück Kammerpräsident von Hammerstein.

1) Gesammtschreiben Georg Wilhelm's, Johann Friedrich's und Rudolf August's an Kurbrandenburg, dat. 11. Mai 1670; Gesammtschreiben derselben an Kursachsen, dat. 12. Mai 1670.

2) Friedrich Wilhelm an die drei Herzoge, dat. Cölln a/Spree, 22. Mai und 11. Juni 1670; an Kursachsen, dat. Cölln a/Spree, 12. und 17. Mai 1670.

3) Gesammtschreiben der drei Herzoge an Kurbrandenburg, dat. 19. Juni 1670; Kursachsen an die drei Herzoge, dat. Dresden 15. Juni 1670.

4) Es liegen mir vor die Anerbietungen 1. des Kurfürsten Maximilian Heinrich von Köln an Herzog Georg Wilhelm, dat. Bonn, 23. Mai 1670, dadurch von Interesse, daß er selber einige Theile der Lüttenbachschen Grafschaft als Lehen seines Stiftes Hildesheim beanspruchte; 2. des Königs von Dänemark durch ein Schreiben seines Rathes und Amtmanns zu Flensburg, Detlef von Alfeld, an den wolfenbüttelschen Kanzler Höpfner, dat. Kopenhagen, 14. Mai 1670. Daß auch Hessen-Kassel, Schweden und Frankreich sich anboten, erhellt aus dem Protokoll über die Ministerialconferenz des braunschweigischen Gesammthauses, act. Braunschweig, 1. Juli 1670.

5) Dat. Cölln a/Spree, 6. Mai 1670.

6) Dat. 6. Juni 1670. Pufendorf, Rer. Brandenburgic. XI, § 46. Droysen, preuß. Politik III, 3, 240 hat den Thatbestand völlig auf den Kopf gestellt, wenn er die Anrufung des Kaisers dem Wolfenbüttler Hofe zuschreibt und die kursächsische Mediation als einen dem Wolfenbüttler von Seiten des Kaisers erwiesenen Liebesdienst bezeichnet.

7) Dies erhellt aus der oben angezogenen Instruction desselben für Witzendorff, d. d. 8. Mai 1670.

sich der französische Resident Chassan in Dresden erbot, bis auf weiteres abzulehnen[1]). So wurden der überall umherspähenden Diplomatie Frankreichs dies mal die Fäden zerschnitten, die sie in die deutschen Territorialstreitigkeiten einzuschlagen bestrebt war.

Allein die streitenden Parteien wurden darum nicht nachgiebiger. War man auch auf braunschweigischer Seite darin einig, „von allem demjenigen, was nur Verbitterung geben und die Hauptsache difficiler machen könnte, zu abstrahiren", so fand doch der cellische Vorschlag, sich des Regensteins zu begeben, um die strittigen Forsten und Dörfer zu conserviren, in Wolfenbüttel kein Gehör. So trat man trotz der Überzeugung, daß Brandenburg nicht weichen werde, mit dem Entschluß, auch den braunschweigischen Ansprüchen nichts zu vergeben, in die verabredete Mediationshandlung ein[2]).

Wenn daher auch die beiderseitigen Abgeordneten[3]) dank der Vermittelung des kursächsischen Ministers Freiherrn Carl von Friesen[4]) anderthalb Monate in Wernigerode eine Erklärung nach der andern austauschten, so kamen sie einander doch nicht näher[5]), weil jede Partei von ihrem guten Recht überzeugt war und alle Besitzergreifungsakte der andern nur als „Zunöthigungen" und „Attentate" ansah.

Die Brandenburger begannen mit der Erklärung, „daß J. Kurfürstl. Dchl. die ganze Grafschaft Reinstein mit aller Zubehör und Partinentien, wie solche vor diesem zum Stifte, nunmehr Fürstenthum Halberstadt gehöret und Deroselbigen in Instr° Pacis übergeben und zugeeignet, zu conserviren und davon nichts zurückzulassen, keines andern Gut aber zu begehren gedenke." Würde von braunschweigischer Seite dargethan werden, „daß der Grafschaft Blankenburg etwas wider Recht entzogen werden wolle", so müßten sie ihres gnädigsten Herrn Dchl. „von so gerechtem Gemüthe

1) Ich entnehme dies aus dem cellischen Protokoll über die Conferenz des Gesammthauses, act. Braunschweig, 1.—4. Juli 1670; anwesend von Celle Grapendorf und Speirmann, von Hannover Witte und Lampadius, von Wolfenbüttel Höpfner und Söhlen. Vgl. das Schreiben Chassan's d. d. 1. Juli 1670 im Anhange unter III, 14. Die Antworten an Chassan sind datirt von Georg Wilhelm, dat. Celle 9/19. Juli 1670, von Johann Friedrich, dat. Hannover 10/20. Juli 1670; von Rudolf August, dat. Blankenburg 10/20. Juli; von Ernst August, dat. Iburg, 4. Aug. 1670.

2) Nach dem angezogenen Protokoll über die Conferenz des Gesammthauses, act. Braunschweig, 1.—4. Juli 1670.

3) Von Brandenburg die Geheimen Räthe Lorenz Christof von Somnitz und Friedrich von Jena (Credítive, dat. Cölln a/Spree, 27. Juni 1670); von Celle Großvogt von Grapendorf und Hofrath Speirmann; von Calenberg Vicekanzler Witte und Hofrath Lampadius, von Wolfenbüttel Kanzler Höpfner und Kammerpräsident von Heimburg.

4) Geheimer Rath, Kammerherr und Präsident des Oberconsistoriums betitelt in s. Creditive, dat. Dresden, 28. Juni 1670.

5) Ich lege dem Folgenden die Protokolle und Relationen der cellischen und calenbergischen Deputirten zu Grunde.

und so genereux, daß Dieselbige keines andern Gut mit Unrecht an sich zu bringen oder Ihrer Nachbarn Grenze zu schmälern begehren werde". Die Braunschweiger möchten demnach ihre Prätensionen spezifiziren „und die nöthigen Gründe anführen"[1]).

Diese erwiderten, „aus den pactis und legibus, welche am 28. Dec. 1644 zwischen dem fürstlichen Hause Braunschweig-Lüneburg und dem damaligen Grafen Wilhelm Leopold zu Tättenbach sciente, permittente adeoque consentiente tunc temporis episcopo Halberstadiensi Erzherzogen Leopold Wilhelmen zu Österreich errichtet, sei offenbar, daß das fürstliche Haus Braunschweig-Lüneburg dem Herrn Grafen zu Tättenbach die Dorfschaften Westerhausen, Warnstedt, Weddersleben, Thale und Nienstedt mit aller solcher Dörfer und Güter Nutzen und Gebrauch, Hoch- und Gerechtigkeiten, Ober- und Untergerichten, Jagden und Zugehör, ferner den halben Theil des Hauses Westerburg samt aller zu solcher Hälfte gehöriger Dörfer Hoheit, Ober- und Untergerichten, Jagden, Diensten, Zehenten, Holzung und andere Pertinentien, ingleichen mit dem größten Theil des Thalischen Forstes, welcher auf jener Seite der Bode nach dem Anhalt- und Stift-Quedlinburgischen belegen, wegen dem fürstlichen Hause Braunschweig-Lüneburg von gedachten Herrn Grafen geleisteter guter Officien und aus sonderbarer Affection zu Lehen conferiret und versprochen". Im Instrumentum Pacis (XIII, 8) sei dies confirmirt. Auch habe der Graf 1651, nach dem Absterben Herzogs Friedrich, dies Lehen vom Herzog Augustus zum zweiten Male empfangen. Ja, der Kurfürst von Brandenburg selbst habe 1664 und 1668 die Tättenbach'schen Bevollmächtigten zur Lehensempfängniß an das Haus Braunschweig gewiesen[2]).

Repliken und Dupliken verschärften alsdann den Gegensatz, bis der kursächsische Vermittler des weitläuftigen und unfruchtbaren Schriftenaustausches überdrüssig wurde und die Braunschweiger ersuchte, „weil man, wenn's anders um gütliche Tractaten ein Ernst wäre, bei den extremis nicht würde bestehen können", ihm im Vertrauen zu eröffnen, was das fürstliche Haus „an seinen Prätensionen zu remittiren" gemeint wäre. Nach einigem Sträuben ließen diese sich so weit heraus: wenn ihnen weder der alte Regenstein noch die darum belegenen Holzungen noch auch der Wald über dem Dorfe Thale bestritten würde, alsdann wegen der übrigen Stücke, also der streitigeu Dörfer und der Afterlehen, ein billiges Abkommen einzugehn. Dieses präcisirten sie dann auf Drängen des Mediators dahin: „Wenn dem fürstlichen Hause zu den vorbenannten Stücken die Dörfer Weddersleben, Warnstedt und Thale samt der halben Westerburg, auch die

1) Brandenburgische Schrift, dem kursächs. Gesandten übergeben d. 11. Juli 1670.

2) Braunschweigische Erklärung, dem kursächs. Gesandten übergeben d. 11. Juli 1670.

zu den fürstlich braunschweigischen Ämtern bisher gebrauchten Zehenten, als der zu Hüttenrode, Elbingerode, Heimburg und Blankenburg, vorjetzo quoad proprietatem, und wann auf einigerlei Weise die Lehen zu Falle kämen, pleno iure überlassen würde, daß man dann der übrigen Dörfer halber, als Westerhausen und halb Nienstadt, ingleichen der anderen Zehenten halber temperamenta admittiren wollte"[1]).

Allein die Brandenburger beriefen sich auf den vom Erzherzog Leopold Wilhelm dem Grafen von Tättenbach ertheilten Lehnbrief[2]) und die Confirmation desselben in der westfälischen Friedensurkunde, und wiesen mit der Erklärung, davon nicht abtreten zu können, alle von braunschweigischer Seite beigebrachten ältern und jüngern Documente als unerheblich zurück.

Beide Theile blieben damit auf dem Standpunkt, dem Gegner einen fast völligen Verzicht auf die strittige Grafschaft zuzumuthen. Freiherr von Friesen gab daher den Gedanken auf, durch Theilung der streitigen Stücke zum Ziele zu kommen[3]), und nahm seine Zuflucht zu dem Vorschlag, das Haus Braunschweig möchte die streitigen Stücke von dem Kurfürsten als Fürsten zu Halberstadt, ebenso wie es 1583 geschehen wäre, zu Lehen nehmen und sich die Exspectanz darauf für den Fall der Tättenbach'schen Lehenverwirkung oder sonstigen Leheneröffnung ertheilen lassen[4]). Allein dieser Ausweg fand nicht den Beifall der Streitenden[5]).

Nur die unmittelbare Bemühung des Kurfürsten von Sachsen und die friedfertige Stimmung des Herzogs von Celle verhüteten den sofortigen Abbruch der Tractaten. Jedoch auch die persönliche Begegnung, die zwischen letzterem und dem Kurfürsten Friedrich Wilhelm um Mitte August in Stendal stattfand, brachte die Wernigeroder Mediation nicht von der Stelle. Denn dem beiderseitigen Wunsche, in Güte aus der Sache zu kommen, stellte sich die heillose Thatsache der im westfälischen Frieden anerkannten Doppelbelehnung des Grafen Tättenbach durch das Stift Halberstadt (1643) und das Haus Braunschweig (1644) in den Weg[6]).

---

1) Relation Grapendorf's und Speirmann's, dat. Wernigerode, 25. Juli 1670.

2) d. d. Passau, 24. Juni 1643.

3) Relation Witte's und Lampadius', dat. Wernigerode, 25. Juli 1670.

4) Relation Grapendorf's und Speirmann's, dat. Wernigerode, 2. Aug. 1670. Postscriptum der Relation Witte's und Lampadius' d. d. 28. Juli 1670.

5) Relation Grapendorf's und Speirmann's, dat. Wernigerode, 10. Aug. 1670.

6) Über die Stendaler Begegnung liegt mir außer dem im Anhange unter III, 16 mitgetheilten Rescript Georg Wilhelm's d. d. 14. Aug. 1670 nur die in der Relation Witte's und Lampadius' d. d. Wernigerode, 12. Aug. 1670 vorkommende Bemerkung vor, der wolfenbüttelsche Kammerpräsident von Heimburg, der in dieser Sache von Rudolf August an Georg Wilhelm entsandt war (Creditive, dat. Wolfenbüttel, 7. Aug. 1670), habe berichtet: „er wäre zwar gerne mit dahin (d. h. nach Stendal) gegangen, S. Fürstl. Dchl. (Georg Wilhelm) aber haben es nicht rathsam befinden wollen, jedoch ihn versichert, nichts Verfängliches einzugehen, sondern vielmehr dem Kurfürsten zu sagen, daß Dero fürstliches

Wenn daher auch die Wernigeroder Conferenzen noch einen weitern Monat lang fortgesetzt wurden, so kam man sich doch nicht näher. Das brandenburgische Erbieten, wenn dem Kurfürsten die in dem Halberstädter Lehnbrief von 1643 genannten Stücke nebst dem Allrodischen, dem großen und dem kleinen Thaleschen Forste ohne Einsprache gelassen würden, alsdann wegen der Forsten von Elbingerode, Tanne und Braunlage ein Compromiß oder ein gerichtliches Erkenntniß zuzulassen: dieses Erbieten war für die Braunschweiger unannehmbar, weil es nicht nur in seinem ersten Theile einen Verzicht auf alle streitigen Stücke, insbesondere den Regenstein, sondern in dem zweiten Theile auch die Anerkennung ganz neuer brandenburgischer Ansprüche bedeutete [1]). Annehmbarer fanden die Braunschweiger den Compromißentwurf, den darauf der kursächsische Mediator vorlegte, dahin lautend, zunächst alles wieder auf denselben Stand wie vor Tättenbach's Verhaftung zu setzen, alsdann aber, sobald Tättenbach's Schicksal entschieden sei, Brandenburg bei dem Besitz der streitigen fünftehalb Dörfer und der dem Grafen vom Hause Braunschweig zu Lehen gegebenen Forsten, das Haus Braunschweig dagegen bei dem Besitz der um den Regenstein herum gelegenen Holzungen [2]) sowie der drei Forsten von Tanne, Braunlage und Elbingerode bis zu rechtlichem Austrag der Sache zu belassen und beiderseits von jeder Besetzung und Befestigung des Regensteins Abstand zu nehmen. Allein hierauf wollten sich die Brandenburger nicht einlassen [3]). Nach vergeblichem Bemühen, ein beide Theile befriedigendes Compromiß zu Stande zu bringen, gieng man Ende August auseinander [4]).

Gleichwohl waren die Wernigeroder Tractaten nicht ganz resultatlos. Sie hatten wenigstens die Wirkung, daß die anfängliche Gereiztheit beider Parteien sich abkühlte und das gute Einvernehmen zwischen ihnen erhalten blieb [5]).

War auch der Wolfenbüttler Hof, der eigentliche Urheber des Zankes, nach wie vor geneigt, der brandenburgischen Occupation des Regenstein'schen Territoriums mit gewaffneter Hand entgegenzutreten, so stand er doch da-

Haus von demjenigen, was ihme zustände, sich nichts nehmen lassen würde". Daß auch Graf Georg Friedrich von Waldeck seinen Einfluß zu gütlicher Beilegung geltend gemacht hat, erhellt aus Rauchbar-Curtze, I, 255.

1) Protokoll, act. 17. Aug. 1670; Relation Grapendorf's und Speirmann's, dat. 18. Aug. 1670.

2) Mühlenthal, Gehefig oder Heers, Grafenholz, Isenburg und Renneberg.

3) Protokoll, act. 19. Aug. 1670; Relation Witte's und Lampadius', dat. 19. und 20. Aug. 1670.

4) Relation Witte's und Lampadius', dat. Wernigerode, 31. Aug. 1670; Relation Speirmann's, dat. Wernigerode, 30. Aug. 1670.

5) Vgl. den Bericht des cellischen Kammerraths Hake an Herzog Georg Wilhelm, dat. Berlin, 20. Juni 1671, unter III, 52 der Akten-Beilagen.

von ab, als Georg Wilhelm jede weitere Hülfsleistung des Gesammthauses an die unerfüllbare Bedingung knüpfte, daß alsdann ein Gesammtheer von 10000 Mann in's Feld gestellt würde und Wolfenbüttel dazu das ihm gebührende Contingent aufbrächte. An dem entschiedenen Widerspruch desselben Herzogs scheiterte auch das Drängen Johann Friedrich's, den Austrag des Streits der abermals von Chassan angebotenen Mediation Frankreichs[1]) anheimzustellen. Gieng auch der cellische Vorschlag, die ganze Sache dem Reichskammergericht zu überweisen, auf der Ministerialconferenz des Gesammthauses, die Ende September in Braunschweig tagte, noch nicht durch, so war dies immerhin der einzige Ausweg, der übrig blieb, um zu gleicher Zeit die Ansprüche des fürstlichen Hauses und seine guten Beziehungen zu Brandenburg zu wahren[2]). Indem man daher für alle Fälle die kursächsische Vermittelung warm hielt[3]), wies man abermals das französische Angebot in höflichster Form zurück[4]).

Da der Kurfürst von Brandenburg das gleiche that[5]) und überdies den Regenstein räumte, um ihn einem kursächsischen Commando in Verwahrung zu geben[6]), so wurde der Friede erhalten und der französische Schiedsspruch abgewehrt.

---

1) Schreiben Chassan's dat. Dresden, 23. Sept. 1670.

2) Instruktion Georg Wilhelm's, dat. Celle, 24. Sept. 1670; Protokolle über die Conferenz des Gesammthauses, act. Braunschweig, 27. Sept.—3. Oct. 1670: anwesend von Celle Grapendorf und Schütz, von Calenberg Witzendorf und Lampadius, von Wolfenbüttel Höpfner und Söhlen; Relationen der calenberg. Deputirten, dat. Braunschweig, 30. Sept. und 4. Oct. 1670; Relation der cellischen Deputirten, dat. Braunschweig, 29. Sept. und 3. Oct. 1670.

3) Dankschreiben des Gesammthauses an Kursachsen, dat. 30. Sept. 1670.

4) Georg Wilhelm an Chassan, dat. Celle, 2. Dec. 1670; Johann Friedrich, dat. Hannover, 27. Dec. 1670; Rudolf August, dat. Wolfenbüttel, 29. Dec. 1670.

5) An Chassan, dat. 23. Sept. 1670, nach Pufendorf, Rer. Brandenburgic. XI, § 46. 6) October 1670, nach Diar. Europ. XXIII, 137.

Viertes Kapitel.

Der Plan eines Collectivbündnisses zwischen Frankreich und den Fürsten des nordwestlichen Deutschlands.

Seit dem Hochsommer 1670 verdoppelte Frankreich seine Anstrengungen, die Freunde der Tripelallianz zu vernichten oder zu sich herüberzuziehn. Zuerst empfanden dies die Genossen der Limburger Allianz. Als König Ludwig ihr Vorhaben, eine Kriegsmacht für die Holländer aufzustellen, sich entwickeln sah, drohte er den beiden Kurfürsten von Mainz und Trier sofortige Überwältigung ihrer Tru pen, auch wenn sie auf deutschem Boden stehen blieben, an[1]) und brach ohne weiteres in Lothringen ein. Herzog Karl IV. wurde von Land und Leuten vertrieben und sein Herzogthum den französischen Waffen unterworfen (August 1670). Die deutsche Westmark gieng so bis auf wenige Meilen vor Trier dem Reiche verloren, die Beschwerden des Herzogs bei Kaiser und Reich verhallten wirkungslos[2]).

Um dieselbe Zeit gelang es jener Princesse Palatine, deren geschäftige Hand uns bereits an den Höfen von Warschau, Heidelberg und Hannover begegnet ist, auch den Kurfürsten von der Pfalz Karl Ludwig auf Frankreichs Seite zu ziehn. Um alle Kriegsgefahr von seinem Lande abzuwehren, willigte derselbe in die Vermählung seiner Tochter Elisabeth Charlotte mit dem Herzog Philipp von Orléans, dem Bruder Ludwig's XIV., ein (Juli 1670) dessen erste Gemahlin, die Urheberin des Vertrags von Dover, eben damals verstorben war[3]).

Auf derselben Reise, wo sie den Heidelberger Hof in ihre Netze zog, gelang der Pfalzgräfin Anna noch ein anderes Werk im Dienste Frankreichs, die engere Umgarnung ihres Schwiegersohnes, des Herzogs Johann Friedrich von Hannover, dem sie im August 1670 ihren Besuch abstattete[4]).

Das Detail ihrer Unterhandlung entzieht sich freilich unserer Kunde; wir können aber doch mit genügender Deutlichkeit erkennen, daß neben allerlei persönlichen Fragen, die man erledigte, auch politische Verab-

---

1) Pufendorf, Friedrich Wilhelm XI, § 12.

2) Erdmannsdörffer, deutsche Geschichte, I, 541 f.

3) Bodemann, Briefwechsel der Herzogin Sophie von Hannover mit Kurfürst Karl Ludwig, S. 445 ff.

4) Das Datum des Besuchs ergibt sich aus Beilage III, 17. Vgl. Bodemann, S. 149 f.

redungen getroffen sind. Es scheint, daß die Eventualität einer neuen römischen Kaiserwahl ins Auge gefaßt worden ist[1]); sodann wurde Johann Friedrich's Interposition zur Beilegung der zwischen Kurmainz und Kurpfalz obschwebenden Differenzen in Anspruch genommen. Die Hauptsache aber war für Johann Friedrich, französische Subsidien zu gewinnen. Er erörterte demgemäß seiner Schwiegermutter, daß unter den obwaltenden Gegensätzen der europäischen Potenzen jeder Partei nehmen müsse. Ihn selber nun ziehe eine natürliche Sympathie auf die französische Seite. Es sei daher ebenso sehr Frankreichs eigenes wie sein persönliches Interesse, vermöge französischer Subsidien auch im Frieden ein zu Frankreichs Diensten stehendes Heer in Calenberg zu unterhalten. Diese Eröffnung fand natürlich den Beifall der Princesse Palatine, sie versprach, mit Hülfe des Prinzen von Condé und des Herzogs von Enghien eine den Wünschen ihres Schwiegersohnes entsprechende Resolution des Königs zu erwirken[2]). Es hing also nur vom König selbst ab, Johann Friedrich zu einem Werkzeuge seiner Politik zu machen.

Eben dahin zielten auch die fast gleichzeitigen Bemühungen der beiden Fürstenberger. Hatte Prinz Wilhelm dem Berliner Hofe gegenüber die Maske eines kurkölnischen Unterhändlers aufgesetzt, so ließ er in Hannover durch seinen Bruder Franz, den Bischof von Straßburg, offen erklären, daß Kurköln nur den Namen hergeben solle, hinter dem der König von Frankreich seine Subsidienzahlung verberge. In gleicher Weise möge der Herzog die Reichs- und Kreisverfassung zum Vorwand nehmen, um im October oder November in Köln oder Hildesheim einen westfälischen oder niedersächsischen Kreistag zu Stande zu bringen, der dem Prinzen Wilhelm Gelegenheit gebe, Frankreichs Offerten für ein Aggressivbündniß gegen Holland unter der Hand mitzutheilen; denn der Krieg gegen Holland sei beschlossene Sache zwischen Frankreich und England; durch Brandenburg wolle man sich nicht länger beirren lassen[3]).

Johann Friedrich gieng sofort auf diese Anträge ein. Sein einziger Vorbehalt war, daß dieselben von unmittelbar competenter Seite wiederholt würden[4]), und daß man mit ihm allein, ohne seine Brüder, und durch einen

1) Beilagen III, 18 u. 20.

2) Ich lege hierbei die Instruction Johann Friedrich's für Moltke, dat. Hannover, 10. Januar 1671, zu Grunde, vgl. auch Beilagen III, 18, 19, 20.

3) Beilagen III, 15 u. 17.

4) In dem undatirten eigenhändigen Concept seiner Antwort auf den unter III, 17 mitgetheilten Brief Franz von Fürstenberg's schreibt Johann Friedrich: „Es würde aber auch nöthig sein, daß ich vorher von bewußtem hohen Orte selbsten möchte invitiret, auch wohl von der Intention informiret sein, auf daß ich meine mesures desto besser nehmen, auch meine Leute darnach instruiren kann."

andern Vermittler als den seinen Brüdern ganz ergebenen Gourville verhandle[1]).

Die Princesse Palatine bot darauf den Einfluß des Prinzen Condé und des Herzogs von Enghien im Interesse Johann Friedrich's auf[2]). Allein der König hielt den Prinzen Fürstenberg als sein Organ für die deutschen Allianzen aufrecht. Dieser nahm daher im Winter 1670 seine kurkölnischen Beziehungen wahr, um durch den hildesheimer Vicekanzler Nicolartz dem Herzog den ganzen Allianzplan des Königs zu unterbreiten (November 1670)[3]).

Dieser gieng dahin, die Kurfürsten von Köln und Brandenburg, den Bischof von Münster, den Herzog von Hannover und den Pfalzgrafen von Neuburg in das französisch-englische Offensivbündniß gegen Holland aufzunehmen. Mit ihnen abzuschließen sollte Fürstenberg's Mission in Deutschland sein. Um aber dies Vorhaben zu verbergen, sollte derselbe nicht die einzelnen Höfe bereisen, sondern einen zugleich schnellern und geräuschlosern Weg einschlagen. Er proponirte daher die Berufung eines westfälischen Kreistages nach Köln, um dort die Erklärung entgegenzunehmen, ob die in's Vertrauen gezogenen Fürsten mit Frankreich oder mit Holland gehen oder neutral bleiben wollten.

Falls sie sich nun mit Frankreich und England zu dem für das nächste Jahr festgesetzten Angriff auf Holland vereinigen würden, erbot sich der König seinerseits zusammen mit England ein Heer von 50000 Mann aufzustellen, den deutschen Fürsten aber Subsidien für eine Armee von 30000 Mann zu zahlen und mit derselben 8000 Mann des französischen Heeres zu vereinigen. Von den Eroberungen, die man machen würde, wollte der König nur die flandrischen und brabantischen Plätze links der Maaß für sich behalten, für die Dauer des Krieges aber außerdem Maastricht und Orsoy oder eine andere Rheinstadt.

Erst nach der englisch-französischen Kriegserklärung sollten die conföderirten Fürsten mit Holland brechen, den Frieden aber ebenso wenig wie Frankreich und England einseitig schließen.

Das letzte Absehen des Königs sei nur auf seinen Ruhm und auf die Schwächung der holländischen Macht gerichtet. Er versprach daher insbesondere dem Kurfürsten von Brandenburg, daß in den Niederlanden weiter keine religiöse Neuerung als die Freiheit privater Religionsübung für die Katholiken beabsichtigt sei, und überließ es seinen Alliirten, sich unter einander über die Theilung der Eroberungen zu verständigen, wenn

1) Beilagen III, 19 u. 20. 2) Beilage III, 19.
3) Beilagen III, 21 u. 24.

nur, dem König von England zu Gefallen, Holland und Seeland für den Prinzen von Oranien verblieben.

Zur Erhebung von Contributionen wollte der König die Provinzen Oberyssel, Gröningen und Friesland den alliirten Fürsten überlassen, die übrigen sich selbst vorbehalten.

Die Truppen der deutschen Alliirten sollten in zwei Corps formirt werden, das eine die Kurkölner, die Brandenburger und die Neuburger umfassend, das andere aus den Münsterschen, den Hannoveranern und 8000 Mann französischer Truppen zusammengesetzt. Das Commando ihrer Truppen bliebe den Alliirten überlassen, auf Wunsch aber sollte ihnen ein französischer General zur Verfügung stehen.

Falls sich Spanien für die Generalstaaten erhöbe, würde es Frankreich allein mit ihm aufnehmen können. Mit Schweden und Dänemark würde man nicht abschließen, so lange zu fürchten sei, daß der Bund mit dem einen Staate den anderen in's feindliche Lager triebe; würde sich aber einer dieser beiden Staaten mit den Generalstaaten alliiren, so müßte man den anderen dagegen ausspielen. Des Kaisers endlich sei König Ludwig selbst für den Fall sicher, daß Spanien in den Krieg für Holland eintrete; die Neutralität des Kaisers sei eine Voraussetzung, auf die der König baue.

Alle diese Eröffnungen[1]), die selbstverständlich in gleicher Gestalt allen den genannten Fürsten zugingen[2]), wurden zwar ausdrücklich als durchaus confidentielle bezeichnet, man ersieht daraus aber doch, daß König Ludwig an dem Beitritt der eingeladenen Fürsten, auch des Brandenburgers, nicht zweifelte, als er seine Karten so rückhaltslos offen aufdecken ließ.

In Herzog Johann Friedrich täuschte er sich nicht. Derselbe approbierte auf der Stelle die angeregte Berufung eines Convents der eingeladenen Fürsten unter Zuziehung einiger anderer, um den Schein desto besser zu wahren, und zwar schien ihm ein westfälischer Kreistag trotz der dabei waltenden Weitschweifigkeit das beste Mittel zum Ziele zu sein. Sein einziges Bedenken war, daß die geplante Conföderation an dem eben damals zwischen seinem Hause und dem Bischof von Münster ausgebrochenen Conflicte über die Stadt Höxter scheitern könnte[3]). Und in der That wurde die Fortbildung des französischen Allianzgewebes durch den Zwischenfall in der kleinen Weserstadt aufgehalten und modificirt.

1) Nr. III, 22 der Beilagen.

2) Nachweisen kann ich dies nur für Brandenburg aus Pufendorf XI, § 16 und Droysen III, 3, 241 f.; wegen Neuburg vgl. Pufendorf XI, 19; wegen Münster J. ab Alpen, Vita Christof. Bernhardi VII, § 6.

3) Undatirtes Concept der hannoverschen Antwort auf Fürstenberg's Eingabe, von Grote verfaßt; das Datum des 18. Dec. 1670 ergiebt sich aus III, 30.

Fünftes Kapitel.

Der Streit um die Hoheit in Höxter.

Die Bemühungen des Abts Arnold von Corvei, der evangelischen Stadt Höxter mit seiner Landeshoheit zugleich die simultane Übung der katholischen Religion aufzudrängen, waren trotz des Rückhalts, den ihm der Kaiser und die glaubensverwandten Reichsstände gewährt, und trotz der Drangsale, welche die Bürger durch den Einbruch der Truppen des Bischofs von Münster erlitten hatten, dennoch an dem glaubenstreuen Selbstgefühl der vielgeprüften Bürgerschaft und an der wachsamen Eifersucht ihres Schutzherrn, des Herzogs August von Wolfenbüttel, zu schanden geworden[1]). Allein die Rechtsfrage dieser sowie aller andern kirchlichen Beschwerden hatte weder der Reichstag noch die Frankfurter Reichsdeputation zum Austrag gebracht[2]). Als daher nach Abt Arnolds Tode (1661) der rücksichtsloseste Helfer desselben, Bischof Christof Bernhard von Münster, zur Administration von Corvei berufen ward[3]), loderte der Streit zwischen Stift und Stadt von neuem in wachsender Heftigkeit auf.

Bei der Annahme der Wahl gelobte der Bischof, indem er als sein oberstes Absehen „die Ehre Gottes und die Beförderung der katholischen Religion" bezeichnete, sie „bevorab in der Stadt Huxar, so viel immer durch Gottes Hülf bei jetzigem Zustand des R. Reichs thunlich, befürdern und firmiren" zu wollen[4]). Solche Beförderung aber schien dem Gewaltthätigen um so thunlicher, je weiter die Meinungen der Reichsstände über den Sinn und die Grenzen der im westfälischen Frieden vorgesehenen simultanen Religionsübung auseinander giengen.

Indem er also die katholischerseits vertretene Deutung des Simultaneums[5]) als Rechtstitel ausbeutete[6]), führte er nicht nur die 1651 aus-

---

1) Band I, 51 ff. 2) Band I, 107, 203 f. 3) Band I, 424.

4) Tücking, Gesch. des Stifts Münster unter Christof Bernhard von Galen, S. 111.

5) Band I, 51, 203.

6) Christof Bernhard an den König von Schweden und den Herzog von Wolfenbüttel, dat. Münster, 18. Sept. 1662: „Ew. kgl. Mt., J. Ld. werden . . . auch aus zu Nürnberg und auf nächstem Reichstage zu Regensburg gehaltenen protocollis sich entsinnen, was wegen des simultanei exercitii unius vel alterius religionis, ob und welchergestalt nämlich ein regierender Landesfürst solches ohne Abbruch dessen, so a° 1624 öffentlich im Zwang gewesen, kraft landesfürstlicher Obrigkeit in seinem unstreitigen territorio zuzulassen hätte, verschiedentlich vorgekommen, was auch deswegen sonderlich in der

gewiesenen Franziskaner nach Höxter zurück, sondern nahm auch die seinem Vorgänger aberkannten Hoheitsrechte, insbesondere die niedere Gerichtsbarkeit, die er einem katholischen „Gogresen" übertrug, in Anspruch und annullirte damit die ganze im Namen des niedersächsischen Kreises vollzogene Friedensexecution[1]. Auf die Beschwerde der kreisausschreibenden Fürsten[2]) entriß er der Stadt auch die ledig stehende Nicolai-Kirche und las selber die erste Messe darin[3]. Dem Herzog von Wolfenbüttel aber, unter dessen Schirmvogtei die Stadt ihre beste Zuflucht fand, bestritt er die Rechtmäßigkeit dieses Erbschutzes[4]) wie jedes andern dem Stifte Corvei entfrembeten Hoheitsbesitzes[5]) und fuhr fort die widerstrebende Stadt unter die Willkür seiner Landeshoheit zu beugen. Sie mußte außer der corveischen Kanzlei[6]) auch eine kleine Garnison aufnehmen[7]) und fortan in jede Schatzung, die man auferlegte, willigen[8]), ihre Selbstverwaltung vernichten, ihre Nahrung verkümmern sehen.

Ich hebe nur einige besonders bezeichnende Attentate heraus.

Als einmal auf Begehren des fürstlich braunschweigischen Vogts Bürgermeister und Rath ihrer Schuldigkeit nach einen frechen Delinquenten in Strafe nahmen, erzwingt die Corveische Regierung durch scharfe Pönalmandate die sofortige Restitution des dem Schuldigen abgepfändeten Pferdes und verhängt, als der Stadtrath Berufung einlegt, über den Syndicus, beide Bürgermeister und fast alle Rathsverwandten eine unerhörte Exe-

---

Restitutionssache der Hildesheimischen Capuziner (I, 203 f.) durch öffentlich ad dictaturam gegebene Schriften catholischer Seiten so klar zu Tage gegeben und remonstriret worden, daß kein Unpassionirter und nicht wenig aufrichtige Teutsche der Augsburg. Confession selbst solches nachgegeben, daß aus denen in dem alten Religionsfrieden radicirten und durch den westfälischen Frieden mehr sonderlich in hoc puncto bestätigten als geänderten und bis dahin im Reich bevorab von Fürsten und Ständen der Augsburg. Confession practicirten principiis einem Landesfürsten nicht benommen werden könnte, wenn anders die Unterthanen in demjenigen, was sie in Übung ihrer Religion a° 1624 positive gehabt haben, nicht betrübt würden, auch ihre eigene oder eine andere von den zugelassenen Religionen frei üben zu lassen und solches nicht weniger ihren Bedienten und Unterthanen zu verstatten, als einem Landesfürsten nicht verboten ist fremder Gesandtschaft solches zuzugeben, ja sogar in Kraft der hohen Landesobrigkeit den Jüden eine Synagog und ihrer Secte Übung zuzulassen."

1) Bürgermeister und Rath von Höxter an den Administrator von Magdeburg und den Herzog von Wolfenbüttel, dat. 1. Sept. 1662. 2) Dat. 30. Sept. 1662.

3) Bürgermeister und Rath von Höxter an den Herzog von Wolfenbüttel, dat. 23. Oct. 1662.

4) An die kreisausschreibenden Fürsten von Niedersachsen, dat. Münster, 28. Febr. 1663. 5) Das nähere unten, vgl. Tücking, Stift Münster, S. 112.

6) Bürgermeister und Rath von Höxter an den Herzog von Wolfenbüttel, dat. 30. Oct. 1662.

7) Der Amtmann von Fürstenberg an den Herzog von Wolfenbüttel, dat. 29. Mai 1663. 8) A. a. O., vgl. die unten citirten Gravamina.

8*

cution: corveische Knechte und Bauern brechen in die Häuser derselben ein und schleppen, was sie erraffen können, Hausgeräth und Kleidung, Korn und Vieh, nach Corvei hinweg[1]).

Mit der Jurisdiction der Stadt wurden zugleich ihre gewerblichen und commerciellen Gerechtsame niedergebrochen, insbesondere die Braugerechtigkeit, auf der die bürgerliche Nahrung vorzugsweise beruhte. Hatte bisher im Stifte Corvei außerhalb der Stadt kein Bier zu öffentlichem Kaufe gebraut, kein anderes verfellt werden dürfen, so wurde jetzt nicht nur Brauen und Verfellen jedermann freigegeben, sondern den Bauern sogar verboten, fernerhin Bier aus Hörter zu holen[2]); „welches Attentatum, so klagte die Stadt[3]) da es nicht revociret und abgethan werden sollte, dann endlich dahin ausschlagen wird, daß die arme evangelische Gemeinde aus Mangel bürgerlicher Nahrung entweder gänzlich zu Grunde gehen oder auf einmal ex desperatione, da sie sich nicht zu der widrigen Religion bequemen will, das Ihre verlassen und mit dem Stabe davon gehen muß".

Aber nicht begnügt, der Stadt die Lebensadern zu unterbinden, verfügte der Bischof gelegentlich auch noch Aderlaß durch Einquartierung. Als seine Truppen aus dem Türkenkriege heimkehrten (Dec. 1665), sicherte er persönlich der Bürgerschaft seine Gnade zu; am folgenden Tage schickt er ihr zwei Compagnien Reiter, dann noch 5 Compagnien Fußvolk auf den Hals, die wie in Feindesland hausen[4]).

Ein halbes Jahr später wiederholte sich dieselbe Procedur, als der Dechant des in Corvei aufrecht erhaltenen Petri-Capitels den Tod des evangelischen Pfarrers an St. Petri zum Anlaß nahm, um diese Kirche für vacant zu erklären und den Chor für die simultane Übung des katholischen Cultus in Besitz zu nehmen. Da sich die Bürgerschaft dem widersetzt und durch keine Strafmandate der Corveischen Regierung einschüchtern läßt, rückt derselbe Obrist Nagel, der schon 1652 Hörter mißhandelt hatte, mit 2 Compagnien Reitern in die Stadt ein, treibt die Bürger mit gewaffneter Hand aus der Kirche und legt ihnen seine Reiter ins Quartier;

---

1) Bericht an den Herzog von Wolfenbüttel, dat. Hörter, 25. Nov. 1663; Memorial der Stadt Hörter an des H. R. Reichs Kurfürsten und Stände evangel. Confession, praes. 27. Nov. 1663.

2) Bürgermeister und Rath von Hörter an den Herzog von Wolfenbüttel, dat. 6. April 1664; oben angezogenes Memorial und Gravamina vom 30. Okt. 1666.

3) In dem Memorial an die evangelischen Reichsstände.

4) Bericht des Syndicus Bierbüsse an den fürstl. braunschweig. Amtmann zu Fürstenberg, dat. Hörter, 12. Dec. 1664; Bericht des Amtmanns an den Herzog von Wolfenbüttel, dat. 12. Dec. 1664.

der Syndicus Bierbüsse, der die Seele des Widerstands war, mußte entweichen [1]).

So vergieng kein Jahr ohne neue Drangsal, aber die Stadt blieb ungebeugt im Vertrauen auf ihren Schutzherrn und den niedersächsischen Kreis [2]).

Allein die Spaltung die der Erbfolgekrieg (1665) im Hause Braunschweig-Lüneburg zurückließ, band dem Herzog Augustus von Wolfenbüttel den Arm. Das einzige, was er mit Mühe und Noth durchsetzte, war der Nebenreceß des Clever Friedens (1666), durch den der Bischof von Münster zu friedlichem Ausgleich seiner Differenzen mit dem Hause Braunschweig verpflichtet ward (I, 453). Der bremische Krieg aber, während dessen den Herzog Augustus der Tod ereilte, entzog auch seinem Sohn und Nachfolger Rudolf August, der mit gleich willigem Ohr die immer wiederkehrenden Beschwerden der Höxterer über erneute Plackereien der corveischen Regierung [3]) entgegennahm, den unentbehrlichen Rückhalt seines Hauses und des niedersächsischen Kreises, bis die Spannung mit Schweden ausgeglichen war [4]).

Als jetzt (1668) die corveische Regierung mit gewohnter Gewaltthätigkeit hörtersches Vieh auf dem hoheitsstrittigen Territorium des sogenannten Brückenfelds in Pfand nahm, ließ der Herzog durch seinen Amtmann zu Fürstenberg ebendaselbst corveische Pferde wegpfänden, und als die corveische Regierung daraufhin jenen Amtmann bei einem Besuche in Höxter festsetzte, ließ ihn der Herzog mit gewaffneter Hand vor den Augen der münsterschen Garnison befreien [5]). Indem sich damit der Conflict zwischen dem Bischof und dem Herzog verschärfte, versicherte letzterer sich des Beistandes seines celleschen Vetters und der schwedisch-bremischen Regierung, entschlossen, mit gewaffneter Hand in Höxter zu interveniren [6]).

Diesem Vorhaben kamen die Mediationsbemühungen des Herzogs von Hannover zuvor. Auch Johann Friedrich war entschlossen, den Rechten

1) Bericht des Syndicus Heinrich Bierbüsse an den Herzog von Wolfenbüttel, dat. Holzminden, 26. Juli 1665.

2) Die zuerst 1664 dem in Braunschweig tagenden Kreisconvent überreichten Gravamina der Stadt Höxter sind in der Fassung, in der die Stadt dieselben bei ihrem Hülfsgesuch an die kreisausschreibenden Fürsten, dat. 12. März 1669, wiederholte, abgedruckt in dem Appendix des Diar. Europ. XXII, (1671).

3) Dat. 30. Oct., 20. u. 27. Nov., 18. Dec. 1666, 7. u. 8. Januar, 7. Febr. 1667.

4) Band I, 534 ff., 587.

5) Wolfenbüttelscher Bericht auf der Conferenz des fürstlichen Gesammthauses, act. Braunschweig, 18. April 1668; Bericht an den Herzog von Wolfenbüttel, dat. Neuhaus, 23. April 1668.

6) Protokoll vom 23. Sept. 1668 über eine Conferenz der drei Regierungen; anwesend von Stade Wolffsberg, von Celle Dieterichs, von Wolfenbüttel Söhlen.

seines Hauses nichts zu vergeben[1]); ein gütlicher Austrag der Differenzen, in denen er nur „Grenzirrungen" sah[2]), mußte sich ihm aber um so leichter und lebhafter ausdrängen, als ihm der Bischof eben damals seine Geneigtheit zu einem Bande mit dem ganzen Hause Braunschweig hatte anmelden lassen[3]).

Bei den Mediationstractaten die denn auch endlich, nach Jahresfrist, in Holzminden und Lüchtringen zu Stande kamen, bot der hannover'sche Vermittler, Geheimer Rath Witte, alles auf, einen Interimsvergleich zu wege zu bringen[4]). Allein das weit ausgreifende Programm, mit dem die bischöfliche Gesandschaft[5]) auftrat, mußte den Widerstand der Wolfenbüttler Deputirten[6]) um so heftiger herausfordern, da sich dieselben der Assistenz eines cellischen Ministers erfreuten, der nicht nur zur Wahrung der Hoheitsrechte des fürstlichen Hauses, sondern zugleich zur Abstellung der auch von der Stader Regierung vertretenen Beschwerden der Stadt Höxter instruirt war[7]). Auf Betrieb des Hannoveraners standen die Münsterschen

1) Calenb. Protokoll über die Conferenz des Gesammthauses act. Braunschweig, 18. April 1668. An Rudolf August, dat. Hannover, 8. Mai 1668.

2) An den Hildesheimer Dombechanten M. Korff genannt Smising, dat. 2. Mai 1668.

3) M. K. g. Smising an Herzog Johann Friedrich, dat. Münster, 1. Aug. 1668; die bezügliche Correspondenz reicht bis in den April 1668 zurück.

4) Witte sollte nach seiner von ihm selbst concipirten Instruction, dat. Hannover, 19. März 1669, „beeden Theilen auf alle prakticirliche Wege gebührend zureden" . . . und „alles mit Fleiß dahin lenken, daß, wo nicht der Zweck völligen gütlichen Vertrags zu erheben stehet, jedennoch sich solchen Interimsmittel verglichen werde, daß alle Weiterungen und fernere Thathandlungen verhütet bleiben und zwischen beeden hohen fürstl. Theilen gutes nachbarliches Verständnüs erhalten werden möge" . . . „Gleichwohl hat er dieses zu beobachten, daß das Werk nicht auf solche Vorschläge und Mittel, die einen Abgang an mehrhochgedachtes Unsers Herrn Vettern Ld. Land und Leuten oder merklichen Einkommen und Gefällen oder auch Hinterlassung wohl und geruhig hergebrachter Gerechtsamkeiten mit sich führen möchten, gestellet und von ihm dergleichen einzugehen den fürstl. wolfenbüttelschen Deputirten angemuthet werde."

5) Präsident von Hörde, Geheimer Rath Wiedenbrück, Dombechant Smising und der Corveische Kanzler Dr. Lübecke.

6) Kanzler Höpfner, Dr. Lüning, Geh. Rath Söhlen, Amtsrath Stießer.

7) Instruction Georg Wilhelm's für den Hofrath Speirmann, dat. Celle, 20. März 1669: er habe den wolfenbüttel. Deputirten „mit guter Manier und Raison, so weit es zu verantworten, zu assistiren, dabei aber zu vigiliren und gehörigen Fleißes dahin zu sehen, daß Unsere und Unsers fürstl. Hauses Gerechtsame über das Stift Corvei und die Stadt Hözter in guter Obacht behalten und denselben nirgend präjudicirt, insonderheit das ius advocatiae nicht mit in die Tractaten gezogen werde. Weiln auch die Stadt Hözer zu mehrmalen über die viele sich täglich je mehr und mehr häufende Trangsalen und Verfolgungen, so ihnen von wegen Corvei zugefügt worden, sich beklaget, Hülfe, Schutz und Trost suchet, und Wir derselben gern geholfen sehen, die königl. stadische Regierung Namens J. Kgl. Mt. in Schweden auch dazu geneiget ist, so wollten Wir uns nicht lassen zuwider sein, wann dieselbe bei vorstehender Conference in Consideration mit genommen, und was zu ihrer Tranquillirung und Rettung dientlich, bedacht und befordert würde."

allerdings von der Präliminarforderung ab, daß Wolfenbüttel zu allererst Satisfaction für die gewaltsame Befreiung des Fürstenberger Amtmanns leisten müsse, und ebenso ließen sich beide Parteien zur Hintansetzung der Rangfrage bestimmen, ob die Präcedenz dem Herzog oder dem bischöflichen Abte zustehe. Indem Witte zwischen dem Holzmindener Losament der herzoglichen und dem benachbarten Lüchtringen, wo die Gegenpartei ihr Quartier hatte, hin und her eilte, ermöglichte er einen Austausch der beiderseitigen Prätensionen. Die Hoffnung eines Ausgleichs aber schwand auf der Stelle dahin, als die Münsterschen den zwischen dem Herzog Heinrich Julius und dem Abte Dietrich von Corvei am 3. August 1593 errichteten Vertrag[1]) zur Operationsbasis nahmen und Restitution des Klosters Kemnaden verlangten, das Heinrich Julius damals dem Stifte Corvei unter Vorbehalt der landesherrlichen Hoheit überlassen hatte, um dafür die Belehnung mit dem halberstädtischen Kloster Gröningen zu erlangen. Da Gröningen auf Grund des westfälischen Friedens bei Halberstadt geblieben und somit an Brandenburg gefallen war, so hatte Herzog August von Wolfenbüttel Kemnade wieder an sich genommen, und sein Nachfolger wollte es nur gegen ein Äquivalent, wie etwa das Dorf Lüchtringen und noch ein anderes, herausgeben. Er behauptete dazu Kraft Herkommens die Hoheit auf dem sogenannten Brückenfelde und innerhalb gewisser Grenzen die Jurisdiction auf dem Weserstrom. Am allerwenigsten aber mochte er seine von Münster bestrittene Schutzgerechtigkeit über die Stadt Höxter fernerhin in Frage gestellt sehn. Bei solchem Widerstreit der Ansprüche wurden die „Temperamente", zu denen sich jede der beiden Parteien, auf Zureden des Hannoveraners herbeiließ, von der Gegenpartei nur als Illusionen empfunden. Die Tractaten blieben ergebnißlos[2]).

Auf wolfenbüttelscher Seite kam man daher noch während der Tractaten auf den schon vor Jahresfrist ausgesprochenen Entschluß, eine Besatzung nach Höxter zu werfen, zurück und suchte sich dazu nicht nur der cellischen, sondern auch der schwedischen Mitwirkung zu versichern[3]). Der wolfenbüttelsche Geheime Rath Söhlen, der deswegen mit dem cellischen Vicekanzler Heymann nach Stade geschickt ward[4]), gieng dabei so weit, die Bemerkung fallen zu lassen, daß man allenfalls auch Frankreichs Hülfe gegen Münster in's Auge fassen könne[5]). Allein wie geneigt auch die

---

1) Gedruckt bei Meiern, Acta pacis Westfalicae VI, 408 ff.

2) Ich bin hier Witte's Relationen dat. 27. März, 3. u. 8. April 1669, sowie Speirmann's Protokoll, act. 22. März bis 16/6. April 1669 gefolgt.

3) Relation Speirmann's, dat. Holzminden, 24. März 1669.

4) Recreditive, dat. Stade, 7. April 1669.

5) Ich entnehme dies der Antwort, welche die stadische Regierung am 17. Juni 1669 in Hamburg ertheilte (s. unten).

Stader Regierung zum Schutze der evangelischen Weserstadt war, so konnte sie doch aus eigener Macht nur Kreishülfe, Unterstützung auf dem Reichstag und diplomatische Abmahnung des Bischofs in Aussicht stellen[1]). Und auch in Stockholm blieb man auf derselben Linie stehen. Das fürstliche Haus empfieng die allerdings willkommene Versicherung, daß man „die vorige Widrigkeit gerne vergessen und mit Domo in allem, was sowohl zu gemeiner Reichs- als auch beederseits Lande und Unterthanen Wohlfahrt und Sicherheit ersprießlich sein mag, ein aufrichtiges gutes Vertrauen künftig pflegen werde"; zur Beförderung desselben wurde im Gegensatz zu den französischen Velleitäten engerer Anschluß an die Tripelallianz empfohlen. Man hatte auch nicht das geringste gegen bewaffnetes Vorgehn des fürstlichen Hauses in der Stadt Höxter einzuwenden, eine einseitige Theilnahme schwedischer Truppen an solchem Waffengange wurde jedoch abgelehnt[2]).

Damit gewann Johann Friedrich wieder Boden für einen abermaligen Vermittlungsversuch[3]), der dem Wunsche des Bischofs gemäß zugleich als Deckmantel seines am Osnabrücker Hofe vorbereiteten Bündnisses[4]) mit den lüneburger Herzogen dienen sollte[5]). Und der einstimmige Eifer und Beifall, mit dem diese den Allianzplan aufgriffen und die Modalitäten unter einander vereinbarten[6]), schien eine vollständige Verständigung mit dem Bischof zu verbürgen.

Bei den Tractaten, die deswegen zu Hildesheim gepflogen wurden[7]),

1) A. a. O.; es wurde denn auch der stadische Justizrath M. W. Huß an den Bischof entsandt, richtete aber natürlich nichts aus; Relation desselben, dat. Stade, 28. April 1669.

2) Cell. Protokoll über eine Conferenz mit der Stader Regierung, act. Hamburg, 17. Juni 1669; anwesend von Stade Wolfsberg, von Celle Großvogt von Grapendorf und Vicekanzler Heymann.

3) An den Bischof von Münster und an Rudolf August, dat. Hannover, 8. Mai 1669.

4) Ein vom Osnabrücker Kammerpräsidenten von Hammerstein aufgesetztes Memorial mit dem hannoverschen Praesentatum 3. Dec. 1669 ist das einzige mir vorliegende Aktenstück über den Ursprung dieser Allianz.

5) Christof Bernhard an Georg Wilhelm, dat. Sassenberg, 29. Januar 1669.

6) Cell. Protokoll über die Conferenz des Gesammthauses, act. Braunschweig, 28. Jan. bis 5. Febr. 1670; anwesend von Celle Grapendorf und Heymann, von Hannover Grote, von Wolfenbüttel Heimburg und Söhlen.

7) Tücking, Münster unter Christof Bernhard, S. 168 f., hat hierüber nur eine kurze Notiz. Ich benutze 1. cell. Protokoll über die Separatconferenzen im fürstlichen Hause, act. Hildesheim, 15—25. Febr. 1670; 2. cell. Protokoll über die Mediation zwischen Corvei-Münster und Wolfenbüttel, act. Hildesheim 23—25. Febr. 1670; 3. calenb. Protokoll über die Allianz zwischen Münster u. Braunschweig-Lüneburg, act. Hildesheim, 16/26. Febr. bis 25. Febr. (7. März) 1670. Anwesend für Celle und Osnabrück Großvogt von Grapendorf und Vicekanzler Heymann; von Calenberg Geheimer Kammerrath Grote und Geheimer Rath Witte; von Wolfenbüttel Geheimer Rath Busso von Münchhausen und Geheimer Rath Söhlen; für Münster Hildesheimer Dombechant Matthias Korff gen. Smising, Corveischer Präsident Johann Gotfried von Hörde, Geheimer Rath Bernhard von Wiedenbrück, dazu Corveischer Kellner Nic. Zitzwitz und Corveischer Kanzler Dr. Lübecke.

gieng denn auch das Allianzwerk, dem man den Rheinbund zu Grunde legte, ziemlich flott von statten. Der Bund, der zu keines Menschen Offension, am allerwenigsten aber wider Kaiser und Reich gemeint war, sollte lediglich gegenseitige Vertheidigung von Land und Leuten und gütlichen Austrag aller Differenzen der Paciscirenden bezwecken (§ 1). Dieselben wollten erforderlichen Falls ein Bundesheer von 20000 Mann aufstellen, wobei das Contingent des Bischofs auf 8000 Mann, das des fürstlichen Hauses auf 12000 gerechnet ward; beständig aber wollten sie etwa den dritten Theil dieses Heers auf den Beinen halten (§ 4)[1]. Die Dauer der Allianz wurde auf drei Jahre fixirt (§ 9). Um dies Fundament festzuhalten, setzten die Deputirten alle strittigen Punkte zu späterer Verständigung aus und unterzeichneten am 25. Febr./7. März den Bundesvertrag mit dem Vorbehalt, „daß an seiten ihrer gnädigsten Herrschaft dieser Receß keine Verbindlichkeit haben solle, ehe und bevor vorerwähnte discrepante Punkten auch vollends verglichen und gänzlich abgethan wären.“ Den Termin dazu sollte der Bischof von Münster bestimmen.

Die vorläufige Unterzeichnung des Recesses bekundete den guten Willen, der auf beiden Seiten vorhanden war. Und von den ausgesetzten fünf Punkten war ohne allen Belang die Frage, ob die Generalität sofort oder erst später zu bestellen sei; ohne erhebliche Tragweite auch die lüneburgische Forderung, daß der Bischof von Paderborn als Coadjutor zu Münster seinen Consens zu der Allianz ertheilen müsse. Heikler ließ sich die Forderung des Herzogs an, daß die Paciscenten einander alle Allianzverträge, zu denen sie noch verbunden wären, im Original vorlegen sollten; denn der Subsidienvertrag zwischen dem Bischof und Frankreich[2]) vertrug eine Veröffentlichung weniger als die Quadrupelallianz der Herzoge und die engere Vereinigung zu Braunschweig.

Principielle Schwierigkeit aber stand der Vereinigung der beiden Fragen entgegen, ob zur Aufnahme neuer Genossen Einstimmigkeit oder nur Majoritätsbeschluß erforderlich sein, und ob im letzteren Falle dem Dissentirenden sofortiger Rücktritt von der Allianz frei stehen solle. Denn wie hätte sich der Bischof und Johann Friedrich jemals einer Majorisirung durch die andern, die Einstimmigkeit verwarfen, gefügt!

Krankte also das neue Bündniß schon an und für sich im Keime, so mußte es an den unschlichtbaren Zerwürfnissen wegen Höxter und Corvei vollends verderben. Denn die corveische Regierung fuhr fort, ihre Landes-

---

1) Nämlich der Bischof 667 Reiter und 2000 Infanteristen, die vier Herzoge zusammen 1000 Reiter und 3000 Infanteristen.

2) Band I, 526; Tücking, Stift Münster, S. 161.

hoheit in Höxter rücksichtslos zur Geltung zu bringen, die Stadt aber wurde nicht müde die Hülfe ihres wolfenbüttler Schutzherrn anzuflehn.

Die Franziskaner richteten ja jetzt in Höxter sogar eine Schule für Kinder beider Confessionen ein, und das corveische Landgericht behandelte die Bürger geradezu wie stiftische Bauern. Wer Handel treiben wollte, mußte sich die Concession beim Gogrefen erkaufen und erhielt sie nur gegen die eidliche Verpflichtung, dem Bischof treu und hold zu sein. Den Bauern wurde der Verkauf von Brennholz in der Stadt verboten, und die Bürger mußten nach wie vor jede dem Stifte unliebsame Verfügung der Stadtobrigkeit mit willkürlicher Pfändung ihrer Habe entgelten[1]. Als die Ministerialconferenz des braunschweigischen Gesammthauses ein glimpfliches Schreiben nach Corvei sandte, um im Interesse der schwebenden Mediationsversuche solchen Maßregeln Einhalt zu thun[2], wurde die Annahme des Schreibens in Corvei abgelehnt und der Überbringer, als er es dennoch dort zu deponiren versuchte, mit Thätlichkeiten bedroht[3].

Auch in Hildesheim wurde von münsterscher Seite jede Discussion der Höxterschen Gravamina abgelehnt. Die Unterhandlungen drehten sich dort nur um die Abgrenzung der Hoheitsrechte, wobei Münster den Standpunt vertrat, daß bei dem Zwist zwischen Stift und Stadt die über beide gleichmäßig beanspruchte Schutzhoheit des fürstlichen Hauses sich selbst aufhebe, und daß daher die Schutzhoheit über die Stadt vertragsmäßig zu limitiren sei. Wolfenbüttel aber bestand auf seinem illimitirten Schutz, obgleich an eine Anerkennung desselben nicht zu denken war[4]. Es konnte ihnen daran auch kaum etwas liegen, denn die Ablehnung dieser Prätension bot ihnen einen willkommenen Vorwand, ihrerseits die Restitution von Kemnade zu verweigern[5]. Da unter diesen Umständen auch die corveische Regierung fortfuhr die Stadt Höxter mit immer ärgern Executionen heimzusuchen, so konnte eine gewaltsame Entladung der Gegensätze nicht mehr ausbleiben.

Ein Gewaltact des corveischen Landvogts, dem armselige Zänkereien über die ortsübliche Brauordnung zum Vorwande dienten, entfesselte den lange verhaltenen Grimm, mit dem die Bürgerschaft von Höxter die Schmälerung ihrer Braugerechtigkeit als tödtliche Wunde empfand, und bot dem Herzog Rudolf August die lange ersehnte Gelegenheit, mit den Waffen zu interveniren.

Nach altem Herkommen durften die Bürger, die sich in das Brauamt

---

1) Wolfenbüttel. Protokoll über eine Vernehmung des Syndicus Vierbäffe, act. Wolfenbüttel, 26. Jan. 1670. 2) Dat. Braunschweig, 3. Febr. 1670.

3) Nach den oben angezogenen Hildesheimer Protokollen. 4) A. a. O.

5) So urtheilt der unbefangene Witte in seinem Bericht an Herzog Johann Friedrich, dat. Hannover, 1. März 1670.

eingekauft hatten, nur an den Tagen, die das Loos einem jeden bestimmte, brauen; es stand aber dem Rath zu, der Stadt zum Besten im Nothfall auch einen außerordentlichen Brautag zu verstatten oder zu verkaufen. Ein solcher war dem Syndicus Bierbüsse als Salarium eingeräumt, zwei andern Bürgern als Entschädigung für ein der Stadt vorgestrecktes Darlehn zuerkannt. Einige Unzufriedene widersetzten sich dem mit offener Gewalt, warfen sich dann der corveischen Kanzlei gegenüber als Deputirte des gesammten Brauamts auf (Januar 1670) und erwirkten sich daselbst gegen den Rath und dessen Genossen Manutenenz- und Pönalmandate. Der Rath protestirte und reichte Beschwerde beim Bischof ein. Als aber nur neue Strafmandate erfolgten und endlich gar der corveische Landvogt eine Menge Vieh von der Gemeindewiese wegpfändete, riß den Vielgeplagten die Geduld: Sturmglocke und Trommelschlag riefen die Bürgerschaft unter's Gewehr, man warf die Anstifter der Execution ins Gefängniß, und stürmte einem corveischen Sekretär, der wegen seiner vom Stifte gewährleisteten Braufreiheit längst verhaßt war, das Haus und schleppte sein Braugeräth auf den Markt (October 1670)[1]).

Auf die Nachricht von diesem Tumulte schritt Rudolf August ein, er entsandte den Geheimen Rath Söhlen nach Höxter, um die Stadt zu beruhigen, und stellte an der Wesergrenze seines Territoriums eine Truppe von 500 Fußsoldaten und 200 Reitern auf, um im gegebenen Augenblick die Stadt zu occupiren. Denn daß der Bischof nicht mit verschränkten Armen der Empörung zuschauen werde, war ebenso gewiß, wie von Celle und von Stade erforderlichen Falls jeder Vorschub, dessen man dem Bischof gegenüber bedurfte, zu erwarten stand[2]). Söhlen's Auftreten stellte für den Augenblick die Ruhe wieder her, die verhafteten Bürger wurden losgelassen, das gepfändete Braugeräth restituirt. Die corveische Regierung aber gab nicht nur das gepfändete Vieh nicht zurück, sondern decretirte neue Strafen wegen der Rebellion und fachte durch diese und ähnliche Zumuthungen die Verbitterung der Bürger zu einem neuen Auflauf an, dem gegenüber der wolfenbüttelsche Deputirte ebenso machtlos war, wie der von Münster zur Untersuchung der Sache entsandte Commissar[3]). Daraufhin rückten am

1) Die Darstellung, welche J. ab Alpen, vita Christ. Bernhardi II, 146 ff. und Tücking, Stift Münster, S. 163 ff., geben, ist eine einseitige Wiederholung der Punkte, auf welche sich das von Tücking a. a. O. citirte Manifest des Bischofs beschränkt, ohne Berücksichtigung des ebenda citirten wolfenbüttelschen Gegenmanifests und ohne Berücksichtigung all der oben dargestellten Vorgänge seit 1662.

2) Zu diesem Behuf wurde der Kammerpräsident von Heimburg nach Celle, der Consistorialrath und Geheimsekretär Justus Böttticher nach Stade entsandt. Die Resolutionen, die sie erhielten, erhellen aus dem Bericht des Kanzlers Schütz an Georg Wilhelm, dat. Celle, 10. Oct. 1670, und aus den Beilagen des Schreibens der Stader Regierung an Georg Wilhelm, dat. Stade, 19. Oct. 1670.

3) Dr. Werner Zurmühlen.

24. October die wolfenbüttelschen Truppen in Hörter ein[1]), von Widerstand war keine Rede, die corveischen Leute blieben von Einquartierung verschont, die Bürger freuten sich des endlich gewonnenen Rückhalts und nahmen denselben wahr, um sich ihres gepfändeten Viehs wieder zu bemächtigen oder doch schadlos zu halten[2]). So war Gewalt mit Gewalt erwidert.

Indessen die Consequenz dieser Repressalien hatte man in Wolfenbüttel nicht überlegt. Ohne den Reinsteinschen Conflict mit Brandenburg ausgetragen zu haben, ohne des niedersächsischen Kreises, ohne auch nur des eigenen Hauses sicher zu sein, ohne selbst die eigenen Truppen auf Kriegsfuß gebracht zu haben, hatte man im blinden Vertrauen auf die eventuelle Hülfe der fürstlichen Vettern und insbesondere der Stader Regierung[3]) ein Werk begonnen, das mit eigenen Mitteln gar nicht durchzuführen war. Denn wie wollte man mit dem geringfügigen Bestande der eigenen Regimenter eine Stadt, deren Befestigungen seit dem großen Kriege darniederlagen, auch nur einen Augenblick behaupten, wenn der kriegsgewaltige Bischof seine Völker zusammenzog!

Der aber war zu nichts weniger als zu gütlichem Austrag geneigt. Vor den Augen des wolfenbüttelschen Trompeters, der ihm die Notification des Einmarschs überbrachte, zerriß er das herzogliche Schreiben[4]), dem osnabrückischen Kanzleidirector Derenthal, der wegen Grenzstreitigkeiten über die Grafschaft Diepholz nach Münster entsandt war, sprach er seinen Entschluß aus, die Stadt mit gewaffneter Hand zum Gehorsam zurückzubringen[5]), und verstärkte sein Heer durch neue Werbungen[6]). Auch in dem braunschweigischen Hause fand die Übereilung des Wolfenbüttlers nur Mißbilligung, insbesondere der gutwillige Georg Wilhelm ahndete das einseitige Vorgehen[7]). Der Wolfenbüttler, dem es nur darauf ankam, die schutzverwandte Stadt vor weiterer Unbill zu wahren und sie wieder in den

---

1) Notificationen Rudolf August's an den Bischof von Münster sowie an Georg Wilhelm, dat. Wolfenbüttel, 28. Oct. 1670.

2) Vgl. die Manifeste beider Parteien und die Beschwerde des Bischofs von Münster bei verschiedenen Reichsfürsten, dat. Lüdgersburg, 1. Dec. 1670, gedr. im Diar. Europ. XXIII, 173 ff.; Theatr. Europ. X, 222 ff.; Londorp, Acta publica IX, 737.

3) Dies betonte nachmals Kanzler Schütz dem schwed. Gesandten E. von Pufendorf gegenüber. E. Pufendorf's Bericht, dat. Stade, 14. April 1671, im Archiv des Vereins des Herzogth. Bremen und Verden, V (1875), S. 488.

4) Wolfenbüttel. Regierung an die cellische, dat. 7. Nov. 1671; vgl. Diar. Europ. XXIII, 173. J. ab Alpen, vita Christof. Bernhardi VI, § 50 (II, S. 162) bestreitet dies allerdings.

5) Ernst August an Georg Wilhelm, dat. Iburg, 27. Nov. 1670.

6) Ernst August an Georg Wilhelm, dat. Iburg, 28. Nov. 1670.

7) An Rudolf August, dat. Celle, 29. Oct. 1678; Instruction für Grapendorf und Schütz, dat. Weihausen, 9. Nov. 1670.

Genuß der ihr 1649 zuerkannten Rechte zu setzen[1]), war es daher einverstanden[2]), daß Johann Friedrich, der mit dem Bischof von Münster auf bestem Fuße stand, nichts eiligeres zu thun hatte, als demselben sofort wieder seine Vermittlung anzutragen[3]).

Der Bischof lehnte dieselbe wenigstens nicht rundweg ab[4]). In Celle aber empfand man dies einseitige Anerbieten um so angenehmer, da man die Unterstützung Wolfenbüttels bei den Lüchtringer Tractaten bereute, die Voreiligkeit desselben in Höxter beklagte und überhaupt auf die dem Senior des Hauses zustehende Ehre und Autorität mit Eifersucht hielt[5]). Die leitenden Minister Grapendorf und Schütz verlangten kategorisch Betheiligung ihres Herzogs an der Mediation[6]).

Dies unvermuthete Begehren gefährdete beinah die Eintracht des Hauses. Johann Friedrich, dem es nur auf Verhütung aller Weitläuftigkeit ankam, war darüber höchlich befrembet und wollte lieber die Mediation dem Bruder ganz allein überlassen. Als dieser auf einer Gesammtschickung bestand, gab er schließlich nach; aber bei der Berathung der Gesammtinstruction trat die Differenz von neuem hervor, da Johann Friedrich im Gegensatze zu seinem Bruder und Vetter dem Bischof keine unbedingte Amnestirung der höxterschen Tumultuanten ansinnen und die Auslieferung derselben, falls solche begehrt würde, nicht abschlagen wollte. Vollends vergeblich war das Bemühen der Wolfenbüttler, für den Fall daß es zum Kriege käme, eine specificirte Zusicherung der realen Assistenz, die sie von den verwandten Höfen erwarten dürften, zu erlangen. Wie bereit dazu auch Georg Wilhelm war, Johann Friedrich gieng nicht über die unbestimmte Zusage hinaus, gemäß den Erbverträgen im Nothfall seinem Hause sich nicht zu entziehen[7]).

Um nicht durch die selbstverschuldeten Weiterungen das Friedenswerk, das allen gleichmäßig am Herzen lag, zu erschweren, notificirte Georg Wilhelm sofort nach Münster den Entschluß, den Gesandten Johann Friedrich's die eigenen zuzugesellen[8]) und forderte seinen jüngsten Bruder zu

1) Cellisches Protokoll über die Conferenz des Gesammthauses, act. Burgdorf, 12. bis 18. Nov. 1670; anwesend von Celle Grapendorf und Schütz, von Calenberg Witzendorf, von Wolfenbüttel Höpfner und Heimburg.

2) Heimburg verabredete dies in Hannover laut dem angezogenen Protokoll.

3) Johann Friedrich an Christof Bernhard, dat. Hannover, 3. Nov. 1670.

4) Undatirte Copie seiner Antwort, praesentat. 20. Nov. 1670.

5) Grapendorf und Schütz an Georg Wilhelm, dat. Celle, 9. Nov. 1670; fernere Instruction Georg Wilhelm's für die Genannten, dat. Weihausen, 11. Nov. 1670.

6) A. a. O.

7) Den wesentlichen Inhalt des oben citirten Protokolls über die Burgdorfer Conferenz faßt treffend zusammen ein Schreiben Georg Wilhelm's an Ernst August, dat. Celle, 20. Nov. 1670.

8) An den Bischof, dat. Celle, 18. Nov. 1670.

gleichmäßiger Betheiligung auf[1]). Da jedoch Johann Friedrich zu gleicher Zeit, in derselben guten Absicht, dem Bruder halbwegs entgegen zu kommen, die bereits angemeldete Schickung dem Bischof bis auf weiteres abschrieb[2]), so wurde diesem die Differenz, die man verschleiern wollte, erst recht offenbar und konnte ihn nur in dem Vorhaben bewaffneter Revange bestärken.

Sein Geheimer Rath, der Hildesheimer Dombechant Schmiesing, machte denn auch in Hannover nicht nur kein Hehl daraus, sondern überbrachte dem Herzog sogar die Aufforderung, sich nicht in das rechtswidrige Werk seiner Verwandten „mittelst einiger Assistenz impliciren" zu wollen[3]). Johann Friedrich aber nahm davon den Anlaß, durch schleunige Entsendung seines Geheimen Raths von Witzendorf den Bischof beweglich zu bitten, „Uns zu besonderen freundlichen Gefallen mit etwa vorhabender wirklicher Action auf einige Zeit einzuhalten und die Sache zuvor zu gütlicher Pflege und Handlung kommen zu lassen." Er verbürgte dagegen sein fürstliches Wort, „Uns inmittelst in nichts, so J. Ld. verfänglich sein möchte, zu engagiren"; er versprach alles aufzubieten, um den Herzog Rudolf August zur Evacuation von Höxter zu bestimmen, wenn der Bischof seinerseits versprechen wolle, die Stadt unbesetzt zu lassen oder doch höchstens mit etwa 30 Mann, wie hierbevor, zu belegen[4]). Indem hiermit Johann Friedrich den Weg zum Frieden zu bahnen suchte, fand er sich mit Bruder und Vetter in dem Wunsche besserer Verständigung gegenüber den herandrohenden Wirren zusammen[5]).

Allein das Wort, das er dem Bischof verpfändet hatte, ließ keine Verständigung über Gegenrüstungen zu, obgleich die Unzulänglichkeit der Befestigung und Besatzung von Höxter ebenso notorisch war wie die Entschlossenheit des Bischofs, Satisfaction mit dem Degen zu nehmen. Die hannoverschen Minister hielten es allerdings für selbstverständlich, daß jeder Herzog sich in Positur stelle, und legten auch ihrerseits den vertrauensseligen Wolfenbüttlern die dringende Nothwendigkeit energischerer Vertheidigungsmaßregeln dar; sie proponirten sogar, daß Rudolf August cellische Truppen zur Bewachung seiner festen Plätze erbitten möge, um die eigenen Garnisonen bis auf den letzten Mann für die Feldarmee verfügbar zu haben. Habe doch Schmiesing in Hannover contestirt, nicht eine Viertel-

---

1) S. Anm. 7 S. 125. 2) Dat. Hannover, 21. Nov. 1670.

3) Johann Friedrich an Georg Wilhelm, dat. Hannover, 23. Nov. 1670.

4) Instruction Johann Friedrich's für Witzendorf, dat. Hannover, 24. Nov. 1670.

5) Johann Friedrich an Georg Wilhelm, dat. Hannover, 24. Nov. 1670; Georg Wilhelm an Johann Friedrich und an Rudolf August, dat. Celle, 23. Nov. 1670; Rudolf August an Georg Wilhelm, dat. Wolfenbüttel, 24. Nov. 1670.

stunde für den Frieden bürgen zu können. Sie stimmten auch, als Celle Formirung eines starken Gesammtheers verlangte, Wolfenbüttel aber sein Contingent auf höchstens 2000 Mann bemaß, mit den Cellensern darin überein, daß man im Kriegsfall wenigstens 14—15000 Mann dem Bischof entgegensetzen müsse. Da jedoch Johann Friedrich sich dem Bischof gegenüber gebunden hatte, bis zum Entscheid desselben kein verfängliches Engagement einzugehn, so durften seine Minister auch für die Eventualität, daß die Tractaten nicht zu Stande kämen, noch keine Verpflichtung auf sich nehmen[1]. Den Versuch des Kanzlers Schütz, durch eine persönliche Begegnung der regierenden Herrn zum Ziele zu kommen[2], lehnte Johann Friedrich kurzer Hand ab[3]. Nur Rudolf August fand sich in Burgdorf, wo die Minister tagten, mit Georg Wilhelm zusammen und resolvirte sich sein Contingent zu verdoppeln, also 4000 Mann zu dem Gesammtheer seines Hauses zu stellen[4].

Die einzige Concession, zu der sich Johann Friedrich herbeiließ, war die Vereinbarung einer Gesammtschickung nach Münster, an der auch Osnabrück neben Celle und Hannover theil haben sollte. Indem man sich einigte, sowohl die Auslieferung der hörterschen Unruhstifter als auch die Zurückziehung der wolfenbüttelschen Garnison nur unter gewissen Einschränkungen und Garantien zuzugestehn, alle sonstigen Streitigkeiten aber einstweilen bei Seite zu setzen, hoffte man durch einen Provisionalvergleich zum Ziele zu kommen[5].

Auch dies geringe Resultat drohte an dem Präcedenzstreit zu scheitern, ob bei dieser Gesandtschaft Johann Friedrich als dem ältern Bruder oder Ernst August als geistlichem Fürsten der Vorrang gebühre. Obgleich sich nämlich die fürstlichen Brüder am 2. Februar 1668 zu Lüneburg dahin verglichen hatten, daß bei Gesammtschickungen des fürstlichen Hauses die Deputirten des ältern Bruders den Vortritt haben sollten, glaubte Ernst August in diesem Fall seinem Stifte die Präcedenz wahren zu müssen, während Johann Friedich auf dem Lüneburger Vergleiche bestand[6]. Um keine Weiterungen zu machen, sah deshalb Ernst August von der ihm an-

1) Cell. Protokoll über die Conferenz des Gesammthauses, act. Burgdorf, 27. Nov. bis 3. Dec. 1670; anwesend von Celle Schütz und Kammersekretär Bacmeister, von Hannover Eltz und Witte, von Wolfenbüttel Heimburg und Söhlen. Relationen des Kanzlers Schütz, dat. Burgdorf, 26. bis 29. Nov. 1670.

2) Schütz an Georg Wilhelm, dat. Burgdorf, 27. u. 28. Nov. 1670.

3) Johann Friedrich an Georg Wilhelm, dat. Hannover, 28. u. 30. Nov. 1670.

4) Die cellische Regierung an die wolfenbüttelsche, dat. Celle, 4. Dec. 1670.

5) Das Concept der Instruction ist von sämmtlichen in Burgdorf anwesenden Räthen unterzeichnet.

6) Johann Friedrich an Georg Wilhelm, dat. Hannover, 3. Dec. 1670.

getragenen Betheiligung an der Mediation ab[1]) und entschloß sich durch separate Gesandtschaft seinen Brüdern zu secundiren[2]).

Für die so mühsam vereinbarte Gesammt-Mediation war allerdings die Aufnahme, die inzwischen Johann Friedrich's Deputirter Witzendorf in Münster gefunden hatte, wenig ermuthigend. Seine Bezugnahme auf das „große Dessein" der französischen Allianz, die Graf Wilhelm von Fürstenberg vorbereitete, hatte beim Bischof ebenso wenig verfangen wie sein Appell an die „freundbrüderliche Cordialität", die seinen Herrn mit dem Bischof verband.

Daß die Erbverträge des fürstlichen Hauses Johann Friedrich in die üble Lage brächten, „zwischen Freunde von Geblüte und Gemüthe stehen zu kommen", konnte allerdings dem Bischof nach den Erfahrungen des Jahres 1665 nicht Eindruck machen; er replicirte, daß die Brüder ja schon einmal uneins gewesen wären. Eben deshalb wirkte auch die Erörterung nicht, daß infolge eines Bruchs mit Wolfenbüttel auch „das Haus Celle, welches sonst auf guten Weg zur Conjunction am großen Dessein gebracht werden möchte, ganz wunderliche principia fassen könnte." Selbst die Erörterung war vergeblich, daß der Eintritt in die Tractaten den Vorwand zu fortdauernden Werbungen aufrecht erhalten und den Generalstaaten die Berufung auf den Clever Frieden abschneiden werde. Christof Bernhard war voll von den neuen Anschlägen gegen Holland und durchschaute die Beziehungen, die Georg Wilhelm dort unterhielt. Ja, er zweifelte gar nicht, daß der ganze Handel in Höxter am cellischen Hofe eingerührt sei: „es wäre ein formirtes Dessein, und steckete der director consiliorum zu Celle — so nannte er den Grafen Waldeck — der ihm feind sei, darunter; den Herzog Rudolf August gebrauchte man so dazu als ein Instrument." Er empfand daher die wolfenbüttelsche Einmischung geradezu als eine persönliche Beleidigung: „er sei zwar ein geborener Edelmann, aber auch ein Fürst, seine Reputation wäre ihm lieb"; Höxter bedürfe keines Beschützers; es sei seine Landstadt, die durch den wolfenbüttler Geheimen Rath Söhlen zur Rebellion aufgewiegelt sei.

Alle Einwendungen Witzendorf's brachten ihn hiervon nicht ab; seine Farbe wechselte, seine Stimme und Gebärden wurden erregt, so oft er auf die Stadt zu sprechen kam. Es gab für ihn keine andere Präliminarien als die „absolute, unconditionirte Evacuation" der Stadt: „Tractaten wären Verleitung; ... man sollte ihm Wolfenbüttel einräumen, dann wollte er über Schimpf und Schaden erst tractiren; ... Herzog Rudolf August wäre sein Vasall, ... er sollte und müßte heraus"; kämen nur Mediatoren

1) Georg Wilhelm an Rudolf August, dat. Celle, 7. Dec. 1670.
2) Instruction Ernst August's für Hammerstein, dat. 7. Dec. 1670.

genug herzu, so wolle er sich schon wegen Celle und Osnabrück sichern; „er müßte einmal den Rücken frei haben, sollte auch das große Dessein darüber ganz stecken bleiben“[1]).

Dieser Abfertigung des hannoverschen Gesandten entsprach der Bescheid, den Georg Wilhelm auf die Ankündigung seiner Theilnahme an der Mediation erhielt: wenn der Herzog von Wolfenbüttel „Stadt und Stift Corvei wirklich geräumt und alles in vorigen Stand wiederum gesetzt haben würde“, alsdann solle „die anerbotene Gesandtschaft ad tractandum super satisfactione und übrigen Differentien“ angenommen werden[2]).

Daß die Herzoge auch nach solchem Bescheide an der Gesammtschickung nach Münster festhielten, bezeugt in der That, wie die neue Instruction für ihre Gesandten sich ausdrückt, ihre „Begierde zu Ruhe und Friede, auch gutem Vernehmen mit S. Ld. dem Bischof und dem Stift.“ Selbst wenn der Bischof auf seiner Meinung beharren und vor Räumung der Stadt Höxter nichts von Tractaten hören wollte, sollten die Gesandten „sich nicht sofort irr machen lassen“, sondern sowohl wegen der Evacuation der Stadt als auch wegen der Amnestie der Tumultuanten Temperamente vorschlagen. Aber selbst Johann Friedrich faßte jetzt doch wenigstens die Eventualität eines Bruchs ernstlich ins Auge. Auf seinen Antrieb wurde den Gesandten die Weisung mitgegeben, wenn keine Hoffnung auf gütlichen Ausgleich mehr übrig bleibe, bei ihrem Abschied zu erklären, „daß daraus nicht anders dann die Zerrüttung der zwischen dem fürstl. Hause und des Herrn Bischofs Ld. gepflogenen guten Vertraulichkeit und Freundschaft zu vermuthen, und leicht zu erachten, daß Unser fürstliches Haus in dieser gemeinsamen Sache vermöge der Erbverträge zusammen treten und seine iura mit allem Nachdruck zu mainteniren ohne Zweifel bedacht sein werde“[3]). Hiernach war an Johann Friedrich's Assistenz nicht mehr zu zweifeln, er erklärte sich zu einem Contingent von 3000 Mann für den Kriegsfall bereit und traf in Hameln und Einbeck die erforderlichen Maßregeln zum Schutz der Weserlinie[4]). Eine persönliche Besprechung der Herzoge, die auf Johann

---

1) Aufzeichnung Witzendorf's über seine vier Audienzen beim Bischof am 1., 2., 3. Dec. 1670, praesentat. Hannover 8/10. Dec. 1670. Relation Witzendorf's, dat. Coesfeld, 3/13. Dec. 1670.

2) Christof Bernhard an Georg Wilhelm, dat. Ludgersburg, 10. Dec. 1670.

3) Die erste Instruction wurde auf der oben behandelten Ministerialconferenz am 7. December festgestellt. Die zweite, dat. 13. Dec. 1670, ist auf einer neuen Conferenz des Gesammthauses zu Burgdorf vereinbart; ebenso ein Nachtrag, dat. 14. Dec. 1670.

4) Cell. Protokoll über die Conferenz des Gesammthauses, act. Burgdorf, 10 bis 14. Dec. 1670; anwesend von Celle Schütz und Sekretär Bacmeister, von Hannover Witte, von Wolfenbüttel Heimburg. Berichte des Kanzlers Schütz an Georg Wilhelm, dat. Burgdorf, 12—14. Dec. 1670.

Friedrich's Antrieb[1]) in Burgdorf stattfand, vollendete das Einvernehmen: man beschloß ein Heer von 12000 Mann aufzustellen und trug auf Georg Wilhelm's Vorschlag dem Grafen von Waldeck den Oberbefehl an[2]).

Gleichwohl gab man noch keineswegs die Hoffnung auf den Erfolg der diplomatischen Bemühungen auf. Denn einestheils lag die Berechnung nahe, daß die Eintracht des fürstlichen Hauses den Bischof alteriren würde, da derselbe sichtlich bestrebt war, den Wolfenbüttler zu isoliren. Wurde doch, wie vorher Johann Friedrich, so jetzt Georg Wilhelm vom Bischof ersucht, sich nicht in die höxtersche Sache zu mischen[3]), und der Abgesandte, den Ernst August zur Unterstützung der hannover-cellischen Mediation nach Münster entsandte, erhielt[4]) dort den gleichartigen Bescheid: Ernst August möge sich in die Sache nicht mengen, des Bischofs Gnaden „hätten es mit Herzog Rudolf Augusto allein zu thun, wollten ihre Ohrfeige revangiren und sich nachgehends vertragen"[5]). Andrerseits aber stand zu hoffen, daß wenn der Bischof auch vor dem Gesammthause Braunschweig nicht zurückschrecken würde, andere Potenzen nicht still sitzen würden.

Sechstes Kapitel.

Hollands Einmischung und die Verschärfung des Höxterschen Streits.

Es konnte nicht anders sein als daß die Generalstaaten jede münstersche Rüstung mit scheelen Augen verfolgten. Obgleich der Bischof der erste war, der im Haag anmeldete, daß er nur um der Höxterschen Sache willen 1200 Mann anwürbe[6]), kam doch der Rathspensionär de Witt dem Resi-

---

1) Georg Wilhelm an Johann Friedrich, dat. Celle, 16. Dec. 1670.

2) Georg Wilhelm an Graf Georg Friedrich von Waldeck, dat. Burgdorf, 24. Dec. 1670. Cell. Protokoll über die Ministerialconferenz des Gesammthauses, act. Burgdorf, 22. u. 23. Dec. 1670; anwesend von Celle Grapendorf und Schütz, von Hannover Eltz, von Wolfenbüttel Heimburg und Münchhausen.

3) Dies Gesuch überbrachte Schmiesing und Zurmühlen nach Celle; Credititve, dat. Münster, 12. Dec. 1670; die Antwort Georg Wilhelm's die die Hoffnung auf friedlichen Ausgleich ausdrückte, erhellt aus einem Schreiben Georg Wilhelm's an den Grafen von Waldeck, dat. Celle, 20. Dec. 1670.

4) Instruction Ernst August's für Hammerstein, dat. 7. Dec. 1670.

5) Relation Hammerstein's, dat. Iburg, 14/24. Dec. 1670.

6) Diar. Europ. XXIII, 218 (Nov. 1670), 298 (Dec. 1670).

denten Georg Wilhelm's und Ernst August's, Abraham von Wicquefort, mit der Erklärung entgegen, daß man niemals für die münsterschen Interessen eintreten werde. Er regte sogleich eine Erneuerung des Vertrags von 1665 im Sinne einer gegenseitigen Garantie der Herzoge und der Staaten an und bat nur um eine genaue Klarstellung der Rechtsfrage im Hörterschen Streit[1]). Georg Wilhelm setzte nun zwar dem Gedanken einer nicht genau befristeten Wechsel-Garantie der beiderseitigen Territorien eine vorsichtige Zurückhaltung entgegen, hielt aber doch die Offerte warm und gab dem Rathspensionär zu verstehen, daß sich die Staaten vor allen Dingen wiederum zu den 1665 stipulirten Subsidien erbieten müßten[2]). Für die Staaten aber, die sich sofort zur Einlegung ihrer Mediation in Münster und Wolfenbüttel entschlossen, kam zunächst alles auf die Rechtsfrage der lüneburgischen Schutzhoheit über die bedrängte Weserstadt an[3]). Denn das Manifest über den Friedbruch Rudolf August's, das der Bischof von Münster in jenen Tagen[4]) verbreiten ließ[5]), forderte eine Widerlegung heraus. Georg Wilhelm wartete deshalb die Publication der wolfenbüttelschen Gegenschrift, die erst im Gesammthause Braunschweig einer genauen Prüfung unterzogen wurde[6]), nicht ab, sondern ließ sofort durch Wicquefort das Recht seines Hauses den Generalstaaten entwickeln[7]).

Damit aber präjudicirte er der Unparteilichkeit seiner Mediation. Der Bischof, der trotz seines Festhaltens an der Forderung bedingungsloser Räumung der Stadt Hörter, die hannover-cellische Mediationsgesandtschaft höflich aufgenommen und zur Unterhandlung mit seinen Räthen zugelassen hatte, ließ ihnen nach Verlesung von Wicquefort's Eingabe erklären: „S.

---

1) Wicquefort an Herzog Georg Wilhelm, dat. de la Haye, 7. Dec. (n. st.) 1670. Mit diesem Bericht kreuzte sich der Auftrag Georg Wilhelm's an Wicquefort, dat. Celle, 29. Nov. (v. st.) 1670, dem Rathspensionär die Tragweite der münsterschen Rüstungen vorzustellen und anzufragen, „was die Herren Staaten auch ihres Orts zu Erhaltung gemeinnütziger Intention beizutragen gemeinet."

2) Georg Wilhelm an Wicquefort, dat. Celle, 6., 16. u. 27. Dec. 1670.

3) Wicquefort, dat. de la Haye, 20. Dec. 1670 (gedruckt in Wicquefort's histoire des provinces unies, IV, 255 ff., Anm.) und 6. Jan. 1671 (26. Dec. 1670).

4) Die Zeitbestimmung (Dec. 1670) ergiebt sich aus Diar. Europ. XXIII, 261.

5) Manifest und Bericht, „was gestalt des Herrn Rudolf Augusti . . Dchl. die fürstl. corveysche Municipal-Stadt Hörar friedbrüchiger Weise invadirt und mit gewaffneter Hand in offenbarer Rebellion wider die landesfürstliche Obrigkeit fomentirt. Gedruckt 1670. 4°. Man findet die Schrift im Appendix des Diar. Europ. XXII (1671).

6) Dieselbe erschien unter dem Titel: Gegen-Manifest und in iure et facto gegründeter Bericht, daß Herrn Rudolf Augustn . . . Dchl. bei denen motibus, so in Dero erbschutzverwandten Stadt Hörer durch der fürstl. corveyschen Regierung verübte Pressuren entstanden, ihre Guarnison hineinzulegen höchst befugt rc. Gedruckt 1671. 4°. Man findet dieselbe im Diar. Europ. a. a. O.

7) Wicquefort's Exposé trägt die Überschrift: exhibitum et lectum 24. Dec. 1670

fürstl. Gn. könnten nicht begreifen, wie höchstbesagte Herrn Herzoge sich dieser Sache als Mediatores annehmen und doch dergleichen Dinge wider Dieselbe im Haag vorbringen ließen«[1]). Er lehnte deshalb nicht nur schroffer als zuvor jede Discussion der cellisch-calenbergischen Vermittlungsanträge ab, auf der bedingungslosen Räumung von Höxter bestehend, sondern schritt dazu fort, die Herzoge offen der Parteilichkeit zu zeihen und auf Grund des Lehns, das sie vom Stifte Corvei trugen, an die Pflicht der Vasallenhülfe gegen ihren friedbrüchigen Vetter von Wolfenbüttel zu erinnern[2]). Noch verstärkt wurde diese Herausforderung durch identische Schreiben, in denen der Bischof sowohl von Georg Wilhelm als auch von Johann Friedrich umgehend eine runde schriftliche Erklärung verlangte, ob sie ihn an der Recuperation seiner Stadt Höxter hindern und dem Herzog Rudolf August beistehen wollten; sonst würde er sie für »participant« halten und die natürlichen Defensionsmittel zur Hand nehmen müssen[3]).

Mit demselben Bescheide, vor der Räumung von Höxter auf keine Tractaten eingehen zu können, wies Christof Bernhard die Mediation, die ihm die Generalstaaten durch den Deputirten Cunäus anbieten ließen, zurück[4]). Die braunschweigischen Herzoge, denen der Rittmeister Brasser das gleichartige Anerbieten überbrachte[5]), ließen sich allerdings dasselbe gefallen[6]). Aber Johann Friedrich willigte nur unter der Bedingung ein, daß auch Frankreichs Vermittlung nicht zurückgewiesen werden dürfte[7]). Wenn daher auch Rudolf August nicht abgeneigt war sich mit den Generalstaaten ebenso zu setzen, wie es Georg Wilhelm und Ernst August in der Quadrupelallianz gethan hatten, so stand doch die Rücksicht auf Johann

---

1) Gesammtrelationen des Landraths W. H. Spörcke, des Hofraths H. Speirmann und des Hofraths Chr. Lampadius, dat. Münster, 20. u. 24. Dec. 1670 (st. v.).

2) Gesammtrelationen Spörcke's, Speirmann's und Lampadius, dat. Münster, 30. Dec. 1670/9. Jan. 1671, 3/13., 8/18., 12/22., 14/24. Jan. 1671.

3) Christof Bernhard an Georg Wilhelm (und Johann Friedrich), dat. Münster, 13. (23.) Januar 1671.

4) Diar. Europ. XXIII, 262 unter Dec. 1670; ab Alpen, vita Christof. Bernhardi VI, § 48.

5) Seine Proposition ist mitgetheilt im Diar. Europ. XXIII, 179 f.

6) Resolution Rudolf August's im Namen des Gesammthauses, dat. Wolfenbüttel, 13. Jan. 1671.

7) Diese Sache wurde schon auf der oben angezogenen Ministerialconferenz des Gesammthauses zu Burgdorf am 22. u. 23. Dec. 1670 discutirt, sodann auf den beiden unmittelbar nachfolgenden Conferenzen, über die ebenfalls umfangreiche cellische Protokolle vorliegen: 1. act. Braunschweig, 6—10. Jan. 1671; anwesend von Celle Schütz und Bacmeister, von Wolfenbüttel Höpfner, Heimburg und Söhlen; von Hannover Witte; 2. act. Burgdorf, 10—12. Jan. 1671; anwesend von Celle Schütz, von Hannover Eltz und Witzendorf, von Wolfenbüttel Heimburg.

Friedrich's Beziehungen zu Frankreich den Chancen einer staatischen Allianz im Wege.

Das umgekehrte Verhältniß trat bei dem französischen Allianzproject ein, in das Johann Friedrich ebenso wie der Bischof von Münster eingeweiht war.

Den beiden Grafen Fürstenberg, die in der Verwirklichung dieses Projects ihre Ehre und ihren Vortheil suchten, kam alles darauf an, den einen Alliirten nicht über dem andern zu verlieren. Sie bewirkten zunächst daß der Kurfürst von Köln seine Mediation in Wolfenbüttel und Münster anbot[1]. Allein diese wurde nur lüneburgischer Seits acceptirt[2], Christof Bernhard hielt dieselbe Präliminarforderung dagegen, mit der er die Generalstaaten zurückgewiesen hatte[3]. Und vergebens versuchten ihn die Fürstenberger durch Hervorkehrung der Interessen der hohen Politik, die sie in Frankreichs Diensten trieben, zur Nachgiebigkeit zu bewegen. Der Starrsinnige weigerte sich die Räumung von Höxter durch die von den Lüneburgern begehrte Zusage zu erkaufen, selber bis zum Austrag des Streits keine Garnison hineinzulegen. Vergebens war die Vorstellung, daß die große Allianz gegen die Staaten nicht um einer so armseligen Stadt willen Einbuße leiden dürfe, zumal dieser Ort wegen des von Johann Friedrich behaupteten Weserpasses keine strategische Bedeutung für die geplante Allianz habe. Der Bischof bestand auf seinem Kopf: nur wenn Johann Friedrich dafür einstehe, daß sich sein Vetter und seine Brüder nicht mit den Generalstaaten im bevorstehenden Kriege verbänden, wolle er um der großen Allianz willen allen Wünschen sich fügen; könne Johann Friedrich dies nicht, so dürfe derselbe auch im gemeinsamen Interesse nichts dagegen haben, wenn münstersche Truppen die Stadt Höxter und ihren Weserpaß beherrschten[4].

Angesichts dieser Hartnäckigkeit des Bischofs bestürmten daher die Fürstenberger den Hannoveraner mit ihren Bitten, um Höxter willen es nicht zum äußersten kommen zu lassen[5]. Sollte nicht auch dieser Convertit von seinem Hause, dem gegenüber er eine eigenwillige Selbständigkeit bewahrte, gänzlich hinweg und zu seinen Glaubensgenossen hinübergezogen

1) Dat. Mainz, 1670; dat. Bonn, 9. Dec. 1670.

2) Auf der angezogenen Conferenz zu Burgdorf, act. 22.—23. Dec. 1670.

3) Christof Bernhard an Franz von Fürstenberg, dat. Münster, 18. Dec. 1670.

4) Franz von Fürstenberg an den Bischof von Münster, dat. Bonn, 24. Dec. 1670, Wilhelm von Fürstenberg an Herzog Johann Friedrich, dat. Saverne, 4. Jan. 1671 in Beilage III, 30 und in der Zeitschrift des Histor. Vereins für Niedersachsen, 1886, S. 293 ff. 250 f.

5) Wilhelm von Fürstenberg a. a. O.; Franz von Fürstenberg an Johann Friedrich, dat. Bonn, 24. u. 27. Dec. 1670, 11. Jan. 1671.

werden können? Von dieser Seite her suchte der päpstliche Nuntius in Köln, Buonvisi, auf ihn einzuwirken[1]).

Allein wo auch immer Johann Friedrich andere Wege gieng als die übrigen Fürsten seines Geschlechts, vergaß er doch nie das dynastische Interesse des Gesammthauses Hand und Hand mit ihnen hochzuhalten. Die bedingungslose Zurückziehung der wolfenbüttelschen Garnison aus Hörter war aber gleichbedeutend mit einem Verzicht des Gesammthauses auf seine altbegründete Schutzhoheit über die Stadt. Daher wies Johann Friedrich nicht nur den kirchlichen Appell des Nuntius und die haltlosen Allianzberechnungen des Bischofs und der Fürstenberger zurück[2]), sondern wandte sich zugleich an den Herzog von Enghien, um auch dem französischen Hofe gegenüber seine Ehre, sein Interesse und seine Pflichten für solidarisch mit denen seiner Verwandten zu erklären und Frankreichs Autorität zur Einschränkung des kriegslustigen Bischofs anzurufen[3]).

Johann Friedrich's Gedanke war hierbei, womöglich sein ganzes Haus in das französische Fahrwasser, das ihm selbst so sehr behagte, hineinzuziehn. Und er setzte durch sein unablässiges Bemühen[4]) wenigstens das eine durch, daß endlich auf die von Chassan angebotene französische Mediation in der Reinsteinschen Sache eine Antwort ertheilt ward, welche die dargebotene Hand nicht ganz hinwegwies und somit das ganze braunschweigische Haus dem Könige von Frankreich gegenüber gewissermaßen engagirte[5]). Sein Herzenswunsch war daher, eine Ruptur mit Münster zu verhüten. Denn gelang es, den Hörterschen Conflict seines nachhaltigen Ernstes zu entkleiden, so konnte derselbe den besten Vorwand abgeben, um den Generalstaaten und aller Welt den eigentlichen Zweck sowohl der von Frankreich betriebenen Tractaten als auch der Hand in Hand damit fortschreitenden Rüstungen zu verbergen[6]), auf die es dem Herzog vornehmlich ankam. Denn eben dadurch hoffte er sich eines particularen Vortheils im Gefolge des Königs von Frankreich ebenso selbstverständlich zu versichern, wie bisher seine Brüder im Dienste der Generalstaaten. Indem er

---

1) Buonvisi, Erzbischof von Thessalonich, an Herzog Johann Friedrich, dat. Köln, 26. Dec. 1670, Beilage III, 25.

2) An den päpstlichen Nuntius, dat. Hannover, 29. Dec. 1670; an Wilhelm von Fürstenberg, dat. 8/18. Jan. 1671; im Anhange unter III, 26 u. 31.

3) Johann Friedrich an den Herzog von Enghien, dat. 13/23. Dec. 1670, 2. und 17. Jan. 1671, im Anhange unter III, 24, 28 u. 29.

4) Auf den oben angezogenen Conferenzen des Gesammthauses besonders 27. Nov. u. 22. Dec. 1670.

5) Johann Friedrich an Duc d'Enghien, dat. Hannover, 17. Jan. 1671, im Anhange unter III, 29.

6) Johann Friedrich an Prinz Wilhelm von Fürstenberg, dat. Hannover, 8/18. Jan. 1671, im Anhange unter III 31.

daher die von der Princesse Palatine angeknüpften Fäden aufnahm, erörterte der Herzog von Enghien, daß er, wenn die Höxtersche Unruhe wegfiele, entweder Frankreichs Interessen zuwider entwaffnen oder aber französisches Geld zum Unterhalt seiner Truppen erhalten müsse[1]).

Am französischen Hofe aber hatte die Zurückhaltung befremdet, die das braunschweigische Gesammthaus der französischen Vermittelung des Reinstein'schen Conflicts entgegen gesetzt hatte[2]). Und jedenfalls war mit der hannoverschen Dienstfertigkeit für sich allein dem großen Allianzprojecte, das man verwirklichen wollte, wenig gedient. Johann Friedrich erhielt daher sowohl vom Herzog von Enghien wie vom Prinzen Wilhelm von Fürstenberg den warnenden Bescheid, sich nicht mit den Rüstungen zu überstürzen; die Chancen eines Separatvertrags seien gerade jetzt nicht günstig, erklärte der eine[3]), und der andere meinte, die deutschen Fürsten könnten vielleicht selbst eine Vertagung des holländischen Kriegs für erstrebenswerth erachten[4]). So wirkten die divergirenden Neigungen der braunschweigischen Fürsten auf einen Abschluß Frankreichs mit Johann Friedrich ebenso retardirend ein, wie auf eine nähere Verbindung der andern Herzoge mit den Generalstaaten.

Dazu kam, daß sich die Krone Schweden, trotzdem ihre Stader Regierung anfangs nicht wenig zur Übereilung des Wolfenbüttlers beigetragen hatte, dennoch jetzt hinter das Plenum des niedersächsischen Kreises, der eben damals in Lüneburg zu tagen begann, vorsichtig zurückzog[5]). Der Kurfürst von Brandenburg aber, der aus seiner nachwirkenden Verstimmung über die Reinsteinsche Sache kein Hehl machte, empfahl dringend gütlichen Vergleich in dem gleichartigen Conflict mit Münster[6]) und verband sich mit dem Pfalzgrafen von Neuburg als mitausschreibendem Fürsten des westfälischen Kreises zur Anerbietung „treumeinender Mediation[7])."

So stand das braunschweigische Haus ohne Bundesgenossen dem Bischof

---

1) S. Anmerkung 3 S. 134.

2) Ich erschließe dies aus dem Schreiben des Herzogs von Enghien an Johann Friedrich vom Januar 1671, im Anhange unter III, 27.

3) Duc d'Enghien a. a. O.

4) Prinz Wilhelm von Fürstenberg an Herzog Johann Friedrich, dat. Saverne, 4. Januar 1671, (Beilage III, 30).

5) Der wolfenbüttelsche Consistorialrath und Geheimsekretär Justus Bötticher, welcher nach Stade geschickt war, um sich der Assistenz gegen Münster zu versichern, wurde durch Resolution, dat. Stade, 8. Dec. 1670, auf den Kreistag und auf Dehortationsschreiben vertröstet. Es liegt mir darüber nur die nichtssagende Recreditive der Stader Regierung für den Celler Hofrath W. L. Fabricius, dat. Stade, 5. Jan. 1671, sowie das Schreiben der kreisausschreibenden Fürsten Niedersachsens (Schweden u. Magdeburgs), dat. 17. Jan. 1671 vor.

6) An Georg Wilhelm, dat. Cölln a/Spree, 4. Jan. 1671.

7) Friedrich Wilhelm u. Philipp Wilhelm an Rudolf August, dat. 7/17. Jan. 1671.

von Münster gegenüber, der nur auf den günstigen Augenblick zum Losschlagen wartete. Hatte derselbe doch sein Heer binnen kurzer Zeit um 9 Regimenter vermehrt[1]), so daß man 30 Regimenter zählte und den Gesammtbestand ohne den Ausschuß des Landvolks auf mehr als 30000 Mann schätzte[2]); zum Feldhauptmann war der Obrist Nagel bestellt. Dazu stand der Bischof im Einvernehmen mit dem vertriebenen Herzog Karl von Lothringen, der ihm sofort drei Reiterregimenter überließ[3]). Hätten nicht anhaltende Regengüsse alle Wege aufgeweicht und einen Vormarsch unmöglich gemacht, so wäre Höxter und das Herzogthum Wolfenbüttel von den Münsterschen über den Haufen gerannt[4]).

Denn nicht nur beim Beginn des Conflicts war Stadt und Land dem kriegsgewaltigen Nachbar gegenüber wehrlos; es bedurfte auch in der Folge energischen Drucks von cellischer und hannoverscher Seite, um Rudolf August zu ernstlicher Gegenwehr vorwärts zu treiben[5]). Erst im December fieng er an die seit dem großen Kriege niederliegenden Wälle von Höxter zu repariren und Pallisaden herbeizuschaffen; über 1000 Menschen arbeiteten jetzt täglich an der Fortification[6]). Aber die ganze Besatzung zählte auch jetzt nur 1000 Mann zu Fuß unter Obrist Brüggen und 500 Reiter unter Obrist Ziegel[7]), schweres Geschütz fehlte noch ganz und war auch bei dem Zustand der Wege nicht hineinzuschaffen, so daß die Stadt und das Herzogthum Wolfenbüttel nur zu decken war, wenn die Feldarmee des Gesammthauses an der Weser Stellung nahm[8]).

Aber auch die andern Herzoge thaten es dem Bischof von Münster weder an Raschheit noch an Umfang der Rüstungen gleich. In Hameln lagen zwar 5000 Mann hannoverschen Volks mit schwerem Geschütz, und wie die hannoverschen, so wurden die cellischen Amtshäuser und Straßen nach dem Stifte Münster zu mit dem Ausschuß des Landvolks und Dragonern belegt und in Vertheidigungsstand gesetzt[9]). Allein die Feldarmee, für die das Gesammthaus nur 12000 Mann in Aussicht genommen hatte, ließ sich nicht nur, infolge des Regenwetters, nur langsam an der Weser

---

1) Alpen, Christoph Bernhard VI, § 48 (II, 154 f.).

2) Diar. Europ. XXIII, 345 f. Nach dem Bericht der lüneb. Mediationsgesandten, dat. Münster, 16/26. März 1671, schätzte der holländ. Gesandte in Münster das Heer des Bischofs auf mehr als 20000 Mann.

3) Johann Friedrich an Duc d'Enghien, dat. Hameln, 2. Januar 1671 Beilage III, 28.

4) Dies Urtheil Alpen's a. a. O. findet durch die hannoverschen Acten Bestätigung.

5) S. oben S. 126 f.

6) Nach dem oben angezogenen Protokoll, act. Braunschweig, 6.—10. Jan. 1671.

7) Diar. Europ. XXIII, 345.

8) Nach dem angezogenen Protokoll und der Relation des Kanzlers Schütz an Georg Wilhelm, dat. Braunschweig, 6. Jan. 1671. 9) Diar. Europ. a. a. O.

concentriren[1]), sondern blieb auch im günstigsten Fall beträchtlich hinter der Zahl der feindlichen Streitkräfte zurück[2]).

Überdies war das fürstliche Haus durch seine Vielköpfigkeit und die getrennte Lage seiner Territorien dem einheitlichen Willen und Machtbestande des Bischofs gegenüber im Nachtheil. Denn wenn auch angesichts der wachsenden Gefahr Johann Friedrich seinen Brüdern mancherlei concedirte und insbesondere die Bedenken, die er gegen die Theilnahme Ernst August's am Waffengange des Gesammthauses hegte, fallen ließ, so war doch das Contingent von 2000 Mann, das Ernst August anerbot, nicht beträchtlich genug, um die Nachtheile aufzuwiegen, welche die exponirte Lage des Osnabrücker Bisthums, insbesondere des nur schwach befestigten und schwach besetzten Platzes Wiedenbrück, in sich schloß; man bekam damit, wie die Calenberger Räthe sich ausdrückten, anstatt des einen schwachen Hörter noch ein anderes, weit entlegeneres hinzu und fand es daher angezeigt, daß Ernst August mit seiner Action gegen Münster bis zum gegebenen Augenblick zurückhalte[3]).

Für das Commando des Gesammtheers hatte Georg Wilhelm gleich anfangs den Grafen Georg Friedrich von Waldeck in Aussicht genommen, der im Erbfolgestreit und im bremischen Kriege seine rechte Hand gewesen[4]) und dann zum Oberfeldherrn des in der kurkölnisch-lüneburgischen Allianz vom December 1666 vorgesehenen Bundesheeres bestellt worden war[5]). Eben diese Beziehung aber war es, weshalb nicht nur der Bischof von Münster den Grafen für den Anstifter des ganzen Haders hielt[6]), sondern

1) Georg Wilhelm an Joh. Friedrich u. an Rudolf August, dat. Celle, 13. Jan. 1671.

2) Georg Wilhelm beauftragt noch am 13. Jan. 1671 Wicquefort, dem Rathspensionär zu erklären, „daß Wir uns gar nicht in solchem Stand finden, woraus Wir uns nicht, dann mit anderer Hülfe, salviren könnten". In der Instruction für ebendenselben, dat. 16. Jan. 1671, heißt es dagegen: „Zu besserer Information bleibt euch ohnverhalten, daß die Münstersche Mannschaften an der Zahl die unsrige nicht wenig übertreffen." Eine bestimmte Angabe über die Zahl des lüneburg. Gesammtheers liegt mir nicht vor; dasselbe wird aber schwerlich die gleich zu Anfang vereinbarte Ziffer beträchtlich überstiegen, allerhöchstens die Zahl der nachher gegen die Stadt Braunschweig concentrirten Armee, 20000 Mann, erreicht haben. Im Diar. Europ. XXIII, S. 342 werden die in und um Hameln im Januar 1671 concentrirten Truppen des Gesammthauses auf 16—17000 Mann geschätzt. Dieselbe Schätzung findet sich in der Relation des französ. Gesandten Verjus, dat. Hameln, 8. März 1671 (16—17000 Mann). Der schwed. Gesandte E. v. Pufendorf, der anfangs April in Hameln und Celle war, berichtet, daß ihm gegenüber der Bestand des Gesammtheers von Graf Waldeck auf 15—16000 Mann, von Ofener auf 20000 Mann, von Obrist Meyer auf 11—12000 Mann angegeben sei. (Archiv des Vereins für Bremen und Verden, V, 490).

3) Nach dem oben angezogenen Protokoll über die Conferenz des Gesammthauses, act. Burgdorf, 10—12. Jan. 1671; Osnabrück wurde dabei durch den Kammerpräsidenten von Hammerstein vertreten. 4) Band I, 411 ff., 485 ff. 5) Band I, 517.

6) S. oben S. 128..

auch Johann Friedrich an dem Vorschlag seines Bruders Anstoß nahm; sein Auge war auf den Grafen Hohenlohe gerichtet, der einst das rheinbündische Heer geführt hatte[1]). Die Bedingungen aber, die Waldeck stellte, waren auch dem Wolfenbüttler nicht genehm[2]); verlangte doch der Graf, der das übereilte Unternehmen gegen Münster mißbilligte[3]), außer denselben Competenzen, die ihm in der kurkölnisch-lüneburgischen Particular-Allianz zugesichert waren, auch noch Schadloshaltung für den Ruin, den die Feindschaft des Bischofs über sein Territorium bringen könnte[4]). Das erste Bedenken war freilich hinfällig, da jene Particular-Allianz erloschen und ein anderweitiges Engagement zwischen dem Grafen und dem Herzog nicht vorhanden war[5]); seine Forderungen aber mußte der Graf reduciren, als sein Kanzler Vietor mit den Ministern des braunschweigischen Gesammthauses die Capitulation unterhandelte[6]). Um bei Johann Friedrich keine „Suspicion wegen des Religions-Interesses" aufkommen zu lassen, und um zu verhüten, daß ein anderer „nicht so Reichsgesinnter" das Commande erhielt, gab Waldeck nach und stellte sich den Herzogen zur Verfügung[7]).

Auf Johann Friedrich's Drängen[8]) nahmen dieselben jetzt insgesammt zu Hameln ihr Hauptquartier (19/29. Januar 1671), auch Waldeck wurde dahin entboten[9]) und man war allerwärts auf den Losbruch gefaßt. Ließen doch selbst das Domcapitel und andere Unterthanen des Bischofs unter der Hand zum Angriff auffordern, weil sie überzeugt waren, daß der Bischof, ohne eine gehörige Schlappe empfangen zu haben, das Land nicht zur Ruhe kommen lassen würde[10]). Die Spannung erreichte den Höhepunkt, als Georg Wilhelm und Johann Friedrich nach gebührender Zurückweisung des befremdlichen Ansinnens, mit dem sie der Bischof herausgefordert hatte[11]), ihrer Mediationsgesandtschaft den Befehl ertheilten, sich vom Bischof

---

1) Band I, 328.

2) Kanzler Schütz an Georg Wilhelm, dat. Braunschweig, 6. Jan. 1671; cell. Protokoll über die Conferenz des Gesammthauses, act. Braunschweig, 6.—10. Jan. 1671.

3) An Georg Wilhelm, dat. Arolsen, 10. Dec. 1670, mitgetheilt in der Beil. III, 23. Vgl. Rauchbar-Curtze, G. F. v. Waldeck I, 256.

4) Waldeck an Georg Wilhelm, dat. Arolsen, 30. Dec. 1670, 8. Jan. 1671.

5) Dies wurde zuverlässig versichert auf der Conferenz des Gesammthauses zu Braunschweig, act. 6.—10. Jan. 1671.

6) Auf der Conferenz zu Burgdorf, 10.—12. Jan. 1671.

7) Rauchbar-Curtze, Leben und Thaten Georg Friedrich's von Waldeck I, 256.

8) An Georg Wilhelm, dat. Hannover, 6. Jan. 1671.

9) Georg Wilhelm an Waldeck, dat. Celle, 15. Jan. 1671.

10) So versicherte Kanzler Schütz dem schwed. Gesandten E. v. Pufendorf nach dessen Relation, dat. Stade, 14. April 1671. (Archiv des Vereins für Gesch. von Bremen und Verden V, 491).

11) S. oben, die Antwort wurde auf den Conferenzen zu Braunschweig und Burgdorf festgestellt und von Georg Wilhelm, dat. Celle, 16. (26.) Jan. 1671, vollzogen.

zu verabschieden, falls derselbe sie noch immer nur hinhalte zu Gewinnung der Zeit und Verunglimpfung des fürstlichen Hauses[1]).

Ehe noch diese Weisung eintraf, hatten die Gesandten bereits, nachdem sie die fünfte Woche in Münster hingehalten worden waren, eine kategorische Resolution auf ihre Vermittlungsvorschläge verlangt. Dieselbe erfolgte endlich am 20/30. Januar dahin, daß der Bischof die Mediation zurückwies[2]). Tags darauf wurden die Gesandten noch einmal zur Tafel desselben geladen und nahmen darauf ihren Abschied, um am nächsten Morgen heimzufahren (1. Februar/22. Januar). Da trat, im Moment der Abreise, ein Umschlag in der Haltung des Bischofs ein. Die Gesandten selber berichten[3]) darüber folgendermaßen: „Wie nun aller Anstalt dazu gemacht, die Gutschen vor die Thür geführet und unsere Bagage aufgepacket gewesen, kam der Hofrichter Wiedenbrück zu uns, Abschied zu nehmen. Gegen welchen wir, was gestern zwischen des Hrn. Bischofs fürstl. Gn. und uns vor Discurse gefallen, insonderheit daß Dieselbe von der Ruptur und daß Sie Ew. Dchl. (der Herzoge G. W. u. J. Fr.) Mediation ganz ausgeschlagen, nicht hätte wissen wollen, gedachten. Contestirten nochmals unser Leidwesen über unsere unglückliche Negotiation, und was wir dabei vor Sorge trügen; beklagend, daß keine Temperamente wollten angenommen werden, da es sonst an Evacuation und Restitution der Stadt Hörter nicht mangeln würde. Erbot er sich alsobald nach Hof zu fahren, mit des Hr. Bischofs fürstl. Gn. nochmals zu reden, mit Begehren, wir möchten uns noch ein weinig aufhalten. Eine Stunde hernach, ungefähr umb 9 Uhr, kam er zurück, vermeldend, daß S. frl. Gn. gern sehen wollte, wann wir uns noch einen Tag oder zwei aufhalten und versuchen wollten, ob reputirliche media compositionis zu treffen. . . . So haben wir unser Vorhaben geändert."

Die Tractaten wurden „reassumirt" und führten bei der außerordentlichen Nachgiebigkeit der Mediationsgesandten binnen zwei Tagen zum Entwurf eines Provisional-Vergleichs (25. Januar/4. Februar 1671). Der Herzog von Wolfenbüttel sollte darnach durch seine Vettern verpflichtet werden, die Stadt Hörter unter Vorbehalt der von ihm prätendirten, vom Bischof aber nie zugestandenen Schutzgerechtsame innerhalb 14 Tagen nach Ratification des Recesses zu räumen. Die Haupthandlung über die obschwebenden Differenzen sollte alsdann in Herfort gepflogen und binnen

1) Instruction für Spörcke, Speirmann und Lampadius, vollzogen von Georg Wilhelm und Johann Friedrich, dat. Hannover, 23. Jan. 1671.

2) Relation, dat. Münster, 21./31. Jan. 1671.

3) Postscriptum derselben, dat. Münster, 1. Febr./22. Jan. 1671; der Bericht des Diar. Europ. XXIII, S. 342 f. trifft nur im ganzen zu.

4 Wochen zu Ende gebracht werden. Für diese 6 Wochen wurde Waffenruhe stipulirt. Während derselben wollte der Bischof die Besatzung, die er sofort nach Höxter zu legen sich vorbehielt, auf 150 Mann beschränken, später aber nach freiem Belieben bemessen, und endlich wollte er, der Intercession der Herzoge für Rath und Bürgerschaft nachgebend, die Schuldigen wenigstens nicht wider Recht beschweren[1]). Der Bischof gab also weiter nichts als die begehrte Satisfaction für den wolfenbüttelschen Handstreich auf. Er glaubte freilich damit schon die höchste Nachgiebigkeit bewährt zu haben und erklärte sich zur völligen Restabilirung guten Vertrauens durch Wiederaufnahme der im vorigen Jahre gepflogenen Allianzhandlung bereit[2]).

Dem braunschweigischen Hause aber konnte solcher Vertrag nicht annehmbar sein. Wenn Georg Wilhelm und Johann Friedrich ihren Vetter zur Preisgebung des in Höxter gewonnenen Vortheils ungeachtet der Strittigkeit des Besatzungsrechtes bestimmen sollten, so glaubten sie erwarten zu dürfen, daß der Bischof wenigstens bis zum völligen Austrag aller Differenzen nicht mehr Truppen in die Stadt lege, als er bei dem wolfenbüttelschen Einmarsch darin stehen gehabt (circa 15 Mann). Doch waren sie keineswegs gemeint auf dieser Forderung zu bestehn: sie faßten als weitern Ausweg eine Sequestration der Stadt zu Händen der Bischöfe von Osnabrück und Paderborn ins Auge; wenn der Bischof auch darin nicht willige, wollten sie sich schließlich eine Verstärkung der Besatzung bis auf dreißig Mann gefallen lassen. Bei den Haupttractaten aber müßten nicht nur die zwischen dem fürstlichen Hause und dem Bischof obschwebenden Differenzen, sondern auch die Gravamina der Stadt Höxter abgethan, und drittens allen bei den Unruhen betheiligten Bürgern eine Generalamnestie bewilligt werden. Würde die letztere Forderung vom Bischof abgelehnt, so wollten sie sich schließlich mit einer die edle Vogtei ihres Hauses vor jeder Präjudiz sichernden Clausel des Vertrags begnügen. Wenn der Bischof alle diese Punkte genehm halte, sollte die angeregte Allianz dem Hause Braunschweig willkommen sein[3]). Die Herzoge kamen also dem Bischof auf das friedwilligste entgegen. Ja, auf die erste Nachricht, daß derselbe seine Truppenwerbungen einstelle und seine Forderung im Punkte des Höxterschen Besatzungsrechtes zu moderiren bereit war[4]), erklärten sie sich

1) Relation Spörcke's, Speirmann's und Lampadius', dat. Münster, 25. Jan./4. Febr. 1671. Vgl. Diar. Europ. a. a. O.

2) Vertrauliche Eröffnung gegen Spörcke, wie aus der unten angezogenen Separatinstruction desselben vom 30. Jan. erhellt.

3) Cell. Protokoll über die Conferenzen des fürstl. Hauses, act. Hameln, 29. u. 30. Jan. 1671; anwesend: Schütz, Bacmeister, Grote, v. Heimburg, v. Münchhausen, Söhlen. Instruction Georg Wilhelm's und Johann Friedrich's für sämmtliche Münstersche Gesandte und Separatinstruction für Spörcke, dat. Hameln, 30. Jan. 1671.

4) Relation der braunschw.-lüneb. Gesandten, dat. Münster, 5/15. Febr. 1671.

auch bereit, erforderlichen Falls die Erledigung der Höxterschen Gravamina von dem Programm der Haupttractaten abzusetzen und sie den Deputirten des Bischofs anheimzugeben, wenn nur der Stadt der Recurs an die im Reichsrecht hergebrachten Instanzen offen gelassen würde[1]).

Allein die cellisch-hannoverschen Gesandten waren dem Bischof und seinen Räthen[2]) in keiner Weise gewachsen. Indem Christof Bernhard auf der einen Seite den größten Eifer sich mit dem brauschweigischen Hause aufs engste zu alliiren zur Schau trug[3]) und den Allianzentwurf des vorigen Jahrs zum Gegenstand eingehender Unterhandlungen machte[4]), auf der andern Seite aber nichts weiter concedirte als eine Reduction der Höxterschen Besatzung bis auf 100 Mann, entlockte er den lüneburgischen Mediationsgesandten ein vorschnelles Herauskommen mit den letzten Zugeständnissen, die sie nur im äußersten Falle zu eröffnen berechtigt waren, und nahm dann hiervon den Anlaß, sich in den heftigsten und beleidigendsten Ausdrücken insbesondere über die Erledigung der städtischen Gravamina als eine ganz neue Zumuthung „cruder Dinge" zu entrüsten[5]).

---

1) Cell. Protokoll über die Conferenzen des Gesammthauses, act. Hameln, 8. und 9. Febr. 1671. Instruction, dat. Hameln, 9. Febr. 1571.

2) Die Unterhandlungen wurden geführt mit Hofrichter von Wiedenbrück, Drost Twickel und Hofrath Rave.

3) Gesammtrelation, dat. Münster, 9/19. Febr. 1671: „Es wäre weder die Stadt Höxter noch das ganze Stift Corvei werth, daß derenthalben das fürstl. Haus Braunschweig-Lüneburg und S. Frl. Gn. (Christof Bernhard) mit einander in Krieg gerathen sollten. Sie (Christ. Bernhard) könnte und wollte aber von ihrem Recht nichts vergeben noch entziehen lassen und hätte deswegen der Kirchen schwere Pflichten abgeleget. Sie wüßte wohl, daß viele wären, die Ihr gerne gönneten, daß Sie mit dem Hause Braunschweig-Lüneburg im Unfried geriethe; es wären auch, die gerne sehen, daß Ew. Frl. Drl. Frl. Haus mit S. Frl. Gn. ins Gemenge käme. Denen würden aber die Nasen sehr in den Busen gehen, wenn sie Deroselben Vereinig- und Zusammensetzung erfahren müßten. S. Frl. Gn. verlangeten dieses von Herzen. Wann Sie sich miteinander recht verständen und treulich meineten, würde kein König sein, der sich an ihnen oder ihren Land und Leuten zu reiben unternehmen dürfte" . . .

4) Separatrelation Spörcke's, dat. Münster, 20/10. Febr. 1671.

5) Gesammtrelationen der lüneb. Gesandten, dat. Münster, 10/20., 12/22., 15/25., 17/27., 18/28. Febr., 20. Febr./2. März, 22. Febr. 1671; Instructionen derselben, dat. Hameln, 15. Febr. 1671. Ich hebe nur ein paar Stellen heraus. Rel. vom 17. Febr.: Als die Gesandten verlangen, „daß, dafern die Stadt durch die ausfallende Bescheide oder Sentenzen sich graviret zu sein vermeinen würde, deroselben der Recurs an höhere Gericht und Orte sollte ungesperret sein", ist der Bischof „darüber alteriret, daß von Ew. Frl. Dchl. des entworfenen Recessus halber noch keine Erklärung eingekommen, sondern dieses neue Postulatum proponiret wäre; wollten fast zweifeln, ob's ein Ernst wäre, mit Deroselben in guter Verständnis zu bleiben". Rel. vom 22. Febr.: „Insonderheit aber, wie bei dem puncto praesidii der Sequestration abermals Erwähnung geschahe, entrüstete sich der Herr Drost Twickel heftig, mit diesen Worten herausbrechend, wann Höxter sequestriret werden sollte, müßte man es dem Könige in Frankreich einräumen, alsdann hätte er einen Paß über die

Man muß über die Langmuth staunen, mit der die Herzoge solche Beschimpfung ertrugen. Es drängte sich wohl der Gedanke auf, die Gesandten abzurufen, aber er wurde auf der Stelle durch die Sorge gedämpft, „daß Uns gar leicht der Unglimpf, ob Wir die Tractaten abrumpiret, zuwachsen dörfte.“ Sie trugen daher den Gesandten auf, die Forderungen des fürstlichen Hauses in der Gestalt eines Gegenentwurfs zu dem münsterschen Provisionalvergleich nochmals dem Bischof zu übergeben und in höflicher Form eine kategorische Resolution zu erbitten; erst wenn der Bischof lediglich auf seiner vorigen Meinung beharren oder auch gar keine weitere Resolution ertheilen würde, sollten sie ihren Abschied nehmen[1]). Christof Bernhard schlug darauf allerdings einen höflicheren Ton an, indem er sich „zur gütlichen Vergleichung einen Weg wie den andern bereit“ erklärte, gieng aber einer kategorischen Antwort vorsichtig aus dem Wege, und suchte die Sache durch Zusage neuer Unterhandlungen hinzuziehen[2]), so daß den Herzogen doch endlich die Geduld zu reißen begann[3]).

Noch war aber nicht abzusehen, ob der Conflict gänzlich versumpfen oder mit neuer Heftigkeit ausbrechen würde, als Frankreich sich einmischte, um denselben zum Rückhalt weiter greifender Pläne zu nehmen.

Weser, der Bischof würde nimmer in sothane Sequestration gehehlen, sondern lieber mit einem weißen Stock aus seinem Lande gehen. Dergleichen interlocutiones fielen nach Gelegenheit unsers Vortrags mehr vor, darunter auch dieses war, man spottete und foppete die Leute. Wir haben dieses alles mit großer Geduld und Moderation angehöret und uns dadurch nicht irre machen lassen, sondern unsere Proposition bis zum Ende continuiret“. Postscriptum vom 22. Febr.: Der Bischof ließ andeuten, „Sie hätten gemeinet, mit ehrlichen Leuten, dafür Sie uns noch hielten, bishero tractiret zu haben; wie wir aber gestern crude Dinge proponiret, müßten Sie es bei Ihrer Resolution lediglich bewenden lassen.“

1) Cell. Protokoll über die Conferenzen des Gesammthauses, act. Hameln, 24. und 25. Febr. 1671; Instruction an die Gesandten, dat. 25. Febr. 1671.

2) Christof Bernhard an die lüneb. Mediationsgesandten, St. Lüdgersburg, 11. März 1671; Relationen der lüneburgischen Gesandten, datirt Münster, 2/12., 4/14., 5/15., 7/17. März 1671.

3) Cell. Protokoll über die Conferenzen des Gesammthauses, act. Hameln, 7. März 1671; Instruction an die Gesandten vom gleichen Datum. Undatirtes Concept der Antwort Johann Friedrich's auf das Schreiben Franz v. Fürstenberg's, dat. Bonn, 6. März 1671.

Siebentes Kapitel.

Frankreichs Einmischung und die Beilegung des Höxterschen Streits.

Nach dem Urtheil eines französischen Beobachters[1]) waren keinesfalls die Hülfsmittel des Bischofs von Münster, sehr wohl aber die des Hauses Braunschweig reich genug, um ein Jahr lang die Truppen, die man um der Stadt Höxter willen aufgestellt hatte, zu unterhalten. Allein auch die Herzoge kamen dadurch in Verlegenheit[2]). Nicht nur Wolfenbüttel war ohne anderweitige Hülfe außer stande gerüstet zu bleiben, auch Johann Friedrich hatte für seine Werbung bereits das Amt Neustadt an der Leine engagirt, um von seinem reicheren Bruder in Celle 80000 Rthlr. zu entleihn[3]). Und wenn auch letzterer monatlich 36000 Rthlr. Contribution von seinen Ländern zog[4]), so konnte er auf die Dauer doch auch nicht ohne fremde Subsidien sein gesammtes Aufgebot auf den Beinen halten[5]). Uneins war man im fürstlichen Hause nur darüber, von welcher Macht man sich wollte besolden lassen.

Bisher hatte die Begeisterung Johann Friedrich's für Frankreich und die Hinneigung der andern zu den Generalstaaten einander die Wage gehalten[6]) und man durfte annehmen daß sich das ganze fürstliche Haus in den Dienst derjenigen Macht stellen würde, die zunächst ihrem Abhärenten, dann auch den übrigen Herzogen die vortheilhaftesten Bedingungen bot. In dieser Erwägung suchten die beiden tonangebenden Brüder jeder für sich mit seinen Herzenswunsche zum Ziele zu kommen.

Johann Friedrich sandte zu diesem Zweck im Januar 1670 den Hofmarschall seiner Gemahlin, Gustav Bernhard von Moltke, nach Paris, um unter dem Scheine rein persönlicher Angelegenheiten der Herzogin, durch Vermittelung des Hauses Condé, in geheime Unterhandlung mit dem Minister Lyonne zu treten[7]).

---

1) Relation des Grafen Verjus, dat. Hameln, 12. März 1671 (P.).

2) Verjus, dat. Hameln, 16. März 1671 (P.).

3) Relation E. v. Pufendorf's, dat. Stade, 14. April 1671, in dem Archiv des Vereins für Bremen und Verden, V, 489. 4) Pufendorf a. a. O. (S. 493).

5) Pufendorf, S. 490. 6) S. voriges Kapitel, S. 132 f.

7) Die sehr eingehende Instruction Moltke's, die ich dem Folgenden zu Grunde lege, ist am 22. Dec. 1670 von Grote concipirt, am 10. Jan. 1671 vom Herzog ausgefertigt.

Sein ganzes Absehen war dabei auf die endliche Bewilligung der begehrten Subsidien gerichtet. Nur in dieser Zuversicht hatte der Herzog seine Arme auf einen die regulären Landesmittel übersteigender Bestand gebracht, so daß er, abgesehen von der Garnison der festen Plätze, 4000 Mann zu Fuß, 2000 Reiter und 300 Dragoner ins Feld stellen konnte.

Einen Anspruch auf französisches Geld glaubte er sich durch sein entschlossenes Eintreten in das politische System des Königs erworben zu haben. Hatte er sich doch aus freien Stücken der Princesse Palatine gegenüber zur Unterstützung der französischen Pläne erboten und sofort das vom Prinzen Fürstenberg überbrachte Allianzproject sich zugeeignet.

Die stattliche Rüstung aber, über die er verfügte, schien ihn zu besseren Allianzbedingungen zu berechtigen, als in dem Fürstenbergischen Project vorgeschlagen waren. Insbesondere fünf Punkte wünschte er geändert zu sehen.

War dort in Aussicht genommen, daß die eine der alliirten Armeen aus 8000 Franzosen, 8000 Münsterschen und 4000 Hannoveranern zusammengesetzt werden sollte[1]), so fürchtete Johann Friedrich mit dem geringeren Contingent auch eine geringere Autorität als der Bischof zugewiesen zu erhalten und verlangte deshalb, daß sein eigenes Contingent verdoppelt, und dafür das französische auf 4000 Mann reducirt würde.

Ebenso nahm er Anstoß an der unzulänglichen Normirung der französischen Subsidien und wünschte dieselben Sätze, die seinen Brüdern von den Generalstaaten eingeräumt waren. Dazu aber müßte drittens ein fester Zuschuß für die Aufbringung der durch die Abgänge im Felde nothwendig werdenden Ersatzmannschaften kommen.

Der vierte Vorbehalt betraf die Verpflichtungen dem Reiche und seinem Hause gegenüber. Es schien ihm selbstverständlich, daß sich keiner der deutschen Alliirten gegen das Reich und seine Mitstände engagiren würde. Die braunschweigischen Fürsten aber waren überdies durch Familienpacte zu gegenseitigem Schutze verpflichtet. Daher war Johann Friedrich seinen Brüdern und Vettern gegenüber entschlossen »de faire cet accord avec eux, d'agir hors de nos estats chacun de son costé, comme les affaires et l'interest du party où chacun s'est engagé, le demandent, mais que dans les terres de nostre subjection nous cultiverons[2]) bonne paix et nous assisterons l'un l'autre fidèlement contre toutes les invasions

---

Vgl. die Schreiben des Herzogs an den Duc d'Enghien und die Princesse Palatine, im Anhange unter III, 33 und 34.

1) Diese Zahlen finden sich in dem unter III, 22 der Beilagen mitgetheilten Project nicht; dieselben beruhen also entweder auf einer mündlichen Erläuterung Fürstenberg's oder auf einem nicht auffindbaren zweiten Promemoria.

2) Text: cultivrions.

estrangéres.« Im Fall solcher Invasion müßte der König dem Herzog die Restitution aller Verluste garantiren.

Gieng Lyonne auf alles dies ein, so sollte Moltke womöglich noch eine nachträgliche Subsidie für die Aufwendungen zu erwirken suchen, die dem Herzog seine Armee in den letzten zwei Jahren gekostet hatte. Falls aber gar kein Subsidienvertrag zu erlangen war, wollte der Herzog die Hälfte seiner Armee dem König von Frankreich unter dem Vorbehalt überlassen, daß sie nicht gegen das Reich und dessen Mitstände verwendet würde.

Die strengste Geheimhaltung dieser Mission wurde dem Gesandten zur Pflicht gemacht. Auch der Prinz von Condé und der Herzog von Enghien, ja selbst die Princesse Palatine sollten davon nur in den allgemeinsten Umrissen so viel erfahren, als unerläßlich war, um ihre Unterstützung zu gewinnen.

Indessen die Hoffnungen, die der Herzog auf diese Mission gesetzt hatte, erfüllten sich nicht. Wochen und Monate vergiengen, ohne daß Moltke Bescheid auf sein Anbringen empfieng[1]). Man wollte offenbar erst abwarten, welche Stellung die Generalstaaten zu den münsterschen Rüstungen nähmen; denn falls sie sich gegen den Bischof erklärten, war der König entschlossen, die Partei desselben zu nehmen[2]). Und als Moltke endlich die ersehnte Audienz erhielt, gieng der Bescheid rundweg dahin, daß der König die separate Unterhandlung mit Johann Friedrich ebenso wie das große Allianzwerk durch den zur Beilegung des Hörterschen Streits entsandten Grafen Verjus in Deutschland zu Ende führen lassen wolle[3]). So kehrte Moltke zu Anfang April unverrichteter Dinge heim.

Die Generalstaaten hatten inzwischen nicht nur den trügerischen Allianzantrag des Bischofs von Münster[4]), sondern auch die Subsidienforderung ihres alten Alliirten, des Herzogs von Celle, abgelehnt[5]). Obwohl man sie von allen Seiten vor den feindlichen Absichten und französischen Sympathien des Bischofs warnte, obwohl ein Sieg desselben über die Lüneburger ihrem Interesse widersprach, war ihre in Handelsinteressen aufgehende Engherzigkeit zu keinem Geldopfer bereit, so lange nicht ihnen selbst das Messer an der Kehle saß[6]).

---

1) Moltke an Johann Friedrich, Paris, 9/19. Febr. 1671: Je presse M. le Duc d'Enguien, autant qu'il m'est possible, de me la (nämlich la réponse du Roy) faire obtenir au plustost de M. de Lionne, mais celuycy diffère d'un jour à l'autre, et je commence à craindre, que c'est pour m'amuser jusqu' à ce qu'on voye, comment iront les affaires de la Ser[me] Maison avec M. l'Evesque de Munster.

2) Duc d'Enghien an Johann Friedrich, dat. 26. Febr. 1671 Beilage III, 35.

3) Bericht Moltke's, dat. Paris 23. Febr./5. März 1671.

4) Relation Wicquefort's an Herzog Georg Wilhelm, dat. Haag, 3. März 1671; vgl. Wicquefort, hist. des provinces unies, publ. par Chais van Buren, IV, 254 ff.

5) S. voriges Kapitel. 6) Wicquefort a. a. O.

Überzeugt von der Unzulänglichkeit der eignen Miliz, wünschte allerdings de Witt durch umfassende Werbungen in Deutschland eine andere und ganz von ihm dependirende Armee zu bekommen, die den Staat der schweren Subsidien an die Genossen der Quadrupelallianz enthöbe [1]). Auf seine Veranlassung ließ sich deshalb eine Commission der Provinz Holland in vertrauliche Unterhandlung mit dem Agenten Georg Wilhelms, Abraham de Wicquefort, ein und erbot sich, auf Staatskosten und unter staatlichen Offizieren eine Anzahl Fußvolk und Reiterei im Lüneburgischen zu werben und zu unterhalten, und dieselben bis zum Austrag des Höxterschen Streits dem Commando des Herzogs zu unterstellen, um sie alsdann in den holländischen Dienst zu übernehmen [2]). Die Unzuträglichkeit eines solchen Arrangements, wonach dem Herzog im entscheidenden Augenblicke die Verfügung über diese Truppen entzogen werden konnte, meinte de Witt im Wege des Vertrags überwinden zu können. Er zweifelte nicht an der Annahme dieser Offerte und erklärte daher jede andere Art der Geldhülfe, jede Wiederholung der früher stipulirten Subsidien für unbedingt ausgeschlossen, bis der Staat einen directen Angriff erführe [3]). Als darauf Georg Wilhelm, wiewohl höchlich befremdet, dennoch angesichts der überlegenen Streitkräfte des Bischofs seinen Agenten zum Eintreten auf das Anerbieten, wenn auch unter sehr gewichtigen Vorbehalten, autorisirte [4]), kamen die holländischen Deputirten mit einer höchst eigenthümlichen Eröffnung heraus. Sie begehrten nicht nur, daß die 6000 Mann, die sie zur Hülfe anboten, lediglich durch staatliche Offiziere in dem Lüneburgischen aufgebracht würden, und sie beschränkten nicht nur die Überweisung dieser Truppen an den Herzog schlechthin auf 6 Wochen, d. h. also auf die vom Bischof von Münster ausbedungene Frist des völligen Ausgleichs, sondern erklärten auch, an den Bischof dasselbe Gesuch um Anwerbung von 6000 Mann im Münsterschen richten zu wollen; ja sie sprachen sogar die Erwartung aus, daß, wenn der Bischof durch den Friedensvertrag zur Reduction seiner Armee auf den im Clever Frieden vorgesehenen Fuß gezwungen sein würde, alsdann auch das braunschweigische Haus die überflüssige Heeres-Aufwendung einstellen werde [5]). Der Rathspensionär suchte freilich dem cellischen Agenten einzureden, daß man an eine Gewährung der Werbungen im Münsterschen nicht ernstlich glaube und solch Ansinnen an den Bischof nur darum für nothwendig halte, um nicht der Mediatorenrolle verlustig zu gehen.

---

1) Droysen, preuß. Politik, III, 3, 222; Wicquefort, IV, 261 Anm. 1.

2) Relation Wicquefort's, dat. 20. Dec. 1670, gedruckt in Wicquefort's hist. des provinces unies IV, 256 ff.

3) Relation Wicquefort's, dat. 20. Jan. 1670, in den Beilagen III, 32.

4) Instruction und Vollmacht für Wicquefort, dat. Celle, 16/26. Jan. 1671.

5) Relation Wicquefor's, dat. Haag, 14. Febr. 1671.

Doch er machte auch kein Hehl aus dem schnöden Hintergedanken, daß eine einseitige Bewilligung von Subsidien das braunschweigische Haus zu einer Erschwerung des Ausgleichs verleiten und den Bischof dadurch ganz in Frankreichs Arme treiben könne[1]).

Georg Wilhelm war über solches Ansinnen und Unterstellen empört. War doch der Conflict keineswegs so gewichtig, daß man es auf das äußerste wollte ankommen lassen. Wie sollte er deshalb den um Mannschaften verlegenen Holländern seine Lande öffnen? Die Offerte, die man für eine verhüllte Subsidie ausgab, erleichterte ihm ja nicht die Kosten des Heers, das er auf den Beinen hatte, sondern diente nur dazu, den Holländern aus ihren Werbungsnöthen zu helfen. Sodann sollte er sich gar zur Reduction seines Heers nach dem Abschlusse des Friedens verbindlich machen. War das nicht gleichbedeutend mit einer Beschränkung des höchsten Souveränetätsrechts, das die Reichsfürsten dem westfälischen Frieden verdankten, des Rechts über Krieg und Frieden? Und um der Beleidigung die Krone aufzusetzen, schlug man ihm die begehrten Subsidien mit einem schnöden Vorwande ab, der seinem ganzen fürstlichen Hause Mangel an Maßhaltung imputirte. „Wenn wir auch, schrieb deshalb der Herzog seinem Agenten, von der Justiz der Staaten nicht ein Besseres hoffen konnten, so wollte uns doch bedünken, daß es ihrer Prudenz ebenso wenig gemäß"[2]).

Man hatte im Haag keinen so runden Abschlag erwartet und war höchlich erstaunt, daß der Herzog sich jeder Requisition auf Grund der Quadrupelallianz von 1665 enthielt[3]). Im Augenblick der höchsten Spannung mit Münster hatte allerdings Georg Wilhelm ebenso wie sein Bruder Ernst August diese Requisition an alle Alliirten ausgefertigt, aber dieselbe doch nur an Dänemark und Brandenburg abgeschickt[4]), so daß die Staaten nur das Gesuch Ernst August's empfiengen. Die Antwort aber, in der sie diesem unter Vorwürfen über seine Einmischung in den Höxterschen Streit nur für den Fall, daß er von Münster angegriffen würde, die vertragsmäßige Hülfe zusicherten[5]), hatte die Verstimmung Georg Wilhelms nur noch vermehrt. Daher fand auch der Antrag auf eine neue Defensivallianz, den die staatische Commission gleichzeitig mit ihrer Werbungsofferte nach Celle

1) Relation Wicquefort's, dat. 10. März 1671.

2) Instruction, dat. Hameln, 16. u. 19. Febr. 1671.

3) Wicquefort, dat. 7. Febr. 1671.

4) Dat. Celle, 18. Jan. 1671; die Requisition an die Generalstaaten liegt unter den cellischen Acten sowohl im Concept als im Mundum vor. Das Concept trägt die Aufschrift: „ist nicht abgangen", das bereits vollzogene und versiegelte Mundum ist wieder aufgebrochen und ad acta gelegt.

5) Dat. Haag, 25. Febr. 1671. Das erste Avis davon empfieng Georg Wilhelm bereits durch Wicquefort's Relation vom 14. Febr. 1671.

10*

notificiren ließ[1]), eine kühle Aufnahme. Georg Wilhelm ließ erwidern, daß „so lang die Differentien mit Münster nicht abgethan, Wir uns in nichts entschließen könnten, würden jedoch die Affection, welche sie durch solche Offerte zu erkennen geben wollen, alle Zeit in gutem Andenken erhalten und nicht außer Acht lassen, was zu Continuation des bis dahin gepflogenen guten Vernehmens ersprießlich sein könne"[2]).

Der Herzog blieb also, trotz allen Ärgers über die holländische Arroganz, zur Aufrechthaltung seiner staatischen Beziehungen geneigt, wenn er auch im Haag zu bedenken gab, ob sein zu Frankreich neigender Bruder Johann Friedrich, „wenn S. Ld. mit solchen Postulatis angegangen werden sollten, nicht vielmehr darin confirmiret oder doch Sie (Joh. Friedrich) nicht allein, sondern auch andere auf solche Gedanken zu kommen veranlaßt würden"[3]).

So schwankte noch das ganze fürstliche Haus ungetheilt und unentschieden zwischen Holland und Frankreich hin und her, als der Streit um Höxter den Kreis und das Reich und alle Nachbarn zu beschäftigen begann.

Die Lüneburger suchten einen Rückhalt an dem niedersächsischen Kreise. Auf ihren Antrieb nahmen zuerst die kreisausschreibenden Fürsten, zu denen seit dem Tode des Herzogs Augustus auch Georg Wilhelm als Senior seines Hauses gehörte, offen für Rudolf August Partei, indem sie in einem Dehortationsschreiben an den Bischof die „wohlgemeinte Fürsichtigkeit" und die „gute Intention" des fürstlichen Hauses rühmten, die „Gefahr und große Weitläuftigkeit" des Münsterschen Beginnens vorstellten und für die Aufrechthaltung der 1649 in Höxter ergangenen Kreisexecution eintraten[4]). Als dann im März 1671 der Kreistag in Lüneburg tagte, wurde nicht nur Georg Wilhelm mit dem seit dem Tode seines Bruders Christian Ludwig vacanten Kreisobristenamte betraut, sondern sein Haus setzte auch die Wahl Johann Friedrich's und Rudolf August's zu Zugeordneten durch und gewann somit alle Kreisämter des Kreises bis auf das eine des Nachgeordneten, das Herzog Gustav Adolf von Mecklenburg erhielt. Die Opposition mußte sich bescheiden im Kreisabschiede auszusprechen, „daß niemand in futurum einige Perpetuität noch Successionsgerechtigkeit sich anzumaßen habe." Bei solchem Einfluß der Lüneburger war es selbstverständlich, daß sich auch der Kreistag der Höxterschen Sache wenigstens mit Papier und Feder annahm; derselbe wies die schroffe, mit der Hülfe benachbarter Kreise drohende Antwort, die der Bischof den Kreisausschreibenden Fürsten ertheilt hatte[5]), in gebührender Weise zurück und wiederholte die

---

1) Wicquefort a. a. O. 2) Instruction, dat. Hameln, 16. Febr. 1671.
3) Instruction, dat. Hameln, 19. Febr. 1671; gleichartige Instruction, dat. Hameln 15. März 1671. 4) Dat. 17. Jan. 1671. 5) Dat. Münster, 9/19. Febr. 1671.

Dehortation[1]). Zu einer weitern Einmischung aber ließ sich der Kreistag nicht herbei[2]).

Wie das Haus Braunschweig an dem Kreise, so hoffte Bischof Christof Bernhard eine Stütze am Kaiser zu finden[3]). Dieser war denn auch ohne weiteres bei der Hand, ein mandatum avocatorium an Herzog Rudolf August zu richten und dem Kurfürsten von Mainz sowie dem Administrator von Magdeburg die Commission zu gütlicher Beilegung des Streits aufzutragen[4]). Beide Fürsten notificirten auch dem Wolfenbüttler die Übernahme dieser Commission und setzten dazu einen Termin in der Reichsstadt Mühlhausen an[5]). Aber nur der Mainzer entsandte seine Subdelegirten[6]) zur Instruirung an die streitenden Parteien[7]). Vom Magdeburger, der einst die Kreisexecution in Hörter mit autorisirt hatte[8]), stand nicht zu erwarten, daß er seinen früheren Rechtsspruch improbirte. Im Einvernehmen mit seinem Hause ließ sich daher Rudolf August wohl die kurmainzische Mediation als solche gefallen, wies aber das kaiserliche Commissarium zurück als auf „fehlsame Narrata“ gegründet und des fürstlichen Hauses wohlerworbenem Privilegium electionis fori zuwiderlaufend[9]).

Wirksamer als Kreis und Reich hätte die Quadrupelallianz von 1665 interveniren können, Georg Wilhelm und Ernst August griffen in der That, wie erzählt ist, auf diese Beziehung zurück. Allein die Haltung der Holländer verdarb den Plan von vornherein, und auch von Dänemark erfolgte ein ausweichender Bescheid[10]). Christian V., der mit Schweden um die Gunst und Gaben Frankreichs rivalisirte, würde gern gerade damals, als die Chancen Schwedens wuchsen, eine neue Allianz mit dem lüneburgischen Hause eingegangen sein, und seine persönlichen Beziehungen zu Johann Friedrich boten die beste Handhabe dar. Allein in Celle fanden die Vorschläge, die Christ. Habbeus von Lichtenstern überbrachte, eine kühlere Aufnahme als in Hannover, obgleich der Gesandte alles aufbot, den maßgebenden Berather des cellischen Herzogs, Grafen Georg Friedrich von Waldeck,

1) Dat. Lüneburg, 17. März 1671.

2) Cell. Protokolle über den Lüneburger Kreistag, act. 4. März—8. April 1671; Kreisabschied, dat. 8. April 1671. Die Liste der Kreis-Abgesandten sowie einen Auszug aus der Proposition gibt Diar. Europ. XXIII, 439 f. Vgl. Rehtmeyer III, 1499.

3) Gesuch, dat. Münster, 19. Dec. 1670.

4) Drei Schriftstücke, dat. Wien, 30. Jan. 1671.

5) Dat. 26/16. Febr. 1671.

6) Die Geheimen Räthe Melchior Friedrich Freiherr von Schönborn und Dr. Joh. Christof Jodoci.

7) Creditive, dat. Würzburg, 12. Febr. 1671.

8) Band I, 54.

9) Cell. Protokoll über die Conferenzen des Gesammthauses, act. Hameln, 25. Febr. 1671; Rud. August an Kurmainz, dat. Hameln, 3. März 1671; an den Kaiser, dat. Hameln, 6. März 1671.

10) Christian V. an Georg Wilhelm und an Ernst August, dat. Kopenhagen, 4. Febr. 1671.

für dies Vorhaben zu captiviren. Er empfieng nur einen dilatorischen Bescheid[1]). Der Kurfürst von Brandenburg endlich konnte der Requisition um so weniger Folge leisten, als er sich bereits zusammen mit Pfalz-Neuburg zur Mediation in dem Höxterschen Streit erboten hatte (s. oben).

Rudolf August hatte mit Zustimmung seines Hauses die brandenburgische und neuburgische Vermittlung acceptirt[2]). Daß aber der Kurfürst, der anstatt des bisher ins Auge gefaßten Herford für die Mediationstractaten Bielefeld, wo der westfälische Kreistag tagen sollte, nur um der Bequemlichkeit seiner Deputirten willen ins Auge faßte und die streitenden Parteien, ohne sie erst darum zu fragen, dorthin einlud und dabei gar die sämmtlichen Herzoge von Braunschweig nur eines Gesammtschreibens würdigte[3]), alles das wurde von diesen als ein „alzu magisterialischer modus agendi“ empfunden, so daß jeder Herzog für sich antwortete und durch Ablehnung des kurfürstlichen Vorschlags seiner Mißstimmung Ausdruck gab[4]).

Ebenso dilatorisch wurde der hildesheimsche Vicekanzler Nicolartz beschieden, als er sowohl des Kurfürsten von Köln, als auch des Bischofs von Straßburg, Franz von Fürstenberg, Vermittlung anbot und dafür Hildesheim proponirte[5]): wenn der Bischof von Münster die Vorschläge des fürstlichen Hauses beanstanden würde, alsdann würde die dem Hause Braunschweig angetragene Mediation willkommen sein[6]).

So standen die Dinge, als zu gleicher Zeit[7]) mit den Deputirten der Generalstaaten[8]) ein Gesandter Ludwigs XIV., Graf Verjus, bei den streitenden Parteien eintraf.

Louis de Verjus, Graf von Crécy, war zur Zeit der Fronde durch Beziehungen zum Cardinal Retz emporgekommen und Cabinetssecretär des

---

1) So berichtet, nach den Erzählungen des Kanzlers Schütz, Pufendorf in der oben angezogenen Relation vom 14. April 1671, S. 493 f. In den hannoverschen Akten habe ich nichts weiter gefunden als zwei Creditive und Recreditive Habbens'. 1. Dat. Kopenhagen, 5. Oct. 1671 und dat. Celle, 20. Jan. 1671. 2. Dat. 18. u. 28. März 1671.

2) An Kurfürst Friedrich Wilhelm und Pfalzgraf Philipp Wilhelm, datirt 7/17. Januar 1671.

3) Zwei Gesammtschreiben, dat. Potsdam, 1/11. und 8./18. Febr. 1671.

4) Cell. Protokoll über die Conferenzen des Gesammthauses, act. Hameln, 11. und 12. Febr. 1671. Vgl. E. v. Pufendorf in der angezogenen Relation, S. 492 f. Von dem Antwortschreiben liegt nur das Georg Wilhelm's vor, dat. Hameln, 13. Febr. 1671; nach dem Hameler Protokoll müssen alle gleichlautend gefaßt sein.

5) Creditive von beiden, dat. Bonn, 6. Febr. 1671; Recreditive an beide, dat. Hameln, 10/20. Febr. 1671.

6) Cell. Protokoll über die Conferenzen des Gesammthauses, act. Hameln, 9. Febr. 1671. 7) Anfang März 1671.

8) Adolf Henrich Baron de Ripperda, Daniel van Wyngaerden; Creditive, dat. Haag, 23. Febr. 1671.

Königs geworden. Nachdem er zuerst eine Mission in Portugal ausgerichtet hatte, wurde er neben dem Prinzen Wilhelm von Fürstenberg mit der Aufgabe, das deutsche Allianzproject des Königs zu verwirklichen, betraut[1]). Und er bewährte auf der Stelle sein diplomatisches Geschick.

Er erkannte, daß der Kern der Differenzen weder in der Stärke der dem Bischof in Höxter einzuräumenden Garnison noch in der Erledigung der hoheitsrechtlichen Gravamina noch auch in den Cautelen des über die Anführer abzuhaltenden Gerichts, sondern lediglich in der Limitation der für den völligen Ausgleich verlangten Frist lag[2]). Die Herzoge, die dafür ein ganzes Jahr verlangten, fürchteten, daß der Bischof mit dem Ansatz von sechs Wochen nur Zeit zum Losschlagen gewinnen wollte[3]), und erklärten jede weitere Concession für unvereinbar mit ihrer Ehre: es könnte bald so scheinen, als ob sie sich vor den Waffen eines Pfaffen fürchteten. Dem großen Allianzprojecte, um dessentwillen Frankreich zwischen die streitenden Parteien trat, war offenbar mehr mit der lüneburgischen als mit der münsterschen Forderung gedient, denn die Verschleppung des Ausgleichs bot einen vorzüglichen Vorwand, um sowohl die Truppen der beiden Parteien zusammen zu halten als auch mit den Gesandten all der Fürsten, die auf dem Allianzprogramm standen, unter dem Deckmantel der Höxterschen Mediation die andere, größere Frage zu bereinigen[4]). Da Johann Friedrich derselben den größten Eifer entgegentrug, seine Brüder aber aus ihrer Verstimmung über die Generalstaaten kein Hehl machten[5]), so war Aussicht vorhanden, das ganze braunschweigische Haus in Frankreichs Dienste zu ziehn. Waren auch die Forderungen, die nach den Pariser Eröffnungen des Hofmarschalls Moltke zu erwarten standen, voraussichtlich etwas hoch, so empfahl sich doch jede Aufwendung um so mehr, als sowohl Kurköln wie Münster den Eintritt eines protestantischen Fürsten in das französische Bündniß verlangten und beide als Ersatz für den noch sehr ungewissen Kurfürsten von Brandenburg das Haus Braunschweig in Vorschlag gebracht hatten. Sobald nur Frankreich Subsidien zahlte, fiel ohne Frage auch die mit den Kosten ihrer Rüstung wachsende Gespanntheit zwischen Münster

---

1) Biographie universelle XLVIII. 213 f.

2) Relation Verjus', dat. Hameln, 8. März 1671 (P.): Il semble qu'il n'y ait de véritable difficulté que sur le temps nécessaire pour décider la chose, et sur le droit que chacun veut se reserver au bout de ce terme, s'il n'a pas suffi pour vuider entièrement l'affaire. Mais à dire le vray paroist-il une extraordinaire fermeté de part et d'autre sur cet article.

3) Relation Verjus', dat. Hameln, 16. März 1671 (P.).

4) Urtheile Verjus' in seinen Relationen, dat. Hameln, 12. März und 9. April 1671 (P.).

5) Relation Verjus' an den König, dat. Hameln, 16. März 1671 (P.).

und den Lüneburgern hinweg[1]). Da nun aber der Bischof viel weniger als die Lüneburger in der Lage war seine Truppen ohne Krieg noch länger zu unterhalten[2]), so ergab sich für Verjus, nachdem er die Herzoge etwas beruhigt hatte, die Nothwendigkeit, vor allem dem Bischof mit dem erforderlichen Angebot unter die Arme zu greifen.

Bevor er noch in Münster eintraf, hatten die Gesandten des Kurfürsten von Mainz, insbesondere der Neffe desselben, Baron von Schönborn[3]), die Mediation in ihre Hand genommen und dem Bischof wenigstens zwei kleine Concessionen abgewonnen, die Reduction der Höxterschen Garnison auf 150 Mann, und die Befristung des definitiven Austrags bis auf 2, beziehungsweise 6 Monate; sie zweifelten nicht, diese Sätze noch auf 100 Mann und auf 8 Monat zu bringen, wenn auch das braunschweigische Haus so weit entgegenkäme[4]). Allein die ehrenrührigen Ausfälle, mit denen der Bischof diese Concessionen verbrämte, indem er dem fürstlichen Hause Variation und ständiges Zurückhandeln vorwarf[5]), erregten im herzoglichen Hauptquartier zu Hameln eine solche Erbitterung, daß Georg Wilhelm und Johann Friedrich ihre Mediationsbemühungen aufgaben und ihre Gesandten aus Münster abberiefen[6]). In Münster schlug die Bestürzung über diese Maßnahme sofort in lodernde Leidenschaft um. Die bischöflichen Räthe schleuderten ohne weiteres den lüneburgischen die Insulte in's Gesicht, „sie glaubten, wenngleich der von Hameln überschickter Receß pure angenommen wäre, man würde doch fürstlich braunschweigischen Theils nicht acquiesciret, sondern nova herfürgesucht haben; Episcopus möcht wohl sagen, er wäre ludificiret; es wäre ein blutiger Krieg zu erwarten, welcher ganz Deutschland involviren könnte“[7]). Der Bischof aber wiederholte seinestheils die Invective ständiger Variationen in einem den Sachverlauf entstellenden Schriftstück, das er den Gesandten im Augenblick ihrer Abreise (29. März)

1) Relation Verjus' an den Minister, dat. Hameln, 16. März 1671: . . . Je croy que le bon et unique moien de faire accepter la paix à tout le monde en cette rencontre avec joye, seroit de leur fournir à tous un secret d'entretenir leur troupes, sans qu'il leur en coutast rien . . . Cependant puisque M. l'Electeur de Cologne et M. l'Evesque de Munster veulent qu'il entre un Prince Protestant dans la ligue contre les Hollandois, sy l'on ne pouvoit (faire) se resoudre M. l'Electeur de Brandenbourg, le Roy pourroit juger, si luy conviendroit d'y engager toute cette maison de Lunebourg, qui asseurement pourroit bien servir . . .

2) Verjus, dat. Hameln, 12. März 1671 (P.).

3) Alpen, vita Christ. Bernhardi II, 156 (lib. VI, § 48).

4) Die Mainzer Mediationsgesandten an Georg Wilhelm und Johann Friedrich, dat. Münster, 17. März 1671.

5) Relation der lüneb. Mediationsgesandten, dat. Münster, 8/18. März 1671.

6) Instruction der lüneb. Gesandten und Antwortschreiben an die Kurmainzer Gesandten, dat. Hameln, 12. (22.) März 1671.

7) Relation der lüneb. Mediationsgesandten, dat. Münster, 16/26. März 1671.

überreichen ließ [1]). Das war den Herzogen denn doch zu viel, sie wollten im ersten Augenblick zorniger Aufwallung losschlagen [2]).

Dieser gegenseitigen Gereiztheit fiel die französische Intervention in den aufgehobenen Arm. Zugleich mit Verjus stellte sich in Münster auch Prinz Wilhelm von Fürstenberg ein, um unter der Maske eines kurkölnischen Mediationsgesandten Frankreichs Geschäfte zu treiben. Und die Chancen, die ihr Allianzproject dem Bischof eröffnete, lenkten in der That die Leidenschaft desselben von dem Hause Braunschweig auf seine altverhaßten Feinde, die Holländer, ab. Die Ungeduld, die Verjus zur Schau trug, riß den Bischof zu dem Entschlusse fort, so rasch wie möglich mit den Lüneburgern ins reine zu kommen, wenn er auch einräumte, daß die Hinauszögerung des öffentlichen Ausgleichs ein trefflicher Deckmantel der großen Allianztractaten sei [3]). Er concedirte in einem neuen Vertragsentwurf, den die Mainzer Mediatoren zu Stande brachten, nicht nur die Reduction der Höxterschen Garnison auf 90—100 Mann und die Befristung des definitiven Ausgleichs bis auf 8 Monat, sondern räumte auch der Stadt Höxter den Recurs vom Spruche der bischöflichen Richter an die Reichsinstanzen ein und den Mediatoren die Entscheidung über einen Austrag all der hoheitsrechtlichen Differenzen zwischen dem Stifte Corvei und dem Hause Braunschweig-Lüneburg [4]). Verjus war bis auf einen Punkt mit diesem Entwurfe einverstanden und ließ geschehn, daß die Mainzer denselben nach Hameln überbrachten. Indem er aber den Beleidigten spielte, weil man den Entwurf ohne seine Theilnahme vereinbart hätte, erreichte er sowohl vom Bischof als von den Mainzern das Versprechen, fortan jeden Vorschlag ihm zuerst zu unterbreiten. Damit brachte er die Erledigung der ganzen Sache in seine Hand [5]) und kehrte nach Hameln zurück.

Daß die Herzoge den Mainzer Entwurf unannehmbar fanden, war dem französischen Gesandten schon recht. Die Aufregung aber, die sie ob der „Schmähschrift" des Bischofs bekundeten, stellte das ganze bisher gewonnene Resultat in Frage. Bei solcher Redeweise des Bischofs und solcher Gereiztheit der Herzoge glaubte der Minister Grote nicht eine Viertelstunde lang für den Frieden einstehn zu können. An eine Hinauszögerung des

---

1) Dies Schriftstück liegt unter den hannoverschen Acten nicht vor, wohl aber das Concept der Antwort, welche die lüneburg. Gesandten von Bielefeld aus ertheilten, dat. 20/30. März 1671. 2) Verjus, dat. Hameln, 9. April 1671 (P.).

3) Prinz Wilhelm von Fürstenberg an Herzog Johann Friedrich, dat. Münster, 4. April 1671 und Marienfeld, 7. April 1671. Relation Verjus', dat. Hameln, 9. April 1671 (P.).

4) Receß, „welchen die kurmaintzischen Abgesandten den 24. Martii (4. April) 671 Ser^{mis} extrahiret".

5) Relation Verjus, dat. Hameln, 9. April 1671 (P.).

Ausgleichs, wie sie Grote mit Verjus verabredet hatte, war also nicht mehr zu denken[1]).

Die Rechnung auf Frankreichs Pläne und Mittel bestimmte wohl Johann Friedrich zu möglichster Nachgiebigkeit, aber Georg Wilhelm wollte nicht weichen und Rudolf August stimmte ihm bei. Eine neue Spaltung des fürstlichen Hauses schien unvermeidlich zu sein. Allein vor dem Abbruch, den das Ansehn des Hauses dadurch erleiden mußte, schreckten alle zurück und einigten sich in gegenseitigem Entgegenkommen über eine Modification des Mainzer Vertragsentwurfs. Die oberste Voraussetzung dabei war, daß der Bischof die letzte „Schmähschrift" zurückzöge. Dies zugestanden, verlangten sie weiter Fixirung der bischöflichen Garnison in Höxter auf 60—70 Mann, Verpflichtung des Bischofs, keinen der Höxterschen Tumultanten an Leib und Leben zu strafen, und Einräumung einer Jahresfrist zum definitiven Austrage all der hoheitsrechtlichen Differenzen[2]).

Auf dieser Grundlage setzte Verjus unter Mitwirkung der kurmainzischen und kurkölnischen Mediation[3]) die Unterzeichnung des Provisionalvergleichs am 15. April 1671 durch[4]). Der Bischof wurde also zum Verzicht auf seine schroffsten Forderungen gezwungen. In der Hauptfrage aber wegen der Höxterschen Besatzung trug er doch den Sieg davon, und seine Hinterhaltigkeit betrog alsbald die Stadt um allen Aufwand ihrer lüneburgischen Schutzherrschaft. Nachdem nämlich die wolfenbüttelschen Truppen im folgenden Monat Höxter geräumt hatten, zog eine münstersche Garnison zwar in der vertragsmäßigen Stärke ein, brachte aber, da der Bischof nur verehelichte Soldaten schickte, so viel Weiber und Kinder mit, daß die Stadt statt siebzig Mann, mehr als 250 Personen zu beherbergen und zu ernähren bekam[5]), um durch deren Insulten mürbe zu werden, während die Mediationsgesandten auf Grund des Provisionalvergleichs in Bielefeld zusammenkamen, um die Höxters wegen entstandenen Streitigkeiten aus dem Grunde zu heben. Das Haus Braunschweig-Lüneburg aber nahm, die kleine Weserstadt im Stiche lassend, seine Kriegsrüstung wahr, um sich der Landeshoheit in der mächtigsten Stadt seines Machtbereiches endgültig zu versichern.

---

1) Verjus a. a. O.

2) Cell. Protokoll über die Conferenzen des Gesammthauses, act. Hameln, 25. März bis 2. April st. v. 1671.

3) Protokoll Schönborn's, Hameln, 10. April/31. März 1671.

4) Gedruckt ist der Vertrag im Diar. Europ. XXIV, S. 2. ff.; bei Alpen, vita Christof. Bernhardi, II, 156 ff. (lib. VI, § 49); bei Pfeffinger, Historie des braunschw. lüneb. Hauses, III, 49 ff. Eine Analyse giebt Basnage, annales des provinces unies II, 142.

5) Diar. Europ. XXIV, 66; Alpen, vita Christof. Bernh. II, 161.

Achtes Kapitel.

Die Unterwerfung der Stadt Braunschweig.

Braunschweig gehörte zu jenen Städten gemischten Rechtsstands, die ohne die Anerkennung ihrer Reichsunmittelbarkeit durchzusetzen, dennoch sich fast dieselbe Autonomie wie die reichsfreien Städte, den Anforderungen und Anfechtungen des Landesfürstenthums gegenüber errungen und bewahrt hatten[1]).

Emporgekommen durch die umfassenden Privilegien, mit denen die Herzoge die Stadt begnadigten, war Braunschweig durch seinen Handel und Reichthum sowie durch seinen Bund mit den sächsischen Binnenstädten, als deren Vorort in der Hansa, den Herzogen über den Kopf gewachsen[2]), und die beständige Eifersucht zwischen den verschiedenen fürstlichen Linien, die sich bei allen Erbtheilungen ihren Antheil an der immer im Gesammteigenthum des Hauses verbleibenden Stadt vorbehielten, hatte das Widerstreben der Bürgerschaft gegen jede ernstliche Ausübung der Landeshoheit gefördert, so daß Braunschweig schließlich nur noch dem Namen nach unter der Hoheit der Herzoge stand, die sich nach der Stadt benannten, und ihnen die Bedingungen vorschrieb, unter denen sich die Bürgerschaft zur Huldigung herbeiließ. Gleich einer freien Reichsstadt erhob Braunschweig den Anspruch, die Reichssteuern unmittelbar an die Reichskasse abzuführen, und wollte nicht dulden, in den Ausschreiben der Herzoge als deren Erb- und Landstadt bezeichnet zu werden. Unbeugsam trotzte die mächtige Stadt allen Belagerungen und Belästigungen, mit denen die Herzoge Heinrich der Jüngere, Julius, Heinrich Julius und Friedrich Ulrich sie heimsuchten; ungebeugt überstand sie auch den dreißigjährigen Krieg.

Mit dem Wechsel aber, den alle Zustände seit dem großen Kriege erfuhren, brach auch die Widerstandskraft der stolzen Stadt zusammen. Die Hansa, einst ihr starker Rückhalt, war todt, der Hader unter den Herzogen von Braunschweig-Lüneburg war durch ihre wachsende Interessengemeinschaft überwunden, in der Stadt aber war mit der Schuldenlast ein miß-

1) Die gleichartige Stellung von Bremen und Erfurt ist in Band I, 84 ff., 331 f. dargelegt; über die andern städtischen Autonomiebestrebungen dieser Periode vgl. Heinrich, teutsche Reichsgeschichte VII (1697), 84 ff. u. Erdmannsdörffer, deutsche Geschichte I, 381 ff.

2) Über die Entwicklung Braunschweigs vgl. die zusammenfassende Darstellung in O. v. Heinemann's Gesch. von Braunschweig u. Hannover I, 205 ff., 338; II, 142 ff., 260 f.

trauischer Unwille der Bürgerschaft gegen das in Selbstsucht versunkene Regiment der Geschlechter emporgekommen[1]).

Verbürgten alle diese Umstände einem neuen Angriffe des Landesfürstenthums den endlichen Sieg über die widerspenstige Stadt, so entsprang doch der Entschluß, sie plötzlich zu überwältigen, aus einem ganz andern Anlaß.

In der officiellen Denkschrift, die im Jahre 1671, unmittelbar nach der Unterwerfung Braunschweigs, erschien[2]), wird das Unternehmen der Herzoge mit der Erörterung gerechtfertigt, daß angesichts des holländischen Krieges ihre eigene Securität erfordert habe, sich der mitten in ihren Landen gelegenen Erbstadt zu versichern, und die neuere Geschichtsschreibung hat ohne Bedenken den zunächst betheiligten Landesherrn, dem Herzog Rudolf August und seinem Bruder Anton Ulrich, die Initiative zugeschoben[3]). Die unmittelbar aus den Sorgen und Geschäften jener Tage erwachsenen Akten geben jedoch ein anderes Bild.

Der Urheber des Unternehmens war danach der Vicomte de Villiers, ein Genosse der französischen Tafelrunde am cellischen Hofe. Einst beim Cardinal von Retz bedienstet[4]) hatte er sich in den tollen Jahren Georg Wilhelm's zu dessen „fliegendem Hofe“ gesellt[5]) und war dem Herzog der liebste und vertrauteste seiner Gefährten geworden[6]).

In den Nöthen des Erbfolgestreits von 1665 war er von ihm an den französischen Hof entsandt und hatte das Glück gehabt, die Sympathien

---

1) Lachmann, Gesch. der Stadt Braunschweig (1816), S. 236; Havemann, Gesch. der Lande Braunschweig und Lüneburg III, 182 f.

2) Kurtze, jedoch gründliche Beschreibung der Stadt Braunschweig, deren Erbauung, Gelegenheit, denkwürdigsten Sachen, so darinnen zu sehen, sampt unterschiedlichen ausgestandenen Belägerungen, insonderheit aber den eygentlichen Verlauff der im verwichenen Monat Junio beschehenen Übergab an das hochfürstl. Hauß Braunschweig. Franckfurt, bei Wilh. Serlin, 1671. 4°. Besser als dieser Titel bezeichnet den Inhalt die Übersicht auf S. 1: „Kurtze Beschreibung, auff was Masse die Stadt Braunschweig zur Devotion gegen ihren Erb- und Landesfürsten gebracht worden.“ Den officiellen Ursprung dieser Schrift hat zuerst Pastenacci in den Forschungen zur deutschen Geschichte XXI (1881), S. 421 Anm. 2 erkannt. Man findet diese Broschüre abgedruckt im Diarium Europ. XXIII (1671) an der Spitze des Appendix, im Theatrum Europ. X, 407 ff., bei Gastelius, de statu publico Europae novissimo (Nürnberg, 1675), S. 1114 ff., bei Londorp, Acta publica IX, Buch 10, Cap. 223, S. 769 ff. Daß hiermit die von Havemann III, 182 ungenau citirte Schrift identisch ist, erhellt aus der Stelle die er abdruckt. Aus dieser selben Schrift stammen auch die bei Rehtmeier III, 1501 ff. abgedruckten Actenstücke, die weiter unten angezogen sind.

3) Havemann, III, 181 und die auf ihm beruhenden Darstellungen von Zwiedineck-Siebenhorst, Heinemann und Erdmannsdörffer.

4) Mémoires de Gourville, I, 329.

5) Hier erscheint er bereits 1661, vgl. Band I, S. 351 Anm. 3.

6) Memoiren der Herzogin Sophie, S. 69.

desselben für Johann Friedrich abkühlen zu helfen[1]). Das Vertrauen Georg Wilhelm's hatte ihn dann sogar in die heikle Regelung der Familieninteressen der Eleonore d'Olbreuse eingeweiht[2]). Er war Oberster eines cellischen Regiments, als der Streit um Hörter die Herzoge gegen den Bischof von Münster in den Harnisch trieb, und stand im Hauptquartier derselben zu Hameln, als der Graf Verjus jenen Provisionalvergleich vom 15. April zu stande brachte, der dem Hörterschen Streite die Spitze abbrach[3]).

Dieser unverhoffte Austrag legte ihm den Gedanken nahe, das einmal versammelte Heer des fürstlichen Hauses nicht ungenutzt auseinander gehen zu lassen, sondern zu einem Unternehmen in der Nähe zu verwenden, das nicht nur den Herzogen einen glänzenden Erfolg versprach, sondern zugleich auch dem Könige von Frankreich Gelegenheit bot, die Hand im fürstlichen Hause zu behalten. Denn wie Gourville, so vergaß auch Villiers in seinem deutschen Amte doch nicht die Interessen seines Vaterlandes: der französische Minister des Auswärtigen empfieng gelegentlich von ihm Berichte[4]).

So war es denn auch der französische Gesandte Verjus, dem Villiers als altem Bekannten zuerst seine Absicht eröffnete, den Herzogen Georg Wilhelm und Ernst August die Ausnutzung der gegen Münster versammelten Streitkräfte zur Bezwingung der Stadt Braunschweig anzuempfehlen; giengen die Herzoge hierauf ein, so würde König Ludwig in der Lage sein, durch Unterstützung dieses Vorhabens sie zur Dankbarkeit zu verpflichten. Verjus lehnte zwar seinestheils jede Äußerung über ein solches außerhalb seiner Vollmacht liegendes Unternehmen ab, begrüßte es aber in seinem Bericht an den vorgesetzten Minister als willkommenen Hebel zur Förderung des „großen Desseins.“ Villiers gewann denn auch die beiden Herzöge sofort für seinen Gedanken. Ihr einziges Bedenken dabei war, ob sie auch selber ausreichenden Gewinn von einem Unternehmen haben würden, das auf Grund der Erbverträge ihres Hauses doch nur der Landeshoheit ihres Vetters, des Herzogs Rudolf August von Wolfenbüttel, zu gute kommen konnte[5]).

---

1) Band I, 408 u. 421. 2) Memoiren der Herzogin Sophie, S. 93 f.

3) Ich füge hier hinzu, daß dieser Vicomte de Villiers, der als Colonel bezeichnet wird, im November 1672 seinen Tod in Folge eines Duells mit M. de Beauregard, einem andern französischen Cavalier des cellischen Hofes, fand, nach Bodemann, Briefwechsel der Herzogin Sophie mit Kurfürst Karl Ludwig, S. 163. (Vgl. Urk. u. Akten des Kurf. Friedr. Wilh. XIII, S. 333), also nicht, wie die Herausgeber es thun, zu verwechseln ist mit seinem Bruder, dem Major, der a. a. O. u. S. 299 sowie bei Horric de Beaucaire, une mésalliance le la maison de Brunswic, S. 120 erscheint.

4) Graf Verjus bezieht sich darauf in der nachfolgend angezogenen Relation.

5) Relation des Grafen Verjus, dat. Hannover, 15. April 1671, im Anhange unter III, 42.

Indem sie also Villiers Gedanken sich zu eigen machten und zunächst nur ihren Wolfenbüttler Vettern Rudolf August und Anton Ulrich während des Zusammenseins in Hameln die Frage vorlegten, „wie ihre Armatur zu employiren und ob solche nicht gegen die Stadt Braunschweig zu gebrauchen"[1]), fanden sie sich mit ihnen sofort in der Überzeugung zusammen, daß „jetzo das tempo sein möchte, das Recht, so dem fürstlichen Hause über die Stadt zustehe, effective zu erlangen"[2]); sie konnten sich nur nicht über die Frage verständigen, wie die Beute zu theilen sei. Die Wolfenbüttler beanspruchten zunächst die ganze Stadt für sich allein[3]).

Indessen ihre eigene Rüstung war zu schwach und das Angebot der cellischen Hülfe zu günstig, um es durch unzeitige Rechthaberei zu verscherzen. Rudolf August entsandte daher unmittelbar nach der Hameler Besprechung seinen Kammerpräsidenten von Heimburg nach Celle, um Georg Wilhelm den vierten Theil der Gerechtsame an Braunschweig einzuräumen und ihm als Ersatz dafür die Herrschaft Dannenberg unter der Bedingung anzubieten, daß Georg Wilhelm ihm für die den Werth jenes vierten Theils übersteigenden Dannenbergischen Einkünfte eine Entschädigung zusichere[4]). Dieser war denn auch sofort entschlossen, seinen höchstens auf die Hälfte der Stadt gerichteten Ansprüchen zu entsagen und die Landeshoheit über dieselbe dem Wolfenbüttler Hofe ganz zu überlassen. Er wollte nur sich und seinen Nachfolgern die Eventual-Huldigung der Stadt vorbehalten und eine Entschädigung für die Rechte fordern, die seinem Stamme auf den Mitbesitz der Stadt kraft der alten Erbverträge zustanden. Die Besprechungen in Hameln hatten nun ergeben, daß Wolfenbüttel die Dannenbergischen Einkünfte auf jährlich 30000 Rthlr. anschlug, die Intraden der Stadt Brauschweig aber auf mehr als 100000 Rthlr. zu schätzen waren. War Wolfenbüttels Behauptung richtig, daß der cellischen Linie nur der vierte Theil der letzten zustände, so mußte also Georg Wilhelm den aus den Dannenbergischen ihm zufließenden Überschuß durch irgend ein Äquivalent ersetzen. Er war auch auf der Stelle bereit, das Stift Walkenried dafür in die Wagschaale zu werfen. Nur um Wolfenbüttel mürbe zu machen, fand er für gut, anfänglich auf dem Mitbesitz der Stadt zu bestehn[5]).

---

1) So resumiren die wolfenbüttelschen Minister den Hergang auf der Conferenz zu Burgdorf, nach dem unten angezogenen Protokoll.

2) Georg Wilhelm an Ernst August in dem unter III, 42ª mitgetheilten Schreiben von Mitte April 1671. 3) A. a. O. 4) A. a. O.

5) Alles nach dem angezogenen Schreiben Georg Wilhelm's an Ernst August. Daß dieses auf Mitte April 1671 zu datiren ist, ergiebt sich aus einem Schreiben des Grafen Berjus, dat. Hameln, 31. Mai 1671 (P.), worin er den Bericht, daß ihm nach seiner Rückkehr aus Berlin Herzog Anton Ulrich u. Minister Grote in das Braunschweiger Unternehmen eingeweiht hätten, in die Worte faßt: ils m'ont dit depuis. qu'il n'y auroit qu'onze personnes, en comptant les cinq Princes de la Maison, qui sceussent ce

Zur Vereinigung dieser Sache wurde eine Conferenz der vertrautesten Minister des cellischen und des wolfenbüttelschen Hofes in Burgdorf anberaumt. Herzog Johann Friedrich von Hannover sollte erst nach vollendeter Verständigung der beiden zunächst betheiligten Herzoge in das Vertrauen gezogen werden. Nur Ernst August wurde als Eventualerbe Georg Wilhelm's zur Theilnahme eingeladen [1]).

Dieser stimmte nun freilich im Grunde seines Herzens der Entschließung des cellischen Bruders nicht bei: er hätte lieber gesehn, wenn jener die halbe Stadt für sich beansprucht hätte [2]). Allein er enthielt sich der Einsprache und überließ es den Cellensern und Wolfenbüttlern, sich unter einander zu verständigen [3])

Solcher Verständigung aber stand die Thatsache im Wege, daß keine der beiden Parteien den Ursprung und den Umfang ihrer vermeintlichen Rechte zu erweisen vermochte. Denn in den ältern Erbverträgen waren sowohl die weltlichen Gerechtsame wie die geistlichen Präbenden in Braunschweig immer zum Gesammteigenthum des fürstlichen Hauses erklärt worden [4]), die Auseinandersetzungen aber, die bei den spätern Erbtheilungen (1512 und 1635) versucht waren, hatten sowohl wegen der Widersetzlichkeit der Stadt wie auch wegen der Unvereinbarkeit der von den betheiligten Linien erhobenen Ansprüche niemals zu einem praktischen Resultate geführt. Daher konnte sich auch die Ministerconferenz zu Burgdorf nicht über die Rechtsgrundlagen einigen. Die Wolfenbüttler steiften sich zuerst auf den Mündener Vergleich von 1512 [5]), worin die lüneburgische Linie auf alle ihre Göttinger Ansprüche, folglich auch auf die Stadt Braunschweig, verzichtet und

---

dessein, qu'on ne l'a formé que depuis quinze jours, et qu'on avoit fait de tels serments de n'en faire confidence à personne qu'ils n'avoient pas y manquer.«

1) Georg Wilhelm an Ernst August a. a. O. (III, 42[a]).

2) Ich entnehme dies aus einem von Bodemann übersehenen Briefe der Herzogin Sophie an Kurfürst Karl Ludwig, dat. Osnabrück, 3. Juni 1671: Il y a 8 jours aujourduy qu'on a blocqué la ville de Brunswic. Si l'affaire réussit bien, G(eorg) G(uillaume) aura la principauté de Dannenberg et R(udolfe) A(uguste) la ville le Brunswic. Cela cest (= s'est) fait sans l'advis de E(rneste) A(uguste), qui croit qu'il auroit esté plus advantageux à G(eorge) G(uillaume) d'avoir la moitié de la ville. Les autres son (= sont) d'un autre opinion et croient que cela seroit de plus de dépence que de profit. Quoi qu'il en soit, l'accord est fait, pourveu que la ville feut (= fût) prise. Mais il y en a qui disent que le conte de Waldec nentant (= n'entend) pas son métié (= métier), but undre the roos on en verra bientost les effects.«

3) Die Antwort Ernst August's auf Georg Wilhelm's Einladung liegt nicht vor; das Protokoll über die Burgdorfer Conferenz erweist aber, daß Ernst August dieselbe nicht beschickt hat. 4) Heinemann II, 18, 42, 50, 69, 176, 182.

5) Gedruckt bei Erath, Histor. Nachricht von den im braunschweig-lüneburg. Hause getroffenen Erbtheilungen (1736. 4[0]), S. 114 ff.

sich nur den achten Theil an den Präbenden des Blasius-Stiftes vorbehalten habe. Als cellischer Seits darauf erwidert wurde, daß die einst mit der erloschenen Wolfenbüttler Linie aufgerichteten Verträge für den jetzt hüben und drüben florirenden Lüneburger Stamm keine Bedeutung mehr hätten, der Mündener Vergleich aber um so weniger zur Basis dienen könne, als der Stadt Braunschweig darin überhaupt nicht gedacht sei, daß man also nur auf die Erbtheilungstractaten von 1635 zurückgreifen dürfe: fertigte Wolfenbüttel letztern Einwand mit derselben Einrede ab, daß auch die Recesse von 1635 über die unschlichtbaren Streitigkeiten wegen der Stadt mit Stillschweigen hinweggegangen seien, und griff auf die Erbtheilung von 1409 zurück; als damals die Herzoge Bernhard und Heinrich getheilt hätten, habe die eine Hälfte von Braunschweig bereits der Göttinger Linie zugestanden, so daß es sich nur noch um die Theilung der andern Hälfte habe handeln können; demnach könne Celle auch jetzt nicht mehr als den vierten Theil beanspruchen. Allein die cellischen Minister beharrten auf dem Satze, daß bei den Tractaten von 1635 Celle die Halbscheid beansprucht und sich sein Recht durch das von den Mediatoren ausgestellte Attestat gesichert habe. Man fand sich schließlich in dem Gedanken zusammen, von den alten Erbverträgen ganz abzusehn und durch eine „Bogenhandlung" zum Ziele zu kommen; Celle willigte auch darin ein, sich für seinen Antheil an der Stadt durch ein Äquivalent abfinden zu lassen. Aber Wolfenbüttel wollte dieses Äquivalent nur für den vierten Theil, nicht für die Hälfte der vermuthlichen Intraden aus der Stadt gewähren[1]).

Auch das persönliche Benehmen Georg Wilhelm's mit dem wolfenbüttelschen Minister von Heimburg brachte die Verständigung nicht vorwärts. Er blieb dabei, auf seinen Antheil an Braunschweig gegen Abtretung der Herrschaft Dannenberg zu verzichten, und wollte das vorausgesetzte Mehr der daraus resultirenden Einkünfte nur durch Abtretung des Stiftes Walkenried ausgleichen. Um aber nicht die günstige Gelegenheit eines sichern Sieges über die arglose Stadt zu versäumen, schlug er vor, den Ausgleich über die Beute bis nach deren Erlegung zu vertagen. Rudolf August setzte nun zwar keinen Zweifel in die persönliche Generosität des cellischen Vetters, glaubte jedoch seine ausschließliche Landeshoheit über die Stadt gegen alle Eventualitäten sichern zu müssen, und machte daher den Vorschlag, die Bogenhandlung dadurch zum Abschluß zu bringen, daß Georg Wilhelm den aus den Dannenbergischen Ämtern mit Sicherheit zu erwartenden Vortheil durch Abtretung nicht des Stiftes Walkenried, sondern der Ämter Campe und Fallersleben sowie durch Zuschuß einer erklecklichen

---

1) Cellisches Protokoll über die Conferenz zu Burgdorf, act. 18. u. 19. April 1671; anwesend von Celle Schütz und Bacmeister, von Wolfenbüttel Höpfner und Heimburg.

Geldsumme ausgleiche[1]). Allein dazu war Georg Wilhelm nicht zu bewegen. Er erklärte die Sorgen seines Vetters wegen späteren Zwistes über die Stadt für unbegründet, da hierbei nur noch sein mit ihm ganz einverstandener Bruder Ernst August in Frage komme, und regte eine persönliche Besprechung in Gifhorn oder Wienhausen unter dessen Theilnahme an, um keinen Moment des Gelingens zu versäumen[2]).

Es liegen keine Nachrichten über den Verlauf dieser Begegnung vor. Daß man sich jedoch dabei geeinigt hat, erhärten die Ergebnisse der Ministerialconferenz, die am 3. (13.) Mai in Celle zusammentrat[3]), denn es wurden hier lediglich die zwischen den drei Herzogen getroffenen Verabredungen in vertragsmäßige Formen gebracht, um am 6/16. Mai von denselben urkundlich vollzogen zu werden.

In dem Hauptreceß[4]), den neben den regierenden Herzogen von Celle und Wolfenbüttel auch deren Brüder und Nachfolger Ernst August und Anton Ulrich unterzeichneten, entsagte Georg Wilhelm allen seinen Rechten an die Stadt sowie an die Stifter St. Blasii und Cyriaci und das Ägidienkloster daselbst (§ 2) und behielt sich den Rückfall derselben nur für den Fall vor, daß der Wolfenbüttler Mannesstamm erlöschen würde; deshalb aber sollte auch die Huldigung seitens der Stadt und des Stiftes jedesmal dem in Lüneburg regierenden Herzoge mit geleistet werden (§ 3). Rudolf August andrerseits trat an Georg Wilhelm als „Äquipollent“ für dessen Verzicht, die fünf Ämter Lüchow, Hitzacker, Dannenberg, Wüstrow und Scharnebeck ab (§ 5) und übernahm alle Schulden, mit denen er oder seine Vorfahren dieselben belastet hatten (§ 6). Weil nun aber jene Dannenbergischen Ämter „jährlich an Kammerüberschuß ein Ansehnliches mehr denn erwähnter Stadt (Braunschweig) Stifter und Klöster zur Kammer gehörige Intraden bringen“, so tritt Georg Wilhelm an Rudolf August auch das Stift Walkenried ab (§ 12) und zahlt ihm eine Summe von 35 000 Reichsthalern unter dem Vorbehalt aus, daß jener sie für den Fall, daß die Be-

1) Rudolf August an Georg Wilhelm, dat. Wolfenbüttel, 24. April 1671, in den Anlagen unter III, 42[b].

2) Georg Wilhelm an Rudolf August, dat. Celle, 25. April 1671 unter III, 42[c] der Anlagen.

3) Es liegt mir darüber nur das cellische Protokoll vor, act. Celle, 3. Mai 1671 in aedibus domini Cancellarii; vertreten waren Celle, Wolfenbüttel und Osnabrück; die Namen der anwesenden Minister sind jedoch nicht genannt.

4) Dat. Celle, 6. Mai 1671, gedruckt in Selchow's Magazin für die teutschen Rechte und Geschichte, I (1779), S. 114. Die dem Drucke zu Grunde gelegte Copie ist allerdings nicht frei von Fehlern. So ist z. B. S. 114 § 1, Zeile 6 statt „beyder Theile an- und übrigen an der Stadt . . . habende iura“ zu lesen „beider Theile an und über genannter Stadt . . . habende iura;“ S. 117, Zeile 2 von oben ist statt „Büchau“ zu lesen „Lüchow“ u. a. m.

lagerung von Braunschweig nicht den gewünschten Succeß hätte, nach drei Jahren zurück zu erstatten und so lange mit 5 Procent zu verzinsen habe (§ 13).

Ein Nebenreceß vom gleichen Datum[1]) regelte die Vorbehalte, die man wegen des fürstlichen Wittwensitzes in Lüchow sowie wegen der Voranschläge machte, wonach der Kammerüberschuß der Dannenbergischen Ämter auf 21303 Rthlr., die jährlichen Intraden des Stiftes Walkenried auf 10000 Rthlr. geschätzt worden waren; auch übernahm darin Rudolf August für sich und seine Nachfolger allein alle die Nachtheile, die ihm etwa aus einem von Herzog Johann Friedrich und dessen Nachkommen zu besorgenden Anspruche an die Stadt Braunschweig und die dazu gehörigen Stifter erwachsen könnten.

Erst nachdem sich so die Herzoge von Celle und Wolfenbüttel nebst ihren zur Nachfolge zunächst berechtigten Brüdern Ernst August und Anton Ulrich über die Beute verständigt hatten, wurde Herzog Johann Friedrich in ihr Vorhaben eingeweiht und zur Theilnahme eingeladen. Daß derselbe sofort erklärte, „zu des fürstlichen Gesammthauses Besten sich dieser impresa nicht entziehen zu wollen"[2]), sondern das Werk durch Stellung von Reitern und Dragonern zu befördern[3]), war ein sehr erfreuliches Symptom der mehr und mehr aufknospenden Eintracht des so viel gespaltenen Fürstenhauses. Auch war der Grund, weshalb der Herzog von Hannover seine Infanterie nicht mit hergeben zu können erklärte[4]), keineswegs ein nichtiger Vorwand. Seine Festungsbauten in Hameln[5]) nahmen in der That viel Geldmittel[6]) und viel soldatische Arbeitskraft[7]) in Anspruch.

Man hoffte in Celle und Wolfenbüttel, daß Johann Friedrich sich noch zu stärkerer Unterstützung herbeilassen werde, war aber auch selbst dann, wenn er seine Sonderinteressen zu hoch spannen würde, einig in dem Entschluß, das Vorhaben gegen Braunschweig durchzuführen, und verabredete mit einander und mit dem Bischof von Osnabrück, der sich gegen eine angemessene Entschädigung zu voller Mitwirkung bereit erklärt hatte, die von jedem Theil zu leistende Aufwendung. Das nächste Ziel wurde dahin bestimmt, die Stadt Braunschweig, falls sie sich nicht angesichts der gegen sie versammelten Streitkräfte zu gütlicher Annahme der fürstlichen

1) Ebenfalls gedruckt bei Selchow, I, 123 ff.

2) Ausdruck des unten angezogenen Vertrags vom 13. Mai 1671.

3) So resumirt Wolfenbüttel die hannoversche Erklärung auf der Ministerialconferenz, act. Celle, 6. Mai 1671. 4) A. a. O.

5) Vgl. die Notiz der Herzogin Sophie vom 1. Mai 1675 bei Bodemann, S. 229.

6) Havemann III, 230 notirt aus dem Jahre 1670 eine landständische Bewilligung von 70000 Rthlr. für diesen Zweck.

7) Nach einer französischen Aufzeichnung vom Juni 1671 (P.) waren dabei 1600 Mann beschäftigt.

Forderungen bequeme, durch eine energische Belagerung unter Vorbeugung jeder Einmischung Dritter, zur Aufnahme einer ihren Gehorsam verbürgenden fürstlichen Garnison zu zwingen[1]).

Eine persönliche Beredung sämmtlicher Herzoge zu Burgwedel (11. bis 13. Mai), an der auch der alte Freund und Berather Georg Wilhelm's, Graf Georg Friedrich von Waldeck theilnahm[2]), besiegelte dann das völlige Einvernehmen. Johann Friedrich gewährte jetzt auch ein Contingent seiner Infanterie. Da er aber „bei der Stadt selbst kein Interesse zu suchen hatte" und daher für seine Aufwendungen ein »soulagement« beanspruchte, so bedang und erlangte er als solches von Rudolf August die Überlassung des ganzen kostbaren Reliquienschatzes, den das St. Blasiusstift seit den Tagen Heinrich's des Löwen verwahrte[3]), von Georg Wilhelm aber die Abtretung der Dörfer Döhren, Wülfel und Lazen sowie der Gerichtsbarkeit auf den Ägidienfelde vor Hannover und der Schutzhoheit über die Stadt Hildesheim[4]). Georg Wilhelm übernahm außerdem auf sein Conto die Besoldung und Verpflegung der von Ernst August zu stellenden Truppen vom Tage des Aufbruchs an[5]). Als solcher wurde der 17/27. Mai festgesetzt[6]), und das Commando dem Grafen Georg Friedrich von Waldeck übertragen[7]), der, wie wir wissen, bereits bei den Rüstungen gegen Münster als Feldmarschall engagirt worden war.

Die Truppen wurden nun in aller Stille zusammengezogen. Kein Offizier außer dem Feldmarschall wußte, welchem Zwecke der Aufmarsch galt[8]). Auch von den Ministern waren nur die Wolfenbüttler von Heimburg und Höpfner, der cellische Kanzler Schütz und der hannoversche Freiherr Grote, sowie der Osnabrücker Kammerpräsident Georg Christof von Hammerstein in das Vertrauen gezogen[9]).

Die Stadt ward daher vollständig überrascht, als in der Morgenfrühe des 19/29. Mai die herzogliche Reiterei in ihre Gemarkung einbrach, die

1) Cell. Protokoll über die Ministerialconferenz zwischen Celle, Wolfenbüttel und Osnabrück. act. Celle, 6. Mai 1671.

2) Das Datum ergiebt sich aus Rauchbar-Curtze, Georg Friedrich von Waldeck I, 257 und aus den beiden unten angezogenen Documenten, die in Burgwedel vollzogen sind.

3) Vgl. den unter II, 101 mitgetheilten Bericht Maccioni's und oben S. 55 u. 64; der diesbezügliche Vertrag mit Rudolf August liegt mir nicht vor.

4) Punktation zwischen Georg Wilhelm und Johann Friedrich, dat Burgwedel, 13. Mai 1671. 5) Extractus protocolli, act. Burgdorf, 12. Mai 1671.

6) A. a. O. 7) Rauchbar-Curtze a. a. O.

8) Bericht des cellischen Feldpredigers Georg Berkemeyer in den Forschungen zur deutschen Geschichte, XXI, 422.

9) Vgl. den oben S. 158 Anm. 5 mitgetheilten Bericht des Grafen Berjus, wonach, einschließlich der fünf Herzoge, nur 11 Personen insgesammt in das Vorhaben eingeweiht waren. Die Namen ergeben sich aus den einschlägigen Protokollen, die der cellische Hofrath Bacmeister geführt hat.

Viehheerden wegtrieb, die Leinewandbleichen ausräumte und die städtischen Dörfer durchplünderte. Der bald nachfolgende Aufmarsch der Infanterie und Artillerie vollendete die Umschließung nach allen Seiten[1]). Fast die ganze Armee der vier Herzoge war zur Stelle, 4896 Reiter, 11880 Mann Infanterie und 85 Geschütze, insgesammt also etwa 20000 Mann[2]). Die Stadt Braunschweig hatte diesem Anfall nur einige hundert Söldner und die Kraft ihrer Bürgerschaft entgegenzusetzen[3]). Diese aber hielt der Zwiespalt zwischen Geschlechtern und Zünften nieder. Dazu fehlte es an den nothwendigsten Kriegsbedürfnissen[4]). Es war für Braunschweig der Übergang aus der Sicherheit in das Verderben. Die Hülfe, die man durch Eilboten vom Kaiser, von der schwedischen Regierung in Stade, von den

---

1) Ich lege hier der Darstellung neben der oben S. 156 citirten officiellen Denkschrift, deren Schwerpunkt in der Wiedergabe der diplomatischen Actionen und der darauf bezüglichen Aktenstücke liegt, den die militärischen Vorgänge anschaulicher beschreibender Bericht zu Grunde, den der im Feldlager thätige cellische Feldprediger Georg Berkkemeyer in seiner Chronik von Bodenteich niedergelegt hat, mitgetheilt von Pastenacci in den Forschungen zur deutschen Geschichte, XXI, 414 ff.

2) Der Berichterstatter des Diar. Europ. XXIII, 65 schätzt die herzogliche Armee auf 24000 Mann und zählt S. 159 mehr als 70 Geschütze, Berkkemeyer a. a. O. S. 425 giebt keine Gesammtsumme, zählt aber auch „etliche 70 Gestuck". Die officielle Denkschrift berechnet das Belagerungsheer auf 20000 Mann „ohne die Ausschußvölker und Schanzengräber" und zählt „an die 100 Stuck grobes Geschütz" (S. 157 im Appendix des Diar. Europ.). Ein anonymer Bericht im Auswärtigen Amte zu Paris, überschrieben »Allemagne 1671 Juin« gibt bei Schilderung der nach der Einnahme der Stadt von dem Prinzen von Oranien veranstalteten Parade folgende Daten: »l'armée a esté mise en bataille pour la faire voir au Prince d'Orange. Il y en a 16 et 17000 hommes effectifs, braves gens et bien équippés, et je ne l'aurois jamais cru, si je ne l'avois pas vu moy-mesme. L'armée a fait trois salves comme aussy l'artillerie que Messrs les Ducs avoient devant la ville, qui consistoit en 85 pièces«. Mit diesen Angaben stimmt eine andere anonyme Aufzeichnung in demselben Archiv überein, die ebenfalls vom Juni 1671 datirt ist. Ich theile diese in den Anlagen unter III, 42[d] mit. Vgl. damit Sichart, Gesch. der hannov. Armee I, 363 ff.

3) Havemann III, 185 zählt nach einer mir unbekannten Quelle 220 Soldknechte unter zwei Hauptleuten; Heinemann III, 116 ebenso viel unter Major Beckmann. Ich habe darüber nichts weiter als nachfolgende Notiz in dem Bericht des Grafen Verjus, dat. Hildesheim, 30. Mai 1671 (P.) gefunden: Il n'y (= zu Braunschweig) a que six cens hommes et qu'un seul officier, qui est là capitaine et a esté enseigne en Candie. On croit que c'est une affaire de quinze jours ou trois semaines.

4) Daß die Stadt wenige Wochen vorher dem Herzog Rudolf August den größten Theil des städtischen Geschützes und Pulvers für den Krieg wider den Bischof von Münster überlassen hätte, berichtet Joh. ab Alpen, vita Christ. Bernhardi VI, § 53 p. 168 f. Ich wage aber diese Nachricht nicht aufzunehmen, da die unmittelbar daran geknüpfte andere Nachricht, daß die Herzoge alle die im Moment ihres Angriffs auf dem Jahrmarkt zu Wolfenbüttel weilenden Braunschweiger Bürger festgehalten hätten, nicht nur durch die officielle Denkschrift S. 8, sondern auch durch die unverdächtigen Protokolle des Gesammthauses widerlegt wird.

Generalstaaten und den Hansestädten erbat[1]), mußte, wenn sie überhaupt gewährt wurde, zu spät kommen.

Die Herzoge wünschten so glimpflich wie möglich mit der Stadt zu verfahren und weder ihrem Wohlstande noch ihren anerkannten Privilegien Abbruch zu thun. Ihr ganzes Absehen war darauf gerichtet, sie zur Aufnahme einer fürstlichen Garnison zu zwingen. Erst wenn die Stadt auch angesichts der sie umlagernden Streitkräfte auf ihrer Widerspenstigkeit beharrte, sollte zur Beschießung geschritten, dann aber durch energischen Angriff jeder fremden Einmischung zuvorgekommen werden. Daher traten an denselben Tagen, in denen sich der Aufmarsch der Truppen vollzog, die ins Vertrauen gezogenen Minister der vier Höfe in Wolfenbüttel zusammen, um einerseits die Unterhandlungen mit der Stadt einzuleiten, andrerseits die diplomatischen Actionen nach außen zu berathen. Man beschloß, die Stadt zunächst ganz im allgemeinen zum Gehorsam aufzufordern, alsdann aber sofort von ihren Deputirten die Aufnahme einer Garnison als conditio sine qua non zu verlangen. Von auswärts glaubte man höchstens eine Einmischung des Kaisers befahren zu müssen, eine Unterstützung im Nothfall bei Dänemark und Brandenburg erhoffen zu dürfen. Man fand es aber angezeigt, das Unternehmen nicht nur dem Kaiser und den Reichsfürsten, sondern auch dem Könige von Frankreich, der schwedischen Regierung und den Generalstaaten zu notifiziren, um jede Mißdeutung abzuschneiden[2]).

Da die von Rudolf August am 18/28. Mai an Bürgermeister und Rath, an Gildenmeister und Hauptleute der Stadt entsandte Aufforderung, sich zu der schuldigen Submission zu bequemen[3]), von einem gleichartigen Gesammtschreiben der andern Herzoge[4]) begleitet ward, so mußte die Stadt von vornherein auf das alte Spiel verzichten, die Interessen der einen Linie des fürstlichen Hauses wider die andere auszubeuten. Die Deputirten, die sie nach Wolfenbüttel sandte[5]), suchten denn auch nur mit Berufung auf die alten Compactaten und mit ganz allgemein gehaltenen Ergebenheitsbetheuerungen der Forderung, daß sie eine herzogliche Garnison aufzunehmen hätten, auszuweichen und einen Aufschub der Berennung zu erlangen[6]). Da jedoch die ihnen gewährte dreitägige Frist verstrich, ohne daß die Stadt eine Antwort auf das fürstliche Ansinnen gab, so wurden die Belagerungs-

1) Havemann a. a. O.

2) Cell. Protokoll über die Ministerconferenzen des Gesammthauses, act. Wolfenbüttel, 18.—21. Mai 1671.

3) Beilagen A u. B der officiellen Denkschrift.

4) Beilage C a. a. O.

5) Aus dem Rathe Syndicus Burchard Baumgarten, Bürgermeister Julius von Horn, Joh. Hauenschild und Sekretär Heinrich Werner; aus den Gilden Joh. Heinrich von Strombeck, Güntzel Wilcken, Heinrich Stamke; aus den Hauptleuten Autor Dammann, Ernst Hagen, Esaias Widdeken.

6) Cell. Protokoll, act. Wolfenbüttel, 20. Mai 1671.

truppen ringsum bis auf eine Viertelmeile an die Stadt herangezogen, Faschinen, Schanzzeug und Geschütz bereit gestellt, und die vier Herzoge verlegten ihr Hauptquartier unmittelbar an die Blokadelinie in das Kloster Riddagshausen[1]). Zugleich wurden Schreiben an den Kaiser, die Kurfürsten und angesehensten Fürsten des Reichs sowie an die Könige von Frankreich England, Dänemark und Schweden und an die Generalstaaten entsandt, um das Unternehmen ins rechte Licht zu setzen und jeder Einmischung zu Gunsten der Stadt vorzubauen[2]).

Als dann endlich am 26. Mai a. St. die Deputirten der Stadt wieder herauskamen und die Erklärung abgaben, die Stadt wolle die Huldigung nach demselben Formular wie 1601 und 1606 leisten, auch auf alle Allianzen „mit Serenissimi Widerwärtigen" verzichten, könne sich aber nicht zur Aufnahme einer Garnison verstehn[3]), wurde sofort Kriegsrath gehalten, und Graf Waldeck begann noch in derselben Nacht zwischen dem Fallerslebischen und Wendenthore sich einzuschneiden. Dichter, bis zum Morgen anhaltender Nebel kam der Eröffnung der Approchen und Anlegung der ersten Batterien zu Hülfe. Die Canonade aber, welche die Stadt bei Durchbruch der Helligkeit begann, blieb ebenso wirkungslos wie die Tage vorher[4]).

Man zweifelte nicht, die Stadt binnen 14 Tagen zur Ergebung zu zwingen[5]), fand es aber doch gerathen, gegen etwaige Einmischung von auswärts einen Rückhalt zu gewinnen. Da nun Georg Wilhelm gleich auf seine erste, auf eigene Hand unternommene Anfrage[6]) bei dem ihm persönlich befreundeten Kurfürsten von Brandenburg trotz des Ärgers und der Sorge, die der Regensteinsche Streit in Berlin wach erhielt[7]), runde Zustimmung zur Bezwingung der widersetzlichen Stadt und freiwillige Anerbietung jeglicher Assistenz gefunden hatte[8]), so wurde jetzt sein Kammerrath Levin Adam Hake nach Berlin geschickt, um im Namen des Gesammthauses den Kurfürsten zu bitten, er möge die Stadt „durch ein nachdrückliches Schreiben" zur Fügsamkeit auffordern; man ließ zugleich das Vertrauen aussprechen, der Kurfürst werde keine dem fürstlichen Hause unleidliche kaiserliche Commission oder Mediation in dieser Sache auf sich nehmen[9]). Der Kurfürst kam diesem Wunsche zuvor, indem er noch vor Hake's Eintreffen

---

1) Denkschrift S. 11.

2) Dat. 21. Mai 1671; die Schreiben an den Kaiser, den König von Frankreich und die Generalstaaten sind unter D, E, F, des Anhangs der Denkschrift abgedruckt.

3) Cell. Protokoll, act. Riddagshausen, 26. Mai 1671.

4) Denkschrift, S. 13 f. 5) S. oben S. 158 Anm. 5.

6) Dat. 19. Mai 1671.

7) Vgl. die Correspondenz des Kurfürsten mit Otto v. Schwerin in Urk. und Acten XII, 950 ff.

8) Kurfürst Friedrich Wilhelm, dat. Potsdam, 22. Mai 1671 im Anhange unter III, 43. 9) Creditive und Instruction, dat. Riddagshausen, 27. Mai 1671.

seinen Kammerjunker Freiherrn Friedrich von Heyden mit dem Angebot bewaffneter Hülfe und einem offenen Briefe, der die Stadt Braunschweig zu „gebührender Submission und schuldigen Gehorsam" aufforderte, in das herzogliche Hauptquartier entsandte[1]) und als Gegenleistung vom fürstlichen Hause nur völlige Schlichtung der Regensteinschen Streitigkeiten und energische Mitwirkung dafür verlangte, daß ihm entweder allein oder in Alternation mit Pfalz-Neuburg das Kreisobristenamt im westfälischen Kreise aufgetragen würde[2]).

Es ist bezeichnend für die ganze Haltung des fürstlichen Hauses, daß man selbst in dem Augenblick, wo der Brandenburger über alles Erwarten entgegen kam, die äußerste Vorsicht für geboten erachtete. Man war gern bereit, ihm auf dem westfälischen Kreistage zu Wunsche zu sein, um dafür womöglich mit brandenburgischer Hülfe auch für sich selbst einen Vortheil in Westfalen, nämlich das Amt eines Zugeordneten für den Bischof von Osnabrück, heimzutragen[3]). Man schob aber die Erledigung der Regensteinschen Sache mit den schönsten Betheuerungen des guten Willens, unter dem Vorwande, daß der Kampf gegen Braunschweig jetzt jedes andere Werk behindere, auf unbestimmte Zeit hinaus[4]). Ja, man glaubte selbst den kurfürstlichen Abgeordneten nicht zu unmittelbarer Benehmung in die Stadt hineinlassen zu dürfen, obgleich die Bereitwilligkeit, mit der sich dieser zur Entsendung seines offenen Schreibens verstand, jedem Argwohn die Spitze abbrach[5]). Dagegen das brandenburgische Angebot militärischer Hülfe ließ man sich nicht entgehn. Denn auch die ersten Anzeichen unwillkommener Einmischung kamen über Berlin.

Die Eilboten der Stadt Braunschweig waren dort, wie Hake erfuhr, nicht nur beim Kurfürsten gewesen, sondern hatten, wie dieser selbst dem cellischen Bevollmächtigten erzählte, bereits den kaiserlichen Gesandten Baron von Goeß „so weit auf ihre Seite gebracht, daß er sowohl gegen S. kurfrl. Dchl. en particulier als auch öffentlich der Stadt iura vertreten und des fürstlichen Hauses Procedere gegen dieselbe fast als unbillig souteniren wollen, und zwar dahero, daß diejenige iura, so das fürstliche Haus an der Stadt etwan haben möchte, billig von S. Kaiserl. Mt. und Dero Kammergerichte, als wo dergleichen debattiret werden müßten, per viam iuris hätten können erörtert werden." Ja, der Kurfürst fügte hinzu, Herr von Goeß habe sich unterstanden bei ihm „zu sondiren, ob nicht einige er-

---

1) Creditive und Brief, dat. Potsdam, 29. Mai 1671.

2) Cell. Protokoll über die Ministerialconferenzen des Gesammthauses, act. Riddagshausen, 3. Juni 1671. 3) Instruction Georg Wilhelm's für Hake, dat. 4. Juni 1671.

4) Instruction des Gesammthauses für Hake, dat. 4. Juni 1671.

5) Cell. Protokoll über die Conferenzen des Gesammthauses, act. Riddagshausen, 3. u. 4. Juni 1671.

fahrene Offiziere unter der Hand in die Stadt zu schicken, welche das Werk zu trainiren bedacht sein möchten." Der Kurfürst besorgte eine kaiserliche Commission und empfahl deshalb rasche Bezwingung der Stadt[1]).

Der Kaiser erließ denn auch in der That seine Mandata avocatoria und inhibitoria „zu Ab- und Einstellung dieser den Rechten und des Heil. Reichs Satzungen e diametro zuwiderlaufenden Gewaltthat", trug den beiden Kurfürsten von Sachsen und Brandenburg die kaiserliche Commission auf und verbot den dem fürstlichen Hause benachbarten Reichsständen jede Unterstützung desselben[2]).

Die Herzoge schickten zwar das kaiserliche Mandat, da es nicht mit dem ihnen von allen Seiten gewährten, auch vom Kaiser selbst im Jahre 1667 zugestandenen Prädicat „Durchlaucht" versehen war, uneröffnet zurück[3]). Aber es war doch ein für sie bedenkliches Symptom feindlicher Gegenwirkungen, daß nicht nur der kaiserliche Vicekanzler, Graf zu Königseck, die wiederholten Briefe des Grafen Waldeck über das braunschweigische Unternehmen keiner Antwort würdigte[4]), sondern auch der Bischof von Münster den an ihn entsandten hannoverschen Hofmarschall Moltke auf eine kaiserliche Entscheidung verwies, wie sie ja auch in seinem Streite mit der Stadt Münster sowie in der gleichartigen Sache von Erfurt und Bremen ergangen sei. Noch bedenklicher war sein Hinweis auf eine wahrscheinliche Einmischung der Krone Schweden, der Hansestädte und der Generalstaaten sowie sein Vorschlag, die braunschweiger Sache dem westfälischen Kreistage zu unterbreiten[5]). Auch kam wirklich eine Gesandtschaft der Hansestädte Lübeck, Hamburg und Bremen mit Mediationserbietungen ins herzogliche Hauptquartier[6]). Es kam dazu von Berlin die Nachricht, „daß der Generalmajor Sommerfeld in Bauernkleidern in die Stadt kommen und allerhand Anstalt zu weiterer Gegenwehr machte; ingleichen wären auch einige vor-

---

1) Bericht Hake's an das Gesammthaus, dat. Potsdam, 30. Mai 1671; in einem Sonderbericht gleichen Datums an Herzog Georg Wilhelm fügt Hake hinzu, daß die Kurfürstin ihm ebenso berichtet habe von Bemühungen des Freiherrn von Goeß beim Fürsten von Anhalt. „Sie gedachte auch, daß Sie allemal eine getreue Dienerin von Dero fürstl. Hause gewesen und noch inkünftig sein würde und dahero auch jederzeit dessen Partei in allen Begebenheiten beim Kurfürsten gehalten habe".

2) Ich entnehme dies alles aus einer Copie des an den Bischof von Münster gerichteten kaiserlichen Mandats, dat. Wien, 20. Juni 1671.

3) An den Kaiser, dat. Riddagshausen, 6. Juni 1671.

4) Rauchbar-Curtze I, 257.

5) Resolution desselben auf Moltke's Anbringen und Recreditive, dat. Sassenberg, 12. (2.) Juni 1671.

6) Von Lübeck Bürgermeister und Stiftspropst Bernhard Dietrich Brauer und Rathsfreund Friedrich Plönnies (Creditive, dat. 1. Juni 1671), von Bremen Rathsfreund Dr. Nicolaus Zobell (Creditive, dat. 2. Juni 1671), von Hamburg die Rathsfreunde und Licentiaten iur. Jacob Syllems und Caspar Westermann (Creditive, dat. 3. Juni 1671).

nehme Offiziere aus Schweden in Hamburg angelangt unter dem Vorwand, daß sie nach dem Brunnen reisen wollten"[1]. Die Generalstaaten der Niederlande aber unterstützten die Stadt sowohl durch „heimliche Praktiken"[2] wie durch offenes Aufdrängen ihrer Mediation[3].

Unter diesen Umständen riefen die Herzoge nicht nur den Kurfürsten von Brandenburg, sondern auch den König von Dänemark um Waffenhülfe an. Indem sie an letztern den Osnabrücker Kammerpräsidenten von Hammerstein mit dem Auftrage entsandten, die Gewährung von etwa 1000 Mann und Munition zu erbitten und dafür den Abschluß der von Dänemark beantragten Allianz in Aussicht zu stellen[4], beauftragten sie den vom Brandenburger Hofe bereits recredirten[5] Hake, den Kurfürsten, da er nach Heyde's Eröffnungen keine Infanterie zu geben in der Lage sei, um Zusendung von 4—500 Mann Cavallerie und „einiger erfahrener Artilleriebedienten" zu ersuchen[6].

Die Geringfügigkeit der Hülfe, die sie erbaten, erweist schon an und für sich, daß es den Herzogen dabei nur auf den politischen Eindruck der Assistenz ankam. Auch dem Kurfürsten wäre eine „considerabelere" Leistung willkommener gewesen[7], zumal er sich der Sorge nicht erwehren konnte, daß die Herzoge ihre Rüstung zur Occupation der Grafschaft Regenstein ausnutzen könnten. Seine Minister widerriethen jede Unterstützung der Herzoge, denn es stände denselben nur eine beschränkte Obrigkeit in Braunschweig zu; auch der vertrauteste Berather des Kurfürsten, Otto von Schwerin, war, obgleich er dieser Auffassung wegen der gleichartigen Conflicte zwischen dem Kurfürsten und den preußischen Landständen nicht beipflichtete, doch der Meinung, daß eine völlige Bezwingung von Braunschweig nicht im Interesse des Kurfürsten liege und eine Hülfssendung erst nach Vereuigung der Regensteinschen Sache ins Werk gesetzt werden dürfe[8]. Allein der Kurfürst, dessen Blick jederzeit über die kleinstaatlichen Rivalitäten hinweg auf die großen Fragen der europäischen Politik gerichtet war, wußte alle Bedenken zu überwinden. Indem er 4000 Mann Infanterie und 1500 Reiter nebst Artillerie im Halberstädtischen zusammenzuziehn befahl[9], nahm er

---

1) Bericht Hake's dat. Potsdam, 9. Juni 1671.

2) Droysen, preuß. Politik III, 3, S. 240, Anm. 315.

3) An Georg Wilhelm, Johann Friedrich und Rudolf August, dat Haag, 17. (7.) Juni 1671.

4) Creditive und Instruction, dat. Riddagshausen, 2. Juni 1671.

5) Dat. Potsdam, 30. Mai 1671.

6) Instruction des Gesammthauses für Hake, dat. 4. Juni 1671.

7) Bericht Hake's, dat. Potsdam, 9. Juni 1671.

8) Urk. und Akten, XII, 951 f.

9) Relation Hake's, dat. Potsdam 13. Juni 1671: als er das Schreiben der Herzoge d. d. 11. Juni (s. unten) überreichte, befahl ihm der Kurfürst, denselben zu berichten, „wie daß Sie (kurfrl. Dchl.) albereit vor 2 Tagen Dero Truppen in 4000 zu Fuß unter dem

eine Stellung ein, die sowohl zum Eingreifen in die Belagerung von Braunschweig wie zur Deckung der Grafschaft Regenstein ausreichte.

Auch König Christian V. von Dänemark sagte, schon bevor Hammerstein bei ihm eintraf, den Herzogen auf die erste Anzeige ihres Vorhabens „alle mögliche Assistenz" zu[1]), und willigte sofort in die Entsendung der begehrten Hülfe[2]). Den Bischof von Münster aber hielt der Kurfürst von Köln in Schach, indem er ihm — man darf vermuthen, daß die französische Diplomatie hier ihre Hand im Spiele hatte — jede Einmischung in die Belagerung von Braunschweig mit dem Bemerken widerrieth, daß er den Herzogen auf etwaiges Hülfsgesuch 1000—1200 Mann Cavallerie zur Verfügung stellen werde[3]).

Unter diesen Umständen half der Stadt Braunschweig keine Einmischung der von ihr angerufenen Potenzen. Den hanseatischen Abgeordneten, die Aufschub der Beschießung und Einlaß in die Stadt begehrten, wurde beides rundweg versagt, so daß sie unverrichteter Dinge abzogen[4]). Den bösen Willen der Generalstaaten aber hemmte schon die wachsende Macht der oranischen Partei.

Alle ihre Vorstellungen hielten den jungen Prinzen Wilhelm von Oranien nicht ab, ins herzogliche Heerlager zu eilen, um dort unter den Augen des Grafen Waldeck seine erste kriegerische Schule zu machen und mit dem Herzog Georg Wilhelm einen Bund für das Leben zu schließen. Daß man die Offiziere, die ihn begleiteten, abberief, mußte ihm und seinen fürstlichen Freunden eine tiefe Verstimmung hinterlassen[5]). Dazu blieben den Herzogen die versteckten Umtriebe nicht verborgen, durch welche die Holländer den Widerstand der Stadt zu bestärken versuchten[6]). Die Me-

---

Commando des Generallieutenant Goltz und Generalmajor Götzen und 1500 zu Pferde unter dem Commando des Herrn Generalmajor de Pantz benebenst einer völligen Artiglerie nach dem Halberstädtischen zu marschiern beordert, damit dieselbe in der Nähe sein und uf Eur fürstl. Dchl. Begehren sich desto eher vor der Stadt Braunschweig anfinden könnte."

1) An die drei Herzoge, dat. Schloß Friedrichsburg, 6. Juni 1670, praes. 14. Juni.

2) Bericht Hammerstein's, dat. Kopenhagen, 17. Juni 1671. Daß Dänemark dafür auf eine Gegenleistung speculirte, erhellt aus der Bemerkung, welche die dänischen Staatsmänner dem lüneburgischen Gesandten gegenüber machten, als er die Einnahme Braunschweigs meldete, dahin lautend, „daß sie dergleichen gutes Tempo mit der Stadt Hamburg auch gern einst nehmen wollten, wenn sie nur des Hauses Braunschweig-Lüneburg Assistenz und guter Affection versichert sein könnten". Relation Hammerstein's, dat. Kopenhagen, 22. Juni 1671.

3) Franz von Fürstenberg an den Bischof von Münster, dat. Köln, 16. Juni 1671.

4) Cell. Protokoll über die Verhandlung mit den Hanseaten, act. Riddagshausen, 8. Juni 1671; Recreditive vom selben Datum.

5) Wicquefort, hist. des provinces unies, IV, 269; Lefèvre-Pontalis, Jean de Witt, II, 156 f.

6) Cell. Protokoll über die Conferenzen des Gesammthauses, act. Riddagshausen, 9. Juni 1671.

diation, deren Angebot die Staaten durch Entsendung zweier Deputirten[1]) wiederholten, wurde in dem Schlußbescheide ebenso höflich wie entschieden zurückgewiesen[2]). Im persönlichen Verkehr aber machte Georg Wilhelm aus seiner Verstimmung kein Hehl. Heftig heischte er die Deputirten an: solche Einmischung der Staaten in Dinge, die sie schlechterdings nichts angiengen, sei gerade so, wie wenn die Herzoge von Braunschweig für die Bauern von Scheveningen interveniren wollten, um eine von den Staaten beliebte Bestrafung derselben abzuwenden. Er hielt ihnen das Hülfsangebot der Kurfürsten von Brandenburg und Köln entgegen und erklärte, sein Haus werde diesen auf Wunsch mit aller Macht dafür seine Gegendienste gewähren[3]).

Während so jeder Succurs von außen abgeschnitten ward, wurde zugleich die Stadt durch heftige Canonade und stetiges Vorschieben der Approchen und Batterien bedrängt.

Eine kleine Weile behauptete der Rath seine Entschlossenheit gegenüber den wiederholten Aufforderungen der Herzoge, sich zu fügen[4]). Die Bürgerschaft aber erhob sich in aufgebrachten Haufen gegen das verhaßte Regiment und forderte Ergebung. Diese Bewegung gab dem Rathe den letzten Stoß[5]).

Am 7/17. Juni kamen seine Deputirten wieder in das herzogliche Hauptquartier und ließen sich, als ihnen jede Benehmung mit den hanseatischen Gesandten versagt ward, zur Formulirung der Bedingungen heraus, unter denen die Stadt eine fürstliche Garnison aufnehmen wolle. Die Herzoge waren sofort bereit, billige Wünsche, wie eine allgemeine Amnestie,

---

1) Daniel van Wijngarden, Ruygbroeck, Benthuysen rc. und Bernard Heeringe van Grovestins, Creditive, dat. Haag, 8. Juni 1671.

2) Georg Wilhelm an die Generalstaaten, dat. Celle, 21. Juni 1671.

3) Ich entnehme dies dem bereits oben S. 164 Anm. 2 angezogenen französischen Bericht aus Deutschland vom Juni 1671: »les ambassadeurs d'Hollande y ont aussy esté et font très-mauvaise contenance, d'autant qu'ayant fait lundy passé leur proposition à Messrs les Ducs, qui consistoit de leurs offrir la médiation de leurs maistres touchant le différend que ces Ducs avoient avec la ville de Brunswig, S. A. le Duc de Zelle leurs répondit tout hautement ces mots: »Messrs mes frères, mon cousin et moy nous estonnons fort que Vos maistres se veullent mesler d'une affaire qui ne les regarde point du tout, et qui estoit la mesme chose, si les Ducs de Brunswig se voudroient interposer pour les paysans de Scheuelingen (sic!), en cas que Mess. les Estats jugeassent à propos de les punir. Messrs les Electeurs de Cologne et Brandebourg ont offert genereusement leurs assistances, et nous leurs presterons de bon coeur avec tout ce que nous avons de trouppes et d'avantage, si le (sic!) desiroient.« Enfin il est assuré que Messrs les Estats ont fort mal pris leur temps en cette conjoncture, et ils ont entièrement l'affection de cette perdu maison.

4) Denkschrift S. 14 f.

5) Lachmann, Gesch. der Stadt Braunschweig (1816), S. 237. Havemann, III, 185 f. Heinemann, III, 117.

Gewährleistung der lutherischen Religion, Münzgerechtigkeit, Zollfreiheit und anderes zugestehn; dagegen wiesen sie jede Verklausirung betreffs der Garnison und Erbhuldigung zurück[1]).

Nach mehrtägigem Markten und Feilschen kam endlich am 10/20. Juni die Capitulation zu stande, durch welche sich die Stadt der Gnade ihres Herzogs unterwarf[2]). Am 12/22. Juni rückte darauf das Regiment Stauffen in die Stadt ein und besetzte die Wälle, am nächsten Tage folgten ihm fünf andere Regimenter nach, am 16/26. nahm Rudolf August die Huldigung der Bürgerschaft entgegen.

So endete das Streben Braunschweigs nach Reichsfreiheit mit der Anerkennung der herzoglichen Landeshoheit. Dies Resultat aber war weder durch die Initiative noch durch die Kräfte der wolfenbüttelschen Landesherrschaft zu stande gekommen. Es war im wesentlichen der ebenso rasch entschlossenen wie hochherzig vermittelnden Persönlichkeit des Herzogs Georg Wilhelm zu danken. Daher bedeutet auch dieser Erfolg mehr als einen territorialen Triumph der Absolutie, er hob das Ansehn des herzoglichen Gesammthauses in der großen Welt. Mit Staunen sahen die fremdländischen Offiziere die stattliche und wohl disciplinirte Streitmacht desselben[3]), und seine zum ersten Male fest geschlossene Eintracht war eine Thatsache, mit der die europäische Diplomatie fortan zu rechnen hatte.

Neuntes Kapitel.

Der Convent zu Bielefeld.

Mit besserem Rechte als Braunschweig behauptete Köln nur an Kaiser und Reich pflichtig zu sein. Kurfürst Max Heinrich aber begnügte sich nicht mit dem hergebrachten starken Antheil der Erzbischöfe an der städtischen Gerichtsbarkeit, sondern bestritt auch, durch die politische Opposition der Stadt und ihre Eingriffe in seine Jurisdiction gereizt, ihre anerkannte Reichsunmittelbarkeit[4]). Um dieselbe niederzubrechen, baute er,

1) Cellische Protokolle, act. Riddagshausen, 7.—12. Juni 1671.

2) Gedruckt im Anhange der Denkschrift als Beilage. Vgl. Diar. Europ. XXIII, 139 f. Die letzte städtische Deputation, welche die Capitulation zu Ende führte, bestand aus dem Domküster Günther Hantelmann, dem Domsekretär Ulrich Schwarzkopf, Johann Curt Kalen und Christian Wiesener; ihre Vollmacht, dat. 20. Juni 1671.

3) S. oben S. 164 Anm. 2.

4) Ennen, Frankreich und der Niederrhein, I, 196 ff.

wie vordem der Kurfürst von Mainz im Kampf gegen Erfurt[1]), auf Frankreichs Hülfe, in dessen Dienst ihn die Fürstenberger, Prinz Wilhelm, sein Resident am Versailler Hofe, und Bischof Franz, sein maßgebender Minister, seit Jahr und Tag gekettet hielten[2]). Eben darum nahmen sich die Generalstaaten der Stadt an: ein holländischer Ingenieur verbesserte ihre Befestigungen, und ein holländischer Colonel, Bamfield, brachte mit holländischem Gelde eine Garnison geworbenen Volks in städtischem Dienste zusammen[3]). Die starke Rheinstadt nicht in die Macht der Niederländer fallen zu lassen, war daher ein gemeinsames Interesse des Kurfürsten und des Königs von Frankreich; ihre Verständigung über eine engere Allianz war damit von selber gegeben.

Dem Bischof von Münster aber ließ der Gedanke, an Holland Rache zu nehmen, keine Ruhe; der Höxtersche Streit trug nur dazu bei, seine Beziehungen zu Frankreich wieder enger zu schürzen.

Kurköln und Münster waren die Eckpfeiler der großen Allianz, die Verjus Hand in Hand mit Wilhelm von Fürstenberg über die Niederkreise des Reiches zu spannen gekommen war. Die Tragfähigkeit dieses Projects hieng vornehmlich von der Einfügung des mächtigsten protestantischen Reichsstands, des Kurfürsten von Brandenburg, ab. Auch Kurköln und Münster wünschten solch protestantischen Zuwachs[4]), und der Pfalzgraf von Neuburg zog sich sogar hinter Brandenburgs Entschließung zurück[5]).

Man kann daher nicht zweifeln, daß Frankreich seine Hand im Spiele hatte, als nach den vergeblich wiederholten Versuchen des Prinzen von Fürstenberg, den Brandenburger vorwärts zu treiben, von Münster und Neuburg nach Berlin die Aufforderung zu einer Defensivallianz des westfälischen Kreises ergieng[6]). Wich der Kurfürst den directen Anträgen einer Offensivallianz aus, so war es vielleicht möglich, ihn durch eine westfälische Defensivallianz zu neutralisiren und so wenigstens indirect den Plänen Frankreichs dienstbar zu machen.

Am 7. April 1671 kam in der That auf dem Convent der Kreisausschreibenden Fürsten Westfalens zu Bielefeld eine Defensivallianz Brandenburgs, Münsters und Pfalz-Neuburgs zur Sicherung ihrer Länder und des ganzen Kreises gegen Durchzüge, Einlagerungen und Contributionen zu stande[7]). Ein Bundesheer von 15000 Mann sollte dem Hülfesuchenden

---

1) Band I, 333. 2) Ennen, I, 231 ff.

3) Ennen, I, 213 f.; Wicquefort, hist. des provinces unies, IV, 270 ff.

4) S. oben S. 152 Anm. 1 den Bericht Verjus'.

5) Pufendorf, XI, 19. 6) Droysen, III, 3, 242.

7) Das Motiv des brandenburg. Beitritts enthüllte Jena einige Monate später dem schwed. Gesandten E. v. Pufendorf mit den Worten: „daß zu der Zeit, als Episcopus (von Münster) in starker Armatur begriffen gewesen, J. Kfl. Dchl. rathsam gefunden, sich

binnen sechs Wochen zur Verfügung stehen, und gemeinsam wollte man jede dem Kreise drohende Kriegsgefahr abzuwenden suchen; auch andern Fürsten, zumal des Kreises, blieb der Beitritt vorbehalten [1]).

Kaum war dieser Vertrag unterzeichnet, so kam zu gleicher Zeit mit dem in Bielefeld erschienenen Prinzen Wilhelm der nach Berlin entsandte Vicekanzler Nicolartz mit der Wiederholung des kurkölnischen Antrags heraus, gemeinschaftliche Sache mit Frankreich bei dessen unabwendbarem Anfall auf die Niederlande zu machen [2]). Da jedoch der Brandenburger wiederum mit dilatorischem Bescheide der Umgarnung auswich, so blieb nichts übrig als ihn im Namen Frankreichs zu einer Erklärung zu zwingen. Deshalb entschloß sich Verjus, der bisher unter dem Deckmantel des Höxterschen Streits zwischen Hameln und Bielefeld, Hannover und Münster hin- und hergeeilt war, selbst nach Berlin zu gehn. Denn nach der Entscheidung des Brandenburgers mußten sich nicht nur alle die mit den übrigen Fürsten Nordwestdeutschlands geplanten Verträge modificiren, sondern vor allem auch Richtung und Tempo der französischen Diplomatie an den beiden nordischen Höfen.

Unter den norddeutschen Fürsten bot doch nur der Kurkölner sichere Gewähr. Christof Bernhard von Münster ergriff jede Sache, für die man ihn zu erwärmen verstand, mit feurig auflodernder Leidenschaft, war aber ein grillenhafter Mensch, der sich nie zu beherrschen verstand und jeder Aufwallung zum Raube fiel, unfähig, bei der Sache zu bleiben, daher ein höchst unbequemer und wenig verläßlicher Bundesgenoß [3]). Der Pfalzgraf von Neuburg war der französischen Allianz nicht abgeneigt: seine Räthe in Bielefeld hofften, daß auch der Kurfürst von Brandenburg durch tüchtiges Subsidiengebot für Frankreich zu haben sein würde [4]). Allein ohne Brandenburgs Vorgang wollte der Pfalzgraf sich nicht erklären [5]).

Für Herzog Johann Friedrich von Hannover war Verjus ganz eingenommen: er rühmte ihm Hingebung an die Sache, Entschlossenheit und unbedingte Zuverlässigkeit nach und versprach sich daher von ihm erkleck-

---

durch ein solch engagement seiner desto besser zu versichern und ihn dadurch gleichsam im Zaum und dero in diesem Kreis belegenen Länder in Securität zu halten." Rel. Pufendorf's, dat. Bielefeld, 6. Juli 1671.

1) Pufendorf XI, 20; Tücking, Stift Münster, 169 f.; Droysen, III, 3, 243.

2) 8. April 1671, s. Pufendorf XI, § 16 u. 17; Ennen, Frankreich und Niederrhein, I, 240.

3) Darin stimmen die französischen Diplomaten überein. Verjus, dat. 21. April 1671 (P.): car il faut avouer que M. l'Evesque de Munster qui a plus de feu, paroist ne pas suivre les affaires, comme celuy-cy (Herzog Johann Friedrich von Hannover) fait, et les traitter un peu plus au hazard. Vgl. damit das Urtheil des Herzogs von Luxemburg bei Depping, Krieg der Münsterer und Kölner, S. 43 f.

4) Verjus, dat. 15. April 1671 (P.) unter Beilagen III, 42. 5) S. 173 Anm. 5.

lichen Nutzen für Frankreichs Pläne[1]). Aber in der Geldfrage machte ihm der Herzog das Leben sauer. Verlangte derselbe doch nichts Geringeres als eine monatliche Subsidie von 15000 Thlr. bis zum Abschluß der größeren Allianz, alsdann Werbungsgelder und endlich vom Ausbruch des Krieges an monatlich 30000 Thlr.[2]).

Um sowohl den Hannoveraner und sein ganzes Haus als auch den Kurfürsten von Brandenburg den Absichten Frankreichs gefügig zu machen, gab es nach Verjus' Urtheil kein besseres Mittel als die Aussicht auf eine neue Verständigung zwischen Frankreich und Schweden[3]).

Vor der Hand schien allerdings daran kaum zu denken sein. Kam doch gerade in jenen Tagen, als Verjus noch mit dem Höxterschen Streite zu thun hatte, der stadische Regierungsrath Esaias von Pufendorf im Auftrage der schwedischen Krone nach Hameln[4]), um das lüneburgische Haus zum Eintritt in die Tripelallianz einzuladen und zugleich wegen engerer Verbindung mit Schweden zu sondiren. Die Sendung blieb erfolglos. Der Tripelallianz wich das Gesammthaus mit einhelligem Mißtrauen aus[5]). Und für eine engere Allianz mit Schweden war mindestens Johann Friedrich um keinen Preis zu haben[6]), Georg Wilhelm aber und mit ihm die andern nur unter der Voraussetzung, daß Schweden mit Dänemark Frieden hielt. Auf den Rath des Kanzlers Schütz bereitete sich Pufendorf durch diesbezügliche Versicherung den Boden und hob dann besonders das gemeinsame Interesse der Protestanten gegen die zu Frankreich neigenden katholischen Reichsstände hervor. Die angeschlagene Seite fand bei Georg Wilhelm Wiederhall[7]). Aber wie geschickt auch Pufendorf für diese engere

1) Relation Verjus' an Ludwig XIV., dat. Hannover, 21. April 1671 (P.): Il me semble bien, Sire, que ce Prince (Johann Friedrich) a d'excellentes qualitéz pour estre très-utile au dessein de V. M[te], et qu'estant apliqué, résolu et plein de bonne foy et de sincerité, comme il en a la reputation et comme il s'en pique, il ne contribuera peu à reigler le reste dans le party et à maintenir ce qu'on entreprendroit. 2) Verjus a. a. O.

3) Verjus, dat. Hannover, 15. April 1671 (P.), Beilage III, 42.

4) Creditive, dat. Stockholm, 7. März 1671; praesentat. Hameln, 1. April 1671.

5) Relation Pufendorf's, dat. Stade 14. April 1671, gedruckt im Archiv des Vereins für Geschichte und Alterthümer der Herzogthümer Bremen und Verden, V (1875), S. 466 ff.

6) Pufendorf berichtet a. a. O.: „hergegen kan von Hannover Ew. Kgl. Mt. ich keine assurance geben, glaube vielmehr, er werde Frankreich zu gefallen armiret bleiben und von selbigen König ein Stück Geldes annehmen, nicht nur darumb, daß er seinem reconsiliirten Bruder nicht allerdings trauet, besondern daß ihm, meiner Mutmaßung nach, Frankreich mit der Römischen Crone flattiret, und dieser Herr, der ohne dem vastos spiritus hat, Chatholicos per Galliam, Protestantes aber durch particuliare Freundschaft mit ein und andern auf seiner Seite zu haben und zu gewinnen gedenket".

7) Pufendorf a. a. O.: „Herzog Georg Wilhelm sagte mir im Beisein des Herrn Grafen von Waldeck, er sehe wohl, wie Protestantes in Teutschland anders nichts zu thun, als sich in ihrem Zustande zu erhalten, es sei denn, daß die Pfaffen noch einmal toll wer-

Allianz plädirte, in der er das vortheilhafteste Engagement, das für Schweden zu finden war, erblickte, und wie geflissen ihm auch Kanzler Schütz in die Hände arbeitete: zu einer positiven Erklärung war Georg Wilhelm doch nicht zu bewegen[1]). Die verwandtschaftliche Beziehung des fürstlichen Hauses zum dänischen Hofe, die Einwirkung der Königin-Wittwe Sophie Amalie auf ihren Bruder, stand dem schwedischen Gesandten im Wege und kam dem dänischen Gesandten Habbeus von Lichtenstern, der sich damals wiederholt bei dem Herzoge einstellte, zu statten[2]).

Ebenso vergeblich wie Pufendorf um die lüneburgische, warb Verjus um die brandenburgische Allianz. Nicht einmal zur Neutralität wollte sich der Kurfürst verbinden, auch Verjus erhielt nur bilatorischen Bescheid[3]).

Der gleichmäßige Mißerfolg ihrer wider einander laufenden deutschen Allianzgesuche drängte den schwedischen und den französischen Staatsmännern die Überzeugung auf, daß den beiderseitigen Interessen am besten eine Erneuerung ihres alten Bundes entsprach. Schon zu derselben Zeit als Verjus von Hannover aus diesen Gedanken anregte[4]), meldete auch Rousseau, Frankreichs Gesandter in Stockholm, seinem Könige die Geneigtheit des schwedischen Reichskanzlers an, die alten Beziehungen zu Frankreich wieder aufzunehmen[5]). Ludwig XIV. säumte denn auch nicht dem Wunsche des Kanzlers zu entsprechen, indem er den wichtigen Stockholmer Posten wiederum dem dort bewährten und beliebten Pomponna übertrug[6]). Die deutschen Allianzpläne wurden jedoch darum weder hüben noch drüben aufgegeben. Die Entscheidung sollte der in Bielefeld anberaumte Convent bringen, zu dem sich neben den westfälischen Kreisständen zugleich die mit der endgültigen Vereinigung des Höxterschen Streits beauftragten Mediationsgesandten seit Anfang Mai zusammenfanden.

Daß sowohl der westfälische Kreistag wie die Höxtersche Mediation

---

den wollten, alsdenn man sich zusammenthun und ihnen die übrigen Röcke auszuziehen suchen müßte".

1) Relationen Pufendorf's, dat. Stade, 14. April und 16. Juni 1671, a. a. O.

2) Pufendorf a. a. O. (481 f., 504 f.); Verjus, dat. Hannover, 15. u. 21. April 1671 (P.); über die verschiedenen Missionen des Christ. Habbeus Lichtenstern liegen im hannoverschen Staatsarchiv nur die Creditive und Recreditive vor: 1. dat. Kopenhagen, 5. Okt. 1670; dat. Celle, 20. Jan. 1671; 2. dat. Kopenhagen, 18. März 1671; dat. Celle, 28. März 1671; 3. dat. Friedrichsburg, 6. Juni 1671; dat. Celle, 19. Juni 1671.

3) Pufendorf, XI, § 18; Mignet III, 289 f.; Droysen, III, 3, 242 f.; Urk. u. Acten zur Gesch. Friedrich Wilh. II, 506 f. dat. 5. Mai 1671; Verjus, dat. Hildesheim, 30. Mai 1671, meldet seinem Könige; er sei in Berlin mit außergewöhnlichen Ehren aufgenommen, habe aber keine entschiedene Antwort erhalten; es sei also fraglich, ob man dem Kurfürsten in Bielefeld alles mittheilen könne (P.). 4) Dat. 15. April 1671 (P.).

5) Dat. 15. April 1671, bei Mignet III, 295 f. 6) Mignet a. a. O.

nur Podium und Vorhang für die Allianzfrage war, stellte sich alsbald deutlich heraus.

Nicht nur der französische und der kurkölnische Vertreter, sondern auch die Deputirten des Bischofs von Münster verspäteten ihr Eintreffen in auffälliger Weise um 14 Tage[1]). Alsdann begannen die letzteren damit, die Zulassung der Gesandten von Celle und Hannover zur Mediation anzufechten: als mitinteressirt bei der Höxterschen Streitsache könnten dieselben nicht in gleicher Linie mit den übrigen Mediatoren stehn[2]). Ließ sich auch dieser Standpunkt nicht behaupten, so giengen doch wieder vier Wochen verloren, bis die calenbergischen und cellischen Gesandten ihre Gleichberechtigung mit den übrigen Mediatoren durchsetzten[3]). Dazu kam dann von Anfang an, um die Tractaten vollends aufzuhalten, ein Präcedenzstreit zwischen den staatischen Gesandten[4]) und dem pfalz-neuburgischen Vicekanzler Giese, der sich von Bielefeld nach dem Haag und Düsseldorf fortpflanzte und ein sehr heftiges Pamphlet des Neuburgers hervorrief, in dem der so oft von den protzigen Kaufherrn der Niederlande gekränkte Fürstenstolz sich aufbäumte gegen die Generalstaaten, deren „Vergatterung" nichts anders sei als „der Name einer Versammlung einiger dem Befehl und Verordnungen des Pöbels und der Gemeinheit jeder Provinz zu deren Gehorsam und Vollenziehung in ganzer Unterthänigkeit untergebenen Bedienten"[5]). Dieser Streit, infolge dessen auch die Lüneburger nicht hinter dem Neuburger zurückbleiben wollten, machte jede gemeinsame Sitzung der Mediatoren unmöglich[6]). Endlich ließ es auch Frankreichs Vertreter Verjus nicht an wiederholten Hemmungen fehlen, indem er bald die Circulation eines Actenstücks vierzehn Tage verschleppte, bald durch Reisen zu den benachbarten Fürsten die Unterhandlungen unterbrach[7]). Darüber verstrich die für die Vereinigung des Höxterschen Streits anberaumte Zeit, und man nahm schließlich den Verlauf des gleichzeitigen westfälischen Kreis-

1) Relationen des hannoverschen Gesandten O. J. Witte, dat. Bielefeld, 2., 12., 16/26. Mai 1671.

2) Relation der cell. Gesandten, Geh. Rath L. Müller: Hofrath W. L. Fabricius, dat. Bielefeld, 15/25. Mai 1671.

3) Relation Witte's, dat. Bielefeld, 17/27. Juni 1671.

4) Ripperda, Werkendam, Amerongen.

5) Wohlgemeinter Discurß und Bedenken über die zu Bilefeld vorgefallenen Präcedenz-Streitigkeit", gedruckt im Diar. Europ. XXIV, 215 ff. Vgl. Wicquefort, hist. des provinces unies IV, 269 f.; Relation Pufendorf's, dat. Bielefeld, 10. Juli 1671, im Archiv des Vereins für Gesch. von Bremen und Verden V, 511.

6) Relation Müller's und Fabricius, dat. Bielefeld, 3. Juni 1671. Verjus an Herzog Johann Friedrich, dat. Bielefeld, 25. Juli 1671.

7) Relation Müller's und Fabricius', dat. Bielefeld 3/13. Aug. 1671.

tags zum Anlaß, die Fortsetzung der Mediationstractaten nach Köln zu verlegen [1]).

Wie die Hörtersche Mediation, so sollte auch der westfälische Kreistag der am 21. Juni (1. Juli) zu Bielefeld eröffnet ward, nur den zwischen Frankreichs Parteigängern abgekarteten Zwecken dienen. Die unter den Kreisdirectoren [2]) vereinbarte Hauptproposition betonte, „was bei denen benachbarten Kronen und Republiken vor starke Kriegsverfassungen im Schwange gehen", und verlangte angesichts solcher Gefahr eine zulängliche Defesionsverfassung des Kreises, die Nebenproposition empfahl gütliche Beilegung der bedrohlichen Entzweiung zwischen dem Kurfürsten und dem Stadtrath von Köln [3]).

In der kölnischen Sache gieng Münster mit Brandenburg und Pfalz-Neuburg Hand in Hand, und alle Bedenken der Unentschlossenen zerprallten eine Zeit lang an dieser festgeschlossenen Autorität des Kreisdirectoriums. Denn als die demselben beigesellte Deputation der Kreisstände über die Rechtsfrage zwischen Stadt und Kurfürst Bericht erstattet und das Directorium daraufhin an die Stände die Umfrage gestellt hatte, ob dem Kurfürsten und der Stadt die Mediation des westfälischen Kreises unbeschadet der bereits vom Kaiser verordneten Commission angetragen, zugleich aber auch der Stadt die Entfernung des fremdländischen Kriegsvolks und die Aufnahme einer Kreishülfe angerathen werden solle, wurde die von der Mehrzahl der Stände beliebte Stimmenthaltung, zu deren Entrüstung, ohne weiteres als Zustimmung gedeutet und solcher Gestalt trotz aller Proteste ein Conclusum eröffnet, durch das nicht nur beiden Theilen die Vermittlung des Kreises, sondern auch der Stadt Köln Garnison und Garantie von Kreis wegen angeboten ward [4]).

---

1) Conclusum, dat. Bielefeld, 22. Aug. 1671, bei Alpen, vita Christoph. Bernhardi VII, § 1.

2) Münster, vertreten durch Dombechant von Schmiesing, Landrath von Twickel, Geh. Rath von Wiedenbrück, Hofrath Zurmühlen; Cleve-Brandenburg, vertreten durch Generalmajor von Sparr, Generalmajor von Eller, Geh. Rath Blaspeil, Geh. Rath Breyer, Geh. Rath Westhaus; Pfalz-Neuburg-Jülich, vertreten durch Kanzler Freiherr von Lerodt, Oberkanzler Giese, Regierungsrath Bonz (?).

3) Beide Documente, dat. Bielefeld, 21. Juni/1. Juli 1671.

4) Diarium des hannoverschen Kreisdeputirten Vicekanzler Witte unter 4/14. bis 8/18. Juli 1671. Bezeichnend für die Stimmung der Kreisstände sind die Berichte der cellischen Deputirten L. Müller und W. L. Fabricius, 1. dat. Bielefeld, 3. Juli 1671: „Ein jedermann verwundert sich über wunderlichen Conduite des Directorii sowohl in andern als insonderheit in dieser Sache. Auf dasjenige, was solches unter sich heimlich geschlossen, begehret es, daß die Stände sich so tief in die Sache einlassen, daß sie nicht allein die Mediation, sondern auch Kreises Völker offeriren sollen, und zwar ehe der Kreis noch einigen Mann angenommen. Der Parteien ihre desideria werden nicht an die Stände, wie es sich gebüret, sondern an das Directorium gerichtet und bleiben bei demselben bishero allein.

Allein die Einigkeit des Kreisdirectoriums zergieng durch die Rivalität über das Commando der Kreisarmee. Von Anfang an intrigirte Münster gegen Brandenburgs und Pfalz-Neuburgs Ansprüche auf das Kreisobristenamt [1]), das unter andern auch die Herzoge von Celle und Hannover dem Kurfürsten zuzuwenden gedachten [2]). Um das Defensionswerk, das an und für sich allgemeinen Beifall der Kreisstände fand [3]), zu Stande zu bringen, kamen der Kurfürst und der Pfalzgraf dem Bischof, der die Anstellung eines von dem Directorium und den Nach- und Zugeordneten abhängigen Kreisgenerals verlangte [4]), einen Schritt entgegen. Man verabredete eine locale Theilung des Kreisobristenamts [5]).

Die Frucht dieses Einvernehmens war nicht nur jene Entschlossenheit des Directoriums in der Kölner Frage, welche die Eifersucht der übrigen Kreisstände erweckte [6]), sondern auch ein energischer Anlauf in Sachen der Kreisdefension. Am 13. (23.) Juli wurde dieselbe vom Directorium unter Hinweis auf die Gefahren des kölnischen Streits und der Spannungen

---

Die Nachricht, so dasselbe den Ständen thut, findet sich in facto anders (zu) sein. Was Kurköln desideriren soll, gründet sich auf Prinz Wilhelms von Fürstenberg mündliches Anbringen allein, ohne daß man von seiner Legitimation etwas weiß. Über solchen unförmlichen Proceduren ist man an seiten der Stände übel zu sprechen." 2. Dat. Bielefeld, 6. Juli 1671: „Nachdem nun ein jeder seine Notuln zu Hause nachgesehen gehabt, hat sich gefunden, daß in quaestione I[a] 15 vota affirmativa, darunter 5 contionata gewesen. Suspensiva haben sich 14 befunden, und Schauenburg hat zwar defectum mandati angeführet, gleichwohl sich auf die majora bezogen, daher, wann solcher sich für diese letzten erklärete, die vota in hoc p[o] paria sein würden. In quaestione II[a] sind pro affirmativa 12 gewesen, die übrigen 18 aber haben alle ihr votum suspendiret gehabt. Weil nun ein solches mit Stillschweigen so nicht könnte hingehen, ward von allen und jeden Ständen gut befunden, dem Directorio durch den Kreissecretarium andeuten zu lassen, daß man gehofft hätte, es würde die vorgestrige Anzeige in einige Consideration bei demselben gekommen und aller Effect des gemachten Conclusi so lange suspendiret worden sein, bis man der Stände ihre rationes, warum sie das Conclusum nicht agnosciren können, würde vernommen haben. Weil aber solches nicht geschehen, so könne man nicht umhin dem Directorio anfügen zu lassen, daß man (sich) zu Ablesung der Schreiben nicht würde verstehen können, es wären denn gedachte der Stände rationes vernommen, worauf man des Directorii Resolution erwarten wollte."

1) Relation Witte's, dat. Bielefeld, 14/24. Juni 1671.

2) Instruction Georg Wilhelm's, dat. 6. Juni 1671; Instruction Johann Friedrich's, dat. 17. Juni 1671.

3) Relation Witte's, dat. 24. Juni/4. Juli 1671; Müller und Fabricius, dat. 26. Juni 1671.

4) Witte's Diarium, 1. Juli 1671; Relation Müller's u. Fabricius', dat. 3. Juli 1671.

5) Der Inhalt dieses Abkommens ist nicht deutlich. Nach Droysen III, 3, 244 sollte die Kriegsdirection dem zuerst Angegriffenen zustehn. Witte meldet in seiner Relation, dat. 26. Juli/5. Aug. 1671: „Kurbrandenburgischer Seiten wird mir in Vertrauen berichtet, daß die mit dem Herrn Bischofen zu Münster getroffene Abrede darin bestanden, daß alle dreie Directoria in ihren Landen das Kreisobristenamt führen sollten."

6) Vgl. Droysen, preuß. Politik III, 3, 244.

zwischen Frankreich, den Generlstaaten und Spanien auf die Tagesordnung gesetzt. Münster empfahl eine Kriegsverfassung nach dem Muster der unter den Kreisdirectoren errichteten Allianz[1]), der am 8. Juli auch der Kurfürst von Köln für seine drei Stifter[2]) mit einem Contingent von 4500 Mann zu Fuß und 2000 Reitern beigetreten war[3]). Brandenburg und Kurköln-Lüttich traten dann für ein zwölffaches Simplum ein. Die übrigen hielten zwar zurück, um sich erst unter der Hand zu verständigen. Diese Besprechungen aber schienen eine Majorität für das Triplum zu sichern; denn wenn auch von Celle[4]) nur ein Duplum, von Calenberg[5]), Hessen-Schaumburg und Schwedisch-Verden ein Quadruplum ins Auge gefaßt war, so war man doch allerseits geneigt, dem von Paderborn und seinen „Confidenten“ vorgeschlagenen Triplum beizustimmen, um nicht von den Clienten des Directoriums majorisirt zu werden[6]). Indessen das Directorium gab die Erfolge, die es seiner vereinigten Autorität verdankte, durch seine plötz-

---

1) Witte's Diarium unter 13. Juli; Relation L. Müller's, dat. 13. Juli 1671.

2) Köln, Lüttich, Hildesheim.

3) Tücking, Stift Münster unter Christof Bernhard v. Galen, S. 170.

4) Daß man am cellischen Hofe die Absicht der westfälischen Kreisrüstung durchschaute und trotz allen Ärgers über die Generalstaaten nicht gemeint war sich zu einer Rüstung gegen dieselben fortreißen zu lassen, erhellt aus Folgendem. Kanzler Schütz an Herzog Georg Wilhelm, dat. 14. Juli 1671: „. . . Es kann ob dem bei dem Kreistage bis dahin practicirten modo agendi nicht wohl ein anderer Schluß gemachet werden, denn daß die Directoren des westfälischen Kreises ihr Vorhaben gegen die Niederlande zu autorisiren suchen. Ob nun schon Ew. Frl. Dchl. keine Ursach haben, in favorem besagter Provincien solches zu hindern, so ist doch unleidlich, daß Ew. Frl. Dchl. und die übrige Kreisstände wider Willen in solche Dinge impliciret werden wollen, welche den Kreis nicht touchiren und von solcher gefährlichen Nachfolg, daß keinem Stande sein ius armorum in salvo verbleiben könnte“. Kanzler Schütz an Herzog Georg Wilhelm, dat. 16. Juli 1671: „. . . An dem ist es und legt sich allenthalben ganz klar an den Tag, daß besagte Kreisdirectoria den Krieg wider die Niederlande, insonderheit die vereinigte Provincien mehr zu fomentiren als abzuwenden suchen und dabei nicht sowohl auf des Kreises als ihr eigenes Interesse das Absehen gerichtet . . . Ew. Frl. Dchl. Interesse leidet nicht, daß Kurbrandenburg, Münster und Pfalz-Neuburg conjunctim armiren und des Kreises Autorität und Kräfte zugleich mit an sich ziehen. Die Gefahr zu ändern ist zwar ein Mittel, daß Ew. Frl. Dchl. Herren Gebrüder des Herrn Bischof zu Osnabrück und Herrn Herzogs Johann Friedrich Frl. Dchl. in die Kreisämter kommen. Es reicht aber solches nicht zu, weil sie überstimmet werden können. Das Sicherste ist, die Verfassung auf ein geringes Quantum zu restringiren.“

5) Die Bemühungen des Prinzen Wilhelm von Fürstenberg, den Herzog von Hannover wenigstens für das Octaplum (10 000 Mann) zu gewinnen und durch ihn auch den Bischof von Osnabrück umzustimmen, erhellen aus dem Schreiben an Grote, dat. 24. Juli 1671, s. Beilage III, 59.

6) Witte's Diarium unter 17. Juli; Relation Müller's und Fabricius', dat. 17/27. Juli 1671. Das am 17/27. Juli abgegebene Votum Verdense in puncto securitatis ist im Diar. Europ. XXIV, 162 ff. abgedruckt, aber dort irrthümlich auf den niedersächsischen Kreistag zu Lüneburg bezogen.

lich erneute Entzweiung aus der Hand. Gegen Ende Juli wurde der Bischof von Münster auf einmal unzufrieden mit der gegen Anfang des Monats getroffenen Abrede über das Kreisobristenamt und kam auf die Anstellung eines Kreisgenerals zurück[1]). Wie konnte sich da der Kurfürst noch länger für die Aufstellung eines Kreisheeres erwärmen! Beide nahmen die kölnische Sache zum Vorwand, um mit der Hoffnung auf gütlichen Austrag derselben die Entbehrlichkeit der vorher geforderten Stärke des Kreisheeres zu motiviren[2]).

So drehten sich die Bielefelder Verhandlungen im Kreise herum. Von dem Angebot kreisständischer Truppen und Garantie an die Stadt Köln war nicht mehr die Rede. Man begnügte sich eine Kreisdeputation, in die auch Herzog Johann Friedrich von Hannover seiner Grafschaft Spiegelberg halber gewählt wurde, mit der gütlichen Beilegung des kölnischen Rechtsstreits zu betrauen und ließ es in Sachen der Kreisdefension bei dem im Jahre 1667 zu Köln beliebten Duplum bewenden[3]).

Das thatsächliche Ergebniß des Bielefelder Convents lag auf einem andern Felde. Während die Höxtersche Mediation und der Kreistag ihre Zeit in erregten Debatten vergeudeten, nahmen die wenigen Eingeweihten den Convent zum Aushängeschild, um dahinter ihr Werben und Markten um Frankreichs Dienst und Sold zu verbergen.

Zehntes Kapitel.

Die Neutralitätsverträge Frankreichs mit Hannover, Kurköln und Münster.

Die Erfolglosigkeit seiner Bemühungen, Schweden von der Tripelallianz loszulösen, hatte dem Könige von Frankreich den Gedanken eingegeben, die Allianz mit der nordischen Krone durch ein Collectivbündniß der namhaften Reichsstände des nordwestlichen Deutschlands zu ersetzen. Verjus' Auftrag war, dieselben für dies schon von Wilhelm von Fürsten-

1) Relation Witte's, 26. Juli/5. Aug. 1671; vgl. Droysen III, 3, 245.

2) Witte a. a. O.

3) Der Kreisabschied, dat. 20. Aug. 1671, findet sich bei Alpen, vita Christof Bernhardi, VII, § 2.

berg angetragen „große Vorhaben"[1]) zu gewinnen[2]). Es gelang ihm auch auf der Stelle, den Bischof von Münster zu ebenso unbedingter Ergebenheit zu stimmen, wie sie der Kurfürst von Köln im Schlepptau seiner Fürstenberger bewies[3]). Und der Entschlossenheit, mit der Herzog Johann Friedrich das engste Einvernehmen mit Frankreich zum obersten Grundsatze seiner Politik gemacht hatte, schien die Verstimmung seiner Verwandten über die Generalstaaten zu Hülfe zu kommen, um das ganze lüneburgische Haus zu Frankreich herüberzuziehn. Der Pfalzgraf von Neuburg wartete nur auf die Entschließung des Kurfürsten von Brandenburg. War auch auf diesen nach seiner bisher bewahrten Zurückhaltung wenig zu rechnen, und machten auch der Bischof von Münster und Johann Friedrich kein Hehl daraus, daß ihnen an seinem Beitritt nicht eben gelegen war, so hoffte Verjus ihn doch wenigstens zu einer greifbaren Erklärung vorwärts drängen zu können[4]).

Allein die Verwirklichung des „großen Vorhabens" stieß schon in Hameln, bei der ersten Begegnung Johann Friedrich's mit Verjus, auf Schwierigkeiten. Der Herzog war über das geringe Entgegenkommen, das sein Hofmarschall Moltke in Paris gefunden hatte, betroffen[5]). Hatte er gehofft, seinen Eifer für die französischen Pläne durch ein ausnehmend günstiges Subsidiengebot belohnt zu sehn[6]), so wurde ihm von Verjus zugemuthet, vor allem seine Brüder in den Bund hineinzuziehn. Seine Antwort, daß vor Ablauf ihrer erst in einigen Monaten fälligen Quadrupelallianz eine vertrauliche Eröffnung des Allianzprojects an die Brüder bedenklich sei, war nur eine durchsichtige Ausflucht seines Mißbehagens[7]). Er pochte auf seine Ergebenheit gegen den König und nahm seine verwandtschaftlichen Beziehungen am Pariser Hofe zu Hülfe. Verjus vermochte sich daher wohl die persönliche Sympathie des Herzogs zu gewinnen, bekam aber in der Sache nichts anders zu hören, als was Moltke bereits in Paris proponirt hatte[8]).

Dem Grafen Verjus kam darauf Prinz Wilhelm von Fürstenberg zu Hülfe: ein schwedischer Beobachter fand den Herzog in seiner Hauptstadt

---

1) Le grand dessein ist der ständige Ausdruck in den vertraulichen Correspondenzen, die sich hierauf beziehn. 2) Mignet III, 288 f.

3) Prinz Wilhelm von Fürstenberg an Herzog Joh. Friedrich, dat. Münster, 4. April 1671, Beilage III, 41.

4) S. oben und Verjus' Relation, dat. 15. April 1671 (P.) in den Beilagen III, 41.

5) Verjus, dat. Hameln, 16. März 1671 (P.) 6) S. oben.

7) Verjus, dat. Hannover, 15. April 1671 (P.).

8) Zeitschrift des Hist. Vereins für Niedersachsen, 1886, S. 256, 301 ff., Beilagen III, 35, 36, 37, 40.

von ihnen beiden „gleichsam environniret"[1]). Allein Johann Friedrich ließ sich auch durch ihre vereinigte Zusprache nicht von seinen Forderungen abbringen. Indem er eine längere Unterhaltung der um der Hözterschen Sache willen aufgestellten Truppen für unerträglich erklärte und mit Reduction derselben drohte, dazu auf dem Gedanken beharrte, daß das große Vorhaben dem Könige den Hauptgewinn, den Alliirten die Hauptgefahr zuschöbe, verlangte er zur Entschädigung zunächst vom 1. März an bis zum völligen Abschluß der großen Allianz eine monatliche Subsidie von 15000 Thlr., nach Abschluß des Bundes alsdann sofort ansehnliche Wartegelder und endlich nach Beginn des Krieges monatlich 30000 Thaler[2]). Eine Befriedigung seiner Wünsche, so erörterte er weiter, würde der beste Köder sein, auch seine Brüder anzulocken; und je rascher man mit ihm abschließe, um so sicherer bürge die Einheit seines Hauses für den Erfolg, da es augenscheinlich leichter sei, demjenigen der zuerst Partei genommen hätte, sich anzuschließen als ihn von seiner Partei abzuziehn[3]). Auch Verjus konnte sich diesem Argument nicht entziehn. Seine und Fürstenberg's Erklärung, daß solche Forderungen unannehmbar seien, beirrte daher den Herzog nicht; nicht einmal zur Neutralität wollte er sich ohne die begehrten Subsidien verstehn[4]).

Ganz resultatlos aber blieb Verjus' Werbung in Berlin. Trotz allen Ärgers über die verblendete Haltung de Witt's und der Staaten ließ sich der Kurfürst weder zur Allianz verleiten noch auch zur Neutralität verpflichten. „Was neutral sein ist, habe ich schon vor diesem erfahren; ich habe verschworen, mein Lebelang nicht neutral zu sein", schrieb er damals (7. Mai) seinem vertrauten Schwerin und erklärte sich außer stande, die Verhandlungen mit dem Könige fortzusetzen, bevor er sich über die Absichten Schwedens unterrichtet habe. Einen endgültigen Bescheid sollte Verjus auf dem Bielefelder Convent erwarten[5]).

Dieser Mißerfolg des „großen Vorhabens" hatte nun eine doppelte Wirkung. Hatte Verjus schon vor seiner Berliner Reise als bestes Mittel, den Hannoveraner und den Kurfürsten vorwärts zu treiben, den Gedanken angeregt, eine Erneuerung des schwedisch-französischen Bündnisses wenigstens

1) Pufendorf, dat. 14. April 1671, im Archiv des Vereins für Bremen und Verden, 1875, S. 481. 2) Verjus, dat. Hannover, 21. April 1671 (P.).

3) Verjus, dat. Hannover, 15. April 1671 (P.), Beilage III, 42.

4) Verjus a. a. O.

5) Orlich, Gesch. des preuß. Staats II, 43; Droysen, III, 243. Vgl. oben S. 176; Verjus an Herzog Johann Friedrich, dat. Wolfenbüttel, 29/19. Mai 1671: J'ay informé fidèlement et exactement M. de Geste de ce que j'ay fait, ou plutost de ce que je n'ay pas fait à la cour d'où je viens (scil. Berlin). J'ay perdu presque autant de temps pour avoir une réponse qui n'est guères décisive et ne signifie pas grand' chose, qu'on eust pu en emploier pour prendre quelque grande et dernière

in Aussicht zu nehmen[1]), so traf jetzt mit dem schlechten Fortgang des deutschen Allianzwerks die Nachricht von einem den französischen Plänen entgegenkommenden Umschlag der Stimmung in Stockholm zusammen[2]), um den König von Frankreich zu einer Änderung seiner Taktik zu bestimmen. Indem er den bewährten Pomponne zum zweiten Male nach Stockholm entsandte, um einen völligen Umschwung der dortigen Politik zu Wege zu bringen, entzog er den sein Angebot um das Vierfache übersteigenden Subsidienforderungen der deutschen Reichsstände, die Fürstenberg am 10. Mai in Dünkirchen vorlegte[3]) den Boden, auf den sie sich am sichersten glaubten verlassen zu können. Die gleichzeitige Unterhandlung mit der nordischen Krone und den ihr in Deutschland benachbarten Reichsständen sollte beide Theile vermöge der zwischen ihnen obwaltenden Eifersucht den Zwecken Frankreichs dienstbar machen[4]). Es war am 19. Mai 1671, als der König auf seinem Inspectionsmarsche durch Flandern im Hauptquartier zu Dünkirchen diese Taktik mit Lionne und Pomponne feststellte[5]).

Eben daher meldete Prinz Wilhelm von Fürstenberg am 20. Mai nach Hannover: der König sei von der Höhe der deutschen Subsidienforderungen um so mehr überrascht, als er den Angriff auf Holland nicht zur Vergrößerung Frankreichs, sondern nur zur Demüthigung der Staaten und zur Satisfaction der von ihnen gekränkten Reichsfürsten unternehme und dazu Allianzbedingungen offerirt habe, die allen Gewinn des Krieges seinen Alliirten beließen. Er könne aber den Angriff nicht aufschieben, bis er über die begehrten Subsidiengelder verfüge; der Vertrag mit England binde ihn, im nächsten Frühling anzugreifen. Unter diesen Umständen möchten sich die zum Beitritt eingeladenen Fürsten, insbesondere Johann Friedrich, wenigstens zu einer dem Könige günstigen Neutralität verstehn[6]).

Der König gab damit das frühere Vorhaben eines Collectivbündnisses der deutschen Fürsten gegen Holland nicht auf. Er wollte sich mit ihrer

---

résolution. Mais on n'a rien oublié de ce qu'on a cru pouvoir me la faire espérer à Bilevelt telle que je la dois souhaiter. C'est là qu'il faut en atendre les éfets et remettre à en juger avec plus de certitude.

1) Verjus, dat. Hannover, 15. April 1671 (P.), s. oben S. 176 und Beilage III, 42.

2) S. oben S. 176.

3) Dies erhellt aus dem letzten Artikel des französisch-hannoverschen Neutralitätsvertrags vom 10. Juli 1671 (Beilage III, 58a).

4) Dies erhellt sowohl aus der grundlegenden Instruction Pomponne's, dat. Tournay, 8. Juni 1671, bei Mignet, III, 298 ff., besonders 300 u. 303 (wiederholt im Recueil des instructions données aux ambassadeurs et ministres de France, II, Suède par Geffroy, S. 102 ff.), wie aus der von ihm befolgten Taktik, bei Carlson, Gesch. Schwedens IV, 554. 5) Mignet, III, 296 f.

6) Wilhelm von Fürstenberg an Grote, dat. Dunkerque, 20. Mai 1671, Beilage III, 44.

Neutralitätsverpflichtung, deren er völlig sicher war, nur begnügen, wenn ein Offensivbund für den dargebotenen Preis nicht zu erreichen war[1]). Fürstenberg versicherte daher dem Herzog Johann Friedrich, daß er je nach dem Termine der Unterzeichnung eines solchen Neutralitätsvertrags, vom 1. Juni oder 1. Juli an, auf eine monatliche Subsidie von 10000 Rthlr. rechnen dürfe, fügte aber seinestheils die Aussicht auf vortheilhaftere Bedingungen hinzu, wenn die große Allianz mit einer Feldarmee von 25 bis 30000 Mann ins Leben trete[2]).

Diese Eröffnungen führten die Entscheidung herbei, als Prinz Wilhelm nach Deutschland zurückkehrte, um zunächst beim Hause Braunschweig-Lüneburg der Mission des Grafen Verjus zu secundiren. Da die Berichte von der Verstimmung Georg Wilhelm's über die Generalstaaten, insbesondere über deren Haltung der Stadt Braunschweig gegenüber[3]), die Hoffnung nahe legten, das ganze lüneburgische Haus auf Frankreichs Seite zu ziehn, so wurde seitens des französischen Hofes auch noch der in Celle und Iburg gut accreditirte Gourville in Bewegung gesetzt[4]), um seine Herüberkunft anzumelden, falls Georg Wilhelm sich zum Eintritt in Frankreichs Bündniß geneigt erklärte[5]). Und Prinz Wilhelm verfehlte nicht in aller Vorsicht selbst den Grafen von Waldeck zu sondiren. Diese Versuche schlugen allerdings fehl[6]), auf Johann Friedrich aber wirkten sie entscheidend zurück. Er fand sich durch die geplante Sendung Gourville's auf das unangenehmste berührt. Im Begriff, mit Verjus, den er ganz für sich gewonnen hatte, einen französischen Separatvertrag nach seines Herzens Wunsch zu schließen, sollte er plötzlich die schöne Beute theilen und einem Agenten sich anvertrauen, der, seinen Brüdern ganz ergeben, ihn schon einmal hinter das Licht geführt hatte. Gourville würde alles verderben, ließ er daher in Paris erklären und nahm wieder die Princesse Palatine und den Herzog von Enghien zu Hülfe, um die Absendung des verhaßten Mannes zu hintertreiben[7]). Ein falsches Gerücht von der Verständigung seiner Brüder mit den Staaten kam ihm dabei zu Hülfe, so daß Gourville's Sendung unterblieb[8]). Die Furcht vor derselben aber wirkte so viel, daß er seine Subsidienforderungen ermäßigte und mit beiden Händen den Neutralitätsvertrag, den man ihm anbot, ergriff, um an particularem Vortheil zu retten, so viel sich noch erraffen ließ.

---

1) Mignet, III, 303. 2) Fürstenberg a. a. O.

3) Beilagen III, 55 u. 57. 4) Beilagen III 43ᵃ u. 49.

5) Gourville's diesbezüglicher Brief liegt nicht vor; der Inhalt erhellt aus Grote's Relation, dat. Ebstorf, 7. Juli 1671 (Beilage III, 56). 6) Grote a. a. O.

7) Beilagen III, 43ᵇ, 45, 48, 49.

8) Beilagen III, 49, 51, 54. Vgl. Zeitschr. des Histor. Vereins für Niedersachsen, 1886, S. 256 f.

Nachdem er zu Hannover und Calenberg in persönlichem Austausch mit Verjus und Fürstenberg die Grundlinien des Vertrags festgestellt hatte[1]), arbeitete Grote mit ihnen in aller Heimlichkeit, zu Steuerwald und Hildesheim, die Bedingungen im Einzelnen aus; nur Witzendorf wurde noch in das Vertrauen dieser Beziehungen eingeweiht.

Eine einzige Frage bot Schwierigkeiten. Um die Interessen seines Hauses auch für den Fall, daß seine Brüder und Vettern nicht auf die französische Seite überträten, vor jeder Beeinträchtigung und die durch Familienpacte verbürgte Einigkeit der regierenden Herrn vor jeder ernstern Mißhelligkeit zu bewahren, hatte Johann Friedrich bereits an die durch Moltke überreichten Anerbietungen den Vorbehalt geknüpft, unbeschadet der französischen Allianz die fürstlichen Lande Hand in Hand mit seinen Verwandten gegen jede feindliche Invasion vertheidigen zu dürfen[2]). Verjus verlangte jetzt vom Herzog die Zusage, sich von seinen Verwandten loszusagen und ihnen die Verweigerung seiner Hülfe anzudrohen, falls sie geradezu gegen Frankreich Partei ergreifen würden[3]). Auch zu einer derartigen Remonstration aber wollte sich der Herzog nur in dem Falle verstehn, wenn seine Brüder durch solche Parteilichkeit die Gefahr eines feindlichen Angriffs gegen ihre Staaten heraufbeschwören würden. Zu wirklicher Versagung aller Hülfe ließ er sich aber auf keine Weise herbei[4]), sondern zog es vor, noch einmal eine Verständigung mit Georg Wilhelm zu suchen, soweit dies ohne Preisgebung der particularen Vortheile, deren er sich versichert hielt, möglich war.

Die immer rege Eifersucht auf Schweden bot einen plausibeln Einschlagspunkt. Betonte man dazu die besorgliche Tragweite einer Vergrößerung Frankreichs durch Unterwerfung der Holländer und die Unfähigkeit der zunächst gesessenen Reichsstände, die Fortschritte Frankreichs aufzuhalten, so ergab sich vielleicht auch für Georg Wilhelm die Schlußfolgerung, daß man den König nur dann in den Schranken der Billigkeit halten könne, wenn man sich ihm mit einer mächtigen Armee an die Seite setzte und ihn zwänge bei Krieg und Beute mit seinen Alliirten zu rechnen. Gieng Georg Wilhelm hierauf nicht ein, so empfahl sich ihm vielleicht doch ein Neutralitätsbund. Ein letzter Ausweg schien der Beitritt zu der Bielefelder Allianz der westfälischen Kreisdirectoren zu sein, denn hierfür ließ sich die Eifersucht auf Brandenburg, das solchen Beitritt sicherlich nicht

1) Dies ergiebt sich aus den in Beilage III 52ª u. 53 mitgetheilten Actenstücken vom 22. u. 29. Juni 1671 sowie aus den eigenhändigen Randbemerkungen des Herzogs zu dem von Fürstenberg übergebenen Vertragsentwurf, die ich in den Anlagen unter III, 52ᵇ mittheile.

2) S. oben S. 244.

3) Grote an Herzog Johann Friedrich, dat. Steuerwald, 29. Juni 1671 Beilage III, 53ª.

4) Witzendorf an Grote, dat. Hannover, 29. Juni 1671, Beilage III, 53ᵇ.

gern sehen würde, verwerthen. Mit solchen Erwägungen auf Herzog Georg Wilhelm zu wirken, war der Zweck der Mission, in der Grote Anfang Juli nach Celle gieng[1]).

Georg Wilhelm nahm diese unter dem Siegel der tiefsten Verschwiegenheit eröffneten Anregungen um so gelassener auf, je weniger sie ihn nach Gourville's Anmeldung überraschten. Die Verdächtigung Schwedens verfieng gar nicht; dem Widersinn, Frankreichs Vergrößungsgelüste aus Ärger über Holland zu unterstützen, widerstrebte sein gesunder Verstand: er konnte sich kein Herz dazu fassen, daß Frankreich wirklich für alle Subsidien, die man ihm zumuthete, nur seinen Bundesgenossen zu Land und Leuten würde verhelfen wollen. Aber Grote spielte, wie er sich selbst ausdrückt, den „guten Anwalt einer schlechten Sache" mit solchem Geschick, daß er den von der Interessengemeinschaft des Römischen Reichs und der Generalstaaten überzeugten Fürsten für den Augenblick wenigstens ins Schwanken brachte. Georg Wilhelm schien wirklich an der patriotischen Leidenschaft des Grafen Waldeck Anstoß zu nehmen und für ein recht ergiebiges Angebot von Frankreichs Seite keineswegs unempfänglich zu sein. Aber die gleiche Selbstsucht, in der sich Johann Friedrich zum Organ der französischen Sache machte, war auch bei Georg Wilhelm rege: er wollte sich nur, wenn der König von Frankreich unmittelbar mit ihm pactirte, zu bestimmter Erklärung herauslassen[2]).

Da der leitende Minister des Herzogs, Kanzler Schütz, nicht zugegen war, fuhr ihm Grote bis Ebstorf entgegen, um sein Spiel ganz zu gewinnen. Und Schütz zeigte sich wider Erwarten weit zugänglicher als der Herzog selbst, obgleich er noch schärfer als dieser betonte, daß man für das französische Geld doch nur Frankreich vergrößern helfen und sich seine Nachbarschaft erdrückend nahe aufladen würde. Grote's Entgegnung, daß man sich, eben um die Verschiebung des französischen Machtbereichs bis an die Reichsgrenzen zu verhindern, an den französischen Eroberungen betheiligen müßte, machte ihm durch die Erwägung Eindruck, daß Frankreich, wenn die deutschen Stände sich ihm versagten, um jeden Preis Schweden wieder gewinnen würde. Schütz räumte ein, daß die Vereinigung Schwedens mit Frankreich und England den Ruin des fürstlichen Hauses bedeuten würde: „solches zu verhindern müßte fundamentum nostrorum consiliorum sein; wenn solches aber nicht verhindert werden könnte, so müßte man selbst ins Mittel treten." Die

1) Instruction desselben, dat. Hannover, 1. Juli 1671, Concept Grote's vom Herzog vollzogen.

2) Ich theile in den Beilagen unter III, 56, 55, 57 die drei hierauf bezüglichen Berichte Grote's mit; an Herzog Johann Friedrich, dat. 7. Juli; an Berjus, dat. 3. Juli; an Fürstenberg, dat. 3. (13.) Juli 1671.

Eifersucht auf Schweden schien also doch zum Ziele zu führen. Grote frohlockte, es gelte nunmehr das Eisen zu schmieden, so lange es heiß sei[1]).

Allein die Eröffnung kam zu spät: Frankreichs Verständigung mit Schweden war schon eingeleitet[2]). Johann Friedrich's Interesse aber mußte unvermeidlich an der Forderung erkalten, daß sich Frankreich unmittelbar mit dem Celler Hofe benehme. Mit dem alsdann unvermeidlichen Gourville wollte er nichts zu schaffen haben[3]). Unter solchen Umständen kam nunmehr der Vertrag mit Verjus zu raschem Schluß, als dieser seinerseits dem Herzog diejenigen Vorbehalte nachgab, die das Gewissen des vorsichtigen Rechners beruhigten.

Es wurde demnach nicht allein das particulare Interesse Johann Friedrich's, sondern auch die Integrität des ganzen lüneburgischen Territoriums vor allen Eventualitäten sicher gestellt, ohne weiter zu unterscheiden, ob sich die andern regierenden Herrn des Hauses freundlich, neutral oder feindlich zum Könige von Frankreich stellen würden. Um aber das reichsständische Gewissen des Herzogs zu beruhigen, wurde nicht nur ostentativ die Aufrechterhaltung des Reichsfriedens verkündigt, sondern im Geheimen sogar eine gewisse Einschränkung der französischen Eroberungen ausbedungen. Dafür übernahm der Herzog Verpflichtungen, durch die seine angebliche Neutralität in Wirklichkeit einer wenig verhüllten Allianz mit Frankreich gleichkam. So wurde man eins, am 10. Juli unterzeichneten Verjus und Grote den Vertrag zu Hildesheim.

Der Herzog verpflichtete sich darnach, weder für die Holländer noch für irgend einen mit ihnen verbündeten Reichsfürsten Partei zu ergreifen, ihnen weder Truppen abzutreten noch Werbungen innerhalb seiner Staaten zu verstatten, dem König von Frankreich dagegen freien Durchmarsch einzuräumen, wofern nur nicht auch der Feind dadurch in die lüneburgischen Lande gezogen werde, und ihm den Ankauf von Proviant und Munition sowie die Errichtung von Magazinen zu verstatten. Er verpflichtete sich, nach Kräften jedem Bündniß gegen den König innerhalb und außerhalb des Reichs entgegen zu arbeiten und überhaupt jeden Vorschub zu gewähren, den der König von einem wohlgesinnten Fürsten erwarten dürfe.

Dafür verspricht der König dem Herzog eine monatliche Subsidie von 8000 Rthlr. auf zwei Jahre, falls aber der Krieg innerhalb dieser Frist wirklich beginne, für die ganze Dauer des Kriegs. Er verspricht, beim Friedensschluß auszubedingen, daß die Staaten sich jeder Allianz und jeder Feindseligkeit gegen das Reich und das Haus Braunschweig be-

1) Grote an Herzog Johann Friedrich, dat. Ebstorf, 7. Juli 1671; Beilage III, 56.
2) S. oben S. 176, 184.
3) Grote an Verjus und an Fürstenberg, dat. 3. (13.) Juli 1671; Beilage III, 57.

geben, daß sie auch dem westfälischen oder niedersächsischen Kreise alles, was sie etwa während ihres Krieges mit Spanien abgerissen haben, restituiren und alle sonst noch vorhandenen Differenzen ausgleichen. Bei den Durchmärschen seiner Truppen durch das herzogliche Territorium wird der König für exacte Disciplin und Bezahlung aller Lebensmittel sorgen und jeden Schaden ersetzen, Winterquartiere daselbst nicht nehmen; etwaige einzelne Ausschreitungen soll der Herzog selbst abstrafen dürfen. Gegen jeden Angriff leistet der König dem Herzog die entsprechende Hülfe nach Erfordern, entweder mit Mannschaft oder mit Geld; er verbürgt ihm die volle Restitution aller Verluste und alles Schadens, und wird nicht nur beim Friedensschluß, sondern bei jeder Gelegenheit das Interesse des Herzogs wahrnehmen.

Seinen Verpflichtungen gegen das Reich soll der Herzog in hergebrachter Weise nachkommen, nur nicht seine Stimme den Interessen des Königs zuwider abgeben dürfen, es sei denn, daß er, wenn es ohne evidente Verletzung der Reichspflichten nicht anders thunlich ist, dem Majoritätsbeschlusse sich einfach unterwirft. Endlich soll es dem Herzog freistehn, im Laufe des ersten Jahres, nach erfolgter Kriegserklärung des Königs, mit demselben ein Offensivbündniß auf Grund der vom Prinzen Wilhelm von Fürstenberg in Dünkirchen überreichten Bedingungen aufzurichten, falls er sich mit den jetzt vom Könige für die Neutralität bewilligten Subsidien bescheidet; nach Ablauf des ersten Jahrs wird der König eine Offensivallianz nur auf Grund neuer Unterhandlungen gewähren.

So weit der Hauptvertrag.

In einem geheimen Nebenvertrage von demselben Datum wurde die Summe von 8000 Rthlr. monatlicher Subsidien auf 10000 Rthlr. erhöht, und dem Herzog ausdrücklich freigegeben, unbeschadet des Hauptvertrags, den Fürsten seines Hauses bei jedem Angriff, der sie träfe, auf Grund der Familienpacte zu Hülfe kommen zu dürfen. Überdies verpflichtet sich der König, nach Beendigung des Krieges den Reichsfürsten alle Plätze zu restituiren, die er selbst etwa ihnen abnehmen würde, oder die von den Holländern occupirt wären; ebenso wollte er alle Plätze diesseit Maaß, Rhein und Yssel, die er den Holländern abgewönne, entweder einem Reichsfürsten übergeben oder den Holländern unter gewissen Bedingungen restituiren, um allen Argwohn abzuschneiden, den die Eroberungen an den Reichsgrenzen erwecken könnten.

Mit diesem Vertrage[1]) trat Johann Friedrich in das französische Lager

1) Eine Analyse desselben gab zuerst Saint-Prest, histoire des traités de paix du 17e siècle, I (1725), S. 156 f.; sodann Mignet, III, 291 f.; den Wortlaut habe ich zuerst in der Zeitschrift des Histor. Vereins für Niedersachsen 1886, S. 315 ff. mitgetheilt; vgl. Beilage III, 58a b.

über. Denn es war, wenn auch dem Namen nach eine Neutralitätsacte, in der That doch eine ziemlich unverhüllte Allianz mit Frankreich, deren Stachel durch den Vorbehalt der Reichspflichten und Reichsinteressen nur wenig abgeschwächt war.

Welcher Werth von französischer Seite auf das hannoversche Bündniß gelegt ward, erhellt auch ohne anderes Zeugniß aus der Thatsache, daß Verjus erst jetzt zum Abschluß der längst vorbereiteten Allianzen mit Kurköln und Münster schritt. Einen Tag nach dem Abschluß mit Hannover wurde ein gleichartiger Vertrag zwischen Kurköln und Frankreich von Fürstenberg und Verjus in Hildesheim vollzogen (11. Juli).

Derselbe war fast Satz für Satz dem hannoverschen Neutralitätsvertrage nachgebildet, gieng aber viel weiter in dem Maße der Dienstbarkeit, zu dem Fürstenberg den von ihm gegängelten Kurfürsten verpflichtete, und folgerecht auch in der Höhe des Soldes, den König Ludwig dafür aussetzte. Verpflichtete sich der Hannoveraner nur zur Gegenwirkung gegen alle dem Könige feindliche Bewegungen im Reiche, so machte sich der Kurkölner anheischig, auch die andern deutschen Fürsten zum Abschluß ähnlicher Neutralitätsverträge zu veranlassen. Beschränkte sich der Hannoveraner darauf, seine Territorien den Feinden Frankreichs zu verschließen und dem Könige zu öffnen, so erlaubte der Kölner dem Könige, eine Schiffbrücke über den Rhein zu bauen und Magazine zu errichten, wo es ihm belieben würde. Für solche Zugeständnisse wurde ihm die Restitution der von den Holländern besetzten Festungen Rheinberg und Maastricht, eine monatliche Subsidie von 10000 Rthlr. und eine jährliche Gratification von 20000 Rthlr. zugesichert.[1])

Den Fürstenbergern aber, die solche Erfolge zu wege gebracht hatten, sicherte Verjus durch Vertrag vom gleichen Tage ihren Antheil an der Beraubung der Holländer zu[2]).

Erst mehrere Wochen später kam man mit dem Bischof von Münster ins Reine, in dessen Cabinet sich das Vorhaben Verjus' und Fürstenberg's mit den Vorbereitungen eines andern Neutralitätsbundes kreuzte.

Um dem Reiche den Frieden und sich selbst die Führung der Reichsstände zu sichern, hatte einst Kurfürst Johann Philipp von Mainz den großen Rheinbund ins Leben gerufen und zehn Jahre lang im Einvernehmen mit Frankreich aufrecht erhalten. Als ihm der Raubkrieg gegen die spanischen Niederlande die französische Freundschaft verleidete, so daß er den Rheinbund aus einander fallen ließ, war er doch nicht an dem

---

1) Saint-Prest, I, 470 f.; Mignet, III, 292; Ennen, I, 233 f., wo jedoch das Datum des 11. Juni irrig ist. Erdmannsdörffer, deutsche Geschichte I, 554 ff.

2) Saint-Prest, I, 506 f.; Mignet und Ennen a. a. O.

Glauben irre geworden, durch eine neue Einung gleicher Art vermittelnd und entscheidend zwischen Frankreich und Habsburg treten zu können[1]). Sobald daher die Haltlosigkeit der Tripelallianz, die er anfangs „als eine Garantie aller Rechte“ mit Freuden begrüßte, an das Licht gekommen war, kehrte er zu dem Gedanken zurück, das Gleichgewicht der großen Mächte und die Sicherheit des Reichs durch eine „Particular-Union gewisser considerabler Stände“ unter seiner Führung zu garantiren. Im Sommer 1670 wurde dieser Plan nach einer vorbereitenden Verständigung mit dem Kurfürsten von Trier in dem von Leibniz geschriebenen und von Bogenburg durchcorrigirten „Bedenken von der Securität des deutschen Reiches“ niedergelegt[2]). Es war also im Grunde nichts als eine neue Inscenirung des Rheinbunds, die man hier ins Auge faßte[3]). Nur die Rollen wurden anders vertheilt: statt des Königs von Frankreich wollte man jetzt den Kaiser zum Haupte der Allianz machen, ohne sich doch ganz in seine Arme zu werfen, und ohne Frankreichs Mißtrauen rege zu machen; man hoffte vielmehr, auch Frankreichs Gunst zu verdienen, indem man ihm freundschaftlich an die Seite trat. Gutes Einvernehmen mit beiden Mächten sollte beide im Gleichgewicht halten.

Die Eroberung Lothringens durch die Franzosen zeigte, wie unwiderstehlich die Wucht der realen Machtverhältnisse war. Gleichwohl verzweifelte man in Mainz nicht an der Zukunft jenes Systems diplomatischer Künstelei: auch der im November 1670 concipirte zweite Theil des Leibniz'schen Gutachtens ist getragen von der Zuversicht, durch die „teutschgesinnte Allianz“, die man entworfen hatte, „mit beider Parthien Approbation, österreichischem und französischem Vorschub“, die Securität des Reichs unter Dach und Fach zu bringen[4]).

Über den Gang der diplomatischen Beziehungen, die deswegen angeknüpft wurden, fehlt zur Zeit alle nähere Kunde. Vergleicht man jedoch das in dem Receß der Marienburger Allianz vom 10. Januar 1672[5])

---

1) Band I, 580 f. 2) Vgl. Erdmannsdörffer, deutsche Gesch. I, 535 ff.

3) Am deutlichsten erhellt dies aus I, § 65: Quo colore aber will man Frankreich, so alles, das nur einen Schatten vom puncto securitatis publicae Imperii hat, hasset, die Approbirung einer solchen, dahin einig und allein gerichteten alliance bereden? Respondeo, eodem colore, quo ipsi persuasum est foedus Rhenense. Denn solches, wenn es in etlichen wenig Stücken verbessert gewesen, so aber die damaligen Zeiten nicht anders gelitten, endlich zu einem solchen födere, wie dies jetzige projectirt wird, gedeihen können (Werke von Leibniz, ed. Klopp, I, 229). Man vergleiche die constitutiven Gedanken dieses Bedenkens mit den Auslassungen der mainzischen Staatsmänner, die ich I, 200 f. mitgetheilt habe.

4) II, § 61 in Leibnizens Werken, ed. Klopp, I, 313. Vgl. Erdmannsdörffer I, 544 f.

5) Dieselbe richtig datirt und aufgeklärt zu haben, ist das Verdienst Guhrauer's, Kurmainz in der Epoche von 1672, I, 135 ff.; 132 ff. Zu der von Guhrauer ange-

vorliegende Endresultat mit dem Bündniß, das der Bischof von Münster am 17. Juli 1671 mit dem Kaiser schloß[1]), so läßt die genaue Übereinstimmung beider Verträge keinen Zweifel, daß diese münstersche Defensivallianz mit dem Kaiser nur ein Glied jenes von Mainz angeregten Neutralitätsbundes war, dessen Entwicklung 1670 von dem Leibnizschen Gutachten über die Reichssecurität ausgieng und 1672 in der Marienburger Allianz zum Abschluß gelangte[2]). Man darf wohl vermuthen, daß die dem Mainzer aufgetragene kaiserliche Commission zur Vermittlung des Höxterschen Streits (S. 149) eine willkommene Handhabe bot, den Bischof in die Mainzer Pläne einzuweihn, und man wird nicht zweifeln, daß der kaiserliche Commissar in Köln, Marquis de Grana, der während des Bielefelder Convents den Bischof in seiner Residenz zu Sassenberg aufsuchte[3]), zum Abschluß des Vertrags wirkte.

Wie dem nun auch sei, die Separatallianz des Bischofs mit dem Kaiser lief ebenso wie nachher das Marienburger Collectivbündniß, das den Bischof mit den Kurfürsten von Mainz, von Trier, von Sachsen, und dem Markgrafen von Brandenburg-Baireuth zur Aufrechterhaltung des westfälischen Friedens und gegenseitiger Vertheidigung ihrer Staaten verband[4]), dem „großen Vorhaben" zuwider, in das sich Christof Bernhard um dieselbe Zeit mit Verjus und Fürstenberg vertiefte.

Allerdings war auch der Kaiser bereits in Frankreichs Netzen verfangen[5]). Allein da gerade damals der Träger der französischen Freundschaft am Wiener Hofe, Fürst Lobkowitz, auf gespanntem Fuße mit dem französischen Gesandten Ritter von Gremonville stand[6]), so schließt sich die Auffassung aus, in der Theilnahme des Kaisers an dem Mainzer Bunde nur eine Action des reichspatriotischen Scheins oder gar ein zwischen Lobkowitz und Gremonville abgekartetes Kunststück zu sehn[7]). Lobkowitz selbst hat den französischen Gesandten, als bald hernach ihre guten Beziehungen

---

zogenen Litteratur ist hinzuzufügen Appendix des Diar. Europ. XXV (mit dem Datum des 10. Jan. 1672) und St. Preß, hist. des traités de la paix II, 188, Nr. 9, wo aber der Vertrag irrthümlich in das Jahr 1669 verlegt wird. Vgl. auch Droysen, Zur Kritik Pufendorf's, in seinen Abhandlungen zur neueren Geschichte, 363 ff.

1) Dumont, corps diplomatique, VII, 149; Pribram, Lisola, S. 522. Analysirt von Tücking, Münster unter Christof Bernhard von Galen, S. 171.

2) Ich glaube hier ausdrücklich bemerken zu müssen, daß ich auch in den diplomatischen Correspondenzen Christof Bernhard's, die das kgl. Staatsarchiv zu Münster verwahrt, keine Aufklärung über die Genesis dieses Bundes gefunden habe.

3) Bericht Pufendorf's, dat. Bielefeld, 10. Juli und 17. Juli 1671, im Archiv des Vereins für Bremen und Verden, V, 511, 514. Damit stimmt der brandenburg. Bericht bei Droysen, III, 3, 245. Vgl. dazu S. 193, Anm. 2.

4) Erdmannsdörffer, I, 545 f. 5) Band I, 571. 6) Mignet III, 515 ff.

7) Das erste hat Guhrauer, Kurmainz I, 153 f., das andere Droysen, III, 3, 246 geargwohnt.

wieder hergestellt waren, nicht im Zweifel über die auf Hollands Rettung gerichtete Tragweite der Mainzer Pläne gelassen[1]).

Daß sich aber der Bischof von Münster am 17. Juli mit dem Kaiser verbündete, läßt allerdings die Deutung zu, daß er auch hier, unberechenbar wie er war, zwei Sehnen auf seinem Bogen führte. Allein sein tiefgewurzelter Haß gegen die Holländer macht es wahrscheinlicher, daß der Zweideutige hier den Franzosen zu Gefallen handelte, um den reichspatriotischen Neutralitätsbund durch seinen Beitritt im Keime zu zerstören[2]). In jedem Fall war es der glänzendste Erfolg, den Verjus errang, daß sich der kampfesfrohe Bischof am 28. Juli dem Könige von Frankreich zu Dienste verschrieb.

Dieser zu Bielefeld unterzeichnete Vertrag gieng in gewisser Beziehung noch über den kurkölnischen hinaus. Versprach der Kurkölner nur, auch andere Reichsfürsten zu Neutralitätsverträgen zu bestimmen, so verpflichtete sich der Bischof von Münster, nach Möglichkeit jede Unterstützung der Holländer durch das Reich im ganzen oder durch einzelne Reichsstände zu hintertreiben. Offenbar zur Erleichterung dieses Vorhabens wurde am selben Tage ein zweiter, nur auf den Schein berechneter, Vertrag unterzeichnet, in dem der Bischof unbedingte Neutralität zusagte und alle seine Territorien und Hülfsquellen dem Könige von Frankreich verschloß. Da dieses ostentative Document durch den geheimen Vertrag vom selben Tage vollständig annullirt ward, so kann man es eben nur als ein Hülfsmittel zur Täuschung und Lähmung des Kaisers und der Mainzer Gesinnungsgenossen verstehn[3]). Außerdem aber gieng die münstersche Zusage über die kurkölnische dadurch hinaus, daß sogleich eine active Theilnahme des Bischofs am Feldzuge ins Auge gefaßt ward. Denn der Bischof beschränkte sich nicht darauf, dem Könige gegen die Zusicherung von 10000 Rthlr. monatlicher Subsidien und der Einräumung von Borkelo und einiger anderer

1) Mignet, III, 538, 546. Vgl. auch Mémoires de Pomponne, publ. par Mavidal, II, 194.

2) Dies wird bestätigt durch die Mittheilungen, die der Münstersche Gesandte Wiedenbrück dem hannoverschen Gesandten O. Grote auf dem Kölner Convent machte. Nach Grote's Kölner Diarium vom 17. Sept. 1671 berichtete ihm Wiedenbrück, er habe auf die Frage des neuburgischen Oberkanzlers Giese, was der Marquis von Grana beim Bischof negociirt habe, diesem Bescheid ertheilt: Grana hätte erstlich dem Bischof eine Defensivallianz zwischen dem Kaiser, den Generalstaaten und dem Herrn Bischof selbsten angetragen; welches der Herr Bischof aber ratione der Staaten declinıret, gegen J. Kaiserl. Mt aber sich zu einer Defensivallianz erboten, welche auch projectiret zu Papier gebracht und von gedachtem Marquis nach Wien zur Approbation wäre übersandt worden; welche wenn sie erfolgen sollte, er, Wiedenbrück, vermeinet, dadurch den Kaiser ziemlich gebunden zu haben."

3) Die von St. Prest, I, 503 gegebene Erläuterung trifft nicht zu, weil die in Dünkirchen gemachten Voraussetzungen durch die Verträge mit Hannover und Kurköln erledigt waren.

den Holländern abzugewinnender Plätze alle seine Territorien und Hülfsquellen zu Gebote zu stellen, sondern ließ sich auch sogleich eine Erhöhung der Subsidien um 8000 Thlr. monatlich und die Zusendung einer Hülfe von 1000 Pferden und 3000 Mann zu Fuß zusichern, für den Fall daß er sich innerhalb dreier Monate nach Unterzeichnung dieses Vertrags zu thätiger Bundesgenossenschaft mit dem Könige entschlösse[1]).

Diese Neutralitätsverträge Frankreichs mit Hannover, Kurköln und Münster waren das thatsächliche Ergebniß der Unterhandlungen, die sich hinter dem müßigen Gezänk des Bielefelder Convents verbargen. Drei ansehnliche Reichsfürsten des nordwestlichen Deutschlands boten dem Könige von Frankreich die Hand zur Überwältigung der Republik der Niederlande.

Allein die Isolirung der Holländer war damit noch nicht vollendet, wenn es nicht auch gelang, die Krone Schweden oder den Kurfürsten von Brandenburg oder wenigstens das ganze Haus Braunschweig-Lüneburg in Frankreichs Dienst zu verstricken. Alle drei würden zu gleicher Zeit wenigstens mittelbar diesem Zwecke zu dienen gezwungen sein, wenn es gelungen wäre, die westfälische Kreisdefension zum Abschluß zu bringen. Fürstenberg und Verjus boten daher gerade in jenen Tagen, als sie sich des Bischofs von Münster vergewisserten, alles auf, das Defensionswerk zum Ziele zu bringen[2]). Jedoch der Eigensinn des Bischofs von Münster, der nach der Verständigung mit Frankreich seine Prätensionen auf die Führung des Kreises wieder hervorholte (S. 181), durchkreuzte dieses Bemühen. Der Kurfürst von Brandenburg zog sich voller Mißtrauen gegen den Bischof nicht nur von dem Vorhaben der Kreisrüstung zurück, sondern versagte sogar die Ratification des mit Münster und Neuburg am 7. April aufgerichteten Bundes, dem inzwischen auch Kurköln beigetreten war[3]). Ebenso wenig aber wie Brandenburg, ließ sich Neuburg auf die französischen Pläne ein. Es blieb also der französischen Diplomatie nur die Wahl, Schweden und ganz Braunschweig-Lüneburg zusammen oder wenigstens eins von beiden ganz und gar für sich zu gewinnen.

---

1) St. Preſt, hist. des traités de paix, I, 503 ff.; Mignet, III, 293; Ennen, I, 243 f.; Erdmannsdörffer, I, 553 f.

2) Wilhelm von Fürstenberg an Grote, dat. Bielefeld, 24. Juli 1671, (Beil. III, 59).

4) Droysen, III, 3, 246.

Elftes Kapitel.

Frankreichs Schwanken zwischen Schweden und Braunschweig-Lüneburg.

Als Pomponne im Frühsommer 1671 den Auftrag erhielt, einen Umschwung in der schwedischen Politik zuwege zu bringen, schien dem Könige Ludwig eine engere Verbindung mit den nordwestdeutschen Fürsten erreichbarer als eine Offensivallianz mit Schweden, und erstrebenswerther als eine einfache Neutralität dieser Krone: Pomponne sollte für die Allianz eine monatliche Subsidie von 60000 Thlr., für die Neutralität eine jährliche Subsidie von 200000 Thlr. anbieten[1]). Und in der That vermochte die alte Freundschaft, die der Reichskanzler Magnus de la Gardie dem französischen Antrag entgegenbrachte, die zuwiderlaufenden Strömungen der in sich zerspaltenen Reichsregierung nicht ohne weiteres zu überwinden: die Commissarien, die man zur Unterhandlung mit Pomponne ernannte, waren ausgesprochene Feinde der französischen Beziehungen. Pomponne glaubte daher nur durch die Eifersucht, welche Frankreichs Verbindung mit den deutschen Fürsten in Stockholm erweckte, zum Ziele zu kommen[2]).

Auch der maßgebende Berather Ludwig's XIV., Lionne, versprach sich einen besseren Erfolg von den Bemühungen um die Allianz des Gesammthauses Braunschweig-Lüneburg[3]). Denn die Berichte Verjus' ließen keinen Zweifel, daß der militäritische Credit dieses Hauses dem seit dem bremischen Kriege erschütterten Ansehn der Schweden überlegen war, und hielten die Erwartung aufrecht, alle vier Herzoge in der einen oder andern Form den Zwecken Frankreichs dienstbar zu machen.

Nach Verjus' Versicherung hatte kein anderer Reichsfürst damals so viel Truppen auf Kriegsfuß wie das braunschweigische Haus. Aber nur mit fremden Subsidien würde es dieselben zusammen halten können. Wenn sich also nicht Frankreich ihrer versichere, würden sie mit Holland abschließen müssen. Frankreich aber würde nicht nur wegen der bewährten Vertragstreue, sondern namentlich wegen des Credits dieses fürstlichen Hauses bei dem geworbenen Kriegsvolk, von einer braunschweigischen Allianz mehr zu

1) Instruction Pomponne's, dat. 8. Juni 1671, bei Mignet, III, 298 ff.

2) Relation Pomponne's, dat. Stockholm, 19. Aug. 1671, bei Mignet III, 313 ff., 325 ff.

3) Nach dem von Mignet a. a. O. citirten Briefe vom 21. Juli 1671.

erwarten haben als von einer schwedischen; denn Schwedens Werbern würden nur die vom Hause Braunschweig verschmähten Leute zulaufen[1]).

Gegen die Holländer aber war das gesammte fürstliche Haus seit der Belagerung von Braunschweig verstimmt. Selbst Georg Wilhelm hatte sich deshalb, wie wir sahen, den vom hannoverschen Hofe vermittelten Anträgen Frankreichs nicht ganz unzugänglich gezeigt. Um ihn vollends zu gewinnen, wurden Prinz Wilhelm von Fürstenberg und Graf Verjus hannoverscherseits zu einem der Rendezvous eingeladen, die sich die drei Brüder von Celle, Hannover und Osnabrück im Bade Pyrmont zu geben pflegten[2]). Die Beredsamkeit des Prinzen Wilhelm kam[3]) hier der Gesinnung Johann Friedrich's, die Verjus in diesem Moment durch Geschenke seines Königs für die Frau Herzogin noch verstärkte[4]), zu Hülfe, und selbst Georg Wilhelm zeigte, obwohl er gerade damals die ihm von Gourville übermittelten Anträge zurückwies, eine Geneigtheit für Frankreich wie nie zuvor[5]). Ernst August aber wurde vollständig gewonnen[6]) und beauftragte seinen Kammerpräsidenten von Hammerstein mit der Unterhandlung eines Neutralitätsvertrags. Ende August wurde dieser denn auch mit Verjus auf einer Conferenz zu Herford über einen Entwurf nach dem Muster des

1) Promemoria Verjus', überschrieben 1671 (P.): Il est constant que cette maison [= de Bronsuic] a plus de trouppes sur pied qu'aucun prince d'Allemagne . . . . J'oserois dire qu'Elle (= S. M^{té} le roi) peut tirer plus d'utilité de ces princes que de la Suède. Non seulement parcequ'ils sont armés, mais encore à cause de la seureté apparente qu'il y a pour l'exécution des traittés que l'on fera avec eux; mais par dessus cela dans ces derniers temps les Princes de Bronsuick se sont accrédités parmy les gens de guerre en mesme temps que les autres s'y sont décrédités par le mauvais traittement qu'ils ont faict à leurs trouppes aprèz la tentative du siége de Brême, où j'ay veu déserter leur armée par nécessité et venir s'offrir à Mess. les Princes de Bronsuick, qui en choisirent ce qu'il y avoit de meilleur, et ceux-cy n'ont guère congédié d'officiers qu'aprèz leur avoir payé ce qui là leurs estoit deub (= dû) s'ils ne leur ayent faict quelque présent. Ainsy l'on peut dire que les Suédois ne pouvant estre guère considérables que par les levées qu'ils feroient en Allemagne, il est constant que tout au plus ils n'auroient que ce qui seroit rebuté par les Princes de Bronsuick.

2) Grote an Verjus, dat. 3. (13.) Juli 1671; an Prinz Wilhelm, dat. 13. (3.) Juli 1671, in den Beilagen III, 55 u. 57.

3) Vgl. seinen Brief an Grote, dat. Bielefeld, 24. Juli 1671, in Beilage III, 59.

4) Verjus an Herzog Johann Friedrich, dat. Bielefeld, 25. Juli 1671.

5) Verjus an Prinz Wilhelm, dat. Hannover, 30. Aug. 1671 (P.): Johann Friedrich erzählte, qu'il n'avoit jamais veu M. le Duc de Zell dans si bonnes dispositions qu'à Pirmont, c'est à dire, Monsieur, aprèz les catechismes que vous luy aviez faicts, et que néantmoins dans ce temps le mesme Duc de Zell avoit mandé à M. de Gourville qu'il n'estoit en termes de rien conclure, et luy en avoit escrit assez pour luy en oster toute esperance.

6) Das Datum des Pyrmonter Rendezvous erhellt auch aus dem Brief seiner Gemahlin dat. Pirmond, 22. Juli 1671 (XXVI dieser Publicationen S. 161).

hannoverschen Neutralitätsvertrags im Wesentlichen einig; die vornehmste Differenz war die, daß Ernst August sich nicht länger als auf zwei Jahre binden wollte[1]). Da nun um jene Zeit auch Herzog Anton Ulrich von Wolfenbüttel, der Beherrscher seines regierenden Bruders, seine französischen Sympathien dadurch bekundete, daß er den König Ludwig um die Ehre der Pathenschaft bei seinem jüngstgeborenen Sohne ersuchte[2]), so kam es nur noch darauf an, den schon schwankenden Herzog von Celle vollends aus dem alten Geleise herauszudrängen.

Ein persönliches Motiv schien dazu verhelfen zu sollen.

Wie heikel auch der Ursprung der Beziehungen Georg Wilhelm's zu der Eleonore d'Olbreuse war, die unter dem Namen „Frau von Harburg" seine Genossin geworden war, ohne Stand und Namen einer Gattin beanspruchen zu dürfen[3]), so hob sich doch das durch echte Liebe vertiefte und geläuterte Verhältniß der beiden von Anfang an auf das vortheilhafteste von der wüsten Maitressenwirthschaft ab, die nach dem Vorbilde Ludwig's XIV. die deutschen Höfe zu vergiften begann. „Was man auch sagen mag, schrieb Frau von Harburg schon 1666 einem Freunde ihres Hauses[4]), daß ich mich über die Ceremonie hinweggesetzt habe, in der Kirche vor einem Priester zu stehn, so wüßte ich es doch nicht zu bereuen; denn ich bin die glücklichste Frau auf der Welt, und es ist ja doch nur die Treue, die das Wesen der Ehe ausmacht." Selbst in streng kirchlichen Kreisen glaubte man dies traute Verhältniß einer vor Gottes Augen Gnade findenden Ehe gleich achten zu dürfen[5]). Die Geburt einer Tochter, Sophie Dorothea (Sept. 1666), besiegelte mit all dem Hoffen und Sorgen, das sie wach rief, die Innigkeit dieses Liebesbundes[6]). Zum ersten Male fand Georg Wilhelm im eigenen Hause wirklich sein Heim. Hatte bisher kein Gebot der Pflicht den Flatterhaften zu fesseln vermocht, so erblaßten jetzt die Lockungen der Fremde vor dem Sonnenscheine des häuslichen Glücks. Frau von Harburg gewann so dem Lande die schätzbare Wohlthat, daß der Herzog und sein bisher draußen vergeudetes Geld im Lande blieb. Ein Denkmal dieser

---

1) Vgl. den Brief Verjus' an Grote, dat. Bielefeld, 20. Aug. 1671 in Beilage III, 63. In seiner Antwort an Verjus meldet Grote, dat. 13/23. Aug. 1671 (P.), daß Johann Friedrich über diesen Entwurf sehr erfreut sei und die von Verjus monirten Punkte nicht für wesentlich halte. Vgl. den Brief Johann Friedrich's an den Duc d'Enghien, dat. 11/21. Aug. 1671 in Beilage III, 61.

2) Dat. Wolfenbüttel, 2. Aug. 1671 (P.).

3) Band I, 433.

4) Memoiren der Kurfürstin Sophie, Bd. IV dieser Publicationen, S. 92 f.

5) A. a. O. S. 21; Publicationen XXVI, S. 118.

6) Vgl. meine Analyse der Denkwürdigkeiten der Herzogin Eleonore d'Olbreuse in der Zeitschrift des Histor. Vereins für Niedersachsen, 1878, S. 34. Die unter dem Titel Avanture historique 1679 erschienenen Denkwürdigkeiten sind von Beaucaire wieder gedruckt in den Archives historiques de la Saintonge et de l'Aunis, XIII.

umwandelnden Wirksamkeit ist das stolze Schloß zu Celle, dem Georg Wilhelm die heutige Gestalt gab, indem er die außer der Ostfronte jetzt vorhandenen drei Flügel in italienischem Stile erbaute[1]).

Mit dem wachsenden Einfluß der Französin mehrte sich aber auch der fremdländische Anhang, der dem Hofe Georg Wilhelm's von jeher zu eigen war. Der Zudrang französischer Glücksritter, die damals die deutschen Höfe umschwärmten, war nirgends so groß als in Celle[2]).

Anfangs freilich wurde die politische Einwirkung dieser Hofgesellschaft durch die Autorität des Grafen Waldeck paralysirt, zumal da diesem auch des Herzogs Bruder Ernst August beipflichtete, mit dem Georg Wilhelm auf das engst verbunden blieb. Im Winter kam der Iburger Hof herüber nach Lüneburg, wo Georg Wilhelm alles aufbot, um durch Theater, Bälle und Spiel die Familie des Bruders zu fesseln. Das rauschende Festgetümmel schien der Ausdruck des tiefsten und befriedigsten Einvernehmens aller Betheiligten zu sein[3]).

Allein dem Ehrgeiz der Frau von Harburg genügte die Stellung nicht, die ihr im fürstlichen Hause eingeräumt war. Sie strebte zum Range einer anerkannten Gattin des Herzogs empor und glaubte durch die Antecedentien ihrer Familie, die zu den alten Geschlechtern des in Poitou ansässigen Adels zählte[4]), dazu berechtigt zu sein; einer ihrer Brüder erschien in Celle, um den Herzog zur Eheschließung zu vermögen[5]). Georg Wilhelm wies freilich, seines dem Bruder verpfändeten Wortes steter Ehelosigkeit gedenkend, diesen ersten Antrag zurück[6]). Aber wer bürgte für seine Standhaftigkeit, wenn die Versuchung an ihn herantrat? Die Herzogin Sophie hatte dies, als Braut von ihm verlassen, als Gattin des Bruders von ihm umworben, an sich selbst erfahren[7]). Wie hätte es anders sein können, als daß sie von diesem Augenblick an die ehrgeizige Dame aus Poitou mit dem tiefsten Mißtrauen verfolgte? Sie hatte gehofft, durch Eleonoren den Schwager vor einer legitimen Ehe und ihre eigene Familie vor einer Gefährdung der verheißenen Nachfolge zu bewahren. Sie mußte es daher als eine unerträgliche und unverzeihliche Anmaßung empfinden, wenn diese Französin hohen und höheren Rang erstrebte, ihre Vermählung mit dem Herzog und die Legitimirung ihres Kindes durchsetzte, und wenn so die Unebenbürtige einer Pfalzgräfin, einem Königskinde an die Seite und einer erlauchten Nachkommenschaft in den Weg trat. Sophiens Memoiren sind von dieser Verbitterung erfüllt: aus jeder Zeile bricht der empörte Stolz

1) Mithoff, Kunstdenkmale und Alterthümer im Hannoverschen, IV.
2) Horric de Beaucaire, Une mésalliance dans la maison de Brunswick, Paris, Oudin-Fischbacher, 1884, S. 55 ff. 3) Memoiren der Herzogin Sophie, S. 93.
4) Beaucaire, S. 1 ff. 5) Memoiren der Herzogin Sophie a. a. O.
6) A. a. O. 7) Band I, 385, 388.

und die zitternde Muttersorge in gehässiger Nachrede gegen die emporstrebende Rivalin empor. Mochte auch Georg Wilhelm seinem Worte treu bleiben, der Krieg zwischen den beiden Frauen war von dem Augenblick an, wo sich Eleonore's Zukunftspläne an das Licht wagten, für alle Zukunft erklärt[1]).

Man begreift, daß bei solchem Übelwollen der Herzogin Sophie, der Frau von Harburg um die Zukunft ihres Kindes zu bangen begann, und man wundert sich nicht, daß sie ihr französisches Vaterland zum Asyle desselben für den Nothfall ersah. Daß aber auch Georg Wilhelm auf diesen Gedanken eintrat, war ein bedeutsames Symptom des Einflusses, den die Geliebte auch auf seine politischen Entschließungen zu gewinnen schien. Denn es konnte für die politischen Beziehungen des Herzogs folgenreich werden, daß er zu derselben Zeit als Prinz Wilhelm von Fürstenberg dem Könige Ludwig Bericht von seinen Ergebnissen am hannoverschen Hofe erstattete, seinen alten Freund Gourville zu Hülfe nahm, um die Tochter, die seiner Verbindung mit Frau von Harburg entsprossen war, durch einen Gnadenact Ludwig's XIV. als Demoiselle Sophie Dorothée de Brunsuik et de Lunebourg in Frankreich naturalisiren zu lassen (Mai 1671). Die dadurch begründete Verbindlichkeit des Herzogs gegen König Ludwig wurde noch verstärkt, als dieser am 10. August, auf Gourville's Beschwerde über die von der Chambre des comptes gemachten Schwierigkeiten, die sofortige Verification der Naturalisationsacte unter Aufhebung aller retardirenden Formalitäten ins Werk setzen ließ[2]). Es konnte nicht anders sein, als daß der französische Hof hiervon Anlaß nahm, eine vollständige Schürzung der angeknüpften Beziehungen durch Entsendung Gourville's nach Celle ins Auge zu fassen[3]). Man war dabei des Gelingens so gewiß, daß nicht nur Verjus sofort bevollmächtigt wurde, mit den Herzogen insgesammt oder jedem für sich allein defensive oder womöglich offensive Allianzen gegen die Generalstaaten zu schließen[4]), sondern auch Pomponne um dieselbe Zeit

1) Vgl. meine Einleitung zu den Memoiren der Herzogin Sophie, S. 20 ff.; meine Abhandlung über die Denkwürdigkeiten der Herzogin Eleonore in der Zeitschr. des Histor. Vereins für Niedersachsen, 1878, S. 25 ff.; meinen Aufsatz über die letzte Herzogin von Celle in den Preußischen Jahrbüchern, Bd. 64 (1889), S. 30 ff.

2) Im hannoverschen Staatsarchiv habe ich kein einziges Document über diese Angelegenheit auffinden können. Die im Geheimen Staatsarchiv zu Berlin vorhandene Acte hat Beaucaire, mésalliance, S. 271 ff. mitgetheilt. Ich füge dazu, daß ich unter den Pariser Staatsakten eine Vollmacht Ludwig's XIV., dat. 10. Juni 1671, fand, wodurch Gourville ermächtigt wird, die am 31. Mai 1671 bewilligte Naturalisation Sophie Dorothea's durch die Chambre des comptes erledigen zu lassen.

3) Duc d'Enghien an Herzog Johann Friedrich, dat. 6. Aug. 1671, in Beilage III, 60; vgl. den von Pomponne in seiner Relation vom 19. Aug. 1671 angezogenen Brief Lionne's vom 21. Juli 1671, bei Mignet III, 325.

4) Dat. Fontainebleau, 8. Aug. 1671 (P.); angedeutet wird diese Vollmacht auch in

den Befehl erhielt, in Stockholm nicht zu eifrig auf den Abschluß des dort beanstandeten Vertrags zu dringen, weil der König sich lieber mit den lüneburgischen Fürsten verbinden wolle[1]).

Hätten die Herzoge in diesem Augenblick fest zu einander gehalten, so war es um Schwedens Machtstellung in Deutschland geschehn. Allein ihre gegenseitige Eifersucht ließ es nicht dazu kommen.

Wiederum hintertrieb Johann Friedrich durch seine persönlichen Beziehungen zum Pariser Hofe die Sendung des in Celle so gut accreditirten, in Hannover aber deshalb verdächtigen Gourville[2]) und dieselbe wurde ihm zu Gefallen, zum zweiten Male sistirt, obgleich sie bereits angekündigt war: so wenig zweifelte man an der Wirksamkeit des hannoverschen Diensteifers[3]). Aber die Enttäuschung folgte auf der Stelle. Nachdem sich Verjus mit Johann Friedrich und Grote im Städtchen Springe über die Mittel und Wege, Georg Wilhelm zu captiviren, verständigt, aber schon hier den Eindruck empfangen hatte, daß vor Ablauf der Quadrupelallianz auf kein bindendes Engagement in Celle zu rechnen sei, wenn es nicht gelänge den Kanzler Schütz zu bestechen[4]), begab er sich an den Celler Hof, erreichte aber trotz aller hannoverschen Mitwirkung nichts: Georg Wilhelm blieb bei seinem Wort, daß ihm vor Ablauf der Quadrupelallianz, d. h. also vor October, kein neues Engagement möglich sei. Vergebens wünschte jetzt Johann Friedrich selbst die verleidete Beihülfe Gourville's herbei[5]).

---

dem eben angezogenen Briefe Enghien's. Den entscheidenden Satz dieser Vollmacht theilt Verjus dem Freiherrn Grote mit, dat. Bielefeld, 21. Sept. 1671, in Beilage III, 68.

1) Carlson, Gesch. Schwedens, IV, 554.

2) Johann Friedrich an Duc d'Enghien, dat. 11/21. Aug. 1671, in Beilage III, 61; Grote an Verjus oder Prinz Wilhelm von Fürstenberg, dat. 12/22. Aug. 1671 (P.): On nous mande de France et de bonne main (s. oben) qu'on nous promet un autre (traité) en France que celuy cy que nous avous fait . . . Nous attendons aussi au premier jour M. de Gourville ici. Il ne fera rien davantage avec tout son air trompeur et engageant que ce que nous avons desja fait.

3) Duc d'Enghien an Herzog Johann Friedrich, dat. 13. Aug. 1671, in Beilage III, 62; Verjus an Grote, dat. Bielefeld, 26. Aug. 1671, in Beilage III, 64.

4) Verjus an W. von Fürstenberg, dat. Hannover 30. Aug. 1671 (P.): . . . Mais M. Grote asseure que pour tout cela il faut gagner le chancelier, et que toute la dificulté qu'on y peut trouver, est que cet homme sçachant la mauvaise réputation qu'il a de se laisser corrompre, veuille en cette rencontre faire le Caton, pour ne pas donner lieu de le ruiner préz de son maistre.

5) Creditive Verjus', dat. Fontainebleau, 8. Aug. 1671; Recreditive, dat. Celle, 3 Sept 1671. Über diese Conferenz schreibt Georg Wilhelm seinem nach Stockholm entsandten Geheimen Rath Lorenz Müller, dat. Celle, 5. Sept. 1671, Folgendes: „Der französische Envoyé Verjus hat einige Tage bei Uns sich alhie aufgehalten und gesucht eine solche Declaration von Uns auszuwirken, durch welche Wir gegen seinen König nach expirirter Quadrupelalliance weinigstens in eine Neutralität gesetzet würden. Wir haben

Verjus aber verlor den Muth nicht. Denn da nach seinem Urtheil der Herzog von Hannover für sich allein ebenso viel Truppen aufzubringen vermochte, als Frankreich vom lüneburgischen Gesammthause erwartete, so glaubte er auch schon durch bloße Neutralitätsverträge mit dem Osnabrücker und dem Wolfenbüttler zum Ziele zu kommen, wenn nur Georg Wilhelm, der in Hannover obwaltenden Überzeugung entsprechend, sich nicht von den Verwandten lossagen, Johann Friedrich aber auf die von Frankreich gewünschte Action eintreten würde[1]).

Solche Action im Bunde mit Kurköln, Münster und Pfalz-Neuburg herbeizuführen, war der Zweck des Convents, der im September zu Köln zusammentrat.

Zwölftes Kapitel.

Der Kölner Convent und die Vollendung des französischen Allianzsystems.

Um den Hoheitsstreit zwischen der Stadt Köln und dem Kurfürsten von Köln beizulegen, hatte der Kaiser bereits im Frühjahr 1671 den Reichshofrath Marquis de Grana an den Rhein gesandt und zugleich die Kurfürsten von Mainz, Trier und Brandenburg mit der Vermittlung committirt. Allein diese Friedensbemühungen scheiterten an der Forderung des Kurkölners, daß die Stadt ihre auf kurfürstlichem Territorium angelegten Festungswerke demoliren und ihre holländischen Truppen entlassen sollte. Von den Fürstenbergern aufgereizt, gedachte er die Reichsstadt mit Waffengewalt unter seine Landeshoheit zu zwingen, nahm lothringische Truppen in Dienst und rechnete auf französische Hülfe[2]).

---

uns aber so weit nicht engagiren wollen und behalten Wir noch zur Zeit allerdings freie Hände. Nachdem aber gedachter Verjus sich verlauten lassen, ob er befehligt, Mr Pomponne sofort von unserer Resolution zu avvisiren, und denselben zu Schließung des Tractats zu animiren, so mag Uns zwar solche Contestation weinig irre machen; Ihr habt aber nichts desto minder, auch der Ursachen halber umb so mehr auf dasjenige, was mit gedachtem Pomponne tractiret wird, ein wachsames Auge zu haben". Vgl. Johann Friedrich an Duc d'Enghien, dat. (Aug. 1671) in Beilage III, 65; Duc d'Enghien an Johann Friedrich, dat. 3. Sept. 1671 in Beilage III, 66; Johann Friedrich an Duc d'Enghien, dat. 18. Sept. 1671, in Beilage III, 67; Verjus an Pomponne, Celle, 13. Sept. 1671 (P.).

1) Verjus an Pomponne, dat. Celle, 13. Sept. 1671 (P.).

2) Die ältesten Nachrichten über die Kölner Händel bietet das Diar. Europ. XXIII

Eben deshalb nahm der Kaiser die Stadt in seinen besonderen Schutz[1]) und ließ durch den Marquis de Grana ein Regiment für sie werben[2]). Auch der Gouverneur der spanischen Niederlande sagte ihr seine Hülfe zu[3]), in der Republik der Niederlande aber wurden sofort Truppen in Marschbereitschaft gestellt und Herr von Amerongen nach Köln entsandt, um das staatische Interesse wahrzunehmen und staatische Hülfe anzubieten[4]). Es schien, als sollten sich die Gegensätze, die Europa in Spannung hielten, in dem Kölner Handel entladen.

Unter so ungünstigen Aussichten trafen im September 1671 die auf dem Bielefelder Convent beliebten Deputationen in Köln ein, um einestheils im Bunde mit der kaiserlichen Commission den Kölner Handel zu schließen und anderntheils zugleich die in Bielefeld unerledigt gebliebenen Differenzen zwischen dem Herzog von Wolfenbüttel und dem Bischof von Münster in Sachen der Stadt Höxter auszutragen[5]).

Die Erfolglosigkeit der Höxterschen Mediation trat gleich anfangs zu Tage.

In dem Präliminarvertrage vom 15. April war für den Fall, daß ein gütliches Einvernehmen über die zwischen dem Hause Braunschweig und dem Stifte Corvey strittigen Hoheitsrechte nicht unmittelbar zu erreichen wäre, ein durch Schiedsrichter auszutragendes Compromiß und zugleich eine Prüfung der von diesem Streit unabhängigen Beschwerden der Stadt Höxter[6]) in Aussicht genommen[7]). Der Bielefelder Convent aber hatte, als er diese Sache auf den Kölner Termin vertagte, für die Erledigung des Compromisses fünf bis höchstens sechs Wochen festgesetzt und ausdrücklich vorbehalten, daß zugleich ein unmittelbarer gütlicher Ausgleich versucht, dem Präliminarrecesse aber durch die Eingaben der Parteien keinenfalls derogirt werden solle[8]).

(1672), S. 5 f., 65 f., 237 f., 253, 509 ff., 556 f., 596 ff.; XXV, S. 1 ff. 542 ff., 585 ff. Unter den neueren Darstellungen vgl. Ennen, Frankreich und der Niederrhein, I, 216 ff.

1) Dat. Wien, 18. Juli 1671 (Diar. Europ. XXIII, 237 f.).

2) Theatr. Europ. X, 2, 444 (bei Ennen I, 220).

3) Dat. Bruxelles, 7. Sept. 1671 (Diar. Europ. XXIII, 514 f.).

4) Diarium Europ. XXIII, 253, 557. Wicquefort, hist. des provinces unies, VI, 270 ff.

5) Ich lege der Darstellung des Kölner Convents die cellischen und calenbergischen Berichte und Diarien zu Grunde. Celle war vertreten durch den Hofrath Fabricius, Calenberg bis zum 16/26. Sept. durch den Vicekanzler Witte, alsdann durch den Geh. Kammerrath Grote.

6) Deductio iurium et gravaminum der Stadt Höxter. 1671, abgedruckt im Diarium Europ. XXV, 367 ff.

7) Alpen, vita Christ. Bernhardi episcodi Monast. II, S. 159.

8) Alpen, II, S. 176 ff.

Dessenungeachtet eröffneten die Münsterschen den Kölner Convent mit der Erklärung, daß, „nachdem die zum gütlichen Vergleich sowohl als Einrichtung des Compromissi verglichene Zeit ohnfruchtbarlich verflossen“, der Bischof sich nicht mehr an den Präliminarreceß zu binden brauche und diese Tractaten nicht als einfache Fortsetzung der Bielefelder betrachten könne[1]), während von wolfenbüttelscher Seite betont ward, daß in Bielefeld nicht einmal ein Anfang gütlicher Verständigung gemacht, eine solche aber auf Grund des Präliminarrecesses die Hauptsache und ebenso unabweisbar als die Erledigung der Hözterschen Gravamina sei[2]). Es gelang nun wohl den Mediatoren[3]), die Frage, ob die Kölner Tractaten als Fortsetzung der Bielefelder angesehn werden sollten oder nicht, ganz bei Seite zu schieben und die Parteien dafür zu gewinnen, daß neben der Ausarbeitung des Compromisses zugleich Vorschläge zu gütlicher Vereinigung der Differenzen gemacht werden sollten[4]). Aber im Einzelnen war keine Verständigung möglich, da die principiellen Gegensätze unausgleichbar blieben.

Während sich Münster nach wie vor auf den zwischen dem Herzog Heinrich Julius und dem Stifte Corvey getroffenen Vergleich vom Jahre 1593 steifte, glaubte man in Wolfenbüttel an die Verträge der erloschenen braunschweigischen Linie nicht mehr gebunden zu sein und wollte demnach das Kloster Kemnade dem Stifte Corvey nur gegen ein Äquivalent zurückgeben. Und ebenso wenig vermochte man sich über das sogenannte Brückenfeld und die andern strittigen Hoheitsrechte zu verständigen. Alle Vermittlungsvorschläge fanden in Köln ebenso taube Ohren wie vor zwei Jahren in Lüchtringen. Ebenso wenig aber wie der gütliche Ausgleich, wollte der Austrag durch ein Schiedsgericht gelingen. Die Verständigung beschränkte sich darauf, daß man den Kurfürsten von Mainz und den Herzog von Würtemberg als Schiedsrichter in Aussicht nahm. Über die ihrem Spruche zu unterbreitenden Fragen aber blieben die Parteien unversöhnbar, da Wolfenbüttel auf jeden Fall die Gravamina der Stadt Hözter in das Compromiß aufnehmen, Münster aber der Stadt gegenüber freie Hand behalten wollte. Aus demselben Gesichtspunkt erklärte Münster den Präliminarreceß vom 15. April für erloschen, als die für die Ausarbeitung des Compromisses festgesetzte Frist im October resultatlos ablief, während Wolfenbüttel auf der Unantastbarkeit dieses Vertrags beharrte. Die Mediatoren vermochten nicht einmal durchzusetzen, daß wenigstens diese principielle Vorfrage zu schiedsrichterlichem Erkenntniß verstellt würde.

---

1) Dat. St. Lüdgersburg, 30. Aug. 1671. 2) Dat. Braunschweig, 30. Aug. 1671.

3) Dies waren der kurbrandenburgische Generalmajor Eller, der cellische und der hannoversche Gesandte.

4) Protokoll, act. Köln 16/26. September 1671.

Erst als der Bischof von Münster persönlich in den Kölner Convent eingriff, kam unter der Mitwirkung des Grafen Verjus[1]) ein Compromiß in diesem Sinne zu stande[2]), und es gelang auch den Bischof zu einem Zusatzartikel zu bestimmen, worin er unter Vorbehalt aller seiner Hoheitsansprüche sich verpflichtete, die im Präliminarvertrag vom 15. April festgesetzte Zahl seiner Garnison in Höxter (70 Mann) bis zum 1. Januar 1673 nicht vermehren zu wollen. Da er zugleich aber sich ausbedang, von diesem Termin an, die Stadt so oft und so stark, als er für nöthig erachte, belegen zu können[3]), so endete die Höxtersche Mediation mit der Vervollständigung des Triumphes, den der Bischof schon in dem Präliminarvertrage über seinen Gegner errungen hatte.

Weniger Glück hatte Kurfürst Max Heinrich mit seinen Anschlägen gegen die Stadt Köln.

Nachdem die kaiserliche Commission seit April vergebens getagt hatte, stießen auch die Deputirten des westfälischen Kreises, die sich im September mit der Reichscommission zu gemeinsamer Mediationsarbeit verbanden, anfangs nur auf Ausflüchte und Weiterungen. Die Stadt wurde von den Generalstaaten in ihrem Widerstande bestärkt, man bot ihr zu den in städtischen Dienst übernommenen Leuten Bamphield's noch andere 4000 Mann holländischer Truppen an, und Amerongen unterhandelte sowohl mit den brandenburgischen und lüneburgischen Gesandten als auch mit dem Gouverneur der spanischen Niederlande und dem kaiserlichen Bevollmächtigten über eine Sicherung der Stadt durch combinirte Besatzungstruppen[4]). Den Kurfürsten aber drängten die Fürstenberger zu einem Gewaltstreich gegen

---

1) Verjus an Grote, dat. 25. Oct. u. 12. Nov. 1671 in Beilage III, 71 u. 75.

2) Act. Köln, 10/20. Oct. 1671.

3) Relation des Weipert Ludwig Fabricius, dat. Köln, 4. Nov. 1671.

4) Ennen a. a. O., Wicquefort a. a. O., Diar. Europ. XXIV, 596; Urk. u. Acten zur Gesch. des Großen Kurfürsten III, 196 ff. Fabricius an Herzog Georg Wilhelm, dat. Köln, 7. Oct. 1671: Nirgends zeige sich Inclination zum Ausgleich, der Kurfürst verstärke seine Truppen, ebenso werde „von der Stadt seiten auch auf mehrere defensive Mittel gedacht; zu welchem Ende dan sich anjetzo zu Rurmunde gegenwärtig befinden der kaiserl. Envoyé Marquis de Grana, der hispanische General-Gubernator in den Niederlanden Comte de Monterey, der holländische Deputirte Herr von Beverningen, wie auch hiesiger Stadt Bürgermeister sammt etlichen Deputirten vom Rath. Das sujet ihrer Conferenzen soll zu gemeiner Sicherheit und Defension angesehen sein, und wird man nach deren Zurückkunft vermuthlich ein und andere particularia zu vernehmen haben. Die Stadt hat sich sonsten der spanischen Assistenz auch nunmehro versichert, und ist die Vertröstung, so Comte de Monterey derselben gegeben, aus beiliegenden beiden Schreiben [fehlen] nicht allein zu sehen, sondern es sollen auch bereit 2 Regimenter beordert sein, sich zur Assistenz der Stadt auf allen Fall in nöthiger Bereitschaft zu halten. Daß auch zwischen Spanien und Holland eine Defensivalliance geschlossen sei, wird gleichfalls versichert, die contenta derselben werden noch in etwas secret gehalten" . . .

die Stadt und bestärkten sein Vertrauen auf Unterstützung von seiten König Ludwig's, dessen Truppen im Anmarsch nach dem Rhein waren[1]).

Allein Graf Verjus, der im October die französische Mediation hinzubrachte, sowie der Bischof von Münster, der eben damals sein Quartier im Hause Kendenich nahe bei Köln nahm und fortan mit aller Energie persönlich in die Tractaten eingriff, gossen Wasser in den brausenden Wein der Fürstenberger Action[2]). König Ludwig war über die Verbindung Kur-Kölns mit dem Lothringer verstimmt und wünschte auf keinen Fall die Stadt zum Bollwerk einer seine holländischen Angriffspläne hemmenden Coalition zu machen[3]). Bischof Christof Bernhard aber that das Seinige, einer solchen Störung des großen Desseins vorzubeugen[4]). Unter diesem doppelten Drucke kam bereits am 8/18. November ein Interimsvergleich zwischen dem Kurfürsten und der Stadt zu Stande, nach welchem die Stadt die holländischen Truppen entlassen und 1200 Mann westfälische Kreistruppen einnehmen sollte; die Hoheitsstreitigkeiten wurden zum Austrag im Wege Rechtens verstellt[5]). Die Unterzeichnung aber zögerte sich bis zum Ende des Jahres hin[6]), so daß erst am 2. Februar die westfälischen Kreistruppen, je eine Compagnie von Münster, Pfalz-Neuburg, Brandenburg, Paderborn und Kurköln — nur die des Bischofs von Osnabrück war nicht zur Stelle — einrückten und die Holländer aus der Stadt abzogen.

Der Kölner Convent hatte also die Ehre, den bedrohlichen Handel zu schließen. In Wirklichkeit aber entsprang dies Ergebniß den geheimen Unterhandlungen, die sich hinter dem Rücken der Reichs- und Kreismediatoren abgespielt hatten.

Die ebenso vorsichtige wie freigebige Rührigkeit der französischen Diplomatie vollendete darin ihren Triumph über die knausernde Selbstgefälligkeit und Verblendung der Holländer.

Trotzdem die Errichtung französischer Magazine in Bonn und Kaiserswerth, Dorsten und Neuß, sowie der Einmarsch französischer Truppen fast das ganze Gebiet des Kurfürsten von Köln zu einem französischen Waffenplatz machten[7]), unterschätzten die Holländer die an der Rheinseite drohende

1) Grote's Kölner Diarium unter 24. Sept. 1671; vgl. Ennen a. a. O.; Droysen, III, 3, 247.

2) Verjus an die westfälische Deputation sowie an die Stadt Köln, praesentat. 29. Sept./9. Nov. 1671. 3) Ennen I, 221 f.

4) Alpen, vita Christ. Bernhardi, II, S. 187 f.

5) Dieser Receß ist gedruckt im Appendix S. 137 ff. des 24. Bandes des Diarium Europ.; bei Londorp IX, 785 ff.; bei Alpen, vita Christ. Bernhardi, II, S. 188 ff., analysirt im Diar. Europ. XXV, S. 2 f. und bei Ennen, I, 222 ff.

6) 23. Dec. 1671/2. Jan. 1672.

7) Ennen, I, 222, 248 ff.; Rousset, hist de Louvois, I, 336 ff.

Gefahr. Der französische Angriff wurde von Flandern her erwartet, das rheinische Kriegsgetümmel schien nur der Stadt Köln zu gelten[1]). Man hatte nicht einmal Arg daraus, daß die enormen Massen von Pulver und Blei, die Louvois in berechneter Ausbeutung des holländischen Krämersinns in Amsterdam aufkaufen ließ, in den kurkölnischen Plätzen aufgehäuft wurden[2]). Um aber den Kurfürsten von Köln und den Bischof von Münster in Zaum zu halten, schien ein deutsche Hülfstruppen gewinnender Miethscontract mit dem Kurfürsten von Brandenburg und dem einen oder andern Herzoge von Braunschweig ausreichend zu sein. In diesem Sinne wurde Amerongen zu Allianzverhandlungen mit den brandenburgischen und lüneburgischen Gesandten in Köln autorisirt[3]).

Wie weit aber blieb doch der staatische Antrag hinter Frankreichs Anerbietungen zurück! Während dieses große Summen und Antheil an den Eroberungen versprach, glaubten die Hochmögenden der deutschen Fürsten sicher zu sein, wenn sie nur dieselben Subsidien böten, durch die sie im Münsterschen Kriege 1665 die Herzoge von Celle und Osnabrück zur Aufstellung eines Hülfscorps bestimmt hatten[4]), zumal wenn sie ihnen dazu noch unbedingte Waffenhülfe für den Nothfall in Aussicht stellten. Am liebsten hätte man jetzt neben Brandenburg das ganze braunschweigische Haus solcher Gestalt engagirt. Da indessen auf Johann Friedrich nicht zu rechnen war, so hoffte man doch mit dem Herzog von Celle, dem alten Freunde der Staaten, zugleich Osnabrück und Wolfenbüttel zu sich herüberzuziehn.

Allein das Angebot staatischer Hülfe hatte unter den obwaltenden Umständen schlechterdings keinen Werth[5]). Der cellische Gesandte Fabricius stellte daher gleich der ersten Eröffnung Amerongens den Satz entgegen, daß nur die Staaten einen Angriff zu besorgen hätten, eine Hülfsleistung demnach für das fürstliche Haus sehr bedenklich sei. Von Celle aber kam der Bescheid, daß die Verhältnisse jetzt anders als 1665 lägen. Fabricius mußte jedes Engagement mit Amerongen ablehnen und ihn nach Celle an den Herzog selbst verweisen[6]). Nicht bessere Aufnahme fand die staatische

---

1) Peter, der Krieg des großen Kurfürsten gegen Frankreich, S. 22 ff.; derselbe in Urk. u. Acten zur Gesch. des Großen Kurfürsten III, 191 f. 2) Rousset, I, 338 f.

3) Resolution der Generalstaaten, dat. 5. u. 19. Oct. 1671, in Urk. und Acten des Großen Kurfürsten III, 196 ff. 4) Band I, 441 f.

5) Graf Waldeck sagte dies dem Freiherrn von Amerongen voraus in dem Schreiben d. d. 10. Nov. 1671, das Basnage, hist. des provinces unies, II, 148 f. mittheilt.

6) Fabricius' Relationen, dat. Köln, 3., 14., 26. Oct. 1671. Die Instruction des Herzogs Georg Wilhelm für Fabricius, dat. Ebstorf, 28. Oct. 1671, s. in den Beilagen III, 74. Dieser Instruction entspricht genau diejenige, die der Herzog seinem Agenten Wicquefort auf dessen Bericht über die Anträge de Witt's (dat. de la Haye, 14. (4.) Nov. 1671) ertheilte, dat. Celle, 10. (20.) Nov. 1671.

Anregung bei den brandenburgischen Gesandten, sie erwiderten dieselbe mit dem Verlangen sofortiger Räumung einiger clevischer Plätze, auch hier blieb daher nichts anders übrig als unmittelbare Unterhandlung mit dem Kurfürsten selbst[1]).

Während sich so der Beistand derer, auf die in erster Linie gerechnet wurde, in unbestimmter Ferne verlor, erschloß sich eine gute Aussicht, wo man sie am wenigsten erwartete. Nicht nur der Marquis von Grana empfahl den Staaten eine Allianz mit ihrem alten Gegner von Münster, sondern dieser selbst gab Herrn von Amerongen seine Geneigtheit dazu nicht undeutlich zu verstehn[2]) und nahm ihn überhaupt durch den Schein entgegenkommender Biederkeit[3]) gefangen. Amerongen wurde daher auf seinen Antrag zum Abschluß einer Allianz auch mit den Bischof ermächtigt[4]) und half so dem Hinterhaltigen, die Republik über den wahren Zweck seiner politischen und militärischen Actionen hinwegtäuschen.

Ernst gemeint war die Unterstützung, die die Republik im Kreise der kaiserlichen Staatsmänner fand. Graf Verjus sah, wie er seinem Freunde Grote gestand[5]), mit Sorge auf das Bündniß des Kaisers mit dem Bischof von Münster, das am 17. Juli 1671 geschlossen war. Hatte doch eben damals der franzosenfreundliche Chef des kaiserlichen Cabinets, Fürst Lobkowitz, jede Beziehung zu dem französischen Botschafter Gremonville abbrechen müssen[6]). Das Feld war frei für die Verwirklichung des von Lisola, dem kaiserlichen Botschafter im Haag, vertretenen Gedankens einer großen Allianz zur Rettung der Niederlande. Die spanische und die päpstliche Diplomatie nahm sich desselben an. Der Kölner Nuntius Bonvisi sprach nicht nur dem Kurfürsten das Mißfallen des Papstes an den bevorstehenden Kriege aus[7]), sondern machte auch den Franzosenfreunden gegenüber kein Hehl aus seiner Sorge vor Frankreichs Übergewicht: dem Kaiser sei einst der Rheinbund mit Erfolg in den Weg getreten, jetzt gelte es Frankreichs Vorhaben zu hemmen; er faßte dabei den Kaiser und Spanien nebst einigen deutschen Fürsten ins Auge[8]). Der Marquis de Grana aber segelte ganz in dem Fahrwasser Lisola's[9]) Die kaiserliche Allianz mit Münster, die zum guten Theil sein Werk war, sollte nur ein Glied der großen

1) Peter a. a. O.

2) So berichtet, nach den Mittheilungen der brandenburg. Gesandten, Fabricius, dat. 26. Oct. 1671.

3) Wicquefort, IV, 281, 379.

4) Resolution der Generalstaaten, dat. 28. Nov. 1671, in Urk. u. Acten des Großen Kurfürsten, III, 200 ff.

5) Grote's kölnisches Diarium unter 14. Sept. 1671.

6) S. oben S. 192.

7) Ennen, I, 256.

8) Äußerungen gegen Grote nach dessen Kölner Diarium unter 21. Sept. 1671.

9) Vgl. Wicquefort, IV, 274 f., 282 f., 322 f.

Allianz gegen Frankreich sein[1]). Indem er in dieser Absicht die Fürstenberger Anschläge auf Köln durchkreuzte, suchte er zugleich dem Kurfürsten von Köln den Beitritt offen zu halten[2]).

Vorsichtig umhertastende Diplomaten, wie der neuburgische Oberkanzler Giese, erschraken über seine harte Rede, daß der Kaiser nicht stillsitzend zusehen werde. Tieferblickende, wie der hannoversche Kammerrath Grote, schrieben dies mehr dem tapfern Herzen des Marquis als den Instructionen des Kaiserhofs zu[3]). Und in der That gelang es dem Ritter von Gremonville, alle Bemühungen der franzosenfeindlichen Staatsmänner Österreichs zu schanden zu machen, und den Kaiser durch einen geheimen Vertrag vom 1. November zur Neutralität zu verpflichten[4]). Das einzige Ergebniß der für Holland eintretenden Staatsmänner war der Entwurf einer Defensivallianz zwischen Spanien und den Staaten, der am 17. Dec. von dem spanischen Gesandten im Haag unterzeichnet und trotz aller Gegenwirkungen Frankreichs, Englands und selbst des Kaisers, in Madrid ratificirt ward[5]).

Die sich selbst widersprechende Führung der kaiserlichen Diplomatie ebnete den französischen Machinationen die Bahn. Gab es auch dort Schwenkungen, so blieb doch das Ziel unverrückt.

Eine solche Schwenkung erfolgte, als nach dem Tode Lionne's (1. Sept. 1671) der Kriegsminister Louvois auch die auswärtigen Geschäfte bis zum Eintreffen des zum Minister des Auswärtigen ernannten Pomponne übernahm[6]), dieser aber in demselben Moment durch den Tod des Senators Björnclou (20. August 1671), des heftigsten Gegners der französischen Allianz[7]) im schwedischen Reichsrath, bessere Chancen für das Anerbieten seines Königs gewann[8]). War Pomponne noch kurz zuvor im Hinblick auf das deutsche Collectivbündniß, an dem Prinz Wilhelm von Fürstenberg und Verjus arbeiteten, zum Abwarten und Einhalten befehligt worden, so gab jetzt umgekehrt Louvois, der nach den ihm gewordenen Informationen den Fürstenbergern nicht über den Weg traute[9]), nach Köln die Weisung, falls nicht schon abgeschlossen und auch keine Hoffnung auf Abschluß mit Münster, Neuburg und dem Gesammthause Braunschweig-Lüneburg sei, auch für den Fall, daß Johann Friedrich die Quote des Gesammthauses allein auf sich nehmen wolle, es doch bei den Neutralitätsverträgen bewenden zu lassen und Pomponne durch einen expressen Courier davon zu benachrich-

1) S. oben S. 192. 2) Ennen, Frankreich und Niederrhein, I, 257.

3) Grote's Kölner Diarium unter 26. Sept. 1671.

4) Mignet, III, 544 ff.; Pribram, Lisola, S. 527 ff.

5) Mignet, III, 662 ff. 6) Rousset, Louvois, I, 341.

7) Vgl. die Anmerkung Geffroy's in Recueil des instructions donneés aux ministres de France, II, 93. 8) Mignet, III, 328. 9) Rousset, I, 337.

tigen, damit dieser Schweden zur Neutralität und für den Fall, daß sich der Kaiser oder sonst jemand im Reiche wider Frankreich erhöbe, zur Action gegen solchen Gegner vertragsmäßig engagire[1]).

Vom Abschluß des geplanten Collectivbündnisses war man nun freilich, als Grote in den Kölner Convent eintrat, weit entfernt, denn Pfalz-Neuburg machte seinen Entschluß nach wie vor von der noch immer zuwartenden Haltung Brandenburgs abhängig. Da indessen Münster für die Offensive eiferte und Kurköln, den Fürstenberger Winken gehorchend, zur Übernahme der auf Neuburg entfallenden Quote bereit war, so hoffte Prinz Wilhelm im Bunde mit Verjus doch noch zum Ziele zu kommen, wenn nur Herzog Johann Friedrich seine Hand dazu bot. In dieser Hoffnung traten sie trotz Louvois' conträrer Ordre mit Grote in die Unterhandlung ihres offensiven Bundesprojects ein[2]).

Prinz Wilhelm machte aus seinem Ärger über Louvois kein Hehl[3]). Die Neutralität, mit der sich dieser begnügen wollte, war in seinen Augen „eine wahre Pest für Deutschland"[4]). Die Deutschen würden dadurch, wenn Schweden zu Frankreich umträte, „von aller Avantage und Consideration ausgeschlossen[5])." Sollten die Deutschen nicht mit agiren, so wünschte er, wie er vertraulich gegen Grote aussprach, „daß alle der Franzosen Desseins möchten den Krebsgang gehen, und sie rechtschaffene Schläge bekommen". „Wormit ich ganz einig gewesen und noch bin", setzt Grote in seinem Berichte hinzu[6]), denn auch sein sehnlichster Wunsch war, seinen Herrn von der Neutralität zur Offensive fortzuziehn[7]).

Allein die Bedingungen des Herzogs giengen weit über die Grenze dessen, was Fürstenberg und Verjus im Widerspruch mit ihrer letzten Instruction glaubten auf sich nehmen zu können. Drei Differenzen traten hervor.

Im Mai war zwischen dem Herzog und Prinz Wilhelm ein Kriegsplan vereinbart worden, wonach die Truppen der deutschen Alliirten, in zwei Armeen formirt, theils am Rhein, theils an der Yssel agiren sollten[8]).

1) Grote meldet dies in seinem Kölner Diarium unter dem 19. Sept. 1671 nach den Eröffnungen Fürstenberg's und Verjus', mit dem Bemerken, daß letzterer ihm die bezügliche Ordre im Original vorgezeigt habe.

2) Grote's Diarium unter 17., 19., 20., 24., 30. Sept. 1671.

3) Grote, 3/13. Oct. 4) Grote, 19. Sept. 5) Grote, 24. Sept.

6) Diarium unter 24. Sept.

7) Grote an Herzog Johann Friedrich, dat. Köln, 22. Sept. 1671, unter Beilagen III, 69.

8) Den Wortlaut dieses Entwurfes habe ich nicht auffinden können, angedeutet wird derselbe in dem Schreiben des Fürstenberger Sekretärs Bregett an Grote, dat. Dunquerque 20. Mai 1671, in Beilage III, 44. Der Inhalt des hier in Frage kommenden § 13 ergiebt sich aus Grote's Instructionen.

Dieser Plan war dann wegen der Zurückhaltung Brandenburgs dahin modificirt, daß die deutschen Alliirten, zu einer einzigen Armee verbunden, an der Yssel aufmarschieren, am Rheine dagegen nur französische Truppen unter Condé agiren sollten.

Diese Änderung deuchte dem Herzog unerträglich, „gestalt dann denen Alliirten — so heißt es in Grote's Instruction[1]) — nicht allein hierdurch viel Force und Consideration, sondern auch der Nachdruck und Sicherheit abgehet, indem sie und ihre Lande denen diversionibus viel mehr als vorhin exponiret werden. Es möchte dieses auch seine große Veränderung in dem puncto contributionis, welche auf solche Weise bei weitem nicht so hoch laufen wollte, abgeben. Es causiret dabei auch großes Nachdenken wegen der Conquesten, zumalen, was die teutschen Fürsten für diesem erobert hätten, ihnen sofort geblieben wäre, nunmehr aber aus des Königs Händen muß erwartet werden. Es dürfte überdies dieses bei dem ganzen Reich und allen dessen Gliedern, sonderlich Kurbrandenburg, groß Nachdenken und Ombrage verursachen, daß eine französische Armee so nahe an und wohl gar auf dem teutschen Boden selbst oder zum Theil in S. Ld. des Kurfürsten von Brandenburg Landen Krieg führen, Plätze erobern und behalten sollte; welches dann zu einer starken Gegenpartei guten Prätext und Anlaß geben und den übrigen Alliirten eine große Verantwortunge und Verderb causiren könnte." Der Herzog wünschte deshalb das erste Project aufrecht zu halten. Sei dies unthunlich, so müßten die Franzosen wenigstens alle von Condé eroberten und nicht zu des Königs Beuteantheil gehörigen Plätze sofort an die Alliirten ausliefern.

Prinz Wilhelm suchte diesen Einwendungen auszuweichen: die Contributionen diesseits der Yssel wären nicht der Rede werth, die eroberten Plätze werde der König bis zum Ende des Krieges festhalten; auf brandenburgischem Territorium müsse allerdings agirt werden; aber was der König da erobere, nehme er ja doch nicht dem Kurfürsten, sondern den Holländern ab. Für die Alliirten sei es schließlich vortheilhafter an der Yssel mitzuwirken, als gar nicht. Denn wenn sie zurückhielten, würde Frankreich mit Schweden abschließen, auf das man seit Björnclou's Tode mit Sicherheit rechne[2]).

Die zweite Differenz bezog sich auf den Fall, daß der Kaiser die Partei der Generalstaaten nähme und einen Reichskrieg zu Stande brächte. Für diesen Fall hatte der Mai-Entwurf den mit Frankreich alliirten Reichsständen den Rücktritt von der Allianz freigestellt. Jetzt aber erklärte Fürstenberg diesen Vorbehalt für unzulässig, da derselbe dem Kaiser eine Sprengung

1) Dat. Hannover, 9. Sept. 1671.
2) Grote's Kölner Diarium unter 19. und 24. Sept. 1671.

der Allianz ermögliche. Der König werde nur noch das eine bewilligen, „daß die Alliirten im Reich keinen Krieg zu führen sollten gehalten, auch befugt sein, wenn der Kaiser sie in ihren Landen bekriegen sollte, alsdann auf die im Project enthaltenen Maße ihre Völker abzusondern und selbige zu ihrer eigenen Defension zu gebrauchen“ [1]).

Den heftigsten Unwillen aber erweckte auf beiden Seiten die Subsidienfrage. War im ersten Entwurfe dem Gesammthause für ein Truppencorps von 8000 Mann eine monatliche Subsidie von 30000 Rthlr. zugesagt, so glaubte jetzt Johann Friedrich auf 32000 Thlr. bestehen zu müssen, wenn er allein jene Quote auf sich nähme. Fürstenberg aber erklärte nicht nur das erste Angebot für das höchste, das erreichbar sei, sondern glaubte, davon auch 5000 Thlr. für Ernst August in Abzug bringen zu müssen, das heißt, genau die Summe, die diesem für die Neutralität zugesagt war, über die man mit ihm in Unterhandlung stand. Er erklärte demnach dem Freiherrn Grote, nicht um eines Hellers Werth über 25000 Thlr. hinausgehn zu können. Und diese Offerte erschien um so annehmlicher, da in jenem Contingent die kostspielige Artillerie gar nicht mit einbegriffen war; denn der Bischof von Münster hatte sich zu alleiniger Aufbringung der gesammten Artillerie des alliirten Heeres unter der auch von Johann Friedrich acceptirten Bedingung erboten, daß ihm der fünfte Theil aller im Felde zu erwartenden Contributionen als ein Präcipuum überlassen würde. Allein im Geldpuncte kannte Johann Friedrich keine Nachgiebigkeit [2]).

Sehr erregt waren daher die Conferenzen, die Grote über alle diese Fragen auf Schloß Brühl im tiefsten Geheimniß mit Prinz Wilhelm und Verjus pflog. Diese hielten ihn die Ordre Louvois' entgegen und drohten mit Pomponne's Stockholmer Mission. Grote aber spielte den Entrüsteten und drohte sofort abzureisen [3]).

Im Grunde seines Herzens war er anders gestimmt. Er erwog die Unwiderstehlichkeit der französischen Lockungen für Schweden und die aus der Abnahme der Tückengefahr resultirende Actionsfreiheit des Kaisers. Er sah den Krieg unvermeidlich und bedachte die Consequenzen einer Theilnahme des Kaisers. Ein Neutralist kam ihm bei solcher Lage vor wie ein Mann, der gelassen in der zweiten Etage bleibt, wenn die erste und dritte in Flammen stehn. Nähme man dagegen Partei, so sichere man sich nicht nur die Hülfe der Alliirten für den Fall eines feindlichen Angriffs, sondern gewinne mit einem Bundesheer von 24000 Mann zugleich ein solches Gewicht, daß man die Eroberungslust seines Alliirten einzuschränken vermöchte.

---

1) Grote a. a. O.

2) Grote's Instruction vom 9. Sept. und sein Kölner Diarium a. a. O.

3) Grote's Diarium a. a. O.

14*

In solcher Erwägung glaubte er seinem Herrn mehr zur Action als zur Neutralität rathen zu sollen. Welche Partei aber zu wählen sei, stand nicht mehr in Frage; „die Necessität, schrieb er, muß die justitiam causae helfen behaupten.“ Bedenken machte ihm nur die Sicherung gegen den Kaiser und gegen Brandenburg. Des Kaisers wegen wünschte er den im ersten Entwurfe der Allianz gemachten Vorbehalt aufrecht zu halten. Brandenburgs wegen aber müßten die Franzosen vom Rhein fern gehalten und die Actionen dort der an der Yssel aufzustellenden deutschen Bundesarmee überlassen werden[1]).

Wie sehr aber auch Grote von den Vortheilen einer Offensivallianz überzeugt war, konnte er doch seinem Herrn ebenso wenig wie sich selbst verhehlen, daß die Wünsche Fürstenberg's und Verjus' nur eine eigenmächtige Wiederholung der mit dem Neutralitätsvertrage vom 10. Juli zurückgezogenen Anträge des Königs waren, und daß wegen des Ministerwechsels in Frankreich die mangelnde Vollmacht der Unterhändler doppelt bedenklich war. Den Herzog Johann Friedrich, der sich im Mai kein Herz zur Action hatte fassen können, konnte daher diese Wiederholung unter den veränderten Umständen nicht aus seiner auf allseitige Rückendeckung bedachten Haltung herauslocken. Er erklärte demnach, so lange ihm nicht die Erfüllung seiner Forderungen verbürgt würde, bei der Neutralität beharren zu müssen[2]).

Prinz Wilhelm und Verjus aber ließen sich nicht beirren. Letzterer kannte den Herzog und seinen Kammerpräsidenten zu gut, um nicht überzeugt zu sein, daß dieselben nur deshalb so schwierig wären, um bessere Bedingungen herauszupressen, und daß sie im Hinblick auf Pomponne's schwedische Allianzwerbungen dem Ernste der ihnen gemachten Anträge nicht trauten[3]). Prinz Wilhelm aber fuhr schroff heraus über die Verkehrtheit einer Neutralitätspolitik: würden Frankreichs Waffen glücklich sein, „so würden wir endlich seine Sklaven werden, anstatt daß wir den fructum victoriae mit ihm hätten participiren können“[4]). Sieben Stunden dauerte ihre Conversation mit Grote, auch der Bischof von Straßburg nahm daran Theil. Aber man richtete nichts aus, da sich Grote genau innerhalb der Grenzen seiner Instruction hielt[5]).

Prinz Wilhelm's Absicht war darauf, durch persönliches Benehmen mit Johann Friedrich, der eben damals auf einer Reise nach Italien be-

1) Grote an Herzog Johann Friedrich, dat. Köln, 22. Sept. 1671 in Beil. III, 69.

2) Ich entnehme den Inhalt der am 23. Sept. st. vet. an Grote erlassenen Instruction aus dessen Kölner Diarium unter 30. Sept./10. Oct. 1671.

3) Verjus an Grote, dat. Brulle, 25. Oct. 1671, Beilage III, 71.

4) Grote's Diarium a. a. O.

5) Grote's Kölner Diarium unter 30. Sept./10. Oct. 1671.

griffen und in Frankfurt war, zum Ziele zu kommen. Allein nach drei Tagen nahm er dieses Vorhaben zurück und lud Grote zu nochmaliger Besprechung ein. Er glaubte jetzt, seinen Plan am besten durch eine Reise nach Frankreich zu verwirklichen, denn nur durch sein persönliches Eingreifen am dortigen Hofe würde er Louvois' Diffidenz überwinden und den König auf seine Seite bringen können. Da nun sowohl der Bischof von Münster als auch der Kurfürst von Köln je 8000 Mann stellen wollten, käme es nur auf den Entschluß Johann Friedrich's an, um das große Dessein durchzutreiben[1]). Er ließ dabei den wegen des Kaisers gemachten Vorbehalt für den Fall gelten, daß Kaiser und Reich den Krieg erklärten; nur wenn sich der Kaiser nicht als solcher, sondern nur als Herr von Österreich mit Holland oder Spanien alliire, sollten die deutschen Fürsten an ihre französische Allianz gebunden sein. Allein der Anstoß, den der Herzog und sein Minister an dem Aufmarsch französischer Truppen auf rheinischem Reichsboden nahmen, ihre Sorge, daß sich Frankreich in den brandenburgischen Rheinlanden festsetzen und dadurch den Kurfürsten aus seiner Neutralität herausdrängen könnte, war ebenso wenig zu heben als die Differenz in der Subsidienfrage. Grote verließ daher Köln, um seinem Herrn in Frankfurt Bericht zu erstatten[2]).

Sie fanden sich hier in der Überzeugung zusammen, das Angebot der beiden französischen Unterhändler nicht rundweg abzulehnen, aber auch nur unter sehr erheblichen Einschränkungen anzunehmen.

Zunächst meinten sie dem Kurfürsten von Brandenburg und dem Reichstage jeden Anlaß zur Kriegserklärung gegen Frankreich vorweg nehmen zu sollen. Da nun nach Fürstenberg's Erklärung der Plan des Königs, am Rheine selbst zu operiren, unabwendbar war, so forderte man, daß der König die brandenburgischen Plätze, die er dort erobere, sofort dem Kurfürsten von Brandenburg, die andern den deutschen Alliirten ausliefere und diesen auch alle die Plätze belasse, die sie selbst am Rheine erobern würden. Sodann sollte die Allianz nur zwei Jahre gelten; für den Fall aber, daß Kaiser und Reich sich einmischten, dem Herzog der Rücktritt von der Allianz sofort freistehn. Endlich wurde die Forderung von 32 000 Thlr. Subsidien unvermindert aufrecht erhalten[3]).

Der Eindruck dieser Resolution wurde noch dadurch verstärkt, daß Grote dieselbe schriftlich einschickte und von Frankfurt nach Hannover heimkehrte, ohne in Köln wieder vorzusprechen. Fürstenberg und Verjus waren

---

1) Grote's Kölner Diarum unter 3/13. Oct. 1671. 2) A. a. O.

3) Résolution de M. le Duc d'Hannover sur les points portés à S. A. Ser^{me} de la part de S. A. M. le Prince Guillaume par de Grote, dat. Frankfurt, 20. Oct. 1671, in Beilage III, 70.

darüber aufs tiefste betroffen, denn nun wurden auch Münster und Kurköln stutzig, und die geplante Reise nach Paris konnte nichts mehr nützen. Sie wußten sich solchen Abschlag nicht anders zu erklären als durch Einflüsterungen Boyneburg's und des Kurfürsten von Mainz, und mochten nicht glauben, daß dies des Herzogs letztes Wort sei[1]).

Sie fuhren fort brieflich in Grote zu dringen. Aber wie hätte, zumal so lange der Herzog in Italien weilte, solche Correspondenz die Kluft überbrücken können, die den vorsichtigen Rechner von den eigenmächtigen Diplomaten schied? Und welchen Werth konnte andrerseits für Frankreich eine Allianz haben, die an Voraussetzungen geknüpft war, deren Erfüllung gleichbedeutend mit der Herstellung eines Zustandes war, in dem die begehrte Bundeshülfe überflüssig, die dafür verlangte Entschädigung also eine zwecklose Besoldung reichsfürstlicher Begehrlichkeit war? Stand die Neutralität Kurbrandenburgs fest, so brauchte sich Frankreich nicht den Rücken durch die hannoverschen Waffen zu decken, und diese verloren vollends den Werth, wenn sie auch dem Kaiser nicht in den Weg treten wollten. Auch in Paris wurden daher die Pläne Fürstenberg's und Verjus verworfen[2]), die Verbindung Johann Friedrich's mit Frankreich blieb auf den Neutralitätsvertrag vom 10. Juli beschränkt.

Der einzige Gewinn, den die in Köln gepflogenen Unterhandlungen mit dem Hause Braunschweig hinzubrachten, war der Abschluß eines ähnlichen Neutralitätsvertrags mit Ernst August.

Schon im August war, wie berichtet[3]), Verjus mit dem osnabrückschen Kammerpräsidenten von Hammerstein auf einer Conferenz zu Herford über den Entwurf im Wesentlichen einig geworden. Unter den von Hammerstein beanstandeten Artikeln hatte der Herzog ohne Bedenken denjenigen gut geheißen, der ihn in allen weder sein Haus noch das Reich berührenden Dingen zur Bethätigung seines Diensteifers für Frankreich verpflichtete (§ 5). Indem man sodann dem Könige den Ankauf von Lebensmitteln und Munition auf dem bischöflichen Territorium einräumte, war es zwecklos, ihm die Aufspeicherung und Weiterbeförderung dieser Dinge abzuschlagen (§ 3). Und ebenso nebensächlich war der Anstoß an demjenigen französischen Vorbehalte, welcher das Recht des Herzogs, den Genossen der Quadrupelallianz von 1668 bis zu deren Ablauf die vertragsmäßige Hülfe zu leisten, darauf beschränkte, daß einer der Alliirten der angegriffene Theil wäre und von den andern insgesammt Hülfe erhielte. Nur die Frage, ob

---

1) Vgl. die Briefe Verjus' und Fürstenberg's an Grote, dat. 25. u. 26. Oct. 1671, in Beilage III, 71 u. 72.

2) Verjus an Grote, dat. 12. Nov. u. 10. Dec. 1671, in den Beilagen III, 75 u. 78.

3) S. 191 f.

die Verbindlichkeit des Herzogs auf 4 oder 5 Jahre beschränkt werden solle, konnte schweres Nachsinnen erzeugen[1]).

Als jedoch Hammerstein nach Köln kam, war er anfangs weit davon entfernt, die Rechtsbeständigkeit dieses Vergleichs gelten zu lassen. Er griff auf den allerersten Entwurf zurück und feilschte um jeden Satz, so daß Verjus seine Noth mit ihm hatte. Da indessen Ernst August bereits eine bindende Erklärung abgegeben hatte, und auf Grund deren von Paris die entscheidende Zusage eingetroffen war, so blieb dies Scharmützel ohne Folgen. Am 23. October wurde der Vertrag von Verjus und Hammerstein unterzeichnet[2]).

Ernst August übernahm damit gegen die Zusicherung von 5000 Thlr. monatlicher Subsidien ungefähr dieselben Neutralitätspflichten wie sein Bruder Johann Friedrich und deckte sich durch gleichartige Cautelen. Der wichtigste Unterschied lag darin, daß Ernst August den auf zwei Jahre lautenden Vertrag, für den Fall daß der Krieg innerhalb dieses Zeitraumes begönne, nur auf weitere zwei Jahre gelten ließ und dazu sich die Freiheit vorbehielt, bis zum Ablauf der Quadrupelallianz, also bis zum 25. October 1672, das darin übernommene Contingent von Reitern und Fußtruppen, unbeschadet der jetzt vereinbarten Neutralität, den alten Alliirten zuzuwenden[3]).

Daß der Bischof von Osnabrück mit diesem Vertrage in das Fahrwasser seines Bruders Johann Friedrich einlenkte, während er bisher mit dem Grafen von Waldeck ein und denselben Strang am Celler Hofe gezogen hatte, war für die Sache der Deutschgesinnten ein empfindlicher Verlust: Graf Waldeck klagte, man habe ihm damit seinen rechten Arm abgenommen[4]). Der französischen Diplomatie wog jedoch dieser kleine Erfolg die Enttäuschung der auf die Willfährigkeit Johann Friedrich's gebauten Hoffnungen nicht auf.

Der Intention Louvois' entsprechend, hatte daher Pomponne von dem Augenblick an, wo die Aussichten des von Verjus und Fürstenberg betriebenen Collectivbündnisses zerrannen, die fast schon abgebrochenen Unter-

1) Verjus an Grote, dat. Bielefeld, 20. Aug. 1671.

2) Verjus an Grote, dat. 25. Oct. u. 12. Nov. 1671 in Beilagen III, 71 u. 75.

3) Eine Analyse dieses Vertrags geben Du Mont, mémoires politiques pour servir à la parfaite intelligence de l'histoire de la paix de Ryswick, à la Haye, 1798, III, 301 f.; St. Prest, I, 517 f. u. La Martinière, hist. de Louis XIV., III, 414 f.; den Text s. bei Lünig IX, 338 ff. u. Dumont, VII, 1, 150 ff.

4) Vicomte de Villiers (am Celler Hofe) an Verjus, dat. (Mai 1671): Le précepteur d'Allemagne a esté à nostre cour. Il se plaint fort de ses disciples; et quoyque vous ne soyez pas du nombre, il ne laisse pas de se plaindre que vous le noircissez. Il dit que nous luy avons osté son droit bras. C'est M. l'Evesque d'Osnabruck dont il entend parler, et le précepteur c'est le comte de Waldeck (P.).

handlungen mit der schwedischen Regierung wieder aufgenommen, und er harrte trotz seiner Ernennung zum Minister des Auswärtigen auf seinem Stockholmer Posten aus, bis das Eis gebrochen war. Das Eingreifen des englischen Gesandten Coventry räumte die letzten Zweifel an dem Abschluß zwischen Frankreich und England hinweg, und der Kanzler Magnus de la Gardie setzte endlich nach heftigem Streit im schwedischen Reichsrath den Beschluß durch, die alte Allianz mit Frankreich zu erneuern. Am 2. December wurde ein Vertrag vereinbart, dessen geheime Artikel die Krone Schweden zur Theilnahme an dem Kriege verbanden, sobald der Kaiser oder andere Reichsfürsten den Holländern oder Spaniern Hülfe leisteten. Nur über die Höhe der von Frankreich zu leistenden Subsidien wurde keine Verständigung erreicht, man ließ diesen fundamentalen Artikel des Vertrags einstweilen offen[1].

Die Folge war, daß bevor Pomponne in Paris eintraf, nochmals eine Schwenkung im System der französischen Allianzen stattfand. Im Einvernehmen mit Louvois, der ein gut Theil der den fremden Alliirten zu opfernden Gelder für Frankreichs eigene Rüstung zu retten wünschte, beanstandete König Ludwig den hohen Satz der schwedischen Subsidienforderung und meinte sich mit der einfachen Neutralität der nordischen Krone begnügen zu können, seitdem ihm der geheime Vertrag vom 1. November[2]) die Neutralität des Kaisers verbürgte[3]). Um aber die vergebens bekämpfte Verbindung Spaniens mit den Generalstaaten[4]) durch eine schnelle und breite Position an der Rheinlinie zu überholen, bot sich das einfachste Mittel in dem raschen Abschluß des ebenfalls von Louvois beanstandeten Collectivbündnisses mit den nordwestdeutschen Reichsständen dar[5]). Daher eilte Louvois selbst Ende December im tiefsten Geheim an den kurkölnischen Hof und brachte durch seinen persönlichen Sieg über die unzuverlässige Habgier des Bischofs von Straßburg am 2. Januar eine Allianz mit dem Kurfürsten Max Heinrich zu Stande, die den andern in das Vertrauen gezogenen Reichsfürsten den Beitritt offen ließ, aber auch für sich allein den Zwecken Frankreichs genügte[6]).

Der Kurfürst übernahm damit in seinem und seiner Verbündeten Namen die Aufstellung einer Armee von 17—18000 Mann (§ 1) und erhielt dafür zu der im Hildesheimer Neutralitätsvertrage ausbedungenen Subsidie noch nomatlich 28000 Thlr. hinzu (§ 2). Die Wahl der in dies Bündniß einzuschließenden Reichsstände blieb dem Kurfürsten vorbehalten, wenn er

1) Carlson, IV, 554 f.; Mignet, III, 326—347. 2) S. oben S. 208.

3) Mignet, III, 348. 4) S. oben S. 208.

5) Angedeutet ist dieser Zusammenhang bei Mignet, III, 704 f.

6) Dieses persönliche Eingreifen Louvois' hat erst Rousset I, 342 ff. ans Licht gebracht; erschließen ließ es sich schon aus Ranke's französ. Gesch. III (W. X), 293 Anm.

nur dem Könige keine Erhöhung des hier stipulirten Gesammtbetrags der Subsidien anmuthe (§ 18). Der König versprach dazu, — ganz in dem Sinne, in dem sich die hannoverschen Forderungen bewegt hatten — nicht nur die Restitution aller den alliirten Fürsten gehörenden Plätze, die er im Kriege erobern würde, sondern verpflichtete sich, wofern nur Brandenburg und Neuburg neutral blieben, auch diesen ihr Eigenthum zu restituiren (§ 10). Auch die dem Kurfürsten eingeräumte Freiheit, von der Allianz zurückzutreten, sobald Kaiser und Reich den Krieg erklärten (§ 11), entsprach dem hannoverschen Standpunkt bis auf den Vorbehalt, daß der Kurfürst dem Könige alsdann 2000 Reiter und 6000 Fußsoldaten abtreten müßte. Falls der Brandenburger, der Herzog von Celle oder ein anderer den Kurfürsten angriffe, wollte der König ihm mit wenigstens 20000 Mann zur Hülfe kommen (§ 13), seinerseits aber weder Kaiser und Reich noch auch die Spanier angreifen, falls nicht diese den Holländern beistehn würden (§ 15)[1].

Nicht nur die Überlegung, daß es dem Kurfürsten von Köln für sich allein kaum möglich gewesen sein würde, die ganze hier stipulirte Armee zusammenzubringen, sondern auch die ausdrückliche Berücksichtigung der andern Reichsstände, mit denen bisher unterhandelt war, zeigt deutlich, daß diese auf Schloß Brühl unterzeichnete Allianz nichts anders als eine Wiederaufnahme des von Fürstenberg und Verjus betriebenen Collectivbündnisses war.

Die nächste, ebenfalls durch Louvois' persönliches Eingreifen herbeigeführte Wirkung war die, daß der Bischof von Münster durch einen Accessionsvertrag vom 4. Januar sich anheischig machte, etwas mehr als die Hälfte des geforderten Bundesheeres und die ganze Artillerie desselben aufzustellen, und dafür auch den größten Theil der stipulirten Subsidien und vorab den fünften Theil der einzubringenden Contributionen und Plätze zugesichert erhielt[2]). Mochten nun die andern beitreten oder nicht, der Zweck des so vielen Abwandlungen unterlegenen Collectivbündnisses, mit dem Verjus ebenso wenig wie die Fürstenberger hatte zu Stande kommen können, war durch diese Verträge mit den beiden Bischöfen erreicht, wenn es nur noch gelang, den Pfalzgrafen von Neuburg, auf den man ziemlich sicher rechnete[3]) und womöglich auch den Herzog von Celle und den Kur-

1) Den Wortlaut dieses Vertrags giebt Alpen, vita Christ. Bernhardi, VII, § 9 (II, 205 ff.), eine Analyse Mignet, III, 705; Ennen I, 253.

2) Alpen, VII, § 10 (II, S. 214 ff.); Tücking S. 174.

3) Dies erhellt an besten aus § 2 des Münsterschen Accessionsvertrags vom 4. Jan., worin von dem Gesammtbetrage der dem Kurkölner und seinen Alliirten zugesicherten Subsidien einstweilen 4000 Thaler für die Erkaufung der pfalz-neuburgischen Neutralität reservirt wurden.

fürsten von Brandenburg zur Neutralität zu bestimmen. Gelang dies nicht, so bot die Vollziehung des von Pomponne getroffenen Abkommens mit der Krone Schweden eine äquivalente Auskunft dar.

Mit diesen Ergebnissen gieng der Kölner Convent zu Ende. Die Unterzeichnung des Vergleichs zwischen dem Kurfürsten und der Stadt Köln erfolgte an demselben Tage, an dem die Allianz des Kurfürsten mit Frankreich besiegelt ward. Es war also dasselbe Schauspiel wie in Bielefeld: die hergebrachten Formen der Vermittlung und Einigung unter den hadernden Gliedern des Heiligen Reichs dienten nur noch als Deckel ihrer Selbstsucht und als Handhabe ihrer Verknechtung unter Frankreichs reichsfeindliche Zwecke.

Dreizehntes Kapitel.

Anläufe zur Bildung einer dritten Partei.

Um dem holländischen Handel die Ostsee zu sperren, hatte König Ludwig auch Dänemark in sein Allianzgewebe einzuflechten gewünscht [1]) und Christian V. von Dänemark war im Einvernehmen mit seinem Großkanzler, dem Grafen von Griffenfeld [2]), zu einem engen Bündniß nicht nur mit Frankreich, sondern auch mit Schweden bereit. Allein in Schweden war der alte Haß gegen Dänemark unversöhnlich; Pomponne mußte sich überzeugen, daß die Vereinigung der beiden nordischen Kronen im Bunde Frankreichs unausführbar blieb [3]).

Auch das Haus Braunschweig-Lüneburg wurde von der Rivalität derselben berührt. Wir sahen bereits [4]), wie zur Zeit des Höxterschen Streits der schwedische Gesandte Esaias von Pufendorf den dänischen Anträgen des Habbeus von Lichtenstein entgegen arbeitete. Beide waren damals dilatorisch beschieden, hatten aber seitdem ihre Werbungen wiederholt [5]). Es war also am fürstlichen Hause, Stellung zu nehmen.

---

1) Instruction für Pomponne, dat. 8. Juni 1671, im Recueil des Instructions, II, 114.

2) Über dessen Politik s. Allen, Gesch. Dänemarks, deutsch von Falck, S. 380.

3) Mémoires de Pomponne, publ. par Mavidal, II, 395 f.

4) S. oben S. 175 f.

5) Die bezüglichen Acten waren nicht aufzufinden, ich fuße auf dem unten citirten Conferenzprotokoll.

Eine Ministerialconferenz des Gesammthauses, die in den ersten Tagen des August zu Burgdorf zusammentrat, wurde vornehmlich mit dieser Aufgabe betraut[1]).

Indem man da zunächst das von dänischer Seite überreichte Allianzproject gründlich durchmusterte, kam bei aller Harmonie sogleich eine fundamentale Differenz zu Tage. Alle waren eins, daß der dänische Allianzantrag warm zu halten sei. Während aber Celle und Wolfenbüttel auch die schwedische Einladung nicht schlechterdings abzulehnen meinten und an die Möglichkeit einer Verständigung mit den nordischen Kronen glaubten, erklärte der besser unterrichtete hannoversche Minister solch frommen Wunsch für unrealisirbar.

Und selbst das Wohlgefallen an der dänischen Allianz wurde auf der Stelle durch die mangelnde Instruction des wolfenbüttelschen Kammerpräsidenten getrübt. Aber auch Celle und Calenberg hatten bei allem Eifer doch ihre erheblichen Bedenken.

Wenn der dänische Entwurf ein Collectivbündniß mit dem fürstlichen Hause, Kurbrandenburg und Hessen-Kassel voraussetzte, Habbeus jetzt aber zum Abschluß auch ohne Brandenburg und Hessen ermächtigt war, so hatte allerdings nur Wolfenbüttel Bedenken gegen eine so einseitige Verpflichtung. Allein das dänische Ansinnen, daß die Alliirten einander ihren gesammten Besitzstand garantiren, und der dänische Vorschlag, daß zur Bundesarmee

Dänemark-Norwegen	6000 zu Fuß,	3000 zu Pferde
Brandenburg	5600 zu Fuß,	2600 zu Pferde
Braunschweig-Lüneburg	6000 zu Fuß,	3000 zu Pferde
Hessen-Cassel	2000 zu Fuß,	1000 zu Pferde

stellen sollten und erforderlichen Falls außerdem noch, „was man sonsten an Truppen bei der Hand behalten muß“ (§ 5), — diese Anträge erschienen auch in Celle und Hannover ebenso unannehmbar wie die bedingungslose Gestattung freien Durchzugs für jeden Alliirten, und die Ausdehnung der Allianz auf 10 Jahre. Daher gab man schließlich dem wolfenbüttelschen Vorschlag Folge, den Abschluß nicht zu übereilen, und nahm die von Habbeus gemachten Mittheilungen über bevorstehende Unterhandlungen Dänemarks mit Brandenburg und Hessen zum Vorwand, um die bindende Zusage zu vertagen, bis von Berlin und Cassel eine Erklärung über den Beitritt zu der Allianz eingetroffen sei.

---

1) Ich folge dem calenberg. Protokoll, act. Burgdorf, 1.—4. Aug. 1671; anwesend: von Celle Kanzler Schütz, der auch für Osnabrück bevollmächtigt war, und Hofrath Bacmeister, von Hannover Geheimer Kammerrath Grote, von Wolfenbüttel Kammerpräsident von Heimburg.

Hoffte man Dänemark an der Hand zu behalten, so wünschte man doch auch Schweden nicht vor den Kopf zu stoßen. Und wenn auch in Hannover großer Eifer für die dänischen und wenig Neigung für die schwedischen Anträge war, so wurde doch auch hier eine nochmalige dilatorische Antwort für rathsamer befunden als eine runde Ablehnung. Man kam also auf Calenbergs Vorschlag dahin überein, daß die Celler Regierung, der Pufendorf seine in Hameln überreichten Anträge brieflich wiederholt hatte, im Namen des Gesammthauses die Verhandlung darüber auf den für den October in Lüneburg angesetzten Convent der niedersächsischen Kreisämter verschob. Um die dem fürstlichen Hause durch Pufendorf's Sendung erwiesene Ehre zu erwidern, wurde zugleich die Entsendung des cellischen Geheimen Raths L. Müller nach Stockholm ins Auge gefaßt, derselbe sollte jedoch jeder Unterhandlung über die angetragene Allianz mit guter Manier unter Vorschützung jenes Kreisconvents aus dem Wege gehn [1]).

Schweden und Dänemark aber ließen dem fürstlichen Hause keine Ruh mit ihrer Umwerbung.

Als bei der Versammlung der niedersächsischen Kreisämter zu Lüneburg die Stader Regierung dahin drängte, wenigstens Zeit und Ort zur Abhandlung der Allianz zu vereinbaren, der Vicekanzler Johann Friedrich's aber trotz der Burgdorfer Resolution nicht einmal hierzu sich ermächtigt fand, trug der Stader Kanzler Martin von Böckel ein solches Befremden zur Schau, daß man eine üble Deutung längeren Hinhaltens besorgen mußte. Georg Wilhelm war daher sofort zur Abhandlung der Präliminarien bereit und wurde darin durch die Unverfänglichkeit der Eröffnungen bestärkt, die stadischer Seits dem Kanzler Schütz in Lüneburg gemacht wurden. Die Hauptsache war, daß bei dem geplanten Bündniß die dänisch-schwedischen Beziehungen ganz aus dem Spiele blieben. Bei einem Conflict dieser beiden Kronen, so erklärte der stadische Kanzler, sollten die Lüneburger nicht zur Assistenz gegen Dänemark verpflichtet sein. Ja es sollte ihnen sogar frei stehn, falls aus Anlaß der Tripelallianz ein Krieg entstünde, die bundesmäßige Hülfe zu leisten oder zu verweigern. „Die Obligation sollte allein diese sein, daß wenn inskünftige unsere oder ihre in Deutschland gelegene Provincien mit Gewalt angegriffen werden sollten, einer den andern bei selbigen manutenirte und handhabte". Dazu wurde versichert, was auch Müller's Berichte aus Stockholm bestätigten, daß Schweden Frankreich gegenüber freie Hand behalten habe, und endlich

1) Müller erhielt neben der vom Gesammthause vollzogenen Instruction noch mehrere zu besonderer Vorsicht mahnende Separatinstructionen Georg Wilhelm's, dat. 11. Aug. und 20. Oct. 1671.

zeigte man sich zum Abschluß mit den Herzogen auch ohne Johann Friedrich geneigt. Unter diesen Umständen erklärte sich Georg Wilhelm zu weiterer Verhandlung dieser Sache auf einem in Sachen des Elbhandels in Hamburg angesetzten Convente bereit[1]).

In denselben Tagen, als diese Vernehmung in Lüneburg stattfand, stellte sich Habbeus mit einem modificirten Entwurfe der von Dänemark betriebenen Allianz beim fürstlichen Hause ein[2]). Aber auch dies Mal stieß er bei der wieder in Burgdorf versammelten Ministerialconferenz des Gesammthauses auf Schwierigkeiten[3]).

Das neue dänische Project gieng über Brandenburg und Hessen stillschweigend hinweg, indem es für die Aufnahme neuer Genossen einstimmigen Beschluß der Alliirten, d. h. der lüneburgischen Herzoge und des dänischen Königs, verlangte. Es wurde auch nicht mehr Garantie des gesammten beiderseitigen Besitzstandes begehrt. Die Herzoge sollten nur für Jütland und die im Römischen Reiche belegenen Herrschaften des dänischen Königs, aber nicht für die Inseln und Norwegen einstehn. An dem Verlangen freien Durchzugs hielt der König fest, die Zeitdauer der Allianz aber wollte er nach dem Belieben der Herzoge festsetzen lassen. Für das Bundesheer endlich wurde ein dänisches Contingent von 9000 Mann ins Auge gefaßt und vom lüneburgischen Gesammthause ein Contingent von 6000 Mann erwartet.

Celle und Calenberg waren auf dieser Grundlage zu unterhandeln und auf drei Jahre abzuschließen bereit, und der Anstoß, den Wolfenbüttel an der im dänischen Entwurfe dem Bischof von Osnabrück zugetheilten Rangfolge nahm, wurde rasch bei Seite geschoben. Als aber Wolfenbüttel an sein Bedauern über die stillschweigende Übergehung von Brandenburg und Hessen die Erklärung knüpfte, daß das ihm nunmehr zufallende Contingent gerade jetzt, wo der Herzog in der Stadt Braunschweig eine Garnison von 5000 Mann unterhalten und den Bau einer Citadelle bestreiten müsse, seine Kräfte überstiege und daß ihm deswegen wenigstens ein Jahr lang die Verpflichtung zu wirklicher Leistung der Bundeshülfe erlassen werden möchte, erklärte Kanzler Schütz einen Abschluß unter solcher Voraussetzung für

---

1) Alles nach der Darstellung in einem Schreiben Georg Wilhelm's an Ernst August, dat. Estorf, 17. Oct. 1671. Der Bericht des Kanzlers Schütz, dat. Lüneburg, 20. Oct. 1671 befaßt sich nur mit der Haltung Calenbergs. Vgl. Georg Wilhelm an L. Müller, dat. Celle, 14. Nov. 1671, in Beilage III, 76.

2) Das mir vorliegende Project trägt den Vermerk: am 14. October 1671 an Celle communicirt.

3) Ich folge dem calenb. Protokoll über diese Conferenz, act. Burgdorf, 23.—28. Nov. 1671; anwesend von Celle und Osnabrück Kanzler Schütz, von Calenberg Geh. Kammerrath Grote, von Wolfenbüttel Kanzler Höpfner und Kammerpräsident von Heimburg.

nutzlos und unreputirlich. Und Herzog Georg Wilhelm billigte den Vorschlag seines Kanzlers, die abermalige Vertagung des Abschlusses dem dänischen Gesandten gegenüber damit zu entschuldigen, daß man zuvor mit den abwesenden Herzogen sich vernehmen müsse[1]). Als aber Habbeus die Entschuldigungen der wolfenbüttelschen Gesandten mit lachendem Munde aufnahm und thunlichste Berücksichtigung ihrer Verlegenheit in Aussicht stellte, dem cellischen Kanzler dagegen eine tiefe Verstimmung seines Königs zu besorgen gab[2]), schlug Schütz um und erwirkte sich die Ermächtigung seines Herzogs zu vorläufiger Vereinbarung eines Bundesvertrags[3]).

Am 28. November kam man damit zum Ziel.

Das Bündniß sollte nach diesem Entwurf rein defensiver Art sein und auf drei Jahre zu gegenseitigem Schutze verbinden. Während aber der Dänenkönig den ganzen Rechts- und Besitzstand der Herzöge zu vertheidigen übernahm, sollten diese die gleiche Verpflichtung nur übernehmen für J. Kgl. Mt im Heiligen Römischen Reiche gelegene Fürstenthümer, Graffschaften, Herrschaften und Lande, nämlich für Holstein, Stomarn, Dithmarschen, Oldenburg und Delmenhorst, Herrschaft Pinneberg, Stad- und Butjadinger Land, sowie auch für Schleswig und Jütland, und es sollte „höchstgedachten Herrn Herzogen nicht zugemuthet werden, ihre Völker weiter in andere J. Kgl. Mt zugehörige Insuln oder Königreiche bringen zu lassen." Zum Bundesheer würde Dänemark 6000 Mann zu Fuß, 3000 zu Pferde stellen, das lüneburgische Gesammthaus 4000 zu Fuß und 2000 zu Pferde. Wie die Herzoge dies Contingent unter einander repartiren würden, blieb späterer Verständigung anheimgestellt. Dagegen das dänische Verlangen gegenseitiger bedingungsloser Gestattung freien Durchzugs wurde von lüneburgischer Seite einstimmig unterdrückt.

Es war also mit diesem Entwurf nur die Basis eines Vertrags gewonnen, und Wolfenbüttel willigte auch hierin nur unter dem Vorbehalt ein, während des ersten Jahrs von aller Hülfsleistung befreit zu bleiben. Christian V. ergriff zwar auch dies bescheidene Resultat mit beiden Händen und erklärte sich sofort zur Ausstellung eines dem Herzog Rudolf August Genüge leistenden Reverses bereit[4]). Allein wie gut auch die persönlichen Beziehungen der Lüneburger zum dänischen Königshause waren, trat doch die Rücksicht auf Schweden, so lange nicht dessen Absichten aufgeklärt waren, einer einseitigen Verbindung mit Dänemark in den Weg.

Schwedens fortdauernde Allianzwerbungen konnten natürlich bei dieser

---

1) Dat. Celle, 24. Nov. 1671.

2) Schütz an Georg Wilhelm, dat. Burgdorf, 25. Nov. 1672.

3) Georg Wilhelm an Schütz, dat. Celle, 25. Nov. 1671.

4) An Georg Wilhelm, dat. Kopenhagen, 5. Dec. 1671.

Ungewißheit der Lage noch weniger verfangen. Denn die lüneburgischen Gesandten in Stockholm, der cellische Geheime Rath Lorenz Müller und der hannoversche Hofjunker von Mandelsloh, wurden von Pomponne's Erfolgen so wenig gewahr, daß ihnen eine Lockerung der schwedisch-holländischen Freundschaft auf Grund der Tripelallianz so gut wie ausgeschlossen erschien[1]).

Und wenn man auch in Hannover eines Bessern belehrt war, so blieben doch wenigstens die Höfe von Celle und Wolfenbüttel in völliger Unsicherheit über die Wendung der schwedischen Politik.

Daß Schweden angesichts der französischen Rüstungen gegen die Republik der Niederlande in Unthätigkeit verharren würde, war freilich nicht anzunehmen. Nahm aber Schweden, wie man glaubte, für die Niederlande Partei, so konnte das von Pufendorf angetragene Bündniß keine andere Absicht haben, als das braunschweigische Haus und womöglich auch Kurbrandenburg in dasselbe Fahrwasser zu leiten, um den deutschen Besitzstand Schwedens für alle Eventualitäten zu garantiren.

Wenn jedoch Schweden für sich allein nicht im stande war, den König von Frankreich in seinen Grenzen zu halten, so bot auch ein solches Bündniß keine Garantie. Denn Brandenburgs Haltung war ungewiß, der kaiserliche Hof hatte mit sich selbst genug zu thun, Spaniens Schwäche lag am Tage, auf die meisten Reichsstände war kein Verlaß, und Holland trotz seines Geldes auf den überlegenen Anfall des Feindes nicht gefaßt. In dieser Erwägung glaubte Georg Wilhelm, trotz seiner Sympathie für die Niederlande, an sich halten zu müssen, bis ihm solche Allianz greifbaren Vortheil brächte[2]).

Indem so der schwedische und der dänische Bund in gleicher Weise

---

1) Dies tritt besonders auffallend in den Berichten des Hofjunkers Statz Victor von Mandelsloh hervor. Seine Instruction, dat. Hannover, 8. Sept. 1671, wies ihn an, in Stockholm des Herzogs Johann Friedrich „gute und aufrichtige Intention" zu betheuern, daß er „mit jedermann inn- und außerhalb Reichs in gutem Vernehmen und Correspondenz leben möchte", wegen der von Pufendorf angeregten Allianz sich nicht positiv herauszulassen, mit L. Müller gute Verbindung zu halten, an Pomponne aber sich „vollkommen zu attachiren". Trotzdem berichtet Mandelsloh am 12. Oct. 1671: „So viel man vernimmt, steht der Senat auf der Triple-Alliance feste, und scheinet nicht, daß die Kron Schweden zuerst davon abtreten werde". Und auch in den folgenden Berichten bis zu seiner Abberufung (dat. Hannover, 19. Januar 1672) findet sich kein Einblick in die wirkliche Lage der Dinge. Aber auch der sehr gewitzte L. Müller blieb so vollständig im Dunkeln, daß er lange Zeit an eine Neutralität der Krone Schweden bei dem bevorstehenden französisch-holländischen Kriege glaubte. Dieselbe Unklarheit herrschte in Berlin; Kurfürst Friedrich Wilhelm, schreibt dem Herzog Wilhelm, dat. Cölln a/Spree, 20. Dec. 1671: „Aus Schweden habe ich Nachricht, daß Pomponne alda nichts ausgerichtet".

2) Instruction Georg Wilhelm's für L. Müller, dat. Celle, 14. Nov. 1671 in Beilage III, 76.

beanstandet wurden, blieb doch der oberste Gedanke, daß das einzige Rettungsmittel in dieser schwülen Zeit eine „tapfere Zusammensetzung“ sei. Die Frage war nur, ob von all den obhandenen Allianzen eine „zu solchem gemeinnützigem Zwecke zulänglich“ sei [1]).

Wer gedächte nicht in diesem Zusammenhange des vielgepriesenen Gutachtens de securitate publica, das in jener Periode der junge Leibniz unter Boyneburg's Auspicien für den Kurfürsten von Mainz entworfen hatte? Wir erinnern uns der auf dieser Basis im September 1671 geschlossenen Marienburger Allianz, in der sich der Kurfürst von Mainz mit den Kurfüsten von Trier und Sachsen sowie dem Bischof von Münster verband, um für Anhänger und Gegner der Tripelallianz, für Freunde und Nebenbuhler des Kaisers, für Katholiken und Protestanten ein Fundament gemeinschaftlichen Wirkens zu des Reiches Sicherheit unter mainzischer Führung zu schaffen [2]). Man sollte glauben, daß auch das lüneburgische Haus oder wenigstens Johann Friedrich, der alte Freund Johann Philipp's von Mainz, zum Eintritt in diesen auf compakte Zusammenfassung des ganzen Reichs berechneten Bund eingeladen wäre; das Leibnizsche Gutachten (I, 66) zählte das Haus zu den deutschgesinnten Ständen, auf deren Anschluß zu rechnen sei. Ich finde jedoch weiter keine Spur einer hierauf gerichteten Unterhandlung als eine sondirende Anfrage, die unter der Hand von kursächsischer Seite nach Wolfenbüttel ergieng. Als nämlich im October der kursächsische Minister von Gerstorff in Privatgeschäften nach Wolfenbüttel kam, überreichte er ein Handschreiben seines Herrn an den Herzog, dahin lautend, „daß Elector ungern vernehme, daß Domus (d. h. das braunschweigische Haus) am kaiserlichen Hofe in Mißcredit wäre; wollte gern dazu cooperiren, daß solches wieder in guten Stand gebracht würde; und weil man wohl Ursach hätte, bei jetzigen Conjuncturen sich zusammenzuthun, und dann der Kaiser mit etlichen Kurfürsten einige Verbündniß gemacht hätte, wolle er vernehmen, ob das fürstliche Haus sich gleichfalls mit einlassen wollte“. Die wolfenbüttelsche Antwort gieng dahin, daß solche Fragen vom Gesammthause entschieden werden müßten. Das Gesammthaus aber fand dies Bündniß „wegen der Conföderirten Entsessenheit nicht wohl practicabel“ [3]). Die vom 10. Januar

---

1) Ausdrücke der unten citirten Instruction für L. A. Hake.

2) S. oben S. 191 f.

3) Ich entnehme diese Notizen dem cell. Protokoll über die Conferenz des Gesammthauses, act. Burgdorf, 28. Febr. 1672; anwesend von Celle Kanzler Schütz und Großvogt Georg Christof von Hammerstein, von Hannover Geh. Rath O. Grote, von Wolfenbüttel Kammerpräsident von Heimburg. Auch Johann Friedrich billigte nachträglich diesen Entschluß durchaus in der Instruction für O. Grote, dat. Hannover, 25. März 1672.

1672 vollzogene Urkunde der Allianz hat denn auch nur den Markgrafen von Baireuth dem Bunde hinzugefügt.

War man also im Hause Braunschweig ebenso wie in Mainz von dem Segen einer tapfern Zusammensetzung der Reichsstände überzeugt, so hieng doch das Gelingen nach der maßgebenden Überzeugung des Celler Hofes in erster Linie von der Haltung Kurbrandenburgs ab. Im Drange der ihn umstürmenden Alliangesuche kam daher Herzog Georg Wilhelm zunächst der brandenburgischen Anregung zu vertraulicher Communication [1]) nach und entsandte im November seinen Kammerrath Levin Adam Hake nach Berlin.

Seine Instruction [2]) schließt uns die Gesinnung des Herzogs auf. Nachdem nämlich Hake die Gedanken des Kurfürsten erfragt hätte, war er zu der Eröffnung ermächtigt, „daß Wir kein ander Rettungsmittel denn eine tapfere Zusammensetzung absehen könnten; wie aber dieselbe zu stande zu bringen, dabei zeigten sich viel Difficultäten. Uns seien zwar verschiedene Allianzen angemuthet, Wir hätten aber bei den wenigsten finden können, daß sie solchem gemeinnützigen Zwecke zulänglich .... Sollte jemand den Vereinigten Provincien zu assistiren sich resolviren, so könne es zwar nicht ohne sondere Gefahr geschehen; jedoch wolle weit gefährlicher scheinen stille zu sitzen und geschehen zu lassen, daß besagte Provincien von allen Kräften gebracht oder gar subjugirt würden. Denn wie schwer dem Reich folgends fallen dörfte sich zu manutenirен, seie am Tage, auch zu besorgen, daß die beede nächst angrenzende Kreise, dieser niedersächsischer und westfälischer, die erste sein dörften, welche die schädliche effectus zu empfinden haben möchten. Dieses hätte Uns auch bewogen, daß Wir bis dahin keiner Proposition, wie vortheilhaftig auch dieselbe geschienen, zum Nachtheil besagter Provincien Gehör geben wollen, und würden auch nicht säumig sein denjenigen beizutreten, welche dafür halten sollten, daß an dem Orte die vastes desseins des Königs in Frankreich zu unterbrechen, wenn nur Uns so viel gezeigt würde, daß es an genugsamen Forcen nicht mangeln und Wir einen guten Succeß hoffen könnten."

Bisher, so wird dieser Gedanke weiter geführt, sei nur das Haus Österreich als Freund der Staaten genannt; dies aber wäre notorisch schwach, sowohl das spanische wie das deutsche. Sei dagegen der Kurfürst, der ja auch für einen Freund der Staaten gelte, zu einer Defensivallianz mit ihnen bereit, so würde auch Georg Wilhelm gern beitreten, wenn nur noch mehrere andere Evangelische dieselbe Partei ergreifen und erträgliche Bedingungen, insbesondere staatische Subsidien, zu erlangen sein

---

1) Kurfürst Friedrich Wilhelm an Herzog Georg Wilhelm, dat. Cöln a/Spree, 25. Oct. 1671. 2) Dat. Wienhausen, 8. Nov. 1671, entworfen von Schütz.

würden. Der Herzog war sogar bereit mit dem Kurfürsten allein, wenn dieser darauf antrüge, sich zu verbinden, er wünschte nur sein gesammtes Haus in solchen Bund hineinzuziehn.

So entgegenkommend diese Vollmacht war, so führte sie doch zu keinem Resultat, weil Hake angewiesen wurde, sich auf diese allgemeinen Gesichtspunkte zu beschränken, nicht aber ins Detail einzugehn. Es kam hinzu, daß der vom Kurfürsten zur Entgegennahme dieser Eröffnung deputirte Präsident des Geheimen Rathscollegiums, Freiherr von Schwerin, ein entschiedener Gegner der staatischen Allianz war[1]).

Schwerin versicherte dem cellischen Gesandten, daß auch der Kurfürst die Hände frei hatte, glaubte dann aber die angeregte Zusammensetzung auf die vom Kurfürsten nicht ratificirte Bielefelder Allianz vom 7. April fundiren zu können. Da auf Münster kein Verlaß sei, Neuburg aber immer den engsten Zusammenhalt mit Brandenburg betheuere, so brauchten nur die Herzoge von Braunschweig beizutreten, damit man sofort eines Corps von 30000 Mann versichert wäre. Wenn dann Hessen und Schweden sich entschlössen, würde man die Grenzen des Reichs beschützen und den Frieden erwirken können. Auch den Kaiser, Kurmainz und Dänemark mit aufzunehmen würde dem Kurfürsten recht sein.

Hake war hierauf nicht instruirt, machte aber gegen den Kurfürsten persönlich kein Hehl aus seinen Bedenken gegen Münster und Neuburg, und daß die Aufbringung von 30000 Mann sich gar zu lange hinauszögern könnte. Der Kurfürst räumte dies ein und gedachte dann der Marienburger Allianz, welche aber — so berichtet Hake — „einen schlechten Titul bekam". Auf Hake's Frage wegen der Allianz mit den Generalstaaten hielt der Kurfürst zurück: „Frankreich zu offendiren, sagte S. Dchl., wäre Ihr sehr bedenklich, hingegen Holland zu verlassen könnte so wenig Ihr eigenes Interesse ratione des Clevischen als auch des allgemeinen Reichs Wohlfahrt zulassen, und was vor Nutzen die Neutralität brächte, hätten Sie hierbevor bei Schweden erfahren, würden dahero sich viel weniger dazu resolviren[2]); man müßte abwarten, was von den vereinigten Provincien vor propositiones geschehen würden[3]).

Indem nun Georg Wilhelm den Vorschlag, die Bielefelder Allianz

---

1) Über die Divergenz der Meinungen im Geheimen Rathscollegium im November 1671 vgl. Witzleben und Hassel, Fehrbellin, Festschrift 1875, S. 3; über Schwerin insbesondere Peter, der Krieg des Großen Kurfürsten gegen Frankreich, S. 27 f.

2) Das viel citirte, die Neutralität principiell verwerfende Wort des Kurfürsten, das auch oben S. 183 angezogen ist, wird erst durch die vorstehende Äußerung in das rechte Licht gerückt.

3) Hake's Protokoll über seine Conferenz mit Schwerin, act. Berlin, 18. Nov. 1671, Relation Hake's, dat. Berlin, 28. Nov. 1671.

zu einem Fundament der Reichsdefension auszubauen, einer weitern Erwägung im Kreise seines Hauses vorbehielt[1]), wurde er durch Müller's Berichte aus Stockholm über die Illusion aller auf Schwedens Beitritt berechneten Entwürfe aufgeklärt.

Nachdem am 2. December der schwedische Reichsrath mit Pomponne über die so lange beanstandete Allianz eins geworden war[2]), lüfteten Graf Tott und der Reichskanzler Magnus de la Gardie dem cellischen Gesandten den Schleier, in den sie bisher die schwedischen Absichten gehüllt hatten: die Königin-Regentin hätte zum Herzog ein so gutes Vertrauen, daß sie ihm nichts verborgen sein lassen wollte. Was sie ihm enthüllten, war nun allerdings nichts weniger als der wahre Sachverhalt. Ihre Eröffnung, daß man Frankreich von seinen Nebenwegen zu der Pflicht, die Friedensschlüsse von 1648, 59 und 68 zu respectiren und weder Deutschland noch Spanien und Österreich zu turbiren, vertragsmäßig verbunden habe, und daß man die Republik der Niederlande für eine Säule des evangelischen Wesens und des europäischen Gleichgewichts ansehe, — diese Eröffnung hieng dem geheimen Tractat mit Frankreich das neue Mäntelchen der Ehre und des evangelischen Eifers um. Die weitere Erläuterung aber, daß man sich beim Zusammenstoß Frankreichs mit den Niederlanden zur Güte interponiren, ja den letzteren bei einem feindlichen Anfall helfen werde, wenn sie sich in Wirklichkeit als der angegriffene Theil ausweisen könnten, wobei jedoch „mehr auf die causas als das factum der Ruptur zu sehen sei", und daß man solcher Interposition durch Aufstellung einer Armee auf deutschem Boden Nachdruck geben werde, — diese gewundene Erläuterung konnte nur Argwohn erwecken. Derselbe wurde durch die ausdrückliche Versicherung, daß man Bremen, selbst wenn sich gute Gelegenheit fände, nicht zu überfallen gedenke, um so mehr verstärkt, als Müller in Erfahrung brachte, daß man eine die Örter Lehe und Geestendorf umfassende Fortification und eine Communicationslinie von hier nach Gothenburg vorbereitete[3]).

Am Celler Hofe galt es alsbald für eine ausgemachte Sache, daß die schwedische Armatur auf deutschem Boden wiederum nur auf Bremen abziele und auf die Divergenzen im fürstlichen Hause baue[4]). Man gab

1) Rescript an Hake, dat. Gifhorn, 30. Nov. 1671; Hake's Recreditive trägt das Datum; Cölln a/Spree, 7. Dec. 1671. 2) S. oben S. 216.

3) Relation L. Müller's, dat. Stockholm, 6. Dec. 1671 in Beilage III, 77.

4) Herzog Georg Wilhelm an Geh. Rath L. Müller in Stockholm, dat. 26. Dec 1671: Müller soll Nachricht wegen der schwedischen Absichten gegen Bremen einziehen, „maßen dann dieser Orten fast durchgehend verlautet, ob die königl. Regierung bei ihrer Armatur vors erste auf gedachte Stadt ihr Absehen gerichtet und des beständigen Vorhabens sein solle, solche mit Gewalt hinwegzunehmen, dazu auch wegen einer in Unserm fürstl. Haus

15*

daher den Schweden dieselbe vertrauensselige Miene, die diese vor sich hertrugen, zurück[1]), nahm aber mit plötzlichem Eifer die Allianzhandlung mit Dänemark zur Bereitung eines Gegenzugs wahr.

Von Anfang an war Georg Wilhelm's Absehn hierbei auch auf die Stadt Bremen gerichtet gewesen. Jetzt ließ er dem Könige von Dänemark durch einen Vertrauten geradezu sagen, „daß wenn man Ihrerseits (dänischerseits) die Stadt Bremen durch einen secreten Artikul in solch foedus einzuschließen nicht gemeint sein solle, Wir nicht finden könnten, mit was für Effect Wir zu besagtem foederi Uns entschließen sollten". König Christian willigte auch hierin ohne weiteres ein[2]), und die andern Herzöge von Lüneburg billigten einhellig diesen geheimen Zusatzartikel zu dem dänischen Bundesproject[3]). Wenn gleichwohl gerade Georg Wilhelm den Aufenthalt seiner Brüder in Italien zum Vorwande nahm, um die Vollziehung des Bundes immer weiter hinauszuschieben[4]), so geschah dies offenbar aus dem Grunde, daß die damals eintreffenden Hülfsgesuche der Generalstaaten ihm zunächst eine Verständigung mit dem Kurfürsten von Brandenburg wünschenswerth machten.

Anfang Januar sprach zuerst der nach Berlin beorderte staatische Gesandte, Freiherr von Amerongen[5]), in Celle und Wolfenbüttel vor, um die Herzoge über eine engere Defensivallianz gegen Frankreich zu sondiren und eine Requisition ihrer Hülfe auf Grund der Quadrupelallianz anzukündigen. Er empfieng nur dilatorischen Bescheid; Georg Wilhelm behielt seine Entscheidung der Communication mit Wolfenbüttel, Kurbrandenburg, Dänemark und Schweden vor, und seine Räthe erläuterten, daß man sich namentlich von Brandenburg nicht trennen könne, also abwarten wolle, was der Kurfürst thue. Indessen Georg Wilhelm ließ doch bei aller Zurückhaltung nicht nur seine alte Freundschaft für die Staaten deutlich genug durchblicken, sondern erwirkte auch in Wolfenbüttel eine solche Fassung der

---

obschwebender Separation ihnen sichere Hoffnung machen; wiewohl Wir dann von dergleichen Separation in diesem Stück nichts wissen, sondern uns versichert halten wollen, daß Unserer Gebrüder Ld. wegen ihres eigenen bei solcher Sach führenden hohen Interesse nicht weiniger als Wir sorgfältig dahin bedacht sein werden, wie die Stadt in ihrem Stand conservirt werden möge . . . ."

1) Georg Wilhelm an L. Müller, dat. Celle, 19. Dec. 1671, in Beilage III, 79.

2) Georg Wilhelm an Rudolf August, an Johann Friedrich, an Ernst August, dat. Celle, 28. Dec. 1671.

3) Johann Friedrich, dat. Venedig, 29/19. Jan. 1672; Ernst August, dat. Venedig, 22. (12.) Januar 1672.

4) Cell. Protokoll über die Ministerialconferenz des Gesammthauses, act. Burgdorf, 28. Febr. 1672.

5) Credittive an Herzog Georg Wilhelm, dat. Haag, 28. Nov. 1671; Recreditive, dat. Celle, 30. Dec. 1671 (10. Jan. 1672).

ausweichenden Antwort, daß Amerongen Vertrauen zum fürstlichen Hause behielt. In dieser Gesinnung knüpfte der Herzog zugleich mit dem Kurfürsten von Brandenburg, der gerade in jenen Tagen die Mission Hake's durch Entsendung seines Kammerpräsidenten Raban von Canstein erwiderte, vertraulichere Beziehungen an[1]). Bald darauf stellte sich dann der von Amerongen angemeldete außerordentliche Gesandte der Generalstaaten, Rittmeister Theodor Brasser[2]), bei sämmtlichen lüneburgischen Höfen ein, um zunächst von den Genossen der Quadrupelallianz gütliche Interposition zwischen Frankreich und Holland und erforderlichen Falls die vertragsmäßige Truppenhülfe zu begehren, zugleich aber auch dem gesammten Hause eine Defensivallianz anzutragen, wonach dasselbe gegen die Zusicherung der staatischen Waffenhülfe zu Wasser und zu Lande und derselben staatischen Subsidien, die 1666 den Herzogen Georg Wilhelm und Ernst August bewilligt waren, ein Heer von 12—16000 Mann zur Hülfe der Staaten aufstellen sollte. In Hannover und Osnabrück hatte dieser Antrag natürlich von vornherein nicht die geringste Aussicht auf Erfolg. Und auch Georg Wilhelm wich demselben zunächst mit der Erklärung aus, mit den übrigen Alliirten, besonders Kurbrandenburg, zuvor communiciren zu müssen[3]). Er eilte jedoch damit Ernst zu machen, als ihm der Kurfürst von Brandenburg, durch die französischen Rüstungen am Rheine erschreckt, eine Conferenz ihrer vertrautesten Räthe zu Tangermünde vorschlug[4]). Ehe sich diese aber verwirklichen ließ, traten Sorgen in der nächsten Nachbarschaft beider Fürsten dazwischen, die ihnen ein engeres Einvernehmen noch dringlicher empfahlen.

Die ständigen Zerwürfnisse zwischen dem Rath der Stadt Hildesheim und ihrem bischöflichen Landesherrn, dem Kurfürsten Maximilian Heinrich von Köln[5]) steigerten sich damals zu solcher Spannung, daß eine gewalt-

---

1) Georg Wilhelm an Rudolf August, dat. Celle, 30. Dec. 1671 (10. Jan. 1672). Rudolf August an Georg Wilhelm, dat. Wolfenbüttel, 2/12. Jan. 1672. Georg Wilhelm an den Kurfürsten von Brandenburg, dat. Celle, 31. Dec. 1671 (11. Jan. 1672). Eigenhändiges Creditive des Kurfürsten für Canstein, dat. Cöln a/Spree, 5. Jan. 1672. Georg Wilhelm an den Kurfürsten, dat. Celle 17. (27.) Jan. 1672. Berichte Amerongen's dat. Braunschweig. 10. Jan. 1672 und dat. Berlin, 19. Jan. 1672, in Urk. u. Acten, III, 209 und 215.

2) Creditive, dat. Haag, 26. Dec. 1671, über seine Persönlichkeit s. Peter in Urk. u. Acten II, 393, wo er als Oberst Dietrich Brasser erscheint.

3) Georg Wilhelm an Ernst August, dat. Celle, 20. (30.) Jan. 1672; an Kurbrandenburg und an Rudolf August, dat. Celle, 17. (27.) Jan. 1672. Aufzeichnung Grote's über Brasser's Mission, dat. Hannover, 29. Jan. 1672. Vgl. Wicquefort, hist. des provinces unies, IV, 475.

4) Der Kurfürst an Georg Wilhelm, dat. Cölln a/Spree, 23. Jan. 1672; Georg Wilhelm an den Kurfürsten, dat. 29. Jan. 1672.

5) Einiges davon ist schon berührt in Theil I, S. 51, 203 f., 425 f., 659.

same Bemeisterung der Stadt durch den geistlichen Herrn zu befahren stand.

Wie die Stadt Höxter, so klagte auch der Rath von Hildesheim über Beeinträchtigung seiner Braugerechtigkeit, als der Drost zu Wohldenberg und der Domherr von Hörde als Pachtinhaber des Amts Marienburg in ihrem Privatinteresse ihren Untergebenen verboten, das Bier aus der Stadt zu beziehen. Neuerungen in Zoll und Münze, Geleits- und Jagdrecht kamen hinzu. Schlimmer war, daß auch das protestantische Consistorium der Stadt vom Bischof angefochten ward. Überdies verlangte derselbe von ihr einen Beitrag von mehr als 8000 Thalern zur Einlösung des Amts Bienenburg. Die Hauptsache aber war, daß er auf Grund der Verträge von 1642/43, mit denen die Herzoge Stadt und Stift Hildesheim geräumt hatten[1]) das althergebrachte ius praesidii der Stadt für sich selbst in Anspruch nahm und demgemäß den Treueid von der Stadtmiliz verlangte.

Da die gleiche Prätension schon 1664 durch Vermittlung des Herzogs Georg Wilhelm als Erbschutzherrn von Hildesheim abgewehrt war[2]), so rief die Stadt auch jetzt wiederum die Hülfe desselben an[3]), und das Gesammthaus, auch Johann Friedrich, war keinen Augenblick im Zweifel, daß die Stadt unbedingt Herr ihrer Garnison bleiben müsse. Es wurde wiederum zunächst der Weg gütlicher Vermittlung beliebt[4]). Wie eine Herausforderung aber empfand man die Anstalten, die der Kurfürst alsbald zur Befestigung der Stadt Peine traf[5]). Selbst Johann Friedrich, der auf Grund seines französischen Neutralitätsvertrags mit Kurköln nicht nur in gutem Einvernehmen stand, sondern auch wegen Überlassung eines Theiles seiner Truppen unterhandelte, fand eine solche gegen sein Haus gerichtete Fortification unerträglich[6]).

Hatte etwa auch hier Frankreich seine Hand im Spiele? Indem in dieser Sorge der Herzog von Celle der Stadt Hildesheim die möglichste Nachgiebigkeit empfahl und bei Kurköln für sie ins Mittel trat[7]), drängte er einerseits die schwedische Regierung im Interesse des niedersächsischen

---

1) Band I, 14. Es kommen hier besonders § 22 des Braunschweiger Recesses von 1642, § 18 des Vergleichs vom 7/17. April 1643 und der Schluß des Nebenrecesses vom 15/25. Juli 1643 in Betracht.

2) Georg Wilhelm an Kurköln, dat. 14. Jan. 1664.

3) Bericht des Kanzlers Schütz an Georg Wilhelm, dat. Celle, 15. Juli 1671. Nur das im Februar 1672 erneute Hülfsgesuch berührt Havemann III, 262.

4) Calenb. Protokoll über die Conferenz des Gesammthauses, act. Burgdorf, 1. bis 4. Aug. 1671.

5) Kanzler Schütz an Herzog Georg Wilhelm, dat. Lüneburg, 27. September und 1. Oct. 1671.

6) Berichte des Kanzlers Schütz an Herzog Georg Wilhelm, dat. Lüneburg, 22. Oct. 1671; dat. Celle, 1. Nov. 1671. 7) Durch Entsendung des Hofraths Fabricius.

Kreises und des evangelischen Wesens zur Beschützung der städtischen Selbständigket von Hildesheim[1]) und suchte auf der andern Seite mit doppeltem Eifer eine feste Verbindung mit dem Kurfürsten von Brandenburg[2]).

Auch in Berlin konnte man sich nicht der Besorgniß erwehren, daß die kölnischen Anschläge auf Hildesheim zu einer Einlagerung französischer Truppen in Stift und Stadt ausschlagen könnten. Der Kurfürst faßte daher auch seinerseits einen Bund mit den Herzogen von Celle und Wolfenbüttel ins Auge, um solche Umtriebe der französischen Parteigänger von Köln und Münster niederzuwerfen[3]), und ließ sich trotz der entgegenwirkenden Bedenken seiner Räthe nicht beirren durch die Drohung des französischen Gesandten St. Geran: „Der König, sein Herr, werde jeden für einen Feind halten, der den Holländern beistehe, er werde keine dritte Partei dulden, sondern eine solche als ihm feindlich ansehn und behandeln[4]).“ Sein Kammerpräsident von Canstein, der im Februar zum zweiten Male nach Celle entsandt ward[5]), verkündete dort öffentlich, der Kurfürst sei nicht gesonnen, sich nach der Niederlage der Staaten ohne Schwertstreich nach der Bastille schleppen zu lassen; die Sprache des französischen Gesandten verspreche nichts Besseres, und bei der Gegenwart und Nachwelt würde es als eine unverzeihliche Schwachheit gelten, wenn man die Freiheit nicht nur Deutschlands, sondern der ganzen Christenheit so ohne weiteres preisgeben wollte[6]).

Im Geheimen aber verabredete Canstein mit Herzog Georg Wilhelm eine „nähere Zusammensetzung einiger Stände“ zur Abwehr solcher Gefahr, das hieß, nach dem Ausdruck der Franzosenfreunde die Bildung einer

---

1) Herzog Georg Wilhelm an L. Müller in Stockholm, dat. 13. Febr. 1672: „Nun wird von verschiedenen Orten gar scheinbar berichtet, daß man bei jetzigen Conjuncturen der Stadt sich zu bemeistern gedacht. Notorium ist nächstdeme, daß wo dieselbe und zumaln in fremder Gewalt gerathen sollte, dieser niedersächsischer Kreis sich nicht allein keiner beständigen Ruhe mehr zu erfreuen haben, sondern auch aus dem bis dahin beibehaltenen Respect gänzlich werde gesetzet werden. Es wird auch Kurköln mit solchen conditionibus ex parte civitatis begegnet werden, daß bevorab Frankreich kein Praetext übrig bleiben wird, um der Stadt gewaltthätig zuzusetzen. Sollte nichtsdominder die Kron Schweden Anstand nehmen wollen mit Unserm fürstlichen Hause und denjenigen, welche das bei solcher Stadt periclitirendes gemeines Interesse zu manuteniren gedacht, sich zu conjungiren, so ist ohnschwer zu ermessen, daß solches unter anderm auch dieses beschwerliches Nachdenken erwecken werde, ob man an seiten der Kron Schweden von vorigen principiis gänzlich abgewichen und der Stände, insonderheit der Evangelischen Freiheit sich nicht weiter annehmen wolle oder könne“.

2) Georg Wilhelm an den Kurfürsten, dat. Celle, 1. (10.) Febr. 1672.

3) Bericht Amerongen's, dat. 3. Febr. 1672, in Urk. u. Acten III, 219 f.

4) Droysen III. 3, 252 f.

5) Bericht Amerongen's, dat. 17. Febr. 1672, in Urk. u. Acten III, 230 f.

6) Bericht Brasser's dat. Celle, 23. Febr. 1672, Urk. u. Acten III, 233.

dritten Partei[1]). Der Kurfürst wollte seine Schwester, die Landgräfin von Hessen-Cassel, Georg-Wilhelm seinen Vetter, den Herzog Rudolf August, ins Vertrauen ziehen. Unter dem Vorwand, die Regensteinsche Sache zu bereinigen, sollte dann eine Ministerialconferenz in Braunschweig zusammentreten[2]). Es war also im Wesentlichen derselbe Bundesgedanke, von dem die dänische Allianzhandlung ausgegangen war.

Georg Wilhelm war davon so erbaut, daß er zur Vollendung des Einvernehmens sofort eine persönliche Begegnung mit dem Kurfürsten ins Auge faßte und seinen Besuch auf einem der Lustschlösser bei Berlin anmeldete[3]). Anfang März traf er in Begleitung seines Großvogts von Hammerstein zu Potsdam ein, und auch Graf Georg Friedrich von Waldeck nahm auf dringende Einladung des Kurfürsten an der Begegnung theil, wie unwillkommen auch dem begehrlich zurückhaltenden Herzog gerade jetzt der reichspatriotische Eifer war, mit dem der Graf für die Rettung der Niederlande eintrat[4]).

Der angeregte engere Bund verstand sich hier von selbst, da von Cassel und Wolfenbüttel bereits die Zustimmung eingetroffen war; man beraumte also die Braunschweiger Ministerialconferenz auf den 21. März an.

Sodann wurden die Meldungen und Meinungen über die kriegerischen Bewegungen in der nächsten Nachbarschaft ausgetauscht. War hier Georg Wilhelm der Ansicht, den kurkölnischen Truppen, die nach Peine und Hildesheim gelegt werden sollten, den Übergang über die Weser zu sperren, so wurde er durch die Zusicherung des Kurfürsten, seine Garnisonen in Halberstadt und Minden marschbereit zu halten, in diesem Entschlusse bestärkt und eignete sich zugleich dessen Vorschlag an, sofort ein paar tausend Musketire in die Stadt Hildesheim zu werfen. Man gieng daneben die andern beunruhigenden Gerüchte durch, wonach der Administrator von Magdeburg für Kurköln, der Herzog Christian von Schwerin für Frank-

---

1) Grote an Berjus, dat. 29. Febr. 1672 (P.) knüpft an die Meldung von Canstein's Anwesenheit in Celle den Satz: je scay qu'on projette à Berlin de former un tiers parti entre ceux qui n'ont pas encore pris; der französische Gesandte in Berlin führe auch in der That zu unkluge und hochtrabende Reden.

2) Georg Wilhelm an Rudolf August, dat. Celle, 18. (28.) Febr. 1672.

3) Kurfürst Friedrich Wilhelm an Herzog Georg Wilhelm, dat. Cölln a/Spree, 21. Febr. 1672; dat. Potsdam, 4. März 1672.

4) Die Theilnahme Waldeck's bezeugt Amerongen, dat. 23. März 1672, in Urk. und Acten III, 249. Vgl. über diese Begegnung ebenda S. 229, 233, 237. Das Verhältniß Waldeck's zum Herzog erhellt aus dem in Beilage III, 80 mitgetheilten Berichte Grote's über seine Unterredung mit Waldeck, dat. Braunschweig, 28. März 1672. Über den persönlichen Verkehr der Fürsten liegen keine Aufzeichnungen vor. Ich lege dem Folgenden Hammerstein's Protokoll über seine Conferenzen mit Jena und Canstein zu Grunde, act. Potsdam, 9.—12. März 1672.

reich zwei Regimenter würde, und wies auch die hiergegen erforderlichen Maßregeln der Braunschweiger Vereinbarung zu.

Das Hauptthema aber war die staatische Allianz. Daß angesichts der Machtmittel Frankreichs und seines Bundes mit England und einigen geistlichen Reichsständen, angesichts der Unentschlossenheit des Kaisers und der Zaghaftigkeit der meisten Reichsstände, angesichts der noch nicht zu berechnenden Haltung Schwedens und Dänemarks, eine Allianz mit den Staaten, deren Rüstungen und Subsidienanträge hinter allen billigen Erwartungen zurückblieben, ein gewagtes Unternehmen sei, darüber war nur eine Meinung. Auch wurde man schnell eins über die Frage, ob der Abschluß solcher Allianz gegen Frankreich vor Veröffentlichung des französischen Kriegsmanifests zu rechtfertigen sei. Der Kurfürst gab dem Herzog zu, daß man die Staaten nicht frei von aller Schuld sprechen könne. Und als Hammerstein die dem cellischen Gesandten in Stockholm entgegengehaltene Auffassung[1]) nachsprach, daß nach dem westfälischen Friedensinstrument die Reichsstände nun und nimmer den Feinden Frankreichs beistehen dürften, wies der brandenburgische Kanzler Jena die Unhaltbarkeit einer solchen das ius foederis der Reichsstände aufhebenden und durch den Münsterschen Krieg gegen Frankreich und Holland sowie durch den Clevischen Frieden thatsächlich widerlegten Deutung so überzeugend nach, daß die cellische Regierung zehn Tage später seine Argumentation fast wörtlich in der Instruction für ihren Stockholmer Gesandten wiederholte[2]).

Eine fundamentale Differenz der Gesinnung kam bei der quaestio an zu Tage.

Während Hammerstein betonte, daß „bei der Sache noch zur Zeit viel Gefahr vorhanden, hingegen aber wenig Vortheil zu hoffen wäre“, und daß Spaniens Bündniß mit den Staaten um so weniger zur Nachfolge reizen könne, weil dasselbe nur durch die Noth um die Erhaltung der spanischen Niederlande dictirt worden sei, erörterte Jena, daß nach der Überzeugung des Kurfürsten sowohl das allgemeine wie das particulare

1) Bericht L. Müller's an Herzog Georg Wilhelm, dat. Stockholm, 21. Febr. 1672: „Was in vorigen Relationen von der Imperfection des zwischen Frankreich und dieser Kron concertirten Projects unterthänigst berichtet; solches thut sich täglich noch klärlicher hervor ....

Es will nicht gestanden werden, daß die explicatio des § Et ut eo sincerior mit in das Project und insonderheit in der Generalität, als es Frankreich nehmen will, inserirt, sondern nur daß darüber verschiedene Debatten gefallen. Zwar meinet man, daß solcher § ziemlich klar rede, daß Reichsstände Frankreichs Feinden keine Assistenz thun könnten. Ja man will ein ebenmäßiges auch auf Schweden in Kriegen, die sie mit Auswärtigen als Polen, Moskau rc. haben können, ziehen und verstehen. Aber man saget gleichwohl ausdrücklich dabei, daß solches nicht auf ein bellum offensivum zu deuten ....

2) Herzog Georg Wilhelm an L. Müller in Stockholm, dat. Celle, 20. März 1672.

Interesse mannhaftes Eintreten für die Staaten erheische. Auch der Kurfürst sei von den holländischen Anerbietungen wenig erbaut und zeige sich spröde, um sie zu bessern Anträgen zu treiben. „Doch hätten J. Kurfürstl. Dchl. hingegen bedacht, wenn der Staat dergestalt sollte gelassen und von Frankreich gar übern Haufen geworfen oder auch nur zu einem desavantegeusen Frieden forciret werden, daß solches allen Benachbarten und absonderlich dem Reiche sehr schädlich sein würde, hingegen Frankreich hierdurch geanimiret werden dürfte, andern dergleichen zu bieten und endlich jedermann leges vorzuschreiben.... Und die größeste Avantage bei der Sache stünde in Ihrer Kur- und Fürstlichen Dchl. eigenem Interesse; (denn) wie schwerlich zu glauben, daß wann der Staat einmal übern Haufen geworfen, Frankreich damit acquiesciren werde, so hätten billig die nächste Benachbarte im Reich auf ihrer Hut zu stehn, und da alsdann von Frankreich oder sonst jemanden das Reich infestiret würde, müßte ein jeder, auch ohne Subsidien zu bekommen, das Seinige beitragen und der Gefahr begegnen. Nun wäre ja viel besser, für jetzo und da dieser Staat noch bei Kräften, sich zu engagiren und durch deren Subsidien in gute Positur zu setzen, als länger zu warten und Frankreich bei continuirenden Kriege und Abbassirung des Estats immer mächtiger werden lassen. Und zweifelten J. Kurfrl. Dchl. nicht, wenn J. Dchl. nebenst Ihro diese Resolution erst gefasset, es würden andere Status im Reich hierauf wohl Reflexion nehmen und ihr Interesse bedenken."

Hammerstein räumte ein, „es wären die an seiten J. Kurfrl. Dchl. höchstvernünftig angeführte rationes also fundiret, daß dawider mit Grunde nicht viel mehr zu sagen; es könnten J. Frl. Dchl. auch in quaestione an, daß nämlich die Staaten-General bei dieser Conjunctur nicht zu lassen, sich mit J. Kurfrl. Dchl. leicht conformiren, wann Ihr nur solche Mittel gewiesen würden, die Sache endlich zu erheben." Allein bei Brassers Angebot auf Grund der Allianz von 1665 fände der Herzog seine Sicherheit nicht. Er bedürfe ausreichender Subsidien, und wenn er zusammen mit seinem Vetter von Wolfenbüttel auf eigene Rechnung 6000 Mann biete, so müßten die Staaten für weitere 9000 Subsidien und Wartegeld gewähren. Die bloße Stipulation hinlänglicher Subsidien reiche aber noch nicht aus, der Herzog müsse auch Bürgschaften für deren prompte Zahlung bekommen.

Während also der Kurfürst in der Überzeugung, daß sein particulares Interesse mit dem allgemeinen sich decke, nöthigen Falls zu jedem Opfer für die Rettung der Staaten entschlossen war, blieb der Herzog bei seinem Satze, ohne handgreiflichen Vortheil das Risico eines weit aussehenden Krieges nicht auf sich nehmen zu können. Selbst diesem für patriotische Affecte am meisten empfänglichen Fürsten saß die kurzsichtige Selbstsucht zu tief im Blute, um dem hochgemuthen Fluge des brandenburgischen Adlers folgen zu können.

Das Ergebniß der Potsdamer Begegnung entsprach, so weit es protocollarisch in den Ministerconferenzen fixirt ward, keineswegs dem Wunsche des Kurfürsten, die engere Vereinigung mit Georg Wilhelm zum Sammelkern eines weiteren Bundes für Hollands Rettung zu gestalten. Dennoch glaubte der Kurfürst des Herzogs sicher zu sein. Wie er selbst sich über die Warnungen seiner vertrautesten Räthe hinwegsetzte und, trotz der feilschenden Zähigkeit der Generalstaaten, in seinem Entschlusse, dieselben gegen das alle Welt gefährdende Übergewicht Frankreichs zu retten, nicht irre ward[1]), so faßte er auch trotz der von Hammerstein protocollarisch niedergelegten Bedenken und trotz der den Herzog ärgernden Hartnäckigkeit der Generalstaaten die persönlichen Eröffnungen desselben als den allein zuverlässigen Ausdruck einer gesinnungsverwandten Entschlossenheit auf. Sei es, daß der leicht erregbare Herzog seine Worte nicht ebenso vorsichtig abwog wie Hammerstein, sei es daß der Kurfürst in seinem Eifer nur das heraushörte, was er erstrebte: er freute sich jedenfalls der „tapfern" und „hochrühmlichen" Gesinnung des Herzogs und blieb auch später dabei, daß derselbe ihm zu Potsdam unter vier Augen seine Assistenz zugesagt habe[2]). Dem Kurfürsten hinterließ also die Potsdamer Begegnung einen neuen Antrieb, der Republik der Niederlande Hülfe zu leisten.

Der Herzog aber blieb auf dem Standpunkt, die staatische Allianz nur unter der Voraussetzung einzugehn, daß entweder eine der beiden nordischen Kronen beitrete oder aber die Republik ausreichende Mittel zusichere[3]). Da beides aussichtslos war, so war für ihn das Potsdamer Ergebniß nur eine Bestärkung in dem Vorhaben einer unparteiischen „tapfern Zusammensetzung", wie er sie zuerst durch Hake hatte dem Kurfürsten anbieten lassen. Während also die nach Braunschweig anberaumte Ministerialconferenz von den Kurfürsten als Etappe zur Bildung eines die Unabhängigkeit der Niederlande garantirenden Bundes aufgefaßt wurde, hatte der Herzog dabei nur die Bildung einer den Reichsfrieden rettenden dritten Partei im Auge.

Aus diesem Gesichtspunkt glaubte er auch seinem Bruder Johann

1) Droysen, preuß. Politik III, 3, 253 f.; Peter, der Krieg des großen Fürsten gegen Frankreich, S. 27 ff.; Hassel-Witzleben, Fehrbellin, S. 3 f.

2) Dies erhellt aus den unter Beilage III, 83 u. 84 mitgetheilten Briefen des Kurfürsten vom 10. u. 14. April 1672 und den Berichten des Kanzlers Schütz über seine Unterredungen mit Canstein, dat. 21. u. 24. April 1672. Vgl. auch die oben citirten Berichte Amerongen's.

3) Diese Alternative ist ausgesprochen in einem Bericht des Kanzlers Schütz, dat. Braunschweig, 22. März 1672.

Friedrich jeden Argwohn benehmen zu müssen und entsandte deshalb noch in letzter Stunde vor der Braunschweiger Tagfahrt den Großvogt von Hammerstein nach Hannover, um den eben aus Italien heimgekehrten fürstlichen Bruder zur Mitbeschickung des Convents zu vermögen[1]).

Den Convent eröffnete (20. März) eine Vorberathung der cellischen und wolfenbüttelschen Minister über die Fragen, die in Potsdam discutirt und auf die Tagesordnung dieser Versammlung gesetzt worden waren.

Schon hierbei trat zu Tage, daß der ganze Erfolg des Convents von der holländischen Allianz abhängig war. Denn wenn man sich mit der Republik alliirte, so war damit von vornherein die Frage entschieden, welche andern Fürsten etwa noch diesem Bunde zugesellt werden könnten; lehnte man aber die holländische Allianz, auf die es dem Kurfürsten ankam, ab, so war auch ein engeres Bündniß nur mit Brandenburg zweck- und aussichtslos.

Die wolfenbüttelschen Staatsmänner fanden nun die holländische Allianz noch sehr viel heikler als der cellische Hof; sie meinten daß beide Theile, der in Celle formulirten Alternative zusammenkommen, d. h. sowohl der Beitritt einer nordischen Krone als auch ausreichende Subsidien sicher sein müßten, um ein so gefährliches Unternehmen schmackhaft zu machen. Andrerseits aber mochte Wolfenbüttel ebenso wie Celle den mächtigen Kurfürsten gerade jetzt nicht vor den Kopf stoßen. Man beschloß, jedenfalls auf die Ausarbeitung sowohl des engern wie des weitern Bundes einzugehn, bei dem engern jedoch die clevischen und preußischen Lande des Kurfürsten vom Bundesschutze zu eximiren und den weitern so verklausuliren, daß man nicht indirect, durch einen Alliirten, in den holländischen Krieg verwickelt würde. Die cellischen und wolfenbüttelschen Minister reducirten also das Ergebniß der bevorstehenden Bundeshandlung von vornherein auf den frommen Wunsch, „daß bei dem Herrn Kurfürsten der Glimpf erhalten werden möge".

Ihr ganzes Absehn dabei war, genau so wie bei den Tractaten mit Schweden und mit Dänemark, nur auf die Verbannung aller Kriegsgefahr aus Niedersachsen gerichtet. Mit Dänemark hielt man schon um Bremens willen zusammen, die Unterzeichnung der so lange unterhandelten Allianz, die besonders Johann Friedrich am Herzen lag, empfahl sich zugleich als ein Hülfsmittel, das Gesammthaus zur Wahrnehmung der gemeinsamen Interessen zusammen zu halten. Schwedens Freundschaft war Hildesheims

1) Ich entnehme dies dem im Folgenden benutzten cellischen Protokoll über die Conferenz des Gesammthauses act. Braunschweig, 20. März—1. April 1672; anwesend zuerst nur von Celle Kanzler Schütz, von Wolfenbüttel Kanzler Höpfner und Kammerpräsident von Heimburg, seit 21. März auch der von Hannover zurückgekehrte cellische Großvogt von Hammerstein, seit 26. März dazu von Hannover der Geheime Kammerrath Grote.

wegen von Wichtigkeit, Georg Wilhelm hatte deshalb kürzlich den Hofrath Fabricius nach Stade entsandt und dort die Zusicherung der kreisständischen Beihülfe zur Abwehr fremder Einlagerung erlangt. Mit dem Kurfürsten von Brandenburg war man auch noch über die Unerträglichkeit der Werbungen eins, die hier Herzog Christian von Schwerin, der Parteigänger Frankreichs, mit dem Vorwande bemäntelte, daß die Kreishülfe zur Vertheidigung seines Landes gegen feindliche Durchmärsche nicht zulange[1]), dort der Administrator von Magdeburg, dem Verlaute nach, im Dienste Kurkölns betrieb. Endlich machten auch die Regensteinschen Differenzen einen Ausgleich mit Brandenburg wünschenswerth. In allen diesen den niedersächsischen Kreis unmittelbar bewegenden Fragen, aber auch nur hierin meinten die cellischen und wolfenbüttelschen Minister eine auch dem Herzog Johann Friedrich genehme „Zusammensetzung" herbeiführen zu können.

Ihre Conferenzen mit Canstein und den hessischen Räthen von Dalwig und Badenhausen[2]) waren demnach von vornherein gegenstandslos.

Auf Canstein's Eröffnung, daß der Kurfürst 10000 Mann schlagfertig habe, wollten weder die Lüneburger noch die Hessen mit gleich offener Darlegung ihrer Streitkräfte aus sich herausgehn. Man gieng daher auf das Braunschweiger Bündniß vom 22. August 1667[3]) zurück, konnte sich aber auch auf dieser Grundlage weder über das Quantum noch über die Repartition des Bundesheeres verständigen, da Brandenburg und Celle das Triplum, Wolfenbüttel aber nur das Duplum des damals beliebten Ansatzes und Hessen-Cassel nur 2—400 Mann darüber hinaus bewilligen wollte. Dazu kam, daß die Lüneburger, obgleich der frühere Bund sämmtliche Lande der Contrahenten im Reiche begriff, jetzt die mit holländischen Garnisonen belegten rheinischen Plätze des Kurfürsten vom Bundesschutze ausschließen wollten, um nicht mit in den holländisch-französischen Krieg verwickelt zu werden. So lange diese beiden Differenzen unausgleichbar blieben, hatte die Verständigung über die andern Sätze der Allianz keinen praktischen Werth.

Der Überwindung dieser Differenzen aber stand vor allem die Kärglichkeit der Allianzbedingungen im Wege, die Brasser im Namen der Generalstaaten den Herzogen anbot. Die cellischen Minister fanden alle seine Anträge unannehmbar. Und wenn auch in Wolfenbüttel große Neigung für

1) Herzog Christian an Herzog Georg Wilhelm, dat. Schwerin, 7. u. 13. März 1672.

2) Cell. Protokolle, act. Braunschweig, 22.—29. März und 1. April 1672; anwesend von Brandenburg Canstein, von Celle Schütz und Hammerstein, von Wolfenbüttel Höpfner und Heimburg, von Cassel Caspar Friedrich von Dalwig, Rath und Oberamtmann zu Ziegenhain und Geheimer Regierungsrath Reguerus Badenhausen.

3) Band I, 535 f.

die holländische Partei zu bemerken war[1]), so vermochte doch den Celler Herzog auch Graf Waldeck nicht umzustimmen. Herzog Ernst August aber, dessen vielvermögender Einfluß sonst dem Grafen zu Hülfe gekommen war, hatte sich dem Könige von Frankreich zur Neutralität verpflichtet. So bewahrheitete sich jetzt an der entscheidenden Stelle die Voraussicht des Grafen, daß ihm, wie er in diesen Tagen wiederholte, mit Ernst August seine rechte Hand in Celle entzogen war[2]).

Zu alle dem trat nun noch das Bemühen sowohl Georg Wilhelm's, als auch Johann Friedrich's, so viel wie möglich auf einander Rücksicht zu nehmen, der brandenburgischen Allianz in den Weg. Wie Johann Friedrich, obgleich ihn die nachträgliche Einladung zu dem von Celle und Wolfenbüttel vorweg begonnenen Convent befrembete, dennoch sich zur Entsendung Grote's nach Braunschweig entschloß und nicht nur auf den lediglich zum Aushängeschild gewählten Ausgleich der Regensteinschen Sache und die engeren niedersächsischen Sorgen eingieng, sondern selbst die brandenburgische Allianz nach den ihm zugehenden Eröffnungen nicht schlechterdings von der Hand wies[3]), so fand er auf der andern Seite mit seinem Eifer für die dänische Allianz ein geneigteres Entgegenkommen als zuvor.

Indem man also den Austrag des Regensteinschen Streits auf die Mediation Georg Wilhelm's und der Landgräfin von Hessen verstellte, die Sicherung des Kreises vor den Gefahren der Mecklenburger und Magdeburger Werbungen an die Kreisämter verwies, wegen der Hildesheimer Sorgen aber das hannoversche Anerbieten, die Absichten des Kurkölners unter der Hand auszuforschen, sich gefallen ließ, traten diese Punkte hinter die Hauptfrage der dänischen und der brandenburgisch-hessischen Allianz zurück. Über letztere aber hob Grote die andern durch die Erklärungen, zu denen er seinen Herrn bestimmte, schließlich hinweg und brach damit der erstern die Bahn.

Wie ihm selbst die Offenheit, mit der ihn Celle und Wolfenbüttel in den ganzen Verlauf der Tractaten mit Brandenburg und Hessen einweihten, den anfänglichen Argwohn benahm, so gewann er hinwiederum die andern durch die Versicherung, daß sein Herr gar nicht abgeneigt sei, zu Erhal-

1) Grote berichtet dem Herzog Johann Friedrich, dat. (Braunschweig, 26. März 1672): „der holländische Envoyé Mr Brasser hat große Mühe, umb das fürstliche Haus zu einer cathegorischen Resolution in favorem seiner Herrn Principalen zu bewegen; scheint aber auch, daß er seine Intention noch nicht kann nach Wunsch erreichen. Herzog Anton Ulrich Frl. Drchl. sagen rund heraus, daß es allein an Ew. Frl. Dchl. fehle, und weiset man an wolfenbüttelscher Seiten eine gar große Passion für die holländische Partei".

2) Vgl. in Beilage III, 80 den Bericht Grote's an Johann Friedrich, dat. Braunschweig, 28. März 1672.

3) Instructionen Johann Friedrich's für Grote, dat. Hannover, 23., 27., 28. und 29. März 1672.

tung gemeiner Sicherheit mit einigen considerablen Ständen der Nachbarschaft, insonderheit mit Brandenburg und Cassel, in näheres Verständniß zu treten; S. Dchl. habe daher nichts dagegen, beide in das dänische Bündniß mit aufzunehmen. Nur eine absonderliche Verbindung mit diesen beiden wäre bedenklich und gefährlich, weil in der Regel die Vielfältigkeit der Verbindungen mehr schade als nütze, bei diesen zweifelhaften Zeiten aber die Ungewißheit über die Engagements der andern doppelt folgenschwer sei. Die andern billigten hierauf seinen Rath, zunächst mit Dänemark, in dessen Namen Habbeus wieder zur Stelle war, zum Schlusse zu kommen [1]).

Als nun Habbeus versicherte, daß nach den ihm zugekommenen Nachrichten der Kurfürst von Brandenburg dem französischen Gesandten seine Neutralität zugesagt, also die holländische Allianz abgewiesen habe [2]), und als daraufhin Herzog Johann Friedrich, den wiederholten Vorstellungen Grote's nachgebend, genehmigte, daß ihm, wie Celle und Wolfenbüttel beantragt hatten, der Beitritt zu dem Bündniß mit Hessen und Brandenburg offen gehalten würde [3]), war das Eis für die Vollziehung der dänischen Allianz gebrochen.

Alle dabei strittigen Fragen wurden nunmehr in allseitigem Wetteifer bei Seite gesetzt. Habbeus verzichtete auf den Artikel, der die freien Durchmärsche verlangte. Grote willigte in den Nebenreceß wegen Bremens, auf den Schütz unnachgiebig bestand, und ließ zu, daß der Bischof von Osnabrück vor den andern braunschweigischen Herzogen in dem Vertrage genannt ward. Am 31. März wurde der Vertrag unterzeichnet mit der Abrede, binnen sechs Wochen oder längstens zwei Monaten die Ratificationen auszuwechseln [4]).

Die brandenburgisch-hessischen Tractaten dagegen kamen nicht über die Differenzen wegen der Clevischen Lande und des Quantums der erforderlichen Bundescontingente hinweg. Canstein klagte, „daß es mit diesem Werke gienge als mit allen deutschen Tractaten; einer wäre nicht instruirt, der andere wollte nichts bei dem Werke thun, und indem es der dritte nicht allein übernehmen wollte, so würde nichts daraus [5]).“ Man schied mit der Abrede, das Werk auf einer neuen Tagfahrt zum Schlusse bringen, und Grote frohlockte, „daß Herzog Georg Wilhelm's Dchl. endlich auch

1) Cell. und calenberg. Protokoll, act. 27. u. 29. März 1672.

2) Undatirtes Schreiben des Habbeus an Grote, als Beilage zu dessen Bericht an Herzog Johann Friedrich, dat. (Braunschweig, 27. März 1672).

3) Instruction, dat. 29. März 1672.

4) Den Wortlaut theile ich unter den Beilagen III, 81 A mit.

5) Äußerung Canstein's gegen Grote, nach des letzteren Bericht an Herzog Johann Friedrich, praesent. 20/30. März 1672.

die Augen aufthun und sich auf den zerbrochenen Rohrstab des Berliner Hofes nicht mehr stützen und verlassen wollen"[1]).

Allein Georg Wilhelm war anderer Meinung. Da nach dem Überfall der holländischen Smyrnafahrer durch die englische Flotte (23. März), womit Karl II. nach Räuberart den Krieg vor der Kriegserklärung begann, der Rittmeister Brasser im Namen der Staaten auf die Leistung der in der Quadrupelallianz stipulirten Hülfe drang, so empfand der Herzog, den dies Ansinnen überaus unangenehm berührte, das Scheitern der Braunschweiger Unterhandlungen als einen unwillkommenen Querstrich durch seine Hoffnung, einen Rückhalt an dem Kurfürsten zu gewinnen. Er sprach demselben sein lebhaftes Bedauern über diesen Verlauf aus und forderte ihn zur Fortsetzung der Unterhandlungen auf[2]).

Dem Kurfürsten konnte keine liebere Nachricht kommen als dieser Brief. Obgleich Schwerin und Canstein in dem Wortlaut nichts fanden, was über die Potsdamer und Braunschweiger Protokolle hinausgieng[3]), sah der Kurfürst darin eine Bestätigung der „hochrühmlichen und vertraulichen Erklärungen", Georg Wilhelm's zu Potsdam, die er als Zusicherung bewaffneter Hülfe für Holland aufgefaßt hatte, und bestärkte sich in dem „sonderbaren Vertrauen", das er „allewege" in diesen Fürsten gesetzt hatte[4]). Die Versicherungen Bresser's, daß sein Erfolg in Celle ganz vom Ausschlag der Berliner Verhandlungen abhienge[5]), kamen hinzu, um den Kurfürsten angesichts der seit dem englischen Angriff unabwendbar hereinbrechenden Bedrängniß der Generalstaaten zum raschen Abschluß mit den Bedrängten trotz ihrer verblendeten Halsstarrigkeit und trotz der Gegenwirkungen seiner vertrautesten Räthe zu ermuthigen. Daß jedes weitere Umsichgreifen Frankreichs das europäische Gleichgewicht vernichten, daß die Eroberung der Niederlande das Heilige Reich und die Libertät seiner Stände dem sichern Verderben preisgeben mußte, erkannten, wie unsere Darstellung gezeigt hat, auch andere Fürsten und Staatsmänner Deutschlands. Während aber die Neutralisten ebenso wie die Parteigänger Frankreichs nur aus dem kleinstaatlichen Gesichspunkt einer Erraffung territorialer und momentaner Vor-

---

1) Grote an Herzog Johann Friedrich, dat. Braunschweig, 31. März 1672.

2) Dat. Celle, 4. April 1672, in Beilage III, 82.

3) Dies eröffnete nachher Canstein dem Kanzler Schütz im tiefsten Vertrauen, wie Schütz in dem Bericht an Herzog Georg Wilhelm, dat. Sesen, 24. April 1672 (Postscriptum) berichtet, den ich unter III, 89b der Beilagen mittheile.

4) Kurfürst Friedrich Wilhelm an Herzog Georg Wilhelm, dat. Cölln a/Spree, 10. April 1672, unter III, 83 der Beilagen.

5) Auf diesen Bericht Amerongen's, dat. Berlin, 30. März 1672, in Urk. u. Acten III, 252, glaube ich reduciren zu müssen, was Canstein von den Versicherungen Brasser's dem Kanzler Schütz berichtet in dem unter III, 89b der Beilagen mitgetheilten Schreiben, dat. Sesen, 24. April 1672.

theile handelten, faßte der Kurfürst den Entschluß, alle Beschwerden, deren Abstellung, alle Bürgschaften, deren Gewährung er im Interesse seiner Staaten bedurfte, also sein ganzes Dasein für die Rettung der Republik in die Schanze zu schlagen. Indem er also nur die Selbständigkeit der deutschen Nation und die Rettung der allgemeinen Freiheit zur Richtschnur des Handelns nahm, erhob er sich zum Range eines der französischen Politik ebenbürtigen Gegners.

Auf die Räumung seiner Clevischen Festungen verzichtend und nachgebend, daß die Staaten nur die Hälfte der 20000 Mann, die er für sie aufstellte, bezahlten, kam er am 12. April mit Amerongen über den Entwurf jener dann am 6. Mai unterzeichneten Allianz überein, durch die er sich in den ungleichen Krieg gegen Frankreich stürzte[1]), und schickte den Entwurf zwei Tage darauf mit einem eigenhändigen Briefe, von dem keiner seiner Minister etwas erfuhr[2]), dem Herzog Georg Wilhelm in dem Vertrauen, daß dieser seinem Beispiele folgen werde.

„Ew. Ld., hoffe ich", so schrieb der Kurfürst an demselben Tage, an dem die schwedisch-französische Allianz vollzogen ward, „Ew. Ld. werden nunmehr desgleichen thun, da ich denn nicht zweifle, Gott werde der gerechten Sache beistehn und Ew. Ld. tapfere und zu Dero unsterblichem Ruhm führende Resolution segnen und wohl ausschlagen lassen. Zwar scheint die Sache schwer, man muß aber auf der Sachen Gerechtigkeit sehn. Zudem sein keine consilia, da nicht etwas bei gewagt sein muß, und ohne Wagen gewinnt man nichts"[3]).

Der Herzog würdigte vollkommen die „gute Resolution", die der Kurfürst „für das gemeine Wesen" gefaßt, und wünschte, daß sie zu des Kurfürsten und „des hohen Kurhauses Prosperität und Aufnahme" ausschlagen möchte. Allein der opferfreudige Wagemuth des Kurfürsten gieng über den kleinstaatlichen Horizont, in den ihn seine Räthe, Kanzler Schütz an der Spitze, bannten, hinaus. Da Holland ihm nicht die Vortheile, die er verlangte, gewährte, so blieb er bei seinem Satz: „Mein Estat kann unmöglich zulassen, bei solcher Unsicherheit der Subsidien, wie mir dieselben von vorigen Zeiten her noch ziemlich bekannt sind, mich schlechterdings zu

1) Die Analyse dieser Allianz s. bei Mörner, Kurbrandenburgs Staatsverträge, S. 359 ff.; die Genesis und Würdigung derselben bei Pufendorf, lib. XI (bes. § 25); Droysen, III, 3, 251 ff.; Peter, der Krieg des Großen Kurfürsten gegen Frankreich, S. 33 ff.; Urk. u. Acten, III, 189 ff.; Ranke, preuß. Gesch. I—II (Werke XXV—XXVI), S. 301; Erdmannsdörfer, deutsche Geschichte, I, 564 f.

2) Dies hebt Amerongen hervor in seinem Bericht, dat. 26. April 1672, in Urk. u. Acten, III, 261.

3) Dat. Bellin (sic!), 14. April 1672; die Bedeutung dieses Briefs hat Ranke a. a. O. betont, ich theile deshalb den vollständigen Wortlaut unter III, 84 der Beilagen mit.

embarquiren". Er suchte deshalb noch nähere Fühlung als bisher mit Dänemark[1]).

Der jüngere Blumenthal, der im Auftrage des Kurfürsten an der Begegnung des Herzogs mit Christian V. zu Glückstadt theilnahm, hatte den Eindruck, daß der Herzog den jungen König „intimidire"[2]). Allein auch der Großkanzler Griffenfeld rieth, da ein Bündniß mit Schweden und also auch mit Frankreich nicht zu erlangen stand, zur Neutralität[3]). Wenn sich daher Dänemark ebensowenig wie Celle an die Quadrupelallianz band, und Blumenthal nur ausweichenden Bescheid auf des Kurfürsten Eifer für Hollands Rettung empfieng, so war das dem Herzog aus der Seele gesprochen: er meldete dem Kurfürsten, daß er sowohl beim Könige wie bei seinen Ministern „sehr gute intentiones vor das gemeine Wesen" gefunden habe[4]), und beorderte seinen von Stockholm abberufenen[5]) Rath Müller an den dänischen Hof, um mit dieser gesinnungsverwandten Macht lebendigere Fühlung zu nehmen. Und Blumenthal empfieng dort den Schlußbescheid, daß die Bildung einer um das dänisch-lüneburgische Bündniß versammelten dritten Partei der beste Ausweg bleibe[6]).

Von derselben Überzeugung waren, wie wir bereits wissen, die vornehmsten Räthe des Kurfürsten beseelt; sie meinten denselben aus der Gefahr, in die er sich für Holland stürzen wollte, retten zu müssen und erblickten daher in einem solchen Bunde, wie ihn Georg Wilhelm plante, das beste Gegengewicht gegen eine holländische Allianz[7]). Es geschah also wohl zur Verhütung solcher Politik, daß, als der Kurfürst wiederum Canstein zu vertraulicher Benehmung mit dem Herzog nach Celle entsandte, er ihm den jungen Schwerin beigesellte[8]).

Ihre Aufgabe war, den Herzog zum Abschluß mit den Generalstaaten zu vermögen, und sie bemühten sich in der That, den Kanzler Schütz, der an Stelle des noch in Glückstadt weilenden Herzogs ihren Auftrag entgegennahm, vor einer Überschätzung der französischen Macht und vor der Geringachtung aller andern Potenzen zu warnen; sie bemerkten sehr richtig, daß der Herzog von einem bewaffneten Zusammenstoß Frankreichs mit dem Kurfürsten unvermeidlich mitgetroffen würde: man stelle sich in Celle die

1) Herzog Georg Wilhelm an Kurfürst Friedrich Wilhelm, dat. Celle, 17. April 1672, unter III, 85 der Beilagen. 2) Pufendorf XI, § 41; Droysen III, 3, 255 f.

3) Allen, Gesch. Dänemarks, S. 380.

4) Dat. Celle, 26. April 1672, unter III, 90 der Beilagen.

5) Abberufungsordre, dat. 14. April 1672. 6) Pufendorf und Droysen a. a. O.

7) Dies erhellt aus Canstein's Äußerungen gegen Schütz, nach dem Bericht des letztern an Herzog Georg Wilhelm, dat. Gersen, 24. April 1672, in III, 89[b] der Beilagen.

8) Creditive, dat. Lehnin, 15. April 1672, über das Verhältniß Schwerin's zu Canstein s. den Bericht des Kanzlers Schütz, dat. Celle, 20. u. 23. April 1672, in III, 80 u. 88 der Beilagen.

Gefahr größer vor als sie sei, und würde ihr doch nicht entgehn. Schütz, dem jede engere Beziehung seines Herrn zu Brandenburg unlieb war, remonstrirte dagegen, was er konnte, und merkte bald durch, daß Canstein mit seinem Herzen nicht bei der Sache war, die er vertrat. Und in der That benutzte Canstein den ersten Augenblick, wo er von Schwerin nicht beobachtet war, um dem cellischen Kanzler seine Sorge wegen der holländischen Allianz des Kurfürsten auszusprechen. Amtlich erklärten zwar beide brandenburgischen Gesandten, daß die Fortsetzung der Braunschweiger Bundeshandlung, die in Seesen stattfinden sollte, ohne alle Realität sei, wenn sich der Herzog nicht zur Unterstützung der Holländer und des Kurfürsten im bevorstehenden Kriege entschlösse; wenn sie sich unter so schlechter Voraussetzung an den Seesener Conferenzen betheiligten, so geschähe dies nur, pour sauver les apparences. Als aber Canstein auch bei den hessischen Räthen nichts als Widerstand gegen die holländischen Pläne seines Kurfürsten fand, eröffnete er dem Kanzler Schütz unter vier Augen, daß die Allianz seines kurfürstlichen Herrn mit Holland ihm und den andern Ministern durchaus unerfreulich sei; der Kurfürst habe sich ganz von Amerongen einnehmen lassen und über alle Bedenken seiner Räthe hinweggesetzt. Er müsse zwar vermöge seiner Instruction danach streben, daß das bevorstehende Bündniß den Holländern wirklich nütze, würde aber zufrieden sein, wenn man sich nur zu gegenseitigem Schutze verbände und für jetzt nicht weiter gehe. Das Bündniß müsse zu stande kommen, „damit S. Kurfrl. Dchl. aus der Gefahr gerettet würde". So hintertrieb Canstein gleich vor Eintritt in die officielle Unterhandlung den Zweck, den zu erreichen sein Auftrag war[1]).

Auch die Tractaten selbst, die Ende April in Seesen stattfanden, wußte Canstein so zu leiten, daß nur ein ganz harmloser Vertrag zu stande kam. Indem er den Widerspruch, den Wolfenbüttel und Hessen-Cassel auf dem Braunschweiger Tage gegen das Triplum der Allianz von 1667 erhoben hatten, zum Anlaß nahm, um das Duplum zunächst für ausreichend zu erklären und nur für den Nothfall das Triplum oder mehr zu verlangen, erstickte er die Willfährigkeit, welche die andern dies Mal zeigten, im Keime. Denn obgleich Celle nach wie vor das Triplum für das beste erklärte, Wolfenbüttel nichts dagegen einwandte und Hessen-Cassel zu Roß zwar nur das Duplum, zu Fuß aber das Triplum stellen wollte, so ließen sie es doch nach Canstein's Erklärung alle bei dem Duplum bewenden.

1) Die Belege für diese Darstellung sind die Berichte Schützens, dat. Celle, 21. April 1672; Seesum, 23. April 1672, sowie zwei Berichte vom selben Tage, dat. Seesum, 24. April 1672, unter III, 87, 88, 89ª, 89ᵇ der Beilagen. Über die Haltung der brandenburgischen Minister gegenüber der holländischen Allianz vgl. oben S. 226 Anm. 1.

16*

Es wurde also das Bundesheer, zu dem Brandenburg ein Contingent von 6000 Mann zu stellen hatte, nur auf 10420 Mann insgesammt angesetzt und jede Verstärkung dieses Satzes erneuten Verhandlungen vorbehalten.

Mit scheinbar größerer Energie trat Canstein für die Frage ein, die nach den in Braunschweig gemachten Erfahrungen am allerwenigsten den Beifall der fürstlichen Regierungen hatte. Indem er die dort versagte Einschließung der Clevischen Plätze in den Schutz der Allianz forderte, betonte er, daß der Kurfürst, der mehr als die Hälfte des Bundesheeres stellen sollte, eine Gegenleistung erwarten dürfe, zumal da es möglich sei, diese Plätze trotz der staatischen Garnison für den bevorstehenden Krieg zwischen Frankreich und Holland zu neutralisiren. Allein wie hätten die andern an solche Möglichkeit glauben können, da Canstein zugleich die Eventualität einer Allianz des Kurfürsten mit Holland erörterte und für diesen Fall die Bundeshülfe wenigstens zum Schutze der Grafschaften Mark und Ravensburg und des Fürstenthums Minden verlangte. Mit großem Geschick schob Kanzler Schütz das Odium der Versagung den Wolfenbüttlern und Hessen zu, die sich überboten in der Darlegung, daß man den geringen Bundesstreitkräften nicht eine schlechterdings unmögliche Leistung zumuthen könne. Als dann aber Canstein in die Ausschließung der Clevischen Plätze willigte, schloß sich Schütz den andern an, um auch seinestheils jede Einmischung in den französisch-holländischen Krieg als ein den defensiven Zwecken dieses Bundes widerstreitendes Ansinnen zurückzuweisen. Unter diesen Umständen verfiel man auf den Ausweg, das Schutzbündniß zwischen Brandenburg, Celle, Wolfenbüttel und Hessen-Cassel im Hauptvertrage auf alle Reichslande der Alliirten auszudehnen, zugleich aber einen Protokoll-Extract zu unterzeichnen, wonach die Alliirten nicht zur Vertheidigung der Clevischen Plätze des Kurfürsten verbunden sein sollten; würde dieser daraufhin die Ratification des Vertrags verweigern, so wollten auch die andern nicht weiter daran gebunden sein. So wurde die Seesener Allianz an demselben Tage (27. April), an dem sie unterschrieben ward, durch den Protokoll-Extract so gut wie aufgehoben[1]).

An dem zur Auswechslung der Ratificationen wiederum in Seesen angesetzten Termine des 18. Mai erschien der Cellische Bevollmächtigte mit der Instruction, die Ratification seines Herzogs nur dann auszuhändigen, wenn der Kurfürst den im Protokoll-Extract gemachten Vorbehalt in ge-

1) Cell. Protokolle, act. Sesem, 25.—27. April 1672; anwesend von Brandenburg Raban von Canstein und „der junge Freiherr von Schwerin“ (Hof- und Kammergerichtsrath), von Celle Schütz, von Wolfenbüttel Höpfner und v. Heimburg, von Cassel v. Dalwig und Bodenhausen. Zwei Relationen des Kanzlers Schütz, dat. Seesum, 26. April 1672. Den Seesener Vertrag vom 27. April und den Protokoll-Extract vom gleichen Tage theile ich unter III, 91 und 92 der Beilagen mit.

eigneter Form genehmige[1]. Auch Wolfenbüttel und Hessen-Cassel entsandten ihre Mandatare, der brandenburgische aber blieb aus[2].

Gleichwohl blieb der Seesener Vertrag nicht ohne Folgen. Indem der Kurfürst die betheiligten Höfe um Hinausschiebung des Auswechslungstermins „auf etwa drei oder vier Wochen“ ersuchte[3], hielt er die angeknüpften Beziehungen aufrecht, bis der Einbruch der Franzosen in die Vereinigten Provinzen der Niederlande auch den andern die geplante Bildung einer dritten Partei als undurchführbar erwies.

---

1) Instruction Georg Wilhelm's für den Secretarius Conrad Schlüter, dat. Bruchhausen, 15. Mai 1672.

2) Relation Schlüter's, dat. Gifhorn, 21. Mai 1672.

3) Dat. Cöln a/Spree, 14. Mai 1672.

Achtes Buch.

Frankreichs Angriff auf Holland und Deutschland.

Erstes Kapitel.

Die Parteistellung der Herzoge von Braunschweig-Lüneburg beim Beginn des Krieges von 1672.

Nachdem Ludwig XIV. die Tripelallianz zersprengt und die Republik der Niederlande mit dem bunt verschlungenen Netz seiner Neutralitäts- und Angriffsbündnisse von allen Seiten umgarnt hatte, eröffnete er im Mai 1672 den meisterhaft vorbereiteten Krieg mit zermalmenden Schlägen. Wie die Außenwerke der Republik, die mit holländischen Garnisonen besetzten Festungen auf deutschem Reichsboden, so wurden auch ihre innern Vertheidigungslinien, der Rhein, die Yssel und alle festen Plätze der Provinzen Geldern, Utrecht und Oberyssel in raschem Ansturm genommen. Gegen Ende Juni waren von den sieben Vereinigten Provinzen fünf fast ganz in der Gewalt der Franzosen und ihrer deutschen Verbündeten, des Bischofs von Münster und des Kurfürsten von Köln. Nur von Holland und Seeland wehrten infolge jener tobenden Volkserhebung, die das Regiment de Witt's stürzte und den jungen Wilhelm III. von Oranien zur Leitung der Republik berief, dessen Energie und die entfesselten Wogen des Meeres die feindliche Invasion ab.

In dieser verzweifelten Lage erhob sich der Kurfürst von Brandenburg, der einzige Bundesgenosse der Holländer in Deutschland, um mit der Republik die politische und religiöse Freiheit Deutschlands und Europas zu retten. Er verdoppelte zunächst seine Anstrengungen, die Hauptstützen der sogenannten dritten Partei zur Vertheidigung der Niederlande mit sich fortzureißen.

Am Wiener Hofe kam dem Ansehn seines Schwagers und Bevollmächtigten, des Fürsten Johann Georg von Anhalt, die Bestürzung über die unerhörten Erfolge Frankreichs zu Hülfe, so daß der Kaiser die bisher nur lässig betriebenen Verhandlungen durch das Bündniß vom 13/23. Juni 1672[1]) zu raschem Abschluß brachte. Es war der Form nach zwar nur

1) Mörner S. 364 ff.

eine Erneuerung der ältern Defensivbündnisse zwischen dem Kaiser und Brandenburg. Indem sich aber beide Theile zur Aufrechthaltung der durch die Friedensschlüsse in Westfalen, zu Oliva und Cleve, in den Pyrenäen und zu Aachen geschaffenen Zustände verpflichteten, trug dieser Vertrag den Keim in sich, die von Frankreich 1671 errungene Neutralitätszusage des Kaisers ebenso zu vernichten wie die brandenburgische von 1669. Beide versprachen, zur Durchführung dieser Politik je 12000 Mann bereit zu stellen und neue Genossen in ihr Bündniß zu ziehn. Indem der Kaiser die Contrahenten der von der Kurmainzer Vermittlungspolitik zu stande gebrachten Marienburger Allianz[1]) der Kurfürst seine Seesener Genossen und Dänemark, d. h. die norddeutsche dritte Partei, zu gewinnen übernahm, wurde an Stelle des verunglückten europäischen Friedensbundes, den die Tripelallianz erstrebt hatte, ein engerer Bund deutscher Reichsstände zur Wahrung der Integrität und Ruhe des Reiches ins Auge gefaßt[2]).

Der Kurfürst beeilte sich den günstigen Eindruck dieses Erfolges auszunutzen, um die schwankenden norddeutschen Reichsstände, an erster Stelle den Herzog Georg Wilhelm, zum Anschluß zu bewegen. Da nun der im Mai nach Celle entsandte Generalmajor von Pölnitz den Eindruck empfangen hatte, daß der Abschluß mit dem Kaiser auch den Herzog herbeibringen werde[3]), so ordnete der Kurfürst nach Unterzeichnung seines österreichischen Bündnisses sofort den Freiherrn von Canstein an alle Seesener Vertragsgenossen ab, um ihnen mit dem Inhalt jener Allianz zugleich die Aufforderung zum Beitritt, dem Herzog von Celle dazu noch die Bitte um seine Mitwirkung am dänischen Hofe zu unterbreiten[4]).

Das tapfere und hochgesinnte Gemüth Georg Wilhelm's wogte bei dieser guten Botschaft empor. Er sah, daß die Politik des Kurfürsten zum Zusammenstoß mit Frankreich trieb, und wünschte der Rettung der Holländer kein Hinderniß in den Weg zu legen. Er erachtete es für einen Verrath an der evangelischen Sache und für eine Preisgebung der reichsständischen Libertät, wollte man den Kurfürsten über den Haufen werfen lassen. Allein die heroischen Wallungen seiner Seele waren doch nicht stark genug, um die Bedenken seiner vorsichtigen Berather zu überwinden.

1) S. oben S. 224 f.

2) Zur Geschichte dieser Allianz vgl. Peter, der Krieg des großen Kurfürsten gegen Frankreich, S. 47 ff.; Pribram in Acten u. Urk. XIV, 1, 501 ff.; Erdmannsdörffer, deutsche Geschichte, I, 572 f.

3) Urk. u. Acten, XIII, 239 u. 215. XIV, 1, 538. Im hannoverschen Staatsarchiv finden sich nur die Creditive des brandenburg. Gesandten, dat. Cöln a/Spree 7. Mai 1672, und die Recreditive, dat. Bruchhausen, 12. Mai 1672.

4) Creditive Canstein's, dat. Cölln a/Spree, 19. Juni 1672. Den Inhalt seines Auftrags entnehme ich aus dem unten angezogenen Holzmindener Protokoll vom 17. Juli 1672 und der Instruction des Herzogs Georg Wilhelm für L. Müller vom 28. Juni 1672.

Auch nachdem der Beitritt des Kaisers gesichert war, knüpfte der Herzog an sein Eintreten für Holland die Bedingung, daß dieses ihm selbst die begehrten Subsidien zahle und außerdem sich der Assistenz von Dänemark versichere. Wenn er nun auch dem Kurfürsten sofort seinen Beitritt zu der Defensivallianz vom 13/23. Juni und seine Mitwirkung am dänischen Hofe zusicherte, so betonte er doch durchaus den defensiven Charakter dieses Bundes, und Canstein unterließ es auch dies Mal energischer in den Herzog zu dringen, obwohl dessen Widerspruch gegen die in der Allianz vorgesehene Garantie all der großen Friedensschlüsse, die seit 1648 errichtet waren, der Wirksamkeit der Allianz diejenige Spitze abbrach, auf die es dem Kurfürsten ankam. Nicht einmal über das Truppenquantum, das er zu stellen gedachte, gab der Herzog dem brandenburgischen Bevollmächtigten eine bündige Erklärung, obwohl er dem Könige von Dänemark sofort melden ließ, daß er mindestens 3000 Mann auf sich nehmen werde[1]). Und wie Georg Wilhelm, so behielten auch Rudolf August von Wolfenbüttel und die Landgräfin von Cassel jede bestimmte Zusage dem Benehmen mit den andern Alliirten vor[2]).

Wie vorsichtig aber auch Georg Wilhelm an sich hielt, so schwankte er doch keinen Augenblick mehr über die beim Zusammenbruch der dritten Partei unumgängliche Entscheidung.

Auch sein Bruder Johann Friedrich hatte sich bei allem Eifer für Frankreich doch nur zur Neutralität verpflichtet. Als er aber, die gemeinsamen Interessen seines Hauses vor sich hertragend, die Sendung Canstein's zum Anlaß nahm, um Vetter und Bruder an sich zu ketten, stellte sich das divergirende Endziel ihrer Neutralitätspolitik einer Verständigung in den Weg.

Hatte Johann Friedrich bei der jüngsten gemeinsamen Action des Gesammthauses, dem dänischen Bündniß vom 31. März[3]) den Eindruck bekommen, daß Georg Wilhelm an Brandenburg irre geworden war, und hoffte er, nunmehr wo das Reich durch das Bündniß des Kaisers mit Brandenburg in den französischen Krieg hineinzutreiben schien, sein Haus zum endlichen Abschluß des engeren Militärverbandes, den er so angelegentlich erstrebte[4]), fortreißen zu können, so mußte er die Erfahrung machen, daß nicht einmal Ernst August, der sich doch auch durch einen Neutralitätsvertrag an Frankreich gebunden hatte[5]), dafür zu haben war. Es war allerdings nur eine Rangstreitigkeit, die diese beiden entzweite. Ernst August

1) Ich entnehme alles dies aus der unter III, 93 der Beilagen mitgetheilten Instruction des Herzogs für L. Müller, dat. Pyrmont, 28. Juni 1672.

2) Nach den Erklärungen der beiderseitigen Vertreter auf der unten angezogenen Conferenz zu Holzminden. 3) S. oben S. 238 f.

4) S. oben S. 103. 5) S. oben S. 215.

glaubte es seiner bischöflichen Dignität schuldig zu sein, daß ihm als geistlichen Fürsten der Vorrang vor seinen Brüdern gegönnt würde. Da jedoch Johann Friedrich auf dem im fürstlichen Hause hergebrachten Vortritt des ältern vor dem jüngern Bruder und auf dem hierauf gegründeten Lüneburger Receß von 1668[1]) bestand, so lehnte Ernst August die Theilnahme an den Ministerialconferenzen ab, die auf Anregung Johann Friedrich's zu Pyrmont, der Sommerfrische Georg Wilhelm's, stattfanden[2]).

Die hannoverschen Minister begannen hier mit der Versicherung, daß Herzog Johann Friedrich, wie sein bisheriges Verhalten gezeigt, stets das Gemeinwohl des Reichs und die Conservation seines Hauses zur obersten Richtschnur seines Handelns genommen und sich auch jetzt nicht weiter als „zu einer exacten Neutralität auf gewisse Zeit" engagirt habe; er begehre demnach freundbrüderliche Auskunft über den Umfang und Zweck der brandenburgisch-österreichischen Rüstungen und über die Stellungnahme Georg Wilhelm's zu den daraus aufspringenden Verwicklungen. Auf die erste Frage war den cellischen Ministern keine Antwort möglich. Aus Canstein's Anträgen aber und dem Entschluß Georg Wilhelm's, in das Bündniß mit dem Kaiser einzutreten, machten sie kein Hehl und boten die Vermittlung ihres Souveräns an, daß auch Johann Friedrich beitrete. Dies führte zu einer Discussion, welche die entgegengesetzten Auffassungen der herzoglichen Brüder enthüllte.

„Wegen einer Neutralität", so erörterten die Cellenser, „sei J. fürstl. Dchl. zu Gemüthe gegangen, daß dieselbe zwar ihre commoda, nicht weniger aber auch ihre incommoda habe." So lange der Krieg das Reich nicht in Mitleidenschaft gezogen, habe Georg Wilhelm einen Neutralitätsvertrag nicht nur für unnöthig erachtet, sondern auch geglaubt, daß ein solcher nur beschwerlichen Verdacht bei dem einen und andern Theile erwecke. Dringe aber der Krieg ins Reich, so sei die Frage, ob man sich bei einer Neutralität werde behaupten können. Demnach sei das sicherste, mit „unverdächtigen und vermöglichen Ständen" auf solche Weise sich zusammen zu setzen, „daß man seine Ehre und Wohlfahrt nicht eben auf eines andern Discretion und Willen zu untergeben, sondern die Kraft hätte sich dabei gegen ohnverschuldete Gewalt zu manuteniren". Nun sei notorisch der Kurfürst von Brandenburg „vor andern Ständen mit einem exercirten und numeroso milite versehen", stände mit dem Kaiser und dem dänischen Könige in gutem Vernehmen, mit niemandem in wirklicher Feindschaft, sei

1) S. oben S. 127.

2) Ich folge hier und im Folgenden den cellischen Protokollen über die Ministerialconferenzen, act. Östorf (bei Pyrmont) 28. Juni; act. Lühde (bei Pyrmont), 29. Juni; act. Östorf, 30. Juni; act. 1. Juli 1672; anwesend von Celle Kanzler Schütz und Großvogt von Hammerstein, von Calenberg die Geheimen Räthe Grote und von Elz.

des fürstlichen Hauses Grenznachbar und habe jederzeit „auf dieses eine sonderbare Reflexion gezeigt". Im Interesse des fürstlichen Hauses sei daher die brandenburgische Freundschaft zu pflegen. Des Kaisers Amt aber bestehe vornehmlich in conservatione pacis et tutela imperii. Niemand könne daher eine solche Allianz, die den Reichsconstitutionen gemäß sei, zu seinem Präjudiz ausdeuten. Auf ein „allgemeines Reichswerk" aber könne man nicht warten. Finde nun diese Conföderation auch in Hannover Beifall, so würde ihr Zweck wesentlich gefördert werden, „wenn man im fürstlichen Hause selbsten sich einer vollkommenen Einigkeit befleißen und in solche Positur stellen würde, daß darob andere Schaden oder Vortheil zu apprehendiren". Georg Wilhelm werde sich daher den hierauf zielenden Vorschlägen seines Bruders nach Möglichkeit confirmiren und „im Werke zeigen, daß er die Ehre seines fürstlichen Hauses allen Respecten wie bishero also auch inskünftig vorziehn und sich vom gemeinen Interesse niemals abführen lassen werde".

Johann Friedrich, so erwiderten die Hannoveraner, finde es befremdlich, daß der Kurfürst von Brandenburg, wenn er jetzt sein österreichisches Bündniß nur „zur Wohlfahrt und Sicherheit des Reiches" anbiete, mit dieser Intention so lange zurückgehalten habe. Er könne sich der Überzeugung nicht entschlagen, daß die Ursachen, die ihn auf der Braunschweiger Tagfahrt vom Abschluß mit Brandenburg abgehalten, auch bei den andern dahin gewirkt hätten, daß jenes Werk bis jetzt noch nicht zu stande gekommen sei. Sollte wirklich der Beitritt des Kaisers dafür bürgen, daß man sich jetzt darauf einlassen könne, ohne sich den Krieg auf den Hals zu ziehn? Da der Kurfürst an allen Kriegen bisher „fast mehr als ein anderer Stand" betheiligt gewesen, ein Stück seiner Territorien auch jetzt bereits vom Kriege heimgesucht sei, so bedeute eine Allianz mit Brandenburg die Einmischung in den Krieg. Allerdings müsse man auch bei neutraler Haltung seine Sicherheit in einer Zusammensetzung mit „vermögsamen" Ständen suchen; die brandenburgisch-österreichische Conföderation sei aber verdächtig, weil der Kaiser bei den Niederlanden, der Kurfürst bei Cleve privatim interessirt sei. Gewiß sei, daß der Kurfürst eine ansehnliche Streitmacht habe, aber sehr zweifelhaft, „ob dieselbige bastant sei, das Seinige zu defendiren und andern, die sich seinethalben in das Werk impliciren würden, genugsam Assistenz zu leisten". Der Beitritt des Kaisers gebe zwar dem Werke „ein großes Gewicht", sei aber kein Grund, sich gerade jetzt mit Brandenburg in Gefahr zu stürzen. Gegen einen unverschuldeten Angriff sei man schon durch das dänische Bündniß gedeckt. Wenn man sich aber auf die Aufgabe des kaiserlichen Amtes berufe, so komme dafür doch nur der Reichstag in Frage. Was der Kaiser ohne das Reich thue, das thue er als Erzherzog von Österreich. Allerdings könne niemand ein Bündniß an und für sich einem Reichsstande zum Vorwurf machen. Brandenburg aber gebe durch sein Bündniß mit den Generalstaaten dem mit diesen im Kriege stehenden Frankreich „Ursache zu einem ressentiment"; wer sich also mit Brandenburg engagire, ziehe alle daraus entstehenden Folgen auf sich selbst. Aus diesen Gründen müsse Johann Friedrich seinen Beitritt zu dem österreichisch-brandenburgischen Bunde ablehnen. Wenn Georg Wilhelm gleichwohl jenem Bunde sich anschlösse, so werde er dennoch, wie man nicht zweifle, seinem in der Neutralität verharrenden Bruder im Fall eines Angriffs die erforderliche Assistenz auf Grund der Erbanträge des Hauses gewähren. Willkommen sei daher sein Erbieten, auf eine engere Verfassung des fürstlichen Hauses eintreten zu wollen.

Man sollte meinen, daß nach dem Austausch dieser divergirenden Erklärungen der Gedanke an einen Militärverband des braunschweigischen Gesammthauses zu Boden gefallen wäre. Georg Wilhelm ließ denn auch erklären, daß er sich, ohne in des Bruders »sentiment« genauer eingeweiht zu sein, zu einer „illimitirten Assistenz" nicht verbinden könne. Er wolle die Erbanträge halten, diese aber setzten „eine stetige Conformität in consiliis et actionibus" voraus. Durch „discrepirende Mesüren" würde man „extra terminos besagter Erbverträge gerathen". Jetzt, wo „fast alles auf die Waffen ankomme", sei dies doppelt zu befahren und „nicht wohl zu verhüten, daß des einen Ruin nicht erfolge, wann der andere seinen Intent obteniren sollte". Es wurde daher von cellischer Seite noch einmal ein Anlauf genommen, die Unzuträglichkeit der hannoverschen Politik darzuthun. Man hielt derselben den Satz des westfälischen Friedens entgegen, daß die den Reichsständen zustehenden Bündnisse nicht gegen das Reich und den Inhalt der Friedensurkunde gerichtet sein dürften, und leitete daraus die Verpflichtung ab, auch den Kurfürsten von Brandenburg in der Erhaltung oder Wiedergewinnung des ihm durch die Friedensurkunde verbürgten Besitzstandes schützen zu müssen. Man erinnerte außerdem an den von Johann Friedrich mit garantirten Clevischen Frieden und an die Pflicht, Ostfriesland, dessen junger Fürst unter lüneburgischer Vormundschaft stand, gegen den mit Frankreich verbündeten Bischof von Münster zu vertheidigen.

Diese Argumente verfingen nicht. Die Hannoveraner ließen sich auf die beiden letzten überhaupt nicht ein und erwiderten, „daß wenn in den Erbverträgen wie auch in dem Instrumento pacis die Schuldigkeit gegen den Kaiser und das Reich excipirt und salvirt wird, solches auf dasjenige, ihrer Meinung nach, allein ziele, was der Kaiser mit dem ganzen Reich statuire und schließe, nicht aber darauf extendirt werden könne, wenn der Kaiser oder ein Stand sich in ein Particularwerk immiscirte". Sie versicherten aufs feierlichste, daß Johann Friedrich „sowenig gegen den Kaiser als das Reich und einigen dessen Stand" feindliche Absichten trage. Was aber die Hauptsache war, sie brachen die Unterhandlungen über eine engere Verbindung der regierenden Herzoge nicht ab, sondern nahmen die cellische Erklärung ad referendum mit dem Ersuchen, auch Wolfenbüttel zu weiterer Besprechung hinzuzuziehn; so schieden sie mit der Versicherung, ihr Souverän werde „allemal dahin sehn, daß die Einigkeit im Haus auf ewig unverrückt bleibe" [1]).

Die hannoversche Rechnung auf Wolfenbüttel bewährte sich alsbald auf der wiederum zu Pyrmont versammelten Conferenz der Vertreter des Gesammthauses.

Schon die Vorbesprechungen zwischen den cellischen und wolfenbüttelschen Ministern stellten dies heraus. Während die erstern wünschten, daß man sich in Betreff des brandenburgisch-österreichischen Bündnisses „nicht allzu difficil erweise", dagegen Anstand nahmen, die engere Verfassung des fürstlichen Hauses nach hannoverscher Manier „als ein remedium anzusehn, wodurch man sich in omnem eventum retten könnte", häuften die Wolfenbüttler gegen jenes Bündniß ein Bedenken auf das andere und ergriffen die bisher von ihnen stets beanstandete Militärverfassung des Hauses als willkommenen Rückhalt ihrer Zaghaftigkeit. Sie klammerten sich an den in Seesen vereinbarten Grundsatz der Nichteinmischung in den holländischen Krieg, und zweifelten nicht, daß Brandenburg im Bunde mit Österreich den Holländern aufhelfen wolle. Sie hatten kein Vertrauen auf wirksames Eingreifen der durch die Türkengefahr im Schach gehaltenen Streitkräfte des Kaisers. Sie fürchteten, durch den Beitritt zu jenem Bündniß den Zorn Frankreichs und den Angriff Schwedens, das jedem gegen Frankreich auftretenden Reichsstande in den Rücken fallen würde. Sie wünschten, sich davor durch Vollziehung des von Schweden angebotenen Bündnisses zu schützen, und meinten, daß auch Johann Friedrich hierfür zu gewinnen sein werde. Daher trugen sie auch einen auffälligen Eifer für die Pflege der Einigkeit im fürstlichen Hause vor sich her und wünschten, „daß die Verfassung in domo werkstellig gemacht und ad praesentem statum accommodirt werde".

Einigen Eindruck machte ihnen die cellische Erwiderung, daß das Benehmen der schwedischen Regierung den Verdacht nahe lege, es möchte derselben kein Ernst mit dem angebotenen Bündniß gewesen sein; auch habe Johann Friedrich gar keine Neigung dafür bezeugt; den jetzt zwischen Schweden und Frankreich geschlossenen Vertrag habe man im fürstlichen Hause für „sehr präjudicirlich" erachtet. Auch würde man, schon wegen des

1) So weit nach den oben angezogenen Protokollen.

Bündnisses mit Dänemark, von Schweden absehen müssen. Als aber von Cellischer Seite vorgestellt wurde, daß „die Ruhe oder Neutralität nicht allemal das Mittel sei sich zu conserviren“, und daß man früher im fürstlichen Hause nach dem Grundsatz gehandelt habe, „daß, wann sich die Benachbarte armiret und es zumal um die gemeine Freiheit zu thun gewesen, dasselbe lieber fortunam belli erwählen als außer aller Action bleiben und andern das arbitrium rerum lediglich in die Hände geben wollen“: da hatten die Wolfenbüttler taube Ohren. Man lenkte daher Cellischerseits bei Zeiten ein und betonte den rein defensiven Charakter des brandenburgisch-österreichischen Bündnisses, den Wegfall der in Seesen so eifrig beanstandeten Verpflichtung, für die Clevischen Lande einzutreten und die Unzufriedenheit der jetzt begehrten Garantie all der seit 1648 aufgerichteten Friedensschlüsse. Dies gereichte den Wolfenbüttlern zur Beruhigung[1]).

Als nun nach Eintreffen der hannoverschen Minister die Berathung über die Militärverfassung des fürstlichen Hauses begann, schlug die bisher laue Haltung der wolfenbüttelschen Regierung in hellen Eifer um. Sie fand es mit einem Mal „nothwendig“, dies Werk „zur Perfektion zu bringen“, und war zu größerer Leistung bereit, als ihr nach den bisher immer beanstandeten Entwürfen zufiel. Calenberg vertrat den Standpunkt, „daß solche Zusammensetzung in domo indistincte auf alle casus und contra quemcumque gerichtet sein müsse“. Der cellische Kanzler aber, der als Vertreter des Seniors im fürstlichen Hause den Vorsitz führte, verstand es die Discussion so zu wenden, daß der Eifer der andern verrauchte[2]).

War im Jahre 1667 die Gesammtkräftung des fürstlichen Hauses auf 4000 Mann zu Fuß und 2000 Reiter angesetzt[3]), so stellte jetzt Celle die Forderung, daß das vereinigte Aufgebot, wenn es irgend Effect haben solle, nicht geringer als auf 8000 Mann zu Fuß und 4000 Reiter angesetzt werden dürfe und eventuell zu vermehren sei. Die calenbergischen Minister waren zwar nur auf 10000 Mann insgesammt instruirt; da jedoch Celle in jene 12000 Mann auch Osnabrücks Contingent einberechnete, so fanden sie, daß zwischen ihrem und dem Cellischen Anschlag kein erheblicher Unter-

1) Cellische Protokolle über die Ministerialconferenzen, act. Pyrmont und Holtensen, 9.—12. Juli 1672; anwesend von Celle Kanzler Schütz und Großvogt von Hammerstein, von Wolfenbüttel Kanzler Höpfner, Kammerpräsident von Heimburg und Geheimer Rath von Münchhausen.

2) Diese sowie die vorangehenden Conferenzen wurden abwechselnd im Losament der cellischen Minister zu Pyrmont, der calenbergischen zu Lühde, den wolfenbüttelschen zu Holtensen gehalten. Ich folge den cellischen Protokollen, act. 13.—15. Juli 1672; anwesend von Celle Schütz und Hammerstein, von Calenberg Grote und Witzendorf, von Wolfenbüttel Höpfner und Heimburg.

3) Band I, 623.

schied war. Johann Friedrich erbot sich auch alsbald zur Stellung von 2500 Mann zu Fuß, 600 Reitern und 200 Dragonern, „in der Zuversicht, daß von allen Seiten kein wenigeres werde prästiret werden". Das aber gieng denn doch weit über den guten Willen des wolfenbüttelschen Hofes hinaus. Er wollte sich auch jetzt „nicht präcise nach der Äqualität oder nach der Reichsmatrikel" belasten. Hatte er vorher sein Unvermögen mit dem Wegfall der auf die unbotmäßige Stadt Braunschweig entfallenden Quote entschuldigt, so nahm er jetzt die aus der Unterwerfung dieser Stadt neu erwachsenen Pflichten zum Grunde einer ihm auch fernerhin zu gönnenden „Sublevation". Hatte er vorher das Contingent von 1000 Infanteristen und 500 Reitern beanstandet, so glaubte er jetzt mit der Stellung von 1500 Infanteristen, 500 Reitern und 200 Dragonern das weiteste Entgegenkommen zu bewähren. Dazu aber wollte sich Calenberg ebensowenig wie Celle herablassen.

Die zweite Differenz, über die man nicht hinweg kam, betraf das Obercommando. Während Johann Friedrich, wenn die Armee außer Landes geführt würde, das Oberkommando unter den regierenden Herzogen von Tag zu Tag abwechseln lassen wollte, begehrte es Georg Wilhelm in diesem Fall als Senior des Hauses für sich allein. Als die andern dies nicht zugestehn wollten, nahm die cellische Regierung davon Anlaß, die weitere Discussion des Verfassungswerkes als unfruchtbar abzubrechen. Man darf daraus schließen, daß auch die persönliche Begegnung der drei Herzoge beim Pyrmonter Sauerbrunnen[1]) ohne Ergebniß blieb.

Ebenso vorsichtig gieng der cellische Hof bei der auf Anregung der Landgräfin von Hessen-Cassel in Holzminden gepflogenen Vorberathung, jedem Engagement aus dem Wege, das dem von Brandenburg betriebenen Anschluß der Seesener Alliirten an das österreichische Bündniß vom 13/23. Juni präjudicirlich war. Da Hessen-Cassel ebenso wie Wolfenbüttel keine Neigung zeigte, die in Seesen vereinbarte Zurückhaltung aufzugeben, so legte Celle auch hier allen Nachdruck auf die lediglich defensive Tendenz jenes Bündnisses und deutete nur leise an, daß „stille zu sitzen und lediglich zuzusehn, wie die kriegenden Parteien ein Avantage nach dem andern erlangten", wohl nicht der Weg sei, „sothanen scopum zu erreichen", sondern man ins Mittel treten müsse, „damit die Waffen auf erträgliche conditiones niedergelegt und das je länger je mehr um sich reißende Feuer gedämpft werde". Selbst wenn der Kaiser und der Kurfürst eine Einmischung in den niederländischen Krieg beabsichtigen sollten, würde der

1) Die von Rehtmeier, braunschweig-lüneb. Chronik III, 1709 hierüber gebrachte Notiz wird durch eine Bemerkung der wolfenbüttler Minister in dem unten angezogenen Holzmindener Protokoll bestätigt.

Beitritt zu ihrem Bündniß unbedenklich sein, zumal da „die allgemeine Freiheit und Sicherheit guten Theils auf der Macht J. Kaiserl. Mt und kurfürstl. Dchl. beruhe“. Es komme nur darauf an, bei der quaestio quomodo das Nöthige zu reserviren. Wie weit man sich jedoch einlassen solle und wie weit nicht, darüber giengen die Cellenser trotz des Drängens der andern, ein gemeinsames Votum im voraus zu vereinbaren, nicht aus sich heraus. Sie erreichten dadurch, daß auch diese in den Antrag einwilligten, dem Kurfürsten von Brandenburg die Anberaumung einer neuen Tagfahrt anheim zu geben[1]).

Inzwischen hatte die Kriegspartei am Wiener Hofe ein kleines Übergewicht über die Franzosenfreunde gewonnen. Der Fürst von Anhalt brachte von seiner zweiten Sendung an den Kaiser die Zusage mit, daß die vertragsmäßig versprochene Truppenzahl von 12000 auf 16000 Mann erhöht und unter dem Commando des Grafen Montecuccoli in Eger Mitte August versammelt, später noch ein Corps von 4000 Mann unter dem Herzog von Holstein nachgeschickt werden sollte. Er erwirkte auch, daß der Kaiserhof den norddeutschen Freunden des Kurfürsten, insbesondere dem Hause Braunschweig, näher zu treten sich entschloß: die kaiserliche Kanzlei machte den dies Haus verletzenden Mißgriff in der Titulatur („Hochgeboren“ anstatt „Durchlaucht“) gut, und der kaiserliche Freiherr von Goeß wurde zur Unterhandlung mit den Herzogen autorisirt[2]).

Auch am dänischen Hofe erfolgte eine gleichartige Wendung wie in Wien. Zu dem Bündniß mit den Generalstaaten, das der holländische Gesandte Werckendam nachsuchte, zeigte sich auch hier wenig Neigung[3]), und der auf Schwedens Seite neigende Reichsmarschall Griffenfeld[4]) widerstrebte auch einer Verbindung mit Brandenburg, denn der Kurfürst „hätte solche force nicht beisammen, daß man darauf sonderliche Reflexion machen könnte“[5]). Aber der Herzog von Celle genoß hier ein solches Vertrauen, und sein Gesandter, Lorenz Müller, plädirte mit solchem Geschick für das brandenburgisch-kaiserliche Bündniß, daß König Christian seinen Beitritt zusagte, falls dies Bündniß „lediglich zu Garantirung des deutschen Friedens angesehn sei“; in den holländischen Krieg sich einzumischen müsse er

1) Cellisches Protokoll, act. Holzminden, 17. Juli 1672; anwesend von Celle Schütz, von Wolfenbüttel Höpfner und Heimburg, von Cassel die Geheimen Regierungsräthe Burchard von Öhr und Regnerus von Badenhausen.

2) Kurfürst Friedrich Wilhelm an Herzog Georg Wilhelm, dat. Cöln a/Spree, 18. Juli 1672, in III, 94 der Beilagen; vgl. die Relationen des Fürsten Anhalt in Urk. und Acten, XIII, 229 und 231.

3) Relation L. Müller's, dat. Kopenhagen, 9. Juli 1672. Vgl. Lefèvre-Pontalis, Jean de Witt II, 302.

4) Über seine Politik s. Allen, Gesch. von Dänemark, S. 380.

5) Relation L. Müller's, dat. Kopenhagen, 2. u. 6. Juli 1672.

anstehn und vorerst abwarten, daß ihn die Generalstaaten „deswegen geziemender Maßen begrüßen ließen“[1]).

Das war ganz nach dem Herzen Georg Wilhelm's, der ebenfalls, wie er seinem Gesandten in Kopenhagen schrieb, entschlossen war, „wie bishero also noch ferner Unsere actiones also zu dirigiren, darmit den in den Waffen stehenden Parteien keine Ombrage noch Prätext gegeben werde, jetzt oder inskünftige Uns oder Unsere Lande für andern zu incommodiren“[2]).

In diesem Sinne antwortete er dem Kurfürsten auf die Anzeige der vom Fürsten Anhalt in Wien erreichten Resultate: er „wünsche von Herzen, daß Gott das Werk also dirigiren wolle, damit das Reich in seiner Harmonie und dessen Stände bei ihrer Freiheit erhalten werden mögen“, und wolle sich so erweisen, „daß darob genugsam zu verspüren sein wird, wie ich mich demjenigen, was zu Maintenirung gemeiner Sicherheit erfordert wird, nicht zu entziehn gemeint, sondern das Meinige gern beitragen wolle“[3]).

Auf Brandenburgs Vorschlag wurde darauf für Anfang August eine Zusammenkunft der Minister in der Stadt Braunschweig anberaumt[4]), um Dänemark, Hessen-Cassel und Braunschweig-Lüneburg mit Österreich und Brandenburg zur Abwehr der von Frankreich herandrohenden Gefahren zu verbünden.

Georg Wilhelm machte noch einen letzten Versuch, auch seine Brüder herbeizuziehn. Er lud auf Anregung des Kurfürsten[5]) beide zur Beschickung der Braunschweiger Tagfahrt ein[6]). Beide lehnten ab unter Betheuerung ihres Wunsches, das gemeinsame Interesse des Hauses zu wahren und womöglich den engeren Wehrverband desselben durchzuführen[7]). Johann Friedrich aber war bereits in Paris bemüht, französische Hülfe gegen die von dem Kurfürsten und dem Kaiser vorbereitete Expedition in Bewegung zu setzen[8]).

So giengen die Herzoge von Braunschweig-Lüneburg in entgegengesetzter

---

1) Relation L. Müller's, dat. Kopenhagen, 13. Juli 1672, und Resolution der dänischen Regierung auf Müller's Memorial, ihm ausgeantwortet den 17. Juli 1672.

2) Instruction L. Müller's, dat. Pyrmont, 16. Juli 1672.

3) An Kurfürst Friedrich Wilhelm, dat. Celle, 22. Juli 1672; vgl. Urk. u. Acten XIII, 240. 4) Urk. u. Acten a. a. O.

5) Dat. Cölln a/Spree, 23. Juni 1672; vgl. Urk. u. Acten XIII, 240 f.

6) Georg Wilhelm an Johann Friedrich, dat. Celle, 28. Juli; an Ernst August, dat. Celle, 29. Juli 1672.

7) Johann Friedrich, dat. Hannover, 30. Juli; Ernst August, dat. Osnabrück, 2/12. August 1672. Vgl. Havemann, III, 263.

8) Instruction desselben für die Mission Mandelsloh's, nach Paris, dat. Hannover, 11/21. Aug. 1671. Erster Bericht Mandelsloh's aus Paris, dat. 3/13. Aug. 1672. Das Nähere siehe unten.

17*

Parteistellung dem Kriege entgegen, die einen die Allianz mit Frankreich, die andern das Einvernehmen mit Brandenburg zur Richtschnur nehmend, alle zusammen aber darin eins, unter allen Umständen die ihnen gemeinsamen dynastischen Interessen zu wahren. Indem sie verschiednen Bannern folgten, ohne einander feind zu werden, hielten sie sich die Thüren offen nach beiden Seiten. Bot solche Haltung eine Sicherheit gegen den völligen Ruin der einen oder andern Partei, so gewährte sie doch wenig Aussicht zur Erreichung des höchsten Zieles, das sie in der Seele bargen, sich und ihr Haus zu höherer Geltung und breiterer Macht emporzubringen.

Zweites Kapitel.

Grundlegung besserer Beziehungen zwischen dem Kaiser und dem Hause Braunschweig-Lüneburg.

Wurzelte die französische Freundschaft Johann Friedrich's in den persönlichen Beziehungen seiner Gemahlin zum Pariser Hofe, so wurde für die Politik Georg Wilhelm's die Persönlichkeit seines Kanzlers Schütz von stetig zunehmender Bedeutung.

Johann Helwig Sinold genannt Schütz[1]) entstammte einer hessischen Adelsfamilie. Seinem Vater (Justus), der Geheimer Rath und Kanzler bei der hessischen Regierung und Universität zu Gießen war, verdankte er seine frühzeitige Einführung in den diplomatischen Dienst. Ehe er noch eine Universität besucht hatte, begleitete er denselben auf den Regensburger Reichstag von 1641, nach Absolvirung der akademischen Studien folgte er ihm bei seinen Missionen zum westfälischen Friedenscongreß. Die Cavaliertour des jungen Landgrafen Ludwig VI. von Hessen-Darmstadt, dem er als Reisebegleiter adjungirt ward, führte ihn durch Deutschland und Italien, Dänemark und Schweden und vollendete seine Ausbildung. Wie sein Vater begann er dann seine Wirksamkeit als Professor des Staatsrechts an der Universität Gießen, ein Zeugniß davon sind die nach seinem Tode

1) Geb. 25. Juni 1623, gest. 30. Juli 1677. Seine Personalien entnehme ich den Acten des Kgl. Staatsarchivs und der Handschrift XLII, 1833 (ex Mss. Meibom) der Kgl. öffentl. Bibliothek zu Hannover. Pütter, Litteratur des deutschen Staatsrechts I, 219, 282; II, 237. Manecke, Kanzler der Herzöge von Braunschweig-Lüneburg, S. 14. Vgl. meinen Artikel über ihn in der Allg. deutschen Biographie unter Sinold.

publicirten »Ad ius publicum et feudalia placita praelectiones[1]). Wie sein Vater war er dabei zugleich als hessischer Regierungsrath praktisch thätig. Kaiser Ferdinand III. berief ihn 1655 in den Reichshofrath, und Leopold I. erneuerte 1658 diese Bestallung. Beide trugen ihm daneben wichtige diplomatische Actionen auf: so wurde er 1658 an den brandenburgischen Hof entsandt, um jenen Artikel der Wahlcapitulation, der dem Kaiser die Einmischung in den spanisch-französischen Krieg verbot, rückgängig zu machen[2]). Daß seine kaiserlichen Herrn ihm unentwegtes Vertrauen schenkten, ehrt ihn um so mehr, als auch von evangelischer Seite bezeugt ist, daß er sich als evangelischer Reichshofrath der Interessen seiner Glaubensgenossen unbeirrt angenommen hat. Diese „guten Qualitäten und von vielen Jahren her acquirirte Erfahrenheit in publicis«[3]) empfahlen ihn dem Herzog Georg Wilhelm. Bereits 1661 (October) wurde im hannoverschen Geheimen Rathscollegium die Berufung Schützens beschlossen, und derselbe blieb fortan der Vertrauensmann des Herzogs bei den Unterhandlungen mit dem Wiener Hofe[4]) zumal er durch seine Gemahlin Anna Barbara, geborenen Fabricius, dem damaligen Agenten des Herzogs am Wiener Hofe Weipert Ludwig Fabricius[5]) verschwägert war[6]). Als 1669 drei der vornehmsten cellischen Minister starben, erneuerte Georg Wilhelm den Ruf an Schütz in vortheilhafterer Form, indem er ihm den Titel eines Kanzlers und den zweiten Rang in seinem Geheimen Rathscollegium anbot[7]). Im Juni 1670[8]) folgte Schütz dieser Vocation und war bald, wie unsere Darstellung gezeigt hat, der maßgebende Leiter der cellischen Politik im Kampfe der Strebungen, die am Hofe und im Herzen Georg Wilhelm's mit einander rangen. Indem er da der antifranzösischen Partei die Oberhand gab, trat er in die Fußstapfen des Grafen Georg Friedrich von Waldeck ein. Seine Vergangenheit aber, der sechzehnjährige Kaiserdienst, brachte es mit sich, daß er sich ganz besonders die Pflege guter Beziehungen des Hauses Braunschweig zu dem Kaiserhofe angelegen sein ließ[9]).

---

1) Frankfurt und Gießen, 1694.

2) Pufendorf, Friedr. Wilhelm VII, 41. Urk. u. Acten XIV, 1, 73 ff.

3) Ausdruck des unten angezogenen Berufungsschreibens. 4) Band I, 551.

5) Band I, 559, 570.

6) Auch Fabricius hatte seine Laufbahn als Professor der Rechte in Gießen begonnen und beschloß sie als erster Präsident des 1711 in Celle eröffneten Oberappellationsgerichts.

7) Dat. 6. Oct. 1669: Schütz wurde an die Stelle und mit dem Gehalt des eben damals verstorbenen Präsidenten P. J. von Bülow berufen und zwar so, daß er auf den Großvogt von Grapendorff als „nunmehr ältesten adeligen Minister" im Range folgen sollte. 8) Seine Bestallung ist vom 22. Juni 1670 datirt.

9) Unter diesem Gesichtspunkt beurtheilte man ihn überall. So berichtet der Marschall Turenne an Louvois, d. 26. März 1673 (Grimoard, lettres de Turenne, II, 226), sowohl der osnabrückische Hofmarschall von Platen wie der hannoversche General von Pode-

Diese Beziehungen waren eben damals, als Schütz an die Spitze der cellischen Regierung trat, durch die das Interesse und die Ehre der Herzoge verletzende Haltung des Kaisers in dem Kampfe um die Stadt Braunschweig getrübt. Wenn Georg Wilhelm dessen ungeachtet das brandenburgische Bündniß mit dem Kaiser sofort willkommen hieß, so darf man wohl annehmen, daß sein Kanzler das Seinige beigetragen hat. Aber auch in Wien zog man sehr schnell andere Saiten auf und beauftragte unmittelbar nach der Unterwerfung der Stadt Braunschweig den Baron von Goeß, Schützens Vermittlung in Anspruch zu nehmen, um das lüneburgische Haus zur Wiederaufnahme jener Bündnißanträge zu bewegen, die es im Jahre 1667 durch Hammerstein's Mission nach Wien eingeleitet hatte[1]).

Das nächste Absehn dabei war, einem weitern Umsichgreifen des Extendistenbundes zu steuern, der die kaiserliche Autorität im Reiche zu untergraben drohte.

Es handelte sich, wie man weiß[2]) um die Extension des Reichsabschiedes von 1654, der in Artikel 180 („Und gleich wie" 2c.) den Grundsatz aufgestellt hatte, „daß eines jeden Reichsstandes Landsassen, Unterthanen und Bürger zu Besatz- und Erhaltung der einem oder andern Reichsstande zugehörigen nöthigen Festungen, Plätze und Garnisonen ihren Landesfürsten, Herrschaften und Oberen mit hülflichem Beitrag an die Hand zu gehn schuldig sein". Waren hiermit die Landesherrn ermächtigt, ihre Landstände ungefragt zu den für die Landesvertheidigung erforderlichen Kosten heranzuziehn, war also damit das Steuerbewilligungsrecht der Landstände eingeschränkt, so bot doch die Unbestimmtheit des Ausdrucks welcher nur einen hülflichen Beitrag und diesen nur für die nöthigen Festungen verlangte, auch den Landständen eine Waffe dar. Es lag daher im Interesse der Landesherrn, die Verpflichtungen der Stände deutlicher und umfassender festzustellen.

Bereits auf dem Wahltage von 1658 that man den ersten Schritt[3]). In Fluß kam die Frage bei den Berathungen des Reichstags über die Reichsdefensionsverfassung. Ein Reichsgutachten vom 14. September 1669 ersuchte den Kaiser, „daß der § des Reichsabschieds de anno 1654 „Und

---

wils hätten ihm versichert, que M. de Zell a un chancelier entièrement impérialiste et très passioné.

1) Über diese Mission s. Band I, 551 ff.; den Auftrag an Goeß d. d. 9. Juni 1671, s. in Urk. u. Acten XIV, 1, 490 f.

2) Vgl. Pachner von Egenstorff, Sammlung aller de a. 1663 abgefaßten Reichsschlüsse, I, 495 ff.; Gerstlacher, Handbuch der deutschen Reichsgesetze, VII, 989; unter den neueren Darstellungen vgl. Schröder, Lehrbuch der deutschen Rechtsgeschichte (1889), S. 787 ff., Erdmannsdörffer, deutsche Geschichte, I, 428 ff. und K. Lohmann, das Reichsgesetz vom Jahre 1654 und die Steuerpflichtigkeit der Landstände, Bonner Dissertation von 1893.

3) Band I, 239.

gleichwie" auch auf diese Reichsverfassung extendirt werden möge." Weiter jedoch als über dies Princip war keine Einigung zu erzielen. Das neue Reichsgutachten, das im October 1670 formulirt wurde, bot dem Kaiser keinen einheitlichen Beschluß dar. Während die Minorität des Fürstenraths und das städtische Collegium im wesentlichen es bei dem Artikel 180 des Reichsabschiedes von 1654 beließ, wollte unter Führung des Hauses Wittelsbach das Kurcollegium und die Mehrheit des Fürstenraths jenen Artikel dahin extendiren, daß die Landstände verpflichtet seien, sowohl zur Landesdefension und zwar zur Erhaltung und Besetzung aller „einem Reichsstande zugehörigen", also nicht nur der „nöthigen" Festungen, wie auch zur „Handhabung und Erfüllung der dem westfälischen Friedensinstrument nicht zuwiderlaufenden Bündnisse" die erforderlichen Mittel „gehorsamlich und unverweigerlich" zu geben. Wurde diese Forderung vom Kaiser bestätigt, so war damit das gesammte Steuerbewilligungsrecht der Landstände durch die Reichsgesetzgebung aufgehoben.

Allein wie energisch auch der Wiener Hof die Landstände der kaiserlichen Erblande niederhielt, so lag es doch nicht in seinem Interesse, auch die außerösterreichischen Landstände preiszugeben, da deren Beschützung ihm eine sonst verschlossene Pforte öffnete, um die innere Consolidation der Territorialherrschaften zu hemmen. Kaiser Leopold glaubte daher durch seine Resolution vom 12. Februar 1671 diese Sache zu erledigen, indem er seine Zustimmung versagte.

Die Extendisten aber, im Kurfürstencolleginum Baiern und Köln, im Fürstenrath Pfalz-Neuburg und Mecklenburg-Schwerin, begnügten sich nicht, zu protestiren und das ganze Werk der Reichskriegsverfassung zu hintertreiben, sondern faßten auch „gegen die Unterthanen, die sich widersetzten, und diejenigen, welche sich derselben annehmen würden", das hieß also, gegen den Kaiser, eine Allianz „mit Zuziehung fremder compaciscirender Kronen" ins Auge. Nur der Beitritt des Kurfürsten von Brandenburg hemmte das Vorhaben, im Bunde mit Frankreich die kaiserliche Autorität zu untergraben, und beschränkte den am 27. Mai/6. Juni abgeschlossenen Extendistenbund auf wechselseitigen Beistand gegen die widerspenstigen Landstände und Unterthanen[1]). Das hinderte jedoch nicht, daß man den Bund in Wien mit mißtrauischen Augen verfolgte und wie mit Brandenburg, so auch mit dem Hause Braunschweig-Lüneburg engere Fühlung suchte, als man vernahm, daß dieses durch Pfalz-Neuburg zum Eintritt aufgefordert sei[2]). Pfalzgraf Philipp Wilhelm nahm in der That die Unterwerfung der Stadt Braunschweig zum Anlaß, um dem fürst-

1) Analyse und Wortlaut der Allianz bei Mörner, 342 ff., 696 ff.
2) Urk. u. Acten XIV, 1, 491.

lichen Hause mit seinen Glückwünschen die Einladung zum Beitritt zu übermitteln[1]).

Das Haus Braunschweig aber lag, als die Extendistenbewegung begann, wegen seiner Schutzhoheit über die Stadt Höxter mit dem Bischof von Münster in Streit. Selbst Johann Friedrich mahnte daher, wenn er auch die Extensionssache „dem iuri territoriali der Reichsstände allerdings gemäß" fand, doch seinen Reichstagsgesandten zu „solcher Vorsichtigkeit und Moderation, damit dahero bei einem oder andern keine ungleichen Gedanken oder Ombrage erwecket werden"; es sei insbesondere darauf zu sehen, „daß denen bereits durch gewisse Verträge constituirten oder rechtmäßig hergebrachten Schutzgerechtigkeiten nicht präjudiciret werde"[2]). Georg Wilhelm aber erklärte dem Bruder, als die neuburgische Einladung erfolgte: „Gleichwie Unsere Unterthanen sich zu dem, was Unserer Lande Nothdurft erfordert, bis dahin willig erzeiget; auch nicht wohl anders dann zu der Herrschaft Präjudiz ausgedeutet werden kann, wann dieselbe wider ihre Unterthanen foedera einzugehen genöthiget werden: also können auch Wir nicht finden, was Uns zu Eingehung sothaner Alliance bewegen solle"[3]). Demnach lehnte auch die Conferenz des Gesammthauses, die Anfang August 1671 zu Burgdorf stattfand[4]), in höflicher Form den Beitritt zu dem Extendistenbunde ab.

In Wien aber glaubte man die Tendenzen dieses Bundes am besten durch einen Gegenbund im Sinne der Marienburger Allianz zu paralysiren[5]). Eben darum mußte Goeß mit Kanzler Schütz in Verbindung treten.

Dieser nahm die erste Anregung überaus vorsichtig auf. Er erwiderte nach Goeß Bericht[6]), „daß die Herzogen von den Fremden fleißig besucht und sollicitirt werden und zwar mit vorwendender so guter Intention zu Beförderung des publici boni, daß man Mühe habe zu decliniren, worzu man sonsten nit geneigt" sei. Goeß entnahm daraus den Antrieb, alles aufzubieten, um die Accession des Hauses Braunschweig durchzusetzen[7]). Er konnte sich daher nur freuen, als Pölnitz vom Herzog Georg Wilhelm die Erklärung brachte, sich nur dann zur Unterstützung Hollands entschließen zu können, wenn der Kaiser und Dänemark zugleich gegen Frankreich vorgehn würden[8]). Denn wenn auch der Nachdruck dieser Erklärung auf ihrer

---

1) Dat. Neuburg, 16. Juli 1671.

2) Instruction Johann Friedrich's für seinen Comitialgesandten Ludolf Hugo, dat. Hannover, 2. Mai 1670.

3) Dat. Ösdorff, 14. (24.) Juli 1671.

4) S. oben 219.

5) S. oben S. 192 u. 224 und dazu die Instruction für Goeß, dat. Wien, 4. März 1672 in Urk. u. Acten XIV, 1, 517 f., vgl. ebenda S. 493.

6) Urk. u. Acten XIV, 1, 496.

7) Urk. u. Acten XIV, 1, 521.

8) Urk. u. Acten XIV, 1, 538; vgl. oben S. 250.

Klausel an und für sich lag, so bekundete doch die Einschließung des Kaisers eine Geneigtheit des Herzogs, sich demselben wieder zu nähern. Goeß trat daher mit den brandenburgischen Ministern in Unterhandlung über die Frage, wie die Seesener Alliirten und Dänemark dem österreichisch-brandenburgischen Bündnisse anzuschließen sein [1]). Und der Kaiser bestärkte ihn darin [2]), vertrauend auf die alte Devotion des Kanzlers Schütz [3]). Goeß erhielt den Auftrag, nach Braunschweig zu reisen, um den dort tagenden Convent zu dem erstrebten Ziele zu treiben [4]). So wurde der Grund zu bessern Beziehungen zwischen dem Kaiser und dem Hause Braunschweig-Lüneburg gelegt.

Drittes Kapitel.

Das Braunschweiger Defensivbündniß.

Als im August 1672 der Convent der „guten Partei“ [5]) in Braunschweig zusammentrat, zeigte sich auf der Stelle, daß der ganze Erfolg der Unterhandlungen an der Gewährung der Subsidien hieng, die sowohl Celle wie Dänemark von Holland verlangten. War noch im Frühjahr Georg Wilhelm zu einer Allianz mit den Generalstaaten unter der Bedingung bereit gewesen, daß entweder eine der beiden nordischen Kronen dem Bunde beitrete oder aber die Republik ausreichende Subsidien gewähre [6]), so waren jetzt durch Schwedens französische Allianz und Dänemarks holländische Subsidienforderung beide Theile jener Alternative auf die holländische Geldbewilligung hinausgekommen.

Als aber der staatische Gesandte am cellischen Hofe, Rittmeister Brasser, dem Herzog die Bitte um Theilnahme an dem österreichisch-brandenburgischen Bündniß aussprach, konnte er ihm weiter keine Aussicht eröffnen als die, daß die Staaten, „wenn sie hiernächst wiederum zu Kräften kommen sollten“, dem Herzog „die vorgeschossenen Kriegsunkosten“ ersetzen würden. Unter diesen Umständen fand Georg Wilhelm „sich gemüßigt, sich noch ferner aus diesen Kriegen zu halten“ [7]).

---

1) Urk. u. Acten XIV, 1, 553. 2) A. a. O. 569, 580.

3) A. a. O. S. 585 f. 4) A. a. O.

5) Über diesen Ausdruck des Kurfürsten von Brandenburg vgl. Brode in Urk. und Acten XIII, 13 f. 6) S. oben S. 235.

7) Instruction Georg Wilhelm's für L. Müller, dat. Celle, 2. Aug. 1672.

Brasser that ihm darauf einen kleinen Schritt entgegen. Er bot die wirkliche Auszahlung von Werbegeldern für 6000 Mann, Subsidien aber nur in Obligationen, nicht in baarem Gelde. Hatte der Herzog anfangs für 12000 Mann Werbegelder verlangt, so war er jetzt allenfalls bereit auf 10000, auch 9000 Mann herabzugehn, aber er verlangte außer den Werbegeldern die Subsidien wenigstens auf zwei Monat in baarem Gelde vorausbezahlt. Für einen Monat sagte Brasser zu. Aber vergebens drängte ihn der Kurfürst von Brandenburg, auf Baarzahlung zweier Monate abzuschließen. Auch die Garantie, die ihm der Kurfürst anbot, für den Fall daß die Generalstaaten dies Zugeständniß verweigerten, machte ihn nicht irre. Da er voraussah, daß Dänemark das Gleiche verlangen werde, wagte er der Resolution der Generalstaaten nicht vorzugreifen[1]).

Dies war der Grund, weshalb Georg Wilhelm bei aller Geneigtheit, die brandenburgischen Intentionen zu unterstützen, dennoch ebenso wie die andern, bei der ganzen Braunschweiger Bundeshandlung »in terminis defensionis« verblieb. Der dänische Gesandte Habbeus aber machte noch größere Schwierigkeiten[2]).

Von einem einfachen Beitritt zu dem brandenburgisch-österreichischen Bundesvertrag, den Canstein den Unterhandlungen zu Grunde legte, war daher keine Rede. Indem nach dem Vorgange des dänischen Gesandten auch die andern diesen Vertrag lediglich wie ein zur Discussion gestelltes Project behandelten, fanden sie so viel daran auszusetzen, daß nichts Positives übrig blieb. Nicht nur jede Bezugnahme auf die Sonderbündnisse zwischen dem Kaiser und Brandenburg (§ 2) sowie die ausdrückliche Einladung Spaniens zum Beitritt wurde beanstandet (§ 4), sondern auch die Garantie all der sei 1648 aufgerichteten Friedensschlüsse, die jene Urkunde aufzählte, um dem Bunde die Richtung gegen Frankreichs Übergriffe zu geben (§ 5). Nicht einmal des harmlosen Marienburger Bundes, auf dessen Anschluß der Kaiser rechnete (§ 9), sollte Erwähnung geschehn, obwohl man auch den Beitritt katholischer Reichsstände wünschte und nichts einwendete, als Canstein nicht nur Kursachsen, Osnabrück, Hannover und

1) Ich entnehme diese Dinge den Instructionen Georg Wilhelm's für L. Müller, dat. Gifhorn, 13. Aug. 1672; dat. Celle, 4. Sept. 1672; der Relation Schützens an den Herzog, dat. Braunschweig, 14. Aug. 1672; dem Bericht Canstein's an den Kurfürsten, dat. Braunschweig, 15. Aug. 1672 in Urk. u. Acten XIII, 248 f. und dem Berichte Brasser's an den Griffier Fagel, dat. Braunschweig, 9. Sept. 1672 in Urk. u. Acten III, 288.

2) Dem Folgenden lege ich zu Grunde die Berichte Canstein's in Urk. u. Acten XIII, 245 ff., die Berichte Schützens und die cellischen Protokolle, act. Braunschweig, 12. August—11. Sept. 1672; anwesend von Dänemark Christian Habbeus von Lichtenstern, königl. Resident im westfälischen und niedersächsischen Kreise; von Brandenburg Raban von Canstein; von Celle Schütz und v. Hammerstein; von Wolfenbüttel Höpfner und v. Heimburg; von Cassel Burchard von Öhr und Reguerus Badenhausen.

Hessen-Darmstadt, sondern auch Kurmainz und Kurtrier als wünschenswerthe Genossen nannte[1]). Als man dann auf das Quantum der Bundescontingente kam, verlangten Wolfenbüttel und Hessen-Cassel, daß man die Last der Garnison berücksichtige, die jenem die Stadt Braunschweig, diesem seine Grenzfestungen auferlegten; Wolfenbüttel wollte deshalb nur 1000 Mann zu Fuß und 500 zu Pferde, Hessen nur 800 zu Fuß und 400 zu Pferde stellen. Der dänische Gesandte aber schützte zu allgemeiner Überraschung mangelnde Instruction in dieser Hauptfrage vor.

„Das ganze Werk, so berichtete Kanzler Schütz seinem Souverän, wolle also eingeschränkt werden, daß dahero der Staat (d. h. die Generalstaaten) keine Hülfe zu gewärtigen habe, welches doch der Hauptzweck des ganzen Werkes sei"; auch Canstein halte dafür, „daß wenn man sich keines bessern erklärte, der Tractat dem Hauptwerk mehr schädlich als nützlich fallen würde"[2]).

Canstein erkannte, daß das Gelingen gutentheils vom cellischen Votum abhieng[3]). Schütz aber schob den Generalstaaten die Schuld zu, daß man Cellischerseits „nicht mit dem vigor cooperiren könnte, gleich das gemeine Interesse erforderte"; er schlug vor, „diese Handlung zu traisniren, ob unterdessen der Staat sich eines bessern erklären würde; denn „alsdann würden noch wohl Mittel zu finden sein, die übrigen zu zulänglichen Erklärungen zu disponiren"[4]).

So kam man auf den Ausweg, an Stelle des österreichisch-brandenburgischen Vertrags ein ganz neues Project aufzusetzen. Da Canstein die Ausarbeitung ablehnte, übernahm sie der dänische Bevollmächtigte.

Der weitschweifige Vertragsentwurf, den Habbeus vorlegte, drückte das ganze Unternehmen zu einem harmlosen Schutzbündniß herab, dem jede praktische Beziehung zu dem französischen Kriege gebrach. Gleichwohl forderte sein Aufsatz die Kritik dermaßen heraus, daß kein Ende abzusehn war.

Ich lasse alle die Ausstellungen auf sich beruhn, zu denen die redactionellen Schwächen des Entwurfs und die nebensächlichen Differenzen Anlaß geben. Ich übergehe auch die Streitfragen über das Commando und das Quantum der Bundescontingente. Von principieller Bedeutung waren nur drei Fragen.

Die erste betraf den Kaiser. Da immer noch kein Bevollmächtigter desselben in Braunschweig erschienen war, so gieng Habbeus über den Kaiser

1) In seiner Relation an den Kurfürsten (Urk. u. Acten XIII, 248) stellt Canstein dies so dar, als hätten die andern diesen Vorschlag gemacht.

2) Schütz und Hammerstein an Georg Wilhelm, dat. Braunschweig, 14. Aug. 1672.

3) Canstein an den Kurfürsten, dat. Braunschweig, 15. Aug. 1672, in Urk. u. Acten XIII, 248. 4) Schütz in der angezogenen Relation.

mit Stillschweigen hinweg. Canstein's Vollmacht und energische Sprache hatte aber die Wirkung, daß man ohne Widerrede den Kaiser als Mitpaciscenten gelten ließ.

Hartnäckiger vertheidigte Habbeus den Standpunkt, daß man bei diesem zur Aufrechthaltung des westfälischen Friedens bestimmten Bündnisse zwischen vollbrachten und künftigen Friedensverletzungen zu scheiden und sich auf letztere zu beschränken habe. Wie hätte Brandenburg darauf eingehn können? Es hätte damit auf Wiedergewinnung seiner rheinischen Plätze verzichtet. Auch Celle drängte daher auf Beseitigung solcher Distinction.

Die dritte und größte Differenz betraf die in das Bündniß einzuschließenden Lande. Da Habbeus den Bundesschutz nicht nur für die deutschen Reichslande seines Königs, sondern auch für Dänemark und Norwegen in Anspruch nahm, so erklärte Canstein, daß dann auch die Einschließung des Herzogthums Preußen und des Königreichs Ungarn eine Forderung der Billigkeit sei. Darauf aber wollte niemand eingehn, auch für Dänemark und Norwegen waren nur Brandenburg und Celle zu haben, Hessen beanstandete sogar die Einschließung der Clevischen Lande. Unter diesen Umständen empfahl Schütz, von jeder „Denomination der Lande“ Abstand zu nehmen.

Man half sich damit, daß man die strittigen Fragen ad referendum nahm und gemeinsam ein neues Project unter Zugrundelegung des Seesener Vertrags ausarbeitete. So kam man, wie Canstein sich einmal ausdrückt[1]), „zwar zum Ende, aber in effectu ohne Ende“.

Um die Schwierigkeiten zu heben, bot Georg Wilhelm seinen Einfluß am dänischen Hofe auf[2]). Hier aber enthüllte man ihm den wahren Grund der Zurückhaltung. Der Minister Griffenfeld erklärte dem cellischen Gesandten, „daß J. Kgl. M[t] in der guten Inclination gegen die Vereinigten Niederlande verharreten; man müßte aber bei diesem Convent zu Braunschweig nichts thun, dadurch man sich selber im Licht stehen könnte. Dieses verstand er dahin, daß man in terminis eines foederis mere defensivi sich halten und von allem abstrahiren müßte, dadurch man in das holländische Wesen sich engagirte. Der Kaiser und Brandenburg würden dahin trachten, umb andere je eher je lieber hineinzuziehen, und die Herren Staaten würden alsdann vermeinen, man wäre so weit engagiret, daß ohne ihre Subsidien man ihre Partei würde nehmen müssen[3]).“ Ohne

1) Urk. u. Akten XIII, 250 unter 17. August.

2) Instruction für L. Müller, dat. Celle, 20. Aug. 1672.

3) Relation L. Müller's dat. Kopenhagen, 27. Aug. 1672. Dem entsprach die königl. Resolution, dat. Kopenhagen, 17. Sept. 1672: „ . . Bei dem dritten Punkt seind J. Kgl. M[t] mit J. Fürstl. Dchl. allerdings einig und conformiren sich hierin mit Dero sentiment,

Subsidien also wollte der König von Dänemark ebenso wenig wie der Herzog von Celle den Holländern helfen. Da diese aber weder hüben noch drüben die begehrten Summen bewilligten, so war an eine Umstimmung des Braunschweiger Convents nicht zu denken. Nach einer Zusammenkunft mit Georg Wilhelm, die auf Schloß Hessen bei Wolfenbüttel stattfand[1]), verzichtete daher auch Kurfürst Friedrich Wilhelm auf die Hoffnung thätiger Hülfe, die er an diesen Convent geknüpft hatte, und ermächtigte seinen Vertreter, das Bündniß „so gut immer möglich“ zu vollziehn[2]).

So war die Lage der Dinge, als Mitte September endlich der kaiserliche Resident am Berliner Hofe, Freiherr von Goeß, in Braunschweig eintraf. Er nahm an den officiellen Sitzungen nicht theil, sondern ließ sich nach wie vor durch Canstein vertreten[3]), aber seine persönlichen Besprechungen und schriftlichen Erklärungen ermöglichten doch erst den Abschluß.

Die Differenzen, die es jetzt nachdem man auf die Basis des Seesener Vertrags zurückgekommen war, noch zu erledigen galt, beschränkten sich auf das Quantum der Bundescontingente und die Frage, ob und welche außerdeutschen Lande in die Defensivallianz eingeschlossen werden sollten. Da der Kurfürst auf die Einbeziehung des Herzogthums Preußen verzichtete, weil sein Particularbündniß mit Dänemark hierfür ausreichte[4]), da Wolfenbüttel auf die Norm des dänischen Bündnisses vom 31. März sich steifte, Habbeus aber infolgedessen schließlich die Einbeziehung Norwegens preisgab und sich mit dem Einschluß des Königreichs Dänemark begnügte, so bemühte sich Goeß vergeblich, den Bundesschutz auch auf Ungarn, wenigstens im Falle „einiger dort entstehenden Kriegsempörung“, auszudehnen. Auf dringendes Zureden des Kurfürsten stand auch er schließlich von seiner Forderung ab, um nicht das ganze Werk daran scheitern zu lassen[5]). So kam am 12/22. September der Braunschweiger Bund zu stande.

Der Kaiser, der König von Dänemark, der Kurfürst von Brandenburg die Herzoge von Celle und Wolfenbüttel und die Landgräfin von Hessen-Cassel vereinigten sich zur Erhaltung des westfälischen Friedens und zu

daß man billig so lange zurückzuhalten, bis man mit den Herren Staaten General zur Richtigkeit gekommen.“

1) Urk. u. Acten XIII, 251 u. 255.

2) Dat. Halberstadt, 1/11. Sept. 1672 in Urk. u. Acten XIII, 255.

3) Das cellische Protokoll hat zu der Sitzung am 9. (19.) September den Vermerk: „die folgende Sessiones sind gehalten worden nachdem sich der Kaiserliche Baron de Goes, zu Braunschweig eingefunden“. Zu Canstein's Erklärungen findet sich dann der Vermerk: »Imperatoris nomine«.

4) Dat. Bockenem, 10. (20.) Sept. 1672 in Urk. u. Acten XIII, 255.

5) Relation des Goeß an den Kaiser, dat. Braunschweig, 23. Sept. 1672, in Urk. u. Acten XIV, 1, 598 ff.

wechselseitigem Schutze gegen ungerechte Gewalt (§ 1), also lediglich zum Zwecke gemeinsamer Defension. Der Hauptvertrag schränkte diese Verpflichtung auf ihre Reichslande ein (§ 2). Im Nebenreceß wurde sie auf das ganze Königreich Dänemark mit dem Vorbehalt ausgedehnt, daß Hessen-Cassel diese Extension nur für Schleswig und Jütland, nicht auch für die Inseln gelten ließ. Das Bundesheer wurde auf 31500 Mann normirt: der Kaiser, Dänemark und Brandenburg übernahmen je 3000 Reiter und 6000 Fußsoldaten, Georg Wilhelm 600 Reiter und 1200 Mann zu Fuß, Rudolf August 500 Reiter und 1000 zu Fuß, die Landgräfin 400 Reiter und 800 Fußsoldaten (§ 3). Kein Alliirter würde mit dem Feinde für sich allein Frieden oder Stillstand schließen (§ 7). Der Oberbefehl sollte zunächst dem Bundesverwandten, der die Hülfe requirirte, zustehn (§ 11), der Oberbefehlshaber aber nichts Wichtiges ohne den Kriegsrath der Bundesverwandten unternehmen dürfen (§ 12), in dem nach Stimmenmehrheit entschieden würde (§ 13). Die Bundesverwandten wollten die Kriegsverfassungen im Reiche und in den Kreisen befördern und auch für die Stadt Köln eintreten (§ 18). Andere Potentaten und Stände sollten in den Bund nur nach gemeinsamer Beschlußfassung aufgenommen werden (§ 19). Die Dauer des Bundes endlich wurde auf drei Jahre befristet (§ 20)[1].

Das ganze Ergebniß des Braunschweiger Bundes lief also darauf hinaus, daß sich Dänemark und die norddeutschen Reichsstände, deren Bund den Grundstock der dritten Partei bildete, mit Brandenburg und dem Kaiser zwar nicht zur Rettung der Niederlande, aber doch zum Schutze des Reichs gegen jeden fremden Eingriff verbanden. Gewährte dies Bündniß dem Kaiser und dem Kurfürsten keine unmittelbare Unterstützung, so bedeutete es doch eine Absage der Contrahenten an Frankreich und eine Annäherung derselben an die von Brandenburg geführte Gegenpartei. Daher war man auch in Wien mit diesem Ergebniß zufrieden[2]) und nahm das Braunschweiger Bündniß zum Sammelkern einer dem Kaiser willfährigen Partei[3]).

Als solcher bewährte es sich auf der Stelle gegenüber den Anstrengungen, die eben damals der in das Fahrwasser Frankreichs zurückkehrende Kurfürst Johann Philipp von Mainz machte, um die schwankenden Reichsstände unter dem Banner einer Reichsmediation um sich zu sammeln. Sein

1) Vgl. Pufendorf, Frid. Wilh. XI, 71 und Mörner, S. 367 ff., wo auch die ältern Drucke der Bundesrecesse verzeichnet sind. Hinzuzufügen ist Diar. Europ. XXVI, Appendix S. 33 ff. Nur eine dürftige Notiz über dies Bündniß haben Havemann III, 188, 263 und Droysen III, 3, 271. Ich theile den Receß nach dem von den Gesandten vollzogenen Original der cellischen Regierung mit unter III, 96 A u. B der Anlagen.

2) S. das Votum vom 8. Oct. in Urk. u. Acten XIV, 1, 602 ff.

3) S. die Vota vom 7. und 15. Nov. 1672 a. a. O. S. 616 f., 621 f. 641.

Gedanke dabei war, sie entweder zu neutralisiren oder geradeswegs vom Kaiser zu Frankreich herüberzuziehn[1]).

Im Hause Braunschweig trat Johann Friedrich warm dafür ein. Allein Cellischerseits hob Schütz alle Unzuträglichkeiten dieses Vorhabens mit solcher Energie hervor, daß auch Wolfenbüttel nichts davon wissen wollte[2]). Kanzler Schütz habe sich dabei ganz wie ein kaiserlicher Minister erwiesen, constatirte voll Genugthuung der Freiherr von Goeß, der in denselben Tagen bemüht war, den Herzog Georg Wilhelm in die Waffengemeinschaft Österreichs und Brandenburgs zu ziehn[3]).

Da zugleich auch Graf Georg Friedrich von Waldeck, der beim Beginn des holländischen Kriegs als Feldmarschall in den Dienst und an die Seite des Prinzen von Oranien getreten war, den Herzog zum Losschlagen drängte und sein Möglichstes that, die Generalstaaten zur Nachgiebigkeit in der cellischen und dänischen Subsidienfrage zu stimmen[4]), so wurde Georg Wilhelm nicht müde, den Kopenhagener Hof vorwärts zu drängen[5]), aber er blieb dabei stets auf dem Standpunkt, seinerseits ohne Dänemark keinen Schritt vorwärts zu thun[6]). So lange daher Dänemark nicht handelseins mit Holland wurde, blieben die mit dem Braunschweiger Bündniß gewonnenen Hülfskräfte gegen Frankreich unwirksam.

Eine unmittelbare Folge aber des Braunschweiger Bundes war die Knüpfung des Bandes, an dem allmählich das Haus Braunschweig in die kaiserliche Gefolgschaft hinübergeleitet ward.

Nach den Wiener Acten, die über Goeß' Mission an dies Haus vorliegen[7]), bot die Persönlichkeit des Kanzlers Schütz den einzigen Einschlag

---

1) Über die Mainzer Mediationspläne s. Mémoires de Pomponne, p. p. Mavidal II, 498 f. und Guhrauer, Kurmainz II, 29 ff.

2) Calenb. Protokoll über die Conferenz des Gesammthauses act. Braunschweig, 16—17. Sept. 1672; anwesend von Celle Schütz, von Hannover Witte, von Wolfenbüttel Höpfner. 3) Dat. Celle, 29. Sept. 1672 in Urk. u. Acten XIV, 1, 601.

4) Vgl. die kurze Notiz bei Rauchbar-Curtze, I, 265. Die ganze, meist eigenhändige Correspondenz Waldeck's mit dem Herzog, die vom 9/19. Sept. 1672 bis 2/12. März 1673 im hannoverschen Staatsarchiv vorliegt, dreht sich um diese Frage.

5) Den Anfang machte sein Schreiben an König Christian, dat. Celle, 25. Sept. 1672 und die dasselbe begleitende eindringliche Instruction für L. Müller d. d. 25. Sept. Die umfangreichen Acten dieser Gesandtschaft kommen den ganzen Winter über immer auf diese Hauptfrage zurück.

6) Georg Wilhelm an Waldeck, dat. Celle, 17. Sept. 1672: „Daß der Staat so genau mit Uns handelt, müssen Wir dahin gestellet sein lassen und wollen Uns eben dadurch in Unsern guten Intentionen nicht irre machen lassen, wann nur I. M[t] in Dänemark besser begegnet, und Dieselbe bewogen werden können, die Partei mit anzunehmen. Denn außerdem bleibt auch Unserseits eine wahre Unmöglichkeit, Uns in Action zu geben." Vgl. die Berichte des Goeß in Urk. u. Acten XIV, 1, 596, 600 f., 612, 622, 653.

7) In der oft angezogenen Publication Pribram's in Urk. u. Acten XIV, 1.

für die kaiserliche Diplomatie. Nach dem Berichte der Grafen Verjus, der ihr entgegenzuarbeiten suchte, hat Goeß den Herzogen alle möglichen Vergünstigungen seitens des Kaisers in Aussicht gestellt und nicht nur den cellischen und den wolfenbüttelschen Kanzler, sondern auch die das Herz Georg Wilhelm's beherrschende Frau von Harburg, Eleonore d'Olbreuse, für die Partei des Kaisers gewonnen, indem er für die Tochter, die sie dem Herzog geboren hatte, große Aussichten erschloß[1]). Die Sorge um die Zukunft dieses Kindes hatte vor einem Jahre den Herzog bewogen, die Naturalisation desselben in Frankreich zu erwirken[2]). Mußte sich nicht jetzt, wo die cellische Politik von Frankreich zum Kaiser hinüberneigte, der Mutter die Berechnung aufdrängen, daß am Kaiserhofe eine weit günstigere Förderung ihrer Interessen zu erwarten war? Um Georg Wilhelm bei seiner Abwendung von Frankreich festzuhalten und zu thätigem Anschluß an die Gegenpartei fortzureißen, mußte der Kaiser den Herzenswünschen des Celler Hofes entgegenkommen. Diese aber waren auf die Legitimirung der unehelichen Tochter gerichtet. Wurde die Tochter für eine ebenbürtige Reichsfürstin erklärt, so mußte auch die Mutter mit ihr steigen. Konnte es anders sein als daß der durchaus kaiserlich gesinnte Kanzler Schütz diese Wünsche wahrnahm, um dem kaiserlichen Bevollmächtigten den Weg zum Ziele zu zeigen? Wir dürfen daher die Mittheilungen, welche die Herzogin Sophie in ihren Memoiren[3]) über Schützens Antheil an den auf die Standeserhöhung der Frau von Harburg und ihrer Tochter gerichteten Bestrebungen macht, zur Bestätigung der von Verjus gebrachten Meldung heranziehn, daß Baron Goeß die Frau von Harburg in das Interesse seiner Mission zog.

War auch der Erfolg kein unmittelbarer, so hatte doch Frankreichs Gesandter den Eindruck, daß damit der Würfel am cellischen Hofe gefallen und das braunschweigische Defensivbündniß fortan als Vorstufe eines gegen Frankreich gewendeten Angriffsbündnisses anzusehen war[4]).

---

1) Relation Verjus' dat. Wolfenbüttel, 26. Sept. 1672 (P): Le baron de Goes ofre à tous les Princes qu'il voit, et à tous leurs ministres et favoris l'entier contentement sur toutes les prétensions qu'il peut seulement diviner qu'ils aient ou qu'ils puissent avoir à Vienne, des érections de simples terres en contéz et principautéz, des places à charge dans le conseil aulique, des emplois à la cour et à l'armée et enfin touttes les choses dont on peut disposer. Il a gaigné de la sorte le chancelier de M. le Duc de Zell et celuy de M. le Duc de Wolfenbutel et a voulu ménager Mad. de Harbourg par de grands avantages qu'il s'est offert de procurer à la petite fille qu'elle a de M. de Duc de Zell.

2) S. oben S. 199. 3) S. 97.

4) Verjus a. a. O.: Il est certain, Monseigneur, que depuis longtemps il n'y en a point eu de plus profond ny plus d'action et d'aplication contre la France

Viertes Kapitel.

Der brandenburgisch-österreichische Feldzug und die französisch-hannoversche Allianz von 1672.

Für den Urheber des Braunschweiger Bündnisses, den Kurfürsten Friedrich Wilhelm, war die nächste Wirkung desselben nicht erfreulich. Es entzog ihm nicht nur den Rückhalt, den er davon für seinen Feldzug zur Rettung Hollands erwartet hatte, sondern rief auch eine doppelte Gegenwirkung hervor.

Die eine gieng vom Kaiser aus. Hatte dieser unter dem ersten Eindruck der unerwarteten Erfolge Frankreichs der Kriegspartei an seinem Hofe nachgegeben und durch Bündnisse mit Brandenburg und dessen norddeutschen Freunden ein energisches Vorgehn gegen Frankreich eingeleitet, so blieb er doch unter dem Einfluß des Fürsten Lobkowitz und unter dem Druck des geheimen Vertrags vom 1. Nov. 1671 auf der Linie stehn, den offenen Bruch mit Frankreich möglichst zu vermeiden[1]). Schon die geringe Zahl der Truppen, die er dem Kurfürsten zu Hülfe schickte, schloß eine wirksame Kriegführung aus. Dazu wurden dem Führer derselben, Grafen Montecuccoli, die Hände gebunden durch die Weisung, jedem ernstlichen Zusammenstoß auszuweichen, und dieser war, wenn auch erbost über die unerquickliche Rolle, zu der er verurtheilt wurde, doch nicht der Mann, den Gehorsam zu verweigern. Er verspätete daher nicht nur bis zum September seine Vereinigung mit dem Kurfürsten, sondern zögerte auch dann noch den Aufbruch unter dem Vorwande hinaus, das Ergebniß der Unterhandlungen mit dem Herzog von Celle und den andern Genossen des Braunschweiger Defensivbündnisses abwarten zu wollen[2]). So mußte dies Bündniß dazu mithelfen, den Vormarsch der vereinigten Armeen zu hemmen, so lange die Raschheit desselben noch Aussicht des Gelingens bot.

---

qu'il y en a maintenant dans ce parti, que si l'on ne travaille de toutes ses forces à emploier tous les moiens possibles pour le dissiper, le peloton grossira tous les jours, et qu'il pouvoit enfin arriver que l'Electeur de Brandebourg et l'Empereur fissent une affaire de l'Empire de leur fantaisie particulière. Selon touttes les apparences la ligue deffensive de Brunswic sera bientost changée en une autre offensive ou, ce qui seroit la mesme chose, on y comprendra les Estats Généraux.

1) Vgl. hierüber neben Ranke, Droysen, Peter, Krones, Zwiedineck-Südenhorst und Erdmannsdörffer auch Pribram in Urk. u. Acten XIV, 1, 501 ff.

2) Droysen, III, 3, 269 f.; Peter, der Krieg des Großen Kurfürsten, S. 61 ff.

Auf der andern Seite aber nahm Herzog Johann Friedrich von Hannover eben daher den lebhaftesten Antrieb, eine schleunige Gegenbewegung der französischen Armee und Diplomatie anzuregen.

Schon beim ersten Auftauchen des brandenburgischen Unternehmens hatte er dem französischen Hofe den Rath ertheilt, das Stift Hildesheim mit 6—7000 Mann zu belegen, aber kein Gehör gefunden[1]). Ende Juli hatte er alsdann auf das Gerücht vom Anmarsch der kaiserlichen und brandenburgischen Truppen seinen Hofrath Stats Victor von Mandelsloh entsandt, um im tiefsten Geheimen seine alten Freunde, den Herzog von Enghien und den Prinzen von Condé, sodann den Marschall Turenne und den Minister Pomponne zu allarmiren und schließlich dem Könige Ludwig selbst die hannoverschen Interessen ans Herz zu legen. Da sich der König in dem Vertrage vom 10. Juli 1671 verpflichtet hatte, den Herzog gegen jeden Angriff entweder mit Truppen oder mit Geld zu unterstützen, so wünschte Johann Friedrich zur Abwehr der sein Territorium bedrohenden Durchmärsche des österreichisch-brandenburgischen Heeres eine Geldhülfe, um sein eigenes Heer um zwei Regimenter Infanterie, ein Regiment Cavallerie und drei Compagnien Dragoner zu vermehren. Er sagte sich, daß der König die Detachirung eines französischen Hilfscorps vorziehen würde. Aber dem sollte Mandelsloh durch die Vorstellung vorbeugen, daß der weite Weg und die festen Plätze zwischen Rhein und Weser das rechtzeitige Eingreifen eines solchen Detachements behindern würden. Bestände man auf einer militärischen Diversion, so würde sich aus politischen Rücksichten empfehlen, daß nur die deutschen Alliirten des Königs, also Kurköln und Münster, bei Höxter an der Weser aufmarschirten, um von hier aus zu gleicher Zeit den Herzog und das kurkölnische Stift Hildesheim zu decken. Sein eigentliches Absehn aber sollte Mandelsloh auf die Bewilligung der Hülfsgelder richten und erforderlichen Falls die Geneigtheit des Herzogs zu einer engern Allianz mit Frankreich und eventuell auch mit Schweden durchblicken lassen[2]).

---

1) Dies erhellt aus der Relation Verjus', dat. Celle, 23. Sept. 1672 (P.).

2) Instruction, dat. Hannover, 11/21. Juli 1672. Ich theile die Hauptsätze derselben mit: „. . . Mais comme les conjonctures et les autres desseins du Roy ne pouuoient peut-estre permettre que S. M[té] fist filer des trouppes vers ces quartiers, (outre que S. A. ne seroit pas bien aise de les reçevoir pour encores dans ses estats, ce qui soit dit pour l'information du Sr de Mandelsloh) il taschera de faire gouster au Roy et à ses ministres de fournir à S. A. de l'argent pour la levée de deux régiments d'infanterie à seize ou moins quatorze escus par fantasin de mille hommes chaque régiment et encores un régiment de cavallerie de sis cents chevaux à soisante ou au moins cinquante escus par cavalier et de trois compagnies des dragons, la compagnie de cents testes, trente escus au moins par teste, et de les entretenir tant que le danger durera . . . De cette

Als Mandelsloh Anfang August in Paris eintraf, war der Aufmarsch der Brandenburger und Österreicher, den der Herzog fürchtete, noch nicht vollzogen. Man hoffte vielmehr noch, daß nichts daraus würde. Mandelsloh brachte daher vom Könige nur die stolze Versicherung heim, daß er den Herzog nicht im Stich lassen werde; er überzeugte sich zugleich, daß die eventuelle Unterstützung jedenfalls nicht in der Bewilligung neuer Subsidien, sondern in einer militärischen Diversion bestehen würde. Indessen die Andeutung, daß der Herzog einer engeren Allianz nicht abgeneigt sei, wurde von Pomponne nicht überhört[1]); er nahm sie auf, als endlich doch der Kurfürst von Brandenburg im Verein mit Montecuccoli den Vormarsch nach dem Rhein ins Werk setzte.

Fürs erste mußte Johann Friedrich sich selber helfen. Dann auch sein Versuch, den Bruder Georg Wilhelm gegen Brandenburg und den Kaiser einzunehmen, mißlang[2]) und ebenso vergeblich war das Bemühen, den besorgten Durchmarsch durch unmittelbares Benehmen mit dem Kurfürsten Friedrich Wilhelm und dem Grafen Montecuccoli abzuwenden. Der Kurfürst wich einer bestimmten Antwort aus[3]) und nahm seinen Marsch durch das herzogliche

---

manière S. A. pourroit avec ce qu'elle a desja des trouppes sur pied, estre en estat de soustenir le premier choq .... Et en effet il semble le moyen le plus seur et le plus practicable pour aller au devant à toute sorte d'inconvenient, si le Roy pouvoit ou vouloit disposer ses alliés de s'approcher avec un corps d'armée de leurs pays et le mettre auprés de Höxter pour avoir la correspondence de l'éveschó de Hildesheim et de ce pays-cy, pour retenir par cette considération ceux qui sans cela avoient fort envie de troubler le repos de ces quartiers. — Postscriptum: En cas que le Sr de Mandelsloh peut remarquer que les ministres du Roy demeurassent en termes très généraux ne voulant point entrer en aucune obligation particulière à l'esgard de l'assistance que S. A. demande sur le pied de cette neutralité, et qu'ils moustrassent quelque volonté d'estendre le traitté à quelque alliance défensive plus estroitte, il ne doit point rejetter tout à fait cette proposition, mais respondre qu'il avoit ordre, quand on luy parleroit des choses semblables, de prier M. de Pomponne au nom de S. A., qu'il veueille disposer Sa M[té] d'envoyer quelqu'un de ses affidés vers la dite Altesse en ces quartiers pour éviter les ombrages, quand S. A. envoyeroit quelqu'un de ses ministres vers le Roy, et s'il estoit possible, que ce fust M. de Verjus. — Zweites Postscriptum, dat. 15/25. Juli 1672: Mandelsloh solle sich der Beziehungen zwischen Frankreich und Schweden versichern; il proposera aussy à M. de Pomponne, s'il ne seroit à propos qu'on donnast quelque ouverture à S. A., de quelle manière elle pourroit entrer en correspondance avec la dite couronne de Suède sur les présentes conjonctures et réciproquement ....

1) Recreditive für Mandelsloh, dat. St. Germain, 26. Aug. 1672. Seine Relation vom 3/13. Aug. 1672 theile ich unter III, 95 der Beilagen mit.

2) Bericht Grote's über seine cellischen Verhandlungen, dat. Celle, 17. Aug. 1672.

3) Diarium Grote's über seine Sendung an den Kurfürsten und Baron von Goeß nach Brandenburg, 23.—27. Aug. 1672. Instruction Johann Friedrich's für die Mission seines General-Adjutanten Otto Arthur von Ditfurt an den Grafen Montecuccoli, dat. Hannover, 29. Aug. 1672.

18*

Territorium. Die Brandenburger, so meldete der Herzog klagend nach Frankreich, hätten dabei wie Tartaren gehaust und ihm vier bis fünf Ämter ruinirt[1]). Er verfehlte dafür nicht ihnen auch seinerseits den Feldzug zu stören, indem er seine Truppen bei Hameln concentrirte und den Weserübergang sperrte[2]). Unbewußt kam er so jener Strategie des Grafen Montecuccoli zu Hülfe, die den kampfeslustigen Kurfürsten vom geraden Wege gegen den Feind nach dem Main abdrängte und damit den Feldzug verdarb.

Bei allem Mißgeschick wirkte jedoch dieser Vormarsch soviel, daß Ludwig XIV. einen beträchtlichen Theil seiner Armee und seinen besten Feldherrn, den Prinzen Turenne, von den Niederlanden abberief und über den Rhein schickte, um den neuen Gegnern die Stirn zu bieten. Er setzte auch seine Diplomatie in neue Bewegung, das System seiner Allianzen zu vollenden. Graf Verjus, der nach Wolfenbüttel entsandt war, um die Pathenstelle seines Königs bei dem Sohne Anton Ulrich's zu vertreten[3]), erhielt den Auftrag, von neuem womöglich das ganze braunschweigische Haus, jedenfalls aber den Herzog von Hannover, durch Subsidienangebot zur Waffnung für Frankreich zu bewegen[4]).

An ein Engagement des ganzen lüneburgischen Hauses war nach dem Braunschweiger Bündniß nicht mehr zu denken; Verjus, der sich von vornherein darüber klar war[5]), sah auch rasch davon ab. Johann Friedrich aber ergriff die dargebotene Hand, um sich und sein Haus nicht nur zu salviren, sondern auf Kosten des stets mit Argwohn und Eifersucht angeschielten Brandenburgers emporzubringen.

Sein Gewissen verbot ihm die Betheiligung an einem Bunde, der den Krieg in das Reich und gegen sein Haus richten würde, und sein Interesse verlangte gebieterisch Sicherheit für seine Staaten und Subsidien für seine militärischen Bundesleistungen[6]). Seine dynastische Rivalität aber trieb

1) Johann Friedrich an Duc d'Enghien, dat. Hannover, 21. Oct. 1672 in Beilage III, 97.

2) Grimoard, lettres de Turenne, II, 49; Verjus an Turenne, dat. Celle, 24. Sept. 1672 (P.).

3) In einem Schreiben d. d. Wolfenbüttel, 10. Sept. 1672 spricht Anton Ulrich seinen Dank für die Pathenschaft des Königs aus, s. oben S. 197.

4) Durch Instruction d. d. Versailles, 7. Oct. 1672 (P.) erhielt Verjus den Auftrag »pour ne proposer pas seulement une ligue à toute la maison de Lunebourg, mais pour contribuer encore aux despenses qui la peuvent mettre en estat de s'armer considérablement. Si les Ducs de Zel et de Wolfenbutel se sont mis en estat de ne point accepter des conditions sy avantageuses, Vous porterés apparement le Duc de Hannovre à en proffiter. Il est à désirer que M. l'Evesque d'Osnabruk entre dans les mesmes sentimens« . . .

5) Relationen, dat. Celle, 23. Sept., Wolfenbüttel, 26. Sept. 1672 (P.).

6) Unter den bei den Entwürfen der Allianz vom 10. Dec. 1672 erhaltenen Acten findet sich ein unbatirter Zettel, der von der Hand des Herzogs folgende Notiz trägt:

ihn jetzt zur Beraubung Brandenburgs und zur Forderung kurfürstlicher Ehren an.

Der Allianzentwurf, den er durch Grote concipiren und Ende September dem französischen Gesandten überreichen ließ [1]), war von diesen Gesichtspunkten beherrscht. Jede Action gegen sein Haus und gegen die Reichsconclusa ausnehmend (§ 16), setzte der Herzog voraus, daß auch noch andere Potentaten und zwar womöglich Schweden und England, Kurköln und Baiern, Münster und Neuburg sowie sein Bruder Ernst August, der Allianz beiträten (§ 1). Er verlangte ferner, daß dem Kurfürsten von Brandenburg während des Krieges seine bisherigen Einkünfte und Hoheitsrechte im Clever Lande belassen oder entschädigt, nach dem Kriege aber alle seine dortigen Plätze eingeräumt würden (§ 2). Indem er sich unter diesen Voraussetzungen zur Aufstellung einer Feldarmee von 12000 Mann erbot (§ 5), bedang er aus, daß von Frankreich kein Friede oder Stillstand ohne Zuziehung seiner Bundesgenossen geschlossen würde (§ 4), und daß das hannoversche Contingent bei der Vereinigung mit den französischen oder andern alliirten Truppen als geschlossenes Corps dem Commando seines eigenen Generals unterstellt bliebe (§ 6, 7). Er verlangte an Werbegeldern je 14 Thaler für den Infanteristen, 40 für den Dragoner und 50 für den Cavalleristen (§ 9), dazu monatlich 30000 Thaler Subsidien als Zuschuß zu den 10000 Thalern, die ihm in dem Neutralitätsvertrage von 1671 zugestanden waren, endlich noch in jedem Jahr 50000 Thaler zur Recrutirung (§ 9—11) und den Genuß der Contribution im occupirten Feindeslande (§ 12).

Der Schwerpunkt des Entwurfs aber lag in den vom dynastischen Ehrgeiz eingegebenen Forderungen. Der Herzog verlangte erstlich eine bessere Titulirung, als ihm bisher vom französischen Hofe gewährt war: er wünschte nicht schlechter als der Kaiser und der König von England behandelt zu werden (§ 20).

Die zweite Forderung war, daß ihm die Kriegführung in den brandenburgischen Fürstenthümern Magdeburg, Halberstadt und Minden überlassen würde, um womöglich Magdeburg, jedenfalls aber Minden zu

---

»Exception et raisons qui me peuvent empescher d'entrer dans l'alliance: 1) quand on voudroit faire la guerre dans l'Empire, 2) contre ma maison, 3) que l'on ne me donnât asses d'asseurence pour la seureté de mes estats, 4) quand on ne me donneroit des subsides proportionés aux frais de la guerre et que la ruine de mes subjects s'en deut suivre«.

1) Der von Grote zuerst deutsch, dann französisch concipirte Entwurf der Allianz ist in der deutschen Fassung von Johann Friedrich, dat. Hameln, 18. Sept. 1672 unterzeichnet und in der französischen Fassung dem Grafen Verjus laut einer Dorsualnotiz des Herzogs am 20/30. Sept. in Hameln überreicht.

nehmen; zu letzterem Zweck sollte ihm sogar ein französisches Hülfscorps von 7 bis 8000 Mann zur Verfügung gestellt werden[1]).

Drittens wollte er in Betreff der Stadt Bremen freie Hand behalten[2]), entsprechend dem im dänischen Bündnisse gemachten Vorbehalt[3]).

Verjus fand diese Vorschläge discutabel[4]), und König Ludwig bewilligte nicht nur sofort die begehrten Werbegelder sondern auch eine monatliche Subsidie von 35000 Thlr. für 12000, 40000 Thlr. für 14000 Mann; die für die jährliche Recrutirung verlangte Summe sollte Verjus herabdingen und erst im letzten Augenblick bewilligen. Auch das wurde dem Herzog zugestanden, daß er keinen Fürsten seines Hauses in seinen Landen anzugreifen gehalten wäre, wenn er sich verpflichte, den Brandenburger und jeden Bundesgenossen desselben anzugreifen und im Kampfe auszuharren, bis ein dem König und dessen Alliirten genügender Friede gemeinsam vereinbart sei. Indem der König die Aufrechthaltung des westfälischen Friedens für den obersten Zweck solcher Allianz ausgab, verstand er darunter lediglich jene Satzung, welche dem Kaiser verbot, den Feinden Frankreichs auf irgend eine Weise Vorschub zu thun[5]), und verlangte, daß der Herzog dies ausdrücklich als eine allgemeine Reichsverbindlichkeit anerkenne. Sehr zurückhaltend aber blieb er den dynastischen Forderungen Johann Friedrich's gegenüber. Über die Titularforderungen desselben mit Stillschweigen hinweggehend, wies er Verjus an, sich keinenfalls in irgend eine bestimmte Zusage wegen der Wegnahme von Minden einzulassen und keine Erwähnung der Stadt Bremen in den Vertrag aufzunehmen. Denn man dürfe den Schweden keinen Vorwand zum Mißbehagen geben; der Vertrag mit Hannover sollte im Gegentheil dazu helfen, daß die Krone Schweden entschlossener in das französische System eintrete; Schweden und Hannover würden sich in ihren Interessen gegen Brandenburg zusammenfinden. Dem Beispiel Hannovers würden dann auch die andern Reichsstände folgen. Den Hauptgewinn dieses Vertrages aber erblickte Ludwig XIV. darin, den Braunschweiger Bund in den Schranken der Defensive, die er sich zum Zwecke gesetzt hätte, zu halten[6]). Verjus wurde demnach zum Abschluß mit dem Herzog ermächtigt[7]).

---

1) § 13: Le Roy fournira immédiatement après la rupture 7 ou 8000 hommes à S. A., payés et entretenus aux dépens du Roy, pour prendre Minden et le mettre en suite entre les mains de S. A. — § 14: S. A. fera la guerre dans les pays de Minden, Halberstadt et prendra Magdeburg, s'il peut.

2) § 19: S. A. se conserve les mains libres à l'esgard de la ville de Bremen.

3) S. oben S. 228 u. 239. 4) Relation, dat. Osnabrück, 3. Oct. 1672 (P.).

5) I. P. M. § Et ut eo.

6) Instruction Ludwig's XIV. für Verjus, dat. St. Germain, 26. Oct. 1672 (P.); die wichtigsten Sätze daraus theile ich unter III, 98 der Beilagen mit.

7) Durch Vollmacht unter demselben Datum.

Als er Ende November nach Hannover kam, um den Vertrag mit den von Johann Friedrich bevollmächtigten Ministern Grote und Witzendorf auszuarbeiten, bewährte er eine solche Meisterschaft in der Behandlung des ihm vertrauten Hofes, daß der Herzog von ihm aufs höchste eingenommen war, obgleich er sich ein stetiges Herabdingen all der Forderungen und Cautelen gefallen lassen mußte, mit denen er dem Unterhändler das Leben täglich aufs neue sauer machte[1]).

Am leichtesten wurde die Geldfrage geregelt. Indem Verjus dem Herzog die für 12000 Mann begehrte monatliche Subsidie von 30000 Thalern schon für die Aufstellung von 10000 Mann zusagte, bestimmte er ihn, sich mit den begehrten Werbegeldern für die Hälfte dieses Corps zu begnügen und auf den jährlichen Rekrutirungs-Zuschuß ganz zu verzichten[2]).

Größere Schwierigkeit machte die von Ludwig XIV. geforderte Declaration des Artikels Et ut eo des westfälischen Friedensinstruments. Um einem Zusammenstoß mit den Contrahenten des Braunschweiger Bundes aus dem Wege zu gehen, lehnten die hannoverschen Staatsmänner jede ausdrückliche Declaration dieses Artikels ab, und Verjus beschied sich, nach langem Streite mit einer allgemeinen Fassung, wonach der Herzog sich verpflichtete, gegen die Verstörer des Friedens und der Ruhe des Reichs mit 10000 Mann in dem westfälischen und den beiden sächsischen Reichskreisen zu agiren (§ 5)[3]).

---

1) Johann Friedrich an Duc d'Enghien (Dec. 1672): Pour ce qui concerne M. Verjus, je le connois tousjours plus honnest homme et bon amy, d'autant plus que je le pratique . . . Des gents de cette honesteté sont bien rares, et l'on les doit bien ménager. — Relation Verjus' an Pomponne, dat. Hannover, 11. Dec. 1672: Je crois, Monseigneur, avoir dejà eu l'honneur de vous dire en quelque rencontre ce que j'experimente continuellement en celle-cy (scil: cour), que je ne connois pas de Prince avec qui j'aimasse mieux avoir fait une affaire qu'avec le Duc d'Hannover, parce qu'on peut dormir en repos sur sa parole, quand une fois il s'est engagé; mais qu'il n'y en a pas aussi avec qui j'aimasse moins avoir à la faire, parce que je ne sçay personne qui cherche plus ses advantages, qui fasse plus de difficultéz, qui soit plus entier dans ses prétensions, qui veuille faire toutes choses avec plus de précautions et plus de seuretéz que luy, et enfin avec qui on ayt plus de peine et avec qui il soit besoin d'une plus forte application

2) Vgl. § 5—7 des definitiven Vertrags.

3) Relationen Verjus, 1) dat. Hannover, 2. Dec. 1672: Ils tesmoignent ne vouloir en aucune manière faire une mention précise du paragraphe du traitté de Munster Et ut eo . . . . 2) Dat. Hannover, 4. Dec. 1672: La résolution fixe où ils sont, de ne vouloir point expliquer le paragraphe du traitté Et ut eo firmior, est une des choses qui m'ont fait le plus de peine. Mais quand je n'obtiendrois que ce que j'ay desjà emporté là dessus, le Roy asseurement en seroit content. Et j'espère, Monseigneur, que vous jugerez qu'une explication positive et tout estendue de ce paragraphe ne seroit guère meilleure que la manière avec laquelle

Fast zum Bruche aber führte die Haltung, die der Herzog der Krone Schweden gegenüber einnahm. Wollte er einerseits im Einklang mit seinem Hause und Dänemark die schwedischen Gelüste nach der Stadt Bremen vereiteln und deshalb die Reichsfreiheit dieser Stadt auch von Frankreich ausdrücklich verbürgt haben, so wünschte er andrerseits der schwedischen Waffenhülfe sicher zu sein, bevor er sich zum offenen Bruche mit dem durch das Braunschweiger Bündniß gedeckten Kurfürsten von Brandenburg herbeiließ. Verjus aber durfte nach seiner Instruction weder das eine noch das andere einräumen. Er half sich damit, daß er die erste Forderung, auf der Johann Friedrich unnachgiebig bestand, aus dem Hauptvertrag in einen geheimen Sonderartikel verwies. Dagegen lehnte er unbedingt das gleiche Auskunftsmittel für die zweite Forderung ab, weil der König die Absicht hegte, Schweden und Hannover durch gleichartige Vertragsbestimmung auf einander anzuweisen. Die hannoverschen Bevollmächtigten modificirten nun ihren Standpunkt dahin, daß der König dem Herzog die Assistenz entweder Schwedens oder Dänemarks zusichere. Diesem Ausweg aber stellte Verjus die Erwägung entgegen, daß die Unterhandlungen Frankreichs mit Schweden schon zu weit vorgeschritten wären, um solche Alternative zuzulassen. Die Hannoveraner brachten darauf eine noch subtilere Fassung in Vorschlag; sie knüpften die Verpflichtung des Herzogs, mit 10000 Mann in den Feldzug einzugreifen, an den Vorbehalt: wenn sich die eine der beiden Kronen Schweden oder Dänemark gegen den König erkläre, ohne daß die andere für ihn Partei nehme, so sollte auch der Herzog nicht mehr zur Action verpflichtet sein außer auf Grund eines neuen Vertrags. Dies Ansinnen fand Verjus „extravagant". So kamen sie endlich mit dem Vorschlag heraus, daß der König ihnen die Waffenhülfe Schwedens wenigstens für den Fall zusage, wenn der Braunschweiger Bund Feindseligkeiten gegen Hannover begönne. Verjus erachtete dies „Temperament" für annehmbar[1]).

Allein die hannoverschen Staatsmänner bestanden darauf, daß auch die an zweiter Stelle vorgeschlagene Bedingung dem Könige Ludwig unterbreitet würde. Der Entwurf, den sie mit Verjus vereinbarten, stellte daher in § 24 die Alternative auf, que la Suède ou le Danemark prenne le parti de la France ou du moins que la Suède doive agir en faveur de la

ils s'obligent aux mesmes choses qui y sont portées. Vgl. Mémoires de Pomponne II, 343: Ce Prince s'obligeoit d'agir avec une armée de 10000 hommes dans les deux cercles de Saxe et dans celui de Westphalie contre les perturbateurs du repos public; et ce terme s'entendoit de ceux qui contre le traité de Munster feroient la guerre à la France.

1) Alles dies nach der Relation Verjus', dat. Hannover, 11. Dec. 1672 (P.).

France et des alliés, en cas que la ligue de Brunswig prenne les armes contre eux, le Roy aiant promis de garantir l'éfet de l'un ou de l'autre[1]). Ludwig XIV. entschied sich für den ersten Theil und behielt sich so die Hand frei, gegen die noch immer unsichere Haltung der schwedischen Regierung die Eifersucht auf das ebenfalls noch schwankende Dänemark auszuspielen. Um aber Schweden, auf das er doch an erster Stelle reflectirte, nicht abzustoßen, lehnte er den Sonderartikel wegen der Stadt Bremen ab und beruhigte den Herzog mit einer in unverbindliche Form gefaßten Zusage eventueller Berücksichtigung dieses Verlangens[2]).

Auch von der Forderung, daß Frankreich die Eroberung von Magdeburg und Minden gutheiße und gar unterstütze, mußte Johann Friedrich Abstand nehmen und sich mit einem geheimen Sonderartikel begnügen, wonach ihm für den Kriegsfall die Contributionen der kurfürstlichen Territorien Minden, Halberstadt und Ravensberg sowie aller andern, die er unter seine Macht bringen würde, zugesagt wurden, ausgenommen die Fürstenthümer Cleve und Mark, deren Contributionen der König sich selbst vorbehielt.

Seine innersten Herzenswünsche aber, in die nur Grote eingeweiht war, enthüllte der Herzog, als er den französischen Bevollmächtigten, nachdem die andern Punkte in der Hauptsache klar gestellt waren, mit einer Forderung heimsuchte, die seitdem für zwei Jahrzehnte das letzte Ziel der hannoverschen Politik blieb. Die Beschwerde, daß der König von Frankreich den Herzog schlechter titulire als der Kaiser und die andern Könige, die ihm das Prädicat Durchlaucht gönnten, diente zur Einleitung; die Bitte, daß ihm für sein Fürstenthum Göttingen die einst von demselben geführte Stimme im Reichsfürstenrath wieder zuerkannt würde, diente zu vollerer Begründung eines Wunsches, der hier zum ersten Male aus der Tiefe des Herzens an das Tageslicht trat. Der Herzog hoffte und verlangte, durch Frankreichs Fürsprache auf dem nächsten Friedenscongreß die K u r w ü r d e zu erlangen[3]).

---

1) Dieser Entwurf ist von Verjus' Hand.

2) Resolution Ludwig's XIV. d. d. 10. Januar 1673, nach einer von Verjus dem Herzog von Hannover zugestellten Copie mitgetheilt unter III, 105 der Beilagen.

3) Relation Verjus' dat. Hannover, 4. Dec. 1672: Zurückkehrend nach Hannover sei er durch zwei neue Forderungen überrascht, um die außer dem Herzog nur der Minister Grote wisse: »L'une est que le Roy veuille bien changer quelque chose à la manière des lettres que S. M[té] écrit à M. le Duc d'Hanover, qui m'a toujours fait des plaintes de cela. S. M[té] ne fait point de différence entre des Princes souverains d'Allemagne et des Ducs de France et le traitte moins civillement que ne font l'Empereur et tous les autres Roys du monde. L'autre de ces nouvelles propositions est que le Roy s'engage, en cas que les affaires en viennent aux extremités d'une guerre, à employer son autorité au traitté de paix qu'on pourra faire

Da Verjus keine Vollmacht zur Unterstützung derartiger Forderungen hatte, so nahm er sie, um nicht den ganzen Vertrag zu gefährden, als geheime Sonderartikel ad referendum, und Johann Friedrich sandte ihm den Hofmarschall von Moltke nach, um in Köln die Entscheidung Ludwig's XIV. entgegen zu nehmen[1]). Dieser ratificirte auf der Stelle den Hauptvertrag[2]), versagte sich aber den geheimen Zusatz-Artikeln. Denn die Gewährung der begehrten Titulatur würde die unvermeidliche Consequenz haben, sie auch den andern deutschen Fürsten zuzugestehn und damit den erstrebten Vorzug illusorisch zu machen. Die Göttinger Reichstagsstimme aber und die Kurwürde dem Herzog zuzusichern stehe nicht in Frankreichs Macht[3]).

Die Zukunft, so vertröstete Verjus den Herzog, wird vielleicht auch diese Wünsche zum Ziele führen, wenn eine ruhmvolle Kriegführung Hannovers Ansehen und Machtbereich erweitern wird[4]). Allein eine energische Kriegführung war von dem Herzog nicht zu erwarten. Er wollte gewinnen, ohne zu wagen. Erst hinterher erkannte man in Frankreich, daß auch der Vertrag vom 10. December 1672 nicht die Wirkung hatte, ihn aus seiner vorsichtigen Zurückhaltung in das Feld zu treiben[5]).

Dieser Vertrag[6]) gieng von der Fiction aus, daß man niemanden,

---

ensuite, pour tascher de faire avoir à M. le Duc de Hanover la dignité Electorale avec le renouvellement du droit de suffrage dans le collège des Princes aux Diettes de l'Empire, qu'avoit autrefois le Duché de Gottingen qu'il possède maintenant.

1) Vollmacht, dat. Hannover, 3. u. 20. Jan. 1672.

2) Dat. St. Germain en Laye, 10. Jan. 1673, in III, 101 der Beilagen. Von den unter III, 102 mitgetheilten geheimen Zusatz-Artikeln ist der erste unter dem gleichen Datum ratificirt.

3) Ludwig XIV. an Verjus, dat. 10. Jan. 1673, in III, 105 der Beilagen mitgetheilt nach der dem Herzog von Verjus eingeschickten Copie.

4) Verjus an Johann Friedrich, dat. Cologne, 14. Febr. 1673 in III, 106 der Beil.

5) Mémoires de Pomponne II, 342 f.: Il n'y eut point de négociation avec le duc de Zell, qui ressentit sans doute que l'on lui eût préféré le duc de Hanover. L'événement fit voir que l'on auroit peut-être mieux fait de traiter avec lui; qu'il auroit agi plus sincèrement et avec plus de hardiesse, ainsi qu'il fit dans le parti qu'il embrassa depuis, et qu'il n'eût pas employé divers prétextes et diverses négociations, comme fit le duc de Hanover, pour tirer beaucoup d'argent de Sa M. sans agir pour ses intérêts.

6) Ich gebe denselben mit der französischen Ratification unter III, 101 der Beilagen. Von den geheimen Zusatz-Artikeln, deren Entwurf ich unter III, 102 mittheile, ist nur der erste in den unter demselben Datum ratificirten Nebenvertrag aufgenommen; dieser Nebenvertrag stimmt wörtlich überein mit der Fassung des mitgetheilten Entwurfs von den Worten Outre les articles convenus bis zu den Worten dont le Roy se reserve les contributions. Ältere Drucke bei Du Mont, mémoires politiques pour servir à la parfaite intelligence de l'histoire de la paix de Ryswick, à la Haye, 1698, II, 44 ff.;

am allerwenigsten Kaiser und Reich, anzugreifen, sondern sich nur gegen die Friedensstörer zu gegenseitigem Schutze zu verbinden gedenke (§§ 1 u. 15). Der König verpflichtete sich deshalb, dem Kurfürsten von Brandenburg noch einmal die Restitution der Clevischen Plätze und volle Genugthuung für alle Schädigungen anzubieten (§ 2), keinen der auf dem Boden des Reichs eroberten Plätze für sich zu behalten (§ 3) und seine Truppen vom Reichsboden zurückzuziehn, sobald sich der Kurfürst von Brandenburg und seine Alliirten zurückziehn würden (§ 4). Erst wenn diese Anerbietungen wirkungslos blieben, wollte Herzog Johann Friedrich mit 10000 Mann ins Feld rücken, um in den westfälischen und sächsischen Reichskreisen gegen die Friedensstörer zu agiren (§ 5), insbesondere gegen den Kurfürsten von Brandenburg (§ 17).

Zur Unterstützung solcher Action würde ihm der König von Frankreich sofort nach Auswechslung der Ratificationen dieses Vertrags die Hälfte der für 10000 Mann erforderlichen Werbegelder nach den vereinbarten Sätzen zahlen (§ 6), dazu einen monatlichen Zuschuß von 30000 Thalern zu der im Neutralitätsvertrage von 1671 stipulirten Subsidie von monatlich 10000 Thalern (§ 7). Auch würde der König bei Schweden, Kurköln, Paderborn und Pfalz-Neuburg dahin wirken, daß sie dem Herzog Werbungen in ihren Staaten verstatteten. Die Truppen des Herzogs dürften unter kurkölnischem Namen geworben und zunächst in dem kurkölnischen Stifte Hildesheim einquartiert werden (§ 14).

In keinem Fall sollte der Herzog zur Action gegen die Fürsten seines Hauses verpflichtet sein (§ 10). Er verpflichtete sich nur, allen Gegnern Frankreichs ohne Unterschied Waffenhülfe, Proviant und Munition, Quartiere und Durchzüge zu versagen (§ 16). Der König aber ergänzte noch die bereits in dem Vertrage von 1671 ertheilten Zusagen dahin, nur mit ausdrücklicher Zustimmung des Herzogs dessen Territorien für Winterquartiere und Durchmärsche in Anspruch zu nehmen (§ 21).

Sobald der Herzog den Krieg gegen Brandenburg begönne, sollten ihm die Contributionen der an seine Territorien grenzenden Feindeslande zustehn, so weit er sie in sein Machtbereich zwinge (§ 22), insbesondere in Minden, Halberstadt und Ravensberg, nur nicht in der Grafschaft Mark und in Cleve (Sonder-Artikel).

Würde der Herzog im eigenen Lande von überlegenen Streitkräften angegriffen, so wollte ihm der König die erforderliche Hülfe senden und

---

Pfeffinger, III, 82 ff.; Lünig, IX, 340 ff. Analysen des Vertrags bei Saint-Prest, I, 518 f.; Lamartiniere, hist. de Louis XIV., III, 476 f.; Basnage, annales des provinces unies, II, 382 f.; Mémoires de Pomponne, II, 343 f.; Mignet, IV, 136 f.; nur eine kurze und schiefe Notiz giebt Havemann, III, 231 f.

auch seine andern Alliirten in den westfälischen und den sächsischen Reichskreisen zur Hülfsleistung veranlassen, während Johann Friedrich seinerseits zur Unterstützung dieser Alliirten erst verbunden sein sollte, wenn sie sich mit ihm in einem Collectivbündniß, wie es der König plante, vereinigt hätten (§ 20). Der Herzog versprach das Seinige zu thun, damit jenes Collectiv-Bündniß des Königs mit Schweden und mehreren Kurfürsten und Fürsten des Reichs, das von seiten Frankreichs bereits in Regensburg angeregt war, zu stande komme; der König aber versprach die Krone Schweden zu einem engern Bündniß mit dem Herzog zu bestimmen, weil der Herzog sich in diesen Vertrag überhaupt nur unter der Voraussetzung eingelassen habe, daß eine der beiden nordischen Kronen Frankreichs Partei ergriffe (§ 24).

Dieser Vertrag sollte bis zur Beendigung des Krieges und Wiederherstellung der Ruhe des Reiches Kraft haben (§ 23) und die Contrahenten verbinden, keinen einseitigen Frieden zu schließen (§ 19), aber inmitten des Krieges auf einen billigen Frieden bedacht zu bleiben (§ 18).

Es liegt auf der Hand, daß der Herzog damit Vorwände genug behielt, sich einer ernstlichen Theilnahme an dem Kriege zu entziehn. Ja, die Klausel wegen des Beitritts einer der beiden nordischen Kronen machte von vornherein den ganzen Vertrag illusorisch, da an Dänemarks Beitritt seit dem Braunschweiger Bündniß überhaupt nicht, an Schwedens Eingreifen aber trotz der Allianz vom 14. April fürs erste nicht zu denken war. Wenn Ludwig XIV. gleichwohl den Herzog von Hannover mit so ansehnlichen Subsidien bedachte, so geschah dies offenbar in der Zuversicht, alle jene Vorbehalte bis dahin, wo er des Herzogs bedurfte, zu überholen. Sein Gedanke war, dem Kurfürsten von Brandenburg die hannoversche Action auf den Hals zu schicken, falls nicht die von ihm geschaffene Verwicklung bis zum nächsten Frühjahr anderweitig überwunden wäre[1]). Den Herzog aber, den nur die Furcht vor Brandenburg und die heimliche Hoffnung, auf dessen Kosten emporzukommen, zu dieser engern Allianz bestimmt hatte, mußte die Fortdauer solcher Complication von selbst weiter treiben. So stellt sich das hannoversch-französische Bündniß vom 10. December 1672 nach Ursprung und Zweck als ein Gegenzug gegen die brandenburgisch-österreichische Allianz und das daran anknüpfende Braunschweiger Bündniß dar.

1) Turenne an Louvois d. d. 26. Oct. 1672 bei Grimoard II, 84.

Fünftes Kapitel.

Der brandenburgisch-österreichische Feldzug und der Friede von Vossem.

Während Ludwig XIV. durch das hannoversche Bündniß den Kurfürsten von Brandenburg im Rücken bedrohte, thaten die Holländer nichts, um den Braunschweiger Bund, der die brandenburgische Action decken und stärken sollte, zu wirksamer Entfaltung seiner Kräfte zu treiben. Ja, der gute Wille Georg Wilhelm's, der die Seele des Bundes war, wurde durch ihre knausernde Zurückhaltung beinahe erstickt. Alle Maßnahmen des Herzogs trugen daher den Charakter der Halbheit.

Er bekämpfte auf dem Regensburger Reichstage die Machinationen Gravels, dem brandenburgisch-österreichischen Kriegsbunde eine französisch gesinnte Einung nach Art des Rheinbundes entgegenzusetzen[1]), wich aber der Bitte des Kurfürsten aus, die Festung Minden mit cellischen Truppen zu belegen, damit die brandenburgische Garnison für den Feldzug verfügbar würde[2]).

Er betrieb im niedersächsischen Kreise kraft seines Kreisobristenamts zum Ärger der Franzosenfreunde die Aufstellung einer Kreisarmee. Der Convent der Kreisämter, den er im October nach Lüneburg berief, beschloß auch, daß innerhalb zweier Monate jeder Stand sein Contingent zu den 3000 Mann, die der Kreis zum Behuf der Reichskriegsverfassung stellen[3]) wollte, aufbringe und womöglich ein mehreres leiste. Das Stift Hildesheim und Mecklenburg-Schwerin, deren Landesherrn Frankreichs Parteigänger waren, sollten angehalten werden, ihre dem Kreise entzogenen Contingente binnen Monatsfrist in den Dienst des Kreises zurückzuführen. Auch wurde eine Communication des niedersächsischen mit dem obersächsischen

---

1) Über dies Getriebe s. Pufendorf, Rer. Brandenb. XI, 69; Mignet, négociations rel. à la succession d'Espagne, IV, 108 f. Das in Urk. u. Acten, XIV, 1, 626 f. mitgetheilte Schreiben des Kurfürsten an den Kaiser, d. d. Rüsselsheim, 15/25. Nov. 1672 ist mut. mut. auch an Georg Wilhelm abgelassen. Das Dankschreiben des Kurfürsten für das cellische Auftreten in Regensburg ist d. d. Sparenberg, 26. Dec. st. vet. 1672.

2) Über die hierauf gerichtete Mission des Mindenschen Regierungsraths Ledebur s. Urk. u. Acten XIII, 332 f.; die dort angezogene Resolution Georg Wilhelm's ist d. d. Celle, 29. Oct. 1672.

3) Vgl. die am 25. Aug. (4. Sept.) 1672 in Regensburg vereinbarte Matrikel bei J. A. Kopp, Association der vorderen Reichskreise, S. 86.

Kreise gut geheißen. Mehr jedoch setzte Georg Wilhelm nicht durch. Auf Antrag des Herzogs von Holstein-Gottorp, der sich den Wünschen des von diesen Beschlüssen wenig erbauten schwedischen Condirectoriums anbequemte und von Hannover unterstützt ward, knüpfte der Kreisausschuß das Aufgebot der Waffnung, die er beliebte, an den Vorbehalt, daß erst der Reichstag die Reichshülfe beschließe [1]). Die Zusammenziehung der Kreistruppen wurde damit vertagt.

Von ernsterer Wirkung war die Halbheit der cellischen Politik durch ihre Beziehungen zu Holland und Dänemark. Wenn Georg Wilhelm auf dem Standpunkt beharrte, nicht ohne Dänemark sich in das staatische Bündniß zu begeben [2]), so wurde er dazu vornehmlich durch die Sorge bewogen, daß Schweden mit seinem französischen Bündniß einen neuen Anfall auf Bremen durchsetzen und „das arbitrium in teutschen Sachen noch ferner an sich halten wolle" [3]). Er wußte aus Erfahrung, „daß der Staat (der vereinigten Niederlande) zu seinem eigenen Besten angetrieben und forcirt sein wolle" [4]), und drängte daher nicht nur unermüdlich in Kopenhagen auf Ermäßigung der Holland gestellten Bedingungen, sondern war auch seinerseits bereit, aus eigenen Mitteln 6000 Mann ins Feld zu stellen, wenn ihm nur die Holländer Werbegelder und Subsidien für andere 8000 Mann nebst Artillerie wenigstens auf zwei Monat in baarem Gelde zahlen würden. Aber er verlangte von beiden Theilen unbedingte Gewähr für die Integrität seiner Lande sowie der Stadt Bremen und paralysirte all seinen Eifer für die Rettung der Niederlande durch die ständig wiederholte Erklärung, nicht ohne Dänemark vorgehn zu können [5]).

Daher kam er auch bei jedem Anlauf, dem Kurfürsten von Brandenburg zu secundiren, nicht über den guten Willen hinaus. Als dieser auf dem von Montecuccoli durchgesetzten Umwege den Main und Rhein erreicht hatte und letztern zu überschreiten sich anschickte, bat Georg Wilhelm vergebens den König von Dänemark, wenigstens eine Anzahl Truppen nach

---

1) Cell. Protokoll über den Convent der niedersächsischen Kreisämter, act. Lüneburg 3.—14. Oct. 1672; anwesend von Celle Schütz, von Calenberg Witzendorf, von Wolfenbüttel Göhlen, von Mecklenburg-Güstrow Geh. Rath und Amtshauptmann Heinrich von Bülow, von Holstein-Gottorp Lic. Andreas Ucken, Rath von Haus aus.

2) Georg Wilhelm an L. Müller, dat. Ebstorf, 16. Oct. 1672: keine Rücksicht werde ihn zur Conjunction mit den übrigen Alliirten bewegen, sondern er werde „darauf beharren, daß J. Kgl. Mt. (von Dänemark) der Staat (der Vereinigten Provinzen) der Gebühr (nach) begegnen möchte, und daß in dessen Entstehung Wir mit selbigem unzutreten nicht resolviren könnten oder wollten". Vgl. die gleichartige Erklärung des Herzogs gegen Goeß in Urk. u. Acten XIV, 1, 653 (19. März 1673). 3) Georg Wilhelm an L. Müller, dat. Celle, 2. Nov. 1672.

4) Georg Wilhelm an L. Müller, dat. Harburg, 25. Nov. 1672.

5) Ich theile unter III, 99 u. 100 der Anlagen die beiden hierfür charakteristischen Actenstücke mit.

Holstein, Oldenburg und Delmenhorst zu werfen, „damit im Fall der Noth Wir einander zu succuriren vermöchten“[1]). Ebenso erfolglos blieb das gleichartige Gesuch, das er nach Kopenhagen richtete, als der Rheinübergang gescheitert und das brandenburgisch-österreichische Heer nach Westfalen abmarschirt war, um die mit Frankreich verbündeten Kirchenfürsten von Köln und Münster in den eigenen Landen anzugreifen[2]).

Die Folge war, daß Georg Wilhelm sich wieder seinem mit Frankreich verbündeten Bruder Johann Friedrich näherte, als Turenne's Vorstoß nach Westfalen die Brandenburger und Österreicher zum Rückzug an und über die Weser bewog. Aber hierbei enthüllte sich vollends das doppelte Gesicht der cellischen Politik.

Als Johann Friedrich angesichts dieses Rückzugs der Alliirten die Hülfe seines Hauses gegen abermaligen Durchmarsch anrief[3]), war Georg Wilhelm[4]) sofort zur Vereinbarung gemeinsamer Abwehrmaßregeln bereit und berief eine Conferenz des Gesammthauses nach Burgdorf. Die beiden Brüder fanden sich hier mit dem Wolffenbüttler Vetter zusammen in der Lauheit, die sie den entgegengesetzten Interessen ihrer Bundesgenossen, in dem Eifer den sie den gemeinsamen Interessen ihres Hauses darbrachten. Obgleich Johann Friedrich mit dem Kurfürsten von Köln die französische Partei hochhielt, blieb er doch gegen die Hülfsgesuche, die dieser im Interesse seines Hildesheimer Stiftes sowohl an den niedersächsischen Kreis[5]) wie an das Haus Braunschweig im besondern[6]) richtete, ebenso kühl und ausweichend wie sein zu Brandenburg neigender Bruder. Dieser aber trat seinestheils ebensowenig für die Interessen Brandenburgs und Österreichs ein. Man war sich darüber klar, den Truppen der Alliirten den Durchmarsch nicht versagen zu dürfen noch zu können, aber man beschloß, ihn doch nach Kräften abzuwenden oder einzuschränken. Indem man deshalb bewaffneten Widerstand ebenso zweckwidrig fand wie bloße Protestbriefe, wählte man den Mittelweg, durch eine Gesandtschaft des Gesammthauses den Kurfürsten und den kaiserlichen Feldherrn womöglich von allen Durchmärschen durch die braunschweigisch-lüneburgischen Territorien sowie von jeder Belegung

1) Instruction für L. Müller, dat. Celle, 29. Oct. 1672; den ausweichenden Bescheid erhielt Müller erst auf Grund der laut III, 99 wiederholten Forderung durch Resolution, d. d. Kopenhagen, 14. Dec. 1672.

2) Georg Wilhelm an L. Müller, dat. Winsen a/Luhe, 10. Dec. 1672.

3) Dat. Hannover, 8. Dec. 1672.

4) An Johann Friedrich, dat. Winsen a/Luhe, 14. Dec. 1672.

5) Dat. Bonn, 14. Dec. 1672.

6) Durch Entsendung des Freiherrn von Frantz, Mitte December. Dieser begehrte, „daß man das Städtlein Peine, das Amt Poppenburg und andere Örter im Stift besetzen möge“ (undatirte Aufzeichnung Grote's).

des Stiftes Hildesheim abzubringen und Neutralisirung des ganzen niedersächsischen Kreises zu empfehlen, mindestens aber bei Unabwendbarkeit des Durchmarsches Bürgschaften für dessen gute Ordnung zu verlangen und falls die Alliirten auf die Winterquartiere im Hildesheimischen nicht verzichten wollten, zum wenigsten Verschonung der Stadt Hildesheim auszubedingen, deren sich das fürstliche Haus unumgänglich annehmen müßte. Auch das Stift Osnabrück wünschte man von Winterquartieren befreit zu sehn. Um diesen Forderungen Nachdruck zu geben, wurde beschlossen, eine Anzahl Truppen an den gefährdeten Stellen der Herzogthümer zusammenzuziehn und eventuell auch dem Stift Osnabrück zu Hülfe zu kommen.

So weit also das unmittelbare Interesse des fürstlichen Hauses in Frage kam, herrschte völliges Einvernehmen. Sobald man aber daran gieng, auch eine gemeinsame politische Stellung der Herzoge für die Wiederherstellung des Friedens im Reiche und in Europa zu begründen, machte die Offenheit, mit welcher der cellische Hof für die Rettung der Holländer und die Schadloshaltung des Brandenburgers eintrat, die Bemühungen Johann Friedrich's zu schanden, sein Haus an den franzosenfreundlichen Mediationsversuchen zu betheiligen. Georg Wilhelm gab daher dem Minister, den er zur Gesandtschaft des Gesammthauses deputirte, den Sonderauftrag mit, dem Kurfürsten zu versichern, daß es nicht an ihm liege, wenn er durch die kargende Haltung der Generalstaaten und die Sorge vor den geheimen Absichten der Schweden in der Effectuirung seiner guten Absichten gehemmt würde[1]).

Die Mission Hammerstein's, Grote's und Heimburg's verfehlte ihren Zweck, wie vorauszusehn war, sowohl im brandenburgischen wie im österreichischen Hauptquartier. Der Kurfürst, der sie auf dem Sparemberg bei Bielefeld empfieng, versicherte allerdings, daß er die braunschweigischen Lande auf keine Weise zu beunruhigen, sondern seine Truppen in sichern Stellungen an der Weser zusammenzuhalten gedenke. Er mißbilligte das Vorhaben Montecuccoli's, die Stifter Osnabrück und Hildesheim mit Winterquartieren zu belegen. Treulich habe er es widerrathen und „angeführt, daß solches gar nicht dienete, des fürstlichen Hauses Braunschweig-Lüneburg Freundschaft zu erhalten". Seine eigene Intention sei „nur dahin gerichtet gewesen, das Stift Hildesheim in billigmäßige Contribution zu setzen und einige Völker bei Horn-

1) Cellisches Protokoll über die Conferenz des Gesammthauses, act. Burgdorf, 20. bis 21. Dec. 1672; anwesend von Celle Kanzler Schütz und Großvogt von Hammerstein, von Calenberg Geh. Kammerrath Grote und Geh. Rath Witzendorff, von Wolfenbüttel Kammerpräsident von Heimburg und Geh. Rath Söhlen. Instruction des Gesammthauses für den Großvogt Georg Christof von Hammerstein, den Geh. Kammerrath Otto Grote und den Kammerpräsidenten Friedrich von Heimburg, dat. 23. Dec. 1672. Sonderinstructionen Georg Wilhelm's für Hammerstein, dat. Celle, 22. u. 25. Dec. 1672.

burg zu legen, welche die Contribution einfordern und verhindern sollten, daß keine Werbungen im Stift vorgenommen würden". Wenn nun doch etwa drittehalbtausend Pferde ins Hildesheimische gelegt werden würden, so brauche darum die Stadt Hildesheim nichts zu besorgen. „Doch könnte gute Aufsicht dabei nicht schaden", setzte der Kurfürst gegen den cellischen Großvogt unter vier Augen hinzu und suchte die Sorge vor einer Einmischung Schwedens zu verscheuchen und das Vertrauen auf Dänemarks Beitritt zu bestärken. Eine völlige Verschonung des Stiftes Hildesheim war also auch vom Kurfürsten nicht zu erwarten. Montecuccoli aber, zu dem Grote nach Paderborn hinübereilte, nahm den Durchmarsch durch die herzoglichen Lande und die Einquartierung im Hildesheimschen als des Kaisers gutes Recht in Anspruch und wollte auch auf die wirkliche Belegung des Stiftes Osnabrück nur „gegen Herreichung einer gewissen Quantität Proviants" verzichten [1]).

Bereits vor Grote's Eintreffen hatte er Höxter besetzt und, ehe braunschweigische Truppen zur Stelle waren, ein paar Regimenter Cavallerie in das Stift Hildesheim geworfen. Johann Friedrich zog sofort sein Contingent bei Hameln zusammen [2]) und verstärkte die Besatzungen von Hannover und Einbeck. Georg Wilhelm aber sah ebenso wie Rudolf August mit verschränkten Armen dem Durchmarsche zu [3]), und auch der Convent der niedersächsischen Kreiskriegsämter, der zur selben Zeit in Braunschweig wieder zusammentrat, vertagte die Frage, wie man den Kreis von der Einquartierung befreien könne, auf die Communication mit den Kreisämtern des obersächsischen Kreises [4]).

Diese fand Mitte Januar 1673 in Quedlinburg statt. Obgleich hier die brandenburgischen Gesandten, die in beiden Kreisen Sitz und Stimme hatten, die Berathung der Hildesheimer Sache und womöglich jede gemeinsame Action der Kreise zu hintertreiben bemüht waren, überwand doch die zähe Ausdauer des cellischen Kanzlers sowohl diese Obstructionen wie den Eifer, mit dem von hannoverscher Seite ein möglichst scharfes Eintreten für das Stift Hildesheim befürwortet ward. Man verständigte sich schließlich dahin, gleichlautende sanfte Dehortationen von seiten beider Kreise an

---

1) Protokolle, act. Sparenberg, 28.—30. Dec. st. v. 1672 (brandenb. Bevollmächtigte der Oberpräsident v. Schwerin und der Baron v. Blumenthal); Gesammtrelation Hammerstein's, Grote's und Heimburg's, dat. Bielefeld, 28. Dec. 1672; Sonderrelationen Hammerstein's dat. Bielefeld, 29. u. 30. Dec. 1672; Relationen Grote's an sämmtliche Herzoge, dat. Paderborn, 30. Dec. 1672; dat. Lippspringe, 31. Dec. 1672; die Sonderberichte Grote's an Herzog Johann Friedrich, dat. Bielefeld, 29. Dec., dat. Paderborn 30. Dec. 1672 theile ich unter III, 103 u. 104 der Beilagen mit.

2) An Georg Wilhelm, dat. Hannover, 26. u. 28. Dec. 1672.

3) Georg Wilhelm an Johann Friedrich, dat. Celle, 27. u. 29. Dec. 1672.

4) Cell. Protokoll über den Kreiskriegsconvent, act. Braunschweig, 8.—9. Jan. 1673.

die kriegführenden Theile zu richten, und vereinbarte einen Receß, der die allgemeinen Normen einer gemeinsamen Kreisrüstung feststellte. Allein diese papierene Demonstration war auch das einzige Ergebniß des Quedlinburger Convents. Der wiederholte Hülferuf des Kölner Kurfürsten[1]) wirkte nichts weiter, als daß sich das Haus Braunschweig-Lüneburg von seinen niedersächsischen Kreisgenossen ermächtigen ließ, die Stadt Hildesheim mit 6 bis 7000 Mann im Namen des Kreises zu belegen[2]). Die cellische Politik blieb also dabei ihrer Halbheit treu[3]).

Dasselbe Schauspiel wiederholte sich, als der Kurfürst, nach dem völligen Mißlingen des westfälischen Feldzugs, mit seiner und der kaiserlichen Armee über die Weser ins Hildesheimsche zurückzugehn beschloß. Wenn auch Georg Wilhelm in der Überzeugung, daß Brandenburg der Hort der politischen und religiösen Freiheit war[4]), dem Kurfürsten „alle Succeß von Herzen wünschte", ihn zu festerer Zusammenschürzung des Braunschweiger Bundes einlud und wegen des niedersächsischen Kreisschutzes für das Stift Hildesheim beruhigte[5]), so lehnte er doch nach wie vor die begehrte Assistenz ab, weil dadurch die Gefahr eher vergrößert als gemindert werden dürfte, und wich eine Zeit lang sogar der persönlichen Begegnung, die der Kurfürst anregte,

1) Übermittelt durch den Hildesheimer Domcapitular Freiherrn von Frantz; Creditive d. d. 3. Febr. 1673.

2) Johann Friedrich an Kurköln, dat. Hannover, 27. Febr. 1673.

3) Ich rectificire damit das schärfere Urtheil Pufendorf's (XI, 71) nach den Relationen des Kanzlers Schütz, dat. Quedlinburg, 17. Jan. bis 1. Febr. 1673, und nach den cellischen Protokollen, act. Quedlinburg, 20.—31. Jan. 1673; anwesend von Kursachsen Geh. Rath Freiherr Carl von Friesen und Hofrath von Wolframsdorff, von Kurbrandenburg Freiherr Otto der Jüngere von Schwerin und Vicekanzler Joh. Butenbach, von Sachsen-Gotha Präsident Heidenreich, von Celle Schütz und Speirmann, von Calenberg O. J. Witte, von Wolfenbüttel J. Fr. Söhlen, von Mecklenburg-Güstrow Geh. Rath Adam Heinrich von Bülow, von Holstein-Gottorp Lic' Andreas Ucken. Der Receß der beiderseitigen Kreis-Kriegsämter ist vollzogen 30. Januar, die cellische Ausfertigung der Dehortationsschreiben am 13. Febr. 1673.

4) Instruction Georg Wilhelm's für Lorenz Müller in Kopenhagen, dat. Celle, 31. Dec. 1672: In der Hoffnung, auf dem Quedlinburger Convent Kursachsen zur guten Partei herüberzuziehn, habe er seine Gesandten instruirt, den Kursächsischen „solch foedus angenehm zu machen, insonderheit ihnen vorzustellen, in was Gefahr nicht allein die Religion, sondern auch die Freiheit, wenn die Conjunction der beeden Kronen Frankreich und Schweden wirklich erfolgen oder auch Kurbrandenburg allein in dem Krieg gelassen und dem Haus Österreich ein solches Directorium, gleich bei den bisherigen Marchen und andern actionibus zu spüren gewesen, verbleiben sollte."

5) Durch Entsendung seines Rathes Asche Christof von Marenholtz; die Instruction desselben, dat. Winsen a/Luhe, 9. Febr. 1673, ist in der Proposition, die er nach Urk. u. Acten XIII, 440 ff. ablegte, guten Theils wörtlich wiederholt. Seine Berichte, dat. Minden, 14. Febr.; Bielefeld, 17. Febr.; Minden, 27. Febr. 1673 bieten über die Soester Affaire zum Theil dasselbe Gerede, das aus Turenne's Briefen bekannt ist.

aus[1]). Er schloß sich nur noch enger mit Bruder und Vetter zusammen, um nicht nur von den braunschweig-lüneburgischen Landen, sondern auch vom Stift Hildesheim die Einquartierung der vor Turenne zurückweichenden Armee des Kaisers und des Kurfürsten abzuwenden[2]). Bei einer persönlichen Begegnung in Celle verabredeten die drei Herzoge, zu diesem Zwecke sowohl an den Kurfürsten wie an Turenne eine Botschaft des Gesammthauses zu entsenden und zugleich ein Gesammtcorps von 10 000 Mann zwischen Hannover und Hildesheim zusammenzuziehn[3]). Indem sie dem Kurfürsten den erbetenen[4]) Durchmarsch durch ihre Lande unter der Bedingung gewährten, daß er seine und die kaiserlichen Regimenter „nicht auf einmal, sondern truppenweise", ohne Einquartierung campirend, gegen Vergütung der Lebensmittel und möglichst rasch, auf der von den Commissaren des fürstlichen Hauses anzuweisenden einen Straße durchführe, erklärten sie sich dem französischen Marschall zu gleicher Gewährung bereit. Um aber das Nachrücken der Franzosen über die Weser und die Verlegung des Kriegsschauplatzes nach Niedersachsen zu verhüten, empfahlen

---

1) Auf beides zielte die Entsendung des Geheimen Raths Christ. Caspar von Blumenthal an den cellischen Hof; seine Instruction d. d. 11/21. Febr., und seine Berichte, d. d. 18/28. Febr. und 24. Febr./6. März 1673 s. in Urk. u. Acten, XIII, 442 ff. Ich füge hinzu das Postscript einer Weisung des Herzogs an Marenholtz, dat. Celle, 22. Febr. 1673: „Auch hat bei Uns der von Blumenthal die Ansuchung gethan, daß des Herrn Kurfürsten Ld. Wir besuchen möchten: Wir haben uns auch erbötig gemacht, etwan gegen Mittwoch bei Derselben uns in Minden einzufinden. Nachdem aber bei den jetzigen Begebnissen und da beede Armeen Unsern Landen so nah, Wir nicht wissen können, ob Wir uns aus denselben alsdann zu begeben vermügen werden, so werdet Ihr mit guter Manier die Unterbauung thun, daß wann Wir zu benambster Zeit bei S. Ld. nicht sein könnten, solches nicht ungleich aufgenommen werde".

2) Die Anregung gieng von Johann Friedrich aus, der Grote nach Celle schickte; Bericht Grote's, dat. Celle, 21. Febr. 1673.

3) Die Einladung zu dieser Begegnung ist von Georg Wilhelm, dat. Celle, 18. (28.) Febr. 1673 an Johann Friedrich und Rudolf August gerichtet. — Johann Friedrich an Duc d'Enghien, dat. 2. März 1673: Je pars demain pour Cell pour voir, si je pourray disposer mon frère et mon cousin à s' unir avec moy, pour ne point laisser passer les alliés de deça le Weser. Der persönlichen Begegnung der Herzoge gieng voran eine Ministerconferenz, act. Celle, 22.—24. Febr. 1673 (calenb. Protokolle); anwesend von Celle Schütz und Hammerstein, von Hannover Grote, von Wolfenbüttel Heimburg und Söhlen. Man beschloß hier, daß jeder der drei Herzoge 2000 Mann zu Fuß, 1000 Reiter, 200 Dragoner und 6 Feldstücke im sog. Großen Freien aufstelle. Wolfenbüttel erklärte jedoch, nur 1500 zu Fuß und 300 Reiter verfügbar zu haben. Man beschloß, auch den niedersächs. Kreis und insbesondere die Stader Regierung zu requiriren. Die von Georg Wilhelm angeregte Requisition dänischer Hülfe wurde von Johann Friedrich im Hinblick auf das Braunschweiger Bündniß abgelehnt. — Vgl. auch Turenne an Louvois d. d. 7. März 1673 und Johann Friedrich an Turenne, s. d. bei Grimoard, lettres de Turenne, II, 211, 213.

4) Kurf. Friedr. Wilhelm an Herzog Georg Wilhelm, dat. Sparenberg, 27. Febr. 1673.

19*

sie dem Kurfürsten sofortige Evacuation des Stiftes Hildesheim und gaben Turenne zu erwägen, „ob es J. Kgl. Mt. Interesse vorträglich sei, auch in diesem Kreis es zu fernerer Weiterunge kommen zu lassen"[1]).

Die von Johann Friedrich verlangten Einschränkungen des Durchzugs wurden nur zum Theil erreicht. Während der Kurfürst mit den lüneburgischen Gesandten unterhandeln ließ[2]), setzten sich seine und die kaiserlichen Regimenter in Bewegung und durchzogen auf drei Straßen von der Weser bis zur Leine das Calenberger Land. Indessen die Zusammenziehung einer Anzahl cellischer und hannoverscher Truppen in der Mitte dieser Straßen, in der Nähe von Hannover, erwirkte, daß der Durchmarsch schnell und in leidlicher Ordnung erfolgte[3]). Um auch im Hildesheimischen die Festsetzung der Alliirten zu vereiteln, warfen auf der einen Seite die Herzoge im Namen des niedersächsischen Kreises eine Garnison in die Stadt Hildesheim[4]), während auf der andern Seite Turenne, im Einvernehmen

1) An den Kurfürsten und den österreichischen Feldherrn, Herzog von Bournonville, wurden der cellische Großvogt Georg Christof von Hammerstein, der wolfenbüttelsche Minister Fritz von Heimburg und der hannoversche Vicekanzler O. J. Witte entsandt; an Turenne von cellischer Seite L. A. Haake, von Hannover der Oberschenk Moltke, von Wolfenbüttel Freiherr von Münchhausen. Instructionen für beide Gesandtschaften, d. d. 24. Febr. 1673.

2) Protokoll über Hammerstein's und Heimburg's Unterhandlung mit Schwerin und Meiners, act. Minden, 27. Febr. 1673.

3) Zur Rectificirung von Peter, Krieg des Großen Kurfürsten, S. 144 f. (die Brandenburger seien auf dem Durchmarsch fortwährend von 6000 Hannoveranern begleitet) bemerke ich, daß Johann Friedrich zuerst seine Truppen in Hameln concentrirte (Prinz Wilhelm von Fürstenberg an Johann Friedrich, dat. Soest, 10. März 1673: Aiant appris que sur ce que les ennemis ont passé le Weser avec leur armée, V. A. estoit venue se porter en personne à Hameln avec 5 à 6000 hommes), dann aber nach Hannover zurückgieng, um sich mit Bruder und Vetter zu vereinigen (vgl. Anlage III, 107). Die Zahl der bei Hannover aufgestellten hannoverschen Truppen betrug (nach dem Schreiben Johann Friedrich's an Georg Wilhelm, dat. Hannover, 27. Febr. 1673) 1000 Reiter und 2000 Mann Fußvolk; mit ihnen vereinigte sich (nach dem Schreiben Georg Wilhelm's an Johann Friedrich, dat. Celle, 2. März 1673) ein cellisches Contingent zu Roß und zu Fuß; das wolfenbüttelsche Contingent aber erschien (nach dem Schreiben Johann Friedrich's an Georg Wilhelm, dat. Hannover 3. März 1673) nicht zur Stelle. Über die Aufstellung der vereinigten Contingente des Hauses Braunschweig inmitten der von den Alliirten eingeschlagenen Straßen vgl. Grimoard, lettres de Turenne, II, 221, 224; über den Weserübergang vgl. Grimoard, II, 212; über den Durchmarsch vgl. das unter III, 108 der Beilagen mitgetheilte Schreiben Johann Friedrich's an Verjus. Seinen hier ausgesprochenen Klagen über die Zuchtlosigkeit der Brandenburger beim Durchmarsch widerspricht sein eigenes Zeugniß in dem Schreiben an seinen Bruder Georg Wilhelm, dat. Hannover, 7. März 1673: Les Impériaux n'ont pas tenu tout à fait si bon ordre que les trouppes de Brandebourg.

4) Johann Friedrich an Prinz Wilhelm von Fürstenberg, dat. Hannover, 3/13. März 1673 in III, 107 der Anlagen. Auf der Conferenz des Gesammthauses, act. Celle, 24. Febr. 1673 (s. oben S. 291) wurde beschlossen 600 Mann zu Fuß und 100 Reiter in die Stadt zu werfen, zugleich die Städte Goslar, Nordhausen und Mühlhausen zur Theil-

mit Johann Friedrich[1]) die Spitze seines Heeres von Soest bis nach Höxter vorschob[2]) und von hier aus seine Patrouillen bis zur Leine herüber streifen ließ[3]). Da die Herzoge das Ansinnen des Kurfürsten, den Franzosen mit gewaffneter Hand die Überschreitung der Weser zu wehren[4]), schlechterdings ablehnten[5]) und sich auf den vergeblichen Versuch[6]) einer gütlichen Vermittlung zwischen Brandenburg und Münster beschränkten, zugleich aber durch die Inständigkeit ihrer Diplomatie dem Prinzen Turenne die Zusage abgewannen, den Weserstrom nicht zu passiren, falls das Hildesheimsche von den Alliirten gänzlich geräumt würde[7]), so gab der Kurfürst dem Drängen der Herzoge nach, die ihn mit Botschaften bestürmten und auch wiederholt persönlich im Hildesheimschen aufsuchten[8]), und räumte das

nahme aufzufordern und auch die Stader Regierung einzuladen. Die Stadt Hildesheim willigte in die Aufnahme dieser Kreistruppen und in das Commando des Obristen von der Brügge ein, laut Vertrag d. d. Celle, 28. Febr. 1673.

1) Vgl. den eben angezogenen Brief mit Grimoard, lettres de Turenne, II, 206 f.

2) S. Anlage III, 111; Grimoard, II, 215 ff., 225.

3) Bericht des wolfenbüttel. Majors von Kottwitz, dat. Holzminden, 12. März 1673; Bericht der wolfenbüttler Regierung an die cellische, dat. 18. März 1673.

4) Kurfürst Friedrich Wilhelm an die Herzoge Georg Wilhelm, Johann Friedrich und Rudolf August, dat. Hornburg, 13/23. März 1673 in Urk. u. Acten XIII, 448.

5) Gesammtschreiben der drei Herzoge an den Kurfürsten, dat. 15/25., 17/27. März 1673 in Urk. u. Acten, XIII, 449.

6) Alpen, vita Christ. Bernhardi, VIII, 22.

7) Der erste, der Gesandtschaft des Gesammthauses ertheilte Bescheid Turenne's lautete dahin, er müsse dem Kurfürsten von Köln und dem Bischof von Münster assistiren und ihre Lande von den Alliirten befreien; würden dieselben im Stift Hildesheim verbleiben, so wäre er genöthigt, ihnen zu folgen. (Gesammt-Relation Hake's, Moltke's und Münchhausen's, dat. Soest, 4. März 1673). Darauf wurde von Georg Wilhelm und Johann Friedrich im Namen des Gesammthauses der Hofrath Stats Victor von Mandelslohe an Turenne entsandt mit dem Erbieten der Herzoge, falls der Prinz jenseit der Weser bleibe, bei dem Kurfürsten von Brandenburg und dessen Alliirten „durch diensame remonstrationes es in die Wege zu richten, daß sie das Stift Hildesheim quittiren und dasselbe mit Einquartierung und Contributionen nicht weiter beschweren möchten" (Instruction, dat. Hannover, 15. März 1673). Gleichzeitig fertigte Rudolf August, nach seiner Begegnung mit dem Kurfürsten zu Hedwigsburg, seinen Geheimen Rath Busso von Münchhausen mit gleichartigem Auftrag an Turenne ab (Rudolf August an Georg Wilhelm, dat. Braunschweig, 15. März 1673). Beide erhielten den oben mitgetheilten Bescheid (Relation Mandelslohe's, dat. Hannover, 19. März 1673; Relation Münchhausen's, dat. Allersheimb, 26. März 1673). Gegen Mandelsloh aber fügte Turenne hinzu, wenn er selbst auch alle französischen Truppen zurückziehen würde, so würde doch der Kurfürst von Köln einige seiner eigenen Regimenter ins Stift Hildesheim legen.

8) Georg Wilhelm hatte dies schon in Sarstadt, bei seiner Begegnung mit dem Kurfürsten, gethan, wiederholte es dann durch Entsendung des Obristen Arnd Ludwig von Harthausen (Instruction, dat. Celle, 9. März 1673; Recreditive des Kurfürsten, dat. Hohen Egelsen, 11/21. März 1673, s. auch Urk. u. Acten XIII, 447.). Rudolf August bestürmte ebenfalls den Kurfürsten persönlich (10. März) zu Hohen Egelsen (Rudolf August an Georg Wilhelm, dat. Gebhardshagen, 12. März 1673) und zu Hedwigsburg (14. März, s. oben

Stiftsland, zuletzt auch das feste Haus Schladen bei Vienenburg, das er gern behauptet hätte[1]). Ende März zogen die Kaiserlichen nach Thüringen, die Brandenburger nach Halberstadt ab[2]).

Georg Wilhelm's Auftreten kam also bei diesem letzten Act des Feldzugs trotz all der Freundschaft, die er dem Kurfürsten betheuerte und auch wirklich bewahrte[3]), doch nur den Franzosen und ihren Parteigängern zu gute. Die Waffenhülfe, die er dem Bruder im Interesse seines Hauses gewährte, vereitelte die Festsetzung der kurfürstlichen und kaiserlichen Armee nicht nur in Calenberg, sondern auch in dem kurkölnischen Stifte Hildesheim, und zwang den Kurfürsten, dahin zurückzuweichen, von wo er im Vertrauen auf die cellische Waffenhülfe in den Kampf gezogen war.

Bei der überall nur hemmenden, niemals fördernden Haltung seiner Genossen und Freunde blieb Friedrich Wilhelm nichts übrig, als sich aus der unhaltbaren Lage, in die er gerathen war, durch Verständigung mit Frankreich zu retten. Einer der ersten, der ihm hierzu die Hand bot, war der jüngste der lüneburgischen Herzoge, Bischof Ernst August von Osnabrück[4]). In denselben Tagen, als seine Brüder und sein Vetter im Interesse des niedersächsischen Kreises die Vermittlung zwischen dem Kurfürsten

---

S. 293 Anm. 7). Endlich wurde noch im Namen Georg Wilhelm's und Rudolf August's der wolfenbüttelsche Geheime Rath F. von Heimburg 15/25. März nach Hornburg entsandt, um den Kurfürsten zu gänzlicher Räumung des Hildesheimer Gebiets zu bewegen (Relation Heimburg's, dat. Wolfenbüttel, 16. März 1673).

1) Kurf. Friedrich Wilhelm an Herzog Georg Wilhelm, dat. Halberstadt, 18/28. März 1673: der Herzog möge Schladen mit Kreisvölkern belegen, da eine kurkölnische Besetzung dieses Platzes brandenburgische Gegenmaßregeln hervorrufen würde.

2) Grimoard, II, 227; Urk. u. Acten, XIV, 1, 654 ff.

3) Sehr bezeichnend hierfür ist das Schreiben, das Kanzler Schütz d. d. Celle, 5. März 1673, am Tage vor der Begegnung des Herzogs mit dem Kurfürsten in Sarstedt, an den Herzog richtete: Johann Friedrich sei allerdings im Unrecht, wenn er über spöttische Behandlung seitens Brandenburgs klage. Man müsse ihn mitigiren, aber die Rechtfertigung der brandenburgischen Actionen dem Kurfürsten selbst überlassen. „So erfordern auch, meines weinigen und unvorgreiflichen Ermessens, nicht allein des fürstlichen Hauses Erbverträge, daß Ew. Frl. Dchl. Dero Herrn Bruders Frl. Dchl. bei solcher Befugniß nach Möglichkeit assistiren, sondern auch die gegenwärtigen Conjuncturen. Und wanns auch sich annoch begeben sollte, daß Ew. Frl. Dchl. mit Kurbrandenburg in nähere Verständnus sich einließen und eine Partei nähmen, so wollte gleichwohl eine unumgängliche Nothdurft sein, daß man hierunter zuvorderst höchstgeb. Dero Herrn Bruders Frl. Dchl. appaisirt. Denn sollte solches nicht geschehen, würde besorglich eine höchst schädliche Trennung im fürstlichen Hause nicht zu evitiren sein."

4) Pufendorf, XI, 83. Grimoard, lettres de Turenne II, 208 f. (4. März: erste Sendung Platen's an Turenne), 217, 218 f., 226, 232 f. (4. April), 242 (26. April). Bodemann, Briefwechsel der Kurfürstin Sophie mit Karl Ludwig, S. 164 f. (Nr. 173/4). Urk. u. Acten XIII, 491 (6. März—5. Mai); unbegründet ist hier (S. 480) die Behauptung des Herausgebers, daß Ernst August als Wortführer der Braunschweiger Alliirten handelte.

und Turenne begannen, conferirte er persönlich mit dem Kurfürsten und entsandte seinen Hofmarschall Freiherrn von Platen an Turenne, um den bereits von dem schwedischen Obristen Wangelin und dem Bischof von Paderborn übermittelten Antrag auf Waffenstillstand zu unterstützen. Diese erste Anregung wirkte allerdings nur eine stillschweigende Einstellung der Feindseligkeiten auf beiden Seiten. Den Waffenstillstand verweigerte Ludwig XIV., da er dem Ernst der brandenburgischen Friedensabsichten mißtraute; die Bedingungen aber, die er an die Friedenspräliminarien knüpfte, empörten den Kurfüsten[1]). Als dann gar der Bischof von Münster brandschatzend in das Ravensbergische und Mindensche einbrach, rief er noch einmal die Waffenhülfe Georg Wilhelm's an und faßte, obwohl er bereits das Hildesheimsche geräumt hatte, eine Erneuerung des Kampfes ins Auge, wenn ihm die begehrte Hülfe zu theil würde[2]). Allein inzwischen war durch den pfalzneuburgischen Kanzler Stratmann bereits am 10. April der Präliminarvertrag von St. Germain vermittelt worden, in dem sich Ludwig XIV. zur Rückgabe aller Eroberungen brandenburgischen Gebiets erbot, wenn der Kurfürst auf jede fernere Unterstützung der Holländer gegen Frankreich und seine Verbündeten verzichtete[3]). Diese Mäßigung des anfangs auf exemplarische Rache sinnenden Königs[4]) bestimmte den Kurfürsten zur Ratification der Präliminarien. Unverzüglich kündigte er seinen Alliirten den Entschluß an, sich mit Frankreich zu vergleichen[5]), und entsandte seinen Geheimen Rath Meinders zum Abschluß des endgültigen Friedens in das französische Hauptquartier[6]).

Wie überall, so machte auch an den lüneburgischen Höfen dieser Umschlag der brandenburgischen Politik einen tiefen Eindruck.

Georg Wilhelm fürchtete eine Auflockerung des Braunschweiger Bundes und ließ in Kopenhagen vorstellen, „daß nachdem Kurbrandenburg seine Armee abziehn thut, neue Tractaten nöthig und es bei dem, was bisher

---

1) Peter, der Krieg des Großen Kurfürsten 138 f., 146.

2) Kurf. Friedrich Wilhelm an Herzog Georg Wilhelm, dat. Cölln a/Spree, 2. April; dat. Potsdam, 6/16. April 1673. Den Antrag auf Waffenhülfe des Braunschweiger Bundes, beziehungsweise ein neues Particularbündniß mit Georg Wilhelm übermittelte Canstein bei Gelegenheit einer Conferenz, die er zu Hamburg mit dem Kanzler Schütz hatte, dessen Bericht d. d. Hamburg, 12. April 1673 theile ich unter III, 112 der Anlagen mit. Von schriftlichen Antworten Georg Wilhelm's liegt nur ein Schreiben an den Kurfürsten, dat. Dannenberg, 13. April 1673, vor, des Inhalts, daß die begehrte Conjunction der brandenburgischen und cellischen Truppen „nicht das Mittel wäre, den verlangten Ruhestand zu wiederbringen". (Vgl. Urk. u. Acten, XIII, 557.)

3) Mignet, IV, 134. 4) Vgl. die von Peter S. 139 angezogenen Ordres.

5) An Georg Wilhelm d. d. 4/14. Mai 1673 unter III, 116 der Anlagen; das gleichzeitige Schreiben an den König von Dänemark s. bei Orlich, Preuß. Staat, III, 208; die Eröffnung an den Kaiser s. Urk. u. Acten, XIII, 583.

6) Die Instruction für Meinders d. d. 2/12. Mai s. Urk. u. Acten XIII, 502.

concertirt, so schlechterding nicht gelassen werden könne", zumal da nicht zu hoffen stände, daß Holland „sich eines andern entschließen und den Abgang ersetzen werde"[1]). Er war überzeugt, „daß durch des Kurfürsten von Brandenburg Retraite dem Hauptwerk fast hoch präjudicirt und der Friede damit gar nicht befördert, sondern vielmehr gehindert werde, indem des Kurfürsten von Köln und des Bischofen zu Münster Lb. ihre Postulata auch wohl gar auf die Fürstenthümber Minden und Halberstadt loco satisfactionis, dem Verlaut nach, extendiren wollen"[2]).

Besondere Sorge erregte dem Herzog das Vorgehn des Kurfürsten von Köln. Die zwei Regimenter kurkölnischer Truppen, die Turenne bis Höxter vorgeschoben hatte[3]), waren nach dem Abzug der Brandenburger und Kaiserlichen in das Stift Hildesheim nachgerückt und hatten ihre Streifpartieen bis nach Osterwiek im Halberstädtischen vorgeschickt[4]); ihr Kriegsherr aber, Kurfürst Max Heinrich, erklärte dem Herzog als niedersächsischem Kreisobristen rund heraus, „mit Helfershülfe" Satisfaction für den seinem Stifte zugefügten Schaden nehmen zu wollen[5]). In welche Lage kam nun das Haus Braunschweig, das durch seine Verbürgung den Brandenburger zur Räumung des Stiftes bestimmt und im Namen des Kreises die Stadt Hildesheim selber besetzt hatte? Durfte man dem Brandenburger den Rückmarsch ins Stift verwehren und sollte man gar dem Kurkölner die Stadt, deren Selbständigkeit dem fürstlichen Hause von jeher am Herzen lag, überlassen?

Diese Sorgen wurden durch die noch immer ungewisse Haltung Schwedens verstärkt. Schweden hatte das Bündniß mit Frankreich geschlossen, um für den Unterhalt seiner Truppen französische Hülfsgelder zu beziehn, war aber keineswegs geneigt, blindlings den Franzosen zu folgen. In der Absicht, die Hülfsgelder festzuhalten, ohne die Bedingungen des französischen Bündnisses zu erfüllen, ergriff man den Gedanken, eine dritte Partei zu bilden, die vermittelnd zwischen die kriegführenden Mächte treten sollte. Seit dem Herbst 1672 war die schwedische Diplomatie aller Orten hierfür thätig[6]). Auch das Haus Braunschweig, mit dem Schweden schon in der Epoche der Tripelallianz durch die Bevollmächtigten seiner Stader Regierung, Pufendorf und Böcler, Allianztractaten angeknüpft hatte[7]), wurde jetzt durch den schwedischen Residenten in Hamburg, Eberhard

1) Instruction für L. Müller, dat. Celle, 4. März 1673.

2) Instruction für L. Müller, dat. Celle, 5. April 1673.

3) Grimoard, lettres de Turenne, II, 225.

4) Ich entnehme dies den Berichten Schützes und Söhlen's auf der Burgdorfer Ministerialconferenz des Gesammthauses, act. 3. April 1673.

5) An Georg Wilhelm, dat. Bonn, 24. März 1673.

6) Mignet IV, 138 ff.; Carlson IV, 583 ff.; Pribram, Lisola, 597, 638 f.

7) S. oben S. 175 f. u. 220 f.

Grafenthal, wiederholt zur Theilnahme an der Friedensvermittlung und zur Fortsetzung jener Allianzhandlungen eingeladen[1]). Nun aber war seit dem Abschluß des schwedisch-französischen Bündnisses die Sorge, daß Schweden wiederum die Stadt Bremen umgarnen wolle, dem fürstlichen Hause in alle Glieder gefahren. Das Ausbleiben des Stader Bevollmächtigten auf dem Quedlinburger Kreisconvent und die gewundene Resolution, mit der alsdann die Stader Regierung der Aufforderung Georg Wilhelm's, sich an der Kreishülfe für die Stadt Hildesheim zu betheiligen, ausgewichen war[2]), hatte das Mißtrauen vermehrt.

Hildesheim und Bremen zu schützen war daher das vornehmste Absehn, das sich dem Herzog Georg Wilhelm unter diesen Conjuncturen aufdrängte. Allein eben hierbei kam auf der Ministerialconferenz des Gesammthauses, die er Anfangs April zu Burgdorf veranstaltete, die Unvereinbarkeit der nur durch den brandenburgischen Feldzug zusammengekitteten Principien, von denen die fürstlichen Brüder ausgiengen, zu Tage. Daß man die Stadt Hildesheim unter allen Umständen zu schützen habe, darüber waren alle eins[3]); auch Johann Friedrich verschanzte sich gegen das Ansinnen seines kurkölner Freundes, die Stadt zu räumen[4]), hinter den niedersächsischen Kreis, in dessen Namen sein Haus sie besetzt hatte[5]).

Während jedoch Georg Wilhelm die Einlagerung der kurkölnischen Truppen im Stiftslande als eine Herausforderung Brandenburgs empfand und militärische Gegenmaßregeln verlangte, erkannte Johann Friedrich dies als gutes Recht des bischöflichen Landesherrn an[6]); er sah die einzige Gefahr

---

1) Zuerst 28. Jan., sodann 12. April 1673. Über die erste Sendung Grafenthal's schreibt Georg Wilhelm an Johann Friedrich und Rudolf August, dat. Celle, 29. Jan. 1673: Grafenthal habe ihm den Wunsch seines Königs vorgetragen, weil er das Friedenswerk allein „nicht heben könne", die Gedanken des fürstlichen Hauses hierüber zu hören (vgl. Urk. u. Acten, XIII, 441 f.). Georg Wilhelm verschob den Bescheid auf ein Benehmen mit dem Gesammthause, dieses aber setzte auf der Burgdorfer Conferenz, act. 4. Febr. 1673, die Beschlußfassung aus, weil Grafenthal nicht auch in Hannover und Wolfenbüttel erschienen war. Die zweite Anregung vermittelte Grafenthal durch Kanzler Schütz, dem er in Hamburg einen Brief seines Königs vorlegte, worin ihn dieser beauftragte, dem Herzog Georg Wilhelm die Anberaumung einer Conferenz vorzuschlagen, „um die durch den Kanzler Böcler hiebevor incaminirten Confoederationstractaten zu reassumiren". So berichtet Schütz seinem Herzog, dat. Hamburg, 12. April 1673, unter III, 112 der Anlagen.

2) Resol. auf die von Bacmeister überbrachte Aufforderung, dat. Stade 4. März 1673.

3) Ich ziehe hierfür auch ein Schreiben des Kanzlers Schütz an Georg Wilhelm an, dat. Braunschweig, 21. März 1673: „So lange ich die Gnade gehabt, in Ew. Fürstl. Dchl. Diensten zu stehen, ist bei allen entzwischen im fürstlichen Hause gepflogenen Conferentien dieses fest gestellet worden, daß man die Stadt Hildesheimb aus ihrem Stand nicht setzen lassen wollte, sollte es gleich auf die extrema auskommen".

4) Kurfürst Maximilian Heinrich an Herzog Johann Friedrich, dat. Bonn, 5. April 1673.

5) An Kurköln, dat. Hannover, 6/16. April 1673.

6) An Georg Wilhelm, dat. Hannover, 23. März 1673.

in einer Rückkehr der Brandenburger ins Hildesheimsche und forderte Assistenz gegen abermalige Durchmärsche derselben durch sein Land. Ebenso waren zwar alle zur Vertheidigung Bremens im Falle der Noth entschlossen. Während aber Georg Wilhelm, von der Dringlichkeit der Gefahr überzeugt, sofortige Verständigung mit der Stadt, mit Dänemark und andern Gutgesinnten verlangte, wollte Johann Friedrich nicht glauben, daß Schweden die Stadt aufs neue anzugreifen trachtete, „zumaln ein so wichtiges Dessein von den Schweden ohne des Königs in Frankreich Subsidien und Beihülfe nicht würde zu Werke gerichtet oder vollführt werden können“. Er hatte nichts dagegen, wenn sein Bruder unter der Hand Vorkehrungen träfe, lehnte aber seine Mitwirkung ab.

Als er dann seinestheils zum Schluß der Conferenz Bruder und Vetter ersuchen ließ, ihm von Brandenburg „billigmäßige Erstattung“ des durch den zweimaligen Durchmarsch verursachten Schadens erwirken zu helfen, wichen die cellischen und wolfenbüttelschen Minister jedem Eingehn auf diesen Antrag mit der Erklärung aus, daß sie zuvor referiren müßten[1]).

War Georg Wilhelm schon über die Zurückhaltung seines Bruders in der Hildesheimer und Bremer Frage betroffen, so berührte ihn noch nachdenklicher diese Zumuthung wegen Brandenburgs. Zu alle dem kam endlich noch die überraschende Wahrnehmung, daß Johann Friedrich gerade jetzt, wo Brandenburgs Aussöhnung mit Frankreich sich vorbereitete, durch starke Werbungen sein Heer vermehrte. Georg Wilhelm sprach darüber dem altvertrauten Bruder Ernst August, der sich so eifrig und redlich um den Frieden zwischen Brandenburg und Frankreich bemüht hatte, seine Befremdung aus. Da aber Ernst August ebensowenig in das französische Decemberbündniß Johann Friedrich's eingeweiht war, so drängte auch ihm sich der Argwohn auf, daß der hannoversche Bruder und Parteigenosse „sich in einem sonderbaren Engagement befinden müsse“[2]). Das gegenseitige Vertrauen der drei Brüder, das durch wiederholte Familienzusammenkünfte in letzter Zeit augenfällig documentirt war[3]), erlitt damit einen neuen Stoß[4]).

---

1) Calenb. Protokoll über die Conferenz des Gesammthauses, act. Burgdorf, 3. und 4. April 1673; anwesend von Celle Schütz und Hammerstein, von Hannover Grote, von Wolfenbüttel Göhlen und Heimburg.

2) Ernst August an Georg Wilhelm, dat. Diepholz, 15/25. April 1673, in Erwiderung eines Schreibens Georg Wilhelm's d. d. 5/15. April.

3) Johann Friedrich an Duc d'Enghien dat. Hannover, 29. März 1673, in Anlage III, 111.

4) Dies erhellt sowohl aus dem angezogenen Briefe Ernst August's als auch aus der Instruction Georg Wilhelm's für L. Müller, dat. Celle, 5. April 1673.

Wenn jedoch Johann Friedrich durch seine Haltung den Dank Frankreichs zu ernten gedachte, so fand auch er sich enttäuscht.

Wir erinnern uns, daß er gleich beim Beginn des brandenburgischen Feldzugs sein Auge auf Minden geworfen und die Annexion dieser Festung als Preis seiner Allianz mit Frankreich gefordert hatte[1]). Abgewiesen und in dem Vertrage vom 10. December 1672 auf den Genuß der Contributionen des brandenburgischen Gebiets, das er überziehen würde, beschränkt[2]), war er auf den Standpunkt zurückgekehrt, dem ganzen Reiche die Neutralität und dem Kurfürsten von Brandenburg die Zurückgabe seiner von Frankreich occupirten Länder erwirken zu helfen. In dieser Absicht entsandte er im Januar 1673 den Hofmeister seiner Gemahlin, G. B. von Moltke, um den Kurfürsten von Mainz in seinen Mediationsbemühungen zu bestärken, zugleich aber, falls der Weg der Güte nicht zum Ziele führe, ein engeres Bündniß mit den deutschen Alliirten Frankreichs, dem Kurfürsten von Köln, dem Pfalzgrafen von Neuburg und dem Bischof von Münster, vorzubereiten, durch das der Brandenburger zur Annahme der von Frankreich angebotenen Satisfaction gezwungen würde[3]). Berichte über den Verlauf dieser Unterhandlungen liegen nicht vor. Es scheint jedoch, daß die am Kurkölner Hofe dominirenden Fürstenberger, insbesondere der Bischof von Straßburg, die Intentionen des Herzogs in das Gegentheil verkehrten und ihn für den Plan einer gemeinsamen Beraubung des Brandenburgers gewannen. Denn sobald der Rückzug des Kurfürsten aus Westfalen die Aussicht leichten Erfolges in den der französischen Occupation preisgegebenen Territorien des Brandenburgers bot, bestürmten die Fürstenberger den französischen Hof mit dem Ansinnen, dem Kurfürsten das ganze Gebiet von Cleve, Mark, Ravensburg und Minden zu entreißen, um damit die deutschen Alliirten Frankreichs für die ihren Ländern zugefügten Unbilden zu entschädigen[4]). Johann Friedrich aber wandte sich zur selben Zeit sowohl an Verjus, der zur Unterhandlung mit Brandenburg in das Hauptquartier des Prinzen Turenne beordert war, wie auch an diesen selber, um ihn zu einem Handstreich auf Minden zu bewegen und ein Stück dieses Fürstenthums mitsammt der Festung für sich begehren[5]).

1) S. oben S. 281. 2) S. 283.

3) Instructionen Johann Friedrich's für Moltke, dat. Hannover, 16. u. 21. Jan. 1671.

4) Depping, Krieg der Münsterer und Kölner gegen Holland (1840), S. 163; die dort citirten Schriftstücke sind vom März 1673 datirt. Vgl. Ennen, Frankreich und der Niederrhein, I, 296.

5) Daß das unter III, 108 mitgetheilte Schreiben des Herzogs, das in dem undatirten Concept Grote's vorliegt, dem März 1673 angehört, erhellt aus dem Eingange desselben. Auch das ebenfalls undatirte Promemoria von Grote's Hand, das unter III, 109 der Anlagen folgt, muß, wie der darin vorausgesetzte Stand des noch nicht erfolgten, aber jeden Augenblick befürchteten Abschlusses zwischen Frankreich und Brandenburg beweist, in dieser Periode

Die Berufung Johann Friedrich's auf das Einverständniß seiner zu einer engeren Allianz eingeladenen Parteigenossen sowie seine ausdrückliche Bezugnahme auf die zwischen Moltke und dem Bischof von Straßburg gepflogenen Abrede läßt keinen Zweifel, daß ebenda das gemeinsame Vorgehn gegen Brandenburg abgekartet ist[1]). Dem entsprach die Gleichartigkeit der Argumente, womit die kurkölnischen und die hannoverschen Staatsmänner operirten, indem sie ihre Begehrlichkeit mit dem guten Rechte auf Entschädigung für die Durchmärsche und auf Sicherheit vor neuen Einbrüchen des unzuverlässigen Brandenburgers begründeten: so lange dieser den Mindener Weserpaß und überhaupt einen Platz zwischen Rhein und Weser behielte, sei nicht auf dauernden Frieden zu rechnen[2]).

Allein diese Wünsche erlangten auf französischer Seite kein Gehör. Turenne fand die hannoverschen Anträge so unbegründet und zweckwidrig, daß er sie in seinen Berichten kaum der Erwähnung würdigte[3]). Verjus, den der Herzog mit Briefen und durch eine neue Mission Moltke's[4]) heimsuchte, gieng auf die Mindener Frage überhaupt nicht ein, sondern vertröstete seinen Gönner mit dem wenig versprechenden Stande der in seine Freundeshand gelegten Friedenshandlung[5]). König Ludwig aber brachte die Verständigung mit Brandenburg nicht durch Turenne und Verjus, sondern durch Empfang des brandenburgischen Abgesandten in seinem eigenen Hauptquartier zum Abschluß, ohne seine Bundesgenossen irgendwie zu Rathe zu ziehn. Vergebens steckten diese in aller Eile und im tiefsten Geheim die Köpfe zusammen, um durch gemeinsame Intrigue das Friedenswerk zu Falle zu bringen. Ehe die von Johann Friedrich mit den Fürstenbergern, mit dem Hildesheimer Domherrn von Frantz und dem Münsterschen Dombechanten von Schmising berathene Vereinigung[6]) zustande kam, wurde

aufgesetzt sein. Mit Turenne verhandelte der hannoversche General Podewils in Höxter, laut den Berichten Turenne's vom 26. März und 13. April 1673 bei Grimoard, II, 226 u. 238 f.

1) Darauf deutet auch der Ausdruck in Turenne's Berichte über die Ansprüche Johann Friedrich's d. d. 15. April 1673: Je crois que les alliés du Roy pourroient bien l'avoir un peu echauffé contre M. de Brandebourg. (Grimoard, II, 240.)

2) Vgl. Depping a. a. O. mit III, 108 u. 109 der Anlagen.

3) Grimoard, II, 239 f. (13. u. 15. April).

4) Instruction für Moltke, dat. Hannover, 28. März 1673.

5) Dat. Cologne, 26. März 1673, unter III, 110 der Anlagen.

6) Vgl. hierüber die unter III, 113, 114, 115, 117, 119 u. 120 der Anlagen mitgetheilten Correspondenzen zwischen Johann Friedrich und Prinz Wilhelm von Fürstenberg d. d. 20., 27. April und 21. April/1. Mai, 17., 11/21. u. 23. Mai 1673. Ebenso darauf bezieht sich die oben angezogene Instruction Moltke's zur Unterhandlung mit Verjus und Wilhelm von Fürstenberg, d. d. 28. März, sowie ein Schreiben des Bischofs von Straßburg an Johann Friedrich, dat. Bonn, 21. April 1673. Vgl. auch die Notiz über Schmising in Turenne's Bericht d. d. 13. April bei Grimoard, II, 238.

am 6. Juni im Hauptquartier Ludwig's XIV. zu Vossem der Friede zwischen Frankreich und Brandenburg unterzeichnet, in den der König auch seine deutschen Bundesgenossen einschloß, ohne ihnen etwas anderes kund zu thun als den Befehl, alle Feindseligkeiten gegen Brandenburg einzustellen[1]). So trug auch Johann Friedrich aus seinem Bunde mit Frankreich das ihm so wohl anstehende Minden ebenso wenig, wie die so sehnlich erstrebte Kurwürde davon.

Sechstes Kapitel.

Die Braunschweiger Kreis- und Bundesversammlung und die Mühlhäuser Kreisassociation.

Durch die Aussöhnung zwischen Brandenburg und Frankreich wurde die Rechnung des Wiener Hofes, dem offenen Kriege mit Frankreich durch halbe Maßregeln entgehn zu können, durchkreuzt und ein Umschlag der kaiserlichen Politik herbeigeführt. Leopold I. entzog dem Fürsten Lobkowitz sein Vertrauen und fieng an, eine seiner Stellung würdigere Politik zu treiben. Indem er sich zu offener Kriegführung gegen Frankreich entschloß, willigte er nicht nur in den Abschluß der von Lisola so eifrig betriebenen Allianz mit Spanien und den Generalstaaten ein[2]), sondern wirkte auch der von Schweden unternommenen Bildung einer den Franzosen freundlichen dritten Partei allerorten entgegen. Von dem Augenblick an, wo sich der Brandenburger vom Kriege zurückzuziehen begann, verdoppelte daher die österreichische Diplomatie ihre Bemühungen, ihn bei der guten Partei festzuhalten und zugleich andere deutsche und außerdeutsche Höfe hineinzuziehn. Diesen Zwecken sollte die Fortbildung des Braunschweiger Bundes dienen.

War auch Spaniens Beitritt, den der Wiener Hof von Anfang an im Auge hatte[3]), in der constituirenden Versammlung dieses Bundes beanstandet worden[4]), so hatte sie doch nichts gegen die Aufnahme anderer Reichsstände eingewendet. Da nun inzwischen Kurtrier und Kursachsen

1) Diese von Ennen, I, 297 angezogene Notification ist nach der in Hannover vorliegenden Copie datirt vom Lager vor Maestricht, 23. Juni 1673; vgl. auch Depping, S. 166.

2) Pribram, Lisola, S. 613 ff.

3) Nach den Documenten vom 7. u. 15. Nov. 1672 in Urk. u. Acten XIV, 1, 616 f. 624 f. 4) S. oben S. 266.

mit dem Kaiser sich alliirt hatten[1]), so war ihr Anschluß an den Braunschweiger Bund von selber gegeben. Kürtrier erbot sich dazu ohne weiteres[2]), Kursachsen aber hatte mit dem Hause Braunschweig auf dem Quedlinburger Kreisconvent Fühlung genommen. Dazu kam auch das so lange unterhandelte Bündniß zwischen Dänemark und den Generalstaaten, von dem bisher der Herzog von Celle, ebenso wie der König von Dänemark, den Eintritt in die Action gegen Frankreich abhängig gemacht hatte, endlich am 10/20. Mai 1673 zum Abschluß[3]). Sogar Schweden machte Miene, dem Braunschweiger Bunde beitreten zu wollen[4]).

Unter diesen Umständen entsandte der Kaiser seinen Kämmerer und Reichshofrath, den Grafen Gottlieb Windischgrätz, in den niedersächsischen Kreis, um mit der Kreisrüstung zugleich die Verstärkung des Braunschweiger Bundes zu wege zu bringen[5]).

Die Kreisrüstung lag niemandem mehr am Herzen als dem Kreisobristen, Herzog Georg Wilhelm. Es gelang ihm auch, für den auf 12. Mai 1673 nach Braunschweig ausgeschriebenen Kreistag mit den beiden alternirenden Directorien, Magdeburg und Bremen-Schweden, eine Proposition zu vereinbaren, die allen seinen Wünschen Rechnung trug[6]).

An erster Stelle sollte demnach der Kreis Stellung zu den Requisitionen nehmen, die bereits zu Anfang des Jahres von zwei entgegengesetzten Seiten her an ihn herangetreten waren. Wie nämlich der Kaiser die Vereinigung der Kreistruppen mit seiner und der brandenburgischen Armee, so hatte umgekehrt Frankreichs Parteigänger, der Kurfürst von Köln, die Hülfe und Garantie des Kreises für sein Stift Hildesheim nachgesucht[7]). Die zweite Stelle der Proposition nahm Georg Wilhelm's Antrag ein, das vom letzten Kreistage bewilligte Triplum des Aufgebots zu verstärken;

1) Kurtrier am 31. Dec. 1671, Kursachsen am 3. März 1673. Vgl. Pribram, Lisola S. 591, 598.

2) Bericht de Goeß', dat. 6. Jan. 1673 in Urk. u. Acten XIV, 1, 636.

3) Vgl. Grimoard, lettres de Turenne, II, 280 f.; Gebhardi, Gesch. von Dänemark und Norwegen (1770), S. 2103 und unten Beilage III, 126.

4) Georg Wilhelm an L. Müller, dat. 10. u. 21. Mai 1673; L. Müller an Georg Wilhelm, dat. Kopenhagen, 24. Mai 1673. Vgl. die Berichte de Goeß' in Urk. u. Acten, XIV, 1, 692, 696 f. sowie den Bericht des französischen Residenten Vidal, dat. Hamburg, 12. Juni 1673 bei Grimoard II, 280.

5) Credititive, dat. Laxemburg, 8. Mai 1673. Zur Würdigung dieser Action vgl. Grimoard a. a. O. u. 290 f. Aus den Wiener Quellen liegt nur die Notiz in Urk. u. Acten, XIV, 1, 694 vor.

6) Die Proposition wurde festgestellt auf dem Convent der Kreisdirectorien zu Braunschweig 22. März 1673. Die Intentionen Georg Wilhelm's erhellen aus seinen Instructionen für L. Müller und für seine Kreisgesandten, act. Alten Bruchhausen, 2. u. 4. Mai 1673.

7) Der Kaiser, dat. Wien, 17/27. Januar 1673; der Kurkölner, dat. Bonn, 18. Jan. 1673.

er hoffte, wenigstens das Quadruplum, womöglich das Quintuplum durchzusetzen. Drittens sollte die bereits angebahnte Conjunction mit dem obersächsischen Kreise weitergefördert werden. Der vierte von den 14 Punkten der Proposition betraf die von Kreiswegen nach Hildesheim gelegte Garnison, deren Beibehaltung im besondern Interesse des Hauses Braunschweig lag.

Indessen derselbe Zwiespalt, der durch das Haus Braunschweig hindurchgieng, trat auch der Kreiswaffnung in den Weg[1]). Nur die Aufrechthaltung der Hildesheimer Kreisgarnison setzte Johann Friedrich im Einvernehmen mit seinem Hause gegen das Interesse seines Kölner Parteigenossen durch. Im übrigen machte er aus seinem französischen Bündnisse kein Hehl mehr und zog mit dem Kölner einen Strang[2]). Dieser mußte nun zwar infolge der Verständigung Brandenburgs mit Frankreich nicht nur auf die begehrte Kreishülfe, sondern auch auf alle Satisfaction wegen des im Hildesheimischen erlittenen Schadens verzichten, stemmte sich aber um so energischer jeder Kreisrüstung entgegen und fand hierbei nicht nur Johann Friedrich's Beifall, sondern auch die Zustimmung der bremisch-schwedischen Regierung, die ihre Opposition gegen die Erhöhung des Triplums mit den durch Brandenburgs Rücktritt veränderten Zeitläuften, mit der Mißernte des letzten Jahrs und der Flauheit der Commercien begründete. Allgemeine Verwunderung aber erregte die Haltung des Halberstädter Vicekanzlers Butenbach, der den Kurfürsten von Brandenburg vertrat. Er begann mit der Erklärung, daß nach dem Rückmarsch der brandenburgischen und kaiserlichen Armee „der erste Punkt der Proposition wie auch der ander und dritter keiner Berathschlagung mehr bedörften", und nahm alsdann die Versagung des von seinem Herrn beanspruchten Reinsteinschen Votums zum Anlaß, um sich von dem Kreistag zurückzuziehn. Auch der Administrator von Magdeburg war lau gegen die cellischen Pläne. Ja sogar die Vertreter von Holstein-Dänemark, auf dessen Mitwirkung Georg Wilhelm seine größte Hoffnung setzte[3]), erwiesen sich überall „kaltsinnig". Die ganze Kreisrüstung drohte zu scheitern.

Da griff die kaiserliche Diplomatie ein, für die das Kreiswerk als Vorstufe des erstrebten festen Zusammenschlusses von Brandenburg, Braunschweig-Lüneburg und Dänemark von unschätzbarem Werthe war.

Bereits während des Rückmarsches der brandenburgisch-kaiserlichen Armee war Freiherr von Goeß sowohl am Celler Hofe, wie im brandenburgischen Hauptquartier, für die Erneuerung des Braunschweiger Bundes

1) Der folgenden Darstellung liegen die Berichte der cellischen Kreistagsgesandten Hammerstein, Schütz und Speirmann zu Grunde.

2) Schütz und Speirmann, dat. 13. u. 14. Juni 1673.

3) Dies macht den Hauptinhalt der in dieser Zeit an L. Müller gerichteten Instructionen aus.

thätig gewesen und hatte trotz der Lauheit, die sich hüben und drüben zeigte, dennoch erreicht, daß man die Berufung des Bundesconvents an den niedersächsischen Kreistag in Braunschweig anzuschließen beliebte[1]). Das Vorgehn des Halberstädter Vicekanzlers auf dem Kreistage trieb ihn dann zu schleuniger Gegenwirkung an, und Kurfürst Friedrich Wilhelm, an dessen Hofe sich nach wie vor eine französische und eine staatische Partei bekämpften, entsandte den in Celle wohlbekannten Raban von Canstein nach Braunschweig, um jenes Vorgehn zu desavouiren[2]).

Canstein eröffnete sich zunächst gegen den Kanzler Schütz. „Die substantialia seines Anbringens, so berichtet letzterer, sein diese gewesen: Obschon der Kurfürst durch gewisser Leute artificia in solchen Stand gesetzet worden, daß er von Frankreich conditiones annehmen müssen, so sei er doch der Partei im geringsten nicht zugethan, und wann nur man sich anderweit besser faßte, würden S. Kurfrl. Dchl. sich auch anders zu resolviren wissen. Mit dem Kaiser allein hätte er länger nicht stehen können, sintemal der Fürst von Lobkowitz alle gute intentiones traversiret. Schweden könnte das Beste thun, und auf die Kron mache auch der Herr Kurfürst eine sonderbare Reflexion. Weil aber Derselben Intentionen man noch weinig versichert, so würden S. Kurfstl. Dchl. umb so mehr genöthiget behutsamb zu gehen. Es würden auch derselben die hannoverschen Werbungen annoch sehr formidabel gemacht und hörten hergegen nicht, daß jemand sich für Holland moviren wollte. Was Dänemark thue, werde dahin ausgedeutet, daß es wider die Stadt Hamburg gemeinet. Unterdessen und weil bei so gestalten Sachen S. Kurfrl. Dchl. des Staats sich weiter nicht annehmen könne, so liege Ihr umb so mehr an, daß man sich dann im Reich besser fasse. Wahr sei es, daß man auf Reichs- und Kreisverfassungen bishero kein Fundament gemacht oder machen können. Man finde aber auch, daß die Particular-Zusammensetzungen ihre Ungelegenheit hätten und nicht zureichen wollten, und wäre also nöthig, das eine mit dem andern zu combiniren. Sein Kurfürst könnte den militem, so er bishero gehabt, nicht weiter erhalten. Der Vicekanzler Butendach hätte zwar seine Patronos am Hofe gehabt, die seine in Neuligkeit hier abgelegte Vota excusiren wollen, auch bereits ein Approbationsschreiben abgefaßt; der Kurfürst hätte es aber nicht vollenziehen wollen, und würde gedachter Butendach noch mehr zu verantworten bekommen, indem daß er sich selbst von den Rathgängen excludirt[3]).“ So wurde nicht nur die Sorge zerstreut, daß sich der Kurfürst dem Kreiswerke entziehn wolle, sondern auch die

1) Urk. u. Acten XIV, 1, 652 (19. März), 656, 659 f. (3. April), 664 (10. April), 666, 681, 687, 694.

2) Urk. u. Acten XIV, 1, 697 (29. Mai), 698 (2. Juni), 700 (9. Juni).

3) Schütz an Georg Wilhelm, dat. Braunschweig, 27. Mai 1673.

Hoffnung erweckt, daß er für die Sache der Niederlande und des Reichs aufs neue einstehn werde, sobald man nur „anderweit sich besser fassen würde."

Dieselbe Zähigkeit, wie Goeß in Berlin, entwickelte Graf Windischgrätz in Braunschweig. Seinem Auftrage, die niedersächsischen Kreisstände zu Beförderung der den Reichstag beschäftigenden Kriegsverfassung und zur Conjunction der Kreistruppen mit dem kaiserlichen Heere anzutreiben[1]), trat erst die Unzulänglichkeit der Instructionen der Kreisgesandten, alsdann die Resolution entgegen, das Reichsdefensionswerk müsse dem Reichstage überlassen bleiben; der Kreis könne nur sein Contingent ebenso wie bisher bereit halten[2]). Allein seiner inständigen Replik[3]) kam die Energie, mit der Georg Wilhelm die Pflichten seines Kreisobristenamts den Ständen zu Gemüthe führen ließ, zu Hülfe; so daß man nicht nur den Reichstag zu „förderſamster Ausmachung des puncti securitatis" anzumahnen beschloß, sondern auch, trotz des Widerstrebens von Calenberg, Kurköln-Hildesheim und Bremen-Schweden und trotz der kühlen Zurückhaltung von Holstein-Dänemark, die bereits abgelehnte Verstärkung der Kreisarmee zu abermaliger Umfrage stellte und die Erhöhung des Triplums auf das Quintuplum durchsetzte, als sich Magdeburg zu den mit Celle haltenden Stimmen von Wolfenbüttel, Mecklenburg-Güstrow und Holstein-Gottorp hinzugesellte. Dem entsprechend wurde auch die in Quedlinburg begründete Conjunction des niedersächsischen mit dem obersächsischen Kreise gutgeheißen und einem abermaligen gemeinsamen Convent der beiderseitigen Kreiskriegsämter zur völligen Erledigung verstellt. Dort sollte auch die vom fränkischen Reichskreise angeregte Conjunction[4]) in wohlwollende Überlegung gezogen werden.

So drehte sich der Kreistag völlig herum[5]) und eröffnete der kaiserlichen Diplomatie die Aussicht, auch den Convent des Braunschweiger Bundes nach ihren Wünschen zu gestalten.

Dieser Bund war zu gemeinsamer Abwehr aller fremden Eingriffe geschlossen, Frankreichs Actionen seit dem Frieden von Vossem forderten aber Kaiser und Reich zur Abwehr heraus. Denn obgleich die Brandenburger bis nach Halberstadt, die Österreicher bis nach Böhmen zurückgegangen waren, blieben die Franzosen nicht nur auf dem Reichsboden stehn, sondern dehnten ihre Quartiere und Gewaltsamkeiten immer weiter aus: sie hielten die Maingegenden besetzt, verheerten das friedliche Kur-

1) Proposition d. d. 17. Mai. 2) Resolution dictat. 7. Juni.

3) Dictat. 11. Juni.

4) Eingabe des Bischofs Peter Philipp von Bamberg und des Markgrafen Christian Ernst von Brandenburg-Culmbach als ausschreibenden Fürsten des fränkischen Kreises an die ausschreibenden Fürsten des niedersächsischen Kreises, dat. 4. Juni/25. Mai 1673.

5) Kreisabschied d. d. 1. Juli 1673.

fürstenthum Trier und zwangen die elsässischen Reichsstädte zur Unterwerfung. Zugleich wurden die Ansprüche der französischen Diplomatie immer rücksichtsloser. Am 1. Mai forderte R. Gravel, Frankreichs Gesandter am Regensburger Reichstag, die Stände auf, den Kaiser zum Frieden zu zwingen und seinen Truppen den Durchzug zu verweigern. Am 18. Juni übergab er dem Reichstag ein Memorial seines Königs, worin dieser einer Anzahl von Ständen, den Kurfürsten von Mainz, Köln, Baiern und Brandenburg, dem Könige von Schweden, dem Herzoge von Hannover, dem Bischof von Münster und dem Pfalzgrafen von Neuburg ansaun, ihm durch Bildung eines Garantiebundes die Neutralität des Kaisers zu verbürgen und sich diesem entgegenzusetzen, wenn er seine Armee wieder aus Böhmen würde vorrücken lassen[1]). Ließ man widerstandlos solche Zumuthungen und Vergewaltigungen über sich ergehn, so war es um die Ehre und Unabhängigkeit des Kaisers und aller Reichsstände geschehn.

Allein ebenso langsam, wie sich am Wiener Hofe jener Umschwung vollzog, der Lobkowitz und Gremonville ihres Einflusses beraubte und die Richtung Lisola's zum Siege brachte, ebenso langsam gieng es mit der Umwandlung der Friedseligkeit der Reichsstände in kriegerische Entschlossenheit. Der Reichstag und der Braunschweiger Bundesconvent boten ganz dasselbe Schauspiel thatenscheuer Umständlichkeit.

So willkommen dem Herzog Georg Wilhelm die niedersächsische Kreisrüstung war, so peinlich berührten ihn alle darüber hinausgehenden Anforderungen. Nur ungern willigte er in die Erneuerung und Erweiterung des Braunschweiger Bundes ein, zu der ihn sowohl der Kaiser als auch der Kurfürst von Brandenburg einluden; da seit dem Vossemer Frieden „die Sachen nicht mehr in dem Stand, worin sie zur Zeit des aufgerichteten foederis gewesen", so konnte er sich keine „ersprießliche Verrichtung" davon versprechen[2]). Mit der vorsichtigsten Zurückhaltung aber nahm er die auf ein engeres Bündniß abzielende Bitte um guten Rath auf, die ihm der Kaiser durch den Grafen Windischgrätz aussprechen ließ. Da S. Kaiserl. Mt, so entwickelte dieser, glaubhaft vernommen habe, daß der Herzog der guten Partei beitreten wolle, wenn auch der König von Dänemark sich mit Holland verbinde, dieser Bund jetzt aber geschlossen sei, so werde der Herzog hoffentlich „nunmehr der guten Sach zu helfen weiter keinen Anstand nehmen", zumal da der Kaiser entschlossen sei, eine Armee von 30000 Mann ins Reich zu schicken, um es von seinen Bedrängnissen

1) H. von Zwiedineck-Südenhorst, deutsche Geschichte, S. 346 f.; J. Haller, die deutsche Publicistik in den Jahren 1668/74, S. 59 ff.

2) Georg Wilhelm an Ernst August, dat. Dannenberg, 19. Aug. 1673. S. auch oben S. 295 f.

zu befreien; S. M[t] begehre „Einrath, was bei solchem gemeinnützigem Vorhaben zu beobachten sei".

Auf den Herzog hatte indessen das dänisch-holländische Bündniß vom 20. Mai durchaus nicht den erwarteten Eindruck gemacht. Er fand den rechten Augenblick des Abschlusses verpaßt und fürchtete ein unzeitiges Eintreten des casus foederis; er argwöhnte, daß der dänische Hof ihm nicht alle Stipulationen des Vertrags mitgetheilt habe, und wollte jedenfalls erst die Ratification desselben abwarten. Daher antwortete er dem kaiserlichen Abgesandten: er finde die Resolution S. M[t] ruhmwürdig und werde ihr, „soweit es mit Hoffnung eines Successes geschehen könnte", secundiren; da er aber von dem dänisch-holländischen Abkommen keine vollkommene Information habe, auch der Ratification desselben noch nicht sicher sei, so sei es für ihn nicht thunlich, „hierbei ichtwas Gewisses zu resolviren." Würde indessen Dänemark in Action treten, und der Kaiser den angekündigten Feldzug ausführen, würde dann auch Spanien mit Frankreich brechen und endlich der Herzog von Wolfenbüttel dazu mitwirken, daß das braunschweigische Haus „mit Respect und Nutzen der gemeinen Sache" agiren könne, alsdann wolle auch er sich nicht vom Kaiser trennen. Windischgrätz beruhigte sich dabei nicht. Er legte den Entwurf eines Vertrags vor, der im wesentlichen dem Bündnisse, das im folgenden Jahre vereinbart wurde, entsprach. Er stimmte zu, als der Herzog erörterte, daß ihm solches Bündniß jetzt, wo der Brandenburger vom Kriege zurück und noch kein anderer Reichsstand auf Seite des Kaisers getreten sei, zur Aufstellung eines Contingents von 15—16000 Mann zwingen würde. Allein da der Graf hierfür keine Subsidien des Kaisers anbieten konnte, so mußte er sich mit der zurückhaltenden Erklärung des Herzogs bescheiden und seine weitere Action auf die Braunschweiger Bundeshandlung verstellen[1]).

Versteckte sich Georg Wilhelm hinter Dänemark, so machte dieses seine Haltung von der Entschließung Schwedens abhängig. Denn im Fall eines Conflicts mußte Dänemark einen Einbruch der Schweden sowohl aus Schonen als auch aus Holstein-Gottorp, das fest zu Schweden hielt, befürchten und durfte daher nicht eher in Action treten, als bis es zu Lande und zu Wasser völlig gerüstet war. In dieser Überzeugung fand sich König Christian V. mit seinem Großkanzler, dem Grafen Griffenfeld, zusammen[2]). Beide stimmten aber auch in dem Streben überein, die alte Eifersucht der

1) Von der Mission des Grafen Windischgrätz in Celle liegt mir außer dem oben angezogenen Bundesentwurfe mit der Überschrift „im Juli communicirt zu Braunschweig" nur der Bericht vor, den Georg Wilhelm in der Instruction, dat. Celle, 18. Juni 1673, seinem Kopenhagener Residenten L. Müller giebt.

2) Gebhardi S. 2103.

Schweden zu überwinden und womöglich in Allianz mit ihnen zu treten[1]). War dies Bündniß nicht unmittelbar zu erreichen, so ließ es sich vielleicht indirect anbahnen, wenn man sich mit einer derjenigen Potenzen, denen Schweden zuneigte, verband und sich, so lange Schweden noch zwischen dem französischen Angriffsbündnisse und einem Neutralitätsverbande unentschieden hin und her schwankte, ebenfalls den Weg nach beiden Seiten offen hielt. So erklärt sich die scheinbar widerspruchsvolle Haltung Dänemarks im Jahre 1673. Es geschah offenbar in der Absicht, den Weg nach Frankreich frei zu halten, daß Christian V. den Ritter von der Osten[2]) nach Hannover entsandte, um dem Herzog Johann Friedrich in tiefstem Geheimniß den dänisch-holländischen Vertrag vom 10/20. Mai mitzutheilen[3]). Denn dieser hatte nichts Eiligeres zu thun, als unter Mitwissen und Mitwirkung des dänischen Vertrauensmannes dem Minister Pomponne die Entstehung und den Inhalt dieses Vertrages in solcher Weise darzulegen, daß der Wunsch des dänischen Königs, mit Frankreich engere Fühlung zu nehmen, deutlich genug hindurchblickte[4]). Diesem Treiben entsprach die Lauheit, die Dänemarks Vertreter auf dem niedersächsischen Kreistage bewies. Wenn er dem Braunschweiger Bundesconvente ein größeres Interesse entgegenbrachte, so geschah dies, wie man in Kopenhagen verlauten ließ, um Brandenburgs willen[5]). Denn Brandenburg stand im Begriff sich mit Schweden in genaueres Einvernehmen zu setzen, von Brandenburg war Schweden zur Theilnahme an dem Braunschweiger Bundesconvente geladen. Deshalb mußte dieser Convent dem dänischen Hofe willkommen sein.

Der Kurfürst von Brandenburg endlich blieb in und nach seinem Vossemer Sonderfrieden doch weit davon entfernt, sich ganz auf Seite der Franzosen zu schlagen. Wie er sich in jenem Vertrage für alle Fälle, wo das Reich von fremden Mächten angegriffen würde, die volle Freiheit des Handelns vorbehalten hatte, so widerstand er auch den alsbald an ihn herantretenden Anträgen auf ein engeres Bündniß mit Frankreich[6]) und regte im Einvernehmen mit dem Kaiser den Zusammentritt des Braunschweiger Bundesconvents an[7]). Indem er zugleich Schweden zur Theil-

1) S. oben S. 242.

2) Oberkämmerer seines Bruders des Prinzen Georg.

3) Creditive, dat. Kopenhagen, 28. Juni 1658; Recreditive, dat. Clausthal, 6. Juli 1673.

4) S. das Schreiben Johann Friedrich's an Pomponne d. d. 31. Juli 1673 in III. 126 der Anlagen.

5) L. Müller an Georg Wilhelm, dat. Kopenhagen, 3. Juni 1673.

6) Droysen III, 3, 294; Pribram in Urk. u. Acten XIV, 1, 509.

7) Die brandenburgischen Invitationsschreiben waren im hannoverschen Archiv nicht aufzufinden, die Thatsache selbst erhellt sowohl aus dem oben S. 306 Anm. 2 angezogenen Schreiben Georg Wilhelm's an Ernst August wie aus den unten angezogenen Protokollen.

nahme einlud, gewann er die Möglichkeit, die von dieser Macht erstrebte Bildung einer dritten Partei, an deren Spitze Schweden die Rolle eines europäischen Schiedsrichters zu spielen gedachte[1]), mit den ebenfalls auf Herstellung des Friedens gerichteten Absichten jener ältern dritten Partei zu verschmelzen, die den Seesener Vertrag und das Braunschweiger Defensivbündniß ins Leben gerufen hatte.

Alle diese Tendenzen wirkten mit der jener Zeit eigenthümlichen Umständlichkeit des diplomatischen Verkehrs zusammen, um die vom Kaiserhofe betriebene Erweiterung und Mobilmachung des Braunschweiger Bundes zu hemmen[2]). Erst mußte auf den hessischen Gesandten, der sein Eintreffen verspätete, gewartet und die Constituirung des Bundesconvents, den man am 13. Juni eröffnete, bis zum 29. hinausgeschoben werden. Dann fand sich bald dieser, bald jener nicht ausreichend instruirt und mußte Bescheid auf seinen Bericht erwarten, so daß erst am 16. August eine gemeinsame Resolution verabschiedet werden konnte. Das Ergebniß aber blieb gering, weil der eine sich hinter der Entschließung des andern versteckte und keiner sich allein exponiren wollte.

Ich lasse alle diese Weitschweifigkeiten auf sich beruhen. Die beiden Fragen, auf die alles hinauslief, waren, wen man in den Bund aufnehmen, und wie man sich gegen Frankreich verhalten sollte.

Gegen die Aufnahme des Kurfürsten von Trier erhob sich, obgleich sein Land zum großen Theil schon eine Beute der Franzosen war, nicht der geringste Widerspruch: durch Accessionsreceß vom 22/12. Juli 1673 trat er mit einem Contingent von 400 Reitern und 1000 Mann Infanterie dem Bunde bei. Auch gegen den Beitritt von Kursachsen und Schweden hatte niemand etwas einzuwenden. Allein die von beiden entsandten Vertreter waren, wie sich auf der Stelle zeigte, „mehr ad videndum als ad concludendum" gekommen. Der kursächsische Minister von Gerstorff versicherte ein Mal über das andere den Beitrittseifer seines Herrn, nahm aber den vom Hause Weimar ausgesprochenen Aufnahmewunsch zum Anlaß, um der Accessionshandlung noch einigen Anstand zu geben: der Kurfürst müsse sich zuvor mit der Weimarschen Linie über das Quantum

1) S. oben S. 296.

2) Der folgenden Darstellung liegt das cellische Protokoll zu Grunde, act. Braunschweig, 13. Juni bis 16. August 1673; anwesend von Wien Graf Windischgrätz, von Kopenhagen Habbeus von Lichtenstern, von Berlin Canstein, von Celle Schütz, von Wolfenbüttel Höpfner und Münchhausen; dazu seit 29. Juni von Cassel Badenhausen, seit 30. Juni von Trier Georg Reinhard von Breitbach; der kursächsische Minister von Gerstorff und der schwedisch-bremische Regierungspräsident Kleihe nahmen nicht an den Plenarsitzungen theil. Nur kurze Notizen über diesen Convent finden sich im Theatr. Europaeum XI, 363, bei Gebhardi, Gesch. von Dänemark, S. 2104, bei Grimoard, lettres de Turenne II, 280 f., in Urk. u. Acten zur Gesch. des Großen Kurfürsten XIV, 1, 705, 709 ff.

der Bundeshülfe und andere Fragen verständigen. Noch befremdlicher führte sich der schwedisch-bremische Regierungspräsident Kleihe auf. Er weigerte die Theilnahme an den Sitzungen, weil er mit dem Charakter eines königlichen Gesandten erschienen war, die Vollmachten der Bundesvertreter aber hierauf keinen Bezug nahmen; man mußte den Verkehr mit ihm durch den Vertreter des Brandenburgers, von dem die Einladung ausgegangen war, vermitteln. Dieser Austausch aber lief darauf hinaus, daß Kleihe sich über den Zweck und die Organisation des Bundes informiren ließ und alles lediglich ad referendum nahm.

Wichen Schweden und Kursachsen ihrerseits dem Bunde aus, so scheiterte der vom Grafen Windischgrätz mit zäher Energie wiederholte Antrag, den König von Spanien für seine burgundischen Lande in den Bund aufzunehmen, an dem Widerspruch, den alle andern außer Kurtrier erhoben und mit dem Mangel ausreichender Instructionen bemäntelten.

Nicht besser war das Ergebniß der Anträge, die auf schnelle Mobilmachung des Bundes gegen Frankreich zielten.

Graf Windischgrätz führte der Versammlung eine ganze Reihe reichsfeindlicher Machinationen zu Gemüthe, die Durchzüge, Einquartierungen und Contributionen der französischen Truppen auf dem Reichsboden, das Verharren der Bischöfe von Kurköln und Münster im Offensivkriege gegen Holland, Gravel's Regensburger Forderungen und den Abbruch der Straßburger Rheinbrücke: um zu begründen, daß der Kaiser zur Abwehr befugt, ja gedrungen sei. Er dementirte die Gerüchte von dem geheimen Abkommen des Wiener Hofes mit Frankreich als falsches Gerede und verkündigte den Entschluß des Kaisers, mit 30000 Mann ins Feld zu rücken, um den Bedrängten beizustehn, um die Krone Spanien im Interesse des Reichs und des Erzhauses Österreich zu schirmen und die Libertät der Reichsstände vor den das ius foederum untergrabenden Zumuthungen Frankreichs zu retten. Da sich nun der Kaiser schon um dieser Intentionen willen von einem französischen Angriff auf seine Erblande bedroht sehe, so sei der in der Braunschweiger Allianz vorgesehene casus foederis vorhanden; demnach begehre der Kaiser zu wissen, wessen er sich von seinen Bundesgenossen zu versehen habe.

Nur Kurtrier spendete diesen Eröffnungen unbedingten Beifall. Der dänische Gesandte Habbeus versuchte, der kaiserlichen Requisition durch Anregung einer gemeinsamen Schickung an König Ludwig die Spitze abzubrechen. Brandenburgs Vertreter, Raban von Canstein, schien den Bund jetzt die Lässigkeit, die seinem Herrn beim vorigen Feldzuge entgegengesetzt war, entgelten zu lassen. Der cellische Kanzler Schütz aber stellte durch scharfe Zergliederung der kaiserlichen Proposition die darin verborgenen Klippen heraus. Indem er die Bundestreue vor sich hertrug, warnte er, dem

Bunde eine Pflicht aufzubürden, die dem gesammten Reich zustände; man müsse alles meiden, was von den Fundamentalgesetzen des Reiches abwiche und die Alliirten für sich allein in den holländischen Krieg verwickeln könne; es komme auf genaue Prüfung des casus foederis an. Dies hatte die Wirkung, daß nach der Einholung neuer Instructionen alle ihr Votum mit den Cellischerseits an die Hand gegebenen Cautelen versahen.

Einen neuen und bessern Hebel bot der kaiserlichen Diplomatie das Hülfsgesuch, das der Kurfürst von Trier an den Bundesconvent ebenso wie an das Reich ergehen ließ (18. Juli); denn hier konnte der casus foederis nicht in Zweifel gezogen werden. Allein Habbeus fand den Ausweg, die Wirksamkeit des eben erst mit Trier abgeschlossenen Bündnisses an die nicht so schnell zu erfüllende Voraussetzung zu knüpfen, daß zuvor die Ratificationen ausgetauscht würden.

Die einzigen positiven Ergebnisse, die Graf Windischgrätz dem Braunschweiger Convente abgewann, bestanden in der Vereinbarung eines gemeinsamen Abmahnungsschreibens an den französischen König und eines den Verlauf der Berathungen zusammenfassenden Recesses, der sich wie eine Bekräftigung und Erneuerung des vorjährigen Bundesvertrags ausnahm [1]).

Derselben Zurückhaltung, wie der Braunschweiger Kreis- und Bundesconvent, befleißigte sich die daran anknüpfende Versammlung der fränkischen, ober- und niedersächsischen Kreisverordneten, die am 14. August zu Mühlhausen in Thüringen zusammentrat.

Wie nämlich der niedersächsische Kreistag zu Braunschweig, so hatte auch der alsbald nachfolgende obersächsische Kreistag zu Leipzig [2]) nicht nur den am 30. Januar zu Quedlinburg vereinbarten Receß über eine engere Verbindung zwischen Ober- und Niedersachsen [3]) gut geheißen, sondern auch die in Braunschweig angeregte Correspondenz mit dem fränkischen Reichskreise aufgenommen und zugleich auch eine Verständigung mit dem bairischen und schwäbischen Kreise ins Auge gefaßt [4]). Es stellte sich denn auch außer den Deputirten der drei zusammen beschiedenen Kreise [5]) ein

1) Diesen Receß d. d. Braunschweig, 15. Aug. 1673 theile ich unter III, 127 der Beilagen mit. Die Ausarbeitung der schon voriges Mal ausgesetzten Bundeskriegsverfassung wurde einer aus Officieren und Diplomaten gemischten Commission übertragen, die im September zu Braunschweig zusammentrat.

2) Kreisabschied d. d. 7. Aug. 1673. 3) S. oben S. 289 f.

4) Theatr. Europ. XI, 365 f.

5) Invitationsschreiben des Kurfürsten Johann Georg II. von Sachsen, dat. Dresden, 15. Juni 1673. Anwesend aus Niedersachsen: von Schweden-Bremen Vicedirector Christiani und Regierungsrath von der Kuhla, von Magdeburg Hofrath Dürfeld, von Celle Hofrath Speirmann und Mahrenholz, von Calenberg Hof- und Kanzleirath Christian Lampadius, von Wolfenbüttel Kanzler Höpfner; aus Obersachsen: von Kursachsen Minister

kurbairischer Abgeordneter[1]) ein, und der Kaiser entsandte seinen Reichshofrath und Kämmerer den Grafen Wolf zu Öttingen, um eine Vereinigung der Kreistruppen mit der kaiserlichen Armee zu bewerkstelligen. Daß dann sogar Ludwig XIV. seinen Residenten am Kurmainzer Hofe, den Abbé de Gravel, dorthin deputirte[2]), war ein Zeichen der hohen Bedeutung, die man der Mühlhäuser Versammlung beimaß[3]).

Sie nahm sich in der That der Securität des Reiches an[4]). Denn obgleich die Obersachsen anfangs höheren Rang und geringere Leistung als die Niedersachsen für sich in Anspruch nahmen, mußten sie doch der niedersächsischen Zähigkeit weichen und sich zur Parität in beiden Fragen verstehn. Indem man das in Quedlinburg vereinbarte Triplum gut hieß und das niedersächsische Simplum von 923 Reitern und 3023 Fußsoldaten festhielt, stellte man dem obersächsischen Kreise ein Simplum von entweder 982 Reitern und 2601 Mann zu Fuß oder von 819 zu Pferde und 3081 Fußsoldaten zur Wahl und vereinbarte laut Receß vom 23. September 1673 die gleichförmige Erledigung der in Quedlinburg offen gelassenen Fragen[5]). Und obgleich die von den Niederkreisen des Reichs abweichende Verfassung des fränkischen Kreises[6]), seine geringere Leistungsfähigkeit und seine confessionelle Gemischtheit einer schlichten Angliederung an die Niederkreise entgegenstand, so verständigte man sich doch dahin, sein Simplum auf 800 Reiter und 2400 Mann Infanterie zu fixiren und nahm seine sonstigen Forderungen, insbesondere diejenige religiöser Toleranz, ad referendum[7]).

---

von Gerstorff und Georg Dietrich von Wolframbsdorff, von Kurbrandenburg Johann Butenbach, von Sachsen-Gotha Kammerpräsident Hans Dietrich von Schönberg; aus Franken: vom Hochstift Bamberg Vicekanzler Dr. Joh. Reuß, von Brandenburg-Culmbach Consistorial-Präsident Joh. Christof von Pühel, im Namen der fränkischen Grafen der gräflich Hohenlohesche Rath Lic[t] Gerhard Meybusch, im Namen der fränkischen Städte der Nürnbergische Consulent Dr. Christof Gottlieb Dilherr von Thünenberg.

1) Geheimer Rath Dr. Johann Wämpel von Töttenweis.

2) Creditive, dat. Thionville. 27. Juli 1673.

3) Vgl. das Urtheil Turenne's über den Mühlhäuser Convent, d. d. 5. Aug. 1673 bei Grimoard, II, 309 und das Schreiben Gravel's d. d. 24. Aug. a. a. O. S. 325.

4) Der folgenden Darstellung liegen die Relationen des Wolfenbüttelschen Kanzlers Höpfner, sowie die Berichte und Protokolle des hannoverschen Hofraths Lampadius zu Grunde. Vgl. die kurzen Notizen im Theatr. Europ. XI, 366 und M. J. Schmidt-Milbiller, Gesch. der Deutschen XII, 170.

5) Formirung der Artillerie, Verpflegungsordonanz, Zusammensetzung des Kriegsraths, Vereidigung der Contingente, Militärjustiz.

6) Dieser gliederte sich in eine geistliche und eine weltliche Fürstenbank, eine Grafen- und eine Städtebank.

7) Provisionalvernehmung zwischen den fränkischen und den ober- und niedersächsischen Bevollmächtigten, act. 15. Sept. 1673.

Der französische Abgeordnete[1]) gewann mit seinen Gegenvorstellungen überhaupt keinen Boden. Die beständigen Übergriffe der französischen Truppen sprachen den Friedensversicherungen, die er verkündigte[2]), Hohn; man fertigte ihn mit gleichartigen Redewendungen ab[3]). Der kurbairische Gesandte aber, der lediglich zur Unterstützung des französischen Gegenspiels herbeigekommen war[4]), verließ die Versammlung, sobald er sich von der Unerfüllbarkeit seiner Mission überzeugt hatte[5]).

---

1) Mehrere Berichte desselben über den Mühlhäuser Convent findet man bei E. Gallois Lettres inédites des Feuquières, II (Paris, 1845), S. 231 f., 243 ff., 251 ff., 260 f., 262 ff., 271 ff.

2) Das lateinische Memorial, dat. Mühlhausen, 11. Sept. 1673, das er dem kursächsischen Directorium einreichte, bewegte sich in denselben Gedanken und Wendungen wie die bekannten Memorialien, die sein Bruder dem Regensburger Reichstage übergeben hatte.

3) Responsum d. 23. Sept. 1673.

4) Dies erhellt aus der Relation des hannoverschen Deputirten Lampadius, dat. Mühlhausen, 19. Aug. 1673: „Gestern Nachmittag habe ich den kurbairischen Gesandten besuchet. Derselbe contestirte nach abgelegten Gegencurialien, wie ihm sonders lieb zu vernehmen gewesen wäre, daß jemand von Ew. Frl. Dchl. ministris bei dieser Zusammenkunft sich befünde. Sein gnädigster Kurfürst hätte in reifer Erwägung der jetzigen gefährlichen, sorgsamen Läuften eine Nothdurft ermessen, ihn anhero zu senden, um zu erkennen zu geben, wie hoch S. Kurfrl. Dchl. des Röm. Reichs allgemeine Wohlfahrt und beständigen Ruhestand Ihro angelegen sein ließen. Sie hätten mehrmals J. Kaiserl. Mt so schrift- als durch Ihre Abgeordnete mündlich mit allerunterthänigstem Respect ersuchen lassen, Sie wollten allergnädigst geruhen, zu Erhaltung Friedens und Ruhe im Reich sich in das holländische Wesen nicht zu mischen und den Holländern Hülfe zu leisten, zumalen dieselbe solches um das Reich nicht verdienet; mit dem Erbieten alle ersprießliche Vermittlung bei Frankreich vorzuwenden, daß, sobald allerhöchstgeb. J. Kaiserl. Mt sich desfalls gewierig erklären würden, die französische Völker des Reichs Boden quittiren sollten. Solche Declaration aber wäre bisher nicht zu erlangen gewesen. S. Kurfrstl. Dchl. verlangeten mit den alhie versammleten Kreisen in näheres Vernehmen zu treten. Es wäre vorm Jahr im Augusto in Baiern ein Kreistag gehalten. Weil aber Salzburg, Passau und andere von der bei Kaiserl. Mt erhaltener immoderater Moderation, daß sie nämlich nur ein Drittel ihres gewöhnlichen Anschlags geben sollten, nicht weichen noch das von S. Kursl. Dchl. und andern Ständen in Baiern gethanes Anerbieten, sie zu übertragen und ein Drittel ihres Contingents zu übernehmen, annehmen wollen: hätte man zu keinem gedeihlichen Schluß gelangen und sich in Verfassung setzen können. Endlich fragete er, ob es nicht eine Sache wäre, daß der ober- und niedersächsische Kreis nebenst seinem gnädigsten Kurfürsten J. Kaiserl. Mt mittelst Offerirung einer Guarantie daß der König in Frankreich seine Völker aus dem Reich abführen sollte, dahin bewegen wollten, daß Sie ihre Armee nicht marschiren ließe. Ego beantwortet dieses alles in generalibus mit Vermelden, daß der scopus dieser Handlung die Erhaltung eines friedlichen Ruhestandes in den nieder- und obersächsischen Kreisen, und man gemeinet wäre, sich allerdings in den Schranken der Reichssatzungen zu behalten, und nahm dann meinen Abschied."

5) Bericht des wolfenbüttelschen Kanzlers Höpfner, dat. Mühlhausen, 26. Aug. 1673: „Der kurbaierische Gesandter, wie er gesehen, daß man alhie cum singulis nicht zu tractiren vermöchte, sondern gewisse umschränkete instructiones von ganzen Kreisen hätte, ist diesen Nachmittag um 2 Uhr von hier wieder abgereiset."

Allein auch der kaiserliche Botschafter kam nicht zu seinem Ziel. Seine Proposition faßte alle von Frankreich verübten Kränkungen und Gewaltsamkeiten zusammen und verkündete den Entschluß des Kaisers, nicht länger „stillsitzend zuzusehn, daß heute dieser, morgen ein anderer Kurfürst und Stand auswärtigem dominatui unterworfen und deren Land und Leute von dem Reiche abgerissen würden". Zu Rettung der bedrängten Stände, wie auch zur Beschützung seiner eigenen Lande und Leute werde der Kaiser eine Anzahl Völker zusammenziehn, „selbe nach Eger beordern und sich in gehörige Postur stellen". In solchem Entschluß richtete der Kaiser an die drei Kreise das Ersuchen, seiner Armee den Durchzug zu verstatten und die Kreisrüstungen so zu befördern, daß „eine rechtschaffene, beherzte Zusammensetzung zwischen Haupt und gesammten Gliedern erhalten" und eine Conjunction der Kreistruppen mit der kaiserlichen Armee herbeigeführt werde[1]). Die fränkischen Kreisdeputirten stimmten, obwohl ohne Vollmacht, für runde Gewährung dieser Forderungen[2]) und gebärdeten sich, als wollten sie mit den zwei Regimentern, die sie auf den Beinen hatten, „das ganze Reich defendiren helfen". Auch die Obersachsen waren einer sofortigen Conjunction der Kreistruppen mit dem kaiserlichen Heere nicht abgeneigt. Die Niedersachsen aber ließen sich nicht über die vorsichtig bemessene Linie der Resolution, die dem Grafen Windischgrätz in Braunschweig ertheilt war, hinauslocken[3]) und erwirkten schließlich, daß die unter den drei Kreisen vereinbarte gemeinsame Antwort die kaiserlichen Anträge ad referendum nahm und sich auf den Dank für die kaiserliche Sorge um des Reiches Sicherheit und auf die Versicherung beschränkte, „Kurfürsten, Fürsten und Stände gesammter drei löblicher Kreise würden nicht ermangeln, demjenigen, was getreuen Ständen des Reiches oblieget, nachzuleben und sich gemäß zu bezeigen"[4]).

So schlug der erste Anlauf zu einem kaiserlichen Kriegsbunde fehl. Aber es war doch durch die Braunschweiger und Mühlhäuser Verhandlungen der Boden dafür geebnet, und dies war um so werthvoller, da sich in eben jenen Augusttagen die entscheidende Wendung in Wien und Madrid vollzog, die zur Wiederherstellung der alten habsburgischen Waffengemeinschaft führte.

König Karl II. von Spanien, an dessen Hofe ein ähnlicher Zwiespalt wie in Wien gewaltet hatte, entschloß, sich als Ludwig XIV. durch die Eroberung der Festung Mastricht (30. Juni) die spanischen Niederlande aufs unmittelbarste bedrohte, seinen ererbten Haß gegen den holländischen

1) Dictat. 2/12. Sept. 1673. 2) Resolution, dat. 22/12. Sept. 1673.
3) Relation Höpfner's, dat. Mühlhausen, 13. Sept. 1673.
4) Dictat. 16. Sept. 1673.

Ketzer- und Rebellenstaat aufzugeben und an die Spitze einer neuen Koaliton gegen Frankreich zu treten. Indem er sich zugleich dem Kaiser zu einer monatlichen Subsidienleistung von 50000 Thalern verpflichtete[1]), ermöglichte er auch diesem den lange schwebenden Abschluß mit den Generalstaaten und entschied ihn für den Krieg[2]). Am 22. August musterte Kaiser Leopold seine zu Eger versammelten Truppen und entsandte sie unter der Führung Montecuccoli's gegen das in den Mainlandschaften hausende Heer Turenne's.

In dem wiedergefundenen Bewußtsein seiner Ehre und Pflicht forderte er nunmehr auch die zu Regensburg versammelten Reichsstände zur Theilnahme an dem Kampfe gegen den gemeinsamen Gegner auf[3]). Sofort schloß sich der Kurfürst von Sachsen, der bereits auf dem Mühlhauser Tage seinen guten Willen bekundet und an der Musterung zu Eger theilgenommen hatte, der kaiserlichen Politik an und unterzeichnete am 25. August einen Vertrag, der seine Beziehung zu Österreich und Spanien schärfer umgrenzte, als der Märzvertrag[4]) und seine Truppenleistung festsetzte[5]).

Die Hauptsache aber war, daß durch die Verträge, die am 30. August in der Hauptstadt Hollands zwischen den Generalstaaten, dem Kaiser, dem Könige von Spanien und dem Herzoge von Lothringen unterzeichnet wurden, ein umfassendes Schutz- und Trutzbündniß gegen Frankreich begründet wurde, das sich die Wiederherstellung des status quo zum Ziele setzte[6]).

---

1) Durch den Vertrag von Rokycan d. d. 28. Aug. 1673.

2) Pribram, Lisola, S. 630.

3) Kaiserliche Erklärung vom 28. Aug. 1673 bei Mignet IV, 201 ff.

4) S. oben S. 302 Anm. 1.

5) Pribram, Lisola, S. 632 u. 635; v. Zwiedineck-Südenhorst, deutsche Geschichte, I, 349.

6) Über diese Verträge s. Mignet IV, 206 ff.; Ranke, französ. Gesch. III (W. X), 305 ff.; Peter, Krieg des Goßen Kurfürsten S. 176; Haller, deutsche Publicistik, S. 66 f.; Pribram, Lisola, S. 634 ff.

Siebentes Kapitel.

Neue Anläufe zur Bildung einer dritten Partei.

Als Ludwig XIV. den Umschlag am Wiener Hofe und die Rüstungen des Kaisers zu einem neuen und ernstlicheren Feldzuge sich entwickeln sah, faßte er den Gedanken, ihm einen neuen Rheinbund der französischen Parteigänger entgegen zu stellen[1]). Schon im Januar 1673 hatte der Herzog von Vitry zu diesem Zweck einen Vertrag mit dem Kurfürsten von Bayern zu stande gebracht, worin sich dieser gegen ansehnliche Subsidien verpflichtete, sein Heer zu verstärken und den Kaiserlichen den Durchmarsch durch seine Lande zu wehren[2]). Und seit dem März war Graf Verjus beflissen, eine Verbindung zwischen Kurbayern, Hannover und Schweden zu Wege zu bringen[3]).

Indessen nur der Kurfürst von Bayern gieng mit einer gewissen Entschlossenheit auf diese Intentionen ein[4]). Er verpflichtete sich durch einen neuen Vertrag, den er im Juli mit Frankreich schloß, gegen Erhöhung seiner Subsidien zur Verstärkung seiner Streitkräfte[5]) und beschickte den Mühlhäuser Convent, um Frankreichs Geschäfte zu treiben und mit Hannover engere Fühlung zu nehmen[6]). Schwedens Mitwirkung dagegen war nicht zu erlangen, so lange man dort des Gedankens voll war, durch Bildung einer dritten Partei die Rolle eines europäischen Friedensvermittlers zu spielen[7]). Der Herzog von Hannover aber war über den französisch-brandenburgischen Frieden so verstimmt, daß er die schon vorbereitete Anknüpfung

---

1) Dies bekennt Pomponne in seinen Memoiren II, 233.

2) Recueil des instructions, VII, S. 41 u. S. XIII. Mémoires de Pomponne II, 234.

3) Verjus an Herzog Johann Friedrich, dat. Cologne, 16. März 1673: J'espère au reste, Monseigneur, que le traité sera heureux à V. A., et il me semble que toutes les choses s'en préparent bien pour luy donner beau jeu. Elle voit l'estat des affaires de l'Electeur de Brandenbourg et elle voit les alliances que le Roy a, entre autres celle de Bavière, qui doit agir avec quinze mille hommes.« Verjus an Freiherrn Grote, dat. Cologne, 26. März 1673: »J'ay écrit quantité de fois en Suède pour la correspondance entre cette couronne et vous. J'ay fait ce qui dépendoit de moy, et je suis seur que du costé de la cour on ne s'y sera pas oublié. C'est à vous à nouer un commerce avec le Marquis de Feuquières pour en avoir de plus fraiches nouvelles et pour y pourvoir de plus prés.«

4) Pomponne II, 233. 5) Pomponne II, 235.

6) S. oben S. 312, Anm. 1 und S. 313, Anm. 4.

7) S. oben S. 296.

mit Schweden fallen ließ[1]). Denn dieser Friede vernichtete nicht nur alle die ehr- und habsüchtigen Entwürfe, die er an den brandenburgischen Krieg geknüpft hatte[2]), sondern erfüllte ihn auch mit der Sorge, seiner französischen Subsidien verlustig zu gehn und das Heer, das er auf 15 000 Mann gebracht hatte, entlassen zu müssen[3]). Vergebens suchte man ihn durch die Aussicht auf Erwerbungen in Friesland zu beschwichtigen[4]). Er empfand den Ausgleich Frankreichs mit Brandenburg wie einen Bruch seines französichen Bündnisses und verlangte neue Sicherheiten.

Er verlangte zunächst eine ausdrückliche Erklärung, ob Ludwig XIV. den Allianzvertrag vom 10. December 1672, der laut Artikel 23 bis zum Ende dieses Krieges und bis zur völligen Pacification des H. Römischen Reiches befristet war, auch jetzt, nach dem Ausgleich mit Brandenburg, zu dessen Bewältigung diese Allianz recht eigentlich geschlossen war, noch als zu Recht bestehend anerkennen und zweitens alle die Subsidien, die er dem Herzog theils hier, theils in dem Neutralitätsvertrage vom 10. Juli 1671 zugesagt hatte, ihm auch ferner zur Erhaltung seines Truppenbestandes auszahlen wolle. Um diese beiden Fragen drehten sich alle die Conferenzen, die seit dem Mai 1673 mit Verjus' in Hameln, Lügde und Hannover gepflogen wurden. Selbst die Erklärung, die Verjus am 12. Juli im Namen seines Königs abgab, daß die Subsidien bis zum völligen Ausgleich zwischen Frankreich und dem Kaiser, ja sogar, falls dieser Ausgleich schon jetzt erfolge, bis zum Ende des laufenden Jahres bezahlt werden sollten, beruhigte den Herzog nicht. Er gerieth vielmehr in noch heftigere Aufregung, als die schriftliche Erklärung Verjus mit der Forderung schloß, der Herzog möge nunmehr jedem Vormarsche des Kaiserlichen Heeres von Böhmen zum Rheine entgegentreten und sich deshalb mit dem französischen Heere oder mit den zu demselben Zweck aufgebotenen deutschen Alliirten Frankreichs vereinigen; denn sonst würde König Ludwig wenig Nutzen von seinem Subsidienaufwande haben. Da sich Johann Friedrich in dem Vertrage vom 10. December 1672 (§ 5) zur Action nur im Bereiche des niedersächsischen und des westfälischen Kreises verpflichtet hatte, so bestärkte diese neue For-

1) Es liegt eine vom Herzog vollzogene Instruction vom 16. April 1673 vor, wonach sein Consistorialrath und Hofgerichts-Assessor Jacob Heinrich Block unter strengster Wahrung des Incognito nach Stockholm gehn und dort mit dem französ. Gesandten Feuquières und dem schwedischen Reichskanzler Fühlung nehmen sollte. Der Herzog erklärt sich hier bereit, auf Grund seiner Allianz mit Frankreich auch mit Schweden sich zu verbinden. Daß diese Mission sistirt wurde, erhellt aus der Instruction, die demselben Block am 17. Okt. 1673 nach Stockholm mitgegeben ward. 2) S. oben S. 281 f., 299 ff.

3) Der ganze Ärger kommt zum Ausdruck in einem Schreiben Grote's an Verjus, dat. 22. Mai 1673.

4) S. die Briefe des Herzogs von Enghien, dat. 19. u. 30. Mai 1673 und die Antwort des Herzogs unter III, 118, 121, 122 der Beilagen.

derung nur seine Sorgen um den Fortbestand seines Vertrags, seiner Subsidien und seiner Truppen. Er wiederholte daher nicht nur sein Gesuch um eine Declaration des Königs über die Rechtsbeständigkeit des Vertrags vom 10. December, sondern erweiterte es durch die Frage, ob der König den Bestand der hannoverschen Armee bis zur ausdrücklichen Aufkündigung seiner Subsidien unvermindert zusammenzuhalten wünsche. Zugleich begehrte er Auskunft, welche deutschen Fürsten sich dem Könige zur Abwehr des Kaisers verpflichtet hätten, meldete auch seine Ansprüche auf Entschädigung für die brandenburgischen Durchmärsche aufs neue an und zählte endlich alle die Verkürzungen auf, die ihm bei der Auszahlung der französischen Subsidien widerfahren waren[1]).

Ebenso wenig wie Verjus richtete der Herzog von Enghien, der brieflich dieselben Forderungen unterstützte, aus. Johann Friedrich war nicht zu bewegen, seine Armee mit der Turenne's zu vereinigen[2]).

König Ludwig machte darauf dem Herzog die begehrten Zugeständnisse. Er versprach Abstellung der Unregelmäßigkeiten in der Subsidienzahlung und Unterstützung der hannoverschen Entschädigungsansprüche auf Kosten der Holländer; er erklärte, daß außer den Bischöfen von Kurköln und Münster der Kurfürst von Bayern zur Bekämpfung des Kaisers bereit sei, und er verpflichtete sich den Vertrag vom 10. December 1672 und alle seine Subsidienzahlungen bis zu ausdrücklicher Aufkündigung aufrecht zu halten. Dafür aber erwartete er von dem Billigkeitssinn des Herzogs, daß dieser auch seinestheils über die seit dem Vossemer Frieden sinnlos gewordene Begrenzung seiner Actionen auf Niedersachsen und Westfalen, hinausgehe und wenigstens 4—5000 Mann seines Heeres zur Abwehr der Kaiserlichen detachire[3]).

---

1) Die erste Nachricht über den Inhalt der zwischen Johann Friedrich und Verjus gepflogenen Unterhandlungen bietet der unter III, 121 mitgetheilte Brief desselben an den Duc d'Enghien; daß dieser auf Mai 1673 zu datiren ist, erhellt aus einem Schreiben Verjus', dat. Soest, 18. Mai 1673, worin er sich zur ersten Conferenz in Hameln anmeldet. Der weitere Verlauf der Unterhandlungen ergiebt sich aus der Relation Verjus', dat. Hannover, 13. Juli 1673 (P.) sowie aus dem auf Verjus' schriftliche Erklärung d. d. Hannover, 12. Juli 1673 antwortenden hannoverschen Promemoria vom 3/13. Juli 1673, das ich unter III, 124 der Beilagen mittheile.

2) S. das Schreiben Enghien's an Johann Friedrich, dat. Utrecht, 27. Juni 1673 und die Antwort darauf, dat. Hannover, 4/14. Juli 1673 unter III, 123 und 125 der Beilagen.

3) Die von Verjus dem Herzog mitgetheilte Copie des Schreibens, worin der König in Erwiderung des hannoverschen Promemorias vom 13. Juli diese Erklärungen formulirte, ist nicht datirt. Daß sie Anfang August dem Herzog überreicht ist, ergiebt sich aus der unten angezogenen Neben-Instruction desselben für Grote, datirt Hannover, 9. August 1673.

Allein dazu war Johann Friedrich nicht zu bewegen. Er schickte seinen vielgewandten Kammerpräsidenten an den französischen Hof, um darzulegen, daß sowohl die Pflicht der Selbsterhaltung wie das eigne Interesse des Königs dem Herzog verbiete, sein Heer zu theilen und 4—5000 Mann zu Turenne oder zum Kurfürsten von Bayern stoßen zu lassen. Denn alsbald würde der Braunschweiger Bund über ihn herfallen und ihn ruiniren, ehe Hülfe kommen könnte; dem Könige aber würde der Succurs, den der Herzog leiste, nicht den Nachtheil aufwiegen, daß die Niederkreise wieder in Bewegung geriethen und den König zu einer neuen Diversion dorthin zwängen. Vor dem Einwande, daß dann der König keinen Gewinn von seinen Aufwendungen für das hannoversche Heer habe, sollte Grote sich auf den Wortlaut der französisch-hannoverschen Allianz zurückziehen und betonen, daß Johann Friedrich nicht gesonnen sei, durch einen Angriff auf den Kaiser „das Feuer zu einem Universalkrieg in Teutschland zuerst anzublasen." Das einzige, wozu sich der Herzog herbeilassen wollte, war eine Defensivallianz mit Frankreichs Alliirten in Westfalen, aber auch dies nur gegen die Zusicherung, daß er seinen Antheil an den Eroberungen und Entschädigungen, die man den Gegnern abzwingen würde, erhielte[1]).

Als Grote am Hoflager Ludwig's XIV. eintraf, war eben der Reichsfreiheit der elsässischen Städte das jähe Ende gemacht. Er wohnte dem Einzuge des Königs in Breisach bei und sah, wie in seinem Gefolge das ganze dem starken Colmar abgenommene Vertheidigungsmaterial aufgeführt ward[2]). Er verfehlte auch nicht, die Minister Pomponne und Louvois im Laufe seiner Unterhandlungen auf die Vergewaltigung der elsässischen Reichsstädte und die ebenso scheußliche Verheerung von Trier anzusprechen und auf

1) Die erste Instruction Joh. Friedrich's für Grote wurde s. d. Amtshaus Rotenkirchen, 18. Juli 1673 vollzogen und durch eine Nebeninstruction s. d. Hannover, 9. Aug. 1673 ergänzt.

2) In seinem Diarium meldet Grote unter 20. Aug.: „Diesen Nachmittag umb 4 Uhr ist der König mit der Königin und der ganzen Hoffstat hereinkommen. Der Rath und die Clerisey hat denselben außen am Thor empfangen. Binnen der Stadt ist allein die Garnison en haye auf der Gassen postiret gewesen. Der König hat in der Kutschen gesessen mit der Königin, Mademoiselle, Madame de Montespan et La Valière und noch drei andern Damen. Sobald der König auf dem Schlosse abgestiegen gewesen, sind die Stücke umb die Wälle drei Mal gelöst worden. Hinter dem ganzen Train her sind auf 4 oder 5 Wagen die den Bürgern zu Colmar abgenommenen Gewehre, als Musqueten, Doppelhaken, Pistolen und Degen, wie auch die Affusten vom Geschütze hergefahren, an die 100 Stück Geschütz aber, so auch mitkommen, vor dem Thor gelassen und nachgehends alhie zu Brisach auf die Wälle und in das Zeughaus gebracht. Die Wälle zu Colmar sind unterdessen rasiret worden." Vgl. hierzu Rocholl, Der Große Kurfürst in Elsaß, S. 25 ff. Ich füge zur Ergänzung noch die Bemerkung hinzu, die Grote am 23. August, als er Straßburg passirte, in sein Diarium aufgenommen hat: Diese Stadt (Straßburg) hat, quod notetur, zur Demolition der Colmarischen Vestung Schüppen und Spaden hergegeben."

den Unwillen hinzudeuten, den solche Actionen bei den Alliirten des Königs — er nannte insbesondre Schweden — erwecken müßten. Es war seine Kunst, aus allem Kapital für seine Zwecke zu schlagen[1]).

Der französische Hof fand es denn auch gerathen, den Herzog von Hannover bei guter Laune zu erhalten. Als Grote allem Drängen Pompones auf Anschluß der hannoverschen an die französische oder bayerische Armee unerschütterlich widerstand und immer von neuem auf die vom Herzog ersehnte Declaration seiner Allianz und Subsidienverträge zurückkam, gab König Ludwig nach. Er empfieng Grote „mit Contestation großer estime und affection vor seinen gnädigsten Herrn"[2]) und ließ ihn seinem Hoflager

---

1) Unter 22. August meldet Grote's Diarium: „Als ich mich nun bei Mr de Louvois wiederumb anmelden lassen, hat mich derselbe zum Mittagsessen laden lassen. Wie ich zu demselben kommen, sind eben die schweitzerische Abgesandten bei ihm gewesen. Nach derselben Abfertigung hat er mich gar höflich empfangen und mich über das sujet meiner Negotiation fast in eben denen terminis wie Mr de Pomponne entreteniret. Unter andern hat er die Ursache gemeldet, warumb man an französischer Seiten so hart mit Kurtrier und denen Elsassischen Reichsstädten verführe: Weil der König das Exemplar der Alliance hätte, welche Kurtrier mit Spanien und mit dem Kaiser gemachet, enthaltend daß Spanien mit 15000 Mann nach dem Rhein marschieren und 2000 Mann in Trier, auch etliche 1000 Mann in Colmar und andere Elsassische Städte werfen sollte. Dem vorzukommen, wäre der Chevalier de Fourilles beordert geworden, an die Trierische Grenze zu gehn und sobald er sehen würde, daß aus dem Luxemburgischen Völker nacher dem Trierschen territorio marschireten, sollte er die Stadt berennen, so er auch gethan und dieselbe nunmehr erobert. Sobald aber andere teutsche Fürsten für Trier respondiren würden, wollte man die Stadt wiedergeben. Ich habe solches mit Stillschweigen vernommen und mich dessen so weit zu meinem Zweck bedienet, daß ich erwiesen, wie ein großer Krieg in Teutschland zu befürchten und man dahero keine Ursache hätte, meines Herrn Force zu theilen, weil über kurz oder lang in dem westfälischen und niedersächsischen Kreise Trublen entstehen und S. Frl. Drchl. alsdann ihre trouppes zur Erfüllung des mit dem König errichteten Tractats selbst würden nöthig haben". — Wiederholt behandelte Grote dasselbe Thema mit Pomponne. Ich notire davon die letzte Unterredung nach Grote's Diarium vom 26. August: »Nous avons ensuite parlé beaucoup sur les conjonctures présentes. J'ay demandé, s'ils ne craignoient que les Suédois seroient un peu faschés à cause du traitement qu'ils avoient fait aux dix villes d'Alsace, semblant préjudicier au respect de cette couronne de procéder ainsi dans une affaire qu'on avoit remis une fois à leur arbitrage. Il m'a avoué, que si ces Messieurs avoient envie de chicaner sur les traités, qu'ils en avoient bien prétexte. Mais que le Roy voyant venir tant d'ennemis sur les bras, comme l'Empereur, l'Espagne et leur adhérants dans l'Empire, qu'il estoit impossible de garder si bien les mesures en temps de guerre qu'en temps de paix, que le Roy se voyoit forcé de pourvoir de cette manière à l'interest de ses pays et ses conquestes. Il raisonnoit dans la mesme manière de l'affaire de Trèves et de tout ce qu'ils foisoient dans l'Empire, faisant assez entendre que la paille estoit rompue et qu'il n'y avoit plus rien à mesnager, mais que chacun feroit le mieux qu'il pourroit pour sauver son interest. Nous nous sommes séparés là dessus après beaucoup de compliments et de belles protestations«.

2) Diarium unter 22. August.

bis nach St. Diay folgen. Hier erhielt Grote von Pomponne den Bescheid, daß der König in Würdigung der vorgetragenen Gegengründe von der begehrten Vereinigung der hannoverschen Truppen mit dem Heere Turenne's Abstand nehme, in der Erwartung, daß sobald die Schweden sich offen für Frankreich erklärten, der Herzog kein Bedenken tragen werde, auch außerhalb Niedersachsens und Westfalens zu ihnen zu stoßen. Grote hütete sich irgend eine Zusage dieser neuen Forderung auszusprechen; seine Instruction bot ihm den Vorwand auszuweichen. Der Zweck seiner Mission war ja erreicht. Mißlang auch sein weiteres Bemühen, in Sachen der ersehnten Kurwürde und höheren Titulatur seines Herrn irgend welche Versprechungen zu erlangen, so trug er doch die Gewißheit heim, daß der König die Subsidien an Johann Friedrich auch ohne die begehrte Gegenleistung desselben weiter zahlen werde[1]). Die neue Bedingung, daß der Herzog loszuschlagen habe, sobald Schweden in Action treten würde, änderte daran nichts. Denn noch lag kein Anzeichen vor, daß Schweden aus seiner bisherigen Reserve heraustreten werde.

Um Frankreichs Bündniß beizubehalten, ohne für Frankreich die Waffe zu ziehn, hatte die Regierung Karl's XI. den Gedanken einer Friedensvermittlung gefaßt und bei Ludwig XIV. durchgesetzt, daß im Juni 1673 ein Friedenscongreß in Köln zusammentrat. Man gedachte eine dritte Partei zu bilden und an deren Spitze die Rolle eines europäischen Friedensvermittlers zu spielen[2]).

Die allgemeine Neigung der kämpfenden Parteien jener Tage, ihre Friedensliebe vor sich herzutragen und Krieg und Frieden gleichsam mit-

1) Alles nach Grote's Diarium, das vom 10. August bis 7. Sept. 1673 geführt ist. Ich setze hierher noch den auf die Kurwürde bezüglichen Passus der Unterredung Grote's mit Pomponne: »Nous sommes ensuite entré en détail là-dessus, et touchant le premier, à sçavoir la D(ignité) E(lectorale), il m'a dit, qu'à la cour ils n'avoient jamais peu bien comprendre cet article, si c'estoit que S. A. demandoit, que le Roy s'obligeast dès cett' heure de procurer cet avantage à S. A., ou si c'estoit conditionellement sur l'issue des présentes guerres et sur l'estat des conjonctures dans l'avenir. J'ay respondu, que S. A. avoit trop de regard au repos de la chrestienté et principalement de l'Empire, que de vouloir que son seul interest et son ambition deust estre un sujet de guerre et de trouble, et que pour précaver ce doute S. A. avoit tousjours annexé à cette demande la condition d'une guerre universelle et d'un bouleversement général des affaires dans l'Empire, dont la fin produiroit asseurement quelque changement et permettroit bien celuy-cy à l'avantage de S. A. et sa maison. Sur quoy il m'a dit, que la chose ne leur avoit jamais esté répresenté de cette manière, et qu'asseurement en tel cas S. A. se devoit tout permettre de l'estime et de l'amitié du Roy, qu'il connoissoit bien luy-mesme, que la chose n'estoit pas sans exemple. J'ay insisté, qu'il voulût en renouveller la mémoire à Sa M[té], et il m'a promis«.

2) S. oben S. 296.

einander zu vereinigen, kam dieser Politik entgegen. Ihrem Gelingen aber stand die ebenso allgemeine Erscheinung im Wege, daß jedem Neutralistenbunde der Stempel der Partei, zu deren Gunsten er vermitteln wollte, von vornherein aufgeprägt war.

Weil die im Braunschweiger Bunde zusammengeschlossene dritte Partei von dem Interesse für die Holländer ausgieng und zum Einvernehmen mit dem Kaiser fortschritt, wirkte Frankreich ihr entgegen.

Auch die von Kurmainz übernommene Friedensvermittlung fand Frankreichs Beifall nicht, obgleich Kurfürst Lothar Friedrich von Metternich, der seit Februar 1673 dem alten Friedens- und Gleichgewichtsstifter Johann Philipp auf dem Mainzer Stuhle nachgefolgt war, noch besser als dieser am französischen Hofe accreditirt und ausdrücklich als Vermittler anerkannt war. Denn auch er konnte sich dem Umschlage der öffentlichen Meinung in Deutschland, den das entschlossene Auftreten des Kaisers Leopold gegen Frankreich mit sich brachte, nicht entziehn[1]). Es war ein Symptom dieses Umschlags, daß selbst der Herzog von Celle der Aufforderung des Kaisers nachkam, die Reichsmediation im Verein mit Kurmainz und Kurbayern anzutreten[2]), und seinen Gesandten am dänischen Hofe, Lorenz Müller, abberief, um hierfür auf dem Kölner Congresse mitzuwirken[3]). Indessen schon die Vorbesprechungen, die Müller in Frankfurt mit den Mainzer Subdelegirten pflog, insbesondere aber die Zurückhaltung des ganz von Frankreich abhängigen Kurfürsten von Bayern, überzeugten den Herzog von der Zwecklosigkeit solchen Bemühens[4]), und er rief seine Vertreter wieder ab, sobald der Vorbescheid, den der Mainzer von Ludwig XIV. einholen ließ, das Scheitern der Reichsmediation in sichere Aussicht stellte[5]).

War demnach auf französischer Seite auch für die schwedischen Vermittlungspläne kein Erfolg zu gewärtigen, so schienen die Chancen auf deutscher Seite um so besser zu stehn.

Kaiser Leopold I. wies zwar die Waffenstillstandsanerbietungen, die ihm Esaias von Pufendorf im Namen Schwedens übermittelte, auf das entschiedendste zurück, erklärte aber aller Orten seine Bereitwilligkeit, zur

1) Mémoires de Pomponne II, 202 ff.

2) Kaiser Leopold I. an Herzog Georg Wilhelm, dat. Wien, 15. Juli 1673; dies Schreiben wurde durch den Grafen Windischgrätz während des Braunschweiger Convents überreicht, laut Bericht des Kanzlers Schütz, d. d. Braunschweig, 14. (24.) Juli 1673. Die zusagende Antwort des Herzogs erfolgte umgehend d. d. Gifhorn 15. (25.) Juli 1673. Das kaiserliche Friedensproject s. bei Mignet IV, 197.

3) Georg Wilhelm an den König von Dänemark, sowie an L. Müller d. d. Gifhorn, 14. (24.) Juli 1673.

4) Georg Wilhelm an L. Müller in Erwiderung seiner Berichte, dat. Celle, 21. September 1673.

5) Georg Wilhelm an Kaiser Leopold, dat. Celle, 1. Nov. 1673.

Herstellung eines allgemeinen Friedens mitwirken zu wollen[1]). Der Kurfürst von Brandenburg, der seit dem Vossemer Frieden allen Lockungen Frankreichs, ihn ganz zu sich herüberzuziehn, widerstanden hatte, ließ sich sogar zu einer Allianz mit Schweden herbei: in dem Decembervertrage von 1673 verpflichteten sich Brandenburg und Schweden zu gemeinsamen Friedensbemühungen[2]).

Dem Hause Braunschweig gegenüber enthüllte sich das doppelte Gesicht der schwedischen Politik. Die identischen Propositionen, die der Stader Regierungsrath Bartholomäus Wolfsberg[3]) den sämmtlichen Herzogen überbrachte, zielten auf Erhaltung des Friedens in Niedersachsen und freundnachbarliches Einvernehmen ab: die Herzöge möchten dem Könige einrathen, wie man alle Kriegstroublen im Reiche dämpfen und insonderheit die eigene Sicherheit genugsam verwahren könne[4]). Der geheime Auftrag aber, den Wolfsberg bei Johann Friedrich ausrichtete, begehrte nach den eigenen Worten des Herzogs darüber Auskunft, „ob Wir vermöge des Münsterschen Friedens und Unsers auf dies Fundament zweifelsfrei gerichteten Tractats mit Frankreich Uns verbunden und verpflichtet hielten, der Kaiserlichen Ruptur und wider Frankreich erhobenen Waffen Uns zu opponiren, und ob Wir inclinireten zu Schutz der gemeinen Sicherheit nebst Kurbrandenburg mit der Kron Schweden Uns in ein absonderliches Bündniß einzulassen, wodurch nachgehends andern Wohlgesinnten im Reich Anlaß gegeben werden möchte solchem foederi beizutreten und sich alsdann mit einander in solche considerable Armatur zu setzen, damit man demjenigen, was man etwa zu Wiederbringung des Friedens zu reden Anlaß nehmen würde, auch durch die Kräfte der Waffen einen Effect und Nachdruck zu geben vermöchte“[5]). Drei Fragen waren hierin beschlossen: ein Krieg gegen den Kaiser, ein schwedisch-hannoversches Sonderbündniß und die Bildung einer dritten Partei. Es war damit also bekannt, daß Schwedens Vermittlungspolitik ihre Spitze gegen den Kaiser kehrte.

Da nun zur selben Zeit der Kaiser bei dem Regensburger Reichstage auf eine ungesäumte wirkliche Zusammensetzung zu des Reiches Rettung antrug und Conjunction der reichsständischen Contingente mit dem Heere Montecuccoli's verlangte (22. September), ja sogar einzelne Mediatstände,

1) Kaiser Leopold an Georg Wilhelm, dat. Graz, 22. October 1673; Pribram, Lisola S. 638 f.

2) Peter, Krieg des Großen Kurfürsten, S. 197.

3) Credítive Karl's XI. dat. Colmar, 11. Sept. 1673.

4) Ausgerichtet wurde diese Proposition bei Georg Wilhelm am 11. Oct. zu Ebstorf, bei Johann Friedrich am 15. Oct. zu Hannover.

5) Entnommen aus der Nebeninstruction Johann Friedrich's für den nach Stockholm designirten Consistorialrath J. H. Block dat. Hannover, 17. Oct. 1673.

wie die braunschweig-lüneburgische Landstadt Göttingen, unmittelbar mit seinen Avocatorien und Admonitorien angieng[1]), so nahm Georg Wilhelm dieses und die Mission Wolfsberg's wahr, um troß der Differenzen, die sich seit den Pyrmonter Ministerialconferenzen des vorigen Jahrs immer von neuem und immer schärfer im fürstlichen Hause herausgestellt hatten, noch einmal eine Verständigung über die schwebenden Fragen zu suchen[2]).

Die Ministerialconferenz des Gesammthauses, die im October wiederum zu Burgdorf zusammentrat[3]), fand sich denn auch in der Überzeugung zusammen, daß man sich mit der vom Kaiser begehrten Conjunction nicht zu übereilen habe, und einigte sich auch über eine gemeinsame Antwort auf die identischen Propositionen Wolfsberg's, dahin lautend: die Herzoge seien erfreut über die continuirenden Friedensbemühungen der Krone Schweden und bäten um Präcisirung der dortseits ins Auge gefaßten Mittel, um alsdann cooperiren zu können[4]). Gleichwohl machte sich während der ganzen Berathung die Unvereinbarkeit der verschiedenen Parteistellung der Herzoge geltend, insbesondere auch in der Göttinger Frage. Hatte man noch vor zwei Jahren bei dem Kampfe gegen die Stadt Braunschweig die kaiserliche Einmischung einhellig als einen unerträglichen Übergriff in die Rechte der Landeshoheit empfunden, so wurde jetzt, ungeachtet aller calenbergischen Gegenvorstellungen, das kaiserliche Mandat an die Stadt Göttingen von den andern mit „dem alten stylo des Reichshofraths" entschuldigt. Grote faßte daher den Gesammteindruck der Berathungen in dem Bericht zusammen: „Alles, was den kaiserlichen Intentionen nicht ganz conform und gemäß ist, wird, sonderlich an Cellischer Seiten, als des Reiches Wohlfahrt und Respect zuwider, für suspect und verwerflich gehalten. . . Alles Vertrauen verlieret sich je mehr und mehr, und reichen Ciceronis und Demosthenis kräftigste expressiones nicht zu, umb das eingerissene Mißtrauen zu extirpiren"[5]).

Indessen der Abwendung von Kaiser und Reich und der Begeisterung für Frankreich hielt doch die Selbstsucht aller Überlegungen Johann Friedrich's das Gegengewicht. Das Vertrauen, das ihm Schweden in den geheimen

1) Bürgermeister und Rath zu Göttingen schickten s. d. 2. Oct. 1673 dem Herzog Johann Friedrich, „ihrem gnädigsten Landesfürsten und Herrn" gehorsamst ein solches s. d. Znaim, 17. Sept. 1673 ausgestelltes und von Kaiser Leopold unterzeichnetes Admonitorium, addressirt „Unserm und des Reiches lieben Getrewen, Bürgermeister und Rath der Stadt Göttingen".

2) Georg Wilhelm an Johann Friedrich, dat Ebstorff, 30. Sept. 1673.

3) Calenb. Protokoll, act. Burchtorff, 24.—28. Oct. 1673; anwesend von Celle Schütz und v. Hammerstein; von Calenberg Grote; von Wolfenbüttel Häpsner und v. Helmburg. 4) Resolution d. d. 26. October 1673.

5) Grote an Johann Friedrich, dat. Burgtorff, 24. u. 25. Oct. 1673.

Aufträgen Wolfsberg's darbrachte, vermochte ihn ebensowenig wie der Unwille Frankreichs zu irgend welcher Action hervorzuholen. Er ergriff daher mit beiden Händen den scheinvollen Vorwand zu warten, den ihm ein neues zwischen den Fürstenbergern und dem Pfalzgrafen von Neuburg abgekartetes Project einer dritten Partei bot. Man dachte Kurköln, Kurbayern, Pfalz-Neuburg und Schweden, also lauter wittelsbachische Staaten, unter denen bereits der Plan einer Hausunion zu wechselseitigem Schutz und Trutz verhandelt war[1]), mit Kurbrandenburg, Hannover und Würtemberg zu einer dritten Partei zusammenschließen, die sofort einige 40000 Mann aufstellen und damit den Ausschlag geben könnte[2]). Indem Johann Friedrich daraufhin seinen Vicekanzler Witte nach Köln entsandte[3]), gewann er die erwünschte Gelegenheit, sowohl Frankreich als Schweden hinzuhalten.

Weit entfernt also, dem von König Ludwig begehrten Waffenbunde mit Schweden näher zu treten, nahm er die von Köln ergangenen Einladungen zum Anlaß, die schon im Frühjahr geplante Sendung nach Stockholm abermals zu suspendiren und erst das Urtheil des französischen Hofes über das Fürstenbergische Project einzuholen[4]). Pomponne empfieng den hannoverschen Hofrath von Mandelsloh im Hauptquartier zu Laon mit unverhehltem Mißbehagen: die Bildung einer dritten Partei sei „verfänglich"; es hätte fast das Ansehn mit dieser dritten Partei, daß diejenigen so hierin begriffen, sich esloignirten von der Obligation, so sie zu J. M[t] billig tragen müßten, indem sie mit einer Mediation, welche anjetzo nicht de tempore wäre, hervorkämen". Ebenso mißbilligend sprach sich der König aus und fügte den Wunsch hinzu, der Herzog möge nunmehr die beabsichtigte Sendung an den schwedischen Hof verwirklichen[5]).

Johann Friedrich entsandte auch wirklich den Consistorialrath Block nach Stockholm. Allein die Aufträge, die er ihm mitgab, giengen jedem festen Engagement aus dem Wege. Block sollte nur die schwedische Regierung und den dort bevollmächtigten französischen Gesandten, Marquis von Feuquières, der auch seinerseits durch Vermittlung eines in Hannover bediensteten Landsmanns, des Generals von Podevils, vorwärts drängte[6]),

---

1) Vgl. Heigel in den Münchener Sitzungsberichten, 1882.

2) Von den beiden an Johann Friedrich gerichteten Invitationsschreiben des Kurfürsten von Köln, dat. Bonn, 18. Sept. 1673 und des Bischofs von Straßburg, dat. Köln, 18. Sept. 1673, theile ich das letztere unter III, 128 der Anlagen mit. Beide Antworten Johann Friedrich's, d. d. Hannover, 24/14. Sept. 1673.

3) Instruction, dat. Hannover, 15. (25.) Sept. 1673.

4) Memorial und Instruction für den Hofrath Stats Victor von Mandelsloh, dat. Hannover, 15. Sept. 1673.

5) Relation Mandelslohe's, dat. Hannover, 14. (24.) Oct. 1673.

6) Feuquières an Podevils, dat. Colmar, 3. und 30. Sept. 1673.

über ihre wahren Ziele auszuhorchen und über den guten Willen des Herzogs zu beruhigen. Er sollte in der Frage des Kampfes mit dem Kaiser die größte Zurückhaltung beobachten und zur Frage der dritten Partei erörtern, daß Schwedens und Hannovers französische Allianz zuvor eine Verständigung mit Frankreich über die dieser Macht genehmen Friedensbedingungen erheische. Nur zur Abschneidung alles Argwohns sollte er die Bereitwilligkeit seines Herrn zum Abschluß eines Sonderbündnisses mit Schweden aussprechen, ohne sich jedoch in irgend welche Abmachungen einzulassen [1]).

Inzwischen war Montecuccoli aus Böhmen hervorgebrochen und hatte den Marschall Turenne von dem Main und der Tauber nach dem obern Elsaß gedrängt, den Rhein überschritten und sich mit dem Prinzen von Oranien zur Eroberung von Bonn vereinigt. Als in dieser Lage der Herzog von Luxemburg Holland räumen mußte, um den Niederrhein und Frankreich zu decken [2]), stellte Ludwig XIV. nochmals an Johann Friedrich die Forderung, 4—5000 Mann zur französischen Armee und zwar zum Herzog von Luxemburg, der im westfälischen Kreise operiren werde, zu schicken [3]). Allein Johann Friedrich nahm jetzt seine Stockholmer Legation zum Vorwande seiner Weigerung: erst wenn die Sonderbündnisse der französischen Alliirten unter einander zum Abschluß gekommen, sei er zur Action verpflichtet; seine Stockholmer Legation beweise seinen Eifer für die französischen Interessen, König Ludwig möge nur Schweden zur bewaffneten Unterstützung des Herzogs antreiben [4]). So blieb Johann Friedrich unerschöpflich an Ausflüchten, um gleich der Krone Schweden die französischen Subsidien zu genießen, ohne für Frankreich die Waffen zu ziehn. Er hat auf diese Weise in den Jahren 1672—74 nicht weniger als 1722000 Livres von Frankreich eingeheimst [5]).

Dieser Politik entsprach der Verlauf der schwedisch-hannoverschen Verhandlungen [6]). Beide Theile fanden sich in der gleichen Hinterhaltigkeit

---

1) Instruction Johann Friedrich's für den Consistorialrath und Hofgerichtsassessor Jacob Heinrich Block, dat. 16. April 1673, und Nebeninstruction d. d. Hannover, 17. (27.) October 1673.

2) Peter, Krieg des Großen Kurfürsten S. 186, nach Rousset I, 501 f.

3) Instruction Ludwig's XIV. und Memoire Pomponne's für Du Pré, dat. Versailles, 24. Oct. 1673 (P.). Das in Hannover überreichte Memoire trägt das Praesentatum: le 28me d'oct. 73.

4) Resolution Johann Friedrich's auf Du Pré's Anbringen, dat. Hannover 9. Nov. /30. Oct. 1673.

5) Laut den auf der Nationalbibliothek zu Paris vorhandenen Quittungen, nach Depping, Krieg der Münsterer und Kölner gegen Holland, S. 233 Anm. 90.

6) Einige Notizen darüber s. in Lettres des Feuquières, p. p. Gallois, II, 309, 342, 368 f.

gegen ihren französischen Alliirten zusammen, und der Marquis von Feuquières wurde von beiden getäuscht. Sogleich nach den einleitenden Besprechungen zwischen Block und dem Reichskanzler kam der Staatssekretär Öhrenstedt mit der Eröffnung heraus, „daß J. Mt zu Schweden noch zur Zeit nicht gemeinet wären, die Waffen für Frankreich gegen den Kaiser im Reiche zu ergreifen, sondern fürnemblich Ihre Gedanken auf die Conservation Ihrer im Reich belegenen Land und Leute, und wie Sie sich in solchem Estat in deren Fürstenthümern behalten möchte, daß Sie die Wiederbringung des Friedens nachdrücklich befördern könnte, gerichtet hätten". Block konnte versichern, Johann Friedrich sei genau derselben Meinung, „daß solches das principale fundamentum foederis sein möge"; er würde neuer Instructionen bedürfen, falls Schweden sofort einen Krieg gegen den Kaiser ins Auge fasse. „Sein König, so versicherte darauf der Staatssekretär, wäre nicht gemeint, den König von Frankreich auf das Pferd zu heben und sich selbsten und seine Lande und Leute, die Sie in Deutschland hätten, in Gefahr zu setzen, besondern (nur) dahin zu sehen, daß Frankreich seinen jetzigen Feinden die Balance halten könnte: denn man an Seiten der Krone Schweden nimmer würde zugeben, daß der Kaiser sich so mächtig und formidabel wieder in Deutschland machete, als die Ferdinande es gethan hätten" [1]).

Abfindung der zur Offensive gegen den Kaiser drängenden Diplomatie Frankreichs durch ein Defensivbündniß mit Hannover, war also das Ziel der auf Wahrung des Gleichgewichts zwischen Frankreich und Österreich gerichteten schwedischen Politik. Man kam demgemäß dem Wunsche Johann Friedrichs entgegen, indem man sich in Stockholm mit dem Entwurfe eines in ganz generellen Formen gehaltenen Defensivbündnisses zwischen Schweden und Hannover [2]) begnügte und die völlige Ausarbeitung dieses Entwurfes den Commissaren, die in Stade zusammentreten sollten, überließ [3]). So wetteiferten Schweden und Hannover in dem Spiele, sich den Anforderungen ihres französischen Soldherrn zu entziehn.

Selbst im Kreise der entschlossenen Parteigänger Frankreichs begann der vaterlandsverrätherische Eifer zu erlahmen. Es war, wie Johann Friedrich richtig empfand [4]), ein bedeutsames Symptom, daß nicht auch der Bischof von Münster für die in Köln projectirte dritte Partei in Aussicht genom-

---

1) Block's Diarium unter 4. Dec. 1673.

2) Der von Pfeffinger III, 154 ff. beigebrachte Text bietet die erste vom hannoverschen Minister Grote vorgenommene Umarbeitung des schwedischen Entwurfs.

3) Die Vollmacht Karl's XI. für die Stader Regierung ist datirt: Stockholm 10. December 1673.

4) Darauf deutet der Mandelsloh in der oben S. 325, Anm. 4 angezogenen Instruction ertheilte Auftrag, bei Pomponne zu ermitteln, warum Münster nicht in der Zahl der von den Fürstenbergern in Aussicht genommenen Mediatoren einbegriffen sei.

men ward. Auch der Pfalzgraf von Neuburg war über die rücksichtslose Durchheerung seiner Lande verstimmt[1]). So wurde es der eigenmächtigen Politik der Fürstenberger möglich, sich über den offenen Widerspruch Frankreichs hinwegzusetzen.

Als aber der hannoversche Vicekanzler Witte in Köln eintraf, war es um die Fürstenbergische Bildung einer dritten Partei noch ziemlich schlecht bestellt. Die schwedische Congreß-Gesandtschaft billigte den Plan, fand sich aber zu keiner Verhandlung ermächtigt. Ob Kurbrandenburg und Würtemberg darauf eingehn würden, war gar nicht abzusehn. Prinz Wilhelm von Fürstenberg rechnete mit Sicherheit nur noch auf Kurbayern, Hannover und Pfalz-Neuburg. Wenn Bayern und Hannover je 10000 Mann, Neuburg etwa 3000 aufbrächte, wäre man schon stark genug, durch Beitritt zu „der Partei, welche billigmäßigen Frieden anzunehmen erbietig, das Werk zu heben“[2]). Allein auch Kurbayern ließ in Köln nichts von sich sehn und hören. Der pfalz-neuburgische Vicekanzler Stratmann setzte deshalb seine Hoffnung auf Hannover und Schweden[3]). Der von ihm entworfene Bundesvertrag stellte sich als eine dem Rheinbunde von 1658 nachgebildete Defensivallianz dar[4]). Aber auch der Herzog von Hannover fieng jetzt an sich zurückzuziehn. „Unserstheils, schrieb er seinem Vertreter[5]), können Wir in dergleichen foedus nicht treten, es sei denn mit des Königs in Frankreich Gutbefinden“.

So schien die Bildung der dritten Partei in nichts zu zerrinnen, als der König von Frankreich seine ablehnende Haltung aufgab. Am Rhein war Bonn von den Kaiserlichen und Holländern genommen (12. November), und der Herzog von Luxemburg wich bis zur Maaß zurück. Die beiden eifrigsten französischen Parteigänger in Deutschland, der Kurfürst von Köln und der Bischof von Münster, sahn sich in die Hand der Sieger gegeben und bereiteten sich zum Frieden mit dem Kaiser und Reiche vor. Im Osten aber eröffnete der Tod des Königs Michael (10. November) von neuem den Kampf um den polnischen Thron. Angesichts dieses Umschlags lenkte Ludwig XIV. ein und genehmigte auch die Bildung einer ihm wohlgesinnten dritten Partei[6]).

1) Mémoires de Pomponne II, 367 f., bestätigt durch das Kölner Diarium des hannoverschen Vicekanzlers Witte unter 12/22. Nov. 1673.

2) Erörterung Wilhelm's von Fürstenberg nach Witte's Diarium unter 29. Sept. /9. Oct. 1673. 3) Witte's Diarium unter 5/15. Oct. 1673.

4) Relationen Witte's, dat. Köln, 11/21. Oct. und 3/13. Nov. 1673.

5) Instruction, dat. Hannover, 14. Nov. 1673.

6) Mignet, IV, 275 f. erwähnt nur kurz die Zustimmung Ludwig's XIV., ohne auf das anfängliche Widerstreben einzugehn. Ich entnehme dem Diarium Witte's unter 17/27. Nov. folgenden Bericht über seine Unterredung mit dem französischen Bevollmäch-

Sofort bevollmächtigte Johann Friedrich seinen Vicekanzler zur Theilnahme an den weiteren Unterhandlungen[1]), auch der Kurfürst von Bayern schickte jetzt einen Vertreter, Pfalz-Neuburg legte wieder seinen ersten Entwurf vor, und auch die schwedischen Bevollmächtigten vereinigten sich mit den Genannten dahin, einen nach dieser Vorlage neugefaßten Entwurf den betheiligten Höfen zur Begutachtung einzusenden[2]).

Dieser zweite, in 21 Artikel gegliederte Entwurf verpflichtete die Paciscenten zu „ganz vertraulicher Correspondenz“ über alle Anschläge innerhalb und außerhalb des Reichs (§ 1) und zu gegenseitiger Hülfsleistung (§ 4). Dabei sollte

Schweden	6000	zu Roß,	4000	zu Fuß	und	2000	Dragoner
Bayern	3000	„ „	3000	„ „	„	2000	„
Pfalz-Neuburg	1000	„ „	2000	„ „	„	—	„
Hannover	4000	„ „	5000	„ „	„	1000	„

stellen (§ 5). In einem geheimen Nebenvertrage von 6 Artikeln versprachen sie gemeinsame Beförderung des Friedens (§ 1) vermittelst der von Schweden begonnenen Mediation (§ 2), gemeinsame Abwehr aller kriegerischen Actionen derjenigen Partei, welche „die vor billig angesehenen Friedensconditionen“ ausschlagen würde (§ 3) und Unterstützung „des andern der Raison und denen raisonablen Friedensconditionen sich fügenden kriegenden Theils“ mit der gesammten im Hauptvertrage vereinbarten Mannschaft (§ 4)[3]).

Bevor die Regierungen zu diesem Entwurfe Stellung nahmen, wurde das ganze Vorhaben der Friedensvermittlung durch die Gefangennehmung des Prinzen Wilhelm von Fürstenberg[4]), vereitelt. Die Franzosen nahmen diesen kaiserlichen Gewaltakt zum Vorwande, sich der Fortführung des Kölner Congresses zu entziehn.

Gleichwohl setzte Schweden den Versuch, eine dritte Partei zu bilden, fort. Die schwedischen Gesandten in Köln erklärten, „daß J. Kgl. M[t] befohlen, den Alliance-Receß in lateinischer Sprache und, so viel thunlich, dem zwischen Ihro und Kurbrandenburg errichteten Bündniß gleich abzu-

---

tigten Courtin; Es „sagte uns Mr Courtin, daß er und seine Kollegen ihrem Könige berichtet, was alhie wegen einer Zusammensetzung etzlicher Kur- und Fürsten mit der Krone Schweden vorkommen. Weiln sie mit einander J. Kgl. M[t] gute Freunde und mehrentheils Allirte, schöpften Sie davon keine widrige Gedanken, zumaln da die Intention bloß dahin gerichtet, der Allirten Lande und Leute wider die Kriegsbeschwernisse zu beschützen und den Frieden im Reiche wiederzubringen und zu erhalten. Wohin dann J. Kgl. Mt Intention ebenmäßig gerichtet, und Sie also die Beförderung des Werkes nicht ungern sehen würden“.

1) Dat. Hannover 7/17. Dec. 1673.

2) Witte's Diarium unter 19/29. Dec. 1673 und Relation, dat. Köln, 6/16. Jan. 1674.

3) Die Entwürfe des Haupt- und Nebenvertrags sind datirt: Köln, December 1673.

4) 14. Februar 1674.

fassen, darmit S. Kurfrl. Dchl., welcher sonsten diese Bündniß gar verdächtig gemachet, daß es auf nichts anders als Erhaltung des westfälischen Friedens, welchen S. Kgl. Mt zum Fundament und Basi setzten, und Beschützung eines jedweden Land gerichtet, wahrnehmen und infolgendlich desto mehr Ursache mit herbeizutreten haben möchten; inmaßen dann S. Kgl. Mt Intention dahin gienge, nicht allein höchstgedachte S. Kurfrl. Dchl. zu Brandenburg, sondern auch den Kurfürsten zu Sachsen mit zu diesem Bündniß zu ziehn; zu welchem Ende Sie mit jetzthöchstermeldeter S. Kurfrl. Dchl. und dem ganzen Hause Sachsen durch dero Residenten zu Dresden verhandeln und beschließen lassen"[1]).

Allein die Fortsetzung der Kölnischen Bundesverhandlungen brachte nur eine Differenz nach der andern zum Ausdruck. Schweden verlangte, „daß derjenige der hohen Alliirten, dem die Hülfe zugeschickt würde, die Auxiliarvölker in seinem Lande mit Essen und Trinken ohne Entgelt zu versehen hätte"; denn, „wie Herr Graf Tott sagte, wären die Schweden nicht gewohnt, Geld mit sich zu führen und die Kost zu bezahlen"[2]). Darauf aber wollte niemand eingehn. Eine zweite Differenz betraf die Einrichtung eines Allianzraths, eine dritte die Bemessung der Contingentsquanta, eine vierte das Obercommando[3]). Das größte Hinderniß der Verständigung kam aber von den schwedisch-hannoverschen Beziehungen her.

Erregte schon das schwedisch-brandenburgische December-Bündniß und der Nachdruck, den Schweden auf Brandenburgs Beitritt legte, das Mißtrauen des Hannoveraners[4]), so wurde er vollends verstimmt, als die schwedischen Congreßgesandten verlauten ließen, daß an dem Gelingen dieses Kölnischen Bundes mehr als den in Stade begonnenen Sonderverhandlungen zwischen Schweden und Hannover gelegen sei[5]). Der Herzog erklärte jetzt, daß er „auf diese engere Zusammensetzung fast mehr Reflexion als auf das Kölnische foedus, wobei mehr Interesse concurriren, daher dessen Wirkung und Effect so gar prompt und geschwinde, als die jetzige Conjuncturen es erfordern, nicht sein dörfte, geschlagen". Er werde es daher nicht vollziehn, „ehe und bevor er den Ausschlag der Tractaten zu Stade gesehn"[6]).

Daß die französischen Gesandten jetzt aufs eifrigste die Vollziehung dieses vorher bekämpften Bundes der dritten Partei empfahlen, beirrte ihn nicht. Denn dies geschah, nach Witte's zutreffendem Ausdruck[7]), offenbar

1) Relation Witte's, dat. Köln, 14/24. März 1674. 2) Witte a. a. O.
3) Witte a. a. O.
4) Instruction Johann Friedrich's für Witte, dat. Hannover, 15. März 1674.
5) Relation Witte's, dat. Köln, 17/27. März 1674.
6) Instruction Johann Friedrich's für Witte, dat. Hannover, 22. März 1674.
7) Relation, dat. Köln, 24. März/3. April 1674.

nur, „um dadurch zu erlangen, daß die Kron Schweden ihre Völker ins Reich schicke, damit sie zur Hülfleistung desto näher sein mögen“. Die Bildung einer dritten Partei war durch die Auflösung des Kölner Congresses zu Boden gefallen; das ganze Werk lief daher jetzt auf ein „pures Defensivbündniß“ zwischen Schweden, Bayern, Pfalz-Neuburg und Hannover hinaus. An einem solchen Bündniß aber nahm der Herzog wegen der Entlegenheit der bayrischen und neuburgischen Lande Anstoß; er würde von beiden „so wenig Assistenz auf den schleunigen Nothfall zu gewarten haben, als es ihm schwer und gar nachtheilig sein würde, ihnen nach ihren Landen Hülfe zu schicken und dadurch seine eigene Lande zu entblößen“ Er schlug deshalb vor, den Bundesvertrag in solcher Weise zu modificiren, daß statt der gegenseitigen Assistenzpflicht nur die Zusicherung guter Freundschaft und Correspondenz übrig bliebe[1]).

Bayerns Vertreter war auf der Stelle dafür[2]), nach einigem Sträuben eigneten sich auch die schwedischen Gesandten den Vorschlag an[3]). Man einigte sich über einen neuen, lateinisch abgefaßten Vertrag, der die Paciscenten lediglich zu guter Correspondenz, insbesondere auf dem Reichstage, verpflichtete (§ 2), alle wirkliche Hülfleistung aber dem Ermessen einer in jedem einzelnen Falle erst zu constituirende Bundesversammlung vorbehielt (§ 4)[4]). Selbst dieser harmlose Entwurf gelangte nicht zur Vollziehung, da der Herzog von Pfalz-Neuburg seine Zustimmung versagte[5]).

Mit solchem Zusammenbruch aller Bemühungen, eine franzosenfreundliche dritte Partei aufzurichten, gieng der Kölner Congreß Mitte Mai auseinander.

Schon vorher hatte König Karl II. von England unter dem Druck der öffentlichen Meinung seinem französischen Bündniß entsagen und Frieden mit Holland schließen müssen (4. Februar). Die Erfolge der kaiserlichen Waffen am Rhein und Lisolas diplomatisches Geschick hatten darnach auch

---

1) Instruction Witte's, dat. Hannover, 3. April 1674.

2) Relation Witte's, Köln, dat. 11/21. April 1674.

3) Witte's Diarium unter 12/22. April 1672: „Der Herr Ambassadeur Ehrenstein sagte mir, daß er dem Werke etwas nachgedacht, und schlug vor, wann man ja zu Schließung der Alliance und Vollenziehung des Recessus bekannter Hindernissen halber nicht gelangen könnte, ob man nicht zum wenigsten etwas, wodurch die gesamte Alliirende sich zu guter Freundschaft und Correspondenz, zu Erhaltung eines jedweden Sicherheit und des Westfälischen Friedens verbünden, entwerfen und vollziehen wollte, dergestalt daß zwar niemand zu würklicher Hülfsleistung verpflichtet, dennoch wenn ein und ander in Gefahr gerathen sollte, wie demselben am füglichsten zu helfen, beratschlaget würde“.

4) Relation Witte's, dat. Köln, 2/12. Mai 1674. Der im hannoverschen Staatsarchiv vorhandene Entwurf trägt den Vermerk: „von Köln anhero bracht und ad archivum geliefert den 10. Juni 1674“.

5) Relation Witte's, dat. Köln. 12/22. Mai 1674.

den Bischof von Münster (22. April) und den Kurfürsten von Köln (11. Mai) zur Lossagung von Frankreich und zur Aussöhnung mit den Holländern und dem Kaiser bestimmt. Das Ergebniß des Kölner Kongresses bestand also darin, die Niederlage Frankreichs durch die Ergebnißlosigkeit aller ihm freundlichen Bestrebungen zu vollenden.

Achtes Kapitel.

Die Einigung gegen Frankreich.

In parallelem Stufengange mit der Auflösung der französischen Clientel entwickelte sich die Einigung Deutschlands unter dem Banner von Kaiser und Reich. Auch diese Bewegung hieng mit den Versuchen, eine dritte Partei zu bilden, zusammen, und auch hieran nahm das Haus Braunschweig hervorragenden Antheil. Denn wie die Beziehungen zwischen Hannover und Schweden auf den Zerfall der französischen Partei einwirkten, so wurde die Sammlung der Kaiserlichen durch die Beziehungen zwischen Celle und Dänemark, die den Braunschweiger Bund beherrschten, beeinflußt.

Bezweckte dieses Defensivbündniß ursprünglich nur die Bildung einer dem Kaiser freundlichen dritten Partei, so trug es doch damit von vornherein den Keim in sich, zu einem Angriffsbündnisse gegen Frankreich auszuwachsen[1]. Seine Fortbildung in solchem Sinne war das Ziel der Mission des Grafen Windischgrätz[2]. Eben darum forderte dieser schon vor dem Zusammentritt des zweiten Braunschweiger Bundesconvents den Herzog Georg Wilhelm zu engerer Verbindung mit dem Kaiser auf und legte ihm während der Bundesversammlung den Entwurf eines Angriffsbündnisses vor[3]. Georg Wilhelm verwarf, wie wir uns erinnern, diese Anträge nicht kurzer Hand, sondern beharrte nur auf der bisher von den Holländern beanstandeten Subsidienforderung[4].

Von den vier Bedingungen, die er hinzufügte[5], waren zwei, die wirkliche Kriegführung des Kaisers gegen Frankreich und der Beitritt Spaniens zu diesem Kriegsbunde, bereits im August 1673 in Erfüllung gegangen. Seine dritte Forderung, der Beitritt Wolfenbüttels, verstand sich auf der Stelle von selbst. Denn auch in Wolfenbüttel wollte man den Kaiser „nicht

1) S. oben S. 231 ff., 265 ff. 2) S. oben S. 302 ff.
3) S. oben S. 306 f. 4) S. oben S. 266.
5) S. oben S. 307.

vor den Kopf stoßen", verlangte aber ebenso wie in Celle Subsidiensicherheit, ehe man sich vertragsmäßig binde. Die von Windischgrätz vorgeschlagene Auskunft, den Bundesvertrag bis zur Klärung der zweifelhaften Punkte geheim zu halten, wurde von beiden Seiten verworfen. Man einigte sich dahin, „daß die quaestio an so lange conditionata bliebe und erst dann determinirt würde, wenn der Beutel, daraus man den Krieg führe, correspondiren wolle"[1]). Auf den Beutel aber hielten die Holländer ihre Hand. Die Vollziehung des Bundes zwischen dem Kaiser und den Herzogen Georg Wilhelm und Rudolf August lief also nach wie vor auf die holländischen Subsidien und auf die vierte in Celle formulirte Forderung, den Beitritt Dänemarks, hinaus.

Über die Subsidien hatte der staatische Gesandte Brasser seit Januar 1672[2]) mit den Herzogen gefeilscht. Ihre Theilnahme an dem brandenburgisch-österreichischen Feldzuge war an der zähen Knauserei der Staaten zu Schanden geworden[2]). Erst das Eingreifen des Grafen Windischgrätz brachte die Unterhandlungen wieder in Fluß. Indem dieser Georg Wilhelm's Wunsch, womöglich 15—16000 Mann ins Feld zu schicken, billigte, aber jede Hoffnung auf kaiserliche Subsidien abschnitt, bewog er ihn, mit Brasser, der anfangs nur 10000 Mann zugestehen wollte, die Aufstellung eines Heeres von 13000 Mann in der Weise zu verabreden, daß die Herzoge davon 6000, die Staaten 7000 Mann unterhalten würden. Als Georg Wilhelm darauf sich erbot, die andern 2000 Mann auf eigne Kosten zu werben und zu unterhalten, wenn nur die Generalstaaten dafür eintreten wollten, daß Spanien einiges Geld beischieße, Brasser jedoch selbst diese Verpflichtung weit von sich wies, war es wiederum Windischgrätz, der den Herzog durch die Zusage beschwichtigte, daß der Kaiser am spanischen Hofe für ihn eintreten werde. In der Frage wegen des Zahlungsmodus gab Brasser endlich den Herzogen nach, daß die Subsidien wenigstens auf zwei Monat in baarem Gelde vorausbezahlt würden, dafür wollten die Herzoge sich im übrigen mit Obligationen begnügen[3]), wenn sie nur einige Sicherheit für deren Einlösung erhielten.

Indem sie dieser Gewährung zuversichtlich entgegensahen, faßten sie bereits wenige Wochen nach dem zweiten Braunschweiger Bundesconvent ihren Eintritt in den dort noch so scheu umgangenen kaiserlichen Kriegsbund als unabweisbar auf, berechneten das Cellische Contingent auf 8000, das Wolfenbüttler auf 5000 Mann und verständigten sich dahin, wenn Spanien die

1) Cellische Protokolle über die Ministerialconferenzen, act. Braunschweig, 8. und 16. Aug. 1673; anwesend von Celle Kanzler Schütz, von Wolfenbüttel die Geheimen Räthe von Münchhausen und Söhlen. 2) S. oben S. 229.

3) S. oben S. 266.

begehrten Subsidien bewilligen würde, noch andere 2000 Mann nach gleicher Proportion aufzubringen. Mit Ernst August sollte baldigst, mit Johann Friedrich aber erst nach Abschluß des ganzen Allianzwerks die Frage bereinigt werden, wie man auch bei verschiedener Parteistellung das gemeinsame Interesse des Gesammthauses zu wahren habe. Als nächste Aufgabe sah man die weitere Pflege engerer Correspondenz mit Dänemark an[1]).

Es entsprach der unentschiednen Haltung Dänemarks[2]), daß Habbeus unmittelbar nach der Erneuerung des Braunschweiger Bundes dem französischen Residenten in Hamburg versicherte, daß dieser Bund weder dem Kurfürsten von Trier Hülfe versprochen habe, noch an eine mittelbare oder unmittelbare Unterstützung der Holländer gegen Frankreich denke[3]). Alle Anerbietungen Frankreichs vermochten indessen König Christian V. nicht von der bisher beobachteten Neutralität hinwegzulocken[4]). Auch Graf Windischgrätz, der Mitte September in Kopenhagen eintraf[5]) und dem Könige denselben Allianzentwurf wie dem Herzog von Celle vorlegte, kam daher nicht leicht zum Ziel.

Seine Erörterung, daß des Herzogs Annahme nur noch an Dänemark und an der Subsidienfrage hänge, letztere aber der Vereinigung nahe sei, hatte nur die Wirkung, daß sich Christian V. wiederum in engeres Benehmen mit dem Herzog setzte und beide ihre letzte Entschließung auf die Geldbewilligung der Holländer verstellten[6]). Diese aber blieben in der Geldfrage außerordentlich zäh und säumten deshalb, den staatisch-dänischen Vertrag vom 20. Mai zu ratificiren. Das Bundesproject, das sie im October dem Statthalter der spanischen Niederlande, Grafen Monterey, vorlegten, muthete den lüneburgischen Herzogen und dem dänischen Könige zu, nur die Hälfte der Truppen des auf 18000 Mann berechneten Bundesheeres zu stellen, während die Staaten, Spanien und der Kaiser zusammen zu gleichen Theilen die andre Hälfte aufbringen würden. Der König von

1) Cellisches Protokoll über die Ministerialconferenz, act. Burgdorf, 2. Sept. 1673; anwesend von Celle Schütz und Hammerstein, von Wolfenbüttel Heimburg und Söhlen. Die Darstellung der Verhandlungen mit Brasser und Windischgrätz beruht theils auf diesem theils auf den oben S. 333 angezogenen Protokollen.

2) Vgl. oben S. 307 ff.

3) Vidal's Bericht, d. d. Hamburg, 6. Sept. 1673 bei Grimoard, lettres de Turenne, II, 341 f.

4) Nach Gebhardi S. 1204 schlug der König die hohen Subsidien aus, die ihm der französische Gesandte Terlon nach der Erneuerung des Braunschweiger Bundes anbot.

5) Diar. Europ. XXX, 290 f.; Grimoard II, 363.

6) Christian V. an Georg Wilhelm, dat. Kopenhagen, 22. Sept. 1673; Georg Wilhelm an Christian V., dat. Ebstorf, 30. Sept. 1673. Es liegt mir außerdem nur vor Georg Wilhelm's Recreditive für den dänischen Generalmajor Friedr. von Arensdorf, d. d. Celle, 2. Dec. 1673. Seine Mission scheint sich auf die Haltung gegenüber den Generalstaaten bezogen zu haben.

Dänemark sollte dazu seinerseits noch die 6000 Mann hinzufügen, die er in dem ersten Vertrage mit den Staaten übernommen hatte[1]). Beide, der König und der Herzog, waren von dieser „ganz neuen Proposition" wenig erbaut. Das erstrebte Ziel, erklärte der König, würde durch Ratification und allenfalls Modification seines ersten Vertrags schneller zu erreichen sein. Und der Herzog stimmte ein, er werde sich nicht dazu bequemen, mit dem Kaiser und Spanien über eine Repartirung der ihm von den Staaten allein angebotenen Subsidien zu unterhandeln[2]).

Mit der Zurückhaltung der Generalstaaten wirkte die Unberechenbarkeit der schwedischen Politik zusammen, um die Unterhandlungen des Grafen Windischgrätz in die Länge zu ziehen. Denn wie an das Gesammthaus Braunschweig, so traten auch an den dänischen Hof die auf Bildung einer dritten Partei abzielenden Anträge Schwedens in ganz unbestimmter Fassung heran[3]), und wie in Celle, so überraschte und befremdete auch in Kopenhagen der brandenburgisch-schwedische Decembervertrag[4]). Aus Rücksicht auf Schweden erklärte daher König Christian die vor zwei Jahren dem Hause Braunschweig zugestandene[5]) und auf dessen Wunsch jetzt vom Kaiser aufgenommene Forderung, Bremen gegen neue schwedische Angriffe zu schützen, nunmehr für unerfüllbar[6]).

Trotz alledem gelangte Graf Windischgrätz schließlich zu einer beide Theile befriedigenden Einigung. In dem Vertrage vom 26. Januar 1674 verpflichtete sich Christian V. nicht nur abermals zur Erfüllung aller in dem Braunschweiger Bündnisse übernommenen Zusicherungen, sondern erklärte sich auch bereit, das dort übernommene Contingent von 9000 Mann nach Möglichkeit und, falls er die bei den Holländern ausbedungenen Subsidien erhielte, bis auf 20000 Mann zu verstärken. Er verpflichtete sich zur Garantie nicht nur des westfälischen, sondern auch des clevischen Friedens und versprach außerdem, „sich auf alle Weise dahin zu bearbeiten, damit des Herzogen zu Braunschweig-Lüneburg-Hannover Fürstl. Dchl. dieser gemeinnützigen Sache mit beitreten oder doch wenigstens wider dieselbe

1) Copie des dem Könige Christian V. von dem Residenten Werckendam mitgetheilten Entwurfs, fait à Bruxelles, 28. Oct. 1673 mitgetheilt unter III, 129 der Anlagen.

2) Christian V. an Georg Wilhelm, dat. Kopenhagen, 2. Dec. 1673 (III, 130). Georg Wilhelm an Christian V., dat. Celle, 23. Dec. 1673.

3) Christian V. an Georg Wilhelm, dat. Kopenhagen, 20. Jan. 1674 (III, 132 der Anlagen.

4) Kurfürst Friedrich Wilhelm an Herzog Georg Wilhelm, dat. Cölln a/Spree 7. und 30. Dec. 1673. Georg Wilhelm an Christian V., dat. Celle, 23. Dec. 1673 und 6. Jan. 1674. Christian V. an Georg Wilhelm, dat. Kopenhagen, 20. Jan. (III, 132) und 10. Febr. 1674.

5) S. oben S. 228 und 239.

6) Pribram, Lisola S. 660. Pribram macht hier aber durchweg den Fehler, Christian V. mit Friedrich III. zu verwechseln.

nichts Thätliches vornehmen möge". In einem secreten Artikel endlich wiederholte er auch die dem Hause Braunschweig so wichtige Garantie für die Stadt Bremen [1]).

Fast zu gleicher Zeit [2]) erfolgte die Verständigung der Herzoge mit dem staatischen Deputirten. Indem ihnen dieser im Namen der Generalstaaten Vorausbezahlung der Hälfte der Werbegelder vor Ablauf März zusicherte, erklärten sie sich damit einverstanden, die Subsidien zu zwei Drittel von dem Kaiser und dem Könige von Spanien zu erwarten, und man wird annehmen dürfen, daß sie auch in dem Streit über den Auszahlungsmodus schon jetzt den Holländern nachgaben und auf jeden weiteren Vorschuß verzichtend, mit der Zusage sich beschieden, unmittelbar nach Abschluß des Vertrags gute Wechsel über eine Subsidien-Summe von 130000 Reichsthalern oder 325000 holländischen Gulden in Hamburg empfangen zu sollen [3]).

Damit waren wenigstens principiell die beiden Bedingungen erfüllt, von denen Georg Wilhelm seinen Eintritt in die Action abhängig gemacht hatte.

Einen dritten Antrieb brachten die häuslichen Interessen des Herzogs hinzu. Er bedurfte des Kaisers, um die Tochter, die ihm Frau von Harburg geboren hatte, in den Reichsfürstenstand zu erheben, und die kaiserliche Diplomatie verfehlte nicht, diesen Herzenswunsch des cellischen Hofes auszunutzen. Wie Baron Goeß beim Abschluß des Braunschweiger Bundes von 1672 [4]), so that es jetzt auch Graf Windischgrätz. In einem seiner

---

1) S. den Haupt- und Nebenreceß d. d. Kopenhagen, 16/26. Jan. 1674, bei Du Mont Corps diplomatique, VII, 1, 251 ff., Nr. 118. Es fehlt hier der secrete Artikel über Bremen. Der Context war auch im hannoverschen Staatsarchiv nicht zu finden. Die Thatsache aber erhellt aus dem cellischen Protokoll über die Ministerialconferenz, act. Braunschweig, 11. Febr. 1674, wo Cellischerseits den Wolfenbüttlern erklärt wird: „Nun hätte man in Dänemark, wie bekannt, zweierlei Receß und dann auch einen secreten Articul wegen der Stadt Bremen aufgerichtet; wenn man eadem methodo alhie verfahre, würde sich der kaiserliche Gesandte damit auch contentiren." Der Inhalt dieses Secretartikels ergiebt sich aus § 5 des zwischen dem Kaiser und dem Hause Braunschweig am 14/24. April 1674 vereinbarten Nebenrecesses unter III, 133 B der Anlagen.

2) Anfang Februar.

3) Über die Unterhandlungen mit Brasser giebt nur Auskunft, außer den Mittheilungen Georg Wilhelm's an den König von Dänemark, dat. Celle, 21. und 30. Jan. 1674, das cellische Protokoll über die Conferenz der cellischen und wolfenbüttelschen Minister, act. Meinersen, 27. März 1674, sowie das cellische Protokoll über die Ministerialconferenz, act. Braunschweig, 11.—13. Febr. 1674; anwesend von Celle Schütz und Hammerstein, von Wolfenbüttel Heimburg und Münchhausen. Daß der diesen Berathungen zu Grunde gelegte neue Vertragsentwurf Brasser's mit dem am 10/20. Juni 1674 zu Celle unterzeichneten Vertrage (III, 135 der Beilagen) im Wesentlichen übereinstimmte, ergeben die Bezugnahmen auf einzelne Artikel, die in dem Protokoll vorkommen. Das Original des Brasserschen Entwurfs war nicht aufzufinden.

4) S. oben S. 272.

Briefe an Kanzler Schütz[1]) findet sich der Satz: „Auff daß waß Ihre Durchlaucht mir dero Freihlein Tochter halber befohlen, erwahrten Ihre Kayserliche May' nur, daß Sie einen Anfang machen können zu bezeigen, wie hoch Sie Ihre Durchlaucht schätzen."

Als daher Windischgrätz aus Kopenhagen zurückkehrte, wurde der Vertrag zwischen dem Kaiser und den Herzogen adjustirt. Daß man dazu zwei Monate brauchte, kam von einer schmerzvollen Erkrankung, die den kaiserlichen Bevollmächtigten zu Hamburg an das Bett fesselte und auf schriftlichen Austausch mit den lüneburgischen Ministern beschränkte. Sachliche Schwierigkeiten waren nicht mehr zu heben.

Die Redaction des Vertrags besorgte in der Hauptsache Kanzler Schütz, indem er das im Juli von Windischgrätz überreichte Project nach dem Muster der in Kopenhagen unterzeichneten Bundesrecesse umarbeitete. Nachdem dieser cellische Entwurf auf einer Conferenz zu Braunschweig von den Wolfenbüttlern approbirt war, versah ihn Windischgrätz mit den vom Kaiserhofe verlangten geringen Änderungen und gewann dafür die Zustimmung der herzoglichen Regierungen. Mitte März war man in den wichtigsten Punkten eins[2]).

Der Hauptreceß wurde im Wesentlichen dem dänischen Hauptreceß vom 16/26. Januar nachgebildet, doch war man auf braunschweigischer Seite weit ängstlicher darauf bedacht, diesem für die Öffentlichkeit bestimmten Vertrage den Charakter einer friedfertigen Erneuerung und Verlängerung des Braunschweiger Bundes vom 12/22. Sept. 1672 zu geben. Alle constitutiven Artikel des neu aufgerichteten Kriegsbunds wurden zusammengefaßt in einem geheimen Nebenreceß, dessen Basis das jüngst mit Brasser vereinbarte Project bildete[3]).

Rechtfertigte man im Hauptreceß die Erneuerung des Braunschweiger

---

1) Dat. Hamburg, 11. März 1674.

2) Außer dem in der vorstehenden Anmerkung angezogenen Protokoll liegen mir vor die Hamburger Briefe des Grafen Windischgrätz an Kanzler Schütz sowie drei Entwürfe. 1) „Project Particular-foederis, so von dem Herrn Grafen zu Braunschweig communicirt", mit der Randbemerkung: „im Juli 1673"; 2) Haupt- und Nebenreceß mit der Aufschrift: „Dieser Auffatz ist von fürstl. zellischer Seite gemachet, von den fürstl. Wolfenbüttelschen mit approbiret und d. 11. Februarii 1674 dem Grafen Windischgrätz exhibiret"; 3) Haupt- und Nebenreceß mit der Aufschrift: „Dieses ist des Herrn Grafen von Windischgrätz Project, so er auf das cellische herausgegeben." Dazu kommen 4) „Monita, so man von seiten Zell und Wolfenbüttel bei des Herrn Grafen von Windischgrätz zweien Projecten zu erinnern".

3) Vgl. die beiden Recesse in der am 14/24. April 1674 zu Braunschweig unterzeichneten Fassung unter III, 133 A u. B der Anlagen. Der Nebenreceß ist zuerst gedruckt bei Du Mont, Corps diplomatique VII, 1 (1731), S. 261 f. Nr. 123, und bei Pfeffinger, Historie des braunschweig.-lüneburg. Hauses III (1734), S. 146 ff.

Bundes mit der Erwägung, daß „sich entzwischen die gefährliche Conjuncturen nicht allein nicht gebessert oder nachgelassen, sondern sich noch mehrers vergrößert" hätten, und betonte man dabei den lediglich defensiven Zweck dieses Bundes (§ 1) so stark, daß man ausdrücklich erklärte, erst beim Versagen gütlicher Mittel das Weitere überlegen (§ 2) und bis dahin die Verstärkung der anfänglich vereinbarten Contingente aussetzen zu wollen (§ 3): so versprachen im Nebenreceß die Herzoge dem Kaiser, der Krone Spanien und den Generalstaaten ihre Hülfe zur Erhaltung nicht nur des westfälischen, sondern auch des Clever und des Aachener Friedens[1]) und fixirten sofort diese Hülfe auf 8000 Mann zu Fuß, 4000 Reiter und 1000 Dragoner sammt „convenabler Artillerie" (§ 2); nur eine noch weitere Erhöhung wurde fernern Tractaten vorbehalten (§ 3). Über „alle Haupt-Operationen" der vereinigten Armeen sollte der Kriegsrath der Alliirten, in dem der Kaiser, Spanien und die Generalstaaten je eine, die beiden Herzoge zusammen eine Stimme führen würden, entscheiden[2]).

Indem man es im Hauptreceß (§ 6 u. 7) bei den Bestimmungen des Braunschweiger Bundes über Commando und Justiz, Durchzüge und Quartiere beließ, wurden im Nebenreceß (§ 7) den Herzogen die etwa in Niedersachsen und Westfalen anzusetzenden Quartiere und Contributionen an erster Stelle vorbehalten. Dafür willigten diese ein, in allen occupirten Orten den kirchlichen Besitz- und Rechtsstand unangetastet zu lassen[3]).

Die alte Satzung des Braunschweiger Bundes, daß kein Alliirter für sich allein Frieden oder Stillstand mit dem Feinde schließen dürfe, wurde im Hauptreceß (§ 8) dahin erweitert, daß der Kaiser keine Friedens- oder Stillstandshandlung abschließen würde, ohne die völlige Restitution dessen auszubedingen, was etwa den Herzogen „an ihren Land und Leuten oder iuribus" entzogen sein könnte. Dieser Passus wurde von Wolfenbüttel „wegen der Höxterschen mit Münster habenden Zwistigkeit"[4]) in den Vertrag gebracht. Der geheime Nebenvertrag (§ 5) sagte auch für den Fall, daß „sich jemand unternehme, die Stadt Bremen aus ihrem jetzigen Stand gewaltthätiger Weise zu setzen", den Herzogen den vollen Beistand des Kaisers und des Königs von Dänemark zu, „damit diese Stadt in statu quo gelassen und ihr via facti nichts Widriges zugemuthet werde."

Begnügte man sich im Hauptreceß, die Aufnahme „andrer Potentaten und Stände in dies Bündniß" an die „einmüthige Verwilligung" der Alliirten zu knüpfen, so versprachen im Nebenreceß (§ 8) der Kaiser und die Herzoge

1) Proömium. 2) § 2 des Nebenrecesses.
3) § 6 des Nebenrecesses. 4) Protokoll vom 11. Febr. 1674.

dahin zusammenzuwirken, daß der König von Dänemark sowie die Kurfürsten von Sachsen und Brandenburg sich dem Bunde anschlössen. Die Herzoge verpflichteten sich, außerdem ihre Verwandten, den Bischof Ernst August von Osnabrück und den Herzog Johann Friedrich von Hannover „zu disponiren, damit dieselbe dieser gemeinen Sache sich annehmen und ihre Kräfte mit (denen) der hohen Alliirten zusammensetzen." Würden diese sich nicht dazu herbeilassen, so wollte der Kaiser anfangs nur zugestehn, daß sie mit Durchzügen, Einquartierungen und Contributionen nicht „ohne Ursach und Noth" beschwert würden[1]), gab aber schließlich nach, sie überhaupt zu verschonen, „so lang auch sie wider J. Kaiserl. Mt und dero hohe Alliirte nichts Feindliches vornehmen würden"[2]). So blieb Georg Wilhelm ebenso wie Johann Friedrich auf die Sicherung der Gesammtinteressen seines Hauses bedacht.

Die Dauer dieser Allianz endlich wurde im Hauptreceß (§ 16) auf drei Jahre befristet, im Nebenreceß (§ 9) aber so lange erstreckt, bis „der allgemeine Friede mit gemeiner Einwilligung der hohen Alliirten erlangt würde."

Die oberste Voraussetzung aller dieser Abreden war jedoch die[3]), daß der Kaiser Spanien und die Generalstaaten bewege, „vermittelst eines ehisten Vergleiches" den Herzogen die zur Vermehrung ihrer Armee auf 13000 Mann erforderlichen Subsidien zu gewähren; widrigenfalls sollten die Herzoge nur an das Braunschweiger Defensivbündniß vom 12/22. Sept. 1672 verbunden, „hingegen an diesen Secret- und Hauptreceß keineswegs gehalten, sondern selbige auf solchen Fall kraftlos bleiben."

Dieser Fall drohte einzutreten. Denn dem Wiener Hofe stand die Thatsache fest, daß der Kaiser keine Subsidien zahlen könne[4]). War auch in dem mit Brasser vereinbarten Subsidienvertrage vorgesehn, daß der Kaiser, Spanien und Holland die Gelder zu gleichen Theilen aufbringen sollten, so bestand doch jetzt der Kaiser darauf, daß Spanien und Holland allein je die Hälfte dieser Gelder zahlen sollten. Beide aber lehnten es ab[5]). Und ebenso versagten sich die Generalstaaten dem von Brasser den Herzogen in der Frage der Werbegelder gemachten Zugeständnisse. Der

1) Zweites Project des Grafen Windischgrätz.

2) § 8 des Nebenrecesses.

3) § 1 des Nebenrecesses.

4) Vgl. die Instruction für Goeß d. d. 23. Juni 1674 in Urk. und Acten XIV, 1, 769.

5) Pribram, Lisola, S. 676 f. Das Protokoll über die am 19. März 1674 zwischen den Vertretern der drei Mächte über die Subsidienfrage gehaltene Conferenz s. in Urk. und Acten zur Gesch. Friedrich Wilhelm's III, 426 ff.

März verfloß, ohne daß die ihnen zugesicherte Auszahlung der Hälfte der Werbegelder erfolgte[1]).

Unter diesen Umständen beschloß Georg Wilhelm, die Tractaten mit Windischgrätz zwar nicht abzubrechen, aber „noch in etwas zu traisniren"[2]), und auf einer Conferenz zu Meinersen wurden die wolfenbüttelschen Minister, obwohl zu sofortiger Vollziehung des Kaiserbundes geneigt, doch von den cellischen fortgerissen zur Unterzeichnung eines Promemorias, das dem Grafen Windischgrätz gewissermaßen die Pistole auf die Brust setzen sollte; sie erwirkten wenigstens eine solche Fassung, daß der Graf den Eindruck hatte, man werde es doch schließlich bei dem vereinbarten Entwurfe bewenden lassen[3]). Und die cellischen Staatsmänner lenkten auch ein, denn das particulare Interesse des Herzogs verbot ein längeres Zuwarten inmitten des allgemeinen Umschwungs, der sich infolge der französischen Übergriffe in Deutschland vollzog.

Die ganze deutsche Publicistik dieser Monate war von nationaler Erregung erfüllt[4]). In den Kreisen der französischen Clientel griff der Abfall immer weiter um sich. Auch Kurfürst Karl Ludwig von der Pfalz kehrte den Franzosen, denen er so viel Vorschub geleistet hatte, den Rücken[5]) und warb, wie der Kurfürst von Trier, um Hülfe gegen die französische Gewaltthätigkeit[6]). Der Kaiser nahm davon Anlaß, den Reichstag[7]) und insbesondere auch das Haus Braunschweig[8]) vorwärts zu drängen.

So blieb Georg Wilhelm keine Wahl, wollte er anders noch irgend welchen Gewinn aus dem Kriegsbündnisse mit dem Kaiser ziehn. Seine Räthe erörterten ihm[9]): „Daß der Kaiser nicht allein sehr offendirt, sondern

---

1) Ich entnehme dies aus einem Schreiben Georg Wilhelm's an Rudolf August, dat. Celle, 24. März 1674 und aus dem cellischen Protokoll über die Ministerialconferenz, act. Meinersen, 27. März 1674; anwesend von Celle Schütz und L. Müller, von Wolfenbüttel Heimburg und Söhlen.

2) Georg Wilhelm an Rudolf August, dat. Celle, 24. März 1674.

3) Graf Windischgrätz an Kanzler Schütz, dat. Hamburg, 4. April 1674.

4) Dies ist das Ergebniß der Arbeit Haller's, S. 85.

5) Pribram, Lisola S. 661 f.

6) Beim Hause Braunschweig unterstützte ihn seine Schwester, die Herzogin Sophie, wie ihre Correspondenz (Publicationen aus den Staatsarchiven XXVI, 172 ff.) zeigt.

7) Heinrich, Deutsche Reichsgeschichte VII, 145.

8) Durch Windischgrätz.

9) In Erwiderung eines Rescripts d. d. Osenb., 1. April 1674: „Wegen Signatur des Tractats mit dem Grafen von Windischgrätz ist Unsere Meinung, man habe dieselbe, dafern es ohne disgusto des Kaisers geschehen könne, annoch zu differiren. Sollte aber eine Nothwendigkeit sein, dieselbe werkstellig zu machen, wird es mit solcher Verwahrung geschehen müssen, daß daferne die bewußten Subsidien von Holland nicht erfolgen sollten, dieselbe nichtig und von keinem Effect sein sollte; wobei dann auch der Graf wird seine Parole geben müssen, daß das Secret dieserwegen sollte menagiret werden, umb so viel

auch in dem, was er dem Reich zu guten vornimmt, werde irre gemacht werden sowohl zu Ew. Dchl. fürstlichen Hauses als anderer Glieder des Reichs höchsten Gefahr, wann die Signatur des Tractats noch länger zurückgestellt werden sollte, ist wohl außer Zweifel zu setzen; und müssen Wir unsers weinigen Orts solches umb so viel bedenklicher achten, aldieweil nun auch im Fürstenrath zu Regensburg in favorem Kurtrier ein solch Conclusum gleich für Kurpfalz ausgefallen und dessen Execution Ew. Dchl. sich umb so viel weniger werden entziehen können, indem Sie mit hochgedachtem Herrn Kurfürsten in einem foedere stehn, kraft dessen Sie zu sothaner Assistenz obligirt. Wie nun aller Apparenz nach Ew. Dchl. aus dem Krieg sich nicht werden halten können, also wird Derselben, unsers unvorgreiflichen Ermessens, vorträglicher sein, den Kaiser dahin zu obligiren, gleich in dem vorseienden Tractat geschehen, daß er nicht allein Ew. Dchl. auf den Nothfall mit seiner Macht assistiren, sondern Ihr auch bei Spanien und den Staaten Generaln zu subsidiis verhelfen wollen, als wenn Sie gleich den übrigen Ständen die Ihrige fortschicken und alles auf des Reichs Entschließung ausgestellt sein lassen müssen" [1]).

Da es inzwischen den Bemühungen der kaiserlichen Diplomatie gelungen war, die Holländer zu dem Versprechen zu vermögen, ihrestheils die Hälfte der den Herzogen zugesicherten Subsidien aufzubringen [2]), so kam Brasser den cellischen Ministern mit der guten Botschaft zu Hülfe, daß er nunmehr zur Vollziehung des Subsidientractates ermächtigt sei [3]). Dies schlug durch.

Georg Wilhelm traute freilich nach den bisherigen Erfahrungen den holländischen Versprechungen nicht, aber er entschloß sich doch endlich zur Signatur des Kaiserbundes unter dem Vorbehalt, „aus dem foedere zu scheiden, wann Uns nicht ehestens mit den subsidiis verlangter Maßen an Hand gegangen werden sollte" [4]). Rudolf August von Wolfenbüttel stimmte zu [5]).

Die Schlußverhandlungen mit Windischgrätz fanden zu Braunschweig statt. Man beließ dem Haupt- und Nebenreceß die im März vereinbarte

---

mehr, weiln Mr Berjus schon an einen Ort geschrieben, wie er vernommen, daß ein Offensiv- und Defensivtractat zwischen dem Kaiser, Dänemark, Holland, Uns und Wolfenbüttel aufm Schluß stünde."

1) Schütz, Hammerstein und Müller »ad Serenissimum«, dat. Celle, 3. April 1674.

2) Pribram, Lisola, 676.

3) Schütz, Hammerstein und Müller an Herzog Georg Wilhelm, dat. Celle, 5. April 1674.

4) Georg Wilhelm an seine Räthe, dat. Osenb. 6. April 1674.

5) Cellisches Protokoll über die Ministerialconferenz, act. Braunschweig, 9. u. 11. April 1674; anwesend von Celle Schütz und Hammerstein, von Wolfenbüttel Heimburg und Böhlen.

Fassung und half sich über die unausgleichbaren Differenzpunkte dadurch hinweg, daß man neben den beiden Verträgen noch zwei Protokoll-Extracte unterzeichnete. Durch den einen salvirte Windischgrätz sein Gewissen wegen der Nachgiebigkeit, zu der er sich in dem auf Herzog Johann Friedrich bezüglichen Passus des Nebenvertrags herbeigelassen hatte. Der andere betraf den von Georg Wilhelm gemachten Cardinalvorbehalt. Auf dringendes Zureden des Grafen Windischgrätz erklärte sich Brasser gegen einen die sofortige Vollziehung der staatisch-lüneburgischen Vertragsentwürfe verbürgenden Revers bereit, sogleich nach dem Haag zu reisen und alles aufzubieten, daß den Herzogen binnen Monatsfrist, vom Tage der Unterzeichnung dieser Recesse gerechnet, die Werbe- und Subsidiengelder für den ersten Monat baar ausgezahlt würden. Indem die Herzoge dem staatischen Gesandten den begehrten Revers ausstellen ließen[1]), sicherten sie sich durch einen zweiten Protokoll-Extract den im Nebenvertrag gemachten Vorbehalt, daß sie an diese Allianz nicht gebunden sein sollten, falls ihnen binnen Monatsfrist „der Subsidien halber die verlangte Satisfaction nicht gegeben werden sollte."

Am 24/14. April wurden der Haupt- und Nebenvertrag sowie die beiden Protokoll-Extracte von den Bevollmächtigen signirt[2]).

Mit ungewöhnlicher Energie überwand Kaiser Leopold I. auch das letzte Hemmniß, das dem völligen Abschluß dieser Allianz entgegenstand, das Widerstreben der Spanier, auch ihrestheils die Hälfte der den Herzogen vom Kaiser versprochenen Subsidien zu übernehmen. Der König von Spanien verpflichtete sich, eine gleich große Summe wie die Generalstaaten zu zahlen[3]), und bevollmächtigte Brasser, den Vertrag mit den Herzogen auch in seinem Namen abzuschließen.

Man darf annehmen, daß auch die Generalstaaten den Forderungen der Herzoge ein gewisses Genüge thaten. Denn als Brasser nach Celle zurückkehrte, führten seine Unterhandlungen mit der dortigen und der wolfenbüttelschen Regierung zur Überwindung aller noch vorhandenen Schwierigkeiten. Am 20/10. Juni 1674 wurde auch die Allianz der Herzoge mit der Krone Spanien und der Generalstaaten in beider Namen von Brasser, im Namen der Herzoge von den cellischen und wolfenbüttelschen Bevollmächtigten signirt[4]). Unmittelbar darnach er-

---

1) III, 134 der Anlagen.

2) Ich theile diese Documente unter III, 133 A, B, C, D der Anlagen mit. Die ältern Drucke sind oben S. 337 Anm. 3 angeführt. 3) Pribram, Lisola S. 677.

4) Den Haupt- und Nebenreceß theile ich unter III, 135 der Anlagen mit. Französische Übersetzungen von ungleichem Werthe findet man bei Du Mont, Mémoires politiques pour servir à l'histoire de paix de Ryswick, III (1698) 304 ff., und Du Mont, Corps diplomatique, VII, 1 (1731), 164 ff. Eine kurze Analyse des Vertrags giebt

folgte in Berlin die Auswechslung der Ratificationen des Kaiserbündnisses[1]).

Herzog Georg Wilhelm war seitdem wie umgewandelt. Hatte er vorher durch die Halbheit aller seiner Maßnahmen die Einigung des Reiches gegen Frankreich gehemmt, so trat er jetzt aufs wärmste dafür ein.

Die Wiederherstellung des alten herzlichen Verkehrs mit seinem Osnabrücker Bruder Ernst August[2]) kam der Vertheidigung der kaiserlichen Politik zu Hülfe, die kurz zuvor der beredteste der kaiserlichen Staatsmänner und Publicisten, Franz von Lisola, in einer vortrefflichen gegen Verjus gerichteten Flugschrift an den Bischof von Osnabrück adressirt hatte[3]).

Basnage, annales des provinces unies II, 538. Die Acten über die Unterhandlungen mit Brasser waren in Hannover nicht aufzufinden. Nur Andeutungen bietet 1) die Instruction Georg Wilhelm's für L. Müller, dat. Bruchhausen, 5. Mai 1674: Müller solle dem Könige von Dänemark melden, „wie daß gedachter Brasser aus dem Haag so viel zurückgeschrieben, daß er in dem concertirten termino, infolglich den 14. dieses wiederumb bei Uns sein und den Tractat figuiren würde"; 2) die Instruction Georg Wilhelm's für Marenholtz, dat. Celle, 7. Juni 1674: Marenholtz solle dem Kurfürsten von Brandenburg melden, „daß Herr Brasser mit Unser und Unsers Vetters Herzog Rudolf Augusti Ld. bevollmächtigten Ministris in Conferenz getreten, und sich befunden, daß an der Königl. spanischen Vollmacht und noch einigen andern requisitis es mangeln wollen, also daß das Werk noch in solchem Stand, wie etwan ausgeben werden mag. Ohn ist nicht, daß gedachter Brasser sich bemühet, wie solche noch restirende Difficultäten superirt werden mögen."

1) Am 27. Juni, laut dem Diarium des wolfenbüttelschen Kammerpräsidenten von Heimburg über seine Berliner Mission.

2) Zeugniß davon geben alle Briefe der Herzogin Sophie aus dieser Zeit sowie ihre Memoiren S. 101 f.

3) Es ist die Schrift La Sauce au Verjus. Zur Ergänzung der Untersuchungen Haller's (deutsche Publicistik, S. 62 f.) bemerke ich Folgendes. Ohne Angabe von Ort und Jahr erschien 1673 in 12° Lettre de M. de Verjus à S. A. Monseigneur le Prince de Wolfenbuttel. Daß das Datum dieses offenen Briefs »A Himelstad le 10ᵉ d'aoust 1673« richtig ist, ergiebt sich aus dem auf diesen offenen Brief Bezug nehmenden Schreiben Verjus' vom gleichen Datum, das ich unter III, 126ᵃ der Anlagen mittheile. Daß auch die Gegenschrift Lisola's (La Sauce au Verjus) in der ersten Auflage an Herzog Anton Ulrich von Wolfenbüttel adressirt war, beweist die holländische Bearbeitung in 4°: »De Verjus-Saus, voorgestelt aen Syne Hoogheit, mijn Heer, de Vorst van Wolfenbuttel over de bestiering des Staets-Dienaers van den Konink van Vrankrijk by de Heeren Vorsten van Brunswijk en Lunenburg, aengaende de bedryven en voornemens van de Keiser an het geheele Duitsche Rijk: waer de valsheden en bedriegerien der Franssen klaerlijk aen den dagh gestelt zijn. Uit het Frans vertaelt. t'Amsterdam by Jan Claesz ten Hoorn, Boekverkooper over't Oude Heere Logement. 1674«. In den folgenden Auflagen hat Lisola die Adresse gewechselt, vermuthlich weil ein Appell an Anton Ulrich seit Wolfenbüttels Beitritt zum Kaiserbündnisse keinen Sinn mehr hatte, ein Appell an Ernst August von Osnabrück aber mitwirken konnte zur Anbahnung seines Abfalls von der französischen Partei. Außer der Straßburger Ausgabe von 1674 in 12° und den beiden Quartausgaben vom selben Jahr, die Haller a. a. O. verzeichnet, liegt mir noch

Der wiedergewonnene Ernst August vermittelte auch eine neue Aussprache zwischen Georg Wilhelm und Johann Friedrich. Ohne ihre entgegengesetzten Allianzen aufzugeben, fanden sich doch auch diese beiden, einander am meisten entfremdeten Brüder im Austausch der Versicherung zusammen, bei allen Verwicklungen das gemeinsame Interesse ihres Hauses hochhalten und brüderlich einander beistehen zu wollen[1]).

Georg Wilhelm's Eifer trieb dann auch die Genossen des Braunschweiger Bundes, den König von Dänemark und den Kurfürsten von Brandenburg, zum Anschluß an Holland und Spanien an. Die Instructionen, die er seinen Vertretern mitgab, schließen uns den völligen Wandel seiner Gesinnungen auf. Sie entsprechen dem Wiedererwachen des Nationalgefühls, das in den Flugschriften jenes Jahres den ersten kräftigen Ausdruck fand.

Der Herzog betonte, daß er „von seinen vorigen Postulatis, in Ansehung, daß sich der Sachen Zustand merklich verändert, ein nicht Geringes habe fallen lassen“; er versicherte, nicht mehr „den Ständen gerathen achten zu können, daß, nachdem die Sachen zu solchen beschwerlichen Extremitäten verführt, sie lediglich zusehen oder auch eine dritte Partei affectiren sollten; sondern es erforderte vielmehr deroselben wahres Interesse, daß ein jeder, so gut er könnte, sich armirte und dasjenige mit vollenziehen helfe, was bei noch gegenwärtigem Reichstage geschlossen, nämlich, daß die bedrängte Stände gerettet und wegen der erlittenen Schaden indemnisirt werden möchten.

eine Quartausgabe ohne Angabe von Ort und Jahr vor, betitelt »A Son A^sse Monseigneur le Prince d'Osnabrug«, endlich noch eine Gegenschrift in 4^0 »Réfutation d'un libelle adressé à Monsieur le Prince de Osnabrug sur une Lettre qu'on suppose faussement luy avoir été écrite et avoir été publiée par ›Monsieur Verjus. MDCLXXIV«. Die Vorrede dieser Schrift ist datirt: le 15 de May 1674. Alle diese Ausgaben befinden sich auf der Königl. öffentlichen Bibliothek zu Hannover, katalogisirt unter den Memoiren Ernst August's XXIII S. 196. Die erste Analyse der Sauce au Verjus gab P. Valckenier, Das verwirrte Europa, Amsterdam, 1677, S. 511 ff.

1) Diese Correspondenz beginnt mit einem Schreiben Johann Friedrich's an Ernst August, dat. Hannover, 24. März 1674 und zieht sich durch die folgenden Monate hindurch. Ihr Ergebniß war eine Conferenz des Gesammthauses, act. Burgdorf, 20.—23. Juli 1674. Damit erledigt sich das Gerede Havemann's, III, 232: Johann Friedrich habe 1674 auf seine Verwandten losschlagen wollen; nur Friedrich III. von Dänemark (der längst gestorben war) habe ihn durch eine Begegnung zu Glückstadt davon abgehalten.

2) Zu diesem Zwecke wurde L. Müller an den König von Dänemark, der Hofrath Asche Christof von Mahrenholz und bald nachher auch der wolfenbüttelsche Kammerpräsident Fritz von Heimburg, an den Kurfürsten von Brandenburg entsandt. Instruction Müllers, dat. Amtshaus Bruchhausen, 5. Mai 1674; Instruction Marenholtzens, dat. Bruchhausen, 7. Mai 1674; Instruction Georg Wilhelm's und Rudolf August's für Heimburg, dat. 8. Juni 1674. Auf Marenholtzens Mission bezieht sich Goeß in Urk. und Acten XIV, 1, 767. Über Heimburg's Mission berichtet Pufendorf XII, 34.

Sollte solches nicht geschehen, würde das Reich in noch gefährlicheren Stand, als es bei dem dreißigjährigen Kriege gewesen, gestürzt und der Friede anders nicht, dann mit dessen unauslöschlichem Schimpf und Schaden gefunden werden können. Es hätte die Erfahrunge bis dahin gezeigt, wie weinig Vortheil durch das Instr^m Pacis den Ständen zugangen, wie dasselbe die ausländische Compaciscenten nach ihren Interessen ausgelegt; wie dieselbe auf des Reichs Boden vorgenommen, was ihnen gefällig, und mithin die Stände dahin gebracht, daß sie mit Unterhaltung einer perpetuirlichen Miliz ihre Lande und Leute auf das äußerste ruiniren müßten. Woferne auch bei jetzigen Conjuncturen man sich seines Vortheils nicht gebrauchen und im Werke zeigen würde, daß man ihnen, den Ausländischen, so viel weiter einzuräumen nicht gemeint: würde nicht zu verhüten sein, daß man nicht in kurzem in deroselben Dominat und Gewalt verfallen sollte. Indem nun die Staaten General ein- oder anderem Stand absonderlich hierin an Hand zu gehen geneigt, so könnten Wir nach wie vor anderst nicht finden, dann daß Wir auch Unsers Orts solche Offerten anzunehmen hätten, zumaln jetztgedachte General Staaten, wie notorium, nichts zu des Reiches Nachtheil suchen; auch da sie und ihre Alliirte dergleichen tentiren sollten, man viel leichter selben begegnen würde, wenn man sich in solche Verfassung gesetzt, worauf sie eine Reflexion zu machen hätten"[1]).

Der dänische Hof war natürlich für solche Regungen nicht zugänglich. Von den Franzosen und Schweden mit Eifer umworben, von den Holländern mit Zurückhaltung behandelt, bewahrte man hier seine doppelsinnige Haltung, auslauernd nach dem bessern Gewinn[2]).

Um so wirksamer wurde der Beitritt des Kurfürsten Friedrich Wilhelm von Brandenburg. Auch an seinem Hofe wetteiferten Franzosen und Schweden, Verjus und Wangelin, mit Lockungen und Drohungen, um ihn bei der Partei festzuhalten, die er im Frieden von Vossem hatte ergreifen müssen. Auch ihn ärgerte die Sprödigkeit der Holländer und Spanier in der Subsidienfrage[3]). Allein die Überwältigung der deutschen Grenzlande durch

1) Aus der Instruction Georg Wilhelm's für Marenholtz, dat. Amtshaus Bruchhausen, 7. Mai 1674.

2) Relation L. Müller's, dat. Glückstadt, 18. Mai 1674: Der Statthalter Alefeld beklagte sich über die Herren Staaten, als welche J. M^t sehr negligireten, das Werk mit solcher froideur tractireten, als wann ihnen umb hiesige assistence nichts zu thun wäre". . . . „Bei welcher Bewandnüß J. M^t fast nicht wüßten, was zu thun sei, indem von französischer Seiten Ihr sehr considerabele Summen offeriret und dagegen nichts anders prätendiret als stille zu sitzen und dem Handel zuzusehn. Dabeneben thäte Schweden auch allerhand gute Vorschläge, so zur Ruhe und Unterhaltung guter correspondence in diesen Quartieren zieleten und auf eine dritte Partei ausliefen."

3) Die Relationen Marenholtzens und Heimburg's bestätigen und ergänzen das Bild der am brandenburgischen Hofe gegen einander ringenden Strebungen.

die Franzosen überwand alle seine Bedenken. Am 1. Juli 1674 unterzeichnete er, fast in allen seinen Ansprüchen nachgebend, den Vertrag mit Österreich, Spanien und Holland, durch den er dem Offensivbündnisse gegen Frankreich beitrat.

So schaarten sich, nachdem schon im Mai der Reichstag zu Regensburg den Krieg erklärt hatte, zum ersten Male seit langer Zeit fast alle Fürsten Deutschlands — nur der Kurfürst von Baiern und der Herzog von Hannover blieben ihren fremdländischen Sympathien treu — unter dem Banner von Kaiser und Reich gegen Frankreich zusammen.

Anhang.

Archivalische Analekten.

I. Acten zur braunschweig-lüneburgischen Verfassungs- und Verwaltungsgeschichte.

1. Kammerordnung des Herzogs Christian Ludwig, dat. Celle, Juli, 1650[1]).

Unser von Gottes Gnaden Christian Ludwigen Herzogen zue Braunschweig und Lüneburg Instruction und Befehl, wornach Unsere Statthalter, Großvoigt, Kanzler, Geheimbte und Hofräthe, auch Kammermeister, Kämmerer und andere Bediente, ein jeder nach Erheischung seines Ambts und geleisteter Pflichte, sich zu richten.

Demnach hoch und viel daran gelegen, daß ein jeder Wissenschaft haben müge, was in unsern Kammersachen seine Schuldigkeit und Verrichtung sei, und an was Orte, auch durch welche Personen die fürfallende negotia ihre schleunige Expedition erlangen und erledigt werden sollen: als haben Wir eine Nothdurft ermessen, deswegen gehörige Verordnung zu thun.

1.

Setzen hierauf, ordnen und wollen vors erste, daß alle und jede in den statum publicum und die Justiz laufende Sachen, wenn sie gleich das Kammerwesen etzlichermaßen mit betreffen, in unserm Geheimbten und respective Kanzeleyrath dem Herkommen nach berathschlaget und erörtert werden sollen.

2.

Wie nicht weniger vors andere alle Concessiones, Consense, Confirmationes, Privilegia und Begnadigungen, wie die Namen haben mögen, ingleichen der Paß und Freibriefe Remissiones, der Plätze, Zinsen und derogleichen Ambts-intraden, Bestallungen und Ersetzungen der Ämbter und Dienste in Unsern Fürstenthümbern und angehörigen Grafschaften, Absetz- und Bestrafung der Beambten, Verpachtung der Ämbter, Verschreib- und Verpfändunge der Kammergefälle, Ablassung der Pfandsummen und Gülten, Dictirunge der Strafe und Moderation oder Nachlassunge deroselben in Sachen so nicht vor die Untergerichte gehören, und was solchen allem mehr anhengig oder gleichmäßiger Qualität und Beschaffenheit ist. Aus welchen Sachen zumal was Privilegia, Begnadigungen, Bestallungen und dergleichen betrifft, Uns Unsere Geheimbte Räthe zu referiren und Unsers Befehliges zugewarten, im übrigen aber, wann es keinen Verzug leiden will oder der Wichtigkeit nicht ist, ihren Pflichten nach zu verfahren haben.

1) Ich theile diese Kammerordnung, da das Original nicht auffindbar war, nach der im Nachlaß des Kanzlers Langenbeck erhaltenen Abschrift mit.

3.

Die Ambts-, Zoll-, Bergwerks-, Forst- und andere Rechnungen wollen Wir, wann es die Gelegenheit erleiden will, selbst mit anhören oder durch Unsere Geheimbte Räthe, so viele deren allemal zur Stelle sein werden, auch Kammermeister und Kämmerer zu rechter Zeit einnehmen lassen, und sollen die Rechnungen allemal Trinitatis geschlossen, daraus ein gewisser Terminus jedem Beambten angesetzet, und die Register 4 Wochen für solchem Termino anhero eingeschicket werden.

4.

Es sollen auch zum Vierten Unsere Geheimbte und Kammer-Räthe mit Zuziehung Unsers Kammermeisters wöchentlich zum wenigsten einmal, und zwar wann sie nicht durch ohnabwendliche Geschäfte daran verhindert werden, und ihrer zween zur Stelle sein, am Donnerstage Kammerrath halten; was alsdann in Kammersachen proponiret wird und vorhero nicht expediiret ist, erwägen, insonderheit dasjenige, so bey Unseren Ämbtern, im Haushalt, Forst- und anderen Sachen anzuordnen, an Gebäuden von neuem zu verfertigen oder wieder in den Stand zu bringen, ingleichen an welchen Örtern und zu was Zeit die Ämbter zu visitiren, welchergestalt diejenige, so dazue aus Mittel Unser Regierungs-Räthe und Cameralen deputiret werden, zu instruiren, und was sonsten dabei zu beobachten und auszufertigen nöthig, berathschlagen und erledigen; darüber dann des Kammermeisters und Kämmerers Gutachten zu vernehmen, auch von denselben die Nothdurft abzufassen, und Unsern Geheimbten und Kammerräthen zur Revision und Approbation zu untergeben; was aber bereit von Uns oder Unsern Geheimbten Räthen nach wohl erwogenen Dingen resolviret und angeordnet, dabei hat es sein Verbleiben.

5.

Damit gleichwohl auch fürs Fünfte diejenige Kammersachen, so fort täglich bei Unser Kanzlei aus den Ämbtern einkommen und keiner sonderbaren Deliberation im Geheimbten Rathe bedürfen, sondern auf weitere Erkundigung, Nachsehung in den Registern, deren Verlesung und Examination, ingleichen Verschreibung der Victualien und anderer Nothdurft zu Unserer Hofhaltung, Abrechnung mit den Handwerckern, Arbeitern, Factoren, Kramern und dergleichen; ingleichen was praeparatorie von andern Kammersachen zu reden, auch etwa bei Einnehmunge der Wochenrechnunge, so am Montage bei Hofe geschicht, oder sonst von Uns [und] Unser Regierung an die Kammer remittiret werden müchte, nicht beliegen bleiben, sondern ein jeder mit gehörigem Bescheide desto eher versehen werde: so soll zu solchen Ende Unser Großvoigt, wann er in loco ist, wöchentlich zweimal, also am Dingstage und Sonnabend Vormittage, sich [sic!] mit unsern Kammermeister und Kämmerer auf deme dazue verordneten Gemache zusammenkommen und, was von obberegten und dergleichen Sachen vorhanden oder fürkommen thuet, zur Expedition beforderen; maßen er auch also dann das Directorium bei allen solchen Sachen zu führen und nicht alleine, so viele an ihme, fleißig zu beobachten hat, daß die Camerales ihr officium treulich verrichten und darunter nichts verabsäumen, sondern auch selbst, so viel er anderer Verrichtung halber thun kann, die Rechnungen zu handen nehmen, durchsehen und was zu ändern oder zu verbessern, erinnern wird. So ofte aber Kammerrath gehalten, [hat es beim] Herkommen sein Verbleiben, und also dann ein jeder, [so] etwaß vorzutragen, solches in gehöriger Ordnung zu thuen und sein votum abzulegen.

6.

Nichtsdestoweniger sollen zum Sechsten Unser Kammermeister und Kämmerer täglich Morgens umb 8 Uhr und zu Zeiten, wann die Nothwendigkeit erfordert, auch Nachmittages auf Unser Kanzlei an dem zur Kammer bestimmten Ort zusammenkommen, die Ambts- und andere Register durchsehen; was zu verbessern und zu verändern, zusammentragen; ein Jeder, was seine Pflicht erfordern, dabei verrichten; Unser Großvoigt zu obbestimmter Zeit oder wenn es von demselben an die gesambte Geheimbte Räthe remittiret wird, im Kammerrath daraus referiren, auch in wichtigen Sachen ihr Bedenken schriftlich übergeben; wie dann auch Unser Großvoigt selbst, was er bei den Rechnungen und anderen Kammersachen für Mangel befunden, und auf was Maße demselben abzuhelfen, andeuten und eröffnen wird, damit dasselbe, so zu Unser Ämbter Aufnehmen und Verbesserung der Intraden dienlich, desto schleuniger ins Werk gestellet werden möge.

7.

Was fürs Siebente in Kammersachen auszufertigen und vermöge dessen, so oben erwähnet, vor Uns und Unsere Geheimbte Räthe allein gehöret, wird uf deroselbigen Verordnunge, wie bishero geschehen, durch die Kammer-Secretarios und wem es sonst aufgetragen wird, ausgefertiget, und mit der Revision, Subscription Versiegelung und sonsten dem Herkommen nach verfahren.

8.

Wann aber fürs achte künftig ganze Ämbter oder deren Pertinentien verpachtet, auch Kaufcontracte von Unser Kammer geschlossen werden, sollen Unsere Kammermeister und Kämmerer, wann vorhero von Unsern Geheimbten Räthen ein gewisser Schluß gemachet, solche Contracte aufsetzen, und von Uns, nachdeme die Concepte revidiret und unterschrieben, vollnzogen werden, es wäre dann, daß es geringe Sachen betreffe, welche im Namen Unser Statthalter, Kanzler und Räthe, wie gebräuchlich, zu expediren und zu unterschreiben sein. Was zur Hofhaltung von Unserm Großvoigt verschrieben und sonst in dergleichen Sachen von demselben bishero ausgefertiget worden, desfalls lassen wir es bei dem Herkommen bewenden.

9.

Absonderlich und fürs Neunte bestehet Unsers Kammermeisters Verrichtung fürnehmlich darin, daß er nicht allein allen und jeden Ambtes-, Berg-, werks-, Forst-, Zoll-, Factorei- und andern Kammerrechnungen, wie die Namen haben, beiwohne, die Register mit getreuem Fleiße durchsehe, die Einnahmen und Ausgaben gegen einander halte und, so viele am ihme, dafür sei, daß aller dabei befindlicher Mißbrauch und Mangel abgeschaffet, was zu der Ämbter und Intraden Verbesserung gereichen mag, ohnnachlässig fortgestellet werde; daneben die Gelder, so in Unsere Rentkammer gehören, mit Fleiß einfordere, einnehme, an gehörigem Orte empfange, in Gewahrsamb halte und zu gehöriger Zeit wieder auszahle, derentwegen gebührlich quittire und sowohl Einnahme als Ausgabe ordentlich verzeichne, darüber richtige Rechnunge halte; wann es der Sachen Nothdurft erfordert und begehrt wird, Unsern Großvoigt und gesambten Geheimbten Räthen von deme, was bei der Kammer eingenommen, wieder aus(ge)geben und noch in Vorrath vorhanden, aus den Manual einen kurzen ohnverfänglichen Extract zustelle; so ofte aus den Registern Berichtes vonnöthen und gefordert wird, denselben schriftlich oder mündlich erstatte; wie alles bei den Ämbtern noch in besser Aufnahme zu bringen, getreues Fleißes fürsinne[1]); bei den Visitationibus der Ämbter, dazu er gebrau[ch]et wird, die befindende Mängel und was an der Beambten und Bedienten Fleiß desideriret wird, ohne einig Ansehen der Person anzeige, und jedes Orts corrigiren und abschaffen helfe; sodann die Register, Siegel, Briefe, Inventaria und alle andere acta und Schriften, so bereit bei der Rentkammer vorhanden oder hiernächst darzue kommen möchten, in guter sicherer Behaltnüsse habe, ohn Unser oder Unser Geheimbten Räthe Befehl niemand davon etwas abfolgen lasse und sonst alles andere, was obstehet und seine Person betrifft, auch seine abgestattete Pflichte erfordern, trewlich verrichte.

10.

Gleichergestalt soll fürs zehente Unser Kämmerer zu solchem allen, ausgenommenen was die Einnahme und Ausgabe der Gelder betrifft und davon seine Dependenz hat, gehalten sein, auch über das die Ambtes- und andere Rechnungen fleißig nachlegen [sic], auf die Quittungen und andere Documenta, so dabei übergeben werden, ob sie richtig oder einiger Mangel dabei befindlich, Acht geben, dieselbe in guter Verwahrung behalten und in solche Ordnung bringen, damit sie der General-Rechnung können beigeleget werden; sodann von allen, was zu Unser Hofhaltung an Viehe und sonsten eingeschicket und über Amtes Nothdurft angerechnet wird, richtige Rechnungen halten und förmblich schließen; die Zettull über dasselbe, so bei Unser Hofstatt täglich eingekaufet oder zubehuef deroselben für Arbeit verfertiget wird, sowohl als Unser Burgvoigt unterschreiben, auch über die gesambte Einnahme und Ausgabe Unser Amtes-, Zoll-, Bergwergks- und Forst-Registers gebührliche richtige Abrechnunge, uf die Maße, wie bei Unser Kammer zu Hannover geschehen, verfertigen; dieselbe nach justificirter Rechnung in das Kammer-Abrechnungsbuch getreulich eintragen und endlich bei der Kammer-Hauptrechnung einverleiben und dieselbe zu ihrer Perfection befordern helfen; imgleichen bei Einnehmung der Rechnungen und Cameral-Deliberationibus alles mit Fleiß protocolliren, die Registratur in guter Ordnunge halten; zu welchem Ende ihme dann auch die Acta, so pure Cameralia sein, aus Unserm Archivo bei der Kanzlei, wie nicht weniger was daselbst in bemeldten Cameral-Sachen ausgefertiget wird, von Unserm Registratore zugestellet, über die acta von ihme, Unserem Kämmerer, eine richtige Designation verfertiget, alles an gehörigen Ort geleget, und wann es von Unsern Geheimbten Räthen gefordert wird, aufgesuchet und hergelanget werden soll. Und weil die alte Register mehrentheils in dem Gewölbe auf Unser Residenz vorhanden sein, soll er auch dazue einen Schlüssel haben und solches nebenst Unserm Kammermeister mit Fleiß in Acht nehmen, auch alles was sonst der von ihme abgestatteter Eid erfordert, ohne einigen Respect mit Fleiß trewlich verrichten.

11.

Fürs Eilfte soll Unser Kammermeister dasjenige, so bei Unser Hoffstatt eingekaufet oder zubehuef deroselben verfertiget wird, nicht ehr bezahlen, es sei dann vorhero oberwähnter maßen examiniret, bedungen, auch von Unsern Kämmerer und Burgvoigt unterschrieben.

Was sonsten weiter zu Verbesserunge Unser Gefälle und Einkommen, auch Einziehung ohnnothwendig und übermäßiger Ausgaben gereichen und dienlich sein mag, solches werden Unsere Geheimbte Räthe, Kammermeister und Kämmerer ihren geleisteten Pflichten nach in Acht zu nehmen nicht unterlassen.

---

1) Im Manuscript: für seine.

Wir wollen sie bei solcher ihrer Verrichtunge fürstlich vertreten, wie Wir ihnen dann auch hirmit ernstlich und endlich befehlen, daß sie solches alles und insonderheit diese Unsere obbegriffene Instruction in fleißiger Obacht halten, deroselben alles ihres inhalts, bis uf Unsere andere Verordnunge, (die Wir Uns den nach begebenden Fällen in alle Wege vorbehalten) trewlich geloben und nachkommen.

Solches ist Unser gnädiger Wille und Meinunge. Zu Urkund dessen ꝛc. Uff Unser Residenz Zell, Juli A° 1650.

2. Herzog Johann Friedrich's Bestätigung der den calenbergischen Landständen ertheilten Privilegien, dat. Hannover, 23. Mai 1671[1]).

Von Gottes Gnaden Wir Johann Friedrich, Herzog zu Braunschweig und Lüneburg, thun kund und bekennen vor Uns, Unsere Erben, Erbnehmen und Nachkommen gegen männiglichen offenbar:

Nachdem weiland der hochgeborne Fürst, Herr Erich der Jüngere, Herzog zu Braunschweig und Lüneburg, Unser freundlicher lieber Vetter hochlöblicher und christmilder Gedächtnüs, S. Ld. und nunmehr Unser getreuen Landschaft des Fürstenthumbs Braunschweig Calenbergischen Theils als den würdigen, ehrenfesten und ehrsamen Unsern lieben Getreuen von Prälaten, Ritterschaft und Städten beider Lande, des Fürstenthumbs zwischen Deister und Leine und Oberwald, darin Göttingen gelegen, ihre von Unsern lieben Herrn Ahnherrn, Vettern und Vatern wohlhergebrachte privilegia, Begnadigungen, Frei- und Gerechtigkeiten, auch die Verschreibungen, so ihnen vormaln von weiland den auch hochgebornen Fürsten und Fürstinnen, Unsern freundlichen lieben Vettern, Oheimen, Schwägern und Muhmen, Herrn Erich dem Ältern, Herzogen zu Braunschweig und Lüneburg, S. Ld. freundlichen lieben Gemahlin Frauen Elisabethen, geborener Markgräfin zu Brandenburg, Herzogin zu Braunschweig und Lüneburg, Gräfin und Frauen zu Henneberg, sambt den Chur- und Fürsten zu Brandenburg und Hessen, aller hochlöblicher und christmilder Gedächtnüs, in Vormundschaft und an sein, Herzogen Erich's des Jüngern Ld. statt gegeben, gnädiglich confirmiret und bestätiget, solche Confirmatio auch von weiland Herzogen Julio, Herzog Heinrich Julio und Herzogen Friedrich Ulrich, Unsern freundlichen lieben Vettern, sodann von Unsers gnädigen und hochgeliebten Herrn Vatern Herzogen Georgen, allen christmilden Andenkens, Gnaden und Liebden und Unserer beeden Brüder Herrn Christian Ludwig's, auch hochseligen Andenkens, und Herrn Georg Wilhelm's, Herzogen zu Braunschweig und Lüneburg Ld. Ld., allemal bei angetretener Regierung continuiret und bis auf Uns gebracht, und dann bei jetzigem gehaltenen Erb- und Huldigungstage die gemeldte Landstände obberührter Lande bei Uns in Unterthänigkeit angehalten und gebeten, Wir ihnen solche Privilegia wie auch von Ihrer Gn. und Ld. aufgerichtete Landtagsabschiede und ausgegebene Reversalen, so viel die Religion, das Regiment und statum publicum dieser Länder, die gleichmäßige Administration der Justiz und andere darin befindliche heisame Verordnungen und Landesconstitutionen betrifft, und soweit dieselbe jetziger und künftiger Zeit zu practiciren, in specie aber die Landtagsrecesse zu Gandersheimb de anno 1601 und zu Eltze in anno

1) Die wesentlichen Abweichungen dieser Urkunde von den gleichartigen Confirmationsurkunden der Herzoge Georg, Christian Ludwig und Georg Wilhelm sind durch gesperrte Typen kenntlich gemacht.

1614 beliebet, sodann den Landtagsabscheid, so geben in Unser Stadt Hannover den 26. Febr. a° 1636, item Landtagsabschied geben zu Hildesheim den 4. Febr. a° 1638, mehr den Abscheid in p° gravaminum de dato Hildesheim dem 3. Aprilis a° 1639, mehr das Attestatum und Revers, so geben in Unser Stadt Göttingen den 30. Aug. a° 1640, fürters den Abscheid de a° 1644 den 15. Martii und a° 1646 den 26. Sept., in Gnaden respective confirmiren, acceptiren und bestätigen möchten:

daß Wir demnach solch ihr unterthänigstes Suchen bei Uns gnädigst statt finden lassen; confirmiren, acceptiren und bestätigen derowegen ihnen dieselbe hiemit und in kraft dieses Briefs dergestalt und also, daß sie nicht allein bei dem[1]) seligmachenden reinen Wort Gottes evangelischer Lehre und Religion Augspurgischer Confession wie auch der christlichen Kirchenordnunge und dem Inhalt des zu Münster und Osnabrügge aufgerichteten Instr[i] Pacis ruhiglich gelassen werden sollen, sondern daß Wir sie auch bei allen und jeden hergebrachten Privilegien, Begnadigungen, Frei- und Gerechtigkeiten, auch berührten Reversalen, spezificirten Landtagsabscheiden und Constitutionen obgesetzter Maßen gnädiglich behalten, daneben sie und einen jeden bei Gericht und Recht vertheidigen, auch, soviel Uns Gott Hülfe und Gnade verleihet, bei Ruhe und Friede schützen und schirmen, auch, so viel immer an Uns, ihnen mit friedsamer guter Regierung als der gnädigste Landesfürst beiwohnen wollen. Daferne auch Unsere getreue und gehorsame Landschaft sonsten noch einige Particulier-desideria und gravamina hätte und umb deren Erledigunge Uns gehorsambst und unterthänigst ansuchen würde, so versprechen Wir gnädiglich, dieselbe darin gnädigst zu hören und, soweit recht und thunlich, denselben ihre abhelfliche Maße geben zu lassen. Welches alles Wir ihnen und ihren Nachkommen vor Uns und Unsere Erben und Successoren am Fürstenthumb Calenberg in guten Treuen fürstlich und ohnverbrüchlich zu halten hiemit geraden und geloben, treulich und ohngefährlich; zu Urkund haben Wir dieses mit eigener Hand unterschrieben und Unser fürstlich Braunschweigisch groß Insiegel daran wissentlich hangen lassen.

Geschehen und geben in Unser Residenz-Stadt Hannover, nach Christi Unsers Hern und Heilands Geburt im Jahr Eintausend Sechshundert Ein und Siebenzig, den 23ten Tag Monats Maij.

3. Aus Herzog Johann Friedrich's Religions-Assecuranz, dat. Hannover, 23. Mai 1671[2]).

(Vgl. S. 14.)

. . . Thun das zusagen ihnen und assecuriren sie vor Uns, Unsere Erben und Nachkommen, regierende Herzogen zu Braunschweig und Lüneburg, hiemit und in kraft dieses Briefes derogestalt und also, daß, wann über kurz oder lang einige Änderung der evangelischen[a]) Religion in unsern Fürstenthumben und Landen geschehen, und etwas so Gottes Wort, dem Corpori doctrinae Julio und obberührter christlichen Kirchenordnung zuwider wäre,

1) In den älteren Confirmationen: „bei dem allein seligmachenden Wort".

2) In den von Georg (d. d. Hannover, 18. Febr. 1636), Christian Ludwig (d. d. Hannover, 21. Juli 1642) und Georg Wilhelm (d. d. Hannover, 30. Juni 1649) ausgestellten Religionsassecuranz stehn folgende Ausdrücke an Stelle der von Johann Friedrich beliebten: a) unserer christlichen, b) der eingeklammerte Satz, welcher in der von Schlegel III,

fürgenommen würde, uf den unverhofften Fall (welchen Gott der Allmächtige gnädig verhüten und abwenden wolle[b]) vorgedachte unsere Landschaft, derselben drei unterschiedliche Stände und jedes Standes sonderbare Glieder, an solche ihnen[c]) widrige Punkten nicht verbunden, noch sie dieselben anzunehmen schuldig, sondern bei der christlichen[d]) Lehre, wie die in Gottes Wort, obgedachtem Corpore doctrinae Julio und Kirchenordnung begriffen, laut obberührts aufgerichteten Vertrags und Abschieds zu bleiben und beständiglich zu verharren, deren publicum exercitium sowohl öffentlich auf dem Lande[e]), in Städten und Dörfern als sonsten bei der vom Adel Ansitzen ungehindert zu führen befugt und mächtig, auch mit ihren Pastoren und angehörigen Leuten, alsdann dero in vielberührter unserer Kirchenordnung gesetzten geistlichen Jurisdiction und iuri episcopali an- und zugehörigen Rechten, wann und so lange ihnen dadurch andere Lehre als in gemeldtem unserm Corpore doctrinae Julio und Kirchenordnung begriffen, aufgedrungen oder eingeführet werden sollte, wiederumb gänzlich eximiret und entfreiet, auch dazu in widrigem Stande ferner nicht verbunden, sondern in freier Übung der unveränderten Augsburgischen Confession, wie sie hochgedachter unserer Vettern Herzogen Eriche, Herzogen Julii, Herzogen Heinrichen Julii, Herzogen Friedrich Ulrichen sodann vorhochermeldtes Unsern Herrn Vaters Herzog Georgen und Brüder Herzog Christian Ludwigen und Herzogen Georg Wilhelm, aller Herzogen zu Braunschweig und Lüneburg, Zeiten und Regierunge gewesen, ohne einige Unsere und Unserer Nachkommen Ungnade und Beschwerunge ungehindert sein und bleiben sollen."

4. Regimentsordnung des Herzogs Johann Friedrich, dat. Hannover, 21. April 1670.

Verfassunge, wie Unsere von Gottes Gnaden Johann Friedrich's, Herzogen zu Braunschweig und Lüneburg, landesfürstliche Regierung zuvorderst zue Gottes Ehren, dann zu beständiger Aufnahme Unsers fürstlichen Estats, Beforderung der heilsamen Justiz und Beschleunigung derer zu dem End täglich fürfallenden expediendorum hinkünftig anzustellen und zu führen.

1. Nachdem Wir zuvorderst die Milice und was dazu gehörig, Unserer ohnmittelbaren gnädigen Disposition allein vorbehalten, können

2. Alle übrige bei Unser landesfürstlichen Regierung fürfallende Sachen ihrer Eigenschaft nach vornehmlich in vier classes, als Kammersachen, Publica, Consistorial- und Justizsachen gefüglich eingetheilet und dabei die Hof-, Bergwerks- und Forstsachen zur Kammer geleget, die Kloster-, Lehn-, Grenz- und Contributionssachen aber denen Publicis und deren Direktion unterzogen werden.

3. In einer jeden Klasse soll einer von den vier Geheimbten Räthen, und namentlich in Kammersachen der Geheimbte Kammerrath Herr zu Eltz, in publicis der Geheimbte Kammerrath von Groten, in Consistorialsachen der Geheimbte Kammerrath von Witzendorff und in Justizsachen der Geheimbte Rath Dr. Witte und zwar dieser unter dem Prädicat des Vicekanzlers die Direktion führen, und ein jeder, wie hernach folget, die Ausfertigung derer in seine Direktion laufender expediendorum beschaffen und befordern.

---

256 eingesehenen Ausfertigung fehlt. c) an solche widrige Punkten, d) bei der wahren reinen christlichen Lehre. — e) An dieser mit dem Wortlaut der oben genannten ältern Reverse genau übereinstimmenden Stelle verlangten die Landstände, jedoch vergeblich, die Einschaltung der Worte „bei den Stiftern und Klöstern".

4. Alles und jedes, was an Missiven und Suppliquen, die sein gleich verschlossen oder offen und an Uns ohnmittelbar oder Unsere gesamte Räthe gerichtet, einkombt, soll nachdem das Praesentatum darauf geschrieben, Uns durch Unsern Kammersecretarium Rettberg ohngesäumet überreichet, darauf von Uns, nach Verles- und Befindung eines jeden Inhalts, jedwedes demselben der Geheimbten Räthe, unter dessen Direktion es gehöret, sofort zugeschicket, auch da es die Nothdurft erfordert, unser gnädigster Befehl darüber zugleich angefüget werden.

5. Soll auf Unserer fürstlichen Residence oder wo es Uns sonst belieben möchte, alle Wochen ordinarie zwei Mal, überdies auch und so oft Wir es nöthig befinden, Geheimbter Rath gehalten und jedesmal zeitig vorher dazu angesaget,

6. Und solcher Geheimbter Rath von den bemeldten vier Geheimbten Räthen in der beim andern und dritten Punkte von Uns also beliebten Ordnunge besetzet, und dabei auch sonsten hinkünftig jederzeit Unsern adelichen Räthen die Präcedenz vor den andern gegönnet werden.

7. In solchem Geheimbten Rath nun soll eine jedwede zur Deliberation kommende Sache in obbedeuteter Ordnunge durch denjenigen Geheimbten Rath, unter dessen Direktion sie gehöret, nachdem derselbe sich desfalls vorher aus denen etwa bereits ergangenen Akten oder sonsten nach Erfordern gründlich informiret oder von den Beamten, sonderlich in Remissionssachen, benöthigten Bericht eingezogen haben wird, umständlich proponiret, darüber alsdann gehörige Deliberation und zwar dergestalt angestellet werden, daß dabei ein jeder Geheimbter Rath in seiner Ordnunge votire und demselben, der die Proposition gethan, das letztere Votum bleibe; darauf dann von Uns entweder sofort oder nach Befindunge hernächst ein gewisser Schluß in der Sache gemacht und selbiger zu beschaffender gehörigen Vollenstreckung und Ausfertigung bemeldtem Proponenten untergeben; zu solchem Ende auch einem jedweden Geheimbten Rathe ein besonder Siegel anvertrauet werden soll.

8. Was aber von geringschätzigen oder auch so beschaffenen Sachen die bis zum nächst erfolgenden Ordinarie-Geheimbten Rath keinen Verzug leiden, vorkommen möchte, davon hat Uns derjenige Geheimbte Rath, in dessen Direktion es gehöret, ohngesäumte Eröffnung zu thun und Unserer gnädigsten Verordnunge darüber zu gewarten.

Und soll also, 9., in allen und jeden fürfallenden so geist- als weltlichen Sachen ohne Unser Vorwissen und vorhergehende gnädigste Ratification überall nichts vorgenommen, beschaffet noch verrichtet, insonderheit aber mit Wiedererseßung derer etwa erledigten Pfarrstellen hinfüro keinesweges ehender verfahren werden, es sei dann sowohl wegen der dazu in Vorschlag kommender Subjectorum als sonst im übrigen Unser Special- gnädigster Befehl und Verordnung vorher darüber eingeholet worden.

10. Im Geheimbten Rathe soll von dem Kammer-Secretario allemal das Protokoll gehalten und solches nachgehends ad acta geleget, dann

11. Die Concepta von demjenigen Geheimbten Rathe, der sie vermöge habender Direktion committiret, zuerst und nachgehends von den übrigen gleichfalls revidiret und unterzeichnet, dann selbige auch Uns zu gnädigster Approbation vorgezeiget, darauf alsdann ungesäumt mundiret, und was also in Unserm Namen abgefasset, wenn zuvorderst das Original mit dem unterzeichneten Concept durch den Kammer-Secretarium Rettberg fleißig collationiret und mittelst dessen eigenhändigen Unterschrift vidimiret, Uns durch denselben zur Vollenziehung geziemend vorgetragen; das übrige aber, so in der Räthe

Namen gefertiget, von dem Committenten unterschrieben und vollenzogen werden.

12. Außer dem Geheimbten Rathe aber, als etwa bei Landtägen, anwesenden Gesandtschaften oder andern fürfallenden Solennitäten, hat der Vicekanzler, wie auch wann derselbe nebenst andern Geheimbten Räthen in Gesandtschaft verschicket, allemal die Proposition zu thun und das Wort zu führen.

13. Bei vorfallenden Verschickungen stehet zu Unserer gnädigsten Disposition, wen Wir von Unsern Räthen und Ministris, ohne Unterschied der Affairen, darzu in Gnaden deputiren und befehligen werden. Und soll

14. Alsdann oder bei der sich etwa sonst aus einigen Erheblichkeiten zutragenden Abwesenheit eines oder des andern Geheimbten Raths, dessen Funktion der nächst Vorsitzende oder Nachfolgende oder wem Wir es insonderheit auftragen möchten, mittlerweile übernehmen und versehen.

15. So hat auch ein jeder der Geheimbten Räthe die nachdrückliche Verfügung zu thun, daß von deme, was unter seiner Direktion täglich ausgefertiget wird, ein richtiges Diarium gehalten und solches Uns alle Wochen gebührend eingereichet werde.

16. Von allen Parteisachen, die sowohl bei Unserm Kanzlei- als Consistorialgerichte jetzo in Proceß befangen, soll jedes Ortes eine vollständige Designation verfertiget, selbige Uns unterthänigst übergeben und was ein jeglicher Proceß für einen Ausgang gewinnet, dann was von neuen Sachen nach und nach hinzu kombt, unter jedwede Designation allemal richtig gezeichnet; wie auch

17. In beeden Gerichten, sonderlich in wichtigen Sachen, keine Urtel, so daselbst abgefasset, publiciret werden, es sei dann die Sache, ihrer Wichtigkeit nach, vorhero im Geheimbten Rathe summariter erwogen, und die absprechende Urtel darin zum Überfluß bestätiget worden.

18. Zu dem Ende dann die ex actis erfordernde relationes von denen Referenten allemal schriftenlich zu erstatten, und wann selbige im Geheimbten Rathe verlesen, auch nachgehends der Proceß seine völlige Endschaft erreichet haben wird, zue dienender künftiger Nachricht ad acta zu legen.

19. Alle Rechnungen, als Kloster-, Ambts-, Bergwerks-, Forst-, Contributions- und dergleichen Namen habende Rechnungen sollen von demjenigen Geheimbten Rathe, unter dessen Direktion jedwede gehöret, und wen Wir von den übrigen Räthen oder sonsten noch dazu verordnen möchten, zum weinigsten alle Jahre, die Hof-Küchenrechnungen aber nach wie vor allwöchentlich eingenommen, die dabei sich ereigende Mängel allenthalben fleißig untersuchet und angemerket und demnächsten Uns im Geheimbten Rathe oder a part zue beschaffender gehörigen Remediirung unterthänigst angezeiget werden. Und stehet überdies zu Unser gnädigsten Entschließung, ob Wir nicht der Einnehmung der Haupt- und Kammerrechnunge künftig persönlich mit beiwohnen wollen.

20. Die bei der Kammer fallende und zum Fisco gehörige Accidentalien bleiben dem Geheimbten Kammerrath Eltz, ohne was etwa denen Cameralen hergebrachter Maßen davon competiren mag, so ihnen auch ferners zu gönnen. Bei der Kanzelei aber sollen sie hinfürter in zwei gleiche Theile gesetzet, die eine Hälfte davon unter den Geheimbten Kammerrath Groten und Vicekanzler Dr. Witten, die andere Hälfte aber unter die Sekretarien, wie sie es desfalls unter sich hergebracht oder Wir es künftig gut finden möchten, vertheilet; zuvorderst aber alle solche Sportulen und Gefälle, wie

die auch Namen haben, worunter dann insonderheit die Lehnwaren und dergleichen abstattende Gebührnissen mit begriffen, von niemanden anders sowohl bei der Kammer als Kanzelei dann von dem jedweden Ortes dazu bestelltem Fiscali oder Receptore eingefordert, erhoben und vermöge ihrer abgeleisteten Eide und Pflichte redlich verzeichnet; in solcher Verzeichnis die Benennung derer sonderlich bei der Kanzelei ausgelöseten Sachen, so viel müglich nach denen in der Kanzelei-Taxordnung befindlichen Rubriquen deutlich specificiret, auch, umb mehrerer Conformität mit beregter Taxordnung willen, in der Berechnung hinfürter mgl. [sic!] gebrauchet und dann von jedwedem Fisco Uns allmonatlich ein Exemplar einer solchen vollständigen pflichtmäßigen Verzeichnis unter des Fiscalis oder Receptoris eigener Hand ohnfehlbar eingereichet werden.

21. Im übrigen und was etwa in gegenwärtiger Verfassung nicht enthalten, lassen Wir es dessfalls bei Unserer jetzigen Kanzeleiordnung noch zur Zeit bewenden.

Zu Urkund dessen haben Wir diese Verfassung mit Vorbehalt, dieselbe befindender Nothdurft nach allemal zue ändern, zue vermehren oder gar aufzuheben, eigenhändig unterschrieben und mit Unserm fürstlichen Daumen-Secret bekräftiget.

Gegeben in Unser fürstl. Residence-Stadt Hannover, am 21. April A° 1670. gez. Johann Friedrich.

II. Acten zur Geschichte des apostolischen Vicariats in Hannover.

1. Sophie, Herzogin zu Braunschweig und Lüneburg, an Valerio Maccioni, dat. Hannover, 10. Maggio 1662.

Sig^r Valerio,

Non credo mai, che Cel sia così solitario doppo il suo arriuo, com'è restato Hannouer doppo la sua partenza. Ma se l'affetto, che porta à questa corte, la fa parlar così, ui si lasci riuedere, che nelle occupationi, che le si daranno facendo uita dà martire, schiuera almeno il rischio di diuentar eremita. L'attendo, e ringratiandola delle sue cortesi memorie la prego à credermi sua affett^ma amica

Sophie P. P. D. di B. e L.

2. Ernst August, Herzog zu Braunschweig und Lüneburg, an Valerio Maccioni, dat. Hiburgo, 28. Ottobre 1662.

Bisogna, che la tempestà da lei nel suo uiaggio incontrata fosse molto crudele, quand' ancor doppo quattro mesi si raccorda di farmene la discrettione. S'ella non hauesse altro di commune con Giona ch'un rischio tale, questo douria [sic] bastare, per farle cercar impiego dà profeta e luogo dà essercitar' il suo zelo, come si dice, che fa in Copenhaghen. Jo mi rallegro seco di uiderla uscita con la croce di fuoco asciutta dal seno dell'acque, e ringratiandola delle sue nuoue la prego, com'è memore dei pericolosi scorti, à ricordarsi ancora degli amici lontani, trà quali l'assiuero che sono

di V. S.
affett^{mo} amico
Ernesto Augusto.

3. Landgraf Ernst von Hessen-Rheinfels an Valerio Maccioni in Kopenhagen, dat. Rheinfels 6/16. Febr. 1664.

Illmo Sig^{re} Caualliere,

Con questo accuso et risponde [sic] a due sue che di tempo in tempi mi sono capitate; lodo tanto il suo zelo quanto admiro l'esperienza delle controversie in cosi poco tempo capite; per bene trattare le quale ci vuole 1) una retta et non per oltre che per l'honore de Dio et la salute de le anime interessata intenzione et zela senza interesse proprio et vana gloria, 2) una letteratura esquisita et compitissima tanto della sacra scrittura che di padri et scrittori delle controversie d'ambe le parte, 3) una grande patienza, moderazione et discrezione, 4) una applicazione nel timore di Dio et essempio di bona vita; perche come vogliamo convertire un altro à la fede, mentre che à luy diamo essempio di mala vita? ci vuole l'uno et l'altro, et per questo si vuol ancora una cognizione perfetta, in che consista l'animo de l'heresia et una cognizione delle historie ecclesiastiche, principalmente di quelle di cento et trenta anni in qua. Non dubito che V. Sig. non habbia in perfezzione tutti questi talenti et che le adoperarà à la conversazione nonche conversione di un tanto bravo rè, del resto propter connexitatem causae in tanti capi difficilmente ho potuto combattare i Caluiniani, senza nello stesso tempo dare ancora sopra i Lutherani, perche hanno principij generali. Del reste V. Sig. mi perdoni, Lei s'inganna, se Lei crede che questo mio arbore genealogetico sia fatto per accordare le religioni tra di loro, che non è possibile, poiche noi non possiamo fare altra pace con i nostri heretici che di ricevergli, quando vogliono tornare nostri in lutto, poiche noi non possiamo niente in materia fidei nec cultus cedere, ma solamente per rappresentare il stato loro; resto di V. Sig.

l'affezzionatissimo
Ernesto prencipe d'Assia.

4. Johann Friedrich, Herzog zu Braunschweig und Lüneburg, an Valerio Maccioni in Kopenhagen, dat. Venedig, 27. Juni 1664.

Molto ill^{mo} sig^{r}, Riceuo particolar consolatione ch'ella si sia stabilita costà in cotesta corte, doue ha parti singolari per riuscire e per farsi grata singolarmente, et io non le mancherò mai della mia partialità et affetto. Mi tenghi auuisata (come è nostro concerto) de suoi buoni progressi e massime nell'affare, stimando io, ch'ella non riuscira ne fredda ne troppo ardente; poiche tale è la speranza ch'io nudrisco della cordialità sua uerso la mia persona; e confido che l'espettatione hauerà giusto metodo con le operationi sue, delle quali attenderò il frutto per applaudirlo con augumento [sic] di affetto; le uaglia questo in auuiso, non ecitandola con altro sprone, e qui resto etc.

4a. Valerio Maccioni an Herzog Johann Friedrich, dat. Kopenhagen, 19. Juli 1664.

Non posso far di meno (come ministro oltramarino di V. A. in queste parti del settentrione, per usar la frase del Sigr Residente di Francia), anzi non mi posso ritenere in modo alcuno di non pigliar la penna e descriuerli un'atto di trappolino in comedia successo trà doi ministri in Corte Regia, cioè trà la grauità Catoniana e 'l feruore Gallicano, voglio dire frà il Sigr Residente Courtin e 'l Gran Tesoriere, grand' Hannibale del nort. Erano questi doi personaggi in un discorso di negotio in anticamera reale nell' angolo dell' ultima fenestra, presente il segrio Birmann, Annibale Minore negl' affari, come creatura del do Eccmo, al di cui cenno fà tutto, et in progresso di discorso con ciglio inarcato dà gran ministro parlaua il sigr Tresoriere, e desideraua, ch'ai suoi sensi s'informasse il sigr Courtin; mà questo con la sua sincerità innata disse il suo parere dà huomo dà bene tutto all' oposito di quello, che il sigr Zestett haueua detto, per il che si uidde qualche ferueuza et alteratione di S. Eccza, che uoleua mantenere la sua opinione e giuditio, di cui credeua l'applauso e l'approbatione del Sigr Residente Courtin; quale accorgendosi, che S. Eccza lo voleua far comparir lui dà residentuccio ordinario, come poco prattico degl'affari publici, graui e di consideratione, rispose con grauità dà Sorbonista con le parole, e con furia franzese col gesto della mano, che per comprobatione del suo detto battè sù la fenestra, dicendo: la mia opinione sarà sempre tale! Io non crederò già questo! questo non sarà mai! e per i negotij et interessi del mio Rè sono pronto fine à spargere il sangue, e tutto ciò non si deue interpretare al modo di V. E., perche io solo sono quà ministro publico del mio Rè! Il che sentendo S. Eccza (ecco la triuellinada) rispose dopò l'atto del batter alla fenestra del Sigr Courtin e disse (mutando dà trappolino il discorso): Così si fà sigr Residente in casa del Rè? questo è il rispetto, che si porta alla casa Reale? battere così sù le fenestre Regie? I muri stessi insensati possono sententiare ciò per mal fatto! o là che modo è questo? Il sigr Residente Courtin con la sua disinuoltura solita rispose con placidezza, s'il batter leggiermente la mano sù la fenestra per comprobatione e per gesto di quello, che si dice, s'interpreta così male da V. E., non sò che fare! pure se hauro fatto male, sono prontissimo alla penitenza et à quelle sodisfattioni, che vorrà S. Mtà.

Mutò in tal maniera il discorso S. E., perchè uidde realmente, che il sigr Courtin non voleua esser tenuto per un residentuccio d'una città Anseatica ò per persona di poco talento. Il sigr Residente mi mandò subito à chiamar à sua casa e mi raccontò il tutto, acciòche subito rapresentassi l'euento al Rè per preuenire per sua cautela e per uedere, s'il Rè realmente pigliasse quell'atto di battere così sù la fenestra per poco rispettoso ò per mal fatto.

Non caminai, mà volai al palazzo reale (così faccio per tutti i miei proni et amici all'occorenze) e subito andai à introuar il Rè e li raccontai il successo e lo rapresentai in atto di comedia ancor io, per commouere più tosto S. Mtà all'atto di ridere che di apprender l'atto per mal fatto.

E così realmente successe, poiche S. Mtà rispose Ah! ah! ah! passeggiando con la mano mouente à suo modo, e mi disse: hoc quidem est mirabile, ah! ah! ah! Dominus Courtin male non egit, quoniam, ubi non fuit voluntas peccandi, non est peccatum.

E così poco dopò partitomi dalla corte ritornai subito al sig^r^ Courtin e lo rallegrai con simile nouella, dicendoli, che haueno preuenuto, e che S. M^tà^ rise di core della triuellinada e mi rispose: doue non concorre la volontà, non u' è peccato.

Da quell giorno in quà questi doi ministri non si sono mai più parlato insieme, anzi il sig^r^ Courtin resta ancor'egli in grauità Catoniana; si salutano però ambidoi con garbo, mà ogn'uno bada à far i fatti suoi. Questa ancora è una causa, ch'il sig^r^ Courtin non si fida ancora del sig^rio^ Birman, perche è il piccolo Annibale, mentre è carne e pelle con S. E.; onde his positis io sono il torcimanno al Rè per il sig^r^ Courtin, e lo seruo con gratia e con pontualità in quello che m'impone con ogni secretezza, contro l'opinione di molti, che tengono i suoi seruitori e parziali per trombe dello Spirito Santo, come V. A. fà gratia (per così dire in applauso del Suo Sereniss^mo^ concetto) di tener per tale il caualier dell'Ardente Croce, innocentemente priuato dà Monsieur Cheureau del titolo di Caualliere, che pure li costò frà 'l priuilegio et il donatiuo ongari trenta, e di più priuato ancora (come hò sritto nell' altra mia) del titolo di Gentilhuomo di Corte del Serenissimo Prencipe Gio. Federico, protettore dei caualliere e dell'Ardente Croce, che è più conspicua d'esser appesa alla catenella d'oro di S. A. che per i caratteri dell' alpha et omega de Greci Comneni, Flauij è Paleologhi, che sono stati Gran Mastri dell' ordine Constantiniano di S. Giorgio; et hora dura ancora (mà non col primo splendore per la perdita et usurpatione delle commende godute dagl' Ottomani) nella persona del Sig^r^ Conte Angelo Maria Flauio-Comneno, angelo per la bontà de costumi e vecchio innocente per la sua innata sincerità e bontà di vita.

Hieri solamente incominciai à negotiare per D^a^ Elisabetta Dorothea, e vennero à proposito le lettere replicate dalla med^ma^ in forma di memoriale alle loro M. M^tà^, direttemi dà Monsig^r^ nuntio Gallio; e con queste mi vennero anche congiunte quelle al Sig^r^ Thresorier Zestett; quale hauendole lette mi rispose: mia moglie ama tanto questa sorella che niente più, e quello, che faranno l'altre, farà ella ancora. Le loro M. M^tà^ inclinano a fauorire la causa con qualche compositione, mà mi soggiunge poi il Rè dicendomi: ex nihilo nihil fit, mentre le altre sorelle hanno dissipato il tutto, onde frà la speranza et il timore non sò che dire ne che pensare; però se V. A., seruiendo à S. M. la Regina, si compiacesse di repetere una meza linea di raccomandatione, non sarebbe fuor di proposito, però col debito rispetto mi rimetto sempre al prudentissimo giuditio di V. A., che giudica meglio nel dormire che io nel vegliare.

Credo poi, che le saranno capitate l'altre mie lettere scritte sì dà Coppenaghen come dà Fridrisburgo, delle quali tutte non uedo per anco risposta alcuna, onde per andar regolatamente in ciò per quelle poche volte, che scriuerò in Italia per non importunar V. A., prego il Sig^r^ Agente Massi, mio amico, à volermi sempre accusar le mie con la data precisamente per potermi quietare e non far' altri giuditij, che siano perdite ò che non siano capitate; la bontà di V. A. permettrà questo, e la diligenza del mio Sig^r^ Massi me lo fà sperare.

Monsieur Scienchell Gentilhuomo di camera di S. A. Reale hà dimandato in gratia à Monsieur Grott à non voler scherzar tanto liberamente con Mademoiselle Carisius, perche egli pretende di addimandarla per sposa.

Non metto le raccomandationi di Monsr Courtin, perche egli med[mo] scriue, ma bensi di Madama sua Consorte, che riuerisce humilemente V. A., et io resto al solito

Copp[n] li 19 luglio 1664.

di V. A. Ser[ma]
humil[mo] den[mo] et oblig[mo] ser[re]
Valerio Maccioni canall[re].

5. Herzog Johann Friedrich an Valerio Maccioni in Kopenhagen, dat. Venedig, 8. Aug. 1664.

Con questa sua in data delli 15 del passato riceuo molto accetta la relatione del viaggio di Fridriburgh con l'auuenimento del ballo instituito da lei nelle selue, trà le quali m'immagino che la ciuiltà del mio sig[r] caualiere, adornata con inuentione, hauerà campeggiato mirabilmente. Dò lode al sig[r] Zestett; non ha lui derogata nel ballo parte alcuna della grauità; interuiene in questo singolarmente il decoro; e ui spiccha tal uolta più del brio giouanile la venustà; seruale di ricordo; l'honore non è sempre di chi più salta, mà spesso più di chi per aggradire si esalta. Mi rallegro che V. S. si uesta così spesso dell'abito supposito di Prencipessa Reale, e che con esso habbia intercetta la gratia per lo mastro di cappella, qual doura conoscere, che con nuoua prerogatiua la croce del sig[r] caualiere è di redentione. Il sig[r] Courtin ha troppo partialità per me, mentre uuole di uantaggio notificare alla M[tà] Christianissima la mia deuotione. Io non haurei giudicato il carattere di quella mia lettera degno della lettura di S. M[tà], se non in quella parte sola, che contiene quello che ho espresso del di lui merito. V. S. lo ringratij per parte mia; renda ancora i saluti et i ringratiamenti alla sig[ra] Residente sua consorte, e le piaccia d'insinuarmi all'uno et all'altra, non men pronto che affettionato. Non mancherò io di estender quà la buona osseruanza di V. S. al Sig[r] Prencipe mio fratello et alla sig[ra] Prencipessa[1]) mia cognata, si come ho fatto in auertire Monsr Ceurò et il Massi, che pienamente mettino in mansione il titolo, l'ordine e la croce di V. S. per sodisfarla, come è di douere, edificandomi il di lei giusto risentimento; perche ha ragione; non lascerò di registrarle qui la risposta datami dall' istesso Massi, che è questa: Se il sig[r] Caualier Maccioni pretende tanto con il titolo del caualierato Costantinopolitano, vedremo un giorno, che cosa saprà mai presumere con quello del vescouato cattolico; se la mitrà le darà tanto d'alterigia, quanto le somministra hora la croce, dirò, che è male ambito per lui questo pascolo di Giesù Christo, che gl'andiamo ucellando. Del resto io lascio che il Massi istesso la sodisfi per tutto quello che deue, e che la quieti, poich'ella lo merita e lui deue.

Le impongo poi particolarmente che alla Maestà del Rè mio cognato et alla Maestà della Regina mia sorella et alla Casa Reale faccia memore la mia osseruanza. Priego a lei da nostro Sig[re] Iddio ogni magg. contentezza.

---

1) Ernst August und Sophie.

6. Herzog Johann Friedrich an Maccioni in Kopenhagen, dat. Venedig, 22. Aug. 1664.

. . . Quanto alla risposta delle presenti (lettere), mi stringo a significarle che mi sodisfano e per gl'occidenti che mi ragnaglia, e per quello ch'io ne raccolgo del perfetto stato di cotesta regia, doue, se le Maestà esercitano verso di lei la predilettione, ella all'incontro retribuisse cose d'ingegno, quali godo che faccia apparire; ma che risguardi però ella la moderatezza, tante e tante uolte desiderata in lei, e per freno e per materia necessaria alla lode ch'ella tanto desidera a proprio merito . . .

7. Herzog Johann Friedrich an Maccioni in Kopenhagen, dat. Rom, 1. Nov. 1664.

. . . Per l'antecedente a questa hauerà inteso, quanto si è operato per lei, e con l'appoggio che gl'ho stabilito dell' Eminent^{mo} Sig^{r} Card^{le} Barberino, stimo hauerà lei l'adito aperto per portarsi alla degnità che desidera, e che io stesso bramo portarla per questo mezo, hauendo a cuore il suo solleuamento in premio della bontà sua et del suo merito. Me ne dimostri per le prime sue il suo sentimento, e per questa parte non potra mancarle, quanto fin hora si è stabilito. Vedo che V. S. è ardente nel negotio di Colonia . . .

Postscriptum: Deuo dirle che le fatiche sue stampate dirette al seruitio d'Iddio fanno hora l'effetto loro; sono peruenute alla notitia di Monsr Nini, maggiorduomo di N. S., e le ha lodate; et anco le ho fatte peruenire in mano all' Eminent^{mo} Barberino, acciòche s'imprima, come desidero, per tutti quegli impulsi ch'io riceuo dal desiderio che ho del suo bene . . . .

8. Maccioni an Herzog Johann Friedrich, dat. (Nov. 1664).

Sereniss^{mo} Sig^{re} mio, Sig^{re} et Pron^{e} Col^{mo}.

Finalmente mi giungono i Caratteri desiderati di V. A. pieni d'affetto e d'effetti, mentre al bel principio vedo quello, che ella ha oprato à mio prò apresso il Sig^{r} Cardinal Barberini, et io tanto più ne resto obligato à V. A., quanto che conoscendo il mio demerito mi humilio e resto confuso per gratie non meritate. Mà con ogni ingenuità non posso far di meno di rappresentare à V. A., che il mezo premeditato di Parocho d'Anime, espressomi nell' humanissima sua, è totalmente contrario al mio genio; e l'uffitio di questo essendo d'assister à i moribondi, raccomandarli l'anima, levarsi di notte dal letto, correndo quà e là per administrare i sacramenti etc., in somma esser servitore di tutti i fedeli di quella cura, è un negotio, al quale mai mai vi hò inclinato; et se havessi voluto esser arciprete di S. Christina nel vescovato di Rimini (et è pieve poco disposta dalla mia patria), sarei stato eletto ne' i primi anni del mio sacerdotio, essendoche quel buon arciprete, amiciss^{mo} del mio buon vecchio di b. m^{a}, si era lasciato intendere di volermela rinuntiare; mà in fatti non hò mai havuta tal'inclinatione, è 'l med^{mo} mio padre mi disconsigliava sempre, sapendo l'humor mio et il mio genio. Dunque his positis questa è una via spinosa per ascendere al pastorale. V. A. però mi può far'un obiettione e dirmi, che l'esser vescovo è la med^ma cosa che esser pastore d'anime, curato e parocho, »cum haec omnia officia et munera includantur in episcopo.« Mà à ciò rispondo, che il vescovo fà il tutto per i vicarii e delegati e substituti, bastando che egli »verbo et exemplo bonae vitae edificet fideles«, e con decreti, con gl'ordini buoni e constitutioni sinodali (che ogn' anno si rinovano e si confermano nella dioecese) mantenghi la disciplina ecclesiastica et assegni partori vigilanti al gregge commessoli; gl'altri uffitii poi di tener l'ordinationi ne' i quattro tempi dell' anno, tener cappella, cellebrar messi si sollenni come festive, far l'oglio santo, consecrar tempii, cresimare, assistere à i vespri, visitar conventi di monache e chiese parochiali etc. non sono di gran soggettione al vescovo, mà sono compatibili e sono di mio genio; onde V. A. consideri, che se io applicassi al soprad° impiego in Roma, non animarei alli doi anni, che alzarei le gambe al sole e andarebbero à monte le speranze della mitra et del baculo, non essendo avezzo alle fatiche parocchiali, come i chierici assistenti e servienti alle chiese matrice, che à poco à poco ascendono al grado di piovano, essendoche à questi tali »non fit passio, et si fit, non fit tanta ab assuetis.« Io pertanto non essendomi mai assuefatto à ciò ne ordinato al sacerdotio ad titulum beneficii vel capellae (come i poveri preti), mà ad titulum mei patrimonii assignati a meo patre, non durarei mai in tal carica di fatica personale e mutatione subitanea della mia natura gioviale nella gravità del pievan' arlotto, e morirei à capo all' anno, vedendomi così sepolto. Se non vi fossero altri modi et altre vie per ascender al vescovato, bisognarebbe veramente bere questo calice ò crepare; ma essendovene tant' altre, perche della mia cattiva sorte mi vien proposta una totalmente contraria al mio genio et alla mia complessione, è possibile, che V. A. col suo Sereniss^mo intelletto non habbi prevista la morte del suo servitore, se applicasse prima à un tal impiego avanti la sua promotione?

Eh, Serenissimo Padrone, Roma non hà bisogno in una delle sue parocchie della mia persona, perche è tanto ben accivita de soggetti eminenti e tanto ben fondata nella fede catholica, che sarebbe pazzia portar l'acqua al mare, onde io non so' vedere, che merito potrei io acquistar apresso la Santa Sede in far il parochiano in Roma! Molto più, e di gran lunga da' i zelanti della fede catolica si considera per opera molto pia aiutar i poveri fedeli catolici in queste parti heretiche sotto la protettione e patrocinio di qualche prencipe (come la fortuna m'hà favorito in questo, mentre godo il carattere di servitore di V. A. Ser^ma), confirmar, dico, questi, e pian piano impiacevolir gl'altri, per levarli à poco à poco dalle tenebre dell' heresia e ridurli al vero lume della fede catholica, sicome spero con l'aiuto del Sig^r Iddio (sine quo nihil est in homine) d'haver hormai ridotto alla cognitione della verità un' amico mio Lutherano, e credo di farlo abiurare quanto p^o. Se tali carità et offitii caritativi verso il prossimo errante nelle tenebre di Luthero no fà strada al nostro intento, potiamo dire Bona notte. Oltre ciò V. A. deve anco tener per fermo, che mai lasciarei il posto di suo servitore attuale per esser arciprete, parocho o pievano in Roma con cura d'anime, bastandomi la cura di quelle della corte di V. A. (come suo capellano secreto) e dell' altre »per transennam« nella Sassonia inferiore, nella Danimarca et anco in Suetia, come amplamente mi hà concesso Monsig^r Nuntio Gallio con facoltà d'assolvere i fedeli da' tutte l'enormità, eccessi, peccati e scomuniche anche riservate in bulla Caenae Domini, passando ò dimorando in questi doi regni e in tutto il ducato di Brunsuic e Luneburg, havendomi ampliata l'autorità di già datami, con havermi inviata la 2ª facoltà veramente amplissima à pro delli fedeli si peregrini come dimoranti in queste parti. Perche il Sig^r Francesco mio amico, sapendo molto bene il mio humore et il mio genio, no hà piu tosto ricordato à V. A. di farmi haver un' canonicato in Roma, ò di S. Maria Maggiore ò di S. Paolo o di S. Lorenzo extra muros ò simili, in occasione di vacanza per obitum, ò per promotione d'uno di questi à qualche vescovado? Come fù fatto anni sono per mezo del Sig^r cardinal Franc° Barberini Monsig^r Marcellini, vescovo di Cesena, vicino al mio paese, essendo prima canonico d'una delle soprad^e chiese; e questo sarebbe stato un rigiro d'importanza e d'utile e d'honorevolezza con la simplice residenza in choro senz'altro intrigo di cura d'anime; mà quello, che non si è fatto, vi sara anco tempo di fare, mentre all'efficacia delle raccomandationi di V. A. il Sig^r cardinal Barberini è pronto à favorire et à promovere un servitore attuale di V. A. tanto amata e stimata dà S. Eminenza. Oltre i canonicati vi sono in Roma mille ufficii per accomodar honorevolm^te un galant'huomo, acciò si facci strada »ad meliora et ad altiora«, e perciò tanto più mi meraviglio, quanto che vedo, ch'il Sig^r Francesco, prattico della corte di Roma, hà questa volta trascurato il vantaggio del suo amico con non ricordare à V. A. quello, che sarebbe stato proprio al mio talento et al mio genio, essendo l'istessa cosa per incaminarmi al vescovado, al Sig^r cardinal Barberini il promovermi à un canonicato, quanto ad una parocchia. Dico esser cosa facile à qualche canonicato ò ad altro uffitio in Roma, perche ultimam^te è stato fatto secretario della cifra Monsig^r Vecchia di corte di Monsig^r vescovo Gallio, nuntio di Colonia, dove si tratteneva al suo attual servitio, e partito per Roma pigliarà quanto prima il possesso della sua carica; questi sono boni impieghi in Roma con honore e con decoro senza far il pievano e'l bacchettone sempre con la stola al collo per essorcizare, per confessare, per benedire l'ova di pasqua e per raccomandar l'anima à moribondi etc. Io non sono nato per questo, e se credessi di diventar papa, non lasciarò mai V. A. per esser pievano di Roma, per farmi strada al pontificato. »Cura animarum hoc modo est onerosa atque sollicita custodia.« Il Sig^r D. Michele Columera perche non hà mai applicato à simili impieghi? e pure quando era in Venetia, poteva facilm^te haver su'l Padovano qualche arcipretura ò cura d'anime, e anche in Roma piu facilm^te, e pure mai v'hà applicato, perche? »Quia non omnes habent hoc donum et debitam patientiam in munere parochi«. Ma più tosto applicò ad esser Rettore del Collegio de Propaganda fide. Molti adunque sono gl'ufficii in Roma, e d'alquanti ne dispone il medemo cardinal viceccancelliere, che è hora il cardinal Barberini, come v. g. secretarii Apostolici, scrittori de Brevi, archivista, scrittori di Penitentiaria etc. Il cardinal Datario tiene un sottodatario, che vien eletto dal Papa, e la vacanza di questo avvienne spesso, perche quando vaca qualche cosa di buono, egli è eletto, e si fà la promotione di un'altro sottodatario; al che prima aspirava il d° Monsig^r Vecchia, servitor attuale in Colonia apresso il nuntio apostolico, mà fù prevenuto da'un altro.

1. Vi è il secretariato della Congregatione de bono regimine, e questo ancora vaca spesso! 2. Vi sono ancora alquanti segretarii della Congregatione dei negotii concistoriali etc. 3. Vi sono ancora i consultori della Congregatione del S. Officio dell' inquisitione, quali devono essere ò theologi ò prelati. 4. Vi è il custode della bibliotheca Vaticana, che fù già Monsig^r

Luca Holstenio, e questo ancora è uffitio decoroso. A certe simili cariche overo canonicati potrebbe S. Emin[za] (giàche è pronto à favorire) promovermi, et all'hora applicarei per far il noviziato per ascendere al vescovado. Potrà dunque V. A. tuttociò rappresentare a S. E. laconicam[te] in voce ò per lettere dirette à S. Em[za] ò privatam[te] dal Sig[r] Massi al Sig[r] Sestilio, mastro di camera di S. E., acciòche non si tronchi il filo alle mie speranze, mà si prosegui il favore in altra forma e in altro impiego senza cura d'anime. E se un Luca Olstenio di b. m. et un Columera theologi e di dottrina e di costumi non applicarono alla cura personale di parocho d'anime, tanto più devo io, che sono theologastro apresso questi, non mettermi in un ballo, dove non potrei durare senza porvi la pelle.

Dunque il Sig[r] cardinal Barberini potrebbe promovere ad un vescovado uno dei soprad[i] canonici ò officiali et in luogo di questi collocar mè. Chà [sic!] ohimé, dove lasciarei il mio serenissimo Padrone?

Pretenderei all'hora (venendo il caso) di obedire à V. A. e non abusare i favori di S. Em[za], restandomi scolpita nel core l'imagine di V. A., che adoro, riverisco et amo come nume di benificenza; sia fatto la volontà di Dio, nelle di cui mani pongo ogni mia speranza. Intanto resto servitor attuale di V. A.; e non mai partirò dal suo sereniss[mo] servitio, se non sarà per obedire i cenni di V. A., che è mio protettore e benefattore, angelo custode e nume tutelare.

Hò rappresentato à Monsieur Grott la bona gratia di V. A. e la dispositione ch'haveva in ricondurre in Alemagna il suo fratello, se fosse ritornato dà Parigi. Il med[mo] mi dà la quì ingiunta [fehlt] per V. A. e se li conferma servitor e suddito fideliss[mo].

Questi Sig[ri] fratelli Parsberg fanno à gara d'esser servitori di V. A., onde il Sig[r] Enualdo vedendo, ch'il Sig[r] Christoforo havea scritto à V. A., egli ancora non hà voluto mancare di testimoniar i suoi ossequii in carta, sicome vedrà dalla presente.

Al Sig[r] Massi non scrivo, perche di vantaggio hò scritto hora a V. A., che si compiacerà di legger la presente al d[o] Sig[r] Franc[co] ò pure essendo in viaggio mandarglela per la posta, acciò scrivendo egli al Sig[r] Sestilio, mastro di camera di S. Em[za], sappi i miei pensieri et i miei fondamenti; con che resto di V. A. S.

humil[mo] dev[mo] et oblig[mo] servitore.
Valerio Maccioni. C.

Postscriptum am Rande: Il ser[mo] Principe Reale riverisce di core V. A. Ser[ma].

9. Johann Friedrich an Maccioni in Kopenhagen, dat. Venedig, 29. Nov. 1664.

Tornato di Roma in Venetia, doue arriuai quattro giorni sono, riceuo l'ultima di V. S., alla quale et alle antecedenti sodisfaro con questa, già che nelle med[me] non ui è sogetto che mi uogli a speciale risposta. Attendo di sentire, quale sia il suo animo intorno a quello che le accenai essersi sperato per lei in Roma. Le cose stanno a quel segno che fù stimato il migliore per farle conseguire la dignità che desidera. Rifletta ella tuttauia al particolare et alle circonstanze accennate e mi auuisi; dandole io parte intanto, come il suo libro è stato grandemente stimato dal Padre Oliua

Generale della Comp^a di Giesù, il che può rileuare molto al fine proposto; e da questo potrà V. S. scorgere che non si è tralasciato alcun modo per quoadiuuarle[1]) nel modo ch'io ho particolarm^te desiderato per lo suo auuanzamento, gloriandomi fin qui e sperando, ch'ella dal canto suo si accingerà all'impresa dell' esame con valore titano. Ma quello che più importa, è il douer prender l'aria di Roma, che è la più critica, e doue trà le finezze si squadrano li morigerati e si ristampano li Catoni; sospettando io qualche poco, che agl'abiti caualereschi ripugneranno quelli de cinici theologici; ma l'abito che non fà il monaco, dourà far, che in Valerio si produca un vescouo. Pensi V. S. al detto abito e pensi, che chi deue sposarsi della chiesa, deue tralasciare di sposarsi colle proprie oppinioni; che chi resta inuestito de beni ecclesiastici, deue inuestirsi ancora della santa humiltà euangelica. Quando hauero inteso il suo sentimento intorno all' abracciar l'occasione proposta, al'hora io le scriuerò, quando opportunamente dourà fare . . . .

Postscriptum: Non tralascio di dirle, che licentiandomi nell' ultima visita dal Sig^r card^le Barberino mi domandò: quando uerrà il caualiere di S. Marino? e le risposi, che presto l'haurei inuiato a S. E. sotto la sua direttione; ella è desiderata con simile preludio.

10. Valerio Maccioni an Herzog Johann Friedrich, dat. Kopenhagen, 2. Dec. 1664.

Mi giungono i soliti fauori di V. A. con la sua humanissma del p^o Nouembre, e noto e scorgo sempre più l'ardenza e 'l calore, con cui V. A. hà operato in Roma à miei vantaggi; mà perche la bona volontà del Sig^r Cardinal Barberini s'estende per hora solamente alla cura d'anime, io ancora non mi stenderò à pretenderla ò à riceuerla, perche è peso improprio alle mie spalle, sicome prolissamente hò dimostrato à V. A. nell' ultime mie, alle quali mi rimetto per non tediarla di vantaggio, non restando perciò di restar eternamente obligato à V. A. con render anche le douute gratie al d^o Sig^r Cardinale, quale potrà bene fauorire con un poco di tempo in altro che in cure d'anime. Sento poi le vicende della patria e della prigionia in Pesaro del Frate, quale taccia ò parli, sarà la med^ma cosa, perche est extra iurisdictionem, e ragghij d'asino non arriuano in cielo; stupisco poi, che V. A. ammiri che ne'i gouerni misti e democratici ascendino al magistrato i più infimi del popolo, mentre anche nella gran republica Romana ascendeuano al consolato i Lentuli e i Pisoni, contadini e agricoltori celebri, il primo per saper ben seminare le lenticchie, e l'altro i piselli. Così la mia gran republica, sorella di Venetia, (al dir di quel satirico) oltre i gentilhomini e cittadini admette ancora i popolari (frà quali vi sono de contadini, pezecannoli, pesciuendoli, barilari, purche siano bene stanti e huomini dà bene), e ciò si fà per ritener l'antico ius della libertà di S. Marino, ubi prioribus temporibus bonitas et simplicitas praeualebant sine personarum acceptione, sicome V. A. potrà leggere nella breue relatione stampata à i lustri passati, raccopiata dal Tucci per mio curiosità d'ord^e di V. A. in Coppenaghen, doue fù comprata alla borsa del Sig^r Otto Grag, che fauorì darne copia.

1) = coadjuvarle.

Ma quicquid sit, nolo pugnare pro patria, perche odio più tosto quel terreno, doue il sangue innocente del buon vecchio grida ancor vendetta inanzi al cospetto di Dio e giustitia inanzi à i magistrati della terra; ma doue mi trasporta la passione?

Recedant vetera, noua sint omnia
Corda, voces et opera.

Dio bened° conserui V. A., mio prencipe, padrone, patria e padre; del resto mi rimetto tutto al voler del cielo.

Monsieur l'amb^r^ Terlon è partito questa mattina per mare alla volta di Suetia, e si è imbarcato alla chiesa dell'Olen in una galera picoola noua, venuta da Noruegia, accompagnata dà quantità di barchette ben adornate e con la gondola di Venetia di S. M. la Regina, salutato del canone si della fortezza come de i vascelli; et io con Sig^r^ nostro Residente Courtin nella med^ma^ galera habbiamo accompagnata S. Ecc^za^ fino alla fortezza, con che resto etc. etc.

Copp. li 2 Dec. 1664. V. M. C.

10ᵃ. Herzog Johann Friedrich an Maccioni in Kopenhagen, dat. Venedig, 5. Dec. 1664.

. . . M'immagino, che le sia giunta la mia, che le scrissi dò Roma in materia di quanto ho operato per lo suo uantaggio; e persuadendomi, ch'ella sia per abracciare il partito, se ciò sarà uero, per portarsi alla effetuatione, è necessario, che V. S. prenda il viaggio per portarsi à Cell, doue dourà attendermi; e giunti a riuederci, le darò gl'altri indrizzi [= indirizzi] per passare in Italia et a Roma, doue, stante l'esposto, la virtù sua et la sua bontà tronerà strade corispondetti [sic], che la guideranno sicura al porto. Io non dubito della risolutione sua ne dubito, che a l'intrapresa sia per interporsi alcuna dimora, perche io l'auerto, che una occasione, come l'accenata con le passate, di rado s'incontrarebbe con lunghezza di tempo e con incertezza di trouare precorsore si degno e tanto efficace, quanto è il sig^r^ card^le^ Barberino, che mi si è certamente esibito . . .

Mi piace poi di sentire, che à V. S. piaccia tanto la giouentù inglese cosi mascolina come feminina. In Roma però se ne ritroueranno pocchi sogetti, ed ella non hauera salze [sic, salse?] si saporite, perche la religione non permette, che se ne trouino. Poich'io son cattolico, bisogna, ch'io mi racomandi alli santi, e non trouando sogetto più esquisito, prelibato, raro, degno, caritateuole, generoso, magnanimo e benigno che lei, e che habbia più le orecchie delle loro M^tà^, la supplico humilm^te^ conseruarmi nella gratia delle loro Maestà, delli sig^ri^ Prencipe e Prencipessi Reali, li quali, ben che fossero bene intentionati per me, non potranno resistere alle sue melliflue, dolci, soaui e gentilissime espressioni e racomandationi, e qui le auguro dal cielo prosperità . . .

Adresse: Al molto illustrissimo signore, il signore caualiere Maccioni, gentilhuomo di nostra corte.

11. Herzog Johann Friedrich an Maccioni in Kopenhagen, dat. Celle, 14. Febr. 1665.

Sento con godimento inesplicabile le buone nuoue della Maestà Loro e di tutta la Real Casa di Danimarca, e per riconpensarla in qualche forma di così lieto ragguaglio, le inuio qui alligata una orazione diuota, per che possa pascere il suo spirito sempre famelico delle contenplazioni supreme. La riceuo dal s^r principe langrauio Ernesto, et una delle due copie V. S. dourà conseguarla al Padre Mulman. Mi persuado ch'ella sara contenta di uedersi giungere le grazie celesti per mano de principi insino d'Italia, e con esse riconpensarà la poca sodisfazione di non poter ultimare il negocio, per cui si trasferò in cotessa reggia; io per mi riconoscendolo per affare tutto ecclesiastico son di parere di non trattarlo con i miei ufficij secolari, onde assolutamente ne lasciarò a V. S. tutta la cura per non scemarle la gloria d'hauerlo sola ultimato. Le porto le solite sicurezze della mia cordial uolontà . . .

12. Herzog Johann Friedrich an Maccioni in Kopenhagen, dat. Celle, 28. März 1665.

La morte che segui trè giorni sono del sig^r duca Cristian Lodouico, mio fratello, ha dato luogo a me di succedere a questi stati, ch'egli godeua. Lo stesso accidente mi fà desiderar tanto più di hauer V. S. appresso di me, onde gle lo significo, acciòche possa senza strepito godere la prima opportunità di uiaggio a questa uolta, con buona grazia di cotesse Reali Maestà. A conciliarglela concorreranno le mie preghiere in questo dispaccio a Sua Maestà la Regina, onde a V. S. non restarà che il uenire et a mè di bramarle prosperità di uiaggio.

13. Maccioni an Herzog Johann Friedrich, dat. Kopenhagen, 4. April 1665.

Chi nasce, è sottoposto alla morte: però bisogna consolarsi e tollerar gl'accidenti di questa vita come preueduti, non come inaspettati. Porto à V. A. con la presente il mio amaro sentimento nella morte del Sig^r Duca Christiano Lodouico, più per dichiaratione della mia osseruanza che per sollieuo delle sue mestitie. Dall' altra parte poi mi rallegro uedendo coronata la patienza del mio serenissimo P^rone, che asceso al solio ducale saprà far conoscere col giudizio, con la prudenza e col consiglio, quanto vagli à prò de suoi sudditi e de suoi seruitori.

Io questa mattina di buon hora hò hauuto l'honore di dare il primo la nouella à S. M. la Regina del felice possesso ottenuto dà V. A. di cotesto ducato e di tutte le fortezze. Non posso esprimere il giubilo, che S. M^tà haueua, e si lagnaua della tardanza della lettera di V. A., che significa il Sig^r Grott à Monsieur de Courtin d'hauer ella scritto à S. M^tà, credendosi che Monsieur Jacob la portarà personalmente. Poco dopò è uenuto il Rè solo in anticamera della Regina, e uedendomi subito con faccia gioconda e con un foglio in mano si mise à rider, dicendo: ah! ah! princeps noster Joannes Fridericus iam possidet urbem et arces; beati possidentes!

In somma tutta la casa Reale, la corte e tutti i Danesi applaudano di core all'esaltatione del mio Serenissimo Prone.

Il mio core era presago, mentre mesi sono ricusai le cure Romane con stupore di V. A. e di tutti i miei amici, per non abbandonare il mio riuerito Prencipe. Optata igitur uenit dies, exultemus et laetemur in ea.

Il sigr Residente de Courtin scriue hoggi à Parigi à S. Mtà Christma in bona forma, acciòche se vi fosse quale bell'humore, che volesse disturbare tal possessione, sappi (oltre molti altri prencipi dell'Imperio fauoreuoli à V. A.) che tentarebbe un' impossibile. Mà i più sensati tengono, che non si mouerà tal pedina, ò pure se si mouesse in qualche parte, s'agiustarà il tutto con l'esborso di qualche danaro.

Io stò hora frà le spine, per esser lontano dalle sue glorie. Voleuo uno di questi giorni partire per Hamburgo, mà S. M. la Regina mi disse: E bene aspettar l'ordine del vostro Prone, e col gentilhomo, che verrà à questa volta mandato dà Cell, voi potrete commodamente ritornare col medemo in Alemagna. Di gratia Serenissimo Prone ordini presto la mia partenza, perche altrimentri io partisco. Con che resto augurandole ogni felicità, e mi confermo per tempo

di V. A. Serma

humilmo deumo et obligmo sre
Valerio Maccioni Canre.

Postscriptum: Il buon P. Mulman riuerisce V. A. con ogni.

13a. Maccioni an Herzog Johann Friedrich, dat. Kopenhagen, 2. Mai 1665.

Serenissmo Sigr mio, Sigr e Prone Colmo,

Il Sigr Gran Thesoriere, che fu frà i primi, che si sono congratulati con V. S., uedendo, ch'io per ancora dimoro in Coppenaghen per ordine di S. M. la Regina, mi ha insinuato, che di gratia invij per la posta la sua lettera, acciòche V. A. non riceua tanto tardi l'espressioni ossequiose della sua servitù, sicome faccio con la presente. Con tal occasione non manco di notificare à V. A. la stima, con cui questi SSri Ministri Regij hanno honorato l'Inuiato di V. A., e 'l medmo Gran Thesoriere è stato doi volte à visitarlo à casa, et me presente ne fece l'altr'hieri ottima commemoratione apresso le loro MMtà con dire, che era gentilhomo sodo, intelligente e discreto. Io poi hò fatto il Mastro di cerimonie d'introdurlo alle visite de ministri de prencipi, con i quali hò molta familiarità, cioè del Sigr Ambr Terlon, del Sigr Talbot, Inuiato straordinario d'Inghilterra, del Sigr de Courtin e del Sigr Residente di Suetia. Hieri prese licenza dalle loro MMtà e dà i quattro prencipali ministri, hoggi si andarà da qualchedun'altro conforme i ricordi del Sigr Speckan, e domani di buon hora partirà per Stockolm, per doue sarebbe stato bene, che di già fosse partito, perche le prime impressioni fanno assai, intendendosi, che di già l'Inuiato d'Hannover si sia partito dà Berlin per Suetia, come è auiso il Sigr Baron di Goes. Le loro impressioni però à quella corte non faranno tanta breccia, come forsi pensano i parteggiani d'Hannover, perche i buoni amici di V. A. et il suo seruitore non sono stati con le mani alla cintola, sicome V. A. uedrà in effetti al mio ritorno à Cell, quale sarà forsi con qualche Inuiato di S. Mtà, che pensa, se le cose uanno alla longa, di mandare per mediatore, e sarà facilmente il Sig^r Vicario d'Holsatia Alfeld ò 'l Sig^r maresciallo del regno ò ambidoi insieme. Io stò come l'ucello su'l arbore, stò per volare e pur non uolo! S. M^tà la Regina mi dice, ch'ella risponderà per la mia tardanza, causata da suoi commandi. Il Sig^r Inuiato ha hauuto per hora un bell'anello e parte allegro in veder, che le loro MM^tà hanno gradito la sua persona. Il Sig^r Amb^r Terlon m'impone à riuerir V. A., à cui inuiarà i suoi ossequij per lettere nel mio partire. S. E[?] hà raccomandato con efficacia l'affare di Monsr Cheureau al Rè di Francia ad'istanza di S. M^tà la Regina di Danimarca, onde io me ne rallegro seco e resto per sempre

di V. A. Ser^ma humil^mo deu^mo et oblig^mo ser^re

Valerio Maccioni Can^re.

14. Herzog Johann Friedrich an Maccioni, dat. Celle, 15. Juli 1665.

La buona compagnia ch'ella mi auuisa alle acque di Sant Blena, rende appresso di me assai giustificata la passione che ha di trattenersi in Danimarca per indurmi a darle licenza di trattercisi [sic] ancor un mese. Potra però V. S. prolongarui la sua dimora per lo tempo suditto con quiete e senza far altra riflessione alla licenza, che sento hauer ella già ottenuta di uenirsene [sic?!] a questa uolta, oue io la uidiò [sic!] più uolontieri, quando sarà con suo maggior gusto . . .

15. Johann Friedrich an Maccioni in Kopenhagen, dat. Celle, 9. Sept. 1665.

Hauendo io, quattre mese fà, raccolto dalle lettere di Sua M^tà la Regina, che V. S. hauesse supplicato La M^tà del Rè di Danimarca a uolerle intercedere da quello di Spagna l'habito e qualche commenda dell' ordine di San Jacomo, e che ne hauesse ottenuto l'offizio; facend' anch'io a gara con la medesima inclinazione, che hanno di beneficarla coteste persone reale, benche V. S. mi celasse il suo desiderio, pregai subito con lettere efficacissime al sig^r marchese Castel Rodrigo, gouernatore di Paesi Bassi, à uoler fauorir dà uero ne suoi dispacci alla Corte Cattolica il medesimo intento. C'inclinò benignamente Sua Ecc^za et hora mi scriue essersene ottenuta la grazia mediante gl'offizii Regij e le mie caldiss^e raccomandazioni. Lo porto dunque immed^te a notizia di V. S., sperando di preuenir l'auuiso, che rispetto alla distanza de'luoghi ne hauera la M^tà Sua.

Del mio godimento poi d'hauer cooperato con preghiere tanto opportune a così grand honoreuolezza e uantaggio di V. S. non u'è efficacia, che bassi ad esprimere la grandezza, massime riflettendo alla confusione, in cui la constituisco, facendole conoscere, quanto irragioneuole sia stata la diffidenza, ch'ella ha mostrata meco in tal'affare, e quanto ingiusto il pocco credito, in che ha tenuto i miei officij, mentre non gl'ha richiesti.

Non esprimo tutto ciò per esigere dà V. S. alcun obligo o ringraziamento, bastando per premio del ben oprare la contentezza della propria coscienza, e cedend'io al merito infinito della Real mediazione ogni riflesso, che in Spagna si fosse hauuto anche alle mie istanze, ma lo notifico solo, perch'ella sappia il mio giubilo d'hauerle giouato anche a sua repugnanza.

Del danaro che bisognarà per le spedizione, stimo anche ben fatto di darle cenno, perch'ella possa anticiparne la prouista dà se medesima, credendo io d'hauer fatto dal conto mio, quanto mi conueniua, mentre ho fatto più ch'ella med^a non uoleua.

Adesso posso dirle, che ben uedo l'intimo del suo cuore nella premura sua di quel tal matrimonio propostomi, e se bene ho celato sinquì d'ignorare la sua finezza, non lascio d'accenarle, che il motiuo di coadiuuar V. S. nel predetto interesse poteua forse indurmici, in esclusione di qualch' altro partito di contraria fattione prendere l'atto più degno di riguardi uerso la sua persona. Comunque ciò sia, son contentissimo del suo bene, ancorche possa risultare a mio pregiudizio, preuedendo che V. S. non vorrà gittare in questa mia corte, ma ostentarle solamente in cotessa Reggia. Chi se pure per tentazione di uana gloria volesse farne pompa anche quà, doue sarebbero più accetta, perche son rare e straniere; l'affido sù la publica e priuata fede per la pace già fatta d'ogni indubitata inuiolabil saluezza.

Non uenga con questo peccato, se uuol celebrare nel mio stato la messa, che ancora non hauemo qui sentita, perch'ella habbia la gloria memorabile d'esser stata la prima a benedire il luogo e le persone, e Nostro Sr Iddio le dia ogni bene.

16. Herzog Johann Friedrich an Maccioni in Kopenhagen, dat. Celle, 26. Sept. 1665.

Il ritorno di V. S. a questa corte mia sarebbe se non tardo, se non seguisse prima di quello del sig^r Grott, il quale non partirà per cotesta Reggia che nel mese sequente secondo l'ordine del vecchio stile. Se però V. S. desidera di ritrovarsi in Hannover a benedire la chiesa et a dir in essa la prima messa, il che pare a me douesse essere di sua gloria, non sarà se non opportuna la diligenza del suo ritorno, poiche se oltre l'hauer atteso sin'hora si procrastinasse ancor di vantaggio quest'uso sacro, minorarebbe il credito della riuerenza e del rispetto uerso la religione . . .

17. Herzog Johann Friedrich an Maccioni, dat. Celle, 29. Sept. 1665.

Se bene non mi giunge inprouiso, m'è non dimeno molto accetto il ragguaglio, che V. S. mi dà delle sue speranze auanzate nella corte cattolica e dell'ordine di San Jago, che la M^tà di quel Rè si è disposta di conferirle. Vorrei però, che a misura del mio giubilo per questo suo prossimo grado crescesse a V. S. l'utilità con l'onoreuolezza, e che dall'esser Caualiero al divenir Commendatore si fraponesse nessuna o poca distanza di tempo. Intanto V. S. si ricordi, che alcuna delle due croci, ch'ella haurà al petto, non sarà quella, che Iddio commanda di prendere a chi uuol seguirlo, e Sua Diuuina Maestà gle la conceda secondo il suo santo uolere.

18. Herzog Johann Friedrich an Maccioni, dat. Hannover, 15. Oct. 1665.

Il diletto, che V. S. prende nelle Regie villegiature di Dania, riesce d'incommodo alla corte ducale d'Hanouer, che attende da lei già gran tempo qualche aiuto spirituale. Incarico però il suo buon zelo di sodisfare quanto prima col suo ritorno a questa aspettazione, senza differirlo alla stagione più rigorosa . . .

19. Herzog Johann Friedrich an Maccioni, dat. Hannover, 25. Oct. 1665.

Quand'io credeuo di veder quì V. S., ne riceuo ancora oltre lettere da Coppenaghen, che mi danno gran merauiglia. Dei uantaggi suoi io tengo ogni premura, ma hauendo quì bisogno la mia corte di suoi aiuti, non può ella in coscienza differirli più oltre senza gran scrupulo, onde l'attenderò senza manco, quanto prima le sara possibile di venirsene . . .

20. Herzog Johann Friedrich an Maccioni in Celle, dat. Hannover, 12. Aug. 1666.

Significo a V. S. il mio saluo arriuo in Hannouer, perche il non hauercela trouata fà credermi, ch'ella supponesse più remoto il mio ritorno. Nel uenirsene però, ch'ella dourà far subito, desidero che prenda seco la pianta della chiesa da fabricarsi quà e dell'altra habitazione, di cui mi sono inteso col s[r] Lorenzo Bedogni. E come spero, ch'esso non lasciarà desiderarmi questi effetti del suo sapere e cortesia, così può V. S. all incontro assicurarlo, che non gli mancaranno quelli del mio douere in corrispondenza. Nostro Signore Iddio la conduca salua.

21. Maccioni an Papst (Alexander VII.), dat. (Winter 1666).

Sanct[me] et Beat[me] Pater,

Verbis haud facile assequi possum magnitudinem laetitiae, qua sum affectus perlecto V. S. diplomate, in quo non adumbrata signa, sed expressissima vestigia Paterni amoris erga me, V. B[nis] et S. Sedis Apostolicae servum humilem et obsequentissimum, exstabant, dum meritis licet imparibus ex speciali gratia ad prothonotariatus apostolici dignitatem extollere V. S[tas] dignata est. Idcirco ad pedes V. S[tis] prouolutus, humillimas quas debeo V. S[ti] gratias ago, Deum ter Optimum Maximum rogans, ut Eandem incolumem pro bono totius Ecclesiae diu seruet et muniat; ego interim paterno affectu pontificiisque monitis roboratus in nascente Brunsuico-Hanoverana Ecclesia pro viribus laborare non desistam, sicuti etiam per quinquennium in oris septentrionalibus, Ill[mi] et R[mi] Episcopi Marci Gallii olim Nuntii Apostolici debitis facultatibus munitus, secrete data occasione itinerum una cum Ser[mo] Principe, in terris hereticorum sacramenta fidelibus Catholicis ex munere sacerdotali et fraterna charitate administrare non erubui; hic vero crescente pusillo catholicorum grege (uti spero) crescet et evangelizzantium et coadiutorum numerus, sicuti S. Serenitas in auita Romano-Catholica fide feruens paulatim viros idoneos, pios, doctos huc illuc querere satagit; interim solemnioribus festiuitatibus Patres Soc. Jesu Collegii Hildesiensis (quos annuente S. Serenitate inuito et voco) habent concionem etc.

22. Herzog Johann Friedrich an Papst (Alexander VII.), dat. Hannover, 24. Febr. 1667.

Beatissime pater,

Tanta est Vestrae Beatitudinis erga nobiles eruditosque viros et de sancta ecclesia bene meritos humanitas atque munificentia, digna sane summo

Pontifice propensio et Vestrae Sanctitatis gloria, ut cum in ducatu Urbini Montis-Feltrii episcopatum vacare resciuerim, primum meum eleemosynarium et in ecclesiasticis consiliarium D. Valerium de Maccionis haud episcopali beneficio indignum Vestrae Beatitudini audeam proponere. Est ex eadem diœcesi oriundus, prothonotarius Apostolicus, Sedis Pontificiae honoris zelantissimus et eruditione, probitate morumque elegantia perspicuus. In Dania et in Germania per quinque annos magno cum zelo sacramenta administravit et tuendae propogandaeque fidei Catholicae omnia sua studia contulit. Ideoque eius pietate et meritis, maxime vero Vestrae Sanctitatis benevolentia et singulari munificentia motus, humillime et obnixe Vestram Beatitudinem rogo, ut eum hoc beneficio donare et episcopali dignitate decorare dignetur. Si ita Vestrae Beatitudini visum fuerit ac libuerit, ex ea gratia me summopere obligatum atque reuerentiae et gratitudinis strictissimis vinculis devinctum animum, quibus potero obsequiis, Vestrae Sanctitati semper exhibebo, quemadmodum a Reu^{mo} P. Generali societatis Jesu, P. Oliva, Vestrae Sanctitati prolixius exponetur. Interea cum debita submissione provolutus pedes Vestrae Beatitudinis exosculor et humiliter petens benedictionem Vestrae Sanctitatis, quam Deus rei christianae diu asservet, sum et ero semper cum omni zelo et veneratione

Vestrae Beatitudinis humillimus etc.

Dat. Hannoverae 24 Februarij 1667.

23. Hannoversche Denkschrift über das apostolische Vicariat, dat. (Januar 1667), betitelt: Breue informatione de motiui di S. A. S. per i quali desidera un vicario apostolico nelli suoi stati.

Il Serenissimo Prencipe Gio: Federico, duca di Brunsuic e Luneburg, essendo arrivata per la gratia di Dio alla souranità di trè ducati Calemberg, Gottinghen e Grubenaghen, non manca ancora come pio christiano di rederne gratie à S. D. M., e come zelante catholico uà procurando e cercando in varij luoghi operarij spirituali per la vigna del Signore, per poter à poco à poco piantarui quella fede più d'un secolo fà sbandita dà tali luoghi; e perche il consiglio politico di S. A. et le genti del paese sono tutti Lutherani (eccette poche famiglie nobili et alcuni cittadini, propolari e soldati), con i quali bisogna trattar delicatem^{te} in tali affari di religione, giudica meglio S. A. S. (si per consolatione delli soprad^{i} fedeli come della sua corte ducale, che è quasi tutta catholica) di hauer apreso di sè un uicario apostolico dipendente solam^{te} dà Monsig^{r} nunzio di Colonia per il buon ordine delle cose ecclesiastiche, per decoro della santa fede e per le funtioni pastorali nella chiesa ducale d'Hannouer, giàche per il trattato della pace di Munster è sospesa l'autorità de quei vescoui circonuicini, quali prima n'haueuano la giurisdittione diocesana e l'essercitio delle funtioni episcopali. S. A. pertanto per d^{a} causa e oltre raggioni di buon gouerno, per rispetto de vasalli e sudditi Lutherani non potendo admettere la giurisdittione de uescoui soprad^{i} ne de loro suffraganei, per non conciliarsi l'odio della nobilità et del popolo, desidera (come si è detto) d'hauer dalla Sta Sede un vicario apostolico con i debiti caratteri, e propone per tal carica il caualier Don Valerio Maccioni, prothonotario apostolico, suo consigliere e primier elemosinario ducale, che oltre l'integrità e bontà de costumi non solamente per cinque anni continui hà seruito S. A. nelle cose ecclesiastiche

in questi paesi della Bassa Sassonia, mà ancora in Danimarca coll administrar all'occasioni i sacramenti à quei poueri catholici dimoranti in d° parti in virtù delle facoltà concesseli da Monsig^r Gallio, all'hora nuntio di Colonia, seguendo ancora con le med° facoltà confirmate dal moderno nuntio Monsig^r Franciotti, d'essercitare con feruore e pietà i med^i ufficj ministeriali in questa noua chiesa nascente d'Hannouer, che per la Dio gratia uà pian piano crescendo per il zelo mirabile di S. A., che non manca di cercar e sciegliere predicatori nationali et altri sacerdoti inferiori per tal' edificio spirituale; però finche si aggiusti e si rimoderni la chiesa ducale e si edifichi il piccolo collegio annesso per li soprad^i sacerdoti e predicatori (che à prima vera si fabricarà), oltre un cappellano tedesco di corte si chiamano ancor per le feste solenni dell'anno e per la quadragesima alcuni padri Giesuiti della cità d'Hildesheim, quali ad un minimo cenno di S. A. S. sempre uengono à predicarui, alle cui dotte prediche alquanti Lutherani interuengono e partono sodisfatti. Iddio c'assisti con la sua s^ta gratia, acciòche con tali mezzi soprad^i à poco à poco si possi propagare in questi luoghi la santa fede catholica Romana conforme le pie intentioni di S. A. S. ad honor e gloria di Dio bened° e decoro della Sta Sede Apostolica. —
Ex mandato I. F. S.

24. Cardinal Barberini an Herzog Johann Friedrich, dat. Rom, 12. März 1667.

Con la lettera di V. A. de 20 di Gennaio pross° uedo il zelo, che li corre per il mag. seruitio di Dio e della religion cattolica, e che però resti stabilito costà con titolo di Vicario Apostolico il sig^r caualier Valerio Maccioni suo elemosiniero e consegl^re ecclesiastico; sopra che desideroso d'incontrare la sodisfattione di V. A. e di corrispondere a miei doueri non si manca della douuta diligenza, ben sapendo V. A., quanto io possa in questo essere interessato et ambitioso insieme di manifestare in tutti i rincontri la uera deuotione, che le professo . . .

25. Hannoversche Denkschrift über die dem apostolischen Vicar zu ertheilende Bischofswürde, dat. (Frühjahr 1667), betitelt: Raggioni e mottiui di S. A. S., per i quali si moue ad addimandare, che il vicario apostolico eletto de suoi stati sia fatto vescoue titolare.

Il Ser^mo Prencipe Gio: Federico, duca di Brunsuic et Luneburg, dopò hauer esposto nella sua breve informatione transmessa in Roma i motiui proprij, per i quali dimostraua la necessità d'hauer appresso di sè un vicario apostolico dipendente solamente da Monsr nuntio di Colonia per il buon ordine delle cose ecclesiastiche ne suoi stati, finalmente ottenne la gratia, e gl'ordinarii passati fu inuiato il breue papale, per il quale uiene eletto (conforme S. A. desideraua) il caualier D. Valerio Maccioni, prothonotario apostolico, suo elemosinario magg^re e consigliere.

La causa principale de sopra detti motiui di S. A. fù, che per il trattato della pace di Munster nei principati protestanti d'Alemagna essendo sospesa l'auttorità di quei vescoui catholici circonuicini, quali prima haueuano la giurisditione diocesana et l'essercitio delle funtioni episcopali, per queste et altre raggioni politiche di buon gouerno, per rispetto de sudditi

Lutherani il Ser^mo^ non poteua admettere la giurisditione de vescoui sopradetti ne de loro soffraganei nelli suoi stati ducali, per non conciliarsi l'odio della nobiltà et del popolo. E per che si è notato, che le facoltà vicariali sono alquanto ristrette e poco differenti da quelle che si danno alli missionarij apostolici, e che anco nelle sopra dette in qualche modo appare la dipendenza dà i vescoui circonuicini contro l'intentione del Ser^mo^, come particolarmente si vede nell' articolo XV. »quoad modum concedendi indulgentiam plenariam ter in anno de consensu episcoporum«: S. A. per leuar via ogni ostacolo, che potrebbe per lo più occorrere in queste et simili materie delicate, per star con l'animo in pace, auanti che accetti il detto breve con il foglio anesso delle facoltà vicariali, hà rissoluto di esporre tutto ciò breuemente alla Sacra Cong^ne^ de propaganda fide e di supplicar S. B^ne^ a creare uescouo titolare (e cosi cessarà ogni difficoltà) il sopra detto vicario apostolico suo elemosiniere, sempre però con la subordinatione à Monsr nuntio di Colonia, nel modo apunto che fù fatto quello delle Provincie unite; qual doppo che fù eletto vicario apostolico di esse, li fù anche dato il titolo d'arciuescouo Filippense, sempre però dipendente dal ministro apostolico di Fiandra, acciò che ornato di tal carattere potesse fare come officio d'ordinario nelle dette Provincie per maggior ordine delle cose ecclesiastiche, per rispetto e veneratione alla S^a^ Sede, che ne paesi ampli d'heretici ò infideli, habitati da catholici (doue non ui sono ne si possono introdurre i uescoui proprij di prima), sempre è stata solita eleggere vicarij apostolici e crearli uescoui titolari per la direttione del clero, per l'ordinationi, ogli santi, confirmationi, consecrationi de tempij et altari, in somma per consolatione di tutti quei fedeli dispersi per tali luoghi, doue s'hà l'essercitio catholico publico ò privato, e per bene di tutti quelli che con l'aiuto di Dio uengono al grembo della s^ta^ chiesa. Si spera, che S. Sta come zelante pastore riflettendo alli motivi fondati di S. A. concederà benignamente la gratia perfetta.

E se in Alemagna ne luoghi catholici (doue non ui sarebbe tanto di bisogno) i vicarij generali de uescoui per lo più sono uescoui titolari, per essercitar nella diocese le funtioni episcopali in luogo de loro prelati, e tant'altri titolari in Italia per cariche et ufficij di minor importanza, tanto più per negotio graue di religione nelli stati ampli del sopra detto Ser^mo^ duca Gio: Federico, doue per le cause esposte et altri rispetti di buon gouerno non si possono introdurre i uescoui diocesani ne anco li loro suffraganei, si giudica omninamente necessario, ch'il vicario apostolico sia creato e consecrato uescouo titolare in partibus, per far le funtioni proprie, come di sopra si è esplicato. Oltre l'utile spirituale, che riceueranno i catholici presenti e futuri habitanti nelli stati di S. A., anche quelli dispersi per il regno di Danimarca (doue scorre spesse volte il sopradetto Monsr Maccioni col Ser^mo^ suo Sig^r^ prencipe) godranno il beneficio di tal carica apostolica, mentre con la permissione di S. Sta per transitum potrà iui administrar il sacramento della confirmatione et operar altre cose buone col patrocinio di S. A. per seruitio della religione e di quelli poueri catholici. S. D^a^ M^a^ disponghi il tutto à maggior sua gloria, per facilitar la conuersione de protestanti, per accrescere il feruore à catholici, decoro alla Sede Apostolica et essaltatione della s^a^ madre chiesa Romana, quam Deus etc.

Ex mandato Ser^mi^ Ducis I. F.

26. Zweite hannoversche Denkschrift über die dem apostolischen Vicar zu ertheilende Bischofswürde, dat. (Frühjahr 1667), betitelt: Breue informatione per risolvere qualche obiettione à difficoltà, che potesse occorrere nell' affare di vescouo titolare per il vicario apostolico eletto de stati del Ser^mo^ duca Gio: Federico di Brunsuic e Luneburg.

I serenissimi duchi di Brunsuic e Luneburg non hanno mai hauuto vescoui proprii à tempo de catholici, come hanno sempre hauuto altri prencipi nelli suoi stati, mà bensì parte delle terre e stati di Loro Altezze è stata soggetta in spiritualibus alla giurisdittione diocesana degl' arciuescouati di Magdeburg e di Brema e delli vescouati d'Halberstat, Minda et altri soppressi e ridotti in principati e ducati secolari, e parte ancora de med^mi^ è stata sogetta in spiritualibus, avanti gl' errori di Luthero, al vicino vescouo d'Hildesheim come Ordinario et all' archiuescouo di Magonza come metropolitano; e perche al serm° prencipe Gio: Federico nelle diuisioni fatte coi ser^mi^ fratelli frà l'altre è toccata in sorte tal parte, forse potrebbe essere, che l'arciuescouo di Colonia come vescouo e prencipe d'Hildesheim pretendesse di riassumere adesso l'antica giurisdittione spirituale di diocesano nelli stati ducali di S. A., per essere prencipe catholico; per le cause però esposte nell' informationi transmesse in Roma il ser^mo^ duca Gio: Federico non può in modo alcuno introdurre la giurisdittione diocesana del soprad° vescouo ne del di lui suffraganeo, per non conciliarsi l'odio della nobilità e del popolo assai duro e strauagante in simili materie di religione, perciò S. A. pigliando un mezo termino hà esposto alla sacra congregatione de propaganda fide il modo, con cui si potrebbe senz' impegno alcuno rimediare à tutto ciò, et è che al cau^ro^ Maccioni vicario apostolico eletto di suoi stati fosse dato dà S. Santità il titolo di vescouo in partibus per bene spirituale de catholici presenti e futuri, habitanti nel sereniss^mo^ dominio, per raggioni politiche di buon gouerno e per propria quiete, essendo il soggetto proposto (oltre la nobiltà della nascita e bontà de costumi) theologo e dottor di collegio nell' uniuersità di Padoa è degno di tal carattere per hauer anche seruito à catholici in Danimarca e nella bassa Sassonia con le debite facoltà (come è noto à Monsign^r^ Marco Gallio viceg^te^ già nunzio in Colonia) per lo spatio di cinque anni sotto il serenissimo patrocinio di S. A.

Il titolo di vescouo al vicario eletto non può pregiudicare alle presupposte pretensioni, che potesse hauere il vescouo d'Hildesheim, perche tal titolo episcopale sarà dato conforme al solito dà S. S^tà^ in partibus infidelium Turciae et non in partibus Lutheranorum Germaniae; e così le funtioni episcopali e la giurisdittione spirituale, ch' essercitarà il soprad°, non si farà come dà proprio diocesano in quei stati, mà per accidens come vescouo titolare in partibus e vicario apostolico ad tempus nel dominio ducale, et in questo modo il vescouo d'Hildesheim non hà che dire, perche non s'altera cosa alcuna.

Circa il vitalitio episcopale, il soprad° elemosinier maggiore (viuente il ser^mo^ prencipe) haurà d'ordinario ogn' anno quattrocento scudi di prouisione e la tauola col trattenimento di doi seruitori, e in caso di morte di S. A. (che Dio bened° conserui longo tempo) il d° sogetto hà tanto di proprio patrimonio in Romagna, che potrebbe ritirarsi là et iui viuere honestissimamente, seben il prencipe non li lasciasse remuneratione alcuna.

Si deue però considerare, che 'questi solamente sono principii d'una chiesa nascente, e non si può ne si deue toccar le corde odiose alli predicanti Lutherani et alli subditi di S. A. per la quiete delli stati, doue rebus sic stantibus S. A. non può far restituire i beni ecclesiastici secolarizzati ò costituire altre rendite in vita per le cause adotte di sopra e per i patti della famiglia ser^{ma}, i quali pro bono pacis s'è obligato di osseruare. Se a Dio poi col tempo piacesse di ridurre il paese alla fede catholica e di dar successione à S. A. S., all' hora facilm^{te} potranno farsi restituire con bona maniera i beni ecclesiastici, mutare le cose in meglio et ordinar in altra forma il tutto, che sarà molto facile di fare à S. A. ò alli prencipi suoi figlioli, che regnaranno à quel tempo, quando i sudditi del ser^{mo} dominio saranno tutti ò la maggior parte catholici e vivranno sotto la direttione del proprio pastore nel vero ouile della S^a chiesa catholica.

27. Decretum sacrae congregationis generalis de propaganda fide, habit. die 7ª Maij 1668.

Ad relationem Emⁱ Brancatij sacra cong^o decrevit esse, si SS^{mo} placuerit aliquo titulo in partibus decorandum Valerium Maccionum e dioecesi Montis Feltrij sacerdotem saecularem, a plurimis fide dignis probitate morum, honestate et prudentia commendatum, ut idem ad munia episcopalia exercenda in locis totius ditionis temporalis D. Ducis Brunsvicensis et Luneburgensis cum titulo vicarii apostolici, donec per Sedem Apostolicam aliter dispositum fuerit, transmitti possit.

28. Römische Aufzeichnung betitelt: Ex audientia SS^{mi} de 9. Junij 1668.

Relato per secretarium suprad^o decreto SS^{mo} Dn^o nostro, Sanctitas Sua illud approbavit et ad ulteriora in Consistorio procedi mandavit.

Archiepiscopus Caesariae secr^s.

29. Herzogin Sophie an Maccioni, dat. Iburg, 8. Sept. 1668.

J'ay apris auec une ioye tout à fait grande la justice que le Pape vous a faite en recompensent vos merites par la calité d'euecque de Marocco. J'eusse bien souhaité qu'en vous randant nostre frere en titre eclesiastique il vous eut aussi gratifié d'un euechè comme celuy de Munster ou de Paterborn, pour vous randre nostre voisin et pour me donner souuant les moiens de reseuoir vostre benediction episcopale. Cependent ie suis en paine, comment satisfaire plainement à la promesse que ie vous ay faite, puis que mon euecques ne porte point d'habis qui peuuent me seruir de patron pour faire faire le vostre; ie vous suplie dont de me faire scauoir, comment il faut qu'il soit fait, parce que ie serois bien aise que vous l'ussies, quant vous paroitrés deuant l'euecque de Paterborn.

J'attendrés vostre responce auec impatience et vous assure que ie prans tout à fait part en tout ce qui vous touche, et que ie suis tout à fait Monsieur

vostre tres affectionée amie à vous seruir
Sophie.

Postscriptum: On croit icy que M[r] vostre maitre est allé en France chercher une femme; il sera peutestre coiffé aussi bien que vous, mais d'une coiffure diferente.

30. Abbate Michele Colomera an Fra[co] Floramenti, Sekretär des Herzogs Johann Friedrich, dat. Roma, 8. Sept. 1668.

Mio Sig[re] e P[ron] Col[mo],

Credeuo con questo ordinario hauer risposta dell' auuiso datò del processo felicamente compito sopra l'affare del s[r] Caual[r] Maccioni, ma non facendomene V. S. motto nella sua compitissima de 16 del caduto, hauro io malamente fat[to] conto de le giornate et l'attendero col seguente. In tanto con mio so[mmo] contento le fò sapere, come lunedi 3 del corrente si tenne concistoro [e in] esso l'Em[o] Brancatti propose il titolo di Marocco per il nostro S. C[aual]iere, e se lunedi ad otto sarà, come spero, l'altro concistoro, si farà l'ultima funtione e si procederà alla speditione de le Bolle, nelle quali starò auuertito che si commetta la consecratione à S. A. Vescouo di Paderbon con l'assistenza, se sarà possibile, de li due Abb[i] suggeritimi da V. S., come resto anco inteso, che le spese fatte e da farsi debbano andar à conto di S. A., et io ne mandero la nota à V. S. compita, che sarà tutto il negotio con la speditione de le bolle. Due soli sono li titoli, che hanno qualche picciola dote, Cirene e Sidonia, e questi sempre si danno à Palatini, l'uno fu dato da Papa Aless[o] à Monsr Rauizza e l'altro è stato conferito à Mr Fani, Auditore del S. Cardinal Rospigliosi, come era già Rauizza del S. Cardinal Ghigi. Un gentil'huomo Venetiano ha procurato hauer un titolo in partibus col mezo del G. Duca, ma non è stato possibile ad ottenerlo, perche il Papa uoleua, che lo dotasse almen di 500 scudi annui, et il Pretendente non ha uoluto far la spesa per non smembrare un capital si grosso de la sua casa.

Dopo scritto sin qui, mi è uenuta congiuntura di far qualche pratica anticipata per la concessione de li due Abb[ti] Assistenti alla consecratione, e mi è stato risposto, che quà riporteremo, che la consecratione si facci a quolibet episcopo catholico con l'assistenza di due altri vescoui à nostra elettione è quanto possiamo sperare, mentre l'assistenza di due semplici dignità à pena si concede per le parti del Indie, tuttauia io non tralascierò di farne nuone diligenze, e qui confirmando à V. S. la mia inalterabile osseruanza Le bacio humilmente le mani.

31. Colomera an Maccioni, dat. Roma, 22. Sept. 1668.

Illmo e R[mo] Sig[re] mio P[ron] Col[mo].

Con infinita mia consolatione uengo con questa à congratularmi con V. S. Illma de la dignità di Vescouo di Marocco conferitale da N. S. lunedi 17 stante in publico concistoro a petitione dell' Em[o] Brancace, il quale da me è stato supplicato à significarlo con sua lettera a V. S. Illma, accioche ella posse con l'autoreuole testimonio di S. Em[za] nel receuer di questa mettersi in habito e rocchetto all' uso de Vescoui; douendo poi seguir la consecratione, quando le perueneranno le Bolle, alla speditione delle quali hora attendo tutta diligenza e spero fra due altre settimane esser all' ordine per mandarle; sò, che questa è una picciola retributione al merito grande di V. S. Illma, ma con si buon principio le auguro sempre piu cose magiori, e rassegnandole tutto me stesso mi confirmo qual sono, e sarò in ogni tempo

di V. S. Illma e R^{ma}

denotiss° oblig^{mo} servit^{re} osseq^{mo}
Michele Colomera.

32. Colomera an Maccioni, dat. Rom, 13. Oct. 1668.

In riceuer questa lettera V. S. Illma si compiaccia esser a baciar le mani à S. A. Ser^{ma} per riceuer da esse le Bolle del suo Vescouato con la formola del giuramento e Profession de la fede; sò che V. S. Illma non hà bisogno ch'io le suggerisca il riconoscimento douuto per gratia si speciale all autoreuole benignità di S. A. P^{rone}, mentre è ben noto a Lei, chi habbia incoronato di splendori il suo gran merito. Io doppiamente mi rallegro, perche lo riguardo, à chi si generosamente comparte le sue gratie, et à chi si degnamente le riceue. Qui acclusa niene la copia de le Bolle et una lettera di Monsr Boldeschi, seg^{r} de la sacra Cong^{ne} de Prop^{a} fide, sotto il cui titolo siamo passati senza pagar gabella, et à V. S. Illma profon^{te} m'inchino.

33. Colomera an Maccioni, dat. Rom, 8. Dec. 1668.

Imploro l'efficacia et l'eloquenza del nostro Sig^{re} Floramenti, accioche hauendo pietà di me si metta pur' una uolta dalla mia parte per ripararmi da gl'eccessi de la benignità e generosità di V. S. Illma; io disarmato d'ogni uirtù e merito mi do per uinto, et à Lei, che è tanto magnanima, satis sit prostrasse. Da S. A. Ser^{ma} P^{rone} intenderà, che domani douendo essere à piede di N. S. mi possa accadere di far qualche motiuo sopra l'assistenza de li due Abb^{i} mitrati nella consecratione, che dourà farsi di V. S. Illma; in tanto come haura ueduto nelle Bolle, stà à sua elettione eligere tanto per Consecrante quanto per Assistenti quei Vescoui, che più Le piacerrano. Tuttauia se all' arriuo di questa non è seguita la consecratione, V. S. Illma sospenda sino al sequente ord°, per ueder l'esito di questa chiamata di S. S^{tà}.

Finalmente li P^{ri} Capuccini Italiani sono arriuati e ne ho goduto in estremo. Equi per fine à V. S. Illma fò profonda riuerenza.

34. Bericht des lübischen Canonicus H. Heringh an den apostolischen Vicar Maccioni, dat. Hamburg, 2. Jan. 1669.

Ill^{me} Rev^{me} D^{ne} Vicarie Apostolice,

Post Instrumentum Pacis anno 1648 Monasterii confectum, quo status religionis in Imperio ad annum 1624 prima Januarii limitatur, Lubecae in capitulo cathedrali nata est quaestio, quot in illo sub initium eius anni 24^{ti} possessionem habentes fuerint catholici et acatholici canonici maiores. Inventi sunt ab catholicis a parte catholicorum quinque, quia anno 1622 ad quattuor unus Lutheranorum, can^{s} Ludovicus Spalle, accessit et factus est catholicus; hunc annuerant suis acatholici, dissimulantes se scire illum circa illa praecise tempora a Lutheranis recessisse, negant fuisse catholicum anno 1624 prima Januarii et dicunt dicto anno solum quatuor fuisse catholicos, consequenter in futurum totidem esse admittendos.

Praeterea post annum 24^{tum} conati sunt supprimere menses papales, attribuentes eos sub nomine turni extraordinarii episcopo suo acatholico, alternantes 12 anni menses cum illo, sicut quondam cum papa; videbant forte Deum magis favere catholicis, nam plerique moriebantur in mensibus papalibus; postquam vero per Instr^{m} Pacis Sedi apostolicae redditi sunt menses, bullas pontificias variis artibus, ut et hoc praetextu, eluserunt: debere scilicet catholicos ante omnia probare, anno 1624 prima Januarii fuisse quinque catholicos canonicos; catholici contra dicebant, probare debere acatholicos, illorum tantum fuisse quatuor. Tandem cum reservatione in superfluum et amore pacis probarunt catholici, dictum Ludovicum Spalle anno 1622 iam fuisse conversum ad catholicam fidem.

Acatholici spernentes omnem aequitatem nihilominus de facto processerunt, suorum alicui dando possessionem quinti canonicatus catholico debiti et, quod intollerabilius est, pensionarium illum Korff, de quo informatus est Ill^{mus} et Rev^{mus} nuntius apostolicus Coloniensis, inter quatuor reliquos computarunt.

Licet haec violentia varias tricas excitarit, tamen tamdiu duravit, donec potentiores illi machinatores filios aut consanguineos suos repulsis catholicis, qui alias vix quam per provisionem Suae Sanctitatis spem habent, in possessionem miserunt.

Fuit tandem inter seniores nobilis Lutheranus, habens nepotem catholicum, ab Ellerman nomine, is potentia et pecunia avunculi sui mediante hoc anno circa pascha in possessionem admissus est, ita ut catholicis Lutherani annumerarent hos quinque: Dominum Heisterman, D. Bertrambs, D. Hering, D. Ellerman, quibus quintum addiderunt pensionarium redivivum dictum Korff ut verum canonicum catholicum, licet non habeat canonicatum; quem cum invitis catholicis velint esse verum catholicum canonicum, re ipsa fatentur catholicis quinque canonicatus deberi, alias nunquam viventibus quatuor admisissent quintum, ita ut amodo superfluum sit probare Ludovicum Spalle anno 1622 fuisse conversum et in fide catholica diem suum obiisse.

Nunc ecce novam difficultatem. Moritur hoc anno, decima quarta Novembris stil. Juliano, Osnabrugae canonicus Lubecensis catholicus, D. Rabanus Heisterman; suspicantur acatholici bullam pro catholico ex urbe Roma in via esse; quid fit? ne illam tot illusis aliis (quia nunc vere duo desunt catholicorum quinario nostro) admittere cogantur, iterum antiquam canunt cantilenam, fuisse anno 1624 tantum quatuor catholicos canonicos et nostrum catholicorum numerum esse completum per hos quatuor, nempe D. Bertrambs, D. Hering, D. ab Ellerman et D. Korff redivivum, et supradictum Ludovicum Spalle praetensum quintum nunquam fuisse catholicum anno 1624.

Sub hoc praetextu pseudo-episcopus Lubecensis, dux Holsatiae, — est enim casus mensis papalis in suo turno, ut vocant, extraordinario — dedit nuper defuncti D. Heisterman praebendam marescalli sui filiolo, unde in effectu quinarius catholicorum numerus reducitur ad ternarium et Sua Sanctitas in perpetuum perdit menses suos, consequenter actum est Lubecae de catholicis. Vigilare igitur dignentur ministri S. Sedis in Germania existentes pro interesse catholico et eiusdem summi pontificis.

Notetur primo S. Sanctitatem inposterum providere debere potentibus et divitibus de canonicatibus Lubecensibus, qui zelo fidei impendant opes suas et auctoritatem pro manutenenda et conservanda ac etiam propaganda catholica fide in dicta civitate Lubecae. Secundo contra ipsum Korff agere deberet Ill^{mus} et Rev^{mus} Nuntius apostolicus Coloniensis censuris ecclesiasticis ut catholicum (non vero contra capitulares aut senatum Lubecensem), ut ipse cogatur cedere originale instrumentum suae transactionis et rationem suae vitae; sic is non subsistet et iterum poterit mortificari.

Haec omnia submisse V^{ae} Ill^{ti} expono, ut ministros apostolicos, ad quos haec promovere pertinet, certiores faciat et debitum talibus rebus praebeant remedium. Valeat et me amare pergat.

Hamburgi, 2. Januarii anno 1669.

Ill^{mae} et Rev^{mae} D. V^{ae}
humillimus et additiss^{mus} servus
Henricus Heringh canonicus Lubecensis.

Adresse: Illmo ac Rev^{mo} D^{no}, D. Valerio de Maccionis, Episcopo El^{o} Marocchiensi et in ditionibus ducalibus Ser^{mi} Principis Joannis Friderici Ducis Brunsvico-Lunaeburgici Vicario Apostolico.

35. Colomera an Maccioni, dat. Roma, le 12 del 1669.

Io non uoglio fidarmi de la mia poca capacità ne della prattica acquistata di qualche anni nella Cong^{ne} de Prop^{a}, e tratterò la materia de la pattente, che V. S. Illma desidera per il P. Seruatio, ma assai dubito del buon esito, come a lungo scriuo à S. A. Ser^{a}. Ab initio et ancor dura il risentimento degl' Ordinarij per queste esentioni de Regolari, li quali una uolta posti in possesso non hanno uoluto mai cedere ne sono per cedere in eterno, perche à uolerli astringere sotto il giogo d'un capo, che non sit de proprio corpore, con un baciamano se n' escono e dicono di non poter seruire; è tanto odiosa a Prelati de le Religioni la dipendenza de loro sudditi da gl'altri Prelati, che li Provinciali di Germ^{a}, particolarmente i Cappucini, hanno impetrato Bolla, nella quale si concede loro non solo per se, ma di communicarla à suoi sudditi di leger libri prohibiti, di assoluere da casi riseruati et ab haeresi;- credo bene, che questa dell' assoluere quoad exercitium può esser impedita dall' ord^{o}, e V. S. Illma potrà meglio informarsi, in che maniera si pratica costi. Io non uoglio ne deuo dar consiglio in q^{a} parte, tuttauia col mio corto intendere discorro così. Li Regolari per molto, che hanno procurato priuilegij per esentarsi da la giurisd^{ne} de gl' Ordinarij, conoscono, che l'autorita di questi sopra le anime commesse à la loro cura e assoluta de iure diuino, onde procedono con gran cautela, perche sanno, che per ampio che sia il priuilegio, che godono, se è in ordine alle anime, non possono in beneficio di esse respirare senza la buona intelligenza dell' ord^{o}, il quale sempre che uole può uietarli il predicare, il confessare, il catechitare; dall' altro canto l'ord^{o} ò hà bisogno dell' opera de Regolari ò nò; se non ne ha bisogno, la lite è terminata; ma se per la salute de le anime conosce, che non solo ne hà bisogno, ma necessità, è necessario ancora, che chiuda gl' occhi à questa uaria apparenza di facoltà Pontificie, che piu gonfiano che ingrassano. Scote è d'opinione, se non erro l'Autore, che gl' Angioli hanno l'atto primo di poter ueder li secreti del cuore, benche non mai uenghino all' atto secundo de la ueduta; et io altre uolte dissi, à che effetto aggratiarli d'una piazza morta, doue non corre soldo? V. S. Illma, che ha ingegno e prudenza soprafina, ueda e consideri, se potrà mai accomodarsi à dire: che importa, che li P^{ri} Capucini habbino piu dal Papa, che da me le facolta in atto primo, se non potranno ridursi in atto secondo senza di me? tutto ciò camina de iure; et in caso che qualcuno uolesse fare il bell' humore, oltre che il rimedio di chi non uolesse, starà à segno è in mano di S. A. Ser^{ma} con un tolle grabatum tuum et ambula; ma de facto et in atto prattico una buona e legitima intentione di non hauer altro fine che la salute delle anime e la magior gloria di Dio mette in concerto quel che a prima uista sembra inconcertabile.

L'ordine per la proroga fù gia dato à Monsr Nuntio di Colonia, e V. S. Ill^{a} a quest' hora ne haura goduto gl'effetti, cosi ella si consenti far godere à me quelli di suoi pregiatiss^{i} commandi, et humilm^{te} la riuerisco.

36. Herzog Johann Friedrich von Hannover an Kurfürst Johann Philipp von Mainz, dat. Hannover, 14. Jan. 1669.

Besonders lieber Herr und Freund,

Ew. Lb. beliebe aus abschriftlich beigefügter Bulle [fehlt] mit mehrem zu ersehen, wasgestalt Ihre Päbstliche Heiligkeit den Hochwürdigen und edlen, Unsern geistlichen Rath und lieben Getreuen, Ehrn Valerium de Maccionis, jetziger Zeit Vicarium Apostolicum in Unsern Fürstenthum und Landen, zu desto besserer Bequemlichkeit und Nutzen der darin befindlicher römisch-catholischer Gemeine ohnlängst zum Bischoffe zu Marocco ernennet und denselben dabei begnadiget, daß er ohne Erwartung fernern mandati von einem jeden Erz- oder Bischof seinem Gutbefinden nach mit gewöhnlicher Zuziehung zweier andern Bischoffe sich consecriren lassen möge.

Wann nun die Nothdurft erfordert, daß solcher actus förterlichst bewerkstelliget werde, und solches, wie Wir vernehmen, hier in der Nähe nicht wohl, sondern am gefüglichsten zu Mainz, weiln nebst Ew. Lb. als einem Erzbischof Dero daselbstiger und der Würzburg- oder Trierischer Weihebischof dabei assistiren können, verrichtet werden kann; und Wir dann solches geistliche Werk selbsten gerne befordert sehen möchten: so ersuchen Ew. Lb. Wir hiemit freundlich, Sie wollen bei obiger Beschaffenheit sich gefallen lassen, dem erwählten Bischof die hohe Gnade zu erweisen, die ohnbeschwerte Mühe auf sich zu nehmen, denselben gebräuchlichermaßen zu consecriren und Uns von Dero hierunter beschehender Entschließung mit nächstem freundlich zu benachrichtigen.

Ew. Lb. verbleiben Wir inmittelst alle angenehme Dienste zu erweisen stets willig und beflissen.

37. Colomera an Maccioni, dat. Rom, 26. del 1669.

Trouai Monsr secr^{o} de prop^{a} informatiss^{o} di tutto l'affare de la Prefettura e facolta hauendo riceuato ancora una copia di quella patente, che V. S. Ill^{a} desideraua che fosse spedita di qui; il nostro discorso benche fosse lungo di poco meno che due hore, tutta uia io non potei resistere à quell' istessi argomenti, che per l'appunto io apportai à V. S. Illma nelli due ordinarij passati; et in ristretto qualcunque Missione de Regolari non può sussistere senza il Prefetto de eodem corpore, il quale habbia le facoltà dalla Cong^{ne} del s^{o} officio per se e da poterle communicare à gl' altri suoi missionarij, ne con questo si deroga punto all' autorità del Ordinario, il quale nell' amministratione de sacramenti nella sua diocesi è stato dichiarato con bolla speciale di Greg° XV Delegato Apostolico, di maniera che si per la giurisditione ordin^a come per la nuoua dichiaratione del Pontifice nessuno mai, per qualificato che sia da la S^a Sede, puo esercitare e mettere in atto secondo le sue qualificationi senza la debita subordinatione al Vescouo. E se bene V. S. Illma come Vic° Apostolico si ritroua priuilegiato delle med^e facoltà e per se e per communicarle à gl' altri, cio s'intende di quelli che non hanno tali facoltà da la sede Apostolica, come sino li Preti non Regolari e li med^i Regolari, quando non sono Missionraij; che se uogliamo, che cotesti P^ri Cappucini riceuano da V. S. Illma le facoltà, toltene quelle di legere libri prohibiti et assoluere da casi riseruati etiam ab haeresi, sarà facile il conseguirlo con ritenerli in semplice hospitio sottoposto all' obedienza e uisite del Pro^le di cotesta Prou^a.

Mon^r Boldeschi uedendomi angustiato in questa materia e che non fineuo di quietarmi, mi disse, che se io uoleuo, haurebbe proposto il negotio in Cong^ne, ma che sapeua di certo, che la nouità de la materia non sarebbe stata abbracciata, ond' io mi strinsi tra le spalle, e con q° terminamo. Ho uoluto aggiungere q° ultimo particolare, accio V. S. Illma sij certa, che doue si tratta d'un solo cenno di V. S. Ill^a, io non lasciero mai di sodisfar me stesso etc.

38. Maccioni an den Abt von Marienrode, dat. Hannover, 18. März 1669.

Reverende in Christo Pater,

Cum prior [electio] abbatialis, cui praesiderunt deputati acatholici S. Ser^tis, non sit canonice facta, cum praeter praesidentiam contra regulas canonicas collegerint quoque et exceperint religiosorum vota, hinc patres Marienrodenses post discessum illorum inter se convenerunt, sicuti nobis relatum est, et canonice V^ram P^tem invalide electam invocato S. Spiritu vere elegerunt et nos quoque litteris nostris ad V^ram P^tem datis gratulati sumus. Cum vero cancellaria Ducalis intendat validam esse priorem electionem et non secundam, hinc Vestrae et apostolicae protestationes repetuntur et Romam mittentur, ut omnia recte incedant. Interim V^rae P^ti consilium do, Marienrodae morari et tamquam nominatus abbas caeteris monachis praesidere et praeesse, donec statuenda recte et canonice statuantur; melius est enim pati moras et canonice praesidere quam cito efficere et invalide operari. Valeat et sciat ecclesiae Dei ministros debere pati pro s(alute) eius ecclesiae.

D. V. R. ad officia paratus

Valerius de Maccionis, episcopus Mar.

39. Colomera an Maccioni, dat. Rom, 22. März 1669.

Per ubbidire alli pregiatissimi commandi di V. S. Illma in materia de le spese, che oltre quelle fatte da me per le mancie, de le quali V. S. Ill^a ha la nota distinta in poter del n^ro sig^r Floramonti, si poteua dar qualche cosa alli staffieri del Sr Cardinal Brancaccio in somma di tre o quatre piastre, ma hora non ui si pensa più e sta ad arbitrio di V. S. Ill^a il far quello che le pare, perche quanto alla propina [?] spettante al Sr Cardinal

Brancaccio, che propose in concistoro la chiesa, V. S. Ill^a^ e libera affatto, perche il Sr Cardinale con serietà e non per cerimonia si dichiarò meco di non uoler cosa alcuna, ò sia per ragion de la prop^a^, per la quale passo il titolo di Marocco, ò sia perche essendo V. S. Ill^a^ absente il Sr Card^le^ non sogiacque alla spesa conuito solito à farsi allo sposo Nouello et alli due altri Vescoui assistenti nel giorno de la consecratione, tanto più che V. S. Ill^a^ già l'hà regalato; onde riposi sopra di me ne fecci altro motiuo con S. Em^a^ per q^o^ particolare; scrissi ancora del S. Antonio di Fiore speditionere e del Sr D. Gisb^o^ secret^o^ di Mon^r^ Baldeschi; e quanto al primo non ui anderebbe mancia, ma pagamento, se egli non fosse salariato de la prop^a^, onde lasciai all' arbitrio di V. S. Ill^a^, se uoleua usarli qualche cortesia, la quale hogi sarebbe fuor di stagione ne ui uedo necessità da farla, come stimo ben necessario l'altra al Sr. D. Gisberto, si perche nelli negotiati io gli dissi, che haurei compito con le sue fatiche, si ancora spesso habbiamo bisogno dell' opera sua, e con otto o dieci piastre si salderebbe questa partita; tutta uia V. S. Ill^a^ faccia quello che Le pare.

Quanto al negotio de P^ri^ Capuccini lodo grandemente la risolutione di tenerli in Hospitio con l'osseruanza de 2 capitoli stabiliti, et io stimerei, che non sarebbe se non bene andar togliendo sensim sine sensu quel nudo titolo di Missione, per toglier loro affatto ogni attaco. Se Monsr Baldeschi me farà motto sopra q^a^ materia, come V. S. Ill^a^ suppone e m' accenna, io ne discorrerò uolontieri e procurero renderlo capace dell' intentione di S. A., che riguarda il buon gouerno e la buona regola di accertare nel seruizio di Dio.

Non è esplicabile il contento che ho sentito, che la Consecratione di V. S. Ill^a^ debba seguir presto per mano di S. A. di Magonza. Il Fauorito risparmia qualche ripassata. Io sento pena, quando i negotij hanno da passare per mezo de ministri e delle Cong^ni^, con le quali ci uuole una patienza di Giob, e ne anco basta. L'intentione di S. Sta non può esser piu propensa a far de le gratie à cotesta Ser^ma^ casa; e qui rasseguandole l mio diuotiss^o^ osseq^o^ etc.

40. Colomera an Maccioni, dat. Rom, 13. April 1669.

Sin da la sett^na^ passata oltre le due Breui dell' Altare priuilegiato mandai quello de i Beni Eccl^i^, e come V. S. Ill^a^ haurà ueduto, S. Sta ne lascia all' arbitrio di S. A. l'amministratione, e come per il passato rimette liberamente tutto, cosi per l'auuenire non ha stimato indiuiduar cosa alcuna; ne a me si è offerta congiuntura opportuna da insinuare à S. A. la materia del pio consiglio stimata, e con ragione da V. S. Ill^a^ troppo delicata; può ben accadere, che la risposta me ne portasse motiuo, ne lo trascriverò. Quanto al neg^o^ de P^ri^ Cappucini, scriuo à S. A. il lungo discorso fattomi da Monsr Baldeschi, il quale chiaramente mi hà detto, che la Cong^ne^ non approua, che si estingua la Missione, come è necess^o^, che se ne tolga sin l'ombra, non ammetendosi il Prefetto con le facoltà; le quali portano de iure e de facto la dipendenza dal Vic^o^ Apostolico et hanno il rimedio de la trasgressione nell' arbitrio di S. A., e per conseguenza sembra strano à questi Emin^i^ il pregiuditio che ne risulta alla Cong^ne^, la quale in differentemente manda missionarij in tutte parti; V. S. Ill^a^ rifletta sopra questa ultima notitia, la quale à me è arriuata nuoua, perche credeuo, che solo a PP^i^ Capuccini toccasse questa materia; ma Monsr Baldeschi fà uedere che l'interesse maggiore e de la sacra Cong^ne^ de Prop^a^, alla quale non bisogna far nuouo motiuo, ma tirar auanti e lasciar correre, sin che l'acqua si moua da la lor parte; e qui à V. S. Ill^a^ rassegno tutto il mio osequio.

41. Colomera an Maccioni, dat. Rom, 10. Mai 1669.

Rendo humilisse^e^ gratie a V. S. Ill^a^ della consolatione che s'e degnata darmi con l'auuiso de la già terminata sua consecratione in giorno cosi solenne de la Dom^ca^ di Resurrettione nella cathedrale d' Herbipoli e per le mani dell' Em^o^ Elector di Magonza, quod bonum, faustum fortunatumque sit; e gl' applausi celebrati dal Coll^o^ de la Comp^a^ alla gloria del suo nome sono presagij di future meritate grandezze. Io per quella parte che ui ho di uero ser^o^ di V. S. Ill^a^, me ne congratulo con me stesso e con l'animo riconfermo gl' augurij.

Sin dalla sett^na^ passata riceuei le due lettere dirette alla Santità di N. S., la quale tratenutta da qualche indisp^ne^ non mi ha dato opportunita di presentarle quelle di V. S. Ill^a^, mentre ho consegnato l'altra del Ser^mo^ di Mechelburg in mano del S. Cardinal Azolini, secr^o^ di Stato.

Monsr secr^o^ de prop^a^ fide non può digerire, che resti esclusa la Missione, e torna sempre da capo ad argomentare, quanto sia . . . . [?] de recar ombra di pregiuditio essendo il Prefetto istesso subordinato quoad exercitium al Vic^o^ Apostolico. Dom^a^ passata in anticamera del Sr Cardinal Rospigliosi tra d^o^ Mr Secr^o^ e me non passo discorso cosi soaue come il solito, benche dilucidate le partite resto forsi edificato del mio buon zelo; resti però appresso V. S. Ill^a^ cio in confidenza e procuri, che si termini l'affare al miglior modo che pres., e qui rassegnandole il mio osseq^o^ mi confirmo, qual sono e sarò sempre etc.

42. Colomera an Maccioni, dat. Rom, 15. Juni 1669.

Riceuo l'humanissima di V. S. Ill^a^ de li 23 del caduto doppo l'arriuo felice in cotesta citta compita la solenne cerimonia della consecratione, di che mi sono infinitamemte rallegrato, e prego Dio La conserui per molti anni à beneficio di cotesti popoli, li quali sperimentano il frutto de le sue fatiche; ne io mancherò di rapresentarlo à N^ro^ Sig^re^ nella prima buona congiuntura, prouenendo la relatione, che appresso esatta V. S. Ill^a^ accenna di mandare, benche sotto la sua correttione io non la farei sotto scriuere da cotesto superiore de P^ri^ Capuccini non facendo egli figura alcuna con Propaganda, mentre si ha intentione di tenerli in puro hospitio. Mr Secr^o^ più uolte m'ha fatta instanza ch'io Li restituisca le due scritture de le facoltà e del decreto de la Prefettura, io sono andato tirando auanti per uedere, se si poteua accomodar questo negotio, ma uedo, che non è da sperarlo, perciò mi risoluo à far la restitutione.

Lessi à Monsr Brancaccio la lettera di V. S. Ill^a^, e quando intese del libro »quare non uis fieri catholicus?« mi commandò, che io scriueua à V. S. Ill^a^, che ne Le inuiasse una copia, che li sarebbe stata cara.

Resto inteso de la petitione fatta dal S. Elettor di Magonza per la concessione del Calice; se haurò buona apertura, ui mettero qualche cosa del mio; e qui à V. S. Ill^a^ con tutto ossequio bacio le mani.

43. Colomera an Maccioni, dat. Rom, 12. Juli 1669.

Con l'ord. passato scrissi à V. S. Ill[a], come haueuo ricuperata la ualuta de li 50 ongari non hauendo potuto il mercante darmeli effetiui; ho fatta ogni diligenza di trouar li 20 per darli al Sr D. Gisberto Natalis, ma fin hora non mi e riuscito di comprarne piu che tre di peso, ne ho stimato conueniente dar ongari scarsi per regalo . . . .

44. Colomera an Maccioni, dat. Rom, 20. Juli 1669.

Spero, che à quest' hora V. S. Ill[a] habbia riceuuto la mia lettera, nella quale le daua auiso, come haueuo presentate le sue lettere con li fogli annessi de la professioń de la fede e giuramento à S. B. . Riceuerà ancora di mano in mano l'auiso de li 50 ongheri, che in ualuta mi fece pagar il S. Daniele Breul da SS[ri] Martinelli e Baudry, à quali feci duplicata quitanza, accioche una di esse si mandasse costà . . . . .

Non mancano a V. S. Ill[a] impieghi e trauagli per il seruigio di Dio, e goderò di ueder la nota de le fauole dell Illuminata ò occielata [?] pettegola.

Il negotio di cotesti P[i] Capuccini resta affatto determinato, ne si parla più di missione, ma di hospitio; onde benche non sia necess[o] di ritoccar più q[a] materia, con buona occasione m'auallero dell' essempio de Capuccini introdutti fresco in Pein.

45. Colomera an Maccioni, dat. Rom, 10. Aug. 1669.

Al sig[r] Cardinal Barb[o] spero poter presentar la lettera trasmessami da V. S. Ill[a] al più tardi lunedi, insieme col memoriale del S. Suidero, à uantagio del quale io agiungerò tutte quelle ragioni che possano piegar l'animo di S. Em[a] al intraprendere l'impetratione d'un Breue speciale di S. S[tà] o pure ad incaminar la supplica alla S. C. del Concilio, alla quale spettano somiglianti materie.

Quanto ad altro negotio che V. S. Ill[a] accenna contener la lettera, non posso dir nulla, perche ella è suggellata, e suppono, che non sia interesse spettante al sereniss[o] P[rone], perche S. A. non mi fà motto di cosa alcuna nelle sue lettere; si che io resto affatto inutile a seruir V. S. Ill[a] fuorche à semplicemente presentarla, come farò per ubbidirla, et in ogni altra cosa che si degnerà commandarmi . . . . .

46. Colomera an Maccioni, dat. Rom, 17. Aug. 1669.

Presentai la lettera di V. S. Ill[a] all Em[o] Barb[o] et insieme il memoriale, per cui aggiunsi le mie instanze supplicandolo ad interpor la sua autorità, accioche si conseguisse la gratia che si dimandaua; e mi rispose, che haurebbe fatto ogni suo sforzo; con che mi pare d'hauer ben seruita V. S. Ill[a] nella forma che mi ha commendato.

Il S. Cardinal Brancacci me fe tener l'inclusa per V. S. Ill[a] sin da la posta passata . . . . .

25*

47. Colomera an Maccioni, dat. Rom, 7. Sept. 1669.

Sia V. S. Ill^a la molto bentornata carica di manipoli da la uisita, la di cui relatione distinta rallegrerà l'animo maggiormente di S. S^tà e di questi S^ri Em^i, massime se il Re di Danimarca modererà, come spero, ad instanza di S. A. il rigore cagionato dall' inuidia de mal'affetti; ne io lascierò d'auualarmi de la buona congiuntura continuando ad hauer sempre la mira a i uantaggi douuti al gran merito di V. S. Ill^a; la qual supplico à farsi participar dal n^ro s^r Floramonti un certo mio discorso registrato nella lettera che l'inuio questo sera.

Al Sr Gisberto Natalis ho già consignato li 20 ongari effetiui di peso . . . .

48. Colomera an Maccioni, dat. Rom, 14. Sept. 1669.

Gia haueuo parlato à Monsr Baldeschi dell' occidente occorso in Altenò, di che non è stato informato da altri; onde non ho stimato bene darli la relatione che V. S. Ill^a mi ha trasmesso, perche ella contiene solamente la giustificatione del disordine, et io uorrei che precedesse la relatione del bene, che V. S. Ill^a hà fatto in tutto quel paese, doue hà fatta la uisita, e nell ultimo poi inserirci la malignita de Lutherani, perche io con quest' ord^e l'ho accenato a d^o M^r secretario, il quale mi fece instanza d'una compita e distinta notitia, et io li replicai che V. S. Ill^a l'haurebbe mandata; perciò la supplico à farla minutamente descriuendo i principij e progressi de la uisita con la sodisfattione e consolatione, che hanno riceuuto li cattolici. — Io hieri fui à piedi di N. S. et hebbi occasione di rapresentare à S. S^tà le fatiche di V. S. Ill^a et il zelo, con che s'impiega nell' accrescimento e souuenimento de fedeli in cotesta nouella uigna del S^re, et S. B^ne gradi molto i sudori di V. S. Ill^a e la parte principale che ui hà il sereniss^o P^rone, ma deuo non poco lamentarmi, che tutta q^a città è piena, che la Ser^ma sia grauida, e di non sò che lume comparso in mezo d'un fiume, et io solo resto digiuno et ignorante di tutto. Da Parigi me lo scriue il Sr Federico de Schluter supponendo, che V. S. Ill^a me l'habbia scritto. S. B^ne me ne ha interrogato, et io non ho saputo risponderle se non quello che ho inteso dagl' altri. Può imaginarsi V. S. Ill^a, come ne son rimasto mortificato, ma in ogni maniera consolatiss^o per il ben publico, e qui mi rattifico, qual sono e sarò sempre etc.

49. Colomera an Maccioni, dat. Rom, 14. Dec. 1669.

Siamo per nostra disauentura in sedia vacante; se la chiesa hogi è uedoua, io saro per sempre orfano d'un Padre che io piangero, mentre haurò uita. V. S. Ill^a applichi qualche sacrificio per l'anima del suo benefattore, e dal quale si poteua sperare ogni uantaggio, e preghi parimente Iddio, che ci conceda un degno successore di Clem. VIIII, il quale speriamo che riposi in cielo godendo il frutto de le sue fatiche . . . .

50. Colomera an Herzog Johann Friedrich, dat. Rom, 14. Dec. 1669.

Papst Clemens IX. ist am 9. Dec. gestorben, lasciando la sua ecclesia uedoua e me in particolare herede d'amarissima memoria, che mi accompagnerà sino alla sepoltora, perche non potrò mai dimenticarmi di quei frequenti, lunghi et affetuosi discorsi, che godeua di far meco; quando haueua qualche disgusto subito, mandaua à chiamarmi, et espressamente mi diceua, che sfogaua l'animo suo con me; e nell' ultimo di Candia, chi è stata la causa principale de la sua morte, in due audienze mi tenne in una tre hore et in altra quattro. Quante volte Le supplicai ad hauer più cura da sua salute, à non occuparsi tanto nel negotio, à prendersi qualche hora di ricreatione nel giorno, mà non si lasciò mai persuadere; ultimamente uolse andare alle sette chiese in una giornata così pestifera, che haurebbe atterato un toro, non che la sua debole complessione. La notte seqeunte li uenne quell' accidente così gagliardo, che li medici furono necessitati etc. etc.

51. Colomera an Herzog Johann Friedrich, dat. Roma l' 18 del 1670.

Non prima che la domenica à sera si hebbero le lettere dell' ord° passato, e con esse li tre fogli concernenti la materia de la badia di Marienrode, de quali, come V. A. mi ordina et ogni buona ragione richiede, non mi auualerò se non ricercato. Io, prescindendo da essi totalmente à me ignoti, scrissi il mio senso, che doppo trouai esser per l'appunto conforme à quello di primi ecclesiastici de la curia; ma hora con i buoni punti de le carte se sarò inuitato, mi dò a credere di non poter perdere una inueterata possessione in faciem ecclesiae, al che si agiunge, che V. A. ha moderata in materia l'assistenza de deputati nell' elettione dell' abbate, che per quel che tocca allo spirituale, n'interuenga il Vicario Apostolico. . . .

52. Colomera an Herzog Johann Friedrich, dat. Rom, li 25 del 1670.

. . . Con l'ord° seguente il P. Vicario Generale di Capuccini darà l'ordine à cotesto P. Prale, che si porti alla uisita dell' hospitio, e V. A. haurà campo di stabilir con esso le cose nella forma che se desidera, et i Pri ne sono capaci . . . . .

53. Colomera an Herzog Johann Friedrich, dat. Rom, 8. Febr. 1670.

E quasi un anno, che da me fù consignato in mano propria di Mr Baldeschi il piego con le facoltà e lettere de Pri Capuccini, et immediatamente feci auisato de la consegna il P. F. Bonaua da Recannati, et all' un et all' altro spiegai chiaramente i sensi di V. A., che non intendeua tener li Pri Capuccini costì se non col semplice titolo d'hospitio, aggiungendo al primo, che se la S. C. uolesse tenere à sue spese qualche missionario in cotesti stati, purche fosse discreto, sarebbe stato da V. A. ammesso. Stante cio essendomi parso molto strano, che al capo di tanti mesi Mr Nuntio di Colonia d'ordine de la S. C. de propa habbia supposto il contrario à Monsr Vescouo di Marocco, caricandolo de la suppressione de le facoltà prefetturie, me ne sono richiamato con Monsr seg° Baldeschi, il quale, attestandomi di non hauer scritto mai ne in nome suo ne della S. C. à Mr Nuntio in quella forma, hà sentito non poca mortificatione del seguito, e mi hà pregato, ch'io lo giustifichi appresso V. A. e con Mr med° Maccioni. Già s'è mandato l'ordine al P. Provinciale, che si porti alla uisita di cotesti Pri, e col med° V. A. potrà far stabilire gl' esercitij e funtioni, alle quali deuono impiegarsi i Pri sudi, benche non siino missionarii, secondo l'uso d'altre diocesi de la Germania, purche questi Pri superiori di qua se restringono alla sola confessione e predicatione, quando non richiede altro la precisa necessita di qualche caso estraordinario . . . . .

54. Herzogin Sophie an Maccioni, dat. Iburg, 19. Febr. 1670.

Monsieur, mon fils m'a aporté le liure dont vous m'auez fait présent. Comme il est for bien relié, ce sera un ornament pour ma biblianteqne. J'y ay cherché la vraie lumiere de la foy, que vous m'y promettes, mais i'ay trouer [= trouvé] que l'auteur voioit si peu cler luy mesme que m'a [= ma] curiausité n'est pas allé plus loin que la dousieme feulle de son liure, ou vous pourray [= pourrez] voir qu'il est for mal informé des toute les religions, au moins s'il ne scait pas mieux la siene que celle de Caluin et Lutere. — . . .

55. Colomera an Herzog Johann Friedrich, dat. Rom, 29. März 1670.

Se à quest' hora il Pre Prouinciale de Capuccini non e comparso costì alla uisita di cotesto hospitio, hò per fermo, che non possa tardar giorni ad eseguire l'ordine già datoli dal Pre Vicario Generale, ne potrà scusarsi di far pratticare in Hannouer ciò, che permette che si prattichi altroue senza titolo di missione, massimamente che questi Pri superiori de la religione niente più desiderano che d'incontrar le sodisfazioni di V. A., per quanto loro è permesso, e si stende la loro autorità. — . . . .

56. Colomera an Maccioni, dat. Roma, 29. März 1670.

Esercita meco V. S. Illa atti di giustitia ogni uolta, che resta persuasa del mio ossequio et diuotione uerso il suo gran merito. Ms Franciotti, che Dio l'habbia nel cielo, era di natura alquanto accesa, onde non è meraviglia, se la lettera mandata a V. S. I. fosse scritta più con la bile che con l'inchiostro. Ma lasciamo i morti riposare in pace . . . .

57. Colomera an Herzog Johann Friedrich, dat. Rom, 17. Mai 1670.

. . . Già diedi parte à V. A. con le lettere di sabato passato del poco rincontro che si ritrouaua anco da nostri amici per la nuntiatura di Colonia in persona di Monr uescouo di Marocco, la quale già e stata conferita à Mr Bonuisi, nipote del sr Cardinale di questo nome, che se non fosse stato abandonato da Francesi, un mercordi matino gia era fatto papa . . . .

58. Colomera an Maccioni, dat. Rom, 24. Mai 1670.

. . . Già scrissi, che la nuntiatura di Colonia era destinata à Mr Baldeschi, il quale dicono, che si ritirasse à dietro per la spesa, e fù conferita à Mr Bonuisi ad instanza del Sr Cardinal Chigi, omnipotente anco in questo pontificato. . . . .

59. Die katholischen Missionare zu Hamburg und Glückstadt an Herzog Johann Friedrich, dat. Hamburg, 18. Mai 1670.

Rem memoria perpetua aeternisque gratiis dignissimam praestitit Serenitas V^a, quando sua potenti intercessione perditam catholici exercitii libertatem nobis Altenaviae et Glückstadii recuperavit. Agnoscimus demissime beneficium et Deum omnium bonorum retributorem enixe obsecramus, ut e caelo liberaliter remuneretur, quod nostra tenuitas in terra compensare non potest . . . . .

gez.: Theodorus Bote, Marcellus Lotzius, Jacobus des Haies, missionarii Hamburg. et Wernerus Sivert, missionar. Glückstadiensis.

60. Colomera an Herzog Johann Friedrich, dat. Rom, 7. Juni 1670.

. . . Io starò attendendo gl' ordini di V. A. sopra il modo di compire con S. S^tà, dalla quale ho sempre riceuuto fauori, mentr' era in minoribus, e particolarmente nel tempo, ch'era M^o di camera del antecessore, la cui memoria viue e viverà con gloria eternamente. — . . .

61. Colomera an Herzog Johann Friedrich, dat. Rom, 28. Juni 1670.

. . . Quanto a P^ri Capuccini, essendosi, due settimane sono, nella cong^ne de prop^e fide stabilito di non pretendere senza il beneplacito di V. A. tener d^i P^ri ne suoi stati per missionarii, ma lasciarli semplicementi in qualità d'hospitio, ho considerato, che se si dà memoriale al Papa per le facoltà e funtioni parochiali, indubitatamente lo rimetterebbe ò alla congregation de Prop^a ò à quella del s^to officio, alle quali spetta dar simili facoltà, ne le danno mai se non à missionarii, con che s'intrigherebbe di nuouo la materia. Hò per tanto tenuti alcuni congressi con questi P^ri definitori generali, et hauendo ben esaminati gl'indulti ponteficii particolarmente ne paesi de la Germania, doue ad instanza de vescovi praeuia approbatione e con la licenza de loro superiori possono lecitamente ascoltar le confessioni et amministrare gl'altri sacramenti, eccetto quello del battesimo solenne, prohibito individualmente da la loro regula cap. 11, come V. A. si degnera vedere dall' congionto foglio[1]); senza far per hora oltro motiuo à S. S^tà resta sufficientemente proveduto à cio che si desidera e charitate et ministerialiter; come appunto vedo espresso nel 40 articolo che m'hà mandato Monsr Vescouo, uerificandosi anco quella particola »ad nutum episcopi«, perche ne i padri potranno esercitare ne il superiore dar loro licenza d'esercitare le funtioni parochiali, se Monsr Vescouo non ne li farà cenno, seu non lo richiederà, seu non li fara instanza, che non ex obligatione, sed ex mera charitate le faccino.

Solo per hora restanno esclusi i P^ri Cappucini ex ui de la regola cap. 11. da amministrare il sacro del battesimo solennemente, extra casum necessitatis, perche per molta instanza che ne facesse il vescouo, li loro superiori, à quali tocca prouedere all' osseruanza regolare, non deuono ne possono permetterlo. E ben uero, che indicio prudentum mi figuro, che

1) Nr. 62.

costi possa esser caso di necessità, tuttauia starò attendendo, se V. A. scriuera la lettera d'obedienza à S. S[tà], perche nel med[o] tempo, ch'io gle la presenterò, le darò parte de lo stato di cotesta chiesa e la supplicherò del nostro bisogno . . .

62. Beilage zu dem Schreiben Nr. 61.

Exercere parochialia auctoritative tamquam parochi prohibitum est regularibus universis; non est tamen iisdem prohibitum exercere parochialia ministerialiter ex charitate, si requisiti fuerint a parocho vel episcopo et licentiam habuerint a superioribus regularibus, quibus subsunt.

Quare Capuccini, qui degunt in hospitio Annouerae, poterunt functiones etiam parochiales obire de licentia ministri provincialis et superioris hospitii, quoties rogati fuerint a Rev[mo] Vicario Apostolico, praeter solemnem administrationem baptismi, extra casum necessitatis, ex praescripto regulae Seraphicae c. i.

63. Colomera an Johann Friedrich, dat. Rom, 5. Juli 1670.

Ho tenuto discorso con Mr Bonuisi, eletto Nuntio di Colonia, sopra la materia qui introdotta de la badia di Marienrode, e come che è prelato di non ordinaria intelligenza e notitia de le cose del mondo, l'ho trouato tanto ben inteso e disposto nell' universale e particolare de gl'affari di costi et in indiuiduo per cotesta seren[ma] casa, che mi ha prevenuto con le ragioni facendo egli stesso le mie parti. Ne hò parlato ancora con li s[ri] cardinali Barberino e Brancacci, ambidue de la cong[ne] concistoriale, à cui appartiene la causa, benche, come scrissi à V. A., se ne sia fatta cong[ne] particolare de prelati con l'interuento del secr[o] de la concistoriale, e Mr Carpegna Datario capi di essa mi parlò con termini assai ciuili e rispettosi, havendosi determinato d'intendere per mezo mio i sentimenti di V. A. e ciò che è praticabile nel ricorso à Roma di monaci per la confirma dell'abbate eletto e nella nuoua elettione da farsi dal pontifice, mentre si pretende, che per questa uolta ne sia decaduta l'elettione alla sede Apostolica.

Quanto alla facoltà di esercitar le parochiali per cotesti P[ri] Capuccini hospiti, inuiai con l'ord[o] possato una copia di ciò che s'era risoluto qui nel Definitorio Generale de med[i] P[ri], et hora qui annesso ne mando l'originale di mano del lor secr[o] tenendone un altro appresso di me . . .

64. Johannes Ringelgen, Abt zu Marienrode, an den apostolischen Notar in Hildesheim, dat. Marienrode 13/23. Juli 1670 (Copie).

Domine Notarie,

Cum defuncto admodum reverendo Domino Antonio Lohe, quondam electo abbate huius monasterii Novalis Beatae Mariae vulgo Marienrode dicti ordinis Cisterciensis, 16 Febr., uti ex relatione et charta electionis mihi constat, admodum reverendus dominus Reinerus Bitterus, eiusdem ordinis commissarius et abbas Derneburgensis, pro neo [sic] electione abbatis hic comparuit [sic], et illic commissarii Brunsuisco-Luneburgico-Ducales adessent volentes memoratae electioni praesidere, reverendus pater Peyer prior autem contra protestatus fuerit ac bene fatus admodum reverendus dominus abbas et commissarius ordinis ut praesens admitti non potuerit, adeoque capitulares pro electione tali quali processerint et unanimiter in me Joannem Niugelgen, tunc praepositum Weltingerodensem, collimarint; admodum reverendus dominus abbas et commissarius vero, dictam electionem nec canonicam nec validam, sed collusivam autumans, altera die, quae erat 17 Febr., capitulares ad sacristiam (locus enim capitularis erat et est dirutus) convocarit invocatoque spiritu sancto et praestito de more iuramento de eligendo magis digno ad canonicam electionem processerit, et capitulares, videlicet fr. Georgius senior, fr. Theodorus Peier prior, fr. Hermannus Heise, fr. Polycarpus Buschen, deinceps unanimi consensu, nullius [sic] plane excepto, ut charta electionis huic adiuncta [fehlt] edocet, sua vota dederint mihi Joanni Niugelgen, praeposito Weltingerodensi superius et inferius nominato, prout etiam a rev^{do} d^{o} abbate commissario praefato electus proclamatus fui; jamvero necessitas me efflagitet, huius cononicae electionis processum in forma probante debito tempore et loco docere: hinc te requiro, quatenus desuper instrumentum sive instrumenta in meliori forma meo et totius conventus nomine in praesentia testium conficias et edas[1]).

65. Colomera an Herzog Johann Friedrich, dat. Rom, 26. Juli 1670.

In quest'ordinario all' humanissima di V. A. de 3 stante riceuo ingiunte le due per S. S^{tà} e per il s^{r} card^{l} Altieri, e nell'una e nell'oltra con termini di tanta benignita si e degnata V. A. far mentione del ministerio che altamente honora la mia persona; et hauendo N. S. dato ordine al suo Mastro di camera, che non solo fosse subito introdotta, ma proferita ad ogni altro persona ò negotio spettante à principi, haurei con ogni facilità in uno da questi due giorni messomi à piedi di S. B., se non si fossero incontrate l'ordinarie udienze da gl'ambasciotori . . .

Spero poi, che Monsr Maccioni con l'autoreuoliss^{o} patrocinio di V. A. debba restar consolato d'una mitra fruttuosa, benche per esser tale dipenda puramente da le congiunture, alle quali io starò tutt'occhio e tutta diligenza per non lasciarle passare senza negotio. Il vesconato di Rieti, quando ne segna la rassegna, trouandosi ancora le cose imbrogliate, è impegnato dall' istesso rassegnatario a persona che sopporti la pensione, ch'egli vi mettera à beneficio de' Nipoti; onde per questo capo secondo lo stato presente ne meno è desiderabile . . .

66. Colomera an Herzog Johann Friedrich, dat. Rom, 9. Aug. 1670.

Molta occasione di benedire Iddio mi porge l'ultima humaniss^{a} di V. A., mentre che uedo in essa, ch'io non ho ecceduto ne mancato d'un jota da i ueri e reali sentimenti, quando m'è conuenuto rispondere alle instanze fattemi sopra la materia de la badia di Marienrode; hò per tanto d'ordine di V. A. confirmato à Mr Carpegna Datario tutto il discorso fattoli da me altre uolte sopra l'affare, e restò di riferirlo in cong^{ne}.

Io se voglio riuerentemente dirne a V. A. il mio senso, questa e una

1) Approbation dieser Wahl durch frater Gotfried Gummerbach, abbas Veteris Montis, ordinis Cisterciensis per inferiorem Germaniam, Westphaliam, Saxoniam et annexas partes vicarius generalis, dat. Coloniae ex nostra Veteris Montis curia, 26. Oct. 1669.

di quelle materie, delle quali internamente Roma uorebbe affato esserne digiuna, onde merita d'esser compatita, se nelli esterne mostra di risentirsi al tocco de la piaga antica; massimamente se le uiene come per forza tolto il poter dissimulare. Io però non lascierò di resistere ad ogni attentato; e se per questa strada le cose non camineranno à mio modo, mi metterò à piedi di S. S^{tà}, con la quale nell' udienza, che hebbi, hauendo particolarmente la mira a questo negotio, mi premunij, che le cause spettanti à V. A. non si douessero commettere à moltitudine de uotanti, che non studiano altro libro che i decretali. Io appresso di me hò le copie di quelle scritture che dimostrano l'atto di monachi, quando si costituirono sotto la protettione de gl'antenati di V. A., e l'antico possesso che hanno sempre hauuto non solo di assistere, ma anche d'aggiungere il lor uoto all' elettione del nuouo abbate, e benche si può credere, ch'essendo ciò succeduto in tempo di duca cattolico, che ui fosse insieme l'assenso ponteficio, tuttauia non mi pare, che dobbiamo metterci tra l'angustie de canoni, quando habbiamo raggioni ualidissime di quella politica, che riguarda il mantenimento e l'accriscemento de la maggior gloria di Dio, euitando i sconcerti e danni che potrebbono [sic] nascere da qualunque motivo di novita. E si mi tocchera parlare et esagerar questo punto, crede V. A., che hò argomenti, che sono cannoni di corsia et arieti omnipotenti per diroccare ogni ragione in contrario. Io mi costituirò avanti i piedi d'. . . . [?] qui me iudicaturus est, e dirò, che sicome mi edifica il zelo prudentemente di giaccio per dissimulare le diocesi intiere in mano de mercenarij, cosi mi scandaliza il med^{o} zelo inportunamente di fuoco per l'assistenza ducale all' elettione d'un abbate per altro canonicamente eletto; ne mi mancheranno modi et essempi da far vedere, che il primo è uero zelo, il secondo è frenesia . . .

Formai il memoriale in conformita dell'ordine di Nostro Sig^{re} per il vescouato di Monsr di Marocco, S. S^{tà} ui fece il rescritto a Monsr Auditore, che ne le parlasse; ondè subito andai ad informare d^{o} Mr Auditore, il quale resto persuaso, che al nome di V. A. et alle qualità del soggetto espresse nel memoriale non si potena negar la gratia; hora mi resta parlarne col S^{r} card^{l} Altieri, e spero poterlo fare in questa settimana . . .

67. Colomera an Herzog Johann Friedrich, dat. Rom, 23. Aug. 1670.

Mi peruiene con l'ordinario di questa settimana l'humanissima di V. A. de li 31 del caduto.

Già si e deputata una cong^{ne} particolare sopra il negotio de la badia di Marienrode, consistente in tre s^{ri} cardinali, Brancacci, Ottobono e Carafa, due prelati, Tagnani et Albritio, e per secr^{o} l'abbate Fauoriti.

Per la sett^{na} seguente farò l'informatione ad uno per uno, e li lascierò la scrittura, che accenai a. V. A. la posta passata.

A me basta hauere il s^{r} card^{l} Brancacci, al quale deferiscono tutti gl'altri, e già ne ho fatta la prima sessione con S. Em^{a}, come anco ne hò discorso col s^{r} card^{l} Carafa, il quale per esser stato nuntio in Germania è molto prattico de le cose del paese.

Io però da i motivi, che ho cauato da le lettere et operationi di V. A., hò formato nella mia idea questo discorso. Molti e graui disordini sono per necessità dissimulati e tolerati de la sede apostolica; sia per cagione d'essempio il permettere, che li vescoui diocesani non possino rifiatare sopra le sue pecorelle; V. A. con quel zelo e prudenza che l assiste, conoscendo l'impossibiltà del rimedio, ha fatto come quel pouero infermo, che non potendo provedersi dell' oro potabile si serue d'un quid pro quo e beue l'agro di cedro. Vi ha introdotto una mitra forestiera con l'esercitio diocesano, e se ben questo e mercenario e non pastore, tuttauia comparando lo stato antecedente col presente, la sede apostolica alza le mani al cielo e non si satia di benedire l'accurata providenza di V. A., la quale essendo sicura in coscienza per la [necessitosa congiuntura de tempi hà fatto un' atto di heroica sopraerogatione.

Per la medesima ragione V. A. era più che sicura in coscienza nella materia di beni ecclesiastici, e tuttauia spontanemente con un breue confidentiale hà uoluto maggiormente assicurarsi, benche à bastanza assicurata da la prudente continouata dissimulatione de la sede apostolica.

Hor uenendo al caso indiuiduo de la elettione dell'abbate di Marienrode, non è dubio, che sicome è contro il ius diuino il tener lontano dal suo ouile il proprio pastore, cosi è contro il ius canonico e forsi qualche cosa di più il far assistere e presedere, racogliere i uoti e confirmare l'abbate nella elettione di esso dà comissarij secolari. Ma sicome V. A. hà dato un tal qual rimedio al p° male con la introduttione d'un vescouo straniero, cosi ha temperata l'assistenza, presidenza e confirmatione da commissarii in semplice installatione in temporalibus secondo un rescritto mandatomi gia li mesi passati da V. A., et hà lasciato far la confirmatione in spiritualibus à Mr Vescouo. E sicome nel p° caso non è rimedio sufficiente il mercenario, ma tolerato, anzi lodato, cosi nel 2° caso non è rimedio bastante la confirmatione in spiritualibus del vescouo di Marocco, perche essendo il monistero di Marienrode nullius diocesis, la confirmatione dell' abbate de iure tocca al sommo pontefice, deue però non solo esser tolerata, ma lodata. Nelli registri della cong^ne concistoriale si troua, che ne buoni tempi antichi li monaci di cotesta badia hanno ricorso sempre al papa per il breue de la confirma del nuouo abbate eletto.

Si che caminando iure ordinis seruato e canonicamente la elettione deue farsi da monaci senza l'assistenza e presidenza de comissarii, la confirmatione deue farlà il papa; la installatione, che secondo me non è altro che una esecutione del breue de la confirma del papa, tocca al principe secolare, poiche per buona ragion di stato il sourano secolare hà da vedere e conoscere, se dall eletto possa promettersi fedeltà ò temersi fellonia, et io sò, che particolarmente nel regno di Napoli per la possessione d'un semplice canonicato si richiede anco, che preceda l'exequatur regio.

Stando dunque tra i termini di elettione monacale, confirmatione papale et installatione ouero exequatur ducale, ueda V. A. quei passi, che da lo stato de le cose di costì le sono permessi per potersi auuicinare, quanto più si può senza pregiuditio de la quiete publica, a questa funtione canonica. Già hà medicata l'assistenza de comissarii con la nuoua elettione senza la loro assistenza, hà temperata la confirmatione de med^i con la installatione, che chiameremo exequatur ducale. Resta solo la confirmatione papale, la quale secondo i canoni è necessaria; mà V. A. hà da prescriuermi, se sia per apportar disturbo o pregiuditio alcuno alle cose di costì, o se possa almeno impetrarsi un breue di confirma confidentiale, nella forma che s'impetri quello de beni ecclesiastici. Che e quanto m'occorre di significare a V. A., alla quale profondamente m'inchino.

68. Colomera an Herzog Johann Friedrich, dat. Rom, 26. Aug. 1670.

L'ordin° di q^{a} sett^{a} non mi ha portato lettere di costi; io pero deuo dare parte à V. A. di cio che m'è occorso di operare circa il negotio de la badia di Marienrode.

Dal p° giorno ch'io seppi esserne qui introdotta la causa, mi premunii con lo studio de le scritture e notitie transmessemi li mesi passati, et essendomi ben instrutto in quel, che s'attiene ad una buona e concludente politica in riguardo del magior seruigio di Dio, mi è conuenuto con la consulta de principali auuocati de la corte provedermi di testi e di canoni, parendomi che non è si brutto il leone come si dipinge. Si che chiamato martedi à sera dal S^{r} card^{l} Nipote, acciocho l'informassi sopra la materia de la d^{a} badia, hebbi fortuna, per quanto m'accorsi, di sodisfarlo col mio discorso, imponendomi ch'io informassi ancora, come di già hò fatto, Mr Datario, Mr Auditore di S. S^{tà} et il secr° Fauoriti, e sopra tutto m'incaricò, come anco gl'altri, che formassi una scrittura di tutto il fatto con le ragioni, per hauerla ciascheduno sotto l'occhio e considerarla.

La prima parte di questa scrittura toccante al fatto sino dal p° giorno de la fondatione del monistero fino al giorno d'hogi è stata formata da me con le ragioni che pienamente persuadono esserui interuenuto indulto apostolico, quando li monaci nel 1538 si diedero sotto la protettione e patrocinio del duca Erico cattolico e s'incorporarono nel suo ducato di Calemberg.

La 2ª spettante alla ultima elettion dell' abbate regolata e moderata nell' assistenza et installatione de commissarii, hauendo io dati alcuni motivi a gl'auuocati, si stà fortificando da med^{i} con testi e canoni, de quali mando qui copia[1]) à V. A. Io sempre hò stimato, che la installatione fatta da commissarii non sia altro che un exequatur ducale d'una elettione canonicamente fatta. Et è indubitato e pratticato in tutta la christianità, che ne vescouo ne canonico ne altra dignità conferita dall' istesso pontefice può esser posto in possesso, se non n'interuiene l'exequatur del principe secolare, ne' i stati del quale è il vescouato ò la dignità.

Spero, che la scrittura sara finita in questa settimana, e fattene le copie le distribuerò, avisando sempre a V. A. ciò che anderò succedendo. E qui profondamente a V. A. m'inchino.

69. Beilage zu dem Schreiben Nr. 68.

Per installationem electus et confirmatus nullum ius spirituale acquirit, sed simplicem facti possessionem, cum installatio non sit de substantia prouisionis, sed de accidentali potius solemnitate. Innoc. in c. transmissam 15 sub n. 2 ibique Abb. n. 3 de elect. Conar. Var. lib. 3 c. 16 n. 2. et seq. Fran. Marcd^{e} 49 lib. 2. ubi satius.

Idcirco prouisus installari ac in possessionem potest immitti de manu laici, quia mera facti executio nihil sapit spiritualitatis. Rebuff. in praxi p. 2. p^{a}. a. de missione in possess. n. 23.

Eoque magis quo beneficium habet iurisdictionem temporalem aliaue vasallagia a principe dependentia, tunc enim ultra prouisiones aposto-

1) S. Nr. 69.

licas potest concurrere inuestitura seu installatio principis, a quo huiusmodi temporalitates recognoscit iuxta originariam doctrinam Innoc. in c. quod sicut 28 n. 3. de elect. ibique Zabarell. sub. n. 8 Archidiac. in t. Adrianus in 2ª n. 1. dist. 63.

Quod si laico licet canonicae electioni interesse, si de facto tantum assistat, nec ius aliquod super illa assumat (Zabar. in d. c. quod sicut n. 6. Archid. in c. laici n. 2. dist. 63), ita pariter debet tolerari, ut electionem canonice factam exequantur per installationem electi, ut probare videtur textus in c. Vota ciuium dist. 63; si praesertim ita fuit per longum temporis cursum observatum, et posset oriri scandalum in auferendo, ut docet Cardin. cons. 57 n. 3 et 5.

70. Colomera an Herzog Johann Friedrich, dat. Rom, 30. Aug. 1670.

. . . Il vescouato richiesto per Monsr Maccioni incontra qualche difficoltà per non sò che apprensione sinistra di zelo intemperato, ma io non lascio di far le mie parte, per mantener in piedi la relatione da me fatta al papa in uoce et in scrittura . . .

71. Cardinal d'Este an Herzog Johann Friedrich, dat. Modena, 4. Sept. 1670.

Il sig^{r} principe Luigi mi ha trasmessa lettera di V. A., nella quale mi esprime le sue premure per Monsig^{re} Maccioni. Il med^{mo} Sig^{r} principe potrà uiuamente rappresentare all' A. V. il sommo desiderio, che tengo di seruirla in tutte le occasioni, doue si tratta d'incontrare le soddisfazioni sue, e che uorrei bene, che la natura dell' affare mi dosse quella facilità da poter tanto maggiorm^{te} far apparire la prontezza, che deuo hauer sempre nel esequire i di lei commandi. Non lascio con tutto ciò di confirmare all' A. V. i med^{mi}, bramando ardentemente di poterne aggiongere le migl^{ri} proue anche in tal congiuntura . . .

72. Colomera an Herzog Johann Friedrich, dat. Rom, 5. Sept. 1670.

Giovedi terminai di presentar le scritture a questi sig^{ri} cardinali e prelati de la cong^{ne} sopra il neg^{o} de la badia di Marienrode . . .

Hò di nuouo parlato à Mons^{re} auditore di S. S^{tà} per la gratia del vescouato per M^{r} nostro di Marocco, anzi l'hò lasciato una scrittura per risposto ad alcune difficoltà insorte, onde mi gioua sperarne bene . . .

73. Colomera an Herzog Johann Friedrich, dat. Rom, 13. Sept. 1670.

Hieri doppo pranso in palazzo si fece la cong^{ne} sopra il negotio de la badia di Marienrode, nella quale solo mancò il sig^{r} cardinal Altieri, impedito de la uisita del s^{r} card^{l} de Medici; durò da le 21 [sic!] hora sino all' Ave Maria. Il secr^{o} Fauoriti mi hà detto, che le cose uanno bene, e col seguente ord^{o} mi dirà i particolari, perche forsi prima ne vorrà dar parte a S. S^{tà} . . .

74. Colomera an Herzog Johann Friedrich, dat. Rom, 27. Sept. 1670.

Mi peruiene in q^a^ sett^na^ l'humanissima di V. A. de '4 del corriente col benigno gradimento dell' operato in ordine tanto di Monsr Maccioni quanto de la badia di Marienrode, circa la quale in q^a^ sett^a^ è occorso un nuouo accidente, perche l'agente dell' eletto di Colonia ha presentato un memoriale in nome del suo P^rone^ come vescouo d'Hildeseim, chiedendo di uoler esser inteso sopra il negotio di d^a^ badia, la quale asserisce esser suo ius patronato. Io hò parlato in buona forma con chi doueuo, ne hò dubio di poter tener forte, che qui non s'innovi cosa alcuna in pregiuditio de le ragioni di V. A. e de la sereniss^a^ casa, la quale con inueterato pacifico possesso l'hà goduto.

In tanto io rifletto, ch'essendosi proceduto qui con cautela e riguardo, mentre uno de fini de la congregatione particolare fù questo, il motivo suegliato non può esser venuto se non da Colonia, donde venne indiscretamente la prima denuntia . . .

75. Colomera an Herzog Johann Friedrich, dat. Rom, 4. Oct. 1670.

. . . hò negotiato col P^re^ Vicario Generale de P^ri^ Capuccini, il quale con ogni prontezza e gusto di seruir V. A. mi hà dato l'incluso duplicato nella med^a^ conformità che V. A. lo richiede; per il che godo anch'io, che V. A. sia stato ben seruita e ben subito . . .

76. Colomera an Herzog Johann Friedrich, dat. Rom, 18. Oct. 1670.

. . . Da me non si risparmiera diligenza alcuna, accioche Mr Maccioni conseguisca cio che desidera, benche egli si ua restringendo à vescouato uicino Roma, il che dipende de la congiuntura . . .

77. Colomera an Herzog Johann Friedrich, dat. Rom, 25. Oct. 1670.

. . . Il sabbato passato mi fù mandato il breve sopra l'affare dell abbate di Marienrode, ma fui necessitato à non accettarlo, perche nel frontespitio portaua un pregiuditio notabile alle ragioni di V. A. in ordine al vescouo d Hildeseim, che hanno indotto à pretendere, che la badia di Marienrode sia della sua diocesi, sopra di che il suo agente presentò memoriale alla sacra cong^ne^, et io me li opposi con non farlo havere in consideratione. Si era anco determinato, che il breve non si spedisse ad instanza d'alcuno, ma che il papa facesse un motu proprio; quando fù trasmesso qua un memoriale da parte del capitolo et abbate, che supplica S. S^tà^ de la confirmatione. Onde non s'è potuto rimediare, che il breve non sia diretto al med^o^ abbate supplicante, e che non sia disteso in conformità de la supplica per necessità precisa.

E ben vero, che il breve capiterà in tutta confidenza nelle mani di V. A., accioche ne disponga, come più e meglio stimera la sua prudente pietà e la sua prudenza, pretendendo la sede Apostolica caminar di concerto con V. A. nel gouerno, mantenimento et accrescimento di cotesta nouella chiesa rinascente; ne l'è mai caduto in pensiero di uoler suscitar costi novità, che sarenno sempre pericolose senza la matura direttione d. V. A.

Quando fin hora hà fatto la sede Apostolica costì, tutto è stato ad instanza di V. A., Vicariato Apostolico, mitra e pastorale, religiosi Capuccini, altari privileggiati, indulti di beni ecclesiastici, et altre cose sono tutte concedute, perche V. A. le hà giudicate espedienti et opportune e non pregiuditiali e tumultuose al fine proposto.

Si concesse la mitra, perche si richiese; si riuocò, perche fù representato, che V. A. non la giudicaua conueniente per il titolo di prefetto.

Hora necessitata da le tante instanze e fiscalità [? !] à far breve sopra il negotio et elettione irregolare dell' abbate di Marienrode ad instanza de l'istessi monaci et abbate, che può far di uantaggio se non trasmetterlo à V. A., lasciandone al suo pio e prudente arbitrio la dispositione et esecutione?

Io col breve trasmetterò a V. A. un rescritto di mano del secr°, che contiene quest' istessi sentimenti de la sacra cong^ne^, e godero, che si trouano conformi alli miei da principio insinuati et in tutto il progresso, benche innano, inculcati.

A cio che occorre di vantaggio supplirò di mano in mano con le seguenti, mentre qui senza più à V. A. profondamente m'inchino.

78. Colomera an Herzog Johann Friedrich, dat. Rom, 15. Nov. 1670.

In conformità di quel, che mi scriue per l'ord° presente il s^r^ Floramonti, spero, ch'all arriuo di questa V. A. sia ritornata con salute da Danimarca et haura veduto in piu mani di lettere cio, che qui si e determinato circa la causa de la badia di Marienrode, insieme col breve et instruttione, che inuiai la settimana passata.

A me e grandemente dispiaciuto intendere, che il suffraganeo d'Hildesim in occasione di festa solenne si sià portato alla badia, ui habbia pontificato, benche con licenza del abbate, e che si sià offerto di benedirlo, perche se bene questi non sono atti giurisditionali, ne il concederli, che la badia sia di quella diocesi (a cagione di che potrebbe il suffraganeo diocesano celebrar nella badia e benedir l'abbate), pregiudica all' esser in territorio di V. A. almeno per l'inueterato possesso; tuttauia non dubito, che le sole apparenze e nuove introduttioni possino esser non approuate da V. A. per degni rispetti di stato, come sono qui riceuute con dispiacere tanto in riguardo di V. A., quanto del danno, che ne potrebbero sentire i progressi de la fide cattolica in coteste parti del suo gloriosissimo dominio.

Serenis s° P^rone^, hebbe l'A. V. il mio cuore in mano sino dal p°, ch'io hebbi la fortuna del fauoritiss° carattere di suo servidore; può dunque ben leggere in esso l'afflittione, ch'io sento per simili disturbi da me preueduti e, per quanto hò potuto, avertiti sin da primi motivi e costantemente replicati per tutto il corso de la materia, ma con poco ò nessun profitto, perche sempre mi è stato contraposto il consiglio di persone pie e dotte, alle quali io cederò sempre, per quel che tocca al secondo attributo. Vorrei intanto esser stato falso profeta ò almeno poter al presente redimer col proprio sangue la pena, che sento in riguardo di chi non hà havuto fondamento bastante da credermi, o per il manco dubitare. Sia dunque tutta la colpa del mio basso e pouero talento, che non sa acquistarsi ne concetto ne credito, e sia magior la gloria de la prudenza e benignità di V. A., mentre con l'una saprà metter argini agl' inconuenienti e con l'altra compatir gl'errori, come ne aggiungo nuove humilissime suppliche e quelle de la lettera antecedente.

Il s[r] de la Sale è già arriuato in questa corte e ben accompagnato da fauorilis[s]* lettere di V. A., alle quale io ubbidirò prontamente facendo ogni sforzi in assisterli e seruirlo nel conseguimento de le sue giuste e lodeuole sodisfattioni. Et à V. A. profondamente m'inchino.

79. Colomera an Herzog Johann Friedrich, dat. Rom, 22. Nov. 1670.

In questa settimana non occorre cosa di nuove nel negotio de la badia di Marienrode, havendo pienamente date à V. A. le notitie di cio, che qui e passato, onde starò attendendo i sensi et ordini di V. A. In tanto continouo le mie instanze appresso M[r] auditore di S. S[tà] per il vesconato di Mr Maccioni. Il S[r] di Sale s'è retirato fra P[ri] de la Missione . . .

80. Colomera an Herzog Johann Friedrich, dat. Rom, 6. Dec. 1670.

. . . Il sig[r] de la Sale si rende ogni giorno più appresso di me degno de la benegnità e protettione di V. A., sperimentandolo compitissimo in tutte le parti, già si è ritirato ad habitare con i P[ri] de la Missione, con li quali hà fatto gl'essercitij spirituali, è si uà incaminando al sacerdotio; l'hò reso certo de la propensione di V. A. di fauorirlo in ogni sua occorenza e dell'ordine replicato, che mi dà di assisterlo per qualche suo stabilimento.

Quanto à Mr Maccioni, V. A. ha prevenuto le mie humilissime suppliche, che à quest' hora le saranno capitate, con le quali ho implorato la continouatione de la protettione di V. A., che sola può seruir di suffragio à cotest' anima del purgatorio. Seren[mo] P[rone] creda pure, ch'io non posso toccar questa materia senza bagnarla di lagrime, mentre fù introdotta da me con tanta felicità, che mi gloriauo di poter esigere per giustitia quel, che da ogni altro si riconosce per gratia, et in termine di pocchi giorni restarono abbattute le mie speranze in maniera, che douunque mi ragiro per quest'affare, incontro disgratie con estremo mio rossore e dolore.

V. A. haura riceuuto e considerato il breue con la carta da nauigare dell' instruttione datami da la sacra Congregatione per mezo del suo secretario, che lo rimette alla prudenza e pietà di V. A., da la quale starò attendendo gl'ordini più precisi per esiguirli.

Il P[re] Oliua ha dato alle stampe un picciolo volume, che contiene le sue esertationi domestiche, ma con unguale applauso dell' altre; unirò questo al secondo tomo de le prediche pontificie, et insieme col microscopio, che hogi stà à buon termine, incaminerò à Venetia al s[r] Daniele Breul, acciochè con buona occasione lo rimetta à V. A., alle quale profondamente m'inchino.

81. Colomera an Herzog Johann Friedrich, dat. Rom, 13. Dec. 1670.

Spero con l'ord. venturo intendere, che sia gia peruenuto alle mani di V. A. il breue inuiato le da me insieme con la copia dell' instruttione datami dal secr[o] Fauoriti in nome de la cong[ne], onde col med[o] ord[o] staro attendendo gl'ordini di V. A. per confirmarmi ad essi con l'obedienza dell' esecutione . . .

V. A. conoscera che l'interessi di Monsr nostro di Marocco hanno preso diversa piega, onde bisogna incaminarli per altra strada di quella, che con tanta felicità si era incominciata . . . . .

82. Colomera an Herzog Johann Friedrich, dat. Rom, 20. Dec. 1670.

Il breve fù da qui incaminato alli 9 di novembre, onde mi do à credere, che col seguente possa haver l'auuiso de la riceuuta.

Il s^r cardinal Facchenetti da Spoleti [?] m'ha fatto tener l'acclusa per V. A., alla quale profondamente m'inchino.

83. Maccioni's Bericht an die Congregatio de Propaganda Fide, zu Händen des Cardinals Barberini, dat. Hannover, 26. Febr. 1671.

Em^o e R^mo Sig^r mio P^ro Col^mo,

(Per servitio della Sac. Congregatione de Propaganda Fide)

Dopochè mi furono inviate da cotesta Sac. Congregatione de P. F. altre facoltà vicariali etiam cum extensione ad dioecesim Halberstadiensem spedite in Roma alli 29 del mese di Maggio 1670 (giachè la d^a S. Congregatione haveva stimato di sospendere i decreti di missione, che già furono fatti tanto al P. Procuratore generale de Capuccini di prefetto, quanto agli altri PP. d'Hannover, sicome mi fu notificato nella lettera scrittami da V. Eminenza sotto dato delli 28 di Giugno 1670), non mancai, come avvisai, di communicare ad alcuni sacerdoti secolari e poi particolarmente a questo P. Superiore de' Capuccini et a quei Padri da esso giudicati più idonei alla conversione dell'anime, havendole all'hora ricevute il detto Padre etiam cum gratiarum actione.

Nell' arrivo del P. F. Antonio Felice Isolani da Bologna in Hannover nel mese passato di novembre, il detto P. Superiore mi disse dopo il silentio d'alcuni mesi, che haveva ordine da suoi superiori di non ricever da me tali facoltà, del che io mi maravigliai non poco, mentre (dopo i sopradetti decreti della S. Congregatione e dopo i concordati fatti da S. A. nel mese di Maggio passato 1670 col P. Girolamo Ruthense Provinciale di Colonia e Visitatore, che qui accludo con gli ultimi del P. Isolani) le haveva di già prese et accetate con bona gratia, come di sopra ho detto.

Il P. Isolani havendo cio saputo persuase con la sua destrezza e somma civiltà il P. Superiore, che poteva senza difficoltà con gl'altri PP. ritenere tali facoltà communicate et essercitare solamente quelle, che pensavano non fossero contrarie alla loro regola, uniformandosi nel resto al rescritto del Deffinitorio di Roma, la cui copia è descritta nel medesimo foglio de i concordati dal P. Visitatore e Provinciale sopradetto qui incluso, e così col termine generale exceptis excipiendis di nuova s'accettarono, promettendo io al detto P. Isolani, che di ciò non havrei scritta cosa alcuna alla S. Congregatione, mentre non mi fosse replicato lo stesso o altra cosa in contrario circa tal materia, assecurandomi egli, che al suo arrivo in Roma havrebbe procurato, che tutto ciò fosse aggiustato in bona forma.

Dopo la partenza del detto P. Isolani, il detto P. Superiore replicandomi d'haver nuovo ordine di non ricevere le dette facoltà vicariali di già accettate, ma solamente l'ordinarie tamquam ab Ordinario simpliciter iuxta solitum, non posso hora far di meno di significar tutto ciò a V. E., acciòche per via di Mons. Nuntio di Colonia, a cui sono subordinato, mi sià significato quello che la S. Congregatione commanda, ch'io facci in tal caso, e come debbo regolarmi. A me pare però, che riconoscendomi i PP. Capuccini di Hannover loco Ordinarii, ricevendo da me l'approvatione e la licenza d'udir le confessioni, possino ben ancora ricevere l'altra facoltà, perchè in tanto io esercito l'offitio d'Ordinario in questi stati ducali, in quanto che sono vicario apostolico, e se dunque possono pigliar le prime, a me pare che in consequenza non devono far difficoltà di ricevere le seconde già accetate, come senza contradittioni fanno i PP. Cisterciensi di Marienrode et altri regolari de' luoghi circonvicini soggetti al mio vicariato apostolico, alli quali le ho in parte communicate.

Di più circa ciò, l'articolo 21 delle facoltà concessemi dalla Santa Sede leva ogni dubbio, mentre si specifica in quello, che io possi communicare tali facoltà in totum vel in parte (non tamen illas, quae requirunt ordinem episcopalem) sacerdotibus idoneis in conversione animarum laborantibus.

Affaticandosi dunque i Padri unitamente meco in questa vigna del Signore (sebene senza titolo di missionarii per uniformarsi alli sentimenti di S. A., che rebus status sic stantibus ha havute et ha ancora sopra ciò le sue ragioni) non hanno, che poter dire in contrario, perchè nelle facoltà apostoliche concessemi non si eccetuano i regolari, dicendosi assolutamente communicandi has facultates sacerdotibus idoneis in conversione animarum, e così non devono haver scrupolo d'esercitarle all' occasioni, almeno conforme si restò d'accordo col detto P. Isolani. I Superiori però havranno forse creduto, che ricevendo da me tali facoltà, questi PP. fossero anco a me maggiormente soggetti, overo si derogasse a loro previlegii, ma in ciò possono facilmente disingannarsi, mentre negli ultimi due articoli delle risposte date da S. A. al P. Antonio Felice si legge chiaramente il contrario; perchè infatti uniformandomi allo stile et uso della vicina diocese d'Hildesheim non farò qui se non quello, che fa Mons. Anethano Suffraganeo di detto vescovato con tutti i regolari di detta diocese, a'quali però non permette l'assolutione da i casi papali, nisi in originali vel in copia autentica edoctus fuerit, il che devrò ancor io pratticare, se non ricevono le facoltà sopradette overo mi mostrino altre in originale o in copia autentica.

Quoad parochialia vero et eorum exercitium, (come si esplica e si desiderava da S. A. nel quarto articolo dei concordati col sopradetto P. Girolamo Ruthense) i PP. Superiori Capuccini di Roma, senza multiplicar . . [?] senza necessità, prudentemente consultarono fra di loro e fecero un rescritto nel Deffinitorio generale, nel quale dichiararono, che i PP. Capuccini, qui degunt in hospitio Hannoverano, poterunt functiones etiam parochiales obire, quoties rogati vel requisiti fuerint a vicario apostolico praeter solemnem administrationem baptismi extra casum necessitatis ex praecepto regulae cap II, sicome infatti fanno con ogni carità.

In quanto poi all' administratione del battesimo (alla quale admetterò all'occasioni anche i PP. Capuccini, quando havranno ottenuta la dispensa di S. Santità), hora mi servo di qualche prete secolare, et altre volte mancando questi, io medesimo faccio volentieri tal sacra funtione, come per appunto facevo avanti la venuta de' PP. Capuccini, essendo di già vicario apostolico un anno innanzi, che si pensasse e si determinasse d'introdurre detti PP. in Hannover; essendosi più tosto all'hora discorso (al che s'oppose il consiglio di stato) d'introdurvi i Padri Giesuiti, quali avanti l'introduttione di PP. Capuccini venivano ad minimo cenno in Hannover nelle feste principali dell'anno ad aiutarmi con ogni carità e cortesia (quando anco ero semplicemente capellano et elemosiniere maggiore del Sereniss°), sicome di già notificai nella mia prima relatione, che nel principio della regenza di S. A. S. inviai a cotesta S. Congregatione; alla quale non mancerò di dare a suo tempo una piena relatione (che vo meditando) dello stato della religione e del progresso e propagatione della santa fede in questi luoghi della Bassa Sassonia e particolarmente in questi stati ducali, dove il buon P. Isolani fu così ben veduto et accetto per le sue cortesi e nobili maniere, che dell' istesso Sig^r duca Giorgio, fratello maggiore, fu accolto a Cell (dove io lo condussi meco) coll' habito proprio da Capuccino con meraviglia di tutta la corte e della città, e quel generoso prencipe, se ben lutherano, mio gran benefattore et amorevole, disse e si dichiarò publicamente, che ciò permetteva a detto Padre et al suo compagno per la stima, che faceva della sua persona.

Del resto, se bene questo P. Superiore m'ha replicato di nuovo di non poter ricevere le dette facoltà di già accettate, V. Eminenza non pensi, già esser tra i Padri e me discordia alcuna, ma con pace e carità si segue nel servitio di Dio e del prossimo, e si sta attendendo circa ciò l'oracolo del Sommo Pontefice, perchè il detto P. Superiore mi dice, che non specificandosi nelle mie facoltà vicariali la parola Regularibus ovvero Capuccinis, si crede non basti la generale Socerdotibus etc., ut supra.

L'offitio di S. Canuto martire, re di Danimarca, concesso da S. Santità a' prieghi de catholici di quel regno, è stato da me fatto ristempare, e l'ho inviato a tutti i PP. missionarii del settentrione, e tal gratia veramente è stata stimata al maggior segno, perchè tempo fa fu desiderata ancora assieme con l'humile petitione per l'offitio di S. Anschario, vescovo d'Hamburgo e Brema, apostolo del settentrione, conforme già scrissi; e quando S. Santità si compiacesse di concedere ancora l'offitio di detto Santo, crescerebbe maggiormente la memoria esemplare e santissima d'un si degno pastore, che ridusse all' ovile di Christo tante pecorelle smarrite.

Il Capellano del Sig^r duca di Mechelburg mi scrive da Swerino, che S. A. finalmente ha inviato da Parigi, dove hora si ritrova, tutta la suppellettile sacra per quella chiesa, conforme la nota, ch'io feci, quando fui l'anno passato in quelle parti, et al ritorno di quel prencipe, che s'aspetta a primavera, et che ha per me qualche bontà, spero d'andare a visitare quei luoghi come anche Halberstatt, Brema, Altenò et Gluckstatt, conforme gli ordini, che mi verronno da cotesta S. Congregatione per via di Mons. Bonvisi, Nuntio di Colonia, e le faccio humilissima riverenza.

Hannover, 26 Febr° 1671. Di V. Eminenza

humill° d^mo et oblig^mo serv^re

Valerio Maccioni, Vesc di Mar°, V. Ap.

84. Herzog Johann Friedrich an Colomera in Rom, dat. Hannover, 21. Mai 1671. (Copie von Maccioni's Hand.)

Della lett^a di Monsr Baldeschi rimessa mi da V. S. per Monsr Maccioni hò veduto, che s'era costì mal appressa quella, ch'egli sotto li 26 di febraio haveua scritta alla S. Cong^ne de propag^a fide, e m'ha recato qualche merauiglia, poiche havendone io letta qui con tal occasione la copia hò veduto, ch'egli domandaua solamente, come douèsse gouernarsi con questi P^ri Capuccini, i quali, dopo haver accetate e tenute per alcuni mesi le facoltà, ch'egli come vicario apostolico haveua communicate loro in uirtù dell' ultimo foglio hauutone, dopo che fù dichiarato, che questa non douesse essere missione, recusarono di più uolerle per ordine de loro superiori. Hauendone però Monsr Maccioni domandato parere alla S. Cong^ne^ con dire semplicemente il suo, sarebbe gran rigore il raccorre, ch'egli hauesse inteso, che si forzassero i P^ri^ Capuccini à riceuere da la le facoltà, mentre esso si dichiara nella med^a^ lett^a^, che n'hauerebbe atteso gl'ordini per eseguirli con ogni puntualità et riuerenza.

Non è minore l'equiuoco, che parimente costì si prende à pregiudizio di esso sopra il non essersi riceuuti quì i P^ri^ Capuccini come missionarii, poiche essendo questa resolutione deriuata assolutamente da me se ne incolpa tuttauia questo prelato, il quale anzi haueua lasciato correre il nome di missione doppo i primi capitoli di concordato con detti P^ri^, et io l'osseruai da me, quando sentii, che doueuano dipendere da un prefetto dello stesso ordine residente in Roma, e non giudicai bene d'ammetterlo. Havendo però io scritto sopra di ciò assai à longa a V. S. e parlato quì al padre Isolani, sento adesso con qualche rammarico, che di detta mia volontà si uogli costì fare una colpa à Monsr Maccioni, il quale non c'hà hauuta altra parte che di conformarsi col mio parere e di eseguire i miei ordini, rimandando in Roma le facoltà di prefetto di missione, come chiaramente io gli comandai. Si contenti però V. S. usando nel solito suo affetto verso Monsr sincerare Monsr Baldeschi e chi bisogni, di questa verità e della buona mente di lui, assicurandosi ch'io non permetto, che alcuno qui disponga d'affari ne stati miei, e che non lascio in essi à miei ministri altra parte che l'essecutione. Nostro Signore Iddio la conservi e la prosperi.

di V. S. aff^mo^ di cuore

il duca Gio: Federigo.

85. Maccioni an den Sekretär der Propaganda, Cardinal Baldeschi, Erzbischof von Cäsarea, dat. Hannover, 21. Mai 1671.

Illmo e R^mo^ Sig. mio P^rone^ Col^mo^,

Ricevo dalle mani di S. A. S. la lettera di V. S. Illma a sigillo volante e non posso se non renderle dovute gratie della bontà et affetto, ch'ella conserva verso la mia persona. Mi reca però non picciola ammiratione il vedere, che costà si pensi, ch'io vogli sforzare questi PP. Capuccini a pigliar da me le facoltà concessemi dalla S. Congregatione dopo essersi dichiarato, che quella non fosse missione. E pure nella mia lettera scritta all' Eminentiss^o^ Sig^r^ Cardinale Barberini mi rimetto in tutto alla dispositione di detta S. Congregatione et agli ordini santissimi del Sommo Pontefice, dicendo ch'io attenderei per via di Monsig. Nuntio di Colonia, a cui sono subordinato, quello che la S. Congregatione commandasse, ch'io facessi in tal caso, e come dovessi regolarmi, e circa il fine di detta lettera, che si starà attendendo circa ciò l'oracolo di S. Santità.

È ben vero, che in detta lettera ho modestamente esposto il mio parere et humilmente rappresentato il mio sentimento, mentre i detti Padri havendo di già accettate et essercitate le facoltà da me communicateli, mi pareva, che potessero seguitar in tal modo, o almeno conforme si restò d'accordo col P. Antonio Felice Isolani, perchè credevo, che l'articolo 21 levasse ogni dubbio, dicendosi in quello generalmente communicandi has facultates in totum vel in parte sacerdotibus idoneis senza eccettione alcuna de' regolari o secolari.

Se per rappresentare questi miei humilissimi sentimenti si creda costà, che per questo io vogli sforzare i Padri Capuccini a ricevere le dette facoltà vicariali, in ciò mi fanno torto, perchè tutto quello, che costì si giudicarà e si determinarà, sarà da me ricevuto con somma riverenza e con eguale obedienza pontualmente esseguito.

Se poi l'elettione d'un prefetto e viceprefetto di missione con le proprie facoltà, che si rimandarono col plico intatto al Sig. Colomera, non fu accettata da S. A., come potevo io lasciar essercitare le dette facoltà prefettitie, havendo inteso S. A., che questi Padri fossero solamente capellani e predicatori ducali, e non missionarii? I PP. Capuccini però dovrebbero più tosto haver gradita la mia bona volontà, perchè dopo i primi articoli de' concordati dati sul bel principio alli PP. Commissarii Reginaldo e Servatio, quando vennero a veder il luogo d'Hannover, nelli quali non si fa mentione alcuna di missione, nel foglio dato da questi al Sereniss°, che poi mi fu da S. A. consegnato, lasciai passar il nome di missione, credendo, che ciò non alterasse le cose, e che non importasse punto a S. A. S., che questi buoni Padri suoi cappellani e predicatori fossero anch' insieme missionarii, ma S. A. non volse per degni rispetti, sicome più volte ha scritto al Sig. Abbate Colomera, da cui V. S. Illma sarà stata et ancora potrà esser meglio informata.

È ben vero, ch'ancor io in quel tempo mi formalizzai alquanto per l'elettione d'un prefetto con facoltà eguali, anzi piu ample delle vicariali, siccome viddi dalla copia di quelle, et in confidenza ne scrissi con libertà lombarda di tutto ciò a V. S. Illma parendomi strano, ch'un prefetto regolare havesse più ample facoltà del medesimo Vicario Apostolico, la di cui carica era stabilita in questi stati, prima che si pensasse di chiamar i PP. Capuccini in Hannover. Ma che io havessi impedito, che questa non fosse missione, mi si farebbe gran torto a crederlo, perchè, come di sopra ho detto, io per me lasciavo liberamente passare il nome e l'offitio di missionarii, esponendo solo nelle lettere scritte a V. S. Illma le mie considerationi, ragioni, parere e sentimenti sopra quelle facoltà prefettitie per qualche prattica ch'ho fatta in queste parti, rimettendomi poi sempre in tutto come figlio obediente alli commandi e agli ordini della S. Congregatione, come V. S. Illma potrà ancor leggere in alquanti delle mie lettere circa il fine di esse scrittele all'hora in quel fervore con la solita confidenza. Onde non so vedere altro motore dell' oppositioni fatte in questa parte che S. A. S., quale perciò non recusarà mai missionarii di qualsivoglia ordine, purche siano discreti, ne'suoi stati, quando saranno deputati e mantenuti da S. Santità a spese della S. Congregatione de Propag. Fide, come S. A. ha scritto altre volte al Sig. Colomera.

Prego poi V. S. Illma haver la bonta di scusarmi per l'inportunità recatale per tal longhezza di lettera, rimettendomi in tutto e per tutto a quello, ch'ella giudicarà a proposito di rappresentare alla S. Congregatione intorno alle cose sopradette et a quello, che significai nella lettera al Sig^r^ Cardinal Barberini, et le bacio devotamente le mani. Di V. S. Illma e R^ma^

Hannover, li 21 Maggio 1671. dev^mo^ et oblig^mo^ serv^re^

Valerio, Vesc° di Mar°, V. Ap.

Postscriptum: Dalla benignità di V. S. Illma starò attendendo qualche risposta non solo circa le cose soprascritte, ma ancora mi favorirà in haver la bontà di significarmi, se possi admettere i PP. Capuccini alla solenne administratione del battesimo prohibitali ex praecepto regulae (come fu notificato nel rescritto del Deffinitorio dell' Ordine), poichè circa gli altri parochiali non v'è difficultà alcuna, essercitandoli all' occasioni con ogni charità.

86. Colomera an Herzog Johann Friedrich, dat. Roma, 23. Mai 1671.

Hier matina, 22 del corrente, partì da questa citta con il suo solito compagno il P. Anton Felice con intentione di trattenersi in Bologna al piu lungo, se la necessità lo richiede, dieci giorni, e doppo senza altro interrompimento continuare il suo uiaggio. Io sono rimasto sodisf^{mo} de le sue religiose e nobili maniere, e sopra tutto godo d'hauerlo conosciuto si tenacemente applicato a seruir V. A., la quale spero, che ogni giorno più trovera in esso nuoui argomenti di affetto e di stima. Egli riferirà à V. A. molte cose, le quali egli hà uedute con suoi occhi e toccate con le proprie mani, particolarmente il desiderio che si ha in questa corte di conformarsi nel modo che l'è permesso, a i sentimenti di V. A., che sempre saranno stimati li migliori come parti non men de la pieta che de la prudenza; onde non arriuerà mai costà risolutione alcuna, che le giunga nuoua et improuisa; verità, che doppo tante insinuationi e protesti dourebbe pur imprimersi nell' animo di Monsr nostro e farli fermamente credere, quanto sia pregiuditiale al ben publico et al proprio di metter penna in carta senza p^{a} consultarne il contenuto col zelo e maturità di V. A., oltre che nel particolare di esser dispensati li P^{ri} Capuccini alle funtioni parocchiali la dispensa non farà mai questo giro, che il papa dia la sua autorià à Mon^{r} di dispensare, ne si finira mai d'intendere, in che consista il pregiuditio appresso da Mons^{re} alla sua giurisditione, se i dispensati dal papa non possono esercitar le funtioni senza la licenza del vic^{o} apostolico; e che mai importa alla chiesa di Dio, che questi dica à P^{ri} Capuccini: io ui do l'autorita di battezzare, e non dica: io ui dò licenza di battezzare. Questa dipende dal vic^{o} apostolico, quella dipende immediatemente dal papa, con questa espressa ristrettiua, che si rende inutile et inhabile all' essercitio senza la licenza e beneplacito del vic^{o} apostolico. Questo è l'uso, ordine e stile del gouerno pontificio, ne Mon^{re} con le sue istanze l'altererà mai, ne hà fondamento d'alterarlo; con che a V. A. profondamente m'inchino.

87. Colomera an Herzog Johann Friedrich, dat. Roma, 20. Juni 1671.

In essecutione de gl' ordini di V. A. peruenutimi con l'ultima de 21 del caduto hò subito parlato a Mon^{r} secr^{o} de prop^{a} fide e tenuto seco longo discorso in giustificatione di quella lettera come scritta senza V^{a} intentione, e nella quale dimandaua sol consiglio e parere; e perche Mons^{re} me ne hà fatto presentare un'altra al med^{o} Mon^{re} secr^{o}, sopra la quale anco da me si discorse nell' istessa forma, ho stimato bene distesamente scriuere à Mon^{re} li cinque articoli, ne quali si ragirò la risposta di M^{r} secretario, che V. A. potra uedere, et humil^{te} la supplico à ueder tutta la mia lettera con la copia di due altre scritture ponderandole in sua presenza, e se in qualche cosa fallisco, sara mia somma gloria, che V. A. mi correga, mentre non hò altro fine che di accertare nella essecutione de gl'ordini di V. A. . . . .

88. Colomera an Marcioni, dat. Rom, 20. Juni 1671.

La lettera di V. S. Ill^{a} per Mr Baldeschi fù da me sub^{o} letta, serrata e presentata al med^{o}, col quale ho discorso per longo tempo in giustficatione dell' antecedente, come scritta con tutta modestia e subordinatione; benche ascriuo à mia mala fortuna l'hauer da seruire V. S. Ill^{a}, come la seruo con termini di giustificare, ricordandomi de la felicità di questi primi tempi, ne' quali erano da me lette e presentate con gusto indicibile quelle lunghe lettere, che conteneuano progressi di fede, augmenti di deuotione e conuersioni d'acatolici.

Mr Baldeschi restringe la sua risposta in alcuni punti:

p°, ch'egli è semplice ministro e come tale non può riceuer lettera in confidenza senza legerla alla S. congne ne rispondere se non li sentimenti de la meda;

2°, che la S. C. non uole andar riuangando le cause del abolimento, che la sopresse per incontrare il gusto e sodisfattione di S. A., ne si querelerà mai d'hauerla riuocata per q° rispetto;

3°, che alla S. C. dispiacque, che nel med° tempo V. S. Illa si lamentasse non solo, che le facoltà concesse alla missione fossero magiori delle proprie, il che costantemente nega, ma che le da facoltà fossero communicate da la S. C. con la sola subordinatione a V. S. Illa, pretendendo oltre la subordinatione la communicatione di esse, il che indeboliua i miei attestati, con i quali mi sforzauo di persuadere, che in quella abolitione ella non haueua parte alcuna, ne pur minima;

4°, che la lettera di V. S. Illa antecedente doppo di essersi ridotti li Pri Capuccini nello stato di semplici cappellani di S. A., ritoccando le pretensioni di uolerli communicare le facoltà, rinouò il dispiacere antico, argomentando, che V. S. Illa uolesse uscirne con la sua in una cosa stimata dalla S. C. irregolare;

5°, che qa ultima lettera si porterà alla S. C. ne dubita, che parterira il med° effetto e la meda risposta, e perche contiene piu espressamente il punto de le facoltà maggiori e l'altro da facolta di poter communicar le proprie cuicunque sacerdoti idoneo, crede che si le commeterà di replicare al p°, che quella propositione non e ammessa simpliciter, oltre che qualunque facoltà concessa à missionarii essendo subordinata quoad exercitium a V. S. Illa non può hauer titolo di magioranza; et al 2° dira, che V. S. Illa può communicar le proprie facoltà alli sacerdoti Capuccini cappellani; ma pero, che se l'intenda con i superiori de medi, se uorranno riceuerle, perche ne V. S. Illa ne la S. C. potrà sforzarli. Anzi diranno, che per quel che tocca a quelle funtioni parocchiali, che non sono uietate da la regola, gia le hanno dal sommo pontefice, per quella che tocca al battessimo solenne per esser espressamente prohibita da la regola, se uogliono esercitarla, hanno bisogno de la dispensa ponteficia a da regola.

Da tutto ciò V. S. Illa potra comprendere, che non ui e stata necessità di giustificarla sopra la sostanza de la estinsione de la missione, ma sopra li due punti proposti da V. S. Illa, che le facoltà concesse alla missione siano state maggiori delle proprie, e che le par strano che i Pri Capuccini ricusino di riceuerla dal vic° apostolico. In ordine à che hò procurato, quanto hò potuto, disingannare Mr seg°, che nella lettera di V. S. Illa non ui e stata 2a intentione, che tantum ualet quantum sonat, che non è passata piu oltre che di chieder parere e consiglio per esseguirlo con altri motiui, che m'ha potuto sugerire l'obligatione precisa, che hò di ubbidire à cenni, non che à commandi espressi di S. A. Padrone, e l'affetto suiscerato, che hò hauuto sempre et hogi piu che mai hò, di accertare il seruigio di V. S. Illa, la quale deue restar persuasa, ch'io non ho ne posso hauer altro fine di rammaricarmi se non per uedermi attrauersar la strada, che hò procurato spianarmi alla gloria di dar buona condotta à qualunque commando del Padrone et à q° precisamente de la nuoua preuista di V. S. Ill^a. Onde genuflesso la supplico ad affogar queste e simili materie torbide, che sono remora da impedire il corso ad un intiera cotta [sic?], e ripigliar quelle che furono da me espresse nel memoriale, che diedi a S. S^tà, che sono le ali d'aquila, con le quali s'ha da far q° uolo. Et acciochè V. S. Ill^a ueda e bilanci bene la sincerità del mio fine, le inuio qui ingionta la copia del memoriale accenato con una scrittura confidentiale, ch'io presentai à Mr Bottini, auditore di S. B^ne, per riparare il p° colpo, che le fu tirato nella informatione presa de la sua persona, anzi tanto mi adoprai, che indussi quel tal sogetto à riparlare a Mr Bottini in conformità de la scrittura ch'io l'haueuo dato, e qui resto etc.

89. Maccioni an Cardinal Antonio Barberini, dat. Hannover, 23. Juni 1671.

E^mo e R^mo Sig^re mio P^rone Col^mo,

Invio a V. Eminenza l'inclusa del Sig. D. Gio. Federico Deutch, Canonico d'Halberstatt e Vicario ordinario di quella miserabile chiesa, che privata del proprio pastore per l'infelice trattato dell' essecranda pace di Munster (come è noto a V. E.) languisce sotto il giogo d'un Prencipe Calvinista. Il detto Sig^r Canonico (a cui V. E. scrisse, che m'admetesse e mi assistesse col suo consiglio e prattica, che ha di detta diocese) mi significa haver più volte sollicitato appresso il detto Prencipe Elettor di Brandenburgo (et ultimamente ancora me l'ha fatto rappresentare da alcuni religiosi di quella vedova chiesa), acciòche almeno una volta l'anno S. A. Elettorale permetesse, che qualche Vescovo catholico vicino andasse in Halberstatt a far le funtioni episcopali, ma che non haveva mai potuta ottenere tal gratia. Io però le ho scritto, che vedrò de venirlo a ritrovare all' incognito e con ogni secretezza per consultare seco del modo di cooperare pro aedificatione corporis Christi, pro abusibus suaviter tollendis et pro sancta fide propaganda, il che metterò in essecutione, quando per ordine di cotesta S. Congregatione mi verrà commandato da Monsig. Nuntio di Colonia, a cui sono subordinato e devo obbedire.

La settimana passata ne quattro tempi dopo pentecoste styli veteris tenni l'ordinatione in questa chiesa ducale d'Hannover, e fra alquanti chierici de minori e maggiori ordini delli circonvicini luoghi e diocesi catholiche, assai comati con capelli longhissimi fino alle spalle e senza alcun segno di chierica, vi anche uno d'Halberstatt, quale havendo la chioma maggiore di tutti, all' essempio degli altri, che per avanti havevo disposto con piacevolezza a tagliarseli, si contentò ancora di sottomettersi al mio barbiere ordinario, quale (dopochè io gli ebbi essiminati et approvati con l'intervento d'alcuni canonisti e PP. theologi) fece in una camera particolare il suo offitio con farle a tutti la douuta tonsura, e per consolarli e per captivarmi il loro affetto li tenni anche meco a desinare.

Prendo l'ardire di significar tutto ciò a V. E., acciò veda e sappia, che la maggior parte di questi buoni Tedeschi è docile, semplice e di buon cuore, e si lascia facilmente persuadere. Solo nuoce a questa bona gente la conversatione quotidiana de' Protestanti e particolarmente di quelli, qui sunt formaliter haeretici, et il cattivo essempio d'alquanti catholici si ecclesiastici come laici, che avvezzi al libertinismo per la lontananza o mancanza de' proprii vescovi, vivono da poco buoni Christiani.

I prelati suffraganei de' vescovi sono poco stimati e meno obediti dai medesimi canonici delle chiese cathedrali, che essendo nobili, baroni e signori d'antica e pura nobilità, sdegnano d'esser soggetti a i commandi et all' autorità d'un suffraganeo cittadino o borghese sive popolare; per il che Monsig. San Felice di b. mem^{a}, quando fu Nuntio Apostolico di Colonia, diceva più volte, che sarebbe stato meglio, che da i vescovi di Germania fossero scielti ex corpore capituli canonicorum i prelati suffraganei, quali portandosi poi bene nell' ufficio vicariale di suffraganeo potessero anche dopo la morte de' vescovi esser essi stimati degni d'esser eletti loro successori o almeno concorrere con più confidenza assieme con gli altri concorrenti al vescovato in tempo di vacanza. Il che facilmente si potrebbe introdurre, diceva quel buon prelato, se il Sommo Pontefice si dichiarasse non voler in avvenire admettere li suffraganei delle cathedrali di Germania, se non fossero del medesimo corpo del capitolo o almeno nobile nato, per captivare e conservar più facilmente la stima, l'obedienza et il rispetto de' nobili canonici capitulari e di tutto il clero e popolo catholico et introdurre soavemente la riforma per la disciplina ecclesiastica.

Ho ricevuto per via di Mons. Nuntio Bonvisi il foglio delle facoltà vicariali per le provincie circonvicine di Brema, Magdeburgo, Michelburgo, Gluckstatt et Altenò, delle quali mi servirò colla dovuta cautela e visitarò quei luoghi, quando giudicarà a proposito il detto Mons. Nuntio, da cui V. E. e cotesta S. Congregatione havrà intesa la causa, per la quale io addimandai la permissione per i luoghi de Sereniss^{i} fratelli e cugini di S. A., perchè non estendendosi le mie facoltà fuori del dominio del Sig. Duca Gio. Federico, havevo scrupulo d'inviar qualche sacerdote a quella parte per udir le confessioni et administrar secretamente all' occorrenze i sacramenti a quei catholici, che altre volte conforme a i bisogni me n'hanno fatto istanza, sebene nelle feste principali dell' anno molti vengono a far le loro devozioni in Hannover.

V. Eminenza con la somma sua bontà è da me humilmente supplicata ad iscusare la prolissità della presente, e s'assicuri, che tutti gli ordini, che mi verranno da cotesta S. Congregatione si per li sopradetti luoghi come per questa chiesa rinascente d'Hannover, saranno da me con somma humiltà e veneratione ricevuti e con la maggior diligenza possibile esseguiti conforme l'instruttioni, consiglio e commando del zelantissimo e prudentissimo Monsig. Nuntio Bonvisi, a cui il mio vicariato è subordinato; et a V. E. faccio humilissima riverenza.

Hannover, 30. Giugno st. vet. 1671. Di V. Eminenza

h^{mo} d^{mo} et oblig^{mo} serv^{re}

Valerio, Vesc^{o} di Mar^{o}, V. Ap.

90. Colomera an Maccioni, dat. Roma, 27. Juni 1671.

Giouedi mattino diedi una forte stretta à Mr Rossini sopra la materia del vescouato e l'ho posto in ottima dispositione. Onde mi portai subito da Mr Baldeschi e lo supplicai a sospender la lettura in Cong^{ne} dell' ultima lettera di V. S. Illma, e mi hà dato parola, che la tratterra sino alla risposta di questa sua qui annessa, la quale in sostanza contiene tutto cio, che con le mie passate scrissi a V. S. Ill^{a} . . . . .

91. Maccioni an Herzog Johann Friedrich, dat. Hannover[1]), 7. Juli 1671.

Hieri fui di ritorno dà Wolfenbuttel, doue sono stato trattato et alloggiato in palazzo con ogni cortesia, non dà canonico, thum-Herr, come mi sono sempre fatto chiamare, mà dà prelato, se bene io hò voluto star sempre all' incognito, per non dare ne hauere sospettione.

Auanti d'andar in Wolfenbuttel uisitai tutti i luoghi più conspicui si sacri come profani di questa città, et hò hauuto sommo piacere in vedere alcune antichità. In mia presenza le s^te^ reliquie si sono benissime incassate, et il diligentiss^o^ Sig^r^ baron d'Eltz con tanto affetto e feruore hà maneggiato e maneggia tutto questo affare, che non si può dà V. A. desiderar di vantaggio dà un ministro si pontuale. Per farsi dà questi s^ri^ difficoltà per il capo di S. Biagio e d'altre cose connesse al d^o^ sig^r^ d'Eltz risoluo dimani di partir per Hannouer, stando cosi sicure le reliquie sotto la cura del sig^r^ consigliere, quanto che fossero in mano d'un patriarca. Vorrei bene venir all' acque di Pirmont per doi giorni, mà mi manca la commodità, con che resto e faccio a V. A. S. humiliss^a^ riuerenza.

92. Maccioni an Cardinal Barberini, dat. Pirmont, 27. Juli 1671.

E^mo^ e R^mo^ Sig. mio P^rone^ Col^mo^,

Al mio ritorno da Brunsvick, dove fui inviato da S. A. a pigliar quell' insigni reliquie, (la maggior parte delle quali il grande Henrico Leone, prencipe catholico e pio di questa Sereniss^a^ casa, portò ne' secoli passati da terra santa), ho subito ricevuto l'humanissima di V. E. per via di Mons. Nuntio Bonvisi colla rimessa del denaro e coll' instruttioni proprie per la visita d'Halberstatt; e coll' aiuto di S. D. M. spero di fare sotto pretesto di vedere le cose curiose et antichità delle chiese per andare con ogni circospettione a causa di quel Prencipe Elettore, che non vuol si riconoschi altro pontefice o vescovo ne' suoi stati che egli stesso.

Coll' occasione che fui in Brunsvic per la sopradetta causa assieme con uno di consiglieri di S. A., andai ancora a vedere l'antichità e chiese di detta città, quali sono certo assai magnifiche, segno evidente dell' anticha pietà de' catholici di quel tempo. In chiesa di S. Martino ritrovai nella capella maggiore quest' inscrittione horribile, cioè

Anno MDXXVIII Idolatria papistisca ex ecclesiis huius reipublicae explosa, pura vox evangelii iuxta scripta prophetica et apostolica omnium ordinum publice doceri et sacramenta iuxta institutionem Christi administrari coepta sunt.

Confesso il vero, che mi s'alterò sommamente la bile, ma essendo in città lutherana dissimulai e raffrenai i moti e la passione, ch'internamente haveva. Andando poi il giorno seguente a Wolfenbuttel a veder quell' insigne bibliotecha et a riverire il Sig. Duca Rodolfo Augusto, che ivi risiede, e che con ogni bontà e cortesia m'accolse e mi allogiò in palazzo, dissi a S. A., ch' essendo egli adesso il sovrano di Brunsvic nel far cancellar da i monimenti publici il nome di republica (per esser stata sempre città soggetta a i duchi), potrebbe ancora far cancellare il nome d'idolatria papistica, perchè infatti i catholici non nominano mai quelli della confes-

1) So! Der Brief ist aber in Braunschweig geschrieben, wie der Inhalt ergiebt.

sione Augustana per idolatri, ma semplice per Lutherani. S. A. sorrise e disse, che quando havrà fatta la cittadella e stabilita la sua residenza in detta città (come ben presto seguirà), regolarà molte cose, che hora non può così facilmente cangiare. Mi dispiace solamente, che essendo detto Prencipe buon lutherano, quei miseri Brunsvicesi restaranno ancor immersi negli errori di Luthero. Ha però di buono, che è Prencipe competentemente dotto e legge volentieri, per il chè io le ho dato alcuni libretti di controversie, nelle quali può vedere il lume della fede, se non resiste allo Spirito Santo; con che resto et a V. E. faccio humilissima riverenza

Pirmont, 27. Luglio 1671. di V. Eminenza
humill^mo^ d^mo^ et oblig^mo^ serv^re^
Valerio, Vesc^o^ di Mar^o^, V. Ap.

93. Maccioni an Cardinal (Barberini) dat. Halberstadt, 9. Aug. 1671.

Per la Dei gratia sono al fine della visita, se bene ho tralasciato d'andar in alcuni luoghi della diocese di minor importanza, per non dare sospetto alli ministri della regenza col trattenermi di vantaggio in questi parte. Avanti di partire per Hannover, invio a V. E. la qui inclusa del Sig^r^ D. Giov. Federico Deutchz, Canonico e Vicario ordinario d'Halberstatt, quale mi sono ingegnato di captivare con segni d'affetto e di stima et anche con qualche picciol regaletto d'Italia, avanti di scoprirli le mie commissioni; per il che non mancò di ricevermi con ogni cortesia, havendomi dato per guida il suo nipote et il P. F. Ambrogio Sweringh zoccolante, lettore di theologia, questo per la diocese e l'altro per la città; per i quali luoghi sono andato all' incognito sotto nome di canonico di Liegi, e mi sono regolato conforme l'instruttioni havute da Mons. Nuntio Bonvisi, a cui al mio arrivo in Hannover inviarò una laconica relatione del tutto per V. Eminenza, acciòche la S. Congregatione sia informata di quello, che passa, e della speranza (conforme V. E. vedra dalla detta inclusa lettera[1]), che il sopradetto P. Canonico ha d'impetrare altre permissioni dal Sig^r^ Elettore di Brandenburgo, di cui egli è in somma gratia, per quanto io ho notato et anche diligentemente mi sono informato. S. D. M. assista con la sua Santa mano, mentre io non mancarò mai alle mie parti per obedire in tutto agli ordini, che mi verranno da Roma, ed a V. Eminenza faccio humile riverenza humill^mo^ d^mo^ et oblig^mo^ ser^re^

Halberstatt, 9. Agosto 1671. Valerio, Vesc^o^ di Mar^o^, V. Ap.

94. Domherr Joh. Fr. von Deutsch an Cardinal (Barberini), dat. Halberstadt, 9. Aug. 1671.

Emin^e^ et Rev^e^ D^ne^ et Patrone Col^me^,

Vestrae Eminentiae Romae 21. Martii anni currentis ad me gratiosissime expeditis literis cum ea, qua par est, humillima reverentia hic acceptis submississime respondendo, me in ultimis meis Romam destinatis, sicut me Sanctae Sedis affectuoso et paterno voto nec non Sacrae de Propaganda Fide Congregationis ferventi zelo et piissimae intentioni obligatissimum semper agnosco, ita et me ad optimos Ill^mi^ et Rev^mi^ D^ni^ Valerii de Maccionis,

1) Nr. 94.

in partibus hisce acatholicis Vicarii Apostolici legitime fungentis officio conatus promptissimum devovere obedientissime volui. Quam fidelem, seriam et sinceram devotionem meam non tantum scripto, sed et Rev[di] Patris F. Ambrosii Sveringh de ordine Fratrum Minorum strictioris observantiae, S. theologiae Lectoris, ad eius praesentiam ablegatione sum conatus contestari. Uti et, postquam Ill[mus] D[nus] cum auctoritate sibi a Sacra Sede delegata me convenit, non dubiis sese expertum esse non diffitebitur, ita quod sperem me per me et meum mihi hic commorantem D[num] nepotem Canonicum, quoad illa quae statum ecclesiasticum et religiosum in civitate hac concernere possunt, fidelissime et consilio et, quantum pro nunc licuit, auxilio fuisse cooperatum; quoad illa vero, quae notitiam aliquam universalem totius huius pro dolor! prophanati episcopatus contingunt, eidem Rev[mo] D[no] Vicario Apostolico illum, de quo supra, P. Ambrosium, nunc S. theologiae Lectorem et olim in diversis locis Guardianum, virum utcumque in hisce partibus haereticis expertum et practicum, associare volui. Cuius quoad mentem et intentionem suam interpretandam, in consultando, exhortando et ad omne bonum specialiter, quoad disciplinam regularem aliquibus in locis iniuria temporum nonnihil labefactatam, promovendum intrepida cooperatione se omnimode contentum Rev[mus] D[nus] ingenue fatetur. Ad illa vero, qua[1]) pro hac vice prima, uti ad exercendum publice vel privatim pontificalia efficere non licuit. Me[2]) pro ulteriori a Serenissimo Electore et duce Brandenburgico impetranda licentia, zelo et industria indefatigabili laboraturum et sic Sanctae Sedis, Sacrae de Propaganda Fide Congregationis, suae Emin[mae] Dignitatis et Rev[mi] D[ni] Vicarii Apostolici intentioni et voto conaturum satisfacere sancte in verbo viri et stemmate et natione teutonici promitto et voveo. Pro cuius meae promissionis factae pleniori satisfactione personaliter, si vita et vires manserint superstites, ad alte memoratum D[num] Electorem hinc ad 24 milliaria Germanica commorantem, ut primum, potero, adire intendo, tentaturus sic sedulo, quae maxime Christianitati catholicae in hisce terris ferme agonizzanti videbuntur conducentia. Quae mea haec in S. Sedem obsequiosa devotio, uti spero, non erit infructuosa, ita et Emin[tiae] V. non erit ingrata. Quo circa ut benignissimus Deus et intentioni meae et V. E., quoad omnimodam salutarem benedictionem, quam efficacissime assistat, devotissime precor.

Dat. Halberstadii, Nonis Augusti, a. 1671.

Eminentiae Vestrae
humil[us] addictiss[us] et dev[mus] servus
Fr. Frid. von Deutsch.

95. Colomera an Herzog Johann Friedrich, dat. Roma, 15. Aug. 1671.

Gl'interessi di Mr Maccioni, per li quali V. A. ha hauuto gran premura, assolutamente dipendono del s[r] card[le] Altieri, nelle cui mani est summa rerum. A questa rocca io hò piantato un fortiss[o] assedio ualendomi del nome et autorità di V. A., con la quale m'ingegno di far breccie, quanto piu posso. La verità è, che fin hora non ui e stata uacanza, che potesse far per noi, hauendosi principalmente la mira nello stato ecclesiastico . . . .

---

1) sic! 2) Copie: Ille.

96. Colomera an Herzog Johann Friedrich, dat. Roma, 22. Aug. 1671.

Mi trouo con l'ultima humanissima di V. A. de li 30 del caduto, et in risposta le rattifico le mie diligenze e premure à prò di Monsr nostro di Marocco, dal quale hò riceuuto una lettera per M[r] segretario Baldeschi, da la cui apprensione procuro di togliere le ombre antiche, accioche nelle occasioni almeno non mi sia d'impedimento, se non d'aiuto . . . . .

97. Colomera an Herzog Johann Friedrich, dat. Roma, 29. Aug. 1671.

All' humanissima di V. A. de li 6 stante non hò che agiungere di nuouo se non che Mr Baldeschi, segretario di propaganda, risponde con quest ordinario alla lettera di M[r] nostro di Marocco, ch'io li presentai la settimana passata. Dal tenore di essa potra ueder Mons[re], quanto alte e profonde le radici haueuano gettato li sospetti antichi, e quanto mi bisogna operare per estirparli affatto, come spero di fare con la gratia di Dio e con la cooperatione de la sua quiete . . .

98. Der apostolische Nuntius Buonvisi, Erzbischof von Thessalonich, an Herzog Johann Friedrich, dat. Colonia, 13. Oct. 1671.

Riconosco per un effetto della sua solita generosità verso di mè l'auuiso, che si compiace di darmi del suo viaggio verso Italia, che mi porterebbe maggior consolatione, se potessi sperare, che fosse per trasferirsi ancora à Roma, doue mi assecuro che riceuerebbe dà S. S[tà] le douute dimostrattioni al suo gran merito, publicato già dalla fama, ma dà mè più precisam[te] descritto à S. B[ne]; mà considerata la longhezza del viaggio et il bisogno, che hà quà la religione Cattolica, della sua assistenza e protettione, non solo non posso persuadercela, mà se fossi stato à tempo, mi sarei fatto lecito di supplicarla humilmente à non espuonere la sua seren[ma] persona à i patimenti de viaggi con la successione non ancora stabilita. Compatisca V. A. le mie gelosie della sua salute, perchè come suo seruitore riuerente e diuoto e come ministro di S. S[tà] temo, che l'aria istessa offenda un tesoro, nel quale consistono tutte le nostre principali ricchezze nell' Alemagna; e se bene V. A. hà già fatto molto con dare un così illustre esempio à gl'altri Prencipi, ritornando nel grembo dell' antica madre, con nutrire il piccolo, mà crescente gregge cattolico con le proprie sustanze, e con defenderlo con i suoi editti, come ultimamente hà fatto, et ancora mostrando il suo zelo filiale nelle cose di Marienrode, non permettendo l'essecutione delle poco fondate pretentioni del suffraganeo d'Ildesim: ad ogni modo tutto questo, che basterebbe ad accreditare per zelantissimo un Prencipe, è poco, respetto à quello che mi fà sperare la cognitione, che hò della magnanimità dell' animo suo, e però mi affligo di questa breve assenza, e non hò potuto trattenermi di testificarlo ancora al Sig[re] Barone di Grot, suo Inuiato, perchè l'A. V. è quella pietra angolare, sopra la quale speriamo di appoggiare il resarcimento del tempio di Dio, ruuinato in gran parte nella Germania. Se poi è irremediabile la sua andata, habbia almeno esatta cura di quella vita, che à noi è tanto necessaria, e sicome io l'accompagnerò sempre con i miei sacrificii, così mi assicuro, che farà l'istesso Monsig[re] Vescouo di Marocco, al quale non cedo nella veneratione uerso di lei, benchè egli sia più di me fortunato nel poterla seruire continuamente.

Egli farà le sue parti in assenza di V. A. à benefitio de cattolici, et io non mancherò d'insinuarli sempre la piacenolezza, perchè l'intentione di S. S^tà^ è, che dà lui e dà me si secondi il zelo di V. A. e non si astringa à niuna di quelle cose, che potrebbero turbare la quiete del suo stato; e come hò detto al sig^re^ Barone, se alle uolte V. A. credesse di esser obligato qualche cosa per la Religione, e che cio li pregiudicasse allo stato, basta un solo cenno per essere dispensata e compiaciuta in tutti i suoi desiderii, uolendo S. B^ne^ non solo preseruarli le giurisdittioni, che possa hauer sopra Marienrode, mà corrisponderli con le gratie Apostoliche à confusione di quelli, che spargono desiderarsi dà noi altro che il guadagno dell' anime. Di questi miei sentimenti subordinati à quelli di S. S^tà^ ne resta capace il sig^re^ Barone, e lo trouo tanto prudente e discreto, che è impossibile, che Dio li neghi la gratia, che è necessaria per la sua conuersione, e la darà ancora a i Seren^mi^ Prencipi della sua casa. Mà perche Iddio uuole alle uqlte, che operino i mezzi mondani, sarebbe forse opportuno, che V. A. rappresentasse particolarmente al sereniss^mo^ sig^re^ Duca Ernesto gl'utili, che cauano i prencipi, che ritornano alla fede Cattolica, col fresco esempio del sig^re^ card^le^ d'Hassia e con quello, che può sperare il sig^re^ prencipe di Baden, abbate di Fulda, poiche se bene sono ampii li stati della sua Sereniss^mo^ casa, è molto profitteuole à i secondi geniti potersi auanzare senza incommodo delle famiglie à gl' Elettorati Ecclesiastici et à così ricche Chiese e badie.

Et à questo proposito raccomando efficacemente à V. A. quella di Corbeia; ancorchè io sappia, con quanta bonta la protege, stimulando il seren^mo^ Sig^re^ duca Ridolfo al compromisso amicheuole per terminare una uolta queste fastidiose pendenze, però la supplico humilmente à reiterarne gl'ordini al sig^re^ Barone, perchè dal canto di Monsig^re^ Vescouo di Munster procurerò di facilitare, et hora pare che le difficultà si ristringhino à certa parte di territorio di là dal Visurgi, e che ciò sia di poca consequenza, e pure è grandissima, poichè perdendosi non resterebbe luogo à i cattolici di là dal fiume, e sarebbe quasi abbandonato il vescouato d'Ildesim; oltre chè comple ancora allo stato di V. A., che ci sia questo passagio, perchè se bene adesso trà i fratelli e cugini di V. A. ci passa un'intera corrispondenza, non può sapersi cio che succederà trà i loro figliuoli, e complira sempre à V. A. di hauere questa communicatione; oltre chè è ancora interesse del sig^re^ duca Ridolfo di aggiustare una uolta stabilmente queste pendenze, perchè sè lo stato della badia resta mal sicuro, non si può lasciare di non appoggiarla à mano potente, che sempre può portare disturbi, mà una uolta che siano accomodate, non ui è più bisogno di mutarli lo stato, et il sig^re^ duca è obligato à fare qualcosa in gratia di V. A., doppo che ella hà fatto tanto per lui nel renderlo padrone della città di Brunsuich.

Conosco che passo troppo avanti nel suggerire alla sua prudente pietà questi motivi, mà farei torto all'humanità, con la quale tratta con mè, se hauessi niente riseruato nel mio cuore, che è tutto suo per la veneratione e per l'obligationi, che le professo. Accompagni in tanto Iddio la sua sereniss^ma^ persona con tutte le benedittioni, che sà desiderare, e li conceda al ritorno di trouare un Principino, che ci consoli tutti, e vedrà che stabilita la successione multiplicherà il numero de cattolici, che per qualchè respetto politico non ardisce scoprirsi. Di mè dispuonga V. A. come di seruitore totalmente dependente dà Lei, e si accerti, che all'hora mi stimerò più fauorito, quando più mi vedrò impiegato nel seruirla et ossequiarla, mentre intanto li bacio riuerentemente le mani.

99. Colomera an Maccioni, dat. Roma, 7. Nov. 1671.

. . . Quanto all' affare di cotesti P[ri] Capuccini, creda pure V. S. Ill[a] ch'io non hò mai tralasciato di far le mie parti ne di mostrar à M[ri] Cardinali non una, mà più lettere di S. A. per farli credere, che V. S. Ill[a] non hauesse parte alcuno nel rifiuto le la missione. Godo intanto, che il P. Isolani tratti cosi bene, e che habbi superata la ripugnanza di chiedere a V. S. Ill[a] le facoltà vicariali, poiche caminando cosi d'accordo e con buona corrispondenza suaniscono le cose passate e si chiarisce magiormente la verità. Giouedi à sera prima di riceuer le lettere hebbi buona occasione di discorrer con Monsr Baldeschi, il quale confessò il molto che si doueua alla fatiche et impieghi di V. S. Ill[a]; mi disse non sò che conuersione di heretico, che costi ha cagionato qualche turbatione, ma che S. A. haueua ben proveduto . . .

100. Herzog Johann Friedrich an Maccioni, dat. Venedig, 20. Nov. 1671.

. . . Ammiro e lodo in un istesso tempo il zelo di Monsieur de Terlon, ambr[re] di Francia in Danimarca, d'hauer ottenuto apresso quel Rè di poter fabricar una chiesa cattolica per metterui i Giesuiti, dalla sufficienza e dottrina di quali si deue sperare un gran profitto per la nostra religione; non lascio di rallegrarmene seco di cosi bell'opera e di significarle, che haurà sempre pronto nelle sue occorrenze Il Duca Gio. Federigo.

101. Maccioni's Bericht an die Congregatio de Propaganda Fide, dat. Hannover, 22. Nov. 1671.

A.

Begleitschreiben an Cardinal (Altieri oder Baldeschi), dat. Hannover, 22. Nov. 1671.

Emin[mo] e R[mo] Sig[r] mio P[rone] Col[mo],

Inuio a V. E. per la via di Colonia la qui inclusa relazione per la S. Congregatione, di quanto è seguito circa la religione e propagatione della santa fede in questi stati ducali dopo la venuta de PP. Capuccini, che fu l'anno 2° del mio vicariato, nel qual tempo inviai la prima relatione, di quanto era seguito in quei principii coll' aiuto di due cappellani ducali, e di quello che s'operò a prò della religione, quando era solo et il Serenissimo era cadetto, si in queste parti come anco in Danimarca. Nella presente relatione V. E. scorgerà il zelo di S. A. S., l'opra e l'industria spirituale di questi Religiosi, miei coadiutori, e la mia bona volontà, con che resto baciando genuflesso i SS. piedi di S. Beatitudine, e a V. E. faccio humilissima riverenza. Di V. Eminenza

Hannover, 22. Novembre 1671. humil[mo] d[mo] et oblig[mo] serv[re]
Valerio, Vesc° di Mar°, V. Ap.

B.

Relazione alla Sagra Congregazione de Propaganda Fide.

Emin[mi] e R[mi] Sig[ri],

Il desiderio, che io haveva di portare all' EE. VV. RR. con la relazione, che per loro commando devo darle, una copiosa messe di spirituali frutti raccolta nell' ancor incolto campo di questo dominio del S. Serenissº Prencipe Gio. Federico, Duca di Brunsvich e Luneburgo, ha cagionato sin' hora in me la tardanza di obbedire all' EE. VV. et adempire a questa mia obigatione. Hora però non voglio più differire di presentarle quel tanto, che l'industria spirituale di quegli operarii, che qui sono miei coadiutori, qual fruttifera semenza benedetta dal Signore Iddio ha prodotto a gloria della nostra Fede et in aumento di questa Chiesa, la quale, si come rinata si vede dalla pietà di questo Serenissº Prencipe, così gode di essere altamente protetta dal zelo di S. A. S. in tutto quello, che può essere più proprio per gli suoi spirituali avvanzamenti, e spera in oltre, che la D. M. debba talmente assisterle, onde mai più habbi da vedere in questo luogo l'occaso della sua vita.

Supplico l' EE. VV. a gradire quest' atto del mio divotissimo ossequio come dovuto a loro commandi, et a dispensarmi, se precisamente non rispondo ad una, ad una delle dimande fattemi, mentre ne i luoghi di questo Serenissº Prencipe, consistenti in tre ducati, Callembergh, Gottinghen e Grubenaghen, situati nella Sassonia inferiore, le sono ignoti nè la lingua nazionale, che è la tedesca, come ne meno l'eresia, nella quale sono involti questi popoli, che è la seminata da Martin Lutero.

Asceso per divina providenza il Serenissº Duca Gio. Federico al trono di questi suoi stati paterni nell' anno 1665, per dimostrarsi grato a quel Dio, da cui con christiani sentimenti riconosce ogni suo essere, seriamente applicò a i modi di stabilire in questo suo dominio la Cattolica Fede, come io già ragguagliai l'EE. VV. nel primo anno del mio vicariato apostolico, e pensando l'A. S., che l'opra dei Religiosi regolari saria stata di singolare profitto per l'edificio spirituale di questa Chiesa, elesse i PP. Cappuccini, da' quali si potea promettere un esito felice a' suoi piissimi intenti per la bontà singolare di questi PP., che insegnano Christo crocifisso non meno coll' evangelica dottrina che predicano, che coll' esemplare ed apostolica vita che professano.

L'havere questo Serenissº Prencipe abiurati gli errori di Lutero, all' hora che illuminato da Dio abbracciò la nostra Santa Fede, nel convento di S. Francesco in Assisi, et il conservare perciò l'A. S. una singolare divozione a questo Santo ed all' ordine serafico, fu anche motivo alla sua pietà d'havere appresso di sè i figliuoli più legittimi di questo glorioso Padre; che però nel principio dell' anno 1668 fece venire i Cappuccini sino al numero di tredici, compresovi duoi chierici e tre laici, a' quali assegnò un hospizio fatto edificare da fondamenti unito alla chiesa ducale; che anticamente fabbricata dentro i recinti della corte, sta anche situata su la publica strada maggiore.

Non devo io qui parlarle dell' assegnamento cottidiano, che l'A. S. ha destinato al vitto, vistito et ad ogni altra cosa, che abbisogni ai PP., mentre oltre a questo et alla provisione, che dà a due preti secolari, cappelani ordinarii l'uno della corte e l'altro della milizia, si compiace l'A. S. ancora di trattar me come vicario apostolico con effetti degni della sua pietà e munificenza, come è noto all' EE. VV. Dirò bene, che componendo la corte nella maggiore parte cattolica non solo la nazione tedesca, ma l'italiana e la francese, che in gran numero vivano al servizio di questo Serenissº Prencipe, ha egli voluto havere i PP. Cappuccini non solo tedeschi, ma francesi ed italiani, come hora sono al numero di quattordici, cioè tre tedeschi, quattro italiani e due francesi sacerdoti e predicatori, due chierici tedeschi e tre laici pure delle stessa nazione.

Questi PP. con religiosa divozione offiziano publicamente il choro nella chiesa ducale tante di giorno quanto di notte, e ciò con estrema edificazione anche de' medesimi Luterani. Con gran zelo ed eguale dottrina predicano a vicenda ciascheduno nella propria lingua nelle festività tutte dell' anno e nella quaresima il mercoldì e venerdì ancora tanto la mattina quanto il dopo pranzo alla presenza non solo di S. A., che il dopo pranzo sempre vi assiste, e della corte et altri Cattolici, ma anche di numeroso concorso del popolo di questa città, benchè sii di contraria religione. Indi con assidua fatica amministrano i Sanctissimi sacramenti della penitenza ed eucharistia tanto agl' infermi cattolici, ai quali con singolare carità assistono, quanto a' sani nella chiesa ducale; azioni tutte, che prima si facevono ne' sotterranei della cappella maggiore coll' altare portatile, essendo ne' principii in essere ancora la medesima chiesa ducale.

Non andò però molto, che io hebbi campo di riconciarla, essendo già tutto in ordine il disegno nella solennità di tutti i Santi, nella quale consagrai ancora l'altare della cappella maggiore ad honore di S. Gio. Batt[a], alla cui funzione volle sempre assistere l'A. S. con la corte, e si trovò anche presente un gran numero di cittadini di questa patria.

Applicai dopo all' educazione nelle materie della fede de' figliuoli de cattolici, ed a questo feci inprimere con privilegio di S. A. il picciolo cattichismo alemanno del Canisio, fatto da me tradurre in lingua francese ancora, essendo i figli cattolici di queste due nazioni in maggior numero degl' Italiani, a' quali però non mancano le instruzioni necessarie, invigilandovi li medesimi PP. italiani. Poco dopo la venuta de PP. Cappuccini fu dato alle stampe da un tal Timoteo Friedlieb Luterano ed uno de' sopraintendenti di questa loro chiesa un libro in lingua tedesca, il cui titolo essendo »Cur non vis fieri catholicus, sicuti praedecessores tui fecerunt?«, l'autore risponde a questa sua interrogatione, e scrivendo contro la nostra Santa Religione, mostra le cagioni, per le quali non vuole essere Romano-Cattolico; al qual libro feci rispondere il nostro Sereniss[o] Prencipe da questi PP. Cappuccini tedeschi e da PP. Giesuiti ancora, che stanno in Hildhesim, i quali tutti dottamente confutarono, quanto l'altro falsamente dicea.

Ne' due anni antecedenti a questo del S. 1668, di cui ragiono, erano già venute alla cattolica fede nove persone fra le native e le habitanti in questa città di Hannover; e nel presente dopo la venuta di PP. due altri si convertirono, facendo publicamente, già instrutti a sufficienza ne' misteri divini, la professione della nostra santa fede e ricevendo la Sanctissima eucharistia con nostra grande allegrezza nel vedere queste poche sì, ma però sempre care pecorelle lasciare quei deserti d'errori, ove smarrite vagavano, e venire su la strada sicura all' ovile di santa madre chiesa.

Quest' anno poi viene singolarrizato dal possesso preso di condurre publicamente i defonti cattolici alla sepoltura, portandoli per la città a suono di campane delle stesse chiese de' Luterani con la croce avanti e con la musica popolare tedesca, vestendo la cotta e stola il P. sacerdote, che era confessore del defonto, e che come suo padre spirituale facendo l'uffizio di paroco gli haveva amministrati i santissimi sacramenti, e caminando quelli che l'accompagnavano, a due a due in ordinata processione sino al cimiterio, dove poi il Padre fece la predica; e quest' uso si seguì sempre alle occorenze, per mantenerne il possesso.

Oltre le communioni frequentate da' cattolici nelle feste et altri giorni dell' anno, niuno tralasciò nella pasqua di publicamente communicarsi, animati tutti dal vedere, con quanta divozione il nostro Sereniss° Prencipe s'accosti a ricevere questo spirituale cibo dell' anima, et il numero de' communicati quest' anno giunse a 138, e dodici furono i battezati.

Anno 1669.

Non saprei dare miglior principio al racconto di quest' anno 1669, che nel rappresentare al' EE. VV. la pietà singolare di S. A. S., la quale havendo certo numero di musici italiani per servizio della sua camera, ordinò che servissero anche alla chiesa, acciò che non solo glorificassero la M. D. colle loro voci, ma fossero esca a' popoli luterani di venire ad udirne il canto in tutte le feste dell' anno e frequentare per questo rispetto la chiesa de' cattolici, dove poi potevano, e vedere le cerimonie delle funzioni sagre et udire le prediche de' PP. e quindi havere nuovi motivi di convertirsi alla santa fede.

Commandò dunque l'A. S. al suo mastro di cappella, Veneziano di nazione, che si provedesse di tutto il rimanente di musici tanto nelle voci quanto negli strumenti, che potessero bisognarli, per havere il corpo intiero d'una cappella, il che subito seguì, e non considerando l'A. S. ad alcuna spesa per servitio di Dio, gli fece assegnare vantaggiosi stipendii degni della grandezza di Prencipe e della virtù veramente singolare di questi soggetti, che lo servano, a segno che spende ogni anno ottomila scudi per le sole loro provisioni.

Questi in tutte le feste dell' anno, niuna eccetuatane, cantano alla messa nella chiesa ducale, et il dopo pranzo immediatamente dopo la predica fanno il vespro con gran decoro del servizio divino e di S. A., che sempre vi assiste con Madama la Sereniss^a^, la Duchessa sua moglie, e con tutta la corte, oltre il popolo, che sempre numeroso vi concorre, e che decentemente vi assiste, vigilando supra ciò i capitani delle sue guardie, che sono cattolici, per commando di S. A. S.

A 20 di Giugno di quest' anno 1669, nel qual giorno correva la 3ª domenica dopo la pentecoste conforme lo stile vecchio, io consagrai tre altari nella stessa ducale chiesa, ad honore di S. Francesco d'Assissi quello del lato destro, di S. Antonio di Padoa quello del sinistro, e l'altare, che è ne' sotteranei della cappella maggiore ad honore di S. Benedetto, dichiarandolo privilegiato in perpetuo per gli defonti prencipi cattolici di questa Sereniss^a^ casa e per altri fedeli defonti per 25 anni; grazia, che fu conceduta dalla felice e gloriosa memoria di Clemente Nono, come appare da i brevi del medesimo sommo pontefice.

Riconciliai pur anche in quest' anno la cappella maggiore di Hertzbergk, luogo delicioso e forte, posto nel ducato di Grubenaghen, dove l'A. S. ne' tempi dell' estate alle volte si trattiene, havendo primo S. A. levato in questa cappella ogni esercizio a' Luterani; vi si celebrò la santa messa e vi si predicò ancora, si come pure ogni volta, che l'A. S. va a dimorare in quel paese, vi si celebra publicamente la santa messa.

Non stancandosi mai i PP. nelle loro dotte e zelanti prediche di rappresentare con dolcezza non meno gli errori di questi poveri ciechi che la verità della cattolica fede, e ne' famigliari discorsi ancora tendendo sempre a quest' uno fine, se ne sono veduti in quest' anno i frutti con qualche abbondanza, contandosi convertiti al numero di 13, quali tutti, precedendo le dovute instruzioni, publicamente professarono le nostra santa fede e publicamente ancora ricevettero la santissima communione.

Per sodisfar in oltre al debito mio di sommistrare a questi fedeli i santi sacramenti, publicai la cresima e confirmai 36 cattolici in questa chiesa ducale.

Tenni pur anche ordinazione e conferii i minori ad un chierico secolare, il diaconato ad un chierico Cappuccino et ad un secolare et il sacerdozio ad un altro Cappuccino, avvertendo però l'EE. VV. che i chierici secolari, che vengono ad ordinarsi, sono per lo più delle vicini diocesi.

Non essendosi raffreddata la divozione de' fedeli, anzi accresciuto il loro numero, i communicati in quest' anno furono 259 oltre quelli, che frequentamente fra l'anno s'accostano al sagro altare, i quali sono alle volte, massime nelle sollenità maggiori, in numero eguale.

Li battezzati giunsero a dieci sette.

Anno 1670.

Io rimarco quest' anno 1670 con una gloriosa memoria, che fu la processione del santissimo sacramento fatta publicamente ne' vicini della chiesa ducale, tanto ne' giorni proprii della settimana santa quanto nella sollennità del santissimo corpo di Christo. Essendo noto all' EE. VV., che queste ecclesiastiche funzioni sono abolite in tutti quei luoghi, dove perduta la cattolica fede, sta in vigore l'eresia, e che al santissimo sacramento dell' altare niegono questi pseudo-preti la dovuta venerazione, ereticalmente tenendo, quod in usu sacrae caenae solummodo sit sacramentum et tunc praesens corpus Christi, extra usum vero nullum esse sacramentum nec Christum esse praesentem, potranno anche concepire, quali furono i sentimenti di tenerezza e divozione, che si videro ne' i cattolici, all'hora che si faceva questa picciola, ma solenne processione, e tanto più, quanto che accompagnando prima d'ogni altro il santissimo co° torci accesi queste nostre Sereniss• AA. nel dimostrare, che facevano la loro pietà, non si puotero contenere gli astanti dalle lagrime, anzi essendovi concorsi col popolo molti dei principali Luterani, alcuni bene affetti alla nostra religione furono osservati a piangere nel vedere oltre la divozione de' proprii prencipi la riverenza de' fedeli nel venerare il santissimo e la maestà di questa ecclesiastica cerimonia.

Non è senza le sue conversioni quest' anno, e benchè il numero dell' anno passato di poco ecceda, non contandosi li convertiti più di 14, tutta volta nella qualità l'oltrepassa, essendovi tra questi tre persone nobili, un francese Calvinista e gli altri due tedeschi et un predicante tedesco-luterano, il quale come gli altri essendo instrutto de' nostri misteri e disingannato de' suoi errori, fece alli 17 di Luglio alla presenza di questa Sereniss• Altezza publica professione della cattolica fede nella chiesa ducale, dove unito che fu del al grembo della Romana chiesa e fatto degno della santa communione, egli dopo si levò in piedi e postosi vicino al pergamo fece un divoto e lungo discorso al popolo in gran numero concorso, mostrando i motivi e le ragioni di abbondare il luteranismo, per unirsi alla cattolica chiesa; del cui discorso io ne mandai un esemplare impresso alla S. C., e tutto riuscì non solo con edificazione e contentezza de' fedeli, ma con istupore e forse con qualche compunzione degli eretici in gran numero presenti.

Non tralasciando io le dovute diligenze per adempimento del mio uffizio, tenni la solita cresima, e furono 81 i confirmati da me quest' anno qui in questa chiesa ducale; dove havendo anche tenuto ordinazione conferii la prima tonsura ad un giovinetta di questa patria, che s'incamina

27*

alla chierizia, i minori a due chierici Cappuccini et il suddiaconato ad un altro padre pure Capuccino. Il numero de' communicati quest' anno arrivò a 453 e quello de' battezati a 23.

Anno 1671.

La presa della città di Brunsvich, la quale sopra 300 anni era ribelle a questa Sereniss[a] casa, hora gloriosamente espugnata dall' armi di questi Sereniss[i] prencipi uniti, renderà sempre memorabile quest' anno nell' istorie dell' Europa, mentre appena havendo i nostri principi presentati i loro eserciti alle mura di quella città, e superate le prime rigorose difese degli assediati, che incessantemente travagliando a' danni di questi, gli hanno astretto a rendersi in poco tempo alla benigna discrezione de' loro principi, con istupore del mondo, che sa le forze d'una città grande, numerosa di popolo e talmente fortificata e munita, che dagl' intendenti era giustamente stimata una dell' inespugnabili piazze della Germania, si registrarà dico nelle storie dell' Europa questa gloriosa impresa, ma negli annali del cielo si noterà senza dubbio la pietà del nostro Sereniss[o] prencipe Duca Gio. Federico, il quale negli accordati fatti colli Sereniss[i] suoi fratelli e col Duca Rodolfo Augusto, suo cugino, prima d'attacare la città suddetta, non si curò d'havere altro nella lei presa che le insigni reliquie, le quali nella chiesa maggiore di essa stavano collocate.

Così soggiogati quei popoli mandò l'A. S. me colla compagnia del sig. baron d'Eltz, suo consigliere di stato, a levare le suddette reliquie, come seguì con nostro estremo contento, e le portassimo a questa città d'Hannover, ordinaria residenza di S. A. Sereniss[a].

Tentò in oltre l'A. S. d'havere in quella città una chiesa con l'esercizio cattolico, ma i patti di questa Sereniss[a] casa con gli stati ducali et altri ereticali impedimenti non resero riuscibile il negoziato e vietarono a S. A. per hora l'esecuzione de' suoi sempre pii e sempre cattolici desiderii.

Non ha poi goduta quest' anno la felicità degli anni passati in riguardo al numero delle conversioni, non passando i dodici quelli, che sono venuti alla santa fede, il che però è seguito con allegrezza de' cattolici e confusione degli eretici per esservi fra questi alcuni cittadini di questa città, i quali e schernendo le preghiere e sprezzando le minaccie degli altri Luterani hanno voluto corrispondere alla divina gratia ed arruolarsi nella vera milizia di Christo sotto gli stendardi della Romana chiesa, al che riescì di molto giovamento la protezione, che di loro ne tiene l'A. S., animata particolarmente dalle zelanti ed apostoliche lettere di Mons. Nunzio Bonvisi, amato e sommamente stimato da questo Sereniss[o] prencipe.

Habbiamo però la speranza di vedere ben presto convertiti 20 altri Luterani, cioè 4 famiglie intiere, una di quattro, la 2[a] di cinque, e l'altre due di tre persone, et in oltre cinque altri, i quali tutti sono incaminati nella strada, nè mancano questi PP. di continuamente assisterli, per ridurli alla fine dell' incominciato viaggio, che piaccia al Signore Iddio di prosperarlo non solo in questi, ma in maggior numero ancora a gloria di S. D. M. e della chiesa sua sposa.

Uno solo è stato da me confirmato, ma 14 gli ordinati, tre chierici secolari, a' quali ho conferiti i minori, tre altri, a' quali il subdiaconato, a cinque il diaconato et a tre il sacerdozio et a tutti publicamente nel tempio ducale col concorso e de' cattolici e de Luterani.

Il numero de' communicati quest' anno è stato sino a 419, ne è stato maggiore, perchè ritrovandosi le milizie, che ordinariamente stanno di presidio in questa città, al campo, ove era anche parte della corte, hanno in quel luogo soddisfatti i cattolici all' obligo loro col benefitio del cappellano, che a questo effetto vi mantiene S. A.

I battezzati poi sono stati 22.

Io dovrei aggiungere molte altre particolarità in questa relazione, ma non potrò che confusamente dirle, non godendosi per anche in questi paesi quegli effetti a benefizio della fede cattolica, che si desiderano e che si sperano. Così nè meno m'è possibile specificare i beni, i monasterii et altri luoghi ecclesiastici, mentre questi nelle rivoluzioni della Germania e precisamente qui nella Sassonia inferiore, dove Lutero hebbe maggior campo di ribellare al pontefice l'anime, furono secolarizzati ed incorporati alle mense de' principi; è però vero, che di quelli, che erano in questo Sereniss° dominio, la maggior parte venne assegnata a' Luterani per servirsene in usi pii d'hospitali, scuole e somiglianti, onde essendone rimasti pochi al Sereniss° duca Gio. Federico, ha voluto l'A. S. per ritenerli con buona coscienza, anchorchè dalla pace di Munster gli fossero conceduti, haverne colla solita sua pietà l'indulto dalla Santa Sede, si come l'ottenne dal clementissimo defonto pontefice Clemente Nono.

Non posso distintamente dire il numero de' cattolici, che si ritrovano in questi stati, e per esser questi dispersi in varii luoghi, e per ritrovarsene gran parte nelle truppe, che di continuo tiene in piedi l'A. S., tutta volta dirò, che qui nella città d'Hannover, la capitale del ducato di Callembergh, oltre la corte numerosa di Tedeschi, Francesi ed Italiani la maggior parte cattolica, vi sono ancora molte famiglie pure cattoliche habitanti in essa e molti soldati et altri offiziali di guerra.

Saranno ancora più di due anni, che in questa medesima città si trattiene il Sereniss° principe Luigi d'Est, che è al servitio militare di S. A. con carica di colonello, benchè hora non vi sia per haver dato una scorsa in Italia, dove pure si ritrova il nostro Sereniss° Signor Duca, e dove si crede sia fu trattenersi sino al ritorno di S. A.

Hora tenendo questo prencipe una corte degna dell' essere suo e tutta cattolica, ogni giorno per consenso del Sereniss° duca nostro, che benignamente glie l'ha permesso, ha fatto celebrare in sua casa due messe, eccetto le feste principali dell' anno, e questo per mantenere la divozione et il timore di Dio nella sua famiglia, al che ha sempre invigilato il P. Carlo Montecuccoli della compagnia di Giesù, il quale sotto nome di Co. Montecuccoli per degni rispetti con habito di prete secolare viveva appresso il detto principe come suo governatore e primo cavagliere, nè mancava questo prete alle occasioni di servire a Dio et al prossimo e di aiutar singolarmente me medesimo, a cui è stato di molto sollievo con i suoi saggi e dotti consigli nelle cose più ardue del mio uffizio.

Questa grazia d'havere, oltre l'esercizio cattolico publico nella chiesa ducale, il privato nella propria casa, l'ha con benigna connivenza l'A. S. sul principio della mia carica conceduta anche a me come vescovo e ministro apostolico, onde alle occasioni o d'infirmità, d'indisposizioni o d'altro ho celebrato io medesimo e fatto celebrare questo santo sacrificizio fra le domestiche muraglie della mia casa.

Nel distretto poi di questo ducato di Callembergh vi sono due famiglie nobili cattoliche, una de' Knighe, signori di Brandembek, ultimamente creati baroni dal principe, et una figlia del generale di questo cognome è maritata ad un nobile di casa di Walthausen Luterano, ma che ha patuito con essa ne gli sponsali di lasciare a lei la cura di allevare i figliuoli nella cattolica religione. L'altra famiglia si chiama di Klench, signori d'Hamlsenburgh, di cui vi è un solo figlio, che è cattolico, come la madre, benchè il padre sia Luterano; e questo giovine due anni sono era costì in Roma nel collegio Germanico.

Nel ducato di Gottinghen vi è il borgo di Northeim, ch'ha una chiesa cattolica e collegiata, ma di pochi canonici, i quali amministrano i sagramenti a' cattolici di quel borgo. È questa chiesa sotto la giurisdittione spirituale dell' arcivescovo di Magonza et è l'unica in questi stati ducali, che rimanesse coll' esercizio della nostra religione, quando voltarono questi popoli le spalle alla fede, onde essendo tale nell' anno 1624 per vigore della pace di Munster resta tuttavia in possesso de' suoi dritti. Nelle truppe poi di S. A., che sono acquartierate in questo ducato, vi sono soldati cattolici e qualche officiale ancora.

Nel ducato di Grubenaghen non habbiamo la fortuna di havervi cattolici, levata la nobile famiglia di Usler ed alcuni pocchi soldati ed uffiziali, i quali però tutti, come gli altri che sono in altre parti di questo dominio, o vengono ad Hannover o vanno a Northeim per fare le loro divozioni, massime nel tempo della pasqua. Qua pure anche ad Hannover vengono per simile effetto molti cavaglieri cattolici italiani e francesi, che sono al servizio del Sereniss° duca Giorgio, fratello di questo nostro Sereniss° prencipe, et altri soldati cattolici, che vivono al soldo di quell' Altezza nelle truppe, che ha ne' suoi stati.

Serve anche l'esercizio della religione, che ha il nostro Signor Duca in questa città, a molti poveri artisti e mercatori italiani e d'altre nazioni, i quali travagliando in questi e ne' vicini paesi vengono più volte l'anno a frequentare i santi sagramenti della chiesa.

Non parlerò dell' abbazia concistoriale de monaci Cisterciensi di Marienrode situata vicina ad Hildesheim, ma però soggetta nel temporale a questo Sereniss° principe, dove sono oltre a' monaci alcuni pocchi contadini cattolici, già che questa è nata all' EE. VV. et a Roma, da dove si attende la decisione, se deva essere sotto la giurisdizione spirituale d'Hildesheim o pure nullius dioecesis.

Non sarà forse discaro all' EE. VV., che le raconti il modo d'offiziare questa chiesa in tutte le feste dell' anno, che è tale. La mattina verso le sei, conforme questi horologii di Germania, cantano i PP. nel choro, conforme al solito loro, l'hore canoniche, e poscia interpollatamente dicono le messe. All' otto e mezza si dice la messa popolare, che ordinariamente io celebro, e non celebrandola v'assisto; a questa messa, che si dice bassa, si suona l'organo sine alla fine, e dal popolo che è presente, si cantano in tedescho l'introito, la Gloria il Credo, Sanctus et Agnus Dei, e quando non si dicono Gloria e Credo, si cantano altre orazioni conforme all' uso della Germania cattolica. Quivi però sono anche i Luterani, che di continuo si vengono in buon numero, e che amando la musica popolare cantano con divozione al pari di qual si sia cattolico. Quest' uso io l'introdussi sul principio ad imitazione del defonto zelante Cardinal Francesco Guglielmo, già vescovo d'Osnabruck, che per adescare dolcemente i Luterani a venire alla santa fede voleva il canto popolare nella chiesa.

Terminata questa messa, predica uno dei PP. tedeschi al popolo in gran numero sempre adunato, dal quale pure dopo la predica si canta qualche spirituale canzone adattata a quella domenica o festa che corre. Verso il mezzo giorno poi si celebra la messa ducale, così detta, perchè v'assitono le loro AA., et a questa cantano i musici di cappelle. Dopo il pranzo, ad hora competente si fa la predica, anche Ella ducale, perchè a questa v'assistono le loro AA., e sono i PP. italiani e francesi, che per lo più predicano alternativamente. Terminata questa predica s'incomincia dal cappellano maggiore di S. A. il vespro in musica, che si proseguisce da' musici, al quale assistono i PP. nel presbiterio avanti l'altar maggiore con gravità, divozione e sommo decoro della casa di Dio.

Nelle feste però maggiori e più solenni dell' anno io celebro pontificalmente sì la messa come il vespro, e qualche volta ancora faccio il sermone conforme il mio debole talento.

Per conclusione di questa relazione non devo tralasciare di dirle la speranza che habbiamo di molto frutto, ogni volta che si compiacerà la D. M. di mandare da monti eterni quel raggio di luce, che adonta de' demoni le tenebre dell' infedeltà rischiera, e crediamo, se pure non errano i nostri corti intendimenti, che il mezzo possa essere il sospirato principe, che si aspetta della presente gravidanza della Sereniss^{a} nostra, la quale havendo in due anni dato felicamente alla luce due principesse, ci tiene in una viva fiducia, che la sua fecondità habbi da produrre maschio il 3° parte e poi il 4° ancora, nel che piaccia a Dio Benedetto d'esaudire le nostre brame e le nostre suppliche, mentre all'hora spero, che vedremo le conversioni de' più nobili, i quali seguiranno, come alcuni di loro hanno detto, la religione del loro principe, ogni volta che vedranno assicurata la successione ne' di lui discendenti cattolici. Nè i cittadini col resto della plebe haveranno dificoltà di farsi imitatori de' più giudiziosi, onde accrescendosi il numero de' credenti, si potranno facilmente moltiplicare le nostre chiese, e per conseguenza si scemerà l'esercizio de Luterani, i quali per lo più, toltine i predicanti, hanno perduta quell' aversione, che prima dimostravano a' cattolici e particolarmente a' religiosi, et io credo a cagione della vita ritirata ed esemplare, che hanno osservata in questi PP. Capuccini, alieni da ogni interesse e solo applicati a guadagnare l'anime a Christo; e se qualche Luterano si trova, che sia contrario, non si mostrà però tale per timore del principe, che ne' principii fe' severamente provare il castigo ad una famiglia, il cui capo havea deriso i PP.; ma come ho detto, la maggior parte si mostra bene affetta, conoscendosi ancora dal ricorso, che fanno alle preghiere di PP. ne' loro bisogni, e dimandando . . [?] a S. Antonio di Padoa per ritrovare le loro perdute robbe.

Per la mia parte poi io procuro di trafficare i pochi talenti, che mi ha dato il Signore Dio, ed assicuro l'EE. VV., che non mi ritirerò mai o per fatica o per altri rispetti dall' operare, come sarà necessario per gloria del Signore Iddio e della santa fede, potendo ciò francamente dire per l'aiuto, che mi prestanno questi PP., coi quali vivendo unito, non dubito, che essi, ove io non possa per me stesso, non sottentrino sempre colla loro carità a sollevarmi dalla pesante carica del mio uffizio et a porgermi ogni aiuto per l'edificazione del corpo di Cristo.

Hannover, li 22. Novembre 1671. Dell' EE. VV.

humil^{mo} dev^{mo} et oblig^{mo} ser^{re}

Valerio Maccioni, Vesc^{o} di Mar^{o}, V. Ap.

102. Cardinal Altieri an Herzog Johann Friedrich, dat. Rom, 28. Nov. 1671.

Il solo risguardo all' abbondante parte, che V. A. concede del suo fauore e del suo affetto à Monsig^r Vescouo di Marocco, Vicario Apostolico ne' suoi stati, accompagnato nell' humanissima sua lettera de' 17 di Sett^re da sì larghe attestazioni de' meriti, che glielo guadagnano, preuale nell' animo mio à qualunque altro motiuo per interessarmi nel desiderio de suoi uantaggi. Se mi si presentaranno però propizie congiunture di procurarglieli dalla clemenza di N. S., può l'A. V. restar persuasa, che io tanto meno sono per trascurarle, quanto più premo di render a Lei palese con tutte le proue la mia particolare osseruanza: e mentre glielo ratifico bramosa di nuoue occasioni di seruirla, à V. A. bacio affetuos^te le mani.

103. Maccioni an Cardinal Baldeschi, dat. Hannover, 3. Dec. 1671.

Illmo e R^mo Signor mio Pad^ne Col^mo,

L'espressioni cortesi, che V. S. Illma per sua bontà s'è degnata fare al Sig. Abbate Colomera a mio prò, sono effetti della sua gentilezza e cortesia, alla quale cercarò sempre di corrispondere con l'intimo del core con pregar S. D. M. nelle mie orationi e sagrificii per l'incolumità di V. S. Illma, a cui auguro dal nascente bambino tutte quelle felicità, che sa e può disederare, rendendole intanto le dovute gratie per la bona dispositione, che ha dimostrata per favorirmi.

Il sopradetto Sig. Abbate mi motiva di più nella sua d'un certo convertito, di cui V. S. Illma le parlò alla sfugita; questo è un borghese d'Hannover venuto alla santa fede avanti la partenza di S. A. per l'Italia et informato e catechizzato dal P. Theodato da Munster, che hora dimora a Paderborn. Li Predicanti le declamarono per tutte le chiese lutherane d'Hannover, per il che gli altri suoi eguali e concittadini lo vilipendevano e burlavano publicamente per le piazze.

S. A. S. con zelo e con autorità da prencipe veramente catholico fece comparire in giuditio detti Predicanti, che vennero tutti insieme quasi in processione come scribi e farisei alla cancellaria ducale, dove furono publicamente corretti e mortificati dai ministri di stato di S. A. S. Oltre ciò S. A. S. haveva ancor fatto formar un editto per publicarlo (come n'informai di tutto cio Mons. Nuntio Bonvisi, a cui ne inviai una copia), ma S. A. di poi giudicò di soprasedere e di farlo all'hora publicare, quando vi tornassero la 2ª volta coll'haver lasciato l'ordine di castigar severamente i delinquenti, ma fin'hora per la gratia di Dio passano le hore in pace e quiete.

Avanti le feste di Natali credo di portarmi a Cell per riverire quel Prencipe Giorgio Gugliemo e per seguir a coltivar il di lui affetto, quale prima ch'havessi servitù col Sereniss^o mio P^ne, per la sua bontà mi ha sempre fin'hora conservato. Potrebbe forsi ancora risolversi di venir meco il buon P. Isolani col P. compagno (come seguì l'anno passato), e se con tal occasione si potesse far qualche breccia nell'animo di S. A. d'ottener qualche privilegio particolare per i catholici, che sarebbe di concedere o tacitamente permettere almeno a questi Religiosi d'andar una volta il mese a celebrar ivi secretamente la messa, farvi un sermone et administrar i sacramenti a i catholici di sua corte et ad altri dispersi per quei contorni colle facoltà di missionarii apostolici, che la S. Congregatione havrebbe la bontà di concederli per quei luoghi, sarebbe cosa molto profittevole al bene spirituale di quei fedeli, e si potrebbe ancora col tempo crescere il numero de' catholici con la conversione de' lutherani.

Già quel buon prencipe dal bel principio della sua regenza con civile connivenza solamente in casi d'infermità o di pericolo di morte et anche qualche volta con occasione di passaggio (come è successo a me medesimo andando in Hamburgo) ha sempre permesso a sacerdoti si secolari come regolari, vestiti da mercadanti o da cavaliere, di celebrare secretamente la messa et anche administrare i sacramenti della chiesa a quei fedeli.

L'esempio del Re di Danimarca, quale (sicome scrissi a V. S. Illma l'ordinario passato) ha concesso a' catholici l'esercitio publico, e potrebbe farsi movere S. A. S. a concederci il privato nella forma esplicata di sopra, e non sarebbe poco l'ottenere simile gratia; per il che ho anche adoprato il Sig. Hortensio Mauro, mio amico di molti anni, acciòchè colla sua destrezza e prudenza operi con S. A. (che l'ama e stima) a concederci almeno tal gratia, già che non v'è per adesso apparenza alcuna dell' essercitio libero e di qualche chiesa publica in quei stati ad imitatione del Re nepote, il che forse si potrebbe col tempo ottenere dal Sig. Duca cattolico Gio. Federico, mio Signore, secondo le circonstanze e le congiuntioni, che potrebbero venire.

Queste sono tutte pie considerationi e pii voti, quali per far riuscire oltre le deligenze humane, sopra tutto v'è sommamente di bisogno dell'aiuto supremo di S. D. M., a cui mi raccomando di buon cuore e mi confermo

Hannover, 3 Decembre 1671. Di V. S. Illma e R^{ma}

devmo et oblig^{mo} servitore

Val., Vesc^{o} di Mar., V. Ap.

104. Maccioni an Herzog Johann Friedrich, dat. Hannover, 4. Jan. 1672.

Io, che non hò altra stella, che possa influirmi le felicità in questo mondo, che le stimatissime gratie di V. A. S., la supplico à perdonarmi, se hora mi riuolgo à sospirare gl'effetti propitii et à risguardarla come mia sourana condottiera ad una casa di Bethlemme in tempo, che le stelle appunto essercitano per tal fine un somigliante ministero. Mi scriue mio fratello la vicina vacanza del vescouato di Montefeltro per la morte, che forse à quest'hora sarà seguita di quel prelato, che l'haueua, e mi significa anche d'hauer rappresentato all' A. V. S. l'affare e supplicata de suoi autoreuoli ufficii, sopra di che altro non sò dirle, se non che io vivrò sempre obediente alle sue prudentissime risolutioni et sarò ugualmente contento, di quanto ella si degnarà operare per me, et humilmente Le inchino.

105. Colomera an Maccioni, dat. Rom, 5to del 1672.

. . . S. A. Padrone, bramoso d'incontrare il gusto e sodisf^{ne} di V. S. Ill^{a}, m'ha con ogni premura incaricato il procurarle e sollicitarle una chiesa in queste parti, e di uantaggio hà scritta una lettere assai efficace al S^{r} card^{l} Altieri, la quale già hò presentato à S. Em^{a}, ne da me si trascurera diligenza alcuna, accioche V. S. Ill[a] resti seruita; anzi la supplico, se in Roma dimora quel suo parente, che mi aiuto nella formatione del processo de la chiesa di Marocco, o altro suo confidente, à scriuerli che sia da me, accioche cooperi meco à star su l'auuiso de le vacanze, perche qui infinita e la turba de pretendenti, che acquistano merito con la lungo dimora in curia e con la frequenza dell' anticamera; ogn'uno hà il suo s[to] protettore, e benche io habbia preuenuto con tutto cio, non è picciolo uantaggio esser il primo à far l'instanza, quando succede la vacanza; e per saperla tengo auisati alcuni amici, ma questi non saranno mai souerchi per star piu sicuro de la notitia à tempo.

Quanto alla conditione, che non sia chiesa in regno di Napoli, questa sara facile con non pretenderla ne trattarla. Quanto all' altra dell' indulto per tre o due anni continouare nella carica di vic[o] apostolico in cotesto stato, io non uedo, come possa pratticarsi, ne l'essempio di Monsr Brancacci fà al caso nostro, perche prese la chiesa di Viterbo con la uera e reale intentione d'andare alla residenza, e con questa intentione le fu data la chiesa, e de facto andò à prender il possesso; mà considerando S. S[tà], che la chiesa di Viterbo e nelle porte di Roma, et obligandolo ad assisterui tre uolte l'anno facendo le sue uisite un mese per uolta, lo richiamò à continouare nella secr[a] del concilio, e pure alla corte parue assai streno, che simul et semel sia creato vescouo di residenza, e li sia dispensata. Il sig[r] card[l] Altieri non in q[a] ma nell' . . [?] uolta, ch'io li parlai d'una chiesa per V. S. Ill[a], mi rispose, che bisognara pensare prima a trouar soggetto proportionato et idoneo per costi, non conuenendo scoprir un'altare per coprirne un'altro. Per ultimo bisognara, che V. S. Ill[a] in tutte le maniere si prepari à uenire à Roma ad esporsi all'essame auanti S. S[tà], non suffragando il titolo di vescouo in partibus per esentarsi da questo essame, e Mr Brancacci con esser arcivescouo d'Adrianopoli fu necess[o] andar con gl'altri esaminandi et esporsi al cimento. E ben uero, che con essempio non mai pratticato S. S[tà] disse à gl'essaminatori, mentre già si accingeuano ad esaminarlo: costa à noi, che Mr Brancacci e idoneo; onde ogni altro tacque . . .

106. Maccioni an Herzog Johann Friedrich, dat. Hannover, 21. Jan. 1672.

Finite le funtioni delle st[me] festi, nelle quali habbiamo hauuto buon concorso di popolo alla chiesa e molti catholici ancora al sacro altare, hò giudicato bene, per solleuarmi alquanto, d'andar col P. Isolani et suo compagno à Cell, doue credeuamo veramente de trasferirci auanti le feste, mà perche S. A. si ritrouaua ancor' alle caccie di Dannenbergh, habbiamo tardato fin hora. Ci siamo trattenuti là trè giorni soli, essendo io stato alloggiato in palazzo in alcune stanze noue, vicino allo appartamento del sig[r] gouernator Volpe, et i PP. Capuccini nella cosa del Rabino Steckinell. D[o] viaggio non si è fatto solamente per spasso, mà principalmente per promouere qualche bene spirituale se fosse venuta l'occasione pp[a] à prò di quel picciol gregge catholico, e sebene i pii voti degl'huomini di bona volontà vanno alle volte uoti in terra tenebrosa, Iddio, che è il vero lume de cori, riguarda questi anche non seguendo gl'effetti delle loro bone intentioni.

Il P. Henryco Kircher, missionario apostolico di Danimarca, quale l'anno passato fù creduto morto, per la Dio gratia viue, et hora

lucente come stella
Splende l'opra di lui nel libro bella.

Hà dedicato il buon padre à V. A. S. trè piccioli tomi, il primo contiene orationi, il secondo salmi e canzoni dà cantarsi dal popolo, il terzo controuersie. In somma e stimata sommamente tal'opra e sempre sarà più ammirata e lodata, mentre come stella di nordt prende il lume dà i raggi serenissimi di V. A., à cui è dedicata. Eccole il qui accluso foglio, doue hò fatto copiare il titolo del libro e la lettera dedicatoria, dalla quale uedrà l'ossequio e la cordialità del buon P. Kyrcher.

Per la morte improuisa del ponero Beltò, il sig[r] Giouanni, già mio pittore e poi del sig[r] consiglier Grott, essendo hora di sua libertà, vorrebbe bene hauer il luogo e la picciola pensione del defonto et esser al seruitio attuale di V. A.; quale hauendo di già ueduto le di lui pitture fatte per il sig[r] Grott e per mè, potrà presto risoluere, quello vorra fare della sua persona, che s'esciliscе [sic] pronta à seruir V. A. S., come uedrà dal qui ingionto memoriale.

Scrissi l'ordinario passato a V. A. S. intorno quello mi vien scritto dà miei fratelli [?] del vescouato, che stà per vacare; replico, che mi rimetto totalmente alle risolutioni di V. A. S., auertendola però, che se m'impetra una chiesa in Italia, fauorischi pur ancora d'ottener doppo ciò la gratia dà S. S[tà] di poter dimorare in queste parte almeno per un triennio, perche in fatti altrimenti non mi tornarebbe conto e poi principalmente, per non lasciar così tosto V. A., quale potrà (riceuuta la parola e seguita l'elettione) ottener simile gratia, esponendo esser io di già prattico di queste parti, per le quali V. A. S. nel triennio, che dimorassi quà, potrebbe a bell'agio pensar di proporre il successore, che in tanto dà me sarebbe informato delle cose spettante all'ufficio vicariale, et il tutto andarebbe molto bene. Io però mi rimetto al volere di Dio bened[o] et alle dispositioni di V. A., à cui faccio humiliss[a] riuerenza.

107. Maccioni an Herzog Johann Friedrich, dat. Hannover 27. Jan. 1672.

Porto l'auiso a V. A. S., come l'altr' hieri celebrai una festa solenne, che fà delli 5 martiri di Marocco, titolo del mio vescouato, con musica si alla messa come al vespro à doi chori, hauendoui inuitato li migliori musici della città d'Hannover, è à interuenire alla solennità la piissima sig[ra] duchessa con tutte le dame e damigelle di corte, come anco altri catholici più deuoti. Il concorso de Lutherani non fù numeroso, perche essendo giorno feriale, rimasero più volontieri à gl'affari domestici in casa loro.

Trattai tutti i Padri e i musici ducali nell' hospitio de Capuccini, e beuessimo in sanità di V. A. S., augurandole felicissimo ritorno et un prencipino gentile, che dourà esser la speranza e la gioia di questa chiesa bambina. Mad[a] Ser[ma] mi fauorì d'inuiar sei boccie di vino, accioche non mi risentissi tanto della spesa. In somma non si è mai fatta una festa così deuota et allegra che questa de' i d[i] santi martiri di Marocco, che essendo dell'ordine di S. Franc[co] i Padri ancora assistirono al vespro, et il tutto andò con gratia e con deuotione.

M. Filippo Hacquard, cirusico e fattore della Regina madre di Danimarca, raccomanda di nuouo il suo nipote, che sicome sotto la sublime protettione di V. A. S. hà compito lo studio della filosofia, così ancora vorrebbe bene, che attendesse alla medicina in qualche celebre uniuersità, doue V. A. S. trouerà à proposito, e facendo profitto e diuentando buon medico (sicome dalla sua ottima capacità appare) V. A. haurà sempre un medico pagato e suo schiauo, sicome uedrà dalla qui ingionta.

Il qui incluso breue memoriale è di Daniel Ulrich d'Hannover, già Alfiere d'altiglieria come anco Tenente d'infanteria, più uolte raccomandato dal P. Carlo Montecuccoli; desiderarebbe il buon homo d'esser Capitano d'artiglieria, intendendo che sia o deua esser ben presto vacante. Con che resto et a V. A. S. facciò humiliss^a^ riuerenza.

108. Herzog Johann Friedrich an Maccioni, dat. Venedig, 5. Febr. 1672.

S'assicuri V. S., che io non la perdo di uista, e che mi sono grandemente à cuore i suoi auuanzamenti et interessi, del stato de quali non mi è permesso hora darlene più distinto ragguaglio, riserbando a farlo con sua magg^re^ sodisfattione al mio ritorno, che sarà in breue. In tanto V. S. non s'inquieti punto, che se bene non haurà il vescouato di Monte Feldre, per il quale uedo molte impossibilità, sperimenterà in ogni altra occorenza la qualità dell'affetto, che li porta

Il Duca Gio. Federigo.

109. Herzog Johann Friedrich an Maccioni. dat. Venedig, 12. Febr. 1672.

Gratissimo mi giunge l'auuiso che V. S. si è compiacciuta inuiarmi colla cortese sua lett^a^ delli 21 del passato dello stato di buona salute, in cui si ritroua il P. Henrico Kircher, missionario di Danimarca, che si stimaua morto, per il profitto della cattolica religione, al quale resto con molto debito per la dedicatione fatta mi de suoi utili e uirtuosi componimenti . . .

110. Herzog Johann Friedrich an Maccioni, dat. Venedig, 19. Febr. 1672.

Con particolar sodisfattione hò sentita la riuscita della bella festa de cinque martiri di Marocco celebrata da V. S. coll' interuento della S^a^ Duchessa e Dame e con numeroso concorso de cattolici, della deuotione de quali come dell incessante zelo di V. A. resto molto edificato . . .

111. Colomera an Herzog Johann Friedrich, dat. Roma, 19. März 1672.

. . . (Zurückgekehrt nach Rom) hò subito riuerito il s^r^ card^l^ Altieri e l'ho presentato la lettera di V. A. a fauore di Monsr nostro di Marocco, esagerando a uoce la premura di V. A., e ne hò concepite buone speranze per il gran desiderio, che mostra S. Em^a^, accioche V. A. resti in ogni cosa seruita . . .

112. Cardinal Altieri an Herzog Friedrich, dat. Rom, 19. März 1672.

Il prelato, che V. A. fà degno della protezione sua, è da N. S^re^ considerato molto per il buon seruizio, ch'egli rende alla S^tà^ Sede; ed io, che hò tanta ragione di riconoscerne il merito ne i soggetti, i quali con fede e con zelo alla medesima lo prestano, sento in me stesso una uiua consolazione degli uffici, che L'A. V. interpone à fauore di lui, ben sapendo non prouenire che dal concetto, in cui si compiace d'hauere la persona e le operazioni del sud° Prelato, onde ritraggo forte motiuo di assistergli per la sodisfazione, alla quale aspira. Nelle occasioni però, che se ne offeriranno proporzionate al fine preteso, non mancherò alle parti, che da me potranno dipendere appresso N. S. per fargliele conseguire. Ed a V. A. bacio affetuos^te^ le mani.

113. Colomera an Herzog Johann Friedrich, dat. Rom, 26. April 1672.

... Al Monsr nostro di Marocco rispondo questa sera ad una sua lettera particolarmente sopra l'indulto, che desidera di poter continouare costi due o tre anni doppo la promotione ad altra chiesa, ne posso dirli altro che quel med°, che rapresentai à V. A. in Venetia, aggiungendo che li conuerra in tutte le manieri uenire à Roma ad esporsi all' essame, che necessariamente deue farsi alla presenza di S. S^tà^, con che à V. A. profondamente m'inchino.

114. Colomera an Herzog Johann Friedrich, dat. Rom, 22. Mai 1672.

... Io tengo uiuo il trattato di Monsr nostro Vescouo Maccioni con l'auditor di S. S^tà^, Monsr Bottini, il quale haura da dar la mossa in uenendo l'occasione. Il sig^r^ card^le^ Barberino mi ha promesso di cooperarsi con tutta efficacia. Si aspetta non altro che la congiuntura de la vacanza proportionata per attualmente negotiarla ...

115. Maccioni an Cardinal Baldeschi, Erzbischof von Cäsarea, Sekretär der Propaganda, dat. Hannover, 25. Mai 1672.

Illmo e Rev^mo^ Sig^r^ mio Padr^ne^ Col^mo^,

Stavo in qualche apprensione a causa di non ricevere avviso d'alcune lettere o particolarmente della relazione, inviata alli mesi passati per via di Colonia, dello stato e propagatione della religione catholica in questi stati ducali dopo la venuta e stabilimento in Hannover delli PP. Capuccini delle tre nazioni tedesca, italiana e francese; ma dopo haver ricevuta l'ordinario passato una lettera di V. S. Illma, che favorisce d'avvisarmi la ricevuta dell'una et dell'altra, e che si è tardata et ancor si tarda la risposta, per non essersi anche fatta quella Congregatione, a cui si deve riferire il tutto, resto consolato et insieme sommamente obligato alla cortesia di V. S. Illma, che s'è degnata significarmi la causa et levarmi il travaglio.

Inviai ancora settimane sono a Monsig. Nuntio Bonvisi la relazione dell infelice diocese d'Halberstatt, dove feci all' incognito la visita impostami dalla S. Congregatione, et havendola egli inviata a Roma (come mi significa) spero, che fin hora sarà giunta, et che cotesti Emin^mi Padri e V. S Illma havranno gradito la mia bona volontà e la mia debole industria.

Adesso, ch'in Londra è di già publicato il privilegio regio dell' essercitio libero a' catholici nelle case private per tutto il regno d'Inghilterra, si crede, che per consolatione di quei fedeli e per il buon governo spirituale di quella chiesa rinascente il Sommo Pontefice si risolverà d'eleggervi un vicario apostolico col titolo di vescovo in partibus; e già fu detto dal confessore della Regina, ma per esser questo Portughese e non possedendo la lingua inglese necessaria per tal ministerio, non se ne parla più, ma bensì si tiene, che il Re vedrebbe più volontieri eletto vescovo il P. Hauvard, Domenicano, Grande Elemosiniere della Regina (che per esser d'una delle principali famiglie ducali del regno, potrebbe anche meglio servire alla propagatione della fede); raccogliendo io tutto ciò da una lettera scritta da un P. abbate Benedittino, nobile Inglese vecchio, venerando e di santa vita, Superiore del convento di Lambspring di queste parti vicine, dove vivono sotto la di lui cura molti monachi del detto ordine e quasi tutti Inglesi, e la maggior parte nobili di detta nazione.

Egli scrive così: »de confessore Reginae nihil speciale habetur, arbitratur potius esse Magnum Reginae Eleemosynarium R. P. Hauvard, Domenicanum, Ducis Northfolciae fratrem, quem Rege annuente a Sua Sanctitate putamus creandum esse episcopum titolarem«.

Venendo il caso di tal risolutione, esibisco di nuovo l'opera mia (che sarò conosciuto habile) per esser là inviato a consecrar vicario apostolico, havendo l'Emin. Sig^r Cardinal Altieri settimane sono dimostrata con sue lettere buona inclinatione di volermi impiegare per tal effetto, quando fosse venuta occasione tale da potersi con sicurezza procedere ad una simile opra; quale essendo hora venuta (conforme da' zelanti si desiderava) per il concesso privilegio sopradetto, non manca hora altro che l'efficacia di V. S. Illma in rappresentare a S. Eminenza et agli altri Emin^mi di cotesta S. Congregatione de P. F. l'utile spirituale, che havranno quei popoli che attendono tal gratia, che si sta aspettando con desiderio, applaudendo ancora sommamente a tutto ciò il Sig. Duca Gio. Federico, che molto volontieri mi permetterà, ch'io faccio tal pio viaggio, quando da S. Santità e da cotesta S. Congregatione venghi eletto per tal effetto.

Dopo esser stata tanto tempo in Francia, la Signora Duchessa di Michelburgo finalmente s'è risoluta di venir in Germania e dimorar col Sig. Duca suo marito in Swerino, città di residenza di detto ducato, dove fece alle settimane passate l'ingresso solenne; onde con la presenza di loro A. A. spero che le cose della religione andaranno meglio, e per qualche affare, che ho significato a Mons. Nuntio Bonvisi, mi pare, che non sarebbe male, ch'io v'andassi a far una visita alla sfuggita, nel che obedirò, quando mi verrà comendato.

A pasqua nella cappella ducale di Swerino furono ottenta communicati, fra'quali con somma pietà e buon esempio fu la detta Signore Duchessa, come mi è stato riferito dal P. Stefani, Agostiniano, Cappellano ducale.

Non scrivo della divotione e bontà delli Sig^ri Duca e Duchessa d'Hannover, perche già V. S. Illma l'havrà notata della mia relazione sopradetta. Et avanzando più tosto nella pietà, mentre oltre quattrocento scudi annui assegnati dal Sig. Duca per i poveri del paese, ancora di più S. A. ha assistito in diverse volte alla Signora Contessa Rantzou, Superiore dell'

Annuntiada Celeste di Hildesheim, con elemosina assai considerabile, ch'ascende fin hora a quattromila scudi, acciò detta zelante Signora possi più facilmente proseguire i suoi religiosi disegni in allevar figlie lutherane nella fede catholica.

In questa chiesa ducale d'Hannover battezzai alli giorni passati una infante di cinque anni, figlia d'una anabaptista convertita dal P. Materno, predicatore tedesco di questa chiesa, dove oltre i Sereniss[i] vi fu gran concorso de catholici e de lutherani; con che resto

Hannover, 25 Maggio. Di V. S. Illma e R[ma]
devmo et oblig[mo] serv[re]
Valerio, Vesc[o] di Marock, V. Ap.

Postscriptum: Il P. Antonio Felice Isolani et il P. Theodato suo compagno sono andati a Paderborn per ricrearsi un poco religiosamente con quei PP. Capuccini, e di là risolveranno forse d'andar fino a Colonia a riversi Mons. Nuntio Bonvisi, se vedranno di poter sicuramente viaggiare per certi luoghi heretici, per dove discorrono soldatesche hollandesi. Io gli ho dato un mio servitore per servirli e d'interprete e di scorta.

116. Maccioni an Cardinal Altieri, dat. Hannover, 7. Juli 1672.

Emin[mo] e R[mo] Sig[r] mio P[rone] Col[mo],

Il viaggio di Danimarca, che ultimamente ho fatto solo col Sig. Duca Gio. Federico mio Signore, è stato in qualche modo profittevole in riguardo alla Regina Madre, sorella di S. A. S.; quale havendo introdotto con destrezza qualche discorso di religione con S. M[tà] e particolarmente de notis verae ecclesiae, io hebbi campo di dimostrare in poche parole a S. M[tà] quello, che tante volte inculcai al defonto Re Federico III suo consorte, che hora inanzi al tribunal di Dio non havrà scusa alcuna, mentre avanti la regenza e sovranità del Sig[r] Duca sopradetto, all' occasione che mi trattenni più d'un anno i Danimarco, non mancai d'usar tutti i modi di far vedere a quel buon Re gli errori, che teneva, con haver anche più volte introdotto il P. Girolamo Mulman della Compagnia di Giesù, missionario apostolico di b. m.; che da S. M[tà] fu per mio mezzo admesso et ascoltato con somma attentione nella disputa col suo pseudoprete, come a tutti è noto e particolarmente alli PP. del collegio d'Hildesheim.

Al sopradetto discorso d'ordine della Regina fu chiamato il Predicatore suo confessor ordinario, quale essendo invitato a disputare o almeno a discorrere meco alla presenza di S. M[tà] e di S. A. de notis verae ecclesiae si scusò con dire, esser sua professione il predicare e non volersi azzardare col discorso con catholici, ma più tosto, se vi fosse necessità, ch'havrebbe posto in carte il suo parere, et ancora accettandosi dal me tal proposta, egli attonito si licenziò da S. M[tà] con dire, che sarebbe venuto al ritrovarmi al mio alloggio, ma infatti il povero scriba fariseo non solo sfuggì l'aboccarsi, ma non comparve più al palazzo regio per quel tempo, ch'io mi trattenni in Nicoping col Signor Duca.

A persuasione di S. A. non mancai di dare alla detta Regina Madre il cathechismo catholico con alcuni altri libretti spirituali e di controversie in lingua tedesca in buon numero da me portati per distribuire conforme al mio solito a i fedeli dispersi per i luoghi heretici e particolarmente a neofiti et ad altri, qui sunt in via conversionis. Dio volesse, che la bona Regina vedesse il lume della vera fede e lasciasse gli errori di Luthero, come a fatto il Sig^r Duca suo fratello.

Questo sono pii voti, e per farli riuscire vi vuol la destra dell' Eccelso, a cui non mancarò di drizzare le mie preghiere, ma dubito del desiderato successo, perchè si resiste allo Spirito Santo, e ne' catholici medesimi, che sono di qualche autorità, in molte cose, che sarebbero di gran profitto alla religione, non si vede quel fervore, che bisognarebbe, per il che i prelati et i sacerdoti di Dio perdono il coraggio.

Ho procurato d'haver insieme uniti e scolpiti in carta tutti i luoghi, città, terre, castelli e prefetture delli tre principati di S. A. S., cio è di Calembergh, Gottinghen, e Grubenaghen, il qual foglio qui accludo, acciòche V. Eminenza e cotesti Emin^{mi} PP. de Prop. Fide, informati di tutto, possino a suo tempore scrivere e persuadere al Sig^r Duca Giov. Federico d'introdurre la religione catholica e l'esercitio della medesima nelle città capitali di detti principati di Gottinghen, di Grubenaghen, siccome ha fatto in Hannover, citta capitale del principato di Calembergh; al che a me pare, che non possino reclamare li stati, perchè non est maior ratio de uno principatu quam de alio; altrimente la religione non uscirà mai fuori delle mura d'Hannover. In tanto sperandosi ogni bene da questo buon prencipe, voglio credere, che Dio Benedetto li darà ancora forza e vigore per esser degno istromento della sua divina mano per la propagatione della santa fede in questi paesi; con che resto e le faccio humilissima riverenza.

Hannover, 7 Luglio 1672. Di V. E.

h^{mo} d^{mo} et oblig^{mo} serv^{re}
Valerio, Vesc^o di Marock, V. Ap.

117. Steno an den Erzbischof von Ephesus (Opitius), dat. Kopenhagen, 23/13. Luglio 1672.

Non sono in questo regno così malvisti i catholici, che non vi sia anche tra la nobilità, chi creda, possa nella chiesa cattolica esser la salute.

I sacramenti del battesimo e matrimonio, che prima s'amministravano anche a' catholici ne' tempii degli eretici, hora gli ricevono santamente i catholici nella sala dell' ambasciatore francese, la quale serve per altro di publica chiesa. La chiesa, che l'ambasciatore ha ottenuto facoltà di fabricare, anche con campane, non vogliono si fabrichi del tutto separata, ma a lato a qualche palazzo. La fabrica si cominciarà dal cimiterio, essendo il più necessario presentamente, mentre hora le sopolture de' cattolici sono le stesse che quelle dei luterani.

A causa d'un libro, intitolato »l'etoil du nord, qui conduit au salut par trois operations, prier, chanter, lire«, impresso da uno de' Padri, che qui si trovano, si sono sollevati i luterani, accusandolo di pregiudiziale all' autorità de' loro sacerdoti, anzi anche a quella, che il Re pretende havere sopra gl' istessi vescovi. Per evitare questo rumore ha l'ambasciatore mandato fuori del regno il detto Padre.

118. Steno an den Erzbischof von Ephesus (Opitius), dat. Kopenhagen, 10. Agosto/30. Luglio (1672).

La nostra chiesa, che è una stanza del palazzo del Sig. ambasciatore di Francia, gode libertà assai grande, venendovi ognuno liberamente. Ella è piccola al concorso, e quel che è peggio, non ha operarii che un P. Giesuita, se bene la permissione è per quattro.

Alla chiesa, che deve fabricarsi con campane a' divini ufficii, non si dà principio per mancamento di danaro. La pietà di Roma e Parigi son per hora le nostre speranze.

Per la poca capacità della stanza, ove conveniamo, si sospira la fabrica della chiesa, nè io dubito, che non fosse anche utile alla conversione, convenendovi alle prediche anche i Luterani, come fanno hora quei, che possan caprirvi.

Per i cattolici, che vi sono, è necessario qualche sacerdote di più, anche con facoltà di celebrar più messe, e nelle case private, perchè a quel che stimo, vi son più cattolici di quel che apparischino, et alcuni non voglian scoprirsi e venire a ricevere i sacramenti nella chiesa.

Convien stimar molto questa nuova pianta, perchè le conversioni di qui son pure, senza mistura d'interesse humano, quali sono quelle, che siegnan la conversione del prencipe, che tira seco gli altri.

Io spero molto nell' aumento e nella costanza.

119. Der Erzbischof von Ephesus (Opitius) an den Erzbischof von Cäsarea (Cardinal Baldeschi), in Rom, dat. Firenze, 16. Agosto 1672.

Illmo e R^mo^ Sig mio Pron^e^ Col^mo^,

Il Sig^r^ Niccolo Stenone, gentilhuomo danese, trattenuto gran tempo per la sua molta erudizione e dottrina a' stipendii di questo prencipe, 5 anni sono, venne alla S. Fede; hor ha fatto tal progresso, che può collocarsi tra' perfetti. La bontà sua e le virtù sue fioriscono così, ch'io lo pareggio alle persone più sante. Nel tempo della mia nunziatura l'ho trattato lungamente con non minor consolazione che edificazione mia.

Hor venendo egli chiamato a' serviggi del suo Re, io procurai d'aggiungere al suo zelo ardentissimo qualche piccola mia scintilla, affinchè egli aiutasse la dilatazione della religione, alla quale si felicamente si è in tempo di Pros^re^[?] aperta colà la porta, egli lo farà certamente; ma perchè è huomo di gran prudenza, e che non opera con impeto, come bisogna tra gli eretici, si dovrà aspettare il frutto a suo tempo. Che scrive delle cose di colà, V. S. Illma lo vedrà dal foglio congiunto[1]), che le serva di puro saggio, . .[?] lui appena giunto. Se io havrò fortuna di servire di canale in qualche cosa, che piacesse alla S. Congregatione di volere da lui, non mi dolerò tanto della sterilità delle occasioni, che non ho qui. La persona di lui è certo, che è buona per tutto quello, in che volesse adoprarsi, bisognerà però andare riguardato per il servizio, che rende, per il chè converrà usarne senza apparenza. Io prego V. S. Illma communicare tutto questo all^o^ Emin^mo^ Prefetto, pensando che gli saran grate le notizie, e di

1) Nr. 117.

sapere, come potrà far capitale di questo soggetto, del quale saria da farne molta stima da per tutto, non che colà, et a V. S. Illma bacio riverentemente le mani.

Firenze, 16 Agosto 1672.

Di V. S. Illma e R^ma^
devot^mo^ oblig^mo^
Mons. Arciv^o^ d'Efeso.

120. Der Erzbischof von Ephesus an (Cardinal Baldeschi), dat. Firenze, 17. Sept. 1672.

Mando a V. S. Illma in copia il nuovo foglio [1]) venuto di Copenaghen, con che ubbedisco a' commandamenti dell' Emin^mo^ Preffeto. Quella nuova chiesa ha bisogno di qualche altro operario, ma che camini di concerta con chi vi è, per non distruggere in vece di edificare. Ma che oso io di dire? Questo e gestum agere coram Rossio. V. S. Illma l'attribuischi al zelo, e le bacio riverentemente le mani.

Firenze, 17 Settembre 1672.

Di V. S. Illma e R^ma^
devot^mo^ oblig^mo^
Archiv^o^ d'Efeso.

121. N. Steno an (den Erzbischof von Ephesus), dat. Kopenhagen, 5. Oct. 1672.

Monsig^r^ Illmo e R^mo^ P^rone^ Col^mo^,

V. S. Illma fa da buon pastore da vero, mentre spinta dall' affetto per una sua pecorella (che tale mi posso chiamare per esser da lei stato condutto su doviziosissimi pasture, delle quali fatta provisione mi serve di nutrimento quotidiano anch'oggi per l'anima), non aspetta le mie lettere, ma le previene colle sue. Quanto io ne sono stato consolato, Iddio lo sa, che le rimeriti con ogni summa consolazione questa carità e sopra tutto quella di ricordarsi di me ne'suoi sacrificii.

I miei e parenti ed amici mostrano sin ora ogni amorevolezza, nè v'è chi mi s'opponga nel negozio della religione; ben è vero, che non trovano strada per accomodarmi, ma a questo non risguardo, nè gl'importuno con sollecitarli, ma rimetto tutto al loro arbitrio, credendo per certo, che venendo l'ora di Dio, si troverà l'accomodamento, che per me sarà ottimo. M'hanno invitato all'improviso a dissecare un corpo humano nel teatro anatomico, credo che Iddio l'habbi fatto o per avvezzarmi a parlare in publico o per farmi provare per isperienza, che io non sono per i teatri, mentri essi mi scuoprono molti ed assai grandi difetti, parte per haver trascurato l'uso della lingua latina nel pratticare alcune lingue moderne, parte per sentire in me troppo vivi i moti di piacere agli uomini anco nelle cose, nelle quali in verità sono spiacevole, erubesco videri talis in occulis hominum nec erubesco esse talis in oculis Dei. Mi sturba il comparire avanti agli uomini senza preparatione, e non mi move lo stare meno preparato avanti gli occhi del vero e unico giudice.

Sento, con quanta carità ella s'esibisce à servire per la salute e mia e dell' universale, Iddio le dia consilio e forza per effetuarlo. Lo stato

---

1) Nr. 118.

della guerra fa, che non si parli più di fabricarci la chiesa, nè di questo sento gran sollecitudine; se potessimo avere prima pastori e pecore, si troverebbe bene l'ovile poi. È vero, che chiesa publica e capace sarebbe occasione per molti acatolici d'entrarvi delle volte e di sentire colla parola esterna anco l'interna, ma veggo delle difficoltà, che mi fanno lasciare ogni speranze di questo. Il più certo, al mio debole intendimento, sarebbe, se qualche cavalliere ricco, ma insieme buono venendo qui metter casa e comprare beni stabili facesse per inanzi patto di poter in case sue per tutto tenere chiesa libera per tutti che vi vogliono intrare, il che li s'accorderebbe facilmente; estimerei più questo che qual si voglia chiesa publica fabbricata a spese di qual si voglia prencipe forastiero, imperciocchè venendosi a rottura con quel prencipe e co'suoi collegati, si proibisce, anzi si confisca o pigliano per loro la chiesa; s'è visto questo dopo la partenza dell' ambasciatore dell' Imperatore, il Barone di Goes, il quale aveva comprata casa nella città e vi teneva Padri; ma dopo la sua partenza fu impedito l'esercizio e confiscata la casa sotto pretesto, che nissuno poteva possedere case, che non fusse insieme suddito, benchè poi li fosse restituito il denaro, conforme n'è stato riferito. Ma se detto barone avesse potuto restare qui, e si fosse comprato qualche stato nel paese, sarebbe stata perpetua detta capella. Ora non abbiamo altra capella o chiesa che quella dell'ambasciatore di Francia, e caso che si venisse alla rottura con quel regno, bisognerebbe stare senza chiesa sino all'arrivo di qualcheduno dell' Imperatore, se Iddio non ne disponesse altrimenti. Ma di cose publiche non molto si pensa, quando si risguarda alla primitiva e alla chiesa in Inghilterra di questo secolo. Iddio ci mandi quantità di buoni cattolici e di pastori apostolici, che senza risguardo ad altro che alla salute dell' anime omnibus omnia fiunt, ut omnes Christo lucrentur.

Ho sentito altra volta parlare di missionarii e di denaro per mantenerli, ma salvo aliorum indicio io non spero effetto notabile che da quelli missionarii, che seguitano l'esempio di Christo, de' suoi apostoli e di huomini apostolici, come S. Ignazio, S. Xaverio ed altri. E mentre questi non ancora si trovano, è segno, che non è ancora venuto il tempo della grazia. Preghiamo Iddio, che ci lo faccia presto tornare, maior est misericordia eius quam malitia nostra. E. V. S. Illma per questo contribuisca con ogni più vivo zelò e per sè e per i suoi amici zelanti della gloria di Dio a fare cessar l'ira di Dio sopra di noi.

Delle nuove non le posso scrivere certezza, s'è parlato della lega per la pace dell' Imperio, ma non so, quanto si stende, e come ella s'intende, forse saravvi qualche limitazione per non venire a rompere affatto con Francia. Ma non la tratterò con nuove per non esserne informato, vivendo come a Firenze inter sacra et studia, ricompensandomi Iddio con occasioni private, quel che in Firenze avevo in compagnia con altri. Del che sia lodata la bontà di Dio. Mi rassegno

Copenaghen, 5 Ottobre 1672.

Di V. S. Illma
humil^{mo} devot^{mo} oblig^{mo} servo
Niccolò Stenone.

Postscriptum: Visitando il santo ritiramento della Certosa si ricordi di me e ne preghi la gratia istessa parimente da quei buoni Padri.

122. d'Estropes an den apostolischen Vicar Maccioni, dat. Hamburg, 17/27. Oct. 1672[1]).

· Monseigneur,

Je renuoy a Vostre Grandeur la paraphrase faicte à la louange du Roy, il n'y a rien de si beau ny de mieux faict, l'auteur en est bien digne de louange, et j'ay bien de l'obligation à V. G. de me l'auoir voulu communiquer. Je l'en remercie aussy bien fort et je luy demande mesme excuse d'auoir tardé si long temps à le faire; mais la necessité des affaires m'ayant obligé, aussitost que je fus arriué à Hambourg, d'en partir pour me rendre en diligence à Slesuik et delà en l'isle de Noorstrandt, où j'ay demeuré jusqu'à present, je ne peû pas auoir l'honneur d'escrire à V. G. Mais aussy en recompence je pourray maintentant l'informer plus amplement que je n'aurois sceû faire alors, de l'estat de la d. isle et des circonstances qu'elle m'en demandoit en ce temps là.

C'est pour cet effect, Monseigneur, que je peu asseurer V. G., que l'isle de Noorstrandt est un poste fort auantageux pour establir une mission pour tous les pays du noordt. Elle est située dans le duché de Sleswik en bon air et fauorable à la santé, distant de terre ferme l'espace d'une demy heure, où l'on va en chalouppe sans ancun danger, comme je l'ay experimenté. Elle contient enuiron cinq ou six lieues de circuit, mais ce qui est endigué et cultiué, n'en peut contenir que deux ou trois. La terre en est bonne, grasse et fort fertile. Elle est bien scituée pour le commerce d'Hambourg, Hollande et autres lieux de la mer, et pour une plus grande commodité on a en terre ferme à Husum, d'où l'on va dans la d. isle, une maison où l'on met les grains, pour les transporter de là dans les lieux où ils doiuent estre vendus. Il y a des viuiers d'eau douce, où l'on pouuoit auoir beaucoup de poissons, non seulement pour la nourriture des habitans, mais mesme pour en faire commerce, come aussy de beaux pasturages pour nourrir toutes sortes de bestiaux, boeufs, vaches, cheuaux, tout de mesme pour la volaille, chappons, poules, poulets, pigeonneaux et autres. Tout cela y est en abondance, sans parler du gibbier. Ses priuilèges sont contenus dans le traicté faict par Monseigneur le duc d'Holstein auec les chefs contractans et participans, aux quels le d. seigneur a ceddé et donné toutes les terres, appartenances et dependences de tout le pays de Noorstrandt, comme elles se trouuent a present et pourront estre à l'auenir, sans en excepter aucune partie, et outre cela toute sorte de droicts et jurisdictions, comme liberté de conscience, droict de dixmes[2]), pesche, passage, chasse, moulins à vent, pareillement toute jurisdiction ciuile, politique et criminale, droict de patronat et autres semblables, se reseruant toutes fois le d. seigneur duc le droict de marine et appellation ciuile et outre ce le droict de souueraineté, haut domaine et justice supreme sur tout le d. pays. L'isle est possedée en commun par trois sortes de personnes, scauoir Francois, Hollandois et Brabancons, lesquels tous sont catholiques et ont une eglise où il y a deux prestres de l'oratoire qui la gouuernent. Il y a aussi une eglise Lutherienne, dont le pasteur a plus de trois cent escus de reuenu

---

1) Das ursprüngliche Datum 17/27. 8bre ist von einer zeitgenössischen Hand mit anderer Tinte corrigirt in 10/20. Xbre; diese Überschreibung stammt jedenfalls vom Empfänger des Briefs. Auf das ursprüngliche Datum weist zurück Brief Nr. 126. 2) sic!

pour enuiron 50 maisons de Lutheriens qu'il a sous luy, et releuant des d. chefs participans. Il y a trois endiguements dans la d. isle, qui sont partagéz en 24 portions, dont les Francois en ont six, c'est a dire le quart, et outre ce la d. maison bastie à Husum cy dessus mentionnée, et tout cela ensemble peut leur donner de reuenu enuiron douze mil liures et en donneroit sans doute baucoup dauantage à gens qui demeureroient eux mesmes sur les lieux pour faire valoir les terres et le commerce qu'on y peut faire.

Apres cela, Monseigneur, il me semble que j'en ay assez dict et autant que le permet une lettre pour informer Vostre Grandeur de ce qu'elle desiroit scauoir touchant le dessein qu'elle eût la bonté de me communiquer à Hanouer, et pour voir ensuite qu'on y pouuoit aisement faire comme le seminaire des missionaires du noort, où tous y feroient leur residence ordinaire sous la conduite d'un superieur, qui releueroit immediatement de V. G., de laquelle il seroit obligé de prendre les ordres et la mission et luy rendre compte de tout, et qui selon la nécessité des lieux pourroit enuoyer les missionaires d'un costé et d'autre, et quand ils auroient assez trauaillé, les rappeler pour se reposer et se receuillir dans la d. isle comme dans le lieu de restraite. Il pourroit y auoir dans le d. seminaire autant de prestres que l'on voudroit, parcequ'on vit là presque pour rien et des choses mesmes qu'on a dans sa maison. D'ailleurs le reuenu estant considerable, on en pourroit tous les ans espargner quelque chose, tous frais faicts pour la nourriture, l'entretien et les voyages des missionaires et de cette espargne on pourroit à quelques années delà endiguer quelques autres parties de l'isle qui ne sont pas encore endiguées et qui sont pourtant fort propres pour cela et rendroient un grand reuenu pour l'argent qu'on y mettroit.

Je ne parle point du fruict qu'un y peut faire pour le salu tdes ames, parceque je scay que V. G. ayant une parfaite connoissance des pays du noordt pour y auoir demeuré un temps considerable et qu'estant d'ailleurs si sage et si esclairé, elle verra sans doute qu'un establissement de cette sorte seroit un coup d'estat pour la religion et jetter au milieu du lutheranisme un grand filet pour attirer les âmes dans la barque du seigneur. Il est donc vray de dire, qu'en ce lieu là messis est multa, mais qu'il depent a present de V. G. d'y envoyer les ouvriers pour en faire la recolte; elle en void l'utilité, elle en connoit la necessité et elle en elle en lit [sic] les moyens; et moy, dailleurs connoissant la grande charité et le zèle infatigable qui vous anime à trauailler à la gloire de Dieu, au salut des ames et à la propagation de la foy catholique, je ne doute point que V. G. n'accepte cette occasion come venant de la diuine prouidence et ne fasse son possible pour y réussir. J'y feray, tandisque je seray en ces pays, tout ce que je pourray de mon costé, et je me fais fort sur la confiance qu'ont en moy messieurs les participans francois, qu'on en auroit baucoup meilleur compte que si on attendoit d'auantage. Et puis j'apprehende, que si nous differons plus longtemps nostre dessein, on ne nous preuienne d'un autre costé par des gens qui ont des desseins tout contraires et tout opposéz aux nostres, ce qui me fascheroit extremement, cependant j'y vois de grands apparences. Ainsy je supplie Vostre Grandeur, si elle veut penser serieusement à cette affaire, comme elle me le tesmoigna en passant à Hanouer, d'auoir la bonté, 1° de tenir la chose secrette, 2° de me faire scauoir au plustost sa volonté et me donner des asseurances positiues de ce que l'on voudra ou pourra faire, et le tout en peu de temps, parceque selon la responce que j'auray, je prendray mes mesures. Je l'attends donc auec impatience et suis auec un profond respect

Monseigneur

de Vostre Grandeur
le tres humble et tres obeissant seruiteur
Destropes.

Postscriptum: Si Vostre Grandeur veut m'honorer de sa responce, mon addresse est chez Mr Dupré, commissaire du Roy tres chrestien à Hambourg. Il scaura toujours, où je seray.

123. Cardinal Francesco Barberino an Herzog Johann Friedrich, dat. Rom, 12. Nov. 1672.

Per lettere di Monsr Vescouo di Marocco, Vic[o] Ap[o] costà, hò riceuuto pieni rincontri della carità che V. A. si è compiacciuta di far à D. Pietro Gillierd da Vippens, che illuminato da Dio è ritornato al grembo della Sta Chiesa Catt[ca], della quale haueua apostato, uiuendo per molti anni trà i Caluinisti, con tenersi anco in qualità di moglie, benche non la sposasse mai, una tal Berta, con la quale hà hauuto due figli uiuenti, che con la madre si trouano apresso alla I[a] Principessa Landgrauia di Cassel Caluiniana, benche à quest'hora possa sperarsi, che fuggitisi di colà siano uenuti in Hannouer per abjurare costì l'eresie et professar la nostra Sta Fede. Io non posso esprimere a V. A. la consolatione che hò sentita non meno per gli atti di pietà da V. A. usati al d. D. Pietro, che per quelli, che hà fatto sperar alla sud[a] Donna e figliuoli, quando si fossero ridotti alla uera fede in cot[o] suo Dominio. Ma sicome non hò lasciato di renderne le douute grazie à S. D. M[tà], così hò stimato mio douere il renderle, come faccio con questa, cordialiss[me] anco a V. A. et il supplicarla insieme à compiacersi di continuare uerso questi miserabili gli effetti della sua sing[re] bontà, procurando sopra tutto di ridurre ò costì ò in altre parti de Catt[ci] la d[a] Donna e figliuolti, a fine che possano abbraciarre la nostra uera Religione et uiuere in essa senza timor alcuno de peruersione, per il qual med[mo] fine sono sicuro, ch'ella sarà per dar loro ricapito et impiego proporzionato. Conserui intanto il S[o] Iddio l'A. V. con prosperità, mentre resto con bacciarle affett[te] le mani

di V. A. affo[mo] seru[re]
F. Card. Barberino.

124. Colomera an Johann Friedrich, dat. Rom, 12. Nov. 1672.

. . . La cong[ne] del S[to] officio hà imposto al card[l] nostro Brancacci, il quale è uno di essa, cio che V. A. uedra nell' ingionto foglio 1), ond'io per la commissione datami sono in nome de la med[a] à supplicar humilmente V. A. di usar de la sua solita benignità e generosità con le persone racomandate, perche oltre il seruigio di Dio e de la Sta fede cattolica, di cui V. A. porta il glorioso titolo di indefesso protettore, l'assicuro, che s'oblighera infinitamente la d[a] cong[ne], con che a V. A. profondamente m'inchino . . .

1) Nr. 124[a].

124a. Beilage zu dem Schreiben Nr. 123.

L'eminen. sigr card[l] Brancaccio e supplicato à compiacersi di far chiamare a se il sig. abbate Calimera [sic], agente del sigr duca Gio. Federico de Bransuich, e secondo la risolutione della sacra congregne del sant'officio degnarsi di attestargli il gradimento e consolatione dell' istessa S. Congne in sentire dalle lettere di Monsr vescovo di Marocco, Vicario apostolico di Bransvich, che S. A. si sia compiaciuta di accogliere e di usare della sua solita charità uerso la persona di D. Pietro Gillierd da Vippens ritornato al grembo della santa madre chiesa cattolica, della quale haueua apostato alla setta Caluiniana, con hauer anche tenuta in qualità di moglie, benche non la sposasse mai, une tal Berta dell'istessa setta, colla quale ha hauuti due figli uiuenti, che colla madre si trouano hoggi appresso la principessa landgravia Caluiniana di Cassel. Si degnerà insieme l' E. S. d'insinuare al do s. agente, che con sue lettere attesti al d. S. duca quei[?] sentimenti della S. congne, e che in nom' di essa lo supplichi ad hauer raccomandato non solamente il do D. Pietro, mà ancora la da donna e figlioli, i quali à quest'hora saranno facilmente fuggiti ad Hannouer, doue essa Donna deue abiurar l'eresie insieme con d[i] figlioli secondo il concertato già fatto. E benche dalla nota pietà di S. A. si speri, che in tal caso uerranno charitatiuamente accolti quei miserabili, e che si degnerà di dar loro qualche ricapito et impiego proportionato alla lora attiuità acciò dalla necessità non siano astretti à ritornar di nuouo tra gli eretici, da i quali s'intende, che uengano allettati con promesse e con sicurezze di stipendii annui, non dimeno la sac. congne ne prega instantemente S. A. per mezzo del predo agente.

125. Destropes an Marcioni, dat. Sleswic, 20/30. Dec. 1672.

J'envoy à Vostre Grandeur le memoire latin qu'elle me demande, pour enuoyer à Rome. Il me semble qu'on auroit peu enuoyer ma lettre en francois sans aucun inconuenient, et cela auroit beaucoup abbregé le temps, qui est la seule grace que je demande à V. G., si elle veut faire affaire auec moy pour l'achat de ces terres, car je voy bien qu'il n'y a que la longueur du temps qui nous en empeschera, et je suis asseuré que V. G. apprenant, à qui j'auray vendu, elle en sera faschée et se repentira de n'auoir pas faict ce qu'elle pouuoit faire aisement. Je la supplie donc tres humblement de ne pas negliger cette occasion, où il y va du bien de la religion et de la gloire de Dieu, et me faire scauoir, si je dois tout a faict jetter veue de son costé et negliger ou du moins differer ce que je tiens comme entre mes mains. J'attends, s'il vous plaist, responce au plustost et suis auec un profond respect etc.

Postscriptum I.: Il y a en cette ville enuiron 20 catholiques. Je leur dis la ste messe en cachette dans mon logis, où il y a des ornements, et comme une partie entendent le francois, je leur presche en cette langue les dimanches. Il y a huict jours que j'en confessois un qui n'auoit point esté confessé depui cinq ans, parcequ'il n'auoit point eu occasion.

Postscriptum II.: Je supplie V. G. de ne pas me nommer prestre au dessus des lettres qu'elle me fera l'honneur de m'escrire, craignant que cela ne les fist perdre. —

126. Destropes an Maccioni, dat. Sleswiae, 30/20. Dec. 1672.

Accepi non sine gaudio magnaque cum veneratione datum mihi ab Illustrissima Reuerendissimaque Dominatione Vestra responsum, de quo nunc ipsi gratias humillime agens, postulatis satisfacturus breuiter perstringam vel repetam, quae fuse in praecedente mea epistola gallico idiomate de Noorstrandica insula fuere scripta. Dicebam igitur etc.

Quantum autem ad me spectat, quaecunque potero praestare, lubenti animo praestabo promittoque propter eam, qua mihi coniuncti sunt dicti domini Galli participantes, amicitiam, rem longe feliciorem habituram successum, si perficienda ante meum in Galliam reditum suscipiatur. Sed urget tempus, uti iam monui a duobus mensibus et iterum moneo . . . . .

Isaac d'Estropes presbyter.

Vermerk von Maccioni's Hand: leterae d'Estropes [no] 14.

127. Colomera an Maccioni (ohne Datum).

Riceui, come auisai la sett[ma] passata, il piego dentro quello di S. A. sopra il neg[o] di Nostrandia, ma non ui e stato luogo, per molto che l'habbia procurato di trattare, ne meno col P. General Oliua, ne ui sara se non passate le tre feste di pasca; onde spero almeno, per quel che tocca al med[o], col seguente portar qualche notitia a V. S. Illma del mio operato . . .

128. Maccioni an Cardinal Altieri, dat. Hannover 5. Jan. 1673.

Nel principio di quest' anno nuovo, nel quale auguro a V. E. ogni felicità, le presento un frutto benchè ancora acerbo della mia debole coltura; con bona occasione ho accapato almeno in speranza assai fondata per la religione catholica un picciol prencipe, che assistito dalla S. Sede e sollevato e sostenuto dal braccio di V. Eminenza e di cotesta S. Congregatione potrebbe un giorno servir molto alla nostra santa fede nel settentrione. Questo è Ernesto Augusto, prencipe della linea di Sonderburg d'Holstein sive Holsatia, nipote della Signora Principessa Elletrice di Brandenburgo e parente del Re di Danimarca, d'età di 13 anni, putto di molto spirito, il quale (secondo l'ottima intentione datami da un gran prencipe) si può facilmente sottrarre dalle mani del padre e della madre, per inviarlo a Roma a studiare, accioche insieme con le scienze s'imbeva a poco a poco de' dogmi catholici.

Ma ad effetto così nobile la paterna sollicitudine di S. Santità e la benignità di V. Eminenza possono aprir la strada con fare, che sia assicurata il figlio di tutte le spese del viaggio senz' aggravio alcuno della sua casa, del vitto e vestito proportionato alla sua conditione, in qualche collegio di Roma non solo durante i suoi studii, ma anche dopo, finchè sia in fine provisto di qualche benefitio ecclesiastico a suo tempo in queste parti, come a dire di qualche canonicato di Colonia, Magonza, Treveri, Munster o simile, perchè infatti dalla sua casa non potrà sperare aiuti nè pensione alcuna.

Supplico humilmente l'E. V. ad aggiungere a i titoli delle proprie glorie la conquista di questa bell' anima et a commandare a me, se devo proseguire, et in quali termini in ordine alle sopradette pretensioni, un progresso così utile alla propagatione della santa fede, che se della conferenza e discorso già havuto col Predicante della Regina Madre di Danimarca, alla quale diedi quei libretti e cathechismo catholico (sicome scrissi a V. E. alli 7 di Luglio) non si vede profitto alcuno, perchè da quella parte si resiste allo Spirito Santo, almeno mi consolarò con questo vicino spirituale acquisto del sopradetto prencipino, che dovrà con dolcezza esser instrutto e cathechizzato in Roma; con che resto e prostrato a terra bacio ossequioso i santi piedi di S. Beatitudine, et a V. E. faccio humilissima riverenza.

Di V. Eminenza

Hannover, 5. Gennaro 1673.

humil^{mo}, d^{mo} et oblig^{mo} serv^{re}
Valerio, Vesc^{o} di Marock, V. Ap.

129. d'Estropes an Maccioni, dat. Hamburg, 10. März/28. Febr. 1673.

Vestras accepi nullius diei litteras, admodum tamen mihi venerandas et charas; gratias igitur de illis ago innumeras, uti etiam de directorio tam prompte ad me misso, memor futurus propterea beneficii in recitando, ad quod dirigit, diuino officio. Non parum me delectat a Roma quod habitum est responsum: oraculum est e sede veritatis emanans, ergo credendum, et nobis expectandum, ut optime scribit Illma et Reu^{ma} V. Dominatio, quid sit tandem ulterius de Noorstrandico negotio determinaturum: expectabo sane, Ill^{me} Praesul, ulterius illud responsum, et omnis morae propterea in hisce plagis septentrionalibus occasionem arripiam, ut tanti momenti pro bono ecclesiae et catholica fide propaganda negotium perficiamus. Ne tamen cunctando rem euertamus, vel potius ex non satis cognita insula morentur in determinanda emptione Eminentissimi Sacrae Congregationis cardinales, non abs re videretur mihi ad ipsos nostrum ultimum memoriale super hac re Ill^{mae} ac Reu^{mae} V. Dominationi scriptum mittere, multum etenim iuuabit ad perfectam et claram emendorum notitiam habendum; humillime igitur rogo, velit Ill^{a} V. D. dictum a me scriptum vel saltem eius copiam Romam mittere . . . . .

130. Colomera an Maccioni, dat. Rom, 14. März 1673.

Di quanta consolatione spirituale sia stata ripiena l'anima mia per la gloriosa uittoria riportata dal zelo di V. S. Ill^{a} contro il nemico commune in persona del Dr Moretti Greco, sara piu facile da la sua bonta concepito che da la mia penna spiegato. L'opera e stata grande e con particolar prouidenza assistita da Dio non solo per la conuersione del capo, ma per la preseruatione dell' innocente famiglia. Intanto mi edifico sommamente de la humiltà e modestia di V. S. Ill^{a} in astenersi di dare parte alla sacra cong^{ne}, la quale sara da me informata per maggior gloria di Dio, che sara rimuneratore dele fatiche di V. S. Ill^{a} . . . . .

131. Colomera an Herzog Johann Friedrich, dat. Rom, 25. März 1673.

Riceuo la benigniss^{a} di V. A. de li 2 stante e resto inteso, come per la morte del S. Elettor di Magonza resta devoluta alla Sta Sede la facoltà di poter conferire li canonicati del la Coll^{a} del Borgo di Northeim uacanti ne' mesi riserbati a S. S^{tà}, de quali mi commanda ch'io procuri indulto Ponteficio del ius nominandi in persona di V. A. con la speditioa de le bolle da farsi dal vic° apostolico pro tempore. Io supponendo, che la gratia conceduta al S. Elettore fosse personale, mentre che V. A. me la da per deuoluta con la sua morte, la supplico a credere, che non restera defraudato il buon esito del negotio per mancanza di diligenza, destrezza et opportunità, che tutte son necessarie in questa materia e nella hodierna Dataria . . . . .

132. Colomera an Maccioni, dat. Rom, 8. April 1673.

. . . Hò presentato la lettera al P. Generale Oliua, il quale mi hà detto, che rispondera col seguenti; ma in tanto mi hà significato che non puo attendere al negotio proposto dell' isola di Nostrandia, atteso si e fatto decreto nella religione di sopprimere piu tosto alcuni collegii e di sospendere ogni nuoua erettione, onde resta à far il tentatiuo[?] con la propaganda, ma dubito forte, che non stia in istato di far la spesa. . . .

133. Colomera an Herzog Johann Friedrich, dat. Rom, 15. April 1673.

Ho cominciato da lontano a motiuar l'indulto de la Collegiata del Borgo di Northeim unica rimasta in cotesti stati cattolica doppo il trattato de la pace di Munster, però è necessario per procedere auanti, ch'io resti informato de lo stato di essa; percio supplico V. A. d'un relatione del numero de collegiati, delle dignita, canonicati e prebendati, col ualore delle rendite. E se si potesse hauere una copia dell' indulto, che ne haueua l'elettor defonto di Magonza, farebbe assai al proposito. Le Sede Apostolico in simili indulti suol sempre eccetuare le prime dignita e li beneficii curati . . . . .

134. Colomera an Maccioni, dat. Rom, 27. Mai 1673.

. . . Io sollecito, quanto posso, le risposte de la Propag^{a} sopra il negotio dell' isola di Noorstrandia, ma può essere che le uoglia mandare à dirittura o per la uia del nuncio di Colonia . . .

135. Colomera an Herzog Johann Friedrich, dat. Rom, 10. Juni 1673.

. . . Sin dal principio, che Monsr mi scrisse sopra il negotio dell' isola di Noostrandia, io feci mal concetto del buon esito, sauendo che la Prop^{a} si troua molto aggrauata nel temporale . . . . .

136. d'Estropes an Maccioni, dat. Hambourg, 14/24. Juni 1673.

Depuis la derniere lettre que j'ay eu l'honneur d'escire a V. G., j'ay faict un voyage à Sleswik et à nostre isle de Noorstrandt, où j'ay sejourné pendant tout ce temps là pour mettre les ordres necessaires aux affaires de m^{rs} les Participans francois, tandis neanmoins que je n'ay pas negligé celles des catholiques francois qui sont en ces pays là. Apresent que me voicy de retour à Hambourg, je ne scaurois differer plus long temps, sans supplier tres humblement V. G. de vouloir me faire l'honneur de me donner de ses nouvelles et de celles qu'elle auroit peû recevoir du costé de Rome, où je voudrois qu'on y connust, aussy bien que je fais, les auantages du dessein que nous leur auons proposé. Je suis asseuré qu'on n'y prendroit point d'autre mesure que celle de l'executer promptement. Mais, Monseigneur, pour les y engager plus fortement, je souhaitterois de tout mon coeur que les affaires presentes de V. G. luy permissent de se transporter sur les lieux maintentant, qu'il faict si beau temps; car estant aussy esclaircée et aussy sage qu'elle est, elle y verroit en peu de jours non seulement, si ce que j'ay dis cy deuant par mes lettres, est veritable, mais mesme tout ce que l'on pourroit tirer d'auantage de l'execution de nostre dessein pour le salut des ames . . . . .

137. Colomera an Herzog Johann Friedrich, dat. Rom, 22. Juli 1673.

. . . Passai l'officio, che V. A. mi commando con Mon^r Cervi, secr^o de la Prop^a, e ne resto tanto obligato, che mi disse uolerlo significare a V. A. con lettera particolare. Gli discorsi sopra la giusta pretensione di M^r nostro di Marocco, e m'hà promesso dal canto suo di far tutto quello le sarà possibile. Onde siamo conueuuti di presentarne in nome del pretensore un memoriale alla S. Cong^ne, acciochè o proueda da se o ex officio tratta con la Dataria il prouedimento, che si desidera. In tanto io non manco di andar preparando la materia con i S^ri Cardinali, assicurando à V. A., che e assai meno difficile di negotiare un vescouato per M^r nostro che una pensione o beneficio semplice, come li mesi à dietro lungamente scrissi, e con euidenti ragioni prouar all' istesso M^r nostro, quando li Cardinali e la camera secreta del Papa s'abborbiscono le pensioni e cio che uaca di beneficios emplice: queste difficoltà med^e, che sono chiare e palpabili, mi hà fatto Mr Cerri, ma io l'ho stretto con q^a consequenza. Dunque toccherà alla S. Cong^ne prouedere del suo, e per dirlo à V. A., il mio discorso fa con q^o disegno di mettere sul punto del proprio interesse la med^a Cong^ne; io già sto concependo il memoriale in buona forma, acciochè Mr Cerri lo porti e lega nella prima Cong^ne, il quale in questo punto mi fa capitar l'acclusa per V. A. et io la supplico à riflettere al carattere e dettatura del secr^o, col quale hò qualche mezz' apertura di poter negotiare, se uolesse abbracciare il seruigio di V. A. . . . . .

138. Maccioni an Cardinal Altieri, dat. Hannover 25. Aug. 1673.

Emin^mo e R^mo Sig^r mio Padrone Col^mo,

Sarebbe di somma mortificatione a' catholici dimoranti in Hamburgo, se nel palazzo della Regina Christina cessasse la predica tedescha, la quale i predicanti lutheranei vorrebbero, che dal magistrato della città fosse abrogata, non potendo comportare quei scribi e farisei di vedere il concorso de' catholici, anzi de' medesimi lutherani a quella capella regia, che oltre il zelante P. Henrico Isaac Giesuita, missionario apostolico d'Altenò et Hamburgo, ivi predicator ordinario, è offitiata da due Capellani regii, preti secolari. Per maggior informatione di V. E. e di cotesti Emin^mi PP. le invio la qui inclusa lettera latina scrittami dal sopradetto P. Henrico (che hora in mancanza del pio et erudito D. Giovanni Mourgues, primo capellano, poco fa licentiatosi dal servitio, è necessitato a binare), acciò V. E. habbia la bontà d'operare con efficacia con S. M^{tà} per animarla a sostenere et a proteggere l'esercitio catholico sì della predica come della S. messa nel suo palazzo regio d'Hamburgo, non solo per consolatione di quei catholici, che non possono così facilmente andare in Altenò fuori di città, ma ancora per sostenere il ius e prerogativa, che godono tutti i prencipi, i loro ministri et officiali ne' loro palazzi et habitazioni.

Oltre ciò V. E. per servitio di Dio potrà ancor favorire di ricordare a S. M^{tà} (volendosi provedere di nuovo capellano) di porre in luogo di detto Don Giovanni qualche sacerdote di vita esemplare e di dottrina, acciò possi risplendere verbo et exemplo a' catholici et a' lutherani medesimi di queste parti settentrionali, che più facilmente vengono al grembo della chiesa, quando con le parole scorgono esser accompagnato il buon esempio.

Conforme il commando di cotesta S. Congregatione ho poi data con buon modo l'esclusiva dell' affare della vicina isola di Noorstrandia al deputato commissario, che assieme con alcuni altri zelanti catholici hanno lagrimato a simile aviso, vedendosi quasi necessitati (come mi vien scritto) di vendere quel luogo a' protestanti, nemici della nostra religione. Quei buoni huomini s'erano piamente lusingati, che se cotesta S. Congregatione non havesse potuto fare tal compra, almeno havesse procurato, ch'il ricco hospedale di S. Spirito o qualche ordine regolare con l'aiuto di qualche ricco e pio prencipe Romano havesse applicato a tal affare, godendosi particolarmente in Italia frutti della pace, delli quali sono privi altri regni e principati della christianità, ma io gli ho risposto, che questi erano pii voti, e che Dio Benedetto forse non gli esaudiva, perchè nel settentrione, a quo venit omne malum, fex peccatorum non esset adhuc exinanita et ideo calicem furoris Domini deberent adhuc bibere peccatores huius terrae, finchè piaccerà a S. D. M. d'illuminare questi luoghi col lume della vera fede.

Prostrato a terra bacio ossequioso li piedi di S. Santità, supplicandola humilissimamente di concedermi qualche indulgenza e medaglie per distribuire a molti Fedeli di questi luoghi soggetti al mio vicariato apostolico, che me le addimandano, e V. Eminenza nel procurare questa gratia spirituale participarà dell' orationi di questa chiesa rinascente, e farà opra degna della sua pietà; con che resto facendo a V. E. et a cotesti Emin^{mi} miei Signori humilissima riverenza.

Hannover, 25. Agosto 1673. Di V. Eminenza

humil^{mo} d^{mo} et oblig^{mo} serv^{re}

Valerio, Vesc^{o} di Marock, V. Ap.

139. Herzogin Sophie an Maccioni, dat. Diepholz, 21. Oct. 1673.

. . . nous vous sommes obligé, que vous auez tant de soin de nostre âme; ie crois, qu'on ne peut errer en croiant en Jesu Christ, puis qu'il a dit, que cela sufit. — . . .

140. Colomera an Maccioni, dat. Rom, 18. Nov. 1673.

. . . Habbiamo gia il nuouo secr° in Propª Mr Ranizza, m'e dispiaciuto non solo in riguardo di Mr Cerri, il cui trattare era dolce e discreto, ma perche mi bisogna render capace et informato, chi e nuouo nelle materie. . . . . .

141. Pastoral-Vorrede Maccioni's zu der 1674 im Verlag von Schwendimann zu Hannover erschienenen Ausgabe des Katechismus von P. Canisius, dat. Hannover, 1. Jan. 1674.

Valerius de Maccionis, Dei et Apostolicae Sedis Gratia Episcopus Marochii et in hisce Ducalibus Ditionibus nec non in circumvicinis Septentrionalibus Provinciis Vicarius Apostolicus, Officialis Generalis et praedictae S. Sedis Commissarius etc. Omnibus et singulis, praecipue vero Nostrae curae concreditis, Salutem in Domino sempiternam.

Cum non minima pastoralis officii pars sit recta iuventutis institutio et inde totius fere secuturae aetatis ratio pendeat, vehementer optavimus in hisce et circumvicinis provinciis episcopis catholicis orbatis, quarum vicaria cura ab Apostolica Nobis Sede demandata est, edi catechismum aliquem, qui pro horum temporum locorumque ratione teneram aetatem fidei morumque praeceptis acurate instrueret. Hac de causa anno 1668 primo, deinde anno 1672 iterum laudatissimum probatissimumque R. P. Petri Canisii catechismum, quem medullam theologiae merito appellare liceat, germanico ac gallico idiomate imprimi curavimus, et cum iuxta illam methodum alius superiore anno 1673 catechismus Ratzeburgi editus fuerit, in quo catholica doctrina non nude affertur, sed copiosis etiam Scripturae testimoniis probatur, statim pro maiore Dei gloria et animarum utilitate ad eumdem recudendum animum adiecimus, hac tamen ratione, ut quae in illo ad marginem habentur Sacrae Scripturae testimonia, non sine aliquo labore quaerenda, in ipso contextu pro faciliore legentium usu ponerentur, deinde, quae hinc et inde brevius perstricta videntur, ipso anthore conscio et annuente, ex aliis, quorum alter Moguntiae, alter Olivae est editus, latius nonnihil explicarentur, atque ita facili negotio omnes non solum sanam fidei doctrinam, sed etiam rectam vivendi rationem addiscere possint. Quod uti nos solius Divinae gloriae studio in nos suscepimus, ita optamus et precamur, ut in omnium cedat utilitatem ac salutem.

Hannoverae, 1 Januarii anno 1674.

142. Colomera an Maccioni, dat. Rom, 24. Febr. 1674.

Illustrissimo e Reuerendissimo Signore, Padrone mio Colendissimo,

Riceuo sempre gratie, honori e fauori da V. S. Illª, alli quali come huomo civile e riconoscitore de miei doveri procuro, per quanto le mie debolezze si possono promettere, di corrispondere con quel zelo e sincerità, che m'hanno sempre protestato e mi protestano le mie obligationi. E ben vero, che queste appresso di me sono state accessorie per servirla, poiche il principale motivo delle mie operationi è stato il comando del Sermo Padrone, del quale son tanto geloso, che soffrirei piu tosto nella pupilla dell' occhio il colpo d'una trave che nell'animo una legiera ombra d'opinione, che altri ne havesse in contrario. Onde scusera V. S. Ill[a], se trascriuendo qui il capitolo della sua ultima lettera giustifico quelle operationi, delle quali vengo notato. Dice dunque V. S. Ill[a] cosi: Mr Ravizza tempo fà hà preso il possesso, corre il tempo, ci facciamo vecchi, e le speranze vanno in fumo; dubito che la pensione e beneficio semplice svanira come quel vescovato, per cui fui posto in lista da Monsr Bottini, cioè uno de primi, che sarebbe vacato. Comincio del vescovato, col quale V. S. Ill[a] fa il paragone de la pensione, e le ricordo, che se le scrissi, ch'il vescovato era certo, e che era posto in lista per la prima vacanza, hora le confirmo, ch'era cosi certo, come le riusi certo, quando le scrissi del vescovato di Marocco, altrevolte constantemente negato da papa Alessandro e poi felicemente negotiato con papa Clemente IX, poiche con l'istessa felicità haueuo negotiato quest' altro con papa Clemente X. Ma se immediatemente andò in fumo con tutto, con tutta la certezza ch'io ne l'haueua dato, non incolpi V. S. Ill[a] Roma ne chi l'assicurò, mà rifletta agl' emergenti della denuntia data à Roma in quell' istesso tempo, quando stava per effetuarsi la gratia, et alla lettera scritta da V. S. Ill[a] al Sr Cardinal Altieri, chiedendo in premio dell' operato in Marienrode il vescovato, di che S. Em[a] fece non poche lamentationi con me. Credo, ben che V. S. Ill[a] hebbe buona intentione di accelerarlo con quel mezo, ma qui fece effetto contrario, massimamente per la clausula posta nell'instrumento: sine praeiudicio delle ragioni del vescovo d'Hildesheim, il quale comparve in Roma strepitando e mettendo in contigenza la materia, che sarebbe al sicuro pericolata, se si lasciava introdurre alla congregatione ordinaria. Onde mi fu necessario in contradictorio iudicio mettermi di proposito ad impetrare una congregatione di 9 cardinali, li quali informati da me posero con buona politica in silentio attuale il negotio. Io non stò qui à riferire un particolare gravissimo, nel quale io servii in quel tempo V. S. Ill[a], come anco tralascio la commissione honorevole registrata nel breve, che fu, quanto per all'hora mi fu permesso tra quelli accidenti impetrare. Questa, Monsignore mio Illmo, è la fedele e sincera relatione del fatto, e come tale la giuro tacto pectore more sacerdotali, il vescovato era certissimo; la causa, che andasse in fumo, fu la denuntia e la lettera scritta al Sr Cardinal Altieri, le quali furono sinistramente interpretate. Quanto poi alla pensione o beneficio semplice, se mostra di non credere à quel ch'io l'ho scritto; la supplico, per quanto li son servitore, à scrivere à qualche amico suo confidente, che l'informi di cio che passa in questa materia di beneficii semplici e pensioni, e se è vera la mia propositione, che è assai più facile ripigliare il trattato del vescovato con speranza di riuscita che di haver dalla Dataria un beneficio semplice o pensione di dieci scudi. Il Sr Card[l] Basadonna si trova pentito d'haver accettato il cappello, perche essendoseli [?] stato dato senza sua manifattura, ma di spontanea volonta, essendo creatura e diletta, e conoscendo che non può sostenarsi, e che rifiutò una muta di cavalli, che li volse mandare in dono il s[r] card[l] Altieri, con dirli, che non poteva far la spesa per mantenerla, ma che haveva necessità di beneficii o pensioni per mantener se stesso con la sua famiglia, fin hora non hà potuto havere piu che 800 ducati sopra . . [?] vescovati di Regno [?], li quali per la difficile esattione non sono ne meno in parte il sollievo del suo bisogno. Se V. S. Ill[a] vedesse,. quando [?] vaca [?] un beneficio semplice o s'ha da caricare una pensione, come li cardinali e prelati de la corte e quelli de la camera secreta corrono come api à pretendere e chiedere, e quanti disordini sono nati, per chi immediatemente non e andato ad impetrare da S. S[tà], stupirebbe, perche il S. Card[l] Altieri pretende di chiarir tutti à segno che piu d'un cardinale aggratiato da S. S[tà], sentendo del Sr Card[l] Altieri, che il papa non si ricordava, che il beneficio era antecedentemente impegnato, projecto [?] una bruttissima cosa. Che dice V. S. Ill[a] a questo? stimerà fauola, quant'io le narro, et io le replico, che prenda le uere informationi dà chi stima che non l'inganni. Vorrei che V. S. Ill[a] venisse à Roma in persona e per 15 giorni e non piu ui dimorasse; e son sicuro, che tornerebbe costà con altri concetti di quelli, che la sua bontà le figura, non hauendo mai ueduto la porta del popolo. Io son tanti anni, che hò uissuto, in Roma, hò hauuto la buona gratia de pontefici, particolarmente di Clemente IX e de cardinali Padroni, che sempre m'hanno mirato e mirano con buon occhio; ho goduto e godo il titolo di seruitore di S. A. Ser[ma] da me stimato sopra ogni altra cosa, de gl'altri cardinali, principi et ambassiatori sarei stato fauorito; tutta V. S. Ill[a] sà, se io hò mai preteso cosa alcuna per me. Dunque posta da parte la mia persona da me, da me affatto abandonata e trascurata in questa materia, per chi haurei obligatione di suiscerarmi se non per V. S. Ill[a] caraterizzata da commandi espressi dell' adorato serenissimo Padrone, si che ò V. S. Ill[a] crede, ch'io manchi à miei doueri, o che sia huomo mal negotiante e mal ueduto in Roma, è che per ogni altra mano i negotii hauerebbbero buona riuscita. S'assicuri V. S. Ill[a], che sicome per me sarei una timida pecorella, cosi per altri sono un forte, ma non temerario leone, perche la temerità guasta il presente e disturba il futuro.

E vero, che Monsr Ravizza hà un pezzo, che è entrato al possesso, ma altre tanto tempo Mr Cerri hà lasciato la carica; con quella ho fatto piu d'una sessione per ridurlo alli trattati almeno di buona intentione di questo; mà l'impegni e li genii sono assai differenti; perche alcuni ui mostrano il cuore in mano e ui pagano di buona parole, altri à bocca secca godono di farsi autori delle disgratie et tamquam auctoritatem habentes duretano secondo la mala uolontà. Chi non è uso à simili personaggi, che quando parlano, saxa loquuntur, non può far di meno di non farsi conoscere [?] che non hà testa di vetro, e che è buono à mettersi anco à battaglia de sasai; ma che gioua, se la flamma e la bile sono ugualmente nocive; V. S. Ill[a] hà fior d'ingegno, e con esso preuenira il molto, che potrei dire. Si che tanto l'antecedente del vescovato, quanto il conseguente del beneficio semplice o pensione e assai diuerso [?] dal senso dell' argomento propostomi, et a diuersis non fit illatio. Io le fò quest' altro argomento. Ho un comando espresso del ser[mo] Padrone di seruir V. S. Ill[a], amo e stimo la gran bontà di Monsr mio, e particolarmente adoro quella mano tanto benefica e liberale co' poueri, e della quale in ogni occasione et opportunità io sto formando elogii et encomii. Dunque: questa consequenza non hà bisogno d'esser spiegata per extensum? perche dà se stessa è euidente, e necessaria.

Se V. S. Ill[a] non ha ripugnanza di mostrar questa lettera a S. A., almeno quest'ultimo capitolo io ne la supplico, perche S. A. con quest' istesso ordinario mi domanda di Monsr Ravizza, dal quale per ordine del

S^r card^l Altieri ho cauato mille e cinquecento medaglie per V. S. Ill^a, le quali procurero metterle con buona occasione. E qui resto come sempre
di V. S. Ill^a e Rev^{ma}
deu^{mo} oblig^{mo} osseg^{mo} ser^{re}
Michele Colomera.

143. Colomera an Maccioni, dat. Rom, 17. März 1674.

Credo, che il Sr Card^l Albizi scriuera a V. S. Ill^a la lunga sessione, ch' ho tenuto con S. Em^a sopra il negotio de la pensione. Le proposi in p^o luogo li meriti di V. S. Ill^a, il zelo, le fatiche, i uiaggi, la liberalita con poueri, l'hospitio con missionarii passagieri. E per saluare l'assistenza generosa di S. A. padrone, le dissi l'istesso che ho spiegato nel memoriale, cioe che per molto che S. A. dia ordini generosissimi, tuttauia dipendendo l'esecutione di ministri alieni da nostra religione, si riceuono alle uolte piu mortificationi che sussidii, precisamente quando questi s'impiegano fuori dello stato. A questo aggiunsi li passi, ch' io haueua fatto à tempo del ben intentionato Mr Cerri, e benche S. Em^a non haueua specie della propositione fatta in Cong^{ne} dal d^o secr^o, lo supplicai ad abbocarsi col S. Card^l Carafa, il quale doppo resto persuaso dalle mie ragioni, dal che argomento, che forsi S. Em^a non si trouo presente in quella cong^{ne}. Le riferii il nuouo memoriale ch' io feci, e come ancora si troua in mano del Sr Card^l Casanatte per la ragione, che con l'altra mia io scrissi à V. S. Ill^a, e mi lasciai correre à querelarmi, ch' io non sapeuo comprendere, come la cong^{ne} de Prop^a fosse cosi scarsa delle sue gratie con Mon^r di Marocco tanto benemerito di essa, che l'habbia da negare un caldo officio con la Dataria. Al che mi rispose hauer scritto chiaramente a V. S. Ill^a, che trattendosi con la Dataria di pensioni o beneficii semplici rem difficilem postulasti. Anzi mi aggiunse, che hauendole V. S. Ill^a suggerito qualche canonicato nelle basiliche, l'habbia fatto la med^a risposta. Cio che piu mi dispiacque, fu che hauendole insinuato, ch'il mio pensiere era di obligar la S. Cong^{ne} ad assignar a V. S. Ill^a pensione annua, mi rispose, che non era pratticabile, mentre similli assignamenti stabili non si danno che à missionarii, et il sussidio di 400 o 500 scudi per una uolta pur si rendeua difficile, stanto che la S. Cong^{ne} hogi si ritroua molto al disotto et assai impegnata . . . . .

144. Colomera an Maccioni, dat. Rom, 14. April 1674.

. . . mi risolsi andar una giornata fuori di Roma à trouar un purpurato mio amico, à cui haueuo io racomandato l'affare, e confidentemente mi disse, che in una cong^{ne} secreta il memoriale fu letto e decreto fauorevolmente, e mie diede anco il modo di accertarmene, e mi e riuscito, perche hogi riceuo un biglietto dal mio turcimanno, nel quale mi dice cosi: Il memoriale di Mon^r Maccioni, Vescovo di Marocco, fu letto nella cong^{ne} de 20. Novembre 1673, e fu fatto il rescritto, che si racommandasse al Sr Card^l Prodatario. Hor che pare a V. S. Ill^a di questi equiuoci? e ueda per amor di Dio, s'io dal mio canto haueuo fatto ciò che bisognaua. . . .

145. Maccioni's Bericht an die Congregatio de Propaganda Fide, dat. Hannover, 27. Juli 1674.

A.

Begleitschreiben an Cardinal Altieri, Präfect der Propaganda, dat. Hannover, 27. Luglio 1674.

Eminentissimi e R^mi^ Padroni Col^i^.

Invio finalmente a V. E. et a cotesti Emin^mi^ miei Signori della S. Congregatione de Propaganda Fide la relatione, di quanto è successo in queste parti soggette al mio Vicariato Apostolico circa la religione e propagatione di quella nello spatio di quelli che anni 1672 e 1673, persuadendomi che V. E. et i sopradetti Em^mi^ Sig^ri^ saranno per gradire questa mia possibile diligenza e bona volonta di proseguire, quanto potrò, quest' apostolico uffitio, quale sebene mi riesce laborioso particolarmente in quei luoghi, dove dominano prencipi heretici, ad ogni modo non mi perdo d'animo, sperando nel Signore di far riuscir vani gli attentati del demonio, che cerca d'impedire il bene e seminarvi la zizania, con che resto et a V. E. faccio humile riverenza. D. V. E.

Hannover, 27. Luglio 1674. hum. dev. et obl. serv^e^

V^o^, Vesc^o^ di Mar^o^, Vic^o^ Ap^co^.

B.

Relatione alla S. Congregatione de Propaganda Fide.

Emin^mi^ e R^mi^ Signori,

Dall' ultima relatione, ch' inviai alla S. Congregatione di P. F. degli anni 1668, 69, 70 e 71, hanno di già veduto e Sua Santità e cotesti Emin^mi^ Cardinali i progressi della religione fatti in questi stati ducali e le dispositioni, che v'erano di maggior avanzamento, se Dio Benedetto havesse concesso al Signor Duca prole mascolina. Dura ancora la mortificatione nella casa ducale, anzi in tutti li buoni cattolici e fedeli sudditi di S. A., mentre dopo l'ultimo parto d'una prencipina, ch'è la quartagenita, Madama Sereniss^a^ non ha dato piu segno alcuno di gravidanza.

Questa mortificatione però vien mitigata dalla consolatione, che si ha in veder qualche notabile conversione e particolarmente di quattro cittadini d'Hannover e di altre persone del popolo e della plebe; onde il numero di questi due anni ascende a 65, e se alcuni per la povertà e miseria loro non possino sussistere, S. A. S. gli assiste con altre elemosine secrete.

In quest' anno medesimo 1672, assieme col Capellano ducale Don Bonaventura Nardini, sacerdote secolare della Grafagnana diocese di Lucca, pio e zelante nelle cose della religione, mi portai in un villaggio vicino, dove era nato nel più rigido inverno un fanciullo di padre e madre poveri catholici, et usate le debite circospettioni, mi riusci di 'far amministrare publicamente il santo battesimo a quel bambino, per il che si è acquistato il possesso d'administrare publicamente detto sacramento ancora fuori d'Hannover.

Trattenevano i Lutherani nella loro chiesa parochiale di Heienholtz, fuori d'Hannover un miglio Italiano in circa, una statua della Beata Vergine, che al tempo de' catholici fu celebre di nome e di gran veneratione appresso quei popoli, onde parevami giusto, che dovesse una volta ritornare tra le braccia de' suoi figliuoli così benigna Madre; si pensò al modo per eseguirne la ricuperatione, e con l'aiuto del Signore felicemente successe; poichè transferitasi in quel luogo Madame Serenissma sotto altro colore, che di tal fatto, la levò con bel strattagemma, e riposta di mio ordine col pio consenso del Sig. Duca nell' altar laterale destro della chiesa ducale in Hannover fu con gran tenerezza accolta dalla cattolica pietà, e viene continuamente honorata e riverita con molta divotione.

È considerabile al certo in questo paese la conversione d'un eretico, che nato nella cecità habbia succhiato col latte materno il veleno del Luteranesmo; ma molto meraviglia m'arreca la perversione di alcun catholico, che conoscendo se medesimo si ribelli al suo Creatore. Scrivo all' EE. VV. d'un prete francese, che stimando glorioso l'esser vile schiavo di Calvino ne' postriboli dell' Hollanda rinonciò l'esser famigliare d'un Dio sul sacro altare; ma non lasciando la sinderesi di stracciargli il cuore, fu astretto a prostarsi a' miei piedi pieno di pentimento e vergogna e chiedermi più con gli occhi che con la lingua la riconciliatione alla cattolica chiesa; a cui come a bastanza punito dalla cognitione del proprio errore la concessi, et l'habilitandolo all' esercitio de' suoi ordini l'assolsi dalla apostasia in utroque foro iuxta facultates apostolicas et praescriptum literarum mihi datarum a S. Congr. Inquis. Rom. sub die 28. Novembris 1671.

Ma caso più enorme mi s'appresentò ancora in quest' istesso anno in persona d'un prete secolare Swizzero, che fattosi pure Calvinista nell' Hassia si lasciò trasportar anche al matrimonio, che lo rese padre di due figliuole. Qual' hor penso all' ostinatione di quel meschino, che nulla curando la divina vendetta, non sentiva la violenza delle catene, che lo trascinavano alla perditione, mi ritornano al fronte i sudori di quelle fatiche, che per tre anni continui ho sofferto per svilupparlo da si confuso laberinto; ma cedendo al fine sott' il peso delle proprie colpe, ne demandò tutto contrito e dolente il perdono e fu da me assolto dall' apostasia in utroque foro, habilitandolo all' esercitio de' suoi ordini iuxta facultates et praescriptum literarum mihi datarum a S. Congreg. Inquis. Rom. sub dat. 5. Martii et 12. Novembris 1672.

Nell' istesso tempo accolsi nel grembo della Santa chiesa la sua illegitima moglie con le figlioline, che desiderando conoscere la vera via della salute, furono per l'avanti ottimamente instrutte dal P. Servatio da Cosfeld, predicatore Capuccino di quest' ospitio, e fatte con paterna carità nutrire d'ordine di S. A. S. e stabilite al presente in un villaggio vicino, dove con offitio proporzionato alla loro conditione possono honestamente mantenersi; vivendo intanto christianamente il prete in Hannover, che fattosi maestro delle lingue può passar senza necessità i suoi giorni, prescindendo anche da qualche soccorso, che alle volte riceve.

Non devo in questo proposito occultar all' EE. VV., quanto il Serenisso Prencipe habbia a cuore la povertà de' suoi sudditi e de' convertiti particolarmente, poichè oltre quattrocento scudi annui assegnati per sostentamento de' miserabili, dove scuopre adito ad esercitar la propria munificenza, apre la generosa mano per soccorrere secretamente a' bisogni del prossimo, non potendosi però sapere ciò che precisamente dispensa, seguendo egli l'oracolo del vangelo, che insegna in questo particolare: Nesciat sinistra tua, quid faciat dextera. Posso ben congietturare dall' esterne osservationi, che va tesoreggiando a si stesso gran merito nell' erario dell' eternità.

Anno 1673.

Il principio di quest' anno vien illustrato con novi effetti della pietà di questo Signor Duca, che conoscendo, quanto contribuiscono al culto divino et all' honor de' suoi santi luoghi la magnificenza del tempio et il rispetto dei luoghi sacri, fatto ha fabricar una cappella alla parte destra sotto l'organo, che si richiude con bella e grande ferrata, e disporvi credenzoni di noce nobilmente ricchi d'intagli e fregi esteriori, ma foderati dentro di velluto rosso et altri ornamenti, che dovranno servire per conservare le celebri reliquie, levate dalla chiesa di S. Biagio della città di Brunsvich oppugnata gli anni passati dall' armi di questa Sereniss[a] casa Luneburga, quando saranno state sufficientamente approvate.

Nel giorno 25 d'Aprile fu da me fatta publicamente in pontificalibus la beneditione del cemetrio situato fuori della porta Egidiana, detto di S. Giovanni per memoria di questo Sereniss[o] Duca Gio. Federico, che l'ha concesso per honorevol sepultura de' catholici, in occasione del funerale del Baron Gio. Federico di Zinnenburgh Austriaco, che fu il primo ad esservi sepolto con l'osservatione, che quello, il luogo et il donatore di esso porta il medesimo nome. Il concorso del popolo a quella non più veduta funtione fu grande, nella quale fece l'oratione funebre il precitato P. Servatio, che perconizzati, ch' hebbe i gesti e le virtù del defonto, vi lasciò destramente cadere il discorso circa il rito catholico di benedir le chiese e cemeteri, che fu di universale sodisfattione.

Merità d'esser commendata appresso l'EE. VV. l'essemplar edificatione di questi PP. Cappuccini, che questi popoli tengono principalmente di mira, amministrando da me pregati e richiesti con ogni amore li santi sacramenti e predicando con ardentissimo zelo Christo Crocifisso, non mancando ancora di toccar a suo tempo destramente col testo del vangelo qualche punto di controversia, per svelare gli occhi a questi ciechi, che caminano nelle tenebre. Non solo questi buoni Religiosi, ma anche li Cappellani di corte e della militia abbracciano volentieri l'occasioni di trasferirsi per mio ordine in altri luoghi ad esercitar il loro sacerdotale ministero, quando se n'appresenta il bisogno, e principalmente ne' luoghi del principato di Calembergh, la di cui capitale è Hannover, dove nella chiesa ducale si ha il publico essercitio della religione catholica, et ancora negli altri di Gottinghen e Grubenaghen, ne' quali stati, oltre li sopradetti Religiosi e Cappellani ducali della corte e della militia, mando ancora all' occorenze per benefitio spirituale di quei catholici qualche canonico della vicina collegiata di Northen, che fu l'unica, che restò catholica in questi stati ducali sotto la giurisdittione spirituale dell' arcivescovo di Magonza, conforme già notificai nella mia ultima relatione. E perchè conosco esser mia cura d'invigilare sempre mai alli bisogni spirituali, che spesso impensatamente accadono, tengo io medesimo un cappellano assai buon theologo, che sottentra volontieri a sollevarmi in molti affari, per il che resto molto sodisfatto per esser assai prattico così nelle materie scolastiche come nelle morali e nelle controversie de religione, e quel che più stimo prattico delle missioni, nel qual uffitio s'è portato egregiamente nell' archidiocesi di Colonia, nelli stati di Giuliers e di Monti et ultimamente nella diocese di Paderborn.

Il Serenissimo oltre ciò ha pensato assai avantaggioso l'introdurre lo studio di theologia, come ha fatto in quest[o] ospitio de' PP. Capuccini,

29*

d'onde si spera, che risultaranno buonissimi effetti, essendo stato ottima l'intentione di S. A.

Gode la medesima Altezza sentir qualche volta discorsi da soggetti d'aliena religione; onde in camera ducale alla di lui presenza e di Madama la Principessa, di me come Vicario Apostolico e del Sig. Ottone Grott come primo Ministro de stato, benchè Lutherano, s'hebbe due volte una disputa de notis verae ecclesiae fra il P. F. Gio. Pietro da Busto, predicatore Cappuccino, e fra il Dottor Gherardo Titio, theologo Lutherano e Professore nell' università d'Helmstad, dove il medesimo Padre fece spiccare così bene il proprio valere, che vedendosi preso con acutissimi argomenti il povero Titio mostrò la sua confusione, tergiversando con risposte poco categoriche, per schermirsi da' colpi di quelli sillogismi, che atterrarano le di lui dottrine.

Si è ristampato in quest' anno medesimo per profitto spirituale dell' anime ad istanza del detto Signor Duca Gio. Federico il libretto dell' antico e moderno papato del Sig. Baron di Rech Vestfalo, che, abiurati gli errori di Calvino, ritornò al grembo della chiesa Romana et in poco tempo ridusse tutti i suoi sudditi devoti osservatori della fede cattolica.

Provasi dall' autore in quel trattato con testimonii de' Padri antichi de primi secoli, che la chiesa catholica Romana moderna tiene li medesimi articoli e fondamenti della primitiva, et il predetto mio Cappellano per mio ordine et a maggior gloria di Dio ha presa la cura d'assistere alla revisione della stampa, havendo prima trasportati nella lingua Latina quei dubii di coscienza già impressi nell' Alemanna, con l'autorità autentiche de' Padri sopranominati, di modo che riesce un opusculo assai profitevole per li protestanti, che inclinano a farsi cattolici, come a' catecumeni et a' neofiti per maggior loro fondamento e stabilità; e perchè si trovano dispersi in queste parti molti francesi Calvinisti, S. A. S. ha commesso ancora ad un suo segretario delle lettere francesi il tradurlo, come ha fatto, in quell' idioma per loro profitto spirituale.

In questi due anni il numero de' convertiti (come supra ho esplicato) ascende a 65,
delli battezzati 70,
delli confirmati 24.

Riceverono la santiss. eucharistia 2000 tempore paschatis, s'obligarono al sacramento del matrimonio 18. Pigliorno gli ordini sacri in Hannover 60, concorsi con le dimissoriali de' loro Ordinarii da diverse diocesi e luoghi vicini, tra' quali ancora alcuni chierici delle provincie soggette a questo mio vicariato apostolico. Et non essendovi in Osnabruch vescovo cattolico per l'alternativa introdotta vi dalla pace di Munster, pregato dal Vicario metropolitano e dal capitolo di detta cathedrale d'Osnabruch (dove mi tratenni alquante settimane in conte del Sig. Prencipe Ernesto Augusto per un affare spirituale noto a Mons. Nuntio di Colonia) furono da me ordinati in detta chiesa 59, oltre una chiesa campestre et in città alcuni altari si stabili come portatile, da me con sollennità consecrati; e quel ch' è piu rimarcabile, è che il Sig. Prencipe Ernesto Augusto di Brunsvich, Vescovo Lutherano di detto luogo, mi fece servire con stupore degli stessi lutherani con carozza a sei con sua livrea, quando andai fuori d'Osnabruck à consecrare detta chiesa campestre, et in città con carozza a due parimente con sua livrea. Prego il Signore, che un giorno illumini questo buon prencipe, con la di cui conversione sarebbe assicurata ancora la religione nella linea di Cell, dove egli succede, quando mancarà il Signore duca Giorgio, fratello maggiore, che non ha figliuoli.

Di ciò, che succede poi negli altri luoghi soggetti al mio vicariato apostolico, a' quali non posso andar qualche volta all' anno, come vorrei, a causa delle spese de' viaggi a me incompatibili per non esser rico prelato nè per anco provisto d'alcun benefitio o pensione ecclesiastica, non manco di darne di tempo in tempo le dovute notitie a Mons. Nuntio di Colonia, a cui sono subordinato, communicando seco il tutto, ragguagliandolo delli disordini che succedono, e delli bisogni spirituali e temporali che vi sono, ricevendo da detto prelato, che veramente e zelantissimo nelle cose della religione, li saggi consigli e li debiti ordini per li rimedii possibili.

È ben vero, che nelle diocesi secolarizzate di Magdeburgo et Halberstad il diavolo trionfa più che negli altri luoghi, ma non perciò mi perdo d'animo et oltre li favori e la protettione dell' ottimo Imperatore, a cui s'ha il ricorso circa le cose che dipendano dalla miserabile pace di Munster, che si devono trattare nel giuditio aulico imperiale di Vienna o di Ratisbona, ricorro, quando tutto manca, ricorro all' orationi e publiche e private, per impetrare da S. D. M^tà^ i rimedii et aiuti sopranaturali alle miserie deplorabili di quelli luoghi.

Nel ducato di Michelburgo della linea catholica dopo li dispareri e disunione della Signora Duchessa con il Sig. Duca suo marito, che ambe due separati si ritrovano in Francia, le cose della religione vanno alquanto freddamente, essendovi adesso nella città di Swerino un solo prete Capellano di corte, quale tempo fa già approvai per la confessione e per l'amministratione de' sacramenti.

In Fridericopoli in Iutia si spera, che il Re di Danimarca permetterà la libertà del publico essercitio catholico, ita quidam ut si trigiuta illic fuerint cives catholici, liceat iis templum suis usibus aedificare; del che se n'attende la confirmatione. In questo come negli altri luoghi soggetti ab antiquo all' arcivescovato di Brema et in consequenza al mio vicariato apostolico, come Saxlavemburgo, Lubecca, Hamburgo, Gluckstatt, Altenò, le cose della religione vanno alquanto placidamente, et particolarmente adesso ch'e morto in Altenò il famoso apostata et heretico de la Badie; la mia mortificatione però è, che li Rè e Prencipi heretici, patroni delli sopradetti luoghi e provincie, oltre il temporale si usurpano ancora il ius episcopale, volendo esser li vescovi supremi de' loro stati; onde mi conviene usare grandi cautele e circospettioni, et alle volte anche non basta a causa de' loro heretici consiglieri di stato, qui nodum in scyrpo quaerere solent; conforme mi successe gli anni passati in Gluckstatt et Altenò, dove assistito da quei PP. missionarii dalla Compagnia di Giesù tenni la confirmatione con gran consolatione di quei catholici, che poi fu alquanto amareggiata dalla mortificatione, ch' hebbero in vedersi per alquante settimane privati dell' essercitio catholico per ordine di Rè di Danimarca, a cui fu esposto e rappresentato dal lutherano Cancelliere di Gluckstatt, che il tener la confirmatione erat ius episcopale, e che per ciò nessun vescovo catholico poteva essercitar i pontificali nelle chiese et oratorii catholici delli luoghi e dominii di S. M^tà^ e d'altri prencipi protestanti senza loro spetiale permissione. Coll' occasione però, che il Sig. Duca Gio. Federico andò in Danimarca, per il zelo che ha della religione e per il merito della causa così giusta, non mancò con ogni efficacia di rappresentare al Re, che il vescovo in haver administrata la confirmatione in Altenò e Gluckstatt non haveva fatta cosa contraria al diploma regio dell' esercitio publico e libero concesso da S. M[à] a i Catholici habitanti in quei luoghi; mentre in quello S. M[tà] non accettava la confirmatione, ma solo le processioni et il sonar le campane, il che non essendosi fatto, non s'era perciò commesso errore alcuno dal Vicario Apostolico in tener la confirmatione. Oltre ciò fu ancor detto al Re per maggiormente piegarlo, che se S. M[tà] permetteva in detti luoghi, che i semplici sacerdoti catholici ongessero con l'olio santo gl'informi, vicini a morire, poteva ben permettere ancora, che i vescovi catholici ongessero i sani, che vogliono vivere buoni servitori e suditi fedeli della sua corona. Così reso capace il Re revocò l'ordine, e furono riaperte le porte della chiesetta d'Altenò e dell' oratorio di Gluckstatt e resistuito il publico esercitio con comune allegrezza di quei catholici, alla cura spirituale de' quali invigilano con ogni diligenza quei PP. missionarii della Compagnia di Giesù, affaticandosi con zelo e fervore in quella vigna del Signore. Per il bene et utile delle famiglie cattoliche habitanti in queste parti et d'altri catholici dispersi per i luoghi del mio vicariato apostolico ho fatto stampare a mie spese tre mila esemplari d'un catechismo alemanno iuxta methodum Canisii, arrichito di prove e di citationi della S. Scrittura e de Padri, raccolto per mio ordine da tre altri diversi Canisiani, stampati in Magonza, in Oliva et in Ratzburgo; e sicome per la sola gloria di Dio e per la salute dell' anime è stato da me posto alla luce, come si può vedere nella lettera latina pastorale prefissa, che qui[1]) accludo col titolo del detto catechismo, così voglio ancor sperare, che sarà per apportar utilità non ordinaria a' catholici e particolarmente a neofiti e catecumeni, che publicamente s'instruiscono in chiesa nell' adunanze catechistiche della dottrina christiana e nelle private delle schole e delle case de' zelanti catholici da missionarii e da altri sacerdoti si secolari come regolari, da precettori e da medesimi padri e madri di famiglia.

Del resto assicura all' EE. VV., che dal canto mio non mancarò mai di soccombere a qual si sia fatica, per propagare quella fede, che in queste parti fu quasi estinta da gli autori del libertinismo, i tanto più spero con l'aiuto di S. D. M[tà] riuscire in quest' impresa, mentre i miei coadiutori et operarii di questa vigna del Signore saranno in quest' opra, come sono stati fin hora, meco uniti per l'edificatione del corpo di Christo.

Iddio secondi per la sua somma bontà e misericordia questi pii voti, mentre prostrato a terra bacio ossequioso i piedi di S. Santità, et all' EE. VV. faccio humilissima riverenza.

D. VV. EE.
humiliss. dev. et oblig. ser[re]
Valerio Maccioni, Vesc[o] di Marock., Vic. Ap[o].

146. Colomera an Maccioni, dat. Rom, 11. Aug. 1674.

Ho presentato la lettera di S. A. Padrone al Sr Card[l] Altieri e ui ho agiunto à uoce quel più che doueuo; mi ha espresso l'augustie solite in materia di beneficii semplici e pensioni, e tuttauia ha promesso che fare, quanto potra, per corrispondere a S. A. et à V. S. Ill[a] . . . . .

1) S. Nr. 141.

147. Colomera an Maccioni, dat. Roma, 19. Aug. 1674.

. . . Attendero l'attestato, che sià stata conferita la prima tonsura al degnissimo et amabilissimo Sr Hortensio per poterlo seruire, et intanto supplico V. S. Ill^a à signifarli la mia somma diuotione et ossequio . . . . .

148. Cardinal Altieri an Herzog Johann Friedrich, dat. Rom, 11. Sept. 1674.

Riceue N. S^r con gran compiacimento le testimonianze, che fà V. A. della uirtù e dell' applicazione di Monsr Vescouo di Marocco, Vicario Apostolico in coteste parti. Hauendo però io rappresentato à S. B^ne le nuoue significazioni, che la sua humanissima lettera de' 26 di Giugno me ne hà recate, han queste seruito ad accescere la benigna disposizione della S. S^tà uerso cotesto uigilante prelato. Io dal mio canto, anche per corrispondere alla confidenza dell' A. V., non lascerò di esser attento alle occasioni, che si offerissero di procurargliene proporzionati effetti; ed assicurando V. A. della mia osseruanza Le baccio le mani.

149. Colomera an Maccioni, dat. Rom, 8. Dec. 1674.

. . . non e mia colpa, si riceue tardi la risposte sopra il memoriale transmessomi della dispensa in 2° grado d'affinita tra il Sr Hermanno Ohr e la S^ra Anna Marg^ta Christina Schloen de Tribben, ambidue nobili tedeschi (suppono ambidue dell' istessa diocesi d'Osnabruc, altrimenti bisognera spiegarla, come anco la patria per quel che diro apresso). Dico, che la dispensa in 2° grado si ottena, e la magior difficolta e circa la spesa, particolarmente che la dispensa, che si domanda, uiene ad esser senza causa ueruna, non essendo sufficiente la espressa nel memoriale per la guerra. In simili grado due sono le cause, che sumano la spesa, la copula gia seguita, ouero l'infamia per la conseruatione; et in uno de li due casi ui e la tassa determinata per la componenda. Ma nel caso nostro non essendoui causa ueruna, la componenda e mere arbitraria, e bisogno negotiarla, e si negotia con uantaggio, quando la speditione è pronta, perche si trattiene ui mutano le carte in mano. Senza causa ueruna in Spagna et in Italia la componenda non s' è contentata mai per meno di due mile scudi di questa moneta. Puo essere, che in Germania essendo il negotio arbitrario si proceda più dolcemente per ragion del paese infetto. Fede di pouerta non si ammene in 2° grado senza una delle due cause sud^e, ob angustiam loci o quella di la guerra, e simili sono cause solamente cohonestanti (?). Dissi di sopra la copula gia sequita, perche se questa seguisse intuitu de la componenda, la dispensa sarebbe nulla, et il matrimonio inualido. Che è, quanto in questa materia posso dire a V. S. Ill^a . . .

150. Colomera an Herzog Johann Friedrich, dat. Rom, 15. Dec. 1674.

Infinitamente mi sono ralegrato de la risposta del Sr Card^l Altieri capitata à S. A. con la ratificatione di cio, che à uoce disse à me sopra l'interesse di V. S. Ill^a, e se bene le turbolenze presenti tengono tanto imbarazata questa corte, che ogn'un diffida d'hauer adito per negotiare, tuttauia non dubiti V. S. Illma, che succedendo qualche uacanza nelle tre basiliche non sia per far le mie parti con quell' efficacia, che mi somministra il desiderio ardente, che hò di seruire Monsr mio Illmo . . .

151. Colomera an Maccioni, dat. Rom, 5. del 1675.

. . . Le operationi di V. S. Illma sono si gloriose, che benche ridette da la rozezza della mia lingua s'acquistano l'applauso e commendatione di chi l'ascolta. Tal sara quella dell' essame tenuto in Osnabruck nel palazzo episcopale con l'interuento de sereniss^{i} principini e principessa madre. O utinam! . . .

152. d'Estropes an Maccioni, dat. Hamburg, 10. Febr. 1675.

J'estois venu en cette ville dans le dessein d'y sejourner quelque temps, mais je viens de recevoir une lettre de Gottorp, qui m'oblige d'y retourner promptement. Il est juste neanmoins que je m'acquise auparauant du devoir que je dois à V. G., en luy renouuellant les tesmoignages sinceres de mes respects et de mon obeissance et l'asseurant, que quoyque je sois assez malheureux par la fatalité des affaires qui m'occupent en ces pays, de ne luy escrire pas aussy souuent que je souhaitterois, je ne perds en aucune manière la memoire de ce que je luy dois, et ne m'esloigneray jamais de l'estime que j'ay pour son merite, ny de la profession que je fais d'estre entierement à V. G., en quelque lieu que je puisse aller. Je vous supplie, Monseigneur, d'estre persuadé de ces verités et d'auoir la bonté de vouloir renouueller encore une fois la permission, que V. G. m'a donnée autrefois pour m'acquiser dans le spirituel d'une partie de mon deuoir. J'ay passé une bonne partie de l'esté à Sleswick, où j'ay donné au petit nombre des catholiques qui y sont, toute la consolation et l'assistence qui m'a esté possible; ce que je pretens auec la grace de Dieu de continuer autant de temps que j'y sejourneroy, puisque dailleurs on n'y apporte aucun empeschement du costé de M. le prince de Holstein, quoy qu'il soit bien informé de ce qui s'y passe. Il me semble qu'il sera à propos d'y permettre aux catholiques l'usage des œufs et du fromage pendant ce caresme, a cause de la difficulté qu'il y a, d'y auoir du poisson pendant si long temps. Je suiuray en cela, Monseigneur, comme en toutes autres choses les sentiments de V. G., qu'elle aura, s'il luy plaist, la bonté de me faire scauoir par M. Antonio, aumosnier de la regne Christine, et lequel j'ay prié de m'en donner aduis à Gottorp par l'addresse, que je luy laisse exprez. Il a voulu, que j'aye esté tesmoins des soins qu'il a pris pour vous acheter un beau chapeau de Castor. Je pense, que V. G. aura sujet d'en estre satisfaicte et de croire qu'il n'y a personne qui soit plus parfaictement ny auec plus de respect, que je suis etc.

153. Colomera an Maccioni, dat. Rom, 9. März 1675.

Euiua sempre eternamente V. S. Illma per le imprese si gloriose à uantaggio della nostra cattolica religione. Mr Nuntio di Colonia, nelle cui mani il buon principe Augusto de Holsatia fece la professione della fede, non lasciera da representar qui le fatiche di V. S. Ill[a], et io per la mia parte ne saro tromba da per tutto. Ma, Dio immortale, che sono 600 scudi alla Prop[a] fide! O doue meglio si possono impiegare l'entrate di quel Coll[o] che ad opera di tanto uantaggio delle fede catholica? Queste sono le uere statue et uiui colossi per il tempo d'eternità. M'arrossisco e mi stringo tra le spalle . . .

154. Colomera an Maccioni, dat. Rom, 20. Aug. 1675.

. . . Ho riceuuto il testimonio autentico della prima tonsura conferita da V. S. Ill[a] al degnissimo nostro Sr Hortensio Mauro, hor tocca a me a proseguire il trattato della gratia promessami, e spero tra questo mese di Septembre hauerne la spedition delle bolle nella forma, ch'io le desidero . . .

155. Herzog Johann Friedrich an Maccioni, dat. Lüneburg, 12. Oct. 1675.

Le rimando la lettera circolare dà riporre nel suo archivio e le rendo gratie d'hauermela communicata, come pure dell'altra lettera del Sig[r] D. Nicolò Steinone e del sent[o], che mostra per l'indisp[ne] della S[ra] Duchessa, la quale se n'è rihauuta e la ringratia. Io uorrei hauer' à congratularmi seco della sua ricuperata salute, la quale tarda troppo à uenire: ma convien sopportar il male con pacienza, e questo è il modo di guarir piu presto.

156. Colomera an Maccioni, dat. Rom, 26. Oct. 1675.

. . . Mundus amarus est. Ma consoliamoci, che s'è addolcita di tal maniera la materia, ch'il Sr Card[l] Altieri e rimasto si appagato e sincerato dalli miei officii e ragioni, che certo ha deposto ogni gelosia. Dico »certo«, perche nelle susseguenti audienze m'ha sempre confirmato l'ottima dispositione, che hà di sodisfar S. A. nella persona di V. S. Ill[a], et il mercordi andecedente ricordandoli il negotio di Pesaro, mi disse ch'era pronto à farlo. Per magior consolatione di V. S. Ill[a] io li faro mercordi tener sotto l'occhio la sua lettera; anzi se nel P. S. non ui fosse qualche particolare, l'haurei fatto legere à S. Em[a], accioche uedesse le spese, che V. S. Ill[a] fa in seruigio della propagatione della fede costi, e quanto elle si rende bene merita della Sede Apostolica. E secondo il mio senso haurei stimato migliore assai la lettera, che haueua pensato di mandare a S. Em[a], di quella, che le mandò di congratulatione per l'aggiustamento d'Amb[l], cosa poco grata e molto odiosa, e se V. S. Ill[a] l'hauesse mandata a me per quel gran seruidore che le sono, haurei preso l'arbitrio di non presentarla. Una lettera apologetica in occasione d'hauer saputo, ch'era stato spacciato nella Cong[ne] per molto ben stante e ricco un i capi med[i] del P. S., era un manna scesa dal cielo. Io altreuolte, e precise con questo benedetto Card[l] Ponente, ho esagerato le spese de viagi e delle limosine, dicendo quanto mal uolontieri non gia S. A. Generosiss[a], ma li ministri acatholici le soffriuano. Hora prometto a V. S. Ill[a], che non solo al s[r] card[l] Altieri et à d[o] Card[l] Ponente, ma a tutti gl'altri della cong[ne] farò sapere con esagarate maniere, quanto si contiene nel P. S. Cosi deuo far per giustitia, cosi uoglio far per affetto che stabila, e si mero ho consecrato a M. S. mi Illmo, e spero in Dio, che chi li spuntò la mitra di Marocco, li sponterà ancora il pastorale di Pesaro; attendo per cio tuttauia lettere del Sr Fratello [Francesco Maccioni in S. Marino] . . .

157. G. P. Oliva, Jesuiten-General, an die Herzogin Sophie, dat. Rom, 30. Nov. 1675.

Altezza Ser[ma],

I beneficii, che al nostro Collegio sgorgano senza misura dalla Reggia di V. A., mi constringono a presentarmele debitore fallito nel cumolo di si numerose gratie, conoscitore nondimeno delle nostre obligationi à Principessa, che tanto amorosamente ci protegge e così altamente ci glorifica. Questi fauori, che non mai cessano nella mano dell' A. V., non mai mi lasciano cessare da quelle riuerenti preghiere, che io cotidianamente porgo a Dio, affinche così à Lei santifichi i lumi della mente, come tanto copiosamente le incorona il seno di riguardeuoli Principini. Io non ueggo, come più gloriosa la potesse Iddio rendere nel cospetto degli huomini e nel paragone de Regnanti, di quel, che l'hà renduta negli splendori del nascimento, nell' altura delle doti, nelle qualità tutte, che immortalano, chi comanda. Quella sola differenza, che tanto diuide l'animo di V. A. dalla mia anima nel culto del nostro Dio, così profondamente m'impiaga il cuore, che non posso darmi pace negli spasimi, che mi sbattono, per la certezza di douer uiuere eternamente diuisi, se nella presente uita non ci uniamo negli articoli della Religione. Di questa non chieggo, che V. A. mi elegga giudice, essendo parte: bensì la supplico, con quella sublimità d'intelletto, che Iddio le hà dato, ad inuestigare negli antichi volumi de sacri Dottori e de' diuini Euangelii, qual delle nostre Professioni sia la più sicura; qual più si conformi a' fatti e a' detti del nostro Redentore; qual finalmente più si accompagni a' miracolosi Fondatori della Chiesa primitiua, nella sodezza dell' intendere e nella santità del uiuere. Non uorrei, che una Principessa, qual'io conobbi in Roma non inferiore à Saba nella capacità dell' intendere e nella nobiltà delle maniere, à questa cedesse nella ueracità delle dottrine: desiderando con brame impatientissime, che in cio la preceda, mentre in tutte l'altre alture o la supera o l'agguglia. La prego à dare una scorsa con la perspicacità de' suoi guardi a' due libricciuoli di Edmondo Campiano in lingua latina, del Card[le] Pallauicino in linguaggio italiano; ne' quali Personaggi di sì eleuato sapere breuemente dichiarano gl'inalterabili fondamenti della Fede Romana. Il primo con allegationi di antichi scrittori, l'altro con copia d'argomenti, ugualmente ricceano e ammaestrano, chi li legge. Condoni V. A. a gli oblighi della mia gratitudine uerso la sua splendidezza, alla ueneratione, che hò sempre hauuta e che sempre riterrò all' eccessiua sua intelligenza, se in materia di eternità la molesto, non per inquietare il suo spirito, mà per assicurare ad esso la perpetuità del Regno con Cristo. Qual seruo poi io a lei uiua e al Ser[mo] Duca suo Marito, l'attesterà il P. Simone di Lipia, che quì perfettamente hà compreso, quanto io esca di me, quando entro ne' meriti dell' AA. VV: alle quali pronfondiss[e] m'inchino.

gez.: D. V. A. Vm[mo] Diu[mo] Oblig[mo] Ser.

Roma, 30 Novembre 1675. Gio. Paolo Oliua.

Addresse: Ser[ma] Sofia, Contessa Palatina, Duchessa di Brunsouic e d'Osnabrugo.

158. Maccioni an einen Pater (des Kapuziner-Hospizes in Hannover) dat. Osnabrück, 15. März 1676.

Admod. Rev^e^ in Christo Pater,

Ex literis nuper datis lego P^tem^ V^am^ voluisse mihi objicere absentiam meam, sed sciat velim, aeque me absentem inuigilare gregi meo, ac essem praesens; gregem meum Superioi Vestro, homini et prudentia, virtute et discretione longe commendato, commisi. Cur autem tam diu absens sim, et quid negotii pertractem, non credo R^ae^ V^ae^ reddendam a me rationem. Duobus abhinc annis diutius abfui; quid autem tum effecerim, sciuit postmodum et gauisus est, quisquis gaudet de fidei orthodoxae augmento. Miror, etiam, virum professione tam sancta et humili religiosum audere innoluere sententias scripturarum sermonibus minus aptis et detorquere ea ad sensum suum, quae oracula Christi et effata sunt Apostolorum. V. P^tas^ reuerentius scripturas habeat et reueratur humilius, et ne velit iis uti ad excusationem immaturi zeli Vestri, cuius nuper et alias R^am^ V^am^ discrete commonui; cautius scribat et loquatur circumspectius et paternam admonitionem nostram accipiat humilius. Spatio enim 14 annorum, quibus inseruio S^tae^ Sedi Apostolicae in hisce et circumuicinis locis, scio ex praxi, qua moderatione concionatores, pastores, missionarii coeterique mei coadiutores debeant uti. Non opus est R. V. excusatione satis friuola, quam frustra palliare nititur sententiis scripturarum et illo, quem iactitat, spiritu religiosae libertatis ac veritatis. Genuinus spiritus religionis Vestrae Capuccinacae humilitas est, et professio veritatis promptitudo parendi. Non miretur V. R^a^ me tanto locorum spatio Hannouera dissitum intelligere, quae sunt officii; num quid enim et Hannouerae degens longe quoque absum ab aliis locis meo Vicariatui Apostolico subiectis, Magdeburgo, Halberstadio, Brema, Meckelburgo etc., et tamen non ignoro, quae geruntur ibi? an nescit aures etiam praesulum oportere longas esse uti manus? Haec satis V. R^a^ valeat et amici et sinceri praesulis monita reuerentius habeat.

Osnabrugi, 15 Martii 1676. P. V. A. R^ae^ tamquam frater
Valerius Episcopus Marocc., Vic. Apost.

159. Colomera an Maccioni, dat. Rom, 4. April 1676.

. . . Ho letto il rescritto dotto è concludente del pio et erudito theologo . . . Ma non è questo il punto de la nostra questione, la quale consiste, se però tuta coscienza uno procurarsi un vescovato di residenza con intentione di non residere, e se al Papa si può far questa domanda . . . Dico e ridico mille uolte, che il pretendente con tal intentione e tal domanda non est tutus in conscientia, e ringratio l'autor del rescritto, perche così lo dichiara con quelle parole: His positis concluditur, elicito prius mentali actu residendi; il qual atto formaliter e l'istesso che quello ch'io sempre hò detto e dirò, che in questo caso e necessario deporre ogni intentione e pretensione di non residere, ne e capace la materia anticipatamente alla conclusione darsi per intese ne per umbram chi tratta di pretender l'indulto di non risedere; si confronti dunque quel »elicito prius mentali actu residendi« con quello che V. S. Ill^a^ mi scrive: »sempre pero subintelligendo col presupporre l'indulto ponteficio per dimorar in Hannouer a prosequire il mio officio di vic° apostolico, donec.« Come si può dimandare e presupporre tal indulto, se non doppo spedite le bolle o di collatione: in caso di uacanza e di rassegna o di coadjutoria in caso di uiuenza? . . .

160. Feder°° de Kirchen Schlutter an Monsig[re] Val. Maccioni, dat. Cologna, 20/30. Mai 1676.

Molto ben mi venne capitata althrihieri la gratiosiss[ma] sua coll' inclusa dell' Illmo Monsig[re] Nuntio per me giunta à Hannover doppo la mia partenza. Le ne rendo infinite gratie, se ben che degli buoni augurii che fà per il felice successo del noto negotio. Iddio nostro Sig[re] l'ha talm[te] benedetto, che S. A. Ser[ma] Elettor[le] à l'ultima audienza, che hebbi altrihieri, mi hà fatta la gratia di conferirmi la carica di suo suffraganeo nelli sua diocesi d'Hildesheim, e dichiarata tale con molta dimostratione di tenerezza e d'affetto . . .

161. Colomera an Maccioni, dat. Rom, 24. Mai 1676.

Dall' ultima di V. S. Ill[a] de li 30 del caduto comprendo, che conueniamo nel merito della nostra causa e forse anche nel ordine. Ma questo deue esser posto in chiaro, accioche io, che tratto e deuo stipular il negotio, non dia in qualche mala sodisfattione di V. S. Illma, per la quale s'habbia à lamentar di me. »Toties elicui actum residendi«, dice V. S. Ill[a] e soggiunge: »so molto bene, che al pretender cura d'anime ua annessa l'intentione formale di risedere, et toties hoc ego feci.« Questo è il punto del merito e sostanza del negotio, nel quale V. S. Ill[a] conuiene con quel ch'io sempre ho detto, che l'intentione di risedere in quella chiesa indiuidua, con la quale si fa lo sponsalitio spirituale, è parte essentiale, et essentiae sunt sicuti numeri immutabiles; si che in questo caminiamo d'accordo.

Tocca poi V. S. Ill[a] un' altro punto, dal quale nasce l'ordine della causa, cioe: »l'accettare un vesconato carico di pensione ouero esser coadiutore col nudo titolo e non poter uiuere nella residenza per difetto della rendita, s[r] Abbate mio, sarebbe una gran miseria, alla quale non uorrei sogiacere, et ella non mi consiglierebbe il farlo; sò molto bene gl'obligati d'un eletto e d'un coadiutore, mà sò ancora, che il Papa »omnia potest et quaedam alia.« Cosi ella discorre in questo 2° punto.

Già V. S. Ill[a] non parla dell' intentione del residere, perche questa, come habbiamo detto, e indispensabile. Parla solo dell' atto del residere ad tempus, al quale il papa non solo però dispensare, mà di fatto in dies dispensa à molti uel ex motu proprio uel ex supplicatione episcopi, mà l'una e l'altra sorte di dispensare, come tutte le dispense in qualsiuoglia materia, hà dà essere cum causa honesta e conueneuole; la quale è tanto uaria e diuersa, quanti sono gl'accidenti e le comminationi de le urgenze, che nascono nel mondo lasciato alla cura del sommo pontefice. Chi esaminasse il motu proprio di S. S[tà], che hà leuato il suo arciuescouo à Genoua Mr Spinola e l'ha fatto non solo secr° de vescoui e regolari, ma gouernatore di Roma, trouerebbe, che sic expediebat.

Hor nel caso nostro non essendoci il motu proprio, è necessario non solo trouare e sugerire al Papa la causa, per la quale s'induca il papa à dispensare ad tempus all' atto de la residenza, mà il modo et il tempo da sugerirla.

In rei ueritate la causa è, che nel vescouato per la pensione e la tenuita dell' entrate à pena si può uiuere; giustissima causa da proporla non al Granturco, mà al Padre uniuersale della chiesa, che può aliunde rimediarui. Anzi nel caso nostro habbiamo tutta la facilta del mondo, perche si propone il bisogno e insieme si sugerisce il rimedio senza incommodo della Sede Apostolica, che è lasciarla nel posto, nel quale si troua, cohonestando di più l'interesse temporale col seruigio spirituale, che costi si fà alla chiesa uniuersale. Considerationi sono queste, che possono e demono [sic = deuono] facilitar la gratia, che si richiede de la non residenza ad tempus.

Hor douendo noi proporre una causa tanto giusta e con tante honeste circonstanze à S. S^{tà}, resta da esaminare il modo et il tempo da proporcela, perche non siamo nel caso d'un vescouo attuale necessitoso, ma d'uno che ancora è in herba e domanda per gratia di mettersi dentro la necessita; onde ha da esser toto coelo diuerso il modo et il tempo da negotiar questo punto de la non residenza, per non metter in contingenza la gratia principale del vescouato. Et eccone la prattica del negotiato.

Vaca la chiesa di Pesaro o d'Urbania, io mi presento al Papa et in nome di S. A. gle la domando in gratia per V. S. Ill^{a} tanto benemerita, ma con la conditione d'esser insieme dispensata à non assistere per qualche tempo alla nuoua diocesi non tanto in riguardo della tenuita dell' entrate, non potendouisi à pena uiuere, quanto del gran uantagio che riceue la fede catholica dalla residenza di V. S. Ill^{a} costi, ne può dubitare che io non facessi questa instanza con tutte quelle espressioni proprie et efficaci ad incontrare il gusto del Padrone e la sodisfattione del amico.

Questo è quello, che V. S. Ill^{a} mi prescriue, ch'io faccia, risoluta di non accettar la chiesa nouella senza l'indulto di non risederui ad tempus; et io dico, che tanto eseguirò, mà mi protesto, che ragiri inuentare non saprei per replicare ad una indubitata et euidente risposta, che mi fara il Papa cosi: Se Monsr crede di non poter uiuere nel vescouato et il Sr Duca lo stima necessario tenerlo appresso di se per beneficio di quei popoli, che necessità ui è per hora adossarsi un'obligo, al quale non però ne uol sodisfare? Noi, dira il Papa, siamo più tenuti a preueder le gregi di pastori che li pastori di gregie, come possiamo indurci à far sposa una chiesa per lasciarla uedoua? O concluderà: non possiamo farlo in coscienza.

Piacesse à Dio, e potessi apportar l'assempio di Mr Brancacci . . .

Vedo, che V. S. Ill^{a} uorebbe esser sicura dell' indulto, e forsi le basterebbe, ch'io ne l'assicurassi, ma io non posso assicurarla d'altro che d'una efficacissima uolonta di seruirla. . . . . Supplico per fine V. S. Ill^{a} à leger quest' istessa lettera à S. A. Ser^{ma} . . . . .

162. Herzogin Sophie an Maccioni, dat. Osnabrück, 26. Mai (1676).

Je vous envoy la responce du Pere G^{l} Oliua, qui est aussi obligante pour moy, come i' espere qu'elle sera profitable pour vous. Je vous prie de me faire un responce pour le remersier de ce qu'il a fait pour vous en ma faueur . . . . .

163. Feder^co de Tietzen Schlutter an Monsig^r Val. Maccioni, dat. Cologne, 13. Juni 1676.

Postscriptum: Spero, che V. S. Illma havrà riceuuto la mia precedente, nella quale le hò dato contezza più ampiam^te di quel che tocca la conferita carica. Doppo quel tempo S. A. Ser^ma m'hà fatto ancor la gratia di conferirmi una prebenda vacante alla S^t. Croce in Hildesh., che però già haveva destinata per un altro, giacchè il salario del suffraganeato non passa 400 taleri. Mà bisogno aspettar due, tre anni, prima che si possa goder de frutti di quella prebenda, in modo che dal prencipio havrò non poca difficoltà per far le spese necessarie, non potendo ricever alcun pagamento per adesso dal mio fidejussore. Credo, che la consecratione si farà al suo tempo à Hildesh. e ch'havrò l'honore di riceverla de mani così care come quelle di V. S. Illma. Come è il costume ch'un nuovo prelato faccia qualche convitto o festino in suo luogho destinato, così si crede, che facendo la consecratione à Hildesheim si possa isparmiar e evitar le doppie spese. Monsig^r Nuntio hà scritto al Sg^r suffraganeo Anethano, come anch'io al di lui commando, per pregharlo di far diligenza d'haver la sua dispensa di Roma per il suo passagio dalla chiesa d'Hildesheim à quella di Treveri, il quale, come pretende la corte di Roma, non si può far senza licenza Papale. Monsig^r Nuntio però crede, ch' il tutto puo esser fatto in circa 3 mesi, per far poi la consecratione. Credo, che commincia adesso detto Monsig^re à far il processo necessario, che si deve mandar à Roma per la confirmatione. Restano pochi in vita, che habbino connosciuti i miei parenti, de cui il mio padre è stato maesto della corte (maistre d'hostel), che si dice hoggi mareschallo, appresso la vedova duchessa di Bronsuic à Schoningen, de chi e stato ancor consiliario intimo, di ciò potrebbe ancor dar testimonio la Sg^ra Klenck in Hamelsburgo, chi l'hà molto ben connosciuto. Fù convertito due anni innanzi la sua morte dal R. P. Reuter S. J. Hildesiensis e sepulto in Algermissen, luogho di quel diocesi. Il mio padre hà sposato la madre mia alla corte di Wolffenbutel, doue era damigella d'honore di quella principessa Anna Sophia di casa Brandenburgica. Io son nato à Hannover a^o 1626, convertito à Brussellis dalli P. Giesuiti a^o 1651 e ordinato sacerdote à Roma 1669 dall Illmo R^mo Jacobo de Angelis, archiepiscopo Urbinati. Hò studiato primo à Helmstad ancor Lutherano, dove ho fatto la mia philosophia e comminciato il studio juridico, poi à Pariggi à la Sorbona, dà chi però non hò preso il testimonio, e nell seminario di St. Sulpitio la theologia e le controversie, per il cui testimonio hò scritto e l'aspetto frà poco. Hò voluto specificar tutte queste cose necessarie per il sudetto processo, se possibile se domandasse dà lei qualche notitia a questo fine . . . . .

164. Grabinschrift Maccioni's[1]).

Valerio de Macionis, S. Marinensi, Maroch. Episcopo,
per inferiorem Saxoniam Vicario Apostolico,
Ser^mo Iohanni Friderico, Bruns. et Luneburgensium Duci a consiliis ecclesiasticis,
prisci cultus in hoc templo primo restitutori,
pietate in superos, caritate in amicos, misericordia in pauperes nemini secundo,
religionis amore, opum contemtu, benefaciendi studio deo et hominibus charo,
morum elegantia, animi candore, ingenii suavitate
sine aulae invidia regum et principum gratiam adepto,
proborum laudes sine assentatione promerito,
difficili munere etiam absque aemulorum offensa egregie functo,
cum maiora in terris illum manerent,
spes iam maturos acerbo fato corrumpente,
VI Kal. Sept. An. MDCLXXVI, aet. suae XLV,
ad caelestia praemia vocato,
praesuli aeternum laudando, aeternum lugendo
iussu principis in mortuum etiam gratiossimi
monum. hoc ponebatur.

III. Acten zur Geschichte der braunschweig-lüneburgischen Politik in den Jahren 1667—1674.

1. Eigenhändiges Postscript eines Briefes des Kurfürsten Johann Philipp von Mainz an Herzog Johann Friedrich, dat. Mainz, 5. Sept. 1667.

Auch besonders lieber herr undt freundt, habe ich auß E. L. ahngenehmen handtbrifflein vohm 5 passato vernohmen, waß Ihro mihr ihn bewuster sach zu andtworten beliebig gewesen, und wie man Ihro auch daselbsten in Italien ein undt andere proposition thue, Sie aber noch nicht wißen könnten, wohin Sie sich wenden werden, weilln bei allen einß und anders zu bedencken. Nuhn hielte ich ohnmaßgeblich davohr, daß E. L. sich wegen derienigen offerten, so Ihro in Italien geschehen, wohl vorzusehn und sich deßwegen vohr allen andern zu bedencken haben, undt wüßte ich meines theils deroselben allen erwogenen umbstenden nach nochmahl kein andere als die vohrgeschlagene teutsche partei einzurahten; undt ob wohl derorten noch immerzu vohn der andern person instantz gemacht wirt, so wirt doch die sach auff mein begehren noch so lang E. L. zu gefallen auffgezogen, biß man vernehmen wirt, wessen

---

1) Die Deckplatte des Grabes, auf der diese Inschrift steht, ist heute von der ursprünglichen Stelle vor der Krypta der hannoverschen Schloßkirche entfernt und in die Seitenwand einer nach der Leinestraße führenden Kirchenthür eingemauert.

Sie sich eigentlich resoluiren mögten. Wan auch E. L. ihre resolution biß zu ihrer erst verhoffenden zurückkunft noch in suspenso halten sollten, so werde Ihro alßdan auch die ursachen meines treu meinendten einrahtenß mitt mehrerem mündtlich eröffnen, sollte aber dieselbe sich noch vohr dero herraußraiß auff einen oder andern weg erklären wollen, so würde mihr lieb sein, wenn ich darvohn ihn zeiten vertraute nachricht haben köndte, damitt man auch ahn bewustem ort die mesure darnach nehmen und die andere partei nicht etwan verlieren möge. verpleibe darbei

E. L.

treuwer diener so lang ich leb
Johann Philipp mpp.

2ª. Anonymer Brief des kurpfälzischen Residenten von Pawel-Rammingen an den Freiherrn Otto Grote, dat. Paris, 13. Sept. 1667.

J'espere, qu'advant la reception de celley vous aurés desia receu les pourtraicts; celuy de la princesse Benedicte a esté tiré d'un original qui avoit esté fait il y a plus de deux (ans), puis qu'il n'y en avoit point d'autre, et j'avois oublié de vous dire que cette princesse est maintenant bien plus grande et plus puissante. En suite de l'asseurance qu'il vous a pleu me donner, que tout ce que je vous communiqueray touchant la proposition du mariage de question, sera mesnagé dans le dernier secret, j'ay ceste entiere confience en vous, que vous brusierés la copie que je vous envoye cy joinct [1]), de la lettre que P. P. [2]) m'a escrite il y a trois jours, incontinent après que vous l'aurés leue et en fait comprendre le contenu à S. A. Ser. La dispense du pappe contient 22 articles, que S. A. El. et le pr[ince] electoral doibuent signer et mettre entre les mains du roy, qui en doibt estre garent; parmy touts ces articles il n'y en [a] pas trois que Sa ditte Alt. Et. puisse aggréer, touts les aultres estants d'une telle nature qu'ils rendent ce mariage impossible, et ainsy on ne le considère desormais que comme une affaire echouée; si S. A. Ser. y a quelque pensée, c'est une chose faite. Les piereries, argenterie et meubles, que la reyne de Pologne a laissés a ces deux niepces, qui sont ancor à marier, et qui doibvent estre partagés esgalement entre elles, montent a m/400 livres, ce qui fait m/200 pour chacune. P. P. [2]) donnera encor a la pr[incesse] Benedicte cent mille livres argent comptant, et après sa mort elle aura plustost plus que moins encor m/500 livres. P. P. [2]) a eu en mariage, lorsqu'elle se maria avec le pr[ince] él[ectoral] palatin m/400 escus, qui font m/1200 livres. Elle a eu de sa charge, que la comtesse de Soisson a acheptée d'elle, m/300 ℔, la reyne de Pologne luy a laissée l'usufruict de m/434 livres qu'elle a substituée pour estre partagées parmy ses niepces après la mort de la dite P. P. [2]); le Pr[ince] Pal[atin] Edouard a laissé à ses trois fille m/300, que l'empereur a esté obligé de luy payer en vertu du traicté de Munster et de la cession du haut palatinat, dont le duc de Mantoue luy a donné assignation sur la souveraineté de Charleville après avoir eu un recou de l'empereur defunct de m/300 livres en deduction des m/800 livres que le dit duc a données en mariage a sa soeur Mad. l'imperatrice; voilà un bien qui monte à plus de deux millions

1) S. unten 2ᵇ. 2) Princesse Palatine.

de livres, dont vous jugerés aisement, qu'apres la mort de la mère chacune de ces princesses aura plustost plus que moins de m/500 livres et selon les apparences m/200 escus. C'est tout ce que vous peut dire pour ceste fois sur ce suject.

Monsieur

vostre tres humble et trés obeissant serviteur.

2ᵇ. Princesse Palatine an den Verfasser von 2ᵃ (dat. 10. Sept. 1667).

Puis qu'il faut considérer desormais le mariage avec le prince electoral comme une chose rompue, puisque M. l'electeur ne consentira jamais aux articles de la dispense qu'on ne veut pas changer a Rome, je vous prie de songer au duc de Brunsuic; je vous ay desia dit cy devant les raisons qui me font plus considerer un prince souverain en Allemagne que le premier prince en France, faites luy comprendre (si vous croyes qu'il y a quelque inclination) que le temps presse, que Baviere et d'aultres y ont des pensées; si on les laisse echapper, sans estre asseuré du duc de Brunsuic, on pourra alors donner à terre entre deux chaises; ceste alliance de la niepce de la reyne de Pologne pourroit servir à ce duc de prétexte à un voyage en Pologne, où il faira peutestre des choses pour son advantage pour la succession de la couronne, qu'on ne peut pas prévoir; et à présent que la France a donné les mains pour un mariage de la princesse de Neubourg avec le roy de Pologne, que ce roy a refusé, on pourra bien penser a quelque aultre prince allemand catholique comme luy, et enfin il y aura des choses à mesnager avec le temps; apparement, tout ce qui estoit dans le party de la feue reyne, sera pour luy, lorsqu'on le verra marry d'une des niepces de la defuncte reyne, mais pour cela il faut commencer par le mariage.

3. Entwurf einer Allianz des Herzogs Johann Friedrich mit Ludwig XIV., dat. 12. April 1668. (Abschrift von Grote's Hand, mit des Herzogs Johann Friedrich Siegel und Unterschrift.)

Sa Mᵗᵉ le Roy très-chrestien ayant trouvé bon d'envoyer le Sʳ de Gourville, Consᵉʳ du Roy en son conseil d'estat, en Allemagne et entre autres vers le Prince Jean Frédéric, Duc de Brunswick et Lunebourg, pour conférer et traitter avec S. A. sur les moyens les plus facils de conserver le repos et la tranquillité de l'Empire et d'empescher que les présentes guerres et troubles des Pays-Bas n'y enveloppent aucuns des princes et estats voisins, mais plustost que dans ces conjunctures les amis et alliés de S. Mᵗᵉ puissent jouir paisiblement de l'effect de la paix faite à Munstér l'an 1648; et Sa dite A. n'ayant de son costé trouvé un plus seur et plus certain moyen pour conserver ses estats en repos et pour travailler avec d'autant plus d'esperance d'un bon succés au saint ouvrage de la paix, dont le traitté est désormais entané par l'interposition de la pluspart des princes et potentats de l'Europe, qu'en observant une entière neutralité, sans que ses actions puissent donner aux uns et aux autres le moindre ombrage ou soupçon de partialité: S. A. a nommé le Sʳ de Grote pour entrer en matière là dessus avec le dit Sʳ de Gourville. Les quels en vertu de leurs pleinpouvoirs à ce specialement donnés ont fait et conclus le présent traitté selon les articles suivants.

1. S. A. le Duc Jean Frédéric promet d'observer entièrement et de bonne fois la neutralité dans les présentes conjunctures et guerres des Pays-Bas, sans vouloir ou donner ou prester ses trouppes, à qui et soubs quo prétexte que ce puisse estre, pendant l'espace que durera le présent traitté. Mais que S. A. continuera, comme elle a fait jusques à présent, ses soins et ses offices pour la médiation, estant prest d'envoyer pour cette fin ses députés pour assister au traitté de la paix ou à Aix la Chapelle ou au lieu dont il sera convenu entre les partis, et de garantir avec les autres princes et potentats médiateurs tout ce qui sera accordé par la paix à S. M^té^.

2. S. A. promet aussi de faire nul traitté de ligue ou d'alliance avec les ennemis de Sa M^té^ ou leurs adhérans, comme aussi de ne leur accorder aucune levée dans ses pays ou permettre, autant qu'il sera en son pouvoir, aucunes trouppes qui pourroient estre employées contre l'interest de Sa M^té^ et de sa couronne.

S. A. ne voulant pourtant aucunement se lier les mains en choses qui concernent tout l'Empire, elle s'est expressement reservée, quant aux deux articles précédents, s'il arrivoit, comme néanmoins elle n'espère pas, que tout l'Empire devroit prendre unanimement par une conclusion générale d'une diète ou autrement des résolutions qui pourroient paroistre contraires aux interests du Roy, qu'alors il sera libre et permis à S. A. de faire tout ce que telle conclusion générale de l'Empire exige de luy, sans que le présent traitté l'en puisse empescher. En eschange de quoy elle se contente aussi, qu'en ce cas Sa M^té^ ne soit plus tenue à rien de tout cela à quoy le présent traitté la pourroit obliger pour le reste du temps qu'il dureroit sans un tel cas.

3. S. A. pour donner des preuves d'autant plus convaincantes de son zèle pour le service et l'intérest du Roy, promet de consentir et d'entrer, dès aussytost que le présent traitté sera signé et ratifié, dans la prorogation de l'alliance du Rhin et dans [= d'en] signer le traitté dans la forme, comme il en sera convenu entre tous les princes intéressés. Et après l'alliance renouvellée elle promet et s'engage estre toujours promt et un des premiers de satisfaire à l'obligation que la teneur de la neutralité luy impose.

4. Pour donner moyen à S. A. de supporter plus facilement les frais requis pour entretenir les trouppes qu'elle a sur pied tout pour l'effect susdit que pour la seureté de ses propres estats, le dit Sr de Gourville promet au nom de Sa M^té^ le Roy son maistre de luy faire payer à Hambourg ou à Frankfurt à son doix douze mille richsdalers (ou dix mille au moins) tous les mois que le présent traitté durera, sçavoir les premiers douze mille le premier du mois de may, et 24 mille escus tousjours par avance de deux en deux mois jusques à dernier jour que le traitté subsistera.

5. Le Sr de Gourville promet de plus au nom de Sa M^té^, quand il arriveroit que l'on vouloit contraindre de Duc Jean Frédéric de prendre party et de ne point demeurer neutre, ou que l'on le volust inquiéter dans ses estats par les armes, qu'alors Sa M^té^ assistera promtement S. A. contre ces aggresseurs, qu'ils soient tels qu'ils voudront, en vertu de dicte alliance du Rhin avec autant de trouppes que la quote de Sa M^té^ porte et

la proportion du péril exige, sans que cecy soit limité par aucune restriction, ce soit que la dit' alliance soit desja prorogée ou non, ou que les autres alliés envoyent leurs trouppes ou non, que le Roy en ce cas enverra sans autre délais le secours et employera en suite ses offices auprès des autres alliés pour faire de mesme que le Roy.

6. Et quand, ce que Dieu veille empescher, S. A. par une guerre pour le suject susdit devroit perdre une partie de ses estats, le dit Sr de Gourville promet au nom du Roy très-chiestien que Sa M^té^ ne fera ny accordera nulle paix à ceux qui en seront les usurpateurs ou possesseurs, sans que S. A. soit pleinement et entièrement restituée en tout ce qui legitimement luy appertient, avec dédommagement et intérests. Et toutes les fois que la paix, laquelle on traitte a présent, se fera, le Sr de Gourville promet, que Sa M^té^ le Roy son maistre ordonnera à ses ambassadeurs d'avoir son esgard à la seureté et aux intérests de S. A., y faisant tousjours comprendre sa personne et ses estats, comme généralement Sa M^té^ appuyera puissement S. A. en toutes les occasions et rencontres pour luy donner de plus en plus suject de prendre une entière confiance dans sa royalle bienveillance.

7. Le présent traitté durera l'espace d'un an ou douze mois, contés du premier du may l'an 1668 jusques au dernier du mois d'avril l'an 1669. Quant à cela, on est pourtant convenu, que trois mois avant l'expiration de ce traitté on tâchera de convenir et traitter sur la continuation et prorogation de cett' alliance.

Et pour plus grande asseurance de ce que dessus, nous avons signé et cachetté la présente soubs la ratification et approbation de Sa M^té^ très-chrestienne et S. A. le Duc Jean Fréderic, laquelle de dit Sr de Gourville promet de procurer dans un mois d'icy et le Sr de Grote dès aussytost. — Fait et . . .

Articles secrets.

Pour plus grande élucidation de ce qui a esté accordé aujourd'hui entre les Srs de Gourville et de Grote, en vertu du pouvoir à eux donné par Sa M^té^ très-chrestienne et S. A. le Duc Jean Frédéric de Brunswick et de Lunebourg, dans la fin du second article du traitté signé entre eux, touchant la réservation que S. A. a fait, en cas qu'une conclusion générale de quelque diète de l'Empire l'obligast de faire quelque chose contre les intérests du Roy, il est convenu et arresté par les présents articles secrets, qui auront la mesme force et vertu que les autres signés aujourd'hui, que S. A., pour faire prendre des semblables résolutions dans une diète, ne donnera, pendant que ce traitté dure, sa voix directement contre le Roy ou ses intérests, mais qu'elle s'accomodera simplement en des semblables matières à la pluralité des voix.

2. Pour le second il a esté convenu aussi par ces articles secrets, qu'en en cas que les Princes de la maison de Brunswick et Lunebourg fussent attaqués, par qui que ce soit, durant ce traitté, que le Duc Jean Frédéric pourra les assister et secourir en vertu des anciens pactes de famille establis entre eux, mesme contre les alliés de Sa M^té^, sans changer ou manquer à la fois du présent traitté.

3. Quant au temps de la durée de ce traitté dans le 7me et dernier article, il a aussi esté accordé par ces articles secrets, non obstant que ce traitté ne doit durer que l'espace d'un an, néantmoins s'il arriveroit que

30*

le Prince Jean Frédéric fust attaqué pendant le temps du traitté, et que la guerre et le péril deust encore durer, après que le traitté fust expiré, qu'alors Sa M^{té} ne continuera pas moins comme auparavant les susdites subsides et son assistance en faveur de Sa dite A., comme il doit en vertu de ce traitté et de l'alliance du Rhin, jusques à ce que tout le danger soit passé, et que S. A. et ses estats soient remis en tranquillité et repos. Et nous subsignés promettons etc.

Dat. 12. April 1668.

gez.: Jean Frederic Duc de B. et L.
(L. S.)

4. Relation des Licentiaten Weipert Ludwig Fabricius an die Herzoge Georg Wilhelm und Ernst August, dat. Wien, 10. Juni 1668.

„Wiewoln nach nunmehro geendigten burgundischem Kriege man anderwärtig dahin bedacht ist, durch was Mittel und Wege der zwar geschlossene Friede nicht weniger mehrers stabiliret als auch dadurch die gemeine Ruh erhalten werden könne, so erscheinet doch ob denen bei hiesigen Hof laufenden consiliis, daß man nicht sowohl auf sothane gemeine Ruh sein Absehen mit gerichtet als vielmehr, wie bishero geschehen, seine eigene zu praeferiren und sich bei selbiger zu erhalten suche und gemeinet sei, wie man noch zur Zeit alles dasjenige, dardurch man gegenwärtig oder zukünftig engagiret werden möchte, auf alle Wege zu meiden und zu decliniren sich angelegen sein lässet. Dann obwohlen das Interesse domus Austriacae erfordert haben möchte, mit in die zwischen Engell-, Holland und Schweden gerichtete alliance einzutreten, so hat doch diesem [sic] wie auch ferners ohngeachtet, daß Spanien selbsten J. Ksrl. Mt. hierzu sowohl durch einige neulichste Schreiben als auch andrerseits an die alhiesige ministros beschehene bewegliche Remonstrationen zu disponiren sich eifrigst angelegen sein lassen, solches nichts verfangen oder attendiret werden wollen, vielmehr aber ist bei vorgewesener Deliberation dahin absolute geschlossen worden, sich außer diesem foedere zu halten. Damit aber diese Meinung von ihrem autore desto scheinbar und plausibler vorgestellet werden möchte, ist sie unter andern mit nachfolgenden Considerationen und Motiven begleitet und bestärket worden, daß gleichwie vors 1) bekannt, daß solche Conföderanten nicht sowohl die gemeine Ruh als vielmehr ihr eigen Interesse darunter suchen würden, also seie es auch 2) an dem, daß man sich dardurch mit ungleicher Religion Genossen einlassen, die dann vors 3) sich nicht scheuen und Gedanken machen würden sich, wie man sagt, nach Anlassung der Sachen nach dem Wind zu drehen, J. Ksrl. M^{t} zu deseriren und in nicht geringe Ungelegenheit zu führen, auch deroselben die Sach und Last endlich allein über den Hals zu laden; so seie auch 4) ohne solche alliance sich eine weit bessere Sicherheit zu promittiren, als es rathsam sein würde, Frankreich dardurch vielmehr zu irritiren dann sich einmal darauf zu verlassen, daß Frankreich bei so gestalten Sachen mit Spanien weiter nichts anfahen oder brechen, weniger mit Österreich anbinden würde; vielmehr aber 5) der Eifer ged. Königs in Frankreich zur kathol. Religion bekannt, welcher durch den Papst rühmlich und dahin secundiret würde, daß solche je mehr und mehr zum Aufnehmen bracht und die Ketzer hingegen gedämpfet werden mögen, und würde, wenn ja von Frankreich ferner ichtwas zu besorgen, es vielmehr diese als andere treffen; zu dem hätten endlich auch J. Kaisrl. M^{t} um so viel weniger Ursach sich in diese Bündnis einzulassen, weil ohne dem die Evangelische jetziger Zeit ziemlich stark und mächtig und vielmehr zu hindern als ferner zu stärken sein" &c.

5. Gourville an Herzog Georg Wilhelm, dat. Paris, 19. April 1669.

Je me donnay l'honneur d'escrire par le dernier ordinaire à V. A. S., que dans toutes les propositions que je luy avois faittes et à sa maison, l'on n'avoit jamais prétendu leur rien demander contre les traittés de Westphalie et leur engagemens à l'Empire.

Pour celuy que vous avez par le traitté que vous appelles quadruple alliance, ce seroit à V. A. à me mander, si elle l'avoit aggréable, quelle est sa volonté là dessus, et ce qu'elle peut raisonablement promettre, afin que sur cela on pût icy se déterminer.

Et pour répondre à l'article de la lettre de V. A. du 15. mars, où elle marque, que si elle et messeigneurs ses frères pouvoient trouver la seureté de leur pays et leur intérest particulier en traittant avec le roy, qu'ils auroient de la joye de pouvoir s'unir avec S. M^té^, je suis obligé de luy dire, que selon touttes les apparences il y a d'autres princes dans le voisinage de V. A. qui ont les mesmes intérests que vostre maison, et je ne doute pas que la seureté des uns et des autres ne se trouvast dans les traittés particuliers que chacun pourroit faire avec S. M^té^, qui dans la suitte en attiroint un général, qui vous mettroit en estat de ne rien craindre.

Puisque les propositions que j'ay fait à V. A. S. pour ses intérests particuliers et de Messeig^rs^ ses freres, ne luy paroissent pas assez considérables pour vous faire renoncer aux esperances que vous pouvez avoir d'ailleurs, il auroit esté à desirer que V. A. eust voulu s'expliquer de ce qu'elle souhaitteroit, que l'on fit icy pour elle. Cela m'auroit donné lieu d'eclaircir toutes choses, mais comme elle n'a pas eu aggréable à me le mander, alors je la supplie très humblement de faire en sorte que cela ne puisse laisser aucun doute icy, afin qu'on y puisse en suitte prendre les résolutions que l'on jugera à propos.

V. A. S. demeurant d'accord que le party de la triple ligue n'est celuy de l'ambition, mais bien de la seureté, je conviens avec elle du premier et oserois prendre la liberté de luy représenter que le second peut avoir ses inconveniens. Je ne vois pas, quels avantages vous en tirerez en temps de paix, et je crois que l'on peut dire, qu'en temps de guerre les Suédois seront d'un si grand poids dans cette ligue (ils n'ont aucun empeschement dans leur voisinage), que cela diminuera beaucoup la considération des autres ligués. Et s'il arrivoit dans le fort des affaires, que les Suédois eussent un corps aussy considérable que vraisemblablement ils pourront avoir, et que se souvenant de ce qu'il s'est passé dans les derniers temps, ou voulant par le seul droit de bienséance estendre leurs quartiers sur quelques uns de leurs voisins, j'ay peine à croire que pour réparation d'une telle offence les Hollandois et les Anglois commençassent par rompre avec eux. Il est vraisemblable que cela prendroit plustost le chemin d'une négotiation qui dureroit autant que le quartier d'hiver, et si je connois vostre véritable intérests et celuy de vos voisins, que le sont des Suédois, c'estoit à mon avis de faire une union avec S.

Mte qui vous auroit donné lieu de tenir les Suédois hors d'estat d'oser rien entreprendre; ce qui, les rendant inutils, avoit achevé de perdre leur considération, et je vous avoue que c'estoit la fin que je m'estois proposée dans tous les desseins que j'ay eus, pendant que j'avais l'honneur d'estre auprès de vous, ne doutant point que l'amitié de S. M. et les secours que vostre maison en pouvoit tirer, ne vous mît en estat d'acquérir la plus grande partie de la considération qo'ont eu les Suédois par la mesme voye.

J'oserois vous représenter encore, que si dans la suitte il arrivoit une guerre, tant soit peu considérable, les Suédois n'y auront jamais d'assez grands intérests contre la France, pour qu'ils ne puissent pas un jour s'accomoder avec S. Mte, comme le seul chemin de leur aggrandissement, et en ce cas vous courrez toujours risque d'estre le prix de ce changement. Et je doute fort, que si en ce temps là les Hollandois avoient quelque chose à faire ailleurs, qu'ils l'abandonnassent pour aller à vostre secours; peut estre que mon zele me fait craindre au delà de la raison, mais je puis bien assurer V. A. S. que jamais personne ne sçauroit estre plus respectueusement à Elle que j'y suis.

Gourville.

6. Herzog Georg Wilhelm an Gourville[1]), dat. 25. Mai 1669.

J'ay esté bien aise d'apprendre par la vostre du 19me du passé[2]), que le dessein du roy n'est pas à nous rien demander qui soit contre les traittés de Westfalie et les intérests de l'Empire. Dans une response que j'ay faitte à une de vos précédentes, je vous ay dit aussy les raisons qui nous doivent empescher d'entrer en aucune chose qui pût contrarier à la quadruple alliance, sur quoy vous me demandez une explication et notamment ce que nous pourrions promettre au roy raisonablement. Mais je vous diray là dessus, Monsieur, qu'outre que je ne doute pas, qu'on ne scache en France la teneur de cette quadruple alliance, je crois qu'il sera nécessaire, que vous nous fassiez sçavoir, à quoy le roy nous veut employer, qui ne luy soit point contraire[3]). J'ay vu aussy ce que vous me mandez tesmoigner à l'egard de quelques princes nos voisins, que vous dites avoir le mesme intérest que nous à prendre des engagements avec S. Mte, et qu'eux et nous pourrions y trouver nos seurtés. Nous serions bien aise de scavoir, qui ils sont, et de quelle façon nous pourrions trouver cette seurté, qui est un point essentiel, et avant qu'on soit eclaircy de cecy, je ne crois pas qu'il soit nécessaire de faire d'autres propositions.

7. Gourville an Herzog Johann Friedrich, dat. Paris, 7. Juni 1669.

J'ay receu avec bien de la joie la lettre que V. A. S. m'a fait l'honneur de m'escrire le 14. de may, puisqu'elle m'assure de la continuation de l'honneur de son amitié, et qu'elle me fait voir que tout ce que l'on a

1) Von Rudolf August an Joh. Friedrich mitgetheilt.

2) In der cellischen Copie Zusatz: que j'ay fait voir à mes frères et à mon cousin le duc de Wolfenbutel.

3) In der cellischen Copie der Zusatz: Ce qui est de la quadruple alliance, comme vous sçavez, ne touche que mon frère l'evesque et moy.

pu dire à Vos Altesses pour les presser d'entrer dans la ligue, ne leur a point fait changer le désir de chercher la seureté de leur pays avec les intérests particuliers de Vos A. dans l'amitié de S. M^{te}, qui à mon advis, en l'estat que sont les choses, est le seul bon party à prendre. Vous sçavez, comme moy, l'indifference des Espagnols pour les affaires du nort, leur extrême impuissance et l'instabilité de leurs conseils.

Les Anglois, si je ne me trompe, sont fort capables de faire les empressés à fortifier leur ligue dans la veue de se rendre plus considérables, pour en cas de besoin se faire acheter plus chèrement dans l'impossibilité qu'ils trouveront de demeurer unis avec les Hollandois, estant tres certain, que l'esprit de commerce de ces deux nations les rend incompatibles, outre qu'asseurement les chefs ny les particuliers ne sont point revenus de la hayne qu'ils ont tesmoigné les uns et les autres avec tant d'acharnement.

M. de Lionne dans quelques conferences, que j'ay eues avec luy sur les diligences que faisoient les Anglois auprès de Vostre maison pour l'attirer dans la triple alliance, a voulu me faire remarquer, qu'il eust esté difficile, que ces envoyés eussent passé dans vos etats sans vous faire de complimens et sans vous inviter d'entrer dans leur ligue de bonne volonté ou aux depens d'autruy, mais il est persuadé, que vous trouverés peu de choses de tous ces costés là, qui puissent raisonablement vous tenter [?].

Je ne doute point, que les Suédois n'ayent pour but de se faire valoir comme les Anglois, et qu'ils n'ayent un grand intérest de vous voir embarqués dans cette ligue, jugeant fort bien, qu'il s'en pourroit aisément faire une de vostre maison et de leurs voisins, qui aydés de S. M^{te} osteroient la considération de Suédois, au lieu que si vous estes entrés dans cette triple alliance, leurs subsides estant plus fortes que les vostres, ils auront toute la considération du party, et que difficilement s'en peut il former une autre, quand ils vous en auront détachés; outre que, comme je l'ay mandé à Mgr. le Duc de Celle, ils vous peuvent regarder comme le prix de leur changement d'intérests, si l'ambition de ce jeune roy de Suède luy fait naître dans quelques années le désir de s'aggrandir.

Les Hollandois, qui ont tout à craindre et rien à espérer, s'ils ne trouvent moyen d'engager toutes les puissances de l'Europe, en leur persuadant, s'ils en peuvent venir à bout, que l'intérest commun les engage assez à se rallier et à se tenir armées pour se descharger honnestement des subsides que l'on pouvoit leur demander comme principaux intéressés: je ne doute pas, que vous ne vous appercevies aisément de ce que je vous dis, par la différence de leurs propositions avec celles que j'auray à faire à Vos Altesses, si vous m'en donnés lieu par la lettre que Mgr. le duc de Celle me doit envoyer, ainsi que V. A. S. me fait l'honneur de me le mander. Si j'ozois demander une grace à Vos Altesses, quand vous series en résolution de ne vous pas engager avec S. M^{te}, ce seroit de proffiter des offres que l'on vous peut faire icy, pour rendre vos conditions si advantageuses, que je n'aye pas la douleur de vous voir à la mercy des Suédois dans un temps, qu'il n'aura tenu qu'à vous de les mettre dans un pareil désavantage que celuy où vous serés, si vous n'y prenés garde.

La lettre par laquelle Mgr. le Duc de Celle m'a fait l'honneur de me mander, que je pouvois me souvenir du peu de cas que je luy avois veu faire de ceux qui prenoient des pensions, m'a donné lieu de nommer subsides la somme que S. M^{te} vous pourra offrir, et outre que le terme est plus noble, et qu'il semble entraîner avec soy l'augmentation de la somme, j'espère que cela pourra estre assés considérable pour entretenir quelques trouppes, et en ce cas je serois d'advis que l'on laissast le soing à Mademoiselle de la Mancelière de faire faire la receue de celles qui seroient dans le pays d'Osnabrug.

Après vous avoir dit, Monseigneur, ce je que pense de l'intérest des ligues et des veues qu'ils peuvent avoir, je ne sçaurois m'empescher de vous dire que je suis encore persuadé, que la durée de la ligue dans son entier ne subsistera qu'autant que S. M[te] suspendra le désir de la rompre. Vous m'avés veu autrefois faire des propositions avec asses de succès; songés, je vous prie, que les prophètes n'avansent jamais si seurement l'advenir que quand ils sont à la source, où se puisent les événemens. Apres tout ce que j'oze faire, dans le désir que j'ay de vous voir dans le seul chemin qu'il y a de seur et advantageux, je n'auray rien à me reprocher, mais avec tout cela, Monseigneur, quand vous ne serés aussy heureux, que je le désire et que vous le mérites, je n'auray aucune consolation là dessus, n'estant pas de l'humeur de ces médecins qui s'affligent de la prompte guairison de ceux qu'ils traittent, quand ils leur ont prédit une longue maladie.

Je demande tres humblement pardon à V. A. S., si je me sers de la main de Mr Chauveaut, et je la suplie de croire que jamais personne ne sçauroit estre plus respectueusement à elle que j'y suis.

Gourville.

8. Gourville an Herzog Georg Wilhelm, dat. Paris, 21. Juni 1669.

J'ay communiqué à Mr de Lionne la lettre que V. A. S. m'a fait l'honneur de m'escrire du 25. de l'autre mois. Il m'a paru un peu surpris de la circonspection avec laquelle elle avoit esté escrite. Il auroit peutestre penché à croire qu'il y a quelque mistère, si je ne l'avois fort assuré de la candeur et de la bonne foy de V. A. S., et qu'assurement vostre retenue ne pouvoit point estre prise pour un augure, que vous vous fussiez engagé à aucune chose contraire à celles que l'on souhaitte, mais plustost dans la crainte qu'une plus grande ouverture ne pust préjudicier à vos intérests; mais il m'a de son costé bien sceu dire, qu'il n'estoit pas juste que S. M[te] fist toutes les avances sans aucune certitude. Ainsy V. A. S. jugera bien l'embarras où se trouve un homme qui a de ce costé cy tous ses devoirs, et qui est nécessité de prendre garde à sa conduite, et qui est [sic!] de l'autre a une force passion de vous voir étroitement uny aux intérests de S. M., et qui est persuadé, que c'est le seul party que puisse prendre vostre maison pour les intérests particuliers de ceux qui la composent, et la seurté de leurs estats; outre qu'il n'y sçauroit avoir aucune ambition qui ne tourne de ce costé là, ainsy que vous l'avez vous mesme avoué. Je voudrois bien, que V. A. S. voulust se souvenir de toutes les choses que je luy ay dites autrefois là dessus, et que j'ay pris la liberté de luy escrire dans ces derniers temps, dont je n'oze plus luy parler de crainte de tomber dans des redites ennuyeuses.

Je vois bien d'un autre costé qu'il sera difficile de convenir de part et d'autre, si on ne se donne pas plus à entendre. C'est pourquoi je prends ma résolution de supplier très humblement V. A. S. une fois pour touttes de me faire sçavoir, si elle a quelque pante à trouver ses intérests de ce costé cy, parcequ'en ce cas je crois que sans manquer en aucune façon je puis bien dire ma pensée sur ce qui se pourroit raisonablement faire de part et d'autre, afin que vous puissiez sortir des scrupules où vous estes, en me disant à peu près, si cela vous pourroit accomoder. J'ay assez nettement expliqué à V. A. S. que S. M[te] ne désireroit jamais rien d'Elle ny de sa maison qui fût contre les traittés de Westfalie et l'intérest de l'Empire.

A l'égard de vostre quadruple alliance il s'y peut à mon avis trouver un temperament, sans choquer la netteté avec laquelle vous en voulez user, parce que, quoy qu'il arrive, on peut faire un traitté sans blesser le reste de la durée de celuy là, bien entendu que vous ne pouviez ny le renouveller ny luy donner aucune prolongation ny faire aucun autre avec quelque prince que ce puisse estre, sans la participation de S. M[te], les déliberations de l'Empire toujours exceptées.

Pour ce qui est des subsides que S. M[te] pouvoit donner à vostre maison, en temps de paix il faudroit essayer de les faire monter à deux cents cinquante mille livres et peut estre mesme à trois cent mille, qui feroit autant que ce que l'on demande aux Espagnols pour la couronne de Suède, et régler le nombre des trouppes que vous seriez obligé d'entretenir pendant ce temps là, et convenir aussy de celles que vous devriez augmenter, en cas que S. M[te] eust une guerre offensive et défensive, et ce que l'on vous donneroit pour la levée et pour la subsistence de cette augmentation. Il me semble qu'il ne sera pas difficile d'adjuster ces choses là par les exemples que l'on peut avoir, mais la difficulté pourroit plustost naistre du désir qu'auroit S. M[te] de voir, qu'un prince de vostre maison en cas de guerre offensive à la teste d'un corps de huit ou dix mille hommes vînt joindre ses trouppes, parceque si j'ay la mémoire bonne, je vous ay tousjours vu souhaitter de demeurer armé dans vostre pays; mais en cas que vous ne voulussiez l'insérer dans le traitté que l'on feroit présentement, il faudroit convenir, que vous vous employeriez par diversion contre les ennemys de S. M., sauf à faire un nouveau traitté pour la jonction, si elle estoit jugée nécessaire de part et d'autre, qui pourroit donner lieu alors à des conditions pour les conquestes qui se pourroient faire.

Les autres clauses que vous pourriez désirer dans le traitté, ne pourroient estre à mon avis que des choses générales qui ne se refusent point; ainsy, Monseigneur, en voila assez pour vous obliger à vous ouvrir d'avantage sans aucun risque.

Si je disois à V. A. S. que je fais cecy de ma teste, je luy en mentirois, mais si je luy disois aussy que ce fust avec des ordres précis, je tomberois dans le mesme inconvenient, et sans vous vouloir faire valoir ma marchandise, je pourrois bien dire à V. A. S., que sans l'extrême passion que j'ay à vous donner des marques de ma reconnoissance, que je puis bien concilier en cette occasion cy avec ce que je dois à S. M[te], il y auroit à moy plus de prudence de laisser aller les choses, comme elles pourroient, que de revenir si souvent à la charge.

Quant à la question que vous faittes sur les amys que peut avoir S. M. dans vostre voisinage, qui peuvent avoir le mesme intérest que vostre maison, je n'ai pas osé presser M. de Lionne là dessus, de crainte que ce ne fust une imprudence à moy à vouloir pénétrer si avant pour vous en eclaircir, y ayant si peu d'ouvertures de vostre costé, mais dans ma franchise ordinaire j'aurois bien l'audace de dire icy, qu'il seroit juste de concerter un traitté avec vous et convenir néantmoins, qu'il ne seroit signé qu'en cas que tels et tels entrassent dans le mesme engagement. Si V. A. S. se souvient de toutes les ouvertures que je luy ay faites autrefois pour l'aggrandissement de sa maison, Elle jugera bien à peu pres touttes les choses qui me passent par l'esprit en escrivant cette lettre, et je la supplie encore de considérer, que si en ce temps là elles paroissent frivoles, l'amitié de S. M. pourroit aujourd'huy luy donner grande solidité; mais pour venir à bout de tous nos desseins, il faut que M. le comte de Waldec y veuille entrer non seulement par l'amitié et l'attachement qu'il a pour V. A. S., mais je l'y voudrois voir pour son ambition particulière et, s'il se pourroit, par une véritable inclination.

Afin que V. A. S. prenne des mesures certaines, je la puis assurer qu'on agit icy avec des intentions très sincères, et que l'on n'a nulle envie de surprendre ny se prévaloir des offres que vous pouvez faire pour vous nuire ailleurs.

Quelque résolution que j'aye faitte de ne vous plus parler des raisons qui doivent obliger V. A. S. de traitter avec S. M^te^, je ne sçaurois m'empescher de vous dire que je tremblerai pour vostre maison toutes les fois que je la verray dans le party des Suédois et dans une moindre considération qu'eux.

Je voudrois bien, si cela se pouvoit, avoir une copie de vostre quadruple alliance, afin de prendre plus seurement mes mesures. Je demande très humblement pardon à V. A. S., si je me sers d'une autre main pour les lettres de longueur, et la supplie de me croire plus respectueusement à Elle que personne du monde.

Gourville.

Si vous trouvez la moindre difficulté de m'envoyer la copie de cette quadruple alliance, il suffira de m'envoyer la datte et la durée, qui est, ce me semble, de cinq ans.

9. Antwort Herzog Georg Wilhelm's auf Gourville's Brief vom 21. Juni 1669.

Je n'aurois pas tant différé à faire response à vostre lettre du 21. du passé, si j'avois pu conférer plustost sur ce qu'elle contient, avec mes frères et mon cousin. Nous l'avons veu ensemble, et je puis vous dire avec vérité, que nous avons tous autant de passion à servir S. M^te^ qu'elle a eu de bonté à nous vouloir bien recevoir en son alliance. Vous jugés pourtant bien, M., qu'il nous sera mal aisé de nous y déterminer positivement pour le présent, parcequ'encore que nous ne prétendions point d'entrer dans les secrets du roy, nous croirions pourtant, qu'avant que de faire un traité, il ne sera pas hors de raison de sçavoir, quel en doit estre le but, et de connoistre, s'il les pouvoit, le princes qui voudront unir leurs intérests aux nostres en cette rencontre. Car si ce sont ceux que nous croyons, il est certain, que parmy eux il y en a dont les principes ne sont pas beaucoup conformes aux nostres, et de là, Monsieur, nous craignons avec raison, que venant à entamer un traité avec S. M^te^, il se pourroit faire que la diversité des intérests des uns et des autres le rendist infructueux et nous par conséquent désagréable à un grand roy, les bonnes graces duquel nous voudrions nous conserver par tous les moyens imaginables, et d'ailleurs vous sçavés, que la dernière élection en Pologne a donné une autre face aux conjonctures, dont nous serions bien aise de voir les suites avant que de nous déterminer. Enfin je vous dis sincèrement que nous avons un déplaisir extrême de ne pouvoir jouir dès à cett'heure des graces que S. M. nous offre si généreusement, et vous jugés bien l'embarras où nous en devons estre. Tout ce que je vous puis dire, est de vous prier de menager les choses, en sorte que ce grand et généreux roy ne diminue point la bonté qu'il a temoigné avoir pour nous, et qu'il nous conserve quelque part à l'honneur de ces bonnes graces, où nous nous flattons de pouvoir prétendre par le respect et la grande vénération que nous avons pour sa personne et pour le zèle que nous conservons toujours pour son service.

10. Instruction des Herzogs Johann Friedrich für den Geheimen Kammerrath O. Grote, dat. Hannover 4. Nov. 1669.

. . . Sonsten erinnern Wir uns, wie daß nachgehends mehr andere verschiedene Punkten zu dieser Conferenz remittiret worden, und für 2) in Deliberation wird gestellet werden, was auf die von dem Kgl. engelländischen Envoyé Sylvio sowohl als von dem Abgesandten der vereinigten Niederlanden, Pierre de Grot, beschehene Invitation zur Miteintretung in die Triple-alliance endlich zu resolviren. Worauf Unser Abgeordneter anzeigen wird, daß Wir bei jetzigen Conjuncturen in reifer Erwägung der dabei concurrirenden Umständen ein so großes weit aussehendes Werke anzutreten und sich darinnen zu vertiefen nicht allein zu frühezeitig, sondern auch fast gefährlich erachteten und dabei noch zur Zeit nicht die geringste Necessität und Utilität begreifen könnten, zumaln die Alliance unter den dreien respectiven Kronen und Republique selbst noch nicht festgestellet, auch schlechte und vielmehr contraria Apparenz vorhanden, daß dieselbe zu völliger Perfection jemals gelangen werde. Wann nun das Werk, wie leichtsam geschehen könnte, krebsgängig werden und sich gänzlich zerschlagen sollte, würden Wir nun auf den ohnzeitigen Vertiefungs-Fall uns bei andern Potentaten nur suspect machen, deroselben Gemüther von uns alieniren und also im Fall der Noth derоselben etwa alsdann dienlich befindende confoederationes schwerlich erhalten oder doch geringe, Unserm fürstl. Hause weder reputirliche noch vortheilhafte conditiones dabei eingehen müssen. Da auch gleich solche triple alliance zu völliger Richtigkeit gebracht werden sollte, würden Wir, ohne in dieselbe würklich mit einzutreten, nichts desto weniger vor ein und andern bei jetzigen Conjuncturen etwa zu Gemüthe steigenden Ombragien gesichert bleiben und ohne ohnnöthigen hazard den daraus suchenden Nutzen und Sicherheit davon zu gewarten haben; sintemal dadurch nicht allein die gegen ein und andere sich gar zu weit ausbreitende Macht nöthig erachtende Contrabalance festgestellet, sondern auch, da jemand wider Uns und Unser fürstl. Haus etwas zu tentiren vorhaben sollte, Wir uns auf solchen Fall allemal zur Gegenpartei wenden und zwar diejenige erwählen könnten, welche denen sich alsdann eräugenden Conjuncturen und Umständen nach Unserm fürstl. Hause und dessen Conservation am fürträglichsten sein würde. Hielten demnach am rathsamsten, daß man sich mit der Begebung in beregte weitsichtige und ohngewisse Alliance nicht praecipitire, sondern dem Werke bis dahin einen Anstand gebe und allerdings freie Hände behalte, bis man sehe, wohin der eigentliche Schluß und beständige Befestigung der Triple-Alliance unter gedachten dreien hohen Parteien ausschlagen, imgleichen wie die jetzo in Rede stehende intentiones weiter sich anlassen, und wohin die fernere vorschwebende Conjuncturen sich lenken werden. Sollte dann ja diese Verbündnüs zum Stande kommen, würde man nach Beschaffenheit der eräugenden Umstände sich alsdann am gefüglichsten hierunter eines gewissen entschließen und, wofern von der Miteintretung ein sonderbarer Vortheil und Nutzen zu hoffen, als recht principal-paciscirende membra desto bessere conditiones erhalten können, da Wir jetzo bei der unter obberührten hohen Parteien annoch pflegenden Handlung als partes minus principales et accessoriae inaequaliter und mit geringem Respect dörften tractiren und nachgehends in denen vorfallenden negotiis und deliberationibus mehr andern und den mächtigsten Sentimenten als Unserm eigenen Interesse nachzugehen, wo nicht directe, jedoch per indirectum verursachet werden. Im Fall demnach aller Remonstrationen ohngeachtet die quaestio an wegen Miteintretung in die triple alliance von dem fürstl. celle- und wolfenbüttel. Deputirten affirmative resolviret, und ein solcher Schluß von ihnen festgestellet und Unserm Abgeordneten vorgetragen werden sollte, wird sich derselbe pro loco et ordine darauf Unserer Intention gemäß und in specie dahin vernehmen lassen, daß Wir zwar wegen vorberegter und anderen Uns zu Gemüthe gehenden triftigen Rationen Uns noch zur Zeit hierunter nicht positive und so wenig affirmative als negative erklären könnten; es sollte Uns jedoch endlich nicht zuwider sein, wenn man eventualiter in Unserm fürstl. Hause wegen der Conditionen, worauf die Amplectirung mehr besagten foederis zu fundiren, sich vereinbaren wollte; gestalt Wir denn nichts liebers sehen würden, als wann das Werk sowohl ratione emolumentorum als securitatis mit solcher advantage und Respect Unsers fürstl. Hauses eingerichtet werden möchte, daß Wir nachgehends auch Unsers Theils die Miteintretung in mehr berührte triple alliance zu plaidiren desto mehr bewogen werden könnten. Wobei dann Unser Abgeordneter gelegentlich erwähnen kann, daß Wir uns von Unsern Herrn Brüdern und Vettern zu separiren und dadurch eine Trennung in Unserm fürstl. Hause zu erwecken keineswegs intentioniret, sondern daß Wir denen errichteten Erbverträgen und darauf gegründeten principiis consiliorum Unsers fürstl. Hauses uns jedesmal gerne gemäß bezeigen wollen, und sollte Uns dannenhero nichts lieber sein, als daß anstatt dergleichen ohngewisser und mit verschiedenen auswärtigen Interessen verwickelter Bündnisse die so oft in Vorschlag gebrachte Verfassung in Unserm Hause, weil auf einer einmüthigen Zusammensetzung dessen wahres Interesse und einige Grundfeste beruhet, und man dieserwegen sowohl in- als außerhalb Reiches bishero in sonderbare Consideration gezogen worden, zur Perfection gebracht und dadurch Unsers fürstl. Hauses Vereinigung, Sicherheit und Reputation festgestellet und beständig erhalten werden möchte.

11. Kurfürst Friedrich Wilhelm von Brandenburg an Herzog Georg Wilhelm von Celle, dat. Cöln a/Spree, 28. März 1670. (Copie.)

Unsern ꝛc. Wir seind berichtet worden, daß Ew. Ld. den Grafen Tettenbach zur Belehnung auf den 26. Aprilis nun zu verschiedenen Malen sollen citiret haben. Nun ist Ew. Ld. nicht unwissend, was es mit denen Lehnstücken vor eine Bewandnis habe, welche in dem fürstlich braunschweigischen dem Grafen von Tettenbach gegebenen Lehnbrief gezogen werden wollen, aber unstreitige halberstädtische feuda seind. Wir haben demnach nicht vorbei gekonnt, denen gräflichen Ministris anzubefehlen, daß sie sich hierunter fürsehen und diejenigen Stücke, so von Uns zu Lehen gehen und genommen werden müssen, nicht anderswo zu Lehen nehmen sollen. Gleichwie es nun ohnedas irritum und nichtig sein würde, anderwärts zu Lehen gehende Güter zu verleihen, daraus hiernächst nur mehr Mißverstände erwachsen möchten: als ersuchen Wir Ew. Ld. hiemit freundvetterlich, Sie wollten der Lehensempfängnüs so lange einen Anstand geben, bis Wir Uns mit Herrn Herzogen Rudolf Augusti zu Braunschweig-Lüneburg Ld. darüber weiter vernommen haben; Gestalt J. Ld. nicht entgegen sein wird, mit Uns deswegen in fernere Conferenz und Handlunge, welche hiebevor beliebet gewesen, zu treten. Die ganze Beschaffenheit der Sachen wird Ew. Ld. Unser Rath und Tettenbachischer Kanzler Weiler mit mehrem selbst unterthänigst repräsentiren, und zweifeln Wir nicht, Ew. Ld. werden darauf umb so viel mehr geneigt sein, nichts weiter fürzunehmen, bis bei einer Conferenz alles besser untersuchet worden. Und verbleiben ꝛc.

12. Kurfürst Friedrich Wilhelm von Brandenburg an Herzog Rudolf August von Wolfenbüttel, dat. Cölln a/d. Spree, 29. März 1670.

(Original.)

Unsern freundlichen Dienst und was Wir mehr Liebes und Gutes vermögen, zuvor! Durchleuchtiger, hochgeborner Fürst, freundlicher lieber Vetter, Sohn und Gevatter!

Welcher Gestalt, Unser unwissende, unterschiedliche Lehnstücke in dem von Ew. Ld. in Gott ruhenden Herrn Vater Ld. dem Grafen von Tettenbach ausgestellten Lehnbrief verliehen werden wollen, welche von Unserm Fürstenthumb Halberstadt dependiren: solches ist Ew. Ld. wohl erinnerlich. Ob nun wohl Wir dawider, wie es sich gebühret, gesprochen, die Erörterung der Sachen aber bishero vieler Verhinderungen halber angestanden: so will dennoch zu Verhütung künftigen Streits nöthig sein, daß dieselbe untersuchet und der etwa fürgegangene Irrthumb gezeiget werde, welches bei einer Conferenz Unserer Räthe am besten geschehen kann. Ersuchen demnach Ew. Ld. freundlich, Sie wollten Ihro gefallen lassen, einige Ihrer Räthe zu committiren, daß sie sich mit den Unserigen forderlichst an einem gewissen Ort zusammenthun, die alten Lehnbriefe mit den neuen conferiren, auch andere vorhandene Nachrichtungen einnehmen und versuchen sollen, wie denen Dingen in Zeiten vorzukommen, so hiernächst mehrere Difficultät und Irrungen verursachen möchten. Gestalt Wir dann nicht geschehen lassen können, daß ehe und bevor man sich hierüber mit einander würde vernommen haben, der Graf von Tettenbach als Unser Vasall zu einiger Lehensempfahung der Stücken, welche halberstädtische Lehen sein, sich verstehe. Womit Wir Ew. Ld. zu Erweisung angenehmer Dienste stets geflissen verbleiben.

13. Gesammtschreiben der Herzoge Georg Wilhelm, Johann Friedrich und Rudolf August an Kurfürst Friedrich Wilhelm von Brandenburg, dat. 23. April 1670[1]).

Unsern &c. Ew. Ld. mögen Wir hiemit freundvetterlich unverhalten, daß, nachdem das erschollene Geschrei wegen Grafen Johann Erasmußen von Tettenbach Verwirkungen gegen die Röm. Kaiserl. Mt Unsern allergnädigsten Herrn und dessen dadurch verursachten Gefängnüs von Tage zu Tage größer; auch daß dessen in den Kaiserl. Erblanden gelegene Gütere bereits confisciret, beständig berichtet worden; Wir für diensam gefunden, solchem und anderer Exempel nach, Uns derjenigen Güter, welche von Unserm Fürstl. Hause weiland Grafen Leopold Wilhelmen von Tettenbach im Jahr 1644 zu Lehen concediret, an- und dieselbe zu Conservirunge Unsers daran habenden Rechtens in Besitz zu nehmen. Allermaßen Wir dann zu dem Ende den Blankenburgischen Secretarium Heinrich Rosenthal mit Notarien und Zeugen committiret und dieselbe ihres Verhaltens halber gemessentlich instruiret, nicht im geringsten aber Uns versehen gehabt; weiln dadurch nichts Ungewöhnliches, sondern was bei dergleichen Fällen gebräuchlich, vorgenommen, dasselbe auch zu niemandes Präjudiz, sondern wie gedacht, nur allein zur Verwahrung Unsers Fürstl. Hauses Gerechtsamb gemeinet; daß jemand dieselbe an ihrer obgehabten Verrichtunge zu verhindern sich würde unterfangen haben. Wider alles Vermuthen haben Wir aber vernehmen müssen, daß, wie dieselbe durch das Dorf Thal als Reisende passiret, sie daselbsten von einem Gefreiten und etlichen Soldaten mit brennenden Lunten auf offener freien Straßen angehalten, gefänglich angenommen, nach der Schenke geführet, fast hostiliter tractiret; und ob man wohl von denselben zu wissen begehret, auf wessen Geheiß und welcher Ursachen halber solcher Arrest geschehe, auch die relaxatio urgiret, hat doch dieselbe so wenig gewilliget als einiger Befehl vorgewiesen werden wollen.

Nachdem Uns dann solche Thätlichkeit und Behinderung Unserer Bedienten billig zu Gemüthe gegangen, und ohn Abbruch Unserer Fürstl. Reputation demselben nicht nachgesehen werden können: so sein wir genöthiget worden, zu derer Erledigunge aus der Verhaftung gehörige Anstalt zu machen, der freundvetterlichen Zuversicht, Ew. Ld. werden solches in keinem Unguten noch auch, daß Wir Uns bei den im Namen Unsers gesambten Fürstl. Hauses in Posseß genommenen, von etlichen Saeculis her unstreitig zugehörigen Lehnstücken zu manuteniren bedacht sein, ungleich aufnehmen.

Wir erinnern Uns zwar, daß etliche derselben von Ew. Ld. Regierung des Fürstenthumbs Halberstadt in controversiam wollen gezogen werden. Wie Wir Uns aber zu verschiedenen Malen, auch noch den 15. gegenwärtigen Monats gegen Ew. Ld. erkläret haben, daß Uns derenthalben gütliche Vernehmung und Tractaten nicht sollen zuwider sein: so bleiben Wir nochmals dabei, und wann Ew. Ld. dieselbe mit, auch Zeit und Ort der Zusammenkunft halber vorzuschlagen beliebig ist, wollen Wir von Unsern vertrauten Räthen und Dienern etliche dazu verordnen und durch dieselbe Unsers Fürstl. Hauses iura und Befugnis dergestalt vorstellen und beibringen lassen, daß von Uns nichts Unbilliges prätendiret werde. Wie Wir dann, wie bishero

---

1) Concept der Ministerialconferenz des Gesammthauses, act. Braunschweig, 23. April 1670, gezeichnet von Speirmann, Grote, Lampadius und Heimburg, vgl. S. 102.

allezeit, also auch fortan beständige Freundschaft und nachbarliches Vertrawen mit Ew. Lb. unverändert zu continuiren, auch Denoselben zu allen angenehmen freundvetterlichen Diensten stets willig und geflissen verbleiben.
Geben den 23. April a° 1670.

14. Chassan, französischer Resident in Dresden, an Herzog Johann Friedrich von Hannover, dat. Dresden, 1. Juli 1670.

Sa M^té très chrestienne le Roy mon maistre n'a pas plustost apris le différend qui est survenu pour raison des terres du comte de Tetembach entre V. A., Messeigneurs les Princes ses frères et S. A. Elect. de Brandebourg, qu'elle m'a ordonné de me transporter de la cour électoralle de Saxe, où j'ay l'honneur de resider, de Sa part en la cour de V. A. pour luy offrir et en mesme temps aussy à Sa dite A. E. sa médiation pour composer cette affaire à l'amiable. Je me serois desja mis en chemin pour cet effect, mais comme je viens d'aprendre dans cette cour mesme, qu'on est desja convenu d'une assemblée au 16° de ce mois, dans laquelle elle se pourra terminer en peu de jours, j'ay crus qu'il seroit plus à propos de surseoir mon voyage. Je ne différeray pas cependant d'assurer V. A.que Sa M^té auroit un sensible desplaisir de voir brouiller ensemble de si bons amis, souhaittant avec passion que l'union et bonne intelligence se maintienne entre eux. Pour mon particulier je prieray V. A. d'estre persuadée que je seray tousjours prest de m'employer dans cette affaire et de luy faire cognoistre le zèle et le respect avec lequel je suis etc.

15. Auszug aus einem Briefe Bregett's, Sekretärs des Fürsten Wilhelm von Fürstenberg, an den Fürsten Franz von Fürstenberg, Bischof von Straßburg, dat. Paris, 5. Aug. 1670. (Beilage zu Nr. 17.)

Mon prince est allé à Versailles ce matin pour estre au lever du Roy, et en partant il m'a commandé de dire à V. A., qu'à son retour se[1]) soir il sçaura quelque chose de particulier touchant les affaires des trouppes du Duc de Hannover, et il croit que le Roy se pourra résoudre à accorder pour quelques mois certaine somme pour chacque mois pour l'entretien de ses[2]) troupes. Mon prince portera l'affaire, s'il est possible, à six mois, mais ce qui sera payée à Sa susd. A. d'Hanover, paroistera tousjour l'estre de la part et soubs le nom de S. A. E. de Cologne, et cela pour les raisons que V. A. se peut bien imaginer; comme se[1]) sera une affaire résolue aujourd'huy, le prince Guillaume pourra bien par l'ordinaire de samedy escrire à V. A. ce qu'il aura à négocier avec le Duc d'Hanover sur ce subject, peutestre aussy que Monseig^r renvoyera le garde qui est icy, avec une information des choses qui pourront estre à faire. Et pendant Monseig^r le Prince fait estat de partir d'icy dans ce mois cy, il souhaitteroit avec passion que V. A. fist un tour à Saverne pour le commencement de septembre; il assure V. A. que ce voyage ne sera pas inutil pour le bien de ses[2]) affaires. V. A. peut se dispenser d'y mener toutte la cour, comme elle y restera peut[3]) de temps. Monseigneur y menera tout son train. Du reste il supplie V. A. de voulloir songer au[4]) moyens de faire tenir

1) = ce. 2) = ces. 3) = peu. 4) aux.

une assemblée soit de cercles ou autrement, dans laquellle, sans donner ombrage, on puisse résoudre et arrester touttes choses en présence de V. A., et si la dite assemblée se peut tenir à Cologne ou Hildesheimb, se seroit le meilleur, et il faudroit que cela se fit pour la fin d'octobre ou pour le mois suivant, affin d'avoir plus de temps pour se mettre en posture, au cas que sur ce que Monseigʳ le Prince représentera à ces princes, ils se résoluent à entrer en guerre contre l'Hollande; car c'est une chose seure, que la guerre se faira au printemps prochain, et que le Roy et Engleterre en sont convenues.

16. Herzog Georg Wilhelm an seine nach Wernigerode deputirten Räthe, dat. Stendal, 14. Aug. 1670.

Unsern ꝛc. Wir haben Eure unterthänigste Relation vom 10. dieses erhalten und ersehen, daß die Kurfürstlichen unter anderm sich zu dem von Uns ihnen offerirten Compromiß nicht anschicken wollen.

Wir haben alhier mit dem Rath Meiners aus der Sache selber gesprochen, der in der Persuasion stehet, daß ihr ius klar und evident sei und dannenhero es nicht füglich wäre, diejenigen Sachen einem Compromiß zu untergeben, welche klar und außer Disput wären; in dubieusen Sachen aber wollten des Herrn Kurfürsten Ld. vorgeschlagenes Compromissum gern mit belieben. Haben Uns beigehendes Factum[1]) communiciret, welches Wir auch zu dem Ende Euch hinwieder zufertigen, damit Ihr iustitiam causae desto besser untersuchen, und was darauf zu antworten, Ihr dabei beobachten und Uns desfalls erstens nacher Zelle, woselbst Wir in 3 oder 4 Tagen sein werden, Nachricht geben könnet. Inmittelst aber, nachdemmalen des Herrn Kurfürsten Ld. sich ganz geneigt erwiesen, in Güte aus der Sache zu kommen, und sehr contestiren, daß Sie nichts als was recht, suchen: wann Ihr sehen werdet, daß Eure Anwesenheit alda noch nützlich und apparence zu gutem Ende zu kommen, habet Ihr noch alda nach selbsten Gutfinden zu subsistiren.

Postscriptum: Als Wir auch ungerne sehen, daß diese Sache ohne guten Succes abrumpiret werde: als werdet Ihr darnach Euch bemühen, daß man mit Reputation herauskomme.

17. Fürst Franz von Fürstenberg, Bischof von Straßburg, an Herzog Johann Friedrich, dat. Bonn, 15. Aug. 1670 (eigenhändig).

Ich hab nit allein E. L. ahngenehmes schreiben von 28. Julii recht geliefert entpfangen, sondtern es hatt mir auch der Chur Cölnische Stift Hildesheimische V. Canzler mit mehren referiret, was mit E. L. verabredet. Nuhn ist mir wol von hertzen leidt, das nit nochmahlen die ehr und occasion gehabt, mit derselben mich zu ersehen, in deme besorget, nit allein E. L. beye jetziger ahnwesenheit ihrer frauen schwieger ungelegenheit zu machen, sondtern auch etwa ein oder andtern jalousie zu geben. Inmittels thue ich deroselben beigehendtes per extractum zu communiciren was meines brudteren fürst Wilhelm L. mir dessen secretair in Ziffer zukommen lassen[2]), zumahlen ich

1) Eine ausführliche Denkschrift, betitelt: Summarische Facti species, die Grafschaft Reinstein betreffend. 2) Beilage Nr. 15.

dan gewerdtig bin, was mir ferners zukommen wirdt. Undterdessen können E. L. sich darnach reguliren, und wirdt ja nit dienlich sein, die volcker zu licentiiren, man hatt ja praetext genug, die Reichsverfassunge, bevorstehendte Craistag und dergleichen, dahero absonderlich nötig sein will, das E. L. allerortten darauf tringen helfen, damit man je baldter je besser die Craistäg in den niedtersachsischen und westphälischen Crais ausschreibe, beye welchen dan nebens deme, was der gemeine Reichsschluß der verfassung halber mit sich bringt, ohnfehlbarlich herauskummen wirdt, das man sich in starke postur zu setzen. Wegen Chur Brandenburg L. bleibt man dahrselbsten (wie wir nicht andtersten wissen) ietoch beye voriger resolution. Es scheinet aber, daß entlich Frankreich und Engellandt nichts darnach fragen werdten, welches alles E. L. zur Nachricht nit verhalten wollen, und bleibe Iro zur erweisung aller ahngenemen dienstgefälligkeiten bereidt.

18. Princesse Palatine an Herzog Johann Friedrich[1]), dat. Paris, 9. Oct. 1670.

Vous avez bien seu, je pence, touts mes embaras, quy m'ont empechée de pouvoir arriver plustost que dimanche au soir, dont la cour partit le lundy du matin de St. Germain, de sorte que je n'ay veu personne que Monsieur, quy me fist l'honneur de venir m'atandre chez moy, où je le[2]) trouvé en arivant. J'ay veu aussy M. le Prince, qui est presentement ycy, n'allant pas à Chanbor. M. le Duc estet[3]), comme vous savez, en Loraine, où il comande la cavallerie; mais comme Chatel est rendu, l'ordre du Roy est party pour le faire revenir, de sorte qu'il sera ycy dans quatre ou cinq jours, et en suitte il s'en yra à Chambor trouver le Roy.

J'ay parlé (à M. le Prince de toutte, et il trouve)[4]) tout fort resonable; il m'a dit qu'il fallet[5]) atandre (le Duc d'Anguien pour parler de tout avec luy) et en suitte le charger d'expliquer toutes choses (à Roy à Chambor, où il va), et sepandant (M. le Prince) en parlera (avec les ministres) et le tout, comme des choses que j'ay (remarqué), il croit assurement que cela sera utile, et que (Jean Fréderic) sera satisfait. A l'égard de la pensée de (l'Empereur, M. le Prince) y entre merveilleusement et m'a dit, que lorsque (le Roy n'y pense pour luy mesme), qu'il n'y a que (Jean Fréderic et Baviere) qui puisse[6]) y penser plus resonablement; il se'informera un peu l'estat où sont les choses, quy peuvent appartenir à cette affaire, ce quy se fera à propos et d'une maniere sure et utille, (M. le Prince) le souhettant et (y entrant les[7]) mieux du monde).

Il m'a paru que (l'Electeur palatin) pouret[8]) entendre à un acomodement avec (Mayence), si quelque amy comun entreprenet se[9]) bon oeuvre, ce qui m'a fait penser, sy (vous) ne pourés point y contribuer, en proposant à l'un et à l'autre de vouloir bien ecouter les sentiments le leurs amis sur leurs differents, non pas comme par un arbitrage, mais par des offices d'amis, que sy vous croyez, que (Jean Frederic) voulust bien se donner sette[10]) paine, je vous supplie très humblement de me le faire savoir au plustost, afin que je puisse voir les moyens qu'il y auret, de donner entrée

1) Eigenhändiger Brief. 2) = l'ay. 3 = estoit.
4) Mit runden Klammern () sind hier und in den folgenden Acten die chiffrirten Wörter und Sätze markirt. 5) = falloit. 6) = puissent. 7) = le.
8) = pourroit. 9) = ce. 10) = cette.

au bon dessaing[1]), duquel je suis persuadée que l'on pouret[2]) presentement venir à bout, sy (Jean Frédéric) et quelq'un encore joint à luy du choix de deux partis s'y voulest[3]) employer.

Sepandant je suis sy comblée de toutes les bontés que vous m'avez taymoignée[4]) et de touttes les marques que j'ay reseues[5]) de votre amitié, qu'en verité je ne saurez[6]) vous exprimer tout ce que j'en ay dans le coeur, ny vous dire le regret que j'ay de n'estre plus aupres de la chere duchesse et de vous. L'on me presse si fort de fermer ma lettre que je n'ay q'un moment à vous protester que je suis tout à vous avec tout le respet et la tendresse de mon coeur.

J'ay esté bien surprise de la fin de l'aventure du pauvre Lasalle. L'ordiner[7]) quy vient, j'auré l'honneur de vous escrire à loisir.

19. Princesse Palatine an Herzog Johann Friedrich, dat. 16. Oct. (1670).

Je vous avoue, que quelque confiance que j'aye en la force et au bon courage de Madame la Duchesse, que je ne laisse pas d'avoir un peu d'inquietude de voyage de Danemarck et d'en souhetter fort le retour.

Je luy escrits sur le sujet de M. Chevreau et de M. de Longueuil, j'ay parlé ycy à ces parents pour son affaire en France, ils ne croyent pas qu'il y aye de remede, ils m'en doivent rendre une reponce plus positive dans peu de jours. Sepandant j'ay dit que je m'en allez[8]) faire les dernieres instances d'obtenir de vous son pardon, et je l'ay dit aussy à M. de La Chevallerie pour le dire à M. de Longueil, il le voyet[9]) en Flandre. (M. le Prince) a parlé à (Lionne) dans les termes que vous savez sur (Jean Frédéric), et il croit y avoir bien reusy, faisant connoistre les trois points, sur quoy (Lionne) y est tres bien entré et en doit parler au (Roy), dezqu'il sera icy. En attendant il a dit à (M. de Prince) que l'on avet[9]) une estime tres grande pour (Jean Frédéric), que l'on (traittera avec luy sans George Guillaume), et qu'il le trouve resonable qu'au moins se[10]) sera son sentiment, et qu'il en expliquera toutes les raisons au (Roy); et sepandant (M. le Prince) n'a rien oublié pour faire voir tout ce que peut faire (Jean Frédéric) de grand et d'utille pour (le Roy). Tout a esté bien expliqué, et j'espere que ce que (la Princesse Palatine)[11]) ne sera pas sans fruit et fera prendre d'autres veues qu'on n'avet[9]) pas encore donnée, dès que (M. le Duc d'Enghien) sera ycy. L'on vous en mandera plus de particularités, et se[10]) sera luy qui vous en fera savoir toutes les suittes, c'est à dire au cas que (le Roy) trouve bon que (M. le Prince et M. le Duc (d'Enghien)) s'y employe, ce qu'ils croyent que (le Roy) aura pour agréable. Je n'ay rien oublié à dire, et il me semble que tout a esté bien entendu, quand on (traittera avec vous. M. le Prince) fera en sorte que ce soit par (un de ses amis), et l'on le fera asez tost; il y a encore quelque chose d' (Angleterre) qui fait (retarder) et quy ne peut (estre assurée) jusqu'à la (fin du parlament d'Angleterre), et insy[12]) il faut se donner un peu de patience.

(Monsieur) pence[13]) à (un mariage d'Autriche). Je ne say, sy (les Espagnols) le voudret[14]). Je vous suplie de m'en mander votre penssée,

1) = dessein. 2) = pourroit. 3) = vouloit. 4) = témoignées. 5) = reçues. 6) = saurais. 7) = l'ordinaire. 8) = allais. 9) -et = -ait. 10) = ce. 11) sic! zu ergänzen etwa: a fait. 12) = ainsi. 13) = pense. 14) voudraient.

et quel (biens a la princesse d'Insbruc). Nous atandons M. le Duc lundy, je ne puis encore rien dire sur ce qui peut toucher M. de Floramonti, parceque la personne quy traitet[1]), n'est pas ycy. Sepandant faittes moy l'honneur d'estre toujours bien persuadé que l'on ne peut pas estre plus reconesante[2]) que je la suis de vos extremes bontés ny plus souvent [?] d'esprit entiers avec vous, et que je ne me consolle que dans le souvenir de notre voyage de Spas [?], dont j'escriray [?] à Madame la Duchesse. Je suis donc à vous et à elle tout ce que l'on peut estre, quand on ayme, comme moy, avec tout la force de la tendresse q'une[3]) mere peut avoir. Conservez moy l'honneur de vostre amitié et croyez qu'on ne peut pas la souhetter avec plus de passion ny avoir plus de respet et d'affection que j'en ay à vous.

20. Herzog Johann Friedrich an Princesse Palatine, dat. Hannover, 18. Nov. 1670. (Eigenhändiges, vielfach corrigirtes Concept.)

Les deux lettres que vous m'avez fait l'honneur de m'escrire depuis votre arrivée à Paris, ne m'ont esté rendues qu'après mon retour de Dannemarc en ce lieu icy. La raison pourquoy mes gents ne me les ont envojé, est que je leurs avois fait escrire de les garder, crojent[4]) alors de pouvoir revenir quinse jours plustost en cette ville que je n'ay fait, à quoy je n'aurois pas manqué, si je n'en avois esté empeché par les vents contraires et les orages continuels qu'il a fait trois semaines tout de suite en ces quartiers là. J'espere que presentement vous aurés l'esprit en repos au regard du vojage que Mad. la Duchesse a vouleu faire en Dannemarc, et que vous aurez desja apris, comme quoy apres qu'elle m'a teneue compagne jusques à Ebstorf, où nous avons veu M. mon frere le Duc de Cell et Madame de Harbourg, nous nous sommes separés, elle retournent[5]) à Hannover et moy poursuivent[5]) mon voyage pour Danemarc. Je ne vous escris rien de tout ce qui s'i est passé, ne douttent[5]) pas que Mad. la Duchesse ne vous en ait entertenu par ses lettres. Je ne vous sçaurois aussy escrire des grandes nouvelles de Dannemarc, si ce n'est que la Reine mère et tout ce que j'ay veu de la maison Royale aupres d'elle, m'ont mis en confusion par leurs bontés et civilités. Les beaux jours, desquels il y en a eu fort peu pandant le temps que j'y ay esté, ont estés emplojés à la chasse et les autres aux jeux et en conversation.

Du reste je vous rends mille graces des asseurences que vous me donnez de la continuation de votre amitié, laquelle j'estime autant que chose du monde, et des soins que vous avez prins[6]) avec tant de bonté pour les affaires que j'ai prins[6]) la liberté de vous recommender. J'espere que celuy qui traitte les interes[7]) de Floramonti, sera presentement de retour, et que vous aurez la bonté de continuer à les menager en sa faveur, de sorte qu'ils puisse[8]) prendre une bonne fin. J'ay donné commission au Sr de Grothe de parler à Chevreau sur le pied que vous avez escrit à Mad. la Duchesse, luy ayent[5]) pourtant defandeu de le luy proposer comme une chose qui vient de vous, mais comme de M. Paul, qui a escrit une

1) -et = -ait. 2) = reconnaissante. 3) = qu'une. 4) = croyant.
5) -ent = -ant. 6) = pris. 7) = intérêts. 8) = puissent.

lettre sur ce subject au Sr de Grothe, qui est tout à fait conforme à celle que vous avez escrit à Mad. la Duchesse, et laquelle il luy poura montrer, afin qu'il ne croye pas que ce soit un[1]) affaire concertée entre vous et moy pour me deffaire de luy. Il faut voire ce qui en arrivera, et je ne manqueroy pas de vous en escrire des nouvelles. [Tout ce que je vous puis dire presentement, c'est que je suis entierement resoleu de sortir ou d'une ou d'autre fasson de cett affaire, le trouvent[2]) absolument necessaire][3]). Vous avez fort bien comprins[4]) ce que j'ay vouleu dire concernent[2]) Longeul, et je seroy tres aise de pouvoir satisfaire à ce que je souhaitte par votre interposition, mais je voudrois bien aussy que certains astres de mauvais aspect qui sont en cett cour, fussent premierment esclipsées, afin qu'il n'y eut à craindre qu'ils puissent donné[5]) des mauvaises impresions aux honeste gents. J'ay bien de desplaisir que les propres parents de Longeul sont d'opinion que son accomodement soit impossible à obtenir en France, estant d'autre part entierement persuadé que vous le receverez sous votre protection avec cette generosité qui vous est ordinaire, et que vous l'ascisterez autant que cela se poura faire, sens[6]) que je croje necessaire de vous en faire des nouvelles prieres. Je n'ay jamais doutté que mes affaires prendroit[7]) un autre tour en France, quand elles seroit[8]) sous votre direction; j'en voy[9]) desja de si belles apparences par ce que vous m'en mandez, que je ne doutte plus d'un hereux succès. Asseurez vous, Madame, que j'ay et auroy toutte ma vie tous les justes sentiments qu'un fils reconnoissent[2]) doit avoir pour la mere du monde qui est la meilleure, la plus obligente et la plus genereuse. Apres toutte la patience que j'ay eu jusques à present, et l'incommodité que mes subjects sentent encore continuellement de l'entretien de mes trouppes, il faut encore avoire celle pour voire ce que le parlement d'Angletaire prodhuira, et quelles mesures le Roy prendera en suitte, estent[2]) au reste bien aise que M. de Lionne soit persuadé qu'il faille traiter separement avec moy, et je suis infiniment obligé à M. le Prince de ce qu'il l'a voulleu si bien informer. Je crois que je ne saurois mieux faire que de m'adresser à vous pour vous prier de luy bien faire connoitre mes resentiment[10]), après que vous l'avez sceu persuader de prendre de si bonne grace part dans mes interes[11]), et je ne dotte[12]) point que vous n'ayez cette bonté pour moy. Je crois qu'il sera tres bien de prendre garde que Gourville ne sçache rien de tout cecy, estent[2]) plus affectioné à mes freres qu'à moy, et si vous le trouvez à propos, vous le pourez bien faire comprendre à M. le Prince. Ce m'est beaucoup d'honner[13]) que vous et M. le Prince avez des sentiment si avantageux pour moy, que ceux que vous me mandez touchent[2]) l'Empire, et je seray ravy d'aprendre ce que l'on aura penetré pour sçavoir, en quel estat sont les choses en vos quartiers. L'on dict que l'Imperatrice est grosse, son accouchement donnera de l'esclaircissement à beaucoup de choses. Si vouz crojez que je puisse servir à l'accomodement de Mess. les Electeurs Palatin et de Majence, je m'y emplojeray de tout mon coeur, pourveu que je sois asseuré que l'on incline à s'accomoder, et que vous

1) = une. 2) -ent = -ant.
3) Die eingeklammerten Worte sind im Concept ausgestrichen. 4) = pris.
5) = donner. 6) = sans. 7) = prendroient. 8) = seroient.
9) = vois, 10) = ressentiments. 11) = intérêts. 12) = doute.
13) honneur.

me veuillez faire sçavoir, en quelle fasson que vous crojez que l'on pourroit donner ouverture à ce bon dessein. Si Monsieur pensé[1]) au party que vous me mandez, je vous asseure qu'il ne saroit[2]) penser à un meilleur, s'il se veut marier, tant considerent[3]) la naissance que la beauté de la princesse. L'on loue aussy fort sa nouriture, mais de celle là je ne saurois rien asseurer ne la connoissent[3]) que de veue. Pour sa dote l'on m'a dict il y a deux ans, qu'elle pouroit monter jusques à 100 000 escus, et qu'en cas que l'Empreur deut[4]) mourir sens[5]) enfents masles, qu'elle auroit des grandes pretensions sur le Tirol, et mesme je crois, puisque sa seur[6]) est morte, que tout le pays luy apartiendroit alors. Mais pour vous dire mon sentiment, puisque vous me l'avez commandé, je crois que les Espaignoles[7]) ne consentiront jamais à ce mariage et qu'ils s'i[8]) opposeront de touttes leurs forses, bien que l'Empereur y pouroit estre disposé. Je ne doutte pas que vous n'eussiez de cet avis en bonne mere, et que vous me considérerez toujour comme celuy de vos enfents qui a le plus de tandresse, d'estime et de respect pour vous.

21. Prinz Wilhelm von Fürstenberg an Herzog Johann Friedrich, dat. Merkentheim, 28. Nov. 1670.

Comme le Roy m'a dit qu'il voulloit faire sçavoir à V. A. par monsieur le Prince, ce qui l'avoit détourné de luy dépescher un envoyé, pour luy donner part de l'alliance offensive qu'il avoit conclu avec L'Angleterre contre les Hollandois, et pour l'inviter d'y entrer avec quelques autres électeurs et princes d'Allemagne, je ne doute pas aussy, que mon d. seig^r le Prince par le mesme ordre aura aussy mandé à V. A. le subiect de mon voyage. Cest pourquoy je ne crois pas avoir besoing, Monsieur, de vous faire une longue dépesche ladessus, mais seullement de supplier très humblement V. A. d'avoir la bonté de me faire sçavoir son sentiment sur le contenu du mémoire cy ioint[9]); et surtout en premier lieu, si elle iuge à propos, que pour me donner le moyen de m'aquitter sans esclat de la commission que Sa M^té m'a donné, M^rs les électeurs et princes nommés dans le d. mémoire s'assemblement à Cologne ou allieurs soubs quelque prétexte specieux; en second lieu, si V. A. l'approuve, s'il ne sera pas bon, que pour mieux cacher le véritable subiect de cette assemblée on y invite aussy quelques autres princes, quand mesme ils deveroient point avoir cognoissance de ma d. commission; en troisième lieu, si pour gagner temps V. A. voudra bien avoir la bonté de faire instruire ceux qu'elle pourroit envoyer à cette assemblée, sur tous les points contenus dans le susd. mémoire; et finallement, si pour l'effect cy dessus vous voudrez bien communiquer vous mesme avec S. A. El. de Cologne et les autres princes y nommés pour adiuster avec eux le temps et le lieu de cette assemblée, ne doubtant pas que de leur costé ils ne fassent le mesme, surtout Monsr l'électeur de Cologne, lequel fait une très grande reflection sur les résolutions que V. A. pourra prendre tant touchant cette assemblée que sur la question principalle. Cependant, encore que ma commission ne regarde aucun prince en

1) = pensait. 2) = sauroit. 3) -ent = -ant. 4) = dût. 5) = sans. 6) = sœur. 7) = Espagnols. 8) = s'y. 9) Nr. 22.

particulier, mais tous les électeurs et princes nommés dans le d. mémoire en général, cela n'empesche pas que, si V. A. avoit quelque chose de particulier à prétendre, ou dont elle voullut traitter séparement avec le Roy, elle ne le peut faire par le moien de quelquesun de ses ministres, lequel soubs quelque autre prétexte vous pourriez envoyer pour cet effect à Paris, estant bien assuré que le Roy taschera de donner toutte satisfaction possible à V. A. en cette occasion et en tout autre pour luy donner de véritables marques de son estime et de sa bienveillance royalle; pour moy je souhaitte passionnement de vous en pouvoir donner de mon zèle et attachement pour votre service. Je suis avec toutte la passion possible Monsieur de V. A.

très humble et très obéissent serviteur
le Prince G. de Fürstenberg.

22. Promemoria des Prinzen Wilhelm von Fürstenberg.
(Beilage zu Nr. 21.)

Le Roy ayant conclu une alliance offensive avec le Roy d'Angleterre contre la Hollande et l'un et l'autre estant résolus de faire la guerre à cette république l'année prochaine, Sa M[té] très chretienne a iugé ne pouvoir donner une plus grande marque de sa confiance et de son estime à M[rs] les électeurs de Cologne et de Brandebourg comme aussy à M[r] l'évesque de Munster, M[r] le duc de Hanover et à M[r] le duc de Neubourg qu'en leur donnant part d'un si grand et si important dessein, pour sçavoir, si tous ensemble ou quelqu'uns d'eux se voudront lier et unir pour ce subiect avec les susd. couronnes, dans l'espérance qu'a Sa M[té], que les susd. seig[rs] électeurs et princes ne voudront pas mésuser de cette confidence à son préiudice, mais tenir le tout dans le dernier secret, quand mesme ils ne iugeroient pas de leur intérests d'entrer dans cette alliance. Sur ce présuposé Sa d. M[té] a non seullement donné commission au prince Guillaume de Furstemberg de se transporter en Allemagne, affinque par son ministère elle puisse leur faire sçavoir plus particulièrement qu'elle n'a fait jusques à present, ses intentions sur cette affaire, mais elle luy a mesme fait mettre entre les mains un plein pouvoir de traitter de sa part avec ceux qui voudront entrer avec elle en cette alliance offensive soubs les conditions portées par son instruction. Mais comme le Roy d'un costé croit nécessaire d'éviter, autant que faire se pourra, que le véritable subiect du voyage et de la négociation du d. prince n'esclate devant le temps, et que de l'autre elle iuge, que les princes pourroient avoir des raisons qui les empescheroient de prendre aucune résolution positive sur cette affaire devant de l'avoir consultée entre eux, Sa M[té] a donné ordre au d. prince qu'au lieu d'aller trouver les susd. électeurs et princes chez eux, pour leur exposer à chacun en particulier sa commission, il concerte avec eux quelque autre moyen de le pouvoir faire avec plus de fruit et moins d'embarras et d'esclat.

Pour cet effect le d. prince prend la liberté de proposer aus d. seig[rs] électeurs et princes, s'ils auroient pour agréable d'envoyer quelquesuns de leurs plus affidés ministres à Cologne ou ailleurs soub prétexte d'une assemblée du cercle de Westphalie ou d'un traicté d'alliance particulière entre eux ou autrement, tant pour conférer avec luy sur cette affaire que pour déliberer en suites, s'il sera plus advantageux aus seig[rs] électeurs et princes de prendre party en cette conioncture avec la France ou avec la Hollande, ou de demeurer neutres;

si c'est le premier ou le second, de convenir, 1° à quelles conditions ils traitteront soit avec le Roy soit avec la Hollande, 2° quel nombre de trouppes ils mettront sur pied, 3° de quel prétexte ils se serviront soit pour déguiser leur véritable dessein soit pour obliger leurs estats à contribuer aux frais nécessaires pour cet armement, 4° de quelle manière, auparavant d'entrer en guerre, ils régleront touttes les choses qui pourroient faire naistre entre eux dans l'exécution quelque mesfiance, jalousie ou différent capables d'empescher le bon succès de cette entreprise;

si c'est le dernier, quelle précaution ils prendront pour pouvoir demeurer neutres avec seureté, et surtout comment ils pourront empescher tous les insultes et autres incommodités que cette guerre pourroit attirer à leurs estats et subiects, sans se voir à la fin contraints de prendre party avec l'une ou l'autre de ces deux puissances.

Cependant afinque les d. seig[rs] électeurs et princes puissent instruire avec plus de fondement leurs d. ministres de leurs instructions à cet esgard, le d. prince a cru leur devoir faire sçavoir par advance dans la dernière confidence la substance de sa commission, qui est que Sa M[té], ayant résolu d'attaquer l'année prochaine les Hollandois conjointement avec les Anglois, invite les susd. S. électeurs et princes de voulloir se ioindre à eux, soit pour tirer raison de cet estat de tout qu'ils en ont souffert en tant de rencontres, soit pour abaisser l'orgueil insuportable qu'ils font paroistre; pour lequel effect Sa d. M[té] offre

1° d'avoir et d'entretenir à ses despens tousiours complette une armée de 30000 hommes de pied et de 12000 chevaux, y compris les trouppes auxiliaires d'Angleterre;

2° de fournir aux électeurs et princes, qui entreront dans cette alliance offensive, non seullement la moitié de l'argent de la levée de 22000 hommes de pied à 8 escus par homme, de 6200 chevaux à 50 escus pour cavallier et de 1800 dragons à trente escus par homme, mais encore la sixième partie de l'entretien des d. trouppes sur le pied de 10 escus par mois pour cavallier, 8 escus pour un dragon par mois et quatre escus pour un fantassin, bien entendu que l'argent pour l'entretien sera payé de mois en mois, et pour celuy de la levée le tiers sera payé, lorsque le Roy déclarera le temps positif qu'il voudra commencer la guerre, qui sera pour le moins quatre ou cinq mois auparavant qu'il la commence, l'autre tiers deux ou trois mois après, et le dernier tiers, lorsque chacque prince aura sur pied touttes les trouppes qu'il se sera engagé de lever;

3° outre l'armée de 42000 hommes que le Roy veut tenir sur pied, il fortifiera encore le corps des alliés de 6000 hommes de pied et de 2000 chevaux de ses meilleurs trouppes, lesquelles il entretiendra aussy à ses despens;

4° que le Roy pour marque de sa modération se contentera d'une part fort médiocre dans les conquestes qui se pourront faire sur M[rs] les Estats de Hollande, à sçavoir des places et villes en deça de la Meuse, et qui ont deppendu autrefois du Brabant et de la Flandre, bien entendu néamoins [sic] que tant que la guerre durera, Sa M[té] aura pour la seureté du passage Mastrich sur la Meuse et Orsoy, Wesel ou quelque autre place plus bas sur le Rhin, sans pourtant que ses garnisons puissent rien exiger sur les subiects des d. princes alliés soub quelque prétexte que se puisse estre;

5° que le Roy non seullement mettra entre les mains des d. électeurs, la guerre finie, les deux villes cy dessus nommées mesme plustost, si son intérest le peut permettre, pour les posséder de plein droit et en toutte souveraineté, mais qu'il demeure aussy d'accord de remettre touttes celles qui se trouveront dans le partage de chacun des d. princes, et cela en mesme temps qu'elles seront prises, avec cette restriction néamoins, que tant que le Roy n'occupera aucune place de son partage, il pourra retenir celles qu'il prendra avec son armée seule dans le partage des autres, jusques à la fin de la guerre à la reserve des places appartenantes en propre à quelqu'un des d. princes alliés, lesquelles seront délivrées dès aussy tost qu'elles seront prises, excepté Mastrich sur la Meuse et sur le Rhin une des places suivantes: Orsoy, Rheinsberg, Emmerich ou Reés, au choix de Sa M^té^;

6° que le Roy ne prétend pas que les princes confédérés se déclarent ouvertement, devant que l'Angleterre et la France ayent rompu avec la Hollande[1]);

7° que le Roy ny l'Angleterre ne pourront faire ny traitter la paix avec la Hollande que conioinctement avec les autres princes alliés, qui de leur part seront obligés à la mesme chose;

8° qu'il sera promis aus d. S. électeurs et princes de recevoir en cette alliance tel autre prince d'Allemagne qu'il voudront, pourveu que Sa M^té^ ne soit pas obligée de fournir plus que ce qui est marqué cy dessus pour la levée et l'entretien d'un corps de 30 000 hommes;

9° qu'en cas que les Espagnols prissent party pour les Hollandois, à quoy on ne voit pas grande apparence, le Roy ne manquera pas d'avoir une armée assés forte pour tenir teste aux Espagnols, sans retirer celle qui sera destinée pour agir contre les Hollandois, outre que Sa M^té^, ce cas arrivant, laisse aus choix des confoederés de se déclarer contre les Espagnols ou non;

10° que pour empescher le mescontement et la jalousie des trouppes, les princes alliés ne fairont payer les leurs pendant la campagne tant pour la cavallerie que pour l'infanterie que sur le pied de l'armée du Roy, qui est pour cavallier le pain et cinq sols par iour et pour le fantassin le pain et deux sols et demy par iour, mais pendant le quartier d'hyver chaque prince payera ses trouppes sur le pied qu'il luy plaira;

11° qu'aux passages que les armées du Roy seront obligées de prendre sur les pays des confoederés, Sa M^té^ faira tenir tout le meilleur ordre qui sera possible, et mesme fera réparer tous les dégasts qui y pourroient estre faits par feu ou autrement;

12° comme le Roy n'entre en cette guerre que par un principe de gloire et pour affoiblir la puissance des Hollandois, il agira depuis le commencement jusques à la fin de bonne foy et de concert avec l'Angleterre et ses autres alliés, les assurant que jamais ses intérests particuliers n'empescheront la fin de la d. guerre, quand les d. alies la iugeront honorable et convenable.

---

1) Vor que sind zwei Wörter, nach Hollande zehn Zeilen des für Hannover ausgefertigten Memoires durch dicke Striche sorgfältig ausgestrichen.

Et affin d'empescher tous les inconvenients et différents qui pourroient naistre entre le Roy et les princes confédérés ou entre ces derniers, soit pour le subiect de la religion, des conquestes ou sur quelque point d'honneur,

1° Sa M[té] donne les mains, que l'on promette à M[r] l'électeur de Brandebourg qu'il appartiendra qu'à l'esgard de la religion on laissera touttes les choses au mesme estat qu'elles se trouvent aujourdhuy en Hollande, excepté qu'il sera permis aux catholiques d'exercer leur religion dans les maisons particulières, sans qu'on leur y puisse apporter aucun obstacle, ny qu'ils soient obligés de payer aucun argent pour cela, comme ils font;

2° que les princes confédérés conviennent entre eux, selon que bon leur semblera, du partage des conquestes, excepté de la Zeelande et de la Hollande, que le Roy d'Angleterre pourroit bien désirer qu'on donna [sic] au prince d'Orange;

3° à l'esgard de l'opération en gros le Roy iuge à propos qu'outre l'armée royalle les princes alliés forment deux autres corps, sçavoir un composé des trouppes des électeurs de Cologne, de Brandebourg et du duc de Neubourg, l'autre de celles de l'évesque de Munster, du duc de Hanover et de 8000 hommes que le Roy y joindra outre son armee, à moins que d'un commun concert on ne iuge plus advantageux de faire autrement;

4° à l'esgard des quartiers d'hyver, encore que Sa M[té] soit beaucoup plus aise de retirer en France les trouppes qui ne pourront hyverner dans le pays ennemy, daultant[1]) qu'elles s'affoibliroient bien plus, si elles restoient en quartier d'hyver dans les estats des princes confédérés par l'exacte discipline que Sa d. M[té] sera obligée de leur y faire observer; elle ne doubte pas néamoins, que les susd. princes alliés en cas de nécessité ne fairont pas difficulté de leur fournir le quartier d'hyver dans leurs pays, en y faisant tenir un si bon ordre que leurs subiects n'en souffriront aucun dommage;

5° à t'esgard de l'artillerie, son attirail et munition nécessaires le Roy en faira la despense toutte entière, lorsque quelqu'une des armées des alliés sera iointe à celle de Sa d. M[té], mais non pas lorsque les alliés fairont quelque siège séparement;

6° à l'esgard des contributions le Roy entend, que les princes alliés auront celles qui se tireront des provinces d'Overisel et Groningen et Frise, et que celles de touttes les autres provinces luy appartiendront;

7° à l'esgard du commandement des trouppes le Roy en laisse la disposition aux princes alliés pour leur corps et offre mesme de leur donner quelqu'un de ses généraux, en cas qu'ils le souhaittent;

8° comme les susd. princes pourroient appréhender que l'Empereur, l'Espagne et la Suède ne prennent party pour les Hollandois, et qu'ils n'entrent avec leurs armées dans leurs estats pour faire diversion, Sa M[té] à promis au dit S. prince de Furstemberg de leur donner confidemment à cognoistre, que le Roy d'Angleterre et elle n'ont pas iugé à propos de faire traitter ny avec la Suède ny avec le Dennemark, d'autant qu'ils ne pouvoient pas gagner l'une de ces couronnes sans offenser l'autre, mais ils sont d'accord et résolus d'armer puissament le Dennemarck, dès aussy-

1) — d'autant.

tost que la Suède faira le moindre pas ou mine de voulloir prendre party pour les Hollandois, et ils fairont la mesme chose avec la Suède, en cas que le Dennemarck voulût prendre quelque engagement avec Mrs les Estats; à l'esgard de l'Espagne on y a desja répondu dans l'article 9°, et pour ce qui concerne l'Empereur, Sa Mté pense estre assurée qu'il ne prendra aucune part ou intérest das la d. guerre, quand mesme les Espagnols voudroient soubstenir et assister la Hollande, de quoy les d. princes se doivent d'autant plus librement assurer que Sa Mté ne voudroit pas entreprendre cette affaire, dont on peut dire que les advantages seront plus pour ses amys et alliés que pour luy et pour sa couronne, si elle n'estoit seure de cette disposition de l'Empereur. Si néamoins les princes alliés pouvoient désirer quelque chose de plus de Sa Mté, il ne tiendra qu'à eux de le faire sçavoir au d. prince de Furstemberg, lequel ne manquera pas d'en faire rapport à Sa Mté et de seconder aupres d'elle de son mieux leurs intentions tant à cet esgard que sur toute autre chose.

Finallement si les d. princes confédérés trouvoient appropos d'envoyer quelque personne affidée de leur part à Londres pour sçavoir du Roy d'Angleterre mesme la résolution qui a esté prise entre Sa Mté très chrétienne et luy touchant cette guerre contre la Hollande, soit pour concerter avec luy quelque chose pour leur plus grande seureté, le Roy y donne très volontiers les mains et en sera mesme bien aise, affinqu'ils soient d'autant plus assurés des intentions et volontés de ce Roy, sans lequel Sa Mté, comme elle a assés fait cognoistre, n'entend pas engager les susd. princes dans cette guerre contre Hollande.

A tout ce que dessus le prince de Furstemberg n'a plus rien à adiouster si non qu'il seroit très aise de sçavoir au plustost, si les d. princes demeureront d'accord d'envoyer quelques ministres pour cette effect, en quel lieu et vers quel temps, se réservant de leur donner alors de plus grands esclaircissements sur cette importante affaire.

23. Graf Georg Friedrich von Waldeck an Herzog Georg Wilhelm von Celle, dat. Arolsen, 10. Dec. 1670. (Eigenhändig).

Aus Ew. fürstl. Dchl. gnädigstem Schreiben ersehe ich gantz ohngern, das ohne Ansehung der Zeit Wolfenbüttelscher Seite man ein Dinge angefangen, welches zu mainteniren man nicht bedacht gewessen noch darzu sich angestellet. Das Ew. fürstl. Dchl. zu Ihrer Sicherheit sich in bessere Verfassung setzen, ist nöthig. Es wirdt aber auf alle Mittel zu denken sein, dies Werk in der Güte beizulegen. Den midt Brandenburg in Misverstandt zu stehen, der grossen Welt Desseinen Effect stündtlich entgegen zu sehen, midt den Triple-Alliirten ohngebunden zu sein undt Münster Materie zu lassen, unter diessem Nahmen zu seinen grossen Desseinen sich gefast zu machen, ist gefehrlich. Ich werde von allerhandt bekümmerlichen Zufällen also angegriffen, das meinem raisonnement nicht traue, wie gut ich es auch meine. Ich wündtsche alles Gutes undt bleibe

Ew. fürstl. Dchl. 2c.

24. Herzog Johann Friedrich an Duc d'Enghien, dat. Hannover, 13/23. Dec. 1670. (Concept von Grote.)

L'on m'a fait sçavoir de bonne main que M. le Prince prendroit la peine de m'escrire sur certaines affaires qui ont leur rapport aux choses desquelles Mad. la Princesse Palatine s'est voulu charger de vous parler de ma part. Mais à présent j'ay plus de sujet que j'amais d'estre en peine de sçavoir les résolutions de Sa M^{té}, me trouvant dans un grand embarras au sujet d'un mésentendu qui est survenu depuis peu entre mon cousin M. le Duc de Wolfenbuttel et l'Evesque de Munster pour certains droicts de protection que nostre maison a exercé depuis un temps immemorable sur la ville de Höxter, incorporée à l'abbaye de Corvey, appartenante au dit l'Evesque, et dont celuycy ne veut point demeurer d'accord. Lesquels différents sont desja allé si avant que le dit Duc de Wolfenbuttel ayant selon les anciens droicts jetté quelque monde dans la ditte ville pour appaiser certains troubles élevés par quelques'uns de la bourgeoisie contre le magistrat de la ville et la régence que M. l'Evesque y a estably. Celluyci fait des grands préparatifs de guerre pour les en déloger par force, et ma maison, qui a un commun intérests et se trouve en mutuell' obligation de maintenir de commune force semblables droicts, se met en estat de se défendre puissement, en cas qu'elle se voye attacquée par M. l'Evesque, après luy avoir offert des conditions fort raisonables pour s'accomoder, et estant encore d'intention de luy donner toutte sorte de satisfaction, autant que sa réputation et son intérest le peuvent permettre; de sorte que je me vois contrainct malgré moy ou de me séparer ouvertement de ma maison ou de me déclarer contre l'Evesque de Munster, dont le premier ne peut avoir, dans ce cas où nous nous voyons investis, que de très facheuses conséquences, et [Text: ce] le second party ne manque pas aussi, comme vous pouvés penser, d'inconvéniens dans les présentes conjonctures.

C'est pourquoy il est de la dernière importance que je sache les intentions du Roy tant icy-dessus que sur les considérations qui se joignent à cett' affaire. Cependant je feray tous mes efforts pour empescher qu'elle ne vienne à une ruptur' ouverte, quoyqu'en tous cas je ne pourray pas m'empescher de me mettre en bonne posture et de faire des levées considérables pour cet effect, dont ayant par cette occasion non seulement la facilité, mais aussi le prétexte, je vous laiss' à penser, quell' occasion ce serait de se mettr' en estat d'entreprendre quelque chose de considérabl', en suite que la présent' affaire sera accomodée, comme il se pourra faire moyennant quelqu' interposition. Mais comme rien ne se peut faire sans concert et sans que je sçache les intentions de Sa M^{té} sur le propos de Mad. la P[rincesse] P[alatine], je vous prie instamment de ne pas vouloir perdre le temps de m'informer, s'il y a moyen, et de mesnager pour cet effect toutes les choses et considérations sudites, comme vous jugerez le plus à propos pour le bien commun et aussy pour mes intérests particulieres, ayant la confiance en vous que je ne les puis mettre en des meilleurs mains que les vostres, et [je] vous asseure recyproquement, qu'il n'y a rien que je ne fasse de bon cœur pour vostre service, pour vous monstrer, combien je suis à vous.

25. Der apostolische Nuntius, Erzbischof von Thessalonich, an Herzog Johann Friedrich, dat. Köln, 26. Dec. 1670.

Farei torto alla premura ardentissima, che L'A. V. hà in tante congiunture dimostrato per l'avanzamento della cattolica religione, se con la confidenza concessami dalla sua singolar benignità tralasciassi di rappresentarle quelle occasione, nelle quali può ella haver modo d'impiegarsi in conservatione della medesima. Questo è il motivo, che mi stimola à mettere riverentemente in consideratione all' A. V., con quanta gloria possa presentemente sodisfare à questo suo piissimo genio, procurando con la sua stimatissima autorità e congionzione dal Seren^{mo} Sig^{re} duca di Wolfenbutel suo cugino qualche amicabile aggiustamento per le differenze, che hà con Mons^{re} Illmo vescovo di Munster, quali altrimenti sono per facilmente terminare in evidenti pregiuditii della med^{a} cattolica religione. Et io hò creduto di potere tanto più liberamente porre avanti gl'occhi dell' A. V. quest' imminenti pericoli, quando che trattandosi di beni ecclesiastici hò stimato di sodisfare insieme al mio debito et alla sua inclinatione, con raccomandarnele il mantenimento, sapendo quanto essa l'habbia dà per se med^{a} ancora, e quanto deva io operare per procurarlo. Dalla zelante premura, che in tutte l'occasioni hà la S^{tà} di N. P^{re} per la conservatione de beni ecclesiastici, si imaginerà à bastanza L' A. V., quanto sia per accrescersi in lui il paterno affetto, che già particolarissimo le professa; e della cousideratione de danni, che può ella deviare, apprenderà la gloria, che saranno per riportarne li suoi potentissimi officij. Non lasciando di soggiungerle, che se bene hora si tratta d'un negotio, nel quale hà interesse un prencipe della sua casa, non comple à V. A. che si debilitino i principi cattolici, perche essendo li stati di V. A. composti di sudditi la più parte Luterani, se à questi una volta dispiacesse la sua pietà et il suo zelo nel promovere le cosa della religione, potrebbero ostarli, anche con l'aiuto de principi della sua med^{a} casa, onde à niuno comple quest' esempio, che i sudditi voglino rivoltarsi contro il padrone. Conche supplicando io L' A. V. dell' honore de suoi comandamenti, per poterle io corrispondere con gl'atti dovuti della mia ossequiosa servitù, bacio alla med^{a} riverentemente le mane.

26. Herzog Johann Friedrich an den päpstlichen Nuntius in Aachen, dat. Hannover, 29. Dec. 1670.

Reverendissime et illustrissime domine,

Cum ex literis Illustrissimae Dominationis Vestrae desiderium suum, ut per officia studiaque nostra lites inter Serenissinum Principem Dominum Rudolfum Augustum Ducem Brunsvicensem et Lunaeburgensem et Reverendissimum Dominum Episcopum Monasteriensem propter praesidium urbi Hoxariensi impositum exortae quam ociissime sopiantur, intellexerimus, non possumus quin providam eiusmodi pro bono et tranquillitate publica sollicitudinem summopere laudemus simulque Dominationem Vestram pro illa, quam in Nobis ad eum finem positam habere testatur, fiducia hisce certiorem faciamus, nihil a nobis hactenus esse praetermissum, quod ad sanandum dictarum litium vulnus et ad conciliandam concordiam facere [sic] possit. Siquidem non solum per literas, sed etiam per peculiarem ablegatum Dominum Episcopum propositis variis magni ponderis rationibus instanter et obnixe rogavimus et sollicitavimus, ut nostrae petitioni annuere et aequis legibus cum memorato Agnato nostro paciscі velit. Verum nihil aliud responsi tulimus quam ipsum ante factam restitutionem urbis in nullos tractatus descendere posse nec velle; existimationem enim ipsius per immissionem praesidii tantopere esse laesam, ut nonnisi per illimitatam evacuationem urbis ac sufficientem satisfactionem reparari possit. Nos quidem accepto hoc responso nondum plane omnem spem restaurandae amicitiae abiecimus, sod hac [sic] fini secunda vice una cum Serenissimo fratre Domino Duce Georgio Guilielmo ministros quosdam Monasterium nuper ablegavimus de reconciliatione cum Domino Episcopo porro acturos, qui vero nondum animum eius flectere potuerunt, licet aequissimas pacis conditiones obtulerint, et praeterea ius protegendi civitatem Hoxariensem domui nostrae competens documentis fide dignis satis superque probari possit illudque saepissime et quidem contra ipsos territorii dominos fuerit exercitum. Ut vero Dominus Agnatus noster militem suum nullis antea constitutis pactionibus ex urbe avocet et sic iuri protectionis ipso facto renunciet, et ipsius et commune domus interesse et existimatio minime patitur. Ipse tamen interim saepius est testatus, se non ideo praesidium urbi imposuisse, ut eam legitimo Domino suo ereptam sibi attribueret vel iuribus Domino Episcopo tamquam Abbati Corbeiensi competentibus derogaret, sed ut tumultum inter cives ibidem excitatum sedaret eoque sedato militem suum revocaret, ad quam revocationem etiam adhuc est paratissimus, dummodo Dominus Episcopus se ad hanc conditionem, se intra certum tempus urbem pariter vel nullis vel non pluribus militibus, quam proxime ante hos motus in urbe collocatos habuit, gravaturum [nec in ea sibi plus iuris, quam Abbates Corbeienses antehac legitime exercuerunt, attributurum] [1]), obstringere velit, ut interea de causa principali per amicam communicationem cognosci ac aequis legibus transigi possit. Quoniam vero constans fama nunciat Dominum Episcopum insuper habita hac conditione in cogendo numeroso exercitu occupatum esse et seposita amicabili tractatione urbem Hoxariensem infestis armis aggrediendi iisque Domini Agnati nostri territorium impetendi propositum habere, idcirco domui nostrae ad sui defensionem et omnis violentiae propulsationem itidem milites conscribendi necessitas fuit imposita, a qua defensione in hac communi domus nostrae causa nos divelli vetat non solum commune interesse, sed etiam pacta familiae nostrae haereditaria iuramento solenni confirmata. Cum vero plane inviti in huius negotii consortium trahamur nec quicquam magis in votis habeamus, quam ut obortae dissensiones amica compositione terminentur atque sincera amicitia, quam hactenus cum Domino Episcopo coluimus, in pristino illibato statu conservetur ac per reciproca benevoli affectus documenta constans et perpetua reddatur, idcirco Illustrissimam Vestram Dominationem diligentissime rogamus, ut Domino Episcopo mala et incommoda ecclesiae et reipublicae ex futuris motibus imminentia ob oculos ponere eiusque animum ad mitiora consilia et ad amplectandas aequas conditiones pacis praeparare et commovere velit, ne saepius allegata controversia in apertum bellum tandem erumpat nec nos invitos in eius pertrahat contagium, sed hoc malum gliscens in herba quam citissime consopiatur. Illustrissima Vestra Dominatio

1) Die eingeklammerten Worte sind im Concept unterstrichen, in dem Mundum also wahrscheinlich getilgt worden.

sic faciet rem Deo gratam, Ecclesiae Catholicae salutarem et suo munere dignam, cui exoptatos rerum successus et omnem prosperitatem ex animo apprecamur.

Dabantur in aula nostra Hannoverana, die 29. Decembris anno 1670.
Johannes Fridericus, Dux B. et L.

Ad Nuncium Apostolicum Aquisgrani commorantem[1]).

27. Duc d'Enghien an Herzog Johann Friedrich, dat. (Januar 1671).

(Je comprens aisement l'embarras où vous met l'affaire qui est entre Mess. vos frères et M. l'Evesque de Munster, et je vous asseure qu'il me fait autant de peine qu'à vous mesme. Il me paroit que vous ne prendrez de parti qui n'ait ses inconvenients, et il seroit bien à souhaiter qu'il s'y pust trouver quelque tempérament qui pust contenter tout le monde et remettre bonne union entre ces princes. C'est à quoy vous devez travailler de vostre costé comme le Roy du sien; car il est dans les mesmes sentimens de souhaitter un accomodement entre eux. Je crois mesme qu'il envoiera exprès pour offrir sa médiation, et je feray tout ce que je pourray, pour qu'il exécute ce dessein, qui me paroit qu'il a pris. Il ne faut pas, je pense, vous recommender de vous employer autant que vous pourrez, pour que cette médiation soit acceptée, c'est tout à fait vostre intérest, et il me semble que c'est aussy assez celuy de Mess. vos frères et de M. l'Evesque de Munster. Mon père souhaitte passionement que l'affaire puisse par là venir à un bon accomodement.)

Pour celle que vous avez avec M. de Brandebourg, M. de Chassan n'a point mandé que la maison de Brunswich luy aye fait aucune réponse sur l'offre qu'il a fait de la part du Roy. Je voudrois bien que vous pussiez aussy sortir de celle-là par son moyen. Mandez-moy ce que vous jugez, qui soit de vostre intérest là dedans, et si je vous puis rendre quelque service auprès de Sa M^{té}, je pense que vous me faites bien la justice d'estre persuadé, que ce seroit la plus grande joye que je pourrois avoir.

(Pour le traitté que nous souhaitterions, je n'ay encore rien à vous dire là-dessus. Il ne me semble pas que les choses soient en chemin de prendre une dernière résolution aussy tost que je le souhaitterois. Quand on en prendra, je vous asseure qu'elle sera de traitter avec vous; et ne croyez pas, que ce soit que l'on vous néglige. Car je vous asseure qu'il n'y a point de prince pour qui le Roy ait plus d'estime que pour vous, et que vous serez des premiers à qui l'on songera. Ainsy ne vous impatientez pas, vous n'avez rien à craindre ny à attendre, et il ne peut rien arriver de fâcheux en vous donnant un peu de patience, et il arrivera peut estre un temps où vous ferez un traitté plus avantageux que vous le feriez présentement. Vous voyez bien que, si je voyois des raisons pressantes pour vous déterminer, je ne vous parlerois pas, comme je fais, et que je ne voudrois pas vous jetter dans ces embaras, dont je comprens bien que vous aurez peine de sortir.)

---

1) Ein Nachwort Grote's befiehlt, dieses Schreiben nicht als Brief, sondern als erzählende Beilage eines Briefes an den Nuntius zu expediren.

Depuis ma lettre escrite j'ay reçu la vostre du 13. décembre. Je feray faire [?] touttes les réflexions néccessaires pour acheminer les choses à nostre dessein. Cepandant come je vous le mande, il me paroist que le temps n'en est pas encor bien venu. Je vous suplie de faire mes complimens à Madame la Duchesse et mes escuses[1]) de ce que je n'ay pas l'honneur de luy escrire. La fluction que je vous ay mandé, que j'avois sur les yeux, continue tousjours, il est mesme tombé sur la poitrine, ce qui me fort incomode depuis 3 ou 4 jours. Je vous suplie de me conserver tousjours vostre amitié et de croire que je ne souhaite rien aveque[2]) plus de passion.

28. Herzog Johann Friedrich an Duc d'Enghien, dat. Hameln, 2. Jan. 1671. (Copie.)

Ne doutant pas que vous ne soyez curieux de sçavoir les nouvelles de ces quartiers icy, je vous diray que les envoyés de mon frère le Duc de Zelle et le mien, après avoir esté six sepmaines passées à Munster, n'ont pas encore sceu persuader l'Evesque d'accepter quelque tempérament pour accomoder le différent qu'il y a entre luy et mo ncousin le Duc de Wolfenbuttel, mais il persiste à vouloir que le dict mon cousin retire sa garnison, qu'il a dans Hoxter, sans nulle autre condition, et qu'en après l'on traitra des réparations d'honneur qu'il prétend, et de la satisfaction des dommages et des intérests; à quoy mon cousin ne pourra jamais consentir. Car quand il s'y accorderoit et qu'il feut permis par conséquence à l'Evesque de remettre autant de garnison qu'il luy plairoit dans la ville, ce seroit non seulement renoncer tacitement aux droits de protection que nostre maison a eu des siècles entières sur cette place, (lesquels se peuvent prouver par des documents autentiques, et qui se pourront voir par le manifest qui se poubliera bientôt), mais aussy l'on feroit une action fort peu honnorable pour nostre maison, laquelle asseurement aimera mieux hazarder le tout pour le tout que de faire la moindre bassesse. Tellement que je crois que nos dicts envoyés seront obligés de revenir en peu de jours sans avoir rien effectué, bien qu'ils aient eu en commission de luy offrir les plus honnests et les plus raisonables conditions du monde. Et afin que vous puissiez mieux connoistre cette verité, je m'en vay vous les trasser sur cette feuille.

Mon cousin s'est vouleu contenter de faire sortir la garnison qu'il a dans Hoxter, et que les 20 ou 30 hommes de l'Evesque, qui y ont esté avant qu'il s'en est rendu maistre, y auroient peu demeurer, et qu'en cas que l'Evesque n'auroit vouleu pardonner aux bourgeois de la ville, qu'il dict avoir revolté contre luy, en faveur de la prière que mon frère et moy luy en aurions fait, qu'il n'auroit depandeu que de luy de les châtier selon les loix ordinaires de l'Empire, et que la sentance eût esté donnée sans préoccupation ou désir de vangeance particulière; ne s'estant reservé si non que l'Evesque ne pourroit renforcer la garnison de cette place, autant que toute la controverse n'eût esté accomodée par composition amiable, compromiss ou la voye ordinaire de la justice qui est en usage dans l'Empire. Enfin il est très-certain que mon cousin n'a jamais eu l'intention de garder

1) = excuses. 2) = avec.

la ville. Mais l'Evesque ayant declaré par des patentes publiques la ville en[1]) ban et en proie, mon cousin n'a rien faire de moins que de se servir de ses droits et la protéger contre tous ceux qui luy voudroient courir sus. Le Duc de Lorraine a presté trois de ses régiments de cavallerie à l'Evesque de Munster, et ils ont desja eu ordre de marcher vers l'éveschė; mais comme il y en a un qui a esté logé de deça le Weser, l'on luy en disputera fort le passage et l'on taschera mesme de le dissiper ou de le desbaucher tout à fait, estant la plus part composé de mes subjects, qui ont esté levés contre mon sceu et mesme contre ma défense. L'Evesque et le Duc se sont abouchés entre Cologne et Munster, et l'on dict que le premier traitte avec Lislebonne et Voudemont pour les avoir pour généraux, mais qu'il ne s'est pas encore peu accorder avec eux pour la capitulation. Pour moy je ne sçaurois comprendre ce qui oblige ce Duc de prendre party contre nostre maison, particulièrement dans un temps où il n'a que force de s'aquérir plus d'ennemis, et je serois bien aise d'en sçavoir les sentimens de votre cour. Après les menaces que l'Evesque de Munster nous fait de nous desclarer la guerre, nous commençons à assembler les trouppes, et mon frere le Duc de Cell, mon cousin et moy nous demeurerons icy ensemble pour pouvoir prendre des promptes résolutions selon les conjunctures. Je n'ay pas manqué, devant que de partir de Hannover, de m'acquitter de vos commission pour Mad. la Duchesse. Elle vous rend très humbles graces de vostre souvenir et est bien faschée du mal que vous avez aux yeux et à la poitrine, et je suis persuadé, que vous ne dottez[2]) pas que j'en aye tout le déplaisir possible, vous estant ce que je vous suis, et que je crois d'avoir quelque part en votre amitié.

29. Herzog Johann Friedrich an Duc d'Enghien, dat. Hannover[3]), 17. Jan. 1671.

J'ay esté bien aise de voir par la dernière que j'ay l'honneur de recevoir de vous sans datte, que vos sentimens ne s'éloignent pas des miens pour ce qui regarde l'affaire de Höxter, et je souhaitterois bien que l'esprit guerrier de l'évêque de Munster s'y voulust conformer aussi pour ne me voir pas engagé dans une guerre, dans laquelle je ne puis, selon que vous jugés fort bien vous mesme, prendr'aucun party, qu'il ne m'en arrive beaucoup d'embarras et autant de confusion aux affaires que vous sçavés. Mais de la manière que dit l'évêque de Munster s'y prend, après avoir refusé tout plat toutes les conditions en verité les plus justes et les plus raisonnables que mon frère le duc de Cell et moy luy avons offert pour sa satisfaction, ne voulant en outre prester l'oreille à aucun tempérament ny donner la main jusques à present à aucune médiation, mais nous menaçant au contraire de feu et de persécution: je suis trop engagé par honneur, par conscience et par intérest dans la conservation de ma maison, pour la pouvoir abandonner dans le présent rencontre et sacrifier toutte sa réputation à la vengeance d'un ennemy irréconsiliable, lequel sans sujet et par

1) Text: on. 2) = doutez.

3) Concept von Grote, das Datum aus der für den Chiffreur gemachten Abschrift; dieser Brief findet sich, nach der im hannoverschen Archiv beibehaltenen ursprünglichen Registrirung, unter den Briefen an Wilhelm von Fürstenberg; der Inhalt aber läßt keinen Zweifel, daß er an Duc d'Enghien gerichtet ist als Antwort auf Nr. 27.

pur caprice la tache d'affronter et de la ruiner, s'il pouvoit. Je suis ravy d'entendre que Sa M^té^ ayt pris la résolution de s'entremettre par son autorité et sa médiation dans cett' affaire; et comme de mon costé j'ay tousjours souhaitté de la voir terminée par un accomodement raisonnable, je n'y apporteroy pas seulement, quant à moy, toutte la facilité possible, pour que l'intention de Sa M^té^ puisse réussir, mais oserois aussi respondre de pareils sentimens pour les autres princes de ma maison, qui ne prétendent rien dans cet' affaire que ce qui est juste et raisonnable, et qui ne feront pas difficulté de s'en remettre à l'interposition de Sa dite M^té^. Mais si nous en voulons espérer un bon fruict, il n'y a point de temps à perdre, car je ne voudrois pas répondre, que par la commodité de quelque gelée l'humeur irritée de M. l'évesque ne le portast à entreprendre quelque hostilité, ce que, nous reveillant aussi de nostre costé, pourroit grandement vulnérer la chose et rendre le traitté d'un accomodement bien plus difficile qu'il n'est à présent. De sorte que vous ferés un oeuvre de grand mérite pour les repos public aussi bien que pour l'avancement des affaires particulières qui sont sur le tapis, si vous pouvés disposer la cour qu'elle veille[1]) haster et ne pas trop différer l'exécution de ce dessein pacifique. Je vous envoy aussi cy joint une copie[2]) de la réponse, qu'on est convenu dans ma maison de faire à M. de Chassan sur l'offre de la médiation qu'il nous a fait de la part de Sa M^té^ au suject de l'affaire de Regentein[3]), laquelle affaire estant aucunement assoupie à cet heure Sa M^té^ voudra bien, que nous attendions de nous prévaloir de l'honneur qu'elle nous a voulu faire jusques à un temps que cett' affaire sera portée derechef à quelqu' autre traitté, et je ne manqueray point touttes les fois qu'on en reparlera, de faire en sorte, autant qu'il me sera possible, qu'on aye pour la médiation de Sa M^té^ toutte la déference que l'on doit, à quoy il me semble que les princes de ma maison se sont engagés en quelque façon eux mesmes par la réponce qu'ils ont fait au dit Chassan. Quant à l'affaire d'un traitté particulier, dont vous ne croyés pas encore le temps venu dans vostre lettre, je pourrois facilement tomber aussi d'accord avec vous de toutes les raisons que vous m'allegués pour cela, s'il n'y alloit trop du mien à entretenir tout seul autant de trouppes qu'il faudroit avoir pour un' semblabl' affaire, ce qu'il faut bien que je continue autant que la brouillerie durera entre ma maison et l'évêque de Munster. Mais cette querell' accomodée, ou il faudra[4]) un traitté, moyennant lequel on me subvienne dans la dépense de l'entretien des dites trouppes, ou[5]) je me verroy contraint de les licencier et de prendre d'autre mesures, dont je ne vous diray pas d'avantage pour le présent et me remets à ce que le sieur de Moltke mon envoyé aura l'honneur de vous en dire plus au long.

Je suis certain que vous ne me refuserés pas vostr' amitié et vos bons offices en aucune des affaires cy dessus, et vous prie d'estre aussi fortement persuadé, que je ne manquerai jamais de vous donner toutes les preuves possibles de ma reconnoissance et de la forte passion et du zèle, avec lequel je suis à vous.

Postscriptum (Grote's Concept). Je vous ay desja mandé que l'évêque de Munster par un traitté fait avec le duc de Lorraine a tiré dans son

---

1) = veuille. 2) Fehlt. 3) Regenstein. 4) Text: faudre.
5) Text: on.

servis trois de ses régimens de cavallerie, qu'il a entretenu depuis quelque temps dans ces pays et aux environs, et on dit que non seulement ceuxcy seront suivis [?] de deux autres [?] régimens Lorrains qui ont esté caché en Bohème, mais de plus que M. l'évêque susdit cherche partout de trouver des assistences contre nous et de susciter des ennemis à notre maison. Je vous puis asseurer, Monsieur, que non obstant que les autres princes de ma maison ont esté de l'avis, qu'il ne falloit pas s'endormir là dessus et songer [?] à ses seuretés en cherchant aussi d'autres assistances, j'ay tout fait par mes offices [?] et mes remonstrations, que jusques à présent nous aurons conservé les mains libres et ne sommes engagés à un, qui que ce soit. Mais si l'avanture [?] des autres s'en devoit [?] mesler à nostre préjudice, et que la partie devint [?] inégale, je ne pourroy pas respondre, et il est juste mesme, qu'aussi de nostre costé nous prenions garde à nos affaires et tachions, le mieux que nous pourrons, de fortifier nostre part. Et comme en tel cas prend qui peut, et qu'il n'est pas tousjours en nostre pouvoir de faire aller les affaires selon nostre désir, vous jugés bien vous mesme, combien que cela pourroit déconcerter nos affaires; ce que j'ay jugé nécessaire de vous indiquer pour vous en servir en temps et lieu, selon que vous trouvés à propos.

30. Prinz Wilhelm von Fürstenberg an Herzog Johann Friedrich, dat. Saverne, 4. Jan. 1671.

Monsieur,

Par celle qu'il a plu à V. A. de m'escrire de Hannover le 18e du mois passé, j'ay esté bien aise d'apprendre que la mienne du 28e de novembre luy avoit esté bien rendue, et puisque vous jugez à propos, que l'on s'assemble à Cologne ou quelque autre part pour delibérer sur l'affaire dont je me trouve chargé, et qu'il ne s'agist plus que de trouver un prétexte pour le pouvoir faire sans donner de l'ombrage, je me tiendray prest pour partir, aussytost que j'auray esté adverty par M. l'Evesque de Strasbourg mon frère, que les princes intéressez seront convenus du temps et du lieu, où cette assemblée se devera tenir. Le plustost sera le meilleur, veu qu'on s'en pourroit aussy servir pour tascher en mesme temps de prévenir par un accomodement eventuel les mauvaises suittes que le différent entre M. l'Evesque de Munster et M. le Duc de Wolfenbutel vostre cousin pourroit causer. Pour lequel effect non seulement je ne manqueroy pas d'escrire à M. de Lionne, pour le prier de disposer le Roy d'envoyer quelqu'un vers les d. Sgrs Evesque et Duc pour leur offrir sa médiation, mais je diray aussy à V. A., que j'ay employé toutte ma rhétorique pour remonstrer à M. le commandeur de Schmising (qui m'est venu trouver de la part de son maistre) le tort que ce démesle pourroit porter à la grande affaire qui est sur le tapis, et combien facilement il pourroit nous attirer une guerre bien dangereuse dans les cercles de Westphalie et de la basse Saxe. Le d. commandeur n'est pas disconvenu ny de l'un ny de l'autre et a advoué mesme, que son maistre en est au désespoir, mais il dit que comme le d. Evesque n'est pas auteur de ce différend, et qu'il prétend que M. le Duc de Wolfenbuttel l'a attaqué contre toutte sorte de raison et de justice et sans luy en avoir donné le moindre subject, il estoit plus raisonnable de disposer le Duc à luy faire raison que de voulloir obliger le d. Evesque à souffrir cet affront sans s'en ressentir. Et bien que j'aye tasché de faire voire au d. commandeur, que M. l'Evesque de Munster pouvoit avec honneur donner les mains à l'expédient que V. A. avoit proposé, qui est qu'il se contentera de l'évacution de Höxter, en promettant de son costé de n'y voulloir pas mettre garnison jusques à ce que par la médiation ou de Sa M^{té} très chrétienne ou de quelques Electeurs et Princes d'Allemagne ou de tous conjoinctement leur différent eût esté terminé: il m'a respondu que son maistre ne croyoit pas juste qu'apprès avoir esté battu on luy fist encore payer l'amende, l'obligeant de mettre au compromis un droit qu'il avait tousiours exercé, sans qu'il eust jamais esté contesté ny à luy ny à ses prédécesseurs; que néamoins il estoit prest de faire tout ce que Sa M^{té} et V. A. mesme pourroient désirer, pourveu que vous fussiez assuré, que Mess. vos frères et le d. Duc de Wolfenbutel ne prendroient pas party pour les Hollandois, lorsque nous serions en guerre avec eux, mais aussy que si V. A. n'en estoit pas bien certaine, qu'il n'estoit ny de vostre intérest ny du sien ny de la cause commune, que le d. Evesque ne fust pas maistre de cette place. Néamoins après avoir faict cognoistre au d. commandeur, qu'il ne seroit pas à propos, tant que nous avons dessein de faire la guerre aux Hollandois, d'assoupir si fort ce différent, qu'il ne peut pas servir de prétexte à tous les princes voisins d'armer, lorsque cette guerre sera résolue, ny aussy qu'il alla si avant, qu'il peut nous empescher d'y prendre party: il m'a promis qu'il se hasteroit le plus qu'il luy seroit possible, pour joindre son maistre afin de le persuader d'occuper la médiation que le Roy et les autres princes et Electeurs de l'Empire luy pourroient offrir, après que M. le Duc de Wolfenbutel aura évacué la ville de Höxter, pour pouvoir par ce moyen trainer cette négociation si long temps que les intérests dans l'affaire d'Hollande le jugeroient à propos, et de ne point lever une si grande quantité de trouppes, que cela luy soit à charge et à son pays, en cas que nous puissions nous mesme trouver à propos de supplier le Roy de différer à déclarer la guerre jusques à l'année prochaine 1672.

Pour ce qui regarde la lettre de M. le Prince, dont j'ay faict mention à V. A. dans ma dernière, il fault bien qu'il n'ayt pas escrit à V. A., puisqu'elle n'en a rien receu; mais ce que je luy puis dire en vérité, est qu'en partant de Paris on m'assura, que le Roy avoit chargé mon d. Sgr le Prince de vous donner part du subject de mon voyage en Allemagne.

Du reste je ne puis assés remercier V. A. de la grace qu'elle me faict de voulloir bien estre persuadée, que je menageray avec chaleur ses intérests dans cette affaire en cour, si les occasions sont[1]) présentes, et qu'elle me fasse l'honneur de m'en charger. Je ne souhaitterois, Monsieur, rien au monde avec tant de passion pour pouvoir vous faire paroistre, avec combien de zèle et de sincerité je suis

Monsieur

de V. A.

le très humble et très obéissent serviteur
Le Prince G. de Fürstenberg.

1) Text: son.

31. Herzog Johann Friedrich an Prinz Wilhelm von Fürstenberg, dat. Hannover, 8/18. Jan. 1671. (Copie des Concepts, von Grote corrigirt.)

Monsieur,

J'ay receu celle qu'il vous a plu m'escrire de Saverne du 4me de Jan., accompagnée d'une lettre de M. l'évesque de Strasbourg vostre frère, à la quelle ayant fait la réponce, dont je vous envy[1]) cy joient[2]) une copie, touchant l'estat dans lequel se trouve présentement l'affaire de Höxter, je m'y en remets pour le gros de l'affaire et me contenteray de m'expliquer par la présente sur certaines particularités qui ont leurs rapport à la dit' affaire, et dont vous faites mention dans vostre lettre. J'aurois bien souhaitté, comme vous faites, Monsieur, que l'on se fust bien entendu dans cett' affaire de Höxter, laquelle, pour peu que l'on s'en fust bien servi, non seulement auroit esté un beau pretexte de s'assembler sans donner le moindr' ombrage, mais auroit donné aussi aux bien intentionnés le plus beau et le plus spécieux moyen de faire des levées et de s'armer[3]) pour la cause commune, sans que personne en eust peu former le moindre soupçon. Mais vous verrés bien par ce que j'ay l'honneur escrir'[4]) à M. l'évesque de Strasbourg, qu'on a traitté jusque à present cett' affaire sur un pied, qu'au lieu des avantages que l'on en pourroit tirer, elle nous apportera, si on ne change de conduite, rien que du trouble et de la confusion et déconcertera toute l'entreprise. Je ne veux pas à cett' heure entrer dans la justification du procédé de M. le duc de Wolfenbuttel en mettant de la garnison en Höxter, mais il me semble que les avances que l'on a fait, et les conditions qu'on a offert du costé de nostre maison pour accomoder cett' affaire, sont si justes et si considérables, et qu'il n'y a point d'autres qui soient compatibles avec la réputation et l'ancien droit de nostre maison à l'esgard de la satisfaction que M. l'évesque de Munster pourroit prétendre, que quand M. le duc de Wolfenbuttel auroit eu tort au[5]) commencement de faire ce qu'il a fait, M. l'évesque peut estre accusé avec raison d'estre mis dans le sien en refusant les équitables conditions qu'on luy a présentées. Et bien loin, comme M. le commendeur Schmising a voulu soustenir, qu'après avoir battu M. l'évesque on prétendoit encore, qu'il en payast l'amende, il veut que nous la luy payons très bien en luy laissant la libre disposition de la ville de Höxter, ce qu'en effect veut dire la même chose que de renoncer au droit de protection, dont nostre maison est depuis des siècles entiers en possession, au lieu que nous croyons impossible de prouver, que jamais un abbé y aye eu le droit d'y mettre guarnison, comme vous pourrés voir, s'il vous en plaist prendre la peine, par le mémoire latin cy joient[2]). Quant aux raisons politiques qui pourroient induire le dit M. l'évecque à en user dans cett' affaire, comme il luy plait de faire, je ne puis pas comprendre, quelle[6]) réflexion il a sujet de faire sur cette bicoque à l'esgard de la grand' affaire, d'autant que ce n'est qu'un méchant bourg ouvert qui ne luy sçauroit servir ny de communication ny d'empeschement à celuy qui auroit sans cela envie d'entreprendre quelque chose, au lieu qu'estant dans les memes intéressts avec moy il seroit sans cela suffisement asseuré du Weser, dont je suis le mai-

1) sic! = envoie. 2) Fehlt. 3) Text: s'armes.
4) sic! = d'avoir escrit. 5) Text: ou. 6) Text: qu'elle.

stre pour la plus grande partie. Cependant de pouvoir asseurer que mes frères et M. le duc de Wolfenbuttel ne prendroient pas le parti des Hollandois en cas de quelque guerre contre eux, c'est ce qu'il est impossible de faire, veu les résolutions qui se peuvent faire dans le monde, et[1]) quand même il n'en auroit pas toute l'intention, on les pourroit, de la manière qu'on s'y prend, de belle force contraindre de faire ce que l'on ne voudroit pas qu'ils fissent. De sorte qu'après tout ce que je viens de dire, je ne doubte pas, Monsieur, que vous ne tombiés d'accord avec moy, que si on ne veut ruiner tout le dessein, il est de la dernier' importance que l'on tâche de bonn' heure d'estouffer ce petit feu dans sa naissance qui avec le temps pourroit causer un grand embrassement et envelopper dans sa ruine bien des desseins et bien de pays. Et j'espère, quand vous voudrés charger, comme je vous en prie bien fort, de représenter toutes ces circonstances au Roy, que Sa M[té] très chrétienne employera son autorité pour assoupir cett' affaire, laquelle ayant pris feu une fois ne se pourra peut estre pas enteindre si tost, à quoy de nostre costé nous apporterons asseurement tout la facilité qu'on pourroit désirer. Cependant j'aurois esté bien aise de suivre vostre conseil et de ne me charger pas de trop de trouppes, mais je vous prie aussi de considérer, quel danger qu'il y auroit, voyant les menaces et le comportement de M. l'évêque, dont la cy jointe[2]) lettre vous servira de preuv' évidente, de se trouvé[3]) denué de forces suffisantes pour resister aux hostilités que l'on nous fait attendre. J'avoue que pour mon particulier j'en ay tant sur pied, qu'en cas que cett' affaire s'accomode, je seray bien en peine, comment les entretenir touttes, et je me verray sans doute contraint, sur tout quand la grand' affaire devroit estre[4]) délayée, de les casser, à moins que l'on m'aide à les entretenir moyennant quelques subsides considérables; ce que non seulement seroit grand dommage, mais on seroit bien embarassé de trouver un autr' aussi bon prétexte d'en ravoir autant en cas de besoin et d'avoir d'aussi bonnes trouppes. J'ay trouvé nécessaire d'envoyer pour ces raisons comme par manière de provision un gentilhomme à Paris pour représenter toutes les schoses à M. de Lionne, en cas que les affaires allassent icy d'une manière qu'il en fust besoin, et je suis bien faché d'un costé, qu'il ne vous y trouve point pour se prévaloir, comme je luy en avois donné l'ordre, de l'honneur de vostre assistence, et de l'autre costé je suis ravy que vous soyés encor' en Allemagne pour le bien que vous y pouvés faire tant pour l'accommodement de cett' facheuse affaire de Höxter que pour l'avancement de la grande, estant prest pour mon particulier d'en faciliter les moyens, autant qu'il dependra de moy, et d'envoyer promtement, en quel lieu que l'on trouvera bon. Je n'ay jusques à présent rien receu de la part de M. le prince et vous prie d'autant plus d'avoir la bonté de me donner part, en cas qu'il se passe quelque chose de considérable dans l'affaire, dont il est question, comme de mon costé je vous puis asseurer, que je correspondray tousjours avec toute la sincerité aux marques de vostr' amitié, que vous continués de me donner, me conoissant réciproquement obligé d'estre

Monsieur etc.

---

1) Text: ce. 2) Fehlt. 3) = trouver. 4) Text: entre.

32. Relation Wicquefort's an Herzog Georg Wilhelm, dat. de la Haye, le 20. janvier 1671.

Depuis que je me suis donné l'honneur d'escrire à V. A. S. du 17 de ce mois, j'eus hier l'occasion de voir M. de Wit au sujet de Sa lettre du 27 Dec./6 Janv. dernier, et de luy représenter les raisons, qui empeschent V. A. S. de gouster l'ouverture que je luy avois faite en suite de la conférence que j'avois eue avec quelques députés de la Province de Hollande.

Il me dit qu'il ne se trouvoit pas fort surpris, parce qu'il jugeoit bien, que tous les Princes de la Maison n'ayant pas les mesmes sentiments, hors de l'affaire de Höxter, feroient peutestre difficulté de prendre les mesmes engagements, mais qu'il ne voyoit pas d'autres moyens de secourir V. A. S. en la conjoncture présente. Que l'on ne se pouvoit pas persuader icy, que M. l'Evesque de Munster en vueille à cet Estat, et mesmes qu'il ne pourroit rien entreprendre sur les frontières, parceque la campagne est toute couverte d'eau, et qu'il n'y a point d'apparence qu'il gèle si fort cet hiver, qu'il puisse faire rouler son artillerie.

Je luy représentay qu'il ne se falloit pas trop flatter; qu'il sçavoit que M. l'Electeur de Brandebourg avoit escrit à Madame la Douarière, qu'il est très certain que l'armement qui se fait en France, aussy bien que celuy de l'Evesque n'ont pour object que cet Estat. Que le différent, qui est entre la Ser[me] Maison et luy peut estre réglé dans fort peu de temps, et qu'il n'est pas si important, que pour cela elle se vueille mettre au hazard de recevoir un échec, dont elle pourroit sentir le contrecoup d'icy à plusieurs années. Que si faute de secours elle estoit obligée de porter les affaires à un accomodement, l'Evesque, qui a fait la dépense de la levée de ses troupes, voudra s'en servir et ne s'en servira apparement que contre cet Estat.

Il me dit, que cela estoit vray, et qu'à cause de cela l'on avoit fait offrir à V. A. S. un secours considérable, qui luy pouvoit tenir lieu de subsides, puis qu'elle auroit la disposition de l'argent des levées, et qu'il faudroit que le payement de la solde des troupes se fist aussy par les mains de gens qui dépendroient d'elle, veu que l'on ne voudroit pas que l'Evesque sçeust que ce fust cet Estat qui les entretinst. Et sur ce que je luy remonstray, que cet Estat en retirant ces troupes, lorsqu'il en auroit besoin, incommoderoit plus V. A. S. qu'il ne la soulageroit présentement, parcqu' après la rupture elle se trouveroit exposée à la discretion de ses ennemis, il répartit, qu'il le considéroit bien, mais que l'on pourroist prévenir cet inconvenient par le traitté que l'on feroit pour cela. Je luy proposay le renouvellement de l'alliance de l'an 1665 et la garantie contre l'Evesque de Munster. M. de Wit me dit, qu'il estoit un peu hors de saison de parler d'une garantie contre l'Evesque, présentement que les Princes de la Ser[me] Maison, qui pourroient avoir quelque inclination à s'engager avec cet Estat, sont desja comme en rupture; mais que l'on ne laisseroit pas d'y presser l'oreille, si en cette conjoncture V. A. Ser[me] pouvoit se résoudre à se contenter du secours de la manière qu'il a esté proposé, et d'autant que je le pressay sur des subsides en argent, il y ajousta, que c'est une chose impossible, et qu'il n'y falloit point songer, parceque les Estats de Hollande sont fort résolus de ne donner point de subsides à qui que ce soit, si non lorsque cet Estat sera attaqué directement: tout ainsy que l'Espagne ne promet des subsides à la Suède que pour lors que l'une sera attaquée, et que l'autre marchera à son secours effectivement. Qu'il n'y avoit rien à espérer au delà, et que je le pouvois escrire à V. A. S. comme une dernière résolution des Estats de Hollande. Au reste que l'on faisoit une estime très particulière de son amitié, et que l'on tascheroit de l'acquérir par toutes sortes de moyens, mais qu'il croyoit V. A. Ser^me trop généreuse pour ne la pas donner de la mesme manière, que cet Estat luy voudroit donner son estime et son affection. Il y ajousta à la fin, qu'il ne pouvoit pas assez estonner de ce que jusques icy S. A. S. Monseigneur le Duc Rudolfe Auguste ne fait rien dire à l'Estat de ses prétensions contre M. l'Evesque de Munster, au lieu que celuy cy justifie les siennes et tasche de préoccuper les esprits; et qu'il sera nécessaire que S. A. S. parle ou que cet Estat sera incapable de rien faire du tout. Ce fut là la fin de nostre conversation; et bien que ce que je viens de dire, ne soient que les sentiments particuliers du Ministre, je croy néantmoins y pouvoir ajouster, que ce sont ceux de l'Estat, et qu'il sera impossible de l'obliger à donner des subsides en l'estat où sont les affaires, à moins que la France rompe avec luy directement.

Il est bien vray que dimanche dernier Mad. la Princesse Douarière receut des lettres de M. l'Electeur de Brandebourg, qui marquent ce que dessus touchant l'intention de la France et de l'Evesque de Munster; mais comme l'on juge, que S. A. El. en a assez mal usé pendant la dernière guerre de Munster, l'on s'imagine que c'est son intérest qui le fait parler, et qu'il se veut rendre nécessaire; quoy que d'ailleurs l'on ne soit que trop asseuré de la mauvaise intention de la France, et que l'on ait grand sujet de se défier de l'Evesque. M. Brasser escrit, qu'il a appris dans le païs de Munster, que l'Evesque a huit mille chevaux, cinq mille dragons et douze mille hommes de pied, mais l'on a de la peine à le croire . . .

33. Herzog Johann Friedrich an Duc d'Enghien. (Ohne Datum.) (Eigenhändiges Concept.)

Les mesintelligences entre l'Evesque de Munster et mon cousin le Duc de Wolfenbuttel sont allés jusques là, qua ma maison vojant que le dict Evesque s'arme puissement, ils en font de mesme, et moy qui suis entre le marteau et l'anclume, je suis obligé d'en faire autant, tellement que je me fais fort de pouvoir mettre pour ma part en peu de temps seix mille hommes en campaigne. Mais comme je ne crois pas que cette guerre sera de longue durée, et que ce n'est pas aussy mon faict, qu'apres un accommodement je foule mal à propos mes subiect par l'entretien de ses[1]) trouppes, j'envoye le Sr de Molck, grand maistre de la maison de Mad. de la Duchesse, avec des commissions pour le Roy en France, lesquelles sont fondées sur les informations que Mad. la Princesse Palatine a eu la bonté de vous donner de ma part. Je l'ay chargé de vous communiquer le tout, et comme je me flatte fort de votre amitié, j'espere que vous aurez la bonté d'appuier sous main sa negociation par vos bons advis et par vos bonnes recommendations. Enfin, Monsieur, je l'ay mis tout entiere sous la protection de l'hostelle de Condé et je suis asseuré que, quand vous

1) = ces.

aurez la bonté de l appuier, comme je l'espere, qu'il ne poura que tres bien réussir en toutte sa negotiation. Si vous pouvrez[1]) faire qu'il ait bientot ses despaiches[2]), vous obligeriez infinement mes subiect et tireriez d'un grand ambaras la personne du monde qui est et sera tout sa vie le plus à vous.

34. Herzog Johann Friedrich an Princesse Palatine. (Datum fehlt.) (Eigenhändiges Concept.)

Les affaires desquelles je vous ay parlé pandent[3]) votre sejour en ce lieu icy, et dont vous avez eu la bonté d'informer M. le Prince et M. le Duc, sont presentement parvenues à un tel estat, qu'il est impossible que je sois plus longtemps sens[4]) estre informé des intentions du Roy à mon esgard, tellement que j'envoy le sieur de Molck en votre cour pour m'aporter le plutot que faire se pourra, une responce positive. Je luy ay baillé commission de communiquer le tout avec vous, esperent[5]) qu'apres tent[6]) de bonté que vous m'avez desja tesmoigné, vous y adjouterez bien encore cette cy que de l'assister de vos bons conseils, puisque je luy ay ordonné de ne point faire un pas sens[4]) avoir premierement aprins[7]) vos sentiments là dessus. Enfin, Madame, je suis persuadé que je ne saurois mettre mes affaires entre des meilleurs mains que celles d'une mere qui est si bonnaire et si passionée pour l'interest des siens, comme vous l'este[8]), et puisque vous sçavez que je suis entierement à vous, vous aussy aurez la bonté, je m'asseure, d'user de mes interes[9]) comme de ceux qui vous appartienent, et dens[10]) lesquelles Mad. la Duchesse a beaucoup de part. Le Sr Molck vous informera du tout et vous fera connoitre plus particulierement les sentiments d'estime, de confience et de tandresse de fils, que j'ay et que j'auroy toutte ma vie pour vous.

34a. Ludwig XIV. an Herzog Johann Friedrich, dat. Paris, 2. Febr. 1671.

Mon cousin, Comme j'ay crû faire une chose qui vous seroit agreable de m'entremettre de l'accomodement du differend survenu entre mon cousin le Duc Rodolphe Auguste de Brunsvic et le Pce Evesque de Munster, j'ay choisi le Sr Verjus, Conr en mon conseil d'estat pour leur envoyer offrir ma médiation et l'ay chargé aussi de tascher par mesme moyen de trouver l'occasion de vous informer de mes sentimens sur cette affaire que sur l'autre, dont mon cousin le Pce Guillaume de Furstemberg vous a desja fait ouverture par mes ordres. Et comme je ne doute pas, que vous ne soyez bien aise de vous lier avec moy pour un dessein qui tournera plus à votre advantage qu'au mien, j'ay muni le d. Sr Verjus du pouvoir, dont il pourroit avoir besoin pour conclurre cette liaison avec vous et tous les autres Princes qui y voudront prendre parti; surquoy vous pourrez luy donner la mesme entiere creance que vous donneriez à moy mesme. Cependant je prie Dieu, qu'il vous ayt, mon Cousin, en sa sainte et digne garde. Escrit à Paris, le 2. jour de fevrier 1671.

gez.: Louis.

de Lionne.

---

1) = pourrez. 2) = dépêches. 3) = pendant. 4) = sans. 5) -ent = -ant. 6) = tant. 7) = appris. 8) = êtes. 9) = intérêts. 10) = dans,

35. Duc d'Enghien an Herzog Johann Friedrich, dat. 26. Febr. 1671.

Vôtre lettre du 17. janvier m'avoit mis en peine, et le peu d'aparance, que vous me mandiés que vous voyés à votre accomodement avec M. de Munster, me chagrinoit voyant l'embarras que vous devoit causer cette guerre. Mais j'ay seu depuis par M. de Lyonne que les affaires prenoint un autre chemin, et que les choses sont présentement dans un train qu'il n'y a pas à douter que M. de Verjus ne le trouve fait, ou au moins qu'il ne l'achève entièrement, s'il y avoit encore quelque chose à terminer. (Cette guerre vous pourroit apporter si peu d'avantage et vous causer tant d'embarras, que je seroy ravy de la voir terminée tout-à-fait.) Je panse[1]), que M. Molck vous aura mandé, que si les choses se fussent assés aigries pour venir à une rupture entière, (le Roy n'auroit point pris de party entre les princes de cette maison et l'Évesque de Munster, si les Hollandois ne s'en estoient mêlés, mais que s'ils s'estoient déclarés contre l'Evesque, Sa M^{té} auroit pris le party de le secourir et de le soutenir contre eux). J'ay une grande joye de voir autant d'aparance que j'y en voy, que vous ne serés point dans tous ces embarras-là. Cependant j'en ay beaucoup aussy, que les choses s'accomodent selon nos voeux à une bonne fin. M. Molck doibt avoir demain une audience du Roy sur les affaires particulières dont il est chargé, et vous saurés dans très peu de temps par luy et par l'envoyé du Roy les résolutions de Sa M^{té}). Je suis bien aise de vous asseurer encore, que c'est un homme à qui vous pouvés avoir une confiance entière, et qui est de mes amis particuliers. (Je ne saurois pour cet ordinaire vous dire rien de plus particulier, jusques à ce que le Roy ait parlé à M. Molk; mais on travaille incessement à le renvoyer. J'espère que nous serons constans dans le dessein que nous avons). Je vous suplie d'être persuadé, que je songe aux choses qui vous touchent, avec bien plus de soin que mes affaires propres, et qu'elles ne me tiennent pas moins au cours.

36. Herzog Johann Friedrich an Duc d'Enghien, dat. Hameln. 7/17. März 1671. (Concept von Grote.)

Vous avez sceu par le sieur Molk la réponse que M. de Lionne luy a faitte de la part du Roy sur ses propositions. Je ne sçay, si vous l'avez attendue comme cela, mais pour mon particulier j'avoue qu'au commencement j'ay esté un peu surpris, n'ayant pu présumer qu'on couperoit si court sur cette matière. Mais n'estant pas en mon pouvoir de faire aller les choses plus loin, je n'ay autre party à prendre que de rappeller le dit sieur de Molk. Estant satisfait cependant de ma bon' intention et remettant le reste aux résolutions que la cour enverra à M. de Verjus, à qui j'ay fait fair' icy les mêmes propositions que Molke a fait à Paris, je vous prie, Monsieur, d'autant que mon dit envoyé n'aura pas manqué de vous informer de toutes les particularités de la négociation, de vouloir faire ce coup d'amitié pour moy de disposer M. de Lionne, à fin qu'on ne tarde pas trop à envoyer les instructions et ordres nécessaires au dit sieur de Verjus pour voir, si par [?] fin on pourra porter ces traittés et tous ces

1) = pense.

pourparlers à quelque chose de ferme et de solide, ou qu'en tout cas je puisse prendre mes mesures, m'estant impossible de demeurer plus longtemps dans ces incertitudes, surtout quand le traitté préliminaire de la paix avec l'Evecque de Munster sera conclu, comme il y a apparence qu'il le sera bientost; après quoy il ne me reste plus ny prétexte ny raison de charger mes estats de toutes les trouppes que j'ay sur pied, et seroy forcé de m'en décharger de quelque manière que ce puiss' estre, à moins que de me subvenir dans les moyens de les entretenir. Il est vray qu'à avoir le peu de certitude qu'il y a pour une promte exécution du grand dessein, Sa M[té] hazardera l'argent qu'elle me donnera cependant pour l'entretien de mes trouppes, mais d'autant [?] qu'il est nécessaire qu'on prépare toute chose pour une tell' entreprise, il n'est pas juste que moy seul j'en fasse tous les frais, et Sa M[té] ne voudra pas refuser de hazarder la moitié de cette dépense. Mais ayant fait répresenter plus au long au dit M. Verjus toutes les raisons, je me contente de vous en avoir donné icy un prégoût [?] seulement, estant bien aise qu'il ne vous est rien caché de toutte l'affaire de la part de la cour, dont je me promets d'autant meilleurs effects de vostre amitié, dans laquelle j'ay la plus grande confiance en toutte cette Intrigue. J'attends avec impatience l'honneur de vostre réponce sur cette lettre, et souvenés vous, je vous prie encore, que le temps presse.

37. Herzog Johann Friedrich an Duc d'Enghien, dat. Hannover, 19/29. März (1672). (Concept von Grote).

J'ay esté ravy, Monsieur, d'apprendre par vostre lettre du — de Mars la continuation de vostre amitié et celle de l'affection et de la confiance dont le Roy m'honore. Mais je me sens extrêmement mortifié de ne me pas trouver en estat d'obéir sans scrupule à ce que Sa M[té] désire de moy, par les raisons déduites plus au long dans la lettre que j'ay escrit à M. le prince de Furstenberg, et de laquele je vous envoy copie[1]). Dont je serois inconsolable n'ayant pas de passion plus forte au monde que de vérifier au Roy la grandeur et la sincerité de mon zèle pour l'utilité de mes services, si je n'estois persuadé que vous approuverés mes raisons, et que Sa M[té] même les goustera [?], après qu'il aura eu la bonté de les escouter.

Vous ne me pourrez pas, Monsieur, obliger plus sensiblement ny je vous puis demander une plus grande faveur que d'en faire une représentation à Sa M[té], qu'elle ne laisse pas pour cela d'avoir la même opinion de ma bonne intention pour son service que je me flatte qu'ell' ait eue jusques à présent. Je ne doutte pas que je n'obtienne cela de vostre affection et de vos bons [?] offices, en reconnaissance desquels je vous offrirois tout mon pouvoir et touts mes soins, si sans cela je n'estois tout à vous.

Postscriptum: Il faut aussy que je vous dise, Monsieur, en confiance que M. l'Electeur de Brandenbourg recherche fort nostre maison d'un' alliance défensive, à laquelle pour mon particuliers je n'entendray point, si ce n'est que les autres alliés trouvent bon, comme ils l'ont déjà temoigné, qu'il soit reçu dans l'alliance que nous sommes sur le point de

1) Fehlt.

conclure avec le Roy de Dennemarke, qui est purement défensive; en quoy je travailleray pourtant, que ce soit à l'exclusion de la pluspart des provinces de M. l'Electeur, qui sont au delà du Weser.

38. Ludwig XIV. an Herzog Johann Friedrich, dat. St. Germain en Laye, 28. März 1671.

Mon cousin, j'ay veu le Sr Molk, grandmaistre de la maison de ma cousine la Duchesse vostre femme, que vous avez estimé à propos de m'envoyer dans la conjoncture des affaires presentes, et j'ay entendu avec grand plaisir tout ce que vous luy aviez ordonné de me representer, dont il s'est parfaitement bien aquitté. Et comme je me suis ouvert à luy de tous mes sentimens sur les mesmes choses dont il m'avoit parlé de votre part, je me raporteroy au compte qu'il s'est chargé de vous en rendre, et particulierement des raisons qui m'ont empesché de pouvoir entrer icy en matiere aussi avant[1]) que je l'avois desiré pour vostre plus grande satisfaction. Cependant je veux bien vous dire que je me trouve extremement touché de vostre maniere d'agir si obligeante à mon esgard, et que cette nouvelle consideration se joignant à l'estime et à la bonne volonté que j'avois desja pour vous, vous devez estre persuadé, que j'embrasseray avec un plaisir singulier toutes les occasions de procurer vos advantages et de vous donner des preuves solides de mon affection et de ma gratitude. Je ne veux pas finir sans vous remercier aussi, comme je fais tres affectueusement, du beau et rare present que vous m'avez envoyé. Sur ce je prie Dieu qu'il vous ayt, mon cousin, en sa sainte et digne garde.

Escrit à St. Germain en Laye le 28e jour de Mars 1671.

gez.: Louis.

de Lionne.

39. Duc d'Enghien an Herzog Johann Friedrich[2]), dat. Paris, 2. April 1671.

Je suis au désespoir que Dieu ne vous ait encor donné cette fois icy qu'une fille; je vous assure, Monsieur, que l'on ne peut en estre plus en cholere que je suis icy, ny plus obligé, quoyque j'espere que rien ne sera perdu pour estre reculé d'une année. Cependent vous avés un si grand interest à avoir un fils, que je suis extremement fasché que vous ne l'ayés pas desja. Je ne doute point que Madame vostre fame n'en soit extremement afligée; je vous suplie de vouloir bien luy faire mes complimens d'afliction de ce qu'elle n'a qu'une fille, et de joye de ce qu'elle est acouchée heureusement. Mr Molk s'en retournant, je n'ay que me remestre à luy des choses dont je l'ay entretenu, et dont il vous rendra conte. J'adjouteroy seulement à ce qu'il vous dira, qu'il a extremement bien reusy en ce pais icy, et qu'il s'est conduict habilement et d'une maniere qui a esté agréable au Roy. Si le traité avoit pu se faire icy, on auroit negotié aveque[3]) luy aveque plaisir, mais come c'est une affaire d'ajustement aveque plusieurs, dont on ne se puit passer, et que l'on est obligé de conter aveque tous en mesme temps, le Roy a esté obligé de renvoyer sa négo-

1) sic! 2) Eigenhändig. 3) = avec,

tiation à M. Verjus, qui est sur les lieus [?] pour cela, et que je puis vous assurer qu'il aura toutte la considération pour vous qui se peut, estant extremement de mes amis et sçachant d'interest que je prans à ce que vous touche. Si dans la suite de cette affaire je pouvois vous rendre quelque service, assurés-vous que je le ferois aveque toutte la chaleur que vous pouvés atandre d'un bon frère et d'un véritable serviteur. J'ay presenté au Roy les bestes de vostre part, qui les a trouvé les plus belles du monde, et il vous en remercie fort efectivement; elles sont fort jolies, et je vous assure qu'elles ont esté receues fort agréablement. Je vous suplie, Monsieur, de me continuer vostre amitié et d'estre bien persuadé que je suis entièrement à vous.

J. H. de Bourbon.

40. Herzog Johann Friedrich an Duc d'Enghien, dat. (April 1671).

(Eigenhändiges Concept.)

Je vous ay une bien grande obligation, Monsieur, de touttes les bontés que vous avez eu pour le Sr Molke, et de la peine que vous avez voulu prendre de faire agréer au Roy les bestes que je luy ay envoyé, mais surtout, Monsieur, pour le soin que vous aves eu pour mes interes à l'esgard de la commission que je luy avois donné. Si l'affaire n'est reussie à souhait, ce m'est toujours une tres grande consolation d'y avoir receu de si evidantes marques de votre amitié, laquelle je souhaite de me conserver et de pouvoir mériter avec la plus grande passion du monde. Je trouve M. Verjus un tres honest homme et fort de vos amis, ce qui me le fait aimer avec d'autant plus de passion apres touttes les bonnes qualités que je trouve en sa personne. Je ne doutte pas, qu'il n'ait desja fait une veritable et juste relation de l'estat où il a trouvé les affaires en ce lieu icy, et j'espère que nous sçaurons en peu de temps les dernières résolutions du Roy. En attandant je vous offre mes services en toutes les rencontres où vous me donnerez lieu de vous les rendre etc.

41. Prinz Wilhelm von Fürstenberg an Herzog Johann Friedrich, dat. Münster, 4. April 1671. (Eigenhändig.)

Monsieur,

L'envoyé de France partant d'icy pour aller trouuer V. A. et les Princes ses freres et Cousin, ie ne crois pas auoir besoing de uous rien mender de l'estat ou jay trouué icy l'affaire de Hoxter à mon arriuée, ny iusques ou cet Euecque se pourra á la fin relacher sur les difficultes qui se rencontrent á legard du traitté preliminaire, puisque le d. Enuoyé sçoit la dessus pour le moins autant et mesme plus que moy des intentions du d. Sig[r] Euecque. Je me seruiroy dont seulement de cette occasion pour uous assurer, Monsieur, que l'on ne peut pas auoir plus d'impatience que i'en ay d'auoir l'honneur de uous rendre mes tres humbles debuoirs et d'apprendre, si uous me iugez capable de uous rendre quelque seruice ou á uostre Seren[me] maison, affin de meriter l'honneur de vostre estime, amitié et bienuelljence, que ie souhaitte auec tant de pouuoir aquerir. Du reste pour ce qui regarde la grande affaire, il est extremement necessaire que l'on songe á la terminer d'une façon ou d'autre, n'estent aduantagieux, ny pour le Roy ny pour nous qu'elle demeure plus longtemps indecise, ueu que Messrs les Hollandois ne perdent pas de temps et mettent tout en usage pour embarasser et embroullier chez eux mesme ceux qui pouuoint leur estre contraires, et c'est aussy par cette raison que le d. Sig[r] Euecque est de sentiment qu'il faut plustost conclure auec le Roy á telles conditions qu'il uoudra nous accorder que de se mettre en hazard non seulement de perdre une si belle occasion d'abbattre les Hollandois, et que peustestre nous ne retrouuerons iamais, mais mesme de leur donner lieu de se rendre plus insuportables se uoyant deliuré de touts les dengers qui les menacent aiourduy, et encor que Monsieur l'Electeur de Cologne soit de mesme sentiment que le d. Seg[r] Euecque, i'ay neantmoins creu les debuoir prier de tesmogner a Mons. Verius un peu moins d'impatience et plus de difficulté dans l'affaire, affinque cela me puisse donner lieu de tirer de la cour de France tout ce qui s'en pourra tirer pour l'aduantage des Princes Allemends et surtout pour V. A., que ie coniure d'estre persuadé que personne au monde l'honnore plus que moy, qui suis

Monsieur

de V. A.

tres humble et tres obeissent seruiteur
le Prince G: de Fürstenbg.

42. Relation des Grafen Verjus an den Minister (Lionne), dat. Hannover, 15. April 1671.

Monseigneur,

Je suis d'hier en cette ville, où M. le Duc de Hannover a souhaité que M. le Prince Guillaume de Furstenberg et moy vinssions auec luy attendre la réponse, que nous receurons dans deux ou trois jours de Munster, sur le nouueau projet qu'on y a envoié (pour durant ce temps conférer ensemble de la grande affaire). Je crains tousjours que (ses demandes soient bien hautes), et je ne prévoy rien qui (puisse le résoudre à les diminuer un peu que la crainte qu'il peut auoir, que le Roy ne s'accomodant pas auec luy et les autres Princes d'Allemagne ne trouue moyen d'engager la Suéde à tenir la place que le Roy leur a offerte pour l'execution de ce grand dessein. Cette apprehension pourra servir aussi à l'esgard de M. de Brandebourg que je ne crois pas porté à entrer dans cette affaire). Car aiant quelques raisons de croire qu'il a voulu eschaufer celle de Höxter, je pense qu'il a en cela pretendu (empescher l'autre plus grande), et qu'il souhaite principalement que (M. l'Euesque de Munster et les Princes de la maison de Lunebourg soient occupéz entre' eux, afin qu'on ne puisse les employer à autre chose). Il peut aussi auoir d'autres veues particulières; mais (ses Ministres à Bilefelt ont temoigné à M. le P[ce] Guillaume une grande auersion à ce dessein, et M. le baron de Schwerin, luy escriuant auec des transports de joye, qu'enfin il a sceu que le Roy auoit résolu de ne rien faire cette année, prepare ensuite toutes les excuses qu'il peut, à son Maistre pour s'exempter d'entrer dans cette guerre). Je vois encore plusieurs choses et en aprens tous les jours de nouuelles, qui marquent qu'il (n'y a guerre de disposition). Neantmoins (M. l'Euesque de Munster et ses Ministres aussi bien que ceux de M. le duc de Neubourg que j'ay veu à Bilefelt, en iugent autrement et croyent qu'on se resoudra facilement à ce que le Roy souhaitte, pourueu qu'on luy offre bien de l'argent). De sorte que je ne m'attens pas de tirer d'autre fruit de mon voiage de Berlin que de faire (expliquer l'Electeur de Brandebourg et de voir ce que le Roy peut en esperer. M. l'Euesque de Munster et M. le Duc d'Hanouer croient, que par quelque promesse qu'il fasse demeurer neutre, il ne la tiendra pas, et M. de Munster) auroit assez d'enuie, (si l'Electeur de Brandebourg ne vouloit pas se declarer auec le Roy, que Sa M[te] liast la partie auec les Suedois et auroit du plaisir de voir par la mortifiéz et M. de Brandebourg et les Princes de Lunebourg), qu'il n'aime pas.

Mr de Puffendorf est venu à Hammeln depuis cinq ou six jours de la part du Roy de Suéde sous pretexte de venir offrir un peu tard sa médiation, mais en effet (pour faire deux propositions à ces Princes, l'une d'entrer dans la triple Ligue et l'autre, s'ils craignoient de s'engager en cela dans une affaire trop vaste, de faire au moins un traitté de conféderation auec le Roy de Suéde, qui les lie si estroitement que tout le monde soit obligé de compter auec eux et de ne rien entreprendre que sous leur bon plaisir). Vous connaissez trop, Monseigneur, (l'humeur et la maniere de M. de) Puffendorf. (Il a voulu persuader que le Roy méprise et neglige tout le monde, et qu'on ne peut plus durer auec luy, et apres tout cela il a tasché de faire peur de l'exemple de M. le Duc de Loraine).

Il s'en retourne, et je croy qu'il n'a rien fait, comme l'on dit. Car ces Princes-cy n'aiment pas la Suéde et conseruent tous et particuliérement M. le duc d'Hanouer une grande inclination pour le Dannemarck, d'où on attend ici demain ou apres-demain un Ministre nommé M. Abbeus. Je ne scay pas encore précisement, quelle est sa mission. On m'a dit qu'il vient offrir la mediation pour l'affaire de Höxter et y assurer ces Princes-cy d'un secours considerable, en cas que l'accomodement ne puisse réussir. Mais peutestre y a-t-il quelque chose de plus particulier.

J'ay eu l'honneur de vous mander, Monseigneur, la premiere fois que j'estois à Hammeln, que M. le Duc d'Hanouer auoit comme moy remarqué (les traits que M. le Duc de Zell et l'Euesque d'Osnabruk ses frères jettoient en ma presence contre les Estats Generaux, et le peu de satisfaction qu'ils témoignoient en auoir. Ayant plusieurs fois discouru de cela auec M. le Duc de Hanouer, il me dit qu'asseurement ses freres n'auoient encore aucun nouvel engagement auec les Estats Generaux, et qu'il les voyoit tres capables d'en prendre auec le Roy, mais qu'il y auroit peutestre quelque hazard de leur en faire la proposition, tant que dureroit leur traité de la Quadruple alliance qui doit expirer dans quelques mois). Il me demande fort pourtant, si j'estois d'avis qu'il (leur en touchast quelque chose, en me marquant en mesme temps le danger que cela leur fit deuiner le reste, et me dit qu'il feroit en cela ce que le Roy luy ordonneroit). Je luy repondis que (le Roy ayant une tres grande confiance en son affection se remettroit toujours à luy de ce qu'il y auroit à faire auec M[rs] ses freres qu'il connaissoit mieux que le Roy ny personne ne pourroit les connaistre, et auec qui il sçauoit bien jusqu'où l'on deuroit s'aduancer). Maintenant il dit souuent, que si (le Roy le traittoit bien, ce seroit un grand appas pour attirer ses freres dans le seruice de Sa M[té], et il faudroit se haster de conclurre auec luy, parceque dans l'union que sa maison conserue, ceux qui ne seroient pas engagéz, verroient bien qu'il seroit plus aisé de se joindre au premier qui auroit pris parti que de l'en retirer pour ne se point diuiser des autres). Je croy qu'il dit vray. Mais (comme il demandera bien de l'argent, il en faudroit sans doute encore beaucoup à ses freres) Cependant (s'il y auoit quelque chose à faire auec eux, je crois, qu'il ne faudroit pas attendre que le traitté de la Quadruple alliance fut eschoué, ne m'imaginant pas, s'ils ont quelque engagement à prendre, comme ils ne peuuent presque pas s'en disposer, qu'ils attendent jusque là).

Un gentilhomme nommé Villiers, qui est à M. le Duc de Zell et fort bien aupres de son Maistre et de M. l'Euesque d'Osnabruk, auec qui j'ay une ancienne connoissance, et qui m'a dit, Monseigneur, vous auoir quelque fois escrit de diferentes choses, me fist une proposition sur laquelle je ne voulus rien repondre, si ce n'est qu'estant venu uniquement pour l'accommodement de l'affaire de Höxter, je ne pourrois pas me mesler d'autre chose. Il me dit donc, qu'il conseilleroit fort à ses Maistres, durant qu'ils sont arméz, de s'en aller assiéger et prendre la ville de Brunsuick, qui leur apartient, et qui depuis longtemps a secoué le joug de ces Princes, et que s'ils prenoient cette resolution, le Roy auroit un moien seur de s'obliger toutte cette Maison et de les engager dans ses interests en leur donnant quelque assistence pour cette entreprise. Selon ce que j'en ay pû voir, je croy pouuoir assurer, que M. de Villiers ne parloit que de luy mesme, et je scay que depuis il a fait au Duc et à l'Euesque d'Osnabruck la proposition d'assiéger cette ville, qu'elle leur a plû assez, et qu'ils ne luy ont fait de dificulté que sur ce que cette ville estant du partage du Duc de Wolfenbutel, à qui le seul droit qu'on luy en a laissé, a esté compté pour beaucoup, et qui par cette raison ne consentiroit jamais que les autres y eussent part, ils ne recueilleroient pas le fruit de leur travail. Encore, Monseigneur, qu'il y ait de certaines choses dans cette proposition) dont il semble qu'on pourroit bien et utilement se seruir pour le grand dessein), neantemoins je ne vous en escris que pour ne manquer à rien.

. . . J'ay, Monseigneur, dans mes instructions, que je puis, s'il en est besoin, promettre mesme la garentie du Roy pour la paix entre M. l'Euesque de Munster et ces Princes-cy. Je croy, qu'il y auroit quelque sorte d'inconvenient à la donner dans le traitté provisionel, et le projet que nous auons enuoié, est tourné d'une façon qu'il n'en sera pas besoin. Mais pour le traité qui se fera à Bilefelt sur le fond de l'affaire de Höxter, je tiens qu'il est de l'interest et de la gloire et autorité du Roy d'en estre garent, que cela fait voir à tout le monde le soin que S. M^té^ a de la paix publique, (la tient tousjours en possession d'estre arbitre de tous les difference qui arriuent sans en Allemagne), oblige (encore dauantage ces Princes-cy et M. l'Euesque de Munster mesme à se bien gouuerner auec Elle) . . .

42ᵃ. Herzog Georg Wilhelm an Herzog Ernst August, dat. (Mitte April 1671). (Concept von der Hand des Kanzlers Schütz).

E. Ld. werden sich gutermaßen erinnern, was bei Unsrer Anwesenheit zu Hameln wegen der Stadt Braunschweig vorkommen, und wie daß darfür gehalten worden, ob jetzo das tempo sein möchte, das Recht so Unsrem fürstl. Haus über dieselbe zustehet, effective zu erlangen. Nun haben Unsers Vetters Herzog Rudolf Augusti Ld. dieser Tage Dero Kammerpräsidenten bei Uns gehabt und auch dieser Sach halber Anregung thun lassen. Ob schon jetztgedachter von Heimburg auf einige particularia nicht instruiret gewesen, so haben wir doch so viel vermerket, daß man Wolfenbüttelischen Theils Uns endlich eine quartam an der Stadt gestehen, auch die Dannenbergischen Ämter wohl in compensationem abtreten dörfte, wann Wir hingegen den Überschuß durch andere aequipollentia zu ersetzen gemeint. So viel dann Unsern Antheil an besagter Stadt anlangt, werden Wir uns von Unserer Vorfahren Prätension nicht abgeben, welche auf die Hälfte und nicht die quartam gangen. Wofern auch Wolfenbüttel hierin nicht weichen will, werden Wir viel lieber von allen Tractaten abstehen und das Werk in statu quo beruhen lassen. Wie Wir aber uns die Hoffnung machen können, es werde Unsers Vetters Ld. Unser Recht auf solche Weise weiter nicht disputiren wollen, also wird es vornehmlich darauf ankommen, 1°) ob Wir die Stadt vor Uns begehren und Unsers Vetters Ld. aus andern Mitteln Satisfaction geben sollen, 2°) wann Wir S. Ld. dieselbe überlassen, was Wir hingegen für ein Äquivalent zu fordern hätten.

Bei dem ersten zeigen sich solche Umstände, daß Wir nicht wohl sehen mögen, wie Wir füglich zu der Stadt gelangen können. Wir finden nicht, daß man Zellischen Theils die Hälfte Wolfenbüttel jemalig disputiret, ist also dessen ins liquidum. Es dörfte ferner ein solch aequipollens nicht allein gefordert, sondern auch verstattet werden müssen, welches Unsern jetzigen Estat nicht wenig incommodiren dörfte. Wir wollen jetzo nichts von Situation der Stadt und andern Umständen, die bereit zu Hameln vorkommen und Ew. Ld. annoch in frischem Andenken sein, anführen und sein diesem nach annoch der Meinung, Wir hätten auf völliger Cession der Stadt selbst nicht zu bestehn, sondern selbige Unsers Vetters Ld. gegen ein gnugsambs Aequipollent zu überlassen. Jedoch werden Wir, umb Unsere Intention desto besser zu erheben, anfänglich die Stadt selbst prätendiren, auch auf den Fall Wir von selbiger abstehn, Uns und Unsern successoribus an dem Fürstenthumb Zell nichts desto weniger die Eventual-Huldigung nebenst dem Successionsrecht ausbedingen.

Bei dem zweiten wird deswegen fast schwer fallen, eine gewisse Resolution zu fassen, aldieweil man nicht sicherlich wissen kann, was ein Landsherr von gemeldter Stadt jährlich mit Recht und ohne deren Ruin genießen mag. Es will zwar ausgegeben werden, ob der Stadt Einkünften sich jährlich über hundert und mehr tausend Rthlr. erstrecken. Es ist aber an sich bekannt, daß derselben ihre Einkünfte nicht wohl werden entzogen können, zumal sie ansehnliche pacta und privilegia vor sich hat, und man nicht gern wird den Namen haben wollen, daß man die Stadt ohne ihr Verschulden derselben priviret und entsetzet. Zu geschweigen, daß solche ansehnliche Stadt zumal ohne einem aerario und erträglichen Einkünften nicht erhalten werden mag. Wolfenbüttelschen Theils will man die Dannenbergischen Ämter hingegen zu 30 000 Rthlr. jährlicher Intraden anschlagen. Ob nun dieselbe richtig einkommen, das wird wohl endlich zu erkundigen sein. Allein, wie obgedacht, will man Wolfenbüttelschen Theils darfür halten, daß solch Quantum Unsere Prätension an der Stadt ein merkliches übertreffe, und sein Wir demnach obligiret, das Übermaß mit andern Gütern oder Intraden zu ersetzen. Wir sein auch nicht ungeneigt, Unsers Vetters Ld. Unser Stift Walkenried befindenden Dingen nach abzutreten, und beruhrt es nunmehr lediglich auf einer Zusammenschickung Unserer Räthe, welche das ganze Werk so viel immer möglich untersuchen und dahin arbeiten, daß man sich eines gewissen vergleichen können. Es ist auch auf nächstkünftigen Montag zu Burgtorf ein Zusammenkunft in Unserm fürstlichen Haus veranlaßet wegen der zu Bielefeld vorseienden Haupttractaten, da dann auch dem mit dem von Heimburg genommenen Verlaß nach zwischen Uns und Wolfenbüttel dieser Sach wegen Handlung gepflogen werden soll.

Wie nun E. Ld. merklich hierbei interessiret, also haben Wir umb so viel weniger ermangeln wollen, Deroselben obigen Verlauf und was Uns dabei zu Gemüt gehet, in freundbrüderlichem Vertrauen zu communiciren, E. Ld. ersuchend, Sie Ihr belieben lassen wollen, Uns nicht minder Dero bei solchem wichtigen Werk führende hocherleuchtete Gedanken mit dem nächsten zu eröffnen, welche dann von Unsern Räthen möglichsten Fleißes beobachtet werden sollen. Wollen auch Ew. Ld. jemand von Ihren vertrauten ministris nach gedachtem Burgtorf unter dem Prätexte, ob er, was Ew. Ld. in der Hoxarischen (= Höxterschen) Sach bei bevorstehenden Tractaten zu Vortheil Unsers fürstl. Hauses zu contribuiren haben möchten, zu vernehmen dahin beordert, absenden: werden Wir Uns solches nicht weiniger lieb sein lassen, auch die Unserige dahin instruiren, daß sie mit demselben alles vertraulich überlegen sollen. Mit Unsers Bruders Herzog Johann Friedrichs Ld. gleichmäßige Communication zu pflegen, ist bis dahin bedenklich und für besser gehalten worden, alsdann erst S. Ld. von dem dessein gegen die Stadt ouverture zu thun, wann Wir mit Wolfenbüttel verglichen. Wir wollen nicht zweifeln, S. Ld. werden sich bewegen lassen, Uns alsdann beizutreten und des gesambten Hauses Reputation in einer so notablen occasion nach Möglichkeit mit zu befordern. Wir erwarten Ew. Ld. Antwort mit Verlangen und bleiben 2c.

gez.: G(eorg) W(ilhelm).

42b. Herzog Rudolf August an Herzog Georg Wilhelm, dat. Wolfenbüttel, 24. April 1671 Abends um 9 Uhr. (Eigenhändig.)

Wohin Ew. Ld. Sich in der bewußten Sache abereins erkläret, habe ich aus meines heute gegen den Mittag zurückgekommenen Kammerpräsidenten Relation und zwar dahin wohl eingenommen, daß Ew. Ld. in Erwegung, wir so weinig uns sofort dürften vereinigen können, wie viel ein jeder unter uns an der Stad zu prätendiren, alß man auch wissen möge, waß dan eigentlich davon auf allen Fall zu genießen, dafür halten, eß würde am besten seyn, daß man sich für erst der Stad auf gemeine Kosten bemächtige und sich darüber demnegst in Güte zu vergleichen oder durch ein Compromis die Sache zu erörtern hätte. Nuhn bin ich wohl gesichert, daß Ew. Ld. Dero bekanter Generösität nach hierunter eine aufrechte und bloß zu unßers Hauses Aufnahme zielende Intention führen, will auch gar nicht zweifeln, wir würden uns darüber ins künftige leicht vergleichen; weil wir aber nicht allein sterblich, sondern auch sonsten viele itzo nicht absehende Verhinderungen sich in den Weg legen können, so den intendirenden Zweck leicht verhindern und die Continuation der Communion befodern möchten: so geben wir Ew. Ld. hochvernünftigen Nachsinnen anheimb, ob man nicht auf solchen Fall dadurch der Intention, beständige Einigkeit in unserm Hause zu stiften, leichtlich verfählen dörfte und demnach das beste Mittel sey, daß man sich sofort itzo durch eine Bogenhandlung völlig und aus dem Grunde zu vergleichen suche. Nuhn habe ich Ew. Ld. die Beschaffenheit der Dannebergischen Ämpter und wie Sie selbige weit höher, als ich bishero gethan, werden genießen können, durch meinen Kammerpräsidenten alschon vorstellen lassen, da hingegen Ew. Ld. und Dero gottsählige Vorfahren nuhn in so langer Zeit von der Stad nichts genoßen, davon auch an Kammerintraden auf eine oder andere Seite etwas zu genießen weinig, ja fast keine Hofnunge vorhanden, und wolte demnach das gantze Werck darauf ankommen, was Ew. Ld. mir nebest Übertragung Ihres Interesse an der Stadt freundvetterlich abtretten wollen. Dabey ich nicht bergen kan, daß ich nicht wohl sehe, wie das Stift Walckenriedt von der geistlichen Stiftunge gäntzlich zu befreyen und ich dahehro dazue kein sonderbahres Belieben trage, sondern vielmehr hoffe, Ew. Ld. werde nicht entgegen seyn, mir an deßen stadt die beede Ämpter Campe und Fallersleben abzutreten, und obschon derer Ertrag mir nicht bekandt, vermuhte ich dannoch, es werde derselbe eben so gar hoch nicht hinan laufen, und setze demnach in Ew. Ld. Äquanimität keinen Zweifel, Sie werden den ermelten Ämbtern einen solchen erkläcklichen Nachschuß an Gelde thun, daß dadurch die Gleicheit erreichet werden möge, gestalt dan wegen Wiedererstattung solcher Gelder auf allen widrigen Fall gebührende Versicherung zu thun erböhtig bin.

Ersuche demnach Ew. Ld. in freundvetterlichen Vertrawen, Sie wollen Ihre löbliche Intention nicht zurückziehen, vielmehr den unsterblichen Ruhm, welchen Sie alß eltister unsers Hauses bey dieser Action erlangen, nebenst dem mercklichen aus dem Dannebergischen hoffenden Nutzen in reife Consideration ziehen und sich hierauf zulänglich erklären, auch mir Dero Guhtfinden eröfnen, wie Sie vermeinen, daß entweder durch unsere persöhnliche Zusammenkunft oder unserer Rhäte das Werck ohnverzöglich zum Ende gebracht werden könne. In dessen Erwartung verbleibe ich

Ew. Ld.

dienstergebenster trewer Vetter, Diener und Knecht
R. Augusts.

42c. Herzog Georg Wilhelm an Herzog Rudolf August, dat. Celle, 25. April 1671. (Concept des Kanzlers Schütz).

Ew. Ld. Handbrieflein, wormit Sie mich unterm 24. dieses ehren wollen, habe ich für wenig Stunden wohl erhalten und daraus mit mehreren vernommen, warumb Ew. Ld. bedenklich fallen wolle, die von mir ohn einige Verfänglichkeit vorgeschlagene Gesambtbesatz- und Regierung Unserer Stadt Braunschweig zu belieben, sondern annoch in den Gedanken stehen, Ew. Ld. möchte ich mein an der Stadt habendes ius gegen die Dannenbergische Ämbter abtreten und den Überschuß, welcher sich bei denselben finden möchte, nicht sowohl mit Walkenried als den beeden Ämbtern Campen und Fallersleben und dann noch einer erklecklichen Summe Geldes ersetzen. Nun zweifle ich nicht, Ew. Ld. werde Dero Kammerpräsident zugleich hinterbracht haben, was mich zu erwähntem Communionsvorschlage bewogen, wie daß ich darbei anderst nichts intentirt, dann daß, weil die jetzt in Handen habende gute Occasion verloren gehen dörfte, [ehe] als man sich aus dem Grund und dergestalt vergleichen könnte, daß hiernächst derentwegen nicht hochschädliche Weitläuftigkeit in unserm fürstlichen Hause erfolgen dörfte, nicht wohl einig anders Mittel zu ersinnen, wordurch der beederseits intentirte Zweck zu erhalten. Gestalt dann auch keine Bogenhandlung mit Bestand vorgenommen werden mag, wo die Parteien wegen ihres Rechtens nicht einig, und man wenigstens nicht beiläufig wissen kann, was die dividenda importiren und werth sein mögen, wie in gegenwärtigem Fall, da Ew. Ld. von der Nutzung gedachter unser Stadt Braunschweig so wenig als ich einige sichere Wissenschaft zu haben sich vernehmen lassen. Mir seind auch die inconvenientia, welche dergleichen communiones nach sich führen, nicht unbekannt; und da ich nichts mehr wünsche und verlange, als daß in unserm fürstlichen Gesambthause auch nach meinem Tod ein vollkommener Fried und Einigkeit als das wahre Fundament aller zeitlichen Felicität erhalten werden möge: also habe ich zugleich einige media vorgeschlagen, wodurch man zeitlich aus sothaner Communion gelangen möge, und können Ew. Ld. wohl versichert sein, daß ich an mir gar nicht erwinden lassen werde, was darzu diensamb, auch an sich recht und billig.

Ew. Ld. ist zur Genüge wissend, was die zwischen mir und meiner Brüder Ld. Ld. zumal in a° 1665 getroffene Vergleich ratione successionis in diesen Fürstenthumb und Landen mit sich bringen, und wie kraft derselben auch Ew. Ld. selbsteigenen principiis nach sich bei diesem Werk niemand als meines Bruders des Bischofs zu Osnabrug Ld. interessiret machen kann. Nun seind S. Ld. rühmliche intentiones für die Wohlfahrt unsers fürstlichen Hauses Ew. Ld. genugsamb bekannt. Sie werden demnach so wenig als ich geschehen lassen, daß andere Leut sich solcher Communion zu Präjudiz ein oder andern Theils und dahero befahrender Zerrüttung unsers fürstlichen Hauses mißbrauchen. Wird demnach die Gefahr, welche die Vergänglichkeit und Änderung der zeitlichen Dinge bei Ew. Ld. erweckt, und zwar verhoffentlich umb so viel weniger zu apprehendiren sein, aldieweil hochgedachtes unsers Bruders Ld. von dieser unserer Handlung nicht allein Wissenschaft tragen, sondern auch ohnschwer dahin zu disponiren sein werden, daß Sie den errichtenden Vergleich in allen seinen Punkten genehm [sic] und unterzeichnen.

Ich will jetzo nicht gedenken, daß beeder Theil iura also vermehrt und der modus regiminis bei währender Communion dergestalt gefaßt werden kann, daß denjenigen, welche hierunter eine Gefährde zu suchen hiernächst in Sinn nehmen dörften, wenig oder vielmehr gar keine Gelegenheit dazu übrig bleibe. Ew. Ld. will ich mit Anführung unsers bei der Stadt habenden Rechtens nicht beschwerlich sein, es will mir auch solches die Enge der Zeit nicht zugeben. Zu Ew. Ld. Äquanimität setze ich gleichwohl das gute Vertrauen, Sie dieses nicht zur Contradiction kommen lassen werden, daß ich die Stadt selbst pro rata zu behalten befugt noch mich darvon abweisen zu lassen schuldig. Indem ich nun gleichwohl mich zu einem andern erbötig gemacht gehabt, so hatte ich wohl die Hoffnung geschöpft, will auch dieselbe noch nicht fallen lassen, Ew. Ld. werden hierbei nichts ungleiches präsumiren, sondern mehrerwähnte Communion als das nächste Mittel, pro nunc zu dem intentirten Zweck zu gelangen, Ihro gefallen lassen. Gestalten dann auch bei solchem Vorschlag ich es noch zur Zeit umb so mehr bewenden lassen muß, aldieweil wegen des sonst ins Mittel gebrachten aequipollentis eben wohl solche Difficultäten sich in Weg legen, daß ich nicht absehen kann, wie wir sobald, als es die jetzige Conjunctur und andere Umbstände erfordern, eines gewissen uns vereinbaren können.

Zwar was das Stift Walkenried anbelanget, muß ich billig dahin gestellt sein lassen, was Ew. Ld. wegen der geistlichen Stiftung Ihr zu Gemüthe gehen lassen. Von Ew. Ld. Kammerpräsidenten aber habe ich so viel vernommen, daß Sie verlangen, daß ich Deroselben meine iura an den beeden Stiftern in Braunschweig, Blasii und Cyriaci, abtreten möge. Ob nun dieselbe nach Intention der Fundation administrirt werden, daran mag eben wohl sehr gezweifelt werden. Indem sonsten meine iura nicht etwan in Conferirung ein und ander Präbenden bestehen, sondern die Superiorität über berührte Stift unter

33*

selben mit begriffen, auch diese Stifter mit Steur und Contributionen uns zu Nachtheil belegt worden, welches den bei Handen habenden Nachrichten nach sich auf ein ansehnliches beläuft, und ich nach dem von meinen fürstlichen Vorfahren auf mich verstambten Antheil zu repetiren mich höchst befugt erachte: so wird bei fernerer Handlung sich wohl so viel ergeben, daß ich meinestheils einigen Nachschuß bei den Dannenbergischen Ämbtern nicht bedörfte. Wie dann auch, anderer Ursachen zu geschweigen, ich eben aus der Consideration mich zu Abtretung ein oder beeder Ämbter Campen und Fallersleben, auch einiger Geldsumm nicht werde verstehen können, sondern da Ew. Ld. auf solchen unvermutheten und zu meiner Verunglimpfung bei der Posterität gereichenden conditionibus beharren sollte, viel besser gerathen zu sein achten, mein Recht — so gut ist es bei der Stadt — aufrecht zu halten und dasselbe durch erlaubte Mittel und Weg zu verfolgen.

Ich erinnere mich zwar gar wohl, wie wenig Nutzen meine Vorfahren von der Stadt gehabt. Ew. Ld. führen aber mit mir gleiche Klagde, und vermeine ich, daß wir umb so weniger zu verdenken sein werden, wann wir dasjenige, so uns so lange Zeit widerrechtlich vorenthalten oder geweigert worden, nach dem Exempel anderer Ständ und dem Vermögen, welches Uns die göttliche Allmacht verliehen, vindiciren und wiederumb herbeibringen. Was dann die Recuperirung einer solch considerablen Stadt unserm fürstlichen Estat für Nutzen und Reputation bringen könne, das bedarf keiner Ausführung, und würde mir bei der Posterität zu keiner Entschuldigung dienen, wann ich hierbei bloß auf die Kammerintraden das Absehen genommen.

Ew. Ld. erinnern sich zuversichtlich aus den pactis unserer löblichen Vorfahren, was es mit der Superiorität der Dannenbergischen Ämbter für eine Bewandnüs hat. Ob ich die Einkünfte derselben verbessern kann, ist ganz ungewiß, und da es geschehen sollte, könnte ich doch solches bei dieser Handlung und instar aequipollentis nicht imputiren lassen, und zwar umb so viel weniger, weil, wie ich vernehme, solches dahero geholet werden will, daß der Streit ratione superioritatis Ew. Ld. hierunter hinderlich gewesen; welche aber meine Vorfahren ihnen vorbehalten, und daß ich deren vestigiis gefolgt und noch folge, Ew. Ld. mich nicht verdenken werden. Soll also vermittels der Superiorität mir ein mehreres zugehen, würd solches nicht sowohl dem zu treffenden Vergleich als meinen vorhin gehabten Rechten zuzulegen sein. Wie wohl es auch an dem und nicht wohl zu verneinen, daß Ew. Ld. mit Überlassung der Superiorität über oftermähnte Unsere Stadt Braunschweig nicht zugleich das Vermögen eingeräumet werde, Ew. Ld. Kammergefälle auf ein merkliches zu verbessern, ohne was die contributiones derselben zutragen möchten.

Ew. Ld. habe ich meine in diesem wichtigen Werk führende Gedanken hiermit desto ausführlicher eröffnen wollen, damit Sie nicht allein noch weiter abnehmen können, wie ich meinestheils auf keinen Vortheil zu Präjudiz Ew. Ld., sondern bloß des gesambten Hauses Besten und die lautere Billigkeit ziele und darmit, wann Ew. Ld. gefallen sich mit mir aus der Sach weiter zu besprechen, man sich desto beständiger gegen einander vernehmen lassen kann. Wie ich dann übrigens mit Ew. Ld. in dem ganz einig, daß man kein Moment zu versäumen, sondern sich der noch in Handen habenden guten Occasion prävaliren und das Werk zum Effekt zu bringen sich angelegen sein lassen soll. Stelle demnach zu Ew. Ld. Gutbefinden, ob Dieselbe sich alhier auf meinem Ambtshaus Gifhorn oder nach Wienhausen und etwan gegen künftigen Montag unbeschwert einfinden wollen. Und indem ich hoffe, Ew. Ld.

Ihr solches nicht zu entgegen sein lassen, auch damit umb so viel mehr die Zeit gewonnen werde, thue [ich] meines Bruders des Bischofs zu Osnabrug Ld. durch einen Expressen ersuchen, daß Sie zu gleicher Zeit an einen beeder Orten [sich] erhebe. Und in Erwartung Ew. Ld. freundvetterlicher Erklärung ꝛc.

gez.: G(eorg) W(ilhelm).

42d. Etat der im Juni 1671 zur Belagerung von Braunschweig versammelten Armee, nach einer französischen Aufzeichnung. (P.)

I. Liste de la cavallerie qui a esté au siege de Brunswick.

1. Celle:	Regt du corps Haxtenhusen[1]	6 cpg	420 chev.	
	Regt de Villiers	6 »	420 »	
	Regt du Major Wilm	6 »	420 »	
				18 cpg 1260 chev.
2. Osnabrug:	Lieut.-Colonel Laband	4 »	288 »	
	Hitzfeld	4 »	288 »	
				8 » 576 »
3. Hannover:	Gardes, Colonel Paland	1 »	100 »	
	Col. Rauchhaupt	6 »	600 »	
	Général-Major Offener[2]	6 »	600 »	
	(sera reformé) Col. Löwel[3]	2 »	200 »	
	Dragons	3 »	300 »	
				18 » 1800 »
4. Wolfenbüttel:	Regt du corps, Col. Wilke	6 »	420 »	
	(sera reformé) Col. Siegel[4]	6 »	420 »	
	(sera reformé) Col. Ilten	6 »	420 »	
				18 » 1260 »
	Somme de la cavallerie:			4896 »

II. Infanterie.

1. Celle (a laissé dans ses places 400).				
	Compg. du corps	1 cpg.	180 fant.	
	Colonel Fraise[5]	10 »	1050 »	
	Col. Ente[6]	9 »	950 »	
	Col. Molleson	10 »	1050 »	
	Col. Ziegler	10 »	1050 »	
	éleus du pays	3 »	600 »	
				43 cpg. 4880 fant.
2. Osnabrug:	Col. Uffel[7]	10 »	1000 »	
	Col. Degenfeld	10 »	1000 »	
				20 » 2000 »

1) = Harthausen. 2) = von Offener. 3) = von Löwen.
4) = Ziegeler der Jüngere. 5) = von Friesen. 6) = von Ende.
7) = von Uffeln.

3. Hannover (a laissé à Hameln pour y travailler aux fortifications 1000 hommes, en autres places 4 hommes): Col. Michel[1])	10 cpg.	1050 fant.	
Major Vitzthumb	10 »	1050 »	
			20 cpg. 2100 fant.
4. Wolfenbuttel: Général-major Stauff[2])	6 »	1000 »	
Col. Schönberg	3 »	600 »	
Col. Brügge	6 »	700 »	
Lieut.-Col. Borgk[3])	6 »	700 »	
			21 » 3000 »
Somme de l'infanterie			11 880 »
Somme de toutte l'armée			16876.

43. Kurfürst Friedrich Wilhelm von Brandenburg an Herzog Georg Wilhelm, dat. Potsdam, 22. Mai 1671.

Aus Ew. Ld. vom 19. huius an Mich abgelassenen Schreiben, welches Mir allererst gestern Abend eingeliefert, habe Ich mit mehrem ersehen, was-gestalt Dieselbe neben Dero Herrn Bruders und Vetters Ld. in Werk begriffen sein, Dero Stadt Braunschweig dermaleins zu würklicher Prästirung desjenigen, was sie Dero fürstlichen Hause schuldig sein, anzuhalten, in Entstehung dessen aber und dafern sie sich in der Güte nicht accomodiren sollte, dieselbe dazu vermittelst Ihrer auf den Beinen habenden Truppen, wodurch Sie schon die Stadt schließen lassen, mit Gewalt zu zwingen und zur raison zu bringen, mit angehängtem freundvetterlichen Ersuchen, Ew. Ld. hierunter auf allen Fall zu assistiren.

Nun sage ich zuvorderst Ew. Ld. für diese vertrauliche Communication freundvetterlichen Dank. Ew. Ld. können sich auch versichert halten, daß Sie in der gegen mich bezeugenden guten Confidenz und sonderbarem Vertrauen keinesweges fehlen, sondern bei dieser Occasion alles von mir erwarten können, was ein getreuer und aufrichtiger Freund dem andern in dergleichen Fällen zu leisten schuldig ist. Es ist daneben Ew. Ld. gnugsam bekannt, wie großen Abscheu Ich an der Unterthanen Widersetzlichkeit und Ungehorsam gegen die von Gott ihnen fürgesetzte Obrigkeit trage, und daß Ich solchen so wenig bei Frembden billige, als Ich dergleichen meinen Eigenen gutheiße und verstatte. Ich werde demnach die Ankunft dessen, welchen Ew. Ld. an mich abzufertigen willens, erwarten und von demselben sowohl der Sachen eigentliche Umbstände als Ew. Ld. Intention und worin, auch welchergestalt Dieselbe meine Assistenz verlangen, mit mehrem vernehmen, auch mich darauf dergestalt erzeigen, daß Ew. Ld. und Dero Herrn Bruder und Vetters Ld. in der That meine aufrichtige und treunachbarliche Freundschaft zu verspüren haben mögen. Wünsche Deroselben schließlich allen selbst verlangenden glücklichen Succeß und daß Sie nach Dero eigenem Wunsch und Begehren ohne Weiterung und Blutvergießen zu Ihrem Zweck gelangen, Ich aber ofters Gelegenheit finden möge, Ew. Ld. und Dero fürstlichem Hause Dienste und Gefälligkeit zu erweisen, als der ich allzeit sein und bleiben werde

(gez.) Ew. Ld. dienstwilliger Vetter und Gevatter
Friedrich Wilhelm, Churfürst.

1) = von Mücheln. 2) = von Staufen. 3) = von der Borch.

43ᵃ. Duc d'Enghien an Herzog Johann Friedrich, dat. (Mai 1671).

(Quand j'ay pris congé du Roy, je l'ay laissé en quelque disposition de vous envoyer M. de Gourville et à Mess. vos frères. Comme il est persuadé de vostr' affection, et qu'il n'a pas le mesme sujet de l'estre d'eux, il a creu qu'il estoit à propos de leurs envoyer une personne agréable. Cependant vous ne devés pas croire que l'attachement qu'il pourroit avoir pour eux, luy fasse fair' aucun pas à vostre préjudice, ny qui pust diminuer le bon gré que le Roy vous sçait tousjours de la manière, dont vous estes entré dès le commencement dans l'affaire dont il est question. Il a un attachement pour moy bien plus fort qu'il ne pourroit jamais avoir pour eux, et il sçait trop celuy qui est entre nous, pour pancher trop de l'autre costé. Il vous rendra conte de tout, et je vous asseure, que Verjus et luy tous deux ensemble ne doivent vous estre suspects. Je ne sçay, si on se résoudra tout à fait de l'envoyer). Je n'ay pu suivre la cour, parce qu'il a fallu que je sois venu dans mon gouvernement tenir les estats. Je ne seray de retour auprès du Roy que dans six semaines et ne pourray vous mander aucune nouvelle pendant ce temps là. Cependant j'ay crû vous devoir (donner cet' avis, afin que vous n'en soyés pas surpris, si le Roy exécute le project qu'il a fait, d'envoyer à Brunsvics. Je ne vous exhorte pas à apporter touttes les facilités à ce traitté, vous connoissés trop toutes les raisons qui doivent vous y engager. Je suis au desespoir des difficultés, que je voy qui s'opposeront à la conclusion, que je souhaitte avec tant de passion).

43ᵇ. Herzog Johann Friedrich an Duc d'Enghien, dat. Hannover, 16/26. Mai 1671. (Concept von Grote.)

Me connoissant fort obligé aux soins que vous prenés de me rendr' informé de tout ce qui pourroit regarder mes intérests, je n'ay pas voulu manquer de vous remercier de l'avis que vous me donnés du voyage de M. de Gourville en ces quartiers, dont j'ay autant moins de sujet de prendre aucun ombrage, que je ne vois point d'apparence que je puiss' avoir quelque chose avec luy, m'estant expliqué de toute chose qui peuvent regarder les présentes conjonctures, à Mess. le prince Guillaume de Furstenberg et de Verjus. Tout le reste depend de la résolution du Roy, laquelle je dois sçavoir, selon qu'ils m'ont promis, en fort peu de temps. Je souhaitte, en cas que le dessein du voyage du dict M. de Gourville s'execute, que sa negociation aye le succés desiré, quoyque je ne me voye pas en estat d'y pouvoir contribuer grande chose. J'attendray cependant avec une grand' impatience la nouvelle de vostre heureux retour à Paris et suis plus que personne du monde à vous.

44. Bregett, Sekretär des Prinzen Wilhelm von Fürstenberg, an Freiherrn Grote[1]), dat. Dunkerque ce 20ᵉ may 1671.

Encore que je fasse estat de partir apres demain d'icy pour retourner en Allemagne, et que je ne doubte pas d'avoir bientost le bien de vous

1) Von Grote eigenhändig dechiffrirt.

voir à Billefeldt, où Mgr l'Electeur de Cologne pretend m'envoyer pour nostre differend avec la ville de Cologne, dès aussy tost que je seray arrivé auprès de luy, et qu'il sçaura que les estats du cercle de Westphalie seront assemblée dans la d. ville de Bilefeld: je n'ay pourtant pas voulu manquer de vous faire sçavoir par advance, que (le Roy) a esté infiniment surpris, lorsqu'il a veu, que (les subsides que nous . . . traittions[1]) avoir pour entrer dans l'alliance offensive contre Mesrs les Estats Generaux de Hollande, montoint à quatre fois plus que ce qu'il nous avoit offert), d'autant que n'ayant iamais pris le dessein de (faire la guerre aux dits Estats Generaux) pour (aggrandir son estat), mais seullement pour (abbattre leur orgueil insupportable) et pour (se venger) et les d. (princes aussy des torts) qu'ils avoient recue d' (eux, le Roy auroit esperé que moyennant les offres avantageux) qu'il leur avoit faict faire, ils n'auroient pas faict difficulté (d'entrer dans une alliance), où pour ainsi dire (tout le profit et avantage de la guerre leur devoit demeurer). Mais comme (je luy ay demonstré), que je ne voyois pas apparence que (tous les princes) et surtout (M. le duc de Hanover relacheroient en rien de leurs demandes), j'ay bien reconnu que (le Roy auroit esté fort aise), si sans faire breche à son honneur et à sa reputation il auroit pu (différer son dessein), jusques à ce qu'il eust esté (en estat d'accorder aux dits princes les subsides qu'ils luy demandoient). Mais s'estant desja si fort (engagé avec le Roy d'Angleterre qu'il n'en estoit plus le maistre), et qu'il se trouve obligé de (rompre avec la Hollande), quoique (seul, au plus tard vers le commencement du printemps prochain), c'est pourquoy (le Roy), faisant un grand fonds sur l'amitié de (M. le duc de Hanover) et sur (l'interest que luy et tous les princes voisins d. Estats Generaux ont à leur abbaissement), espere que (le duc de Hanover et tous les autres princes et electeurs, dont il a esté question, luy faciliteront au moins l'execution de cette entreprise par une neutralité favorable) et cela moyennent (des conditions tres avantageuses et raisonables) que j'auray (pouvoir de leur promettre et accorder), et que je pense qui ne seront pas desagreables, puisqu' entre autres choses (le Roy s'est aussi resolu de faire payer au duc de Hanover huit jusques à dix mille Rthlr [sic] par mois, payable du premier jour de juin ou juillet, selon que le traitté se signera). Enfin, Monsieur, tout ce que je puis vous dire, est que (les engagements du Roy de France avec celuy d'Angleterre sont si forts, qu'il faut bien que le Roy de France fasse la guerre aux Estats de Hollande), quelque chose que nous fassions. C'est pourquoy je vous conjure de cooperer, que (M. le duc de Hanover ne s'engage à rien) jusques à ce que (j'aye eu l'honneur de le voir moy mesme), ou que tout au moins (je vous aye entretenu). Car je suis fort assuré, qu'en nous entendant bien ensemble (nous tirerons de tres grands avantages de cette resolution du Roy), pourveu que nous puissions faire en sorte que (Cologne, Brandenbourg, Pfalz-Neuburg, la maison de Brunswic et l'evesque de Munster puissent mettre en campagne un corps de 25 jusques à 30 mille homme pour les employer selon le besoin qu'ils auront), ou selon qu'ils le jugeront à propos. Car sans cela je ne voudrois pas promettre que nous n'eussions pas bien à souffrir (tant des trouppes de Hollande que de celles de France). Faites moy la grace de faire rapport de tout cecy à S. A. et de l'assurer de

---

1) Vielleicht = soumettions.

mes tres humbles services, et que je (me hasteroy le plus qu'il me sera possible, pour estre dans 7 jours d'icy à Cologne).

Vous n'aurez pas, Monsieur, cette lettre signée de la main de S. A. parce qu'elle m'a dit que si elle estoit obligée de sortir avec le Roy, je ne laissasse pas de faire tousjours partir cet expres, et que je n'aurois qu'à la signer, ce que je fais en vous assurant que ie suis avec beaucoup de respect

Monsieur

vostre tres humble et tres obeissent serviteur

Bregett.

45. Herzog Johann Friedrich an Princesse Palatine, dat. (Mai/Juni 1671). (Eigenhändiges Concept.)

Je suis ravy, Madame, d'apprendre par celle que vous m'avez fait l'honneur de m'escrire, que mon courrier vous a trouvé estent[1]) heureusement de retour à Paris du voyage que vous aviez fait pour condhuire Mad. la Princesse de Salem[2]), et que ma lettre est arrivée en temps pour vous demander et aprendre vos sentimens seur[3]) ce que j'avois baillé en commission à M. Paul à vous dire de ma part. Il m'a fait la relation du tout et je luy responderay par l'ordinaire prochain pour vous informer de ce que j'en pense là dessus. Si (Gourville) vient icy, il gastera touttes les affaires de (Jean Frédéric), estent[1]) entierement dens[4]) les interes[5]) de (Georg Guillaume), et je ne me fieray ny traicteray jamais avec luy, me contentent[1]) d'en avoir esté une fois trompé; et surtout sa venue retardera la resolution que j'attends du Roy sur ce que M. Verjus luy a escrit sur mes affaires, qui causera le licensiement de mes trouppes et par consequence la ruine de toutte l'affaire. Je vous supplie donc, Madame, que vous veuilliez emplojer tout vostre credit pour empescher sa veneue, de la fasson que vous jeugerez le plus à propos, ou si par malheur vous n'y deussiez pouvoir reussir, vous aurez la bonté de fair en sorte qu'il n'ait nulle commission pour moy, mais seulement pour mes freres, afinque je n'aye subject de m'en meller. Je n'ay point receu la lettre de (M. le Duc d'Enghien), par laquelle vous me faitte[6]) esperer que je seroy plus particulierement informé de l'intention de cette commission. Vous me ferez encore beaucoup de grace de me la procurer au plutot, si par hazard elle n'auroit encore deu[7]) estre envojée. Au reste est il certain que ce vojage ne se pourra faire sens[8]) esclat et sens[8]) donner grand ombrage et jalousie à certaines gents qui rendront en après le traicté beaucoup plus difficile. Je ne me saurois pour cette fois expliquer plus au long sur cet affaire, estant obligé d'aller trouver mes freres à deux lieux d'icy, et que je n'ay plus de jour de reste, qu'autent [?] m'en faut pour faire ce chemin; et tout ce que je vous puis encore dire, c'est que je suis et seray jusques à la mort avec tout la passion imaginable entierement à vous.

46. Herzog Johann Friedrich an Verjus. (Datum fehlt; Concept von Grote.)

L. Sr de Grote m'a rendu conte de ce qu'il a sceu de vous touchant le succés de votre negociation à Berlin et la disposition dans laquelle vous y avés laissé les affaires. J'aurois bien voulu pour l'amour de vous et de

---

1) -ent = -ant. 2) = Salm. 3) = sur. 4) = dans.
5) = intérêts. 6) = faites. 7) = dû. 8) = sans.

votre satisfaction propre, que vous y eussies trouvé la fin des peines et soins que vous employés avec tant de zele pour le service du Roy vostre maistre, et je souhaitte bien encore pour vostre repos et celuy des autres, que les nouvelles que vous attendés par votre valet de chambre, soient telles qu'elles vous donnent lieu d'achever bientost ce que jusques à present est demeuré imparfait, sçachant bien vous mesme que les occurences et conjunctures presentes ne souffrent point grand delais. J'ay eu quelque pregoust des sentimens de la cour par une lettre que M. le Prince Guillaume de Furstenberg a escrit au d. Sr Grote, et en cas que l'on vous mande la meme chose, on se pourra bientost esclaircir de tout. L'interest que j'y ay joint à l'esperance que vostre presence inspirera un peu plus de vigueur aux traittés de Bilefeld, qui n'ont fait que languir jusques à cet' heure, m'a en quelque façon consolé de n'avoir pas eu le bien de vous revoir icy en passant, ayant perdu à regret l'occasion de m'entretenir avec vous et d'avoir pour quelques heures la conversation d'une personne que j'estime de mes veritables amis. Cette meme confiance me fait croire, que vous ne serés pas faché de voir bientost un bon succés du siege de Brunsvich, et je vous suis tres obligé des bons augures que vous m'en faites dedans votre lettre. Je ne manqueray point d'en donner aux premiers jours part à Roy, faisant tres grand fond sur l'approbation de Sa M^té en toutes mes actions. Vous aurés la bonté cependant, quand vous en escrirés à la cour, d'employer un peu vos bons offices en faveur de Nostre maison. Vous devés estre persuadé, que je n'oublieray non plus ces nouvelles marques de votr' amitié, que j'auray toujours de la reconnoissance pour l'affection que vous m'avez tesmoigné en plusieurs rencontres, estant avec une parfait' estime et beaucoup d'amitié

Monsieur etc.

47. Verjus an Herzog Johann Friedrich, dat. Wolfenbüttel, 29/19. Mai 1671.

Monseigneur. J'ay informé fidélement et exactement M. de Grote de ce que j'ay fait, ou plutost de ce que je n'ay pas fait à la cour d'où je viens. J'ay perdu presque autant de temps pour avoir une réponse qui n'est guères décisive et ne signifie pas grand' chose, qu'on eust pu en emploier pour prendre quelque grande et dernière résolution. Mais on n'a rien oublié de ce qu'on a cru pouvoir me la faire esperer à Bilevelt telle que je la dois souhaiter. C'est là qu'il faut en atendre les éfets et remettre à en juger avec plus de certitude. Je m'en vas[1]) faire toute la diligence possible pour m'y rendre incessament, tant à cause de cette affaire, sur laquelle je croy recevoir quelques ordres plus particuliers par le retour de mon valet de chambre, principalement pour ce qui touche la satisfaction de V. A., qu'à fin de contribuer des toutes mes forces à avancer un peu plus la négociation touchant Höxter, qu'on me dit qu'elle ne l'a esté jusqu'à maintenant. Le désir que j'ay d'y assister au plustost pour pouvoir y rendre quelque service à V. A. et à toute la maison, se trouve bien contraire à celuy que j'ay tousjours eu d'aler luy rendre mes très-humbles respects à Sa cour. J'espère que M. de Grote voudra bien luy témoigner le déplaisir que j'ay d'estre privé de cet honneur, et la chaleur

1) = vais.

avec laquelle je souhaite à V. A. toutte la prosperité qu'elle-mesme peut désirer dans ses entreprises. Celle, pour laquelle j'ay veu ce matin marcher des trouppes, est assurément très-considérable et de ces sortes d'afaires qui donnent bien de la peine, quand elles sont comencées et poursuivies mollement, mais qui n'atirent que des aplaudissemens et de la réputation, quand par la vigueur avec laquelle on les pousse, on en vient heureusement à bout. Si V. A. se souvient de ce que je pris la liberté de luy dire de ce dessein, sans savoir ny m'imaginer qu'on y pensast encore, elle jugera bien que je dois en avoir esté moins surpris que personne, et que j'auray autant de joie que qui que ce soit, du bon succez que V. A. en doit espérer, et de l'avantage qu'en tirera toute la maison. Je voudrois, Monseigneur, pouvoir plustost faire paroistre par mes actions que par mes voeux et par des paroles, avec quelle profonde vénération pour Sa personne, et quelle passion sincere pour ses interests je fay profession d'estre

Monseigneur de V. A.

très-humble et très-obéissant serviteur

Verjus.

48. Princesse Palatine an Herzog Johann Friedrich, dat. ce 3. juing (1671).

Je vous ay mandé par le retour de courier, comme le (voyage de Gourville ne se faiset[1]) pas), de sorte que (la Princesse Palatine aura le temps de mesnager) ce que (Jean Frédéric desire sur son sujet) pour l'avenir. Peutestre savez vous desja sur cela et sur (la response de Verjus plus que moy), l'eloignement en estant la cause.

L'on espere la cour icy dans la fin du mois, cela nous donnera plus de nouvelle, presentement je n'en say que de la campagne où je suis.

(Gourville arrive à Paris) presentement, et insy[2]) (la Princesse Palatine[3]) M. de Lionne à scavoir de luy, en quel estat sont les desseins de la cour) à l'egard (de son voyage en Allemagne). Voila tout ce que je me donneré[4]) l'honneur de vous dire par cette ordinere, finissant par les asurances ordinere de mon respet et de ma tendresse pour vous.

49. Princesse Palatine an Herzog Johann Friedrich, dat. ce 11. juing 1671.

J'ay veu ce que vous mandez à M. Paul, et je ne pence[5]) qu'on ne peut rien faire de mieux que d'atendre le retour de la cour pour en conferer avec M. le Prince, quy mieux q'un autre nous poura donner de bons avis là dessus. J'ay veu (Gourville), qui m'a dit bien des choses sur la proposition qu'on luy avet[1]) faitte (du voyage en Allemagne), dans quoy il assure qu'il a fort tasché de servir (Jean Frédéric), ayant, à (ce qu'il dit, fort parlé pour faire qu'on fist des avantageuses) offres pour letre [?] au (Jean Frédéric), ayant declaré qu'à moins que cella il ne voulet[1]) estre chargé de rien à son égard. Voilà ce qu'il m'a dit, et sepandant je ne luy ay rien fait conestre[6]) des sentimens de (Jean Frédéric) à son égard et j'atants[7]) le retour de (la cour et de M. le Prince) pour faire tout ce

1) -et = -ait. 2) = ainsi. 3) Hier fehlt das Hauptverbum. 4) = donnerai. 5) = pense. 6) connaître. 7) = j'attends.

que je poure[1]) pour (destourner) que (Gourville) aye aucune commission pour (Jean Frédéric), au cas qu'on (le veuille encore envoyer en Allemagne), ce qui poura bien estre, s'il est vray que (George Guillaume et Ernst Auguste ne soient pas) encore (engagés avec les Holandois, comme on l'a cru), ce qui avet[2]) donné suget[3]) de (changer le dessein du voyage de Gourville en Allemagne. Jean Frédéric) doit avoir presentement reseu[4]) les responces de (la cour) sur ce qu'il avet[2]) (dit au Verjus). Je ne say, si ces chosses là auront pleu[5]) à (Jean Frédéric). Comme vous en estes à present entierement instruit, je ne vous en diré[6]) rien davantage et je finiré[7]) en vous en protestant d'estre eternellement dans une entiere fidelité et une affection tres tendre tout ce que je dois estre pour vous.

50. Freiherr Grote an Prinz Wilhelm von Fürstenberg. (Undatirte Antwort auf Nr. 44, Grote's Concept.)

J'ay receu par l'adresse de M. le G...[8]) la lettre que V. A. m'a fait l'honneur de m'escrire, et n'ay pas manqué d'en rapporter aussitost le contenu à S. A. Ser^me^ mon maistre, qui se tient tres obligé aux soins que V. A. prend de la cause commune et en particulier de ses interests, et m'a commendé de luy en rendre beaucoup de graces en son nom et de l'assurer de son amitié et de ses services. Pour ce qui regarde l'affaire dont il s'agit, S. A. ne peut pas estre fachée que le Roy considere dans le traitté que Sa M^te^ veut faire avec les alliées, l'interest qu'elle en tire, et le conveniant [?] qui luy en revient pour la facilité de la poursuite de ses intentions, et qu'il regle là dessus les obligations dans lequelles il se doit [?] engager avec l'un ou l'autre des dits alliés. Et comme de plus Sa M^té^ se declare. ... ment[8]) qu'elle ne pretend pas de commencer cette guerre par la veue qu'ell' a d'aggrandir son [?] estat, mais plustost pour l'interest et l'avantage des alliés: ainsi S. A. espere, que Sa M^te^ ayant la bonté de faire quelque reflexion sur elle et la condition de ces estats decouvrira aisement et ... ...[9]), que ce n'est non plus l'interest et l'envie de gaguer au depens du Roy, qu'elle est entrée avec tant de promptitude dans cett' affaire, mais que le plus puissant motif qui l'y aye porté et engagé, est l'attachement personnel que S. A. a pris pour S. M^té^, et l'affectueuse et passionnée veneration qu'elle a pour sa personne. S. A. a creu[10]) de ne pouvoir donner des preuves plus essentielles de cette verité qu'en faisant parler ses actions memes en exposant ses estats et ses trouppes et, s'il estoit besoin, sa personne pour l'interest du Roy et de sa couronne. Je ne veu[11]) rien dire de la depense que depuis longtemps S. A. a soutenue toute seule dans l'esperance, dont on l'a tousjours entretenu, de traitter avec luy et de l'assister de quelques subsides. Mais que S. A. se doive pour tousjours engager dans une depense, laquelle en ... ...[9]) apporteroit la ruine à ses pays, ce seroit de ...[8]) et rendr' inutile soy mesme [?] au Roy et ridicule au monde, et je donne à juger à V. A. meme, à quel point un prince doive considerer cela, qui aime sa reputation et de satisfaire à sa parole plus que tout' autre chose du monde. De sorte, Monseig-

1) = pourrai. 2) -et = -ait. 3) = sujet. 4) = reçu. 5) = plu. 6) = dirai. 7) = finirai. 8) Unleserlich. 9) Drei unleserliche Worte. 10) = cru. 11) = veux.

neur, que pour mettr' en ...[1]) les bonnes intentions de S. A. il n'est plus question que de l'argent et pour cela il n'y a qu'à conter, jusques où peut monter la somme. Comme j'ay eu l'honneur de parler à S. A. de la neutralité dont V. A. touche quelque mot [?] dans sa lettre, elle m'a commandé [?] de repondre, que S. A. n'estoit engagée à rien avec qui que ce soit, hormis l'affaire de Brunsvic, dans laquelle S. A. a esté obligée d'entrer par obligation des pacts de famille, et non obstant cela meme elle a les mains tout à fait libres. Mais comme V. A. aura la bonté de se souvenir, qu'elle est tombée d'accord avec mon dit Seigneur et maistre d'un terme, dans lequel elle luy a promis quelque chose de decisif touchant les intentions de Sa M^té, dont la foi [?] s'apporte aussi bien que les affaires de S. A. ne souffrent pas de delayer ses resolutions pour la conduite qu'elle doit tenir dans les presents evenements [?]: c'est pour cela que V. A. meritera beaucoup tant de l'interest commun que du particulier de S. A., si elle a la bonté de mettre tel ordre aux affaires qui se doivent traitter à Bilefeld, que nous ne perdions pas avec le temps les occasions de terminer tout conformement à l'intention, laquelle jusques à present nous est commune. En cas que V. A. eust le dessein de se rendr' à Bilefeld elle meme, et qu'elle voulut prendre la peine d'en avertir S. A., elle ne manquera d'y envoyer quelqu'un avec des instructions et pouvoir suffisants. Nous en sommes encore pour quelque temps à la voye de douceur et des pourparlers avec la ville de Brunsvic, cependant nous tenons la ville tousjours ...[1]) et s'ils ne s'accomoderont point, la ...[1]) de force doit suivre. Le temps nous en apprendra le ...[1]). Je supplie tres humblement V. A. de m'honorer tousiours de la continuation de sa bienveillance, à la quelle etc.

51. Duc d'Enghien an Herzog Johann Friedrich, dat. Binche, 24. Juni 1671.

Je panse que vous aurés sceu ce qui a changé le voyage de Gourvile, ainsy je ne vous en manderay rien. Je n'ay pu vous en escrire ny vous informer plus soigneusement des choses qui ont pu vous regarder, parceque depuis sis semaines je n'ay pas esté à la cour ...

Je ne vous fait point de compliment sur le siege que vous faictes, je panse, Monsieur, que vous ne doutés pas de la part que je prans à tout ce qui vous touche ...

52. Relation des cellischen Kammerraths Levin Adam Hake, dat. Berlin, 20. Juni 1671.

Ew. fürstl. Dchl. füge hiemit in Unterthänigkeit zu wissen, wie daß S. kurfürstl. Dchl. heute im Geheimen Rathe resolviret, den Herrn von Canstein erster Tagen an Dieselbe abzufertigen unter dem Prätext, daß er sich seiner bei der Stadt Braunschweig habenden Gelder versichern möge. Es wird aber seine Commission zuvorderst darin bestehen, Ew. fürstl. Dchl. aller freundvetterlich und nachbarlichen Freundschaft weitere Versicherung zu thuen, dann auch sich bemühen, daß die Reinsteinische Sache, als worauf er völlig instruiret, in der Güte beigeleget und dadurch alles, was zu einiger weitern

1) Ein Wort unleserlich.

Mißhelligkeit contribuiren können, aus dem Wege geräumet werden möge. Es waren sonsten einige damit nicht allerdings friedlich gewesen, und hat Herr Somnitz in specie die iura, so Seine kurfrl. Dchl. in dieser Sache vor sich hätten, sehr urgiret, auch dorbei erwähnet, wie er mit gutem Gewissen nicht rathen könnte, das allergeringste davon nachzugeben. Es haben aber S. kurfrl. Dchl. sich darauf herausgelassen, wie daß Sie Ew. fürstl. Dchl. Freundschaft höher als etwan einen Wald oder was deme anhengig sein möchte, ästimirten, Wollten demnach sich dahin erklären, daß von denen streitigen dreien Forsten zweene der besten Ew. frl. Dchl. gänzlich gelassen, die dritte aber gleich getheilet werden sollte. Sie zweifelten nicht, es würden Ew. fürstl. Dchl. auch dieses Ihrer bekannten Generosität nach erkennen und ohne fernere Weitläuftigkeit dem Werke abzuhelfen geneigt sein. Es hat sonsten der Fürst von Anhalt heute gegen mich gedacht, wie daß er sonderlich verursachet, daß zu gänzlicher Abthuung der Sachen keiner von denen, so hiebevor darinnen gebrauchet, employiret worden, weiln er befürchtet, es möchten durch weitläuftige Wiederholungen alles dessen, was hiebevor darin ergangen, die Gemüther eher wiederumb erbittert als der verhoffte Zweck erlanget werden. Bäte auch, es möchten Ew. fürstl. Dchl. doch auch dem Werke in der Kürze abzuhelfen sich resolviren und in specie von dem alten Reinstein nichts weiters gedenken, weil er versichern könnte, daß S. kurfrl. Dchl. mit der Zeit des Werkes selber überdrüssig werden und zu gänzlicher Demolirung dieses unnutzbaren Steinfelsens sich leichtlich resolviren würden, wozu Sie an Ihrem Orte fleißig contribuiren wollten. Und weiln gedachter von Canstein auch befehliget wäre, nach glücklicher Endigunge dieser verdrießlichen Sache, wegen der Alliance, wovon Sie neulich gegen mich gedacht[1]) Ew. fürstl. Dchl. einigen Vortrag zu thuen, als wollten Sie verhoffen, es würde Dieselbe hierzu auch nicht weniger als S. kurfrl. Dchl. geneigt sein, absonderlich weiln es zu sonderbarer Aufnahme beider hohen Häuser gereichen würde. Welches Ew. fürstl. Dchl. ich also in Unterthänigkeit vermelden sollen rc.

52a. Instruction des Herzogs Johann Friedrich für Grote, dat. Hannover, 27. Juni 1671. (Grote's Concept, signirt vom Herzog.)

Unser von Gottes Gnaden Johann Friedrich Herzogen zu Braunschweig und Lüneburg Geheimer Kammerrath und lieber getreuer Otto Grote hat sich abermals zu Herrn Prinz Wilhelm von Fürstenberg nacher Hildesheim zu erheben, demselben nebst freundlicher Begrüßung in Unserm Namen die Copei von dem von Uns alhie vollenzogenen oder auch improbirten Projecten des Haupttractats und der secreten articles zu übergeben und auf alle Weise dahin zu laboriren, daß dieselbe auf ein oder anderm Wege zur Vollkommenheit gebracht und nicht wiederum darvon ab und auf ungewisse Dinge geschritten werde. Inmaßen Wir erboten sind, sobald solcher Tractat von Neutralität vollnzogen, unser in dem Nebenartikel gethanes Versprechen bona fide zu exequiren

1) Relation Hake's, dat. Potsdam, 13. Juni 1671: „Sie (= S. kurfürstl. Dchl.) gedachten auch hierauf weiters, wie daß Sie gerne mit Ew. fürstl. Dchl. (= Herzog Georg Wilhelm) und Dero ganzem Hause in ein näheres Vernehmen treten möchten, und wünscheten sehr Dieselbe einsten im Vertrauen zu sprechen, absonderlich da anitzo beim kaiserlichen Hofe solche consilia geführet würden, worauf sämmtliche Kur- und Fürsten des Reichs wohl zu reflectiren Ursache hätten.“

und de modo mit Prinz Wilhelms Ld. an künftigem Sonntag selbst zu reden. Es wird auch er, Unser Geh. Kammerrath, dahin sehen, daß zu unserer mehren Versicherung desjenigen, welcher diesen Tractat unterschreiben wird, Creditiv und Vollmacht produciret und uns vorgeleget werde. Wie dann auch er, Unser Geh. Kammerrath, abermals wegen der dem Kurfürsten von Köln von mir angebotenen Völker und was darauf etwa für Resolution möchte zu gewarten sein, zu sondiren hat. Und sind Wir dasjenige, was diesem Unserm gnädigsten Befehl gemäß er, Unser Geh. Kammerrath, handeln, thun und schließen wird, gnädigst zu rathibiren und ihn deshalb schadlos zu halten in Gnaden erboten.

52b. Randbemerkungen des Herzogs Johann Friedrich zu dem von Prinz Wilhelm von Fürstenberg entworfenen Neutralitätsvertrage (Juni 1671).

1. Question: La guerre se faisent[1]) par les Rois de France et Angletaire aux Hollandois, si je pourroy demeurer neutre sens offenser ma consience ou reputation?

An diese Frage knüpft ein demselben Neutralitätsproject beiliegendes Blatt an, auf dem Herzog Johann Friedrich Folgendes eigenhändig vermerkt hat:

1a. Ob man bei fürgeschlagenen conditionen sich offensive in den holländischen Krieg einlassen soll?

b. Generaliter befunden, das es nicht durch die waffen geschehen müsste, das man bei diesem Kriege seine sicherheit suche.

2a. Ob man gantz indifferent solle bey solchen beschaffenheiten, sonder die neutralité anzunehmen?

b. Aller umbstände nach von allen befunden, das es nicht zu practiciren stehet.

3a. Ob ich salva conscientia et honore et cum utilitate die neutralité annehmen kan, wie sie Frankreich durch Fürstenberg hat offeriren lassen.

b. Grohte votirt quod ita.

Eltz votirt quod ita.

Witzen[dorf] votirt quod ita, wan es nur en detailles kan adjustiret werden.

II. Randbemerkungen zum ersten Theil des Projects[2]).

Zu § 1. Pourveu que ce ne soits des resolutions de tout Empire ou de la plus grande parte, des quelles je ne me pourrois exemter comme estent un membre du dit empire, ou si quelques uns de l'Empire prenent le parti des Hollandois et attirassent par là une guerre en Allemaigne, il faudroit avoir la liberté de prendre le party lequel l'on croiroit alors le plus advantageux pour la conservation de sa patrie.

Zu § 2. I'y consents pour les confoederés du Roy, aussy au Roy, quand je n'en seray empeché par les resolutions de la diete ou du cercle, d'autant plus quand ce sera pour le bien de quelque prince de l'Empire, mais pas quand ce seroit contre l'Empire ou ma maison.

Zu § 3. Pour les vivres cela se pourra, mais pour les munition le dict Duc n'en a pas davantage qu'il luy en faut pour la deffanse de ses

1) = faisant.

2) Vgl. die definitive Fassung des Vertrags vom 10. Juli 1671 in Beilage III, 58a u. b

places fortes; quand aux lieux seurs et propres pour y faire des magazins, il y aura mojain[1]) d'en trouver.

Zu § 4. Cela se peut aisement accorder, ies levées estent sens cela desia defendues dens ses estats, et qu'il est juste, qu'en cas que ce traitté se deut conclure, de ne point donner des trouppes aux ennemis du Roy.

Zu § 5. Autant qu'il se poura sous main et que cela ne puisse préjudicier à l'Empire et à ma maison et se regler celon la pluralité.

III. Randbemerkungen zum zweiten Theil des Projects[2]).

Zu § 6[3]). Il faut que cela soit d'une force proportionnée au danger, et qu'en cas que le Roy y deut manquer, il soit permis au Duc de chercher la conservation de ses estats, conformement il le trouvera à propos.

Zu § 7[4]). Il se reserve aussy la fidelité qu'il doit à sa maison, à la quelle il luy sera permis d'assister en cas que l'on la deut attacquer.

53a. Grote an Herzog Johann Friedrich, dat. Steuerwalde, 29. Juni 1671. (Eigenhändig.)

Monseigneur, j'avertis V. A. Serme avec le respect et la soumission que je dois, que tout est arresté et prest de signer entre Mr de Verjus et moy conformement au projet que j'en ay apporté, hormis l'article qui contient la reservation de l'assistance des Princes de la maison de V. A. »s'il y en avoit d'attaques«; le quel article le dit Mr de Verjus veut qu'il soit inseré dans les articles secrets, tout entièrement comme il a esté projetté à Hannover, conjointement à la promesse de déserter Mess. ses frères et les menacer du refus de son assistance, en cas qu'ils vouloient prendre party contre le Roy. J'ay insisté longtemps qu'il se relâchast de cet article. Mais il ne veut pas du tout, et moy n'osant rien faire en cecy sans ordre exprès de V. A., je la suplie de m'informer le plus tost qu'il se pourra, parceque toute l'afaire ne tient qu'à cette pointille. Je suis etc.

53b. Witzendorf an Grote, dat. Hannover, 29. Juni 1671. (Eigenhändig.)

Monsieur, S. A. Serme, après avoir meurement pensé sur ce que vous luy avez representé dans la vostre, m'a commendé de coucher ses sentiments sur la cy-joincte [Beilage]. Elle avoit creu que M. de Verjus ne feroit plus de difficulté de passer l'article, comme il fut accordé hier en sa présence, et qu'il auroit choisi l'un ou l'autre des deux de quels on luy avoit donnés à choix. Mais puisqu'il a voleu encore insister d'avantage, S. A. a creu que l'expression de cet article pourroit estre à la satisfaction de tout les deux parties à la facon, comme il a esté conceu sur le papier cy-joinct, et que vous pourriez estre de retour demain à grand matin avec le traité signé de M. de Verjus, afin que l'on ne perde pas le temps et l'occasion d'escrire avec l'ordinaire, qui part demain, pour la France.

---

1) = moyen.

2) In dem Project selbst sind die Artikel fortlaufend gezählt, während die definitive Fassung zwei Theile unterscheidet und die Artikel des zweiten Theils neu zählt.

3) = Satz 1 des § 6 des zweiten Theils der definitiven Fassung.

4) = § 7 des zweiten Theils der definitiven Fassung.

S. A. sera bien aise que vous asseurez M. le prince Guillaume et M. de Verjus de son affection et de son estime. Et je suis etc.

Beilage: Leur faisant pour cette fin entendre par des remonstrations efficaces, qu'il ne s'estime point obligé de les assister, en cas qu'ils voulussent par aucune partialité hazarder de s'attirer le danger de la guerre dans leurs estats. gez.: Joh. Friedrich.

54. Herzog Johann Friedrich an Duc d'Enghien, dat. (Juli 1671). (Eigenhändiges Concept.)

J'ay appris il y a quelque temps le suject qui a changé le voyage du Sr Gourville, mais vous pouvez estre assurer[1]), que c'at[2]) esté un faux bruit que l'on a divulgé de l'engagement de Mess. mes freres avec l'Hollande. Car les ayent[3]) fait sonder depuis peu de jours sur ce chapitre, j'ay esté asseuré qu'ils sont encore en toutte liberté, et je crois que si le Roy leur faisoit ofrir des conditions aussy avantageuses que celles qu'ils ont eu de la Hollande, que l'on pourroit presentement esperer de les engager dens[4]) le party que nous souhaittons, mais c'est une affaire à laquelle il ne faudroit point perdre du temps. Il faut pourtant que je vous dise franchement et en toutte confidence, que je souhaitrois fort que, quand le Roy auroit le dessein de traitter avec toutte la maison, que ce feut[5]) par M. de Verjus, lequelle je trouve tres honest homme et mesme fort aggréable à Mess. mes freres, et lequelle je crois fort propre pour rendre des bons services au Roy en Alemaigne. Si vous voulliez bien avoir la bonté d'y contribuer indirectement quelque chose, vous me feriez beaucoup de faveur. Au reste, Monsieur, mes interes[6]) que j'ay avec le Roy, ayant estés jusques à present entre les mains de M. Verjus, je vous diray que j'ay concleu jusques à la ratification du Roy un traicté de neutralité avec luy. Comme il m'at[2]) asseuré qu'il vous en escriroit les particularités, je m'en raporte à luy, vous asseurent[3]) que la plus grande visée que j'ay en dens[4]) cette affaire, c'est de me conserver les bonnes graces du Roy et son appuy et son assistence aux occasions. Enfin j'ay fait tout ce que j'ay peu[7]) faire sens[8]) préjudicier à mon honneur et ma conscience au regard de l'Empire et de ma maison, ce que je suis asseuré que vous le jeugerez[9]) vous mesme, quand vous lirez les articles du traicté. Je ne doutte pas que vous n'ayez presentement receu la nouvelle que je vous ay mandé de la prise de la ville de Brounsvic. Je vous suis infinement obligé des veux[10]) que vous faitte[11]) dans la votre pour ces heureux succès, vous asseurent[3]) en mesme temps, que touttes les nouvelles marques que vous continuez de me donner de votre amitié, ne sçauroit[2]) augmenter ma reconnoissance, puisque l'on ne vous sçauroit estre plus entièrement acquis que je le suis et le seray toutte ma vie.

---

1) = assuré. 2) at = a. 3) -ent = -ant. 4) = dans. 5) = fût. 6) = intérêts. 7) = pu. 8) = sans. 9) = jugerez. 10) = voeux. 11) = faites. 12) = sauraient.

55. Grote an Verjus, dat. Hannover, 3. Juli 1671.

. . . J'ay esté à Zell et j'en suis revenu avec un peu meilleure opinion des sentiments de cette cour-là, que je n'y suis allé. J'ay fait ma proposition de la maniere que nous auions concerté ensemble auec M. le Prince Guillaume de Furstenberg. S. A. me respondit au commencement, que c'estoit une affaire de grande importance, à la quelle il falloit penser; aprez il dit qu'il donneroit sa declaration, quand on luy en parleroit tout de bon, c'est à dire, de la part du Roy. Car vous scauez bien, qu'ils ne voudront souffrir que nous soyons les maistres de cette affaire. Pour mon particulier je ne me contentois pas d'une response sy generalle, et l'ayant un peu pressé par des raisonnements, il entra aussy un peu plus en matiere sur ce sujet et dit diuerses choses, entr' autres que c'estoit une affaire de grande consideration, si on deuoit y contribuer de renuerser l'Estat de Hollande pour agrandir tousiours plus le Roy. A quoy ayant repliqué: c'est pourquoy il estoit necessaire de partager auec luy les auantages de la guerre, et que nous pourrions faire cela auec son propre argent (voilà, comme je suis bon aduocat d'une meschante cause), il tesmoigna au commencement auoir meschante opinion de vostre liberalité; mais je luy en ay tant dit que je l'ay laissé un peu irresolu. Et il en est reuenu là, que quand on luy en parleroit de la part du Roy, qu'il respondroit, que cependant il delibereroit sur l'affaire et n'en parleroit à personne qu'à son chancellier, qui pour lors n'estoit pas au logis. Il est asseuré, Monsieur, que ce Prince n'aime pas naturellement les Hollandois, et pourveu qu'on le puisse desabuser de cette heresie (telle que vous la croyez sans doute) que l'interest de l'Empire est inseparable de celuy de la Hollande, il y a à mon aduis moyen d'esbranler ce Prince. Il est asseuré qu'il n'a pas aussy grande auersion pour ce party qu'il a eu autres fois, et il commence à qualifier le costé[1]) de Waldeck de trop passioné et d'opiniastre. Mais pour l'amour de Dieu, que cela demeure entre nous, de sorte que pour voir clair dans cette affaire il est necessaire que le Roy se resoude une fois pour toutes et sans user de beaucoup de biais et de destours, ce que S. M[té] veut faire pour tous les trois sereniss[mes] Princes ensemble, soit qu'ils veuillent entrer en guerre et une alliance offensiue, ou qu'ils veuillent demeurer neutres. S. A. souhaite fort, en cas que S. M[té] trouve bon de faire faire de semblables propositions à Leurs Alt[esses] que ce soit par vous. Elle ne donne part de ce traitté à M. le Duc d'Anghien que fort generallement, se remettant à Vous ou à M. de Lionne des particularités. Dieu nous garde que ce soit . . .[2]). Car nous ne nous fierons jamais à luy. Il faut, s'il vous plaist, bien faire comprendre à la Cour qu'il ne faut pas perdre de temps. Car le Duc George Guillaume est un prince qui est droit, et qui n'aime pas beaucoup languir dans les traittéz et dans le maniement d'affaires, de plus si les Hollandois venoient à descouvrir la moindre chose de ces menées. Ils espuisseront plustost les tresors des Indes que de ne pas faire pancher la balance de leur costé.

Vous pourrez bien vous imaginer, que cette fois je parle sans un grand interest pour nous, ayant fait nos affaires en particulier. Mais il y va grandement de nostre interest d'auoir toute la maison. Nous y trauaille-

---

1) sic, soll wohl heißen comte. 2) Chiffre, jedenfalls = Gourville.

rons cependant de toutes nos forces, et quand les trois Princes se verront à Pyrmont, ce qui se fera cette semaine, on raisonnera fort sur cette affaire. J'en ay auisé M. le Pr^ce de Furstenberg pour aduiser auec vous, si l'un ou tous deux vous vous y vouliez trouver. Je tascheray sur mon voyage à Holstein (que je feray, s'il plaist à Dieu, mercredy) de parler au chancellier de Zell, lequel est susceptible de bonnes raisons; je ne manqueray pas de luy en donner ...

56. Grote an Herzog Johann Friedrich, dat. Epstorf, 7. Juli 1671.

(Eigenhändig.)

Ew. hochfürstl. Dchl. gnädigstem Willen zufolge bin ich an vergangenen Mittwoch recta auf Celle zugefahren, und [habe] den folgenden Morgen, wie Dero Herrn Bruders fürstl. Dchl. in die Jagd reiten wollen, die Gnade und Gelegenheit deroselben unterthänigst aufzuwarten gehabt. Da Sie dann alsobald von selbsten angefangen von dem gr(and) d(essein) Erwähnung zu thun und gemeldet, daß seit meiner in Ew. Dchl. Namen Ihro gethanen Proposition Gourville eben dasjenige an Sie geschrieben hätte, was Sie von mir mündlich vernommen, und Sie es dahero für kein secret mehr hielten. Wie ich aber darauf replicirete, ich zweifelte nicht, S. Dchl. würden doch die meinem gnädigsten Herrn desfalls gegebene Parola zu mesnagiren wissen, so haben Sie solches versprochen, darbei sich aber merken lassen, daß Sie dasjenige, was Ihnen Gourville geschrieben, für kein sonderlich secret halten. So viel ich vernehmen können, ist Gourvilles sein Brief des Inhalts gewesen, daß in Frankreich der Krieg wider Holland resolviret wäre, und es bei Ihrer Dchl. und Dero fürstl. Hause stehen würde, ob Sie active mit eintreten oder lieber neutral bleiben wollten; er wäre bereit, wenn er J. Dchl. Meinung und sentiments wisse, herauszukommen und darüber nomine J. M^t zu tractiren, und wünschete von Herzen, daß bei so gestalten Sachen Sie und Ihre frl. Brüder mit Holland nicht engagiret sein möchten. Die Antwort, so viel ich vermerken können, war dazumal in S. Dchl. Gemüte dahin projectiret, Sie könnten sich auf eine Sache von solcher importance sobald nicht resolviren, weil Sie derselben Umstände noch nicht recht wüßten, die Zeit würde ein mehrers lehren, und würden alsdann S. Dchl. solche resolutiones fassen, die Ihrem Interesse und Ihren estat am vorträglichsten wären. Ich habe solches hauptsächlich zwar nicht widersprechen mögen, aber doch klar genug mit einlaufen lassen, daß man durch gar zu langes Cunctiren gar leicht sein Tempo verlieren und sich in solchen Stand setzen könnte, daß man sich hernacher lediglich passive gouberniren müßte. Darbei ich dann Sveden und in favorem causae die hochnöthige Einigkeit im fürstl. Hause anzuführen nicht vergessen; welches letztere dann er gar sehr approbiret, das erste aber noch für problematique und zweifelhaft gehalten. So viel ist aber gewiß, daß bis dato S. Dchl. Gemüt über diesem Werk ganz irresolut ist, worbei ich's dann auch gelassen und meinen Abschied genommen.

Ich bin von darab nach Ebstorf gereiset und bis diesen Morgen alda des Kanzlern Schützen erwartet, welcher auch umb 9 Uhr morgens alda ankommen, und es unter uns eine ziemlich lange Conversation abgeben. In welcher ich dann von meinem bei seinem gnädigsten Herrn gethanen Anbringen ihme vertrauliche parte gegeben und alle Umbstände der Sachen, so viel ich nöthig und meiner gehabten Instruction gemäß erachtet, ihme eröffnet; habe

34*

mich aber bloß damit contentiret, ihme den statum causae recht bekannt zu machen, ohne einige Particularität sowohl auf einer als auf der andern Seite spüren zu lassen, umb seine Gedanken desto besser zu penetriren.

Er hat sich für die Communication bedanket und gesaget, daß er von seinem gnädigsten Herrn hiervon weiter nichts erfahren als was Gourville aus Frankreich geschrieben, und deshalb S. Dchl. mit ihme zu sprechen begehrten. Es hätte aber der Graf von Waldeck mit J. Frl. Gn. Herrn Prinz Wilhelm eine Conversation gehabt, wovon ihme gemeldter Herr Graf sowohl schriftlich als mündlich durch den Kammerpräsidenten von Heimburg parte geben lassen, worinnen dann in substantia alles dasjenige begriffen wäre, was ich ihme jetzund gesagt.

Ich habe geantwortet, daß ich zwar wohl wüßte, daß Prinz Wilhelm mit dem Grafen von Waldeck sich unterredet gehabt hätte, aber nicht gemeinet, daß sie soweit in die Materie sich vertiefet, und möchte vielleicht per hypothesin von der Sachen geredet sein; glaubte aber nicht, daß es positive geschehen wäre.

Ille versicherte mich, daß von dem Kriege gegen Holland positive wäre gesprochen worden, nicht aber von der englischen assistence. Der Graf von Waldeck aber hätte sich doch so viel merken lassen, daß er nichts mit dem Handel wollte zu thun haben.

Darauf wurde angefangen von den meritis causae zu reden, und ließe ich immerfort dem senio das erste Urtheil und judicium von der Sache. Da dann der Kanzler saget, er wäre zwar von den conditionibus noch nicht recht informiret, es schiene aber, als wann uns Frankreich nicht viel würde zu Gefallen wissen [?] als uns etwas Geld zu geben, umb ihm Land und Leute helfen zu acquiriren und per consequens uns einen mächtigen Nachbarn zu machen, und auf solche Weise hätte es auch mit Sveden machen wollen; welches dann die vornehmste Ursache ihrer Division gewesen.

Ich antwortete aber, wir müßten das Werk ganz anders verstehn und unsere conditiones auf solchen Fuß setzen, daß uns der König von Frankreich nicht allein Geld geben, sondern uns dardurch zugleich in den Stand setzen müßte, daß wir Conquesten machen und per consequens sein aggrandissement, insonderheit in finibus imperii, verhindern und also folgends mit ihm das arbitrium pacis et belli überkommen könnten.

Er vermeinete, wenn das angehen könnte, so wäre es eine Sache, darauf zu reflectiren.

Ich habe dahero Gelegenheit genommen, die Ursache anzuführen, warumb Frankreich entweder Sveden oder dies fürstliche Haus gewinnen müßte, dieses aber jenem allezeit praeferiren würde. Per contrapunto aber habe ich ihme höchlich [hauptsächlich?] vorgemalet, in was für einem üblen Zustande wir sein würden, wenn Frankreich, England und Sveden sich binden und uns ausschließen würden.

Darmit er dann ganz einig gewesen und endlich dahin geschlossen, daß dies fürstliche Haus ohne seinen aperten Ruin nimmer zugeben könnte, daß Frankreich und Sveden sich combinireten, und müßte solches zu verhindern fundamentum nostrorum consiliorum sein. Wann solches aber nicht verhindert werden könnte, so müßte man selbst ins Mittel treten.

Ich habe mich contentiret, ihn bei diesem humeur zu lassen, und stehet meines Erachtens jetzo das ganze Werk darauf, daß man in dieser Leute Gemüthern diese höchliche [?] ideam zu conserviren suchet, daß wo wir nicht mit Frankreich binden [?], daß es alsdann gewiß Sveden thun, und auf solchen Fall unsere Sachen, wie es dann auch ...[1]), sehr übel stehn werden. Denn so lange sie Hoffnung haben, daß Sveden die conträre Partei nimmt, so lange haben wir nichts [?] Gutes von ihnen zu hoffen. Das endliche crinomenon aber ist, daß man das Eisen schmiedet, weil es warm ist, und daß Prinz Wilhelm oder ein anderer gute conditiones anstatt der Kohlen zum Feuer trage und alsdann dorten anblase. Es wird auch, wie ich wohl gemerket, etwas zu thun haben, wie man ihnen dieses plausibel mache, daß propter distantiam locorum sie von einigen Conquesten Nutzen und Früchte hoffen können. Das beste Mittel wäre wohl, in der Nachbarschaft einen redlichen Tausch zu halten.

Wie ich wohl sagen kann, daß bei dieser ganzen Conservation der Kanzler sich sehr cordial und raisonnabel erwiesen, so sagte er unter anderm, daß er zu unterschiedlichen Malen darauf gedacht hätte, ob Ew. Dchl. nicht bei jetzigen Conjuncturen ihr tempo nehmen und mit dem Kurfürsten von Mainz sich wegen der Eichsfeldischen Streitigkeiten vergleichen könnten. Denn es stünde der Kurfürst jetzo ganz bloß, und würde jetzo vielleicht etwa dasjenige mit leichtem mit zu erhalten stehn, was sonst niemals. Denn er gewiß wüßte, daß Kurmainz in diesen Sachen nimmer weichen würde, wenn er Ew. Dchl. zu fatigiren nur die geringste Gelegenheit hätte. Ich habe es als ein wohlmeinendes aviso mit Dank angenommen und es zu referiren versprochen, in discursu aber gefraget, was ihm dann deuchte, wann man erhalten könnte, daß alles in statu quo möchte gelassen werden. Ille: es wäre nicht böse, man müßte aber sehen, ob man nicht etwas weiter greifen könnte.

Er tesmoignirte auch mit des Königs von Frankreich seiner hautainen Manier, deren er sich in Schreiben an das fürstliche Haus gebrauchet, gar übel zufrieden zu sein; welches ich darumb schreibe, ob dies etwa möchte ein dienliches Motiv sein, dadurch Frankreich in diesen Punkt desto eher zu einigem changement zu disponiren. Berichte auch zu unterthänigster Nachricht, daß sie von der Person Herrn Prinz Wilhelm ratione bonae fidei keine sonderliche Opinion haben; welches ich denn gewiß, so viel zur Sache dient, zu abbouciren auch bemühet.

So sind sie auch zu Celle mit dem Kanzler Höpfner übel zufrieden. Denn es will verlauben, als wenn derselbe gegen den von Canstein in der Reinsteinischen Sache sich in raisonnement so hart und widrig erwiesen, daß demselben alle Hoffnung zum gütlichen Vergleich auf einmal benommen und er also von darab recte wieder zurück nach Berlin gangen seie. Dabei mir dann dieses einfällt, daß der Kanzler Schütz allerdings der Meinung ist, man müßte von dem französischen Werk Herzog Rudolf Augustum wegen seiner importanten Plätze keineswegs ausschließen, zumalen sein gnädigster Herr keinen Ort als Harburg hätte, darauf er sich verlassen könnte, alwo er aber so enge könnte eingeschränket werden, daß man sich nicht zu rühren vermöchte.

Den von Ew. Dchl. mir gnädigst communicirten Brief sende hierbei mit unterthänigster Danksagung zurück, wünsche für des Herrn Bischofs grandeur und Ew. Dchl. divertissement bei der Brunnenkur, daß solcher Briefe mehr kommen mögen.

Gott gebe im übrigen Ew. Dchl. durch glückliche und heilsame Wirkung des Wassers eine lange beständige Gesundheit ꝛc. ꝛc.

1) Unleserlich.

57. Grote an Prinz Wilhelm von Fürstenberg, dat. 13. Juli 1671.

Auf Grotes Vorstellung (S. 530 ff.) antwortete Herzog Georg Wilhelm, »que c'estoit une affaire de grande consideration, si nous mesmes devrons estre l'instrument pour travailler à l'aggrandissement de la France par la ruine des Estats Generaux. Mais moy ayant repliqué là dessus, qu'au contraire de s'associer dans cette affaire et de se joindre à l'entreprise du Roy ce seroit diviser sa puissance et partager auec luy les moyens de s'aggrandir par la part que nous aurions aux conquestes, et nous constituant outre cela les arbitres de la paix et de la guerre, au lieu que laissant agir le Roy seul et faire son party les Roys d'Angleterre et de Suede, nous nous mettions en necessité ou de laisser agir ces trois puissances selon leur bon plaisir ou de prendre party contre Elles, mais l'un et l'autre n'estoit pas nostre fait; il falloit mieux nous joindre nous mesmes à la France, pour empescher par là, que le Roy ne conquist pas tout pour luy et ne traitte auec le Roy de Suede ou tout au moins ne luy fournisse pas des subsides considerables. A quoy j'ay adjousté tout ce que j'ay cru pouvoir servir à ce propos; j'ay laissé couler largement les subsides et les autres auantages que l'on pourroit tirer de l'alliance d'un sy puissant Roy en cas de besoin.« Aber der Herzog traut der französischen Freigebigkeit nicht und verlangt directe Offerte seitens Frankreichs u. s. w. (S. 530 ff.). Auf seiner Rückreise aus Holstein will Grote den cellischen Kanzler aufsuchen, wenn es sein muß, selbst in Lüneburg. »Car c'est une teste un peu dure, et l'on ne peut pas travailler assez à l'amolir.« Frankreich muß sich nur offen erklären. Eins aber fürchtet Grote: »j'aprehendois infinement que les negociations de M. le marquis de Grana, qui n'agit que par les organs de M. Lisola et du pensionaire de Hollande, ne nous renonsassent tous nos desseins et toutes les bonnes dispositions où j'ai laisse ce Prince«, [= Georg Wilhelm]. Nur sollte Frankreich ja nicht Gourville schicken. »Car mon maistre ne sçauroit pas prendre confiance en luy aprez les jours qu'il luy à joué.« Dann folgt Einladung nach Pyrmont, wie in Nr. 56.

58a. Neutralitätsvertrag des Herzogs Johann Friedrich mit Ludwig XIV., dat. Hildesheim, 10. Juli 1671.

Le Roy aiant esté informé des difficultéz qui se rencontroient à faire l'alliance ofensive contre les Estats Généraux des Provinces unies, que S. M^te a fait proposer à leurs A. A. Elect^les de Cologne et de Brandebourg et à leurs A. A. de Munster, de Neubourg et de Brunswick-Hannover, et qu'entr' autres ce dernier avoit des raisons qui l'empeschoient de s'engager dans une afaire de telle conséquence, sans se précautionner luy et ses Estats par des conditions qui ont esté trouvées si dificiles, que jusqu'à présent on n'en a pu convenir: Sa M^té par la considération et estime tres-particuliére qu'elle a pour le d. Seig^r Duc de Brunswick, et afin de témoigner, qu'elle n'oublie rien de ce qui dépend d'elle, pour faire jouir paisiblement les Princes d'Alemagne de l'éfet de la paix de Munster, et pour conserver le repos et la tranquilité dans tout l'Empire, a chargé le Sr Verjus, Conseiller en son conseil d'Estat et son Envoié extraord^re en Alemagne, de faire entendre au d. Seig^r Duc de Brunswick, qu'estant engagée par plusieurs raisons indispensables à persister dans le dessein de faire la guerre aux d. Estats Généraux, elle atendoit du d. Seig^{r} Duc, puisqu'il ne trouvoit pas à propos pour ses intérests d'entrer dèz à cette heure dans la d. aliance ofensive aux conditions cy-devant proposées, que du moins il ne feroit point de dificulté de demeurer durant cette guerre en neutralité entre S. M^{té} et les d. Estats Généraux. Sur quoy le d. Seig^{r} Duc aiant meurement 1) délibéré et trouvé, que dans l'incertitude des conjonctures présentes il n'y a un plus seur 2) et plus certain moien de procurer, quant à luy, le repos de l'Empire et en particulier celuy de ses Estats qu'en prévenant de cette manière, qu'ils ne soient envelopéz dans aucune guerre étrangère entre les Estats voisins, et d'ailleurs estimant trop la bienveillance de S. M^{té} et la confiance qu'elle luy témoigne, pour ne pas tascher de s'en assurer la continuation pour le moien qui s'en présente en cette rencontre, et pour ne la pas cultiver par toutes les voies possibles, a deputé le Sr de Grote, son Conseiller et ministre d'Estat, drossart de Frideland, pour entrer en traité là-dessus avec le d. Sr Verjus; lesquels en vertu de leurs pouvoirs à ce spécialement donnéz par S. M^{té} et le d. Seig^{r} Duc ont aresté et conclu les articles suivans:

1. Que le d. Seig^{r} Duc ne prendra point parti ny pour les Hollandois ny pour aucun autre Prince et Estat, qui voulust entreprendre leur défense ou ataquer S. M^{té}.

2. Qu'il donnera passage dans ses Estats et païs aux troupes de S. M^{té} et de ses aliéz, s'il en estoit besoin pour le bien de cette afaire, et lorsqu'elle le requérera, pourveu qu'il n'y ait point de péril évident qu'un tel consentement atire l'ennemi et la guerre dans son païs, le d. Sr Duc s'estant réservé en ce cas de s'en excuser.

3. Qu'il fournira à S. M^{té} pour de l'argent autant de vivres qu'il n'en aura pas besoin luy-mesme, et qu'en tout temps il permettra, que S. M^{té} fasse acheter dans son païs des munitions de guerre et de bouche, autant qu'il s'en pourra trouver, promettant de plus de faire assigner à ses comissaires des lieux propres et seurs 3) pour faire des magazins.

4. Que non seulement le d. Sr Duc ne laissera aux Holandois aucunes des troupes qu'il a sur pied, mais que dèz à présent il ne permettra ny à eux ny à leurs aliéz, qu'ils fassent dans ces Estats aucunes levées.

5. Que sincérement et de bonne foy il tâchera de détourner sous main, autant qu'il luy sera possible, qu'il ne se fasse rien et ne se forme ny dedans ny dehors l'Empire quelque parti ou ligue, que ce soit, en faveur des Holandois. Et généralement qu'il prestera au Roy toutes les autres assistences qu'on doit et peut atendre d'un bon ami et d'un Prince bien intentionné pour S. M^{té}.

En considération de quoy S. M^{té} promet aussi:

1. Qu'elle fera paier au d. Seig^{r} Duc un subside de huit mile escus par mois, paiables à Hambourg argent de banque de deux mois en deux mois par avance, à commencer du jour que ce traité aura esté signé, et continuer deux ans de suite jusqu'au mois de juin de l'an 1673 inclusivement. Et si pendant ce temps la guerre començoit, le d. subside continuera jusqu'à la fin de la guerre.

2. Que S. M^{té} ne conclurra pas la paix avec les Holandois sans stipuler, 1) que les Estats Généraux ne pouront jamais faire aucune guerre

1) = mûrement. 2) = sûr. 3) = sûrs.

ny aliance ofensive contre l'Empire et en particulier contre le d. Seig[r] Duc et toute sa maison ny mesme assister directement ou indirectement de troupes ou d'argent leurs ennemis, sous quelque prétexte que ce puisse estre; 2) qu'ils rendront au susd. Seig[r] Duc tout ce qu'ils pouroient avoir pris et usurpé sur luy ou sur quelque Prince de sa maison; 3) qu'ils restitueront au cercle de Westphalie ou de la Basse Saxe tout ce qui en a esté démembré durant la guerre entre l'Espagne et la Hollande; et finalement que tous les diférens, que les Estats pouroient avoir à l'ocasion de cette afaire ou autrement avec le d. Seig[r] Duc ou autre Prince de sa maison, seront doresnavant vuidéz[1]) par des arbitres qui se nommeront de part et d'autre.

3. Que dans tous les passages que le Roy ou ses aliéz pouroient prendre dans les Estats du d. Seig[r] Duc, non seulement les troupes seront obligées à vivre dans une exacte discipline et à paier les frais de leurs dépenses, mais que S. M[té] fera mesme paier exactement tous les domages qu'on poura justifier avoir esté faits par les susd. troupes.

4. Que S. M[té] ne prendra aucun quartier d'hiver ou logement dans les Estats du d. Seig[r] Duc sans en avoir préalablement son consentement.

5. Qu'il sera permis au d. Seig[r] Duc, en cas que quelques partis ou coureurs fissent du désordre dans ses Estats, de s'en saisir et de les faire punir, selon que le cas et la justice le requérera.

6. Que le Roy six semaines aprèz qu'il en aura esté requis, sera obligé d'assister et de protéger le d. Seig[r] Duc contre tous ceux qui le pouroient ataquer ou inquiéter devant la d. guerre, estant libre à S. M[té] de prester le secours ou en hommes ou en argent, pourveu qu'il soit proportionné et égal au danger, à faute de quoy il demeurera libre au de Seig[r] Duc de pourvoir à l'interést de ses Estats le mieux qu'il poura. Et si, ce que Dieu ne veuille permettre, le d. Seig[r] Duc venoit pour le sujet de cette neutralité à perdre par une guerre une partie de ses Estats ou le tout, S. M[té] ne feroit et n'acorderoit nulle paix ou tréve à ceux qui en seroient les usurpateurs ou possesseurs, sans que le d. Seig[r] Duc fust pleinement et entiérement restitué en tout ce qui luy apartient légitimement, avec dédomagement et intérest. Et toutes les fois que la paix ou tréve se traitera, le Roy ordonnera à ses Ambassadeurs d'avoir tout l'égard possible à la seureté et aux interests du d. Seig[r] Duc et de ne la point conclurre sans y comprendre sa personne et ses Estats; comme en toutes les autres ocasions le Roy promet d'apuier tousjours puissamment les intérests du d. Seig[r] Duc pour luy donner de plus en plus sujet de prendre une confiance entiére dans la bienveillance de S. M[té].

7. Que le Seig[r] Duc poura réserver la fidelité qu'il doit à l'Empereur et à l'Empire sur les choses qui pouroient estre conclues ou arestées par les Estats de l'Empire dans les formes ordinaires et acoûtumées, en quoy pourtant le Seig[r] Duc s'engage à ne donner jamais sa voix contre le Roy ny ses intérests; et en cas qu'il ne puisse sans préjudice évident de l'obligation que le d. Seig[r] Duc doit à l'Empire, se déclarer pour S. M[té], il s'en remettra simplement à la pluralité des voix.

8. Finalement, qu'il sera libre au d. Seig[r] Duc, dans le terme d'un an aprèz que le Roy aura declaré la guerre aux Holandois, d'entrer avec S. M[té] dans cette guerre aux conditions portées par le projet du traité que

1) = vidés.

les Princes, qui avoient esté invitéz par le Roy à une ligue ofensive, avoient fait présenter à S. M[té] à Donquerque le 10e jour de may 1671, pourveu que S. M[té] ne soit pas obligée à fournir plus d'argent que ce qu'elle promet de donner en vertu du présent traité de neutralité, ou qu'il en soit convenu autrement. Mais s'il se passoit un an et jour aprèz la déclaration de la guerre, sans que le d. Seig[r] Duc se déclarast, en ce cas il ne poura plus entrer en cette guerre qu'à de nouvelles conditions, dont il poura traiter avec S. M[té].

Tous lesquels articles aiant esté acordéz par le d. Sr Verjus en vertu du pleinpouvoir à luy donné par S. M[té] comme aussi par le S[r] De Grote aussi en vertu du pouvoir expédié par S. A. Monsieur le Duc Jean Frédéric de Brunswick, ils ont promis tant de part que d'autre d'en fournir des lettres de ratification dans un mois à compter du jour de la datte des présentes, en foy de quoy ils ont signé ce présent traité de leurs seins [1]) ordinaires et à iceluy fait apposer le cachet de leurs armes.

Fait à Hildesheim le dixiesme jour de juillet mil six cens soixante et onze. (L. S.) Verjus.

(L. S.) Otto Grote.

58b. Secrete Artikel des Neutralitäts-Vertrages zwischen Ludwig XIV. und Herzog Johann Friedrich, dat. 10. Juli 1671.

Outre les articles convenus et arestéz le Sr Verjus de la part de S. M[té] et le S[r] De Grote de la part de S. A. Monsieur le Duc Jean Frédéric de Brunswick par le traité conclu entr' eux en vertu de leurs pouvoirs le présent jour 10e de juillet 1671, ils sont encore demeuréz d'acord des articles suivans, pour estre mis séparément et tenus encore sous un secret plus particulier à cause de certaines raisons; desquels articles séparéz ils promettent de fournir pareillement la ratification pour avoir la mesme force et estre tenus et observéz comme les autres.

1. Qu'encore que par le d. traité il soit porté que S. M[té] fera paier au d. Seig[r] Duc un subsidie de huit mile escus, parceque le d. Sr Verjus a déclaré n'avoir pas le pouvoir d'en acorder davantage, néantmoins il est convenu sous le bon plaisir du Roy et avec espérance qu'il plaira à S. M[té] de l'agréer ainsi, que le d. subside sera de dix mile escus par mois, le d. Seig[r] Duc n'aiant pas voulu se contenter ny rien conclure autrement.

2. Qu'en cas que les Princes de la Maison de Brunswick et de Luneboug fussent ataquéz par qui que ce soit durant ce traité, le Seig[r] Duc poura les assister et secourir en vertu des anciens pactes de famille établis entr' eux, sans choquer ou manquer à la foy du présent traité.

3. Qu'il plairra à S. M[té], pour éviter tous les ombrages et toutes les jalousies qui se pouroient former de ses conquestes aux frontières d'Allemagne, de se déclarer, que pour bien faire voir à tout le monde sa modération, S. M[té] à la fin de cette guerre non seulement rendra aux Princes de l'Empire toutes les places qui auront esté prises par ses armées, et qui aiant autrefois apartenu aux d. Princes leur sont présentement ocupés par les Hollandois, mais qu'aussi quand par le bonheur de ses armes elle déposséderoit les Hollandois de quelques places en deça de la Meuse, du

1) = seings.

Rhin et de l'Isel, S. M[té], pour oster tout sujet de méfiance, ou les mettra en main de quelque Prince de l'Empire ou les restituera aux Hollandois par le traité de la paix aux conditions qu'elle jugera à propos.

Fait à Hildesheim le dixiesme jour de juillet mil six cens soixante et onze.

(L. S.) Verjus.
(L. S.) Otto Grote.

59. Prinz Wilhelm von Fürstenberg an Freiherrn Grote, dat. Bielefeld, 24. Juli 1671.

Monsieur,

Ayant appris, que Leurs A[s] A[s] Messieurs les Ducs de Zell, Hanouer et Osnabruck se trouuoient presentement a Pyrmont, et ayant une particuliere passion de leur y rendre mes devoirs, ayant eu trop d'affaires a Hildesheim pour auoir pû leur rendre visite ches[1]) eux, je vous pri ede me faire scavoir[2]) par le porteur de la presente, s'il auront agreable que je m'acquitte de ce deuoir, pendant qu'ils sont aux eaux, et si vous jugez l'occasion propre pour jetter quelque fondement à l'alliance de toutte la serenissime maison auec le Roy, comme aussy ce qui sera le plus a propos, ou que M. Verius y aille avec moy apres ou point du tout; et jusques a ce qu'il ayt eu response de la cour par le courier qu'il y a depesche. Vous m'obligeres aussy infiniment, Monsieur, de me faire scavoir en confidence, si S. A. Monsieur le Duc de Hanouer, lequele je vous prie d'assurer de mes tres humbles respects, ne juge pas à propos de donner ordre à son deputé, que puisque M. l'Electeur de Brandebourg et duc de Neubourg se veullent déporter de leur prétention de colonel du cercle, il coopere de la part de Sa d. A., que l'on mette sur pied m/12 hommes dans le cercle, qui fairoient l'octaplum. Ceux de Brandebourg ont proposé en secret pour general-lieutenant du cercle Mr Golz et offrent de le decharger de son seruice et du serment de fidelité qu'il a presté au d. Seig[r] Electeur. On est aussy d'opinion que le d. general ne pourra rien entreprendre que par les ordres et consentement du directoire ou des Nach- und Zugeordneten, que l'on propose qui doiuent estre de la part des catholiques M. l'Euesque de Paterborne, mon frere comme prince de Stauelo [sic], S. A. de Hanouer comme comte de Hoya et la ville d'Aix, de la part des protestants M. l'Euesque d'Osnabruck, le Prince de Ostfrise, Nassau et Deklenbourg. Si S. A. uostre maistre approuue cette disposition, il sera bon non seullement qu'elle instruise la dessus Mr de Vitte, mais qu'il porte aussy M. l'Euesque d'Osnabruck, qui semble estre contraire a l'armement du cercle, a donner des ordres plus fauorables. Car je ne crois pas auoir besoing de vous remonstrer les raisons qui nous doiuent obliger a cet armement, puisqu'elles vous sont mieux cognues[3]) qu'à moy mesme, et que je scay bien que vous conuiendres volontiers auec moy, que la seulle chose qui nous peut tenir en quelque consideration aupres les estrangers et surtout aupres la France, c'est d'estre bien armé. Faites-moy la grace de me faire un mot de response et surtout de me faire scauoir, quand vous croyez que je pourray me rendre aupres de vous. Je suis etc.

---

1) = chez. 2) = savoir. 3) = connues.

60. Duc d'Enghien an Herzog Johann Friedrich, dat. 6. Aug. (1671).

(J'ay une fort grande joye d'avoir appris par la derniere lettre que vous m'aves escritte, la conclusion du traitté de neutralité que vous avez fait avec M. Verjus. Je n'en scay pas encore les particularités, parceque M. de Lionne ne l'a receu que depuis deux jours, et qu'il est party pour aller à Fontainebleau. J'avois tousjours bien creu que vous series content de M. Verjus, et je suis bien aise que vous l'ayes trouvé tel que je vous l'avois mandé. Je suis obligé de vous dire, qu'il a tousjours tres bien escrit de vous avec estime, se rendant conte de l'affection que vous aves tesmoigné pour la France, depuis qu'il est auprès de nous. On luy envoyt des ordres pour entrer avec vous dans un traitté plus particulier que celuy de neutralité, et la chose est tournée à cet' égard de la manière que vous m'avez tesmoigné le souhaitter. Cependant comme M. de Gourville avoit desia mandé à Mess. vos frères qu'il les iroit trouver de la part du Roy, il se prépare à partir dans peu de jours, ne pouvant sortir de cet' engagement, et quoy qu'il emporte un pouvoir secret de traitter avec vous, si vous voules entrer en négociation avec luy, il ne s'en servira qu'autant que vous voudres, et ne paroistra chargé que de vous faire des complimens, si vous ne voules traitter qu'avec M. Verjus, lequel aura tous les ordres necessaires de conférer avec vous et de négocier pour le traitté dont il s'agit. Je luy en escris et luy mande la satisfaction que vous avez de luy, et l'estime que vous me tesmoignez en faire; je ne doubte point que cela ne l'oblige encore à en user pour vous aussy bien qu'il a fait jusques à present. Cependant j'attendray au premier ordinaire à vous faire sçavoir plus particulierement les choses qu'il aura ordre de vous proposer, le Roy n'ayant pas encore pris sa dernière résolution. Je vous manderay aussy celles dont M. de Gourville sera chargé, et je vous puis asseurer, que l'affection qu'il a pour Mess. vos frères, ne l'obligera pas à rien faire contre vos interests; et connoissant, comme il connoist, combien j'y prend de part, cet attachement là ne l'emportera pas sur celuy qu'il a pour M. mon père et pour moy. Cependant vous aurez le choix de traitter avec celuy des deux que vous aimerés le mieux, et c'est je pense, ce que vous pourrés souhaitter.)

61. Herzog Johann Friedrich an Duc d'Enghien, dat. 11/21. Aug. 1671.

(Concept von Grote.)

J'ay esté bien aise d'apprendre par celle que vous m'avez fait l'honneur de m'escrire du 6me de ce mois, que la nouvelle du traitté de neutralité que j'ay conclu avec M. Verjus, ne vous a point depleue, et que le Roy est persuadé de mon zele et de mon attachement pour ses interests, qui m'ont plus que toute autre chose porté à cette resolution. Je vous prie de m'aider tousjours à me conserver dans cette bonne opinion auprès de Sa M^{té}, vous promettant que mes actions ne vous desavoueront point. Vous m'avez fait un tres grand plaisir de m'avoir voulu avertir du dessein de la cour tant pour les nouvelles propositions que l'on me doit faire qu'à l'egard du voyage de M. de Gourville en ces quartiers. Vous pouvez bien croire, Monsieur, que je feray tousjours tres grande reflexion sur tout ce qui me viendra de la part du Roy, et que j'iray mêm' au devant, autant qu'il me sera possible, à ses intentions et ses volontés. Mais j'espère bien que cela n'empeschera pas, que Sa M[té] envoye à M. de Verjus la ratification du traitté fait et signé par luy en vertu de son pouvoir, que je considere à cet' heure comme la base et le fondement de tout ce que selon le temps et les conjonctures à l'avenir je pourray avoir à traitter avec le Roy, et il me seroit bien difficile de m'engager en aucun' autre affaire, avant que d'estre asseuré de celle cy. Et en cas que la ditte ratification ne fust pas encore expediée, non obstant que le terme stipulé de part et d'autre en est desia passé il y a quelque temps, je vous prie de faire vostre possible, afin que cela se fasse au plustost, pour pouvoir mieux prendre mes mesures touchant le voyage que j'ay projetté. Et sans cela il me cousteroit trop cher de demeurer longtemps en incertitude.

Vous scaurés de M. de Lionne ce que s'est fait avec mon frere l'evesque d'Osnabruc au sujet du traitté luy proposé, et quoy que nous n'ayons pas eu la mesme fortune avec mon frère, qui ne s'est pas voulu declarer pour le present d'entrer en aucun traitté, je m'imagine pourtant que M. de Verjus scaura si bien representer l'importance de cet' affaire à la cour qu'elle ne trouvera point de difficulté d'approuver ce que s'est fait, au moins cela pourrat-il donner une preuve des soins et des diligences dont je me suis servi à l'egard des interests du Roy. Entre autres articles dont on est tombé d'accord avec mon dit frère M. l'Eveque, M. de Verjus a bien eu de la peine de passer celuy touchant la durée de ce traitté, que mon frère a voulu restreindre à deux années. Mais y ayant adjouté encore un' autr' année en cas que la guerre continue si longtemps, j'espere [?] qu'on sera content à la cour de cette declaration, d'autant qu'apparement l'espace de trois ans decidera du succes de toute l'entreprise.

Si M. de Gourville, comme vous dites, a des commissions pour moy, je les escouteray tres volontiers, mais vous voyes bien par tout, que je suis trop engagé avec M. de Verjus pour commencer à traitter de nouveau avec un autre; outre que je ne scaurois plus, comment luy pouvoir de bonne manière, et sans le désobliger, oster mes affaires d'entre les mains, dont je luy ay fait entière confiance sur vostre recommendation, surtout en ayant usé à mon esgard de la manière qu'il a fait. Je ne laisseray pas avec cela d'estre tousjours fort reconnaissant aux honnetetés que vous me promettés de la part du s[r] Gourville, et ne manqueray pas d'avoir pour luy la considération que je dois à une personne qui a son plus grand attachement à vous. J'attendray avec impatience ce que vous me promettés de me mander touchant les commissions de l'un et de l'autre, et ne scaurois assès exprimer, combien je suis sensible, et à quel point je me sens obligé à toutes les demonstrations d'amitié que vous me faites.

62. Duc d'Enghien an Herzog Johann Friedrich, dat. Fontainebleau (oder Paris)[1]), 13. Aug. 1671.

(Je vous ay mandé par ma dernière lettre que le Roy n'avoit pas encore pris sa dernière résolution sur les affaires aux quelles vous avés part. Le courier que M. de prince de Furstenberg et M. de Verjus ont en-

1) Der ganz chiffrirte Brief trägt unter dem Namen des Absenders das eigenhändig beigefügte Datum, de Fontainebleau le 13 aoust 1671: Grote's Dechiffrirung schließt mit dem Datum: de Paris, treize aout.

voyé, est arrivé depuis et en a fait entierement changer. J'ay à me resjouir [?] avec vous de voir prendre le chemin que vous souhaités, on n' envoyera point Gourville en Allemagne, puisque vous ne le souhaittés pas, l'on a rompu son voyage, quoyqu'il y eut sur cela de grands pas faits avec Mess. vos frères et un engagement de l'y envoyer, et que l'on soit persuadé que personne pourroit mieux réussir que luy dans cette négociation. Vous voyés par là la confiance que l'on a en vous, dont j'ay toute la joye que vous pourrés penser. Mais il vous est d'un grand interest que le traité se conclue et que l'on ne se repente pas icy d'avoir changé de résolution. Je crains la jalousie de vos freres, c'est à vous à prendre tous les moyens que vous jugerés les plus propres à les menager. Au point que le Roy le souhaitte, rien ne vous est d'un plus grand interest, et la part que j'y prend, est si grande que je vous prie de croire, que l'on rien peut prendre avec plus de chaleur. J'attends le succes de cette négociation avec toute l'impatience que vous pouvés penser, je vous prie de me mander le plustost que vous pourrés, quelle fin que vous croyés qu'elle prendra).

63. Verjus an Freiherrn von Grote, dat. Bielefeld, le jeudi 20e d'aoust 1671.

Je ne suis retourné qu'hier de Sassemberg, où j'ay esté retenu un jour plus que je ne pensois y demeurer. J'y ay receu une lettre de mon frère, qui me mande, qu'il a falu bien du temps pour déchifrer toutes les écritures que j'ay envoiées par mon valet de chambre, que le Roy a remis à envoir une partie à Fontainebleau, et que de là on avertira mon frère, quand il devra y envoier mon valet recevoir ses dépesches. De sorte que je ne doute point qu'il ne soit bien-tost ici, où aussi-tost qu'il sera arivé, je prieray M. Du Pré de vous aler voir pour vous informer de toutes choses.

Je vous prie cependant de ne pas oublier m'avertir du temps auquel vous destinez de faire partir le gentilhomme que vous devez envoier en Suède, afin que j'écrive amplement par luy à Mr de Pompone, à qui mesme jusqu'à présent je n' ay point d'autre voie de donner de mes nouvelles.

J'espère, mon cher Monsieur, que vous aurez receu une grande lettre que je vous écrivis en partant pour Sassemberg.

Je vous envoie le projet de traité que j'avois envoié à M. le Président d'Hamerstein, et je vous marque d'une voye au dessous tous les endroits que j'avois acomodéz[1]). M. le Président d' Hamerstein m'a fait réponse, que pour ce que j'avois mis au 5e article[2]), son maistre en estoit demeuré d'accord, mais que pour le reste son maistre a de certaines raisons, qui ne luy permettent pas d'aler cette fois-cy plus outre, et qu'il espère qu'on se contentera avec la résolution donnée à Herfort. Cependant il me sem-

---

1) Ich theile diese Abschnitte des in Herford verglichenen Entwurfs in den nachstehenden Anmerkungen mit, die von Verjus betonten Stellen durch den Druck markirend.

2) § 5 des Herforder Entwurfs: Que le dit Sr Duc dans toutes les occasions qui ne touchent point l'Empire ny Sa Maison, sera toujours prest à donner des preuves de son afection aux interests et service du Roy, pour mériter d'autant plus par sa conduitte la bienveillance et confiance de S. Mté.

bloit que ce que j'ay adjousté par exemple dans le 3e article[1]) et dans l'article a part[2]), ne pouvoit faire de peine. Car quand on permet d'acheter des vivres et munitions, ne permet on pas d'avoir des lieux où les mettre et les conserver et de se servir de voitures pour les transporter? Et M. l'Evesque d'Osnabruck est-il engagé à secourir les membres de la quadruple alliance en d'autres cas que lorsqu'ils sont ataquez, ou le voudroit-il faire seul et lorsque les autres ne feroient pas la mesme chose? De plus il y a un article[3]) sur lequel il n' y a point eu de resolution, qui est sur le temps de la durée du traité. Car M. l'Evesque d'Osnabruck voulant qu'il ne fust que de deux ans absolument et d'une autre troisieme année, en cas que le Roy eust la guerre, je me suis tousjours ataché à trois années, en cas que le Roy eust la guerre au delà des premiers ans. Ici [?] je m'estois reduit à deux, c'est à dire à quatre années en tout, et cela méritoit bien une réponse particulière. Je vous répète encore, cher Monsieur, que je trouve si peu d'avantage pour le Roy dans tous ces traitez que je ne croy y faire de bien que de luy obéir. Mais je n'aurois jamais esté de ce sentiment. Cela soit dit entre vous et moy, qui sommes sans doute en cela de mesme pensée. Car je jurerois que vous en jugez de mesme en vostre coeur. Cependant je ne m'amuseray pas à le prosner et je ne veux pas perdre de gayeté de coeur le moindre [?] que j'en auroy peut-estre, et le gré qu'il se peut faire qu'on m'en sache. Mais dans le fond j'ay mile scrupules sur tout ce que j'ay signé, et crois y avoir mal servi mon maistre, quoyqu'en la pluspart des choses j'aye suivi ses ordres, et souhaiterois de tout mon coeur qu'il eust pris tout un autre chemin pour le dessein qu'il a.

Je vous conjure, Monsieur, d'assurer le vostre de mon très-profond respect et d'un atachement inviolable, et d'estre vous-mesme bien persuadé que je seray toute ma vie entièrement à vous. Verjus.

Postscriptum: J'avois prié vostre M. de Witte de se trouver en ma place à la Deputation pour Höxter, si l'on s'assembloit, et les autres Députez de l'en avertir. Mais on ne s'est point assemblé et l'on ne fait rien. Cela me désespère.

---

1) § 3 des ersten Theils des Herforder Entwurfs: Qu'il sera permis à S. Mté de faire achepter dans le pais du Sr Duc autant de vivres et de munitions de guerre qu'elle jugera à propos, et de se servir des commoditéz ordres et les plus propres pour leur conservation et transport.

2) Separatartikel des Herforder Entwurfs: Outre ce qui a esté arresté et conclu ce jour d'huy entre N. et B. en vertu de leurs pleins pouvoirs, ils sont convenus, par cet article, qui aura la mesme force et autorité que le traité principal, que non obstant la promesse que le Sr Duc a faite d'observer une exacte neutralité, il luy demeurera néantmoins libre et permis, sans que pour cela il puisse estre accusé d'aucune contravention au traité susdit, d'envoier à l'assistance des membres de la quadruple alliance, en cas qu'ils fussent les premiers attaquéz ou investis dans leurs estats, et lorsque les autres y enverront, deux cens chevaux et quatre cens hommes de pied qu'il est obligé de leur donner en vertu du traité d'alliance fait en l'an 1668 jusqu' au temps que cette alliance prenne sa fin, qui sera le 25e jour d'octobre de l'anée 1672.

3) § 8 des zweiten Theils des Herforder Entwurfs: On a esté convenu et arresté que le présent traité durera deux années à compter du jour de l'eschange des ratifications, et qu'en cas que durant ce temps le Roy fust entré en guerre contre quelque Prince ou Estat, le d. traitté continuera et sera exactement observé de part et d'autre durant le cours de deux autres années après les premières escheues, si ce n'est que la guerre finisse plustost, auquel cas le traité finira avec la d. guerre.

64. Verjus an Grote, dat. Bielefeld, 26. Aug. 1671. (Mercredi).

. . . Je suis bien fâché de ce que vous n'aurez pas la satisfaction de voir Gourville. Il ne vient point, et le Roy a jusqu' en cela de la complaisance pour vous de vous choisir vos duppes à point nommé, comme vous le demandez. Comme je suis le principale, et qu'on aime tousjours ceux à qui l'on persuade ce qu'on veut, je croy que vous serez plus aise de me voir qu'un autre, et principalement aiant à vous porter une ample et entière satisfaction sur toutes choses, et pour le passé et, si vous estes des gens raisonables, pour ce qui se peut faire de plus et de mieux à l'avenir. Il faut que je vous voie, je ne puis m'en dispenser. Mon inclination et la necessité des afaires m'y obligent également. Mais encore une fois et éternellement je ne puis me resoudre à faire la planche ny à autre chose que ce que je vous ay dit pour les maudites et impertinentes cérémonies que le Diable a introduites dans le monde. Je pars donc demain de bonne heure d'ici et seray de bon matin vendredi à Hammeln, où je voudrois trouver de vos nouvelles du mesme temps que j'y arriveray. Vous me donnerez avis où je pouray vous voir, et où je pouray avoir l'honneur de saluer et entretenir S. A., si elle le juge à propos. Je vous jure que j'ay plus de joie de sa satisfaction que de la mienne. Vous pouvez croire l'homme du monde qui est le moins flatteur, et qui met tout ce qu'il a de respet, de passion et d'atachement dans les choses solides. Je vous conjure de m'aimer de la mesme façon, puisque je seray toute ma vie entièrement à vous.

65. Herzog Johann Friedrich an Duc d'Enghien, dat. (Ende August 1671) (Concept von Grote.)

L'arrivée du courier qui m'a rendu vostre lettre datée à Fontainebleau du 13me de ce mois, m'a tiré aussy bien que M. de Verjus de (peines) et des incertitudes où nous estions à cause du retardement de son retour. Je ne pretends pas vous dire, à quel point la manièr' obligeante, dont le Roy en a usé à mon esgard, et surtout la confiance que Sa Mté tesmoigne avoir à sa personne, m'ont captivé le coeur et eschauffé ma passion pour son service. Car ne trouvant point des expressions esgales et proportionnées à mon zèle et [à] la ferveur de ma reconnaissance, j'aime mieux attendre les occasions propres pour pouvoir par des services réels et solides vérifier les sentimens de respect et de gratitude que j'auray toute ma vie pour Sa Mté. J'espère que vous avez assès bonn' opinion de moy pour vouloir bien estre mon respondant de cette verité après [sic] de Sa Mté, et je vous supplie bien fort d'avoir cette bonté pour moy et d'en asseurer Sa Mté en des termes les plus forts dont vous vous pourrés mesler [? = mettre]. Le changement de la résolution du Roy touchant le voyage de Gourville ne me peut estre que tres agréable, autant [?] que cela me marque [?] la confiance dont Sa Mté m'honore. Mais si je pouvois comprendre par imagination que cela pust porter prejudice au service des interests du Roy, j'en serois au desespoir, vu [?] le désinteressement avec lequel je regarde tout ce qui est du service de Sa Mté. Mais je vous ay desia mandé il y a quinze jours, que ce ne seroit pas sans peine de surmonter toutes les difficultés qui se remontront dans la personne et dans l'esprit de mon frere le duc G[eorge] G[uillaume] pour se detacher du parti des Hollandois et se ranger au nostre. Et si nous n'y avons pu reussir en luy faisant la proposition d'une neutralité fort innocente, je vous laisse à penser, si nous en avons fort bon . . .[?], lorsqu'il sera question de le faire agir contre les Hollandois, avec lesquels il est engagé effectivement dans une alliance qui dur' encore un an, outre que l'interests de ceux que mon dit frère escoute fort dans le conseil et les affaires, a un tres grand rapport à celuy des dits Hollandois. Et je vous avoue que ce sera un coup de maistre, à quiconqu' y pourra réussir, lequel pourtant ne laissera pas d'estre bien difficile [?] à tous ceux qui y mettront la main, et je serois ravy que M. de Gourville vint encore pour y travailler conjointement avec nous. Mais quoy qu'il en soit, je n'y oublieray rien de tout ce que nous pourra servir à cette fin, m'y trouvant engagé par toutes les plus fortes considerations du monde, autant de l'inclination que du devoir et de l'interest. M. de Verjus, après avoir echangé avec moy les ratifications du traitté que vous scaves, et après avoir concerté ensemble les moyens les [plus] propres pour réussir dans nostre dessein et la manière de laquelle il s'y faudra prendre, partit hier d'icy pour s'abboucher avec M. mon frere susdit, et en peu de jours nous scaurons les succes de sa negociation. Et quand bien il ne feroit autre chose pour le premier coup que de fair' accepter la neutralité à mon frere, ce ne seroit pas gagné peu de chose à mon avis, d'autant que la seureté des autres alliés en sera bien plus grande, et si leur nombre en devient plus petit, leurs force en sera plus resserrée. Mais au retour de M. Verjus nous pourrons prendre des justes mesures sur tout aussy bien que sur ce que regarde mon particulier, en cas qu'on me juge capable de faire quelque chose tout seul pour le bien de la cause commune. J'auray soin moy-meme qu'on ne perde point de temps à tout cela, demeurant tousjours ferme de faire un voyage en Italie, en cas qu'il ne se conclue rien pour l'action, afin d'estr' à concert [?] et en repos de mille propositions et brigues inutiles dont on me fatiguera estant chez moy. Je ne manqueray pas de vous donner un' ample part de tout, et quand ce seroit point [?], par nostre estroite confiance qui m'y oblige. Vostr' amitié, Monsieur, et la bonté que vous monstrés pour moy en toutes choses, m'est trop utile et les effects trop considerables, pour ne vous pas adresser toutes mes affaires. Mais avec tout cela je vous prie le plus fortement qu'il m'est possible, de croire que ce n'est pas tant par la connoissance des affaires, que je cultiveray tousjours le mieux qu'il me sera possible, l'honneur de votre amitié et de votre confiance, mais que c'est par la plus grande inclination et la plus veritable reconnoissance dont un ami est capable, desquels seulement [?] j'avoue vous estre redevable pour toute ma vie.

66. Duc d'Enghien an Herzog Johann Friedrich, dat. Paris, 3. Sept. 1671.

. . . Je vous ay mandé il y a desia quelque temps, que celuy [= voyage] de Gourville estoit rompu. Il est . . . [?] temps presentement pour entreprendre celuy dont vous m'escrivés, et je ne crois pas que ce dessein là fust fort aprouvé en cette cour. (Il peut arriver tous les jours mille choses, sur lesquelles il faudroit prendre des resolutions, ce que vous ne pourries faire aussy esloigné de chez vous). Du reste je ne vous puis rien dire pour cet ordinaire, le malheur ayant voulu que le pauvre M. de Lionne soit mort en tres peu de temps. C'est une grande perte que le Roy faict, et j'en fais aussy une en mon particulier, car j'estois fort de ses amis . . .

67. Herzog Johann Friedrich an Duc d'Enghien, dat. Hannover, 18. Sept. 1671. (Eigenhändiges Concept.)

En response de la vostre du 3me de ce mois je vous dois apprendre que je n'ay rien oublié de tout ce qui peut estre util au service du Roy en ces quartiers icy, de quoy M. Verjus me peut rendre tesmoignage, qui n'est reveneu de Cell que depuis trois ou quatre jours, où nous avons fait notre dernier effort pour faire entrer mon aisné dans les interes que nous souhaittons, et je vous asseure que l'on n'a rien oublié pour l'y persuader, mais tout notre raisonnement et toute notre eloquence a esté superflu, ce qui m'a mis au desespoire, et je ne porterois nulle envie au Sr Gourville, s'il y pouvoit mieux reussir que nous n'avons fait, pourveu que le tout succedat à la satisfaction du Roy, pour laquelle je ne me vois pour le present plus util en ces pais pour cet hiver, où il y a apparence que tout sera en repos jusques au printemps, si ce n'est que je laisse conclure un traitté pour agir avec S. M[té], comme M. Verjus m'en a fait la proposition; sur quoy j'ay resoleu d'envoyer le Sr de Grothe à Coloigne pour voire, s'il y pourra convenir des conditions avec le dit M. Verjus et les autres alliés, et je demeureray encore trois semaines icy pour voire ce qui en arriveray [sic]. Et si dans ce temps là il y aura quelque chose de concleure, je renonceray au voyage d'Italie, pour donner ordre icy à tout ce qui sera necessaire. Mais au cas du contraire je seray obligé de le poursuivre, le trouvant necessaire pour mes interes pour beaucoup de raisons. La mort de M. de Lionne m'a beaucoup affligé, estent persuadé que le Roy y a perdeu un tres bon et capable ministre, qui entandoit fort bien les affaires estrangères, et vous un bon amys. Je ne crois pas, que le Roy puisse tarder à se declarer, à qui il veut que l'on s'adresse à l'advenir en sa place. En attendant continuez moy, je prie, votre amitié etc.

68. Verjus an Freiherrn Grote, dat. Bielefeld, le lundi 21e de sept. 1671.

. . . Je vous conjure, mon tres-cher Monsieur, d'en prendre soin, parceque la lettre pour M. de Pomponne m'importe.

Je traite maintenant de Monseigneur un homme, à qui peu de jours auparavant je ne sousmettois que bien simplement tres-humble serviteur et ne voulois pas donner du très-obeissant, comme j'en donne presque à tout le monde, et ne faisois pas trop de complimens. Cependant je le fais avec bien de la joie, parcequ'il est certain que le Roy ne pouvoit pas faire un meilleur choix, et que quelque capable que soit celuy qu'il a eslevé tout d'un coup à la charge de sécrétaire de l'estat, il est encore plus estimable pour estre un des plus honestes hommes du roiaume. Il a aussi tousjours esté fort de mes amis, et je croy que cela augmentera tous les jours.

Je vous envoie un extrait de la lettre que le Roy m'a écrite, où Sa M[té] me parle du bruit qu'on a fait dans l'Alemagne sur quelques courtes [?] prez de Bitche et quelques charretes de foin enlevées sur les terres de M. le Prince de la Petite pierre.

Sa M[té] m'ecrit en un autre endroit ces proprés termes: »Vous aurez reconu par ce que je vous ay fait savoir de mes intentions, que je ne suis plus dans la pensée de m'arester (aux seuls traités défensifs que) je vous avois donné ordre de (signer en mon nom), mais que j'ay resolu, si cela se peut, de (conclure de ligues offensives avec les princes mes amis) etc.« Je vous atendray donc avec impatience et espère que vous serez plus raisonnable que vous ne me l'avez dit, et trouverez que ce que je vous ay proposé, l'est extremement ou mesme au de là. Si vos propositions le sont, j'espère que nous ferons quelque chose de bon.

Souvenez vous de m'aporter les vers que je vous ay demandés, si vous les avez encore.

Je vous conjure surtout de me conserver par vos soins et vos bons ofices quelque part, que je souhaiterois de mériter par mes services et obeissances à l'honneur du souvenir et des bonnes graces de l'excellent Prince que vous servez, mais que vous ne pouvez en verité plus aimer et respecter que je le fay.

Je salue, Monsieur, toute vostre belle et aimable famille et suis sans réserve vostre tres humble et tres-obeissant serviteur.

Verjus.

69. Grote an Herzog Johann Friedrich, dat. Köln, 22. Sept. 1671.

. . . Daß Sueden sich zu nichts en faveur von Frankreich erklären will, ist sehr nachdenklich. Es ist aber doch darbei zu beforchten, daß Frankreich endlich mit übermäßigen Offerten durchdringen wird, und auf solchen Fall gehet Bremen verloren. Hergegen ist wieder zu consideriren, daß Sueden und Brandenburg nicht leicht einerlei Partei nehmen werden. Noch nachdenklicher aber ist, daß der Kaiser, wie vor gewiß will gehalten werden, von aller Gefahr des Türken entlastet und also in große Freiheit, seine actiones nach seinem Interesse zu führen, gesetzet ist. Hingegen ist aber auch zu vermuthen, wann der Kaiser gar zu stark im Reich armiren sollte, daß solches so viel mehr Jalousien erwecken und die französische Partei desto mehr verstärken wird, zumalen wann der Kaiser aus seinen Erblanden nach den Niederlanden will, auf solchen Fall manches teutschen Fürsten Land darauf gehen wird. Wäre also bei solchen Sorgsamkeiten wohl zu wünschen, daß des päpstlichen Nuncii sein christlicher Anschlag und Gedanken von statten gehen und die Ruptur verhütet werden kann. Solches aber ist, so lange Frankreich und Engelland fest zusammen stehen, nicht zu hoffen. So sich aber die beeden trennen, so haben wir keinen Krieg und auch keine Gefahr, sonderlich diejenige, die den Holländern ziemlich weit entlegen sind, als Ew. Dchl. und Dero Lande. Ist aber die Frage, ob man sich bei einem angehenden so großen Kriegsfeuer mit der Neutralität salviren könne, welches wohl mit Ja zu beantworten, so lange dies Feuer noch nicht zu einer vollen Flamme ausgeschlagen. Sobald aber dasselbe über und über gehet, so möchte es den Neutralisten ebenso ergehen, als wenn einer in einem Hause von 3 Estagen in dem mittelsten Stockwerk wohnte: wenn dann der oberste und unterste Stock sollten anfangen zu brennen, so würde sich der mittelste seine Rechnung selbst leicht machen können. Da nun insonderheit ein solcher Neutraliste außer den Waffen sollte gefunden werden, würde er gewiß nach dem iure gentium des hochseligen Königs von Dänemark nur den großen Fischen zur Speise dienen. Hingegen wenn ich armiret und mit einer Partei engagiret stehe, ob ich schon meine Völker nicht im Lande habe, so stehet mir doch nicht allein bevor, dieselbe zu meiner Defension zu revociren, sondern habe mich überdies der Alliirter Defension zu getrösten. Dieses sind starke Argumente für die Action, nur [?] daß die conditiones erträglich und mit apparence eines guten Succes können gemachet werden. Worzu dann noch diese erhebliche Circumstanz kommt, daß wenn man mit einem corpo von 2400 Mann einem Conquerenten zur Seite stehet, man desselben demesurirte Ambition ziemlich durch die Furcht, daß man sich zur andern Partei schlage, einhalten und sich zum Mitarbitro pacis et belli machen kann. Diese Gedanken, bekenne ich, gehen mir Tag und Nacht im Kopf herum. Hingegen ist Ruhe und Friede die Grundfeste eines heilsamen Regiments, wenn man derselben nur versichert sein kann. Weil ich aber dieses Bessere mir fast selbst nicht glaubwürdig machen kann, so sage ich nach meinem faiblen jugement, jedoch mit reinem und freimüthigen Gewissen heraus, daß ich fast mehr zur Action als zur Neutralität anfange zu incliniren. Was aber für eine Partei zu erwählen, ist eine decidirte Frage. Die Necessitet muß die justitiam causae helfen behaupten. Wie nun aber den in Ew. Dchl. gnäd. Instruction enthaltenen Difficultäten wird zu rathen [?] sein, solches wird zum Theil meine erste Relation und weiters die Handlung selbst ergeben, und insonderheit Ew. Dchl. eigenem Sentiment und Willen darin die Decision gebühren. Wie diese meine Relation aus dem Fundament und Grunde einer wahren sorgfältigen Treue herfürkommt, so ersuche auch Ew. Fürstl. Dchl. unterthänigst und demüthigst, dieselbe also mit gnädigen Augen und Gemüthe aufzunehmen. Ich will und kann nun weiter nichts mehr darbei thun als auf alles Vorfallende genau Acht zu haben und in Erwartung weitern Befehls den höchsten Gott zu bitten, daß er Ew. Dchl. heilsame Rathschläge und einen gedeihlichen Schluß in dieser epineusen Sache durch seine Gnade und Geist [Gunst?] eingeben und imprimiren wolle. Sollte Ew. Dchl., wie ich fast mir die Rechnung mache, ihre Reise nacher Italien fortsetzen, so will ich nochmals anhalten, mir die Gnade zu gönnen, Deroselben mündliche Befehl zu Frankfurt zu empfangen, weil man in einer Sache von dieser Natur nicht zu eigentlich instruirt sein kann. Da Ew. Dchl. die Vorzeigung dieses Briefs in Gnaden darzu dienlich achten sollten, trage ich keine Scheu dasjenige, was mir in Ew. Dchl. Diensten die Vernunft und Gewissen zu sagen an Hand giebet, öffentlich für jedermann zu thun. Sonsten möchte ich wohl aber nicht gerne ein boutten heißen, der dieses Feuer hätte helfen anblasen. Es heißet aber alle Zeit: nos in consilium vocati et domino decidendi ratio relicta est. Ich bin und bleibe ꝛc.

Postscriptum.

Nachdem ich dieses Werk noch etzliche Stunden nach Endigung dieses Briefs bei mir sorgfältig überleget, so finde ich, daß die meiste Consideration bei diesem Werke auf nachfolgende Punkten ankommen werde:

1) Wie man sich wegen des Kaisers am besten vorsehen kann, und

2) wie den besorgenden Inconvenientien wegen der französischen Kriegesarmée am Rhein und in des Kurfürsten von Brandenburg Landen vorzukommen. Das erste belangend bedünket mich, daß die Sicherheit nicht größer

sein könne, wann es bei demjenigen verbleibet, was zwischen Ew. Dchl. und Prinz Wilhelm bereits abgeredet worden, daß nämlich auf den Fall der Kaiser sich des Werkes annehmen sollte, den teutschen Alliirten frei bleiben sollte, aus dem foedere zu treten. Und betreffend das andere, stünde zu fragen, da es ja practicabel, daß für erst eine teutsche Armée am Rhein agire, ob es nicht besser, daß daselbst gar nicht und nur allein an der Yssel agirt würde, da, wann uns Gott Glück gebe, wir auch bald an den Rhein kommen sollten. ut in litt.

70. Resolution de Mr le Duc d'Hannover sur les points portés a S. A. Serme de la part de S. A. Mr le Prince Guillaume par de Grote, dat. Frankfurt, 20. Oct. 1671. (Eigenhändiges, vielfach durchcorrigirtes Concept Grote's, von Herzog Johann Friedrich Seite für Seite und Correktur für Correktur unterzeichnet.)

Quoad quaestionem an, Monsr le Prince Guillaume sçait bien, comme dès le temps de la premiere ouverture faite par luy meme de la part du Roy à Sa dite A. Serme des intentions de Sa Mté de faire la guerre aux Estats des provinces unies et de se lier à cette fin moyennant d'une alliance offensive avec quelques Princes d'Allemagne et entre autres avec S. A., Elle non seulement ne s'est point éloigné des sentimens du Roy, mais au contraire y montré pour sa personne toutes les dispositions possibles et adjusté avec le Prince Guillaume susdit les articles d'un project de la dite alliance offensive. Mais ayant plus[1]) depuis à Sa Mté de faire au lieu de la dite alliance offensive un traitté de neutralité avec Sa dite A. M. le Duc de Hannover, il s'y est accomodé aussi, et le traitté a esté conclu et ratifié de la manière que l'on sçait. Après cela ayant plu au Roy de rejetter sa veue sur les premières propositions de l'alliance offensive, dont en suite M. de Verjus par ordre du Roy a repris la negociation, S. A. y a presté volontiers l'oreille et ouy les instances que M. le Prince Guillaume et M. de Verjus en ont faites, et envoyé le Sr de Grote à Cologne avec des instructions, pour en traitter tant avec eux qu'avec les autres membres, Electeur et Princes alliés, desterminant l'alliance tout sur le pied des articles du project susdit fait cy-devant entre M. le Duc de Hannover et M. le Prince de Furstenberg.

Le dit Sr de Grote, apres avoir esté plusieurs fois en conference là-dessus avec les dits Prince Guillaume et M. Verjus et en fait rapport à S. A. le Duc, s'est bien aperceu que l'affaire differoit en plusieurs circonstances de la premiere ouverture, et que ny M. le Prince Guillaume ny M. de Verjus avoit assès de pouvoir de resoudre toutes les difficultés que le changement faisoit naistre. Cela non obstant, Sa dite A., pour ne manquer en aucune chose a tout ce qui peut dependre du zele et de la passion qu'elle a pour le service et les interests de Sa Mté, demeure toujours ferme dans l'intention d'entrer avec Sa Mté dans une alliance offensive pour le fin susdit et est preste de traitter là-dessus avec le dit Prince Guillaume et M. Verjus touts les jours qu'ils luy feroient sçavoir d'avoir ordre et instruction pour les difficultés, qui pour a cett' heure n'ont pu estre surmontées et sont celles qui s'ensuivent.

1) = plû.

1. Estant porté par le 13. article du dit premier projet que les trouppes des alliés devoient estre partagées en deux corps d'armées, dont l'un agiroit du costé du Rhin et l'autre de l'Issel, cette circonstance a esté notablement changée par l'irrésolution de M. l'Electeur de Brandebourg de concourrir à cette guerre, de sorte qu' au lieu de deux armées les alliés presentement doivent composer une seule et au lieu de l'autre le Roy agira luy meme avec une armée du costé du Rhin; ce qui ne se pourroit faire sans envelopper dans la guerre les estats et pays de M. l'Electeur de Brandebourg, dont S. A. El. pourroit prendre un pretexte fort plausible de former des plaintes contre les invasions estrangeres et de susciter une guerre de l'Empire contre l'alteration que ce changement porte aux conquestes et contributions des alliés: S. A., pour mettre en seureté sa reputation et ses interests, ne peut point s'engager dans une guerre de cette qualité [?], à moins d'estre asseuré sur cet article des choses suivantes:

1) Que M. l'Electeur de Brandebourg se tiendra neutre, en se contentant qu'on attaque les Hollandois dans les places qui luy appartiennent, et qu'on les luy mette entre les mains en suite de les avoir occupées; 2) que les autres places que les armes du Roy occuperont sur le Rhin, lesquels ny appartiendront à M. l'Electeur de Brandebourg ou aucun autre Prince de l'Empire ny seront du partage du Roy, c'est à dire dependantes du Brabant et de la Flandre, ce qui faudroit estre specificié avant la conclusion de cette alliance, seront mises entre les mains des alliés avec toutes leurs dependances, aussy tost après le terme de l'alliance expiré; et 3) qu'il ne sera deffendu aux alliés, s'il se trouveroit à propos, de porter eux memes leurs armes du costé du Rhin, retenant comme leurs propres conquestes ce que le sont et le bonheur de la guerre leur pourroit faire tomber entre les mains.

Et 2do) pour aller au devant à toutes les resolutions qu'une trop longue durée de cett' alliance pourroit causer, elle ne durera que deux années, les quelles finies il sera parlé de la prolongation de consentement des parties.

3) Ayant esté rapporté par le dit de Grote, que du costé de la cour on trouvoit difficulté de passer l'article qui a esté inseré dans le projet à l'égard de l'Empereur, en cas que Sa Mté Imple se mist du party des Hollandois et declarast la guerre en leur faveur, sçavoir qu'alors il seroit libre aux alliés de se retirer de cett' alliance: S. dte A., après avoir fait reflexion sur l'importance de cett' affaire, ayant trouvé [?] que difficilement l'Empereur se pourroit mesler de cett' affaire, sans qu' aussytost une guerre en fût allumée dans l'empire: elle se trouve indispensablement necessité de de s'en tenir à ce que le dit article du project contient, à sçavoir que toutes les fois que l'Empereur declarera la guerre pour ce sujet, il sera du choix de S. A. ou de continuer dans la dit' alliance ou de s'en retirer, selon que sa propre conservation le requerera, se contentant néantmoins que cela soit stipulé de sa part le plus secretement que cela se pourra faire.

3) Touchant les subsides, S. A. ayant fait representer cy-devant, à quelle excessive dépence elle seroit sujettée pour les levées et en suite l'entretien de 8000 hommes en campagne, joint tous les frais de l'artiglerie, du generalité, des recrues, et outre les trouppes dont il faudroit necessairement faire garnir ses pays pour se preserver de toute surprise, elle ne croit de demander rien de trop en demandant la sommme de 32000

escus par mois payables dès ce [?] mois d'octobre inclusive de deux en deux mois par avance; de quelle somme aussy S. A. se declare de ne pouvoir rien relascher, sans devoir apprehender tous les jours de demeurer faute de moyens en moitié de chemin de l'entreprise et de ce qu'elle s'engage d'executer, au grand prejudice de sa reputation aussi bien que de toutte l'affaire. Et d'autant que le temps de la campagne s'approche et [?] à mesure que les levées deviennent de jour à autre plus difficiles, et qu'il faut du temps pour preparer toutes choses necessaires pour executer promtement [?] ce qu'on a envie d'entreprendre, Sa A. prie M. le Prince Guillaume et M. Verjus, en cas qu'ils jugent les dispositions des affaires estre telles que l'on en [?] put prendre des resolutions definitives sur les points cy dessus proposés par Sa dite A., qu'ils ne voulussent point perdre de temps à luy en faire sçavoir par courrier expres à Venise, où elle l'attendra, les resolutions positives et en detail sur chaqun des susdits points; sur quoy elle donnera immediatement aussi ses dernieres declarations et prendra ses mesures les plus courtes [?] et les plus promtes sur tout ce qu'il sera besoin.

Fait à Frankfurt le 20e d'oct. 1671.

71. [Verjus] an Freiherrn Grote, dat. Brulle, 25. Oct. 1671. (Anonym.)

Vous nous avez fait la plus vilaine banqueroute du monde et qui m'a le plus mis au désespoir pour mon interest particulier à cause du vostre voisinage que j'avois tant recherché, et pour les afaires generales que vous avez mises en désordre par vostre retraite. Tout de bon, mon cher Monsieur, vostre retour à Hannover a rempli tous les esprits de defiance et de confusion, et le mémoire de vos resolutions a achevé de mettre la mienne au dernier comble. Elles sont de telle sorte qu'il ne faut plus penser à rien. Je vois bien que vous avez fait des raisonnemens sur de faux principes, et que vous avez cru qu'on vouloit trainer la négociation jusqu' à ce qu'on eust des nouvelles de Suede, pour conclure ou ne conclure pas selon qu'elles nous viendroient. Mais je vous jure bien que cela n'est pas, et que les nouvelles de ce païs-là ne pouvant guére estre meilleures que nous les avons, et estant de telle sorte qu'il y a lieu de croire qu'on auroit desja conclu, si l'on avoit plustost receu celles que j'ay données du peu d'espérance qu'il y avoit de rien faire avec vous autres, cela n'auroit pas empesché qu'on n'eust fait quelque chose avec vous qui vous eust esté plus avantageuse que vostre oisiveté. Vous estes en vérité des gens trop fins et qui avez de la moitié trop d'esprit. Je ne vous touche rien en particulier de vos résolutions. Je le ferois, si nous ne diférions que de peu et sur quelque article. Mais de la maniere dont elles sont, je n'ay pas le petit mot à vous en dire, jugeant toute la peine que nous y prendrions, très-inutile. Vous avez bien tenu ce que vous aviez dit, que si vous n'aviez rien de bon à raporter, vous en fuiriez tout droit vous cacher à Hanover, et je suis seur que c'est cela plustost que toutes les autres raisons que vous en écrivez, qui vous en eut si tost fait reprendre le chemin. Quoy que vous en diriez, M. le Baron de Benebourg vous a un peu éfraiéz, et quand vous auriez veu M. l'electeur de Mayence, je m'a . . . . .[1])

---

1) Unleserliche Silben.

qu'il n'auroit pu guere faire d'avantage. Vous n'avez eu garde de nous mander les conseils [?] et avis de ce Baron ny aucune particularite de toutes vos conférences. Vous estes trop discret et trop retenu pour révéler tant de mistéres et aler [sic] decouvrir tous les beaux projets qu'on vous a proposéz. Vous voulez pourtant que je vous fasse une réponse claire sur plusieurs questions, et la voisi.

1. Mon sentiment sur les vostres est qu'ils ne sont nullement raisonnables ny praticables. 2. M. le Prince Guillaume ne veut point entendre parler d'aler à Paris et n'ira certainement pas. 3. Vostre fuite a rompu toutes nos mesures avec nos autres alliez; je pense pourtant que nous en prendrons de nouvelles où vous enragerez peutestre n'avoir pas de part, et vous sécherez d'envie du bonheur d'autruy. 4. Je n'ay jamais pu déchifrer vostre écriture ny par consequence entendre vostre question. C'est une enigme, et Davus [?] sum, c'est à dire vostre esclave tres-soumis, non Oedipus. 5. J'enrage mile fois de ce que vous n'estes pas retournée, et j'avoue néantmoins que vous n'avez pas mal fait de fuir ma colere n'aiant rien de meilleur à me raporter. M. l'Ev. de Munster espéroit bien quelque meilleure résolution de vous autres et vous atendoit avec impatience. Je vous jure, qu'une des raisons principales qu'il a euës de venir dans cet païs, et qui l'y a fait arester, a esté le desir extréme qu'il avoit de vous entretenir. Maintenant que vous vous en estes allé, il ne faut plus espérer de médiation à l'amiable entre luy et M. le Duc de Wolfenbüttel pour Höxter, et ce sera bien le tout, si nous pouvons réussir à faire signer à leurs envoiéz le compromis dont ils sont demeuréz d'accord.....

M. le Président de Hammerstein a passé ici. Il m'a proposé le premier projet qu'il nous avoit présenté à Hervorden, comme celuy dont nous estions convenus. Nous sommes pourtant à la fin demeuréz d'accord de tout.

S'il est vray que vostre Prince m'ait fait l'honneur de se souvenir de moy, il m'a fait une grace dont je luy suis d'autant plus obligé que je n'ay point d'ambition pour rien tant que pour la gloire d'avoir quelque part à l'honneur de sa bienveillance. Pouriez-vous quelque fois luy en toucher un petit mot dans vos lettres? Vous me feriez bien de plaisir, et je vous assure que vous ne pouvez en faire à personage qui le mérite mieux que moy, par les sentimens du coeur pour vous. Car je vous assure que les miens sont pleins de la plus tendre et la plus constante amitié, du plus véritable respect et de la plus vive reconnoissance, et que je seray toute ma vie de la meme facon entierement á vous.

Je ne say, si vous pourriez trouver des momens de presenter mes tres humbles respects à Mad. la Duchesse. Vous pouvez bien au moins en trouver d'assurer Mad. de Grote et Mad[elle] de Grote de celuy que j'ay pour elles ...

Je vous prie de m'envoier les lettres de vostre correspondant de La Haye. Je vous les demande exactement toutes. Vous m'obligerez. J'en ay veu aujourd'huy qui portent, qu'un M. Korb sécret[re] de M. le Duc de Zell traite à La Haye pour entretenir seize mille hommes. M. le Duc de Hanover poura bien luy donner ses régimens.

72. Fürst Wilhelm von Fürstenberg an Freiherrn Grote, dat. Brühl, 26. Oct. 1671. (Eigenhändig.)

On perd trop, Monsieur, á ne point iouir de vostre chere et agreable compagnie, pour ne point trouver á redire au manquement de vostre parolle, laquelle vous engagoit si positievement de repasser par icy, mais je pense que vous auez mieux aymé d'estre blamé de ce costé la que de vous voire obligé a soutenir de theses sur les points de la resolution de M. le Duc vostre mestre, que vous m'auez envoyé, dont vous estiez bien assuré de ne pouuoir pas sortir a vostre honneur, outre que peutestre vous apprehendiez a estre examiné trop rigoureusement sur les entretiens que vous auez eu auec M. le Baron de Boenebourg.

Neantmoins comme vostre bon esprit vous pourroit assez tirer du premier, et que vous ne vous escartez pas trop sur touts les interrogations que l'on vous peut faire, vous aves en verité grand tort, Monsieur, de n'estre pas reuenu icy. Enfin chaquun scoit [?] ses affaires, et vous faites si bien les vostres qu'il faut bien croire que vous auez de tres bonnes raisons pour ne pas voulloir agir; car j'appelle ne voulloir agir, lorsque l'on demande de conditions pour le faire qui sont quasi impossibles á estre accordées. C'est aussy pour cette raison, que je ne pense pas necessaire d'aller en France, si ce n'est que la fantesie vous prenne de me voulloir faire scavoir en ami que ce n'est pas la vostre dernier mot. Pour moy je veux bien vous dire encor une fois auec sincerité, que je suis persuadé que vous prenez un tres mechand parti pour vous et pour toutte l'Allemagne, et que vous vous repentirez plus de mille fois de ne m'auoir pas creu. Je suis aussy fort trompé, si quelquun de vostre voisinage ne profitte de vostre refus et prend m/20 escus moins de ce que vous demendez pour agir tout seul.

M. Verjus s'est chargé de vous envoyer vostre resolution apostillié, et j'attend auec impatience vostre deffense, qui a mon aduis ne scauroit [sic] que fort mechente.

S. A. E. a esté bien ayse d'apprendre que S. A. de Hanouer a donné charge à M. Widenbruck de representer sa personne dans les assemblées qui se tiendront à Cologne pour l'accomodement[1]) de la dite ville avec M. l'Electeur.

C'est dommage de lincencier [sic] d'aussy belles trouppes que sont celles que vous auez à Hanover; si vous y estes absolument resolus, vous m'obligerez infinement de me le faire scauoir, afinque je tache d'en profitter. Mais il me semble que vous auez aussy peu envie de licencier ces 2 regiments que vous auez dessein d'agir. Dieu veulle que vous preniez de resolutions qui tournent a vostre honneur et con . . . . .[2]). Je vous demende pardon, si je vous escris si mal, et pour vous dire la verité, je suis si endormi que je n'en puis plus. Je vous menderay d'aduantage auec le premier ordinaire. En attendent croyez moy tout a vous.

Le Prince G. de Fürstenberg.

---

1) Lesung unsicher. 2) Unleserlich.

73. Freiherr Grote an Verjus, dat. [Frankfurt, 26. Oct. 1671].

Il faut avouer, mon cher Monsieur, que vous estes le plus fin Envoyé de France qui jamais ait mis le pied en Allemagne, de vous pouvoir si bien taire, lorsque vous n'avez pas le mot à dire contre ce que l'on vous propose. Je me veu [?] du bien pourtant ou plustost à S. A. Ser^{me} mon maistre d'avoir sceu si bien prévoir l'effect de vostre adresse que cela m'a dispensé d'un retour inutile à Cologne. Car il fut raisonné comme celuy, qu'ou vous seriès fort satisfait de la declaration de Sa d. A. ou que vous ne le seriès pas. Au premier cas il ne vous restoit autre chose à faire que d'en procurer l'agrément en France, comme nostr' affair' estoit de songer chez nous icy à l'execution des choses. Au second cas l'on pouvoit presumer avec raison que refusant des conditions si equitables comme celles que nous avons proposé, que c'estoit à dire en effect que vous n'avès pas envie de conclur' avec nous, et la principale raison de cela estoit que nous avons sceu estimer les choses à leurs juste prix, que vous aimeries sans doubte mieux de cacher vostre maxime de vouloir tout à vostre mode, en ne nous disant plus rien, que de vous decouvrir d'avantage par des plus longs traittés, et ainsi par consequant nous aurions, et vous et moy à l'egard l'un de l'autre, fait une fort mechante figure à Cologne. J'ay peur que vostre raisonement touchant nos reflexions sur la Suede et sur les presontions de M. de Boinenbourg ne soit pas si juste que le nostre. Car pour le premier vous sçavez bien vous meme, que nous nous sommes mis il y a longtemps au dessus des apprehensions qui nous pourroient venir de ce costé là; et quant au second, je vous asseure de bonne fois qu' à peine M. de Boinenbourg, soit par politique ou par ignorance du fait, a sceu tousjour la surface de ces affaires et l'on n'avoit garde de luy en faire penetrer le secret. Ne m'accusés donc pas de vous avoir fait banquerute, car vous n'avez garde de me mettr' assès du vostre entre les mains, de quoy le faire. Et pourquoy les gens auroient ils conceu, comme vous dictes, de la meffiance de moy, si je m'éloigne moy meme de vostre secret? Et je suis bien trompé, si ma retraitte me garantit plustost les affaires de confusion au lieu de l'y porter, d'autant que vous dites vous meme que vous aurès les autres de la moitié à meilleur marché, lesquels j'aurois pu gaster par ma presence et les infecter d'orgueil et de suffisance. De sorte que tout nostre crim' est de n'avoir pas precisement fait ce que vous avès voulu, en quoy sans doute nous aurions esté aussi mal conseillé que la France mal servie, dont l'un inféroit nostre ruine propre et l'autre estoit contraire à l'opinion que nous désirons que vous et tout le monde aye de nostre bonne fois. Car comment estoit il possible, sans que vous fassies prevenir [?] de nos premieres conceptions, de trouver nos propositions aussi enormes et excessives que vous dites? et que moyen y at il que nous puissons concourir à faire la guerre dans les estats d'un Prince de l'Empire, sans que nous sçachions, s'il le veut bien ou non, à moins de se vouloir mettre pour tout moment en danger de nous attirer une guerre de l'Empire sur les bras et le blame certain d'avoir troublé le repos de nostre patrie? De mesme n'est ce pas une grande meffiance à nous de ne vouloir pas mettr' à nostre choix de faire la guerr' ou non, en cas que l'Empereur se declare pour le party contraire, pouvant bien vous imaginer que nous ne nous detacherons jamais du party de nos amys, pour nous voir à la mercy des ennemis reconciliés et des amys pesents [?], sans y estre forcé par la derniere necessité de sauver l'estat et la reputation? Je ne parle pas du reste, parceque j'ay trop bonn' opinion de vous que de pouvoir croire, que telles bagatelles sont capables de vous arrester dans des resolutions de cette matiere, quoy que le peu de raison que vous avès de vous opposer à nos sentimens dans les articles exprimés [?], puisse faire naistre quelque soupçon, que vous ne vous attachès qu'à ce qui est le plus materiel de cett' affaire. Mais je souhaitte de tout mon coeur qu'en tout cela vous ayès pris le bon party, comme je vous proteste sur ma conscience, que nous n'en sçaurons point d'autr' à prendre que celuy que S. A. a pris, et dont elle nous a fait sa declaration par escrit. Et si vous croyès que j'aye quelque secret en poche pour y accorder le moindre changement, vous vous trompès bien fort, tout mon pouvoir estant estaint [sic] avec le depart de S. A. en Italie, où il attend vos dernières resolutions toujours tres bien intentioné pour le bien public et tres zelé pour le service du Roy. (Je crois bien que S. A. voyant le contenu de vostre lettre, dont je luy envoy copie, sera un peu surprise de voir que vous coupès si court sur tout; mais aussy l'estimerat-il pour un effect de vostr' amitié et de vostre franchise et ne laissera pas de vous en estre fort obligé)[1]). Je vous avertis pourtant, si peutestre vous commencerès à vous sentir [?] de quelques sentimens plus raisonables, de ne perdre point de moment à le faire sçavoir à Sa d. A. Ser^me^, parceque si nous laissons passer trop de temps, toute nostre raison ne nous servira plus de rien, parceque les moyens de la mettr' en effect[2]) nous manqueront. Et je ne laisse pas d'estre à l'heure que je vous parle, dans la plus grande peine du monde de me voir en suite de vostre belle lettre par des ordres avancés et expres de S. A. necessité de faire une reforme dans ses trouppes. Dieu sçait, commes cela me fait mal à coeur, et plust à Dieu que les instructions que M. l'Evesque de Strasbourg a donné à M. Nicolartz, fussent suffisantes pour y trouver quelque remede convenable et pour m'epargner en meme temps la mortification de voir licencier de si belles trouppes. Il est vray que nous les pourrions donner, comme vous dites, à M. le Duc de Cell, mais sçachez qu'ils y pourroint bien aller, sans que nous ayons la peine de leur montrer le chemin . . .

Je suis bien aise de me voir confirmé dans l'opinion que vous devenès terriblement politique, car sans cela vous vous m'auriès communique le detail du traitté que vous aves fait avec M. Hammerstein. Et quand meme vous me l'envoyeriès à cet heure, il ne sembleroit pas authentique sans estre un original. Mais cela dependra pourtant de vostre bon parère. J'ay retenu vos deux livres par vengeance, estant juste que ne me donnant plus a rêver aux choses d'importance vous me repaissiès l'esprit accoustumé à vostre nourriture de quelque bagatelle. Vos compliments ont esté receu partout selon le merite de la personne, de la part de qui je les ay fait, et si par beaucoup de consideration et d'estime qu'on a pour vous en ces quartiers, il y a moyen de flechir un' ame si dure, je vous verray, si plait à Dieu, un . . . . .[3]) plus souple qu'un grand. Mais quelqu' opiniastre que vous puissiès estre dans vos resolutions, je ne suis

1) Die eingeklammerten Worte hat Grote gestrichen und am Rande bemerkt: J'ay omis cela de peur d'engager trop S. A.

2) Gestrichen und durch ein anderes unleserliches Wort ersetzt.

3) Das fehlende Wort ist gänzlich erloschen.

pas moins constant dans la mienne de vous honorer et de vous cherir toute ma vie, et vous conjurant qu'il en soit de meme de l'honneur de vostr' amitié à mon egard je vous proteste que je ne cesseray qu'avec ma vie d'estre etc.

74. Herzog Georg Wilhelm an Hofrath Fabricius in Köln, dat. Ebstorf, 28. Oct. 1671.

Uns ist Eure fernere Relation vom 18. dieses vorgetragen worden, und haben Wir darob vernommen, wasmaßen der von Amerongen wegen der vorgeschlagenen Allianz sich gegen Euch sich weiter vernehmen lassen wollen. Nun müssen Wir annoch in der Meinung verharren, daß der Tractat de a° 1665 der Zeit pro norma nicht gehalten oder angenommen noch auch solch wichtiges Werk zu Köln sofort abgehandelt werden könne. Als dann ebenwohl Uns damit allein nicht gerathen, daß Uns mit einigem Werbegelde an Hand gegangen werden will; sondern wann den Staaten General Ernst, daß Wir mit ihnen eine Partei machen mögen, will Uns zuvorderst zu wissen nöthig sein, ob und was für Stände und Souverainen außer denen, welche er, Amerongen, hiebevor benamset hat, ihnen zu assistiren gemeint. Denn daß Wir einer solchen Macht, mit deren [sic] sie dem gemeinen Ruf nach bedrohet werden, nebenst ihnen und etlichen Uns weit entlegenen und bereits enervirten katholischen Ständen oder Exteris Uns allein entgegensetzen sollten, solches wird Uns so weinig anzumuthen sein, als weinig es Uns bei Unserm fürstlichen Haus und Unsern getreuen Unterthanen verantwortlich fallen dörfte. Und wiewohl Wir nicht minder aus dem Haag unlängst berichtet werden wollen, ob des Herrn Kurfürsten zu Brandenburg Ld. zu sothaner Alliance incliniren: so haben Wir doch dessen keine Sicherheit, und von denen Conditionen, auf welche S. Ld. geschlossen, zuverlässige Nachricht umb so mehr zu desideriren, weil Wir auf die consilia et actiones, welche hochgedachtes Herrn Kurfürsten Ld. und die Kronen Dänemark und Schweden als Unsere nächst benachbarte Stände bei diesem Werk ergreifen mögen, ein sonderes Absehen zu nehmen und dahin zu gedenken haben, wie allenfalls Unsere Lande, so viel bei solchen gefährlichen Läuften geschehen kann, in Sicherheit gesetzet und protegiret werden mögen.

Nächst dem so will auch, wie obgedacht, nicht genug sein, daß Uns dermalen einige Werbegelder geschossen werden, sondern Wir müssen nicht weniger der Subsidien, welche zu Unterhaltung der Miliz und Defension Unserer Landen nöthig und stipulirt werden, allerdings versichert sein. Wie Uns nun dieselbe verschafft werden wollen, davon haben Wir bis noch nichts vernommen, umb so viel mehr aber darauf anzudringen, alldieweil, wie ihm, Amerongen, nicht unbekannt sein kann, dasjenige, was dergleichen Subsidien halber in obgegedachtem Tractat de a° 1665 versprochen worden, Uns zu rechter Zeit nicht praestiret worden.

Ihr werdet dieses dem von Amerongen mit guter Manier vorstellen und anbenebenst die fernere Anzeige thun, daß Uns gar lieb sein sollte, wann durch seine Cooperation in diesem Werke ein Gutes gestiftet werden könnte. . .

75. Verjus an Freiherrn Grote, dat.[1]) 12. Nov. 1671. (Eigenhändig[2]).)

Quelque pressé que soit mon voiage, et quelque impatience que j'aye d'estre a (Paris)[3]), je ne laisse pas d'estre bien aise de m'estre encore trouvé ici aujourd'huy pour y recevoir vostre lettre du 26ᵉ d'octobre. Je n'ose pas, mon cher Monsieur, hazarder rien sur le papier que vous m'aviez envoié de Francfort. Si je vous en écrivois, vous vous plaindriez que j'aurois trop à dire sur le sujet où vous prétendez que je n'ay rien trouvé à dire, et je suis seur qu'avec tout cet excellent esprit que j'admire et que je loue incessament, vous ne trouveriez pas le mot à me répondre. En un mot, tout le mémoire dont il s'agit, consiste en cela, que pourveu qu'on oste toutes les dificultéz et qu'on mette les choses en estat qu'on n'ait plus nullement besoin de vous, en ce cas vous ofrez et promettez d'agir à des conditions plus grandes que vous ne les avez jamais demandées, que tout ce que vous savez qu'on peut et veut acorder, et que si l'on ne pouvoit en nulle maniere s'en passer. Je vous toucheray legerement quelques articles. Dépend-il du [Roy] que [Brandebourg] demeure égal et indiférent? N'est ce pas assez qu'il y fasse ce qu'il peut? N'estiez-vous pas une fois demeuréz d'accord de faire sans luy? et une autre fois, que pourveu qu'on remist entre les mains des autres aliéz ce qui luy apartiendroit, pour le luy prendre, quand il voudroit estre de la partie, vous vous en consenteriez? Pour ce qui regarde [l'Empereur], je voy bien qu'en habiles gens vous vous réservez la liberté de choisir tousjours honestement et sans qu'on pust vous rien reprocher, quel parti il vous plairoit, et ce que vous croiriez vous convenir davantage. Mais je ne voy pas que vous en laissiez aucune au [Roy] de profiter dans le plus grand besoin de tous les frais terribles qu'il auroit faits pour vous avoir. Tout est du vostre costé et rien du sien. Aprez qu'il auroit fait de grandes dépenses, d'abord que [Brandebourg] remueroit, comme il le feroit exprez, et que cela luy en seroit un grand motif, vous pouriez planter là vostre ami et allié ou luy proposer de toutes nouvelles conditions. Enfin en tout et partout vous pourriez faire ce qu'il vous plairoit, pendant qu'il seroit obligé à vous defendre envers tous et contre tous et à toutes sortes de choses. Je ne vous touche que deux endroits. Tout le reste est à peu prez de la sorte; et l'article du subside est, comme nous vous l'avons tousjours dit, exorbitant, et que vous savez qui passe mon pouvoir et la volonté de ceux qui me le donnent, et vos premieres demandes. J'ay bien fait mon compte que vous n'en aviez point de plus ample que ce que vous m'avez mandé, ny rien en poche au de là de ce que vous nous avez envoié; et je vous jure que je n'ay pas eu la moindre pensée de contraire. C'est pour cela que j'ay creu qu'il ne faloit plus parler de la chose, puisqu'on ne pouvoit rien faire avec vous de plus que ce que vous nous aviez proposé, qu'on ne peut

---

1) Ortsnamen abgerissen.

2) Dorsualbemerkung des Herzogs Johann Friedrich auf dem Umschlag: Lettre que V[erjus] et l[e] P[rince] G[uillaume] ont escrit à Grothe et que j'ay receu à Venise le 3 dec. 1671.

3) Die von Verjus gesetzten Chiffren sind in der hergebrachten Weise ( ) bezeichnet, die von Grote mit Tintenklecksen getilgten und durch Chiffren ersetzten Stellen sind durch [ ] bezeichnet. Die ersten sind von Herzog Johann Friedrich, dem dieser Brief nach Venedig nachgesandt wurde, dechiffrirt.

faire avec personne, et qu'il faloit penser à prendre d'autres mesures. Je prévoy que par là [George Guillaume] et chacun de vos voisins sera trois fois plus puissement armé que vous, dont je vous laisse à tirer les consequences. C'est une chose assez remarquable qu'un Prince qui a tousjours eu pour maxime d'estre armé, et qui s'en est bien trouvé et a augmenté par là dans le monde sa reputation et sa considération, et qui a tousjours tenu que le premier en estat donne la loy aux autres et n'est pas en péril de la recevoir de personne, aujourd'huy que tout le monde s'empresse de faire des troupes et d'en lever et maintenir au dessus de ses forces, ne pense qu'à congédier et réformer ce qu'il a de gens sur pied. Je ne vous dis pas cela pour vous en détourner. Car c'est à vous à savoir vos afaires, et je n'ay pas assez veu les troupes que vous voudriez licencier, pour m'y trop prendre d'afection et prendre à leur conservation d'autre interest que celuy du bien et de l'avantage d'un Prince pour qui j'ay autant d'atachement et de passion que j'en auray toute ma vie pour S. A. vostre maistre, et à qui je dois une si grande et si particulière reconnoissance. Sur le tout, je m'en repose bien sur vous, qui connoissez mieux ses interests que moy. Je ne me suis pourtant pas fié à mon jugement sur ce que vous nous avez envoié; je l'ay aussi envoié à la cour, qui a compris que S. A. vostre maistre ne vouloit rien faire, puisqu'elle ne s'y ofrit qu'à des conditions ou impracticables ou qui ne dependent pas du [Roy], ou qui passent toutes bornes. Je vous ay desja mandé que non obstant tout cela (M. le Prince Guillaume) avoit envie que M. Du Pré alast trouver S. A. pour luy faire encore des propositions. Mais comme elles ne s'accordoient pas tout à fait avec vos demandes, et qu'elles surpassent de beaucoup tout ce que la cour nous a declaré de pouvoir faire à toute extrémité, j'ay cru que rien ne seroit plus inutile que ce voyage; mais que si par l'ardeur que j'ay de servir vostre Patron, je pouvois obtenir quelque chose de plus en France, pour lors il seroit temps d'envoier à S. A., quand on auroit un fondement certain sur lequel on pourroit aussitost prendre de bonnes mesures, et quand aussi les prétentions se rapprocheroient un peu davantage, et qu'on verroit quelque sorte d'expédient par où l'on pust acomoder les points les plus dificiles et espérer d'en convenir. Ainsi, si M. Du Pré aloit à (Venise), ce ne seroit qu'aprez avoir esté à Paris et avoir tiré la quintessance de ce qui se pouroit faire, en sorte qu'il n'y eust point de négociation à faire, mais à entendre un oui ou un non. Car il me semble qu'on ne gagne et avance rien à envoier d'ici proposer des choses si éloignées de ce que S. A. demande, et moindres, comme je vous l'ay desja mandé, que celles que nous vous avions desja ofertes, comme sont celles qu'on nous a envoié pouvoir d'accorder, ou d'autres plus grandes, mais que la cour refuseroit peut-estre; et que tout cela ne fait que confondre et donner souvent [?] quelque petite tincture de défiance ou de mauvaise humeur à l'un contre l'autre. J'ay veu ici, de quoy on se contente sans, de quoy on se contente avec vous; ce qu'on souhaite en cas que vous ny d'autres ne fussiez point de la partie, en cas que vous en fussiez et pas d'autres, et en cas que d'autres en fussent et pas vous. Je tâcheray de faire de mon mieux de delà; et selon l'aparence que j'y verray, et les biais [?] qu'on poura trouver à adoucir vos sentences rigoureuses, M. Du Pré, aussi-tost qu'il sera à Paris, où je l'atendray avec impatience, ira tout porter à (Venise) et recevoir les ordres et résolutions de vostre Prince. Je puis vous jurer en foy d'homme de bien, que je pense autant à Sa satisfaction qu'à celle du maistre que j'ay l'honneur de servir, pour qui je ne croy pas avoir moins de zele qu'un autre; que le plus grand déplaisir que je pourois avoir, seroit qu'il se fist quelque chose sans luy, et qu'il ne fist pas une aussi grande figure dans tout ce qui peut arriver, que son courage et son mérite semblent l'exiger; et que je serois au desespoir de voir qu'il fust plustost en estat de soufrir que de se faire craindre et respecter. Je croy que vous aprouverez mes raisons de ne luy envoier M. Du Pré que de Paris (où je serois bien aise de recevoir de vos nouvelles) et mesme point du tout, s'il n'y a quelque chose de bon à porter. Cependant M. Du Pré atendra ici la ratification de [Erneste Auguste] pour la porter; et comme je croy qu'elle doit venir de jour à autre, et qu'il fera plus de diligence que moy, j'espère qu'il n'arrivera guères plus tard que moy à Paris. Vous estes ou trop fin politique ou homme qui méprisez trop ces petites choses et les oubliez bien facilement, si vous me demandez tout de bon le détail de ce traité. Vous devez bien savoir, ce qui avoit esté acordé, puisque vous y avez esté présent, et qu'outre la copie que vous devez en avoir gardée, on vous en a donné deux, dont peutestre la dernière est aussi bien égarée que la première l'a esté. Elle a esté toute aprouvée, excepté qu'on a demandé précisement la quatrième année, sur laquelle j'avois tant insisté, et que l'on veut quatre ans ou rien. Pour l'argent, c'est cinq mile; en quoy j'ay tout épuisé et presque excedé mon pouvoir. Pour du costé de (Erneste Auguste) vous jugez bien qu'on n'y pouvoit rien ajouster, puisque j'ay envoié le projet comme une chose faite de son costé et qu'il avoit accordée; et qu'il m'avoit dit de le faire ainsi. On a souhaitté pourtant que j'ajoutasse quelques mots qui ne font ny bien ny mal, et qui pour ceux qui n'entendent pas bien le français, eclaircisseront davantage le sens, qui estoit tres-clair et hors de toute equivoque aux autres. J'ay consenti à cela, parce que la substance de l'écrit et les intentions [?] des parties demeuroient entierement dans la mesme assiette. Mais tout cela ne s'est fait qu'aprez de terribles combats. Car au lieu de convenir de tout ce que nous avions fait, on avoit cru que ce qu'on avoit proposé d'abord, estoit sur quoy on devoit agir, et de quoy on estoit tombé d'accord; et cette méprise nous pensa tout brouiller et est cause que nous n'avons point signé, quoy qu'on m'ait fort assuré que la chose seroit aprouvée de la sorte. Jamais je n'ay tant sué dans mon harnois ny en plus grand besoin de patience qu'en cette rencontre, où je voiois qu'au lieu d'un projet dont nous estions convenus, on m'en ramenoit un que nous avions d'abord rejetté, et depuis lequel on avoit proposé plus de six autres, sans qu'il (se) peust [?] y avoir de témoins ny juges pour nous acordé [sic], puisque vous aviez [?] deserté, et que (M. le Prince Guillaume) estoit absent. J'ay dit que nous estions d'accord des mesmes conditions avec vous, mais que vous n'aviez pas voulu traiter par moy l'article de l'argent espérant mieux faire vos afaires par ailleurs pour de certaines raisons. . . . . .

Que voulez-vous que je fasse au licentiement de vos trouppes, puisque vous le souhaitez, et aux inconvéniens que vous prévoiez et que je prevois aussi tres-grands pour (le Roy) et tout à fait extrèmes pour vous, de l'estat où vous demeurez, puisque vous le voulez absolument? Il y a de vos conditions que je ne serois jamais d'avis de passer, et je ne pourois pas le conseiller sans trahir ma conscience et mon humeur; mais pour ce qui est de la bourse, il n'y a rien que je ne voulusse qu'on fist pour vous contenter quelque incontentables que vous soiez. Ce mot est beau et nouveau, et moy qui fay grand fondement sur vostre très-chère amitié et qui suis aussi en . . [1]) et aussi fol de vous que le premier jour, je ne cesseray jamais, mon cher Monsieur, d'estre à vous avec plus de tendresse et de passion que je ne le puis exprimer.

Postscriptum I: J'ay signé ce soir le compromis entre Munster et Wolfenbutel. Celuy-cy m'a confondu par un présent qu'il m'a fait faire, à quoy je ne m'atendois nullement, et qui vous seroit bien mieux deu; si vous estiez revenu ici, nous aurions fait l'accomodement à l'amiable, et j'espere encore en venir a bout à mon retour, pourveuque vous vouliez me fournir de certains expediens qui ne peuvent estre imaginez que par une connoissance bien exacte du détail de l'afaire et de la nature et situation des lieux.

Drittes Postscriptum dat. le 14 de novembre.

Nous avons tant tourné les choses et les avons mises sous tant de différens biais et sous tant de jours qu' enfin je croy que M. Du Pré fera le voiage à Venise et que. (S. A. vostre maistre) sera bien aise de le voir. Je n'en suis pourtant pas seur. Mais si le projet que nous faisons ici, est agrée en France, comme j'en suis persuadé, je croy qu'il conclurra avec nous, et je vous jure que j'en auray bien de la joye autant ou plus par la considération et par le zele que j'ay pour sa gloire et ses avantages, que par le bien de l'afaire. Je ne communiqueray pas la bonne esperance que j'en ay, afin qu'on luy sache plus de gré, s'il accepte les ofres, et qu'au contraire on n'ait point de chagrin, si en tout cas il les refusoit. Que [1]) bon est que ce coup-cy, vostre refus, ne nous gasteroit rien, et qu'aussi-tost que nous aurons sa réponse qu'il faudra qu'il renvoie directement en ces quartiers, nous signerons ou avec luy ou sans luy, selon le parti qu'il aura pris. Mais afin qu'il prenne le meilleur, en cas, comme je le supose et l'espere, que le Roy luy envoie, et pour luy donner une preuve de ma reconoissance, je vous avertis en homme de bien, que nous avons encore des ressources qu'il ne sait pas, et que les choses mesme en Allemagne sont en meilleur estat que je n'esperois de les y voir. Je ne puis vous en dire davantage. Car je suis obligé au secret par ceux que cela touche. Gardez le moy sur l'extrait que je vous envoie de la lettre de M. de Pomponne [2]), brulez-le aprez l'avoir leu. Il me mande qu'il écrit à vostre Prince, et me paroist prendre grande part à ma passion pour luy.

Ne vous alez pas imaginer sur tout ce que je vous ay mandé, que vos résolutions ne paroissent pas exorbitantes, et que l'on puisse vous acorder toutes vos demandes, et principalement pour l'argent. Mais enfin vous trouveriez quasi vostre compte et vous auriez bien à vous contenter des expédiens. Il faudroit que vous n'eussiez pas un grain de raison pour n'estre pas ravis des propositions qu'on vous fera, et je vous abandonneray

---

1) Unleserlich.

2) Es liegt diesem Briefe bei ein Extrait d'une lettre de M. de Pomponne du 27e Oct. 1671. Da jedoch zuerst Grote alle wichtigen Stellen durch Tintenstriche getilgt und durch Chiffren ersetzt, nachher eine andere Hand, wohl die des Herzogs Johann Friedrich, diese Stellen ausgeschnitten hat, so ist das übrig gebliebene Fragment nicht mehr verständlich.

aprez cela à vostre mauvaise destinée, si vous ne les acceptez pas avec joie. Quoy qu'il en soit, je seray tousjours avec mesme passion entierement à vous.

Je salue tres-humblement . . . .[1]). Elle me tient au coeur.

Je pars tout maintenant.

76. Herzog Georg Wilhelm an seinen Gesandten in Stockholm, Geheimen Rath Lorenz Müller, dat. Celle, 14. Nov. 1671.

Eure gehorsamste Relation vom 1. dieses ist uns zurecht eingeliefert worden; zweifeln nicht, Ihr werdet unterdessen unsere beede letztere Befelche, sowohl aus Ebstorf de d. 20. Oct. als diesem Ort de 8. des noch laufenden Monats auch empfangen und ab dem erstern so viel wahrgenommen haben, wie daß mit dem Kanzler Böckel zu Lüneburg deswegen nichts tractiret oder gehandelt werden können, alldieweil Unsers Bruders Herzogen Johann Friederichs Ld. den Ihrigen kein mandatum hinterlassen. Und obschon gedachter Kanzler unter andern gegen den Unsrigen gedacht, daß man mit Uns, Unsers Bruders Hr. Herzogen Ernst Augusti und Unsers Vetters Ld. nichts dominder tractiren und hochermeldtes Unsers Bruders Hr. Herzog Johann Friederichs Ld. vorbehalten könnten, ob Sie in das foedus eintreten wollte; gleichwie jedoch sein, Hr. Herzogen Johann Friederichs Ld. Vicekanzler vorgeben, daß er, der Kanzler Böckel, sich gegen ihn dahin erkläret, daß das Werk wohl Anstand haben könnte, bis seines Herrn Resolution aus Venedig erfolgte; und Uns dahero umb so viel bedenklicher gefallen, mit einer schließlichen Erklärung herauszugehen: also hat auch deswegen in dem Werk weiter nicht geschrieben werden können, weil mehrgedachter bremischer Kanzler seine Abreise fast unvermuthet zu Werke gerichtet. Bis dahin haben wir nun nicht vernehmen mögen, daß mehrhochgenanntes Unsers Bruders Ld. den Ihrigen hierunter ichtwas rescribiret; müssen auch in dem Gedanken verharren, daß Sie sich auf Maaß und Weise, wie man anseiten der königl. Regierunge verlangt, nicht erklären werden; und zu keinem bessern können Wir auch, so viel Unsers Bruders Herzog Ernst Augusti Ld. belangt, Uns oder andern Hoffnung machen. Ob nun die kgl. Regierung mit Uns und Unsers Vetters Ld. allein zu schließen gemeinet, deswegen hat gemeldter Kanzler bis noch an Uns nichts gelangen lassen.

Wie Wir sonsten in Unserm letzteren die Andeutung gethan, daß die Gefahr im Reich je länger desto größer werde, also gewinnet es auch umb so viel mehr das Ansehen, daß mit dergleichen Defensivalliance, wie dieselbe von oft besagter Regierung bis dahin Uns vorgeschlagen worden, der einer- und andern Theils intentirte Zweck nicht wohl zu erhalten und Uns zumaln nöthig sein wolle, dabei alle Behutsamkeit zu gebrauchen.

Einmal können Wir nicht glauben, daß wann die Vereinigte Provincien mit solcher Macht, als nun am Tage, angegriffen werden, die Kron Schweden stille sitzen und geschehen lassen werde, daß man ihren in Teutschland conquerirten Landen so nahe komme, anderer Respecten für dies Mal zu geschweigen. Sollte sie dann mit denen Provincien eine Partei nehmen, so dörften Wir in gar kurzem ebenwohl in solchen gefährlich und weit aussehenden Krieg impliciret werden, und zwar bloß und allein umb solche schwedische

1) Name getilgt.

Lande retten zu helfen, ohne daß Wir sonsten einige avantage dabei zu hoffen haben möchten.

Ihr werdet demnach zwar die Contestation, daß Wir zu berührter Defensiv-Alliance geneigt, nach wie vor thun, dabei aber nicht weniger vorstellen, daß Wir hierunter umb so viel mehr Sorgfalt anzuwenden hätten, alldieweil Wir nicht berichtet, wohin die Kron bei jetzigen Conjuncturen ihr Absehen gerichtet, ob sie in terminis einer Neutralität sich halten oder den Provincien beitreten wollte; wornach dann, wie sie leicht zu erachten, Wir uns bei Einrichtunge der Conditionen zu reguliren unumbgänglich gemüßigt würden. Und auf diesen Punkt habt Ihr fest zu bestehen und zu arbeiten, daß Ihr eine sichere und zuverlässige Erklärung heraus bringet.

Zwar können Wir auch hierbei Uns leicht die Gedanken machen, daß man des holländischen Ambassadeurs Proposition erst anhören und dann eine Entschließung fassen werde. Umb so weiniger aber seind Wir auch zu verdenken, wann Wir diesfalls an Uns halten und mehrere Gewißheit haben wollen von dem, was hiernächst bei dergleichen Bündniß Wir für Schaden und Nutzen zu gewarten haben möchten.

Solltet Ihr dann so viel spüren, daß der königl. Hof für die Provincien incliniret und mit ihnen umzutreten gemeinet, zumaln alsdann, wann er versichert sein könnte, daß nebenst Kurbrandenburg auch Unser fürstliches Haus die Partei nehmen möchte: so könnet ihr Euch wohl so viel vernehmen lassen, daß Unser gesamtes fürstliches Haus ebenweinig zu solcher Partei zu treten sich werde disponiren lassen.

Ob auch Kurbrandenburg für die Provincien inclinire, davon hätten Wir keine Sicherheit, aber auf S. Ld. Veranlassen einen unserer Räthe an Dero Hof abgesandt, umb zu hören, was S. Ld. pro communi securitate für intentiones führete. Wann aber gleich S. Ld. den Provincien assistiren wollten, würden Wir doch Unsers Orts zu dergleichen Resolution Uns nimmer bringen lassen, wenn nicht noch andere herbeitreten sollten, welche eine balance machen und es dahin zu richten vermöchten, daß der andere Theil ihm auch den Frieden nöthig achten und mit dem Seinigen sich contentiren müßte. Und dieses könnte von ihr, der Kron Schweden, allein erwartet werden.

Denn was den Kaiserlichen Hof anlangte, so hätte derselbe durch die unzeitige reformationes und executiones sich in solchen Haß und Gefahr gesetzet, daß er mit sich allein gnug zu thun habe. Ob dann schon Spanien mit den Provincien bereits geschlossen, so seie doch dessen Unvermögen bekannt, und zu befahren, daß demselben von Frankreich auch anderer Orten solche diversiones gemacht werden dörften, daß dahero keine oder doch gar geringe Hülfe zu hoffen. Die mehreren Stände im Reich seien ohne Kräfte, und würden die Geistliche Frankreich anhangen oder doch sich nicht widersetzen wollen, sowohl in Respect der Religion als auch weil der König deren Land und Leute gutentheils Meister. Ob dann schon den Provincien der nervus rerum gerendarum nicht ermangeln möchte, so wäre doch deren conduite bis dahin so schlecht und der Anstalt, den sie machten, der Gefahr so gar nicht proportioniret, daß mit ein oder andern Standes Beitretunge ihnen nicht geholfen sein würde.

Dieses werdet Ihr Eurer bekannten Dexterität nach den königl. Ministris dergestalt vorzustellen wissen, daß es nicht das Ansehen gewinne, ob Wir die Kron Schweden wider Frankreich zu irritiren suchten. Denn daß uns solches so weinig thunlich als an sich nöthig, haben Wir Euch bereits in unserer vorigen Instruction zu erkennen gegeben. Nicht auch, ob Wir uns sofort zu

Acceptirunge der holländischen Partei erkläret haben wollten, wenn Schweden in dieselbe treten solle; sondern daß der königl. Hof begreifen möge, daß Wir zwar zu Präjudiz der Niederländischen Provincien bei den jetzigen Conjuncturen nicht intentirten, aber auch Uns mit denselben zu conjungiren oder darüber in einige Handlung einzulassen, ehe Wir zumal der Kron Schweden Beitretung versichert, keineswegs gemeinet seien.

Soll dann diese Kron für die Provincien sich erkläret haben, und von mehrgedachten Provincien Uns dergestalt entgegen gegangen werden, daß Wir für unsern Estat einigen Vortel hoffen und sehen können, daß Wir andern gleich gehalten, noch Uns zugemuthet werde, daß Wir fremde Gefahr auf Uns zu nehmen, ohne daß Wir oder Unser Land und Leute dessen gebessert: solchen falls würden Wir alsdann umb so viel eher uns entschließen können, diejenige Mittel mit zu ergreifen, welche zu Hintertreibung einer allgemeinen Gefahr und Befestigung gemeinen Ruhestandes diensam und nöthig.

Wir präsupponiren hierbei, daß, wie Ihr Uns auch versichern wollen, der Königl. Hof wider die Provincien nichts vornehmen werde. Denn sollte ein anderes zu befahren sein, werdet ihr nicht allein noch mehrere Circumspection zu gebrauchen und Euch so weit nicht herauszulassen, sondern auch, sobald Ihr etwas dergleichen in Erfahrunge bringet, solches anhero zu berichten haben, damit Wir um so besser uns auf ein oder andern Theils Ansuchen resolviren mögen.

Und Wir bleiben Euch mit Gnaden wohl beigethan.

77. Relation des Geheimen Raths L. Müller an Herzog Georg Wilhelm, dat. Stockholm, 6. Dec. 1671. (Concept.)

Was bishero von dem Zustande der hiesigen Negociationen unterthänigst berichtet worden, hat zwar die von einem und andern Confidenten aus dem Senat, so gleichwohl in den französischen Sachen commissarii gewesen, gethane sincerationes zum Fundament gehabt, ist aber guten Theils in Conjecturen bestanden. Jetzo werde ich mit mehrer Gewißheit und Particularitäten davon referiren können, indem Herr Graf Tott am vergangenen Sonnabend zu mir gekommen und mehr Licht in der Sache gegeben, und gestern der Herr Reichskanzler dergleichen mit mehrern Umständen gethan.

Zwar sagte dieser, daß auf des französischen sowohl als englischen Ambassadeurs Begehren man versprochen, das Werk noch eine Weile secret zu halten; zu Ew. fürstl. Dchl. aber hätten J. K. M^t ein so gutes Vertrauen, daß Sie Ihr nichts verborgen sein lassen wollten.

Es hätten die jetzigen Conjuncturen J. K. M^t so gefährlich angeschienen daß man in Ungewißheit gestanden, an was Ort das Feuer zuerst angehen, hernach sich ausbreiten und andere Staaten mit anzünden würde. Indem nun Frankreich gesuchet, die alte Freundschaft mit dieser Kron wieder zu renouvelliren, und sich befunden, daß die vorige Tractaten ihr vornehmstes Absehen auf den teutschen Staat und Maintenirung des westfälischen Friedens haben, so wäre man auf Untersuchung der Ursache des eine Weile zwischen Frankreich und Schweden gespürten froideurs gekommen und hätte dem Ambassadeur Pomponne zu verstehen gegeben, daß solches wäre, daß Frankreich viele Zeit her einen Nebenweg und von dem vorhin so glorieusement gehaltenen abgangen; da man dann an schwedischer Seiten sich erboten, wenn Frankreich oder sonst jemand darthun können würde, daß ihres Orts in einem oder andern dem Instr° Pacis contraveniret worden, solches zu redressiren parat zu sein; wollten hoffen, Frankreich würde dergleichen thun. Und wie man nun an seiten dieser Kron dahin getrachtet, die Ausbreitung der besorgenden Kriegesflamme so viel möglich zu verhindern, so hätte man darin so weit reussiret, daß man Frankreich dahin verbunden, Teutschland, Spanien und Österreich neque directe neque per indirectum nicht zu turbiren noch die drei Frieden, Westfälischen, Pyrenäischen und Achischen, zu infringiren wollen. Zu solchem Ende hätte man ein Project eines Tractats entworfen, darin wegen exacter Observirung solcher Friedenstractaten und stärkerer Garantirung derselben von schwedischer Seiten begehret worden, einen articulum zu inseriren auf Maße, wie oben berühret. Was wegen der Stadt Köln und sonst andern teutschen Querellen bishero besorget worden, deshalber soll der französische Ambassadeur so viele assurance gegeben haben, daß man deshalber außer inquietude ist. Ein mehreres hätte man mit Frankreich nicht geschlossen, sondern sich in dem Stande behalten, daß man allerdings freie Hände hätte und in estat wäre, mit Spanien, mit dem Kaiser, mit Holland und andern Princen pro securitate publica zu tractiren. Man hätte sich nicht irren lassen, daß man vom Kaiser und Spanien eine Weile her so wenig geachtet und nicht zum besten tractiret worden, sondern wolle der Welt weisen, daß man den Weg der honneur und eines guten Gewissens hätte und für Conservation des evangelischen Wesens, darauf sonsten so wenig gedacht würde, sorge.

Die Unirte niederländische Provincien betreffend, so ist man nicht wohl damit zufrieden, daß auch dieselbe diese Kron so lange negligiret und in ein und anderem übel tractiret. Man consideriret aber dieselbe als ein pilier der evangelischen Kirchen und vornehmes Instrument, die balance in Europa zu halten helfen können, und daß alle Nationen der Welt wegen der Commercien viele Commodität von ihnen haben; und aus solchen und andern Respecten mehr würde man deren Ruin verhüten helfen, so viel mit Fug geschehen könne.

Dahero kommen nun drei Wege in Consideration, 1) daß man sich mit Holland absolument engagire, 2) daß es mit gewissen Conditionen geschehe, 3) oder daß man zur Sache ganz still sitze und anders nicht als einen spectatorem agire. Den ersten Weg wird man der Gefahr [wegen] wie auch daß man sich aus estat setzet mediam manum zu adhibiren können, nicht wählen. Den letztern wird man auch nicht halten aus vorerwähnten rationibus, dahero wohl bei dem mittlern bleiben und sich zur Güte interponiren, daneben aber, wann von Holland dargethan werden kann, daß Frankreich aggressor sei, den in pactis versprochenen secours geben. Und gab der Reichskanzler hierbei zu verstehn, daß man in diesem Stück mehr auf die causas als das factum der Ruptur zu sehen hätte. Umb nun solcher Interposition desto mehr Nachdruck zu geben, wird man eine Armee in den teutschen Provincien legen, und hat darumb nochmals Erinnerung wegen Schließung des offerirten foederis gethan, damit man also mit zusammengesetzten consiliis dem bevorstehenden Unwesen Rath schaffen könne. Da dann J. K. Mt nicht unterlassen würden mit dem durchleuchtigem Hause über alles vertraulich zu communiciren.

Dieses ist die substance dessen, was ich von gedachte beeden Herrn erfahren können. Dabei ich dann in diesem einen Unterschied gemerket, daß der Reichskanzler sich angelegen sein lassen, Frankreichs Credit à l'esgard des affaires de l'Empire et de l'Espagne zu conserviren helfen. Darumb sagete er, daß zu deren Präjudiz alhie nichts proponiret worden, daß Schweden mit Frankreich

36*

jetzo sehr wohl stünde, und Pomponne satisfait von hie gereiset, daß auch Graf Otto Wilhelm Königsmarck sein Regiment bei Frankreich behalten und daneben als Ambassadeur ordinaire an selbigem Hofe residiren sollte, wie dergleichen d'Avancourt vor diesem alhie auf gleiche Art gewesen. Der Graf Tott aber gab im Vertrauen zu verstehen, daß Pomponne über zwei Complimenten sich etwas ambarassiret befunden, 1) daß man begehret, wenn Frankreich befinden möchte etwas wider das Instr. Pacis gethan zu haben, solches abzuthun, womit man auf das lothringische Wesen gesehen hätte, 2) daß man die Garantie obgedachter Frieden nicht nur contra tertium, sondern auch invicem zwischen Frankreich und Schweden extendiren und prästiren möchte, und deswegen hätte man einen Articul in das Project bringen lassen. Dabei sich Pomponne zwar vernehmen lassen, daß solches kein unbilliges Postulatum, weil er aber darauf nicht instruiret, so wollte er referiren, und könnte der Ambassadeur Courtin hiernächst Resolution mitbringen. Man hätte dann schwedischer Seiten sich offeriret zu leiden wollen, daß Frankreich wider Schweden brechen möchte, wann alhie [man] wider den Rothschildischen Frieden handele, und zweifle nicht, Frankreich werde ein gleiches gern verstatten. Er ließ mit sehr sinceren Expressionen die aufrechte Intention dieses Hofes bei diesen Conjuncturen merken, und daß man dabei keine Künsteleien gebrauchet, sondern bloß ex principiis honoris und eines guten Gewissens ohne Absehn auf particuliere Interessen alles gethan. Er hoffete, es würde dahin zu bringen sein, daß umb mehrerer Sicherheit willen auf nächstem Reichstage der König mit gesambten Ständen sich verbünde, vorerwähnte Frieden religieusement erhalten zu helfen, welches dann als eine lex fundamentalis zu achten wäre. Er sagete, daß Schweden fast zu viele Länder hätte und also nichts mehr appetiren müßte; gedachte in specie der Stadt Bremen, daß wann gleich Occasion sich weisen würde sich deren zu bemächtigen, man es doch nicht thun sollte; gab seine Disciplicanz über das, was solcher Stadt halber jüngsthin vorgenommen, zu erkennen, und sagete, daß er die Resolution drei Tage aufgehalten hätte.

Wegen des offerirten foederis gedachte der Reichskanzler, daß J. K. M' wie in principio also auch in progressu et fine bei der Intention blieben, mit dem durchleuchtigen Hause in vertraulichere Correspondenz zu treten; hätten darumb so viele Avancen gethan, führeten dabei kein ander Absehen als auf publicam et reciprocam securitatem und wollten nunmehr erwarten, daß darin einmal zur Realität geschritten würde. Die Resolution würde bereits aus Italien einkommen sein; sollte man daselbst noch Difficultät machen, so wäre man alhie parat, mit Ew. fürstl. Dchl. und Dero Herrn Vettern zu schließen; man erwarte also darauf Ew. fürstl. Dchl. Declaration.

Ich habe nicht manquiret alles herfür zu bringen, was Ew. Dchl. mir in letzter Instruction vom 14. passati und sonsten vorhin gnädig vorschreiben lassen, auch was Sie in dem holländischen Wesen für eine Conduite halten wollen, in convenablen Terminis vorgebracht.

Bei solcher Confidence erwähnter beeder Herren habe ich nicht bienséant gehalten zu fragen, ob man die trouppes auf eigene Kosten unterhalten oder einige Subsidien dazu haben würde; hoffe solches sonsten ehister Tagen wohl zu erfahren.

Der Reichskanzler fragete mich, ob der Resident Habbeus noch bei uns, und als ich nichts zu berichten wußte, sagete er, daß drei Kanzlars mit ihme in Conference zu Lüneburg jüngsthin gewesen. Er kame auch von dänischen consiliis, und ob solche Kron le contrepied nehmen, reden und gab zwar zu, daß solches einig' Alteration verursachen, Dänemark aber wenig Nutzen geben würde.

Ich vernehme auch, daß man in dem Admiralitätscollegio deliberire, eine Flotte gegen das Vorjahr [sic!] zu equippiren.

Auch habe ich in Erfahrung gebracht, daß man vorhabe, unten an der Weser ein Städtchen Leh und ein Dorf, Geestendorf genannt, zusammenzuziehen und zu fortificiren und zwischen solchem Orte und Gothenburg eine Communicationslinie und commercium einzurichten und die passage durchs Land an die Elbe zu öffnen. Es dürfte auch solches zum Transport der trouppes aus Schweden dienen und die [sic!] Stadt Bremen in dessen commercio nicht geringen Eintrag geben. Der General-Quartiermeister de Mell ist erwählet mit 12000 Knechten dorthin zu gehen, umb die Arbeit zu verrichten. Dieses wird hier sehr secretiret.

Am vergangenen Sonnabend ist der französische Ambassadeur Courtin und der kurbrandenburgische Minister Brand alhie angekommen, und M. de Vaubrun wird morgen seine Abschiedsaudience haben.

78. Verjus an Freiherrn Grote, dat. Cologne, 10. Dec. 1671.

Aussi-tost que j'ay esté de retour en ces quartiers, mon cher Monsieur, je vous ay donné avis que j'avois receu des mains de M. Du Pré à Sedan, où nous nous rencontrasmes, la lettre que vous m'aviez fait l'honneur de m'écrire du 15ᵉ du mois passé; mais le manque de temps m'empescha de vous y faire réponse. Et c'est de quoy je veux tâcher maintenant de m'aquiter.

Je vous jure, mon cher Monsieur, que je n'ay souhaité et ne souhaite encore rien plus passionément que de voir le Prince, que vous ne pouvez pas plus honorer que je fay, si étroitement lié et engagé au Roy dans l'execution de ses desseins, qu'on ne pust rien ajouster à leur alliance pour la rendre plus parfaite, et qu'ils courussent entièrement et pleinement une mesme carrière. C'estoit principalement dans cette veue que j'avois imaginé de certaines propositions générales qui regardoient plusieurs Princes, dans lesquelles celuy que nous aimons[1]) n'eust pas à la verité trouvé précisement et justement à point nommé tout ce qu'il a demandé, mais eust pourtant trouvé assez prez de cela et de quoy le bien satisfaire. M. le Prince Guillaume et moy nous flattions qu'un projet que nous avions fait dans cette veuë, seroit agréé de la cour, et qu'il seroit très-bien receu et fort aprouvé de S. A., et que nous tournerions si bien les choses qu'on trouveroit moien de luy faire trouver son compte. Mais à la cour, on ne s'est point accomodé de nostre projet, et l'on a declaré qu'on n'estoit pas en estat de satisfaire à toutes les demandes que je faisois pour l'acomplir et le rendre éfectif. De sorte que nous laissant pour plusieurs ce qui à peine sufiroit pour des gens aussi dificiles que vous estes, seuls et séparément de tous autres, je prévois assez qu'il sera impossible de vous faire aucune proposition qui vous contente, puisqu'au lieu que j'espérois vous faire des ofres un peu plus grandes que je ne vous les avois faites auparavant, je ne puis vous en faire que de moindres. Aussi M. Du Pré n'ira-t-il point de Paris à Venise, parceque cela auroit esté inutile, et mesme qu'il

1) celuy—aimons hat B. eingesetzt für das ursprüngliche: vostre Prince.

ne pouroit partir que d'ici et sur les résolutions que nous aurions en ces quartiers. Quand il sera de retour, ce que je croy devoir estre dans huit jours, je vous diray franchement et sans faire le négotiateur, jusqu'où s'estend mon pouvoir, et vous vuideray le fond du sac. Si vous y trouvez quelque chose qui vous plaise, j'en seray ravi, et pour lors nous ferons courir M. Du Pré jusqu'en Italie. S'il n'y a rien qui vous duise [sic!], et que vous vouliez vous en tenir à ce que nous avons fait jusqu'à maintenant, M. Du Pré demeurera en repos, et je trafiqueray du peu qu'on m'a mis entre les mains, avec des gens qui veulent bien s'en contenter. Je vous assure bien cependant qu'il n'y a pas de chimère et d'imagination dans ce que je vous ay mandé, que les choses sont mieux que vous ne le croiez. Du costé de la Suède tout est en aussi bonne disposition que nous pouvons le souhaiter, et j'atens dans peu de jours des nouvelles du bon succez, et je vous assure que d'ailleurs je ne voy rien qui ne soit comme il faut, et qui ne me paroisse bien conforme au jugement que vous m'avez mandé, que le Baron de Benebourg faisoit des discours du Marquis de Grane. Je ne vous dis pas cela, comme vous le croirez, pour vous presser de conclurre quelque chose avec nous de plus que ce que nous avons fait. Car je vous avoue franchement que je n'en ay aucune espérance, et qu'il faudroit, si cela se faisoit, que Dieu vous eust bien touché le coeur, et que vous descendissiez bien loin de vos premières demandes et dernières résolutions.

J'ay tousjours cru avoir répondu bien cathégoriquement à toutes les questions que vous m'aviez faites dans vostre lettre de Francfort. Du moins ç'a esté mon intention de le faire, et si vous jugiez qu'il y manquast quelque chose, vous n'aviez qu'à me le marquer, et j'aurois suppléé jusqu'à ce que vous fussiez demeuré pleinement satisfait. Pour moy il faut bien que je me contente de vos réponses à mes articles, de quelque manière qu'elles soient. Car je voy bien qu'il ne faut pas en espérer de meilleures de vous . . . — . . . — . . .

J'espère que vous aurez maintenant veu M. de Pomponne, Nous l'atendons maintenant de jour à autre. Je fay mon compte d'aller au devant de luy, aussi-tost que je sauray qu'il aprochera; et cela me donne de l'impatience d'en aprendre des nouvelles. J'auray bien de la joie, si j'aprens que vous l'aiez entretenu, et je préfère tellement la satisfaction que je suis persuadé que vous en auriez, à l'avantage que j'aurois que vous ne me décriassiez pas auprez de luy, que la crainte de tout le mal que vous me menacez de luy dire de moy, ne m'empesche pas de souhaiter que vous en ayez le temps.

Je n'ay esté qu'un jour et demi à Paris et n'y ay presque veu personne. Je n'ay pas laissé d'y aller relancer l'Abbé de Lamet dans sa retraite, exprez pour luy parler de vous, et en verité dans le peu de temps que je demeuray avec luy, nous ne fismes presque autre chose. Les sentimens qu'il a pour vous, méritent bien ceux que vous témoignez pour luy. Il n'y a que moy au monde qui puisse prétendre de vous aimer, estimer et honorer plus qu'il fait.

M. Du Pré est allé à Paris porter la ratification de M. l'Evesque d'Osnabruc et raportera celle du Roy. Je croy maintenant M. le Président d'Hammerstein à Celle, où je vous prie de vouloir bien luy faire tenir la lettre cy-jointe [1]), et aussi à M. de Villiers un autre petit billet que j'y joindray.

1) Fehlt.

Pour estre délivré des inquiétudes que mon atachement constant et très-passion [sic!] pour nostre Prince et l'extrème vénération que j'ay pour luy, me donneront tousjours, tant qu'il sera hors de chez luy, je voudrois le savoir desja bien de retour avec la parfaite santé et satisfaction que je luy souhaite. Je vous prie de me mander, quand cela se peut espérer, et combien de temps il fait estat de passer encore en Italie. J'ay amplement parlé de luy avec M. le Prince et M. le Duc, que j'allay voir à Chantilly en revenant ici. Il me demandèrent fort des nouvelles de S. A., et ce fut le principal sujet de nostre conversation. Ils me témoignèrent pour luy la plus grande estime du monde et la plus grande tendresse pour Mad. la Duchesse vostre maistresse, au contement de laquelle je vis qu'ils s'interessoient beaucoup; et je ne scay ce que je ne leur dis point pour leur monstrer qu'ils ne faisoient en cela que l'aquiter de ce qu'ils luy devoient.

Je vous prie d'assurer de mes tres-humbles respets Mad[e] et Mad[elle] de Grote, et d'estre bien persuadé vous-mesme, mon cher Monsieur, que vous n'aquérirez jamais d'ami et de serviteur, qui soit plus absolument à vous de tout son coeur que Verjus.

79. Herzog Georg Wilhelm an seinen Gesandten in Stockholm, Geheimen Rath Lorenz Müller, dat. Celle, 19. Dec. 1671.

Uns ist Eure anderweitige Relation vom 6. dieses zu recht eingeliefert worden. Wir ersehen daraus so viel, daß der französische Ambassadeur Mr Pomponne nicht ohne gute Verrichtung geschieden, dieselbe auch etwan noch besser seie, als bis dahin zu penetriren gewesen . . . . .

Wegen des Uns angemutheten Particular-foederis lassen Wir es bei der Euch jüngsthin sub dato 12. huius ertheilten Instruction umb so mehr bewenden, alldieweil die in Eurer Relation angeführte Umbstände Uns nicht weinig bedenklich vorkommen, und verweislich fallen würde, wann Wir in diesem Werk, ehe und bevor Wir von der Kron Intention mehrere und sicherere Nachricht erhielten, weiter schreiten sollten. . . . .

Wir stellen hienebenst außer Zweifel, des holländischen Ambassadeur Haren [Negociation werde die sentiments des Hofes noch mehr offenbar machen; es werde auch derselbe leicht und mit mehrem Nachdruck darthun können, ob der gemeinen Sicherheit besser gerathen, wenn man jetzt sofort dem schwächern Theil die Hand biete und es in die Wege richte, daß es entweder gar nicht zum Kriege komme oder doch derselbe bald anfangs gedämpfet werde, als daß man den einen Theil außer Kräften bringen lasse und nachgehends die Gefahr allein auf sich nehmen müsse. Ob auch eine dritte Partei formiret werden könne, weil es scheinet, daß es an Subsidien mangeln dörfte, dieses ist unvereinlich, daß, wenn gleich eine solche Partei sich hervorthun sollte, der ander Theil bereits einen solchen Anhang im Reich erlanget, daß es an Diversionen nicht mangeln und die tertii mit Defension ihrer Lande gnug zu thun haben werden; gestalten dann fast alle benachbarte geistliche Stände bereits in starker Verfassung begriffen . . . . .

Die sincerationes wegen der Stadt Bremen könnet Ihr wohl bei Euch gelten lassen, weil an seiten der Kron Schweden es die Meinung haben soll, das I. Pac. Westph. in allem zu manuteniren und, was dagegen attentiret, abzustellen; dann solchen Falls die Stadt wird unangefochten lassen werden müssen. Weinige aber werden sich aus den Gedanken bringen lassen, ob man nicht dieser Conjuncturen auch gegen die Stadt sich gebrauchen wolle, zumalen eine solche starke Mannschaft in das Bremische gebracht und einige fortificationes angerichtet werden wollen; es wollte denn dieses nachgegeben werden daß diese Völker mit fremden Subsidien und in favorem ein oder anderer Partei unterhalten werden wollten, wovon Ihr euch ferner informiren werdet. . . . .

Was sonsten die Conferenz, so von Unsers fürstl. Hauses Ministris mit dem königl. dänischen Residenten Habbäo zu Lüneburg gehalten und von dem Herrn Reichskanzler geahndet worden, betreffen thut, da hat Euch deswegen keine Nachricht davon gegeben werden können, weil bei derselben nichts verrichtet worden . . . . .

80. Bericht Grote's an Herzog Johann Friedrich, dat. Braunschweig, 28. März 1672.

. . . . Der Feldmarschall Graf von Waldeck ist heute früh bei mir gewesen und hat mir so viel gesaget, daß wenn ich dasselbe alles referiren sollte, ich mit meinem Griffonage Ew. Dchl. eines ganzen Tages Occupation verschaffen wollte. Die Substanz der Conversation bestand darin, daß ich Ew. Dchl. seinethalben versichern möchte, er wollte Deroselben treuer Diener leben und sterben. Er wäre zu mir gekommen, weil man von ihm die Opinion haben möchte, daß er vieles Dinges in der Welt reussiret, umb mir auch den Irrthumb zu benehmen und mir seinen Zustand umbständlich zu eröffnen. Herzog Georg Wilhelm vitirete und flöhe seine Gegenwart, so viel er könnte, umb sich durch ihn nicht suspect zu machen. Und hätte deshalben S. Dchl. gar ungern gesehen, daß er wäre mit nacher Berlin gezogen. Er aber wäre durch unterschiedliche Mal wiederholete kurfürstliche Schreiben darzu gezwungen worden. Es schiene auch, daß die Confidence nicht mehr so groß wäre, indem hochgeb. S. Dchl. sich in Staatssachen auf den Canstein und in militaribus auf Chauvet allerdings remittireten. Seine rechte Hand, nämlich Herzog Ernst August Frl. Dchl., wäre ihm entzogen. Ergo müßte er sich alles Dings abthun und bloß die Ruhe suchen. Verhehlete sonst nicht, daß wenn es in seiner Macht stünde, er dem König von Frankreich gern eine Armee von 50 000 Mann über den Hals führen wollte, davorhaltend daß solches guten und auch fast mehren Theils bei Ew. Dchl. stünde, und daß dies das einzige Mittel wäre, so den Cours der französischen Monarchie hemmen und alles wieder in ruhigen Stand setzen könnte. Er klagete, daß Brasser übel tractiret würde, und betheurete darbei gar hoch, daß Brandenburg mit Holland noch nicht conjungiret und freie Hände hätte; er hätte zwar Geld von Holland bekommen, aber dafür bloß alle seine Zölle im Clevischen zum Unterpfande gesetzet.

81. A. Allianz der Herzoge von Braunschweig-Lüneburg mit König Christian V. von Dänemark, dat. Braunschweig, 31. März 1672.

Zu wissen sei hiermit, daß, als der durchleuchtigster, großmächtigster Fürst, Herr Christian der Fünfte, König zu Dänemark. Norwegen, der Wenden und Gothen, Herzog zu Schleswig, Holstein, Stomarn und der Ditmarsen, Grafe zu Oldenburg und Delmenhorst, und die hochwürdigster, durchleuchtigste Fürsten und Herrn, Herr Ernst Augustus, Herr Georg Wilhelm, Herr Johann Friedrich und Herr Rudolf Augustus, respective Bischof zu Osnabrück und Herzoge zu Braunschweig und Lüneburg, Gebrüdere und Vettere, die jetzige gefährliche Conjuncturen zu Gemüthe gezogen und ihre sorgsame Gedanken dahin gerichtet, wie sie ihre von Gott ihnen anvertraute Land und Leute vor ohnbilligem Gewalt schützen könnten, sie eine nähere Zusammensetzung und Defensiv-Allianz für gut und nützlich befunden und zu dem Ende ihre gevollmächtigte Räthe und Abgesandten in der Stadt Braunschweig zusammen geschicket und durch dieselbe nachfolgende Punkte vergleichen lassen.

1. Erstlich soll zwischen J. Kgl. M[t] in Dänemark, Norwegen, Herrn Herzogen Ernst Augusti, Bischoffen zu Osnabrück, Herrn Georg Wilhelms, Herrn Johann Friedrichs, Herrn Rudolf Augusti, Herzogen zu Braunschweig und Lüneburg Frl. Dchl. eine beständige, vertrauliche Correspondenz und Freundschaft sein, dergestalt daß einer des andern Bestes befördere, Schaden und Nachtheil aber nach Inhalt gegenwärtiger Bündniß verhüte und abwende.

2. Zum andern, diese Bündniß soll zu niemandes Offension oder Beleidigung, sondern bloß zu allerseits hoher Alliirten hernach benameten Landen und Leuten Conservation und Sicherheit, nicht weniger aber auch Beibehaltunge der hergebrachter iurium und Gerechtigkeiten, wie dieselben Namen haben, angesehen und gemeinet sein.

3. Drittens, Versprechen J. Kgl. M[t] in Dänemark und Norwegen, auf den Fall des Herrn Bischoffes zu Osnabrück, der übriger Herrn Herzogen zu Braunschweig und Lüneburg Frl. Dchl. und deren Lande insgesamt oder deren eins, ohne einige Ausnahme, mit Gewalt invadiret oder durch Einquartierungen, Durchzüge und andere dergleichen Kriegsexactionen beschweret, oder auch sie in ihren habenden iuribus, Prärogativen und Gerechtigkeiten turbiret und angefochten werden, von weme auch solches geschehe, denselben zu assistiren und zu Hülfe zu kommen mit 6000 zu Fuß und 3000 zu Pferde.

4. Hingegen und da, viertens, J. Kgl. M[t] in Dänemark und Norwegen in Dero Erbkönigreich, Fürstenthumb-, Graf- und Herrschaften feindlich überzogen oder aber mit einigen andern Gewaltthätigkeiten, als Einquartierungen, Durchzügen und anderen Kriegsoneribus, beschweret werden sollte, wollen J. Kgl. M[t] obhöchstgedachter des Herrn Bischoffe und der Hern Herzogen zu Braunschweig und Lüneburg Frl. Durchleuchtigkeiten insgesammt 4000 zu Fuß und 2000 zu Pferde zu Hülfe schicken.

5. Wobei jedoch, fünftens, J. Kgl. M[t] gewilligt und nachgegeben, daß höchstged. J. Frl. Durchleuchtigkeiten nicht gehalten sein sollen, ihre Völker eher zu schicken, es seie dann daß J. Kgl. M. im Heil. Röm. Reich gelegene Fürstenthume, Grafschaften, Herrschaften und Lande, Holstein, Stomarn, Dithmarsen, Oldenburg und Delmenhorst, Herrschaft Pinnenberg, Stad- und Butjadinger Land, oder auch Schleswig und Jütland, nichts von deren jedem ausgenommen, so viel nämlich daran J. Kgl. M[t] zuständig, feindlich attaquiret werden möchten; welche Lande dann allein in dieser Bündniß begriffen, noch höchstged. Herren Herzogen zugemuthet werden soll, ihre Völker weiter in andere J. Kgl. M[t] zugehörige Insulen oder Königreiche bringen zu lassen.

6. Wann, sechstens, ein- oder anderer Alliirter bereits würklich attaquiret, oder attaquiret zu werden in augenscheinlicher Gefahr begriffen, soll derselbe solches den Alliirten sobald notificiren, dieselbe auch auf beschehene Notification ohne einige Säumniß und längstens innerhalb vier Wochen mit gesamter Hand obbedeutete Hülfe leisten. Und ob zwar einem oder andern hohen Alliirten nicht verwehret sein soll, den streitenden Parteien zu Hinlegung der

zur Thätlichkeit ausgebrochenen Mißhelligkeiten seine Interposition zu offeriren: so soll doch solches die obspecificirte Hülfleistung keineswegs hindern, sondern solche mit aller Aufrichtigkeit werkstellig gemacht und so lange damit continuiret werden, bis dem Attaquirten von dem aggressore nach Ermäßigung der übrigen Alliirten billige Satisfaction geschehen sei.

7. Siebendens, soll die Hülfe auf eines jeden assistirenden Theils eigene Kosten geschehen, und demnach ein jeder Bundesverwandter seine Truppen in Conformität der Verpflegungsordonance, welche zu vergleichen, zu unterhalten und zu verpflegen schuldig sein. Es soll aber der Assistirte nichts doweniger Sorge tragen, daß des Assistirenden Völker in proportionirtem billigem Preis die Nothdurft an Lebensmitteln haben können und sonst auch den seinigen in Einquartirungen und was dazu gehöret, gleich gehalten werden.

8. Zum achten, Feldstücke sambt Zubehör soll derjenige, der dem andern Hülfe sendet, nach Proportion der Truppen mitgeben; die schwere Artiglerie aber, da deren nöthig, nebst der Zubehör muß der Assistirte, in dessen Landen agiret wird, und in loco tertio derjenige hergeben, welcher unter den Bundsverwandten der nächste gesessen, jedoch auf gemeine Kosten und Wiederersetzung der Alliirten.

9. Kommt es dann, neuntens, zur Action und erfordert die Kriegsraison, daß die Völker alle oder zum theil conjungiret werden müssen, so soll das Obercommando und die Direction des Kriegswesens dem Attaquirten gelassen, gleichwohl aber nichts Importantes vorgenommen werden als communicato consilio der gesamten Generalität und Kriegsräthe, so ein jeder Alliirter zu dem Ende verordnen wird.

10. Zehntens, Justiz, exercitium religionis und was dahin gehöret, bleibt jedem confoederato bei seinen trouppes. Ist aber ein General-Kriegsrath zu halten, so sein zu demselben alle zu ziehen, welche zu einem General-Kriegsrathe gehören.

11. Sollte, eilftens, die Gefahr und Beträngniß des Attaquirten so groß sein, daß obspecificirte Hülfe nicht zureichete, sollen die Conföderirte wegen derselben Ergrößerung sich fördersambst zusammen thun und an sich nichts erwinden lassen, was sie zu Rettung des attaquirten Theils thun und leisten mögen.

12. Es soll auch, zwölftens, kein Alliirter von dieser Hülfleistung sich zu befreien oder zu entschuldigen Fug oder Macht haben, es wäre denn Sache, daß er selbst im Kriege begriffen wäre und seine Völker zu eigener Defension vonnöthen hätte, in welchem Fall er die Hülfe zu schicken entschuldiget sein soll; wie ihme denn auch in solchem Fall freistehet, wenn er gleich seine Völker geschicket, dieselbe entweder zum theil oder auch alle wieder abzufordern, und sollen sie ihme ohne Verzug und Hinderniß abgefolget werden.

13. Soferne auch, dreizehendens, einige der Alliirten noch in einer andern Bündniß, kraft welcher sie einander zu assistiren schuldig, begriffen, so soll kein Theil aus beeden foederibus, sondern nur aus einem die Hülfe zu schicken verbunden sein; als dann auch in dem Fall, da etwa eine Kreis- oder Reichshülfe dem Attaquirten geleistet würde, dieselbe nicht minder von dem Quanto der Bundeshülfe abzuziehen.

14. Würde man dann, vierzehendens, etwa in Verfolgung eines Feindes oder auch durch eine Diversion einige feindliche Plätze coniunctim erobern, sollen dieselbe von denen sämtlichen Conförderirten nach Proportion der Hülfe, die ein jeder wird geleistet haben, besetzet und zuvorderst dem Beleidigten daraus Satisfaction gegeben werden. Hohe und niedere Gefangene, viele

oder wenige Artiglerie oder was es sonst sein möchte, sollen denen Alliirten pro rata zum Besten kommen. Was aber gemeine ausgeschickte Parteien an Beute erlangen und gewinnen, das bleibet einem jeden allein.

15. Zum fünfzehenden, die contributiones, so aus des Feindes Lande zu erholen, sollen unter die Alliirte pro rata vertheilet, und keine davon ausgeschlossen werden.

16. Diese Verbündniß ist, sechszehentens, bloß, wie obgemeldet, gegen Abtreibung ohnrechter Vergewaltigung angesehen; und wie sie auf des Heil. Röm. Reichs Satzungen, Executionsordnung und dem westfälischen Friedenschluß gegründet, also ist dabei J. Kaiserl. M[t] und dem Reich der gebührende Respect und Folge reserviret.

17. Wenn auch, zum siebenzehenden, mehr andere Stände in dieselbe einzutreten verlangen, wollen die Alliirte darüber mit einander communiciren, und soll niemand, dann mit einmüthiger derselben Beliebung, admittiret werden;

18. Als dann auch, achtzehendens keinem der Alliirten erlaubt sein soll, mit andern Potentaten einige Tractaten einzugehen, welche dieser Alliance präjudiciren oder derselben directe oder indirecte zu entgegen sein.

19. Neunzehendens, sollen die Alliirte die Ratification dieser Defensiv-Alliance innerhalb sechs Wochen oder längstens zwei Monaten von heutigem Dato an alhier in Braunschweig durch ihre hierzu Deputirte extradiren und gegen einander auswechseln lassen. Und von solcher Zeit an soll diese Defensiv-Bündniß drei nach einander folgende Jahre ohnverbrüchlich gehalten werden, nichtsdominder aber denen Alliirten freistehen, nach Gestalt der Läufften sich vor Expirirung solcher Zeit der Prorogation halber zusammenzuthun und zu überlegen, ob und wie man sich sowohl ratione temporis als anderer Conditionen sothaner Prolongation halber weiter vereinbaren möge.

Dessen zu Urkund ist dieser Receß von anfangs höchstgeb. J. Kgl. M[t] und Frl. Dchl. zusammengeschickten Räthen unterschrieben und besiegelt, auch jedwedem Theil ein gleichlautendes Exemplar zugestellet worden.

So geschehen Braunschweig, den 31. Martii 1672.

Calemberg. Ausfertigung. gez.: O. Grote.

81. B. Nebenreceß wegen der Stadt Bremen, dat. Braunschweig, 31. März 1672.

Zu wissen, Als der durchleuchtigster, großmächtigster Fürst, Herr Christian der Fünfte, König zu Dänemark, Norwegen, der Wenden und Gothen, Herzog ꝛc. und die durchleuchtigste Fürsten, Herr Ernst Augustus, Herr Georg Wilhelm, Herr Johann Friedrich und Herr Rudolf Augustus, Gebrüdern und Vettern, eine defensive Allianz unterm dato 31 Martii 1672 getroffen, und selbige lediglich auf beederseits respective Königreiche, Fürstenthums, Graf- und Herrschaften, auch deren hergebrachte iura gerichtet; und aber anbei von denen hohen paciscirenden Theilen in reife Erwägung gezogen worden, wie der bei solchem foedere vorgesteckte Zweck nicht völlig würde erreicht werden können, wann die Stadt Bremen aus ihrem jetzigen Zustande und in eines andern Gewalt gebracht werden sollte: daß demnach allen und höchstgeb. J. Kgl. M[t] und Frl. Dchl. sich dahin vereinbaret und einander zugesagt, daß was ein Theil dem andern wegen Beschütz- und Rettung seiner Land und Leute kraft erwähnten foederis versprochen, auch auf besagte Stadt Bremen verstanden sein solle, also und dergestalt daß, wann mehrernannte Stadt Bremen von einem tertio, wer der auch sei, auch unter was Schein solches geschehen möge, mit offener Gewalt angegriffen und subjugiret werden wollte, ein Bundsverwandter auf des andern geschehene Erforderung zu Rettung der Stadt die in dem foedere determinirte Volkshülfe auf Maße und Weise, wie in jetzterwähntem foedere enthalten, würklich zu leisten schuldig und verbunden sein solle.

Und damit es an solcher Hülfe und Rettung um so viel weniger ermangele, sondern dieselbe, da der casus sich begeben sollte, sofort würklich erfolgen, und der Gefahr zeitlich und mit Nachdruck begegnet werden möge: so sollen alle und höchstgeb. Alliirte auf dieses Werk allezeit ein sorgsames Aug haben und nicht allein dasjenige, was ihnen davon zu wissen kommt, einander unverlängt notificiren, sondern auch, da sich so viel hervorthun sollte, daß eine fremde Kriegsmacht sich der Stadt nähere, und dieselbe darüber in Gefahr rathen sollte, sofort ihre Räthe zusammenschicken und berathschlagen lassen, wie der Stadt die Hülfe zum füglichsten geleistet werden möge. Da dann, wann wegen des Obercommando noch eine weitere Versehung, dann in dem foedere enthalten, nöthig, sowohl dessen als auch der Völker Zusammenführung und anderer Kriegsparticularien halber zugleich gewisse Abrede genommen, und dabei jedesmal auf dasjenige, was zu Conservirung der Stadt zum dienlichsten sein kann, gesehen werden solle; maßen dann auch ein jeder hoher Alliirter verbunden sein solle, sein Contingent in Zeiten heranrücken zu lassen, damit wann die Conjunction für nöthig gefunden werden sollte, solche ohne Verzögerung geschehen möge. Und wiewohl dann man sich nicht versehen will, daß jemand dardurch mit Fuge gravirt werden sollte, in Betracht hierunter nichts anders gesucht oder intendirt wird dann die Conservation oftbemeldter Stadt und die davon guten Theils dependirende Sicherheit der hohen Alliirter Lande, und solches zufolge des Instr[i] Pacis und anderer Reichssatz- und Verordnungen: wofern jedoch einer oder mehr der hohen Alliirten deswegen angefochten und mit feindlicher Gewalt überzogen werden sollte, wollen dieselbe kraft dieses nicht weniger gehalten und verbunden sein, deme oder denselben mit der in der Alliance versprochenen Mannschaft auf beschehenes Erfordern zu assistiren, und da dieselbe nicht zulänglich, sich wegen einer stärkern Hülfe, allerdings auf Maße und Weise wie die berührte Alliance vermag, zu vergleichen.

Signatum Braunschweig, d. 31 Martii 1672.

gez.: Schütz, Grote, Höpfner, v. Heimburg.

82. Herzog Georg Wilhelm an Kurfürst Friedrich Wilhelm von Brandenburg, dat. Celle, 4. April 1672. (Concept, gezeichnet vom Herzog und vom Kanzler Schütz.)

Ew. Ld. wird von Dero Geh. Rath und Kammerpräsidenten dem von Canstein bereits umständlich referiret worden sein, was bei dem jüngsthin zu Braunschweig gehaltenem Convent in einem und andern vorkommen, und warum man dermaln insonderheit in der mit Holland, auch Wolfenbüttel und Hessen-Cassel unter Handen gehabten Handlunge zu keinem Schluß gelangen mögen, und wie nach der Action, so zwischen Engelland und Holland zur See vorgangen, der holländische Envoyé die Hülfleistung vermöge der Quadruple-Alliance bei mir gesucht und begehrt. Wie ich nun nicht wenig beklage, daß, da die Gefahr je länger je größer wird, nichts dominder es fast allenthalben an zulänglicher Resolution und nötiger Gegenverfassung ermangeln will: also kann ich mir leicht die Gedanken machen, daß auch Ew. Ld. nicht anders dann verdrießlich werde zu vernehmen gewesen sein, daß bei oberwähntem Convent nicht ein mehreres verrichtet worden. Hoffe aber danebenst, daß mir dessen die geringste Ursach nicht werde beigelegt werden können, indem ich mich zu allem dem, was nur immer practicabel und in meinem Vermögen zu sein ich ermessen können, anheischig gemacht. Wie ich auch in solcher Intention annoch verharre und dafür halten muß, daß wenngleich Holland sich nicht besser begreifen solle, nichts doweniger das vorseiende foedus, so Ew. Ld. mir, Braunschweig-Wolfenbüttel und Hessen-Cassel vorschlagen lassen, und allem Ansehn nach nicht allein diesen Landen, sondern dem ganzen Reich in viele Wege zu Nutzen gereichen kann, festzustellen sei: also werde ich nicht ermangeln, die angefangene Handlunge fortsetzen zu lassen, wenn ich nur werde benachrichtigt sein, daß Ew. Ld. gleicher Meinung, und ob Sie Ihro die zu solchem End zu Braunschweig vorgeschlagene Zeit und Ort belieben lassen. Wollten dann Ew. Ld. anbenebenst mir in hergebrachtem Vertrauen eröffnen, wie Sie vermeinen, daß die ratione quanti und sonst vorgefallene Difficultäten superirt werden könnten, würde solches mir deßwegen insonderheit lieb sein, weil ich die Meinige desto vollenkommener instruiren, und mithin die Zeit gewonnen werden könne.

Obgedachtem Brasser habe ich auch bis noch auf die beschehene Requisition keine Resolution ertheilen wollen, indem ich dafür halte, daß ich mit den übrigen hohen Alliirten zuvorderst daraus zu communiciren noch J. M^t dem König in Dänemark und Ew. Ld. vorzugreifen hätte. Und ersuche demnach Ew. Ld. freundvetterlich, Sie wollen geruhen mir auch hierin Deren hocherleuchtete Gedanken zu eröffnen und zu glauben, daß ich hierunter nichts intentire dann mit Deroselben, wie allemal, also und insonderheit bei jetzigen gefährlichen Läuften eine Conformität in meinen consiliis und actionibus, soviel immer möglich, zu unterhalten.

Mehrgedachter Brasser hat sonst in dem Hauptnegotio bis dahin weiter nichts vorbracht. Hingegen ist der französische Envoyé Mr Verjus zu Anfang dieser Woche zu Wolfenbüttel erwartet worden; daß er aber daselbst angelangt, habe ich noch nicht vernommen. Was mir sonsten von seiner Negotiation zu wissen kombt, solches werde Ew. Ld. zu communiciren nicht ermangeln. Ich habe danebenst die sichere Nachricht, daß der kaiserliche Abgesandter, Marquis de Grana, bei denen geistlichen Höfen wenig Gehör gefunden. So continuiren des Herzogen zu Mecklenburg-Schwerin Ld. ihre verdächtige Werbungen 2c.

83. Kurfürst Friedrich Wilhelm von Brandenburg an Herzog Georg Wilhelm von Celle, dat. Cölln a/Spree, 10. April 1672.

Ew. Ld. freundvetterlich Schreiben vom 4ten dieses ist mir wohl zu Handen gekommen, und thue mich der vertraulichen Correspondenz und Communication zuvorderst bedanken.

Den Braunschweigischen Convent belangend, ist nicht ohne, daß ich mit Bestürzung von meinem Geh. Rathe dem von Canstein vernommen, daß, ob zwar die Gefahr für Augen stehet, man dennoch nicht allerdings einig werden können, wie derselben zu begegnen. Ich zweifle nicht, Ew. Ld. werden aus meinem vorigen Schreiben vernommen haben, wie ich nebst Derselben die

Handlung ferner fortzusetzen rathsam befunden, die Zeit aber der Zusammenkunft etwa auf acht Tage auszustellen für nöthig erachtet. Und lebe der Hoffnung, man werde sich dergestalt anschicken, daß die vertrauliche und nothwendige Zusammensetzung nicht entstehen möge. Wie ich dann deswegen zu Ew. Ld. allewege ein sonderbares Vertrauen gesetzet und darin nicht allein durch dero oberwähntes Schreiben, sondern auch durch die zu Potsdam höchstrühmliche und vertrauliche gethane Erklärungen gestärket werde. Damit aber Ew. Ld. meine Gemüthsmeinunge hierunter desto eigentlicher vernehmen mögen, und die Einigkeit in den consiliis desto baß stabiliret und beibehalten werde, so bin ich gesonnen ehestes Tages, ehe und bevor der Convent zu Sachsen angehe, jemandes der Meinigen an Ew. Ld. abzufertigen und Deroselben Meine Gedanken, wie auch was sonsten, diese Conjuncturen belangend, bishero fürgelaufen, eröffnen zu lassen.

84. Kurfürst Friedrich Wilhelm von Brandenburg an Herzog Georg Wilhelm, dat. Bellin, 14. April 1672. (Eigenhändig.)

Durchleuchtiger Fürst, vielgeliebter Vetter vndt Genatter,

Ob ich zwahr mitt Bestürtzung Ew. Ld. Vnpaßligkeitt vernommen, so bin ich dennoch widerumb hertzlich erfreuet worden, das es sich mitt Ew. Ld. gebessert habe. Der Hochste wolle Ew. Ld. zu volliger Genessung verhelffen vndt dem gemeinen Wessen zum Nutz vndt Besten lange Zeitt erhalten. Hienebbenst berichte Ew. Ld. ich, das nuhmer der Tractat zwischen mir vndt denen Hollendischen Vereinigten Provincien getroffen vndt bis auff die Ratification geschlossen. Vndt wie hardt ich darauf gedrungen vnd bestanden bin, das der Staadt 12000 vndt ich 8000 Mann auf mich nehmen solte, so hab ich solches dennoch von ihnen nicht erhalten kunnen, hab derhalben wegen der grossen Außgaben, so gemelter Staadt itzo wegen des Englischen Krieges zu Wasser haben, in Consideration dessen, auff die Helfte als 10 000 Mann geschlossen. Ew. Ld., hoffe ich, werden nuhmer deßgleichen thun, da ich dan nicht zweiffelle, Gott werde der gerechten Sache beistehen vndt Ew. Ld. dapfere zu Dero vnsterblichen Ruhm führende Resolution segenen vndt außschlagen lassen. Zwahr scheindt die Sache schwer, man muß aber auf der Sachen Gerechtsamkeitt sehen. Zu deme sein keine consilia, da nicht etwas bey gewagt sein muß, vndt ohne Wagen gewindt man nichts. Der Kayser schicket 6000 Mann zu Fusse vndt 4000 Pferde nach dem Reiche, welche Spork vndt der Hertzog von Lottringen commandiren soll. Der Baron de Gos wirdt in wenig Tagen gewis bey mir sein. Was er bringen wirdt, werde Ew. Ld. ich communiciren. Was nuhmer zu thun, ist, das man keine Zeitt verlohren gehen lasse. Hiemitt thu Ew. Ld. ich Gottlicher Bewahrung getreulich befellen, vndt verbleibe alzeit

Ew. Ld.

binstwilliger Vetter vndt Genatter bis in todt
Friedrich Wilhelm Churfurst.

85. Herzog Georg Wilhelm an Kurfürst Friedrich Wilhelm von Brandenburg, dat. Celle, 17. April 1672. (Eigenhändniges Concept.)

Durchleuchtigster Fürst, Hochgeehrter Herr Vetter vndt Gevatter,

Das E. L. gefällig gewesen, so wohl meiner Gesundtheit vndt Wollstandes wegen einige Nachfrage zu thun als auch des getroffenen Holländischen Tractats halber eine vertrauliche Apertur zu geben, davon bin Derselben ich höchstens obligiret, vndt wie Gottlob meine Kranckheit sich geleget vndt durch Dessen Genade ich nunmehr wieder restituiret bin, also wündtsche auch von Hertzen, das die vor das gemeine Wesen nuhnmehr von E. L. genommene gute resolutiones von Dessen Almacht gesegnet vndt zu Deroselben vndt hohen Chur Hauses Prosperität vndt Aufnahme gedeyen vndt ausschlagen mögen.

Mir wollen ja vom Staat solche conditiones noch nicht gemachet werden, das bey denen Conjuncturen, so jetzo vor Augen, ich mit raison schliessen könne. Dan ausser ein vndt anderen Difficulteten, so annoch bey der Sache vorhanden, ist nicht die geringste, das der Staat bloos die Halbscheidt der Subsidien einwilligen vndt sich vber das zu deren Gewisheit noch gahr schlecht verstehen will, in dem er solche auf einen Monat zu auanciren zwar verspricht, andere seureté aber von sich nicht gibt; dahero mein estat ohn müglich zu lassen kan, bey solcher Vnsicherheit der Subsidien, wie mir dieselbe von vorigen Zeiten hero noch zimblich bekandt seindt, mich also schlechter ding zu embarquiren. Das der Kayser die Sache mit embrassiren vndt Völcker schicken will, kann ein grosses Gewicht geben; ob aber Spanien gäntzlich brechen werde, wollen viel zweifeln. Ich reise morgen von hier ab nach der Harbourg vndt werde dort vernehmen, ob der König von Dennemarck noch in der Nähe vndt zu Glückstadt sich befinde, welchen fals S. May. dort aufzuwarten suchen werde. Bey meiner Zurückkunft will nicht ermangeln E. L. von meiner Reise vndt demjenigen, so dabey vorgangen, vertraulichst part zu geben. Bis dahin Dieselbe dem Schutz des Allerhöchsten treulichst ergebe vndt verbleibe allezeit

E. L.

dienstwilligster Vetter vndt Gevatter bis in den todt
Georg Wilhelm H. z. B. v. L.

86. Kanzler Schütz an Herzog Georg Wilhelm, dat. Celle, 20. April 1672.

Diesen Nachmittag ist Herr von Canstein samt dem jungen Baron von Schwerin hier angelangt mit dem Befelch, Ew. Frl. Dchl. zu remonstriren, warum Dieselbe den Vereinigten Provincien auf die angebotene conditiones zu assistiren hätten. Weil aber sie vernommen, daß Ew. Frl. Dchl. sich nach Glückstatt und außer Dero Landen erhoben, und der zum Convent zu Sesem angesetzter terminus herannahet, seind sie willens morgen wiederum von hier und nach gedachtem Sesem zu gehen, haben aber mir die erwähnte remonstrationes eröffnet, so hauptsächlich darin bestehen, daß Frankreich so viel Macht nicht auf den Beinen habe, gleich ausgegeben werde, der König in Spanien gleichfalls zu consideriren, der Kaiser den Vereinigten Provincien favorisiren, und der Baron de Goes in commissis habe, S. kurfrl. Dchl. zur Umtretung mit gedachten Provincien zu animiren. Sollte auch Frankreich praevaliren, würde man doch in die Gefahr fallen, die man jetzo scheue; zumal würden

Ew. Frl. Dchl. nicht daraus bleiben können, wann S. kurfrl. Dchl. die holländische Partei nehmen und dahero von Frankreich in ihren Landen infestiret werden sollten. Allem solchen Unheil könnte vorgebogen werden, wenn man in diesen Quartieren eine Armee von 30 000 Mann richten thäte.

Ich habe per discursum ihnen einige Gegenremonstration gethan, sonsten aber mich erboten, Ew. Frl. Dchl. von dem allen unterthänigst zu referiren; anbei aber gefragt, mit was Resolution der Comte de St. Geran dimittiret worden. Sie antworteten, daß sie sothane Resolution in forma bei heutiger ordinari erwarteten, wollten sie alsdann communiciren; seie übrigens dahin eingerichtet, daß J. Kurfrl. Dchl. sich zu der angemutheten Neutralität nicht entschließen könnten, weil Sie mit den Vereinigten Provincien conföderiret, dem Reiche mit Pflichten verwandt, würden aber nicht ermangeln zu gütlicher Hinlegung der Differentien zu cooperiren. Mr Pomponne hätte berichtet, der König hätte lieber gesehen, daß gedachter Graf von St. Geran blieben, das negocium sollte auch darmit nicht rumpirt sein.

Der Bischof von Straßburg hätte auch vorgeschlagen, der von Canstein möchte nach Bonn, um mit J. Kurfrl. Dchl. zu Köln zu conferiren, gehen, welches aber nicht thunlich geachtet worden.

Was nun Ew. Frl. Dchl. mir hierauf genädigst befehlen, desselbe werde gehorsamst beobachten. Dann obschon sie, die Kurbrandenburgische, sich dahin vernehmen lassen, daß dafern Ew. Frl. Dchl. nicht in die holländische Partei treten sollten, von der vorseienden Conferenz kein Effect zu hoffen: so bleiben sie doch des Vorsatzes, nach gedachtem Sesem fortzugehen und die Handlung wenigstens in motu zu halten. Werde demnach auch folgen müssen, habe aber noch dieses gehorsamst zu erinnern, daß weder der von Canstein noch der Herr von Schwerin einige Meldung von dem, ob S. Kurfrl. Dchl. mit den Vereinigten Provincien geschlossen, nicht gethan. Wann sie nun in dem methodo bleiben wollen, würde man zu Sesem sich desto leichter vereinigen können. Es scheinet aber, daß der von Schwerin nicht alles wissen solle, maßen der von Canstein auch erst allein mit mir reden wollen; gedachter von Schwerin aber hat sich bald darauf eingefunden.

Von des von Blumenthal Negociation bei Dänemark sagten sie, daß selbige auf den hiebevor beliebten Fuß gerichtet, und hätte derselbe seine Reise also anstellen sollen, daß er noch bei Ew. Frl. Dchl. Anwesenheit an dem Königlichen Hofe sothane Negociation incaminiren könnte. Ew. Frl. Dchl. 2c.

87. Kanzler Schütz an Herzog Georg Wilhelm, dat. Celle, 21. April 1672.

Heut morgen seind die kurbrandenburgischen Ministri von hier abgereiset auf Braunschweig und dann auf Sesem. Sie seind darauf bestanden, daß zu Potsdam die Erklärung weit besser ausgefallen als nunmehr; hätten wohl vermerket, daß Ew. Frl. Dchl. Ihr Schreiben vom 4. huius mit dem Reservat der Möglichkeit cauteliret; man stellete Ihnen aber die Gefahr größer vor, als sie an sich selbsten wäre, und derselben würde man doch nicht entgehen. Wenn man nicht weiter gehen wollte, dann zu Braunschweig geschehen, hätte man der veranlaßten Conferenz entübrigt sein können.

Wie man nun nicht sowohl an Ew. Frl. Dchl. als kurbrandenburgischer Seiten zu selbiger Anlaß geben, also habe dieses mit wenigem ihnen repräsentiret, dann mich auf das Protocoll, so zu Potsdam gehalten, bezogen, und daß, wann gleich Ew. Frl. Dchl. damalen sich weiter herausgelassen, doch die emergentia, so darauf gefolgt, von solcher Wichtigkeit, daß Ew. Frl. Dchl. gar nicht verdacht werden könnten, wann Sie das Werk in weiteres Bedenken nehmen thäten. Zu dem leide Ihr status nicht, daß Sie so gar auch ohne anderweitige Communication mit Wolfenbüttel hierin ichtwas Schließliches resolviren thäten.

Ihre Replic war, ob dann Ew. Frl. Dchl. Herrn Herzog Johann Friedrichs Dchl., von der ich gleichwohl nichts gedacht, so gar versichert. Was Wolfenbüttel thun könne, sei bekannt, und endlich so viel zu vermerken, daß sie von dem, was zu Stockholm und Wien passiret, entweder keine sichere Nachricht gehabt oder dieselbe dissimuliren wollen, welches nun auf eins hinausläuft und Ursach gibt, desto behutsamer in der Sache zu verfahren.

Sie meldeten letztens, der von Amerongen hätte ihnen gesagt, Brasser wäre näher und beiläufig auf 500 zu Pferde instruirt. Sie sorgten aber, wenn Holland gleich alles das, was Ew. Frl. Dchl. bis dahin desideriret, eingehen wollte, Dieselbe doch nicht umtreten würden. Ich habe geantwortet, daß wenn Holland dergleichen thun würde, Ew. Frl. Dchl. die Sache weiter würden überlegen lassen. Als ich fragte, ob sie Herrn Brasser nicht sprechen wollten, sagten sie Nein, und zeigte der von Canstein sich gegen ihn animirt; vielleicht haben sie gewußt, daß er nicht in loco, sondern zu Wolfenbüttel, ...

Die Streitigkeiten, so zwischen Kurbrandenburg und Ew. Frl. Dchl. hiesigem Fürstenthum vorschweben, habe mit Zuziehung aller anwesenden Hofräthe überlegt und befunden, daß Ew. Frl. Dchl. allenthalben besser dann Kurbrandenburg fundirt, kann also etwas nachzugeben nicht rathen, es wäre dann ein Geringes, um den Unterthanen mehr Ruhe zu schaffen. Daß aber Kurbrandenburg mit einem Geringen sich contentiren werde, ist nicht vermuthlich, und also das Beste, insonderheit wegen des Ambts Klötze, dem Weg Rechtens zu inhäriren ꝛc.

88. Kanzler Schütz an Herzog Georg Wilhelm, dat. Sesem, 23. April 1672.

Als ich heute zu Bockeln die kurbrandenburgische Gesandte wiederum angetroffen, haben dieselbe mir eröffnet, daß sie zu Hildesheim den Statthalter, den von Schmiesing und Vicekanzler Nicolartz gesprochen und denselben angedeutet, wie sie von ihrem gnädigsten Herrn befelcht, vor einiger Zeit kurkölnischer Seiten beschehener Veranlassung, von ihnen zu vernehmen, was bei den gefährlichen Conjuncturen zu thun sein möchte. Die hätten sich entschuldigt, daß sie mit keiner Instruction versehen, man müßte dem König in Frankreich nicht entgegen gehen und ihn hindern wollen. Die Staaten General müßten humiliret werden, und würde man darum im Reiche wohl bleiben können. Ihr gnädigster Herr sei in ihrem Erzstifte Meister von allen Plätzen nach wie vor, und würden die Franzosen weichen, wenn derselbe wollte. Die Holländer sollten Rheinberg restituiren, so würde der Sache wohl zu rathen sein. Hätten gefragt, was dieser abermalige Convent importire, warum man keinen Katholischen zuließe. Welches alles sie, die Kurbrandenburgische, der Gebühr und zwar, so viel ich abnehmen können, in Conformität Ew. Frl. Dchl. bei diesen Einwürfen geführten sentiments beobachtet, beantwortet hätten.

Nächst deme haben sie nochmalig große instantias gemachet, Ew. Frl.

Dchl. wegen, möchte mich doch dermal erklären, daß Sie Kurbrandenburg auch alsdann die in foedere vergleichende Hülfe leisten wollten, wann S. Kurfrl. Dchl. auch Holland assistirten, und zwar ohne Ausnahme einiger im Reich gelegenen Lande. Ich habe ihnen hingegen ad longum vorgestellet, wie bei Ew. Frl. Dchl. ich solches so wenig würde verantworten können, als ich dessen befelcht wäre. Sie wollten nicht bei sich kommen lassen, daß J. Kurfrl. Dchl. mit Holland bereits geschlossen, und begehrten von mir zu wissen, was ich dann in instructione hätte. Ich sagte, daß ich mit Wolfenbüttel communiciren müßte. Sollte dasselbe den vorgewesenen Tractat zu reassumiren und zu vollenziehen gemeint sein, würde ich sub spe rati dergleichen thun, allein müßte darbei in einem Separat-Articul gewisse Versehung geschehen, wenn ein Alliirter in das holländische Wesen implicirt würde, wie alsdann man sich zu verhalten hätte. Damit man nun hierin desto weniger fehlete, so wären die deliberationes etwas zu trainiren; unterdessen würden, sie, die Kurbrandenburgische, näheren Bericht erhalten, was der Baron Goes mitbrächte, und auch ich verhoffentlich mit mehrerem Befelch versehen werden, dessen ich um so mehr zu erwarten hätte, weil Ew. Dchl. auch dieses Werks halber am dänischen Hofe ein und anderes vorkommen sein würde. Damit man aber die Zeit nicht gar verliere, wollten wir morgen den punctum quanti zur Hand nehmen. Sie vermeldten, daß sie wohl sehen, daß aus diesem foedere keine Realität zu hoffen, ließen ihnen aber, pour sauver les apparences, zumal sie merkten, daß diese Handlung dem Gegentheil gleichwohl impressiones machte, den modum gefallen, und wollte man demselben nach verfahren.

Der von Canstein ist mir nachgehends ad partem gefolget, hat im Vertrauen eröffnet, wie ungleich man bis jetzo in dieser Sache bei ihnen gesinnet, wie ihm verboten gewesen, protocolla zu halten, und er folgends beschuldigt worden, ob er die Sache nicht recht eingenommen, auch warum ihm der von Schwerin adjungiret worden. Ich fragte ihn, ob sein Herr mit Holland geschlossen; er wollte es nicht ganz leugnen, sagte aber, daß derselbe gleich wohl sich begagiren könnte. Man besorgte ihrerseits jetzo dieses, daß man im fürstlichen Hause ohne Kurbrandenburg etwas machen thäte.

Die Hessen-Casselische sind ankommen und bei den Kurbrandenburgischen logiret, welches eben diesseitiger Intention nicht vorträglich. Ich werde aber desto mehr Behutsamkeit gebrauchen und in alle Wege daran sein, daß Ew. Frl. Dchl. zwar den Glimpf, aber auch freie Hände behalten rc.

89a. Kanzler Schütz an Herzog Georg Wilhelm, dat. Seesum, 24. April 1672.

. . . Die Hessen-Casselsche haben mir heute die Visite geben und nach vielen Contestationen von der estime, welche die Frau Regentin von Ew. Frl. Dchl. Freundschaft machte, eröffnet, daß sie befehlicht wären, mit Ew. Frl. Dchl. zu Braunschweig an Hand gegebenen Präcautionen sich zu conformiren, und könnten demnach zu Miteinnehmung der Clevischen Lande sich nicht verstehen. Der finis dieser Conföderation seie, daß man sich aus der Gefahr halte und in Ruhe und Frieden leben wollte; müßte man also nicht selbst in die Gefahr gehen, und wann ein Alliirender würde bei dem holländischen Wesen sich einmischen, seie, so viel dasselbe belangt, die Allianz gefallen, und consequenter man nicht schuldig ihm zu assistiren. Dem König in Frankreich könnte man keine Caution leisten, daß die Holländer ihn nicht aus den clevischen Festungen incommodiren sollten, und die Holländer würden auch nicht so unbesonnen sein, daß sie sich des Vortheils begeben sollten ꝛc.

89b. Kanzler Schütz an Herzog Georg Wilhelm, dat. Sesen, 24. April 1672.

Diesen Morgen ist der von Canstein zu mir kommen und hat sich beklagt, wie daß er von den Hessen-Casselischen verstanden, daß dieselbe in nichts einwilligen würden, so dem dessein von Holland verträglich, sondern vielmehr instruiret dahin zu arbeiten, daß man sich aus dem holländischen Wesen halten möchte. Welches nun seinem Kurfürsten um so viel fremder vorkommen würde, um so eifriger derselbe von der Frau Landgräfin zu Embrassirung der holländischen Partei durch Schreiben erinnert und animirt worden. Wie aber keine Hoffnung zu machen, daß diese Abgeordnete sich eines Bessern erklären würden, also fände er sich genöthigt, einen Expressen an seinen Kurfürsten zu schicken, ihm die Beschaffenheit dieser Affairen vorzustellen und solche Erinnerung dabei zu thun, die ihm seine Pflichten dictirten. Und nachdem er wünschen möchte, daß er nie zu selbigen adhibiret, also wäre ihn auch desto mehr angelegen, Ew. Frl. Dchl. eigentliche Intention über drei folgende Punkten zu wissen. 1mo) ob Ew. Frl. Dchl. sich mit Holland gar nicht einlassen wollten, 2do) ob Sie die Hülf auf die Quadruple Alliance zu leisten nicht gemeinet? 3tio) wann Sie S. Kurfrl. Dchl. in den Clevischen Landen zu assistiren nicht gemeint, worin dann der Effect der unter Handen habenden Handlung bestehen sollte. Bei einem jeden Punkte führte er rationes an, warum man pro communi salute sich besser dann bisher zu erklären hätte.

Ich habe ihm geantwortet, auf das erste, daß ich darauf bis noch mit keiner Instruction versehen, zumal es auch eine Sach, so hieher und zu dieser alhier angestellten Handlung nicht gehörig. Ew. Frl. Dchl. würden auch ohne dem ohn Wolfenbüttel nichts resolviren, und aber, nachdem sich so viel Veränderunge unter der Zeit begeben, seie sehr zweifelhaft, ob man sich an dem Ort mit Holland engagiren würde.

Auf das zweite: Holland thäte nicht wohl, daß es solcher Bundeshülfe halber dergestalt hart in Ew. Frl. Drchl. dringen thäte. Es könnte leicht eine Resolution erfolgen, die an sich gerecht und billig, aber Holland sehr drücken [?] dörfte, für welches kein geringer Vortheil, zeigen [zu] mögen, daß es noch von Ew. Frl. Dchl. eine Hülf gewarten könne. Ew. Frl. Dchl. würden erwarten, was Dänemark und S. Kurfrl. Dchl. würden erwarten, was Dänemark und S. Kurfrl. Dchl. thun wollten, allenfalls und wann Sie sich zu sothaner Hülf nicht verständen, würde es keiner großen Justification bedörfen. Denn erstlich gäbe der Contextus des ganzen foederis, daß die Alliirte sich nicht als singulos obligiren wollen; zweitens hätten sie, die Holländer, das ganze Werk an J. Kaiserl. Mt und das Reich gebracht, der Kaiser hätte darauf ein decretum ad status ertheilet, und wäre es an dem, daß darüber zu Regensburg konsultirt und ein Schluß gefaßt werden sollte. Dessen müßten Ew. Frl. Drchl. um so mehr erwarten, aldieweil nicht allein gewisse Reichsstände bei dem Gegentheil stünden, sondern auch um Ort gestritten würde, die zu dem Reich gehörig. Es seie aber die Obligation in besagter Quadruple Alliance ausdrücklich dahin conditioniret, daß dieselbe nicht contra Caesarem et Imperium oder den Reichsconstitutionibus entgegen

37*

geleistet werden sollte. Drittens würden auch Ew. Frl. Dchl., wenn Sie mit der Hülf an sich halten thäten, dessen um so weniger zu verdenken sein, weil die Holländer oder Staaten General bis jetzo noch nicht prästiret, was sie in vorigen Tractaten versprochen, und nie remittiret, sondern immerfort gefordert worden.

Auf das Dritte: Ew. Frl. Dchl. hielten nicht rathsam, daß die vorseiende Handlung ganz abrumpirt werden sollte; die seie auch nicht ohne Effect, wenngleich man dieselbe nicht auf das holländische Wesen extendiren könnte. Sie diente dazu, daß man, wie bishero geschehen, gleichwohl in seinem eigenen Hause nicht forcirt werden wollte, sich für diese oder jene Partei oder nichts zu thun zu erklären; daß man sich der Durchzüge, der Winterquartiere und Contributionen entbrechen könnte, welche einem andern hiernächst angemuthet werden dörften; daß ferner diejenige, welche bei diesen Troublen zu emportiren gedächten, was sie hiebevor vergeblich attentirt, stutzig gemacht und von ihren gefährlichen Desseins abgebracht würden.

Gedachter von Canstein ist hierauf mehr als vorhin herausgangen, vermeldende, wie daß man an seiten Ew. Frl. Dchl. wohl wissen konnte, daß sein gnädigster Herr mit Holland geschlossen. Mit sein und anderer Räthe Willen seie es nicht geschehen; sie hätten als ehrliche Leut die Gefahr genugsam vorgestellet. Der von Amerongen aber hätte sich bei S. Kurfrl. Dchl. dergestalt insinuiret gehabt, daß er von derselben jedesmal selbst gehöret; und wenn er gleich mit den Räthen zu conferiren verwiesen worden, und die Räthe eine raison moviret, so er nicht zu beantworten vermocht, so hätte er sagen dörfen, er wollte sich mit dem Kurfürsten selbst vergleichen. Hierzu seien des Brassers relationes kommen, welcher die Versicherung gethan, nachdem der Staat sich näher erkläret, würden auch Ew. Frl. Dchl. sich eines Besseren entschließen. Sie, die Räthe, hofften, der Herr Kurfürst würde nichts dominder alles mit dem Beding resolvirt haben, daß Ew. Frl. Dchl. beitreten würden; und das müßte auch Sie allein aus dem hochgefährlichen impegno dermaln bringen. Und wie man ihrerseits bis dahin gearbeitet, daß Ew. Frl. Dchl. in die Partei gebracht werden möchte, also würde man nun an seiten Ew. Frl. Dchl. auch cooperiren, daß S. Kurfrl. Dchl. aus der Gefahr gerettet würde.

Er müßte zwar zufolg seiner Instruction absonderlich Ew. Frl. Dchl. requiriren, daß man dieses foedus also einrichten möchte, damit Holland auch dadurch geholfen werden könnte. Weil aber Hessen-Cassel sich bereits in contrarium erkläret, von Wolfenbüttel auch kein anderes zu hoffen, so würde man sich contentiren, wenn man nur sonst pro mutua defensione sich vereinigen könnte. Und möchte man gleichwohl wegen des holländischen Wesens die behörige reservationes thun. Er seines Theils habe auch anfänglich bei Ew. Frl. Dchl. seine Proposition auf sothane mutuelle Assistenz gerichtet gehabt, und wäre das sicherste, daß man pro nunc nicht weiter gienge. Inner wenig Monaten würde man gleichwohl sehen, wie die Sachen liefen, und annoch thun können, was das gemeine Interesse erforderte.

Dieses hat er mir, wie er sagte, in höchstem Vertrauen eröffnen wollen, und kann ich anders nicht judiciren, denn daß, da man kurbrandenburgischen und Hessen-Casselischen Theils Ew. Frl. Dchl. gnädigste Meinung ihm gut sein lässet, Derselben hoher Respect nicht wenig befördert, und wie Ihr gleichwohl unverwehrt bleibt, die Partei, welche iustitiam causae für sich hat, zu nehmen also auch hiernächst bessere conditiones für Sie zu hoffen stehn.

Wir vermeinen längstens inner zweien Tagen fertig zu werden. —

Postscriptum.

Auch, durchleuchtigster Fürst, gnädigster Fürst und Herr, habe ich aus Ew. Frl. Dchl. Herrn Großvogts Schreiben ersehen, wasmaßen Ew. Frl. Dchl. ungern vernommen, ob Ihro imputiret werden wollte, daß Sie sich eines mehreren hiebevor durch Schreiben gegen J. Kurfrl. Dchl. in favor Holland, dann nun, erkläret. Ich habe dem Herrn Großvogt nicht allein das Schreiben gnädigst befohlener Maßen zugeschickt, sondern auch dabenebenst zu vernehmen gegeben, wie dasselbe auf keine Weise zu Behuf der kurbrandenburgischen Intention angezogen werden könnte.

Als auch der von Canstein heute bei mir gewesen, habe ich des Schreibens abermalig gedacht und begehret zu wissen, wie man doch dasselbe auf berührte Maße interpretiren mögen. Da antwortete er, daß, wie man ein Ding gern sehe, so pflege man es anzunehmen. Der Herr von Schwerin und er, auch andere Räthe, hätten nichts daraus entnehmen können, dann was zu Potsdam und Braunschweig geredet worden. Der Herr Kurfürst aber allein bliebe darauf, Ew. Frl. Dchl. hätten ihme zu Potsdam die Assistenz versprochen, als Sie allein mit ihme geredet, und darauf wäre solche Interpretation des Schreibens auch allein fundiret. Wird man demnach an seiten Ew. Frl. Dchl. des Schreibens halber keines Unglimpfs sich zu besorgen haben. —

90. Herzog Georg Wilhelm an Kurfürst Friedrich Wilhelm von Brandenburg, dat. Celle, 26. April 1672. (Concept eines Handschreibens, entworfen von Hammerstein.)

Nachdemalen ich meine Reise nacher Glückstatt nunmehr wohl abgeleget und gestriges Tages alhier wieder angelanget, so habe eine Nothdurft ermessen, Ew. Ld. in herbrachtem guten Vertrauen nurt dieses zu melden, daß bei J. Kgl. M[t] sowohl als auch denen Ministern ich sehr gute intentiones vor das gemeine Wesen funden. Weil aber der holländischer Gesandter von Werckendam so weinig als der engellandischer Ambassadeur noch niemanden gesprochen, sondern gerades Weges auf Kopenhagen fortgeeilet, so haben auch höchstged. J. M[t] sich zu nichts Gewisses annoch entschließen können, sondern wird man deren endliche Resolution erwarten müssen. Von welchem allen dann Ew. Ld. Abgeordneter Freiherr von Blumenthal, welchen ich vor meiner Abreise zu Glückstatt noch gesprochen, Deroselben ohnzweifentlich zeitig genug parte geben wirdt. Und damit auch ich den ferneren Verlauf dieser Negotiation in Zeiten wissen möge, so habe meinen zu Stockholm bis dahero gewesenen Geh. Rath Müllern anbefohlen, bei selbigem Königlichen Hof sich so bald zu licentiiren und nacher Kopenhagen fort zu eilen. Habe es Ew. Ld. in Eile freundlich also melden wollen, gestalt ich verpleibe rc.

91. Defensivbündniß zwischen dem Kurfürst Friedrich Wilhelm von Brandenburg, den Herzogen Georg Wilhelm und Rudolf August zu Braunschweig-Lüneburg und der Landgräfin-Regentin zu Hessen-Cassel, dat. Seesum, 27. April 1672.

Als des Herrn Kurfürsten zu Brandenburg Kurfrl. Dchl., sodann des Herrn Georg Wilhelms wie auch Herrn Rudolf Augusti, Herzogen zu Braunschweig und Lüneburg, ingleichen der Frau Landgräfin und Regentin zu Hessen-

Cassel Frl. Dchl. wie vor diesem also auch absonderlich bei gegenwärtigen Läuften und Conjuncturen ihre Rathschläge und Sorgfältigkeit vornehmblich mit dahin gerichtet sein lassen, wie Dero von Gott anvertraute Land und Leute in beständiger Ruhe und Friede regieret und erhalten, von denenselben alle Gefahr und Ungelegenheit abgewendet und wider alle unbillige Gewalt mit Gottes Hülfe in zusammengesetzter Vereinigunge geschützet und manuteniret werden könnten; Und Sie nun dabei durch die Erfahrung selbst wahrgenommen, daß die im Heil. Röm. Reich mit großer Mühe und wohlbedächtig gemachte constitutiones, Executions-Ordnung und andere dergleichen Mittel fast geringen Effect gehabt: so haben Sie dahero aus landesfürst- und väterlicher Vorsorge höchstnöthig erachtet, wann Sie nicht allein in der bis anhero mit einander aufrichtig gepflogenen treuen Freund- und Nachbarschaft continuirten, sondern auch sich in eine nähere und festere Defensiv-Bündniß begeben und setzten: dahero dann J. Kur- und Fürstliche Durchleuchtigkeiten Dero Räthe allerseits anfänglich in Braunschweig, dann alhier zu Seesum zusammengeschickt, welche sich bis auf vorhöchstgeb. ihrer gnädigsten Principalen erfolgende gnädigste Ratification und Genehmbhaltung folgendermaßen mit einander verglichen und eine defensive Alliance geschlossen.

1. Soll zwischen allerseits Bundsverwandten eine aufrichtige treugemeinte Freund- und Nachbarschaft dergestalt sein und bleiben, daß ein des andern Nutzen und Bestes befordern und, do er etwas was demselben entgegen, in Erfahrunge brächte, dasselbe demjenigen welchen es angehet in Zeiten eröffnen und zu wissen mache, auch aus allen Begebenheiten, woraus einige Weiterung entstehen möchte und die hierin versprochene Hülfe begehrt werden könnte, vorhero zeitig mit einander communiciren.

2. Ist diese Verthädigungs-Alliance zu keines Offension, am allerwenigsten aber wider J. Kaiserl. M[t] und das Reich, sondern bloß zu Beibehalt- und Schützunge der Pacificirenden Lande, Leute, Rechte und Gerechtigkeiten angesehen und gemeinet.

3. Sein aller und jedes Bundsverwandten Lande, welche sie gegenwärtig inne haben und besitzen, und im Heil. Röm. Reich gelegen, in gegenwärtiger Bündniß begriffen, also und dergestalt daß, da eines oder des andern Conföderirten Land und Leute überzogen oder aber mit einigen andern Gewaltthätigkeiten, sie haben Namen wie sie wollen und geschehen auch von wem sie wollen, ingleichen mit eigenmächtiger Einquartierung oder denen Reichsconstitutionibus und Instr[o] P. zuwiderlaufenden Durchzügen beschweret und dergestalt wider die Reichssatzungen, Executionsordnung, Instr[m] P., als auf welche alle gegenwärtiges foedus gegründet, und diese Bündnisse vergewaltiget und beschweret werden sollte, alle und jede übrige Paciscirende, welche eben zu der Zeit dergleichen Gewalt im Röm. Reiche nicht leiden, auf des Beleidigten geschehene Notification mit so viel Mannschaft zu Roß und Fuß in der Zeit, wie in folgenden Articuln mit mehreren verglichen, ohne Säumniß zu Hülfe zu kommen und die versprochene Assistenz würklich zu leisten kraft dieses schuldig und gehalten sein sollen.

4. Damit man auch wissen möge, was jeder Theil an Mannschaft zu Roß und Fuß dem beleidigten Requirenten zu Hülfe zu schicken habe, so ist vor das vierte verglichen, daß

S. Kurfrl. Dchl. zu Brandenburg	2000 zu Roß und	4000	zu Fuß,
S. Frl. Dchl. Herzog Georg Wilhelm	480 „ „ „	1280	„ „
S. Frl. Dchl. Herzog Rudolf Augustus	460 „ „ „	1000	„ „
J. Frl. Dchl. zu Hessen-Cassel	400 „ „ „	800	„ „

in Bereitschaft habe und auf den bedürfenden Fall ohne Säumniß, wie obgemeldt, schicke.

5. Diese versprochene und verglichene Hülfe nun soll jedweder Paciscirender, nachdem der Beleidigte die Gefahr und würkliche Beschwerde einem jeden absonderlich notificiret, und derselbe darauf à part requiriret, innerhalb 14 Tagen, von Zeit der geschehenen Requisition an zu rechnen, ohne Abgang und Säumniß an tüchtiger geworbener Mannschaft zu Roß und Fuß schicken und dieselbe nicht ehender wieder zurückziehen und abfordern, es bedörfe denn der Requirent dieselbe nicht mehr, oder aber der Schickende und zu Hülf Kommende würde selbst überzogen und, wie vorgedacht, vergewaltigt und beleidigt.

6. Sollte nun aber mehr als einer von den Conföderirten überzogen werden und Gefahr leiden, auf solchen Fall soll die übrige Bundshülfe von denen Unbeleidigten halb dem einen und die andere Hälfte dem andern Beleidigten, auf Maaß und Weise wie vorgemeldt, zugeschickt werden. Dieweil sich aber begeben könnte, daß nicht nur auf diesen hier gesetzten Fall, da zwei Alliirte zugleich attaquiret würden, die Hülfe nicht zureichend wäre, sondern auch einen Alliirten eine solche Gefahr betreten könnte, daß die in diesem foedere determinirte und oben gesetzte Hülfe dieser Gefahr nicht gewachsen: auf solchen Fall sollen die Bundesverwandte schuldig sein, wenn sie vorhero von dergleichen casu und Gefahr Nachricht erlangen, auch sobald ohne Aufenthalt davon zu consultiren und sich einer solchen Anstalt und Hülfe zu vergleichen, welche zulänglich und womit denen Nothleidenden in der That und würklich geholfen werden könne.

7. Der Hülfesuchende behält das Obercommando, hat aber mit den übrigen Generalen und Obersten Kriegsrath zu halten.

8. Die Feldartillerie nebst Zubehör stellt jeder Bundesverwandte nach Verhältniß; die schweren Stücke liefert der Requirent, in loco tertio der Nächstgesessene.

9. Die Jurisdiction behält jeder Bundesverwandte über sein Contingent, dem General-Kriegsrath präsidirt der, welcher das Obercommando hat.

10. Jeder Bundesverwandte unterhält seine Truppen, und der Requirent hat die Auxiliartruppen in Einquartirung und sonsten ebenso zu halten wie seine eigenen.

11. Die Bundsverwandten wollen eine Verpflegungsordonance vereinbaren, der Requirent hat den Auxiliar-Völkern Proviant gegen baare Bezahlung zu liefern.

12. Die Allianz soll drei Jahre gelten.

13. Stehn Bundsverwandte noch in einem andern Bunde mit einander, so steht dem Requirenten frei, auf welches von beiden Bündnissen er requiriren will.

14. Die Bundesverwandten wollen auf dem Reichstage und sonsten die Reichs- und Kreisverfassungen möglichst befördern.

15. Zur Aufnahme neuer Genossen in diesen Bund ist einmüthige Zustimmung erforderlich.

16. Die Ratificationen sollen am 18. Mai ausgewechselt werden.

Seesum, 27. April 1672.

gez.: Raban von Canstein; O. Frh. v. Schwerin; Joh. Helwig S. g. Schütz; H. Höpfner; Fritz von Heimburg; Caspar Friedrich von Dallwigk; Regnerus Badenhausen.

Ratification Georg Wilhelm's, dat. Celle, 11. Mai 1672.

92. Protokoll-Extract über die Einschränkung der Seesener Defensivallianz, act. 27. April 1672.

Sambstag den 27 Aprilis ao 1672 ist man zu Ajustirung der Bundsnotul geschritten und dabenebenst zufolge der vorhergegangenen Handlung wegen J. Fürstl. Dchl. zu Braunschweig-Lüneburg und Hessen-Cassel von deren Herrn Gesandten die nochmalige Reservation geschehen: Ob zwar in dem dritten Articul besagter Bundsnotul versprochen, daß alle S. kurfürstl. Dchl. zu Brandenburg gleich der übrigen hohen Alliirten im Reich gelegene Lande in diese Bündnüs eingeschlossen und kraft derselben gegen alle Gewaltthätigkeit und Überziehung geschützet werden sollen; nichts desto weniger aus denen eingeführten wichtigen Considerationen solcher Articul nicht von den clevischen Landen verstanden, sondern dieselbe noch zur Zeit und bis die hohe Herrn Alliirte sich eines andern vereinbaren, ausgestellet, noch höchstgedacht Ihre Fürstl. Dchl., wann bemeldte Clevische Lande angegriffen werden sollten, die sonst in diesem foedere versprochene Hülfe zu leisten gehalten sein sollen. Maßen dann sie, die fürstl. Braunschweig-Lüneburgische und Hessen-Casselsche Abgesandte, außer solchem Beding angestanden, erwähnte Bundsnotul zu vollenziehen. Worauf J. Kurfürstl. Dchl. zu Brandenburg Herrn Gesandten ingleichen ihre vorige Erklärung und ad protocollum gebrachte Anzeige wiederholet: weil sie vernehmen, daß die fürstl. Herrn Abgesandte mit näherer Instruction hierunter nicht versehen, sie solche Reservation bis auf gnädigste Ratification höchstermeldter J. Kurfürstl. Dchl. zu lassen und sich dabei verwahren zu müssen, daß im Fall J. Kurfürstl. Dchl. in dies Reservatum nicht willigen wollten, daß dann diese von ihnen alhie und bei der Bündnüs geschehene Unterschriften Dieselbe in keine Wege verbinden sollten. Dergleichen Verwahrungen dann auch an seiten der fürstl. Herrn Abgesandten geschehen, und daß in Entstehung S. kurfürstl. Dchl. wegen sothanen Reservati erwartenden Ratification nicht weiniger ihren hohen Herrn Principalen die von ihnen beschehene Subscription der Bundsnotul unpräjudicierlich sein solle. Und ist zu mehrer Beglaubigung, daß dieses also vergangen, beliebet, daß solches per extractum protocolli jedem paciscirenden Theil unter Subscription der sämbtlichen Herrn Gesandten extradiret werden solle.

So geschehen Sessum den 27te Aprilis Ao. 1672.

(L. S.) gez.: Raban von Canstein, O. Frhr. von Schwerin,
Joh. Helwig S. g. Schütz, H. Höpfner, Fritz von Heimburg,
Caspar Friedrich von Dalwigk, Regner. Badenhausen.

93. Instruction des Herzogs Georg Wilhelm, für den Geheimen Rath L. Müller, dat. Pyrmont, 28. Juni 1672.

Wir mögen Euch nicht verhalten, wie daß von wegen des Herrn Kurfursten zu Brandenburg Ld. der von Canstein sich bei uns dieser Tagen eingefunden und zu vernehmen gegeben, was maßen S. Ld. bewogen worden, in Ansehung der großen Gefahr, so dem ganzen Römischen Reich und dessen Ständen wegen des Königs in Frankreich unvermutheten großen Progressen wider die Vereinigte Niederlande jetziger Zeit bevorstände, mit J. Kaiserl. Mt ein foedus defensivum zu schließen; in welchem S. Ld. dann neben anderm dieses übernommen, daß Sie sich bearbeiten wollte, daß J. Kgl. Mt in Dänemark, Unser fürstl. Haus und Hessen-Cassel in solch foedus mit eintreten möchten. Wie nun S. Ld. an höchstgedachte J. Kgl. M^t zu Dänemark den von Blumenthal zu solchem End abgeschicket, also hätten Sie auch Uns durch ihn, den von Canstein, ersuchen wollen: Wir möchten nicht allein Uns in besagtes foedus mit begeben, sondern auch bei J. Kgl. M^t diensame officia anwenden, damit Dieselbe nicht weiniger sothanes foedus mit belieben und durch Ihre Accession dessen scopum, nämlich die Erhaltunge gemeiner Ruh und Freiheit, befördern helfen wollte.

Wie wohl Wir dann gern gesehen hätten, daß Uns so viel Zeit gelassen worden mögen, damit Wir mit J. Kgl. M^t, ehe und bevor Wir auch für Uns selbst einige Entschließungen gefaßt, ab dem ganzen Werk communiciren und vernehmen können, wohin Deroselben hocherleuchtete Gedanken hierbei zieleten; alldieweil aber der von Canstein mit Repräsentirung der aus fernerem Verzuge entstehenden unwiderbringlichen Präjudicien Unsere Erklärung ganz inständig urgiret, und dann Wir in Erwägung aller Umbständen nicht finden können, daß solch foedus jemandem Ursach oder Anlaß geben möge einige Ombrage oder Offension zu fassen, es sei dann, daß derselbe wider das Reich und dessen Stände bereits schädliche desseins gefaßt: So haben Wir Uns gegen mehr gedachten von Canstein, quoad quaestionem an, affirmative erkläret, die particularia aber und was ad quaestionem quomodo gehörig, auf fernere Handlung und Vereinbarungen der Alliirenden ausgestellet, mit dem angehängtem Erbieten, daß Wir unvergessen sein wollten J. Kgl. M^t in Dänemark und Dero ministris von dieser Unserer genommenen Resolution durch Euch Part zu geben, auch des von Blumenthal Negotiation in hoc puncto secundiren zu lassen.

Ist demnach Unser gnädigster Befehl, daß Ihr ohne Versäumung einiger Zeit bei ofthöchstgedachter Kgl. Mt Audienz nehmet und Deroselben wie auch folgendes Dero vertraueten ministris jetzt erzähleten Verlauf und dabenebenst vorstellet, wie Wir Uns die feste Zuversicht macheten, J. Kgl. M^t würde nicht allein gut finden, daß Wir Uns derogestalt gegen des Herrn Kurfürsten Ld. erkläret, sondern auch geneiget sein, mit gleichmäßiger Resolution den von Blumenthal zu versehen und mithin verhüten zu helfen, damit das Reich nicht gänzlich dissolviret und unter frembden Dominat gebracht werde; maßen mir dann Unsers Orts nicht absehn können, wie außer solcher Zusammensetzung die gemeine Frei- und Sicherheit zu erhalten sein werde.

[Und [1]) ist Uns zwar insonderheit hierbei zu Gemüthe gegangen, daß zwischen Frankreich und obgedachtes Herrn Kurfürsten Ld. es bereits zu solchem aigreur gediehen, daß Wir Uns einer fast unfehlbaren Irruption in diese westfälische und niedersächsische Kreise besorgen müssen, wann S. Ld. nicht durch dergleichen Zusammensetzungen appuyirt, und Frankreich gezeigt wird, daß man S. Ld. nicht wolle noch könne über ein Haufen werfen lassen. Sollte auch solches nicht geschehen, sondern S. Ld. hülflos gelassen werden, so ist leider allzuviel bekannt, daß es zumal bei den Evangelischen an Mitteln ermangele, solchen Verlust zu ersetzen; würden also alle die Hoheit, Freiheit und Würden, welche Unsere Vorfahren so theuer erworben und bis auf Uns erhalten, auf einmal verloren gehen und Wir nicht allein für Uns keiner beständigen Ruhe genießen können, wann Wir Uns gleich des obsiegenden Theils

1) Der eingeklammerte Abschnitt ist in dem vom Herzog sowie von Schütz und Grapendorf gezeichneten Concept der Instruction gestrichen. Ich theile denselben dennoch mit, weil er die Anschauungen des cellischen Hofes in helleres Licht setzt.

Willen ergeben, sondern auch die Benachbarte und insonderheit J. Kgl. Mt Königreiche umb so viel mehr periclitiren, umb so näher dieselbe an dem Reich gelegen. Wir müssen zwar nicht ohne Ursach anstehn, ob Schweden bei dem mit Frankreich jüngst zu Stockholm gemachten Tractat in allem verharren wird, da bevorab der Krieg gegen die Vereinigten Provincien einen ganz andern Lauf genommen, als man denselben bei Abfassunge besagtes Tractats Euren Relationen nach determiniren und abmessen wollen; wie Wir aber allezeit dafür gehalten, daß unter solchem Tractat andere allen Benachbarten höchst präjudicierliche Desseinen verborgen stecken, in sonderbarer Erwägung, daß, wofern Schweden es ein Ernst gewesen, Ruhe und Friede im Reich zu erhalten, es solche sein Intention viel leichter zu Werke richten können, wann es außer allem engagement mit Frankreich sich gehalten hätte: Also müssen Wir sehr zweifeln, ob man sich nun an dem Ort eines Bessern bedenken und eine andere Resolution fassen werde. Sollte aber je solches auf einige Weise gehoffet werden können, so werden doch J. Kgl. Mt in Dänemark leicht begreifen, wie Ihr hohes Interesse erfordere sich dermalen nicht präveniren zu lassen, sondern da J. Kaiserl. Mt und die mehriste Stände durch den Stockholmischen Tractat so sehr scandalisirt, nunmehr auch höchstgeb. J. Kaiserl. Mt selbst mit einigen Kur- und Fürsten sich zu J. Kgl. Mt wenden und Ihr zugleich das arbitrium rerum im Reich mit einräumen wollen, diese Occasion keineswegs zu versäumen, als mit welcher J. Kgl. Mt Ihren königlichen Thron merklich befestigen und alle die Avantagen hoffen können, durch welche sich Schweden bisher groß und formidabel gemacht. J. Kgl. Mt könnet Ihr auch hierbei versichern, daß Wir Uns nach äußersten Kräften bearbeiten werden, damit bei solcher Conjunction Dero Interesse jedesmal in gebührende Consideration genommen werde. Und wie Wir nicht weiniger Unser Vertrauen bei solchem Conföderationswerk zu J. Kgl. Mt für allen andern gerichtet, also und dafern selbige nur solches genehm halten, seind Wir erbietig, weil die kaiserlichen und kurbrandenburgischen corpora ohn dem sehr stark, mit J. Kgl. Mt Truppen, so Sie stellen werden, zu conjungiren und wegen des Commando, auch anderer Particularien Uns dergestalt mit Ihr zu vereinbaren, daß J. Kgl. Mt darob Unser Contento werden haben können.]

Wenn nun Dieselbe in so weit mit Uns einig und in das foedus treten wollen, begehren aber von Euch zu wissen, was Wir für ein Quantum an Mannschaft herbeistellen wollen, ob nicht auch Unserer Gebrüder und Vetter Ld. zu Annehmunge solches foederis resolviret, ob Wir in die Uns communicirte und hierbei liegende puncta [1]) pure gewilliget oder was Wir darbei ausbedungen: So habt Ihr, so viel das erste belanget, anzuzeigen, daß wir noch kein gewiß Quantum benambst, sondern, wie bereits obvermeldt, wollten lieber solche particularia mit Zuziehunge sämbtlicher Alliirten ajustiren. Wir würden aber an Uns nichts erwinden lassen, sondern das was in Unserm Vermögen, gern beitragen und die mesure nehmen nach der Gefahr und Bezeigunge der übrigen Alliirenden. Zu Anfang und da Unsere Unterthanen die Last allein würden tragen müssen, würden Wir gleichwohl weiniger nicht als 3000 Mann herbeistellen. Ob dann Unserer Brüder und Vettern Ld. bei diesem an sich allgemeinnützigen Werke concurriren und was sie darbei thun wollen, dessen sind Wir zwar nicht versichert, müssen auch so viel vermerken, daß mehrfachermeldter Unsre Brüder Ld. mehr auf eine Universal- oder Reichs- als der-

1) Liegen nicht bei, es ist das brandenburgisch-österreichische Bündniß vom 13/23. Juni 1672 gemeint.

gleichen Particular-Verfassungen das Absehen nehmen; gleichwie aber die andringende Gefahr durch solch langsamb und ganz ungewisses remedium nicht abzuwenden stehet: also wollen Wir gleichwohl nicht zweifeln, wenn sie sehen werden, daß das Reich und mithin Unser fürstl. Haus anderst nicht gerettet werden kann, es werden dieselbe auch herbeitreten und das ihrige zu Erhaltunge gemeiner Sicherheit praestiren. Was aber Unsers Vetters Herrn Rudolf Augusti Ld. betrifft, Die werden sich verhoffentlich von Uns nicht separiren, und seind Wir im Werke begriffen, Dieselbe zu schließlicher Resolution durch eine Abschickung bewegen zu lassen.

Bei den angeschlossenen Punkten haben Wir der Zeit weiter nichts erinnern lassen dann daß desjenige was vom Olivischen, Clevischen, Pyrenäischen und Aachischen Frieden gemeldt, ausgelassen werden möchte, weil das foedus doch hauptsächlich auf die conservationen pacis in imperio gerichtet, der Clevische Frieden auch durch die Ruptur dem Bischoffen von Münster bereits vernichtet. So werde hiernächst mit Zuthun übriger Alliirten zu deliberiren stehen, wie weit die Kron Spanien mit einzunehmen; unterdessen könnte gleichwohl mit derselben durch J. Kaiserl. M[t] und des Kurfürsten zu Brandenburg Ld. ad partem tractiret werden. Und würde übrigens bei Abfassunge des Allianz-Recesses dahin zu sehen sein, daß demselben nichts eingerückt werde, so die terminos eines foederis defensivi excedire und Frankreich oder anderen Praetext suppeditiren könne, solche Beschwerde zu führen, gleich des Stockholmischen Tractats wegen gehöret worden, auch ein oder andern Alliirten desto eher zu invadiren.

Zwar werdet Ihr von dem von Blumenthal wohl vernehmen können, wie weit man bei dieser Verfassung auf die Vereinigte Provincien reflectire. Wir Unsers Orts werden auch nie nichts hindern, wodurch mehrgedachten Provincien Luft gemachet oder geholfen werden kann. Gleichwie aber wohl zu besorgen, daß dieselbe sich an Frankreich ergeben oder mit demselben quibuscunque conditionibus geschlossen haben werden, ehe und bevor man in dem Stand, ihnen mit vigor und Nachdruck beizuspringen: also haben Wir gegen den von Canstein Uns auch hierüber nicht positive herausgelassen, sondern es bei der Defensivallianz, wie sie auf das Reich und den westfälischen Frieden gerichtet, bewenden lassen; wormit sich auch der von Canstein begnüget gehalten und zugestanden, daß dieses ein Punkt, welcher, wenn das foedus an sich richtig, zu sämtlicher Alliirten Erwägung gebracht werden müßte. Falls sonst Holland und was noch von den Provincien übrig, den Willen haben soll sich zu manuteniren und solchen Anstalt zeiget, daß ihnen annoch succuriret werden könne: so müssen Wir dafür halten, daß die bei diesem foedere führende Intention merklich würde befördert werden, wann man sich ihrer wird annehmen. Wessen Wir Uns auch hiebevor gegen der Provincien bei Uns annoch subsistirenden Envoyé Mr Brasser erboten, das haben Wir auch noch nicht retractiret, und beruhet vornehmlich darauf, daß sie zuvorderst J. Kgl. M[t] in Dänemark Assistenz sich versichern, sodann Uns mit nöthigen subsidiis an Hand gehen mögen; worbei Wir Uns dann zumal bei ihrem jetzigen leidigen Zustand also erkläret, daß gedachter Brasser dargegen nichts repliciret.

Wohin sich nun J. Kgl. M[t] in ein und andern Punkte resolviren werden, das habt Ihr Uns mit dem nächsten zu berichten, unterdessen aber dieses ganze Werk mit höchster Behutsamkeit zu tractiren und daran zu sein, daß es auch bei dem königlichen Hofe geheimt gehalten und so viel möglich aller ungleicher Verdacht den anwesenden französischen ministris benommen bleibe. Und wir seind Euch mit beharrlichen Gnaden gewogen.

94. Kurfürst Friedrich Wilhelm von Brandenburg an Herzog Georg Wilhelm, dat. Cöln ahn der Spree, 18. Juli 1672. (Eigenhändig.)

Durchleuchtiger Fürst, hochgeehrtster Herr Vetter undt Genatter,

Ew. Ld. berichte ich, das des Fürsten von Anhaldts Ld. gestern alhie von Wien wider angelangt sein, vndt bringen S. Ld. mitt, das S. Kay. Maytt. den Graffen Montecucoly beordert, mitt 16000 Man alssofordt zu marschirn vndt den 15/25 Augusti das Randevous zu Eger zu halten, auch noch danebbenst 4000 Man vnter Commando des Hertzogen von Holstein, welcher weitt entlegen geweſſen, nachzufolgen befelliget, vndt wirdt der Feldtmarschald Montecucoly voraus zu mir kommen, vmb mitt mir Abrede zu nehmen, ahn welchen Ohrtte Ich mich mitt der Kayserlichen Armee coniungiren künte. Nuhn zweiffelle Ich nicht, es werde Ew. Ld. die Nottwendigkeit solches Wercks beobachten, zu Ihren eigenen vndt Dero Lande Besten Sich mitt zu diesser Partie fügen, wie Ew. Ld. dann solches allemahll dahin genommen, das wann Dieselbe sehen würden, das Ihre Kay. Maytt. die Resolution nehmen würden, das Ihrige mitt beyzutragen. Es haben auch Ihre Kay. Maytt. den Baron de Gos befehliget, Ew. Ld. von Dero Intention Eröfnung zu thun, wie Ew. Ld. dann solches von ihm mit mehrerem vernehmen werde. Womitt Ew. Ld. ich Göttlicher Bewahrung empfelle und verbleibe allzeit

Ew. Ld.

dienstwilliger Vetter vndt Genatter
Friedrich Wilhelm Churfürst.

95. Relation des Hofraths Stats Victor von Mandelsloh, dat. Paris, 3/13. Aug. 1672.

Monseigneur,

V. A. Ser^me^ aura tenu, à ce que j'espère, sans faute mes quater lettres de Cologne, Nuys[1]), Wesel et du Camp[2]), et comme on m'a dit en chemin de nouvelles fort diverses, V. A. m'excusera que je les ai mandé à la haste tout de mesme que je les ai reçeu; j'en ai tiré mon profit et m'en servi le mieux que j'ai peu, pour ma commission.

Elle aura veu qu'en continuant tousjours ma route j'aie recontré à la fin M. (le Prince) et M. (le Duc), aux quels je fis ouverture de mes ordres, selon que je devois, et comme ils trouvoient bon sur ma proposition, que j'allasse parler à (M. de Turenne), pour voir, s'il me pourroit donner quelque satisfaction, et qu' au défaut de cela j'allasse trouver (le Roy), j'ai creu de devoir suivre ces advis, estant commandé d'y avoir recours en cas de besoin, et surtout après avoir entendu de M. (le Duc) que M. (Verjus) estoit occupé autre part pour (l'Electeur de Cologne), et qu'il ne pourroit pas venir si tost chez (V. A.), sans avoir d'autre ordre, qu'il viendroit assister à la cérémonie d'un baptesme à Wolffenbüttel et de là il pourroit passer chez (V. A.)

De sorte donc que je suis parti dans cette résolution et estant arrivé (au camp) j'ai parlé à (M. de Turenne), à qui je fis une ouverture générale de ma commission et dis les nouvelles de la marche, où il se monstra

1) = Neuß. 2) = au camp de Bois le Duc.

fort zélé pour les interests de (V. A.), mais me dit d'abord qu'il ne pourroit rien faire sans ordre exprès, qu'il me conseilloit d'aller trouver (le Roy). Il me tesmoigna d'avoir beaucoup de l'inclination, qu'on tienne un corps de (l'Electeur de Cologne) sur le Weser, mais aussi j'observois bien que (l'Electeur de Cologne) le ne veut pas encores, et que (M. de Turenne) n'estoit pas trop satisfait de luy. A ce que j'ai peu juger et veu par une lettre que (M. l'evesque de Strasbourg) avoit escrit à (M. de Turenne), (l'Electeur de Cologne) ne veut pas quiter (Groningen), mais croit d'avoir encores assez du temps, puisque le rendevous des trouppes de (l'Empereur) se devoit premièrement à son advis faire le 20 du courant. J'ai disputé fort le contraire et monstré par toutes les circonstances que cela n'estoit pas vraysemblable, que je croiois mes nouvelles de la marche plus asseurées. On m'a monstré encores d'autres rapports, que les trouppes de (l'Empereur) estoient contremandés, et une lettre de (l'Electeur de Brandenbourg) qu'il avoit escrit à (M. de Turenne) pour l'affaire de (Gennep)[1], où il fait grande protestation d'amitié et d'une sincère correspondence avec (le Roy). Mais (M. de Turenne) me dit qu'il se n'y fiast nullement. Je luy parlai à la fin de l'affaire de Jeacq Petersen pour le brevet de seureté de sa personne et de ses biens; sur quoy il me dit que je n'avois qu'en laisser une mémoire, qu'il en escriroit au lendemain à M. de Luxenbourg, qui commande dans ce pays-là, et son sécrétaire m'a promis, quand je luy donnai la mémoire, d'envoyer le brevet à M. Petersen par un officier de sa cognoissance, de sorte que j'espère d'en avoir obtenu l'intention de V. A.

Après avoir eu donc tout cet entretien et veu, que je ne trouvois point ce que je cherchois, j'ai creu qu'il n'y avoit point du temps à perdre, et qu'il falloit absolument que j'allasse trouver (M. de Pomponne). C'est pourquoy je me résolus de renvoyer tous mes chevaux, comme j'ai fait, et de depescher un de mes gens avec une lettre pour V. A., dont celle-cy est une doubliade, en cas que l'autre venoit à manquer, et pris une escorte sur la lettre que M. (le Duc) m'avoit baillé pour (M. de Turenne), et passai la nuit jusques à la giste du dit (M. le Duc), qui me donna après la commodité d'aller seurement, jusques que je j'ai peu prendre la poste, moyenant laquelle je suis arrivé le 9 d'aoust/30 juillet au matin à Paris, et n'y aiant pas trouvé (M. de Pomponne) je suis partis au lendemain et l'ai rencontré à St. Germain.

J'ai suivi mes ordres et eu le bonheur de le voir dans la manière prescrite, où je m'ai acquité de tout ce que V. A. m'a commandé, aussi ponctuellement qu'il m'a esté possible. Sur quoy il m'a respondu, qu'on n'avoit pas encores icy les nouvelles de la (marche) des (trouppes) de (l'Empereur), qu'on ne croioit pas que (l'Empereur) romproit avec (le Roy), n'aiant point du sujet. Pour (l'Electeur de Brandenbourg), il prétendoit les places sur le (Rhin) lesquelles (le Roy) n'avoit jamais eu envie de garder, mais les rendroit tout aussitost après (la paix). Il m'a dit, qu'il me pouvoit fort asseurer par advance que, si cette nouvelle que je luy donnois, n'estoit point changée depuis mon départ et demeuroit asseurée, que (le Roy) ne manqueroit point d'envoyer un corps de l'armée (en Allemagne) tout aussitost, et qu'il y alloit de ses interests, que je me pouvois fort fier là-dessus et croire fermement que (le Roy) ne manqueroit point de

1) Gemeint ist der Brief des Kurfürsten d. d. 20. Juli 1672, bei Grimoard, lettres de Turenne, II, 26 f.

(secourir V. A.), que ses affaires estoient à présent dans un estat qu'on pourroit bien (aider) des (trouppes) en cas de besoin. Il me proposa là-dessus de parler au (Roy) le lendemain et m'a voulu persuader de prendre une (audience publique); dont je m'ai excusé par mes ordres, mais luy dit, puisque il trouvoit bon que je parlasse au (Roy), que je le priai de me procurer (une audience secrète), ce qu'il m'a à la fin promis, autant que cela se pourroit. Il disoit, que (le Roy) avoit dépesché de couriers de toute part à [Ratisbonne] chez (l'Empereur), et que M. (Verjus) avoit la mesme commission de représenter, comme quoy (le Roy) avoit résolu d'envoyer une armée (en Allemagne) pour aller (au devant l'Empereur) et (l'Electeur de Brandenbourg) et les (combattre), où il les trouveroit, si tost seulement qu'il fut asseuré de leur (marche), que (M. le Turenne) marcheroit dès moment qu'on en avoit des nouvelles certaines.

Mais tout ce que m'a surpris, c'est, comme je croiois alors qu'il feroit mention du (Roy de Suède), qu'il n'en fist nullement, ce que m'a fait croire avec ce que j'ai entendu de (M. de Turenne), qu'on ne mette pas grand fond là dessus. Car c'est luy qui disoit qu'on y consultoit beaucoup pour rien faire; tousjours M. (Courtin) ne revient pas encores, puisque son successeur, qui estoit en chemin, est rappellé, sans qu'on sçache pourquoy. J'ai entendu d'assé bonne part que l'alliance entre (le Roy) et (l'Angleterre) soit renouvellée avec tant de force depuis peu, qu'il n'y aie rien de plus fort ny de plus stringant. (M. de Turenne) me dit que (l'Angleterre) avoit déclaré (la guerre) à (l'Espagne), si on foisoit seulement plus à la faveur (de la Hollande) qu'on avoit fait jusques à présent, et qu'on estoit fort asseuré de ce corté là en cas de rupture autre part. M. le Prince passe avec un passeport de M. de Monterey par les Pais Bas, où l'on a fort magnifiquement receu partout, il est beaucoup incommodé des gouttes, et sa blessure à la main est encores ouverte. Il s'en va avec M. le Duc tout droict à Gentilly, où il prétend d'arriver vers le 15 du courant.

Pour revenir à cette heure sur mon audience que j'ai eu le 2/12, il faut que je me loue de la bonté de (M. de Pomponne), qui me l'a procuré à souhait, de sorte que j'ai veu (le Roy) tout seul dans son (cabinet) et eu l'honneur de m'acquiter de tout que j'ai esté commandé. Sur quoy il m'a respondu, que (S. A.) se pouvoit fier hardiment sur luy, qu'il exécuteroit tousjours ponctuellement le (traitté) et observeroit inviolablement tout à quoy il s'avoit engagé (avec V. A.), quand il jugeroit que cela seroit nécessaire. Je luy présentai là dessus qu'il n'y avoit point du temps à perdre, et comme il avoit le choix, par quel moyen il voudroit satisfaire (au traitté), qu'on esperoit sa déclaration, quel ordre luy plairoit d'y mettre. Où il respondit qu'il avoit à présent bien des (trouppes), qu'il en pourroit bien (envoyer), mais pourtant qu'il y songeroit, ce qu'il m'a tesmoigné avec une grace et une bonté fort extraordinaire, de mesme qu'il a reçeu les compliments que j'avois ordre de luy faire. Je luy ai donné moy-mesme la lettre de (V. A.), dont on me n'a point demandé la copie.

Mais comme je voyois qu'on me parloit fort généralement, j'ai tasché après de représenter à M. de Pomponne le mieux qu'il m'a esté possible, que (V. A.) avoit grande raison de faire sommer (le Roy) de ses promesses dès aujourdhui, et s'il vouloit faire une solide réflexion sur les rapports que je luy avoit fait des conjunctures présentes, qu'il le jugeroit bien luy mesme que le cas estoit tout prest. Sur quoy il me respondit qu'il avoit des nouvelles dès hier, que (M. de Montecuculi) s'avoit encores promené à

Vienne le 16 du passé, qu'on y avoit parlé de la (marche des trouppes), mais tout encores fort incertainement, qu'il avoit des lettres fort fraisches de (quelqu'un de ses ministres), par lesquelles il voyoit bien qu'on n'y avoit encores rien fait, de sorte donc que tout cela faisoit croire (le Roy), que le cas n'estoit pas encores né dont le (traitté] parloit, et que le (danger) n'estoit pas si près, qu'en ce cas là il satisferoit poinctullement à ses promesses et se résoudroit alors, si seroit en (d'hommes) ou autrement, qu'il croioit pourtant qu'il feroit plustost à la première manière qui [sic] venoit de dire. Je repliquai que cela pourroit estre trop tard, si on vouloit attendre le cas (de rupture), que la (marche) du (Roy) seroit longue et qu'il pourroit trouver du retardement en chemin, que surtout (S. A.) se fioit sur la genereuse promesse du (Roy), qu'au lieu de la voir dans sa (ruine) et l'en (tirer) ensuite, il aimeroit mieux d'empescher par son authorité qu'elle n'y (tombast) pas. A quoy il respondit, que de (Wesel) il n'y avoit pas trop loing, et qu'il me pouvoit fort asseurer que le peril n'estoit pas si grand que je croiois, et que le cas dont on parloit dans le traitté, si (V. A.) venoit à estre (attaquée, n'estoit pas encores) prest. J'adjoustois d'abord qu'il y avoit aussy »ou aucunement (inquietée)«[1]), ce qu'on voyoit desja à craindre devant les yeux, si la (marche) des (trouppes) estoit vraye. Il me dit, qu'il croioit asseurement qu'en ce cas là, pourveu que cela fut par deça d'Eger et que (S. A.) demandoit (du monde), que le (Roy) luy en envoyeroit, mais pour à cette heure que bienqu'il feroit tousjours tout ce qu'il pourroit pour les services de (S. A.), on se ne pouvoit plus déclarer qu'on avoit fait, qu'il croioit que j'en pourrois estre content pour à present. J'ai respondu que j'acceptai cette résolution avec très humble remerciement pour en faire rapport à (V. A.), mais que je trouvois si estranges les nouvelles de la (marche) qu'Elle soit retardée, comme il me venoit de dire, que je m'avois résolu d'envoyer un exprès pour m'en asseurer et sçavoir, lesquelles estoient les plus certaines, les miennes ou celles qu'on luy avoit mandé; si cela estoit changé, que je n'en sçavois rien, mais au moins que j'estois seur du temps de mon depart. Sur quoy j'ai depesche la Cave[2]) en poste pour l'avoir plustost de retour avec les ordres qu'il plaira à V. A. de m'envoyer.

J'ai beaucoup parlé à (M. de Pomponne) de M. (Verjus) s'il avoit ordre d'aller tout droit en nos quartiers, qu'il y pourroit faire beaucoup (de bien) pour les interests du (Roy), mesme empescher peut-estre les desseins de ceux qui estoient sur le point de (s'engager) contre luy, mais je l'ai veu tousjours fort froid au regard de cette personne, et comme je voiois qu'on ne poussast pas sur ce sujet, j'ai dit à la fin, quand on parla des alliés secrettes du (Roy), que j'avois une pensée, depuis l'avoir entendu le voyage de M. (Verjus), que s'il avoit commission de faire quelque liaisson plus estroite avec (V. A.), que cela seroit (bien à propos) à mon advis, et qu'on pourroit beaucoup rompre les mesures de la partie (contraire) par là. Sur quoy il me dit, qu'au départ de V(erjus) on avoit encores rien sçeu de toutes les nouvelles que je venois de dire, mais me demanda, si V. (A.) souhaitoit une telle (alliance). Je respondis, que c'estoit une pensée

1) Vgl. den Wortlaut des Vertrags oben S. 536.
2) sic! Auch die hierauf Bezug nehmende Resolution des Herzogs hat diesen mir unverständlichen Ausdruck: la Cave en arrivant icy ce matin. — Sollte Lacave ein Eigenname sein?

venue de moy mesme, que je n'en avois point d'ordre, mais que je la croiois fort salutaire aux interests de S. M. dans les conjunctures présentes. A quoy il répliqua, qu'il n'y avoit rien qui pressoit, que je me pourrois informer des ordres de (V. A.) et cependant, puisqu'il sçavoit ma résolution, que je renvoyerois un exprès, il diroit au (Roy) que je restois pour faire rapport de sa résolution à (V. A.). Je respondis, comme cette pensée m'estoit venue à moy mesme, sans que (V. A.) m'en avoit parlé, que je luy en escrirois un mot, pourveu que je peusse estre seur de la volonté du (Roy). Sur quoy il ne se declara pas positivement, et j'ai creu de ne le devoir pas aussy trop pousser là dessus pour la première fois. J'en sçaurai plus, à ce que j'espère, à nostre premier entretien, dont je tiendrai fidel conte à (V. A.).

J'ai cherché l'occasion de faire tomber le discours après sur (la Suède); où il me dit, que (la Suède) estoit obligé de rompre, si quelqu'un de (l'Empire) bransleroit, qu'il en avoit encores hier eu des lettres que (le Roy) avoit compris dans cette (alliance) tous ses (alliés), aussi bien qui l'estoient ouvertement que les autres qui l'estoient en secret. J'aurois bien voulu pousser cet entretien plus loing, mais je l'ai veu prest de monter en carosse pour suivre le (Roy). C'est pourquoy je l'ai differé jusques à une autre fois.

C'est le détail de tout ce qu'il est passé dans ma commission jusques à cette heure. J'ai creu d'en devoir mander toutes les particularités à (V. A.), pour m'informer aussi plus particulièrement là dessus de ses ordres, sur tout quelle conduite il luy plaira que je tienne sur (l'advance) que j'ai fait (d'une alliance), puisqu'on void peu d'apparence de faire réussir ma proposition sur (l'argent). Je la supplie de me vouloir commander ce que je dois faire pour (les trouppes). Je me tiendray icy en attendant en cachet et ne verrai personne de plus, jusques que je sçaurai ce qu'il plaira à V. A. de m'ordonner sur mes visites. Pour estre asseuré de mes lettres, il m'en a fallu parler aujourd'hui à M. Paul (de Rammingen, qui est la seule personne qui me cognoit icy et sçache ma demeure. Je luy ai dit que j'y estois pour mes propres affaires, que j'avois esté envoyé autre part de (V. A.) et contraint en chemin d'y venir, que j'avois depuis supplié (V. A.) d'agréer que je dépeschast [sic] ce que j'y avois à faire et que j'esperois sa responce chez luy. Cependant je l'ai prié de ne dire mot à personne de mon arrivée.

Voilà, comme j'ai creu de me devoir gouverner pour satisfaire aux ordres de V. A., lesquelles j'observerai tousjours plus que personne du monde avec zele et veneration, estant

de Vostre Altesse Ser^me^

très fidel, très humble, très obéissant et très soumis serviteur

Statz V. de Mandelsloh.

96. A. Urkunde des Braunschweiger Defensivbündnisses vom 22/12. Sept. 1672.

Zu wissen sei hiermit, daß als die Römische Kaiserliche, auch zu Ungarn und Böhmen Königl. Maytt., ingleichen die zu Dennemarck und Norwegen Königl. Maytt., Ihre Churfürstl. Durchl. zu Brandenburgk 2c., Herrn Georg Wilhelm's und Herrn Rudolf Augusti, Hertzogen zu Braunschweig und Lüneburgk rc., dann auch der Frau Landtgräfin und Regentin zu Heßen Caßell Fürstl. Durchl. die jetzige Conjuncturen beherziget und ihre sorgsame Gedanken dahin gerichtet, welchergestalt Sie ihre ihnen von Gott anvertrawete Lande und Leute für unbilligen Gewalt schützen und bei Ruhe und Frieden erhalten könnten. So haben Sie zu solchem Ende, nach vorgepflogener Communication hernach benannte Dero Räthe und Abgesandte mit genugsamer Vollmacht und Instruction in diese Stadt Braunschweig zusammengeschicket, die dann nach sorgfältig angewandter Bemühunge, bis auf allergnädigste und gnädigste Ratification, sich nachfolgender Articuln verglichen und vereinbaret haben:

§ 1. Und wird vors Erste zum sichern und beständigen Grund gesetzet, daß diese Defensiv-Verbündnüß keineswegs zu Nachtheil des Heil. Römischen Reichs oder sonst jemandes Beleidigunge, wer der immer sei in- oder außerhalb Reichs, sondern alleine zu Abhalt- und möglichster Hintertreibunge ungerechten Gewalts, insonderheit zu ungekränckter Beibehaltung des so theuer erworbenen Oßnabrüg- und Münsterischen Friedens, auch was darin und sonsten in denen heilsamen Constitutionen des Reichs einem jedem geblieben oder gegeben ist, angesehen und gemeinet sein solle. Zu Erhaltung dann dieses Zwecks soll zwischen allerseits Bundsverwandten beständiges gutes Vernehmen, eine aufrichtige treu gemeinte Zusammensetzung sein und bleiben, also daß einer des andern Nutzen und Bestes befodere und, da er etwas so demselben entgegen, in Erfahrunge brächte, solches demjenigen, welchen es angehet, in Zeiten eröffnen und zu wissen mache; insonderheit aber aus allen Begebenheiten, daraus einige Weiterunge oder Nachtheil denen Bundesverwandten entstehen möchte, und darauß die in diesem foedere versprochene Hülfe begehret werden könnte, ungesäumt communicire.

§ 2. Zum andern, sollen aller und jeder Bundsverwandten Lande, welche sie gegenwärtig inhaben und besitzen, und im Heil. Römischen Reich gelegen, sambt hergebrachten juribus, Prärogativen und Gerechtigkeiten, in gegenwärtiger Bündnüß begriffen, und da eines oder des andern Conföderirten Land und Leute wider die Reichssatzungen und den Westphälischen Friedensschluß überzogen oder auch mit eigenmächtiger Einquartierung, Durchzügen, Contributionen und einigen andern Gewaltthätigkeiten, sie haben Namen wie sie wollen, und geschehen auch von weme und unter was Prätext sie wollen, beschweret werden, alle und jede übrige Paciscirende schuldig und gehalten sein, auf des Beleidigten Requisition ohngesäumbt und ohne weitere Zeit, als zur Zusammenführung und dem marche nöthig, auch ohne daß einer des andern erwarte, mit so vieler Mannschaft zu Roß und Fueß als in diesem foedere verglichen, zu Hülfe kommen, auch nicht befueget sein, die deßwegen ergriffenen Waffen eher niederzulegen, bis dem Beleidigten seine billigmäßige Satisfaction und Sicherheit, so weit immer müglich, wiederfahre.

§ 3. Damit es nun zum Dritten an der zu dieser Intention gehörigen Macht nicht fehle, ist ferner abgeredet und verglichen, daß die gesambte Bundesverwandte, so lange dieses foedus stehen wird, an geworbener düchtiger Mannschaft in stetiger Bereitschaft halten wollen und zwar

Ihre Kayserl. Maytt. 3000 zu Roß und 6000 zu Fueß,

Ihre Königl. Maytt. zu Dennemarck, Norwegen rc. 3000 zu Roß und 6000 zu Fueß,

Ihr Churfürstl. Durchl. zu Brandenburgk rc. 3000 zu Roß und 6000 zu Fueß,

Herrn Hertzogen Georg Wilhelms Fürstl. Durchl. 600 zu Roß und 1200 zu Fueß,

Herrn Hertzogen Rudolf Augusti Fürstl. Durchl. 500 zu Roß und 1000 zu Fueß,

Der Frau Landtgräfin und Regentin zu Hessen-Cassel Fürstl. Durchl. 400 zu Roß und 800 zu Fueß.

§ 4. Solte dan viertens die Gefahr so groß sein, daß die in vorstehendem articulo determinirte Hülfe nicht genugsamb wäre, auf solchen Fall sollen die Bundesverwandten schuldig sein ohne Aufenthalt hierüber zu consultiren und sich einer solchen Anstalt und Hülfe zu vergleichen, welche zulänglich und womit denen Nothleidenden in der That geholfen werden könne.

§ 5. Die leichtere Artiglerie, Ammunition und was dahin eigentlich gehöret, soll fünftens jeder Conföderirter bei vorkommender Conjunction nach Proportion der Truppen die er sendet, denen Seinigen mitgeben. So oft man aber schwerer Stücke benöthiget, giebt dieselbe neben der Zubehör der Requirent: da aber derselbe solcher schwerer Stücke nicht mächtig, oder in loco tertio zu gemeinen Besten agiret wird, so soll der- oder diejenige, welche unter denen Bundesverwandten der Gefahr oder Action zum nächsten gesessen, dieselbe hergeben.

Wie aber der Artillerie-Estat zu formiren, darüber soll gleich nach geschlossenem foedere durch gewisse hierzu Deputirte sichere Abrede und Schluß gemachet werden, wobei dann allemal es die Meinunge behält, daß derjenige, welcher an der Artillerie über seine quotam etwas herbei gestellet, deßwegen von den übrigen hohen Bundesverwandten schadloß gehalten und weinigstens monatlich die also aufgewandte Unkosten liquidirt und guetgemachet werden sollen.

§ 6. Ob dann schon sechstens die sämbtliche Bundesverwandte ihnen vorbehalten, auf erlangete Nachricht von der Vergewaltigung die Aggressoren durch pacifica officia von angefangener Gewalt zu dehortiren, so wollen und sollen sie jedoch dessen ungeachtet mit Zusammenführung der Bunds-Völker und würklicher Hülfleistunge keineswegs zurückhalten, sondern solche ungesäumbt in's Werk richten.

§ 7. Wie dann auch siebentens sämbtliche Bundesverwandte sich noch ferner dahin verbunden, daß, wann es einmal zur Hostilität gerathen, keiner derselben mit dem Gegenteil einige Handelunge oder Tractaten, es sei von gänzlicher Composition oder Stillstand, als mit Vorwissen und Einwilligunge der übrigen Conföderirten pflegen solle. Und wofern an feindlicher Seiten ichtwas dergleichen an einen derselben gebracht würde, so soll selbiger sofort denen andern davon part geben und unterdessen demjenigen, welcher dergleichen Dinge an ihnen bringen möchte, die Erklärunge thun, daß ihnen ohne Vorwissen und Guetfinden gesambter Bundesverwandten in dergleichen Communication oder Handelungen sich einzulassen nicht gebühre.

§ 8. Begebe sich dann achtens, daß bald anfangs zwei oder mehr Conföderirte zugleich feindlich überzogen und von ihnen umb die Hülfleistungen angesuchet würden, so sollen die Bundsverwandte gehalten sein, unverlängt zusammen zu schicken und nach Müglichkeit es in die Wege zu richten, damit dem einen so wohl als dem andern geholfen werden könne. Wofern aber solches uf einmal nicht zu effectuiren und die vorkommende Umbstände so beschaffen, daß der Zeit mehr nicht dann einem oder zwei die Hülfe geleistet werden müge, so soll hiebei gleichwohl alleine auf das gemeine Interesse reflectiret und die Hülfe dahin gewendet werden, wo dasselbe am meisten leiden dürfte; welches nun zu der Zusammengeschickten Erkenntnüs gestellet bleibet; und was der mehrere Theil derselben hierin schließen wird, dem soll ohne einige Ausrede Folge geleistet werden.

§ 9. Wann neuntens die Conjunction der sämbtlichen Bundesvölker einmal geschehen, man auch bereits in Operatione begriffen, so soll keinem Conföderirten erlaubt sein, seine Völker von dem corpo eigenmächtig zu revociren oder abzuführen. Trüge sich jedoch zu, daß bei währender Conjunction, indeme man im Werke begriffen ist, einem erst Attaquirten 'zu helfen', ein anderer der Bundesverwandten von anderer Seiten her vergewaltiget würde, und begehrte derselbe, daß ihme weinigstens seine Völker abgefolget werden möchten, so soll solches in dem Kriegesrath reiflich erwogen und, da sich findet, daß dem also Nothleidenden durch sothane Erfolgelassungen geholfen werden könne, ihme darin gewillfahret und keine Hinderungen gemachet werden.

§ 10. Sonsten und wenn zum zehenten einige dieser Bundesverwandte außerhalb dieses Tractats noch in anderwärtigen foederibus miteinander stünden, soll keiner gehalten sein, dem andern aus beiden foederibus, sondern nur aus einem die Assistentz zu schicken, dem Requirenten aber frei stehen, aus welchem Bund er seinen Conföderirten requiriren wolle; alsdann auch und da eine Kreis- oder Reichshülfe dem Requirenten würklich geschicket würde, nicht weiniger dieselbe von der alhie stipulirten Bundshülfe abgezogen werden solle.

§ 11. So ofte dann elftens obspecificirte Mannschaft würklich zusammengeführet und conjungiret werden muß, soll das Obercommando der Waffen dem Requirenten, so lange man in seinen Landen oder auch außer denselben zu seiner Rettunge und Satisfaction agiret, gelassen; sonsten aber insgemein und außer jetztgesetztem Fall es mit besagetem Obercommando dergestalt gehalten werden, daß wann entweder alle oder doch verschiedene hohe Bundsverwandte sich persönlich bei der Armee befinden, dasselbe demjenigen, welchem ohne deme der Vorgang gebühret, zustehen solle. Ist aber mehr nicht dann einer der hohen Bundesverwandten in Person zugegen, so bleibet demselben auch berührtes Obercommando alleine, ohne daß ihme solches durch jemanden der anwesenden Generale, was Standes, Würden oder Chargen derselbe sei und von weme er dependiren möge, in Streit gezogen werde. Übrigens und da nur Generalspersonen anwesend, soll derjenige das Obercommando führen, dessen Principal die Präcedenz vor den andern Bundesverwandten hergebracht. Und damit in diesem Fall aus Ohngleichheit und Disproportion der Chargen umb so weiniger Irrung und Mißverstände erwachsen, so wollen sämbtliche Bundesverwandte in Bestellung der Officirer bei ihren Völkern, welche sie zu dem Corpo schicken, auch dahin sorgfältig sehen, damit deren Chargen dem Quanto proportioniret, und auf begebenden Fall der eine von dem andern die nöthige ordres nehmen könne.

§ 12. Es ist aber zwölftens hiebei beliebet und verglichen, daß gleich wie solch Obercommando an sich keinem der übrigen hohen Bundesverwandten an seinen Prärogativen, Freiheit und Gerechtsame derogiren soll oder kann, also auch derjenige, welcher dasselbe führet, gleichwohl für sich, auch in Militaribus, nichts Wichtiges dann mit Vorwissen und Beistimmung des gemeinen Kriegesraths vornehmen und anordnen solle, es commandire gleich der hohen Bundesverwandten einer oder deren nachgesetzte Generalspersonen.

§ 13. Jetzgemeldter Kriegesrath aber soll, dreizehentens, von sämtlichen hohen Bundesverwandten bestellet werden, dergestalt daß ein jeder derselben ein oder zwei seiner verpflichteten Bedienten, die er dazu düchtig achtet, ernennen, welche auch unweigerlich zugelassen werden und jeder, seines Committenten Rang nach, im Kriegesrath Session haben solle, er sei gleich sonsten eine Standes-, Militär- oder Civilperson. Jedoch sollen die zwei nicht mehr dann eine Stimme haben, auch ein jeder dahin angewiesen werden, daß er praecise auf die leges dieser Defensiv-Bündnüß das Absehen nehme und nach denselben seine vota einrichte; die Direction aber führet jedesmal derjenige, welcher der Zeit das Obercommando der Waffen hat, doch also daß die conclusa nach den mehrern Stimmen gemachet werden, zu deren richtiger Abfassunge und Befoderunge anderer vorfallender Expeditionen dann nach geschlossenem diesem foedere ein gewisser Krieges-Secretarius mit gemeinem Belieben bestellet und in Gesambt-Pflichte genommen werden solle.

§ 14. Die Jurisdiction behält, vierzehentens, eines jeden Bundesverwandten Officirer über die Truppen, welche er dem Requirenten zu Hülfe führet. Sollte aber ein Fall sich begeben, welcher einen General-Kriegesrath erfoderte, so seind auch zu demselben aus allerseits Bundesverwandten, Generalität und Kriegesbedienten diejenige zu ziehen, welche zu einem General-Kriegesrath gehören, und ist derjenige in demselben Praeses, welcher das Generalcommando führet oder, wo dieser nicht dabei sein wollte oder könnte, der welcher nach ihme in erwähntem Generalcommando der nächste sein wird.

§ 15. Damit auch, zum fünfzehenten, bei würklich erfolgter Conjunction die ungleiche Verpflegunge keine Irrunge oder Confusion verursache, wollen die Bundesverwandte sich allerseits einer gewissen Verpflegungs-Ordinanz vergleichen, nach welcher bei währender Conjunction alle Truppen durchgehends gleich tractiret werden sollen. Dieweil auch die Auxiliar-Völker das Proviant nicht zugleich mit sich führen können, soll der Requirente schuldig sein, selbige, so lange sie in seinen Landen stehen, mit nöthigem Proviant umb billigen Preis gegen baare Bezahlunge zu versehen.

§ 16. Wiewohl dann, sechszehntens, der freie Durchzug eines jeden Bundesverwandten Völkern ohne Hindernüß verstattet wird, so soll doch auch hiebei den Reichsconstitutionibus nachgelebt und, so viel immer müglich, der Bundsverwandten Lande damit verschonet werden; allen Falls aber den Landesherrn wegen der Durchfuhr, Tagereis und Quartieren nothdürftige Verordnunge zu thun bevor und unbenommen bleiben.

§ 17. Sollte man, siebenzehentens, in Progreß der abgenöthigten Waffen einiger Feindes-Landen und Plätze sich bemächtigen oder in derselben Quartiere und contributiones überkommen, soll bei deren Austheilunge und Repartition jedesmal auf das Quantum von Völkern, so ein jeder bei der Operation haben wird, gesehen und nach demselben die Proportion genommen werden. Und gleiche Meinunge hat es auch mit der etwa erobernden feindlichen Artiglerie; wie es aber mit den Gefangenen von Consideration zu halten, solches soll nach geschlossenem diesem foedere mit Zuziehunge gewisser Militärpersonen abgehandelt und verglichen werden.

§ 18. Und nachdem, achtzehentens, sämbtlichen hohen Bundesverwandten an Erhaltunge des Ruhestandes im Heil. Römischen Reich höchstens gelegen, dieselbe aber guten Theils daran haftet, daß die Reichs- und Kreis-Verfassungen forderlich zum Stande gebracht werden: so wollen dieselbe bei annoch währenden Reichstage und sonst gehöriger Orten derentwegen Fleiß anwenden, nicht weiniger auch ihnen angelegen sein lassen, verhüten zu helfen, damit die Stadt Köln via facti nicht beschweret werde.

§ 19. Wann auch, zum neunzehenten, ein und anderm Potentaten und Ständen in diese Defensiv-Bündnüß mit einzutreten gefallen sollte, soll solches mit einmüthiger Verwilligunge und Belieben der hohen Bundesverwandten geschehen, darüber Handlunge gepflogen, und die conditiones, deren man sich vergleichen mag, diesem Receß beigefüget werden.

§ 20. Zwanzigstens soll diese Defensiv-Bündnüß von dato dieses Recesses drei nacheinander folgende Jahre stehen und unverbrüchlich gehalten, auch der hohen Bundesverwandten Ratification auf den 22/12. nächsthinstehenden Monats Octobris durch gewisse hierzu Deputirte alhie in der Stadt Braunschweig eingebracht und ausgewechselt werden, und bleibet danebenst zu der hohen Bundesverwandten Gefallen und Guetbefinden gestellet, ob sie diese Bündnüß prorogiren und zu solchem Ende noch vor Ablauf der drei Jahre eine Zusammenkunft und Handelunge veranlassen wollen.

Dessen zu Urkundt ist dieser Receß von anfangs allerhöchst und höchstgedachter Ihrer Kaiserl. auch zu Hungern und Böhmen Königl. Maytt., dann Ihr Königl. Maytt. zu Dennemarck-Norwegen, wie auch Ihrer Chur- und Fürstlichen Durchl. zusammen geschickten und bevollmächtigten Räthen unterschrieben und besiegelt, auch jedwedem Theile ein gleich lautendes Exemplar zugestellet worden. So geschehen Braunschweig, den 22/12. Septembris Anno 1672.

gez.: (L. S.) Johann Freyherr von Goeß. Christian Habbeus.
Raban von Canstein. Joh. Helwig S. g. Schütz.
Herman Höpfner. Burchardt von Oer. Regnerus Badenhausen.

B. Nebenreceß des Braunschweiger Defensiv-Bündnisses vom 22/12. Sept. 1672.

Zu wissen sei hiemit, ob zwar die unter heutigem dato in dieser Stadt zwischen der Röm. Kaiserl. auch zu Hungern und Böhmen Königl. Maytt., sodann der zu Dennemarck-Norwegen Königl. Maytt., Ihro Churfürstl. Durchl. zu Brandenburg 2c., Herrn Georg Wilhelmen und Herrn Rudolf Augusti, Herzogen zu Braunschweig und Lüneburg, ingleichen der Frau Landtgräfin und Regentin zu Hessen-Cassel Fürstl. Durchl. geschlossene und in einem Haupt-Receß verfassete Bündnüß alleine die zum Röm. Reich gehörige, denen allerseits Conföderirten zustehende Länder begreift: daß jedennoch, als der Königl. Dennemarkische Abgesandte stark darauf bestanden, daß nach endlich zugegebener Auslassunge des Königreichs Norwegen zum wenigsten das Königreich Dennemarck darin mit einzunehmen und einzuschließen; der Kaiserl. Abgesandte hergegen insistiret, daß entweder nur allein die im Röm. Reich oder doch auch Ihrer Kaiserl. Maytt. außers Reich gelegene Länder ebenwohl in der Bündnüß miteinzuschließen: so hat derselbe doch, wie nicht weniger der Chur-Brandenb. Abgesandte, damit dieses zu gemeiner Wolfahrt hoch importirendes Werk nicht gehemmet noch länger verschoben würde, endlich auch eingewilliget, daß das Königreich Dennemarck mit dessen jetztbesitzenden dazu gehörigen Insuln sowohl als festes Land in diese Bündnüß mit eingeschlossen werde und eben der Assistenz wider alle diejenigen, so selbiges Königreich feindlich anfallen oder attaquiren möchten, zu genießen habe, welche in dem Hauptreceß für die im Röm. Reich gelegene Länder abgeredet und verglichen. Nicht weiniger haben Herrn Georg Wilhelm und Herrn Rudolf Augusti, Herzogen zu Braunschweig Lüneburgk ꝛc. Fürstl. Durchl. sich dahin verbündlich erkläret, daß sie solchen Falls dasjenige leisten wollen, was deß-wegen in dem zwischen Ihr Königl. Maytt. und dem Fürstl. Hause Braun-schweig-Lüneburg den 30. Martii dieses noch laufenden Jahrs getroffenen foedere verglichen und abgeredet worden. Gleichwie aber der Fraw Landt-gräfin und Regentin zu Hessen-Cassel Fürstl. Durchl. zu dieser Extension sich obberührter Maßen zu verstehen aus hierzu bewegenden Ursachen Bedenkens getragen, jedoch über die im Heil. Röm. Reich gelegene Königl. Denne-marckische Lande, auch das Herzogthumb Schleßwiege, so viel nämblich daran Ihrer Königl. Maytt. in Dennemarck zuständig, ingleichen Jütland mit in dieses foedus defensivum zu nehmen sich erkläret, dergestalt daß, wann vor-höchstgedachte Ihre Königl. Maytt. in jetzbenannten Dero Provincien Schleß-wieg oder Jütland feindlich attaquiret werden sollte, Ihre Fürstl. Durchl. alsdann gehalten sein wollen, die versprochene Bundshülfe auf Maße und Weise, wie in dem Hauptreceß abgeredet und verglichen worden, zu leisten: also wird es auch von seiten Ihrer Königl. Maytt. in Dennemark bei dieser Erklärunge gelassen, und bleibet sonsten alles bei unveränderter Disposition des mehrerwähnten Hauptrecesses.

Geschehen in der Stadt Braunschweig, den 22/12. Septembris Anno 1672.
gez.: (L. S.) Johann Freiherr von Goeß. Christian Habbeus.
Raban von Canstein. Johann Helwig S. g. Schütz. Herman Höpfner.
Burchard von Oer. Regnerus Badenhausen.

97. Herzog Johann Friedrich an Duc d'Enghien, dat. Hannover, 21. Oct. 1672. (Eigenhändiges Concept.)

... L'armée de Brandebour est marchée il y a environ 15 jours par mes estats m'ayent entierement ruinée quatre ou cinq baillages, par où elle est passés. Quand mes gents se sont plaints à M. l'Electeur ou à ses ministres du mauvais ordre et des piliages que ses soldats y faisoit, il a tesmoigné d'en avoir beaucoup de deplaisir, mais ils n'y ont pas remedié ny mesme chatiés ceux qui ont blessé et toué quelques uns de mes sub-jects, encore que l'on leur avoit donné assez de marques pour pouvoir con-noistre les coulpables. Enfin pour le dire entre nous franchement, je trouve qu'une neutralité ou meschante pais en ce temps icy est plus nuisible qu'une bonne guerre. Car au moins en telle cas, quand on a prins parti et que l'on est ruiné d'un ennemi, l'on en scait le subject et l'on s'en pourra consoler et quelque fois prendre sa revange, où presentement il se faut contenter de protestations et reservations des domages. Je crois que si ceoy est la fasson qu'il faut suivre pour observer les constitutions de l'Em-pire, que les Tartares les observeroits aussi bien, sens y estre obligé comme membres de l'Empire. Les Imperiaux ont pris un autre chemin, lesquels l'on loue fort du bon ordre qu'ils tienents, et l'on dict que les deux ar-mées ont faits la conjonction près de Gisen au pais de Hesse. Elles se sont logées à l'autour de Francfort, et l'on n'at encore rien antandu de leur dessains pour l'advenir, lequel ils tienent fort cachés, et mesme les colonelles ne scavent que le soir, où ils doivent marcher le landemain, et le comte Montecucoli a fait defandre dens son armée tout commerce de lettres sous des grandes paines. L'Electeur de Majance, à ce que l'on dict, a fait rompre le pont à Majance, et l'Electeur de Treve leur a refusé le passage à Coblans, tellement que je ne vois pas, où ils pouront passer le Rhin. Je crois superflu de vous mander d'autres particularités, puisque vous le pouvez avoir plus fraisches de Francfort que je ne les vous saurois mander d'icy. La nouvelle que l'on a fait courir, que je deusse avoir eu quelque desmellé a Pirmond auec le Duc de Cell, n'est pas seulement allé jusques en vos quartiers, mais encore jusques à Vienne et en Italie. Je vous asseure pourtant que ce ne sont que des faux bruits et que nous avons toujour esté tres bien ensamble. Vous scavez bien que dans les presentes conjonctures nous n'avons pas toujours les mesmes sentiments ny ne suivons les mesmes maximes, mais cela ne destruit point la bonne intelligence qui est entre nous, et qui doit estre l'ame de la conservation de nos estats. Je ne manqueray pas de vous mander de temps en temps des nouvelles de ces quartiers, vous prient que vous me fassiez la faveur de m'en faire scavoir des votres et croire que je suis tres sincerement entierement à vous.

Madame la Duchesse vous est fort obligée et se recommende fort à vous.

98. Instruction Ludwig's XIV. für Graf Verjus dat. St. Germain, 26. Oct. 1672.

. . . La première obligation, qui nous seroit commune, devroit estre l'observation généralle des traittéz de Westphalie, mais pour la determiner clairement en cette rencontre, il seroit nécéssaire que le d^t^ Duc [1]) expliquast l'article qui oste la liberté à tout l'Empire de donner secours directement ou indirectement à mes ennemis, et qu'il s'engageast de prendre les armes contre tous ceux qui voudroient agir en leur faveur ou contre moy ou contre mes Alliéz.

De cette obligation generalle il devroit passer à la conjoncture présente et promettre précisement, ainsy qu'il vous paroist y estre disposé, d'embrasser mon party et d'agir ouvertement contre l'Electeur de Brandebourg ou toutte autre puissance qui luy seroit jointe, jusques à ce que d'un commun consentement les mouvemens, qu'il a causé dans l'Empire par les actes d'hostilité qu'il a commis dans le pais de mes alliés, fussent terminés par un accomodement dont moy et mes d. Alliéz fussions pleinement satisfaits.

Je veux bien consentir à la demande qu'il vous a faitte, qu'il ne fust point obligé d'attaquer aucun Prince de sa maison dans ses Estats, lorsqu'il s'engageroit à attaquer partout l'El^r^ de Brandebourg. Mais de quelque importance qu'il peust estre sans doutte qu'il attaquast la ville de Minden, vous esviterez de promettre en mon nom l'assistance qu'il demanderoit pour ce siege de 6 ou 8 mille hommes de mes trouppes, et vous vous renfermerez aux termes généraux qui entrent tousjours dans les traittés de ligue, pour assurer que selon les occasions on assistera son allié par touttes les voies qui seront jugées les plus convenables et les plus fortes.

Pour la reserve dont il voudroit faire un article, qu'en cas que Breme fust assiegé, je consentirois qu'il pust faire en cela ce qui seroit de son

---

1) Herzog Johann Friedrich von Hannover.

interest: je desire que vous vous emploies adroittement à le faire désister qu'il soit parlé en aucune manière de cette place dans le traitté. Ce n'est pas que je ne vous authorise pour l'assurer en mon nom, que ce cas arrivant je le lairrois[1]) dans toutte la liberté qu'il desire; mais comme il jugera sans doutte luy mesme, de quelle importance il peut estre pour nos interests communs de ne donner dans la conjoncture présente aucun sujet de plainte . . [?] apparent à la Suède, il cognoistra, je m'assure, qu'il importe de ne pas donner lieu aux prétextes de mescontentement, que cette couronne pourroit former d'un semblable article, sy, comme il pourroit arriver assez aisement, elle venoit en connoissance de ce traitté. Ce Prince comprendra, combien est solide l'assurance qu'il doit mettre en la parolle que vous luy donnerez en mon nom, et combien seroit perilleuse celle que je luy donnerois par escrit.

Je regarderois au contraire comme un des grands avantages que je tirerois d'une liaison avec ce Prince, la confiance que j'establirois entre luy et la Suède, puisque cette Couronne ne trouveroit pas un moindre avantage à agir selon nos traittés, lorsqu'elle se verroit assurée de ce nouveau party en Allemagne, que ce Prince en trouveroit sans doutte à se declarer, lorsqu'il verroit à sa faveur la jonction et l'appuy de cette Couronne, d'autant plus mesme que l'un et l'autre se trouveroient reunis contre l'El^r de Brandebourg, auec lequel ils ont des sujets de jalousie assez naturels . . .

. . . Autant que l'Evesque de Strassbourg et l'Evesque de Munster sont persuadés de l'importance d'armer puissement le Duc d' Hannovre dans le party, autant vois je d'apparence que cet exemple pourra déterminer d'autres Princes d'Allemagne, mais je veux croire encore qu'une semblable declaration sera capable d'arrester la ligue le Brunsuick aux termes deffensifs dans lesquels elle a esté conclue . . .

99. Instruction des Herzogs Georg Wilhelm für den Geheimen Rath L. Müller, dat. Celle, 20. Nov. 1672.

Eure Relationes bis auf den 12. huius haben Wir all empfangen, und bleibt Euch darauf unverhalten, daß Wir mit dem Herrn Grafen von Güldenleu[2]) wegen der mit dem Staat bis dahin gepflogenen Assistenz-Tractaten uns unterredet und so viel vernommen, daß man an seiten J. Kgl. M^t auf der Condition, das armament zu Wasser betreffend, verharren noch sich davon divertiren lassen würde. So wird nicht allein aus dem Haag, sondern auch von dem Envoyé Brasser mehrfältig confirmirt, daß berührte Condition einzugehen dem Staat impossibel; und wie Wir nun darab nicht anders schließen können dann daß besagte Tractaten damit von sich selbst cessirten: also haben Wir besagtem Grafen von Güldenlöw vorstellen lassen, wie Uns gleichwohl sehr beschwerlich fallen wollte, in solcher Ungewißheit länger zu stehen, zumal da Wir nicht versichert sein sollten, daß J. Kgl. M^t die in dem zu Braunschweig mit Unserm fürstlichen Hause getroffenen foedere verglichene Mannschaft in Holstein und die Grafschaften Oldenburg und Delmenhorst rücken und in solcher Bereitschaft halten lassen sollten, daß, im Fall Wir in dem Unserigen, gleich jetzt täglich andern Ständen, ob sie gleich keiner Partei anhängig, überzogen werden sollten, Uns von Derselben succuriret und die

1) sic = laisserois. 2) = Güldenlöw.

andringende Gefahr hintertrieben werden könnte. Wiewohl dann mehrbesagter Graf diese unsere Sorgfalt nicht unzeitig erachtet, so hat er doch anbei vermeldet, wie die Völker so weit herausgehen und verlegen zu lassen J. Mt deswegen nicht wohl thunlich fallen wollte, weil sie alsdann richtig und baar bezahlet, und mithin zu deren Unterhalt ein weit Größeres dann jetzo, da sie in Jütland und sonst in des Königreichs Insuln stehen, angewandt werden müßte. Wir haben dahero Ursach genommen, ihm noch weiter zu Gemüth führen zu lassen, daß Wir bei solcher Bewandtnüs umb so weiniger zu verdenken sein würden, wann Wir dem Staat ferner Gehör geben und versuchen würden, ob Uns von demselben solche conditiones gemacht werden wollten, daß Wir mit einiger Sicherheit dem so sehr periclitirenden Vaterlande helfen, auch denen Extremitäten, welchen Wir doch aller Apparenz nach nicht wohl entgehen können, vorkommen möchten. Wie Wir jedoch auf J. Kgl. Mt allezeit ein großes Absehen gerichtet, also würden Wir auch keine Entschließung fassen, ohne daß Wir einige genugsame Erläuterung von J. Kgl. Mt sentiment hätten, auch versichert sein könnten, daß wann Wir in unserer guten Intention periclitirten und zumal von der Kron Schweden überzogen werden sollten, es geschehe nun solches sub quocunque praetextu es wolle, Uns von derselben vigoreusement würde assistiret werden. Als nun seine Antwort hierauf gewesen, daß er davor hielte, daß J. Kgl. Mt Unsere Intention nicht allerdings desapprobiren würden, weil Ihr Interesse erfordere, daß der Staat von Holland nicht evertirt würde; Dieselbe Uns auch nicht würden hilflos lassen, wann Wir von der Kron Schweden sollten invadiret werden: so haben Wir dem Werk weiter nachgesonnen und, weil der Envoyé Brasser unablässig eine endliche Resolution urgiret, jetztgedachten Brasser, ungefähr gleich der Anschluß zeiget[1]), verbescheiden lassen; worbei Wir jedoch ausdrücklich bedingen lassen, daß solcher Vorschlag ganz unverfänglich, auch ehe und bevor Wir aus Dänemark nähern Bericht erlangt, Uns darauf keineswegs eingelassen haben wollten.

Nun wird oftgedachter Graf Güldenleu sonders Zweifel bei dem Hofe bereits angelangt sein, und nachdem Wir allzuviel wahrnehmen, daß die gemeine Gefahr je länger je größer wird: also ist Uns auch umb so mehr angelegen, das zu beobachten, was auf eine oder andere Weise Unserm Staat zu Sicherheit gedeihen kann. Und damit dann man am Königl. Hofe umb so viel mehr begreifen möge, wie Wir nichts mehr wünschten, als mit demselben in allem de concert zu gehen, so habt J. Kgl. Mt und Dero vertrauten Ministris Ihr dasjenige vorzustellen, was Wir obangeregter Maßen dem Graf Güldenlöw vorgehalten und eine positive Erklärung zu urgiren, erstlich ob J. Kgl. Mt gut finde, daß Wir mit dem Staat Uns engagiren, auch ob Deroselben solchen Falls beliebig, Uns einige Völker zu Pferde und zu Fuß zu überlassen et quibus conditionibus; zweitens, ob wann Schweden Uns oder die Stadt Bremen occasione dieser Impresen attaquiren sollte, J. Kgl. Mt Uns mit einer zureichenden Volkhülfe assistiren wollten. Alldieweil Wir aus Euren vorigen relationibus so viel ersehen, daß Eure propositiones jedesmal schriftlich begehrt werden, so könnet Ihr auch obberührte puncta in solcher Form übergeben und begehren, daß Euch eine schriftliche Resolution darauf ertheilt werden möchte.

Wir können leicht präsumiren, daß man zumal bei den letztern Difficultäten machen wird. Ihr werdet aber remonstriren, wie wir nichts als das

---

1) S. das nächstfolgende Actenstück III, 100.

gemeine Interesse suchen, weil wann Schweden die Stadt Bremen oder einige andere Plätze in Unserm Lande occupiren sollte, J. Kgl. Mt Lande, bevorab Oldenburg und Delmenhorst, ebenwohl in Gefahr sein würden, und wie gleichwohl nicht zu vermuthen, daß Engelland wegen der Hülf, so Uns geleistet werden möchte, einige Ruptur resolviren, viel weiniger etwas von Frankreich zu befahren sein sollte. Zum allergenehmsten sollte Uns gleichwohl sein, wenn J. Kgl. Mt mit eintreten wollten.

Ihr werden keinen Fleiß sparen, um eine fodersame Resolution hierauf zu erlangen. Und Wir bleiben Euch ꝛc.

100. „Punctatio der Conditionen, so dem Staat von Holland vorgeschlagen" (act. Nov. 1672).

(Beilage zu III, 99.)

1. Daß die Negotiation bei der Kron Dänemark von dem Staat nicht abgebrochen, sondern, wo nicht durch den Herrn von Werkenbam, doch eine andere accreditirte Person continuiret werde.

2. Daß der Staat S. Fürstl. Dchl. [1]) die Werbegelder und Subsidien zu 8000 Mann und einer proportionirten Artiglerie geben wolle, wozu S. Fürstl. Dchl. stoßen und unterhalten wollen auf ihre Spesen 6000 Mann.

3. Daß die Werbegelder auf die 8000 Mann und Artiglerie, auch die Subsidien auf zweien Monat völlig in baarem Gelde, nach Verfließung aber derselben halb in contant und die andere Hälfte mit Obligationen abgestattet werden.

4. Daß der Staat bei dem Kaiser und Kurbrandenburg ein Act ausbringe, kraft dessen dieselbe sich obligiren, daß da nach göttlicher Verhängnüs S. Fürstl. Dchl. Ihre Lande ganz oder zum Theil entsetzet werden sollten, Sie keinen Frieden machen wollen, es seien dann dieselbe völlig restituiret, auch Ihr eine mögliche Satisfaction geschehen;

5. Auch höchstgeb. J. Kaiserl. Mt und Kurfürstl. Dchl. weder für sich oder durch andere S. Fürstl. Dchl. in denjenigen Quartieren, welche Sie zu Behuf der Ihrigen occupirt haben werden, keinen Eintrag thun, sondern vielmehr nach Vermögen dabei manuteniren wollen.

6. Wann die Stadt Bremen attaquirt werden sollte, daß selbiger conjunctis viribus beigesprungen und, falls über allen angewandten Fleiß solche sofort nicht gerettet, doch kein Friede gemacht werden soll, bis solche in jetzigen Stand restituirt;

7. So lange eine Diversion in diesem oder dem westfälischen Kreise zu besorgen, S. Fürstl. Dchl. nicht gehalten sein solle, mit Ihrem Corpo ganz oder zum Theil über den Rhein zu gehen.

8. Versprechen S. Fürstl. Dchl., wann J. Kgl. Mt in Dänemark beitreten sollten, sich alsdann auf die hiebevor ajustirte conditiones zu contentiren und die noch übrige auf den Beinen habende Mannschaft an den Staat zu überlassen.

1) = Herzog Georg Wilhelm.

101. Allianz Ludwig's XIV. mit Herzog Johann Friedrich von Hannover, dat. Hannover, 10. Dec. 1672; ratificirt von Ludwig XIV., dat. St. Germain en Laye, 10. Januar 1673.

Louis par la grace de Dieu Roy de France et de Navarre. A tous ceux qui ces presentes lettres verront, salut.

Aiant veu et examiné le traitté conclu et arresté a Hanover le dixiesme jour de decembre de l'année mil six cent soixante douze en nostre nom et en celuy de nostre trez cher et bien amé Cousin le Duc Jean Frederic de Brunsuik et de Lunebourg etc. par nostre amé et féal conseiller en nos conseilz le Sr Verjus, nostre Envoié extraordinaire en Allemagne, d'une part et les Srs de Groot et de Vitzendorf, conseillers et Ministres d'Estat du dit Sr Duc, d'autre part en vertu de leurs pouvoirs respectifs et voulant satisfaire à l'obligation en la quelle est entré nostre dit Envoié de fournir dans un mois la ratification du dit Traitté, dont la teneur s'ensuit:

Le Roy aiant fait representer à M[r] le Duc Jean Fréderic de Brunsuik et de Lunebourg etc. par le Sr Verjus, Envoié extraordinaire de Sa M[té], le soin et le desir extreme qu'a Sa M[té], que parmy les troubles qu'elle voit à regret s'exciter en divers endroits, au moins la paix generalle de l'Empire establie si heureusement par les traittéz de Westphalie puisse estre conservée en son entier, sur tout que la liberté et les droits des Princes d'Allemagne confirmés par les mesmes traittés ne souffrent aucune atteinte ny diminuation par toutz les mouvemens qui pourroient arriver, pour la quelle fin Sa M[té] avoit desia fait un traitté avec la couronne de Suede et estoit en termes d'en faire de semblables avec les Electeurs de Cologne, de Baviere et Palatin, et avec les Princes de Munster, de Neubourg et de Wirtemberg, et Sa M[té] desirant aussy par l'affection qu'elle a touiours eu pour le dit Sieur Duc, et par la cognoissance qu'elle a de ses bonnes et droittes intentions pour le repos de l'Allemagne, qu'il joignist ses inclinations et ses armes à celles de Sa d. M[té] pour obtenir une si bonne et heureuse fin: Son Altesse considerant l'importance de l'affaire et ne trouvant point de sujet de se separer en cela des intentions du Roy, qu'elle trouve si conformes à son devoir vers l'Empire et aux interestz de l'Allemagne, a nommé les Srs de Groot et de Vitzendorf, ses Conseillers et Ministres d'Estat, pour traitter la dessus avec le d. Sr Verjus, qui leur aiant communiqué le plein pouvoir qu'il a pour cela de Sa M[té], et veu celuy qui leur a esté donné par S. A., est convenu avec eux des articles suivantz.

1.

Cette alliance n'est point pour offenser qui que ce puisse estre, et se fait encore moins contre l'Empereur ou l'Empire, n'aiant au contraire pour unique but que la propre seureté, conservation et deffense de ceux, qui aiant une mesme intention avec le Roy et S. A. viendroient à estre offenséz et opprimés par d'autres, qui voudroient sacrifier le repos public à leurs dessins et interestz particuliers.

2.

Conformement à quoy le Roy, pour continuer de donner à tout le monde et principalement à l'Empire des marques du desir qu'il a d'y maintenir la paix et la tranquilleté, et pour montrer que rien ne le peut detourner de cette mesme passion de la conserver en toutte maniere, et qu'il redouble mesme pour cela ses soins dans des occasions où il pourroit y avoir quelque sujet d'aprehender qu'elle vint a estre alterée, veut bien renouveller encore une fois à Mr l'Electeur de Brandebourg et exposer aux yeux de tout le monde par un memoire insinué à la Diette de Ratisbonne les offres que Sa Mté luy a fait faire continuellement de luy rendre, en faisant la paix avec les Hollandois, ou de remettre en main tierce de quelque Prince de l'Empire les places que la raison de la guerre l'oblige de leur oster dans le Duché de Cleves, de le faire jouir cependant des fruits et revenus et de la jurisdiction entiere des mesmes places, comme il en jouissoit du temps qu'elles estoient entre les mains des Hollandois, et de ne faire aucun acte d'hostilité dans la paix du d. Electeur ou de luy donner satisfaction convenable, si le contraire arrivoit; bien entendu que, si l'Electeur de Brandebourg ne veut point accepter ces conditions, le Roy ne sera pas tenu de luy accorder les mesmes avantages.

3.

Sa Mté declare encore, comme elle a toujours fait, qu'elle ne veut rien retenir de ses conquestes, qui appartiennent à quelque Prince ou Estat de l'Empire.

4.

Aprez des declarations si autentiques et de si grands engagemens, dont tout le monde doit estre satisfait, si M. l'Electeur de Brandebourg et ses alliez, quels qu'ils puissent estre, retirent leurs trouppes, en sorte qu'elles ne puissent plus donner d'ombrage et de la jalousie au Roy ny aucun juste soubçon, qu'elles voulussent se mesler de la guerre de Hollande, Sa Mté en consideration du repos de l'Empire consent de ne se pas ressentir de ce qui s'est fait jusqu'à maintenant, et de retirer aussi ses trouppes hors des terres possedées par l'Empire, et Elle fera en mesme temps et incessament jouir M. l'Electeur de Brandebourg de ce qu'elle luy a offert touchant ses places et pais en la maniere susd.

5.

Mais si quelqu'un ne se contente pas d'offres si raisonnables, le Sieur Duc, pour preserver que ses estatz ne soient plus exposéz au bon plaisir d'autruy et aux insultes pareils à ceux qu'ils ont desia soufferts, et pour se mettre en estat de deffendre et de proteger plus puissament ses sujets contre la ruine, dont ils seroient menacéz par les marches et remarches continuelles des trouppes et autres inconveniens inseparables d'une guerre generalle et universelle, mesme pour faire reparer les tortz qu'il a desia innocement et inutillement soufferts dans ses pais, pour contribuer de tout son pouvoir à obliger ceux, qui voudroient alterer en aucune maniere le repos de l'Allemagne, à demeurer dans les termes des traittéz de Westphalie et des constitutiones de l'Empire, promet et s'oblige de faire au plustost un corps d'armée de dix mil hommes avec un equipage d'artillerie convenable et touttes les autres choses necessaires pour le mettre en campagne et le faire agir dans les cercles de Saxe et de Westphalie contre tous les proturbateurs de la paix et de la tranquillité de l'Empire.

6.

Pour faciliter ce dessein et cet armement, Sa M^{té} promet de donner à S. A. la moitié de la levée pour un corps de dix mil hommes à raison de quarente sept escus par cavalier, trente sept pour dragon et quatorze pour fantassin, et Sa M^{té} fournira pour cela en lettres de change sur Hambourg les sommes necessaires au mesme moment que les ratiffications s'eschangeront de part et d'autre, ce qui sera dans le terme dont on conviendra cy-dessous.

7.

Sa M^{té} donnera aussy à S. A. trente mil escus par mois pour l'entretien de ces dix mil hommes, outre et par dessus les dix mil escus que le Roy paie desia par mois à Sa d. Altesse.

8.

Ce subside commencera de courir un mois aprez que l'argent aura esté delivré pour levée, et le paiement de cette somme prenant alors son commencement sera ensuite toujours continué de deux mois en deux mois par avance à Hambourg ou à Bremen en ducats d'or ou richedalles[1]) à la croix, et les lettres de change seront paiables precisement dans le commencement du terme dont on est convenu; si le d. Sr Duc peut en quelque rencontre s'accomoder d'argent à Francfort ou à Cologne ou à Paris mesme, il se souviendra d'en faire donner avis pour la facilité des remises et paiemens.

9.

Le d. corps de dix mil hommes sera composé de six mil hommes de pied, de trois mil chevaux et de mil dragons effectifs et prest a mettre en campagne. Et en cas que le d. Sr Duc ne levast pas le nombre entier des d. trouppes, il ne pourroit pretendre de Sa M^{té} l'argent de la levée et de l'entretien qu' à proportion de celles qu'il mettroit sur pied; de mesme que si on trouvoit à propos du commun consentement de Sa M^{té} et de S. A. d'augmenter ce corps de quelques mil hommes, les levées aussy bien les[sic] subsides seront hausséz du prix convenu par ce traitté.

10.

Le d. Sr Duc ne sera obligé en nul cas, et quoy qu'il pust arriver, d'attaquer aucun des Princes de sa maison chez ceux avec le d. corps ny aucunes autres de ses trouppes, et il se reserve particulierement de n'estre point engagé à leur faire la guerre dans leurs estats, quelque parti qu'ils puissent ou voulussent prendre, et le Roy ne trouve mauvais qu'aprez ce traitté conclu le d. Sr Duc donne part de cet article aux Princes de sa maison.

11.

En cas que pour la raison de guerre ou pour l'interest commun du Roy et du d. Sr Duc ou d'autres Princes alliéz il fut trouvé bon d'un commun consentement de joindre ce corps à quelques armées des d. Princes alliez, il n'obeira pourtant qu'à S. A. et à ses generaux.

---

1) = Reichsthaler.

12.

En cas que pour la mesme raison de guerre et pour le mesme interest commun des alliéz, ainsy qu'il est porté cydessus, ce corps fust obligé de se joindre à une des armées du Roy, pour lors le general du d. corps obeira au general de l'armée du Roy, moiennant que le general du d. Sr Duc conserve sur son corps le commendement immediat entier pour le detail et pour l'execution, et que les demarches et entreprises que les armées jointes ensemble auront à faire, soient concertées par le general de l'armée du Roy avec celuy du d. Sr Duc ou debattues et arrestée [sic] dans un conseil de guerre, où le d. general de S. A. ou tel qu'elle aura deputté pour cela, ait assisté et eu suffrage.

13.

En cas que le d. Sr Duc se trouvast en personne à la teste du d. corps, lorsqu'il se joindroit à une armée du Roy, il y auroit la mesme consideration et autorité et le mesme pouvoir que d'autres Princes souverains ont eu en de pareils cas, lorsqu'ilz se sont joints à quelque armée de France avec un corps d'armée à eux.

14.

Pour faciliter au d. Sr Duc la levée du d. corps, et affin qu'il puisse la faire avec plus de seureté, le Roy contribuera de grand coeur ses offices pour faire que M. l'Electeur de Cologne consente qu'elle se fasse soubs son nom, et que les premiers quartiers se prennent pour cette levée dans l'evesché d'Hildesheim en paiant exactement; comme aussi Sa M[té] emploiera ses offices auprez de la couronne de Suede, de M. l'Electeur de Cologne, de M. l'Evesque de Paderborn et de M. le Duc de Neubourg pour en obtenir, que Sa d. A. puisse faire des levées dans leurs d. estats.

15.

Affin mesme de maintenir toujours mieux les traittés de Westphalie et de prevenir, autant qu'il est possible, que l'Empire ne retombe pas dans les malheurs de la guerre passée, le Roy et le d. Sr Duc s'obligent reciproquement tout de nouveau par ces articles exprez à la garantie des d. traittéz et à s'opposer mesme avec des armes, s'il en est besoin, à eux qui voudroient y contrevenir durant le temps de ce traitté.

16.

Le d. Sr Duc en particulier, souhaittant d'executer et d'entretenir exactement et fidelement les d. traittéz de Westphalie, ne donnera pendant cette alliance aucun secours de trouppes ny de munitions de bouche ou de guerre, aucun quartier, retraitte ou passage aux ennemis de Sa M[té] ny à leurs adherans ny à ceux qui voudroient les assister. Il emploiera mesme ses offices, soins et tous les moiens les plus efficaces qui dependent de luy, pour faire que toutz les Princes et Estatz de l'Empire entretiennent toujours une bonne et parfaitte intelligence en ce avec Sa M[té] suivant la teneur des d. traittez de Westphalie.

17.

En cas que M. l'Electeur de Brandebourg ny quelque autre puissance que ce puisse estre, ne voulust point se contenter des offres et des conditions accordéz par le Roy dans l'article second de ce traitté, mais voulust du contraire continuer de porter la guerre contre Sa M^{té} et ses alliéz en faveur des Hollandois au hazard de rejetter l'Empire dans les desordres et les calamitéz des premieres guerres contre l'intention des d. traittéz et de causer à toutte l'Allemagne la ruine que plusieurs estatz et mesme ceux du d. Sr Duc ont desia esprouvés, S. A. s'engage d'agir contre le d. Electeur ou autre ennemy du Roy et de ses alliez avec le susd. corps d'armée, jusqu'à ce que le repos soit rendu à l'Empire par la retraitte de ceux qui ont ainsy entrepris de le troubler, et jusqu'à ce qu'on ait fait une bonne paix à la satisfaction de Sa M^{té} et de ses alliez conjoinctement.

18.

Pour faire mieux voir à tout le monde la justice et les sinceres intentions de ce traitté, on ne laissera pas de travailler à l'ouvrage de la paix pendant la guerre mesme, si ceux du parti contraire le souhaittent, Sa M^{té} s'estant declaré de ne vouloir de sa part en aucun temps refuser des propositions et conditions justes et raisonnables pour la paix.

19.

Cependant ny le Roy ny S. A. ne feront ny paix ny treve sans un commun consentement et sans une restitution entiere, quand la paix se fera, de tout ce qui aura esté pris sur l'un ou l'autre des alliéz, et sans une reparation suffisante des dommages qu'ilz auroient soufferts.

20.

En cas que le d. Sr Duc vint à estre attaqué de qui que ce pust estre par des forces plus grandes que les siennes, le Roy luy enveroit à ses depens le secours necessaire pour la deffense de ses estatz, et Sa M^{té} promet de l'assister dans touttes les occasions où il en seroit besoin, par touttes les voies qui seront jugées les plus convenables et les plus promptes et efficaces; et d'autant que quasi tout le but de ce traitté tourne à l'avantage des alliéz de Sa M^{té} dans les cercles de Saxe et de Westphalie, elle promet de ne rien oublier pour faire en sorte, qu'en cas de besoin ilz donnent aussi au d. Sr Duc toutte l'assistance et tout le suport qui sera possible, et que pour cet effet ilz fassent un traitté entre eux et Sa d. A., declarant de ne vouloir point estre obligée à secourir les d. alliez dans leurs estats, avant que le d. traitté d'alliance mutuelle soit conclue.

21.

Le Roy ne prendra de quartiers d'hiver dans les estatz de S. A. sans son consentement exprez, et tout ce qui a este stipullé à cet esgard et à esgard des passages dans le traitté de neutralité fait avec Sa M^{té} le 10e jour de juillet de l'an 1671, sera exactement tenu et observé, comme aussi Sa d. A. demeurera engagée à touttes les obligations qu'elle avoit contractées à l'esgard du Roy par le mesme traitté.

22.

Du moment que S. A. sera entrée en guerre, elle jouira de touttes les contributions qu'elle pourra tirer des pais ennemis voisins du sien.

23.

La presente alliance durera jusqu'à la fin de cette guerre et jusqu'à ce que les troubles excitéz dans l'Empire et les actes d'hostilitez exercéz contre les alliéz de Sa M^{té} soient appaiséz et terminéz par un accomodement commun du consentement de Sa M^{té} et de ses alliéz.

24.

Et affin de donner plus de vigueur et de force à cette alliance le d. Sr Duc contribuera conjoinctement avec Sa M^{té} de tout son possible à faire ajuster et conclure dans la forme dont on conviendra, l'alliance proposée à Ratisbonne entre le Roy, le Roy de Suede et plusieurs Electeurs et Princes de l'Empire, et de plus Sa M^{té} s'engage de donner ordre à ses ministres en Suede, qu'ilz s'apliquent incessament à faire contracter par leur moien et leur entremise une liaison particuliere d'amitié et d'intelligence entre la d. couronne et Sa d. A., qui met pour une condition, sans laquelle elle ne peut pas faire ce traitté à cause de l'alliance de Brunsuik, que la Suede ou le Danemark prenne le parti de la France.

25.

Sa M^{té} promet aussy de faire agreer et ratiffier le present traitté par le Roy d' Angleterre et d'en fournir la ratiffication six semaines aprez la sienne.

26.

Aprez cette guerre finie le d. Sr Duc promet de donner au Roy, si Sa M^{té} le souhaitte et l'en requiert, jusques à mil chevaux, cinq cens dragons, deux mil hommes de pied des trouppes, qu'autrement il voudroit licentier ou donner à d'autres.

27.

On consultera aussy alors ensemble pour faire un autre traitté pour la conservation de la mesme paix qu'on aura conclue, et pour la plus grande seureté des alliéz de Sa M^{té} et des conquestes qu'ils pourroient avoir faittes en cette guerre, ou des avantages qu'ilz pourroient avoir acquis par le traitté de paix.

Toutz les quels pointz et articles cy dessus et tout le contenu en chacun d'iceux ont esté traittéz, accordéz et stipulléz entre le d. Sr Verjus de la part du Roy et le les d. Srs de Groot et de Vitzendorf de la part du d. Sr Duc, lesquels en vertu de leurs commissions et pleins pouvoirs ont promis et promettent, que tant Sa M^{té} que S. A. executeront pleinement et sans aucune contravention directe ou indirecte le present traitté tant en general que chacun de ses points et articles en particulier, et qu'ilz seront tous sans aucun changement acceptés, confirméz et ratifiéz reciproquement par Sa M^{té} et Sa d. A., et que les lettres de ratification en seront expediéz en la forme la plus authentique et eschangées de part et d'autre dans l'espace d'un mois. En foy de quoy le d. Sr Verjus et les d. Srs de Groot et de Vitzendorf ont signé ce present traitté et y ont fait apposer le cachet de leurs armes.

Fait à Hanover le dixiesme de decembre mil six cens soixante douze.

Nous aiant agreable le d. traitté en tous et chacun des articles d'iceluy et voulant qu'il sorte son plein et entier effet, l'avons loué, approuvé et ratiffié, et par ces presentes signées de nostre main louons, approuvons et ratiffions, promettant en foy et parolle de Roy de l'accomplir, observer et faire observer sincernement et de bonne foy en tous les points contenus en iceluy, sans aller ny souffrir qu'il soit allé directement ou indirectement au contraire pour quelque cause ou occasion que ce puisse estre. En tesmoin de quoy nous avons fait apposer le scel de nostre secret a ces d. presentes.

Donné à St. Germain en Laye, le dixiesme jour de janvier, l'an de grace mil six cens soixante treize et de nostre regne le trentiesme.

(L. S.) gez.: Louis
Par le Roy.
gez.: Arnauld.

102. Entwurf der geheimen Zusatz-Artikel zu dem französisch-hannoverschen Allianzvertrag vom 10. December 1672.

Outre les articles convenus et arrestéz entre le Sr Verjus de la part du Roy et les Srs de Grotte et de Witzendorf de la part de M. le Duc Jean Frederic de Brunsuig et de Lunebourg etc. pour le traité conclu entre eux en vertu de leurs pouvoirs le present jour dixiesme de ce mois de decembre 1672, le d. Sr Verjus de la part de Sa M[té] et le d. Sr de Grotte avec un pouvoir special de S. A. sont encore demeuréz d'accord des articles suivans, pour estre mis séparement et tenus encore sous un secret plus particulier à cause de certaines raisons; desquels articles séparéz ils promettent de fournir pareillement la ratification pour avoir la mesme force et estre tenus et observéz comme les autres.

1. Estant porté par l'article 22me du traitté, que le d. Seigneur Duc en suite d'estre entré en guerre aura toutes les contributions qu'il poura tirer des pais ennemis voisins du sien: on est convenu pour une plus particuliere explication de cet article à l'egard des provinces de M. l'Electeur de Brandebourg, que S. A. poura prendre autant de contributions que ses forces et ses places propres ou conquises luy en donneront le moyen, des duchéz de Minden et de Halberstat, du comté de Ravensberg et de tous les autres estats du d. Electeur, excepté les pais de Cleves et de la Mark, dont le Roy se reserve les contributions.

2. Le Roy pour plus grande preuve de sa bienveillance et consideration singuliere, qu'il a pour la personne de S. A., veut bien admetre quelque changement en sa faveur dans la forme des letres que Sa M[té] luy fera l'honneur de luy ecrire[1]).

3. Et afin que S. A. pour le hazard où elle se jette et ses estats par ce traitté plus en regard du bien public que du sien, aye en recompense aussi à espérer quelque douceur pour l'avantage de sa posterité et la gloire de sa maison; desirant par dessus toutes choses que ce puisse estre sans préjudice et sans faire tort à personne; et ayant representé à Sa M[té] de souhaiter qu'en cas que les choses se portassent aux extremitéz dune guerre dans l'Empire et en suite aux traitéz de paix, le Roy voulust employer son authorité à faire accorder parmi les conditions de paix à S. A. la dignité electorale pour luy et ses descendans avec le renouvellement

1) Wie dieser Artikel gemeint ist, zeigt ein beiliegender Zettel, auf dem von derselben Hand steht: Mon cher Cousin et Allié, Vostre bon Cousin, A mon Cousin et Allié.

du droit de sufrage dans le collége des Princes aux Dietes de l'Empire, dont autrefois la Duché de Gottinguen, possedée presentement par S. A., a joui: Sa M[té] a consenti et promet de faire son possible que la chose pust reussir de la maniere que S. A. desire.

4. S. A. reserve les mains libres à l'egard de la ville de Bremen et de sa conservation dans l'estat où elle est maintenent.

Fait à Hanover le 10e de decembre 1672[1]).

103. Grote an Herzog Johann Friedrich, dat. Bielefeld, 29. Dec. 1672.

Nostre commune relation fera voir à V. A. Ser[me], que jusques à present la responce que nous avons eu icy, est conforme à nos demandes et à nos désirs. Et on paroit moins estre [?] satisfait du Comte Montecuculi de ce qu'il pretend des quartiers aux eveschés de Hildesheim et d'Osnabrugge, et M. l'Electeur nous en a tant dit qu'il ne pourra pas trouver mauvais, si l'on s'y oppose ou refuse le passage pour cet effect. Si c'est pour nous flatter et gagner par là, ou par jalousie de ce que les Imperiaux auront les meilleurs quartiers et qui leurs couteront le moins, je m'en remets. Il est asseuré que M. l'Electeur m'ayant appellé à part dans son cabinet, comm'il fit aussy mes camerades, m'a dit mille choses obligeantes de V. A. et fait grandes expressions d'amitié, d'estime et de consideration pour Elle. M. de Schwerin nous a fait un discours fort long et fort philosophique sur les presentes conjunctures, mais nous avons trouvé le moyen de n'y quasi rien repondre, parce que ce jour là M. Hammerstein estoit grand menager de ses paroles. M. l'Electeur dans la conversation particuliere que j'eus l'honneur d'avoir avec luy, ne m'a quasi rien dit touchant les affaires qu'il n'aye aussy dit aux autres. Je luy ay beaucoup parlé de la paix et sur la gloire qui luy en reviendroit, s'il la vouloit redonner à l'Allemagne. Et en effect on commence à decouvrir plus d'inclination pour cela icy que par le passé. Mais je trouve M. l'Electeur et M. Schwerin d'un costé et M. le Prince d'Anhalt de l'autre un peu differents sur les moyens d'y parvenir, ceux-là soustenants que plus on soutient les Hollandois et plus ce party se fortifie, plus la paix en sera facile, au lieu que M. le Prince d'Anhalt croit qu'au contraire cela enfiera tellement les Hollandois qu'ils n'admetteront aucun temperament ny condition raisonnable pour faire un accomodement. Les autres y repliquent qu'en ce cas c'est aux alliés de leurs prescrire les conditions et de les abandonner, s'ils les refusent. Ce qui me déplait en cela, c'est que cependant on perd le temps pour traitter et que (l'Empereur et l'Espagne) trouvent moyen par là d'embrouiller de plus en plus les affaires et rendre par consequent la paix plus difficile et presqu' impossible, estant asseuré qu'ils trouvent bien plus leurs conte dans la guerre que dans la paix, (l'Empereur) n'ayant jamais eu une si bell' occasion (de ruiner les princes d'Allemagne, et les Espagnols) ne la trouvant jamais meilleure de (se refaire sur les François). Et pour donner un faux brillant à (l'Electeur de Brandebourg), on l'entretient tousjours dans la bonn' opinion (de ses forces) et dans une très meschante de (celles de la France), luy representant la gloire qu'il aura (de les . . . [?]). Il y a icy de la part de Suede un certain Wangelin, que V. A. a veu

1) Das von Berjus unterzeichnete Exemplar enthält nur Artikel I.

à Linsbourg du temps de l'affaire de Bremen, qui m'a dit de n'avoir rien negocié icy pour la paix, parce qu'on ne consideroit pas encore M. l'Electeur de Brandenbourg comme party. Cependant il a fait des protestations à M. l'Electeur de la part de cette couronne, qu'elle ne se mesleroit de rien, tant que M. l'Electeur ne feroit rien contre la paix de Munster, c'est à dire qu'ils se tiennent le chemin ouvert pour rompre, quand ils veulent; et le dit Envoyé dit tout haut que dans le printemps ils mettront vingt mill'hommes en Allemagne; de sorte que ceux qui desirent sincerement la paix, ont grande raison de se haster pour la faire, si on ne veut dans le printemps nous allumer une guerre qui ne finira de nostre vie. Nous avons veu une bonne partie des trouppes de S. A. Elect[le]; je trouve les compagnies encor' assès fortes, mais il est asseuré que les hommes aussy bien que les chevaux ont grand besoin de repos, et il y [sic] à craindre que la maladie ne s'y mette, après qu'ils seront entrés en quartiers. Car surtout l'infanterie est fort pasle et fort défaite. Et il me semble que c'est bien la raison qu'on ne fera pas cet hyver la guerre ny à Munster ny à Cologne avec des grandes trouppes, pour ne pas achever de les ruiner, quoy que communement on croye que c'est Montecuculi qui l'empesche et qui pretend plustost de ramener les ecclesiastiques à leurs devoirs vers l'Empereur par la voye des caresses et de la douceur. Les Hollandois continuent encore de temps en temps à donner de l'argent, et on en donne quelque chose aux soldats, mais peu. Les Imperiaux ne donnent rien du tout et trouvent plus commode de vivre tout à fait sur la bourse d'autruy, et en effect on dit que presentement ils sont bien plus déréglés et libertins que les trouppes de Brandenbourg. La verité ou la fausseté des nouvelles de Conorden[1]) et de la perte de cinq mille François à Bodegrave donnera un grand bransle à toutes les affaires. V. A. aura la bonté de voir aussy dans nostre relation, que j'ay pris sur moy le voyage vers M. le Comte Montecuculi, en quoy ayant creu de ne rien faire contre les intentions et les interests de V. A. je m'y suis laissé disposer par les instances de mes camerades, d'autant plus que nous avons plus à craindre du costé des Imperiaux pour le repos de nostre cercle et des estats de V. A. que du costé de S. A. El[e] de Brandenbourg. J'espère le rencontrer aujourd'huy à Paderborn et en suite ne perdray pas un moment pour me rendr' au plustost à mes devoirs auprès de V. A. Au reste je ne puis pas dir' autrement si non que nos associés ont procedé assès ouvertement et sincerement avec moy dans le train de nostre negociation. Mad. l'Electrice est accouchée d'un prince et elle aussy bien que Mad. la Princesse Elisabeth font beaucoup d'amitiés à V. A. et à Mad. la Duchesse. Il va aussy aujourd'huy un envoyéz d'Osnabrugge vers le Comte Montecuculi pour detourner les prétendus quartiers, ainsi que je n'auray qu'à parler pour nous, et me garderay du reste de ce dont il faut se garder. Je prie Dieu que la fin de la present'année aussy bien que le commencement de la prochaine et une longue suite de beaucoup d'autres soient heureuses pour V. A. en toute maniere . . .

---

1) = Coevorden.

104. Grote an Herzog Johann Friedrich, dat. Paderborn, 30. Dec. 1672.

V. A. Serme verra par ma grande relation que je ne suis gueres heureux à negocier avec les Imperialistes. Mais je suis pourtant de l'opinion, pour peu qu'on leurs monstre les dents, qu'ils se rendront plus traittables. J'ay rencontré Mr Schmising icy, (qui me semble melancolique). A ce qu'il me semble, on le presse fort, pour que son maistre quitte le party françois. (Il dit qu'ils tiendront bon, mais je ne m'y fie pas trop). V. A. ne peut pas manquer [?] d'avoir veu la resolution qu'on a donné en France à M. de Schönborn. On paroit se mocquer de cela de costé-icy et on dit vouloir une paix qui dure plus de six mois, ce que je ne puis pas interpreter autrement que de vouloir tellement couper les aisles au roy Louis XIV qu'il n'osera plus grouiller. Il se peut que (l'Electeur de Brandebourg) entre dans d'autres sentimens. Mais j'ay peur qu'il ne soit plus maistre des affaires. Les Espagnols ont differé, à ce qu'on dit, de rompre avec la France sur ce que la Hollande n'a pas encore voulu se resoudre à cet engagement de garantir à l'Espagne que les choses en Flandre seront reduites aux termes de la paix des Pyrenées. Mais presentement on dit qu'ils ont envoyé ordre à leur ambassadeur à Madrid de traitter là dessus et de conclure à quelque prix que ce soit. Tout cela ne sont pas des acheminemens pour la paix, et je le crois moins que jamais. Je suis etc.

Postscriptum: ... J'ay oublié de dir' à V. A. que les Imperialistes, tant qu'ils seront dans l'Eveché de Hildesheim, ne permettront point qu'il s'y fassent aucunes levées, surtout de la part de M. l'Electeur de Cologne.

105. Ludwig XIV. an Verjus, dat. St. Germain en Laye, 10e janvier 1673. (Copie, dem Herzog Johann Friedrich mitgetheilt von Verjus als Beilage zu Nr. 106.)

(Le Roy): Le courier que vous m'avez depesché de Hanover le 11 du mois passé, m'a apporté avec vostre S. [sic] le projet de traitté que vous aviez ajusté avec M. le Duc Jean Frederic et ses ministres. J'ay veu les difficultés qui vous avoient empesché de le signer, particulierement, celle du 24e article, et j'ay veu de mesme les demandes qui vous avoient esté faites dedans les articles secrets, sur lesquels vous ne vous esties trouvé en estat de prendre une resolution expresse, sans mes ordres.

Après avoir fort examiné tout le traitté, j'ay approuvé les conditions que vous avez stipulées pour mon interest, et j'ay bien voulu passer celles qui plus font l'avantage et la seureté de M. le Duc Jean Frederic. L'asurance meme que je prends en la Suede, et la confiance que j'ay, qu'elle executera fidelement le traitté que nous avons fait ensemble, m'a porté à donner les mains au 24e article en la maniere qu'il est couché, en le finissant à ces mots »que la Suede ou le Dannemarc prenne le party de la France«. J'ay fait retrancher du susdit article ceux qui suivent depuis »ou du moins que la Suede etc.« jusques à ceux »de l'un et de l'autre«. Comme cette fin du dit article contient deux conditions sous lesquelles M. le Duc Jean Frederic vouldroit pourvoir à sa seureté contre la ligue de Brunsvic, et dont il me laissoit le choix, je me suis d'autant plustost apresté à la premiere partie du dit article, que vous me mandes et que je vois bien, que le Duc Jean Frederic l'aime mieux aussy et n'a proposé la derniere que pour suppléer à l'autre, en cas que je ne voulusse pas la passer. J'aprouve donc que vous signiez en mon nom ce traitté de la manière que je viens de marquer.

Pour les articles secrets je croirois y voir plus de difficulté, si je n'estois persuadé que M. le Duc Jean Frederic abandonnera en partie les conditions qu'il y demande, et qui seroient capables de causer plus de peine et une entiere rupture. Le premier des dits articles ayant reglé les contributions en la maniere que je puis croire la plus juste, l'affection particuliere que j'ay pour Jean Frederic, me feroit y donner volontiers les mains; au second, si la distinction avec laquelle je le traitterois en luy accordant une souscription, ne m'atiroit une consequence trop generale à l'egard des autres princes de l'Empire. C'est ce que vous luy aurez sans doubte desja representé en mon nom, et c'est ce que je désire que vous luy representies encore fortement; ce que je ferois pour luy, m'atireroit de pareilles prétensions des autres princes de l'Empire, et cette marque de consideration, que j'aurois esté bien aise de donner à mon estime et à mon affection particuliere pour luy, luy deviendroit bientost commune avec tous ceux dont j'aurois esté bien aise de le distinguer. Vous avez tant de raisons pour luy faire voir que je ne puis pas changer un usage qui est receu de tous mes alliés, que je dois croire qu'il cessera d'y insister.

Les deux conditions qu'il demande dans le 3ᵉ article, dependent si peu de moy, et il est si peu en mes mains de mettre la dignité electorale dans sa maison ou de le faire rentrer dans le voeu que le duché de Gottingen a eu autrefois[1]).

Pour le quatrieme article, outre que vous luy avez assès fait conoistre, de quelle importance il m'estoit de ne le point admettre, il devroit encore juger par luy meme qu'il est de son interest propre de ne point donner sans besoin le sujet de mescontentement etc. etc.; ainsi j'aurois dû croire qu'il se seroit contenté de la parole que vous offries de luy donner en mon nom; mais puisqu'on n'a pû le reduire sur ce point, et que de tous les expédiens qu'il vous a proposéz, il n'y en a pas un qui serve [?] l'inconvenient de degouter [?] etc. etc., je veux bien condescendre à l'ouverture que vous m'aves faite, et dans laquelle vous croyes qu'il entreroit. Je conviens donc en cette sorte que Jean Frederic me puisse donner un escrit par lequel il me prie d'approuver, que dans le traitté qu'il feroit avec moy, il se reserve la liberté de faire ce qu'il jugeroit à propos, en cas que etc. etc. Je veux bien en suite que Pomponne luy puisse donner un escrit par lequel il luy temoignât, qu'il et que je j'aurois agrée les escrits particuliers qu'il luy avoit envoyé de la mesme date du traitté. Et affin de gagner du temps, ainsy que vous me l'aves proposé, je donne ordre que la ratification du dit traitté que je supose comme signé le 10ᵉ du mois passé, vous soit envoyé par le retour du courier, affin que vous en puissies faire l'echange au plustost ...

---

1) Verjus schiebt an dieser Stelle seinem Auszug diese Bemerkung ein: Tout cet article de cette lettre est tellement fautif dans le chifre, et il faut qu'il y ait tant de mots sautéz et meme tant de lignes entieres oubliées que je n'ay jamais pû en comprendre le sens. J'espere que nous le saurons par le duplicata que mon courier m'aportera, où l'on n'aura peut estre fait les mesmes fautes.

106. Verjus an Herzog Johann Friedrich, dat. Cologne, 14. Febr. 1673.

Monseigneur, Je ne doute point que (M. Molque ne rende un compte fort exact à V. A. de ce que nous avons fait icy ensemble pour mettre la derniere main à l'affaire qui avoit esté commencé a Hanover) il y a deux mois. Je puis (protester à V. A. que je n'avois pas pouvoir rien faire de plus que ce que j'avois mandé à Grote. Je n'ay pas la'ise[1]) de me porter de moy meme a prendre sur les six[2]) mill' escus le temperament que j'ay pu esperer de voir estre receu à la cour). Je voudrois qu'il eust dependu de moy de faire sur ce point et sur les deux autres où l'on s'est[3]) si retenu, tout ce que V. A. souhaittoit; j'en aurois eu certainement plus de joye qu'elle et je ne perdray point d'occasion de faire toutes les choses que je pourray imaginer, et qui seront possibles, pour menager à V. A. sur les deux articles secrets la satisfaction qu'elle n'a pas eue maintenant, et que le temps et les conjonctures pourront peutestre luy faire avoir dans la suite; le succez que j'espere que les armes auront, et l'augmentation de gloire, de force et de consideration que cela luy donnera, aideront sans doute fort a surmonter les difficultez qu'elle a trouvé sur ces deux points, et qu'elle se mettra dans une possession effective de ce qu'ils contiennent, et meme, si mes voeux sont exaucés, d'autres avantages plus grands.

J'enverray au Roy par un courier expres avec les notifications que V. A. m'a envoyées, la lettre qu'elle escrit à S. M^{te} et dont elle aura reponse par le retour du meme courier, et en meme temps un escrit de M. de Pomponne, come il le [sic] faut, ayant remarqué que V. A. n'avoit rien dit de cecy à Sr Molque. Je ne luy en ay aussy rien temoigné et je fais savoir au Roy l'extresme retenue et precaution que V. A. a eue en cela. J'ay delivré à Molque les lettres du change de 13 mille escus pour les levées payables à Francfort et je luy ay donné un billet par lequel j'ay promis d'en reprendre la plus grande parti, si V. A. ne peut s'en accomoder, (suposant bien que) V. A. se servira au moins du reste; mais il seroit bien facheux qu'elle ne se servist pas de toutes, parcequ'on ne pourroit luy en faire tenir à Hambourg qu'avec bien de la peine et une grande perte de temps. J'ay donné aussy à Molque une lettre de change de 20 mille escus sur Hambourg pour le terme de janvier et fevrier de neutralité [sic] et j'en atends bientost une semblable pour celuy de mars et avril. M. Colbert me mande qu'il aura la plus grande ponctualité qu'on puisse souhaitter, pour le payement exact de touts les subsides dans leur temps, et (je ne manqueray pas d'avertir) et de soliciter de bonne heure, (quand il en sera besoin). J'ay dit à M. Molc mes sentiments sinceres des difficultés que V. A. avoit sur les 10e et 21e articles. J'ay cru que le meilleur estoit de n'en pas parler, pour ne point faire d'embarras sans besoin, (parceque asseurément) pour le 20e article tout le monde l'entend comme V. A., et il ne faut pas donner lieu à personne de penser à l'interpreter autrement; il faut par meme raison laisser reposer le 21e article, comme il est couché, que de le remuer et de nous metre dans la necessité de nouvelles explications et de nouvelles escritures. M. Molque est allé trouver (M. l'Evesque de Strasbourg), nous sommes con-

1) = laissé. 2) Dechiffr.: le esix. 3) Dechiffr. = on a est.

venus qu'il luy dira que le traitté est conclu, mais sans luy parler du détail des conditions, sur lesquelles le secret pourroit peut estre plus facilement eclater que sur un' affaire seule en general, quand on le luy aura bien recommendé. J'ay dit à M. Molque, que j'avois desia obtenu que V. A. poura faire des levees dans les estats de (M. l'Electeur de Cologne) et les faire meme soubs son nom et leur accomoder les quartiers dans l'evesché de Hildesheim, et je l'asseure qu'il ne trouvera point de difficulté non seulement sur toutes les choses qui m'ont deja esté promises, mais meme sur touttes les autres de cette matiere, que V. A. pourra souhaitter de M. l'Electeur de Cologne. Je luy ay dit aussy que M. l'Evesque de Paderborn m'a promis non seulement de laisser faire des levees à V. A. dans son pays, pourveu qu'elles se fassent sans bruit, mais de les ayder et favoriser sous main, autant qu'il luy sera possible. Il m'a envoyé une lettre de (Montecuculi), par laquelle il le prioit de (s'accomoder avec un certain colonel de l'Empereur des 500 hommes quil a sur pied ou d'une partie, suposant qu'il n'avoit pas le moyen de les entretenir, et il m'a mandé qu'il se resoudroit plustost à toute autre extremité que les luy donner). Sur quoy, Monseigneur, il m'est venu une pensée que (V. A. pourroit traitter avec M. l'Evesque de Paderborn de ces 500 hommes que l'on dit estre fort bons, les laisser aussy longtemps qu'elle en demeureroit d'accord avec luy, dans son pays et meme convenir qu'il augmenteroit encore ce petit corps, qui se conserveroit bien et seroit fort à la main de V. A., estant si proche de ses estats. Elle peut mieux juger que personne, de quel avantage cela luy seroit, et [?] les moyens d'y reussir, mais comme cet Evesque me temoigne et au Pere Verjus de la confiance, c'est à elle à nous commender, en cas qu'elle juge qu'on puisse l'y servir.)

J'avois esté de sentiment que (M. Molque ne vist point le Duc de Neubourg, et je n'estois engagé de faire aupres ce prince les diligences necessaires pour obtenir de luy la permission de faire des levées dans son duché de Berguen, mais j'ay pensé depuis et dit à M. Molque, qu'il seroit bon qu'il le vist, et que ce prince se determineroit plus facilement à l'accorder, quand on la luy demanderoit de la part de V. A., mais j'ay adjousté à M. Molque qu'il n'estoit pas besoin, qu'il asseurast entierement ce prince que V. A. a traitté avec le Roy, et beaucoup moins, qu'il luy parust informé d'avances des conditions, parceque, comme on n'ofre que de beaucoup moindres à ce prince, il pourroit avoir quelque petite pointe de jalousie de celles qu'on aura accordées à V. A.) et particulierement (de ce qu'elle aura un corps separé, au lieu qu'on n'est en but avec luy que pour joindre un certain nombre de trouppes à celles des autres alliés; et c'est pour cela que j'avois esté d'avis. Mais on évitera cet inconveniant en témoignant ne savoir pas, de quoy V. A. est convenue avec le Roy, comme je luy ay desia marqué). J'escris aujourd'hui à (M. le marquis de Feuquière l'engagement que le Roy a pris avec V. A. de travailler par ses ministres à lier une estroite correspondance entre elle et les Suedois), et j'ecris aussy à (la cour pour luy faire donner ordre de s'y[1]) appliquer. Pour ce qui est de ce que V. A. peut et doit y faire d'elle meme, sans blesser le secret, puisqu'elle m'a ordonné par M. Molque de luy en dire mon sentiment, quelque inutile que je le croie), je ne veux pas manquer

1) Dechiffr.: si.

(en cela meme à luy monstrer mon obeissance. Je croirois donc,) Monseigneur, (que V. A. pourroit escrire sur ce sujet une letre ostensive à M. de Feuquière et de plus, si elle le jugeoit à propos, luy en adresser une pour le Roy de Suede, ou plustost qu'elle pourroit prier cet ambassadeur de luy donner quelqu'un des [?] auprez de luy, qui de concert avec luy fist ce que V. A. ordonneroit. Mais ce que je croirois le meilleur, seroit que V. A. pust avoir quelqu'un) uniquement (pour s'apliquer à cette affaire et pour y suivre ses ordres, sansqu'on le pust neantmoins soupçonner d'avoir aucune correspondance avec elle, jusques à ce qu'elle y envoye ouvertement quelqu'un de sa cour, quand elle sera sur le point de se declarer. Apres y avoir bien pensé, je ne sache personne qui luy fust plus propre que M. Dupré, dont on ne devineroit jamais qu'il fust pour cela en Suede, qui est tres lié[1]) avec M. de Feuquieres, et qui est soigneux et intelligent. Je supose que dans quatre mois il pourroit revenir icy, où je crois que le Roy l'emploiera. V. A. jugera ce qui luy convient en tout cela, et je crois qu'elle me fera l'honneur d'estre persuadé, que je ne regarde que le bien dex ses affaires, comme) je tascheray toute ma vie de faire paroistre par mes actions, que je suis avec un profond respet et un atachement véritable Monseigneur

de V. A.

tres humble et tres obeissant serviteur

Verjus.

107. Herzog Johann Friedrich an Prinz Wilhelm von Fürstenberg, dat. Hannover, 3/13. März 1673. (Concept von Grote.)

Monsieur, J'ay receu la lettre que vous m'avez fait l'honneur de m'escrire de Soest du 10e du mars, et vous suis fort obligé de vostre confiance et amitié que vous m'y donnes. Je ne doute point qu' apres avoir depesché vostre trompette les envoyés de ma maison ne soient arrivés au camp de M. le pr[ince] de Thurenne, où le mien n'aura pas manqué de vous expliquer que je m'estois retiré à Hamelen avec mes trouppes pour empescher, s'il se pouvoit, les armées des alliés de passer dans mes estats, mais que voyant que mes trouppes n'estoient pas suffisantes pour cela, d'autant plus qu'on ne me demandoit qu'un passage conforme aux constitutions de l'Empire, et qu'en mesme temps je trouvois que les princes de ma maison estoient alors bien disposés de m'assister, en cas que les dites armées y voulussent passer ou prendre quartiers avec violence, j'estois revenu icy, n'ayant pas creu à propos de négliger cette occasion pour les engager dans nos interests ou les empescher d'en prendre des autres.

Le Sr de Molk vous aura aussy dit suivant mes ordres, que M. l'Electeur [de Brandenbourg] s'estoit desja declaré tant envers moy que les autres princes de maison, qu'il ne feroit que passer en avant dans l'evesché de Hildesheim, et qu'il n'y demeureroit pas, de sorte que de ces circonstances vous pourres vous même juger avec M. le Thurenne, s'il est plus à propos de passer le Weser maintenant ou de voir auparavant la suite de ces belles promesses, et quel effect auront les offices que nos envoyés entremettront par nos ordres pour l'evacuation de l'evesché de Hildesheim.

1) Dechiffr.: lien.

Je crois cependant que si M. de Thurenne faisoit la mine de s'approcher un peu plus de Höxter, comme s'il vouloit passer le Weser, que cela feroit determiner bientost les mesmes de quitter entierement l'evesché, s'ils en sont encore en balance, d'autant que cela les obligera aussy de deloger plus promtement de . . .[1]) s'ils ont quelqu' envie d'y demeurer. Jusques à present les alliés ne me demandent que le simple passage, mais nous ne sommes pas encore d'accord sur les conditions, eux voulant passer par trois differentes routes dans mes estats, au lieu que je ne leur en veux accorder qu'une, pour ne laisser pas ruiner mon pays à la fois. Et pour les vivres et le fourage qu'ils me demandent ou pour rien ou à credit, je ne me veux pas obliger à aucune chose et pretends qu'ils s'en pourvoyent au lieu où ils sont, tellement que voyant nos sentimens si fort éloignés l'un d'avec l'autre et s'ils persistent dans la resolution qu'ils avoient prise de marcher aujourd'hui, il y a bien à craindre que cette marche ne se fera pas sans une ruine evidente de mes sujets ny sans un grand sujet de plainte, en sorte qu' esperant neantmoins fortement que si la chose alloit trop avant, que M. de Turenne et son secours ne me manquera pas dans le besoin qu'en ce cas j'aurois de luy demander.

Touchant la lettre que vous proposes d'escrire à un prince de ma maison ou à un directeur du cercle, je la trouve tres utile et necessaire, et pour gagner du temps je suis de l'opinion que le meilleur sera de l'adresser à mon frère aisné tout comme colonel que comme condirecteur du d. cercle. Vous y pourres demander l'effect de tant de recherches et de requisitions de M. l'Electeur de Cologne pour la garantie de l'evesché de Hildesheim et pour le faire [vider?][2]) aux trouppes de l'Empereur et de Brandenbourg, en faisant voir en mesme temps la necessité, dans laquelle vous vous trouveriez au defaut de cela, de faire passer l'armée de M. de Thurenne le Weser, pour protéger les estats et les sujets de M. l'Electeur, et de transporter ainsi malgré le Roy et M. l'Electeur le siege de la guerre dans les provinces de ce cercle. Je ne doubte nullement que cela ne serve beaucoup[3]) à ce but d'éloigner les trouppes auxiliaires. Cependant pour oster à ces Messieurs l'envie et la faculté de surprendre Hildesheim, on y fait entrer aujourd'hui 1000[4]) hommes à pied et cents chevaux du cercle, pour la pluspart des trouppes de nostre maison, et outre celles de Cologne il n'y en a que fort peu de celles des petites villes imperiales de ce voisinage. S'il se passe quelque chose de considerable, je ne manqueray pas de vous le faire scavoir et de vous faire connoistre en toutes les occasions, combien je me sens obligé aux tesmoignages de vostre amitié, et que je suis avec une passion reciproque. . . .

108. Herzog Johann Friedrich an Verjus, dat. (März 1673).

Vous scaures desja, Monsieur, comme quoy M. l'Electeur de Brandenbourg ayant demandé le passage par mes estats pour son armée et celle de l'Empereur, j'y avois envoyé conjointement avec les Princes de ma maison pour traitter sur les conditions. Mais quoy qu'on ne leur aye rien demandé que ce qui est conforme aux lois et constitutions de l'Empire, nous

---

1) Unleserlich. 2) Ein Wort unleserlich. 3) Lesung unsicher.
4) Undeutlich: man erwartet 600 oder 700; vgl. oben S. 290.

estant même relaché de leur rigueur en plusieurs choses, M. l'Electeur neantmoins a mieux aimé d'y passer à sa mode et selon les suggestions de ses quartiers-mestres generaux que d'attendre les conclusions des dits traittés, et au lieu d'une seule route, qu'on leur prescrivoit pour y passer avec le moins d'endommagement de mes sujets, ils en ont pris trois pour ne laisser aucun village dans toute l'entendue de mon pays, sans qu'il se ressent de cette violence et de leurs exactions. Je ne pourray pas faire moins que de m'en pleindre à la diète de Ratisbonne et d'en demander satisfaction, et en mesme temps je vous en ay voulu donner part, affin que vous veilles prendre la peine d'en escrire à la cour et d'y entremettre à bon heure vos offices, affin que le Roy n'accorde ny paix ny tresve à M. l'Electeur de Brandenbourg, sans m'avoir au préalable donné juste satisfaction des dommages soufferts tant en ce passage qu'en celuy du mois septembre, ce que j'aurois lieu d'attendre de la seule bonté et bienveillance de Sa M[té], quand mesme cela ne seroit compris dans les traittés que j'ay l'honneur d'avoir avec Elle. Le pis est, que je dois attendre le mesme traittement dans ma duché de Grubenhagen, si leur marche, comme on dit, s'adresse à la Franconie.

Et puisque de cette maniere tout se dispose à une guerre generale dans l'Empire, il me semble qu'il seroit temps de commencer à travailler à une liaison plus etroitte entre Mess. l'Electeur de Cologne et l'Eveque de Munster et moy pour la seureté et la defense de nos estats, dont j'ay desja fait faire l'ouverture par M. Molk suivant le contenu de nostre traitté, attendant que quelqu'un de leur part vienne dans le voisinage pour conferer là dessus, comme M. l'Eveque de Strasbourg en est tombé d'accord avec le Sr Molk. Il seroit de la derniere importance pour le service du Roy et pour le bien de ses alliés aussy bien que pour le mien particulierement, qu'on songeast à bonn' heure à se rendre maistre de Minden, ce qui à mon avis ne seroit pas difficile, pendant que M. de Thurenne y est si proche avec son armée et les alliés s'éloignent de ces pays, comme on croit qu'ils feront. Car M. de Thurenne s'estant desja saisi du pont de Höxter, pourveu qu'on fortifie cette place, et si avec cela on estoit maistre de Minden, tout le moyen seroit osté à M. l'Electeur de repasser le Weser, si ce n'est à Rinteln, et je crois que Mad. la Landgrave y songera avant que de le permettre.

Et de cette maniere non seulement tout ce que M. l'Electeur possede encore au dela du Weser, tombera de soy meme, mais la difficulté ou l'impossibilité de le passer luy fera en meme temps passer l'envie et le pretexte de venir ravager le pays de Hildesheim et le mien, surtout quand on se resoudra aux moyens de les deffendre.

Je ne doubte pas, Monsieur, que considerant cette affaire seulement comme tres profitable aux bien commun de nos affaires, vous n'entries dans mes sentimens. Mais j'espere mesme, qu'en faisant reflexion sur l'interest que j'y ay en mon particulier, vostre amitié pour moy eschauffera vos soins, pour vous y appliquer tout du bon et pour en faire de telles representations à la cour, qu'on prenne des mesures la dessus conformes au service de Sa M[té] et à l'interest de ceux qui ont l'honneur d'estre ses alliés. Vous ne douteres pas de ma reconoissance non plus que de l'estime et de la consideration que j'auray tousjours pour vous.

109. Promemoria Grote's über die Erwerbung von Minden, (undatirt).

L'incertitude de la paix produict des grandes doubtes 1. pour la grande depense que l'on hazarde, 2. pour la retenue où cela met les alliés du Roy et particulièrement les Suedois. Non obstant cela S. A. fera pourtant en cas de guerre ce qu'elle doit.

Mais en cas d'une subite paix les difficultés sont plus grandes. Car la guerre continuant dans un autr' endroit, dans les changements aux quels la fortune des armes est sujette, il semble qu'il y aye peu de seureté dans une paix particuliere avec Brandenbourg.

Les ressentimens du passé, l'envie naturelle de se venger, l'affection pour un party et l'animosité contre l'autre, joint l'inconstance de cette cour-là, semble ne demander autre chose que l'occasion et la facilité de rompr' une autre fois pour se venger tant du Roy que de ses alliés, parmy lesquels S. A. est marquée de noir plus que tout autre. Et par consequent il est temps de songer à la seureté.

La seureté des alliés de S. A. consiste 1. dans l'alliance du Roy, 2. dans ses trouppes et 3. dans les moyens de faire passer à M. l'Electeur l'envie de remuer de nouveau.

L'alliance du Roy demeur' en sa vigueur même après la paix avec M. l'Electeur à l'esgard de l'obligation du Roy de déffendre et soutenir S. A. en tout ce qu'elle pourroit souffrir injustement à cause de son alliance. Mais comme le secours du Roy est éloigné et ses trouppes peuvent estre occoupées ailleurs, l'effect de la garantie du Roy se doit grandement fonder sur les propres forces de S. A. soutenues et entretenues par l'assistance du Roy. Et pour la raison sudite du peu de seureté qu'il y a dans une paix nouvellement conclue, il est juste que les subsides du Roy courent encore quelques mois après la paix. (La bonté des trouppes, la difficulté de les ravoir, le service que le Roy en peut tirer ou par un transport ou dans un autre cas, qui se rapporte ou à l'alliance desja faite ou à un autre engagement que selon le changement des conjunctures on pourroit faire)[1].

Mais cela ne suffit pas encore, parceque M. l'Electeur peut tousjours mettre plus de forces sur pied que S. A., si on n'oste à ce prince le moyen et le pretexte de rompre et de nuir' à S. A. et à tous les alliés de S. M^té^. C'est le passage de Minden sur la rivière de Weser, lequel avec l'interest que M. l'Electeur a de l'autre costé de la dite rivière, luy fournit tous les jours le pretexte et le moyen d'y envoyer des armées et, veu la necessité du passage, de ruiner autant de fois qu'il veut, les estats de S. A. et d'incommoder le reste des alliés de S. M^té^. Et au contraire n'ayant pas ce passage, il perd la facilité et le prétexte d'envoyer des trouppes de l'autre costé; et cela establiroit en meme temps la seureté des alliés du Roy et celle de ses conquestes.

Il est vray, qu'après la paix faite on ne peut pas oster à M. l'Electeur des places. Mais le moyen seroit de proposer de faire un train du costé de Gueldre joignant les provinces de M. l'Electeur en ce pays la. En suite de cela S. A. espere autant de la bonté du Roy, qu'elle est seure de l'aveu des alliés de S. M^té^, qui y trouvent leur conte, qu'on fera tomber

1) Die eingeklammerten Worte sind eine zu weiterer Ausführung vorbehaltene Randbemerkung Grote's.

cette place et une partie de la province en ses mains pour elle et pour sa posterité.

C'est le moyen de fair' avoir à S. A. une satisfaction proportionée aux torts et aux dommages que M. l'Electeur luy a fait souffrir, et que le Roy est obligé de luy procurer. C'est le moyen de procurer pour l'avenir une pleine seureté aux amis du Roy en Allemagne, et c'est enfin celuy de faire gouster à S. A. une recompense de la sincerité et constance avec laquelle elle a ambrassé les interest du Roy, et du hazard qu'elle y a couru.

Le consentement de l'Empire ne pourra manquer, si une fois on est d'accord avec M. l'Electeur.

Mais tout ce qui s'est dit, s'entend en cas de paix. En cas de guerre il est d'autant plus necessaire pour les raisons sudites, que le premier exploict des armes du Roy pour cette campagne s'occupent [sic] à prendre Minden et à nous le mettre entre les mains.

110. Verjus an Herzog Johann Friedrich, dat. Cologne, 26. März 1673.

J'ay receu la lettre que V. A. m'a fait l'honneur de m'escrire, et j'y répondray à la haste, mais substantiellement. M. l'Electeur de Brandebourg s'imagine tellement estre l'arbitre de la paix et de la guerre, qu'il croit que ce qu'il y desire, est aussi-tost fait. J'assure pourtant bien V. A. qu'il n'y a point encore de tresve ny de suspension d'armes accordée, et je ne concevois pas mesme que le Roy pust ny dust y entendre. (Neantmoins j'ay des instructions et des pouvoirs pour la conclure avec l'Electeur de Brandebourg ou meme une paix finale, s'il continue de la souhaitter, et ordre de Sa M^té^ de me transporter pour cela incessament à l'armée de M. de Turenne, où sur les premieres nouvelles des propositions de M. le Duc Ernest et de tant d'autres elle a pensé que cela se pouvoit traitter. Je suis certain que le Roy aura tousjours dans une pareille rencontre des grands esgards et une particuliere consideration pour la satisfaction et pour les interests de V. A. Je ne scay pas pourtant, s'il croiroit estre absolument obligé à faire avoir V. A. tous les dedommagements de ce que ses estats ont souffert, avant qu'elle s'est declarée, et sans qu'on puisse voir ni meme soupconner que le mal qu'ils ont eu, auroit esté fait en suite des traittés qu'elle a fait avec Sa M^té^. V. A. peut bien croire que je ne dis pas cela pour m'oposer à ses sentimens et à ses interests, et je pense que tant que le Roy laissera entre nos mains la negociation, qu'il luy plait maintenant d'y mettre, V. A. ne se defiera de la volonté de celuy qui en sera chargé. J'ay receu par le retour de mon courier la ratification de l'article secret, la lettre de M. de Pomponne que V. A. scait, une lettre que le Roy luy escrit de sa main sur sa nouvelle alliance, et une lettre de change pour le premier mois des subsides d'action et aujourd'huy par le courier ordinaire deux autres lettre de change, l'une de trente mille escus pour le second mois des subsides d'action et l'autre des six mille escus disputés, sur lesquels j'ay si bien plaidé que je les ay enfin emportés contre mon esperance. Je suplie tres humblement V. A. de vouloir bien me faire l'honneur d'estre persuadé, qu'on ne peut pas avoir plus de passion que j'en ay de luy témoigner par des actions, que je suis avec un tres profond respet pour Elle et un tres-particulier attachement à ses interests le tres-humble et très-obéissant serviteur de V. A. gez.: Verjus.

111. Herzog Johann Friedrich an Duc d'Enghien, dat. Hannover, 29. März 1673. (Eigenhändig.)

Je ne vous particulariseray rien de ce qui s'est passé au passage des armées de Brandebourg et d'Austriche par mes estats, il suffira que je vous dise qu'il[1]) m'ont donne assez de sujet d'estre mal contant d'eux et de chercher la réparation du tort et des domages, qu'elles m'ont causées tant par leur premier que par leur dernière marche par mes teres, lesquelles ont esté nullement conformes aux constitutions de l'Empire. Je ne manqueray pas d'en tiendray[2]) bon comte et d'en demander satisfaire, quant il en sera temps. Je suis parfaitement persuadé de l'amitié du Roy et qu'en consideration de la paix de Munster, de laquelle il est le guarant, et des traicté que j'ay eu l'honneur de conclure depuis peu avec luy, il n'aprouvera pas seulement mes justes pretensions et m'assistera vigoureusement pour en avoir une satisfaction proportionée, mais aussy qu'il me fera la grace de m'assister, en cas que l'on me voudroit obliger de souffrir davantage des marches et remarches si injustes, comme j'ay esté obligé de faire par le passé. Monsieur de Turaine est depuis quelques jours à Höxter avec 1500 ou 2000 chevaux, comme l'on dict, mais il n'y en a effectivement que 600, c'est pour observer la contenence de l'armée des alliés, lesquels ayent quittées dimanche passé les quartiers qu'ils ont eus dans l'evesché de Hildesheim, et ayent pris avec touttes les armées leurs marche vers Quedlenbourg et la comtée de Mansfeldt. Je crois qu'il retournera bientot dever [sic] Ham et Soost, où est son armée. J'ay esté la semaine passée à Cell pour y voire M. le Duc, et y ayent aussy trouvé M. l'Evesque d'Osenbruc et Mad. ma belle seur, toutte cette compaignie est venue avec moy icy pour me rendre la visite et s'en est retournée avanthiere apres n'avoir esté que trois jours icy. J'ay remarque que la mechante conduitte des alliés a bien changé les sentiments de mon aisné, et cela d'autant plus que l'on commence a soubsonner que j'ay fait un traitté particulier avec le Roy. Je suis du sentiment que d'icy en quelque temps, quand j'auray bientot achevé mes levées, qu'il ne seroit pas mal que je luy parle clairement, et que je luy fisse connoitre, sens pourtant communiquer le traitté, quel party que j'ay prins, et ce que je crois estre le veritable interes de l'Empire et de notre maison, afin que, quand le Roy trouvera bon de luy faire faire quelque proposition, qu'il soit plus disposé d'y escoutter que par le passé. Je serois pourtant bien aise d'en scavoir auparavant plus particulierement les sentiments du Roy, et quand vous m'en voudrez aussy apprendre les votres, je vous en seray[3]). Les Brandebourgois et Imperiaux ont beaucoup parlés de treve et de paix à leurs passages par ces pais icy, et que peutestre l'Electeur de Brandebourg seroit en peu de temps mieux avec le Roy que moy. Voilla des discours que le comte de Dona a fait à mes gents, quand il a esté avec moy. Quand ces nouvelles se debveroit rendre veritables, j'entands les premieres, car les autres je ne les craints pas. Je ne doutte nullement, qu'alors le Roy ne m'en fasse advertir à temps, et qu'il ne conclura point de traicté

---

1) sic! 2) sic! weil ursprünglich beabsichtigt war j'en tiendrai.
3) Hier ist ein Wort beim Umschlagen des Blatts vom Herzog vergessen worden.

avec ces Messieurs la, sens y comprendre mes interes, ce que je vous prie de recommender au mieux aux personnes que vous trouverez le plus à propos, et vous pouvez mesme communiquer toutte cette lettre à 320[1]), si vous le trouvez necessaire. Car je remets tous mes interes entre vos mains, où je les crois en bonne seureté. Tout presentement je rescois des lettres de Hamel qui disent qu'un corporal et quatre musquetaires, qui ont desertés de trouppes de Brandebourg pour se mettre dans les mienes, ont portés la nouvelle, que les trouppes de Munster fortes de 4000 hommes se sont avancées avec une bonne artiglerie vers Sparenberg pour l'assieger. Je ne manqueray pas de vous mander des nouvelles du succes de cette entreprise. En attendant conservez moy, je vous prie, votre amitié, laquelle je conte entre les plus grandes satisfactions que j'ay, et que j'ay le plus à coeur de me conserver.

112. Kanzler Schütz an Herzog Georg Wilhelm, dat. Hamburg, 12. April 1673.

Des von Kanstein Proposition, die Publica betreffend, ist in dem bestanden, daß S. Kurfrl. Dchl. die königl. französische Resolution intolerabel hielten und getreue Diener Ihr anders nicht einrathen könnten, dann daß S. Kurfrl. Dchl. lieber alles verlieren als auf solche gefährliche und schimpfliche conditiones sich einlassen sollten. Zu der unglücklichen Retirata über die Weser und vorhergängige Friedens- oder vielmehr Stillstands-Tractaten seien Sie von des Herrn Bischofen zu Osnabrügk Frl. Dchl. und dem schwedischen Envoyé gebracht worden unter der Versicherung, daß darmit alle Hostilitäten cessiren würden. Nun aber der eventus ein anders geben und der Kerl, der Bischof von Münster — so wurde er genannt — den Kurfürsten zu affrontiren kein End mache, so würden Sie umb so viel weniger zu verdenken sein, wenn Sie Ihre Revange suchten. Der Kaiser und Holland ließen es an Offerten nicht mangeln. Wie Sie aber bisher erfahren, daß der Effect nicht correspondirte, und zumal nöthig, daß die protestirende Fürsten sich näher zusammenthäten: also wollten S. Kurfrl. Dchl. gern Ew. Frl. Dchl. Intention wissen, und ob Sie mit Dänemark beitreten und hiebevor abgeredeter Maßen die gemeine Sicherheit retten helfen wollten. Sollten Ew. Frl. Dchl. jetzo andere Gedanken haben, so würden S. Kurfrl. Dchl. das Werk auch in weiteres Bedenken stellen und in illum eventum gern versichert sein wollen, ob dann Ew. Frl. Dchl. sich nicht in ein anderweitiges Particular-Verbündnüs mit S. Kurfrl. Dchl. einlassen wollten.

Nächst dem daß ich ihm, von Canstein, geantwortet, wie ich auf solche particularia nicht instruiret, habe ich ihm auch mit verschiedenen Rationen vorgestellt, wie Ew. Frl. Dchl. sich darauf nicht würden resolviren können, und insonderheit gefragt, ob nicht eine Schickung nach Soest geschehen; welches er verneinet. Wir sein aber so weit in Discurs und contestationes kommen, daß er mir zugestanden, wie daß die consilia bei ihnen dergestalt dividirt, daß S. Kurfrl. Dchl. selbst nicht sich entschließen könnten, was Sie vornehmen sollten. Aus welchem dann Ew. Frl. Dchl. noch ferner abnehmen werden, wie die von dem Ort kommende Schreiben zu consideriren; und ist wohl verwunderlich, daß man in Holland sich zu weiteren Subsidien gegen S. Kurfrl.

1) Nicht mit Sicherheit zu dechiffriren.

Dchl. obligat gemacht, wie dann wahr, daß Derselben jetzo alhier 100000 Rthlr. des Staats wegen zahlt werden.

Als dem schwedischen Residenten, dem von Graventhal, die Visite restituirt, hat derselbe mir ein Schreiben unter seines Königs Hand vom 14ten des nächst abgewichenen Monats Martii gezeigt, in welchen S. Mt verlangen und ihm, von Graventhal, aufgeben, Ew. Frl. Dchl. zu ersuchen, daß Dero Fürstl. Haus Ort und Zeit vorschlagen möchte, umb die durch den Kanzler Bökel hiebevor incaminirte Conföderationstractaten zu reassumiren. Da er dann mich zugleich ersucht, Ew. Frl. Dchl. hiervon unterthänigst zu referiren und ihn wissen zu lassen, wohin Deroselben gnädigste Meinung gerichtet. Ich meines Orts muß unvorgreiflich dafür halten, daß in dem Werk nicht zu eilen, und werde Ew. Frl. Dchl. bei meiner Rückkunft darüber meine unterthänigste Gedanken eröffnen.

Er, der von Graventhal, hat mir ferner seine Instruction, so er in Münzwesen von Stabe empfangen, zu verlesen geben. Die ist aber kurz, und wie weit sie mit Ew. Frl. Dchl. gnädigsten Intention übereinkomme, habe jetzo in einem absonderlichen Schreiben gemeldet.

Er hat ferner der Längde nach justifiziren wollen, wasmaßen sein König weder für das Röm. Reich noch sich selbsten eine andere Resolution fassen können, dann diejenige sei, welche die Stockholmischen Tractaten mit sich brächten. Endlich gestunde er, daß sie bei den Friedenstractaten auch einige Vortheil haben würden; restringirte doch solche auf die commercia und die darüber getroffenen Elbingischen Tractaten.

Seine Brief, so er gestern Abend von dem Graf Totten erhalten, bringen mit, daß beede Könige in Frankreich und Engelland kein armistitium weiter zulassen, doch den Progreß ihrer Waffen also moderiren wollten, darmit der Frieden dardurch nicht verhindert würde. So gedachte er, daß die Brief, so er von dem schwedischen Envoyé in Engelland erhalten, von Dissolution des Parlaments noch keine Meldung thäten.

Ew. Frl. Dchl. zu beharrlichen Hulden befehl mich darmit in unterthänigster Devotion.

113. Prinz Wilhelm von Fürstenberg an Herzog Johann Friedrich, dat. Soest, 20. April 1673.

M. de Molck estant persuadé, que V. A. luy envoyra ordre de s'en retourner, puisque l'on n'a aucune nouvelles, quand les deputés de M. l'Electeur de Brandebourg pourront venir icy, je l'ay entretenu bien particulierement et amplement sur les conjonctures presentes et sur les resolutions, que je crois necessaires que les princes alliez du Roy en Allemagne prissent ensemble, devant de commencer la campagne. Et come j'escris aujourdhuy à M. le baron de Frentz de la part de S. A. El. de Cologne, de venir en deça, pour estre instruit sur tout ce qu'il y aura à faire dans l'assemblée du cercle de la Basse Saxe et dans la conference secrette que V. A. a proposé, je la supplie tres humblement de luy vouloir ouvrir confidemment ses sentimens, affin qu'en ayant cognoissance nous puissions l'instruire plus de fondement et conformement aux desirs de V. A.

Du reste, encore qu'il n'y ait gueres d'apparence que les ennemys voulussent retourner vers le Weser, presentement qu'ils peuvent apprendre que l'armée de M. de Turenne se fortifie de jour à autre, et que dans peu elle doit estre composée de plus de 30 000 hommes, je ne laisse pas de faire scavoir aux officiers de S. A. El., qui sont dans le pays de Hildesheim, comme M. de Turenne le mande à ceux de son armée, qui sont dans celuy de Corvey, de se joindre à V. A. et de suivre les ordres que vous leur envoyez, si vous en avez besoing d'eux, et si cela ne suffisoit pas, V. A. peut s'assurer qu'elle aura de celle[1]) qui sont icy tant du Roy qu'à S. A. El., tout autant qu'elle le jugera necessaire, et qu'elle en demandera. Je suis avec toute la passion possible etc.

114. Prinz Wilhelm von Fürstenberg an Herzog Johann Friedrich, dat. Arnsberg, 27. April 1673.

J'ay cru devoir faire part à V. A. de la nouvelle que M. de Pomponne a mandé à M. l'Evesque de Strasbourg, qu'il y avoit lieu de bien esperer de l'accomodement avec M. l'Electeur de Brandebourg, puisque sur les propositions qu'il avoit apporté à la cour de la part de cet Electeur, il s'en retournoit avec des articles signez, presuposant, comme je pense, que nous avions cognoissance des d. propositions. Mais comme nous n'en avons rien appris non plus que des d. articles, je suis bien aise de scavoir de V. A., si elle ne trouvoit pas à propos, que de sa part, de celle de S. A. El. et de M. l'Evesque de Munster on fist quelque remonstrance là dessus à Sa M[te], puisque les d. princes alliez sont ceux qui ont le plus grands et sensible interest dans cette accomodement par les justes pretentions qu'ils ont contre M. l'Electeur de Brandebourg pour les dommages et pertes qu'il leur a faict souffrir, et que se joignant d'interest pour demander satisfaction, leur demande sera de beaucoup plus grand poids. J'ay entretenu plus amplement sur ce subject M. le baron de Frents, affin qu'il en puisse mieux informer V. A., laquelle je prie de me faire scavoir au plus ses pensées là-dessus, puisque je crains d'estre obligé entres peu de jours d'aller faire un tour vers le Rhin. Je suis avec tres forte passion etc.

115. Herzog Johann Friedrich an Prinz Wilhelm von Fürstenberg, dat. Hannover, 21. April (1. Mai) 1673. (Concept von Grote.)

J'ay appris tant par la lettre que vous avez pris la peine de m'escrire du 27e de ce mois que par ce que M. le baron de Frens m'a mandé de vostre part, comme quoy vous juges a propos qu'on s'assemble au plustost de la part des Mess. l'Electeur de Cologne, l'Evesque de Munster et de la mienne, pour deliberer ensemble sur ce qui concerne nos interests et nos seuretés dans les presentes conjonctures. Je suis bien aise de vous voir en cela du mesme sentiment dont je suis, et dont il y a longtemps que j'en ay donné l'ouverture à M. vostre frere l'Evesque de Strasbourg. J'avois même proposé à M. le doyen de Schmising la ville de Hildesheim pour cette fin et m'estois remis du temps à ce que M. l'Electeur et M. l'Evesque trouveroient bon. Mais d'autant que j'ay appris du Sr de Schmising que M. l'Evesque n'est pas d'accord du choix de la d. ville de Hildesheim pour le bien de l'assemblée, et qu'il desire aussy auparavant de parler au d. Sr Schmising, lequel dit qu'il s'y en va au premier jour et aura

1) sic!

l'honneur de s'entretenir avec vous quelque part en chemin, j'ay creu de devoir attendre, avant que d'envoyer quelqu'un, ce que vous arreteres ensemble au nom de M. l'Electeur de Cologne et de M. l'Evesque tant pour le lieu que pour le temps de la sudite assemblée et du pretexte dont vous croires qu'il se faudra servir, me remettant entierement sur ce que vous trouveres bon là dessus, pourveu que la chose se puisse faire secretement et sans esclat. M. Schmising ne manquera pas de vous faire part des autres particularités de nostre entretien, et il ne me reste que de vous asseurer que je suis avec une sensible reconnoissance de toutes les marques que vous me donnes de vostr' amitié, et avec une passion reciproque etc.

116. Kurfürst Friedrich Wilhelm von Brandenburg an Herzog Georg Wilhelm, dat. Cölln a/Spree, 4/14. Mai 1673.

Ew. Ld. ruhet zweifelsfrei in frischem Andenken, wasgestalt Wir vor einiger Zeit, wegen der dem Reich androhenden, auch endlich wirklich erfolgten Gefahr und besorgten fernern Einbruchs, mit J. Kaiserl. Mt eine Defensions-Alliance getroffen und zu solchem Ende die Waffen conjungirt. Gleichwie aber bei alsolchem Werke Unser einziges Absehen auf Retablirung eines sichern und guten Friedens und die Beschützung des Reichs gerichtet gewesen; und dann anitzo der König von Frankreich dergleichen Versicherung von sich gegeben, daß Wir nächst göttlicher Hülfe verhoffen, das Reich werde von der Seite unangefochten bleiben; gestalt dann J. Mt sich erboten, Uns unsere Lande alsofort zu restituiren, dieselbe weiter mit nichts zu beschweren und das Reich anderweit nicht zu verunruhigen, auch mit denen Herrn Staaten vermittelst raisonablen Conditionen Frieden zu machen: so haben Wir dergleichen billigmäßige propositiones nicht ausschlagen wollen, sondern seind vielmehr entschlossen Uns darauf mit Frankreich zu vergleichen, und das umb so viel mehr, weil Wir verspüret, daß fast alle Reichsstände solches als ein Mittel ansehen, wodurch fernere Ungelegenheit und Weiterung im Reich verhütet werden könnte. Gleichwie Uns aber nichts von des Reichs Interesse und denen Pflichten, womit Wir demselben verwandt, detachiren kann noch soll: als werden Wir es auch bei solchen Tractaten wohl beobachten und Uns desfalls Freiheit vorbehalten. Gestalt Wir dann allezeit bereit sein werden, daß wann sich einige Gefahr ereugen und jemand im Reich vergewaltigt werden sollte, Wir allemal zu desselben Beschützung nach äußersten Kräften concurriren und Uns davon nichts abhalten lassen werden; gestalt Wir dann desfalls J. Kaiserl. Mt absonderliche Versicherung thun lassen. Haben solches Ew. Ld., als Deren getreuer Vorsorge vor die Conservation des Friedens im Reiche uns genugsamb bekannt, in wohlhergebrachtem Vertrauen zu notificiren nicht unterlassen wollen, Dero Wir im übrigen zu Erweisung angenehmer freundvetterlicher Dienste geflissen verbleiben. —

117. Prinz Wilhelm von Fürstenberg an Herzog Johann Friedrich, dat. Soest, 17. Mai 1673.

Je n'ay pas grande chose à respondre à V. A. sur la derniere lettre qu'elle m'a faict la grace de m'escrire, puisque j'espere avoir moy mesme l'honneur de vous aller rendre mes tres humbles devoirs à Hamelen avec M. Verjus. En attendant je diray à V. A. que nous avons eu icy nouvelle assurée que M. l'Electeur de Brandebourg a ratifié la paix; M. Stratman le mande au d. Sr Verjus. Mais comme en mesme temps (il marque par sa lettre qu'il seroit bien aise que cette paix ne passast que pour une treve, affin de la tenir secrete), j'ay jugé à propos, pour les raisons que j'auray le bien de vous dire de bouche, de (la faire esclater) et ay mesme escrit à M. le general-maior Sparr la lettre cy jointe[1]) comme aussy donné ordre au S[r] vicechancelier Nicolartz de la declarer dans l'assemblée du cercle, où je luy marque qu'il est necessaire qu'il represente, que bien que S. A. El. ne songe plus de chercher sa satisfaction par la voye des armes, qu' Elle esperoit neamoins que le cercle ne laisseroit pas pour cela de s'employer, affin qu' Elle aussy bien que tous les autres estats qui ont souffert dans le cercle de la Basse Saxe, en recoivent une telle reparation qu'ils puissent avoir le moyen de subvenir à ce qu'ils pourroient estre obligéz de fournir pour les necessitez tant du d. cercle que de l'Empire, sans quoy le d. S[r] vicechancellier declareroit au d. cercle que Sa d. A. El. de Cologne ne pretendoit pas que le pays de Hildesheim y contribuast aucune chose, jusques à ce qu'il se fust remis des pertes et ruines qu'il a souffertes. Je supplie cependant V. A. de (ne rien dire à personne de ce que je luy mande là). Je suis avec toutte la passion possible etc.

118. Duc d'Enghien an Herzog Johann Friedrich, dat. Utrecht, 19. Mai 1673.

Cognoissant vos sentimens aussy bien que je les cognois, je ne doute pas de la joye que vous eussies eu de trouver des occasions de (vous distinguer dans une guerre où vous eussies peu acquerir de l'honneur et de la gloire. Et quoy que le monde vous fasse asses la justice d'estre persuadé de vostre mérite, et que vous aves des pensées très-nobles et très-grandes, je crois très-aisement que vous n'eussies pas este faché d'acquerir une nouvelle estime et de faire une figure considerable que l'on fait difficilement, quand on se borne à ne penser qu'à sa conversation). Je crois aussy que la maniere dont (l'Electeur de Brandenbourg en usè [sic] avec vous), est encore une raison qui pourroit vous faire trouver du plaisir à cette guerre-là. Mais cette paix estant faite et ratifiée), il faut tourner (ses pensées d'un autre costé, et comme elle ne l'est pas avec la Hollande, et qu'il peut même arriver qu'elle ne se fera pas), il me semble qu'en ce cas il restera (asses de matiere pour l'ambition louable que vous aves, et que la Frise seroit une belle conqueste, à laquelle vous pourries penser). Je ne le crois pas impossible, (pourveu que l'on prenne de bonnes mesures, et cela me paroit si utile et si glorieux pour vous que je ne puis m'empescher d'estre touché de cette pensée), et ce seroit pour moy une extreme joye (de nous voir dans des interests si joints et de songer qu'en servant le Roy) je vous rendrois aussy mes services (par le rapport qu'il y auroit entre nos affaires. Les Hollandois estant abandonnés de tout le monde, comme ils sont, ne peuvent nous resister), et il est indubitable (que vous profiteres des ruines de cet estat), si vous prenies la resolution (conjointement avec nos autres alliés de tourner vos armes du costé que je vous

1) In diesem Schreiben, d. d. Soest, 17. Mai 1673 kündigt Prinz Wilhelm dem General die Einstellung der kurkölnischen Feindseligkeiten an.

ay dit, dont je crois la conqueste faisable à une armée qui n'auroit que cet object-là et que cette seule affaire).

Je ne puis au reste vous rien dire de particulier sur ce que vous me mandes, que vous ne doutes pas que (le Roy ne vous fasse obtenir) la satisfaction que vous pouves souhaitter (de l'Electeur de Brandenbourg), estant party de la cour, come vous scaves, il y a desia asses longtemps et n'ayant pas esté instruict depuis de toutes les particularités (du traitté de l'Electeur de Brandenbourg), mais je puis vous repondre (que le Roy ne vous manquera à rien), et qu'il n'y a point (de prince pour qui il ait plus d'affection qu'il en a pour vous). Cependant je vous escris (ce qui me passe par l'esprit, par l'interest) que je prends a ce qui vous touche. Je vous asseure qu'il est extreme, et je vous supplie de me croire autant à vous que je suis, c'est à dire, plus que personne de monde etc.

119. Herzog Johann Friedrich an Prinz Wilhelm von Fürstenberg, dat. Hannover, 11. (21.) Mai 1673. (Concept von Grote.)

J'ay receu la lettre qu'il vous a plu m'escrire du 17ᵉ de ce mois. Je vous suis tres obligé de la part que vous m'y donnes de l'estat des affaires, et vous asseure que tout sera menagé dans le dernier secret. Mais d'autant plus que les choses paroissent embrouillées dans cette conjoncture, plus je souhaitte que nostr' entrevenue et de M. de Verjus se fasse bientost, et vous me feres un tres grand plaisir de la presser, autant que vous pourres. Le vicechanzelier Nicolartz a esté icy aujourd'hui et m'a confirmé tout ce que vous me mandes des ordres que M. l'Electeur de Cologne luy a donné pour la diete du cercle à Brunswic. J'ay ordonné à mon vicechanzelier que j'y ay envoyé, de seconder les intentions, autant qu'il luy sera possible. Je vous envoye la copie d'une lettre de M. l'Electeur de Brandenbourg, qui m'a esté rendue aujourd'hui, et quoy que la lettre parle de la paix comme d'une chose à faire encore, je la veux neantmoins tenir faite avec bien d'autres gens. Vous ne trouveres pas mauvais, Monsieur, que je n'ay pas repondu à la derniere lettre que le Baron de Frentz m'a apporté de vostre part. Il vous aura dit que j'estois sur le point de partir, et vous ne m'en croires pas moins, comme je suis veritablement etc.

120. Prinz Wilhelm von Fürstenberg an Herzog Johann Friedrich, dat. Soest, 23. Mai 1673.

Monsieur,

Ayant souhaitté avec toutte l'ardeur possible de pouvoir accompagner Monsieur Verjus dans le voyage qu'il va faire aupres de V. A., je n'ay pas peu de mortification de me voir obligé d'en entreprendre un autre affin de me trouver pres de Sa Mᵗᵉ, lorsque Mʳ Meinders et Stratman y arriveront, pour les raisons que M. Verjus aura l'honneur de vous dire, lesquelles me rendront aupres de V. A. de ce que je ne vais pas, apprendre ses pensées et conferer avec Elle sur l'estat present des affaires, mais je ne doubte pas que M. Verjus n'y suplie.

Selon ce que je puis comprendre des discours de ces Messrs cy-dessus nommés, M. l'Electeur de Brandebourg agist sincerement dans cette paix avec le Roy et ses alliez et pourroit mesme plustost se porter à agir con-

40*

jointement avec nous contre les Hollandois qu'à leur donner soubs main quelque assistance. Si V. A. pouvoit prendre la resolution d'entrer dans un pareil dessein soit ouvertement ou soubs le nom de S. A. El. de Cologne, en luy donnant vos trouppes aux conditions dont on pourroit convenir, je suis assuré que dans l'interest et le bien commun vous trouveries vos advantages particuliers, pouvant respondre à V. A. que M. l'Evesque de Munster aussy bien que S. A. El. de Cologne souhaittent passionement que vous puissiez proffiter avec eux de cette guerre contre les Hollandois.

Je m'arresteroy le moins que je pourray à la cour et feray tous mes efforts pour avoir l'honneur de voir V. A., des que j'en seray de retour, ou tout au moins pour donner quelque rendezvous à M. de Grotte, affin de pouvoir informer par luy pleinement V. A. de ce qui sera passé à la cour, et de ce qui se pourra faire aussy bien pour ses interests particuliers que pour ceux de Leur Alt^{es} El. de Cologne et de Munster. Je supplie tres humblement V. A. de me conserver tousjours quelque part dans l'honneur de son estime et de me croire parfairtement

Monsieur

de V. A.

le tres humble et tres obeissent serviteur
G. Prince de Fürstenberg.

121. Herzog Johann Friedrich an Duc d'Enghien, dat. (Mai 1673).
(Concept von Grote.)

Si j'avois besoin de nouveaux temoignages de la tendr' et partial' amitié que vous me portes, dont il y a longtemps que j'en dois estre certain el très-persuadé, j'en trouverois un' infinité dans la lettre que vous m'aves fait l'honneur de m'escrire du [19] de ce mais. Je n'ay pas laissé pour cela de recevoir ces nouvelles marques de votr' amitié et de votr' estime avec les sentiments de la plus forte et la plus sensible reconnoissance, et je souhaitte plus que jamais que les conjonctures presentes me puissent fournir quelqu' occasion favorable en joignant encore de plus pres nos interests et nos inclinations, autant pour vous signaler un peu plus réellement mon zele et mes services que je n'y l'ai fait [?] pour le passé. que pour me prévaloir en même temps de la chaleur et de la partialité que vous tesmoignes pour mes interests. La pensée de cett' entreprise que j'ay decouvert en vostre lettre, est grande et belle et en un mot digne de vous, mais considérant aussy la situation et la qualité du pays et des places, l'execution ne laisse pas d'en paroistre bien penible et difficile. Mais la facilité n'accompagne gueres les grandes choses, à moins qu'on n'espere de participier en quelque façon du bonheur qui est inseparable de toutes les actions et tous les desseins du Roy. Cependant la chose merite qu'on y pense; en attendant je pourray aussy avoir reponce de la cour sur ce que j'ay parlé avec M. de Verjus ces jours passés à Hamelen touchant les presentes conjonctures, dont il m'a promis de faire rapport au Roy, et qui consiste en substance en ce que je supplie le Roy de me faire scavoir ses intentions à l'egard du dernier traitté que j'ay l'honneur d'avoir fait avec Sa M^{té}, et touchant l'entretien de mes trouppes. dont les circonstances sont bien changées depuis la paix avec l'Electeur de Brandenbourg, non obstant laquelle il me paroitroit aussy peu favorable aux interests du Roy que mal seur pour les miens de se mettre hors de toutte posture. Je crois que les autres alliés du Roy feront en meme temps des remonstrations là-dessus à Sa M^{té}, et pour vous dire la verité, j'auray grand' impatience de scavoir, quelles mesures on prendra là-dessus. Car jusques là je ne vois pas seulement touttes mes affaires en incertitude, mais ce qui me donne le plus de peine, j'ay quatorze ou quinze mille hommes sur les bras, que je ne voudrois pas volontiers laisser pâtir, pendant que je les ay, ny m'en défaire de mauvaise grace, pour ne pas perdre le credit aupres les gens de guerre, qui fait beaucoup en Allemagne pour avoir de bonnes trouppes, quand on en a besoin. Les obligations que je vous auroy, si vous me pouves aider par quelque moyen à me faire obtenir une bonne et promte reponce sur cette matiere, sera [sic] plus grande que je ne le scaurois dire. Car le temps fait tout en ces sortes d'affaires. Je ne scay, quelles inclinations M. de Louvoy peut avoir pour moy n'ayant jamais eu l'occasion d'avoir aucun commerce avec luy; mais je crois, si vous voulies avoir la bonté, comme je vous en prie, de luy en toucher un mot, que cela ne serviroit pas peu à mes affaires. Je m'explique sur tout cecy confidemment avec vous, sçachant que vous n'avez pas moins d'affection pour mes interests que je prends de bon coeur toute la part imaginable aux vostres. Et en souhaittant un heureux succes à tous i ceus[?] desseins, je suis à vous absolument.

122. Duc d'Enghien an Herzog Johann Friedrich, dat. Utrecht, 30. Mai 1673.

(La paix de l'Electeur de Brandenbourg, estant faite et ratifiée, vous ostera de l'embarras où l'incertitude de ce traitté vous avoit mis). Je vous ay mandé là dessus tout ce que je vous puis dire aujourd'huy, et je me remets sur cela à la dernière lettre que je vous ay escrite. Cependant avant que de pouvoir prendre des mesures certaines pour (nostre voyage) et pour le temps et la manière dont il se pourroit faire, il me semble qu'il faut voir le debut de la negotiation de la paix, par où on pourra juger de la suite et de l'evennement. Il y a encore une autre chose qui pourroit faire prendre des mesures diferentes, c'est la resolution que vous avez a prendre de ce que vous devez faire presentement. (La despence que vous aves fait de vous armer et de faire de belles trouppes, avec l'inclination que vous aves de faire quelque chose d'esclatant, pourroit peutestre vous donner quelque pensée de ne les pas laisser inutiles) et de profiter de l'avantage (que le bon estat auquel vous les aves mis, vous pourroit faire trouver. La Frise n'est pas une conqueste très- impossible, et si la paix ne se fait pas, je tiens cette guerre icy bien seure, et vous pourries y trouver des avantages des convenienances par des traittés des change et d'accomodement que vous pourries faire avec des alliez, si vous entreriez dans cette pensée, peut estre que vous vous aprocheries de ses costés icy, et comme sur tout cela) il faudroit prendre des mesures differentes, j'attens de vos nouvelles avec impatience, vous supliant de croire que personne ne sera jamais si fort dans vos interests que j'y suis et que j'y seray toute ma vie.

123. Duc d'Enghien an Herzog Johann Friedrich, dat. Utrecht, 27. Juni 1673.

. . . J'ay receu responce de M. de Louvois à la lettre que je luy ay escrite, comme je vous ay mandé, sur vos interests. Il m'a informé de la resolution que le Roy a prise sur les choses qui vous régardent, et qu'il a envoyé ordre à M. Verjus de vous faire scavoir que (le Roy continuera de vous payer les subsides jusques à ce que les affaires d'Allemaigne soient accomodées à l'esgard de l'Empereur, et jusques à la fin de cette année, quand elles s'accomoderont présentement, pourveu que vous vous obligiez de joindre vos trouppes à M. de Turaine, s'il en est besoin, pour s'opposer à toutes les marches que l'Empereur voudroit faire pour secourir les Hollandois ou pour attacquer les alliés du Roy en quelque cercle[1]) de l'Empire que ce soit). J'espere que vous serez content de cette résolution, puisqu'elle vous donne moyen de (payer les troupes que vous avez sur pied et d'attandre armé les evenements des affaires des negotiations de paix) et la fin de cette campagne. Je ne voy point au reste que vous deviez avoir (aucune point [sic] à entrer dans l'engagement que l'on souhaite de vous au sujet de l'Empereur), après ce que je vous ay mandé par ma dernière lettre, et les déclarations que le Roy fait; les quelles doivent assez faire cognoistre à l'Empire ses bonnes intentions et qu'il ne souhaite que d'en rétirer ses troupes et d'y establir la tranquillité par les seuretez qu'il veut avoir, que l'Empereur ne la troublera pas en voulant donner du secours aux Holandois. Je me remets sur cela à ce que je vous ay desja escrit, cependant (si les choses s'accomodent avec l'Empereur en sorte que vos troupes ne soient plus nécessaires de ce costé là, vous aurez une autre résolution à prendre sur la proposition que je vous ay faite), et n'ayant rien vous dire de plus presentement, je me remets à M. de Verjus, à qui j'ay fait les recommendations les plus fortes pour vos interests qu'ils m'a esté possible, (et je le trouve très bien intentioné pour vous). Je vous demande, Monsieur, la continuation de vostre amitié et que vous me croyez aussy entièrement à vous que j'y suis.

Vous scavez des nouvelles de Mastrick plus fraisches par la voye de Cologne que par icy. C'est pourquoy je ne vous en mande rien. Nous attendons tousjours le chaud et le sec, il me semble qu'ils viennent bien lentement cette année.

gez.: H. J. de Bourbon.

124. Hannoversches Promemoria für den Grafen Verjus, dat. 3/13. Juli 1673.

S. A. Ser^me Monseigneur le Duc Jean Frédéric de Brunsvic et Luneborg ayant veu et considéré la proposition par escrit, laquelle M. de Verius, Conseiller d'estat et Envoyé extraordinaire de Sa M^té Très-chrestienne en Allemagne, luy a fait de la part du Roy le 2/12 de juillet l'an 1673 à Hannover, en suite d'avoir conféré diverse fois là-dessus avec le dit Mr Verius, — S. A. finalement luy a fait donner pour reponse et déclarer:

1) Text: celore.

Qu'elle reçoit avec les sentimens de beaucoup d'obligation et de reconnoissance les asseurances qu'il a plu à S. M[té] de luy faire donner tout de nouveau par le susdit Mr Verius tant à Lugde qu'icy, de vouloir continuer à S. A., jusques à ce que la paix fust pleinement restablie dans l'Empire, les mesmes subsides qu'elle luy a fournis jusques à maintenant, ce que S. A. trouve entièrement conforme à l'article 23me du traité fait avec S. M[té] le decembre dernier de l'année 1672, et mesme de porter les subsides en delà de ses premières promesses et de les continuer pour tout le reste de cette année, en cas que la paix vinst à estre faite, pour tenir en l'un et en l'autre cas S. A. puissament armée et pour la mettre ainsi à couvert et ses interests en toute manière. Mais d'autant que dans la fin de l'escrit presenté par Mr de Verius susdit ces asseurances et ces offres touchant la continuation des subsides semblent se rapporter et se conditioner sur une déclaration précise et positive qu'on demande à S. A., de vouloir non seulement s'opposer à l'Empereur, s'il vouloit s'avancer en deça de la Bohème et s'approcher du Rhin en faveur des Hollandois et au préjudice des alliés de S. M[té], mais de vouloir aussi en ce cas joindre ces trouppes à celles du Roy ou de ses alliés armés pour le mesme sujet en telle province de l'Empire où il seroit besoin: S. A. se trouve autant plus embarassée sur ce point, que non seulement cela s'estend bien au de là des obligations du dit traité et nommement du 5me article, qui borne les actions de S. A. dans les cercles de Saxe et Westphalie, mais cette nouvelle proposition outre cela met en doute et en incertitude tout le traité par la clause annexée par Mr de Verjus, que sansque S. A. donnast la response et la déclaration positive qu'on luy demande, il sembloit que les subsides que le Roy luy donne pour entretenir ses trouppes, ne puissent d'ores en avant estre fort utiles à S. M[té]. Ce que mettant toutes les affaires de S. A. en grande incertitude et esbranlant tout le fondement de sa seureté, qui repose sur l'armement de S. A. entretenu et appuyé par les assistences de S. M[té], c'est pourquoy, comme M. de Verjus se souviendra, pour prévenir ces scrupules, S. A. le pria desja fortement il y a deux mois à Hameln et par des instances reitérées à Lugde de vouloir bien prendre la peine et apprendre les sentimens du Roy, pour en informer en suite S. A., si après l'accomodement de M. l'Electeur de Brandenbourg S. M[té] entendoit, que le susdit traité de décembre dernier subsistat encore et demeurast en sa vigueur, ou si S. M[té] par la paix le jugeoit fini et expiré. Et parce que ces nouvelles propositions que M. de Verjus vient de faire à S. M[té], rendent la chose encore plus douteuse et plus incertaine, et qu'il est impossible que S. A. se puisse engager dans des nouveaux traités, sans sçavoir précisement, si le premier doit subsister encore, ou s'il est fini et expiré, elle espère que le Roy ne trouvera pas mauvais, que pour sa propre seureté et celle de ses estats elle retourne à supplier très-humblement S. M[té] de vouloir avoir la bonté de luy faire sçavoir au plustost ses intentions là dessus, à sçavoir, si elle entend, que par l'accomodement de M[r] l'Electeur de Brandebourg le traité de decembre susdit soit fini, ou que sa durée se doive estendre jusques à ce que S. M[té] aye une entière seureté du costé de l'Empereur, jusques à ce que toute l'apparence des troubles soit esteinte dans l'Empire. Et affin qu'il ne reste aucun doute sur le temps précis que le traité doit estre fini, S. A. prie aussy le Roy de vouloir bien avoir la bonté de se déclarer, si elle entend, qu'en meme temps que la paix sera signée, ce traité doit estre expiré et annullé, ou si S. M[té] veut que S. A.

ne se défasse point de ses trouppes, jusqu'à tant qu'elle l'en aye averti et déclaré de ne plus vouloir continuer les subsides, affinque S. A. puisse à temps pourvoir au licenciement et au réglement de sa milice. En suite de cela et quand S. A. sera informée plus particulièrement, sur quoy se fonde le traité que S. M[té] a fait avec d'autres Princes pour le mesme sujet, et qui sont ceux qui ont pris cet engagement, il sera plus facile à S. A. d'entrer en communication là dessus, et cependant S. A. selon la teneur du dit traité promet de n'omettre aucune sorte d'offices qui luy soit possible et qui dépende d'elle, pour détourner que les trouppes Impériales n'avancent dans l'Empire, affin de prévenir les maux qui en pourroient arriver.

S. A. ayant appris aussy de Mr de Verjus, que sur ce qu'elle avoit fait réprésenter au Roy touchant la satisfaction qui luy est deue des dégats et des dommages soufferts dans ses estats par les marches et remarches des trouppes et des armées de M. l'Electeur de Brandenbourg, S. M[té] estoit déclarée, que ne pouvant permettre que telles matières entrassent dans le principal traité de paix entre elle et les Hollandois, elle jugeoit à propos de remettre cette affaire, pour quand on traiteroit à part sur les affaires de l'Empire, S. A. y trouveroit mille difficultés, s'il y avoit de l'apparence que les choses dans l'Empire fussent disposées pour estre portées bien tost à des semblables traités. Mais parceque depuis la ratification du traité particulier entre le Roy et M[r] l'Electeur, principalement si les jalousies que las armes de l'Empereur causent, peuvent estre supprimées, il semble qu'il n'y aye plus rien à composer ou à traiter en Allemagne, le Roy est supplié instamment par S. A. de ne vouloir pas permettre, que sa juste satisfaction soit mise en oubly, et qu'en ce point aussy bien qu'en tous les autres elle obtienne le plein effect des traités qu'elle a l'honneur d'avoir avec Sa M[té].

S. A. a ordonné aussy de réprésenter à Mr de Verjus, par cet escrit les désordres et les déreglements qu'il [sic!] se sont coulés depuis quelque temps en deça au fait du payement des subsides porté dans les susdits traités. Mr de Verjus se souviendra que dans le traité de neutralité de l'an 1671 on est convenu que le payement des subsides se feroit en argent de banc, et non obstant que par respect du Roy S. A. s'est relaschée de ce point, s'estant déclarée de se contenter d'estre payée en ducatons ou rixdalers à la croix, non obstant tout cela le Sr du Pré, commissaire du Roy à Hambourg, contre la teneur du traité et mesme contre celle des lettres de change s'opiniastre de ne vouloir acquitter les mois de may et de juin de cette année qu'en monnaye courante et mesme en monnaye descriée, qui infère présentement la parte de plus de dix pour cent.

Il en est de mesme des lettres de change du mois d'avril et de may pour l'action et du juillet et d'aoust pour la neutralité, qui portent expressivement contre la teneur claire les traités, qu'elles seront payées en tiers et deux tiers de rixdalers, qui est une monnaie descriée et infère presentement la parte de douze pour cent. Et ce qui est le plus important tant pour le service du Roy que pour la conservation et la seureté de S. A., qui consiste dans un payement exacte de ses trouppes, les lettres de change pour l'action sont tousjours délivrées un ou deux mois plus tard qu'elles ne devroient estre selon la teneur des traités, de sorte que le terme estant desja venu pour celle des mois de juin et de juillet, S. A. n'est pas encore payée de celle d'avril et de may, ce qui cause une confusion extreme dans les affaires et dans l'estat de S. A., qui n'a autre soulagement pour entretenir tant de trouppes, tout subside qui luy devroit venir des contributions, suivant l'articles secret du dit traité, estant anéanti et reduit à rien.

Et comme la continuation de ces desordres ne pourroit manquer d'attirer des facheuses suites tant au service du Roy qu'au bien et à l'interest particulier de S. A., elle prie Mr de Verjus d'en vouloir faire telles représentations à la cour que le besoin et l'importance de la chose requiert, affinque le payement soit à l'avenir plus juste et plus exacte qu'il n'a esté par le passé, tant à l'esgard des espèces que pour les termes stipulés, en quoy le remède est d'autant plus facile, qu'il n'y a que les chicanes et l'interest particulier des marchands qui causent tels désordres.

Cependant S. A. proteste expressement de n'avoir accepté les susdites lettres de change fautifs que par la nécessité d'avoir de quoy payer ses trouppes, se reservaut d'avoir regrès à S. M^té pour le dedommagement et remboursement de toutes les pertes que le changement des espèces contre la teneur des traités et les chicanes des marchands luy feront souffrir, dont il sera fait une exacte spécification. S. A. attend sur tout ce que dessus les résolutions de S. M^té telles, qu'elles sont convenables à sa generosité et à la bonté particulière qu'elle a tousjours fait paroistre envers la parsonne et les interests de S. A., laquelle aussy de son costé ne manquera jamais envers S. M^té à la moindre de ses obligations et de ses devoirs portés par les susdits traités ny se départira point de cet estroit attachement qu'elle a l'honneur d'avoir au Roy, estant très-passioné de faire esclatter aux yeux de tout le monde le respect et la grande vénération qu'elle a pour la personne de Sa Maiesté.

Fait à Hannover ce 13/3 de juillet l'an 1673.

Postscriptum: Ayant esté dit cy-dessus que le terme accordé du payement des subsides de l'action des mois de juin et de juillet estoit desja eschen, à sçavoir le 13me du mois passé, S. A. espère et prie Mr de Verjus de faire de sa part des instances à la cour, qu'une lettre de change pour les dits deux mois soit envoyé avec le courier qui sera envoyé d'icy, et pour faciliter la chose, S. A. se déclare, quoyque sans aucune conséquence et préjudice des dits traités, qu'elle recevra l'argent pour ces deux mois en escus blancs à Paris.

125. Herzog Johann Friedrich an Duc d'Enghien, dat. Hannover 4/14. Juli 1673. (Concept von Grote.)

J'ay appris par l'honneur de la vostre d'Utrecht du 29e du mois passé les sentimens de la cour et les vostres sur ce qui concerne mes affaires dans les présentes conjonctures. Je vous rends mille graces de tous les soins et de la sincèr' affection que vous avez pour mes interests, et vous asseure que je ne perdray jamais les sentimens de reconnaissance que je vous en dois. Monsieur de Verjus, ayant passé par icy dans son voyage à Berlin, m'a proposé en substance la meme chose que M. le Louvois vous a escrite. Et comm' en effect ce sont des nouvelles propositions que l'on me fait, lesquelles vont bien plus loin que le dernier traitté que j'ay fait avec le Roy, j'ay esté obligé de différer ma résolution là-dessus, jusques à ce qu'on se soit déclaré positivement du costé de la cour, si l'on entend qu'après l'accomodement de M. l'Electeur de Brandenbourg le traitté susd. que j'ay fait avec le Roy decembre dernière de l'année passée, subsiste encore, ou si on le juge fini et expiré. Car vous jugès asseurement vous mesme, Monsieur, qu'il seroit trop dangereux pour moy de m'engager dans des nouveaus traittés sans sçavoir, quelles mesures je puis prendre sur le précedent traitté tant pour l'entretien de mes trouppes que pour l'assistence et la protection du Roy. Et j'ay creu d'avoir autant plus de suject d'attendre une declaration positive la-dessus, que M. de Verjus ne m'a sceu donner aucun esclaircissement là-dessus, m'ayant au contraire fait entendre dans un mémoire, par lequel il m'a insinué sa proposition, que sans que je me declare, si je veu fair' agir mes trouppes contre l'Empereur en quelque province d'Allemagne que ce puisse estre, il sembloit que les subsides que le Roy me donne, ne seroient[1]) guerres utiles à Sa M^{té}, ce qui ne se peut qu'il ne me remplisse l'esprit de doubte et d'incertitude.

Outre que la chose en elle mesme est trop importante pour me déclarer positivement la-dessus, avant que je sois informé des sentimens d'autres alliés de Sa M^{té} et s'il y en a parmy eux qui sont entrés dans des engagements pareils, dont j'ay aussy prié M. de Verjus de m'esclaircir. Cependant quoy que le payement des subsides soit fort irregulier, et qu'on me les doive depuis plus de deux mois, dont aussy j'ay esté obligé de faire mes plaintes à la cour, je feray tous mes efforts pour satisfaire de mon costé exactement à tous les points de mon obligation et n'omettray point . . .[2]) d'office que ce puisse estre, affinque l'Empereur differe la marche de son armée, et que l'Empire demeure en repos.

Je vous ay voulu selon nostre confidence donner part de tout cecy, non seulement pour vous recommender mes interests à la cour, mais aussy pour vous faire gouter [?] les raisons qui m'ont empesché de n'avoir pu aller plus avant avec M. de Verjus, desquelles je ne doubte non plus que vous n'en soyez satisfait, que[3]) vous devès estre persuadé de ma sincere et tendre passion, avec laquelle je suis entièrement à vous.

gez.: J. F.

126. Herzog Johann Friedrich an Pomponne, dat. Münden, 31. Juli 1673. (Eigenhändiges Concept[4]).)

Monsieur, Ayent apprins qu'il s'est fait un traitté entre le Roy de Dannemarc et les Hollandois, j'ay cherché tous les mojains possibles pour en scavoir les particularités et j'ay enfin fait en sorte que le dict Roy mesme m'en a communiqué la substance. Laquelle est, que les Hollandois l'ayent recherché il y a quelque temps sous prétexte de certaines alliances

1) Text: seroit. 2) Unleserlich. 3) Fehlt wohl et vor que.

4) Von dem hier mitgetheilten Schreiben liegen drei eigenhändige Concepte des Herzogs vor. Das eine trägt die Randbemerkung: premier project. Zum zweiten hat der Herzog bemerkt: Cecy est le project que j'ay envoyé à Mr de Pomponne auec l'approbation de Mr Osten le 15 de Jul. 1673. Er hat dann diese Bemerkung durchstrichen und dafür geschrieben: Cecy est le project, comme je l'ay changé au gré de Mr Osten et lequel j'ay leu en sa présence à son depart de Claustal. Das hier mitgetheilte dritte Concept unterscheidet sich von dem zweiten lediglich durch stilistische Verbesserungen.

qu'ils prétendent avoir fait autrefois avec le feu Roy son père et avec luy, pour les assister contre la France et l'Angletaire, il le leur avoit refusé tout nait[1]), en considération de la bonne intelligence qu'il désire conserver avec les dictes couronnes; mais les Hollandois ayent remarqués, qu'il n'y avoit rien à obtenir par cette voje pour eux, se sont offerts de voulloir faire un traitté de commerce avec luy et qu'en luy donnent des certains subsides par an, le dict Roy seroit obligé de protéger leurs vescaux contre les attacques de leurs ennemis dens les ports de maire et sur les costes de ses rojaumes. Et voicy, Monsieur, la substance du traitté et le véritable fondament sur lequel il a esté conclu, le Roy s'estent pourtant expressement réservé de ne voulloire estre obligé en aucune fasson directe ou indirecte de se mesler dens la guerre qui est présentement entre les deux couronnes d'une part et les Hollandois de l'autre. Les raisons qui l'ont porté à conclure ce traitté, sont, 1) qu'il n'y trouve rien qui puisse porter le moindre préjudice à qui que ce soit au monde; que les droits des gents, sa propre gloire et le maintien de son crédit l'obligoit sens cela de donner sûreté et retraitte à tous les vesceuaux [sic!], de qui ou de quelle nation ils puissent estre, dens ses ports et sur ses costes et par consequence aussy aux Hollandois, qui ne sont pas ses ennemis; 3) qu'il se vojoit plus negligé par la France et par l'Angletaire dens des conjonctures si importantes comme les presentes, où presque toutte l'Europe est en émossion, que d'autres couronnes; 4) et que pourtant pour la seureté de ses rojaumes et leur trafic il estoit obligé d'entretenier un grand équipage de maire, autant que les presents guerres dureront; lequel requirent une tres grande dépense, les subsides d'Hollande luy servoit beaucoup pour soulager ses finances. J'ay creu, Monsieur, estre necessaire de vous mander tout cecy pour en faire rapport au Roy vostre maistre, me semblent qu'il y va de son service et de l'interes de ses alliés, et que le Roy de Dannemarc mesme sera bien aise qu'il en soit informé. Vous me ferez en mesme temps la faveur, s'il vous plaist, de bien asseurer Sa M^té de mes tres humbles respects et services, et j'attends de votre amitié que vous vous en acquitterez de la meilleur fasson du monde, puisque vous ne sauriez tent dire des veritables sentiments de veneration, que j'ay pour un si grand Roy et, si je l'ause dire, pour un si honest homme, que j'en sents dens mon coeur, ny estre tent persuadé que je suis tres sincèrement et d'un veritable sentiment d'estime

Monsieur

vostre tres affectioné serviteur
Jean Frederic.

Postscriptum: J'ay oublié de vous dire, Monsieur, que ce traicté n'est pas encore ratifié des Hollandois, et je crois que, si le Roy le trouvoit bon, qu'il y auroit bien encore moyain de faire changer le Roy de Dannemarc de résolution. Je vous prie pourtant que tout cecy soit menagé en fasson, s'il s'en peut, que l'on ne s'apperseive point que ces avis viennent de moy.

---

1) sic! = net.

126a. Verjus an den Geheimen Rath von Witzendorf, dat. Himmelstal, vilage à seize miles de Berlin et cinq miles plus loin que Cüstrin, le 10e d'aoust 1673.

Je ne doute point, Monsieur, que vous n'atendiez avec impatience le retour de vostre Courier. Mais je n'ay pu le dépescher plustost. Encore ne partira-t-il que demain, et peutestre sera-t-il bien prez de midi, quand je luy donneray mes lettres. Il me rendit avant-hier vers huit ou neuf heures du matin la vostre du 3e de ce mois au sortir de Custrin pour venir ici, où je luy dis de me suivre en ce village où l'on n'a ny lieu ny temps pour écrire. Aussi n'auray-je pas grand' chose à vous mander. Je me contenteray de vous envoier des copies ou extraits du paquet de la cour que vous m'avez fait tenir. Il n'y a rien qui ne vous regarde. Ce sont des réponses à ce que j'avois mandé des sentimens de S. A. et à celle qu'elle m'avoit donnée sur la petite proposition que je luy avois présentée. Vous n'auriez rien gagné à ouvrir le paquet, car tout y estoit en chifre sans en excepter presqu' un seul mot que l'article de la lettre de M. de Pomponne, qui régarde M. l'Electeur de Tréves: et quand vous auriez pu tout lire, vous n'y auriez gagné qu'un peu de temps, puisque je vous envoie maintenant le contenu de la lettre du Roy et de celle de M. de Pomponne. Je n'ay rien chiffré, parce qu'il n'y a ici ny place ny temps pour le faire, et qu'il eust falu trop retenir vostre courier, et parceque je suis persuadé qu'il aura soin de son paquet, et que les chemins sont seurs d'ici à Hannover.

J'espére que S. A. sera contente de la réponse du Roy sur tous les articles du mémoire que vous me remistes entre les mains de sa part, et j'espére aussi qu'elle voudra bien considérer les raisons que le Roy a de souhaiter, qu'elle joigne quatre ou cinq mile hommes de ses troupes à l'armée de Sa Mté commandée par de Turenne. Mais je n'ay plus rien à dire sur tout cela, puisque M. de Grotte est parti pour aller trouver le Roy, si ce n'est que S. A. ne pouvoit, à mon sens, prendre une meilleure et plus sage résolution que de l'y envoier, et que je suis persuadé qu'elle en aura tout contentement, et qu'elle en trouvera aussi plus facilement les voies d'en donner un entier au Roy sur la demande que S. Mté fait de l'union de quelque partie des troupes de S. A. à son armée.

Outre qu'en cela vous soulagerez vostre pais, que vous tiendrez en haleine et dans un exercice nécessarie des troupes que S. A. enverra, et qu'elle les mettra à une école qui profitera ensuite par la communication à toutes celles qu'elle a sur pied; et outre quantité d'autres raisons semblables que S. A. pouroit avoir d'envoier les troupes que le Roy desire, dont elle n'estimera pas peut-estre que celle de donner cette satisfaction à Sa Mté soit la moindre, je vous en toucheray seulement quelques-unes qu'on pouroit ajouster à celles que vous verrez dans l'extrait de la lettre du Roy, qui sont les meilleures.

1. Si vous tenez l'Allemagne entièrement pacifiée à vostre egard, comme elle l'est en cas que vous ne vouliez considérer que les troubles qui sembloient menacer les cercles de la Basse Saxe et de Westphalie, le dernier traité que j'ay fait avec vous, est fini; au quel cas il faut que vous donniez au Roy, s'il le souhaite, un certain nombre de troupes, que

je croy de deux mile hommes ou de deux mile cinq cens. Mais je pense que dans la disposition présente de l'Empire vous aimerez mieux en presser cinq mile, qui devroient retourner en vostre pais, aussitost que vous en aurez besoin, que d'en donner purement et simplement deux miles, dont vous ne pourriez plus jamais disposer. Et je pense encore que vous aimeriez mieux donner la double en continuant le traité, comme le Roy s'y ofre, que la moitié en le finissant, comme il seroit à craindre, si ce traité estoit absolument inutile à Sa M[té].

2. Il faut considérer une chose dont vous ne pourrez douter, sages et clairvoians comme vous estes, qui est que si l'Empereur pouvoit venir à bout de ses desseins et avoir un peu les coudées franches dans l'Empire, vous seriez des premiers qu'il auroit plaisir de ruiner; et que le peu que vous ferez de plus que ce que vous avez desja fait, n'ajoustera pas grand' chose à la défiance et à la mauvaise volonté qu'il a desja à vostre égard. Ce qui estant ainsi, je pense que vous demeurerez d'accord, qu'il est plus de vostre intérest de contribuer d'un peu de vos forces à le tenir éloigné de vos estats que de l'y atendre avec des troupes qui moisiront, et qui deviendront une espéce de paisans et de bourgeois au lieu d'estre soldats, si vous ne les mettez en action, et si vous n'en faites quelque chose.

3. Si les affaires s'échaufent un peu, il est impossible que l'archevesché de Cologne ou le duché de Berg ne se sentent pas de cette guerre; et vous savez que ces estats là aussi bien que ceux de Juliers et de Liège mesme sont du cercle de Westphalie, dans lequel aussi bien que dans celuy de la Basse Saxe vous estes obligéz d'agir. De sorte que vous devrez apparement bientost faire avec toutes vos troupes ce que le Roy vous demande que vous fassiez maintenant avec une partie.

4. Les déclarations que l'Empereur fait dans ses réponses à M. l'Electeur de Bavières et à M. le Duc de Neubourg et dans le voeu des ministres d'Austriche à la Diette de Ratisbonne, de vouloir principalement faire la guerre pour forcer M. l'Electeur de Cologne et M. l'Ev. de Munster à s'accomoder avec les Hollandois, regardant le cercle de Westphalie, dont ces deux Princes sont de principaux membres, ne vous doivent pas estre si indiférentes, que vous ne fassiez rien pour en prévenir et empescher les mauvais efets; et puis que vous devez résister à la guerre qu'on voudroit allumer dans ce cercle-là, il vaut encore mieux ne pas atendre qu'elle y soit allumée.

5. Vous pouvez encore tirer la mesme conclusion de la réponse qui a esté donnée par l'Empereur et par ses ministres au Deputé de Hollande, dont je vous envoie copie. C'est un papier curieux, et que je vous prie de lire avec atention. Vous y verrez, combien on se moque du monde par tous les prétextes dont on se sert en public pour exciter la guerre en Allemagne et pour y embarasser d'autres Princes. Mais vous jugerez que le dessein d'envoier quinze mile hommes en Flandres or en Hollande, ne se peut exécuter sans entrer ou deça ou delà du Rhin dans ce cercle de Westphalie, où vous estes obligeé d'agir conformement à vostre traité. Et prenez garde que si vous refusez une partie de vos troupes pour les joindre hors de ce cercle à l'armée du Roy commandée par M. de Turenne, on ne vous somme pas en vertu du mesme traité de les envoier toutes dez maintenant pour le défendre des toutes ces ataques dont il est menacé.

6. Enfin, ne vous en déplaise, sur la fin du temps qu'il y avoit des troupes et de l'Empereur et de M. l'Electeur de Brandebourg dans quel-

ques estats de Westphalie, où ils avoient porté la guerre, et ensuite encore dans l'evesché de Hildesheim, qui est du cercle de la Basse Saxe, on pouvoit vous demander quelque chose, puisque vous aviez desja receu l'argent pour les levées et pour l'entretien des troupes. Et si on ne vous a pressé, lorsqu'on en avoit quelque droit, seulement parcequ'on a regardé à une certaine équité, en considérant que vous ne pouvierz pas encore pour lors estre bien en estat, c'est à vous aussi à faire maintenant par la mesme raison d'équité quelque chose de plus que ce que les termes précis du traité vous obligent, en regardant à l'esprit et à l'intention du mesme traité.

Voici, Monsieur, une lettre à peu prez du stile dont j'ay coûtume d'écrire à M. de Grotte. Je ne say pas, comment vous vous en accomoderez, et assurément je ne devrois pas m'en servir avec vous, avec qui je n'ay pas la guerre déclarée que j'ay avec luy. Mais, pour vous dire le vray, je trouve qu'on écrit bien plus gayement, quand on le peut faire avec cette liberté. Le principal est que les raisons soient bonnes, comme je croy qu'elles le sont, et que S. M. et S. A. aient tout sujet d'estre bien contentes l'une de l'autre et de leur liaison, comme je suis seur que cela sera tousjours.

La mesme réponse de l'Empereur au Deputé de Hollande donne un grand moien à S. A. de fortifier ses prétentions de dédommagement contre les Hollandois, puisqu'on y voit manifestement qu'ils ont esté la cause du du mal qui a esté fait dans les estats de S. A. aussi bien que dans tout l'Empire. Je ne vous enverray point d'autre copie de cette réponse que celle qui sera dans un paquet que vous trouverez ici pour M. le Duc Antoine Ulric, à qui je vous prie de vouloir bien le faire tenir seurement et au plustost, aprez l'avoir refermé, quand vous aurez lu ce papier et, si vous voulez, la lettre que je luy écris. Je vous envois aussi à cachet volant un autre paquet que je vous prie de vouloir bien adresser incessament à M. l'Ev. de Paderborn, aprez l'avoir fermé. Je le laisse ouvert, afin que vous puissiez parcourir un écrit latin qui y est, et voir, si vous l'aprouverez autant que l'autre que je vous communiquay à Hannover, dont celuy cy n'est que la suite.

Je vous conjure de vouloir bien présenter la lettre incluse à S. A. et l'accompagner des assurances de mes tres-humbles respets.

Je vous rens mile graces de la peine que vous avez bien voulu prendre de me faire tenir le paquet de la cour, et je vous prie, Monsieur, d'estre bien persuadé qu'on ne peut estre plus véritablement vostre tres-humble et tres-obéissant serviteur que je le suis.

Verjus.

127. Confirmationsreceß des Braunschweiger Bundes d. d. 15. Aug. 1673.

Zu wissen, als die Römisch Kaiserl. auch zu Ungarn und Böhmen Königl. Majestät, Ihre Königl. Majestät zu Dänemark-Norwegen, Ihre Churfürstl. Durchl. zu Brandenburg, Herrn Herzogen Georg Wilhelms und Herrn Herzogen Rudolph Augusti zu Braunschweig und Lüneburg, der Frau Landgräfin und Regentin zu Hessen-Kassel Fürstl. Durchl. nöthig und diensam erachtet, eine Zusammenschickung einiger Ihrer hierzu deputirten Räte in dieser Stadt Braunschweig zu veranlassen, dasjenige, was zur Bekräftig- und Vollenziehung des am 22/12. Septembris in nächstabgewichenem

1672. Jahr in gedachter Stadt getroffenen Foederis defensivi annoch deliberiret werden könnte, ferner zu verabreden, auch wegen Accession Ihrer Königl. May. in Schweden, Churfürstl. Gnaden zu Trier und Churfürstl. Durchl. zu Sachsen, wozu einige Hoffnung gemachet werden, Handlung zu pflegen, demzufolge auch die zu End benamte Räte allhier erschienen: sind nach beschehener Legitimation vermittels genugsamer Vollmachten vielfältige consultationes und Unterredung gehalten, und folgende Punkte abgehandelt und verglichen worden.

Erstens, hat man es allerdings bei diesem Bunde in allen seinen Artikeln ungeändert gelassen, gestalten auch die höchste und hohe Alliirte solchem wie in allem andern, also absonderlich auch, was articulo primo ratione der vertraulichen Communication wohlbedächtlich verglichen, getreulich nachzukommen und, dessen Inhalt nach, fest beisammen zu halten nochmals erbietig sein.

Zweitens ist beliebet worden, daß sämtliche höchst- und hohe Alliirte zu völliger Ausarbeitung der im 5., 15. und 17. articulis besagten Bündnis ausgestellten Particularien gewisse der Sachen kundige Militär- und Civil-Bediente verordnen und bevollmächtigen, welche à dato dieses Recessus innerhalb 4 Wochen, nämlich den 12/22. instehenden Monats Septembris allhier in der Stadt Braunschweig erscheinen und die specificirte particularia nach ihrem besten Verstande, zu sämtlicher höchst- und hoher Alliirten Ratification, einrichten und vergleichen sollen.

Als ferner drittens Ihre Kaiserl. May. denen übrigen höchst- und hohen Alliirten allerhand aus denen jetzigen Conjuncturen resultirende Gefahr sorgfältig vorstellen lassen, und anbenebenst derselben Gemüthsmeinung, wie allem bevorstehenden Unheil vorzukommen, vernehmen wollen, mit dem weiteren Anhang, daß Ihre Kaiserl. May. der Zuversicht lebten, wann Dieselbe in Dero Erblanden angegriffen werden sollten, die Conföderirten in Kraft des getroffenen foederis kein Bedenken haben würden, Deroselben kräftiglich zu assistiren und sich des modi defensionis halber zeitlich zu vergleichen, und aber die Abgesandten auf solch wichtiges Werk sich nicht zulänglich instruirt befunden, sondern deßwegen gemessenen Verhaltungsbefehl einzuholen sich gemüßigt erachtet, sothane Befehle auch nach und nach eingelangt: so ist man endlich einmüthig dahin schlüssig worden: daß, wann Ihre Kaiserl. May. wider die Reichssatzung und den westphälischen Friedensschluß in Dero in diesem foedere begriffenen Erbkönigreichen und Landen, von wem es auch sei, und unter was Prätext ein solches immer geschehen möge, angegriffen werden sollten, man Deroselben die darin art. secundo alles seines Inhalts stipulirte und versprochene Hülfe unweigerlich leisten wollte, und wie inzwischen zu hoffen steht, daß durch gütliche Mittel alle dergleichen besorgende Extremitäten würden abgewendet werden können, dazu auch gehöriger Orten möglichster Fleiß anzuwenden; also werde man nicht weiniger dasjenige, was in dem 18. Articulo mehrgemeldeten foederis wollbedächtiglich abgeredet, ferner bestmöglichst zu beobachten haben.

Viertens, seind Ihre Churfürstl. Gnaden zu Trier mit Consens und Einwilligung sämtlicher höchst- und hohen Alliirten in die Bündnis aufgenommen, und ist darüber der hierbei befindliche Accessions-Receß aufgerichtet und von den Gesandten vollenzogen; auch versprochen worden, dessen Ratification von Ihren höchst- und hohen Principalen innerhalb der in dem Accessions-Receß befindlicher Zeit als 2. Septembris/22. Augusti einzuschaffen und an diesem Ort gegen einander auszuliefern.

Und ob zwar fünftens Ihre Churfürstl. Gnaden sowohl durch Dero allhie gewesenen Gesandten als folgends durch Schreiben zu vernehmen gegeben, wie daß Sie und Dero Lande von der Königl. May. in Frankreich Kriegsvölkern fast hart bedrückt würden, mit dem Ersuchen, Ihro auch in Kraft des foederis mit Schreiben, Schickungen und andern zureichenden Rettungsmitteln zu assistiren; aldieweil jedoch bedenklich geachtet worden, ehe und bevor die Ratificationes der höchst- und hohen Bundesverwandten eingelangt und extradirt, hierinnen etwas gewißes zu resolviren: so hat man sich dahin vereinbaret, daß der zur Auswechselung berührter Ratification angesetzter terminus zu erwarten, inzwischen aber von allem, was dieser Requisition halber hier vorkommen, an die höchst- und hohe Principale zu referiren.

Nachdem auch sechstens wegen der Königl. May. in Schweden Der Regierungs-Präsident in dem Herzogtum Bremen, Herr Kleyhe, sich allhie eingefunden und durch die Churfürstl. Brandenb. Gesandtschaft zu wissen gemacht, wie er zwar hieher von höchstged. Ihr. Königl. May. abgeschickt, um gleichfalls wegen Accession Ihrer Königl. May. in solches foedus Handlung zu pflegen, und aber derselbe dafür halten wollen, daß, weil die anwesenden Gesandten nicht mit absonderlichen Special-Vollmachten zu Abhandelung dieser Accession versehen, Ihre Königl. May. auch von dem foedere und den dabei führenden Intentionen mehrere Gewißheit zu haben verlangte, dermalen er sich in einige Handlung einzulassen nicht vermöchte, sondern von allem zuvor an Ihr. Königl. May. geziemende Relation abzustatten hätte; da man sich dann hiernächst wegen eines anderweitigen congressus zu sothaner Handlung zu vernehmen: So hat man auch von seiten der höchst- und hohen Alliirten es dabei beruhen lassen.

Ingleichen und siebentens hat Ihro Churfürstl. Durchl. zu Sachsen anwesender Gesandter, Herr von Gerstorff, vorbracht, wie das jetzt höchstgeb. Ihre Churfürstl. Durchl. der Accessions-Handlunge noch einigen Anstand zu geben für diensam erachtet, aldieweil das Fürstl. Haus Sachsen Weimarische lini gleichfalls in das foedus zu treten nicht ungeneigt, und Sie sich untereinander wegen des quanti der Bundeshülfe und sonsten zu vereinbaren hatten.

Achtens, ist von Ihrer Kais. May. wegen vorgeschlagen worden, daß Ihro Königl. May. zu Spanien Burgundische Lande in das foedus mit angenommen werden möchten. Man hat aber auch hierin dermalen zu einigen Schluß nicht gelangen mögen, theils, weil darauf nicht alle anwesende Gesandte instruirt, theils, daß, wenn die quaestio an mit Bestande erledigt werden sollte, man zufoderst wegen ein- und anderer vorgefallenen Particularitäten zuverlässige Nachricht und Erläuterungen haben müßte, und aber von Deroselben wegen sich dieser Orten mit genugsamer Vollmacht noch zur Zeit niemand angegeben.

Neuntens, haben zwar Ihro Kais. May. auch zu bedenken vorstellen lassen, wie das Lothringische auch Nassauische Restitutionswerk befodert, so dann dasjenige, was wegen Conservation der Stadt Cöln in dem foedere art. 18 versehen, werkstellig gemachet werden könnte. Nach dem aber, so viel das Lothringische und Nassauische Restitutionswerk belangt, man sich auf die Regensburg. Handlungen und Protocolla lediglich beziehen müssen, auch wegen der Stadt Cöln keiner der Abgesandten, wegen Mangel Instruction sich herauszulassen vermöcht: so ist dieser letztere als zu dem Conföderations-Werk eigentlich gehöriger Punct zu anderweitiger Communication und Vernehmung ausgestellet, und bleibet inzwischen billig bei dem, was in foedere diesfalls schon versehen.

Zehentens, hat man sich auch reciproce gegen einander erboten, daß jeder von den höchst- und hohen Alliirten sich mit seinem Contingent zu Roß und Fuß in Bereitschaft halten wolle, damit bei jedem ereugenden Falle einer dem andern dasjenige effective prästiren könne, wozu er kraft dieses foederis verbunden.

Und weiln Ihr. Kais. Maj. zugleich vorstellen lassen, wie daß Sie die übrige sämtliche höchst- und hohe Conföderirte durch absonderliche Schreiben ersucht, in Ansehung der gefährlichen und geschwinden Läuften Ihre Gevollmächtigte nacher Mühlhausen mit nächstem zusammenzuschicken und die Nothdurft in einem und anderen bedenken zu lassen, mit Begehren, daß man sich allerseits dazu willfährig erweisen möchte; welches dann die Abgesandten gebührend zu referiren übernommen: als hat man auch, was etwa noch ferner zu bedenken wäre, dahin remittirt und damit diese Conferentien beschlossen.

Zu Urkund dessen haben die anwesenden bevollmächtigte Räthe und Gesandte diesen Receß eigenhändig unterschrieben und besiegelt, und ist jedem Theil ein Exemplar zugestellet worden.

So geschehen in der Stadt Braunschweig, den 15. Augusti Anno 1673.

128. Franz Egon, Bischof zu Straßburg ꝛc., an Herzog Johann Friedrich, dat. Köln, 18. Sept. 1673.

Ew. Ld. werden hoffentlich Unser voriges Schreiben empfangen und daraus ersehen haben, wie daß sowohl die Königl. schwedische Gesandten alhier [als auch] Kurbaiern, Pfalz-Neuburg und alle Wohlintentionirte der Meinung seind, daß man den Frieden auf diese Weise, wie es anjetzo hergehet, niemaln erhalten werde, es seie dann Sach daß man eine dritte Partei formire. Zu dem Ende dann dafür gehalten wird, daß wann Ew. Ld. wie auch Kurbrandenburg Ld., welche bereits einen von dero geheimben Ministris alhie haben, nebens Kurbaiern Ld., so auch underwegs seind, und des Herren Herzogen zu Würtembergs wie auch Pfalz-Neuburgs Ld., so die ihrige auch bereits alhier haben, auch selbsten in der Nähe seind, zusammentreten, so seind solche Mittel vorhanden, worgegen weder der Kaiser noch die Kron Spanien, ja die Holländer selbsten und viel weniger einige Stände des Reichs mit Fueg was werden sagen können, sondern es werden vielehender die letztere den ersten beifallen; zumalen Wir dann auch von obberührten schwedischen Gesandten vernommen, daß dero König jemand zu Ew. Ld. abgefertigt, also daß hiesiger Herr Kurfürst Ew. Ld. dienstfr., vetter- und brüderlich nebens Uns ganz dienstlich ersuchen, jemand Dero geheimben Ministrorum ohne Verlierung einiger Zeit anhero mit genugsamber Vollmacht abzufertigen; zumaln man der Hoffnung lebet, daß man nebens Ew. Ld. und denen übrigen bei diesem Krieg uninteressirten Parteien, wie auch der Kron Schweden ohne einige fernere Werbung etliche 40000 Mann ins Feld wird stellen können; welches nit allein Unserem teutschen Vaterland sehr reputirlich, sondern auch nöthig und dienlich, und wird man demnächsten mit mehreren Nachdruck sprechen und reden können; und zweifeln Wir nit, es werde des Herren Herzogen von Neuburg Ld. Ew. Ld. auch davon Nachricht geben, und Wir seind Deroselben zur Erweisung angenehmer Diensten jederzeit bereit.

129. Memorial der staatischen Deputirten für den spanischen Statthalter Grafen Monterey, dat. Brüssel, 28. Oct. 1673 [1]).

A Son Excellence Monsieur le Comte de Monterey.

Les subsignés Députés Extr^es des Estats Genéraux des Provinces unies ont représenté à Son Exc^e de la part de Messeig^rs leurs maistres, qu'ayant appris que l'Empereur par son ambassadeur à Copenhagen fait proposer au Roy de Dennemarc une ligue dans laquelle conjoinctement avec Sa M^té Imp^le entreroient le Roy Catholique, les dits Seig^rs Estats et les Ducs de Lunebourg, [ils] avoient fort approuvé cette proposition et jugé que l'on ne pouvoit choisir de meilleure voye pour venir à une conclusion avec Sa M^té Danoise et avec L. A. de Lunebourg à l'avantage de la cause commune, mais qu'il estoit nécessaire pour y réussir, qu'on travaillast de bon concert et sur les mesmes instructions, et qu'en cette vue ils avoient cru à propos de faire communiquer à Son Exc^e leurs pensées et sentiments sur ce qui pourroit servir de matière à la dite ligue et en mesme temps d'en faire par leurs ministres à Vienne à Sa M^té Imp^e, afinque, s'ils ne differoient pas de ceux de l'Empereur ou du Roy Catholique, on fist incessament les poursuites nécessaires pour les faire gouster et agréer par Sa M^té Danoise et Leurs d^tes A^es de Lunebourg et d'autres Princes dans le voisinage affectionnés au bon party, pour les raisons déduites en la conférence que les dits Députés ont eue avec S. Exc^e sur ce sujet.

Les conditions les plus propres donc pour manier la négotiation de la dite ligue commune à une bonne et prompte conclusion, sont selon les sentiments des dits Seigr^s Estats:

1. Qu'on pourroit offrir de la part de Sa M^té Impériale, de Sa M^té Catholique et de Leurs Hautes Puissances à Sa M^té Danoise et à Leurs A^es de Lunebourg et aux autres princes qu'on conviera à entrer en cette ligue, une alliance defensive de longue durée à des conditions raisonables et pourtant avantgeuses pour eux.

2. Qu'on ne les engageroit point, parceque l'on traiteroit et adjusteroit de plus avec eux sur l'estat de la guerre présente, à entrer en rupture avec les ennemis declarés de Sa M^té Impériale, de Sa M^té Catholique et des dits Seig^rs Estats, s'ils ne le désirent, mais seulement à aider à former un ou plusieurs corps d'armée, qui sous l'autorité de Sa M^té Imp^e pourroient servir à estre employés provisionellement à mettre à la raison l'Electeur de Cologne et l'Evesque de Munster comme infracteurs de la paix de Cleves et de Westphalie et à defendre les estats de Dennemarc, de Lunebourg et des autres princes qui entreront en cette ligue, contre ceux qui entreprendroient de les infester en haine de la dite ligue ou autrement.

3. Que Sa M^té Danoise et Leurs A^es de Lunebourg, en considération que les troupes seroient employées non seulement à obliger à la paix les dits Electeur et Evesque, mais aussy à défendre leurs propres estats, comme aussi en considération des advantages qu'ils trouveront en la ligue défensive, fourniront la moitié dans [sic] les troupes que l'on doit assembler en corps d'armée, et Sa M^té Impériale, Sa M^té Catholique et les dits Seig^rs Estats

1) Copie, beigelegt dem Schreiben König Christian's V. von Dänemark an Herzog Georg Wilhelm, dat. Kopenhagen, 2. Dec. 1673, das unter III, 130 mitgetheilt ist.

Généraux l'autre moitié, en sorte que venant à monter toutes ensemble à 6000 chevaux et à 12 000 hommes de pied, Sa M^té Impériale contribuera 1000 chevaux et 2000 de pied et autant Sa M^té Catholique comme aussi les dits Seig^rs Estats, et qu'on pourroit convenir avec les dits Roy de Dennemarc et Ducs de Lunebourg et d'autres princes qu'on pourroit disposer à entrer dans le parti, jusques à 3000 hommes, un tiers cavallerie et deux tiers infanterie, à mettre en campagne aux dites conditions.

4. Que les dits Seig^rs Estats sacrifieront de plus à cette ligue le secours de 6000 hommes que Sa M^té Danoise leur doit en vertu de l'alliance qu'ils ont avec elle, en le reputant pour duement donné, pourveu que Sa d^te M^té entre en cette ligue aux conditions susdites.

5. Que de plus on pourroit convenir avec les dits Seig^rs Roy et Princes touchant certains advantages qu'on leur pourroit faire trouver dans les terres des dits Electeur de Cologne et Evesque de Munster, en cas que la guerre vient à se continuer avec eux.

6. Et bien consideré que l'Electeur de Brandenbourg aimera apparement plustost de traitter séparement avec Sa M^té Imp^e que conjointement avec elle et Sa M^té Catholique et les dits Seig^rs Estats, à cause que S. A. Elect^e en la convention dernièrement faite avec la France s'est reservé son devoir vers l'Empereur et l'Empire; que pour cette raison Sa M^té Impériale pourroit ajuster le tout sur le pied susdit, et que Sa M^té Catholique et les dits Seig^rs Estats aggréeront ce qui aura esté conclu, en le faisant avec leur participation.

7. Outre la susdite part que l'Empereur, le Roy Catholique et les dits Seig^rs Estats fourniront aux troupes qu'on employera, ils supporteront aussy ce que l'on trouvera raisonnable pour l'entretien de l'artillerie et autres frais de la campagne.

Les Députés susdits s'estant acquitté par l'exposition de ce qui vient d'estre dit, des ordres de leurs maistres sur le sujet de la dite ligue, prient Son Excellence de leur déclarer ses sentiments là-dessus et de leur ouvrir le chemin qu'il trouvera le plus propre pour acheminer cette importante affaire le plus promptement qu'il se peut à une bonne conclusion.

Fait à Bruxelles, ce 28 octobre 1673.

Estoit signé: C. de Beuningen.
C. v. Vrybergen.

130. König Christian V. an Herzog Georg Wilhelm, dat. Kopenhagen, 2. Dec. 1673.

Unsere Freundschaft ꝛc.

Wir tragen keinen Zweifel, Ew. Ld. werden ab demjenigen, so Wir Unserm Generalmajorn Friederichen von Arensdorff Deroselben vorzutragen befohlen, den Zustand Unserer mit Holland fürlängst geschlossenen Tractaten bereits zur Genüge vernommen haben. Ob Wir nun wohl in Hoffnung gestanden, daß wann ja die Staaten General sich zu derselben Ratification pure nicht verstehen, sondern auf Admittirung einiger Temperamenten insistiren sollten, sie dennoch ihre Vorschläge dergestalt einrichten würden, daß das Hauptwerk nichts desto minder bestehen könnte und davon so wenig als immer müglich abgewichen würde: so will sich dennoch anjetzo fast ein anders äußern, indeme Uns der alhie anwesender staatischer Ambassadeur von Werkendam

41*

dieser Tagen nebengehende copeiliche Abschrift[1]) eines von den staatischen Deputirten zu Brüssel dem Grafen von Monterey daselbst überreichten Memorials communicirt und, daß Wir auf solchen Fuß mit dessen Principalen und deren Alliirten in Handlung treten wollten, Ansuchung gethan. Wann aber dieses eine ganz neue Proposition ist, welche von den vorangezogenen Tractaten gänzlich abgehet, so haben Wir Uns gegen ermeldten Ambassadeur vor der Hand keines andern darauf zu erklären gewußt, als daß Uns dieselbe etwas unvermuthlich vorkäme und man billig für allen Dingen abwarten und vernehmen müßte, wessen sich sowohl der Kaiser als die Kron Spanien auf besagtes Memorial resolviren würden, zumaln dasselbe nur in generalibus abgefasset, und so wenig er, von Werkendam, selbsten als der alhie befindliche Kaiserliche Ambassadeur sich darüber instruirt befünde, auch sonsten der von der Kron Spanien anhero destinirter Minister noch zur Zeit nicht angelangt wäre, mit denen man sich darüber in Handlung einlassen könnte. Und weiln ohne das eine solche Negotiation ziemlich weitläuftig fallen und eine lange Zeit erfordern wollte, so hielten Wir dafür, daß der abgezielte Zweck eher zu erreichen stünde, wann die alhie unterschriebenen Tractaten von den Staaten General ratificirt und, dafern ein oder ander Punkt einiger Modification unumbgänglich bedürfte, selbige ohne einzigen Zeitverlust vorgenommen und der Billigkeit nach temperiret würden, maßen Wir zu mehrer Facilitirung dessen Uns einigen raisonablen und zulänglichen Vorschlägen nicht entziehen wollten. Allermaßen nun Uns diese Sache mit Ew. Ld. gemein ist, also haben Wir keinen Umgang nehmen wollen, Deroselben davon unverlängt Part zu geben, Ew. Ld. freundvetterlich ersuchend, Sie geruhen Uns darüber Dero hochvernünftige Gedanken zu eröffnen, absonderlich was zu thun sein möchte im Fall J. Kaiserl. M^{t} und Ld. und die Kron Spanien die obberührte Proposition secundiren und nebst den Staaten General uns eine hauptsächliche Resolution darauf anhalten sollten. Womit Wir E. Ld. rc.

131. P. Verjus an (Freiherrn Grote), dat. Berlin, 3. Dec. 1673.

Je vous écriray, Monsieur, encore aujourd'huy pour mon frere, parce-qu'il n'est pas moins accablé d'afaires que la semaine passée, et que la chose dont j'ay à vous entretenir, presse et est de telle consequence, qu'il ne faut point d'exorde pour obtenir vostre attention. Il faut pourtant auparavant vous dire nos nouvelles de Pologne, qui portent que la maison de Brunswig poura avoir bonne part à l'election d'un Roy. Mais on ne marque pas, quel sera celuy des Princes de cette Maison sur lequel ce choix pouroit plus-tost tomber. On dit seulement que ce ne sera pas sur M. le Duc le Zell, parce qu'il ne l'accepteroit pas, et qu'il l'aimeroit mieux pour un de ses freres. Ce qui est certain, c'est que vous aurez de grands rivaux dont la plus part seront portez par la maison d'Autriche pour faire épouser à l'un d'entre eux la veufve du feu Roy. Le Prince Charles de Lorraine, des Princes de Bade et peut-estre mesme le second fils du Czar de Moscovie seront de ce nombre. Vous aurez encore le Roy de Suede, le second fils du Roy de Dennemark et le Prince Electoral de Brandebourg pour concurrens. Voylà nos nouvelles. Parlons maintenant d'afaire.

Je dois vous dire en confidence que (l'on fait icy semblant de ne

1) Mitgetheilt unter III, 129.

vouloir point y penser pour le Prince Electoral), mais que dans le fond (on y pense fort), et qu'on en a bonne esperance. On se flate que (l'Empereur) ne s'en éloignera pas, afin de (faire une union plus estroite par le mariage du Prince Electoral avec la Reine veufve), et on se flate encore que (l'Archevesque de Gnesne et l'Evesque de Cracovie, qui sont des amis de l'Electeur de Brandebourg, y seroient favorables. Cette election, dit on, ira fort viste), l'on ne peut prendre trop tost des mesures pour y réussir. Nous n'avons point d'avis que (le Roy soit engagé à appuyer aucun des prétendans), et nous savons d'ailleurs que (la France y pourra beaucoup) par bien des raisons et surtout à cause) du grand mareschal, qui sera fort escouté à cause des grands avantages qu'il vient de remporter sur les Turcs. Comme M. de Verjus a) déja des rélations (en Pologne et y en va) sans doute avoir davantage dans ce mouvement d'afaires, il faut vous expliquer et que vous disiez, en quoy et de quelle maniere l'on poura vous servir, surtout si (nous allons en Prusse avec l'Electeur de Brandebourg), comme il y a bien de l'apparence. Mais pour vous parler encore plus à coeur ouvert, (M. de Verjus), qui craint fort que (son sejour icy) ne dure trop longtemps, et qu'il n'ait tout loisir de s'y engager, souhaiteroit passionément d'avoir une yssuë aussi honneste et aussi agreable que le seroit (un voyage en Pologne), qui le feroit retourner plustost en France, et qui luy donneroit le moyen de contribuer à l'avantage et à la gloire de (M. le Duc Jean Frederic et de toute la maison de Brunswig, pour laquelle) vous connoissez son coeur. On veut donc sur cela vous faire une confidence, mais dont on vous conjure de faire en sorte, quelque chose qui arrive, qu'il ne paroisse rien ny (en France) ny ailleurs. Quoy qu'il ait quelque sujet de croire qu'on jettera les yeux sur luy plustost que sur un autre pour (l'envoy en Pologne), parce qu'il (est celuy des ministres du Roy qui en est le plus proche): il seroit encore à souhaiter que (vos Princes temoignassent au Roy le désirer), afin que la chose se fist mieux pour (cette auguste union), qu'il s'imagine pouvoir mieux servir qu'un autre dans une pareille rencontre, et qu'il serviroit du moins avec plus de zele et d'application que qui que ce pust estre: il croit que (tous vos Princes) d'un commun consentement, aprez avoir convenu entre eux de (celuy qu'on devra principalement proposer, et les avantages que les autres devroient en retirer), en cas que l'afaire réussisse, ou mesme avant que d'avoir convenu de toutes ces choses, qui pouroient s'accomoder dans la suite, (ils pouroient envoyer incessament quelqu'un au Roy) pour le prier de vouloir (favoriser le choix d'un Prince de leur maison), que cela attachera d'autant plus (tout entiere à ses interests, qu'ils prient Sa M^té^ d'envoyer quelqu'un pour cela en Pologne, que M. de Verjus est le plus prez des lieux et celuy, en l'habilité et l'affection duquel ils prendroient plus de confiance et ils pouroient plus facilement) convenir de toutes choses suivant les intentions de (Sa M^té^, qu'ils la supplient) de vouloir bien luy donner (des affaires pour cela), comme aussi (pour traiter et adjuster avec eux), s'il est nécessaire, (les conditions, aux quelles Sa M^té^ voudroit leur accorder ses bons offices et mesme) autre chose, si vous le jugez necessaire. Il faudroit qu'en mesme temps (vous depeschassiez un courier à M. de Verjus, par lequel ou M. le Duc Jean Frederic ou quelqu' autre Prince de la maison avec luy écrivist à M. de Verjus une ou plusieurs lettres), pour luy déclarer que (vous aviez demandé à la cour qu'on luy fasse faire ce voyage, et pour luy en) faire une maniere d'excuses (sur la confiance que toute la maison a en son amitié), dont il taschera en toutes occasions de donner des preuves, (qu'ils le conjurent tous) non seulement (de ne s'y point opposer, mais de les aider meme pour cela et d'écrire incessament au Roy pour appuyer leurs interests aupres de Sa M^té et) expliquer toutes les raisons qu'(elle auroit de les favoriser), qu'il voyt sans doute mieux que personne, estant aussi éveillé qu'il l'est, surtout ce qui regarde le service de son maistre. Il faut enfin que (cette lettre soit conceue de telle sorte qu'il puisse l'envoyer au Roy par un courier expres, qu'il chargera) en mesme temps (d'un fort memoire des raisons et motifs qui doivent porter Sa M^té à appuyer l'election d'une de Leurs Altesses). Je vous écris, Monsieur, tout cecy bien à la haste et fort en abregé; mais vous le comprendrez mieux que je ne puis vous le dire. Il est indubitable que (voicy un grand coup pour la gloire et pour l'aggrandissement de la maison de Brunswig, si elle scait en profiter). Il faudroit pour cela, ce semble, que (tous les Princes de cette maison agissent de concert et dans un mesme esprit). Car pour peu qu'il y parust de (la désunion), cela gasteroit tout, et (l'on n'en attendroit en Pologne le secours et l'appuy qu'on se prometra, quand elle sera bien unie). Enfin il est certain que tout ce que (vous scauries faire de principal pour le succes de cette grande affaire), se reduit à deux choses.

L'une est de faire au plustost quelque (démarche de reputation avec vos troupes), en sorte qu'il paroisse que ce sera (la maison de Brunswig qui aura donné le poids aux affaires, et) qui aura le plus contribué à (faire la paix en Allemagne) ou du moins à (presser ceux qui en ont troublé le repos. Outre la reputation, qui) contribue merveilleusement au succez en ces occasions, vous humilierez la maison d'Autriche, qui vous craint déja, et dont le crédit estant diminué par ce que vous feriez, elle en seroit) d'autant moins capable de (vous traverser en envoyant quelqu'un ou plusieurs des autres pretendans). Il seroit bien à souhaiter que (M. le Duc George joignist pour cela ses troupes aux vostres sous le nom de M. le Duc Ernest), qui pouroit peut-estres moyennant cela (traiter avec Cell pour des subsides), ce que je vous dis de ma teste, de sorte qu'il ne faut point en façon du monde, que vous fassiez connoistre que cette pensée vienne de moy. Car il n'y a pas de plaisir à paroistre (faire des avances sans ordre). Mais si vous témoigniez (le desirer par le courier que vous nous despecheriez, M. de Verjus appuyeroit cette demande de tout son possible par celuy qu'il envoyeroit en suite à la cour. Vous pouriez. estant ainsi joint d'interest de quelque chose d'eclat, empescher par exemple d'abord, que (l'Electeur de Saxe n'envoyast des troupes contre le Roy, vous et les alliés, en luy declarant que vous trouves cela contre le repos de l'Empire et contre les traités de Westphalie, et presser les Suedois et M. de Baviere de se declarer) en mesme temps; (ce qu'ils feroient assurement, quand vous voudriez, (vous voyant ainsi prests et résolus,) en sorte neantmoins que (vous en recevriez) toute la gloire et la principale reputation. (Et la maison d'Autriche en ayant toute la honte, son credit et ses sollicitations en seroient moins considerés).

L'autre chose principale que vous auriez à faire, seroit de (menager le credit et le secours de la France), ce que vous ne sauriez mieux faire qu' (en commençant un peu à vous remuer tout de bon dans les conjonctures presentes). Asseurement (vous ne hazarderez rien, puisque les secours de la France sont proches, que les forces seules de vostre maison sont si considerables qu'elles pouroient hardiment resister aux Imperiaux et leur refuser tous passages) et peut-estre mesme (les attaquer, que le Suedois) ne manqueront pas vous seconder et que vous n'avez rien du tout à craindre (du costé de cette cour à cause du traité qu'elle vient conclurre avec les Suedois, qui est) asseurement (tres bon pour vous et pour nous).

(Peut-estre l'election de M. le Duc Jean Frederic seroit elle plus difficile, parcequ'il n'a point encore de fils, peut-estre celle de M. le Duc Erneste ne le seroit elle pas moins à cause de la religion. Mais on pouroit convenir de quelques conditions avant achever pour celuy des deux qui ne seroit point eleu, en cas que l'autre le fust), et l'on pouroit mesme, pour accomoder (tous et les unir encore d'avantage, accorder le mariage de la fille ainée de M. le Duc Jean Frederic avec le fils ainé de M. le Duc Erneste). Enfin cet accomodement vous regarderoit, et peut estre est-il déja fait (et signé entre vous, car) il y a bien de l'apparence que ce n'est pas d'aujourd'huy que vous pensez à cette affaire. Si vous jugez (M. de Verjus) digne de la confiance de Leurs Altesses et un instrument propre pour les bien servir dans cette affaire, prenez si bien vos mesures que qui ce soit ne puisse jamais savoir qu'il (ait cherché cet honneur), et que cependant la chose reussisse. Il se promet, si vous luy donnez une occasion naturelle, comme je viens de vous le dire, d'en écrire (au Roy), sans paroistre se trop ingerer, de vous si bien servir que Leurs Altesses seront contentes de ses soins et de son application, comme elles le seront tousjours de son zele ardent pour leur gloire et pour leurs interests. A Dieu, Monsieur, voyla bien de la tablature. C'est à vous à voir, si cela convient. Car en ce cas (il n'y auroit point de temps à perdre, et tous les momens seroient precieux), si vous vouliez faire quelque chose de bon.

Vous saurez peut-estre de Vienne qu'on n'y est pas à se repentir de l'engagement qu'on a pris avec les Hollandois, qu'on y souhaite plus qu'on espere de s'en tirer avec honneur, et que le commissaire Hollandois deputé vers l'Empereur pour voir, si les levées auxquelles il s'est obligé s'achevent, se plaint fort de ce qu'on les a entierement cassées. Vous allez voir bien du désordre dans les affaires de ces Messieurs, et M. de Montecuculi a bien pris son temps aussi bien que l'année passée pour s'en retourner à Vienne. Je vous asseure que plus (M. le Duc Jean Frederic se declarera tost), plus il y aura de (la gloire et en donnera à sa maison). On ne peut, Monsieur, estre avec plus de respect, d'estime et de passion que je seray toute ma vie, vostre tres humble et tres-obeissant serviteur.

V.

Postscriptum I. Peut on bien vous prier, Monsieur, de vouloir bien prendre quelque moment favorable de faire ma cour à Leurs Altesses et asseurer Mad^e et Mad^elle de Grotte de mes tres humbles respects. —

Postscriptum II. Tout ce que je viens de vous dire, Monsieur, est peut-estre un plan chimerique, parcequ'il faudroit mieux savoir vos veuës et vos desseins que nous ne les savons, pour raisonner juste sur vos afaires. Ce sera à vous de voir, si cela vous convient, et à tout rejetter, si cela ne vous accomode. Mais il vaut mieux vous dire des choses dont peut-estre vous vous moquerez, que de hazarder de manquer aucune occasion de vous servir.

Postscriptum III. Le 6. de dec. 1673.

Depuis que j'ay écrit tout cecy, on a receu toutes les particularitez de la victoire de Pologne. A peine y en eut-il jamais une plus complete et plus glorieux. On mande que cela fera un tres grand effet pour l'election du Roy, et que le grand mareschal y aura le plus de pouvoir, (ce qui rompt bien les mesures et trouble fort la joye de cette cour-cy, qui ne doutoit presque point que le Prince Electoral en vinst estre eleu. Cette victoire affligea bien la maison d'Autriche, et le Baron de Goes en est deja fort consterné, aussy bien que ces gens cy). A Dieu encore une fois, Monsieur. Si jamais j'entreprends de vous écrire une aussi longue letre que cellecy en chifre, dites mal de moy, à moins que j'aye tant d'afaires avec vous que je sois obligé d'aprendre le chifre par coeur, ou qu'il s'agisse de vostre service. Car que ne favorit-on point pour vous temoigner, combien je vous honore, et à quel point je suis à vous. J'oubliois de vous dire que comme mes cartes astrologiques s'en vont achevées, on poura tousjours en faire paroistre quelques exemplaires en tableaux et vous en envoyer pour parer vos cabinets, en attendant que le portrait de S. A. S. soit achevé, ce qui ne pourra, comme je croy, estre de plus de quatre mois. Car je connois Nontueil et says ses longueurs. Quand le portrait sera achevé, on mettra alors les cartes en livre avec le portrait, que bien des gens de la cour et des curieux voudront avoir aussi separé des cartes dans leurs cabinets. J ay mesme un dessein encore plus grand pour faire augmenter le nombre des cartes qu'on mettra en livre avec le portrait. J'en ay écrit à Paris pour voir, si on le pouroit executer. Mais les Espagnols et Hollandois nous prennent bien des letres au pais de Cologne, ce qui nous oblige d'avoir encore recours à vostre bonté pour nos letres de France.

132. König Christian V. an Herzog Georg Wilhelm, dat. Kopenhagen, 20. Jan. 1674.

Was an Ew. Ld. des Kurfürsten zu Brandenburg Dchl. und Ld. wegen des neulich mit der Kron Schweden getroffenen foederis ferner gelangen lassen, und welcher Gestalt Ew. Ld. bei hochvernünftiger Überlegung dieser Sache nicht abzusehen vermögen, was für Vortheil Sie aus solchem foedere zu gewarten haben, auch was Sie sonst wegen dieser der Kron Schweden particuliren Conföderation mit des Kurfürsten Dchl. und Ld., da besagte Kron für diesem in das braunschweigische foedus miteinzutreten einigen Willen gezeiget, mir zu erkennen geben wollen: solches habe ich aus Dero den 6. dieses Monats an mich abgelassenem Schreiben mehrern Inhalts vernommen. Ich sage Ew. Ld. für solche vertrauliche Eröffnung sonderbaren Dank, und wie Dieselbe von des Kurfürsten Dchl. und Ld. gethaner Proposition selbsten gar vernünftig judiciren, also werde Ich desto mehr veranlasset, Dero desfalls führenden hochvernünftigen Gedanken beizupflichten, weiln Ich nicht unbillig dafür halten muß, daß Ew. Ld. Dero Sicherheit, so die fürnehmste Ursach Ihrer Miteintretung sein soll, bereits in der braunschweigischen und anderen aufgerichteten Allianzen besser haben, als Sie dieselbe in solchem foedere finden können; bevorab da Sie, wie die Uns sowohl schriftlich als durch Dero hier letztgewesenen Ministrum mündlich wiederholete Versicherungen Uns gänzlich hoffen machen und Wir dessen von dem alhie anwesenden Kaiserlichen Extraord^re^ Ambassadeur vielfältig vertröstet werden, Ihren vorigen consiliis und gethanen wohlmeinentlichen Erklärungen inhäriren und denen mit ermeldtem Ambassadeur nunmehr zum Schluß gebrachten Tractaten, deren Wir alhie, weil er selbsten in wenig Tagen die Communication davon zu überbringen entschlossen ist, weitläuftig zu gedenken für unnöthig achten, beizutreten gemeint sind. Mögen auch sonsten Ew. Ld. in hergebrachtem Vertrauen nicht verhalten, daß eine geraume Zeit hero wegen einer nähern Verständniß zwischen mir und der Kron Schweden gleichfalls einige Vorschläge und Projecten ins Mittel gebracht worden; weiln aber selbige meist nur in generalibus bestanden, so habe eine Unnoth zu sein ermessen, über eine Sache, deren Ausgang noch ganz ungewiß, mit Ew. Ld. bishero einige Communication zu pflegen. Sollte aber hinfüro zu weiterem Fortgang sich einige apparence zeigen, will ich nicht unterlassen, Ew. Ld. davon in Zeiten Part zu geben und Eröffnung zu thun als auch desfalls erweisen, daß ich nichts anders verlange als mit Deroselben hierinnen ebenmäßig gesampte mesures zu nehmen. Und ich verbleibe ꝛc.

133. A. Urkunde des Bundes zwischen dem Kaiser und den Herzögen Georg Wilhelm und Rudolf August, dat. Braunschweig, 14/24. April 1674.

Zu wissen seie hiermit, daß die Röm. Kaiserliche, auch zu Hungarn und Böheimb Königliche Mt, ingleichen die zu Dennemark und Norwegen, Königliche Mt, Ihre Kurfürstl. Dchl. zu Brandenburg, der Herren Georg Wilhelms und Hern Rudolfs Augusti, Herzogen zu Braunschweig und Lüneburg, dann auch der Frauen Landgräfin und Regentin zu Hessen-Cassel Fürstl. Dchl., in Ansehung der jetzigen gefährlichen Conjuncturen und zu Erhaltung ihrer ihnen von Gott anvertrauten Land und Leute vor aller unbilligen Gewalt in gueter Ruhe und Frieden, durch ihre mit genugsamer Vollmacht und Instruction in die Stadt Braunschweig zusammengeschickt gewesene Räthe und Abgesandte noch unterm dato 22. Septembris des 1672ten Jahrs ein gewisses foedus defensivum mit einander eingangen, und selbiges hernach die gesambte Allerhöchste und höchste Herren Principaln und Frau Principalin allerseits ratificiret haben.

Nachdem sich aber entzwischen die gefährliche Conjuncturen nicht allein nicht gebessert oder nachgelassen, sondern sich noch mehrers vergrößert, wie denn solches öffentlich an dem Tag lieget und keines weitläuftigen Ausführens bedarf: also seind allerhöchst- und höchstgeb. Ihre Kaiserliche Mt und beeder höchst erwähnter Herrn Georg Wilhelms und Rudolfs Augusti, Herzogen zu Braunschweig und Lüneburg, Dchl. aus Lieb und Eifer gegen den [sic] gemeinen deutschen Wesen bewogen worden, ihre hierunter benannten Räthe und Abgesandten abermalen in die Stadt Braunschweig zu schicken, zu dem Ende damit sie von Extendir- und Verwahrung besagtes 1672ten Jahrs getroffenen foederis reden und zugleich schließen mögen. Welche sich dann darauf nach allerseits gegen einander ausgewechselten Vollmachten und gehaltenen verschiedenen Zusammentretungen nachstehender Articuln bis auf allergnädigst- und gnädigste Ratification dero allerhöchst- und höchstbesagten Principaln verglichen.

§ 1. Und erstlich zwar solle es bei dem angezogenen foedere defensivo allerdinges verbleiben, und selbigem in allen seinen Punkten nachgelebet werden. Gleichwie aber die in solchem foedere intentirte Sicherheit der hohen Bundesverwandten Länder, Gerechtsame und Hoheiten nicht zu erhalten, woferne nicht der gemeine Ruhestand im Reich zugleich wiederbracht und befestigt werden sollte: so ist ferner abgeredet, daß nächst J. Kaiserl. M' höchsternannter beeder Herrn Herzogen Dchl. mit allem Fleiß und durch diensame officia sich dahin bearbeiten sollen, damit ein allgemeiner, billigmäßiger und sicherer Friede ehist erlanget werden möge.

§ 2. Sollten dann zweitens keine güetliche Mittel oder billigmäßige conditiones verfangen, sondern das Reich noch ferner beschweret werden, wollen J. Kaiserl. M' und der Herrn Herzogen Dchl., denen alsdann befindlichen Umständen nach, weiter überlegen und vergleichen lassen, wie sonsten der hiebei vorgesetzte heilsame Zweck würklich erreicht werden möchte.

§ 3. Bis dahin und drittens auch ausgestellet bleibet, wie hoch die im besagten braunschweigischen foedere versprochene Hülfe an Volk zu verstärken und der andringenden Gefahr zu proportioniren.

§ 4. Entzwischen und viertens wollen gleichwohlen beede Theil nicht allein das in mehrberührtem braunschweigischem foedere verglichenes Contingent in solcher Bereitschaft halten, damit wann ein oder ander in dem Seinigen, es geschehe gleich unter was Prätext oder von weme es immer wolle, gewaltthätiglich überzogen werden sollte, auf beschehenes Erfordern nach Inhalt desselben foederis den Attaquirten die würkliche Assistenz sofort geleistet werden könne;

§ 5. Sondern ist auch fünftens noch ferner wohlbedächtlich verglichen und zugesagt, daß dafern jemand, wer der auch seie, über dieser engern zu dem gemeinen Besten gerichteten Verein halber oder sonsten die hohen Alliirten zu bekriegen sich unternehmen sollte, sie einander nicht allein mit deme in dem braunschweigischen foedere bedungenen Quanto, sondern auch mit mehrer Macht, so viel als ein jeder Theil immer wird aufbringen und schicken können, zu Hülf zu kommen gehalten sein sollen.

§ 6. So viel aber sechstens das Commando und Jurisdiction über beederseits Völker, auch Kriegsrath, Artiglerie und was sonst zu Erhaltung gueter Ordnung und Einigkeit im Fall der Conjunction nöthig, belangt: weil derentwegen bereits im oftgemeldten braunschweigischen foedere genugsame Versehung beschehen, also läßt man es auch bei dessen Inhalt lediglich bewenden;

§ 7. Wie nicht weniger und siebentens, was in demselben wegen der Durchzüge und Quartiere beliebet und verglichen worden; und sollen der hohen Alliirten Unterthanen von der zu Hülf kommenden Miliz durchaus mit keinen andern Kriegsoneribus, wie die auch Namen haben, wider des Landsherrn selbsteigene Bewilligung beschweret werden.

§ 8. Gleichwie aber achtens keinem der hohen Conföderirten erlaubt sein solle, einige Handlung, dieselbe werde nun auf einen Frieden oder Stillstand der Waffen gerichtet, mit dem Feinde anzutreten, sondern auch hierin erwähntem braunschweigischen foedere nachgegangen werden solle: also wollen auch insonderheit J. Kaiserl. M' bei erfolgender Friedens- oder Stillstandshandlung der Herren Herzogen Dchl. Interesse bestens beobachten und, da denselben an ihren Land und Leuten oder iuribus ichtwas entzogen sein sollte, ehe höchstged. Herrn Herzogen Dchl. völlig restituiret, sich zumalen zu keinem Schluß verstehen oder bewegen lassen; als auch hingegen reciproce beeder Herrn Herzogen Dchl. ebenwohl bei erfolgender Friedens- oder Stillstandshandlung auch Ihro Kaiserl. M' Interesse bestens beobachten und, da denoselben an ihren Land und Leuten oder iuribus ichtwas entzogen sein sollte, ehe allerhöchstged. Kaiserl. Mt völlig restituiret, sich ebenwenig und zumalen zu keinem Schluß verstehen oder bewegen lassen wollen.

§ 9. Wann auch für das neunte ein oder andern Potentaten und Ständen in diese Bündnüs mit einzutreten gefallen sollte, sollte solches mit einmüthiger Verwilligung und Belieben der hohen Bundsverwandten geschehen, darüber Handlung gepflogen, und die conditiones, deren man sich vergleichen mag, diesem Receß beigefüget werden.

§ 10. Zehntens soll diese Bündnüs drei Jahre von dato dieses an stehen und unverbrüchlich gehalten, auch der hohen Bundsverwandten Ratification durch gewisse hierzu Deputirte inner Monatsfrist alhier in der Stadt Braunschweig eingebracht und ausgewechselt werden. Und bleibt dabenebens zu der hohen Bundsverwandten Gefallen und Gutbefinden gestellet, ob sie diese Bündniß prorogiren und zu solchem Ende noch vor Ablauf der drei Jahren eine anderweitige Zusammenkunft und Handlung veranlassen wollen.

Dessen zu Urkund ist dieser Receß von anfangs allerhöchst- und höchstged. J. Kaiserlichen, auch zu Hungarn und Böheimb Königl. Mt, dann J. Fürstl. Dchl. zusammengeschickten und bevollmächtigten Ministris und Räthen unterschrieben und besiegelt, auch jedwedem Theil ein gleichlautendes Exemplar zugestellet worden.

So geschehen Braunschweig, d. 24/14. April A° 1674.

Gez.: (L. S.) G. Graf und Herr von Windischgrätz.
(L. S.) Joh. Helwig S. g. Schütz. (L. S.) G. Christof von Hammerstein.
(L. S.) Fritz von Heimburg. (L. S.) Joachim Friedrich Söhlen.

B. Nebenreceß, dat. Braunschweig, 24/14. April 1674.

Zu wissen! Als die Röm. Kaiserliche, auch zu Hungarn und Böheimb Königl. Mt Herrn Georg Wilhelms und Herrn Rudolf Augusten Herzogen zu Braunschweig und Lüneburg Dchl. vermittelst verschiedener hochansehnlicher Abschickungen zu erkennen gegeben, wasmaßen Sie bei denen in dem Heil. Röm. Reich erweckten motibus die Waffen zu ergreifen äußerst necessitiret noch keine andere Intention führeten, dann das Reich und dessen Stände von aller Oppression zu befreien und Ihren Kaiserl. Respect, auch der Stände Freiheit, sodann guete Harmonie und Frieden im Reich zu erhalten; mit dem Ersuchen, daß höchstged. beeder Hern Herzogen Dchl. solche J. Kaiserl. Mt gemeinnützige Intention zu befördern und zu dem Ende nicht allein das alhier zu Braunschweig den 22/12. Sept. 1672 aufgerichtetes foedus zu extendiren, sondern auch unverlängt mit ihren Völkern wider diejenige, welche J. Kaiserl. Mt, die Kron Spanien und die Herrn General Staaten wider den Osnabrügg- und Münsterischen, Aach- und Clevischen Frieden jetzo bekriegen oder noch bekriegen würden, conjungiren möchten; darauf auch ein gewisser Receß unter heutigem Dato zwischen J. Kaiserl. Mt und höchstged. Herrn Herzogen hierunter benannten und zu dieser Handlung bevollmächtigten Ministris geschlossen; anbenebenst aber der gemeinen Sache vorträglich erachtet worden, denselben in einem Nebentractat, welcher in höchster Geheimb zu halten, zu erläutern: so ist Folgendes durch obgedachte Gevollmächtigte ferner abgeredet und verglichen worden, wie folgt.

§ 1. Weil höchstged. Herrn Herzogen Dchl. verschiedener erheblichen Ursachen halber ihre auf den Beinen habende Miliz zu verstärken nöthig halten und hierzu gewisse Geldsubsidien zu begehren sich befugt achten: daß demnach J. Kaiserl. M[t] sowohl bei der Kron Spanien als denen General Staaten alle mögliche und fleißige officia interponiren wollen, damit von jetzibemeldter Kron und denen General Staaten beeder Herrn Herzogen Dchl. vermittelst eines ehisten Vergleichs gewisse Subsidien erfolgen mögen; in Entstehung dessen der Herrn Herzogen Dchl. weiter nicht als an oberwähntes alhier zu Braunschweig den 12/22. Septembris 1672 aufgerichtetes foedus verbunden und hiegegen an diesen Secret- und Hauptreceß keineswegs gehalten, sondern selbige auf solchen Fall kraftlos bleiben sollen.

§ 2. Wann aber zweitens man berührter Subsidien halber zu dem intentirten Schluß gelanget und mit Zahlung jetzterwähnter Subsidien ein solcher Anfang gemachet, gleich mit höchstged. Königl. M[t] in Hispanien und denen Herrn General Staaten man sich verglichen haben wird: alsdann wollen höchstermeldter beeder Herrn Herzogen Dchl. mit einer Armee von 8000 zu Fuß, 4000 zu Pferd und 1000 Dragonern sambt convenabler Artiglerie wider die gemeine Feinde agiren lassen an Ort und Enden, wo J. Kaiserl. M[t], J. Kgl. M[t] zu Hispanien, die General Staaten und der Herrn Herzogen Dchl. für gut finden werden; maßen dann bei künftiger Kriegesexpedition, zumalen alsdann wann die Armeen der hohen Alliirten conjungirt, alle Hauptoperationes anderst nicht dann nach der mehrern Stimmen oballer- und höchstgenannter Alliirten dirigirt und zur Execution gebracht werden sollen; dergestalt daß J. Kaiserl. M[t] eine, J. Kgl. M[t] in Spanien eine, die Herren General Staaten eine, der beeden Herrn Herzogen Dchl. aber insgesambt eine Stimme zu führen haben.

§ 3. Sollte auch drittens hiernächst befunden werden, daß man obberührtes Corpus, umb den verlangten Frieden zu befördern, zu verstärken hätte: so soll darüber fernere Handlung angestellet, die Proposition nach dem mit der Kron Spanien und denen General Staaten ratione subsidiorum vorhin getroffenen Vergleich genommen, und darauf auch eine solche Hülfe würklich geleistet werden.

§ 4. Woferne dann viertens der beeden Herrn Herzogen Dchl. Lande Zeit währenden dieses Krieges von jemandem, wer der auch seie und unter was Prätext solches geschehen möge, attaquirt oder überzogen werden sollten: wollen J. Kaiserl. M[t] denenselben mit einer solchen Macht, als die erheischender Noth nach wird begehret und zulänglich geachtet werden können, mit darzu behöriger Artiglerie, auf beschehene Requisition unverweilt zu Hülf kommen und mit allem vigor wider die Attaquanten agiren lassen; gestalten dann der beeden Herrn Herzogen Dchl., in dem Fall daß J. Kaiserl. M[t] in Dero Landen feindlich angegriffen würden, jetzt allerhöchstgemeldter Kaiserl. M[t] mit obbenanntem Corps und wie dasselbe nach Ausweis des vorhergehenden dritten Articuls verstärket werden möchte, zu assistiren gleichfalls verbunden sein sollen.

§ 5. Sollte auch fünftens Zeit währender dieser Bündnüs sich jemand unternehmen, die Stadt Bremen aus ihrem jetzigen Stande gewaltthätiger Weise zu setzen; nachdem dann nicht allein der Herrn Herzogen Dchl. Lande, sondern auch der ganze niedersächsische wie nicht weniger westfälische Kreis in noch größere Unsicherheit und Gefahr hierdurch gestürzt werden dürften: so wollen J. Kaiserl. M[t] mit und nebens J. Kgl. M[t] zu Dennemark-Norwegen und beeder Herrn Herzogen Dchl. alle Rettungsmittel ergreifen, damit diese Stadt in statu quo gelassen und ihr via facti nichts Widriges zugemuthet werde.

§ 6. Daferne sechstens sich bei folgender Kriegsexpedition begeben sollte, daß von der Herrn Herzogen Durchl. ein oder mehr Plätze dem Feinde abgenommen würden: so soll es zwar damit gehalten werden, gleich man sich diesfalls in dem obangezogenen braunschweigischen foedere im 17. Articul verglichen, jedoch ist dabei bedungen worden, [daß] was die zu dem Röm. Reich gehörige Örter und die darinnen begriffenen Religionen und Geistlichkeit anbetrifft, dasjenige was dieses Orts in dem westfälischen Frieden begriffen, gehalten und alles quoad punctum religionis in gegenwärtigem Stand gelassen werden soll, zu dem Ende auch keine Veränderung oder Verminderung weder in denen Stiftern noch an der Religion verstattet, sondern selbige bei dem Röm. Reich und der in selbigen Orten obhandenen nicht allein katholischen, sondern auch andern Religionen, wie sich dieselbe anjetzo befinden, erhalten, wie auch die iura electionis, so dem Thumb- und andern Capitul zuständig, keineswegs turbiret, sondern sie dabei ruhig gelassen und geschützet werden sollen;

§ 7. Dann und siebentens, daß bei Ansetz- und Stabilirung der Quartier und Contributionen in denen Landen, welche in diesem niedersächsischen und westfälischen Kreise gelegen, der Herrn Herzogen Dchl. einiger Vorzug insoweit gegönnet werde, daß denselben vielmehr in jetztberührten Landen als anderer Orten erwähnte Quartier und contributiones nach Proportion angewiesen oder, da sie selbige schon überkommen, dabei ruhig gelassen werden.

§ 8. Achtens wollen J. Kaiserl. M' nicht weniger als J. Dchl. bei J. Königl. M' in Dennemark, auch den beeden Herrn Kurfürsten zu Sachsen und Brandenburg alle dienliche officia noch ferner einwenden lassen, damit Dieselbe in diese Partei völlig treten und dabei beständig verharren mögen. Alsdann auch der beeden Herrn Herzogen Dchl. sich bemühen wollen, Herrn Ernst Augusti Bischofens zu Osnabrügg und Herrn Johann Friedrichs, beeder Herzogen zu Braunschweig und Lüneburg, Dchl. zu disponiren, damit Dieselbe dieser gemeinen Sache sich annehmen und ihre Kräften mit der hohen Alliirten zusammensetzen. Woferne aber Dieselbe dazu nicht zu bewegen, sondern sie lieber still sitzen und erwarten wollen, was etwa bei währendem Reichstage in puncto securitatis oder sonsten in diesen niedersächsischen und westfälischen Kreisen geschlossen werden möchte: so wollen gleichwohln J. Kaiserl. M' nicht verstatten, daß jetzthöchstgeb. beeder Herrn Herzogen Land und Leute mit Durchzüg, Einquartierung und Contributionen wider die Reichsconstitutiones durch Ihre Miliz, jedoch so lang auch Sie wider J. Kaiserl. M' und Dero hohe Alliirte nichts Feindliches vornehmen würden, beschweret werden sollten.

§ 9. Ob dann schon neuntens in dem unter heutigem Dato aufgerichteten Hauptreceß enthalten, daß diese Bündnüß nur drei Jahre währen solle: so soll doch solches anderst nicht verstanden werden dann in dem Fall, da der Frieden noch vor Ablauf solcher Zeit mit der sämmentlichen hohen Bundsverwandten Einwilligung wiederbracht werden könne.

Sonsten und dafern in solcher Zeit die gemeine Feinde zum Frieden nicht zu bringen, soll auch diese Bündnüß ihre Kraft behalten noch einigen der hohen Alliirten daraus zu scheiden erlaubt sein, es seie denn daß der allgemeine Friede mit gemeiner Einwilligung der hohen Alliirten erlanget; allermaßen dann auch das ofterwähnte alhier in Braunschweig 1672 aufgerichtete foedus, so viel J. Kaiserl. M' und der Herrn Herzogen Dchl. belanget, in solchem Fall bis dahin seine Kraft behalten, noch attendiret werden soll, daß der darinnen bestimmte dreijährige Termin entzwischen exspiriret.

Und soll dieses alles nicht weniger observiret und unverbrüchlich gehalten werden, als ob es von Worten zu Worten dem Hauptreceß einverleibet; wie dann auch die Gevollmächtigte versprochen und zugesagt, dero allerhöchst- und höchstgeb. Principalen Ratification über diesen Nebentractat in der bestimmten Monatszeit alhier in der Stadt Braunschweig einzuschaffen und auswechseln zu lassen.

Dessen zu Urkund haben sie selbigen eigenhändig unterzeichnet und mit ihren Pettschaften bekräftiget.

So geschehen Braunschweig, den 24/14. April A° 1674.

Gez.: (L. S.) G. Graf und Herr von Windischgrätz.
(L. S.) Joh. Helwig S. g. Schütz. (L. S.) G. Christof von Hammerstein.
(L. S.) Fritz von Heimburg. (L. S.) Joachim Friedrich Söhlen.

C. Erster Protokoll-Extract d. 24/14. April 1674.

Nachdem die braunschweig-lüneburg. zu dieser Allianzhandlung bevollmächtigte Ministri aus verschiedenen vorgebrachten Ursachen und Motiven unveränderlich darauf beharret, daß sie die Signatur der beeden Allianz-Receß nicht zu verrichten vermöchten, es wäre dann daß der erste Articul des secreten Recessus in etwas und dergestalt geändert würde, daß anstatt das Wort vermittelst eines ehisten Vergleichs gesetzet würde noch für Ausgang des hierunten zu Auswechslung der Ratificationen beliebten termini; des hochansehnl. Kaiserl. Herrn Gesandten Exc. aber ebenwohl verschiedene Ursachen angeführt, warumb in solche Änderung zu condescendiren ihro bedenklich fallen wollte, — so haben vorgedachte braunschweig. lüneburg. Ministri endlich sich dahin erklärt: Nachdem ins Mittel kommen, daß der Staaten General extraordinaire Deputirter Herr Brasser sich sofort nach dem Haag erheben und allen möglichen Fleiß anwenden wollte, damit innerhalb Monatsfrist, von dato der Unterzeichnung dieser Recessen an zu rechnen, die offerirte Werb- und Subsidiengelder vom ersten Monat völlig ausgezahlt würden, — berührter erster Articul in seiner formalitas ungeändert gelassen und die Signatur verrichtet werden könnte, jedoch mit dem Bedinge daß, woferne dero gnädigste Herrn innerhalb oberwähnter zu Extradirung der Ratification mehrbemeldter Receß bestimmter Zeit der angezogenen Subsidien halber die verlangte Satisfaction nicht gegeben werden sollte, es alsdann bei demjenigen, was im besagten ersten Articul, auf den Fall da die Subsidien nicht erfolgten, disponiret, sein Verbleiben haben sollte. Ob nun schon auch sowohl wegen Enge der angesetzten Zeit als der andern Umstände halber auch wider dieses gar Unterschiedliches eingewendet worden, die fürstlich braunschweig-lüneburg. Ministri aber sich unmöglich anders zu dieser Signirung verstehen wollen, so ist darauf die Vollziehung obbedeuter [sic] Recessen erfolgt, und diesen Extractum Protocolli mehrer Beurkundigunge halber eigenhändig zu unterschreiben von hochermeldter des Kaiserl. Gesandten Exc., auch den fürstlich braunschweig. lüneburg. Ministris beliebt worden.

Gez.: G. Graf und Herr von Windischgrätz.
Joh. Helwig S. g. Schütz. Georg Christof von Hammerstein.
Fritz von Heimburg. Joachim Friedrich Söhlen.

D. Zweiter Protokoll-Extract dat. 24/14. April 1674.

Nachdem bei dem 8. Articul secreti recessus wegen der Worte so lang sie sich ruhig halten[1]) von den braunschweig. lüneburg. Ministris verschiedene Ursachen angeführt worden, warumb sie die[2]) Auslassung solcher Worte zu beharren hätten; des Kaiserl. Gesandten Exc. aber auch hierin zu willigen umb so viel mehr Bedenkens tragen müssen, aldieweiln die Insertion solcher Worte von J. Kaiserl. Mt schon gesehen und in Entstehung dessen von Deroselben ins Mittel gebrachten Temperaments also beliebet worden: so ist darauf noch ferner von ein und anderm Temperament geredet und von den braunschweig. lüneburg. Ministris dieses vorgeschlagen worden, ob etwan diese Wort loco derjenigen, so gestritten würden, sollten admittirt werden, und zwar post verba fin. art. 8ni „beschwert werden sollten", jedoch so lang J. Dchl. obbedietener[2]) Maßen nichts Widriges gegen J. Kaiserl. Mt und Dero hohe Alliirte vornehmen thäten. Womit aber des Kaiserl. Gesandten Exc. nicht vergnügt sein, sondern begehren wollen, daß die Wort obbedietener Maßen ausgelassen und dann Ihr bevorbliebe die vorseiende Signatur dergestalt zu conditioniren, daß solche auf die Auslassung der Wort so lang sie sich ruhig halten und Insertion der loco temperamenti vorgeschlagenen Formalien anderst nicht dann sub spe rati geschehen und verstanden werden solle. Welches die braunschweig. lüneburg. Ministri zu fernerem Bedenken genommen und folgends die Erklärung gethan, daß sie hierüber an Dero gnädigste Herrn zu referiren sich gemüßiget achteten. Worauf auch also der Herr Großvogt von Hammerstein nach Zelle gangen und in mandatis zurückbracht, daß J. Dchl. geschehen lassen wollten, daß anstatt der Wort sich ruhig halten gesagt werde so lang Sie gegen J. Kaiserl. Mt und Dero hohen Alliirten nichts Feindliches vornehmen würden. Womit sich die hiesige Braunschweig-Wolfenbüttlische conformirt. Und obschon auch hiebei S. Exc. nicht acquiesciren wollen, so ist doch folgends nach vielen hinc inde gethanen Vorstellungen und anderer[2]) vorgeschlagenen Expedientien von Deroselben die Erklärung geschehen, daß Sie vorerwähntes Temperament, jedoch anderst nicht dann sub spe rati, dem Receß einrücken lassen könnten. Wobei die braunschweig. lüneburg. Ministri es dann auch beruhen lassen, und ist darauf der Secret-Receß artic. 8vo eingerichtet und dessen Signirung sofort werkstellig gemacht, und diesen Extractum Protocolli mehrer Beurkundigunge halber eigenhändig zu unterschreiben von hochermeldter des Kaiserl. Gesandten Exc., auch den fürstlich braunschweig. lüneburg. Ministris beliebet worden.

Gez.: G. Graf und Herr von Windischgrätz.
Joh. Helwig S. g. Schütz.
G. Christof von Hammerstein.
Fritz von Heimburg.
Joachim Friedrich Söhlen.

---

1) Diese Worte finden sich in dem nicht vollzogenen Entwurfe des Grafen Windischgrätz. 2) sic!

134. Revers, dem staatischen Gesandten Brasser ausgestellt von den Bevollmächtigten der Herzoge Georg Wilhelm und Rudolf August, d. d. 13. April 1674.

Nachdem die bis anhero zwischen den General-Staaten und dero hohen Alliirten einerseits und beeden J. Dchl. zu Zelle und Wolfenbüttel anderseits vorgewesene Tractaten aus angeführten gewissen Ursachen sich fast ganz zerschlagen und es damit dahin gediehen, daß sich beede J. Dchl. schon außer aller Obligation diesfalls gehalten und solches dero extraordinaire Gedeputirten Herrn Brassern andeuten haben lassen: so hat auf bewegliches Zusprechen des Kaiserl. Gesandtens Herrn Grafen von Windischgrätz Exc. gedachter der Herrn General-Staaten Extraordinar-Gedeputirter Herr Brasser sich dahin erklärt, daß er sofort nach dem Haag sich erheben und allen möglichen Fleiß anwenden wolle, auf daß berührte Werb- und Subsidiengelder, von dato dieses inner Monatsfrist und also in dem termino in welchem die Auswechselunge des mit J. Kaiserl. Mt getroffenen Tractats verrichtet werden solle, J. Dchl. ausgezahlt würden; jedoch anbenebenst desideriret, daß zu seiner bessern Sicherheit und Verwahrunge Wir die endsunterschriebene von höchsternannten J. Dchl. zu dieser Handlung bevollmächtigte Ministri uns dahin verbindlich erklärten, daß wann solche Gelder in dem bestimmten Termin würklich wollten erlegt werden, Unsere gnädigste Herrn selbige annehmen und geschehen lassen wollten, daß der mit ihm, Herrn Brassern, projectirte Bundesreceß und Secret-Articuln zugleich von uns signirt noch entzwischen demselben zu entgegen laufende mesures oder engagements genommen würden. Als wir aber dergleichen Erklärung vor uns auszustellen gewisser angeführter Ursachen halber bedenklich, und nöthig achten müssen, J. Dchl. nähere Befehl darüber einzuholen; und dann Dieselbe darauf aus der guten Intention, mit welcher Sie die gemeine Sicherheit zu befördern Ihnen bis dahin angelegen sein lassen, auch daß Sie nicht gerne ichtwas an sich erwinden lassen wollten, was J. Kaiserl. Mt angenehmb sein, und anbei auch zu erkennen geben möchten, wie viel Sie des Kaiserl. Herrn Gesandten Exc. Meinunge tribuirten, darin gewilliget, daß Wir die von Herrn Brassern desiderirte Erklärung ausstellen möchten: so erklären und versprechen Wir kraft hierunter gesetzter und in originali exhibirter Vollmachten hiemit, daß wann inner eines Monats von heutigem Dato an zu rechnen, erwähnte Werb- und Subsidiengelder von einem Monat völlig gezahlt werden wollen, solche angenommen und der getroffene Receß und Secret-Articul signirt werden soll. Zu Bekräftigung dessen Wir dann dieses eigenhändig unterzeichnet.

So geschehen den 13ten Aprilis Anno 1674.

Hieran schließen sich zunächst in Abschrift die Vollmachten der beiden Herzoge, 1) Georg Wilhelm's d. d. Celle, 3. Februar 1672 (sic!); 2) Rudolf August's d. d. Wolfenbüttel, 7. April 1674. Alsdann folgen die Unterschriften.

Gez.: Joh. Helwig S. g. Schütz.
G. Christof von Hammerstein.
Fritz von Heimburg.
Joachim Friedrich Söhlen.

135. Urkunde des Bundes zwischen dem Kaiser, dem Könige von Spanien und den Generalstaaten einerseits, den Herzogen Georg Wilhelm und Rudolf August andrerseits, dat. Celle, 10/20. Juni 1674.

A. Tractaet van confederatie, assistentie ende defensie tusschen Syne Keyserleycke Majesteyt, den Coninck von Spagnen, de Heeren Staten General der Vereenigde Nederlanden unde de Heeren Georg Wilhelm en Rudolf August Hertogen tot Brunswyck ende Lunenburgh.

Zy kennelyck, dat Syne Roomsche Keyserleycke Majesteyt, Syne Conincklyke Majesteyt van Spagnen ende Haer Ho. Mo. de Heeren Staten General der Vereenigde Nederlanden Hare F. D. Heer Georg Wilhelm ende Herr Rudolf August Hertogen tot Brunswyck ende Lunenburg verscheyde malen te kennen gegeven hebbende, hoe dat sy soo wel in als buytn 't Ryck tegens de Osnabrug- en Munstersche, Cleefsche ende Akensche vreden velerwegen beledight ende verweldight oock dardoor genecessiteert waren geworden, hare wapenen te conjungeren ende darhenen te trachten, dat de vrede ende rust soo wel in 't Ryck als desselfs nabuyrschap op eerlycke ende billycke conditien gerestabilieert mochte werden; met versoeck dat hooghgemelte Hare F. D. hare 't allen tyden voor de gemeene welvaert ente seeckerheyt des Rycx betuygde sorgvaldigheyt oock by dese door de contrarie partye allen Standen des Rycx tot hoogsten prejuditie ende nadeel verwerkte beroerten bewysen ende met hoogstged^e^ Keyserl^e^ ende Conickl^e^ Majest^en^ ende Haer Ho. Mo. tot het erlangen eener seeckere gemeene vrede hare wapenen te samen stoten mochten; ende dan Hare F. D. Syner Keyserl^e^ Maj^ts^, Coninckl^e^ Maj^ts^ van Spagnen ente Haer Ho. Mo. niet weiniger tot des Rycx als hare gesamentlycke Geallieerden landen nut gerichte intentien genoechsaem verseeckert; daernevens in consideratie getrocken hadden, hoe Hare F. D. landen ente luyden, in gevalle de vrede in de nabuyrschap niet wederom tydelyck gestieft wird, by de tot noch toe genotene rust ende seeckerheyt niet wel behouden werden konden: tusschen hoogstgem^e^ Syne Kyserl. Maj^t^, Coninckl. Maj^t^, Hare Ho. Mo. ende Hare F. D. hierondergeschreven Ministers op voors. t' samenstotinge nodige beraetslagingh gepleecht, ende die volgender maten afgesproocken ende gesloten is geworden.

1.

Eerstelyck is de meninge, dat dese alliantie tot geene Potentaten, Conings ofte andere Stants offensie, maer voornamentlyck om de rust in de nabuyrschap te bevorderen, angesien zy; dan gelyck zulcx van d'eene kant rechtmatisch gevoordeelt ende der hooghe Geallieerden inclinatie ende insichten conform bevonden zynde gearresteert werd, is oock van d'andere billick, nodigh ende t' opgemelte ooghmerck convenabel geacht, voors. alliantie daerhenen te richten, dat sy niet alleenlyck sal gelden tegens des Keysers, Conincks van Spagnen ende Haer Ho. Mo. tegenwoordige vyanden ende derselven adherenten, 't welck by desen onverbreeckelyck wert gestatueert, maer oock daerbenevenst applicabel sal zyn ende haer volcomen effect sorteren tegens alle degene welcke geduyrende den tegenwoordigen krygh met de hooghe Geallieerden in vyantschap souden mogen comen, de partye van de voors. vyanden in eenigen deele kiesen, 't zy in 't gemeen of bysonders, ofte tegens de hooghe Geallieerden ende derselven respective staten landen ende luyden quade desseynen voornemen ende onderleggen souden mogen: omme de welcke voor te comen ente tegens te gaen, dan mede by desen expresselyck geconditionneert is, dat de troupen hier onder gespecificeert tegens alle soodanige tegenwoordige ende toecomende vyanden, derselven adherenten, kiesers van hare partye ofte onderleggers ende voornemers van quaden toelegh, edoch tegens geene andere, in diervogen als by dit tractaet vervolgens verdragen is, sullen werden gebruyckt.

2.

Is verders versproocken, dat Hare F. D. op 't spoedigste sullen op de been, ende uyterlyck ses weecken naer 't sluyten deses, in hare landen naestgrensende aende steden enn plaetsen van de gemeene vyanden by een brengen eene armee van vierduysent peerden, achtduysent man te voet enn duysent dragonders.

3.

Dat Hare F. D. sullen onderhouden ses duysent man de voors. armee, te weten twee duysent te peert, drie duysent te voet ende duysent dragonders, enn dat de resterende sevenduysent man, te weten tweeduysent te pert ende vyffduysent te voet, sullen werden onderhouden by den Keyser, den Coninck van Spagnen ende Haer Ho. Mo., yder voor en gerechte derdepart.

4.

Dat om de voors. armee van 4000 perden, 8000 man te voet ende 1000 dragonders op het spoedigste ende ten langsten binnen den hierboven bestemden tyt, te doen by een brengen, den hoogged[en] Keyser, Coninck van Spagnen ende Haer Ho. Mo. stracx naer het sluyten deses, by goede wisselen, ten behoeve van Hare F. D., in de stadt Hamburg sullen doen overmaecken een somme van hondert en dertich duysent Rycxdalders ofte driehondert en vyffen twintich duysent guldens Hollants gelt, als genomen vertich Rycxd[rs] tot aenritsgelt voor yder ruyter ente thien Rycxd[rs] voor yder voetknecht wel gemonteert en wel gewapent.

5.

Dat, soo wanneer Hare F. D. naer 't slot deses, acht ofte negenduysent man te peert en te voet sullen stellen ende begeeren, dat sy gemonstert werden, sal soodanighe monsteringe door wedersyts Commissarissen verricht, ende van die tyt aen voors. 8 of 9000 man van Syne Keyserl[e] M[t], Coninckl[e] Maj[t] van Spagnen en de Heeren Staten Generael ten halven onderhouden werden; welcke dann oock aenvangs soodaniger erlangde betalinge verplicht sullen zyn, ter gemeenen beste, daer het zulcx vorderen sal, te ageeren; en wanneer nu de overige 4 of 5000 man in bovengenoemden tyt te samen gebracht sallen wesen, sal op andermaels geschiede monsteringe het getal der 7000 man door Syne Keyserl. Maj[t], Coninckl.

Maj[t] van Spagnen ende Haer Ho. Mo. ten vollen, de vorige 6000 man door Hare F. D. werden onderhouden.

6.

Dat de vors. militie sal werden gerengeert onder acht regimenten te peert, acht regimenten te voet ende thien compagnien dragonders, dat yder regiment te peert sal bestaen in vyfhondert peerden, verdeelt in ses compagnien, yder regiment te voet in duysent voetknechten, verdeelt in thien compagnien, en yder compagnie dragonders in hondert koppen, dat yder collonell te peert ende te voet getracteert sal werden tegens hondert twintich ryexd[rs] of drie hondert guldens Hollants ter lopende maent, yder lieutenant collonell tot veertich ryexd[ts] of hondert guldens, en yder major twee en dertich ryexd[rs] ofte tachtentich guldens, ende de quartiermeesters ende provosten te voet tesamen tegens achtien ryexd[rs] ofte vyf en vertich guldens hollants ter maent, over yder regiment, de en sullen an deselve geene andere onkosten, het zy van wagens, karren of peerden op de optochten of andersints geleden of gevalideert werden.

7.

Dat Hare F. D. voor yder regiment te peert gerengeert als voren, dat by den hoochstged[en] Keyser, Coninck van Spagnen ente Haer Ho. Mo. moet werden onderhouden, sullen hebben tot soldye alle lopende maenden, deselve tot twaelf in 't jaer te reeckenen, eene somme van 4767 ryexd[rs] 29 stuyvers enn 9 deniers of 11918 guldens 19 stuyvers 9 deniers Hollants, ende voor yder regiment te voet, dat ten laste van den hoogstged[en] Keyser, Coninck van Spagnen ende Haer Ho. Mo. moet werden onderhouden, ter lopende maent als voren, 4104 ryexd[rs] 4 stuyvers of 10 262 guldens een denier Hollants, of naer proportie soo veel min, als by de te toene monsteringe de voors. regimenten swacker in getal van peerden ofte voetknechten sullen bevonden werden.

8.

Dat de penningen tot het voors. respective onderhout ter concurrentie van de voors. 2000 peerden en 5000 voetknechten gerequireert, te weeten een maent soldts paratelyck te betalen ten dage van de voors. te doene monsteringe ende daernaer voort van tyt tot tyt aller lopende maenden inganck, mitsgaders oock ten behove van negen collonellen, lieutenant collonellen enn majors, quartiermeesters ende provoosten, van wegen den hoogstged[en] Keyser, Coninck van Spagnen ende Haer Ho. Mo. by goede wisselen als boven, precise sullen werden overgemaeckt an Hare F. D., deweicke dan voorts de particuliere batalingen sullen nemen tot haren laste, soodanich dat den hoogstged[en] Keyser, Coninck van Spagnen ende Haer Ho. Mo. noegt van eenige oversten of andere hooghe of laghe officieren, ruyteren ende soldaten over eenige wanbetalinge sullen mogen angesproocken werden of daervoer by ymant convenibel zyn.

9.

Het sal wedersyts enn met onderlinge communicatie vrystaen, alle de voors. troupes sonder onderscheyt, separaet ende te gelyck, nae gelegenheyt van tyden te doen inspecteren ende to doen monsteren, om van het

42*

getal der ruyteren ende knechten, oock van derselver monture ende wapenen te konnen verseeckert zyn, ente sullen de hooghe officieren, rittmeestern ende capitegnen gehouden zyn ten allen tyden daer ontrent te obedieren aen de ordres, dewelcke daertoe sullen gegeven werden.

10.

Tot de voors. armee sal gevoeght werden een treyn van artillerie, dewelcke nae de groote ente macht van deselve soodanich sal werden geproportioneert, dat daertoe sullen werden gebruyckt twee mortiers, twee halve cartouwen, vier stucken van 12 pont, 20 stucken van 3 a 4 pont, coogels:

200 ad 24 pond.	48 cent.			100 ad 40 pond.	— cent.
400 » 12 »	48 »			600 » 6 »	36 »
100 » 60 »	— »			2000 » 3 »	80 »

212 centner coegels;

100 centner granaden met soo veel buscruyt als daertoe van noden is: tegens een pont coegels een half pont buscruyt, op acht duysent man yder twee pont gereeckent, ende tegens een pond kruyt twee pont loot, 106 centner buscruyt voor 't canon, 106 centner buscruyt gereckent voor de soldaten, 320 centner loot of mousquet-coegels.

Ende oock daerby sullen werden gevoeght de nodige ente gerequireerde hooghe ende laghe officieren, als namentlyck: (bediende tot dese artillerye gehorende) een collonell, een major, twee capiteynen, vier stuckjonckers, een predicant, een veltscherder met een veltpolck, twee vuyrwerckers met haer volck, 42 constapels, een bruggemeester met syn volck, een minenr met syn volck, een petardier met syn volck, een smidt met syn volck, een rademaecker met syn volck, een sadelmaker met syn volck, twee wegbereyders, twee schermeesters, een stalmeester, een schryver; 80 handlangers by 't canon, te weeten vier by een cartouw ende den stuck van 12 pond, enn voor de rest by elck stuck twee; eenige pionniers, affutmakers met haer volck.

Ende sullen Hare F. D. van nu af aen, immers aenstonts naer het sluyten deses, die voorsicninge doen ende die nodige ordre stellen, dat de helft van de voors. artillerye met de peerden, wagens, karren enn ander attirail daertoe gerequireert, oock de helft van de voors. hooghe ende laghe officieren van den treyn by de hant zyn, om in cas van noot aenstonts ende sonder uytstell te konnen werden gebruyckt, daer het sal van noden zyn, oock voor sooveel de wederhelft van de voors. artillerye, perden, wagen, karren ende ander attirail daertoe gerequireert, ente de wederhelfte van de voors. hooghe ende laghe officieren van den treyn belanght, uyterlyck op ses weecken naer 't sluyden deses, ende dat ten fine voorn[t], des sullen den hoogstged[en] Keyser, Coninck van Spagnen ende Haer Ho. Mo., so raas de voorgeroerde 8 of 9000 man op de been gebracht ende d'eerste helfte der artillerye ente der officieren van deselve sullen naergesien ende gemonstert zyn, tot verval van d'onkosten dartoe gerequireert, mitsgaders tot de betalinge van de hooghe tractamenten der generalspersoonen, dewelcke boven de collonels van de regimenten sullen moeten angestelt ende gebruyckt werden, tegens de lopende maent aen Hare F. D. betalen een somme van 4452 ryexd[rs] 17 stuyvers 8 deniers ofte 11131 guldens 12 stuyvers

8 deniers Hollandts, ende soo wanneer de voors. gantsche armee op de been gebracht ende alle de voors. artillerye ende officieren van deselve sullen naergesien ende gemonstert zyn, alle lopende maenden betalen een somme van 8905 rycxd[rs] ofte 22 263 guldens vyf stuyver Hollands [gelt, op conditie dat deselve daermede van alle namaninge sullen bevryt zyn, gelyck hier vooren art° 8° geseyt is.

11.

Dat Hare F. D. geobligeert sullen zyn, de voors. armee en corps by een te brengen ende te houden, ende daermede tegens de vyanden te ageren ter oort en plaetse, wanneer ende soo als met de meeste stemmen van den hoogstged[en] Keyser, Coninck van Spagnen, de Heeren Staten General ende Hare F. D. voor 't gemeene best dienstigst geordeelt sal werden, gelyck dan alle hooftactien, wanneer d'armeen der hooghe Geallieerden geheelyck ofte ten deele met dese armee geconjungeert sullen zyn, voor so veel de geconjungeerde troupen belanght, tusschen deselve hooghe Geallieerden ofte derselver bevelhebberen geconcerteert ende naer meerderheyt bovengenoemder vier stemmen ter executie gebracht sullen werden.

12.

Souden oock Hare F. D. landen, 't zy korts naer 't sluyten deses tractats ofte by noch duyrendem kryghe, van ymant, wie hy oock zy ofte onder wat pretext sulcx geschieden mochte, geattacqueert werden, sal niet alleen dese armee van Hare F. D. landen niet afgetogen ofte terugh gehouden werden, maer sullen oock soo veel meerder troupes van den hoochstged[en] Keyser, Coninck van Spagnen ende Staten Generael in sulcken gevalle tot afweringe van voors. attacques sonder uytstell met alle vigueur ageren, als daertoe gerequireert ende nodich soude mogen zyn.

13.

In dien oock by verloop van tydt mochte bevonden werden, dat de voors. 4000 ruyters, 8000 knechten en 1000 dragonders niet volcomentlyck bastant waren, om de voors. vyanden ente derselver adherenten te brengen tot een afstant van hare vyantlycke aggressien ende vervolgens tot een redelycke vrede, dat alsdan deselve in voegen voors. met gemeen concert verders vermeerdert en vergroot sullen werden op 15 000 ruyters, knechten ende dragonders, of tot soodanigen meerderen getale, als men sal meenen tot bereycking van soo salutairen oogmerck nodich enn convenibel te zyn.

14.

Dat naer het sluyten van het jegenwoordig tractaet den hoogstged[en] Keyser, Coninck van Spagnen, Haer Ho. Mo. ende Hare F. D. niet sullen moogen maecken eenigen stilstant van wapenen met de voors. vyanden anders dan gesamentlyck ende met gemeene bewilligingh, maer in gevalle men soude mogen comen te treden tot eenighe onderhandelinge, 't zy van vrede ofte van treves voor eenighe jaren, dat de voors. onderhandelinge niet sal mogen werden begonnen door een van de hoochstgemelte Geallieerden sonder participatie van de andere ende sonder an deselve Geallieerden op denselven tyt ente soo haest als voor sigh selfs te besorgende faculteyt ende nodige seeckerheyt van syne ministers te kunnen senden ter plaetsen, daer men handeln soude; dat oock de hoochgemelte Geallieerden gehouden sullen zyn, d'een d'ander successivelyck ende van tyt tot tyt te geven communicatie van alles t' geen in de voors. negotiatie sal comen voor te vallen; dat oock geen van de voors. partyen sal vermogen te treden tot de conclusie van de voors. vrede of treves voor eenige jaren, sonder syn mede geallieerden darinne te begrypen ende sonder hem te doen herstellen, indien hy het also begeert, in de possessie van de landen, steden ende plaetsen, mitsgaders het gebruyck van de vryende gerechtigheden, die hy hadde ente daervan hy jouisseerde voor den oorlogh, ente sonder van de voors. vyanden voor denselven Geallieerden te bedingen deselve vryende gerechtigheden, exemptien ende prerogativen, die hy voor sich selven bedongen hadde, ten ware de hoochgemelte Geallieerden den andern des aengaende naerder quamen te verstaen.

15.

Dat voorts naer 't eindigen van den jegenwoordigen oorloch tusschen de hoochgemelte Geallieerden sal zyn enn blyven een oprechte getrouwe vruntschap ende correspondentie, dewelcke daertoe strecken sal, dat d'een des anders best getrouwelyck sal soecken te bevorderen ente desselfs schade ende nadeel naer alle vermogen helpen afkeren enn weeren met soodanige macht respective, als hier naer sal werden verclaert.

16.

Dat de hooghe Geallieerde sullen helpen defenderen ente beschermen tegens alle die, onder was pretext het oock mochte zyn, sich souden mogen onderstaen vyantlyck te lande t' invaderen ofte met openbaer gewelt t' attacqueren hare staten ente landen hieronder gespecificeert, te weten van Syne Keyserl^e Maj^t de Oostenryckschs erflanden ende 't coningryck Bohemen, van Syne Coninckl. Maj^t de Spaensche Nederlanden, het graefschap van Burgundien daeronder gereeckent, van Hare Ho. Mo. alle derselver landen in Europa gelegen ente van Hare F. D. degene, welcke sy tegenwoordich besitten, mitsgaders alle degene, die de hooghe Geallieerden aen de voors. besittinge palente ofte ontrent deselve gelegen by wettige successie ofte onder eenen rechtmatigen tytel souden mogen comen te possideren, alles, de luyden, steden enn sterkten, daerin vervat.

17.

Dat dese alliantie defensive sal duyren den tyt van thien jaren naer het eyndigen van den jegenwoordigen oorloch, ende in cas d'een of d'ander van hoochgem^e Geallierden geduyrende dien tyt door ymant, wie het oock soude mogen zyn, niemant uytgesondert, quame angetast ofte beoorlocht te werden, dat in sulcker cas d'andere niet geattacqueerden sullen byspringen ende ter hulpe comen met een sortable secours, te weten den hoogstged^en Keyser, Coninck van Spagnen ende Haer Ho. Mo. met 2000 peerden en 4000 man te voet ende de hoochgemelte Heeren Hertogen van Brunswyck ende Lunenburg met 500 peerden ende 1000 mannen te voet onder soodanighe regimenten, compagnien, collonels enn andere officieren als de respective assisterende partyen geraetsam sullen vinden ende ordeelen tot soodanige assistentie bequaem te wesen, sullende 't selve secours gelevert, gepresteert ende onderhouden werden ten dienste van de geattacqueerde, tot kosten van de andere hooghgemelte assisterende partyen respective, soo dickwyls als ymant van de hoochgemelte Geallieerden sal werden geattacqueert ofte getroubleert, in manieren vooren verhaelt.

18.

Dat diegene, die in manieren vooren verhaelt geattacqueert werden, de keur ente optie sal hebben, om 't voors. secours te nemen of al in soldaten of al in gelt of met een gedeelte in soldaten enn een gedeelte in wapenen, munitie van oorloch, geld of andere goederen, bequaem om tot den oorlogh gebruyckt te werden; sulcx 1000 soldaten sullen werden getauxeert ofte genomen op 10 000 guldens ter maent ende een ruyter tegens twee soldaten gereeckent, twaelf maenden voor een jaer te computeren; ende dat de betalinge geschieden sal in het begin van yder maent by esgale portien in dier voegen, dat in cas deselve betalinge ten deele of in het geheel gedaen werd in gelde, de penningen gelevert sullen werden ter plaetse, daer het de Geattacqueerde goet vinden ende bequaemst ordeelen sal, maer in gevalle dat die gepresteert werd ten deele of in 't geheel in munitie van oorloch of andere waren enn goederen, bequaem om tot den oorloch gebruyckt te werden, dat de geassisteerden in sulcken gevalle gehouden sal zyn, deselve te laten afhalen uyt den landen van dengenen, die het secours fourneren sal.

19.

Hoedanich oock het voors. secours geeyscht mach werden, sal by geene der hooghe Geallieerden ontrent de leestinge van 't selvige op een anders defect mogen werden geexcipieert, nemaer de van haer gevorderde hulp promptelyck gefourneert moten werden, ende soo in soldaten, uyterlyck op ses weecken naer de requisitie in des geattacquaerdens landen gesisteert, welck krygsvolck vervolgens geheelyck enn t'eene mael onderworpen sal werden ende zyn de commandementer en orders van de geene, aen dewelcke het wert gesonden ofte desselfs geauthoriseerden, om sich daervan te dienen enn te transporteren ter plaetse, daer 't hun goetduncken sal; welverstaende te lante, in 't velt, in belegeningen, tot bewaringe van steden enn pletsen, oock alomme daer ende, soo dickmaels als het de noot sal vereyschen, met dese reserve nochtans, dat de compagnien niet geheelyck van den andern sullen mogen werden gesepareert, maer dat ten minsten twee of driehondert soldaten van yder regiment onder haer vaendels sullen te samen blyven.

20.

Naer dat het secours sal zyn gefourneert ende bestaen uyt ruytern enn knechten, oock door de hooghe assisterende partyen afgesonden en by de geattacqueerden ontfangen, soo sullen deselve assisterende hooghe partyen ofte haer geauthoriseerden vergeven enn suppleren de charges, die daeronder souden mogen comen vacant te vallen.

21.

Ende in gevalle den hoogstged[en] Keyser, Coninck van Spagnen ende Haer Ho. Mo. van de hoochged[e] Fursten eenige meerder militie souden mogen vorderen, dat in sulcken gevalle de voors. militie by Hare F. D.

sal werden vermeerdert selfs tot het getal van 4000 peerden en 8000 man te voet, mits genietende de aenritsgelder en subsidien, naer proportie van dat het voors. getal vermeerdert sal werden tot de somme, als deselve aenritsgelden enn subsidien hier vooren zyn begroot.

22.

Verders sullen de hooghe Geallieerden, soo veel mogelyck is, sorge dragen, dat de troupes, die in gevolge van dit tractaet op een of andere van derselven bodems mochten comen, tot redelycken pryse subsisteren mogen.

23.

Dat voor attacquant sal werden gehouden, ende zulcx het voors secours sal moeten werden gepresteert tegens dengenen, die gewapenden hant een van de hoochgemelte Geallieerden sonde mogen comen aentetasten.

24.

Dat diegene die eenige attacque apprehendeert ofte te gemoet siet, sal zyn, daervan by tyts communicatie aen de Geallieerden te geven, ten eynde deselve haer mogen employeren tot het moyenneren van een accomodement, soo nochtans, dat onvermindert de officien van mediatie het beloofde secours gesonden sal moeten werden, soo haest de attacquen ofte rupture effectivelyck sal wesen voorgevallen.

25.

Dat dese alliantie niet sal derogeren aen tractaten enn alliantien, die de hoochgemelte Geallieerden of eeenige van deselve voor date deses hebben opgericht met eenige van deselve Geallierden, welverstaende dat het meerder secours van volck te lande het minder sal includeren.

Alle welcke poincten een articulen hier vooren verhaelt reciproquelyck ter goeder trouwen ente onverbreeckelyck sullen onderhouden werden; enn tot merder vastigheyt van dien zyn hiervan gemaeckt vyf gelyck luydende instrumenten ende by de hooghe Geallieerden ondergeschreven Ministers met hand enn zegel bevesticht, ende sullen de ratificatien daerop binnen een tyt van ses weecken ofte erder, is 't doenlyck, by allersyts hooghe partyen in bestendige ende behoorlycke forme werden uytgebracht ende in Brunswyck uytgewisselt; in 't regard van Syne Coninck-lycke Maj[t] van Spagnen die van Syne Exc[ie] den Heere Grave van Monterey, ten tyden en wylen er een andere door hoochgedachten Coninck van Madrid haerwaerts gecomen en overgelevert zy.

Aldus gedaen tot Cell, den 20/10. Junij sestienhondert vier en 't seventich.

(L. S.) van wegens Syne Catholique Maj[t] enn Haer Ho. M.
T. Brasser.
(L. S.) Johann Helwig G. g. Schütz.
(L. S.) G. Christoff von Hammerstein.
(L. S.) Fritz von Heimburg.
(L. S.) Joachim Friedrich Söhlen.

B. Secrete ende separate Articulen.

1.

Zy kennelyck, dat gelyck in seecker tusschen Syne Keyserlycke Majesteyt, Coninclycke Majesteyt van Spagnen, Haer Ho. Mo. de Heeren Staten Generael der Vereenigde Nederlanden ende Hare F. D. de Heere Georg Wilhelm ende Heere Rudolf August Hertogen tot Brunswyck ende Lunenburg door derselver gevolmachtigde ende hier ondergeschreven Ministers opgerecht verbondt de dato den 20/10. Junij 1674, art° 3°, 4° ende andere meer geconvenieert is, dat Syne Keyserl° Maj[t] het derde tot de wervingh ende onderhout van 2000 peerden ende 5000 man te voet wil doen leveren, alles volgens meerder inhout der voors. articulen, ende echter tusschen Syne Keyserl° Maj[t], Coninckl° Maj[t] van Spagnen ende Haer Ho. Mo. by een bysonder tractaet van den . . . . .[1]) daerover anders is vergeleecken wert goetgevonden, dat het by 't in voors. bysonder tractaet van den . . . . .[1]) gestipuleerde sal blyven ende Syne Coninckl° Maj[t] van Spagnen ende Haer Ho. Mo. dies Syne Keyserl° Maj[t] derdendeel yder voor de helft overnemen sullen, als sy dan by desen doen; gelyck mede Syne Keyserl° Maj[t] het verdere van 't voors particulier-tractaet van . . . . .[1]) belooft naer te comen ende zulcx onder anderen tot alle 't overighe, dat dese jegenwoordige alliantie mede brengt, geobligeert blyfft.

2.

Ende nademael de door de hooghe Geallieerde geintendeerde seeckerheyt niet te erlangen is, in gevalle de stadt Bremen met gewelt ende via facti uyt haren tegenwoordigen stant gestelt werden soude, soo is verder van de gesamentlycke hooghe Geallieerden toegeseght ende tusschen deselve geconvenieert, dat in gevalle voors. stadt, 't zy gedurende den krygh ofte oock nae daerop gevolgden vrede, in den tyt van thien jaren met gewelt aengegrepen mocht werden, de gesamentlycke hooghe Geallieerden haer te hulp sullen comen, ende het in dat geval niet anders sal gehouden werden, als of der Geallieerden eygene plaetsen of landen geattacqueert waren geworden.

3.

Dewyle oock questie voorgevallen is, hoe 't gaen soude met de contributien, welcke Hare F. D. in aenstaende krygsexpeditien souden mogen heften, soo is eyndelyck verstaen, dat voors. contributien tot Hare F. D. afsonderlycke dispositie gelaten sullen werden, sonder dat de hooghe Geallieerden daerop yetwes te pretenderen sullen hebben ofte bevoeght zyn daertegens yetwes van haer contingent tot onderhoudig der 7000 man ofte artillerye te defalqueren, nemaer sullen soodanige subsidien, naer als voor, ten aenvanck van yder maent door de overighe hooghe Geallieerden gelevert werden; daertegens sullen Hare F. D. de plaetsen, welcke sy met dese armee conquesteren sullen, alleen van alle nootsaeckelyckheden versien, nochte ook de recruën ofte afdankinge wegen aen de voorige hooghe Geallieerden eenige verdere byslach vergen ofte die van deselvige begeren.

---

1) Die hier vorhandene Lücke ist weder in der von den Bevollmächtigten unterzeichneten Ausfertigung noch in der Ratificationsurkunde ausgefüllt.

4.

Op dat echter wegen de landen en oorden, waerin de quartieren en contributien geestablisseert sullen werden, tusschen de Geallieerden ofte derselver bevelhabberen te minder misverstant ontstae, sal man daerover tydelyck accorderen ende Haer F. D. ydermalen in der Nedersaxische enn Westphaelische creytzen wegen het quartier enn contributien naer billiche proportie de voortocht gonnen: gelyck dan oock de overighe hooghe Geallieerden, in gevalle Hare F. D. tot geene contributie altoos souden geraecken, deselve sullen refunderen de werfgelder by haer op de 1000 dragonders boven de thien ryxd[rs], die sy te voet souden gekost hebben, geanticipeert, en dat ter somme van 16666 ryxdaelders, en ten langsten binnen den tyt van drie maenden naer den vrede, de last van 't onderhout van voors. dragonders in allen gevalle op Haer F. D. blyvende.

Aldus gedaen tot Cell, den 20/10. Junij sestienhondert vier ent seventich.

(L. S.) van wegens Syne Catholique Maj[t] en Haer Ho. Mo.
T. Brasser.
(L. S.) Johan Helwig S. g. Schütz.
(L. S.) G. Christof von Hammerstein.
(L. S.) Fritz von Heimburg.
(L. S.) Joachim Friedrich Söhlen.

Register.

Druck von Breitkopf und Härtel in Leipzig.

Zeitfracht Medien GmbH
Ferdinand-Jühlke-Straße 7
99095 Erfurt, Deutschland
produktsicherheit@kolibri360.de